1. Auflage

Marion Meyers,
A. & M. Markand

KAMBODSCHA

W0031355

STEFAN LOOSE
TRAVEL HANDBÜCHER

KAMBODSCHA

© GETTY IMAGES / JOCHEM D WIJNANDS

1 **PHNOM PENH** Die „Perle Asiens" präsentiert sich heute als kosmopolitische Hauptstadt mit Flair. Sehenswürdigkeiten wie Königspalast, Silberpagode und Nationalmuseum, farbenfrohe Märkte und ein quirliges Nachtleben faszinieren die Besucher. S. 142

Die Highlights

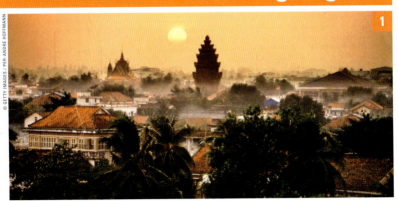

2 **BATTAMBANG** Die schönsten Beispiele kolonialer Architektur sind in der entspannten Stadt am Sangker-Fluss zu finden. S. 205

3 **BANTEAY CHHMAR** Nur von wenigen Touristen besucht, beeindrucken in der einstigen Tempelstadt vor allem die großflächigen, feinen Reliefs. S. 235

4 **SIEM REAP** Die hübsche kleine Stadt kann mit jeder Menge Restaurants und Bars aufwarten – eine tolle Abwechslung zum Besuch der Tempel von Angkor. S. 246

5

5 **DIE TEMPEL VON ANGKOR** Unbestritten sind die großartigen wie mystischen Tempel ein Höhepunkt für alle Kambodscha-Reisenden. S. 277

6 **TONLE-SAP-SEE** Eine ganz eigene Welt eröffnet sich auf dem größten See Südostasiens: In schwimmenden Dörfern spielt sich alles Leben auf dem Wasser ab; in Schutzgebieten brüten zahlreiche bedrohte Vogelarten. S. 314

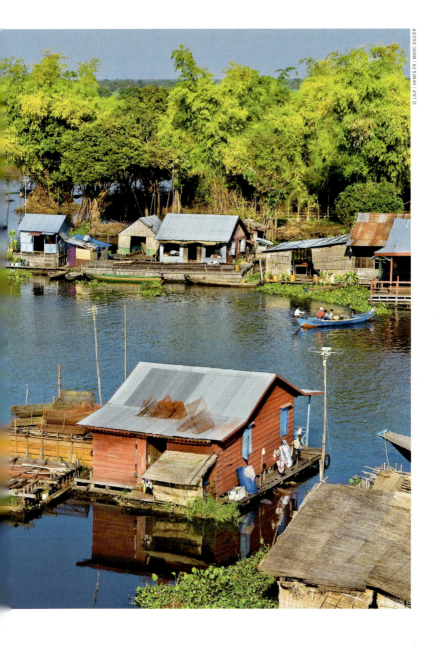

7 **SAMBOR PREI KUK** Unter
hohen Bäumen fast versteckt,
empfängt die dem Dschungel
entrissene Hauptstadt des Zhenla-
Reiches aus dem 7. Jh. bisher nur
wenige Besucher. S. 327

8 **KOH KER** Auf dem weitläufigen
Tempelgelände lassen sich
verwunschene, von Würgefeigen
umschlossene Türme entdecken –
Zeugnisse der Baukunst unter König
Jayavarman IV. S. 332

9   **KOMPONG CHAM** Die ruhige Stadt am Mekong lädt zum Entspannen und zu erlebnisreichen Touren in der Umgebung ein. S. 345

10   **BANLUNG** Vulkanseen, entlegene Dörfer der Bergvölker, Trekking- und Flussfahrten: der richtige Platz für Abenteuerlustige. S. 371

11   **SEN MONOROM** In der Nähe von Sen Monorom liegt nicht nur Kambodschas beeindruckendster Wasserfall – der Bou Sra. Einmalig sind auch die Trekkingtouren mit Elefanten durch die Wälder. S. 383

© GETTY IMAGES / MATTHEW MICAH WRIGHT

12 DIE STRÄNDE BEI SIHANOUKVILLE

Ob feierfreudig, ruhesuchend oder wassersportbegeistert: Unter den mehr als ein Dutzend Stränden rund um Sihanoukville findet sicher jeder seinen eigenen Traumstrand. S. 404

13 KOH RONG UND KOH RONG SAMLOEM

Die beiden Inseln vor Sihanoukville sind mit ihren dschungelbewachsenen Hügeln, dem feinen, weißen Sand und dem türkisfarbenen Wasser ein Urlaubsparadies. S. 420 und S. 426

© MAURITIUS IMAGES / ALAMY

13

14 **KAMPOT** Viele Besucher bleiben hier länger als geplant: Das französische Flair und die tolle Lage am Fluss laden zum Verweilen ein. S. 430

Inhalt

Phnom Penh

Battambang und der Westen **203**

Siem Reap und die Tempel von Angkor **243**

Kulturstätten in Zentralkambodscha 319

Kambodschas wilder Osten 343

Der Süden 391

Themen			
Waisenhausbesuche	51	Die Sage von Yeay Peau	195
Neujahrsfest	52	Tempel der „schwarzen Dame"	198
Bonn Phchum Ben – das Ahnenfest	53	Die Gründung Battambangs	208
Pressefreiheit	66	Der Mythos vom Boots- und Krokodilberg	219
Illegaler Holzschlag – legaler Landraub	68	Der Bambuszug	220
Kinderprostitution	71	Die Seidenfarm im Dorf Puok	252
Landminen und Blindgänger	72	Angkor Wat und seine frühen Besucher	283
Graue Riesen in Bedrängnis	92	Getanzte Mythologie: das Ramayana-Epos in Kambodscha	285
Umwelt- und Naturschutz	94		
Khmer Issarak, Nagara Vatta, die Kommunisten und die Roten Khmer	109	Das Kirnen des Milchozeans	286
		Tonle Sap	316
Aus Saloth Sar wird Pol Pot	112	Tauziehen um Prasat Preah Vihear	338
Der Maler Pol Pots	114	Freiwilligenarbeit im Elefantencamp	340
Der Machtmensch Hun Sen	119	Die Nachfahren der Roten Khmer	342
Das Khmer-Rouge-Tribunal	120	Die Geschichte vom Männer- und Frauenberg	351
Das Leben des Norodom Sihanouk	122		
Deutsche Entwicklungshilfe	124	Flippers stupsnasiger Bruder	359
Grundbesitzrechte und Katasterämter	127	Die Legende der Flussdelphine	360
Naga – der Schlangengott	132	Die Hochland-Khmer – Khmer Loeu	370
Der Tanz der Apsaras	139	Auf Edelsteinsuche	379
Das Reamker	140	Die Friedhöfe der Bergvölker	381
Von Freiheit und Glück ...	155	Elefanten in Sen Monorom	388
Das Erbe der französischen Kolonialzeit	156	Wertvolle Küste	393
Die Legende von Preah Ko und Preah Keo	193	Wo der Pfeffer wächst	439
		Hilfe für das Areng-Tal?	464

© MARION MEYERS

Reiseziele und Routen

Es ist vor allem Angkor Wat, die größte Tempelanlage der Welt, die Besucher magisch anzieht. Und tatsächlich lohnt allein dieser mystische Ort einen Besuch des Landes. Angkor Wat ist das Herz der Nation, und seine Türme schmücken nicht ohne Grund seit der Unabhängigkeit im Jahr 1953 die verschiedenen Landesflaggen. Doch Kambodscha ist noch viel mehr als die Tempelanlage von Angkor! Im Herzen Südostasiens gelegen, bietet das kleine Königreich in konzentrierter Form alles, was Reisende mit Asien und dessen Traumzielen verbinden: herrliche Strände, undurchdringlichen Dschungel, hübsche Kolonialstädte – und neben Angkor Wat noch zahlreiche verlassene Tempel, weniger bekannt, aber nicht weniger lohnend. Kambodscha besitzt einen ganz eigenen Charme und ist (noch) weit entfernt vom Massentourismus. Letzteres könnte sich bald ändern, denn Kambodscha gehört zu den am schnellsten wachsenden touristischen Zielen Südostasiens.

Kambodscha ist ein landwirtschaftlich geprägtes Land. Malerische Reisfelder durchziehen die weiten, flachen Ebenen im Zentrum des Landes. Wander- und Trekkingtouren führen in den abgelegenen Bergregionen im Osten und Westen durch abwechslungsreiche Landschaften: Wasserfälle und Höhlen, von dichtem Dschungel bedeckte Gebirgszüge, sanft geschwungene, grasbewachsene Hügel und abgeschiedene Bergdörfer gilt es zu erkunden. Der Mekong und die zahlreichen anderen Wasserwege des Landes sind ein Naturgenuss – abenteuerliche Bootstouren ein unvergessliches Erlebnis.

In den Städten fühlt man sich in die Zeit der französischen Kolonialherrschaft zurückversetzt: Alte Villen, kleine Ladenlokale und die gemächliche Gangart fern der Hektik ziehen Reisende in den Bann. Daneben präsentiert sich die faszinierende Hauptstadt Phnom Penh mehr und mehr kosmopolitisch.

Strandliebhaber kommen ebenfalls auf ihre Kosten. An der Küste werden Tauchgänge und zahlreiche Wassersportarten angeboten. Wer möchte, kann einfach nur schwimmen, entspannen und die Sonnenuntergänge am Strand genießen. Wem das noch zu viel Hektik ist, der setzt zu touristisch kaum erschlossenen Inseln über und hat den weißen Sand und das türkis schimmernde Wasser fast für sich allein.

Das Straßennetz, bisher oft nur aus staubigen oder schlammigen Pisten bestehend, wird weiter ausgebaut, sodass immer mehr Landesteile dank besserer Infrastruktur bequem zu bereisen sind.

Und glücklicherweise entstehen allerorts Projekte, die sich dem nachhaltigen Tourismus verschrieben haben. Wer mit offenen Augen reist, findet Hotels, Restaurants und Touranbieter, die sich für den Umweltschutz engagieren oder die Interessen benachteiligter Bevölkerungsgruppen berücksichtigen.

Sehenswerte Kolonialarchitektur

Nicht nur Architektur-Begeisterte werden von den teils prachtvollen Kolonialvillen fasziniert sein. Alte Handelshäuser mit Säulengängen und Balkonen warten oft noch in charmant verwittertem Zustand auf die Renovierung. Die schönsten Beispiele sieht man in **Battambang** (S. 205), **Kampot** (S. 430), **Kompong Cham** (S. 345), **Kratie** (S. 353), **Phnom Penh** (S. 142) und **Siem Reap** (S. 246).

Reiseziele

Die meisten Reisenden werden in Kambodscha zunächst **Phnom Penh** (S. 142) erleben. Die überschaubare Hauptstadt zeigt sich bisher fast ohne Hochhäuser, Kolonialbauten verströmen französisches Flair. Die Atmosphäre liegt zwischen chaotisch und beschaulich: Keine andere asiatische Hauptstadt ist mit der „Perle von Kambodscha" vergleichbar. Der prächtige Königspalast, die Silberpagode und das sehenswerte Nationalmuseum lohnen einen Besuch. Entlang der Uferpromenade reihen sich schicke Restaurants und Bars aneinander, auch Nachtschwärmer kommen hier auf ihre Kosten. Die Märkte mit ihren Geräuschen, Farben und Gerüchen sind ein Fest für die Sinne.

Besucher, die nur kurz in Kambodscha verweilen, fahren meist direkt nach **Siem Reap** (S. 246). Das einst verschlafene Städtchen nahe den berühmten Tempeln von Angkor entwickelt sich zu einem touristischen Hotspot. Das Zentrum ist malerisch am gleichnamigen Fluss gelegen. Immer mehr exquisite Hotels entstehen, der Wellness- und Spa-Bereich expandiert – ideal, um von anstrengenden Tempelbesuchen auszuspannen. Zahlreiche Restaurants bieten Kulinarisches für jeden Geschmack, und in der Pub Street trifft sich das feierfreudige Publikum.

Die nahe gelegenen Tempel, insbesondere der berühmte **Angkor Wat** (S. 280), sind das Highlight jeder Kambodscha-Reise. Neben dem Hauptkomplex Angkor Wat und **Angkor Thom** (S. 288) faszinieren die surreal anmutenden Gesichter des **Bayon** (S. 288) und die von dicken Baumwurzeln umschlungenen Mauern des **Ta Prohm** (S. 298). Ebenfalls bemerkenswert sind die etwa 35 km von Siem Reap gelegene, anmutig gestaltete Anlage **Banteay Srei** (S. 310) und die aus dem Felsgestein des Flussbettes gemeißelten Lingams und Hindugötter von **Kbal Spean** (S. 312). Der 60 km entfernte, verwunschen im Dschungel liegende Tempel **Beng Mealea** (S. 312) beeindruckt und ist auch während der Hauptsaison weniger überlaufen. Auch die Ruinen von **Koh Ker** (S. 332) rund 100 km nordöstlich von Siem Reap sind ein lohnenswertes, von wenigen Touristen besuchtes Ziel.

Im Herzen des Landes liegt Asiens größter Süßwassersee, der **Tonle-Sap-See** (S. 314). Bootsfahrten zu schwimmenden Dörfern begeistern die Besucher, und im Vogelschutzgebiet **Prek Toal** (S. 318) lassen sich zahlreiche Wasservögel sichten – Vogelliebhaber sollten sich den Besuch nicht entgehen lassen.

Viele planen einen Abstecher in die beschauliche Stadt **Battambang** (S. 205). Die gut erhaltene Kolonialarchitektur rund um den Marktplatz und die freundliche ruhige Lebensweise nehmen einen sofort gefangen. Es ist ein perfekter Ort, um das kambodschanische Alltagsleben zu entdecken. Wer Zeit hat, sollte zwischen Phnom Penh und Battambang einen Zwischenstopp in dem bezaubernden Städtchen **Kompong Chhnang** (S. 221) einlegen und die dortigen schwimmenden Dörfer mit dem Ruderboot erkunden.

Abseits der Touristenrouten liegt die Stadt **Sisophon** (S. 233), die einen Besuch lohnt, um von dort die Tempelanlage **Banteay Chhmar** (S. 235) zu besichtigen.

Wer versteckte Schätze der älteren Tempelarchitektur sehen will, bereist Zentralkambodscha. Als Ausgangspunkt eignet sich die geruhsame Stadt **Kompong Thom** (S. 321). Die nur von wenigen Reisegruppen besuchten Ruinen der Tempelanlage **Sambor Prei Kuk** (S. 327) bestechen durch ungewöhnliche Ornamente. Die Tempelstätte **Preah Khan** liegt abseits der Hauptstraßen, sodass man die Anlage meist für sich allein hat. Weiter nördlich an der thailändischen Grenze befindet sich die bedeutende Anlage **Prasat Preah Vihear** (S. 336). Auf einer Bergspitze gelegen, fasziniert sie aufgrund des außergewöhnlichen Grundrisses und der fantastischen Aussicht.

Für viele Reisende stehen oft auch ein paar Strandtage auf dem Programm. Die Ausgangsbasis ist **Sihanoukville** (S. 393). Um die Stadt liegen mehrere belebte und beliebte Stadtstrände. Hier kann man herrlich entspannen, baden, tauchen oder sich ins Nachtleben stürzen. Wer mehr Einsamkeit sucht, ist auf den vorgelagerten Inseln besser aufgehoben. Die größten Inseln **Koh Rong** (S. 420) und **Koh Rong Samloem** (S. 426) locken mit weißen Stränden und kristallklarem Wasser. Alle, die nicht nur am Strand faulenzen wollen, unternehmen einen Ausflug in

Angkor Wat – Symbol des Landes und beliebtestes Ziel aller Kambodscha-Reisenden.

Nicht nur die beeindruckenden Tempel von **Angkor** (S. 277), auch viele andere Zeugnisse des untergegangenen Khmer-Reiches lohnen einen Besuch. Fern der Touristenmassen sind sie nicht weniger faszinierend. Dazu zählen Tempelstätten nahe Siem Reap wie **Beng Mealea** (S. 312) und **Koh Ker** (S. 332). **Preah Vihear** (S. 336) lohnt einen Abstecher im Norden, **Banteay Chhmar** (S. 235) im Nordwesten sowie **Sambor Prei Kuk** (S. 327) und **Preah Khan** (S. 304) in Zentralkambodscha. Kleinere Tempelanlagen hat man oft fast für sich allein, darunter **Phnom Da** (S. 201) östlich von Takeo, **Phnom Chisor** (S. 196) und **Ta Prohm** (S. 298) nahe Phnom Penh oder **Wat Nokor** (S. 350) bei Kompong Cham.

den **Ream-Nationalpark** (S. 417). Bootstouren führen durch verschlungene Mangrovenwälder.

Kampot (S. 430) zieht Reisende nicht nur wegen des kolonialen Flairs an. Unterkünfte am Tek-Chhou-Fluss, Ausflüge in den Bokor-Nationalpark, zu Wasserfällen und beeindruckende Höhlen in Karstfelsen verleiten viele Reisende dazu, länger als geplant zu verweilen.

Gemächlich geht es auch in **Kep** (S. 442) zu. Der ruhige Küstenort ist bei Einheimischen bekannt wegen delikat zubereiteter Krebse. Für Tagesausflüge oder entspannte Strandtage ist die vorgelagerte Insel **Koh Tonsay** (S. 451) mit dem schönen Strand ein guter Tipp.

Ruhesuchende finden auch auf den Inseln des **Koh-S'dach-Archipels** (S. 452) einige Unterkünfte und nahezu unberührte Strände.

Nahe der thailändischen Grenze liegt **Koh Kong** (S. 452). Einsame Strände, Kambodschas

größte Insel und die dschungelüberzogenen Hänge des Kardamom-Gebirges prägen die Umgebung. Zwischen Koh Kong und Phnom Penh sind einige beachtliche Ökotourismus-Projekte entstanden. Im idyllischen **Chi Phat** (S. 464) kommen Übernachtungen im Dorf und geführte Trekkingtouren im Kardamom-Gebirge der Gemeinschaft zugute. Auch die Gemeinde **Chambok** (S. 468) fasziniert mit verzweigten Wanderwegen und Wasserfällen am Kirirom-Nationalpark. Ein Erlebnis der besonderen Art ist dort eine Übernachtung in einem Privathaus mit Familienanschluss.

Wer eine ausgedehnte Kambodscha-Reise plant, der findet im „wilden" Osten viel zu entdecken. **Kompong Cham** (S. 345) lädt mit der beschaulichen Atmosphäre zum Verweilen. **Kratie** (S. 353) ist nicht nur ein hübsches Städtchen am Mekong. Von hier führen Ausflüge zu den seltenen **Irrawaddy-Delphinen**, die sich am besten während der Trockenzeit im Mekong beobachten lassen. Rund um **Stung Treng** (S. 368) reizt die Umgebung zur Erkundung mit dem Fahrrad, per Boot über den Mekong und die Übernachtung in einfachen Dörfern am Fluss. **Banlung** (S. 371) ist Ausgangspunkt, um den kreisrunden, mystischen **Yeak-Laom-See** zu entdecken, Trekking- und Dschungeltouren Richtung Virachey-Nationalpark zu unternehmen und Dörfer ethnischer Minderheiten zu besuchen. Der wohl schönste Wasserfall Kambodschas ist der 30 m hohe **Bou-Sra-Wasserfall** bei **Sen Monorom** (S. 389). Wer mag, kann auch hier ausgedehnte Trekkingtouren unternehmen, Elefanten näherkommen und in die Lebensweise der ethnischen Minderheiten eintauchen.

Kambodscha für Aktive

Für viele ist die Erkundung der Tempelanlagen, ein Spaziergang durch die Stadt oder ein Sonnenbad am Strand genug der Aktivität. Wer intensivere Erlebnisse sucht, kann in Kambodscha einiges unternehmen.

Trekking

Ein Eldorado für Trekkingfans ist der Nordosten des Landes. In **Banlung** (S. 371) gibt es zahlreiche Anbieter geführter Tages- und Mehrtagestouren, die Richtung Virachey-Nationalpark oder südlich zum Lumphat-Schutzgebiet führen. Auch in der Provinz Mondulkiri, in **Sen Monorom** (S. 383), werden ein- bis mehrtägige Trekkingtouren angeboten. Insbesondere mehrtägige Treks versprechen tolle Erlebnisse in Wald- und Dschungelgebieten, übernachtet wird in Hängematten oder in Hütten ethnischer Minderheiten. Von **Koh Kong** (S. 452) starten bis zu einwöchige Trekkingtouren ins Kardamom-Gebirge. Und auch von **Chi Phat** (S. 464) werden zahlreiche geführte Wanderungen angeboten. Im **Kep-Nationalpark** (S. 449) können in einem schönen Tagesausflug die bewaldeten Hügel erkundet werden, auch der Kirirom-Nationalpark und die Gemeinde **Chambok** (S. 468) eignen sich prima für eine Tageswanderung.

Kajaktouren

Kajaks können an der Küste in **Sihanoukville** am Otres-Strand (S. 414) und in einigen Bungalowanlagen auf den Inseln ausgeliehen werden.

Nahe Koh Kong am Tatai-Fluss kann man baden, Kajak fahren oder auf Trekkingtouren die Ufer erkunden.

© MARION MEYERS

Bei Trekkingtouren durch Nationalparks (S. 66) kann man nur mit viel Glück größere Tiere erspähen. Mit ziemlicher Sicherheit sind jedoch in freier Wildbahn die vom Aussterben bedrohten **Irrawaddy-Delphine** (s. Kasten S. 359) bei Kratie in den Fluten des Mekong zu sichten. Seltene Wasservögel wie die ebenfalls bedrohten **Saruskraniche**, Ibisse, Pelikane, Störche oder Reiher nisten in den Vogelschutzgebieten Prek Toal (S. 318) und Ang Trapeang Thmor (S. 238). Die Flüsse des Kardamom-Gebirges sind Nistplätze des als fast ausgestorben geltenden **Siam-Krokodils** (S. 464). Geier-Populationen wie die des **Asiatischen Königsgeiers** werden in Fütterungsstationen z. B. bei Stung Treng (S. 363) stabil gehalten. Bei Banlung schwingen sich die erst kürzlich entdeckten **Gelbwangen-Schopfgibbons** (s. Kasten S. 375) durch die Wälder. **Asiatischen Elefanten** wird man zwar kaum in freier Wildbahn begegnen, dafür in artgerechter Haltung im Elephant Valley Project bei Sen Monorom (S. 388).

Durch faszinierende Mangrovenwälder geht es auf einer geführten Tour im **Ream-Nationalpark** (S. 417). In der Nähe von **Koh Kong** (S. 452) vermieten die Anlagen am Tatai-Fluss Kajaks zum Erpaddeln der Umgebung. Veranstalter in **Stung Treng** (S. 365) und **Kratie** (S. 353) bieten die Erkundung des Mekong und die Sichtung der seltenen Irrawaddy-Delphine aus dem Kajak an.

Tauchen

Zahlreiche Tauchanbieter haben ein Büro in **Sihanoukville** in Serendipity (S. 407). Taucher und Tauchanfänger können die Unterwasserwelt der vorgelagerten Inseln in Tagestrips oder längeren Tauchsafaris erleben. Auch auf **Koh S'dach** (S. 452), **Koh Rong** (S. 420) und **Koh Rong Samloem** (S. 426) gibt es Tauchschulen.

Klettern

Kletterfans finden an den Karstfelsen in der Nähe von **Kampot** (S. 435) interessante Routen verschiedener Schwierigkeitsgrade.

Fahrrad- und Motorradtouren

Fast überall können Fahrräder oder Mopeds für Tagesausflüge gemietet werden. In Phnom Penh (S. 180), Siem Reap (S. 271) und Battambang (S. 214) bieten Veranstalter geführte **Fahrradtouren** an, von der Tagesfahrt bis hin zu 15-tägigen Touren. Ab Chi Phat (S. 464) geht es mit dem Mountainbike durch das Kardamom-Gebirge. Größere **Motorräder** und **Geländemaschinen** werden in Phnom Penh, Siem Reap, Sihanoukville (S. 393) und Sen Monorom (S. 383) vermietet. Einige Veranstalter bieten auch längere Motorradtouren (bis zu drei Wochen) an.

Reiserouten

Kambodscha ist ein kleines Land; die Distanzen zwischen den einzelnen Zielen sind nicht so groß und können problemlos mit Bussen, wenige Strecken auch im Boot, zurückgelegt werden. Wie viel und was man sich anschauen möchte, hängt von den individuellen Interessen und der zur Verfügung stehenden Zeit ab.

Kambodscha-Kurztrip

■ 1 Woche

Wer nur eine Woche zur Verfügung hat, kann bei einer Rundreise die wichtigsten touristischen Ziele ansteuern und einen guten Einblick ins Land erhalten.

Die meisten starten in der Hauptstadt **Phnom Penh** (S. 142). Bei zwei Übernachtungen bleibt genug Zeit, die wichtigsten Sehenswürdigkeiten wie Königspalast, Silberpagode und Nationalmuseum zu besuchen und über die Märkte zu schlendern. Die Zeugnisse der Schreckensherrschaft Pol Pots wie das Tuol-Sleng-Museum oder auch die Killing Fields Choeung Ek sowie einen Ausflug in die Umgebung nach Phnom Oudong oder Phnom Chisor: Dafür reicht die Zeit, wenn man sich überall nur kurz aufhält. Weiter geht's nach Norden: 6 Std. dauert die Busfahrt westlich des Tonle-Sap-Sees ins 280 km entfernte beschauliche Städtchen **Battambang** (S. 205). Von dort geht es weiter nach **Siem Reap** (S. 246), das man in 3 1/2 Std. erreicht. Landschaftlich reizvoll ist auch die Tour mit dem Boot dorthin, je nach Wasserstand dauert die Fahrt 5–9 Std. Somit bleiben zwei bis drei Tage, um die Tempel von **Angkor** (S. 277) zu erkunden. Zurück geht es mit dem Bus in etwa 6 Std. nach Phnom Penh.

Ein Gabelflug z. B. bis Phnom Penh, zurück ab Siem Reap bringt oftmals einen zusätzlichen Tag. Kulturinteressierte können den Tag nutzen, um zwischen Battambang und Siem Reap eine Nacht in **Sisophon** (S. 233) zu bleiben, um von dort die Tempelanlage Banteay Chhmar zu erkunden. Eine weitere Alternative: von Siem Reap mit dem Taxi die entfernten Tempel Beng Mealea, Koh Ker oder auch Preah Vihear ansteuern. Entspannt ist es zudem, einen zusätzlichen Tag mit dem Besuch der schwimmenden Dörfer auf dem Tonle-Sap-See zu verbringen.

Wer nach Thailand oder Laos weiterreisen will, kann dies von Siem Reap aus tun. Über Stung Treng bietet sich ein lohnenswerter Abstecher nach Banlung an, um anschließend ins benachbarte Vietnam nach Plei Ku zu reisen. Bei der Weiterreise nach Vietnam kann auch ein Tag an der Küste (in Sihanoukville oder Kampot) für einen Stopover genutzt werden: Weiter geht es dann nach Phu Quoc oder Ho-Chi-Minh-Stadt.

Kambodscha klassisch

■ 2 Wochen

Wie beim beschriebenen einwöchigen Kurztrip, bietet sich die Rundreise von **Phnom Penh** über **Battambang** und **Siem Reap** an. Wer Zeit hat, kann zwischen Phnom Penh und Battambang einen Aufenthalt in Kompong Chhnang (S. 221) und die Besichtigung der schwimmenden Dörfer einplanen, auf dem Rückweg von Siem Reap nach Phnom Penh kann in **Kompong Thom** (S. 321) ein Zwischenstopp eingelegt werden, um in einem Tagesausflug die beeindruckende Tempelanlage **Sambor Prei Kuk** (S. 327) zu besichtigen. Von Phnom Penh geht es dann in den Süden in die östliche Küstenregion. In **Kampot** (S. 430) sind mindestens zwei Übernachtungen einzuplanen: Schöne Tagesausflüge führen zu Pfefferplantagen, in den Bokor-Nationalpark und zu Höhlen. Auch **Kep** (S. 442) und **Koh Tonsay** (S. 451) sind bequem

Unbedingt einen Besuch wert ist der Königspalast in Phnom Penh.

© MARION MEYERS

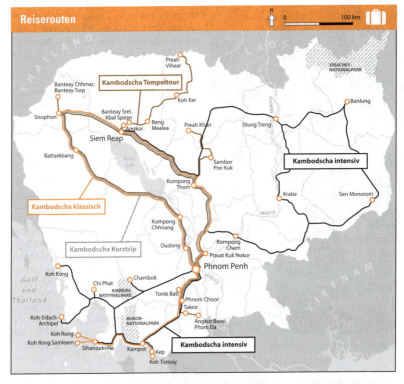

von Kampot aus zu besuchen. Strand- und Wasser(sport)liebhaber können an den Stränden von **Sihanoukville** (S. 404) oder den vorgelagerten Inseln (S. 418) wie **Koh Rong** und **Koh Rong Samloem** herrlich entspannte Strandtage verleben.

Tempeltour

■ 2 Wochen

Wer sich überwiegend für Kambodschas zahlreiche alte Kulturstätten interessiert, kann in zwei Wochen die Überreste faszinierender Tempel aus der Zeit zwischen dem 6. Jh. und dem 13. Jh. entdecken. Ausgangspunkt ist **Phnom Penh**. Hier sollte man sich auf keinen Fall das **Nationalmuseum** entgehen lassen. Interessant ist auch ein Besuch nach der Rundreise:

Viele Stücke erscheinen in einem anderen Licht, wenn man zuvor die Fundstätten gesehen hat. Von Phnom Penh bieten sich Tagesausflüge nach **Phnom Chisor** (S. 196), **Phnom Oudong** (S. 192), **Ta Prohm** und **Yeay Peau** (S. 195) und ein Ausflug nach **Takeo** (S. 198) zur Besichtigung von **Angkor Borei** (S. 200) und **Phnom Da** (S. 201) an. Mindestens vier Tage sind hier einzuplanen. Über Battambang geht es nach Sisophon (S. 233), um von dort einen spannenden Tagesausflug nach **Banteay Chhmar** (S. 235) und **Banteay Torp** (S. 238) zu unternehmen. In Siem Reap stehen natürlich die Tempel von **Angkor** (S. 277) ganz oben auf der Liste, unbedingt einen Besuch wert ist aber auch das **Angkor-Nationalmuseum**. Etwas Zeit ist auch für die weiter entfernten Tempel **Banteay Srei** (S. 310), die steinernen Lingams von **Kbal Spean** (S. 312) und die Anlage **Beng Mealea** (S. 312)

© SABINE BÖSZ

Ta Prohm ist ein Highlight der Tempel von Angkor.

entspannt gestalten. Zudem bleibt Zeit, dem „wilden Osten" einen Besuch abzustatten oder ein ausgedehntes „Insel- und Strandhopping" an der Küste zu unternehmen:

Der Nordosten und der Osten

Wer von Phnom Penh Richtung Nordosten aufbricht, erreicht nach 3 Std. **Kompong Cham** (S. 345). Das charmante Städtchen ist ideal, um eine Pause einzulegen. Von dort geht es in 4 Std. bis nach **Kratie** (S. 353). Zahlreiche Ausflüge bieten sich hier an. Beliebt ist eine Bootstour auf dem Mekong zu den Irrawaddy-Delphinen bei Kampi (S. 360). In **Stung Treng** (S. 365) können Aktive Fahrrad- und Kajaktouren unternehmen. Von dort verkehren Busse nach **Banlung** (S. 371). Auch von Siem Reap ist Banlung in einer Tagesreise erreichbar. Die meisten Traveller zieht es hier zu einer dreitägigen Trekkingtour und dem Besuch der Dörfer der ethnischen Minderheiten Richtung Virachey-Nationalpark. Wer in die Provinz Mondulkiri, nach **Sen Monorom** (S. 383), will, nimmt meist den Umweg über Kratie in Kauf, von Phnom Penh ist der Ort in 7 Std. erreichbar. Das kühle Klima, die grünen Hügel und Trekkingtouren mit Elefanten lassen Reisende zwei bis drei Tage verweilen.

Der Süden

Nicht nur **Kep** (S. 442), **Kampot** (S. 430) und **Sihanoukville** (S. 393) sind lohnenswerte Ziele an der Küste. Auf den vorgelagerten Inseln (S. 418) werden Robinson-Crusoe-Träume vor traumhafter Kulisse an türkisblauem Wasser wahr. Noch ursprünglicher geht es auf den Inseln des **Koh-S'dach-Archipels** (S. 452) zu. Für die An- und Abreise Richtung Sihanoukville und Koh Kong muss ein ganzer Tag eingeplant werden. Abseits der Touristenrouten ist **Koh Kong** (S. 452) ein Tipp. Ein paar Tage sind hier wunderbar mit der Entdeckung von Stränden, der Koh-Kong-Insel und des Kardamom-Gebirges zu verbringen. Besondere Erlebnisse versprechen die Homestay-Übernachtungen in den Öko-Dörfern **Chi Phat** (S. 464), das sowohl von Koh Kong als auch von Sihanoukville in knapp 3 Std. zu erreichen ist, und **Chambok** (S. 468), zwischen Phnom Penh und Sihanoukville. In Chi Phat sollte man mindestens eine zweitägige Trekkingtour einplanen.

einzuplanen. Wer früh aufbricht, kann von Siem Reap aus mit dem Mietwagen die Tempelstätten **Koh Ker** (S. 332) und **Prasat Preah Vihear** (S. 336) an einem Tag sehen. Zurück Richtung Phnom Penh ist ein Stopp in **Kompong Thom** (S. 321) ein Muss. Mit einem Taxi können die Tempelanlagen **Sambor Prei Kuk** (S. 327) und **Preah Khan** (S. 304) in einem recht anstrengenden Tagesausflug besucht werden. Wer einen Wagen von Kompong Thom nach Phnom Penh nimmt, sollte die Besichtigung von **Prasat Kuhak Nokor** (S. 330) einplanen.

Kambodscha intensiv

■ ab 3 Wochen

Wer viel Zeit hat, kann die oben beschriebene klassische Zwei-Wochen-Route mit mehreren Zwischenstopps (s. dazu auch die Tempeltour)

Klima und Reisezeit

Kambodscha ist ein **tropisches Reiseland**. Es werden zwei Jahreszeiten unterschieden: die **Trockenzeit** und die **Regenzeit**. Zwischen November und April ist der Nordostwind für die trockene Kontinentalluft verantwortlich, während zwischen Mai und Oktober der vorherrschende Südwestmonsun Regen bringt.

In der **Trockenzeit** von November bis Ende April regnet es so gut wie gar nicht. Im November kann noch ein kleiner Schauer vom Himmel kommen, während im April erste Regentropfen die Vorboten des Monsuns ankündigen. Da zu dieser Zeit die Mango-Ernte erfolgt, werden die Regengüsse auch als „Mango-Regen" be-

zeichnet. Generell unterteilt sich die Trockenzeit in eine kühle Jahreszeit und eine heiße Jahreszeit.

In der **kühlen Jahreszeit** von November bis Februar erreichen die Temperaturen tagsüber 25–30 °C, nachts ist es mit knapp über 20 °C angenehm frisch. Die Luftfeuchtigkeit kann unter 50 % fallen. Für die meisten Touristen ist das die beste Reisezeit. Gerade im November erstrahlt die Landschaft vielerorts noch in saftigem Grün. Der Dezember ist der kühlste Monat, das Thermometer bewegt sich um 25 °C. In den Bergregionen Mondulkiris kann es vereinzelt nachts mit 10 °C empfindlich kalt werden.

Ehemalige Fischerhütten säumen den Koh Tui-Strand auf der Insel Koh Rong.

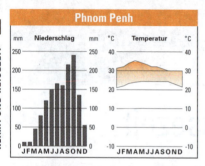

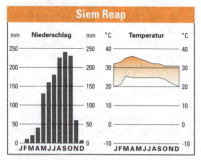

Hotelzimmer sind nicht beheizt, und bei Trekkingtouren gehört unbedingt warme Kleidung ins Gepäck.

Die **heiße Jahreszeit** dauert von März bis in den Mai. Die Temperaturen liegen für gewöhnlich bei 32–37 °C; verbunden mit einer hohen Luftfeuchtigkeit ist das nicht jedermanns Sache. Während die Quecksilbersäule im April mancherorts sogar 40 °C zeigt, bringen im Mai erste Regenschauer Abkühlung, die Temperaturen fallen dann auf 32–33 °C. Kühler ist es nur in den hoch gelegenen Provinzen Rattanakiri und vor allen Dingen Mondulkiri. Hier erreicht das Thermometer selten die 30-°C-Marke, und auch nachts ist es noch angenehm kühl. Für Reisen in dieser Zeit ist die beste Empfehlung, möglichst früh mit Besichtigungen anzufangen und eine ausgedehnte Mittagspause einzulegen, um am späteren Nachmittag zu weiteren Aktivitäten überzugehen. Gerade die Besichtigungen der Tempelanlagen Angkors sind dann eine Herausforderung. Eine Mittagsrast bietet sich in den kühleren Tempelinnenräumen an.

Das Reisen in der heißen Jahreszeit ist beschwerlich: Die Straßen sind entweder staubig, oder der Belag – sofern asphaltiert – strahlt eine Hitze ab, dass selbst eine Mopedfahrt einem Aufenthalt in einer Sauna gleichkommt. An der Küste mit der Möglichkeit, sich durch einen Sprung ins Wasser zu erfrischen, lassen sich die Temperaturen ganz gut ertragen. Ideal ist die Zeit für Taucher und Wassersportler; das Meer bietet nicht viel Abkühlung, hat aber mit rund 28 °C eine angenehme Temperatur, um sich längere Zeit darin aufzuhalten.

Die **Regenzeit** beginnt im Mai an der Küste und zieht bis Ende Oktober über das Land. In dieser Zeit kann es zu heftigen Regenfällen kommen, aber nur selten ist mit tagelangem Dauerregen zu rechnen. Meist zieht am Nachmittag ein kurzer kräftiger Regenschauer durch, dazwischen locken sonnige Abschnitte. Der Vormittag bietet sich dann für Besichtigungen an, während man den Nachmittagsregen für eine Verschnaufpause nutzen kann.

In den Städten bedeuten die Schauer, dass Straßen für kurze Zeit komplett überflutet sind, bis die Kanalisation das Wasser aufgenommen hat. Bei Reisen in abgelegene Gebiete muss damit gerechnet werden, dass Straßen nicht befahrbar sind und Staubwege sich in unpassierbare Schlammpisten verwandeln. Überfahrten zu den Inseln sind nichts für Menschen, die leicht seekrank werden, denn das Meer ist in der Regenzeit häufig aufgewühlt und rau.

Die Temperaturen sinken in der Regenzeit unter 30 °C. Kühler wird es während und kurz nach Schauern. Die Luftfeuchtigkeit liegt bei 90 %. Die durchschnittliche Regenmenge beträgt 1200–2500 mm im Jahr, an der Küste bis zu 4000 mm pro Jahr. Am höchsten sind die Niederschlagsmengen von September bis Mitte Oktober.

Für einige Touristen ist die Regenzeit die beste Reisezeit. Die Vegetation ist so grün und prächtig, dass die Landschaft einen ganz besonderen Reiz hat. Zudem sind im Mai, Juni und September nicht allzu viele Reisende unterwegs, Unterkünfte locken mit Rabatten, die Flugpreise sind niedriger. Nur im Juli und August, zu den Sommerferien, wird es wieder voller, und die Preise steigen.

Reisekosten

Kambodscha ist ein günstiges Reiseland. Für rund US$10 schläft man in einfachen **Zimmern** mit Bad und Ventilator, noch billiger ist ein Bett in einem Schlafsaal. Für eine Nacht in einem ansprechenden Mittelklassehotel sind ab US$30 zu zahlen, selbst in kleineren Provinzstädten findet sich meist ein Hotel in dieser Preisklasse. Wer mehr als US$80 pro Nacht für ein nobles Ambiente ausgeben will, wird nur in den Haupttouristenorten fündig.

Vor allen Dingen auf Märkten oder an Essensständen ist die **Verpflegung** preiswert. Gut und ebenfalls günstig isst man in den einfachen einheimischen Restaurants, die ihr vorgekochtes Angebot in großen Töpfen in der Auslage präsentieren. Aber auch in den auf Touristen eingestellten Restaurants zahlt man nur wenige Dollar pro Mahlzeit (S. 43).

Das **öffentliche Transportsystem** ist trotz hoher Benzinpreise erschwinglich. Die großen Busunternehmen verbinden die wichtigsten Städte Phnom Penh, Siem Reap, Battambang und Sihanoukville für US$7–12 pro Strecke. Zu den Feiertagen rund um Bonn Phchum Ben und Khmer-Neujahr erhöhen sich die Buspreise um US$1–3, meist für eine ganze Woche. Die schnelleren Touristen-Minibusse sind nur wenig teurer, etwas billiger sind lokale Minibusse.

In der Markthalle von Kien Svay decken sich Kambodschaner für ein Picknick ein.

5300 R = 1 €

Was kostet wie viel?

Nudelsuppe in Garküchen	2000–4000 Riel
Essen in einfachen einheimischen Restaurants	5000–7000 Riel
Fried-Rice-/Fried-Noodles-Gerichte	US$2–3,50
Westliches Essen	US$3–10
1,5-Liter-Flasche Wasser	1500–2000 Riel
Softdrink (Dose)	1500–4000 Riel
Flasche / Dose Angkor-Bier	US$1–3
Tasse Kaffee in einheimischen Restaurants	US$0,50
westl. Kaffeespezialitäten	US$2,50
Benzin	5000 Riel/Liter
Motorradtaxi-Fahrt	US$1–3
Tuk-Tuk-Fahrt	US$1–5
Tagesmiete Tuk-Tuk	US$10–25
Wagen mit Fahrer	US$35–60/Tag
Eintrittspreise	US$1–20

Sammeltaxis verbinden Orte zu ähnlichen Preisen wie öffentliche Busse. Strecken mit dem Boot zurückzulegen, ist dagegen teurer, je nach Strecke US$20–35. Inlandflüge zwischen Phnom Penh, Siem Reap und Sihanoukville sind selten unter US$100 zu bekommen (S. 77).

Die Eintrittspreise von Museen, Tempelanlagen, Pagoden, Wasserfällen oder Nationalparks liegen zwischen US$1 und US$5 p. P. Unbedingt einkalkulieren sollte man jedoch bei einem Besuch der Tempel von Angkor die Besuchskarte mit US$20 (ein Tag), US$40 (3 Tage) oder US$60 (Wochenpass).

Genügsame Traveller, die in einfachen Guesthouses oder Dorms übernachten, überwiegend in einheimischen Restaurants oder auf Märkten essen und öffentliche Busse nutzen, können mit einem Tagesbudget von US$20–25 pro Tag auskommen. Ab US$50/Tag übernachtet man in Mittelklassehotels und isst in westlich orientierten, auf Touristen eingestellten Restaurants. Ab US$180 hat man den Luxus einer edlen Unterkunft, einen Wagen mit Fahrer und kann sich kulinarisch verwöhnen lassen. Hinzu kommen überall Ausflugsfahrten und Eintrittspreise.

Für viele Dinge bezahlen Ausländer nicht mehr als Einheimische. Höhere Preise nehmen meist Motorradtaxi- und Tuk-Tuk-Fahrer. Auch Fahrer von Sammeltaxis verlangen oft mehr als von heimischen Mitreisenden. Selten weisen Hotels in der Provinz verschiedene Preise für Touristen und Einheimische aus. Viele Sehenswürdigkeiten sind für Kambodschaner kostenfrei oder vergünstigt.

Bezahlt wird in Kambodscha in Dollar oder Riel, selten ist Kartenzahlung möglich (S. 55).

Trinkgelder sind in westlichen Restaurants üblich (S. 44). Darüber hinaus werden Trinkgelder nicht erwartet; Führer, Cyclo-, Motorradtaxi- und Tuk-Tuk-Fahrer freuen sich jedoch über einen kleinen *tip* – ebenso wie das Reinigungspersonal im Hotelzimmer, wenn es nach Auszug der Gäste ein Taschengeld auf dem Nachttisch entdeckt.

© MARION MEYERS

Traveltipps von A bis Z

Anreise

Besucher aus Europa reisen in der Regel mit dem Flugzeug an. Da es von Europa aus jedoch keine Direktflüge nach Kambodscha gibt, ist ein Zwischenstopp unvermeidlich. Von den Nachbarländern Thailand, Vietnam und Laos gibt es regelmäßige Flugverbindungen, alternativ kann man auch auf dem Landweg nach Kambodscha einreisen. Per Bus, Taxi, zu Fuß, mit der Bahn (von Thailand bis zur Grenze) oder auf dem Wasserweg (von Vietnam): Zahlreiche Grenzübergänge sind bereits für Touristen geöffnet.

Mit dem Flugzeug

Kambodscha besitzt zwei internationale Flughäfen: den Phnom Penh International Airport und den Siem Reap International Airport. Der Flughafen von Sihanoukville nennt sich zwar ebenfalls „International", wird jedoch noch nicht aus dem Ausland angeflogen. Wichtige Drehscheiben bei der Anreise sind nach wie vor Bangkok (Thailand) und Ho-Chi-Minh-Stadt (Vietnam), darüber hinaus gibt es eine Vielzahl innerasiatischer Flugverbindungen.
Folgende **Airlines** fliegen Kambodscha an:

Aus Asien

Air Asia, 🖥 www.airasia.com.
Die Budget-Fluglinie verbindet Kuala Lumpur 2x tgl. mit Phnom Penh und 1x tgl. mit Siem Reap, in etwas über 1 Std.

Bangkok Airways, 🖥 www.bangkokair.com.
4x tgl. von Bangkok nach Phnom Penh, 5x tgl. nach Siem Reap, beide Flüge etwa 1 Std.

Cambodia Angkor Air,
🖥 www.cambodiaangkorair.com.
Die kambodschanische Airline fliegt tgl. von Bangkok, Ha Noi und Ho-Chi-Minh-Stadt nach Phnom Penh und Siem Reap.

Jetstar, 🖥 www.jetstar.com.
Budget-Linie, fliegt tgl. von Singapore nach Phnom Penh und mehrmals wöchentl. nach Siem Reap, 2 Std.

Lao Airlines, 🖥 www.laoairlines.com.
Sie verbindet Luang Prabang und Pakxe mit Siem Reap in etwa 1 Std.

Myanmar Airways International,
🖥 www.maiair.com. Mehrere Flüge von Yangon nach Phnom Penh.

Aus Deutschland, Österreich und der Schweiz

Asiana Airlines, 🖥 eu.flyasiana.com.
Tgl. von Frankfurt nach Seoul, Anschlüsse nach Phnom Penh und Siem Reap.

Cathay Pacific Airways,
🖥 www.cathaypacific.com. Tgl. ab Frankfurt und Zürich nach Hong Kong, weiter mit Dragon Air, 🖥 www.dragonair.com, nach Phnom Penh.

China Eastern Airlines, 🖥 de.ceair.com.
Tgl. von Frankfurt über Shanghai nach Phnom Penh.

Condor, 🖥 www.condor.com.
Fliegt zwischen November und Ende März 2x wöchentl. von Düsseldorf und Frankfurt über Bangkok (Phuket) nach Phnom Penh.

Eva Air, 🖥 www.evaair.com.
In Kooperation mit Bangkok Airways, fliegt mehrmals wöchentl. von Wien über Bangkok nach Phnom Penh.

Korean Air, 🖥 www.koreanair.com.
Tgl. von Frankfurt über Seoul nach Phnom Penh und Siem Reap.

Lufthansa, 🖥 www.lufthansa.com.
In Kooperation mit Thai Airways, tgl. von Frankfurt via Bangkok nach Phnom Penh.

Malaysia Airlines,
🖥 www.malaysiaairlines.com.
5x wöchentl. von Frankfurt über Kuala Lumpur nach Phnom Penh und 1x in der Woche über Kuala Lumpur nach Siem Reap.

Singapore Airlines, 🖥 www.singaporeair.com.
Von Frankfurt und Zürich nach Singapore und weiter mit **Silk Air**, 🖥 www.silkair.com, nach Phnom Penh und Siem Reap.

Thai Airways, 🖥 www.thaiairways.com.
Tgl. von Frankfurt, München und Zürich via Bangkok nach Phnom Penh.

Der Klimawandel ist vielleicht das dringlichste Thema, mit dem wir uns in Zukunft befassen müssen. Wer reist, erzeugt auch CO_2: Der Flugverkehr trägt mit einem Anteil von bis zu 10 % zur globalen Erwärmung bei. Wir sehen das Reisen dennoch als Bereicherung: Es verbindet Menschen und Kulturen und kann einen wich-

nachdenken • klimabewusst reisen

atmosfair

tigen Beitrag für die wirtschaftliche Entwicklung eines Landes leisten. Reisen bringt aber auch eine Verantwortung mit sich. Dazu gehört darüber nachzudenken, wie oft wir fliegen und was wir tun können, um die Umweltschäden auszugleichen, die wir mit unseren Reisen verursachen. Wir können insgesamt weniger reisen – oder weniger fliegen, länger bleiben und Nachtflüge meiden (da sie mehr Schaden verursachen). Und wir können einen Beitrag an ein Ausgleichsprogramm wie 🖥 **www.atmosfair.de** leisten.

Dabei ermittelt ein Emissionsrechner, wie viel CO_2 der Flug produziert und was es kostet, eine vergleichbare Menge Klimagase einzusparen. Mit dem Betrag werden Projekte in Entwicklungsländern unterstützt, die den Ausstoß von Klimagasen verringern helfen.

Vietnam Airlines, 🖥 www.vietnamairlines.com. Von Frankfurt via Ha Noi oder Ho-Chi-Minh-Stadt nach Phnom Penh oder Siem Reap.

Flugzeiten und Preise

Die **Flugdauer** aus dem deutschsprachigen Raum nach Kambodscha kann 14 Std. und mehr betragen, je nach Umsteigeort und Aufenthaltsdauer.

In der Nebensaison (Ende April–Juni, Sep–Okt) bekommt man **Flugtickets** schon ab 600 €, während man in der Hauptreisezeit, insbesondere ab Mitte Dezember, mit **Flugpreisen** ab 900 € rechnen muss. Je früher gebucht, desto günstiger ist häufig das Ticket. Gabelflüge, z. B. Einreise in Phnom Penh und Abflug von Siem Reap, sparen wenig Zeit, sind aber oft teurer.

Flugtickets können über ein Reisebüro bzw. einen Reiseveranstalter gebucht werden, online über ein Vergleichsportal oder direkt bei der Fluggesellschaft. Flüge, die man über das Internet bucht, sind meist preiswerter. Es reicht, die Flugbestätigung als E-Ticket auszudrucken. Wer über ein Reisebüro gebucht hat, erhält die Unterlagen eine Woche vor Reiseantritt zugesandt.

Südostasien-Reisende, die sich kurzfristig unterwegs überlegen, nach Kambodscha zu fliegen, können in zahlreichen Reisebüros, z. B. in Bangkok, Vientiane, Ha Noi oder Ho-Chi-Minh-

Stadt, buchen. Das Ticket wird i.d.R. direkt vom Reisebüro ausgestellt. Mittels Kreditkarte bzw. mit paypal oder anderen Zahlungsmöglichkeiten im Netz können Online-Flugtickets von überall unterwegs gekauft werden. Die Flugbestätigung wird per E-Mail verschickt. Einige Airlines wollen einen Ausdruck sehen, bei den meisten Check-ins ist dies jedoch nicht nötig.

Vergleichsportale/Flugsuchmaschinen:
- 🖥 www.billigflieger.de
- 🖥 www.opodo.de
- 🖥 www.swoodoo.com
- 🖥 www.expedia.de
- 🖥 www.lastminute.de
- 🖥 www.restplatzboerse.at

Auf dem Landweg

Thailand, Vietnam und Laos: Wer aus den Nachbarländern auf dem Landweg nach Kambodscha einreisen möchte, kann dies an zahlreichen Grenzübergängen, die für Ausländer geöffnet sind, tun: sechs aus Thailand, acht aus Vietnam und ein Grenzübergang aus Laos. An allen Grenzübergängen ist ein kambodschanisches Visum erhältlich. Wer ohne Passfoto einreist, zahlt zusätzlich US$1–2.

Nicht immer bleibt es bei den im Folgenden genannten Preisen, denn der ein oder andere Zöllner hält schon einmal die Hand auf, bevor er sein Stempelchen setzt. Da es nicht an allen Übergängen Geldautomaten gibt bzw. diese nicht immer funktionstüchtig sind, sollten Einreisewillige etwa US$40 in bar und in möglichst kleinen Scheinen dabeihaben. Zudem werden an einzelnen Übergängen „Gesundheits-Checks" durchgeführt. Wer seinen Impfausweis vorzeigen kann, spart US$1 fürs Fiebermessen.

Von Thailand

Fast alle **Grenzübergänge** sind von 6–22 Uhr geöffnet. Visa on Arrival gibt es an der Grenze (Touristenvisum zur einmaligen Einreise US$30, ein Monat Gültigkeit). Oft werden zusätzliche „Bearbeitungsgebühren" erhoben (S. 240, Poipet, und S. 460, Koh Kong). E-Visa (S. 86) werden nur in Poipet, Koh Kong und Bavet akzeptiert.

Aranyaprathet – Poipet

Der vielfach genutzte Grenzübergang von Bangkok Richtung Siem Reap oder Phnom Penh ist per Eisenbahn oder Bus erreichbar.

Anreise mit Zug und Bus: 2x tgl., um 5.55 und 13.05 Uhr, fährt ein Zug von Bangkok Hauptbahnhof Hua Lamphong bis Aranyaprathet für 111/48 Baht (2./3. Klasse) in 4 1/2–5 1/2 Std. Mit dem Tuk-Tuk (6 km, 20 Min., 80 Baht) oder öffentlichen Bus (15 Baht) geht es zur Grenze, die zu Fuß überquert wird.

Anreise mit dem Bus: Busse starten vom Northern Busterminal (Mo Chit) in Bangkok um 5, 6 und 9.30 Uhr und fahren für 228 Baht in 4 Std. bis Aranyaprathet. Direkt hinter der Grenze in Poipet warten die kostenlosen Shuttle-Busse zum International Tourist Terminal, wo teure Bustickets zur Weiterreise nach Battambang, Siem Reap und Phnom Penh verkauft werden. Günstiger wird es, wenn man in den Büros der Busgesellschaften in Poipet (S. 242) bucht. Wer ein durchgehendes Busticket von Bangkok bis Siem Reap, Battambang oder Phnom Penh in der Tasche hat, wechselt den Bus im International Tourist Terminal.

Besonders bequem ist die Anreise mit **Direktbussen** von Bangkok (ab Northern Busterminal) bis Phnom Penh oder Siem Reap mit Nattakan.

Trat (Ban Hat Lek) – Koh Kong (Cham Yeam)

Der Grenzübergang bietet sich für diejenigen an, die von Thailands Ostküste kommen oder ihre Reise durch Kambodscha an der Küste und auf den Inseln beginnen wollen.

Anreise mit dem Bus: Von Bangkok geht es bis Trat mit den Bussen ab Eastern Bus Terminal (Ekkamai) 12x tgl. von 4–24 Uhr für 230–310 Baht in 5–6 Std. Vom Northern Bus Terminal (Mo Chit) um 7.30, 11 und 22 Uhr für 280 Baht in 4 Std. Mit den Minibussen ab Victory Monument oder Khaosan Road für 300 Baht in 4 Std. Minibusse fahren weiter vom Busbahnhof in Trat in zur Grenze Ban Hat Lek (95 km), etwa stdl. von 6–18 Uhr (wenn der Minibus voll ist) für 120 Baht in 60–90 Min. Über die Grenze geht es zu Fuß. Dann mit dem Tuk-Tuk/Motorradtaxi für US$7/3 ins 12 km entfernte Koh Kong.

Chantaburi (Ban Pak Kard) – Pailin (Psar Prum)

Der ruhige Grenzübergang ist eine Alternative, wenn man von Thailands Ostküste Richtung Battambang unterwegs ist.

Anreise mit dem Bus: Von Bangkok fahren Busse ab Eastern Bus Terminal (Ekkamai) nach Chantaburi stdl. von 5–24 Uhr für 210 Baht in 4–5 Std. Ab Northern Bus Terminal (Mo Chit) um 6.30, 12, 14 und 17 Uhr für 220 Baht in 4 Std. Von Chantaburi geht es nach Ban Pak Kard (80 km)

Warnung vor Billiganbietern!

Immer wieder gibt es Meldungen von **Diebstählen** aus den sogenannten **Khaosan-Road-Bussen**. Dabei wird nicht nur das Gepäck aus dem Laderaum durchsucht und um mehr oder weniger Wertvolles erleichtert, das Gleiche gilt auch für kleinere Gepäckstücke aus dem Fußraum. Zudem werden von Bangkok aus recht komfortable Busse eingesetzt, hinter der Grenze erfolgt der Weitertransport dann aber häufig mit **klapprigen Minibussen**. Der günstigste Fahrpreis ist also nicht unbedingt die beste Alternative, zumal die Fahrt oft erheblich länger dauert als zugesagt, überhöhte Beträge für ein Visum kassiert oder ein Mindestumtausch von Dollar in Riel gefordert werden.

mit dem Minibus für 150 Baht in 60–90 Min. Hinter der Grenze, im kleinen Ort Psar Prum, bringen Motorradtaxis und Sammeltaxis für 100 Baht Reisende ins 22 km entfernte Pailin.

Ban Laem – Kamrieng

Ein weiterer – aufgrund schlechter Verbindungen wenig genutzter – internationaler Grenzübergang ist der 40 km nördlich von Pailin gelegene Grenzort Kamrieng (Ban Laem in Thailand). Hinter der Grenze bieten Mopedtaxifahrer ihre Fahrdienste bis nach Pailin an.

Chong Jom – O'Smach

Der Grenzübergang im Norden Kambodschas ist mit den Bussen von Bangkok ab Northern Busterminal (Mo Chit) nach Surin erreichbar, 12x tgl. von 7–23 Uhr für 280–350 Baht in 7 Std. Von dort mit Minibussen zum 70 km südlich liegenden Grenzort Chong Jom. Direkt hinter der Grenze, ⏰ 6–22 Uhr, in O'Smach gibt es Verbindungen per Bus oder Sammeltaxi nach Phnom Penh, Siem Reap oder Sisophon (S. 342). 100 m hinter dem Grenzübergang, auf kambodschanischer Seite, gibt es ein Ticketbüro von Rith Mony. Tgl. um 7.15 Uhr startet ein Bus Richtung Phnom Penh (für US$12 in 10 Std.), über Siem Reap (für US$6,25 in 4 Std.) und Kompong Thom (für US$11,25 in 6 Std.). Nebenan warten Sammeltaxi-Fahrer auf Kundschaft: Samroang für US$2,75 in 1 Std., Siem Reap für US$7,50 in 3 1/2 Std., Sisophon für US$7,50 in 3 1/2 Std.

Chong Sa Ngam – Anlong Veng (Cho-Aam)

Der abgeschiedene ruhige Grenzübergang, ⏰ 7–20 Uhr, liegt etwa 90 km von Surin entfernt. Von Surin mit dem Minibus und Songthaew über Prasat bis nach Chong Sa Ngam. Hinter der Grenze in Cho-Aam warten Motorradtaxis, die für US$5 ins 20 km entfernte Anlong Veng fahren.

Von Vietnam

Die Grenzübergänge sind meist von 7–17 Uhr geöffnet. Visa gibt es an der Grenze (US$30 für ein Touristenvisum zur einmaligen Einreise mit einem Monat Gültigkeit), E-Visa werden nur in Bavet akzeptiert. (Für alle, die diese Grenzübergänge in die andere Richtung nutzen möchten, sei daran erinnert, dass für Vietnam ein Visa vorab besorgt werden muss, nach Vietnam gibt es keine Visa on Arrival).

Moc Bai – Bavet

Der stark frequentierte Grenzübergang, ⏰ 6–22 Uhr, liegt 200 km südöstlich von Phnom Penh. Zahlreiche Direktbusse starten zwischen 8 und 12 Uhr in Ho-Chi-Minh-Stadt, US$12–18, Fahrzeit 6 Std.

Chau Doc (Vinh Xuong) – K'am Samnar

Per Boot geht es bis Phnom Penh über den Bassac-Fluss. Mehrere Anbieter betreiben Schnellboote, ab Chau Doc um 8 Uhr für US$25–35 in 5 Std. Die ebenfalls verfügbaren Kombi-Touren mit Bus und Boot sind weniger komfortabel und dauern etwa 8 Std. Als 2- bzw. 3-Tages-Deltatour ab US$20 p. P.

Tinh Bien – Phnom Den

Der Grenzübergang liegt 20 km südwestlich von Chau Doc. Hinter der Grenze verkehren Motorradtaxis (US$15) und Sammeltaxis (US$5) ins 40 km entfernte Takeo.

Ha Tien (Xa Xia) – Prek Chak

Ein Motorradtaxi von Ha Tien bis zum vietnamesischen Grenzort Xa Xia kostet etwa 50 000 Dong. Zu Fuß geht es über die Grenze, ⏰ 6–18 Uhr. Dort warten Motorradtaxis, die für US$10 bis Kep (40 km) oder US$18 bis Kampot (65 km) fahren. Gelegentlich verkehren Taxis bis Kep/Kampot für US$25/35. Bequemer ist die Anreise mit einer durchgebuchten Tour. Diese werden u. a. von fast jedem Reisebüro auf Phu Quoc oder dem Hai Phuong Hotel in Ha Tien vermittelt.

Le Tanh – O'Yadaw

Dieser Grenzübergang verbindet Plei Ku in Vietnam mit Banlung in der Rattanakiri-Provinz; ab Plei Ku um 8 Uhr in 5 Std. für 170 000 Dong.

Weitere Grenzübergänge

Die Grenzübergänge in den Provinzen Kompong Cham, **Xa Mat – Trapeang Phlong**, in Prey Veng, **Dinh Ba – Banteay Chakrei**, oder der Grenzübergang südlich von Snuol in der Provinz Kratie, **Loc Ninh – Trapeang Sre**, werden nur selten von Reisenden genutzt.

Von Laos

Nong Nok Khian – Trapaeng Kriel

Der einzige Grenzübergang von Laos, 180 km von Pakxe entfernt (auch Dong Krolor genannt), ist von 7–17 Uhr geöffnet, das kambodschanische Visum an der Grenze erhältlich. Die kambodschanische Busgesellschaft Phnom Penh Sorya, 🖳 www.ppsoryatransport.com, fährt um 7.30 Uhr von Pakxe über Viertausend Inseln, Stung Treng und Kratie Richtung Phnom Penh (US$27 in 12 Std.). Busse der laotischen Gesellschaft Kriang Kai fahren ebenfalls um 7.30 Uhr ab Pakxe. Hier werden hinter der Grenze die Busse gewechselt. An diesem Grenzübergang gibt es keinen Geldautomaten. Laotische Zöllner verlangen US$5 für den Ausreisestempel.

Botschaften und Konsulate

Ausländische Vertretungen in Kambodscha

Deutschland

Deutsche Botschaft
76-78, St. 214 (Rue Yougoslavie), Phnom Penh
✆ 023-216 193, im Notfall ✆ 010-990 002,
📠 217 016, 🖳 www.phnom-penh.diplo.de
🕐 Mo–Fr 8.30–11.30 Uhr.

Österreich

Österreich unterhält keine Botschaft in Kambodscha. Die Vertretung wird von der deutschen Botschaft übernommen, die nächste österreichische Botschaft befindet sich in Thailand:
Q. House Lumpini, Unit 1801, 18th Floor, Sathorn Tai Rd., Bangkok 10120
✆ +66 2-105 6710, 📠 401 6161,
🖳 www.bmeia.gv.at
🕐 Mo–Fr 9–12 Uhr.

Schweiz

Generalkonsulat
53 D St. 242, Phnom Penh
✆ 023-219 045, 📠 213 375,

📧 swissconsulate@online.com
🕐 Mo–Fr 8–11 und 14–16 Uhr,
außer Fr nachmittags.

Botschaft in Bangkok
35 North Wireless Rd., Bangkok 10330
✆ +66 2-674 6900, 📠 2-674 6901,
🖳 www.eda.admin.ch/bangkok
🕐 Mo–Fr 9–11.30 Uhr.

Laos

Laotische Botschaft
15-17 Mao Tsetung Blvd., Phnom Penh
✆ 023-982 632, 📠 720 907,
📧 laoembpp@canintel.com
🕐 Mo–Fr 8.30–11.30 und 14–17 Uhr.

Thailand

Thailändische Botschaft
196 Preah Norodom Blvd., Phnom Penh
✆ 023-726 306, 📠 726 303,
🖳 www.thaiembassy.org/phnompenh
🕐 Mo–Fr 8.30–11 Uhr.

Vietnam

Vietnamesische Botschaft
436 Monivong Blvd., Phnom Penh
✆ 023-726 274, 📠 726 495,
🖳 www.vietnamembassy-cambodia.org/en
🕐 Mo–Fr 8–11.30 und 14–16.30 Uhr.

Generalkonsulat
Street 3, Battambang
✆ 053-952 894, 📠 888 866
310 Ekkreach St., Sihanoukville
✆ 034-933 466, 📠 933 669

Kambodschanische Vertretungen im Ausland

Deutschland

Königliche Botschaft von Kambodscha
Benjamin-Vogelsdorff-Str. 2, 13187 Berlin
✆ 030-486 37 901, 📠 486 37 937,
🖳 www.kambodscha-botschaft.de
🕐 Mo–Fr 9–12.30 und 13.30–17 Uhr.

Österreich

In Österreich gibt es keine kambodschanische Vertretung, für Österreich zuständig ist Belgien:
264 A Avenue de Tervuren, B-1150 Brüssel
📞 +32 2-772 0372, 📠 772 0376,
✉ amcambel@skynet.be
🕐 Mo–Fr 9–13 und 14–17 Uhr.

Schweiz

Botschaft
3, Chemin Taverney, 1218 Grand-Saconnex
📞 022-788 7773, 📠 788 7774,
🖥 www.cambodiaembassy.ch
🕐 Mo–Fr 10–12 und 14–16 Uhr.

Generalkonsulat
Winterthurerstr. 549, 8051 Zürich
📞 044-887 2727, 📠 044-888 4424,
🖥 www.cambodiaconsulate.ch
Visa: 🕐 Do–Fr 9–12.30 Uhr.

Thailand

Embassy of Cambodia
518/4 Pracha Uthit Rd., Bangkok 10310
📞 02-957 5851, 📠 957 5850,
✉ recbkk@cscoms.com

Vietnam

Botschaft
71 A Tran Hang Dao, Ha Noi
📞 04-3942 4788, 📠 3942 3225,
✉ ach@fpt.vn

Honorarkonsulat
41 Phung Khac Khoan, Ho-Chi-Minh-Stadt
📞 08-3829 2751, 📠 3829 2744,
✉ cambocg@hcm.unn.vn

Laos

Embassy of Cambodia
Thadeua Rd. KM 2, Vientiane, BP 34
📞 021-314 950, 📠 314 951,
✉ recamlao@laotel.com

Malaysia

Embassy of Cambodia
46 Jalan U-Thant, 55000 Kuala Lumpur
📞 03-4257 1150, 📠 4257 1157,
🖥 embassyofcambodia-malaysia.org

Singapore

Embassy of Cambodia
400 Orchard Rd., #10-03/04 Orchard Towers,
Singapore 238875
📞 6341 9785, 📠 6341 9201,
✉ cambodiaembassy@pacific.net.sg

Einkaufen

Souvenirjäger finden vor allem in Kambodschas Touristenzentren Phnom Penh, Siem Reap und Sihanoukville die Gelegenheit, schöne und ausgefallene Mitbringsel zu erstehen. Hochwertige Schals aus Seiden- oder Baumwollstoffen, Kunsthandwerk, Taschen, Schmuck oder Dekoratives aus Silber und Holz werden in kleinen Shops und auf Märkten feilgeboten. Es lohnt sich, nach Läden Ausschau zu halten, die Ausbildungs- und Produktionsstätten unterhalten, die Behinderte, Jugendliche oder Frauen aus schwierigen Lebenssituationen beschäftigen – mit gutem Gewissen macht der Einkaufsspaß doppelt so viel Freude.

Shoppingcenter sind weitgehend unbekannt in Kambodscha. In Phnom Penh existieren drei Shoppingparadiese nach westlichem Vorbild, in Siem Reap hat ein Konsumtempel geöffnet.

In den kleinen **Boutiquen** und **Souvenirläden**, die in den Touristenzentren ihre Türen geöffnet haben, werden oft hervorragende – und teure – Schnitzarbeiten, Dekoratives oder Originelles aus Designerhand angeboten. Um die Qualität und den Preis besser einschätzen zu können, sollte man sich vorher auf den Märkten über das Angebot informieren.

Märkte

Vor allem außerhalb der touristisch geprägten Orte lohnt ein Bummel über den Markt *(psar)*, der in kleineren Ortschaften meist unter offenem Himmel abgehalten wird und dessen Angebot sich in erster Linie an Einheimische richtet: Hier stehen Alltagsprodukte zum Verkauf: Textilien, Haushaltsgegenstände, Kosmetik- und Sanitärartikel sowie natürlich Lebensmittel, darunter exotische Gewürze und tropische Früchte. Auch Essensstände dürfen nicht fehlen. In den von Touristen frequentierten Märkten wie dem Russenmarkt (Tuol Tom Poung) in Phnom Penh und dem Psar Chas in Siem Reap richtet sich ein Teil des Angebots an Touristen: Kunsthandwerk, Souvenirs und Imitate unterschiedlichster Qualität werden angeboten. Die aus Thailand bekannten Nachtmärkte mit Souvenirs und günstigen Essensständen gibt es bisher nur in Siem Reap.

Kunsthandwerkstätten

Kambodscha ist bekannt für hochwertiges Kunsthandwerk. Viele Produkte können direkt in den Werkstätten bzw. angrenzenden Souvenirshops erworben werden. Schöne und praktische *kramas* (Tücher aus Baumwolle und Seide) werden in den Seidenweberdörfern bei Phnom Penh und Kompong Cham hergestellt, auch in Siem Reap oder Stung Treng können Werkstätten besichtigt werden. Feine Silberwaren stellen die Silberschmiede in den Dörfern Kompong Luong und Prek Gdam bei Phnom Penh her. Die schönsten Tonarbeiten stammen aus Ondoung

Rossey bei Kompong Chhnang, und die Steinmetze bei Kompong Thom sind für ihre Arbeiten im ganzen Land bekannt. Viele dieser kunsthandwerklichen Produkte werden in Phnom Penh angeboten.

Mitbringsel von A bis Z

Antiquitäten

Antiquitäten wie Figuren, Porzellan, Möbel oder dekorative Gegenstände werden in Phnom Penh und Siem Reap angeboten. Diese dürfen nur mit Exportgenehmigung außer Landes gebracht werden, in lizenzierten Geschäften unbedingt auf einen Nachweis der **Ausfuhrerlaubnis** vom Ministry of Culture And Fine Arts, 227 Norodom Blvd., Phnom Penh, bestehen. Reproduktionen sind oft in alter Handwerkstradition hergestellt und auf alt getrimmt – dafür aber nicht weniger dekorativ.

Bekleidung, Schuhe und Taschen

Auf den Märkten ist die Auswahl an **Textilien** riesig, doch oft richtet sich das Angebot allein an die heimischen Käufer. Für den Durch-

In vielen Orten betreiben Steinmetze ihr filigranes Handwerk.

© M. MARKLAND

Während die Waren in Shoppingcentern und Geschäften zu Festpreisen verkauft werden, gehört das **Handeln** auf Märkten zum Ritual. Denn ohne das übliche Feilschen um den Preis würde das Geschäftemachen schlichtweg keinen Spaß machen. Die Preise, die Ausländern genannt werden, sind dabei meist völlig überhöht. Als Einstiegspreis sollte man rund 50 % der geforderten Summe nennen, meist einigt man sich dann auf 70–80 % des ursprünglichen Preises. Wenn keine Einigung erzielt werden kann, hilft auch freundliches Verabschieden, denn meist unterbreitet einem der Händler dann ein besseres Angebot. Verkaufsgespräche sollte jedoch nur beginnen, wer ernsthaft etwas kaufen möchte. In Boutiquen oder teuren Antiquitätenläden ist auch für den gewieften Feilscher selten mehr als 5–10 % Preisnachlass auszuhandeln.

schnittstouristen bedeutet dies, dass Kleidung oft viel zu klein ist (viele Kambodschaner/innen sind ausnehmend schlank, sodass die modernen Hosen derzeit selbst den Schaufensterpuppen nicht passen und die Reißverschlüsse offen stehen) und in puncto Farb- und Stoffauswahl nicht dem europäischen Geschmack entsprechen. Neben sehr kurzen engen Röcken mit teils absurden Mustern und Farben für die Businessfrau, sind seit jeher auch infantile Teddybärendrucke mit vielen Herzchen für erwachsene Frauen beliebt. In Phnom Penh und Siem Reap werden zunehmend Stücke lokaler Designer verkauft – oft ausgefallen und kreativ.

Auf den von Touristen frequentierten Märkten lassen sich T-Shirts, Hemden, Jeans und Outdoorbekleidung bekannter Modemarken erstehen – als Kopie von manchmal zweifelhafter Qualität, aber auch als 2. Wahl Artikel aus den Textilfabriken.

In exklusiveren Boutiquen werden Kleider und Hemden aus Seide in wenigen Tagen nach Maß geschneidert. In Phnom Penh werden zudem **Schuhe** passgenau hergestellt (S. 177).

Die Auswahl an **Taschen** ist riesig: Handtaschen mit bekannten Logos, daneben originelle Stücke aus recycelten Reissäcken und anderen Materialien: in der Heimat ein toller Hingucker, den sonst keiner hat. Naturnaher sind die Tragetaschen aus den Bergdörfern in Rattanakiri und Mondulkiri: Der dunkle grobe Stoff ist mit geometrischen Streifenmustern und Motiven gewebt.

Rucksäcke und Koffer bekannter „Marken" werden in Geschäften und auf den Märkten an-geboten – unbedingt die Verarbeitung prüfen, sonst hält das neue Stück nicht, was es verspricht.

Bilder

In Phnom Penh, Siem Reap und Battambang werden mitunter recht kitschige Gemälde angeboten, es eröffnen jedoch immer mehr Galerien, die kreative Werke einheimischer Künstler zeigen. Wenige haben sich auch auf eindrucksvolle Fotografien spezialisiert. Die Leinwände werden zum Transport vom Rahmen genommen und sind gerollt gut zu transportieren. Zuhause angekommen, muss das Werk dann wieder auf einen Rahmen gespannt werden.

Märkte unter freiem Himmel öffnen in den frühen Morgenstunden, viele Stände werden zum frühen Nachmittag bereits abgebaut. Geschäfte und Marktstände in Phnom Penh und Siem Reap mit Angeboten, die sich an Touristen richten, öffnen meist zwischen 8 und 9 Uhr, Geschäftsschluss ist 20/21 Uhr. In Provinzstädten öffnen Geschäfte des allgemeinen Bedarfs gegen 7 Uhr, spätestens 19 Uhr ist Feierabend. Die meisten Läden und Märkte sind sieben Tage in der Woche geöffnet. Lediglich zu Festtagen wie dem chinesischen Neujahr im Februar, dem kambodschanischen Jahresanfang Mitte April oder dem Ahnenfest Bonn Phchum Ben Ende September/Anfang Oktober sind viele Geschäfte geschlossen, die Städte wirken dann wie ausgestorben.

Edelsteine, Gold und Silber

Die Gegend um Pailin und die Provinz Rattanakiri waren bekannt für ihre hochwertigen Edelsteine. Die Minen sind fast erschöpft, die auf den Märkten angebotenen Steine heute meist von minderer Qualität. Nur wer sich wirklich mit Edelsteinen auskennt, sollte einen Kauf in Erwägung ziehen.

Typisch Kambodschanisch sind die aus Silberlegierung hergestellten kleinen, filigran verzierten Betelnussdosen. Beliebt sind auch die versilberten Behältnisse in Form von Früchten oder Tieren. Die massiven Opferschalen sind teuer, denn sie bestehen ganz aus Silber und sind kunstvoll verziert.

Die silbernen Halsketten, Ohrringe und Armreifen kommen meist aus Indonesien, in Kambodscha wird traditionell Gold als Schmuck getragen, er dient gleichzeitig als Geldanlage. Goldschmuck wird in überall in Geschäften und auf den Märkten angeboten.

Figuren

Buddhas, Apsaras oder hinduistische Götter: als Holzschnitzarbeit, aus Marmor gehauen oder in Bronze gegossen, mit oder ohne Einlegearbeiten, auf alt getrimmt oder bunt – beim Stöbern lassen sich tolle Stücke entdecken. Wer im Anschluss noch Thailand oder Laos bereist: Die Ausfuhr von Buddhastatuen (auch jene, die nicht antik sind) ist dort nur mit Genehmigung erlaubt.

Die kleinen Figuren in Tier- oder Menschengestalt sind Opiumgewichte, mit denen der Wert der Ware ausgewogen wurde.

Genussmittel

Die Provinz Mondulkiri ist berühmt für ihren wohlschmeckenden **Kaffee**, und in Kampot wächst der weltweit bekannte **Pfeffer**. Wer es nicht bis in diese Provinzen schafft, kann Kaffee und Pfeffer aus Kambodscha auch in Phnom Penh erstehen. In Mondulkiri wird außerdem **Honig** hergestellt, und in Battambang gibt es das einzige **Weingut** Kambodschas (S. 218).

Krama

Einzigartig und nur in Kambodscha erhältlich sind die karierten Baumwollschals, die *krama* genannt werden. Die Khmer verwenden sie als Schal, als Kleidungsstück um die Hüften gewickelt genutzt, oder als Kopfbedeckung. Sie schützen vor Kälte, Sonne und Staub. Sehr schön sind auch Stücke aus hochwertiger Seide. Aus Baumwolle sind sie erst etwas steif, nach kalter Wäsche jedoch erfüllen sie am besten die wärmende und kühlende Funktion. *Kramas* gibt es überall für wenige Dollar zu kaufen, in verschiedensten Farben und Ausführungen.

Rattan- und Bambusartikel

Rattan, aber auch Bambus, wird zur Herstellung von Körben, Schalen, Bechern und Platzdecken verwendet – ein praktisches und schönes Mitbringsel. Ausgefallen sind die „Rucksäcke" der Bergstämme in Rattanakiri *(khapa)*, die zum Transport von Waren benutzt werden.

Seidenstoffe

Traditionell wird in Kambodscha handgewebte Seide verkauft, in vielen Seidenweberdörfern und Werkstätten kann bei der Herstellung des hochwertigen Stoffes zugeschaut werden. Zu kaufen gibt es meist fertige Produkte wie Seidenschals, Kissenbezüge, Hemden oder Kleider.

Was nicht ins Gepäck gehört

Der Kauf von gefälschten Markenprodukten zum persönlichen Gebrauch ist nicht strafbar, solange die Reisefreimenge in Höhe von 430 € nicht überschritten wird. Dennoch ist Vorsicht angebracht: Nachgemachte Textilien oder DVDs sind oft von schlechter Qualität, Sonnenbrillen können durch mangelnden UV-Schutz die Augen schädigen. Und bei teuren Uhren sehen die Zöllner genauer hin. Auch wer gleich viele Hosen im Gepäck hat, läuft Gefahr, als Händler zur Kasse gebeten zu werden. Gefährlich wird der Kauf von gefälschten Medikamenten. Im günstigen Fall sind sie nutzlos, im schlechtesten gesundheitsgefährdend. Der Kauf von Produkten geschützter Tierarten und Pflanzen, die unter das Washingtoner Artenschutzabkommen fallen, kann mit hohen Geldstrafen und sogar Haft geahndet werden.

Essen und Trinken

Frische Zutaten, mild, aber raffiniert aromatisch: Kambodschas Küche ist ausgesprochen schmackhaft. Während im Nachbarland Thailand vieles sehr scharf gewürzt ist, fehlt diese Schärfe in der kambodschanischen Küche nahezu völlig. Auch die für viele asiatische Länder so typische Fischsauce findet in Kambodschas Küche weit seltener Verwendung. Dafür ist die Melange, die chinesische, vietnamesische, thailändische und französische Einflüsse vereinigt, sehr vielfältig. Je näher der Reisende der thailändischen Grenze kommt, desto häufiger stehen auch schärfere Currys auf der Speisekarte. Daneben gibt es chinesische Gerichte wie gebratene Ente oder süß-saures Essen. Auch *pho* – vietnamesische Nudelsuppen – sind verbreitet. Allgegenwärtig ist ein Erbe der Franzosen: das Baguette. Europäische und andere asiatische Küchen bereichern die gastronomische Vielfalt in Phnom Penh und Siem Reap.

Grundnahrungsmittel und Hauptzutat jeder Mahlzeit ist **Reis**. Es gibt ihn als weißen Reis, als süßen Klebreis in Süßigkeiten und als Nudeln. Welchen Stellenwert der Reis in Kambodschas Küche hat, erkennt man auch daran, dass „essen" *bay gnam* heißt, wörtlich übersetzt: „gekochten Reis essen".

Eine typisch kambodschanische Mahlzeit besteht, vom Reis abgesehen, aus mindestens drei Gerichten. Eines davon ist eine Suppe, hinzukommen ein Fisch- und Fleischgericht sowie viel Gemüse. Jedes Gericht sollte entweder süß, sauer, salzig, scharf oder bitter sein. Am besten sind mehrere Geschmacksrichtungen in einem Gericht vereinigt.

Kambodschaner sind wahre Meister in der Herstellung von Pasten, deren Zutaten eine Menge von Gewürzen enthalten. Verwendet werden z. B. Koriander, Nelke, Zimt, Anis, Kardamom, Ingwer, Zitronengras, Knoblauch, Chilis, Zwiebeln und Limetten. Eine Paste aus solchen Zutaten wird *kroeung* genannt und ist Bestandteil vieler Gerichte. Die zweite Paste, für die die kambodschanische Küche berühmt ist, ist *prahok*: fermentierte Fischpaste. Mehrere Tage wird Fisch in Salz eingelegt.

Das Ergebnis ist würzig, aber erstaunlich wenig fischig. *Prahok* wird zum Würzen, aber auch als Dipp zu rohem Gemüse gegessen. Werden statt Fisch Garnelen verwendet, wird die Paste *kapi* genannt.

Khmer lassen sich für unseren Geschmack ungewöhnliche Dinge schmecken: darunter Insekten, Spinnen, Käfer, Larven, Ameisen, Schlangen, Entenföten, Algen, Innereien, Rotwild, Spatzen, Eidechsen, Fischblasen und Frösche – all das steht auf Speisekarten oder ist an Essensständen zu haben. Keine Sorge: Ungefragt bekommt man dieses Essen nicht serviert.

Straßenstände und Restaurants

Garküchen

Kleine Garküchen gehören in Asien zum Alltagsbild. Überall, wo viele Menschen zusammenkommen, werden an **Straßenständen** Snacks verkauft. Bereits gegen 5.30 Uhr öffnen die ersten Foodstalls *(haang kuyteav)* und bieten typisches Khmer-Frühstück wie Nudelsuppen *(kuyteav)* und Reisbrei *(borbor)* sowie Dampfbrötchen mit Fleischfüllung an. In den Abendstunden füllen sich Parks und öffentliche Plätze. Mobile Wagen und Garküchen offerieren dann geröstete Maiskolben, frittierte Bananen, befruchtete Eier, Schnecken, Muscheln oder Baguettes. **Nachtmärkte** gibt es in fast jeder Provinzstadt – allerdings öffnen hier in den Abendstunden nur ein paar Stände, die Obstsäfte *(tök krolok)* oder Süßes anbieten. Lohnend ist der große Nachtmarkt in Battambang, der einladend am Flussufer liegt. Der Nachtmarkt von Siem Reap bietet nur wenige Garküchen, hier werden fast ausschließlich Souvenirs verkauft.

Auf **Märkten** finden sich ebenfalls Essensstände. Hier gibt es meist auch Sitzplätze, und so sind diese improvisierten Restaurants ein idealer Ort, um dem bunten Treiben zuzuschauen.

Geregelte **Öffnungszeiten** existieren nicht. Während einige Straßenstände frühmorgens aufmachen, um Frühstücks-Snacks zu verkaufen, sind andere bis spät in die Nacht in Betrieb, um Nachtschwärmer mit Essen zu versorgen.

Restaurants

In den einfachen Restaurants *(haang bye)* braucht es keine Speisekarte, denn die Gerichte sind vorgekocht und stehen in großen Töpfen aufgereiht am Eingang. Einfach unter den Deckel schauen und auswählen. Das Essen wird zusammen mit Reis, oft auch einer Suppe, an den Tisch gebracht. Dünner chinesischer Tee zur Selbstbedienung gehört ebenfalls dazu. Eine solche Mahlzeit kostet etwa 6000 Riel.

Auch außerhalb der touristischen Zentren in größeren Städten gibt es mindestens ein gehobenes kambodschanisches Restaurant (meist ohne englische Speisekarte). Die Portionen sind sehr großzügig bemessen und haben ihren Preis (um US$6). Überall dort, wo Touristen verkehren, gibt es Restaurants mit englischer Speisekarte. Hauptgerichte kosten etwa US$3–6. In Phnom Penh und Siem Reap ist die internationale Küche bestens vertreten, so haben sich hier u. a. sehr gute französische Restaurants, aber auch Edel-Italiener etabliert, die entsprechend teuer sind. Wer die asiatische Küche bevorzugt, hat hier die Möglichkeit, Japanisch, Vietnamesisch, Koreanisch oder Indisch zu essen. In Hotelanlagen und Guesthouses ist das Essen oft an den westlichen Geschmack angepasst.

Kaum eine **Fastfood**-Kette hat bisher den kambodschanischen Markt erobert. Nur Burger King hat die ersten Filialen in Phnom Penh und am Flughafen eröffnet; KFC und Pizza Company sind in Phnom Penh und Siem Reap vertreten. Bei Jugendlichen ebenfalls beliebt sind deren einheimische Nachahmer – die bekannteste ist Lucky Burger mit Filialen in größeren Städten.

Auch hier sind die **Öffnungszeiten** variabel. Viele Restaurants sind den ganzen Tag geöffnet, servieren Frühstück, Mittagessen und schließen abends gegen 22 Uhr oder wenn der letzte Gast gegangen ist. In der Provinz sind Restaurants meist von 6 Uhr morgens bis 20 oder 21 Uhr geöffnet. Restaurants der gehobenen Kategorie haben meist nur über Mittag (11.30–14.30 Uhr) und am Abend geöffnet (17–22 Uhr), mit einem Ruhetag in der Woche.

In Restaurants sind 5–10 % der Rechnungssumme als **Trinkgeld** angemessen. Kein Trinkgeld muss gezahlt werden, wenn auf der Rechnung bereits eine Servicegebühr ausgewiesen ist. Trinkgeld wird nicht erwartet in einfachen Restaurants, an Straßen- oder Marktständen.

Tischkultur

Zu Mittag und Abend wird üblicherweise im Kreise der Familie gegessen. Auf dem Boden wird eine Bambusmatte ausgebreitet, auf deren Mitte Schüsseln mit Speisen gestellt werden: eine Schüssel Reis, eine mit Suppe und kleinere Portionen Fisch, Fleisch und Gemüse. Jeder erhält eine Schüssel mit kleinem Teller, Stäbchen und Besteck (Gabel und Löffel). Auch im Restaurant werden alle Gerichte möglichst zeitgleich auf den Tisch gestellt. Es bedient sich jeder mit dem gemeinsamen Servierlöffel.

Grundsätzlich wird mit dem Löffel gegessen, die Gabel dient zum Zerteilen der Speisen und als Hilfe, um das Essen auf den Löffel zu schieben. Stäbchen werden nur bei Nudelgerichten benutzt. Üblich ist es, dass Schalen und Besteck vor der Mahlzeit mit den bereitliegenden Servietten geputzt werden.

Die Khmer essen zwar grundsätzlich nicht mit den Fingern, man darf aber ruhig mit der rechten Hand zum Essen greifen – doch nie mit der linken, diese gilt als unrein. Essstäbchen nicht V-förmig in der Schale liegen lassen – das ist ein Symbol für den Tod. Auch der Löffel gehört mit der offenen Seite neben oder auf den Teller. Wasser wird oft erst am Ende des Essens gereicht, denn traditionell wird damit das Ende der Mahlzeit angezeigt.

Kambodschaner essen recht früh: Vor 8 Uhr sind alle mit dem Frühstück fertig, das Mittagessen wird gegen 12 Uhr verzehrt, und bereits gegen 18 Uhr wird zu Abend gegessen. Viele Khmer nehmen ihr Abendessen von einer Garküche mit nach Hause, um es dann gemeinsam im Kreise der Familie zu essen.

Gerichte und Zutaten

Snacks

Snacks werden fast überall auf der Straße angeboten. Bekannt sind gefüllte Baguettes mit Paté, Hackfleisch, Sardinen oder eingelegtem Gemüse. Mobile Straßenstände offerieren Maiskolben, Schnecken und Muscheln für den kleinen Hunger zwischendurch. Würste, Fleischspieße oder Kochbananen werden über Holzkohlegrills geröstet. Gefüllte Pfannkuchen, *bany chaev*, sind aus Maismehl gefertigt, mit Kurkuma gelb gefärbt und mit einer Mischung aus Schweinehack, Krabben und Bohnensprossen gefüllt. Sie werden in Fischsauce mit Erdnüssen getunkt. In der süßen Variante sind sie mit einer Creme bestrichen. Einfach zu transportieren und sehr sättigend ist *krolan*. Das mit Klebreis, Kokosmilch und dunklen Bohnen gefüllte Bambusrohr ist über Holzkohle gegart. Beliebt bei Einheimischen und auch die weißen Dampfbrötchen, *noam bpaow*, gefüllt mit Schweinehack oder in der süßen Variation mit Mungbohnenpaste. Eier werden ebenfalls geschätzt und in allen Varianten angeboten. Sogenannte 1000-jährige Eier werden solange in Salzlake eingelegt, bis sich die Schale fast schwarz gefärbt hat. Die Konsistenz von Eigelb und Eiweiß erinnert an weich gekochte Eier. Eine weitere Delikatesse sind angebrütete Enteneier, *bpong dtia gowne*. Sie werden vorsichtig geöffnet, die Flüssigkeit ausgesaugt und das fast fertige Embryo mitsamt des Dotters ausgelöffelt – gewürzt mit Essig, Salz und Pfeffer. Experimentierfreudige Naturen können auch frittierte Käfer, Heuschrecken oder Spinnen probieren. Interessant ist der Samen der Lotosblume, der aus den

Nationalgerichte Amok und Loc Lac

Amok und *Loc Lac* dürfen auf keiner Speisekarte fehlen, diese Gerichte gibt es nur in Kambodscha. Die Grundzutat von **Amok** ist eine Paste aus Zwiebeln, Zitronengras, Chilis, Knoblauch, Ingwer, Limetten und Fischsauce. Zusammen mit Kokosnusssaft wird Fisch oder auch Fleisch gedünstet. Klassisch wird das Ganze im Bananenblatt oder in einer Kokosnuss serviert. *Loc Lac* ist ein Gericht aus kurz angebratenen Rindfleischstücken, serviert auf einem Bett aus Tomaten und Gurken, darüber gibt es oft noch ein Spiegelei. Das Fleisch wird mit einer Sauce aus Salz, Pfeffer und Limetten gegessen – einfach und köstlich.

Lotosknospen zu schälen ist. Er schmeckt ähnlich wie frische Erbsen. Lotosblumen werden zu drei bis fünf Stück im Bündel verkauft.

Suppen

Kambodschaner lieben Suppen *(samlor)*, die immer heiß serviert werden. In einfachen Restaurants gibt es meist eine klare Suppe, die zusammen mit der Mahlzeit auf den Tisch kommt. Einzigartig und einen Versuch wert sind die in kambodschanischen Restaurants üblichen „sauren Suppen" *(samlor machou)*. Es gibt sie mit Fisch, Fleisch, verschiedensten Gemüsesorten und Kräutern. Die typische Säure erhalten sie durch die Früchte des Tamarinden-Baumes. Beliebt sind auch die *suki*-Suppen mit Gemüse, Fisch und Fleisch. Zum Frühstück essen Kambodschaner gerne ihre *kuyteav*. Diese Nudelsuppe mit Fleisch, Gemüse und frischen Sojakeimen wird nach Bedarf mit Limetten, Chilis oder fertiger Sauce nachgewürzt. *Bobor* ist ein Reisbrei. Meist ist er ungewürzt, sodass man ihn mit den bereitgestellten Beilagen wie Fisch, Eier, gebratenem Gemüse, Ingwer und Chili selbst würzen kann. Er wird traditionell zum Frühstück serviert, ist aber auch mittags und abends erhältlich.

Fisch

Kambodscha ist von großen Wasserläufen durchzogen, beherbergt Südostasiens größten Süßwassersee und grenzt an den Golf von

© MARION MEYERS

Gute und günstige Essensstände gibt es auf fast jedem Markt.

Thailand. Kein Wunder, dass Fische und Meerestiere ganz oben auf der Speisekarte stehen. Fisch *(trey)* wird gegrillt, frittiert, getrocknet, geräuchert, in Salz eingelegt oder zu Fischpaste, *prahok*, verarbeitet. *Trey ahng* ist einfach gegrillter Fisch, er wird auch in Salat oder Spinatblätter gewickelt und in *teuk trey* (Fischsauce mit

Krabbeltiere zum Knuspern

Sie dienen dem Westler eher als exotisches Fotomotiv: Körbe, die randvoll mit frittierten Insekten oder Spinnen gefüllt sind. Der Ort Skuon bei Kompong Cham ist bekannt für *ping peang*, behaarte Tarantel, und *kantes long*, schwarze Wasserkäfer. Überall am Straßenrand werden sie frittiert verkauft. Ebenso beliebt sind *charet bampong*, Heuschrecken. Dieser Snack wird nachts mithilfe beleuchteter Folien auf den Feldern gefangen. Die Heuschrecken fliegen gegen die Bespannung und fallen ins darunter stehende Wasserbecken. Auch Ameisen, *porng ang-krang*, sind beliebt, deren Eier werden als Spezialitäten in Khmer-Restaurants angeboten.

Erdnüssen) getunkt. Sehr empfehlenswert ist *teuk kroeung*, ein Gericht, in dem Fisch in *prahok* gekocht wird. Als Appetithappen wird Fisch zusammen mit Reis in Bananenblättern verkauft *(nem sach trey)*. Die Melange sollte über Nacht ziehen und ist nur für Europäer mit robustem Magen empfehlenswert. *Kha trey* ist in Palmzucker geschwenkter Fisch. Das Süße und aromatische Gericht, zu dem grüne Mangos gegessen werden, ist ein beliebter Picknick-Snack.

Fleisch

Rind, Schwein und Huhn, frittiert oder gegrillt, sind auf allen Speisekarten zu finden. Auch an den Straßenständen wird Fleisch angeboten: meist auf Spießen über Holzkohle gegrillt. Rindfleisch ist seltener und somit teurer, da Kühe in Kambodscha vornehmlich als Arbeitstiere eingesetzt werden. Das kambodschanische Rindfleisch ist oft zäh, in westlichen Restaurants wird meist zartere Importware verarbeitet. Geflügel wird oft komplett kleingehackt, und dann gilt es, während des Essens die Knochenstücke herauszupicken. Beliebt sind auch die herzhaften und zugleich süßen gegrillten Schweinerippchen mit einer Glasur aus Palmzucker.

Die kambodschanischen Currys mit Schweine-, Hühnchen- oder Rindfleisch ähneln denen aus Thailand, sind aber im Geschmack deutlich milder. Typisch kambodschanisch ist *chhar kdao*: Dabei wird Huhn oder Rind zusammen mit Zutaten wie Zitronengras, Kaffirlimonenblättern, Basilikum und Galangal (eine Ingwerart) gebraten. Auf den meisten Speisekarten ist auch Frosch zu finden, selten dagegen Wildgerichte. Bei Einheimischen beliebt und eine tolle Sache, wenn man zu mehreren Personen essen geht, ist die kambodschanische Fondue-Variante *chhnang phnom pleung*, „Feuerhügel-Topf". Rohe Fleisch- oder Fischsorten, dazu Gemüse und Nudeln, werden auf kleinen Tellern gereicht. Auf dem konisch geformten Topf wird das Fleisch gegrillt, in der umlaufenden Vertiefung werden Gemüse und Nudeln in Brühe gekocht.

Reis und Nudeln

Neben Reis, der meist gekocht oder als Reisbrei *(borbor)* serviert wird (s. o.), werden in der asiatischen Küche auch Nudeln als Kohlenhydrat-Lieferant verwendet. Dünne Reis- und Glasnudeln, aber auch gelbe Eiernudeln *(mee)* finden in Nudelsuppen Verwendung. An Straßenständen gibt es zum Frühstück kalte weiße Reisnudeln, *num banh chok*, die, mit warmer roter oder grüner Currysauce übergossen *(samla nam-ya* und *samla khmer)*, sehr gut munden. Dazu werden aromatische Blätter zum Drüberstreuen gereicht.

Gemüse

Bei einem Gang über den Markt lassen sich viele für den Westler fremdartige Gemüsesorten entdecken. Gebratenes Gemüse steht fast immer auf der Speisekarte, je nach Saison sind es Kohlsorten, Karotten, Bohnen, Zucchini, Kürbis, Auberginen, Gurken und Tomaten. Der wohlschmeckende Wasserspinat *(trakoun)* wird als Beilage mit Sojasauce und für Suppen verwendet. Die gekochten Stengel von Lotosblumen, Seerosen und junge Bananenstauden dienen ebenfalls als gesunde Beilagen. Gefüllte Tomaten stehen oft auf dem Speisezettel, die Füllung enthält normalerweise Schweinefleisch. Eingelegtes, säuerlich schmeckendes Gemüse wird als Appetithappen genossen oder als Baguettefüllung verwendet.

Salate

Die leckeren kambodschanischen Salate haben mit den unsrigen wenig gemeinsam. Fleisch, Fisch oder Meerestiere gehören dazu, sie werden oft leicht säuerlich zubereitet, Koriander steht meist auf der Zutatenliste. Aromatisch ist ein *phlea sadj koo*: Rindfleisch wird in Streifen geschnitten und mit Koriander, Pfefferminze und Zitronengras abgeschmeckt. Ähnlich den in Thailand und Laos servierten *laab*-Salaten, wird in Kambodscha gehacktes, gekochtes Schweinefleisch, Rind oder Huhn mit Chilis, Essig, Knoblauch und Minze angemacht. Köstlich ist auch ein Bananenblütensalat, Salat von grünen Mangos, Pomelos oder Lotosstengeln. In Phnom Penh und Siem Reap gibt es inzwischen Salatbars nach europäischem Vorbild.

Brot, Kuchen und Süßigkeiten

Allgegenwärtig und französisches Erbe sind Baguettes. Überall auf den Märkten oder an Straßenecken sind die Weißbrote zu haben. Wahlweise mit Paté, Sardinen, eingelegtem Gemüse oder auch schon mal mit französischem Weichkäse belegt. In der süßen Variante gibt es eine Kugel Eis dazwischen. In den größeren Städten

Vegetarier und Veganer

Strenge Vegetarier oder Veganer haben es nicht ganz leicht in Kambodscha. Denn auch wenn die Kambodschaner behaupten, es sei kein Fleisch oder Fisch im Gericht: Die würzige Fischpaste *prahok* ist in den meisten Gerichten enthalten. Auf vielen Speisekarten ist gebratenes Gemüse mit Reis zu finden. Es wird aber aller Wahrscheinlichkeit nach im gleichen Wok zubereitet, in dem vorher Fisch oder Fleisch gedünstet wurde. Inder, traditionell mit dem Prinzip der fleischlosen Ernährung vertraut, servieren meist sehr gute vegetarische Küche. Am besten bei der Bestellung *ot dak sadj* (ohne Fleisch), *ot dak trey* (ohne Fisch) sagen. Veganer sollten darauf hinweisen, dass keine Eier verwendet werden *(ot yoh bpong mawn)*. In den Touristenzentren gibt es mittlerweile vegetarische und sogar vegane Restaurants.

bietet mindestens eine Bäckerei süße Kuchen und Backwaren an. Desserts sind selten, oft besteht der Nachtisch aus Obst. Süße asiatische Köstlichkeiten gibt es an Marktplätzen. Viele sind aus gesüßtem Klebreis hergestellt. Wahlweise werden sie mit Mungbohnen, kandierten Früchten oder Gelee versetzt und zusammen mit Kokosmilch, gesüßter Kondensmilch und geraspeltem Eis verfeinert.

Obst

Unbedingt probieren sollte man die herrlichen Früchte, die auf den Märkten angeboten werden: Bananen, Mangos, Ananas, Papayas, Melonen, Orangen und Mandarinen sind auch bei uns bekannt. Die im Bündel verkauften rötlich haarigen **Rambutan** und die runden hellbraunen **Longan** ähneln in Geschmack und Konsistenz Litschis. Violettfarbene **Mangosteen** haben weißes, sehr fein süßlich schmeckendes Fruchtfleisch unter der dicken Schale. Die hübschen pinken **Drachenfrüchte** schmecken recht neutral, ein wenig erinnert das weiße, mit schwarzen winzigen Kernen durchsetzte Fruchtfleisch an Kiwis. Die fast monströs groß werdende **Jackfruit** wird portionsweise verkauft. **Durian** schätzen wegen ihres penetranten Geruches dagegen nur wenige Ausländer, wenngleich das Innere der stacheligen Frucht köstlich ist.

Getränke

Wasser, Säfte und Softdrinks

Leitungswasser sollte auf keinen Fall getrunken werden (es ist höchstens zum Zähneputzen geeignet). Man sollte auf Trinkwasser aus Flaschen zurückgreifen, das überall preiswert zu erhalten ist (1 l ab 1500 Riel). Eiswürfel sind normalerweise unproblematisch, sie werden in lokalen Fabriken aus aufbereitetem Wasser hergestellt. In der Provinz kann es im Einzelfall zu Verunreinigungen während des Transportweges kommen.

Softdrinks der namhaften Hersteller sind fast überall erhältlich, die einheimischen Varianten sind sehr süß (2000–4000 Riel fürs Dosengetränk). **Fruchtshakes**, *tök krolok*, werden aus frischem saisonalem Obst mit Zuckersirup oder gesüßter Kondensmilch und geraspeltem Eis zubereitet. Manchmal wird das Ganze noch mit einem Ei verquirlt. Ein guter Energiespender ist ein frisch gepresster **Zuckerrohrsaft**, *tök ampoew*, der überall an den mobilen Pressen zu bekommen ist; oft ist er mit einem Schuss Zitronen oder Orangensaft abgeschmeckt (1000 Riel). Günstig sind auch die jungen **grünen Kokosnüsse** *(tök doung)*, die man für 1000 Riel am Markt und bis zu 4000 Riel im Restaurant bekommt: Ihr Saft ist erfrischend, gesund und vitaminreich.

Tee und Kaffee

Tee gibt es überall, entweder warm oder in einem Glas mit viel Eis. In kambodschanischen Restaurants steht er oft auf den Tischen und wird nicht extra berechnet. Meist handelt es sich um grünen Tee oder Jasmintee.

Kaffee *(kaafee)* wird schwarz oder mit gesüßter Kondensmilch serviert, gern auch kalt mit viel Eis. Kambodschanischer Kaffee kommt aus Mondulkiri oder Rattanakiri, manche Restaurants versetzen ihn mit Kakaopulver oder anderen geheimen Zutaten – das Ergebnis ist oft ein interessanter, wohlschmeckender und kräftiger Wachmacher. Bis zum frühen Nachmittag wird Kaffee in Restaurants ausgeschenkt. Wen es abends nach Kaffee gelüstet, der ist auf westliche Restaurants angewiesen. In touristischen Cafés werden auch die uns bekannten Kaffeespezialitäten serviert.

Alkoholische Getränke

Bier

Weitverbreitet ist die lokale Biermarke Angkor aus Sihanoukville, in der Flasche und Dose (0,33 l für US$1) oder frisch gezapft für US$0,50–1,50. Weitere kambodschanische Marken sind Anchor und Cambodia. Singapores Tiger Beer wird ebenfalls in Kambodscha gebraut. Black Panther ist ein beliebtes dunkles Bier mit 8 % Alkoholgehalt. Ausländische Marken, auch deutsches Weißbier, sind in westlichen Restaurants in den touristischen Zentren erhältlich. Kalt schmeckt Bier natürlich am besten. In ländlichen Gegenden, wo die Kühlung nicht so funktioniert, kann man es den Einheimischen nachmachen: Bier mit Eis bestellen *(som tök koh)*.

Wein und Spirituosen

In Kambodscha wird von den Bergvölkern **Reiswein** hergestellt und vornehmlich auch von ihnen getrunken. Vergorener Reis wird in Tonkrügen oft monatelang vergraben. Jede Sippe hat ihre eigenen Zutaten, sodass der Reiswein ganz unterschiedlich schmecken kann. Sollte man auf einer Tour eingeladen werden: unbedingt probieren, ablehnen gilt als unhöflich. Wer keinen Alkohol trinkt, kann einfach so tun als ob und den Becher oder Strohhalm weiterreichen.

Einheimische Weine sind zudem **Palm-** oder **Ingwerweine**. Palmwein wird täglich aus den Früchten der Palmyrapalme destilliert. Straßenhändler verkaufen das am frühen Morgen noch leicht alkoholische und im Laufe des Tages sehr stark alkoholische Getränk in Bambus- oder Plastikcontainern an der Straße. Es ist mit Vorsicht zu genießen, denn der Alkoholgehalt ist oft nicht ohne!

In der Nähe von Battambang gibt es Kambodschas einziges **Weingut** (S. 218). Eine ganz eigene Note haben der dort hergestellte Wein und Cognac.

Erlesene **Weine**, importiert aus der ganzen Welt, stehen in guten Restaurants auf der Karte. Sie sind i.d.R. sehr teuer. Durchaus akzeptable Tropfen gibt es auch in den Supermärkten. Europäische, südamerikanische oder australische Weine kosten ab US$5.

Spirituosen sind nur in den von Touristen frequentierten Lokalen und Nachtclubs erhältlich sowie in den Supermärkten der großen Städte.

Fair reisen

Reisen wirkt sich auf die Umwelt und die besuchten Menschen aus. Das fängt beim Flug an und hört bei der Nutzung lokaler Ressourcen auf. Touristen verbrauchen durchschnittlich mehr Strom und produzieren mehr CO_2 und Müll als die Einheimischen. Lebensmittel, auf die viele unterwegs nicht verzichten möchten, werden aufwendig und umweltschädlich importiert. Auch werden Beschäftigte im Tourismus oft schlecht bezahlt, arbeiten mehr als acht Stunden täglich und erhalten meist keine Sozialleistun-

 Fair und grün – gewusst wo

Einrichtungen, die sich durch besonders umweltfreundliches oder sozial verträgliches Verhalten auszeichnen, sind in diesem Buch mit einem Baum gekennzeichnet. Sie verwenden z. B. Solarenergie, nutzen Trockentoiletten, um Kompost herzustellen, zahlen faire Löhne, investieren in soziale Projekte, propagieren einen nachhaltigen Tourismus oder stellen Besuchern Informationen für umweltverträgliches Verhalten bereit.

gen. Natürlich hat der Tourismus auch gute Seiten. Er hat vielen Menschen einen Weg aus der Armut gezeigt, ihnen ermöglicht, einen Beruf zu ergreifen, sich weiterzubilden. Er stimuliert lokale Investitionen, verbindet Kulturen und trägt zur Gleichberechtigung der Geschlechter bei. Vielerorts hat er Naturräume geschützt, die ohne Touristen dem Kommerz zum Opfer gefallen wären.

Als bewusst reisender Tourist kann man heute vieles bewirken. Wer wissen möchte, wie er umweltfreundlich und sozial verantwortlich reisen kann, findet neben den Tipps hier im Buch unter folgenden Adressen zahlreiche Anregungen:

Forum anders reisen, Wippertstr. 2, 79100 Freiburg, ☎ 0761-4012 6990, 🖵 www.forum andersreisen.de. Im Forum anders reisen haben sich über hundert kleine und mittlere Reiseveranstalter zusammengeschlossen. Sie streben eine nachhaltige Tourismusform an, die laut eigenen Angaben „langfristig ökologisch tragbar, wirtschaftlich machbar sowie ethisch und sozial gerecht für ortsansässige Gemeinschaften sein soll".

Studienkreis für Tourismus und Entwicklung e. V., Bahnhofstr. 8, 82229 Seefeld-Hechendorf, ☎ 08152-999 010, 🖵 www.studienkreis.org. Der Verein beschäftigt sich mit entwicklungsbezogener Informations- und Bildungsarbeit im Tourismus.

Tourism Watch, 🖵 www.tourism-watch.de. Auf der Website sind Hintergrundberichte zu den Themen Tourismuspolitik, Umwelt, Menschenrechte und Wirtschaft in Englisch und Deutsch verfügbar. Darüber hinaus findet man dort Links, Literaturkritiken, aktuelle Veranstaltungshinweise und Publikationen. **Traverdo**, 🖥 www.traverdo.de. Internetplattform, die touristische Projekte präsentiert, welche auf kreative Weise Bildung und Einkommen für lokale Gemeinschaften gewährleisten und zum Erhalt ihrer Umwelt beitragen.

Tipps für umweltbewusstes und sozial verträgliches Reisen

Beim Umweltschutz ist jeder Einzelne gefordert, mit gutem Beispiel voranzugehen und die zwei goldenen Regeln anzuwenden: alle Plätze so zu verlassen, wie man sie selbst gerne vorfinden würde. Take nothing but pictures, leave nothing but footprints.

Umweltbewusst reisen

- Den durch die **An- und Abreise** verursachen CO_2-Ausstoß mit Hilfe des Kompensationsprogramms einer nachweislich korrekt agierenden Klimaagentur (z. B. 🖥 www.atmosfair.org oder 🖥 www.myclimate.ch) neutralisieren.
- Inlandflüge vermeiden und stattdessen andere **Verkehrsmittel** wie Bus und Zug nutzen.
- **Klimaanlagen** vermeiden, Licht und AC ausstellen, wenn man das Zimmer verlässt.
- Keine **Souvenirs** aus bedrohten Pflanzen oder Tieren kaufen! Das Washingtoner Artenschutzabkommen verbietet deren Import nach Europa.
- **Hotels, Fluggesellschaften, Reiseveranstalter** etc. nach ihren Umweltschutzmaßnahmen fragen und auswählen.
- **Pfandflaschen** kaufen und auf Dosen verzichten. Softdrinks nicht in kleine Plastiktüten umfüllen lassen!
- Statt mit **Batterien** mit aufladbaren Akkus reisen, und wenn Batterien sich nicht vermeiden lassen, diese mit nach Hause nehmen – in Kambodscha werden sie garantiert nicht vernünftig entsorgt.
- **Toilettenpapier** und andere Hygieneartikel nicht in die Toilette, sondern in die daneben stehenden Eimer werfen!

- Beim Einkauf die Ware nicht in **Tüten** packen lassen
- In vielen Gebieten ist **Wasser** ein äußerst knappes Gut. Daher bitte sparsam mit dem kostbaren Nass umgehen. Touristen gelten in den Tropen als die größten Wasserverschwender.
- Wer die ungeklärte Entsorgung von **Abwasser** nicht hinnehmen möchte, kann Besitzer und Betreiber von Resorts und Restaurants darauf ansprechen: Steter Tropfen höhlt den Stein.

Sozial verantwortlich reisen

- Auf **respektvollen Umgang** mit der Bevölkerung und den Angestellten der Tourismusbetriebe achten und ggf. auch Mitreisende oder den Touristenführer darauf hinweisen.
- Reisende, die am Dorfleben und **Homestays** teilnehmen, tragen dazu bei, in ländlichen Gegenden Einkommen zu generieren. Homestays können über das Cambodia Community-Based Ecotourism Network, 🖥 www.ccben.org, gebucht werden. Ein Teil der Erlöse fließt in einen Gemeinschaftsfonds.
- Den persönlichen Wohlstand nicht zur Schau stellen. **Bettelnden Kindern** kein Geld geben. Wirksamer ist es, einer Hilfsorganisation Geld zu spenden.
- Kleinen lokalen Hotels, Restaurants, Reiseveranstaltern, Guides etc. gegenüber großen nationalen und internationalen Ketten den Vorzug geben – das erhöht die Chance, zu **lokalen Einkommen** beizutragen.
- **Kunsthandwerk** soweit möglich direkt beim Produzenten bzw. Kleinunternehmer (wie dem Strandverkäufer) kaufen und Zwischenhändler umgehen.
- **Landwirtschaftlichen Produkten** aus der Umgebung den Vorzug vor importierten Waren geben.
- Auf **fair gehandelte** und **biologisch erzeugte Waren** zurückgreifen.

Trekking und Kajaktouren

- Plastikmüll vermeiden, organischen **Müll** vergraben, nicht organischen Müll mit in die nächste Stadt nehmen sowie Flora und Fauna ungestört lassen. Ehrgeizige Reisende sammeln den herumliegenden Müll auf einer Trekkingroute bzw. am Flussufer auf.

- Beim Buchen eines Treks möglichst darauf achten, dass die **Agentur** ihren Mitarbeitern (Guides, Trägern, Köchen) einen fairen Lohn, Ausrüstung, Verpflegung garantiert.
- Familienunternehmen oder Agenturen den Vorzug geben, die **Schulungen** und Lobbyarbeit in Sachen Naturschutz in den Dörfern organisieren.
- Beim Buchen eines Treks in ländlichen Gebieten nachfragen, ob die **lokale Bevölkerung** von dem Besuch profitiert. Sofern möglich, sollte man einen Guide aus den Dörfern anheuern. Darauf achten, dass für getane Arbeit ein gerechter Lohn bezahlt wird.

Feste und Feiertage

Kambodschaner verbringen Feiertage am liebsten im Familien- und Freundeskreis. Kein Wunder, dass an den höchsten Feiertagen, dem **Khmer-Neujahr** Mitte April und dem **Ahnenfest Bonn Phchum Ben** im September/Oktober, das halbe Land unterwegs ist. Familien und Freunde treffen sich, unternehmen Ausflüge und veranstalten gemeinsame Picknicks. Auch Tempelbesuche stehen auf dem Programm.

Kambodschanische Feiertage

Es gibt staatliche Feiertage, deren Termine in dem uns bekannten gregorianischen Kalender festgelegt sind. Fällt ein solcher Tag auf ein Wo-

Waisenhausbesuche

Waisenhausbesuche gehören in Kambodscha für viele zum festen Tourprogramm. Über den Nutzen der Besuche für die Kinder gehen die Meinungen auseinander. Die meisten Kinderschutzorganisationen raten von einem Besuch ab. Mit Anstieg der Touristenzahlen hat sich auch die Zahl der „Waisenhäuser" verdoppelt: Derzeit werden von 269 Waisenhäusern nur 21 staatlich betrieben. Nicht selten werden die Kinder aus Schulen „ausgeliehen", um sie Touristen zu zeigen. Und: Viele der Kinder haben noch Eltern und sind gar keine Waisen. Schätzungen von Unicef zufolge haben nur 28 % der Kinder beide Elternteile verloren.

Häufig vertrauen Eltern Waisenhausbetreibern ihre Kinder in dem Glauben an, diese erhielten die Chance auf ein besseres Leben. Das Betreiben eines Waisenhauses ist jedoch zu einem lukrativen Geschäftszweig geworden. Die Häuser sind als profitorientiertes Unternehmen aufgezogen, Gelder oder Sachspenden kommen oft gar nicht bei den Kindern an. Je ärmlicher die Kinder gekleidet sind, je unwürdiger die Unterbringung, umso mehr Spenden erhoffen sich die Betreiber. Schulbildung oder eine ausgewogene Ernährung erhoffen sich die Eltern, doch die Realität sieht oft anders aus. In letzter Zeit sind neben dem Vorwurf der Verwahrlosung auch Missbrauchsfälle bekannt geworden.

Natürlich gibt es auch in Kambodscha Waisenhäuser, die gut geführt sind und eine exzellente Arbeit leisten. Einige werden von privaten Förderern unterstützt und brauchen keine Spenden durch Waisenhaustourismus. Andere sind auf diese Einnahmequelle angewiesen.

Für Besucher ist es schwer, gute von schlechten Häusern zu unterscheiden. Warnhinweise können sein: mangelhafte sanitäre Einrichtungen, unausgewogenes Essen, Mädchen und Jungen teilen sich einen Schlafsaal, vor Ort sind kaum Betreuer oder Touristen haben unbeaufsichtigt Zugang zu den Kindern. All dies deutet auf ein schlecht geführtes Heim hin.

Wer Anzeichen von Gewalt und Missbrauch erkennt, der kann sich an die Menschenrechtsorganisation **Sisha** wenden, 🖥 www.sisha.org, **Notfall** 📞 017-382 877, 24 Std., Englisch/Khmer. Weitere Informationen unter 🖥 www.thinkchildsafe.org.

Friends International, 🖥 www.friends-international.org, in Zusammenarbeit mit Unicef wirbt für die Kampagne „Children are not tourist attractions".

chenende, ist der Montag arbeitsfrei. Außerdem gibt es traditionelle und religiöse Feiertage, die sich nach dem Mondkalender richten und daher variable Daten haben. Die Festtage schwanken jedes Jahr, da der Beginn und die Länge des Mondkalenders nicht mit dem gregorianischen Kalender übereinstimmen (S. 88).

Januar

1. Januar: Neujahr, staatlicher Feiertag. Nur wenige Kambodschaner feiern Silvester, das kambodschanische Neujahr ist im April.

7. Januar: Nationaler Gedenktag anlässlich der Zerschlagung der Herrschaft der Roten Khmer 1979 durch die Vietnamesen.

Ende Januar–Mitte Februar: Chinesisches Neujahr *(chaul chnam chen)* und vietnamesisches Neujahr *(tet)*. Viele Chinesen und Vietnamesen schließen für einige Tage ihre Geschäfte. Vielerorts werden Drachentänze aufgeführt. Auch wenn es kein offizieller kambodschanischer Feiertag ist, die Khmer feiern eifrig mit.

Februar

Meak Bochea: Religiöser Feiertag, er erinnert an eine spontane Versammlung von 1250 Mönchen, die Buddhas Predigten hören wollten. Gläubige besuchen an diesem Tag die Tempel, um den Gesängen und Gebeten der Mönche beizuwohnen.

März

8. März: Internationaler Tag der Frauen.

April

14.–16. April: Kambodschanisches Neujahr *(chaul chnam khmer)*, das wichtigste traditionelle Fest des Landes (s. Kasten).

Mai

1. Mai: Internationaler Tag der Arbeit

Bonn Visaka Bochea: Höchster buddhistischer Feiertag, der an die Geburt, Erleuchtung und den Tod Buddhas erinnert. Mönche ziehen mit Kerzen durch die Stadt, am eindrucksvollsten ist das Fest in Angkor Wat.

Bonn Chroat Preah Nongkoal: Königliche Pflugzeremonie. Angeführt von der königlichen Familie, findet das Fest vor dem Nationalmuseum in Phnom Penh statt. Das Datum markiert den Beginn der Aussaat. Vier königliche Ochsengespanne pflügen symbolisch dreimal den Boden vor dem Museum. Anschließend bieten anwesende Bauern und die königlichen Angestellten den Tieren in sieben vergoldeten Eimern Reis, Mais, Sesam, Bohnen, Gras, Wasser und Wein an. Ihre Wahl

---

Neujahrsfest

Das kambodschanische Neujahr *(chaul chnam khmer)* Mitte April kennzeichnet das Ende der Erntezeit und ist das wichtigste traditionelle Fest des Landes. Das Haus wird geputzt und mit Lampions, Kerzen und Räucherstäbchen geschmückt. Mit Opfergaben gedenkt man in Tempeln den Ahnen. Familien kommen zum Essen oder zu gemeinsamen Ausflügen zusammen.

Vor allem junge Kambodschaner tanzen auf den Straßen und vergnügen sich mit traditionellen Spielen wie *angkunh* (eine Art Boule-Spiel – Jungen gegen Mädchen –, bei dem keine Kugeln, sondern die flachen Nüsse des Angkunh-Baumes geworfen werden) oder *chol chhoung* (zwei Gruppen von 10–20 Personen stehen sich gegenüber und werfen sich einen verknoteten *krama*-Schal zu; wird der Schal nicht gefangen und ein Mitspieler getroffen, muss die Gruppe singen oder tanzen). Für viele Männer in ländlichen Gebieten ist es die Gelegenheit, sich den Mädchen zu präsentieren und auf Brautschau zu gehen.

Viele Geschäfte sind geschlossen, sogar in Phnom Penh sind die Straßen wie leergefegt. Die Preise für Unterkunft, Transport und Essen steigen in diesen Tagen merklich an. Das gilt insbesondere für **Transportmittel**, die zudem bereits viele Tage vorher ausgebucht sind. Auch **Hotels** in Urlaubsregionen wie Sihanoukville sind sehr teuer, spontan wird man kaum ein Zimmer bekommen.

Es ist das hohe buddhistische Fest für die Ahnen und dauert drei Tage, gefeiert wird es Ende September, Anfang Oktober. Kambodschaner kehren in ihre Heimatdörfer zurück, um den Geistern ihrer Vorfahren Opfer in die Tempel zu bringen: Blumen, Kerzen, Papiergeld, aber auch Speisen und Getränke. Die Seelen suchen in sieben Wats nach Gaben ihrer Angehörigen und verfallen in tiefe Trauer, sollten sie nichts vorfinden. Am letzten Tag des Festes versammeln sich die Menschen in den Pagoden, um gemeinsam mit den Mönchen für die Seelen der Verstorbenen zu beten. Verkehrsmittel sind in dieser Zeit teurer und überfüllt – Busse besser rechtzeitig reservieren!

wird interpretiert und so Ernten, Überschwemmungen, Epidemien oder starke Regenfälle vorhergesagt. Schlimmes wird der Legende nach über Kambodscha hineinbrechen, wenn ein Ochse aus dem aufgestellten Becher Wein trinkt.

13.–15. Mai: Geburtstagsfeierlichkeiten für König Norodom Sihamoni mit großem Feuerwerk am Flussufer in Phnom Penh.

Juni
1. Juni: Internationaler Tag der Kinder.

18. Juni: Geburtstag der Königin-Mutter Norodom Monineath Sihanouk. Es gibt keine Feierlichkeiten, ist aber trotzdem ein arbeitsfreier Tag.

September
24. September: Tag der Verfassungsgebung 1993.

Ende September–Anfang Oktober:
Bonn Phchum Ben, 2- bis 3-tägiges Ahnenfest (s. Kasten S. 53).

Oktober
15. Oktober: Gedenkfeier für König Norodom Sihanouk, der an diesem Tag im Jahr 2013 verstarb.

23. Oktober: Gedenktag zum Friedensvertrag von Paris 1991.

29. Oktober: Krönungstag des Königs Norodom Sihamoni. Abends findet am Ufer des Tonle Sap in Phnom Penh ein Feuerwerk statt.

November
Bonn Om Touk: Das „Wasserfestival" wird an drei Tagen gefeiert. Es sind die zwei Tage des Vollmonds und der erste Tag im abnehmenden Mond zwischen Ende Oktober und Mitte November. Das Fest markiert ein einmaliges Naturschauspiel des Tonle-Sap-Flusses: den Richtungswechsel im Strömungsverlauf (s. Kasten S. 316). Zu diesem Anlass finden Bootsrennen bei Phnom Penh und Siem Reap statt. Über 200 Boote tummeln sich dann auf dem Tonle Sap: 25 m lang, bunt bemalt und mit 20–30 Rudern besetzt. Im Jahre 2010 brach während der Feierlichkeiten auf einer Brücke Panik aus, 350 Menschen starben. Der Tod König Sihanouks, die Flutkatastrophe und Wahlproteste 2013 waren weitere Gründe, das Fest in den Folgejahren nicht zu feiern. Ab 2014 sollen die Bootsrennen aber wieder wie gewohnt stattfinden. *Bonn Om Touk* markiert auch den Beginn der Fischfangsaison.

9. November: Tag der Unabhängigkeit von Frankreich 1953. Der Tag wird mit Umzügen und Ansprachen am Independence Monument in Phnom Penh gefeiert.

Dezember
10. Dezember: Internationaler Tag der Menschenrechte.

Foto und Video

Die meisten Kambodschaner lassen sich gern fotografieren. Man sollte vor dem Fotografieren oder Filmen aber unbedingt höflich das Einverständnis einholen, sei es durch Worte oder eine Geste. In den seltensten Fällen wird man auf Ablehnung stoßen. Einige Angehörige der indigenen ethnischen Minderheiten (Khmer Loeu) lehnen fotografische Aufnahmen generell ab, das gilt auch für das Fotografieren ihrer Kinder. Besonders respektvoll sollte der Umgang mit Mönchen sein. Bei religiösen Zeremonien (vor allem Totenfeiern) gilt absolute Zurückhaltung.

Kambodschaner fotografieren selbst leidenschaftlich gern, nicht selten wird man als Tourist gebeten, bei einer Gruppenaufnahme mit zu posieren. In den Provinzen werden Touristen von Kindern nahezu bedrängt, ein Foto zu schießen, und es gibt ein freudiges Hallo, wenn man ihnen die Bilder oder Videoaufnahmen zeigt, einige verlangen Geld dafür.

In den meisten Internetcafés und Fotoläden können die digitalen Bilder auf CD bzw. DVD gebrannt werden. Digital- und Videokameras samt Batterien, SD-Karten, Stativen und USB-Sticks sind in großer Auswahl in Phnom Penh und Siem Reap zu kaufen.

Frauen unterwegs

Das Land ist für Frauen – auch wenn sie allein unterwegs sind – problemlos zu bereisen. Kambodschaner verhalten sich in der Regel höflich und respektvoll gegenüber ausländischen Touristinnen.

Allerdings sollten Frauen einige Regeln beachten. So ist aufreizende Kleidung überall unangebracht. Kambodschanische Frauen kleiden sich sehr konservativ. Insbesondere bei Besuchen von Tempeln und Pagoden müssen Schultern und Knie als Zeichen des Respekts bedeckt sein. In Angkor sieht man zunehmend Touristinnen in kurzen Hosen und ohne Schulterbedeckung. Viele Tempel darf frau so gekleidet allerdings nicht betreten (bei den Bekleidungsregeln für Frauen achten die Tempelwächter strikter auf Einhaltung derselben als bei den Männern). Manchmal wird ein übergeworfener *krama* als Schulterbedeckung akzeptiert.

Badenixen in Bikinis gehören an touristischen Stränden mittlerweile zum normalen Bild. Wer den Strand verlässt, sollte sich jedoch unbedingt etwas überziehen, um Belästigungen zu vermeiden – wenngleich sich viele Kambodschaner in solchen Situationen eher beschämt wegdrehen. An abgelegeneren Orten ist es ratsam, es den Einheimischen nachzumachen und ein T-Shirt zum Baden überzuziehen.

Wie überall auf der Welt gilt: Übertriebene Vertraulichkeit kann von Männern missverstanden werden. Einsame Straßenzüge sollten Alleinreisende nachts besser meiden. Einen großen Bogen sollte frau auch um Gruppen angetrunkener Männer machen. Kommt es dennoch einmal zu Übergriffsversuchen, genügt oft ein lautes „No". Auch lautes Schimpfen hilft, um andere auf die Situation aufmerksam zu machen. Oft ist bereits diese Aufmerksamkeit dem Mann peinlich, und er wird beschämt das Weite suchen.

Geld

Währungen

Neben der Landeswährung, dem **Riel**, fungiert der US-Dollar als gängiges Zahlungsmittel. Hotels, Reisebüros, Souvenirläden, Touranbieter und westliche Restaurants geben ihre Preise in Dollar an. Wo üblicherweise nur Einheimische kaufen, in einfachen Restaurants oder auf dem Markt, werden die Preise in Riel genannt.

Der **Wechselkurs** in Geschäften oder Restaurants ist seit Jahren konstant. Hier gilt: US$1 sind 4000 Riel. Rechnungsbeträge können zum genannten Kurs auch gemischt in Dollar und Riel bezahlt werden. Wechselgeld unter US$1 wird in Riel herausgegeben. Riel-Banknoten existieren in der Stückelung zu 100, 500, 1000, 2000, 5000, 10 000, 20 000, 50 000 und 100 000 Riel, Riel-Münzen gibt es nicht. Beschädigte und verschmutzte Dollarnoten werden nicht akzeptiert,

---

Riel tauschen?

Wer nicht gerade in die tiefste Provinz reist, braucht keine Riel zu tauschen. US-Dollar sind ein gängiges Zahlungsmittel, und in kleinen Scheinen kann damit auch an Straßenständen und auf einheimischen Märkten gezahlt werden. Wechselgeld wird in Dollar, aber auch in Riel ausgegeben, sodass der Reisende meist eine kleinere Summe Riel in der Tasche hat.

Wechselkurse

1 € = 5300 Riel	10 000 Riel = 1,90 €
1 sFr = 4300 Riel	10 000 Riel = 2,30 sFr
1 US$ = 4150 Riel	10 000 Riel = 2,40 US$
1 Baht = 125 Riel	10 000 Riel = 80 Baht

Aktuelle Wechselkurse unter 🖥 www.banken verband.de/service/waehrungsrechner

auch beim Wechselgeld sollten Reisende solche Noten ablehnen. Riel hingegen werden immer akzeptiert.

Nahe der thailändischen Grenze kann problemlos in Baht bezahlt werden.

Geldwechsel

Zahlreiche **Banken** wechseln Bargeld in Dollar oder Riel, geben Bargeld auf Vorlage der Kreditkarte und des Reisepasses. **Travellers Cheques** werden hingegen nur noch von wenigen Banken oder Hotels in den großen Städten akzeptiert, bei Ausstellung und Einlösung wird eine Gebühr von 1–2 % erhoben.

Dollar und Euro, in Grenznähe auch thailändische Baht und vietnamesische Dong, werden zudem in **Wechselstuben** oder kleinen Läden getauscht, die sich meist rund um den Markt befinden. Auch Juweliere und Goldhändler tätigen Wechselgeschäfte. Der Kurs ist häufig etwas besser als bei Banken. Uns sind keine Betrugsfälle bekannt, dennoch sollte man das Geld genau nachzählen.

Banken, Geldautomaten und Kreditkarten

Fast in jeder Stadt gibt es mindestens eine **Bankniederlassung** mit einem Geldautomaten. Banken wechseln Fremdwährung wie Euro in US-Dollar, zahlen Bargeld auf die Kreditkarte auf Vorlage des Reisepasses (1–2 % Gebühr) aus oder wechseln Reiseschecks. Die Kernöffnungszeit der meisten Banken ist Mo–Fr 8–15.30 Uhr,

einige auch Sa 8–11 Uhr. Weitverbreitet sind Filialen der **Acleda Bank**, 🖥 www.acledabank. com.kh. Deren Geldautomaten akzeptierten lange nur US$, seit einer Umrüstung gibt es auch Geld auf andere Kreditkarten wie MasterCard. Die **Canadia Bank**, 🖥 www.canadiabank.com. kh, arbeitet ohne Transaktionsgebühr (s. Kasten).

An Banken und in den touristischen Zentren sind überall **Geldautomaten** (ATM) zu finden. Mit **Kreditkarte** (am besten Visa- und MasterCard, American Express und Diners werden nur von wenigen Geldautomaten akzeptiert) und Geheimnummer bekommen Reisende Bargeld. Die Auszahlung erfolgt immer in **US-Dollarnoten**.

Die Kosten für eine Barabhebung sind von Bank zu Bank unterschiedlich. Bis auf die Canadia Bank (und DKB Visa) erheben alle Banken bei der Barabhebung eine Bearbeitungsgebühr von 1–3 % (s. Kasten). Bei Belastung des heimischen Kontos fallen oft nochmals 1–2 % Auslandseinsatz-Entgelt an, manchmal sogar zuzüglich eines festen Betrages für Bargeldauszahlung. Am besten lässt man sich vor der Reise von seinem Geldinstitut beraten.

Viele Kunden haben ein **Verfügungslimit** auf ihren Kreditkarten. Unbedingt das geltende Abhebelimit erfragen und bei Bedarf anpassen. Karten, die im Ausland eingesetzt werden, lösen unter Umständen einen Missbrauchsverdacht bei der heimischen Bank aus, die Karte wird dann gesperrt. Besser vor Reiseantritt die

Kostenlos Geld abheben

Wer mit der Kreditkarte am Geldautomaten Geld abhebt, zahlt zusätzlich eine Transaktionsgebühr in Höhe von 1–3 % der abgehobenen Summe. Nur die **Canadia Bank**, 🖥 www. canadiabank.com.kh, sieht von einer solchen Belastung ab. Die Geldautomaten akzeptieren Visa- und MasterCard. Auch Bargeldauszahlungen auf Vorlage der Kreditkarte und des Reisepasses sind kostenlos.

Wer die Visakarte der **DKB Bank** nutzt, kann sich die Transaktionsgebühren nach der Reise von der Bank erstatten lassen. Damit entfällt die Suche nach einer Bank ohne Gebühren; s. auch eXTra [9423].

Bank kontaktieren. Zurzeit werden viele Geldautomaten umgestellt, mit ec-Karten kann man fast nirgendwo mehr Geld abheben.

An den Flughäfen Phnom Penh und Siem Reap gibt es Geldautomaten, ebenso in den Banken der Grenzorte Poipet, Bavet und Koh Kong. Hier erhält man Dollar, folglich muss man sich nicht unbedingt vor der Reise ausreichend versorgen. Wer noch kein kambodschanisches Visum im Pass hat, muss bei der Einreise für das Visum mindestens US$30 bezahlen (manchmal kommen Kosten hinzu, S. 86) – dieser Betrag sollte vorrätig gehalten werden.

Kreditkarten als Zahlungsmittel werden nicht überall akzeptiert, meist nur in größeren Hotels, westlichen Restaurants, Souvenirgeschäften und Reisebüros. Oft wird eine Gebühr von 1–3 % aufgeschlagen. Visa- und MasterCard ist weitverbreitet, American Express oder Diners Club werden dagegen nur selten angenommen.

Geldüberweisungen

Wer sich aus der Heimat Geld schicken lassen will, kann das problemlos über **MoneyGram**, 🖥 www.moneygram.de, oder **Western Union**, 🖥 www.westernunion.de, veranlassen. Online-Transaktionen werden über die Kreditkarte gebucht, Überweisungen können bei Filialen der Deutschen Postbank getätigt werden. Der Ein-

Sperrung von Bank- und Kreditkarten

Bei Verlust der Bank- oder Kreditkarte sollte umgehend die Bank verständigt werden.

📞 +49-116 116, 📞 +49-30 4050 4050
🖥 www.sperr-notruf.de
American Express, 📞 +49-69-9797 2000
🖥 www.americanexpress.de
MasterCard, 📞 +1-636 722 7111
🖥 www.mastercard.de
Visa, 📞 +1-303 967 1096, 🖥 www.visa.de
Weitere Sperrnummern unter:
🖥 www.kartensicherheit.de

zahlende erhält eine Code-Nummer, die dem Empfänger mitgeteilt werden muss. Innerhalb von wenigen Stunden ist das Geld nach Vorlage des Reisepasses und der Code-Nummer bei einer Bank, die mit MoneyGram (Canadia Bank) oder Western Union (Acleda, Cambodia Asia Bank und Singapore Banking Cooperation) zusammenarbeitet, verfügbar. Diese Form der Geldbeschaffung ist nur im Notfall ratsam, denn die Gebühren sind recht hoch.

Gepäck und Ausrüstung

Wer überwiegend mit öffentlichen Verkehrsmitteln unterwegs ist und schon mal die Dienste eines Motorradtaxis in Anspruch nimmt, greift am besten auf den altbewährten **Rucksack** zurück. Koffer sind für diejenigen bequem, die ihren nicht weit rollen werden. Ein **Tagesrucksack** ist für Touren und Besichtigungen unerlässlich: Wasser, Sonnenmilch, Reiselektüre und Mückenschutz sollten hineinpassen.

Kambodschaner sind in puncto Kleidung sehr penibel und beurteilen Menschen aufgrund ihrer äußeren Erscheinung. Die mitgenommene Kleidung sollte daher sauber, ordentlich und nicht aufreizend sein.

Auch wenn Kambodscha ein tropisches Reiseland ist: unbedingt **warme Kleidung** einpacken. Nicht nur in der kühlen Jahreszeit (November–Januar) kann es abends recht frisch werden. Auch in den Bergen (Mondulkiri und Rattanakiri) ist es oft kälter als erwartet. Und bei einem starken Regenschauer fällt die Temperatur bisweilen schlagartig von 40 °C auf gefühlte 10 °C. Auch wer mit öffentlichen Bussen und Booten unterwegs ist, ist mit warmer Kleidung gut beraten, denn meist wird die Klimaanlage so eingestellt, dass es recht kalt ist. **Trekkingschuhe** sind bei Wanderungen in den Bergen sinnvoll, sonst reichen auch gute Trekkingsandalen oder **Turnschuhe**.

Wertsachen sollten unbedingt unter der Kleidung getragen werden, am besten mit einem **Hüftgurt**. Dokumente zusätzlich mit einer Plastikhülle vor Nässe und Schweiß schützen.

Kleidung

- [ ] **Badekleidung**, für Frauen Badeanzug oder nicht zu winziger Bikini
- [ ] **Baumwolltuch** zum Schutz vor Staub, Sonne oder Zugluft
- [ ] **Feste Schuhe** für Trekking-Touren; in der Trockenzeit und für Wanderungen reichen Turnschuhe
- [ ] **Hosen/Röcke** aus Baumwolle oder leichten Materialien, nicht zu eng
- [ ] **Jacke**, für An- und Abreise, kühle Nächte oder klimatisierte Busse/Boote
- [ ] **Kurze Hosen**, bei Männern knielang, bei Frauen bis übers Knie
- [ ] **Sandalen**, aus denen man einfach hinein- und hinausschlüpfen kann
- [ ] **Socken** für den Abend als Moskitoschutz
- [ ] **Sonnenschutz**: Hut, Brille, Sonnenmilch
- [ ] **T-Shirts/Polos** mit Ärmeln
- [ ] **Unterwäsche** aus Baumwolle oder feinen, schnell trocknenden Materialien

Hygiene und Pflege

- [ ] **Feuchties** (zur Hygiene unterwegs)
- [ ] **Tampons** (nur in wenigen Supermärkten in den großen Städten zu kaufen, Binden hingegen bekommt man überall)
- [ ] **Toilettenpapier** (auf öffentlichen Toiletten nicht vorhanden)

Für einfache Unterkünfte

- [ ] **Adapter** (in einfachen Unterkünften sind die Steckdosen oft „ausgeleiert")
- [ ] **Gummischlappen** für Bad und Dusche

- [ ] **Handtücher** (wer im Dorm übernachtet)
- [ ] **Klebeband**, gegen Löcher im Moskitonetz
- [ ] **Kleine Nägel oder Reißzwecke**n zum Befestigen des Moskitonetzes
- [ ] **Kordel** als Wäscheleine oder zum Aufhängen des Moskitonetzes
- [ ] **Leinenschlafsack/Bettbezug** (da Laken in einfachen Hotels nicht unbedingt immer gewechselt werden)
- [ ] **Moskitonetz**
- [ ] **Plastikbürste** zum Reinigen der Wäsche oder Schuhe
- [ ] **Vorhängeschlösser** fürs Gepäck und die Zimmertür

Sonstiges

- [ ] **Flugunterlagen**
- [ ] **Fotoapparat**, Ladegerät und Ersatzakkus
- [ ] **Geld** (Bargeld, Kreditkarte(n))
- [ ] **Handy** und Ladegerät
- [ ] **Impfpass**
- [ ] **Kopien** aller Dokumente
- [ ] **Laptop**, **Tablet**, **Netbook** und Ladegerät
- [ ] **Nähzeug** (Nadel, Faden, Sicherheitsnadel)
- [ ] **Passbilder** fürs Visum
- [ ] **Plastiktüten** für schmutzige Wäsche und als Nässeschutz
- [ ] **Reiseapotheke** (S. 59)
- [ ] **Reiseführer, Landkarten, Reiselektüre**
- [ ] **Reisepass** (evtl. internationaler Studentenausweis, Personalausweis)
- [ ] **Reisewecker** oder Handy
- [ ] **Taschenlampe** (ggf. Batterie oder Ladegerät)
- [ ] **Taschenmesser**

Ein dünner **Schlafsack** oder ein Laken sind hilfreich für diejenigen, die eine mehrtägige Trekkingtour unternehmen wollen oder in einfachen Unterkünften nächtigen. Wer sich überwiegend in den einfachen Unterkünften einquartiert, sollte vorsichtshalber auch ein **Vorhängeschloss** für die Tür dabeihaben. Wenn die Türe sich so nicht sichern lässt, ist das Gepäck damit sicher abzuschließen. Eine **Taschenlampe** für Stromausfälle sollte außerdem immer griffbereit sein.

Nicht alle Unterkünfte haben einen zusätzlichen Generator.

Unerlässlich ist ein ausreichender Sonnenschutz. Nicht nur Sonnenmilch, sondern auch eine Kopfbedeckung gehört ins Gepäck. Unbedingt auf **Moskitoschutz** achten: In vielen Gebieten Kambodschas herrscht akute Malariagefahr. In der Dämmerung stechen die Mücken zu – gut eincremen und besser langärmelige Sachen und Strümpfe anziehen.

Wäsche waschen

Einen Wäschedienst bieten fast alle Unterkünfte an: Für 500–1000 Riel pro Wäschestück oder US$1–3 pro Kilo wird gewaschen und getrocknet. Wäschereien im ganzen Land offerieren den gleichen Service zum ähnlichen Preis. In der Trockenzeit erhält man seine Sachen innerhalb von 24 Std. zurück. In Phnom Penh und Siem Reap gibt es auch Waschsalons mit Wäschetrockner, was vor allem in der Regenzeit von Vorteil ist.

Gesundheit

Wer sich auf den ausgetretenen touristischen Pfaden durchs Land bewegt, setzt sich nur geringen gesundheitlichen Gefahren aus. Dennoch: Kambodscha ist ein armes Land, die hygie-

nischen Bedingungen sind andere als daheim, und die medizinische Versorgung außerhalb von Phnom Penh, Siem Reap und Sihanoukville ist mangelhaft (s. u.).

Selten passiert mehr, als dass ein aufgekratzter Mückenstich oder eine Abschürfung schlecht verheilen. Dennoch besteht ein latentes Entzündungsrisiko, deshalb sollte man Wunden gut desinfizieren und verbinden. Den ein oder anderen erwischt ein Magen-Darminfekt, der gut selbst zu behandeln ist. Außerhalb der touristischen Hotspots besteht zudem Malariagefahr. Weitere Informationen zu möglichen Erkrankungen, Vorbeugung und Behandlung auf S. 476, Reisemedizin zum Nachschlagen.

Auswahl tropenmedizinischer Institute

Deutschland
Institut für Tropenmedizin und Internationale Gesundheit
Spandauer Damm 130, Haus 10, 14050 Berlin,
☎ 030-301 166, ⌨ tropeninstitut.charite.de
Bernhard-Nocht-Institut für Tropenmedizin
Bernhard-Nocht-Str. 74, 20359 Hamburg,
☎ 040-428 180, ⌨ www.bni-hamburg.de
Tropeninstitut der LMU
Leopoldstr. 5, 80802 München,
☎ 089-2180 13500, ⌨ www.klinikum.uni-muenchen.de/Abteilung-fuer-Infektions-und-Tropenmedizin/de/index.html

Österreich
Zentrum für Reisemedizin
Alserstr. 48/2, 1090 Wien,
☎ 01-403 8343, ⌨ www.reisemed.at

Schweiz
Schweizerisches Tropen- und Public-Health-Institut
Socinstr. 57, 4002 Basel,
☎ 061-284 81111, ⌨ www.swisstph.ch

Impfungen

Rechtzeitig vor Reiseantritt sollte der eigene Impfschutz überprüft werden. Für Kambodscha sind keine Impfungen vorgeschrieben, empfohlen wird aber die Kontrolle (die letzte Immunisierung sollte nicht länger als zehn Jahre zurückliegen) des Basisimpfschutzes. Dazu gehören **Tetanus** (Wundstarrkrampf), **Polio** (Kinderlähmung), **Diphterie**, **Keuchhusten** und **Masern**. Darüber hinaus raten Ärzte und Tropenmediziner zu einer Immunisierung gegen **Hepatitis A**. Bei Reisen in entlegenere Gebiete oder Langzeitaufenthalten empfehlen Mediziner zusätzlichen Impfschutz gegen Hepatitis B, Typhus, Tollwut und Japanische Enzephalitis.

Nur wenige Gebiete in Kambodscha gelten als malariafrei. Sinnvoll ist in puncto Malaria in jedem Fall eine Impfberatung (möglichst frühzeitig) bei einem Arzt. In Abhängigkeit von der Reiseplanung kann eine Prophylaxe eingenommen werden, ein Notfallmedikament mitgeführt oder die Frage geklärt werden, ob man darauf verzichtet. Einige Impfungen müssen bis zu acht Wochen vor Reiseantritt erfolgen. Eine Malaria-Prophylaxe beginnt – in Abhängigkeit vom gewählten Mittel – bis zu zwei Wochen vor Einreise in gefährdete Gebiete.

Wer aus einem **Gelbfieber**-Infektionsgebiet (West- und Zentralafrika, Südamerika) nach Kambodscha einreist, muss eine Impfung gegen Gelbfieber nachweisen.

✘ Vorschlag für eine Reiseapotheke

Aufgrund der rudimentären medizinischen Versorgung in der Provinz gehört unbedingt eine Reiseapotheke ins Gepäck:

Basisausstattung
- ☐ **Fieberthermometer**
- ☐ **Mückenschutz**
- ☐ **Verbandzeug** (Heftpflaster, Leukoplast, Mullbinden, elastische Binde, sterile Kompressen, Dreiecktuch)

Schmerzen und Fieber
- ☐ **Antibiotika*** (gegen bakterielle Infekte, in Absprache mit dem Arzt, sinnvoll ist ein Breitbandantibiotikum)
- ☐ **Buscopan** (gegen Magenkrämpfe)
- ☐ **Paracetamol, Dolormin** (keine acetylsalicylsäurehaltigen Medikamente)

Magen- und Darmerkrankungen
- ☐ **Elektrolytpulver** zum Trinken (Elotrans, für Kinder: Oralpädon-Pulver)
- ☐ **Mittel gegen Sodbrennen**
- ☐ **Mittel gegen Verstopfung** (Dulcolax, Laxoberal)
- ☐ **Tabletten gegen Durchfall** (z. B. Imodium akut und Vaprino)

Erkrankungen der Haut
- ☐ **Antibiotische Salbe**
- ☐ **Anti-Pilz-Salbe** (Fungizid ratio, Canesten)

- ☐ **Augentropfen** gegen Bindehautentzündungen (Berberil, Yxin)
- ☐ **Cortison-Creme** (bei starkem Juckreiz oder Entzündungen, Soventol Hydrocortison, Ebenol Creme)
- ☐ **Desinfektionsmittel** (Betaisadona-Lösung, Kodan-Tinktur)
- ☐ **Mittel gegen Juckreiz** (bei Insektenstichen und Allergien, Soventol Gel, Azaron, Fenistil, Teldane-Tabletten)
- ☐ **Wund- und Heilsalbe** (Bepanthen)

Erkältungskrankheiten
- ☐ **Halsschmerztabletten**
- ☐ **Hustenstiller/Schleimlöser**
- ☐ **Nasenspray**

Reisekrankheit
- ☐ **Vomex**

Evtl. Malaria-Prophylaxe*
- ☐ ärztl. empfohlenes Mittel zur Prophylaxe oder Standby-Therapie (S. 478).

Alle regelmäßig benötigten Medikamente sollte man in ausreichenden Mengen mitnehmen. Hitzeempfindliche Medikamente wie Zäpfchen sind nicht zu empfehlen. Bitte bei Medikamenten Wechselwirkungen und Gegenanzeigen beachten und sich vom Apotheker beraten lassen.
* in Deutschland rezeptpflichtig

Alle Impfungen sollten im Internationalen Impfpass eingetragen sein. Die Mitnahme des Impfpasses ist sinnvoll, so weiß im Zweifelsfall jeder Arzt, gegen welche Krankheiten man geimpft ist.

Medizinische Versorgung

Die medizinische Versorgung im Lande ist mit der in Europa nicht zu vergleichen. Nur in Phnom Penh, Siem Reap und Sihanoukville gibt es Kliniken, die einen internationalen Standard erreichen. In den **staatlichen Krankenhäusern** ist die technische Ausrüstung, Hygiene und Patientenbetreuung dürftig. **Privatkliniken** sind den staatlichen Häusern vorzuziehen. Sie sind meist besser ausgestattet und werden oft von einem internationalen Ärzteteam betrieben. In der Provinz bedeutet „Clinic" eine etwas bessere Arztpraxis (Empfehlungen englischsprachiger Ärzte und Privatklinken im jeweiligen Regionalkapitel). Die Behandlung in Krankenhäusern und bei Ärzten muss bar bezahlt werden (ab US$20, in den internationalen Kliniken US$100–150 jeweils für die Erstbehandlung zzgl.

Medikamente). Die internationalen Kliniken in Phnom Penh, Siem Reap und Sihanoukville klären die Abrechnung mit den heimischen Krankenkassen.

Bei schweren und ernsthaften Krankheiten sollte man sich – sofern möglich – in den hervorragend ausgestatteten Krankenhäusern in Bangkok behandeln lassen. Die vorgenannten Kliniken arbeiten mit dem Bangkok Hospital in Thailand zusammen und können einen Krankentransport veranlassen.

Wichtig ist es, vor Reiseantritt den **Krankenversicherungsschutz** zu überprüfen und ggf. eine zusätzliche **Auslandskrankenversicherung** abzuschließen, die auch einen Krankentransport bzw. Reiserückholversicherung einschließt (S. 59).

Die **Apotheken**, ⏲ meist 7–20 Uhr, sind gut ausgestattet, die Beratung lässt aber meist zu wünschen übrig. Viele Medikamente sind günstiger als in Europa, allerdings werden auch gefälschte Arzneimittel vertrieben, die für den Nicht-Mediziner kaum zu erkennen sind.

Gesundheitstipps für unterwegs

Das Leitungswasser in Kambodscha ist nicht zum Trinken geeignet. Abgefülltes **Trinkwasser** in Plastikflaschen ist überall erhältlich (darauf achten, dass der Plastikverschluss unbeschädigt ist). Tee, der kostenlos in einfachen Restaurants gereicht wird, wurde aufgebrüht und ist unbedenklich. **Eiswürfel** werden grundsätzlich aus Trinkwasser hergestellt, dennoch kann es in der Provinz durch den Transport zu Verunreinigungen kommen. Empfindliche Mägen sollten dort vorsichtig sein. Speiseeis in westlich orientierten Cafés sollte in Ordnung sein, aufgrund von Salmonellengefahr wird jedoch davon abgeraten, auf dem Land Speiseeis von fliegenden Händlern zu kaufen.

Bei **Nahrungsmitteln** gilt: am besten gekocht, gebraten oder geschält. Das Essen auch in einfachen Restaurants ist normalerweise unbedenklich zu genießen. Am besten sollte man das Restaurant aussuchen, in dem die meisten Khmer sitzen, denn sie sind sehr kritisch, was das Essen angeht. Auch Straßenstände sind meist unbedenklich, zumindest dort, wo das Essen frisch zubereitet wird.

Mit persönlicher Hygiene können zudem viele **Magen- und Darmerkrankungen** vermieden werden: möglichst oft die Hände mit Seife waschen. Maßnahmen bei Durchfall oder Verstopfung auf S. 476.

Wichtig ist es, ausreichend **Flüssigkeit** zu sich zu nehmen. Erwachsene sollten mindestens 3 l am Tag trinken.

Nicht zu unterschätzen sind **Erkältungskrankheiten**: schnell verkühlt man sich, wenn es abends frischer wird oder eine Klimaanlage den Bus heruntergekühlt. Über Nacht sollte man besser den Ventilator oder die Klimaanlage ausschalten.

Unbedingt vor der **Sonne** schützen: nicht nur Sonnencreme mit hohem Lichtschutzfaktor ist in den Tropen unersetzlich, auch eine Kopfbedeckung und eine gute Sonnenbrille gehören zur Ausstattung. Mit einem Sonnenstich ist nicht zu spaßen.

Mückenstiche sind nicht nur unangenehm, Stechmücken können **Malaria** (S. 477) und **Dengue-Fieber** (S. 476) übertragen: Dagegen helfen mückenabweisende Mittel, auch als Hautcreme; in den Abendstunden langärmelige Kleidung tragen; besser unter einem Moskitonetz schlafen und stehende Gewässer meiden.

Informationen

Fremdenverkehrsämter

In Deutschland, der Schweiz und Österreich gibt es kein offizielles kambodschanisches Touristeninformationsbüro. Ehrenamtlich fungiert in Deutschland als kambodschanisches Informationsbüro:

ICS (Indochina Services)
Steinerstr. 15A, 2. OG, 81369 München,
📞 089-2190 98660
🖥 www.icstravelgroup.com
Die freundlichen Mitarbeiter geben gern (und fundiert) Auskunft.

Vor Ort gibt es oft gute Informationen in Hotels, bei Besitzern von Guesthouses, Reisebüros und Touranbietern. Offizielle staatliche Touristeninformationen existieren in den größeren Provinzstädten. Die Mitarbeiter sprechen ein wenig Englisch oder Französisch, halten aber meist wenige Informationen bereit, ⊕ Mo–Fr 8–11 und 14–16 Uhr.

Internet

Zahlreiche Informationen sind über das Internet verfügbar. Hier eine nützliche Auswahl:

Sicherheit
Auswärtiges Amt Deutschland
🖵 www.auswaertiges-amt.de

Außenministerium Österreich
🖵 www.bmeia.gv.at

Eidgenössisches Departement für auswärtige Angelegenheiten
🖵 www.dfae.admin.ch

Allgemeine Informationen
Cambodia Community-Based Ecotourism Network
🖵 www.ccben.org
Genereller Überblick zu Ökoprojekten in Kambodscha.

Canby Publications
🖵 www.canbypublications.com
Ausführliches Reiseportal in Englisch mit vielen Links.

Go Cambodia
🖵 www.gocambodia.com
Informatives Portal: Business, Reisen, Kochrezepte oder Frauenrechte – alles über Kambodscha.

Kambodscha entdecken
🖵 www.kambodscha-info.de
Deutschsprachige Webseite mit Informationen, vielen Fotos und einem Forum.

Kambodschas Flughäfen
🖵 www.cambodia-airports.com
Homepage der Flughäfen in Phnom Penh, Siem Reap und Sihanoukville – anschaulich

mit aktuellen Starts und Landungen und Flughafenübersicht.

Mekong Responsible Tourism
🖵 www.mekongresponsibletourism.org
Allgemeine Informationen über Kambodscha und ausführliche Beschreibungen u. a. von Ökotourismus-Projekten, Unterkünften, Restaurants und Shops.

Ministry of tourism of Cambodia
🖵 www.tourismcambodia.org
Offizielle Webseite des Fremdenverkehrsministeriums. Guter Überblick über Unterkünfte, Sehenswürdigkeiten, Aktivitäten, Feiertage und Festivals.

Phnom Penh
🖵 www.phnompenh.gov.kh
Ausführliche Webseite über die Hauptstadt Phnom Penh: wichtige Telefonnummern, Geschichte mit alten Fotos, Business-Möglichkeiten und touristische Infos.

Reisetipps für Kambodscha
🖵 www.kambodscha-reise.info
Professionell gestaltete und informative Kambodscha-Seite in deutscher Sprache.

Stefan Loose
🖵 www.stefan-loose.de/reise-ziele/asien/kambodscha/
Von dieser das Buch ergänzenden Seite führen Links zu den Leser- und Autoren-Updates, in den Kambodscha-Club (mit aktuellen Hinweisen, vielen Bildern, Buchungs- und Bewertungsmöglichkeiten) und ins Forum (der Plattform für wichtige Fragen rund ums Reisen). Außerdem zahlreiche weitere Informationen zu Fair & Grün.

Medien
Bayon Peranik
🖵 www.bayonpearnik.com
Unterhaltsame Homepage des gleichnamigen Magazins mit Informationen zu allen Provinzen. Schwerpunkt liegt eindeutig bei den Ausgehtipps.

Cambodia Daily
🖵 www.cambodiadaily.com
Ausgewählte Artikel aus der täglichen englischsprachigen Zeitung.

Cambodian Information Centre

🖥 www.cambodia.org
Publizierte Artikel der letzten Jahre, nach
Themenkreisen sortiert.

Kambodschanische Allgemeine Zeitung

🖥 www.k-a-z.info
Deutschsprachige Zeitung mit aktuellen
Informationen über Kambodscha.

Phnom Penh Post

🖥 www.phnompenhpost.com
Online kann man die Montag bis Freitag
erscheinende englischsprachige Zeitung
lesen: gute Artikel über Politik, Wirtschaft,
Lifestyle und Sport.

Reiseberichte und Blogs

Andy Brouwer

🖥 www.andybrouwer.co.uk
Enthusiastischer Blog des in Kambodscha
lebenden Autors, tolle Bilder und aktuelle
Geschichten.

Don Kong

🖥 www.kambodscha.don-kong.com
Unterhaltsamer Blog mit Links zu informativen
Videoclips: wie man als deutscher Auswande-
rer in Sihanoukville lebt.

Dr. Markus Karbaum

🖥 www.cambodia-news.net
Deutscher Blog zu wichtigen tagespolitischen
Themen des Landes: professionell und sehr
informativ.

Spezielle Informationen

ChildSafe

🖥 www.childsafe-cambodia.org
Weltweit operierende Hilfsorganisation:
Die Webseite berichtet über Beispiele
von sexuellen Übergriffen oder Ausbeutung.
Hilfreiche Telefonnummern und Kontakt-
adressen, sollten Missbrauchsfälle beobachtet werden.

ConCert

🖥 www.concertcambodia.org
Webseite gegen die Armut – guter Überblick
über Projekte, die nachhaltig Kinderarmut
bekämpfen, Freiwilligenarbeit und Ökotourismus.

König Norodom Sihamoni

🖥 www.norodomsihamoni.org
Webseite des Königs. Sein Lebenslauf ist
nachzulesen, es gibt Videos und Fotos seiner
offiziellen Termine.

terre des hommes

🖥 www.tdh.de/was-wir-tun/
projekte/suedostasien/kambodscha.html
Das entwicklungspolitische Kinderhilfswerk,
🖥 www.tdh.de, finanziert u. a. ein Schutzzentrum für Straßenkinder und engagiert
sich im Umweltbereich.

Völkermordtribunal

🖥 www.cambodiatribunal.org
Aktuelle Berichterstattung über das Khmer-
Rouge-Tribunal.

🖥 www.eccc.gov.kh
Offizielle Webseite des Tribunals.

Landkarten und Stadtpläne

Die Auswahl an Landkarten im deutschsprachigen Buchhandel ist überschaubar. Die Landkarte von **Gecko Maps**, 🖥 www.geckomaps.
com, ist sehr detailliert und wirkt dadurch etwas unübersichtlich. Die Stadt- und Übersichts-
pläne von Phnom Penh, Siem Reap, Angkor,
Sihanoukville und der Südküste auf der Rückseite sind in ihrer Ausführlichkeit sehr hilfreich.
Die reiß- und wasserfeste Landkarte des Ver-
lages **Reise Know-How**, 🖥 www.reise-know-
how.de, im Maßstab 1:500 000 auf Vorder- und
Rückseite, ist komfortabel, die Stadtpläne von
Phnom Penh, Siem Reap und Angkor sind eher
etwas klein geraten.

Die Karte des **Nelles Verlag**, 🖥 www.nelles-
verlag.de, im Maßstab 1:1 500 000, zeigt Teile
der angrenzenden Länder; die Stadtpläne von
Phnom Penh, Siem Reap, Sihanoukville sind
klein, aber detailliert. Von Bangkok gibt es eine
Gesamtübersicht. Schön sind die Grundrisse der
Tempel von Angkor und von Preah Khan mit englischen Beschreibungen.

Vor Ort gibt es Stadtpläne bei Touristeninfor-
mationsbüros, Touranbietern und in vielen Hotels und Guesthouses.

Kinder

Generell spricht nichts gegen eine Kambodscha-Reise mit Kindern. Die Tempelanlagen, Naturlandschaften, kleinen Dörfer und wilden Tiere (im Gehege) faszinieren Kinder in der Regel, und natürlich lassen sich auch entspannte Strandtage einlegen. Kindgerechte Aktivitäten werden in den jeweiligen Regionalkapiteln beschrieben.

Kambodschaner lieben Kinder, sind aber meist relativ zurückhaltend den Kleinen gegenüber. Dennoch kann es vorkommen, dass jemand im Überschwang der Begeisterung den Kindern über den Kopf streicht, sie in die Wange kneift oder ihnen einen Klaps auf den Po gibt. Doch dies sind Ausnahmen.

Beim Transport in **öffentlichen Verkehrsmitteln** reisen die Kleinen kostenlos auf dem Schoß der Eltern, für einen eigenen Sitzplatz muss der volle Preis gezahlt werden. Manchmal lassen die Betreiber aber mit sich verhandeln, und man zahlt etwa die Hälfte. Bei Inlandflügen zahlen Kinder i.d.R. den vollen Preis. Wer in öffentlichen Bussen fährt, die bis zum Anschlag beladen sind, sollte bedenken, dass ein Kind auf dem Schoß die Fahrt zur Qual werden lässt. Eine Pause wird in der Regel alle zwei Stunden eingelegt. Auf Wunsch hält der Fahrer aber auch schnell für eine Kinder-Pinkelpause.

Da auch kambodschanische Familien viel im Land unterwegs sind, findet man recht häufig **Familienzimmer**. Mit Glück gibt es auch einfache Doppelzimmer mit zwei großen Betten (dies ist meist auf dem Land der Fall). Kinder unter acht Jahren schlafen i.d.R. kostenlos im Zimmer der Eltern. Danach muss für sie oft ein Extrabett genommen werden und sie gelten als erwachsene Personen. Zustellbetten sind in den meisten Hotels vorhanden. Da einige Hotels auch Kinder bis zwölf Jahren noch als Babys, andere bereits zweijährige Knirpse als Erwachsene einstufen, sollte man bei Reservierungen nachfragen. Bei Walk-In klärt sich schnell, welche Zimmer an Familien vermietet werden (können), die Bedingungen sind weniger streng.

Für Babys muss nirgendwo **Eintritt** gezahlt werden. Auch der Zutritt zu einigen Nationalparks oder Museen ist für Kinder bis zehn Jahren frei (ab dann sowie bei groß gewachsenen Kindern liegt die Zahlung im Ermessen der Ticketverkäufer). In Schwimmbädern und Freizeitparks

Kinder gehören überall dazu: Knapp ein Drittel der Bevölkerung ist unter 15 Jahre alt.

© M. MARKAND

wird für Kinder ab zwei Jahren meist Eintritt verlangt, oft ist dieser ermäßigt. Als Maßstab gilt die Größe: Mit 1 m–1,40 m gilt man als Kind.

Die meisten Kinder werden in Kambodscha schmackhaftes **Essen** finden. Sobald man sich auf dem Pancake-Trail befindet, ist Travellerküche überall zu haben (Burger, Pommes, Pizza – mal mehr, mal weniger lecker). Auch typisch kambodschanisches Essen schmeckt den meisten Kindern: Reis oder Nudeln, kurz gebratenes Fleisch und Gemüse sind überall zu bekommen. In Städten gibt es Säuglingsmilch und Babynahrung in den Supermärkten zu kaufen. Nur wer in kleine Dörfer fährt, sollte sich besser mit Vorräten eindecken. Das gilt auch für die sonst überall erhältlichen Wegwerfwindeln, Schnuller und Säuglingsfläschchen.

Zur **Reisevorbereitung** gehören eine **ärztliche Untersuchung** und die vorgeschriebenen **Impfungen**, auch gegen Kinderkrankheiten – die sind in Kambodscha viel verbreiteter als zu Hause. Impfmuffelige Eltern sollten daher von einer Kambodscha-Reise Abstand nehmen! Sobald sich ein Kind länger als einen Tag krank fühlt und sehr schlapp ist, sollte man einen Arzt aufsuchen. Kehrt die Energie nicht in drei bis vier Tagen zurück, sollte das Kind umgehend in einem internationalen Krankenhaus vorgestellt werden. Mit Tropenkrankheiten im Kindesalter ist nicht zu spaßen.

Unbedingt darauf achten, dass **KEIN Leitungswasser** getrunken wird. Auch zum Zähneputzen Trinkwasser nutzen. Wichtig auch: regelmäßiges Händewaschen vor jeder Mahlzeit und auch mal zwischendurch. Zudem ist darauf zu achten, was Babys und Kleinkinder in den Mund stecken.

Besonders in der heißen Jahreszeit aufpassen, dass Kinder ausreichend trinken. Immer – auch an bewölkten Tagen – mit Sonnencreme mit hohem Lichtschutzfaktor eincremen und den Sonnenhut nicht vergessen!

In der Provinz sollten Kinder **nicht mit Tieren spielen**, da Tollwut weitverbreitet ist. Auch manch zutraulicher Affe kann beißen und manch anschmiegsame Katze plötzlich kratzen. Nach Sonnenuntergang ist ein Mückenschutz wichtig, geschlafen wird nur unter einem Moskitonetz.

In ländlichen Gegenden ist es wichtig, Kinder an die Hand zu nehmen und auf den Wegen zu bleiben: **Landminen** und Blindgänger liegen immer noch abseits der Wege.

Eltern sollten zudem die **Warnungen an den Tempeln** ernst nehmen: Wenn Hinweisschilder mahnen, dass Kinder unter zwölf Jahren den Tempel nicht besteigen sollten, dann ist dies meist gerechtfertigt. Es gibt keine Sicherungen, und die Treppen sind sehr steil.

Maße und Elektrizität

Maße

In Kambodscha wird das metrische System benutzt (also Meter, Kilogramm, Liter), Ausnahme sind Edelsteine und Edelmetalle – hier werden chinesische Maße verwendet.

Elektrizität

Stromstärke und Spannung entsprechen den europäischen Normen (230 Volt Wechselstrom, 50 Hertz). Kambodschanische Steckdosen sind auf einen zweipoligen flachzinkigen Stecker ausgelegt. Normalerweise passen unsere europäischen Stecker ebenso. In einfachen Unterkünften können die Steckdosen für unser Stecksystem jedoch zu wackelig sein. Dann hilft ein Adapter. Es gibt sie für wenige Dollar in den Supermärkten der größeren Städte.

Überall in Kambodscha kann es immer wieder zu kurzzeitigen Stromausfällen kommen, die Mitnahme einer Taschenlampe ist ratsam. Auf den Inseln wird der Strom per Generator erzeugt, oft gibt es nur zwischen 18 und 22 Uhr Strom.

Medien

Printmedien

Tageszeitungen

Es werden mehrere Tageszeitungen in Khmer publiziert, darunter die auflagenstärksten Boulevardblätter *Reaksmei Kampuchea*, *Kampuchea Thmei* und *Koh Santepheap*. Informativ mit durchaus kritischen Beiträgen sind die täglich in der Woche erscheinenden englischsprachigen Tageszeitungen *Phnom Penh Post*, 🖥 www.phnompenhpost.com, und *Cambodia Daily*, 🖥 www.cambodiadaily.com (s. auch Kasten S. 66).

Magazine

Asian Life Magazine, 🖥 www.asialifemagazine.com/cambodia – kostenl. Monatsmagazin, liegt in Hotels und Restaurants aus: Veranstaltungskalender, Beiträge über Mode, Shoppen, Essen, Reiseberichte inkl. Hotel- und Restauranttipps.

Bayon Pearnik, 🖥 www.bayonpearnik.com. Kostenloses Monatsmagazin mit sehr unterhaltsamen Beiträgen, konzentriert sich überwiegend auf Themen rund ums Ausgehen.

Southeast Asia Globe, für US$4 in Buchläden erhältlich, Anschauungsexemplare in Restaurants und Hotels. Die vierteljährlich erscheinen-

den Ausgaben beleuchten asienübergreifend aktuelle wirtschaftliche Ereignisse und die Kulturszene. Die Businessspalte ist für Expats interessant. Chefredakteur Tassilo Brinzer hat früher für den *Focus* gearbeitet. Aus dem gleichen Hause stammen das jährliche Hochglanzmagazin **Discover**, das für US$6 im Zeitschriftenhandel erhältlich ist (Schwerpunkte sind Kultur und Reiseberichte), und **Focus Asean** (Wirtschaftsthemen aus Asien).

Touchstone Magazine, von der NGO Heritage Watch, 🖥 www.heritagewatchinternational.org, vierteljährlich herausgegebenes Magazin auf Englisch und Khmer: Veranstaltungen, Restaurants und Beiträge über Kambodscha.

Darüber hinaus liegen in Restaurants und Hotels kostenlos die vierteljährlich erscheinenden Hefte des **Pocket Guide** aus, als Restaurantführer *Drinking & Dining*, Aktivitätenführer *Out & About* und Ausgehführer *After Dark*. Sie gibt es für Phnom Penh und Siem Reap. Die **Visitors Guides**, 🖥 www.canbypublications.com, liefern einen guten Überblick über Sehenswürdigkeiten, Geschichte, Hotels, Einkaufen und Ausgehen für Phnom Penh, Siem Reap und Sihanoukville.

Radio

Neben vielen lokalen Khmer-Sendern senden einige auch auf Englisch wie die **BBC** auf FM 100,0 MHz, **Municipality Radio (Love FM)** FM 97,5 MHz oder **Radio Australia**, FM 101,5 MHz. Beiträge auf Französisch bietet der Sender **RFI**, **Radio France** auf FM 92,0 MHz. Natürlich ist Radio auch über das Internet zu hören.

Die Internetseite **Asiawaves**, 🖥 www.asiawaves.net, listet kambodschanische Radiosender und TV-Stationen nach Städten auf, versehen mit Anmerkungen, welchen Organisationen sie nahestehen.

Fernsehen

Kambodscha besitzt eine ganze Reihe lokaler Fernsehsender: Das Programm besteht aus (thailändischen oder koreanischen) Seifenopern, Werbung, Karaoke-Game-Shows, Zeichentrick-

Die Verfassung vom 29. April 1993 garantiert in Artikel 41 die Meinungs-, Presse- und Veröffentlichungsfreiheit. Das 1995 verabschiedete Pressegesetz verhindert Monopolismus: Einer Person dürfen nicht mehr als zwei Zeitungen gehören. Kambodschas Presselandschaft scheint eine der freisten in Südostasien zu sein. Aber: „Pressefreiheit in Kambodscha gibt es nur auf dem Papier", so Christian Mihr, Geschäftsführer von „Reporter ohne Grenzen" (ROG). Einschüchterungen, Zensur oder vorbeugende Selbstzensur sind die Regel. In der ROG-Pressefreiheits-Rangliste 2013 steht Kambodscha auf Platz 143 von 179 Staaten.

Mit Berufung auf Artikel 12 des Pressegesetzes, wonach die Pressefreiheit beschränkt werden kann, wenn die nationale Sicherheit oder politische Stabilität gefährdet sind, kann der Staat Einfluss auf die freie Presse nehmen. Auch das aktualisierte Strafgesetzbuch vom 10. Dezember 2010 wird als Instrument missbraucht, um die freie Meinungsäußerung einzuschränken: Die Straftatbestände „Anstiftung zum Aufstand", zum „Verbrechen" oder der „Verleumdung" sind so vage formuliert, dass mitunter ein kritischer Zeitungsartikel strafrechtlich verfolgt werden kann (und wird).

Unabhängige Medien?

Kaum eine/r der großen khmersprachigen Zeitungen, TV-Stationen und Radiosender ist als unabhängig zu bezeichnen – sie alle sind in Besitz einer Partei, deren Mitgliedern oder einflussreichen Familien. Letztere sympathisieren i.d.R. mit der Kambodschanischen Volkspartei CPP. Elf von 16 TV-Sendern werden von der Regierungspartei CPP von Hun Sen, seiner Familie, Regierungsmitgliedern oder Beratern betrieben (oder diese besetzen zumindest Schlüsselpositionen). Von über 160 Radio-Sendern gelten nur drei als unabhängig (CCIM's Sarika FM, Woman's Radio und Radio Beehive). Die Radiostationen werden überwiegend von Mitgliedern der Parteien CPP, FUNCINPEC und Sam Rainsy Party geleitet. Die etwa 30 regelmäßig erscheinenden Zeitungen sind weniger von der Zensur betroffen. Doch ihr Einfluss ist auch weitaus geringer, denn der Verbreitungsgrad unter der Dorfbevölke-

filmen oder Ministerreden. Beliebt sind auch Sportsendungen, die Kickboxen oder Wrestling übertragen. Die meisten Hotels haben Kabel- oder Satellitenfernsehen mit großen Nachrichten- und Sportsendern wie CNN, BBC World und Star Sport, Kinokanäle wie HBO, Fox, Star Movies sowie National Geographic oder Deutsche Welle. Kinder freuen sich über Cartoon Network und Disney Channel. In hochpreisigen, von westlichem Publikum gebuchten Hotels sind viele ausländische Sender zu empfangen. In der Provinz ist die Auswahl in den von Einheimischen frequentierten Unterkünften gering.

Nationalparks

Das erste Naturschutzgebiet Südostasiens wurde 1925 in Kambodscha gegründet: das Gebiet um die Tempel von Angkor. In den 1960er-Jah-

ren wurden dann die ersten Nationalparks ausgewiesen. Unter dem Pol-Pot-Regime und während des nachfolgenden Bürgerkriegs spielte der Naturschutz kaum noch eine Rolle. Erst ab 1993 entstanden auf königliche Anordnung 23 Nationalparks, Schutzzonen, Landschaftsschutzgebiete und Naturschutzgebiete mit einer Fläche von knapp 33 000 km². Zählt man Wald-, Feucht- und Fischschutzgebiete dazu, sind insgesamt 47 000 km² als schützenswert ausgewiesen, das sind 26 % der Gesamtfläche Kambodschas.

Unterschieden werden vier Kategorien. **Nationalparks** (Natural Parks, Kategorie II) sind für wissenschaftliche Zwecke geschützt und nur teilweise der Öffentlichkeit zugänglich, oft nur in Begleitung von Rangern (der größte ist der Nationalpark Virachey im Nordosten). **Schutzzonen** (Wildlife Sanctuaries, Kategorie IV) sind ausgewiesen, um seltene Tiere, Pflanzen und Naturflächen in abgelegenen Gebieten zu schützen (darunter fallen u. a: das Ramsar-Feuchtgebiet

rung ist angesichts einer Analphabetenrate von rund 25 % niedrig. Die drei größten und auflagenstärksten Zeitungen auf Khmer sind *Reaksmei Kampuchea* (Licht Kambodschas, in Besitz des in Thailand geborenen Geschäftsmanns Teng Bunma), *Kampuchea Thmei* (im Besitz des Hun-Sen-Clans) oder die bildzeitungsähnliche *Koh Santepheap* (Insel des Friedens, die ebenfalls der CPP nahesteht). Als unabhängig kann keine der Zeitungen bezeichnet werden. Die beiden großen englischsprachigen Zeitungen *Cambodia Daily* und *Phnom Penh Post* werden als neutral eingestuft. Doch auch sie üben keine direkte Kritik an der Regierungspartei Hun Sens. Begrüßenswert sind die regelmäßig erscheinenden Artikel über Korruption oder Amtsmissbrauch. An Bedeutung gewinnt das Internet, auch wenn bis dato nur knapp 5 % der Bevölkerung Zugang zu diesem Medium haben. Versuche seitens der Regierung, kritische Blogs abzuschalten, gab es in der Vergangenheit, doch scheint das Interesse an Zensur gering – wohl aufgrund der noch geringen Reichweite.

Kampf für eine freie Berichterstattung

Zwischen 1994 und 2012 fielen mindestens elf Journalisten Gewaltverbrechen zum Opfer – ob diese Morde politisch motiviert waren, konnte nie geklärt werden. Alle Journalisten zeichneten sich durch eine kritische Berichterstattung über Themen wie Politik, Korruption, Umweltsünden, illegale Rodungen oder Landrechte aus. Das bisher letzte Opfer, Hang Serei Oudom (getötet im September 2012), hatte kurz zuvor über illegale Abholzungen berichtet. Im Dezember desselben Jahres wurde sein Kollege Trang Try verhaftet. Er hatte illegale Rodungen angezeigt. Vichey Anon wurde bewusstlos aufgefunden, nachdem er von der Verhaftung seines Kollegen berichtet hatte. Der Inhaber des freien Radiosenders Beehive Radio, Mam Sonando, wurde im Oktober 2012 nach einem Bericht über Zwangsräumungen zu 20 Jahren Haft wegen „Anstiftung zum Aufstand" verurteilt. Im März 2013 verwandelte ein Berufungsgericht die Strafe in fünf Jahre auf Bewährung. Amnesty International sieht darin eine positive Entwicklung in Richtung Meinungsfreiheit in Kambodscha.

Peam Krasop in Koh Kong, Kulen-Promtep und Lumphat). **Landschaftsschutzgebiete** (Scenic Zones oder Protected Landscapes, Kategorie V) dienen als Touristenattraktion oder der Erholung (das bekannteste ist Angkor, aber auch Banteay Chhmar und Preah Vihear sind solche Schutzgebiete). In **Naturschutzgebieten** (Multi Uses Zones, Kategorie VII) existieren Naturschutz und ökologische Landwirtschaft sowie die Erhaltung natürlicher Ressourcen nebeneinander (u. a. Biosphärenreservate am Tonle Sap).

Die wissenschaftliche Erschließung der Parks steckt z. T. noch in den Kinderschuhen. Dennoch sind bereits viele endemische Tiere und Pflanzen (wieder-)entdeckt. Sinnvoll war auch die Einrichtung der länderübergreifenden Schutzgebiete. Das Mondulkiri-Waldschutzgebiet grenzt an den Yok-Don-Nationalpark in Vietnams südlichem Hochland. Der Nationalpark Virachey geht in Vietnam in den Chu-Mom-Ray-Nationalpark und in Laos in den Dong-Amphan-Nationalpark über.

Erfreuliche Tatsachen, möchte man meinen, doch die Realität sieht anders aus. Aus den unterschiedlichsten Gründen gelingt es selbst in Kambodschas Schutzgebieten nicht, die Tier- und Pflanzenwelt zu bewahren. Die große Nachfrage, speziell dem chinesischen und vietnamesischen Markt, nach traditioneller „Medizin", bei der z. B. Präparate aus Tigerhoden oder dem Schuppentier gewonnen werden, verspricht schnelles Geld auf dem Schwarzmarkt. In kleineren Schutzzonen wird wenig Geld bereitgestellt, um die Überwachung zu gewährleisten, und auch größere Parks können kaum flächendeckend geschützt werden. Erst in jüngster Zeit helfen NGOs bei der Rangerausbildung. Die größte Bedrohung ist jedoch der Holzschlag. Die von der Regierung ausgegebenen Rodungslizenzen haben bis Anfang der 2000er-Jahre zu einem massiven Waldverlust geführt. Die Nachfrage nach Tropenholz ist unvermindert hoch, jetzt wird illegal das wertvolle Holz aus den verbliebenen Wäldern und Schutzzonen geschlagen und über die Grenzen nach Thailand und Vietnam „exportiert". Auch die Herstellung von Holzkohle und die Brandrodung zur Gewinnung von Siedlungs- und Anbauflächen bedrohen Nationalparks. Dramatisch ist auch die legale Abholzung: Die Regierung erteilt „Landwirtschaftliche Konzessionen" zum Anbau von Kautschuk, Cashewnüssen, Zuckerrohr oder Mango. Allein im Juni 2012 wurden von Premierminister Hun Sen für fast 40 000 ha solche Konzessionen vergeben – alle liegen in Nationalparks oder Schutzzonen.

Auch die von der Regierung genehmigten chinesischen Tourismusprojekte wie im Ream- und Botum-Sakor-Nationalpark haben verheerende Auswirkungen: Schneisen werden in intakte Wälder geschlagen, die Landschaft nachhaltig verändert.

Positiv zu werten sind die Impulse aus dem Ökotourismus. Seit wenigen Jahren etablieren sich verantwortungsvolle Tourismusvorhaben in Kambodscha. Wegweisende Projekte im Kirirom- und Virachey-Nationalpark oder in Mondulkiri beinhalten den Schutz der Umwelt sowie die Schulung der Bevölkerung und tragen zur Generierung von Einkommen bei.

Die interessantesten Schutzgebiete im Überblick

Die hier aufgeführten Nationalparks und Schutzgebiete lohnen einen Ausflug. Manche sind einfach zu erreichen und in einem Tages- oder Halbtagesausflug zu besuchen. Andere Parks lassen sich am besten im Rahmen einer mindestens zweitägigen Trekkingtour erkunden. Die Wahrscheinlichkeit, große oder besonders seltene Tiere zu entdecken, ist jedoch gering.

Das 4013 km² große **Kardamom-Waldschutzgebiet** (S. 464) erreicht man am besten von Koh Kong aus. Verschiedene Vegetationsstufen, von Feuchtgebieten in den Tälern bis hin zu immergrünem Regenwald und über 1700 m hohen Bergen, machen das Gebiet zu einem der artenreichsten und interessantesten Regionen Kambodschas. In dem teils schwer zugänglichen Areal leben über 30 vom Aussterben bedrohte Tierarten, darunter Elefanten, Tiger, Bären und Wildrinder. Manche Zählungen haben fast 450 Vogelarten ausgemacht.

Einfach ist die Erkundung des **Kep-Nationalparks** (S. 449). Der nur 50 km² große bewaldete Hügel grenzt an Kep und kann wunderbar auf eigene Faust auf ausgeschilderten Trekkingstre-

Illegaler Holzschlag – legaler Landraub

Wer durch Kambodscha fährt, wird es immer wieder sehen: Brandgerodete, kahlgeschlagene Flächen und die Ausbreitung von Monokulturen zerstören immer mehr die noch vor Kurzem weitgehend intakte Natur. Eine Studie der Universität von Maryland stellte fest, dass zwischen 2000 und 2012 mit 12 600 km² über 7 % der kambodschanischen Waldfläche gerodet wurden.

In den Provinzen Koh Kong, Kompong Thom, Mondulkiri, Kratie, Pailin und Rattanakiri sind ganze Landstriche kahlgeschlagen. Hier wird nun ein großes Geschäft gemacht: der globale Handel mit fruchtbaren Landflächen.

Kambodscha ist eines der Ziele für Agrar-Investitionen. Die privaten Firmen kommen überwiegend aus China, Thailand, Vietnam und Korea. Sie pachten Land von der Regierung und beuten es aus mit dem Anbau von Monokulturen (Kautschuk, Cashewnüsse, Mangos, Maniok oder Zuckerrohr). Nach Auskunft des Landwirtschaftsministeriums wurden 1,19 Mio. ha Grund und Boden an die Privatwirtschaft in Form von ELCs (Economic Land Concessions) vergeben. Nach Angabe der NGO LICADHO sind mit über 2 Mio. ha bereits 56 % der landwirtschaftlichen Nutzfläche in privater Hand.

Leider werden diese ELCs auch für Flächen in den Nationalparks und Schutzgebieten erteilt. Leidtragende sind aber vor allem die Kleinbauern, die oftmals unter Gewalteinsatz von ihren bewirtschafteten Anbauflächen vertrieben werden. Eine Umsetzung des Bodengesetzes von 2001 (s. Kasten S. 127) ist noch in weiter Ferne, und so werden viele ihr Land und damit ihre Existenz zugunsten internationaler Spekulanten verlieren. Es bleibt abzuwarten, ob es zu größeren Demonstrationen kommt, wenn die Menschen nichts mehr zu verlieren haben.

cken ergründet werden. Interessante Flora ist sogar beschriftet. Fast alle Wege können auch gut mit Kindern bewältigt werden.

Ähnliches gilt für den **Kirirom-Nationalpark** (S. 467) mit seinen Wasserfällen. Die 323 km² rund um 670 m hohen Kirirom liegen 100 km südwestlich von Phnom Penh. Hier soll es Malaienbären, Kappengibbons und zahllose Vogelarten geben. Ein gut geeigneter Ausgangspunkt für eine Wanderung ist die Gemeinde Chambok. Das **Community-Based Ecotourism Projekt** (S. 468) liegt direkt am Park. Touristen können im Dorf übernachten und von hier alleine oder mit Führer Wanderungen zu schönen Wasserfällen unternehmen.

Der 375 km² große **Phnom-Kulen-Nationalpark** (S. 313) bei Angkor mit einem Wasserfall und einem herrlichen natürlichen Pool ist am Wochenende ein beliebtes Ziel der Einheimischen.

Im Süden bei Sihanoukville durchziehen Mangroven und mäandernde Flussläufe den **Ream-Nationalpark**. Er bietet Primaten, Reptilien und vielen Vogelarten eine Heimat. Tagestouren als Bootsausflug und Wanderungen können mit Rangern unternommen werden. Der 202 km² große Park erstreckt sich an der Küste, auch zwei Inseln zählen dazu. Große Gebiete des Parks wurden an chinesische Investoren verpachtet (die dort entlang der Küste ein Tourismusprojekt realisieren). Doch zum Glück sind die Mangrovenwälder entlang dem Prek-Sap-Fluss, die etwa 155 Vögeln als Brutplatz und Lebensraum dienen, bisher von diesem Ausverkauf ausgenommen.

Für viele zählen Trekkingtouren an den Rand des **Virachey-Nationalparks** zu den Highlights einer Kambodscha-Reise. Es ist der größte und abgelegenste Nationalpark. 3325 km² erstrecken sich an der Grenze zu Vietnam und Laos. Wälder, Grasland, Wasserfälle und Berge bis 1500 m – die Treks mit Übernachtungen im Dschungel oder bei ethnischen Minderheiten versprechen beeindruckende Erlebnisse. Nahe Siem Pang können Gelbwangen-Schopfgibbons dabei beobachtet werden, wie sie sich von Ast zu Ast schwingen. Im selbst gebauten Bambusfloß geht es über Flüsse. Alle Touren werden von Banlung aus organisiert.

Öffnungszeiten

Öffnungszeiten werden generell flexibel gehandhabt. Wann **Geschäfte** öffnen und schließen, liegt im Ermessen der Ladenbesitzer. Geschäfte, die den touristischen Bedarf decken, sind an deren Einkaufsgewohnheiten angepasst, meist ◷ 8–20 Uhr. Auf dem Land richten sich die Zeiten nach der Sonne: ◷ 6–18.30 Uhr. Einen Ruhetag gibt es nicht. Auch **Märkte** haben täglich zum Sonnenaufgang und bis -untergang geöffnet. Manche Stände schließen bereits gegen Mittag, wenn die frische Ware verkauft ist.

Kernöffnungszeit der **Ämter** sind Mo–Fr 7.30–11.30 und 14–17 Uhr. Die Jobs im öffentlichen Dienst sind zwar begehrte Posten, werden aber schlecht bezahlt. Meist ist vor 8 Uhr niemand anzutreffen, und ab Mittag gehen Beamte häufig einem Nebenerwerb nach. An öffentlichen Feiertagen bleiben Ämter geschlossen, gern wird auch noch ein zusätzlicher Tag angehängt. Zuverlässige Öffnungszeiten haben die **Banken**. Die Kernöffnungszeiten sind: Mo–Fr 8–15.30, Sa 8–11 Uhr, an Feiertagen ist geschlossen. Das **Hauptpostamt** in Phnom Penh ist täglich von 7–18 Uhr geöffnet, in der Provinz meist Mo–Fr 8–11 und 14–17.30 Uhr, evtl. auch Samstag vormittags. Geschlossen wird an den hohen Feiertagen wie Khmer-Neujahr oder Bonn Phchum Ben.

Kernöffnungszeit der **Museen** und **Sehenswürdigkeiten** in Phnom Penh wie Königspalast, Nationalmuseum, Tuol Sleng und Choeung Ek ist täglich von 8–17 Uhr, sie sind auch an den meisten Feiertagen geöffnet. Für kleinere Museen in der Provinz gilt häufig: Mo–Fr 8–11.30 und 14–17 Uhr.

Nationalparks, **Tempelanlagen** und **Pagoden** können von Sonnenaufgang bis Sonnenuntergang besucht werden.

Post

Die Post in Kambodscha ist recht zuverlässig. Alle Post im Lande wird über Phnom Penh geschickt. Briefe und Postkarten aus der Hauptstadt nach Europa sind gut zwei Wochen unterwegs, aus der Provinz eine Woche länger. Das Porto für eine Postkarte nach Europa beträgt 2800 Riel (aus der Provinz 200 Riel mehr). Briefe nach Europa werden mit 3640 Riel frankiert. Man sollte auf jeden Fall kontrollieren, dass die Post auch tatsächlich frankiert wird.

Der Paketdienst **EMS** (Express Mail Service), ⌨ www.ems.post, unterhält Filialen in allen großen Postämtern des Landes. Die Versendung eines 1-Kilo-Paketes nach Deutschland und in die Schweiz als Expresssendung kostet US$45, nach Österreich US$42. Jedes weitere Kilo kostet US$12 bzw. US$10 (ab 6 kg). Maximal können 30 kg verschickt werden, die Versandzeit beträgt drei bis fünf Tage.

Als „Normale Sendung" kommt das Paket nach etwa 10–14 Tagen in Europa an, das erste Kilo kostet dann US$23–27, entsprechend weniger die Folgekilos. Pakete können auf den Postämtern für 3000–5500 Riel gekauft werden. Noch teurer sind Päckchen, die von Phnom Penh und Siem Reap mittels **DHL** geschickt werden. Wer im Anschluss nach Vietnam weiterreist, kann von dort günstiger schweres Gut in die Heimat schicken.

Auf einem Zollformular müssen Inhalt und Wert detailliert aufgeschlüsselt werden. Die Postbeamten kontrollieren den Inhalt aber nicht.

Post, die vom Ausland nach Phnom Penh oder Siem Reap geschickt wird, kommt i.d.R. an. An Adressen in der Provinz wird meist nicht zugestellt. Wer sich etwas nach Kambodscha schicken lassen will, kann dies als **postlagernde Sendung** *(Poste restante)* in den Postämtern in Phnom Penh, Siem Reap und Sihanoukville gegen Vorlage des Passes abholen. Am besten unter Vor- und Zuname suchen lassen.

seland gefasst machen. Obwohl der Anteil behinderter Menschen in Kambodscha hoch ist – Grund dafür sind schwere Krankheiten wie Kinderlähmung, aber auch Landminen und Blindgänger, die dafür sorgten, dass Kambodscha den traurigen Rekord anführt, weltweit die meisten Menschen mit Amputationen zu verzeichnen –, gibt es keine behindertengerechten Einrichtungen. Rollstuhlfahrer waren in der Städteplanung nicht vorgesehen. Die Bürgersteige sind hoch (um Überflutungen zu vermeiden), uneben und meist zugestellt oder zugeparkt. Auch die Straßen sind uneben und mit Schlaglöchern übersät. Nur die Flughäfen in Phnom Penh und Siem Reap haben Rampen, und auch einige wenige Luxushotels sind mit solchen ausgestattet. Die wichtigsten Sehenswürdigkeiten sind für Menschen mit körperlichen Behinderungen eine Herausforderung: Die Tempel in Angkor z. B. haben steile Treppen ohne Handlauf. Auch die Wege anderer Tempelanlagen sind oft ungeteert und mit Wurzeln oder Steinen übersät. Eine Alternative zu öffentlichen Verkehrsmitteln sind Fahrten mit einem Taxi, auch die Miete eines Wagens mit Fahrer für die Dauer des Urlaubs kann eine gute Alternative sein. Eine Option ist es auch, eine Begleitperson während des Aufenthalts zu engagieren, was vergleichsweise recht günstig ist.

Bei der Reisevorbereitung können folgende Webportale hilfreich sein: **Nationale Koordinationsstelle Tourismus für Alle!**, ⌨ www.natko. de, mit einer Übersicht von spezialisierten Reiseveranstaltern. Der **Bundesverband Selbsthilfe Körperbehinderter e.V.**, ⌨ www.bsk-ev.org, hilft bei der Buchung von Reisen. Die Suchmaschine **Meta Reha**, ⌨ www.metareha.de, kann wertvolle Tipps liefern.

Reisende mit Behinderungen

Menschen mit geistigen Behinderungen können ohne Weiteres nach Kambodscha reisen, vorausgesetzt, sie werden von einem Betreuer begleitet. Reisende mit körperlichen Behinderungen müssen sich auf ein schwieriges Rei-

Sicherheit

Kambodscha ist grundsätzlich ein sicheres Reiseland. Dabei sind die Städte Phnom Penh und Sihanoukville mit hohem Touristenaufkommen eher von Kriminalität betroffen als ländliche Gebiete. Einige Grundregeln sollten immer und überall beachtet werden: wertvolle Uhren, Schmuck, Kameras oder Bargeldbündel nicht

Kinderprostitution

Kambodscha besitzt den traurigen Ruf, ein beliebtes Reiseziel für Pädophile zu sein. Obwohl auf Kindesmissbrauch mehrjährige Haftstrafen stehen und die kambodschanische Justiz glücklicherweise auch vor der Verfolgung pädophiler Ausländer nicht zurückschreckt (mehrere Ausländer sitzen bereits hinter Gittern), ist der Missbrauch von Kindern an der Tagesordnung. Deutsche Touristen, die Kinder im Ausland sexuell missbrauchen, können dank einer Gesetzesänderung dafür auch später in Deutschland noch belangt werden.

Die Hauptursache der Kinderprostitution ist die Armut, vor allem kinderreicher Familien. Bisweilen ist die Not so groß, dass Mädchen von den eigenen Eltern verkauft bzw. für weniger als US$100 „ausgeliehen" werden – oftmals wissen die Eltern nicht, was genau mit den Kindern geschieht. Besonders bei asiatischen Männern stehen Jungfrauen hoch im Kurs – sie sollen die Manneskraft stärken. Die Kinder werden meist mit Drogen und Gewalt gefügig gemacht, viele sind HIV-positiv. Wer Fälle von Kinderprostitution beobachtet, sollte unverzüglich die **Polizei** unter der landesweiten Telefonnummer ☎ 023-997 919 verständigen. Die Organisation **ChildSafe**, 🖥 www.childsafe-cambodia.org, schützt Kinder und unterhält eine 24-Std.-Hotline: ☎ 012-311 112. Mitarbeiter kommen unverzüglich und kümmern sich um das betroffene Kind. Arbeitskräfte von Hotels, an denen das ChildSafe-Logo prangt, haben eine Schulung erhalten, um Missbrauchsfälle zu erkennen und zu verhindern, auch auf manch einem Tuk-Tuk klebt ein solches Schild.

Wer dauerhaft helfen möchte, kann auch das Kinderhilfswerk **terre des hommes**, 🖥 www.tdh.de, unterstützen, das mit einer Reihe von Maßnahmen versucht, die Kinderprostitution einzudämmen.

öffentlich zur Schau tragen. Nachts nur so viel Bargeld mitnehmen, wie benötigt wird. Grundsätzlich gehören Wertsachen in den Safe des Hotels (sofern vorhanden). Zur Not kann man diese auch im eigenen Koffer oder Rucksack mit einem Vorhängeschloss sichern. Geld und andere Wertsachen niemals offen im Hotel liegenlassen, denn Gelegenheit macht Diebe – überall auf der Welt.

Von terroristischen Akten ist Kambodscha bislang verschont geblieben, gewalttätige Anhänger radikaler Minderheiten gibt es nicht. Seit der Internationale Gerichtshof in Den Haag im November 2013 die umstrittenen Gebiete rund um die Tempelanlage Preah Vihear Kambodscha zugesprochen hat, scheint dieser Grenzkonflikt beigelegt. **Aktuelle Sicherheitshinweise** findet man auf der Seite des Auswärtigen Amtes, 🖥 www.auswaertiges-amt.de.

Betrug, Diebstahl und Einbruch

Persönliche Dokumente, Geld und Kreditkarten sollte man immer am Körper tragen. Bei Fahrten im Tuk-Tuk oder auf dem Motorrad, aber auch beim Stadtbummel ist es ratsam, den Tagesrucksack gut gesichert am Körper zu halten. Gerade in Phnom Penh und Sihanoukville entreißen Mopedfahrer überraschten Touristen immer wieder Taschen – leider ohne Rücksicht auf mögliche Verletzungen.

Zu **Taschendiebstählen** kommt es vermehrt bei dichtem Gedränge in touristischen Zonen, z. B. auf den Touristenmärkten. Leider sind nicht selten geschickte Kinder die Übeltäter. Auch auf geliehenen Fahrrädern wie in Siem Reap gilt: Vorsicht mit dem Tagesrucksack im Korb!

Alleinreisende sollten ihr Gepäck gut im Auge behalten – auch wenn es nur Einzelfälle sind, bei denen sich Helfer beim Gepäck mit diesem aus dem Staub gemacht haben.

Ausnahmen sind auch bewaffnete **Straßenräuber**, die nachts an einsamen Straßen auf die Herausgabe der Wertgegenstände drängen: nicht den Helden spielen, sondern das Geld abgeben. Auch hier gilt: So wenig Geld wie möglich dabeihaben und doch so viel, dass ein Räuber nicht zu enttäuscht ist.

Opfer von Kriminalität sollten dies umgehend bei der **Polizei** zur Anzeige bringen. Wer eine Diebstahlversicherung abgeschlossen hat, braucht den Polizeibericht als Nachweis, um später Geld von der Versicherung erstattet zu bekommen. Die Polizei erhebt in solchen Fällen eine Gebühr (zwischen US$5 und 20, je nach Höhe des Schadens). Falls der Pass abhanden gekommen ist, muss zusätzlich die Botschaft verständigt werden.

Auch **Preistreibereien** kommen vor, bisweilen zahlen Ausländer überhöhte Preise für Dienstleistungen. Bei Taxifahrten ohne Taxameter, Tuk-Tuk- oder Mopedtaxifahrten sollte man deshalb unbedingt vorher den Preis aushandeln. Sinnvoll ist es, genug Kleingeld bereitzuhalten. Denn oft wird behauptet, dass man nicht wechseln kann – was bisweilen sicher auch der Wahrheit entspricht.

Ein beliebter Trick von Taxi-, Tuk-Tuk- oder Mopedtaxifahrern ist die Behauptung, das ausgewählte Hotel oder Guesthouse sei geschlossen oder voll. Ziel ist es, den Reisenden in ein anderes Hotel zu lotsen und dafür **Provision** zu kassieren. Am besten auf die erste Wahl bestehen und selbst nachsehen.

Kriegsrelikte

Die größte Gefahr geht in Kambodscha immer noch von nicht geräumten Minen und Blindgängern aus (s. Kasten). Die Zahl der von den Amerikanern abgeworfenen Bomben und Granaten im Vietnamkrieg zuzüglich der von Vietnamesen, der kambodschanischen Regierung und

Landminen und Blindgänger

Schätzungen zufolge wurden zwischen 1979 und 1991 von den Roten Khmer und den Regierungstruppen zwischen 4 und 6 Mio. Landminen vergraben, viele davon aus deutscher Produktion. Aufzeichnungen über die Lage der Minenfelder wurden von keiner Seite angefertigt.
Zudem warfen die Amerikaner im Zweiten Indochinakrieg 285 Mio. Streubomben über Kambodscha, Vietnam und Laos ab, das sind mehr Bomben, als im gesamten Zweiten Weltkrieg niedergingen. Etwa eine halbe Million Streubomben fielen auf Kambodscha, um die Nachschubwege der Vietcong abzuschneiden, die auch durch Kambodscha verliefen. Später unterstützten die Amerikaner die proamerikanische Regierung unter Lon Nol gegen die Roten Khmer mit Bomben. Kambodscha ist damit neben Afghanistan und Angola eines der am stärksten mit Landminen sowie Blindgängern belasteten Länder der Erde.
Laut einem Bericht der Regierung gab es von 1979 bis 2012 insgesamt 64 202 Zwischenfälle durch Landminen und Blindgänger. 19 619 Menschen starben, fast 44 400 wurden verletzt. 25 000 Menschen leben mit einer oder mehreren Amputationen – Kambodscha besitzt damit weltweit die höchste Rate amputierter Menschen.
Deutschland hat im Februar 2013 US$1,5 Mio. zugesagt, um die Minenräumung von etwa 920 ha Land in Nordwesten der Provinzen Siem Reap und Oddar Meanchey zu gewährleisten. De facto wurden fast 500 ha von 4084 Minen, 24 918 Blindgängern und mehr als 2500 kg Kleinkalibermunition befreit. Seit 1999 hat allein Deutschland über US$15 Mio. Hilfsgelder für die Minenräumung bereitgestellt. Leider ziehen sich viele Länder bereits jetzt aus dem Minenräum-Programm zurück, und es ist fraglich, ob das international einst abgesprochene Ziel, Kambodscha bis 2020 minenfrei zu machen, noch realisierbar ist.
Noch immer werden selbst in vermeintlich minenfreien Regionen Sprengköpfe gefunden. Wenn während der Regenzeit der Boden abgetragen oder weggeschwemmt wird, kommen auch tiefer vergrabene Minen zum Vorschein – ein Erbe, an dem Kambodscha wohl noch lange tragen wird.

den Roten Khmer gelegten Landminen wird immer noch auf mehrere Millionen geschätzt. Besonders stark betroffen sind die Grenzgebiete zu Thailand sowie der Süd- und Nordosten Richtung Vietnam. Zwar bemühen sich die Regierung sowie zahlreiche Hilfsorganisationen, die Minen zu räumen, aber das wird noch viel Zeit in Anspruch nehmen. Daher gilt für Wanderungen außerhalb der touristischen Zonen und umso mehr auf Trekkingtouren durch die Wälder: immer auf den markierten Wegen bleiben. Nie metallische Gegenstände im Boden anfassen, es könnte sich um tödliche Überbleibsel handeln!

Strafbare Handlungen

Kauf und Konsum von **Drogen** (Marihuana, Kokain, Heroin, synthetische Drogen) sind in Kambodscha strafbar. Zwar droht keine Todesstrafe, aber eine mehrjährige Haftstrafe in einem kambodschanischen Gefängnis ist sicher nicht erstrebenswert. Nachdem 2014 bereits Sisha-Bars geschlossen wurden, scheint die Regierung willens zu sein, gegen abhängig machende Substanzen rigoroser vorzugehen (das gilt auch für den Gebrauch von E-Zigaretten, diese sind in Kambodscha nicht erlaubt).

Verkehrsunfälle

Der Straßenverkehr stellt eines der größten Sicherheitsrisiken bei einer Reise durch Kambodscha dar. Viele Kambodschaner halten Verkehrsregeln nur für eine Handlungsempfehlung, der man nicht zwingend folgen muss. Ausländer sollten sich im Klaren darüber sein, dass eine rote Ampel für kambodschanische Verkehrsteilnehmer nicht unbedingt ein Grund ist, zu stoppen. Erhöhte Aufmerksamkeit ist, auch für Fußgänger, unabdingbar!

In Phnom Penh sollten nur geübte Fahrer aufs Motorrad steigen. Wichtig zu wissen: Alle größeren Verkehrsteilnehmer haben Vorfahrt. Von Nachtfahrten mit dem Zweirad wird dringend abgeraten.

Minibusfahrer sind für ihre rasanten Fahrkünste berüchtigt, die lokalen Minibusse oft heillos überladen. Warum sie nicht zusammenbrechen, ist verwunderlich. Der Bremsweg ist ob des Gewichts recht lang. Es empfiehlt sich – wenn möglich – auf die großen Busunternehmen auszuweichen.

Sport und Aktivitäten

Die Kambodschaner sind ein sportliches Völkchen: Frühmorgens oder zum Sonnenuntergang trifft man sich auf öffentlichen Plätzen zum Tai Chi, zum Joggen oder Aerobic-Tanz. Kambodschaner sind zudem wahre Boule-Meister, überall finden sich Gruppen um die kleinen Kugeln zusammen.

Auch Touristen bietet sich im Land eine Vielzahl von Aktivitäten. Einen guten Überblick findet man auf der Webseite des kambodschanischen Fremdenverkehrsministeriums, 🖥 www.tourismcambodia.org.

Bootstouren

Zahlreiche Wasserwege laden zu Boots- und Kajaktouren förmlich ein. Zwischen Phnom Penh, Siem Reap und Battambang geht es auf einer **Schiffsfahrt** mit dem Transportboot durch idyllische und faszinierende Landschaften. Die Grenzüberquerung im Boot von Phnom Penh ins vietnamesische Chau Doc ist eine Alternative zur Busfahrt. Beeindruckende Ausflüge führen zu schwimmenden Dörfern oder Vogelschutzgebieten auf dem Tonle Sap. Und auf dem Mekong bei Kratie oder Stung Treng können auf Bootsfahrten Begegnungen mit stupsnäsigen Irrawaddy-Delphinen die Fahrt zu einem besonderen Erlebnis werden lassen. Interessant sind auch Touren vorbei an Mangrovendickicht im Ream- und Peam-Krasop-Nationalpark.

Golf

Die in Europa immer mehr Begeisterte zählende Trendsportart hat auch Kambodscha erreicht. Für gut betuchte Kambodschaner und Ausländer, die auch im Urlaub ihrem Hobby frönen wollen, stehen rund um Phnom Penh und Siem Reap acht Golfplätze zur Verfügung. Herausragend ist die von Sir Nick Faldo kreierte Fläche des Angkor Golf Resorts. Weitere Informationen unter 🖥 www.golfcambodia.com, Plätze auch im eXTra [9430].

Klettern

Die malerisch aus den Reisfeldern ragenden Karstfelsen rund um Kampot locken an den Fels. Sogar absolute Anfänger können hier klettern. Da die schwierigeren Routen nicht ausreichend gesichert sind, zählen sie noch nicht zum offiziellen Angebot. Anfänger und Fortgeschrittene können Halbtageskurse auf 5a- und 6a-Routen buchen. Auch das Abseilen in Höhlen ist für Anfänger möglich. Infos, auch zum Stand der gesicherten Routen, unter 🖥 www.climbodia.com.

Meditation

Westlichen Besuchern mit Vorkenntnissen stehen Klöster offen, in denen man mit den Mönchen meditieren kann. Die Möglichkeiten für Anfänger und Fortgeschrittene, die Kurse besuchen wollen, reichen von Meditationsstunden in Phnom Penh und Siem Reap über Übernachtungen im Kloster bei Kratie bis hin zu einem zehntägigen Meditations-Retreat in der Nähe von Battambang.

Reiten

Alle, die das Glück auf dem Rücken der Pferde suchen, können sich in Siem Reap in den Sattel schwingen und die Umgebung erkunden. Ausritte organisiert hier: **The Happy Ranch Horse Farm**, Group 4, Svay Dangkum, ✆ 012-920 002, 🖥 www.thehappyranch.com. Schön sind auch Ausritte am Strand wie sie in Sihanoukville, Otres Village, ✆ 09-7257 0187, 🖥 www.liberty ranch-sihanoukville.com, und Kep, ✆ 09-7847 4960, 🖥 kep-plantation.com, angeboten werden.

Trekking

Nationalparks und Naturschutzgebiete locken mit verzweigten Wanderwegen durch Dschungel, Berge, zu Wasserfällen und Seen. Besonders in Rattanakiri ist das Angebot groß, zahlreiche Veranstalter bieten Trekkingtouren durch die Wälder an. Es gibt Tagestouren bis hin zu einwöchigen Wanderungen, übernachtet wird im Dschungelzelt oder in kleinen Dörfern. Um tief in bewaldete Gebiete vorzudringen, abgelegene Dörfer zu besuchen oder gar mit viel Glück wilde Tiere zu erspähen, sollte mindestens eine Übernachtung eingeplant werden. Nicht nur mehrtägige Trips erfordern einen kundigen Führer, auch bei Tagestouren sollte man sich einen Guide nehmen. Denn mit Ausnahme von Kep gibt es keine ausgeschilderten Wege. Neben Rattanakiri und Mondulkiri ist auch der Kardamom-Gebirgszug mit seinem immergrünen Regenwald ein Highlight für mehrtägige Treks. Der hügelige Kirirom-Nationalpark eignet sich prima für einen Tagesausflug. Das gilt auch für die Trekkingrouten durch den Kep-Nationalpark, der so gut ausgeschildert ist, dass man sich hier auch auf eigene Faust bewegen kann.

Wassersport

Segeln, **Surfen**, **Wakeboarden**, **Kitesurfen** und **Wasserski** – Wassersportler kommen an den Stränden bei Sihanoukville auf ihre Kosten. Die meisten Equipment-Verleiher haben sich am Otres Beach angesiedelt. Auch in Kep gibt es einen Verleiher von Segelbooten, Katamaranen und Surfbrettern. Die besten Windbedingungen zum Surfen und Wellenreiten herrschen in der Regenzeit von Mai bis Oktober. Kambodschas Küsten bieten tolle Reviere zum **Tauchen** und **Schnorcheln**. Fast alle Tauchanbieter betreiben in Sihanoukville am Serendipity oder Ochheuteal Beach ein Büro. Tagesausflüge führen zu Riffen rund um die Inseln Koh Rong und Koh Rong Samloem. Das Wasser ist recht flach, sodass auch Schnorchler hier viele bunte Korallen und Fische entdecken. Auf *Liveaboards* (2–3 Tage) werden weiter entfernte Inseln angesteuert. Der zweite bedeutende Tauch-Spot liegt im Koh-

Ob Küste, Seen oder Flussläufe: Kambodschas Gewässer sind geradezu prädestiniert für Bootstouren.

S'dach-Archipel. Weitere Infos, s. Kasten S. 420, Inseln vor Sihanoukville.

Mit dem **Kajak** lassen sich die atemberaubenden Wasserlandschaften des Tatai, Mekong, Sangker oder Tonle Sap erkunden – als Halbtagesausflug bis hin zu mehrtägigen Touren, verbunden mit Trekkingangeboten. In der Provinz Rattanakiri besuchen Abenteuerlustige auf dem selbst gebauten **Bambusfloß** kleine Dörfer ethnischer Minderheiten. Im Süden lockt der Golf von Thailand, auch hier können Kajaks und sogar kleine Segelboote ausgeliehen werden.

Telefon und Internet

Mobiltelefone

Kambodscha hat ein internationales **Mobilfunknetz**, das selbst die abgelegensten Provinzen abdeckt. Wer mit seinem eigenen Handy telefoniert, bezahlt die horrenden Roaming-Gebühren (vorab beim Anbieter zu erfragen). Günstiger ist es, eine **kambodschanische SIM-Karte**

zu kaufen. Mit einer 3G-Karte kann man zugleich ins Internet. Die Prepaid-Karten erhält man am Flughafen in Phnom Penh oder bei zahlreichen Handy-Shops und SIM-Kartenanbietern. Am Flughafen und in den Hauptfilialen der Mobilfunkanbieter wird eine Kopie des Reisepasses angefertigt. Die SIM-Karte kostet US$1, der aufladbare Betrag kann selber bestimmt werden, zwischen US$1 und 50. Nach dem Betrag richtet sich auch die Gültigkeit des Guthabens, es liegt zwischen einer Woche und drei Monaten. Die Karte kann jederzeit aufgeladen werden, die Gültigkeit verlängert sich dann. Wer zusätzlich noch Datenvolumen für das Internet

Schwarze Schafe unter den Anbietern

Überall dort, wo Mobilfunkgeräte in der Auslage liegen, werden auch Prepaid-SIM-Karten und aufladbares Guthaben verkauft. Unbedingt die Karte im Laden aktivieren lassen und einen Probeanruf tätigen. Denn manche Anbieter verkaufen abgelaufene SIM-Karten: Diese lassen sich zwar aktivieren, aber man kann nicht mehr damit telefonieren.

Dann wählt man die Ortskennzahl ohne die „0".

braucht, kann zwischen 300 MB und 20 GB pro Monat wählen (US$1–25). Am besten man entscheidet sich für einen der großen Anbieter wie Smart, Metfon oder Beeline, denn dann hat man mit hoher Sicherheit fast immer einen Sendemast in der Nähe. Gespräche ins deutsche Festnetz kosten etwa US$0,15/Min. (Smart bietet sogar Gespräche nach Deutschland und Österreich für US$0,07), in die Schweiz US$0,35. Anrufe innerhalb des kambodschanischen Netzes US$0,05–0,08. Ankommende Anrufe sind kostenfrei. Internationale SMS kosten etwa US$0,10. SIM-Karten, die kein Guthaben mehr aufweisen, längere Zeit (bis zu einem halbem Jahr) nicht genutzt werden oder deren Guthaben-Frist abgelaufen ist, werden deaktiviert. Wer danach seine Nummer noch verwenden will, muss sich an das Büro des jeweiligen Betreibers wenden. Nach einem halben Jahr werden deaktivierte Telefonnummern neu vergeben.

Billigvorwahlen von Deutschland nach Kambodscha unter 🖳 www.billiger-telefonieren.de.

Internet

Selbst in der Provinz hat sich die kostenlose Nutzung von **WLAN** (in Kambodscha: Wifi) in Hotels und Guesthouses durchgesetzt – wenn auch die Datenübertragung langsamer als in den großen Städten sein kann. Einige Hotels bieten zudem noch kostenlosen Zugang ins Web von einem PC in der Lobby. Auch immer mehr Restaurants – und die Busse – sind mit dem World Wide Web verbunden. Noch findet man auch Internetcafés in fast jeder Stadt (1000 Riel– US$1/Std.). **Skypen** ist in fast allen Internetshops möglich, hier wird nur der normale Peis für die Internetnutzung fällig.

Transport

Kambodscha ist ein vergleichsweise kleines Land, sodass man relativ zügig von A nach B kommt, nicht zuletzt dank der verbesserten Straßenverhältnisse. Das gilt insbesondere für die Nationalstraßen, die die wichtigsten Ziele des Landes miteinander verbinden. Auf der sehr guten **National Route 1 (N1)** gelangt man von Phnom Penh nach Ho-Chi-Minh-Stadt (Vietnam), in absehbarer Zeit wird auch die Brücke über den Mekong fertiggestellt sein, sodass die Fährfahrt in Neak Leung entfällt. Phnom Penh ist mit Battambang über die **N5** verbunden, nur das Teilstück bis nach Sisophon ist nach Überflutungen in Mitleidenschaft gezogen. Auch die **N7** von Phnom Penh bis zur laotischen Grenze ist gut ausgebaut. Die **N6** verläuft östlich des Tonle Sap und verbindet Phnom Penh mit Siem Reap und führt weiter bis zum thailändischen Grenzübergang Poipet. Zum Zeitpunkt der Recherche wurde mit der Ausbesserung und Verbreiterung der N6 begonnen – was die Fahrzeit von Phnom Penh nach Siem Reap von knapp 6 Std. auf quälende 10 Std. verlängerte. Auf einer ebenfalls guten Straße ist Siem Reap seit 2014 mit Stung Treng verbunden. Anfang 2015 soll bei Stung Treng zudem die Brücke über den Mekong fertiggestellt sein, sodass ein durchgehender Busverkehr möglich wird. Diese Strecke ist vor allem für all jene interessant, die von Siem Reap weiter nach Laos reisen wollen.

Die genannten Hauptstraßen werden durch Fernlastverkehr und Busse stark beansprucht, massive Regenfälle oder Überschwemmungen in der Monsunzeit können Straßen dennoch kurzfristig in eine Schlaglochpiste verwandeln.

Kambodscha kann man mit dem Bus, Taxi, Motorrad, Fahrrad oder Boot entdecken, Züge fahren (noch) nicht (s. u.). Die Wahl des Transportmittels hängt von der geplanten Route und den eigenen Interessen ab. Um schnell 200 Kilometer zurückzulegen, ist der Überlandbus eine gute Wahl. Eine Bootsfahrt über den Mekong hingegen bietet unvergessliche Eindrücke und öffnet den Blick für die Menschen, die hier direkt am Wasser leben. Eine gemächliche Fahrt mit dem Fahrrad ermöglicht näheren Kontakt zur lokalen Bevölkerung und vielleicht eine unverhoffte Einladung.

An den hohen Feiertagen, zum Khmer-Neujahr und Bonn Phchum Ben (S. 53), macht sich ganz Kambodscha auf den Weg in die Heimatdörfer. Verkehrsmittel sind oft für die Tage davor und danach ausgebucht und meist teurer als sonst.

Flüge

Es gibt drei operierende Flughäfen in Kambodscha. Internationale Flughäfen befinden sich in Phnom Penh und in Siem Reap. Von/in Sihanoukville starten und landen bisher nur nationale Flüge. Seit Ausbau des Straßennetzes sind die vielen Flughäfen der Provinzstädte nicht mehr in Betrieb. Kambodschas einzige Fluglinie ist derzeit **Cambodia Angkor Air**, 🖥 www.cambodiaangkorair.com, ein Joint Venture zwischen dem Staat und Vietnam Airlines. Die nationalen Verbindungen zwischen Phnom Penh und Siem Reap verkehren 4–6x tgl. in 45 Min., die Tickets kosten ab US$100. Zwischen Siem Reap und Sihanoukville gibt es zwischen November und April tägliche Verbindungen, sonst 4x pro Woche, Flugzeit 1 Std., Preis ab US$116. **Flughafensteuern** sind im Ticketpreis enthalten.

Informationen zu internationalen Verbindungen im Kapitel Anreise, S. 34.

Eisenbahn

Auf den vorhandenen Bahngleisen fahren bisher nur Güterzüge. Das Schienennetz von Sihanoukville und Kampot nach Phnom Penh ist bereits erneuert, wann die ersten Personenzüge fahren werden, steht aber immer noch nicht fest. Einzige Ausnahme ist der Bambuszug in Pursat und die nur noch für Touristen eingesetzte Bambusbahn bei Battambang (S.220).

Busse und Minibusse

Kambodschas Busnetz ist gut ausgebaut. Und so sind die wichtigsten Städte bequem mit den **Überlandbussen** zu erreichen. Zu den von Touristen am meisten frequentierten Busverbindungen gehören die Strecken, die von Phnom Penh in die Städte Siem Reap, Battambang, Sihanoukville, Kompong Cham und Kratie sowie nach Ho-Chi-Minh-Stadt im benachbarten Vietnam und in Thailands Hauptstadt Bangkok führen. Es gibt auch Verbindungen von Phnom Penh nach Stung Treng, Banlung und Sen Monorom. Von Sihanoukville führen die gängigen Routen nach Koh Kong, Kampot und Kep.

Etwa ein Dutzend Busgesellschaften steuert die wichtigsten Ziele im Land an. Dabei werden auf den Hauptstrecken große klimatisierte Busse eingesetzt. Die sogenannten **Deluxe**- oder **VIP-Busse** sind meist neueren Datums, es gibt eine kleine Flasche Wasser für die Reise, manche haben eine Toilette oder sogar WLAN-Anschluss. Komfortabel und mit viel Beinfreiheit reist man in den 2012er-Bussen von Giant Ibis. Einen zentralen Busbahnhof gibt es meist nicht, Busse starten vor dem Büro der jeweiligen Busgesellschaft. Tickets können über Hotels und Guesthouses gegen einen kleinen Aufpreis gebucht oder direkt am Ticketschalter des jeweiligen Busunternehmens erworben werden. Wer unterwegs zusteigt, löst beim Schaffner. Besser einen Tag vorher das Ticket besorgen (lassen), für gewöhnlich ist auf der Fahrkarte eine Platzreservierung eingetragen. Tickets werden in US-Dollar bezahlt. Trotz hoher Benzinpreise ist das Reisen in Bussen recht günstig: Die Haupttouristenstrecken von Phnom Penh nach Battambang, Siem Reap oder Sihanoukville kosten zwischen US$7 und US$12. Wer die günstigsten und dann auch älteren Busse wählt, muss damit rechnen, auf der Strecke mehrfach liegen zu bleiben.

Fast alle Verbindungen werden auch von klimatisierten **Minibussen**, die sich auf Touristen spezialisiert haben, bedient. Hier gilt, dass jeder einen eigenen Sitzplatz hat: „one seat, one person". Die Ticketpreise sind etwas höher, dafür ist die Hotelabholung inbegriffen. Einerseits ist es bequem, sich direkt an der Unterkunft abholen zu lassen – andererseits verzögert sich die Abfahrt dadurch, dass der Bus noch durch die ganze Stadt fährt, um weitere Reisende einzusammeln. Die reine Fahrzeit ist dennoch kürzer als bei den großen Bussen.

Daneben verkehren noch **lokale Minibusse** zwischen den Städten. In touristisch abgelegenen Gebieten stellen sie manchmal die einzige Transportmöglichkeit dar. Komfortabel reist man in ihnen nicht, aber man hat auf jeden Fall daheim etwas zu erzählen: Mindestens vier Personen „passen" auf drei Sitze, dazu kommt noch jede Menge Fracht, und die Fahrer sind bekannt für ihren halsbrecherischen Fahrstil.

Sammeltaxis

Auf Nahstrecken, zwischen den Dörfern auf dem Lande und zu abgelegenen Zielen sind Sammeltaxis im Einsatz. Neben den lokalen Minibussen sind sie die einzigen „öffentlichen" Verkehrsmittel. Rund um den Marktplatz oder an Ausfahrtstraßen warten die Fahrer an ihren Autos auf Passagiere. Guesthouses vermitteln auch Taxifahrer ihres Vertrauens – inkl. Hotelabholung. Losgefahren wird oft erst, wenn der letzte Platz besetzt ist (bis zu fünf Personen auf der Rückbank und zwei auf dem Vordersitz, zur Not teilt der Fahrer auch noch seinen Sitz). Es empfiehlt sich, morgens zwischen 7 und 8 Uhr am Abfahrtspunkt zu sein, denn nachmittags finden sich kaum noch Fahrgäste ein. Wer bequem fahren will, bezahlt die beiden Vorderplätze neben dem Fahrer. Natürlich kann auch das ganze Taxi für eine Fahrt gemietet werden – wenn man zu mehreren reist, durchaus eine Alternative. Die Preise sind vergleichbar mit denen der öffentlichen Busse. Ein Taxi von Phnom Penh bis Siem Reap kostet z. B. US$60 oder US$10 p. P. Bezahlt wird am Ende der Fahrt.

Schiffe und Boote

Bevor die Nationalstraßen ausgebaut wurden, führte der Weg von Phnom Penh nach Siem Reap klassischerweise mit der Fähre übers Wasser. Diese regulären Bootsverbindungen bestehen bis heute, sind aber mit US$35 recht teuer und dauern mit 6 Std. ähnlich lange wie die Fahrt mit dem Bus. Viel zu sehen gibt es leider auch nicht, denn der Tonle-Sap-See ist so breit, dass

meist kein Land zu erkennen ist. Die Schnellboote fahren zwischen November und März. Landschaftlich reizvoll dagegen ist die Strecke von Battambang nach Siem Reap. US$20 kostet die Fahrt und dauert je nach Wasserstand zwischen 5 und 9 Std. Von Phnom Penh aus beliebt ist auch die Tour mit dem Expressboot ins benachbarte vietnamesische Chau Doc für US$24 (in 4 Std.).

Mietfahrzeuge

Motorrad

Motorräder können in allen touristischen Städten ausgeliehen werden (mit Ausnahme von Siem Reap) – in den kleinen Städten und in der Provinz stellen sie, genau wie Fahrräder (s. u.), eine gute Möglichkeit dar, Land und Leute zu entdecken. In Phnom Penh hingegen wird aufgrund des hohen und chaotischen Verkehrsaufkommens von solchen Fahrten abgeraten.

Der Nachweis eines **Führerscheins** wird in den seltensten Fällen verlangt. Normalerweise wird der Pass als Pfand einbehalten. Die Maschine sollte vorher unbedingt genau kontrolliert und eventuelle Schäden protokolliert werden. Wer vorhat, das Land mit dem motorisierten Zweirad zu erkunden, sollte eine Kopie seines Reisepasses samt Visa dabeihaben (dieser wird in den meisten Hotels zum Check-in gefordert). In diesem Fall ist auch ein internationaler Motorradführerschein hilfreich, ein eigener Helm (falls Helme vermietet werden, sind diese selten tauglich) und Schutzkleidung (Jacke, lange Hose, Gesichtsschutz, Handschuhe, feste Schuhe) gehören ins Gepäck. Mit eigenem Flickzeug ist man gut bedient, in Städten und Dörfern wird sich aber auch überall eine Werkstatt finden.

Kraftstoff gibt es an Tankstellen und Verkaufsständen (in 1 l-Trinkflaschen abgefüllt), 1 l kostet um 5000 Riel. Eine gute Investition ist es, das Motorrad auf einem bewachten Parkplatz abzustellen oder ein gutes Schloss dabeizuhaben. Wem das Moped gestohlen wird, der haftet und muss für den Verlust aufkommen. Bei Vertragsabschluss sollte daher eine Klausel zur Wertermittlung eingefügt sein.

Inzwischen gibt es die **Helmpflicht** (für den Fahrer), auch Seitenspiegel müssen vorhanden sein. Wer ohne diese beiden Dinge erwischt wird, zahlt i.d.R. US$5.

Nachts sollte generell auf das Fahren eines Zweirades verzichtet werden, denn auf der Straße gilt das Gesetz des Stärkeren. Gefährlich wird es z. B. auch, weil viele Fahrzeuge unbeleuchtet auf der Straße unterwegs sind.

Für ein Moped sind US$5–8 pro Tag zu zahlen. Eine Harley oder große geländegängige Maschinen ab 250 ccm kosten zwischen US$15 und US$30 pro Tag.

Motorradausflüge sind eine wunderbare Möglichkeit für geübte Fahrer, das Land auf eigene Faust kennenzulernen, abgelegenere Gebiete zu erforschen oder einsame Strände zu entdecken. Die Staubstraßen sind ein Paradies für Off-Road-Fahrer. Größere Motorräder und Geländemaschinen werden in den Städten Phnom Penh, Siem Reap, Sihanoukville und Sen Monorom vermietet, die Anbieter organisieren auch Motorradtouren von bis zu drei Wochen. Weitere Informationen in den Regionalkapiteln. Das Moped- oder gar Motorradfahren in Kambodscha zu erlernen ist keine gute Idee. Denn im Falle eines Sturzes ist die medizinische Versorgung schlecht.

Wer lieber auf vier Rädern die Umgebung erkundet, kann dies in Siem Reap und Sihanoukville auf einem **Quad** tun, Infos im Reiseteil.

Fahrrad

Immer zahlreicher werden Touristen, die das Land mit dem Fahrrad bereisen. Die Ein- und Ausreise mit dem eigenen Mountainbike ist problemlos. Viele Unterkünfte vermieten aber auch Fahrräder, die Kosten belaufen sich für einen einfachen Drahtesel zwischen US$1 und US$3/Tag. Für ein gutes Mountainbike werden bis zu US$8 verlangt. Man sollte sich darüber im Klaren sein, dass Fahrradfahrer zu den schwächsten Verkehrsteilnehmern gehören und in der Rangordnung ganz unten stehen. Unbedingt abzuraten ist von Fahrten nach Einbruch der Dunkelheit: Die Wahrscheinlichkeit, von anderen Verkehrsteilnehmern übersehen zu werden, ist hoch, die Einsicht, dass Alkohol und Autofahren

nicht zusammenpassen, hat sich nicht bei allen Einheimischen durchgesetzt. Sofern Helme ausgeliehen werden, haben wir dies in den Regionalkapiteln vermerkt.

Für spannende **Fahrradtouren** bekannt ist der **Mekong Discovery Trail** zwischen Kratie (s. Kasten S. 356 Mekong Discovery Trail) und Stung Treng (s. Kasten S. 366 Mekong Discovery Trail – Teil 2), auch die Tempel von Angkor lassen sich prima mit dem Rad erkunden. Veranstalter in Phnom Penh, Siem Reap und Battambang bieten geführte Fahrradtouren an, von der Tagesfahrt bis hin zu 15-Tages-Touren. In Chi Phat geht es mit dem Mountainbike durch das Kardamom-Gebirge.

Mietwagen

Es gibt fast ausschließlich **Wagen mit Fahrer** zu mieten. Am besten wendet man sich an Touranbieter, Hotels oder Guesthouses. Eine Tagesfahrt kostet – abhängig von der Entfernung – ab US$35 inkl. Benzin. In Phnom Penh (S. 181) werden auch Fahrzeuge an Selbstfahrer vermietet. Empfehlen können wir das Steuern eines eigenen Pkw nicht: Die Kosten sind oft höher als Wagen mit Fahrer, die Fahrweise der anderen Verkehrsteilnehmer chaotisch, und der Mieter haftet für alle Schäden. Die Hinterlegung des Reisepasses ist Pflicht, kambodschanische Polizisten verlangen i. d. R. auch einen kambodschanischen Führerschein.

Nahverkehr

Der Nahverkehr wird mit Tuk-Tuks, Taxis, Motorradtaxis oder Cyclos organisiert. Bei der überschaubaren Größe der meisten Städte ist die bequeme Art des Von-Tür-zu-Tür-Transportes eine sinnvolle Einrichtung. In Phnom Penh startete 2014 auf Probe ein Stadtbus. Je nachdem wie gut dieser Service angenommen wird, wird es den Bus in Zukunft weiter geben.

Taxis

Nur in den größeren Städten wie Phnom Penh und Siem Reap sind Taxis für Kurzstrecken, z. B. zum Flughafen, zu finden. Sie warten an Flug-

© MARION MEYERS

Überall, wo viele Touristen verkehren, kann man sich vor Angeboten von Tuk-Tuk-Fahrern kaum retten.

häfen, Bootsanlegestellen oder vor exklusiven Hotels. Jedes Hotel und jedes Guesthouse kann einen Fahrer rufen, der meist in wenigen Minuten vor Ort ist. Nur wenige Taxis nutzen ein Taxameter. Eine Fahrt innerhalb der Stadt sollte nicht mehr als US$5 kosten. Für Langstrecken kann ein ganzes Sammeltaxi gemietet werden. Auch Ausflüge mit dem Taxi sind möglich, der Tagespreis liegt um US$40, für lange Strecken deutlich höher.

Tuk-Tuks

Tuk-Tuks (Reumork), Mopeds mit überdachtem Beiwagen, sind das ideale Nahverkehrsmittel. Auch mit Gepäck bieten sie bis zu vier Personen Platz (bei einheimischen Passagieren ist die Grenze nach oben offen). Sie stehen vor Restaurants und fahren durch die Stadt auf der Suche nach Kundschaft. Einfach heranwinken oder sich ansprechen lassen und unbedingt den Preis vorher aushandeln. Stadtfahrten kosten US$2–4 (nachts und bei Regen etwa US$1 teurer). Viele Fahrer, die vor den von Touristen frequentierten Orten stehen, sprechen recht passabel Englisch und bieten sich als Guide an. Tagesfahrten zwischen US$15 und 25, je nach Strecke.

Motorradtaxis

Die einfachste und schnellste Fortbewegung ist auf dem Rücksitz eines Mopeds. In Städten wie Phnom Penh ist das nicht unbedingt jedermanns Sache. Fast alle Fahrer sind jedoch geübt und wahre Meister darin, sich durch dichten Verkehr zu quetschen. Gepäckstücke werden zwischen Sitzbank, Lenkstange und den Knien des Fahrers transportiert. Nicht alle Motorradtaxifahrer sprechen Englisch. Es kommt vor, dass zwar eifrig genickt wird, wenn man das Fahrtziel mitteilt, man dann aber schnell merkt, dass der Fahrer nicht genau weiß, wohin die Reise gehen soll. Am ehesten finden sie den Weg, wenn man nahe gelegene Märkte oder Sehenswürdigkeiten benennen oder eine Visitenkarte des Hotels vorzeigen kann. Auch der Preis sollte unbedingt vorher ausgehandelt werden, US$1–2,50 sind für eine Stadtfahrt üblich. Tagestouren kosten um US$10, in entlegene Gebiete bis zu US$25.

Cyclos

Die mit Muskelkraft betriebenen Fahrräder (Rikschas) verschwinden immer mehr aus dem Stadtbild. Sie sind für kurze Strecken sinnvoll und versprühen einen Hauch asiatische Romantik. Je nach Strecke kostet eine Fahrt nur 1000–2000 Riel. In Phnom Penh werden auch Sightseeingtouren per Cyclo angeboten (US$10–15/Tag). Diesen Menschen etwas mehr zu zahlen, als sie fordern, ist eine nette Geste.

Übernachtung

Vom Schlafsaal oder einer einfachen Backpacker-Unterkunft über Mittelklassehotels bis hin zur Luxusherberge: Es gibt keinen Mangel an Unterkünften, und das Angebot ist breit gefächert. In Phnom Penh und Siem Reap ist die Auswahl fast unüberschaubar groß, aber auch in der tiefsten Provinz findet sich fast immer irgendwo ein einfaches Guesthouse mit wenigen Zimmern. Und selbst in der Hauptreisezeit ist immer noch irgendwo eine freie Unterkunft zu bekommen, wenn auch nicht unbedingt im Wunschhotel. Empfehlenswert ist eine Zimmerreservierung in Siem Reap während der Hauptreisezeit (Nov–Feb). Im Winter (Dez, Jan, Feb) sind frühzeitige Reservierungen zudem auf den Inseln Koh Rong und Koh Rong Samloem anzuraten. Auch zu anderen Jahreszeiten sollte man vor Anreise auf diese Inseln zwei bis drei Tage vorher

---

Moskitonetze schützen

In Kambodscha herrscht fast überall Malariagefahr. Auch das Dengue-Fieber wird von Mücken übertragen und ist in Asien auf dem Vormarsch. Daher ist es unerlässlich, sich auch nachts zu schützen. Wer bei offenem Fenster schläft, sollte dies nur tun, wenn ein (dichtes) Mückengitter davor angebracht ist. Insbesondere in Holzhäusern ist ein Moskitonetz dringend anzuraten, denn durch die Ritzen im Holz haben Mücken leichtes Spiel – und auch anderes sechs- und vierbeiniges Getier kann so eindringen. Sollte kein Moskitonetz im Zimmer vorhanden sein, sollte man im Hotel danach fragen. Am besten ist es jedoch, ein eigenes Reise-Moskitonetz dabeizuhaben, inkl. einfacher Befestigungsmöglichkeit (S. 57).

---

telefonisch ein Zimmer (bzw. als Ausweichmöglichkeit ein Zelt) buchen, da die Auswahl an Unterkünften begrenzt ist.

Auch zu den Feiertagen Khmer-Neujahr und Bonn Phchum Ben, wenn das halbe Land unterwegs ist, ist es sinnvoll, vorab ein Zimmer zu bestellen. Die Preise sind meist in US$ ausgewiesen, gezahlt wird in US$ oder Riel. In ganz einfachen Hotels, die überwiegend einheimisches Publikum haben, sind die Preise in Riel angegeben. In Hotels ohne Fahrstuhl sind die Zimmer in den oberen Stockwerken manchmal günstiger: Neben der sportlichen Aktivität gibt es eventuell auch eine tolle Aussicht für weniger Geld! Zum Einchecken wird meist der Reisepass samt Visa eingesehen, manchmal wird auch eine Kopie angefertigt. Kostenloses WLAN gehört fast überall zum Service.

Kategorien und Preise

Wer Unterkünfte über die Hotelwebseite oder Buchungsportale reserviert, kommt oft günstiger weg als bei der Walk-In-Rate. Im Buch sind die Unterkünfte in die Kategorien „untere Preisklasse" (bis US$30), „mittlere Preisklasse" (bis US$80) und „obere Preisklasse" (bis US$200) sowie „Luxusklasse" (ab US$200) eingeteilt. In der Nebensaison wie Mai und September gibt es zum Teil Preisnachlässe von 50 %. Auch wer länger bleibt, kann über einen kleinen **Rabatt** verhandeln. Es gibt Einzel-, Doppel- und Dreibettzimmer, in manchem Familienzimmer stehen sogar bis zu vier Doppelbetten. Doppelzimmer haben ein großes Bett oder zwei getrennte Betten (Twin), wobei Hotelbesitzer für Letztere manchmal US$1–2 aufschlagen. Der Preis richtet sich nur nach dem Zimmer. Wer als Einzelperson ein 3-Bett-Zimmer bezieht, zahlt i.d.R. den vollen Preis. Hotels und Guesthouses haben verschiedene Zimmer-Kategorien, oft lohnt es sich, mehrere Zimmer anzusehen, bevor man sich für eins entscheidet (die im Buch jeweils verwendete Kategorie bezieht sich auf die überwiegend vorhandenen oder die empfehlenswerteren Zimmer).

Bei einigen Guesthouses ist ein kleines Frühstück (Ei, Baguette und Marmelade) im Preis enthalten. Im mittleren Preissegment gibt es

Preiskategorien

Die Zimmerpreise sind in diesem Buch in Kategorien eingeteilt und gelten für ein Doppelzimmer. Der Preis für ein Bett im Dorm wird in Dollar genannt.

❶	bis US$10
❷	bis US$20
❸	bis US$30
❹	bis US$50
❺	bis US$80
❻	bis US$120
❼	bis US$200
❽	über US$200

mindestens eine größere Frühstücksauswahl, in den hochpreisigen Häusern oft ein opulentes Buffet.

Untere Preisklasse

Reisende mit schmalem Budget schlafen am günstigsten in einem Mehrbettzimmer (Dorm). Ab US$1–2 gibt es eine Matratze mit Moskitonetz, manchmal auch eine aufgespannte Hängematte. Doch diese Kategorie ist wirklich nur etwas für Sparfüchse. Im Mittel sind etwa US$5 für ein ansprechendes Dormbett zu kalkulieren. Für Schlafsaal-Luxusausführungen mit AC ist bis zu US$8 zu zahlen. In einfachen Guesthouses und Hotels gibt es Doppelzimmer mit Ventilator, einem Bett und Gemeinschaftsbad ab US$5. Einzel- und Doppelzimmer mit privatem Bad kosten oft nur wenige Dollar mehr. Für US$10–15 sind im Zimmer Schrank, Nachttisch, TV und manchmal auch ein Kühlschrank vorhanden. Ab US$15 ist ein solches Zimmer mit AC ausgerüstet. Die meisten Räume haben Ventilator und AC – wer sich für die Ventilator-Ausführung entscheidet, erhält einfach keine Fernbedienung fürs Kaltgebläse. Zwei kleine Flaschen Trinkwasser pro Tag stehen oft kostenlos bereit. Nicht immer haben Zimmer auch ein Fenster. Da es in dieser Kategorie oft keinen preislichen Unterschied macht, sollten Tageslicht- und Frischluftliebhaber nach einem Zimmer mit Aussicht fragen. Die Zimmer werden normalerweise täglich gereinigt (vielleicht nicht ganz so, wie wir es von daheim kennen), und man erhält auch frische Handtücher (in reinen Backpacker-Unterkünften wird oft so lange auf Putzen und frische Handtücher verzichtet, bis die Gäste nachfragen).

Mittlere Preisklasse

Zimmer dieser Kategorie sind meist ansprechend möbliert und großzügig geschnitten sowie mit AC, Kühlschrank oder sogar Minibar ausgestattet. Ein Fernseher, nicht selten ein moderner Flatscreen mit internationalen Sendern, gehört ebenso zum Standard wie ein Safe und ein Wasserkocher. Wer US$40 oder mehr auszugeben bereit ist, findet nette Boutiquehotels. In Phnom Penh und Siem Reap bietet manches Hotel seinen Gästen auch einen kleinen Pool.

Ausnahme: Auf den beiden Inseln Koh Rong und Koh Rong Samloem sind die meisten Bungalowanlagen ab US$30 nur äußerst einfach ausgestattet, oftmals mit Gemeinschaftsbad, Strom gibt es nur nachts. Wer bis zu US$80 zahlen mag, wohnt jedoch auch hier sehr schön.

Toiletten

Fast überall sind mittlerweile europäische Sitztoiletten Standard. Nur auf dem Land, in ganz einfachen Unterkünften und bei Übernachtungen im Homestay gibt es noch Hocktoiletten – oder auch nur ein Loch im Boden. Toilettenpapier sollte man dann besser selbst dabeihaben. Auch auf öffentlichen Toiletten oder Raststätten ist selten Papier zu finden. Einheimische benutzen statt Toilettenpapier den Wasserschlauch – für Europäer ungewohnt, aber eine saubere Sache. Toilettenpapier gehört immer in den neben der Toilette stehenden Eimer, denn das Papier verstopft sonst die engen Rohre.

Seifenspender oder gar Handtücher sind nur in besseren Hotels und westlich orientierten Restaurants zu finden.

Wer unterwegs ein dringendes Bedürfnis verspürt, kann es den Einheimischen gleichtun und sich in die Büsche schlagen, aber bitte nie ganz abseits des Weges – Landminen und Blindgänger lauern noch überall.

Obere Preisklasse und Luxusresorts

Boutiquehotels, die großen Häuser internationaler Ketten und kleine Hotels mit exquisit eingerichteten Zimmern fallen in diese Preiskategorie. Daneben gibt es Unterkünfte, die eher den asiatischen Geschmack treffen: Bombastische kühle Eingangshallen, viele lackierte Holzmöbel, Schwimmbad und eine Karaokeanlage gehören dort zur Grundausstattung.

Die großen Hotels haben einen ansprechenden Pool, Spa, Fitnessraum, vielleicht einen Tennisplatz und mehrere Restaurants. In Phnom Penh, Sihanoukville und vor allen Dingen in Siem Reap sind Hotels der Luxusklasse zu finden, aber auch in den kleineren Städten entstehen neue luxuriöse Übernachtungsmöglichkeiten zu entsprechenden Preisen.

Homestay

Immer mehr Familien in den Provinzen bieten Reisenden die Möglichkeit, in ihren Häusern zu schlafen – Familienanschluss garantiert. Es ist eine tolle Gelegenheit, tief in den kambodschanischen Alltag einzutauchen. Die Unterkünfte sind ganz einfach. Manchmal hat man einen Raum für sich, oft wird nur ein wenig Privatsphäre mittels eines Vorhangs geschaffen. Bei Besuchen der ethnischen Minderheiten in den Provinzen Rattanakiri und Mondulkiri wird auf der Matte in dem einzigen Raum der Hütte geschlafen. Die sanitären Gegebenheiten bestehen aus einer Hocktoilette und Schöpfdusche außerhalb. Fließendes Wasser und Strom sind hier eine Ausnahme. Viele dieser Unterkünfte sind Community-Based-Ecotourism-Projekte: Das heißt, die Einnahmen stehen dem ganzen Dorf zur Verfügung, ⌨ www.ccben.org. Eine solche Übernachtung kostet US$3–5 p. P.

Verhaltenstipps

Kambodschaner verhalten sich Reisenden gegenüber normalerweise freundlich und respektvoll. Wer den Einheimischen ebenso höflich entgegentritt und sich auf die Gegebenheiten des Landes einstellt, wird ein unkompliziertes Reiseland entdecken. Hier noch ein paar Tipps zum besseren Verständnis und den Umgang miteinander.

Geschenke und Spenden

Tempel finanzieren sich ausschließlich durch Spenden. Nach einem Tempelbesuch ist es daher angebracht, einen kleinen Betrag zu spenden. In jeder Pagode steht dazu eine „Donation"-Box. Wenn ein Mönch einen herumführt, gehört unbedingt eine Spende in die Dose. Persönlich überreichte Spenden an einen Mönch gibt man mit beiden Händen.

Kindern z. B. Süßigkeiten zu geben, erfreut sicher die Kleinen, ermuntert aber zum Betteln. Besser ist es, einfach ein wenig Zeit mit ihnen zu verbringen und ein Spiel zu spielen. Älteren oder behinderten bettelnden Menschen etwas zuzustecken ist dagegen in Ordnung. In Kambodscha existiert kein Sozialsystem, und wer keine Familie hat, ist oft darauf angewiesen, auf diese Weise an eine Mahlzeit zu kommen.

Kleidung

Kambodschaner achten sehr auf ein gepflegtes Erscheinungsbild. Wer ungepflegt, schmutzig oder in zerrissener Kleidung daherkommt, ist daher wenig beliebt. Ordentliche und angemessene Kleidung ist den Menschen sehr wichtig, das gilt besonders bei Tempelbesuchen. Schuhe werde vor dem Tempel ausgezogen. Es ist ein Akt der Höflichkeit, den Hut oder die Kopfbedeckung am Pagodeneingang abzunehmen. Kambodschaner sind zudem sehr konservativ: Oberarme und Oberschenkel sollten immer bedeckt sein (das gilt für Frauen und Männer). In Phnom Penh und Siem Reap hat sich die Kleiderordnung, nicht zuletzt aufgrund der vielen Touristen, etwas gelockert. Auch junge Kambodschanerinnen tragen hier enge Jeans und auch schon einmal knappe Oberteile. Wer jedoch in der Provinz unterwegs ist, sollte lieber weite Kleidung wie eine Bluse statt eines engen Trägershirts wählen. Frauen sei geraten, immer einen BH zu tragen (unter der Kleidung und nicht halb offen zur

Schau gestellt). Hinweise zur Strandbekleidung für Frauen auf S. 54.

Aufgrund des vietnamesischen Befreiungskrieges ist das Verhältnis der Kambodschaner zu ihrem Nachbarland etwas gespalten. Reisende, die aus Vietnam kommen, sollten es vermeiden, T-Shirts oder Ähnliches mit vietnamesischen Symbolen oder Schriftzeichen zu tragen.

Kommunikation und Gesten

Lautes Schreien und Argumentieren in der Öffentlichkeit gilt als unpassend und unhöflich. Auch Unterhaltungen werden in leisem Ton geführt. Unangemessen ist auch der Austausch von Zärtlichkeiten zwischen Paaren in der Öffentlichkeit. Das „Hand in Hand gehen" bei gleichgeschlechtlichen Paaren wird dagegen als normal betrachtet. Kambodschanische Männer etwa, die händehaltend spazieren gehen, sind eher kein Paar, sondern nur gute Freunde.

Kambodschaner, die mit Westlern zu tun haben, kennen unseren Händedruck zur Begrüßung. Die kambodschanische Art des Grüßens ist der *sompea*. Dabei werden die Handflächen etwa auf Höhe der Brust aneinander gelegt, Fingerspitzen deuten nach oben, die Ellbogen sind am Körper. Der Blick ist leicht nach unten gerichtet, der Oberkörper ein wenig vorgebeugt. Je höher die Hände und tiefer der Oberkörper, desto größer der Respekt der anderen Person gegenüber. Die höflich respektvolle Begrüßung lautet *djum riap sua*.

Weitere Tipps zum richtigen Verhalten

- Geschenke oder Geld werden mit der rechten Hand überreicht, die linke Hand gilt als unrein. Besonders höflich ist es, wenn die linke Hand „zur Unterstützung" leicht den Unterarm berührt.
- In Asien funktioniert das Heranwinken etwas anders als bei uns, denn die Hand mit ausgestreckten Fingern ist nach unten gerichtet und wedelt, so als wolle man etwas verscheuchen.
- Kambodschaner möchten nicht am Kopf berührt werden, denn dieser wird als Sitz

der Seele angesehen. Kleinen Kindern über den Kopf zu streicheln, ist jedoch kein Problem. Die Füße gelten als niedrigster Körperteil, Fußsohlen zeigen daher nie auf andere Menschen oder gar Buddha. Wer sich auf den Boden einer Pagode setzt, muss die Beine zur Seite anziehen, damit die Sohlen nie in Richtung einer Buddhastatue zeigen. Füße auf den Tisch oder Stuhl zu legen, gilt ebenfalls als respektlos.

- Wie bei uns wird das Zeigen mit dem Finger auf andere Menschen als unmanierlich betrachtet.
- Älteren Menschen sollte immer mit dem nötigen Respekt begegnet werden. Die Familie ist den Kambodschanern heilig, und entsprechend geachtet werden die Älteren.
- Vor dem Fotografieren von Menschen deren Einverständnis durch Fragen oder einer Geste einholen. Besondere Zurückhaltung ist bei religiösen Zeremonien und bei Besuchen von ethnischen Minderheiten angebracht.
- Frauen dürfen Mönche nicht berühren, besser genügend Abstand halten. Dazu gehört auch, sich nicht neben sie zu setzen oder fotografieren zu lassen.
- In unserem Kulturkreis ist das Anstarren anderer Menschen taktlos, viele Kambodschaner dagegen schauen Ausländer, vor allem, wenn diese sich in Provinzstädten aufhalten, intensiv an. Zuweilen setzen sie sich auch direkt neben den fremden Gast, es ist ein Zeichen der Neugierde und Aufmerksamkeit.

Versicherungen

Für alle Versicherungen gilt: Versicherungsscheinnummer und Notfallnummern der Versicherung griffbereit haben. Für Ansprüche, die daheim geltend gemacht werden, benötigt man ausführliche Quittungen (im Krankheitsfall) und/oder ein Polizeiprotokoll (bei Diebstählen). Ein Überblick und Preisvergleiche zu Reiseversicherungen unter ⌨ www.reiseversicherung.com.

Reisekrankenversicherung

Der Abschluss einer guten Reisekrankenversicherung, die auch im asiatischen Ausland gilt, ist ein absolutes Muss. Falls nicht in einer privaten Krankenversicherung oder über die Kreditkarte bereits enthalten, decken die gesetzlichen Krankenversicherungen die Kosten einer ärztlichen Behandlung in Kambodscha nicht ab. Es gilt daher, unbedingt eine Auslandskrankenversicherung abzuschließen, die einen eventuellen Rücktransport einschließt. Da die medizinischen Einrichtungen (mit Ausnahme von internationalen Kliniken in Phnom Penh und Siem Reap) nicht den gewohnten westlichen Standard aufweisen, können ernsthafte Erkrankungen und Verletzungen in Kambodscha nicht behandelt werden, im schlimmsten Fall ist der Transport nach Bangkok oder gar ins Heimatland notwendig.

Jeder Reisende sollte seinen Vertrag überprüfen: Einige Versicherungen decken Motorradunfälle oder Unfälle bei Extremsportarten oder Tauchen nicht ab (evtl. Zusatzversicherung abschließen). Die Behandlung und die Folgekosten bei Motorradunfällen werden zudem nur bezahlt, wenn der Fahrer einen Führerschein für das Gefährt besitzt. Also Vorsicht: Auch wenn man in Asien ohne Mopedführerschein eine 120er fahren darf, ist man nicht versichert, sofern es zu einem Unfall kommt. Bei Zahnbehandlungen werden meist nur Notfallmaßnahmen übernommen. Auch Einschränkungen bei chronischen Erkrankungen sollten Betroffene abklären.

Behandlungen von Ärzten und in Krankenhäusern müssen i.d.R. direkt bar bezahlt werden (S. 59).

Nur wer versichert ist, kann seine Ansprüche zu Hause geltend machen.

Auf der **Rechnung** muss Folgendes stehen:

- Name, Vorname und Geburtsdatum des Behandelten
- Behandlungsort und -datum
- Diagnose
- Bericht über Art und Umfang der Behandlung inkl. detaillierter Kostenaufstellung nach Untersuchung, Medikamenten, Injektionen, Laborkosten, Krankenhausaufenthalt
- Stempel und Unterschrift des Arztes.

Auslandskrankenversicherungen gibt es ab einem Jahresbeitrag von 6 €/Pers. Die meisten Versicherungen decken jedoch nur etwa 30 Tage ab. Einen guten Preis bietet z. B. die Debeka Versicherung: Für einen Jahresbeitrag von 6 € ist man mehrfach im Jahr für jeweils 70 Tage abgesichert, Auslandskrankenversicherungen bei längeren Reisen kosten etwa 1 €/Tag/Pers. Für Reisende, die das 60.–70. Lebensjahr überschritten haben, ist der Versicherungsschutz deutlich teurer. Überblick und Tarifvergleiche unter 🖥 www.reiseversicherung-vergleich.info.

Reiserücktrittsversicherung

Bei pauschal gebuchten Reisen ist die Rücktrittsversicherung meist enthalten. Bei individuellen Reisen kann der Abschluss einer Reiserücktrittsversicherung sinnvoll sein: Die Versicherung übernimmt die Kosten bei einer Stornierung. Sie tritt in Kraft bei schwerer Erkrankung (ärztliches Attest notwendig), Schwangerschaft, Kündigung des Arbeitsplatzes, Arbeitsplatzwechsel oder Elementarschäden der Wohnung.

Ein Rücktritt ist nur für die betroffene Person (nicht eine eventuelle Begleitperson) möglich. Beispiel: Wird eine Frau schwanger, muss die Versicherung die für den zukünftigen Vater entstehenden Kosten nicht zahlen. Handelt es sich indes um eine schlimme Erkrankungen, die den Beistand etwa des Ehepartners nötig macht, werden beide Reisekostenstornierungen bezahlt. Die Höhe der Versicherung richtet sich nach dem Preis der Reise und den damit verbundenen Stornogebühren. Die Kosten starten ab 29 € pro 1000 € Reisepreis ohne Selbstbehalt. Für alle Individualisten, die nur den Flug buchen, bieten mittlerweile viele Fluggesellschaften eine Reiserücktrittsversicherung nur für den Flug. Diese kostet meist um die 30 € für eine Strecke von Deutschland nach Asien.

Reisegepäckversicherug

Eine Gepäckversicherung lohnt eventuell für denjenigen, der mit teurer Kleidung oder Ausrüstung unterwegs sind. Da jedoch die Reihe der Ausschlussgründe lang ist, rät die Stiftung Warentest von solchen Versicherungen ab. Als Voraussetzung einer Zahlung im Schadensfall muss z. B. die Foto- und Videoausrüstung am Körper befestigt getragen werden; Gepäck darf nicht unbeaufsichtigt in einem Fahrzeug liegen, Bargeld wird grundsätzlich nicht versichert. Wer eine solche Versicherung abgeschlossen hat und einen Schadensfall zu Hause geltend machen muss, braucht ein Polizeiprotokoll. Fotos der Gegenstände und eine Beschreibung sind auf jeden Fall hilfreich. Die Kosten einer Reisegepäckversicherung liegen bei einer Deckung von 2000 € für 17 Tage bei ca. 35 €, für 93 Tage bei ca. 125 €.

In manchen Fällen deckt die Hausratversicherung einen Diebstahl ab, z. B. bei einem Einbruch oder Raub. Hierzu muss unbedingt bei der Polizei Anzeige erstattet werden (was sich die Polizei in Kambodscha bezahlen lässt). Rundum-Sorglos-Pakete sind oft günstiger, darin enthalten ist eine Reisegepäckversicherung, unbedingt die Deckungshöhen beachten.

Fotoversicherung

Eine Versicherung der Foto- und Videoausrüstung ist recht teuer. Meist zahlt die Versicherung nur, wenn die Kamera mittels eines Quergurtes am Körper getragen wurde. Auch hier helfen Fotos der versicherten Gegenstände. Die Kosten richten sich nach dem Wert der Ausrüstung.

Versicherungspakete

Viele Versicherungen bieten Rundum-Sorglos-Versicherungspakete an, die eine Reisekranken-, Rücktritts-, Gepäck-, Unfallversicherung und Hilfe bei Verlust von Reisezahlungsmittel einschließen. Hier ist immer ein Selbstbehalt Teil des Vertrages. Es empfiehlt sich, einige Anbieter zu vergleichen. Die Versicherungen kosten ab 65 € p. P. für 1000 € Reisepreis. ISA, 🖥 www. isa-office.de, bietet spezielle Versicherungspakete für Studenten unter 35 Jahren und bei Travel & Work-Reisen.

Visa

Deutsche, Österreicher und Schweizer benötigen für die Einreise nach Kambodscha ein Visum. Der Reisepass muss zum Zeitpunkt der Einreise noch mindestens sechs Monate gültig sein. Kinder brauchen einen eigenen Reisepass.

Es gibt drei Möglichkeiten, ein Visum zu beantragen: Visa on Arrival, also direkt bei Einreise, vorher bei der Botschaft im Heimatland sowie online als E-Visum.

Visatypen

Visa on Arrival

Touristen erhalten bei der Einreise über die internationalen Flughäfen Phnom Penh und Siem Reap sowie an den Landesgrenzen von Thailand, Vietnam und Laos (S. 36) ein Visum für einen Monat zur einmaligen Einreise (Touristenvisum), Achtung: Passfoto nicht vergessen! Dabei ist unerheblich, ob der Monat 28 oder 31 Tage hat: Wer am 12. eines Monats einreist, erhält ein Visum bis zum 12. des Folgemonats. Europäische Staatsbürger bezahlen US$30. Das Geschäftsvisum (Ordinary Visa) kostet US$35. Bei einigen Grenzübergängen über Land versuchen die Grenzbeamten zusätzliche „Gebühren" zu kassieren. Wer kein Passfoto dabeihat, zahlt US$1; im Flughafen Phnom Penh und am Grenzübergang von Laos US$2.

Zum Prozedere bei der Einreise am Flughafen in Phnom Penh s. S. 188 und Siem Reap S. 277.

Elektronische Visa (E-Visa)

Vor der Reise kann das benötigte Visum elektronisch beantragt werden. Bei der Einreise über die internationalen Flughäfen Phnom Penh und Siem Reap wird das E-Visum anerkannt, bei den Grenzübergängen über Land derzeit nur in Bavet, Poipet und Koh Kong. Informationen, Beantragung und eine aktuelle Liste der Grenzübergänge, die E-Visa akzeptieren, findet man auf der Webseite des kambodschanischen Außenministeriums 🖥 www.mfaic.gov.kh. Die Kosten des elektronischen Touristen-Visums betragen

US$30 zzgl. US$7 Bearbeitungsgebühr. Die Bearbeitungszeit beträgt drei Tage. Das Antragsformular muss ausgefüllt werden, eine Kreditkartennummer zur Zahlung angegeben und ein aktuelles Passfoto in jpg- oder png-Format beigefügt werden. Das Visum wird per E-Mail zugeschickt, dies ist in ausgedruckter Form bei der Einreise vorzulegen. Das Touristenvisum gilt einen Monat für eine einmalige Einreise. Visaverlängerungen s. u.

Visa von der Botschaft

Wer an der Grenze Zeit sparen will, kann ein Visum auch bei der kambodschanischen Botschaft in Deutschland, Österreich oder der Schweiz beantragen (S. 38), entweder direkt vor Ort bei der Botschaft oder auf dem Postweg. Antragsformulare stehen auf den Webseiten der Botschaften zum Herunterladen bereit. In Deutschland kostet das Touristen-Visum 40 €, das Geschäftsvisum 50 €. Visa-Antrag, Überweisungsbeleg, Reisepass, aktuelles Passfoto und ein ausreichend frankierter Rückumschlag müssen zur Botschaft nach Berlin geschickt werden. Die Bearbeitungszeit beträgt fünf Tage nach Eingang der vollständigen Antragsunterlagen. Die Einreise muss innerhalb der nächsten drei Monate erfolgen, das Touristenvisum ist einen Monat gültig.

Wer schneller ein Visum benötigt, kann auch ein Sofortvisum beantragen: Der Antrag ist mit Reisepass, Foto sowie 55 € zwischen 9 und 10 Uhr in der Botschaft abzugeben, das Visum kann ab 16 Uhr des gleichen Tages abgeholt werden. Informationen hierzu unter 🖥 www.kambodscha-botschaft.de.

Thailand und Kambodscha bieten zudem ein **Gemeinschaftsvisum** an. Die Kosten belaufen sich auf 30 €, die Bearbeitungszeit dauert mindestens drei Monate. Es berechtigt zur einmaligen Einreise in beide Länder, die maximale Aufenthaltszeit beträgt einen Monat in Kambodscha und 60 Tage in Thailand. Die Visa-Gebühren für das zweite besuchte Land fallen dennoch an.

Kinder unter zwölf Jahren müssen einen eigenen Antrag stellen und bezahlen und sind zusätzlich auf dem Antragsformular bei den Eltern mit einzutragen.

Visaverlängerung und Überziehung

Wer mit einem Touristenvisum unterwegs ist, kann dieses einmalig für einen Monat verlängern. Die Verlängerung kann bei der Einwanderungsbehörde in Phnom Penh, gegenüber dem internationalen Flughafen, beantragt werden. Die „Express"-Bearbeitung kostet US$40 und dauert drei Werktage. Reisebüros und Guesthouses in Phnom Penh, Siem Reap und Sihanoukville übernehmen die Verlängerung. In Phnom Penh kostet dieser Service ca. US$45, Dauer: drei Werktage. Von Siem Reap und Sihanoukville aus dauert dieser Service genauso lange, ist aber etwas teurer, da der Pass erst nach Phnom Penh geschickt werden muss. Wer vor Ablauf des Visums verlängert, erhält den zusätzlichen Monat nicht mit Ausstellungstag der Verlängerung, sondern im Anschluss an den ersten Monat.

Wer noch länger in Kambodscha bleiben will, muss einen sogenannten **Visa-Run** machen, d. h. er muss einmal aus- und wieder einreisen.

Geschäftsvisa sind beliebig oft verlängerbar, für einen, drei, sechs oder zwölf Monate. Die Gebühren betragen etwa US$35–290, die Verlängerung dauert ebenfalls drei Werktage.

Wird die Länge des Aufenthaltes überzogen, so wird eine Strafgebühr von US$5 pro Tag seit Ablauf fällig. Auch wenn keine strafrechtlichen Konsequenzen drohen: Der Aufenthalt in Kambodscha ohne gültiges Visum ist kein Kavaliersdelikt!

Zeit und Kalender

Zeitverschiebung

In Kambodscha gehen die Uhren sechs Stunden vor, während der mitteleuropäischen Sommerzeit beträgt der Zeitunterschied plus fünf Stunden. Wer aus den Nachbarländern Thailand, Laos und Vietnam einreist, muss seine Uhr nicht umstellen, der Zeitunterschied ist identisch.

Kalender

Offiziell gilt in Kambodscha der gregorianische Kalender. Staatliche Feiertage, Visadaten, Transport- und Hotelbuchungen richten sich nach diesem System.

Daneben existiert der Mondkalender, der die Termine für die traditionellen Feiertage bestimmt. Der jeweilige Monat beginnt an Neumond. Am 15. jedes Monats ist Vollmond. Da ein Mondzyklus 29,53 Tage hat, wechseln sich die Monate mit 29 und 30 Tagen ab. Ein Mondjahr hat 355 Tage. Alle drei bis vier Jahre wird dann ein Schaltmonat zwischengeschoben.

Zoll

Bei der Einreise nach Kambodscha dürfen zollfrei eingeführt werden (keine Deklarationspflicht):

- 2 l Wein
- 400 Zigaretten, 100 Zigarren oder 400 g Tabak
- 350 ml Parfüm
- Medizin zur eigenen Verwendung
- Gegenstände zur eigenen Verwendung
- Neuwertige Gegenstände mit einem Wert bis US$300

Die Bestimmungen für Alkohol und Zigaretten gelten für Erwachsene (über 18 Jahre). In der Zollerklärung müssen folgende mitgeführten Gegenstände angegeben werden:

- Einfuhr von Devisen/Bargeld im Wert von über US$10 000
- Waffen, Munition und militärischer Sprengstoff
- Waren, die zum Verkauf in Kambodscha bestimmt sind

Siehe auch die Webseite der kambodschanischen Zollbehörde 🖳 www.customs.gov.kh. Die Zollerklärung wird im Flugzeug ausgeteilt und liegt am Flughafen aus. Sie muss ausgefüllt werden und wird von den Zöllnern hinter der Gepäckausgabe einbehalten. Bei der Einreise über Land wird keine Zollerklärung verlangt.

Bei der Ausreise müssen Devisen/Bargeld im Wert von über US$10 000 deklariert werden. Antiquitäten dürfen nur mit einer Ausfuhrgenehmigung des **Ministry of Culture And Fine Arts**, Phnom Penh, das Land verlassen. Artefakte dürfen nicht ausgeführt werden. Die Ein- und Ausfuhr von Drogen ist illegal und wird mit Gefängnis bestraft. Zur Ausfuhr gefälschter Markenartikel und Artikel von bedrohten Tierarten s. Kasten S. 42.

Zollbestimmungen für Deutschland auf der Website des deutschen Zolls: 🖳 www.zoll.de.

© MARION MEYERS

Land und Leute

Geografie

Fläche: 181 040 km^2

Nord-Süd-Ausdehnung: 430 km

Größte Städte: Phnom Penh (2 Mio. Einw.), Battambang (knapp 200 000 Einw.) und Siem Reap (100 000 Einw.)

Längster Fluss: Mekong
(fließt 500 km durch Kambodscha)

Höchster Berg: Phnom Aural (1813 m)

LAND UND LEUTE

Das Königreich Kambodscha (Preăh Réachéa-nachâk Kâmpŭchéa) liegt in Südostasien und grenzt im Norden und Westen an Thailand, im Nordosten an Laos und im Osten an Vietnam. Es hat eine Grenzlänge von 2572 km (803 km Thailand, 541 km Laos und 1228 km Vietnam). Das Land erstreckt sich auf einer Fläche von 181 040 km^2, davon sind 176 520 km^2 Landfläche (zum Vergleich: Deutschland ist mit 357 021 km^2 etwa doppelt so groß). Die Nord-Süd-Ausdehnung beträgt 430 km, von Osten nach Westen sind es 550 km. Die Küste am Golf von Thailand ist 443 km lang. In der Hauptstadt Phnom Penh im Süden des Landes leben etwa 2 Mio. Einwohner (inkl. Vorstädte). Der gewaltigste Strom Südostasiens ist auch der größte und längste Kambodschas: Der Mekong fließt von Nord nach Süd auf etwa 500 km durch Kambodscha. Meist ist der Fluss etwa 1,6 km breit. Nahe Phnom Penh spaltet sich der obere Mekong in den Bassac-Fluss und den unteren Mekong. Ein weiterer sehr bedeutender Fluss ist der Tonle Sap, der zweimal im Jahr seine Richtung ändert – ein auf der Welt einmaliges Phänomen. So wird der Tonle-Sap-See – zumindest für einige Monate im Jahr – zum größte Binnenmeer Südostasiens (S. 316).

Der höchste Berg des Landes ist mit 1813 m der Phnom Aural im östlichen Teil des Kardamom-Gebirges. Der wohl wichtigste und berühmteste Berg ist jedoch der Phnom Kulen (S. 313) nahe Angkor. Doch Kambodscha besteht längst nicht nur aus Gebirge und Flusslandschaften, sondern bietet seinen Besuchern auch einen langen Küstenstreifen am Golf von Thailand.

Die Gegend um Pailin war lange Zeit ein El Dorado für Edelsteinsucher, doch die Vorkommen sind mittlerweile erschöpft. Auch in der Provinz Rattanakiri wurde und wird nach kostbaren Steinen gegraben. Zurzeit werden Konzessionen verkauft, um nach Gold, Kohle, Bauxit, Eisen, Phosphaten und Edelsteinen zu suchen, vor der Küste sollen Erdölbohrungen starten. Der Abbau von Bodenschätzen wird zu erheblichen Eingriffen in die Natur des Landes führen.

Flora und Fauna

Pflanzenarten: ca. 15 000

Waldfläche: ca. 50 % der Landesfläche

Naturschutzgebiete: ca. 26 % der Landfläche

Tierarten: ca. 210 Säugetierarten, 240 Reptilienarten, 715 Vogelarten

Bedrohte Arten: 630 geschützte Tierarten (darunter Tiger, Elefanten, Leoparden)

Kambodscha verfügt in einigen Teilen des Landes noch über eine beeindruckende Tier- und Pflanzenwelt, die nicht zuletzt aufgrund fehlender Industrieanlagen noch weitgehend intakt ist. Etwa im Kardamom-Gebirge, einer immergrünen Region im Süden des Landes, die sich vom regenreichen Emerald-Tal bis zur recht trockenen Kirirom-Region erstreckt und zu den artenreichsten Gegenden Südostasiens zählt. Viele Gebiete dieser Region sind unzugänglich und Fauna und Flora noch vollkommen sich selbst überlassen. Über 450 Vogel- und 30 vom Aussterben bedrohte oder gefährdete Tierarten sind hier noch zu Hause, u. a. Elefanten (s. Kasten S. 92), Tiger, Nebelparder und Plumploris. Auch das bereits als ausgestorben geglaubte Siam-Krokodil wurde hier gesichtet.

Andere Gebiete sind dem Kahlschlag zum Opfer gefallen. Traurig ragen mancherorts nach der Brandrodung Baumstümpfe und vereinzelte Bäume in den Himmel. Dem Schutz der einzigartigen Flora und Fauna sollen die zahlreichen Nationalparks dienen. Da jedoch die Regierung Hun Sens weitreichende Konzessionen für Investoren auch in diesen Gebieten erteilt, ist dies bisweilen Makulatur. Doch zahlreiche internationale NGOs bemühen sich weiterhin um den

Naturschutz, und es gibt einige bemerkenswerte Projekte, die die Bevölkerung dabei mit einbinden. Mehr dazu auf S. 94.

Fauna

Die Artenvielfalt in Kambodscha ist groß. Allein 430 bis 630 Tierarten (die Quellen widersprechen sich), die hier ihren Lebensraum haben, stehen unter Schutz.

In den Wäldern leben noch heute viele Großtiere, darunter Indische Elefanten, Leoparden und Tiger, Fliegende Hunde und Bären. Es gibt zahlreiche Schlangenarten, darunter Pythons, Kobras und Nattern. Zudem tollen verschiedene Affenarten, etwa Makaken, Languren, Gibbons und Loris, durch die Bäume. Auch Warane, Gürteltiere und Tapire tragen zur Artenvielfalt bei. In den Sümpfen leben Krokodile, und im Meer tummeln sich Schildkröten und Haie. Der Besucher bekommt die wenigsten dieser Geschöpfe in freier Wildbahn zu Gesicht. Ziemlich sicher aber wird man die Rückenflossen der letzten Irrawaddy-Delphine erspähen, die noch im Mekong beheimatet sind.

Säugetiere

Zahlreiche **Affen** bevölkern die Baumwipfel Kambodschas. Dazu zählt z. B. der als stark gefährdet eingestufte **Kappengibbon** (Hylobates pileatus). Ein Markenzeichen dieses tagaktiven Gibbons ist sein heller Haarschopf. Durch die Abholzung der Wälder bedroht ist der **Silberlangur** (Trachypithecus germaini). Diese ebenfalls tagaktiven Tiere halten sich vorwiegend im dichten Wald auf und leiden besonders stark unter der Rodung der Wälder. Vermehrt in Gefangenschaft gehalten wird der niedliche **Bengal-Plumplori** (Nycticebus bengalensis), der in freier Natur in Baumwipfeln lebt. Das nachtaktive Tier muss doppelt leiden: Als sei das Leben in Gefangenschaft nicht schon schlimm genug, bricht man ihm auch noch die Zähne aus. Grund: Die Bisse der Plumploris sind aufgrund eines Giftes schmerzhaft.

In Kambodschas Wäldern leben **Malaienbären** (Helarctos malayanus) und Schwarzbären (Kragenbären). Malaienbären gelten mit einer Körperlänge von 110 bis 140 cm und einem Gewicht von 30 bis 60 kg als kleinste Bärenart. Während alle anderen Bärenarten auf dem Boden leben, zieht der Malaienbär, ein ausgezeichneter Kletterer, oft die Bäume als Aufenthaltsort vor. Wie hoch die exakte Zahl dieser vom Aussterben bedrohten Tiere ist, die noch in Kambodschas Wäldern lebt, ist unklar. Forscher gehen davon aus, dass die Zahl der Tiere in den letzten 30 Jahren um ein Drittel zurückgegangen ist. Größter Feind des Bären ist der Mensch, der neben dem Pelz auch das Fleisch und die Tatzen der Tiere begehrt. Nicht zuletzt ist die Galle gewinnbringend verkäuflich, da sie in der chinesischen Medizin Einsatz findet. Bedroht sind die Tiere auch, weil ihr Lebensraum unaufhörlich schrumpft. Die Tierschutzorganisation Free the Bears, 🖳 www.freethebears.org.au, kümmert sich um den Schutz des Bestandes und betreibt eine Auffangstation für Tiere aus Gefangenschaft nahe Phnom Penh (S. 196).

Auch **Schwarzbären** (Ursus thibetanus) gelten als gefährdet. Diese Gattung zählt zu den Großbären und lebt vorwiegend auf dem Boden, tagsüber verbringen sie ihre Zeit meist in Höhlen. Die Tiere werden zwischen 120 und 180 cm groß und können bis zu 150 kg auf die Waage bringen. Das Fell des Schwarzbären ist tiefschwarz, nur auf der Brust und der Kehle zeichnet sich ein V-förmiger Kragen ab. Dieser Fellzeichnung verdankt der Bär seinen Zweitnamen Kragenbär.

Lange galt das erst 1937 entdeckte **Wildrind Kouprey** (Bos sauveli) als ausgestorben, bis es Mitarbeitern der NGO Fauna & Flora in der Gegend um Siem Reap 2013 gelang, einige Fotos der seltenen Tiere zu schießen. Das Rind misst eine Schulterhöhe von etwa 1,80 m und kann bis zu 800 kg wiegen.

Freunde der Spezies Katze freuen sich über die Begegnung mit einer **Bengalkatze** (Prionailurus bengalensis, auch Leopardenkatze genannt). Während sie nachts durch die Wälder streifen, liegen diese Katzen, die in etwa so groß werden wie Hauskatzen, tagsüber in schattigen Felsspalten oder Baumhöhlen. Freunden von veredeltem Kaffee sind vielleicht die **Fleckenmusang** (Paradoxurus hermaphroditus) bekannt. Diese Schleichkatzenart ist nachtaktiv und ver-

Graue Riesen in Bedrängnis

In Kambodscha ist der **Asiatische Elefant** (*Elephas maximus*, auch Indischer Elefant genannt*)* beheimatet. Da er etwas kleiner ist als der Afrikanische Elefant, ist er nur das zweitgrößte Landtier der Erde. Asiatische Elefanten leben derzeit noch in den Wäldern von Kambodscha, Thailand, Laos, Vietnam, Malaysia, Indonesien, Bhutan, Nepal, Sri Lanka, Myanmar, Bangladesch, im äußersten Süden Chinas und in einigen Gebieten Indiens. Ihr Lebensraum wird immer kleiner, ihre Art wird als gefährdet eingestuft. Die Organisation Fauna und Flora geht von einer Gesamtpopulation von 40 000 bis 50 000 Tieren aus, davon leben etwa 30 000 in freier Wildbahn. In Kambodscha sind derzeit noch etwa 400 bis 600 wilde Elefanten beheimatet, etwa 100 Tiere (manche Quellen gehen von 200 aus) sind gezähmt und leben in Gefangenschaft. Wilde Populationen findet man in der Gegend des Kardamom-Gebirges im Südwesten des Landes und im Nordosten in der Provinz Mondulkiri. In diesen Regionen haben ethnische Minderheiten lange Jahre Elefanten gefangen und gezähmt. Dieser Praxis folgen sie nicht mehr, und so reduziert sich die Zahl der in Gefangenschaft lebenden Elefanten von Jahr zu Jahr. Die gezielte Arbeit von NGOs mit den Dorfbewohnern soll dazu beitragen, den natürlichen Lebensraum der Tiere zu erhalten und den Elefanten so ein Leben in Freiheit zu ermöglichen. Ob auch die Regierung mitziehen und die Vergabe von Lizenzen zum Holzeinschlag einschränken wird, bleibt abzuwarten.

Elefantenreiten: Ja oder Nein?

Noch werden Elefantenritte in Kambodscha angeboten, z. B. bei den Tempeln von Angkor und auf einigen Trekkingtouren im Nordosten. Generell entspricht dies nicht einer artgerechten Haltung. Und dennoch: Solange diese Touren nicht dazu führen, dass neue Elefanten gefangen werden (oder gezüchtet, worauf die Hochland-Khmer bisher aufgrund ihres Volksglaubens verzichten, S. 370), unterstützt der Reisende mit einem Ritt derzeit primär die arme Dorfbevölkerung, was vor allem für Trekkingtouren in entfernten Gebieten gilt. Hier sollte man sorgfältig zwischen Tier- und Menschenwohl abwägen. Weitaus kritikwürdiger erscheint uns ein Ritt durch die Tempel von Angkor, nicht zuletzt weil die Tiere stundenlang in der Sonne ausharren müssen. Viele Tiere (es sollen derzeit 17 Elefanten sein) wurden der armen Bergbevölkerung abgekauft. Ob sie nun in der Hitze Zentralkambodschas ein besseres Leben führen, ist fraglich, auch wenn sich der Betreiber, die Compagnie des Eléphants d' Angkor, zum Ziel setzt, die Tiere zu schützen. Laut Medienberichten kommen die Einnahmen Aufklärungskampagnen zugute; erneut bleibt hier nur die persönliche Abwägung, ob dafür ein Elefant in Gefangenschaft gehalten werden muss. Wer den Tieren helfen will, kann Geld an Projekte spenden, die die Aufklärung der Bevölkerung vorantreiben und dazu beitragen, den natürlichen Lebensraum der Tiere zu erhalten; z. B. Fauna & Flora International, 🖵 www.fauna-flora.org, oder die Wildlife Conservation Society, 🖵 www.wcs.org.

bringt die Tage schlafend in Asthöhlen. Liebend gerne frisst das Tier Kaffeekirschen, deren Kerne nach der Verdauung einen besonders leckeren Kaffee hervorbringen. Da für die Herstellung dieses Kaffees die Tiere in Gefangenschaft gehalten werden und dies in der Regel nicht artgerecht geschieht, sollte man gut überlegen, ob man diesen Kaffee (Kopi Luwak) tatsächlich trinken möchte. Nur noch etwa 20 Exemplare des **Indonesischen Tigers** (*Panthera Tigris Corbetti*, eine Unterart des Königstigers) leben in Kambodscha. Diese Großkatze, deren Männchen bis zu 2,75 m lang werden können und dann bis zu 190 kg wiegen, gilt als stark gefährdet.

Vögel

In Südostasien gibt es 49 endemische Vogelarten, einige davon sind in Kambodscha beheimatet. In den Savannen und Sümpfen im Nordwesten der Preah-Vihear-Provinz lebt beispielsweise der **Weißschulteribis** (*Pseudibis davisoni*), und auch der **Riesenibis** (*Pseudibis* *gigantea*, Kambodschas Nationalvogel) ist hier zu Hause. Am Sekong-Fluss nisten zudem die vom Aussterben bedrohten **Weißrückengeier** *(Gyps bengalensis)*, **Dünnschnabelgeier** *(Gyps tenuirostris)* und **Asiatischen Königsgeier** *(Sarcogyps Calvus)*.

Auch der große **Marabu** *(Leptoptilos dubius)* ist vom Aussterben bedroht. Mit einer Körpergröße von bis zu 1,50 m und einer Flügelspannweite von 250 cm ist dies ein imposanter Vogel, doch der Aasfresser ist wegen seines kahlen Kopfes und der traurig blickenden Augen eher hässlich und Mitleid erregend. Als gefährdet gilt auch der etwa 1,20 m messende, kleinere Artgenosse, der **Sunda-Marabu** *(Leptoptilos javanicus)*. Er ernährt sich eher von Fischen und anderen Kleinstlebewesen wie Lurchen oder Heuschrecken. Ihn sieht der Gast noch häufig auf Ausflügen am Tonle-Sap-See. Schön anzusehen ist auch der in See und Weihernähe lebende **Ährenträgerpfau** *(Pavo muticus)*. Leider wird er vielfach wegen seines Federkleides gejagt oder illegal gehalten. Gerne in menschlicher Umgebung hält sich der **Bartsittich** *(Psittacula alexandri)* auf. Dieser kleine, niedliche, grün gefiederte Sittich lebt oft in Parks und in der Nähe menschlicher Siedlungen. Zudem gibt es in Kambodscha Reiher und Greifvögel.

Reptilien

Kambodscha ist Heimat einiger imposanter **Schlangenarten**. Dazu zählt die in ganz Südostasien beheimatete **Tigerpython** (*Python molurus bivittatus*), eine der größten Schlangen der Welt. Das nachtaktive Tier kann bis zu 90 kg schwer werden und misst dann etwa 6 m. Die Würgeschlange kann sehr gut schwimmen und lebt in der Nähe von Wasser und bewaldeten Bergen. Sie ernährt sich von mittleren bis großen Säugetieren. Vielfach wird die Tigerpython getötet, denn ihr Fleisch und ihre Haut sind beliebt. Zudem findet sie in der traditionellen Medizin Verwendung. Auch die **Netzpython** (*Python reticulatus)* hat in Kambodscha ihr Zuhause. Sie ist die wohl längste Schlange der Welt (das längste Exemplar wurde in Indonesien auf Sulawesi gefangen und maß knapp 10 m). Auch diese Schlange wird wegen ihrer Haut getötet; vielfach findet der Reisende auf den Märkten Mit-

bringsel, die aus Netzpython-Haut gefertigt sind. Eine endemische Schlange ist die **Tonle-Sap-Wassertrugnatter** *(Enhydris longicauda)*, die nur in diesem See vorkommt und als gefährdet gilt. Ihr Aussterben könnte große Auswirkungen auf das gesamte Ökosystems des Sees haben, denn die Wassertrugnatter ist ein wichtiger Bestandteil des ökologischen Gleichgewichts: Sie ernährt sich von Fröschen und Krustentieren und hält so den Bestand dieser Kleinsttiere im Lot und ist selbst Nahrung für zahlreiche große Wasservögel des Sees. Leider landet sie derzeit vielfach auf dem Teller. An dem Biss einer Natter aus der Familie der **Krait** *(Bungarus)* stirbt man innerhalb von 8 Stunden, doch die Schlange ist nicht weitverbreitet, zudem sehr scheu, nur in äußersten Notfällen greift sie den Menschen an. Unter den Kobras ist vor allem die **Königskobra** (*Ophiophagus hannah*) zu erwähnen, die sich hauptsächlich von anderen Schlangen und Echsen ernährt. Ihr Biss kann ebenfalls für den Menschen tödlich sein, doch auch die Königskobra ist eher scheu. Sollte man einer dieser Schlangen begegnen: Ruhe bewahren!

Auch zahlreiche Arten von **Schildkröten** und **Echsen** leben in Kambodscha. In schlammigen Flüssen wohnt die **Tempelschildkröte** *(Heosemys annandalii)*, die mit einer Länge von 40 bis 60 cm zu den größeren Sumpfschildkröten zählt. Zu erkennen ist das Tier an seinem dunklen, nicht gemusterten Panzer. Einen helleren Körper hat die **Gelbkopf-Landschildkröte** *(Indostestudo elongata)*. Die bis zu 33 cm lange und dann etwa 3,5 kg wiegende Art lebt im Wald unter Büschen und ernährt sich von Pilzen und Früchten. Ihr Fortpflanzungszyklus ist sehr langsam, nur zwei bis acht Eier legt eine ausgewachsene Landschildkröte. Sofern sie nicht auf dem Teller der Menschen landet, können die Tiere bis zu 70 Jahre alt werden. Da sie gern verzehrt und auch der Lebensraum Wald immer weiter zerstört wird, ist sie seit dem Jahr 2000 als gefährdet eingestuft. Die kleine **Malayen-Sumpfschildkröte** *(Malayemys subtrijuga)* ist ihrer Natur nach ein Einzelgänger und sehr stressanfällig. Eine Nachzucht in Gefangenschaft ist bisher nicht geglückt. Diese Schildkröte lebt in Weihern und überfluteten Reisfeldern. Obwohl sie eher klein ist, landen sie (und ihre Eier) oft auf dem

Plastikmüll auf den Straßen und am Wegesrand lässt erahnen, dass ein Umweltbewusstsein in Kambodscha noch nicht wirklich existiert. Zwar halten sich der Müll und die Verschmutzung insgesamt noch in Grenzen, doch je weiter die Industrialisierung voranschreitet, je mehr Fabriken entstehen und je mehr Menschen sich ein Auto leisten können, desto höher wird auch die Umweltbelastung werden. 2010 betrug die Kohlendioxidemission in Kambodscha 0,3 t pro Kopf (in Deutschland waren es fast 10 t).

Doch wie die Existenz der Nationalparks (S. 66) beweist, gibt es auch in Kambodscha Naturschutzprojekte. Meist sind sie jedoch auf Initiative von NGOs ins Leben gerufen worden, selten werden sie von kambodschanischer Seite organisiert. Eine rühmliche Ausnahme, die sich zudem an den Touristen wendet, sind die zahlreichen Ökoprojekte in den Bergdörfern (S. 464). Ansonsten ist das Bewusstsein des Durchschnitts-Kambodschaners für Umweltfragen noch nicht sehr weit ausgebildet. Plastiktüten und Flaschen werden gedankenlos in die Natur geworfen („Keine Sorge, der Regen spült die doch bald wieder weg!"), und auch beim Ölwechsel sind die Menschen wenig zimperlich, denn das Altöl versickert ja im Boden – also alles kein Problem. Zahlreiche NGOs und auch Reisende sind Vorbild (oder können es sein, s. dazu S. 49, Fair reisen) und können die Kambodschaner sensibilisieren. Vor allem die Menschen aus einfachen dörflichen Strukturen, die mit und in der Natur leben, sind besonders interessiert an Aufklärung und schnell für Ökoprojekte zu begeistern, die helfen, ihre Umwelt und Lebenskultur zu erhalten.

Teller. Zugleich aber gilt sie auch als Glücksbringer, sofern man die Schildkröte eingefangen und in einem Teich am Tempel wieder freigelassen hat. Letzteres überleben die Tiere jedoch meist nicht lange, da sie ein Leben unter so vielen Artgenossen nicht vertragen.

Nahe Kratie werden im Mekong Turtle Conservation Center (MTCC), 🖳 www.mekongturtle.com, verschiedene Schildkrötenarten gepflegt,

aufgezogen und anschließend in den Mekong entlassen. Darunter befindet sich auch die seltene **Cantors Riesenweichschildkröte** (Pelochelys cantorii). Lange galt diese besonders große Schildkrötenart, die bis zu 50 kg Gewicht auf die Waage bringen kann, als ausgestorben. 2007 wurden im Mekong drei Tiere und zwölf Jungtiere gefunden und eingefangen. 2013 wurden 100 im Zentrum aufgezogene Jungtiere in die Freiheit entlassen.

Weitverbreitet ist der **Bindenwaran** (Varanus salvator). Die tagaktiven Tiere, die sich vielfach von Aas ernähren und so einen wichtigen Beitrag im Ökosystem leisten, gehören mit bis zu 3 m Länge zu den größten Waranarten der Welt. Ausgewachsene Tiere haben kaum Feinde, doch die Jungtiere müssen sich vor Pythons und Adlern und auch vor Artgenossen in Acht nehmen. Bindenwarane haben ein sehr großes Verbreitungsgebiet und leben aufgrund guter Schwimmfähigkeiten auch auf den Inseln Südostasiens.

Fische und andere Wasserbewohner

In den Flüssen und Seen Kambodschas tummeln sich zahlreiche Fischarten, darunter der schuppenlose **Mekong-Riesenwels** (Pangasianodon gigas), der nur im namengebenden Fluss und im Tonle-Sap-See vorkommt und mit einer Größe von bis zu 3 m und einem Gewicht von bis zu 300 kg zu den größten Süßwasserfischen der Welt zählt. Einst war die Population über das gesamte Mekong-Gebiet verbreitet, heute geht man davon aus, dass dieser Wels nur noch in Kambodscha vorkommt, 2500 Tiere soll es noch geben. Das Angeln der Riesenwelse ist verboten. Ein etwas kleinerer Wels ist der **Pangasius** (Pangasianodon hypophthalmus) aus der Gattung der Haiwelse. Er wird etwa 150 cm lang und wiegt dann knapp über 40 kg. Da der Pangasius als Speisefisch beliebt ist, wird er sowohl wild gefangen als auch in Aquakulturen aufgezogen. Beides schadet dem Bestand, denn auch für die Aufzucht in Gefangenschaft werden wilde Laichkulturen eingesetzt. Die Fische pflanzen sich zudem sehr langsam fort, was den Bestand ebenfalls schrumpfen lässt.

Zum Nationalfisch erklärt wurde die **Riesenbarbe** (Catlocarpio siamensis). Diese Gattung aus der Familie der Karpfen wird auch Siamesischer Riesenkarpfen genannt. Auch diese Fische können bis zu 3 m lang und bis zu 300 kg schwer werden. Da dieser Fisch sehr gerne gegessen wird, wird er auch in Aquakultur gezüchtet.

Die vom Aussterben bedrohten **Irrawaddy-Delphine** *(Orcaella brevirostris)* leben in einer noch recht hohen Population bei Kampi nahe Kratie (S. 360).

Das Meer ist Heimat zahlreicher Korallen, Oktopusse und Fische wie dem **Pharoah Cuttlefish** *(Sepia pharaonis)*, **Steinfisch** *(Synanceiidae)* und **Sweetlip** *(Lethrinus miniatus)*. Die Fischerei mit Schleppnetzen sorgt jedoch für unnötigen Beifang, sodass der Bestand an vielen Orten nachhaltig gefährdet ist. Vor allem um Ko Rong Samloem sowie im Koh-S'dach-Archipel versuchen NGOs das Meer und seine Bewohner zu schützen. Eine besondere Erwähnung verdienen hier die **Seepferdchen** *(Hippocampi)*, von denen in Kambodscha sieben verschiedene Arten leben. Einige bewohnen Korallengärten, andere bevorzugen von Seegras bewachsene Areale. Die Anzahl der Tiere nimmt stetig ab, sodass auch hier ein Schutz dringend notwendig ist. Meeresschutzprojekte, die vielfach auf Freiwilligenarbeit basieren, versuchen, die einzigartigen Biotope zu erhalten. Bei den Inseln vor Kep leben noch **Seekühe** *(Dugong dugon)*. Sie grasen auf den Seegrasfeldern. Da die Tiere sehr scheu sind, sollte man von einem Besuch absehen.

Flora

Bis zu 20 m hoch sind die Urwaldriesen in einigen Gebieten Kambodschas, wie im Kardamom-Gebirge. In einer Höhe über 700 m finden sie optimale Bedingungen im feuchtkühlen Klima vor, sodass hier immergrüner Bergwald gedeiht. Im etwas tiefer liegenden tropischen Regenwald werden die Bäume an den regenreichen Hängen bis zu 50 m hoch. Zudem bietet Kambodscha Regionen mit Monsun- und Trockenwäldern. In manchen Gegenden verwandelt sich das in der Trockenzeit staubige, unwirtliche Grasland während der Regenzeit in sumpfige Savannen, an der Küste erstrecken sich ausgedehnte Mangrovensümpfe.

Neben Urwaldriesen gibt es weitere exotische Bäume, wie den Rosenholz-, den Ebenholz- und den Schwarzholzbaum. Besonders schön anzusehen ist auch der **Frangipani**, der als Sym-

Palmyrapalmen prägen das Landschaftsbild in weiten Teilen Kambodschas.

© MARION MEYERS

bol für Unsterblichkeit gilt und mit seinen rosa Blüten an vielen Tempeln zu bestaunen ist. Vorsicht: Der Saft des Baumes ist giftig. Ebenfalls als heilig gilt der **Lotos**, dessen Samen jedoch sehr schmackhaft sind und gut als Snack verzehrt werden können.

Als Nutzpflanzen haben sich **Pfeffer** (vor allem in der Gegend um Kampot), Tee, Kaffee, Zuckerpalmen und Reis durchgesetzt. Typisch für das Landschaftsbild in den Ebenen Kambodschas sind die hohen **Palmyrapalmen** *(Borassus flabellifer)* mit ihrem buschigen Blattschopf. Die Palme ist seit einem königlichen Dekret im Jahre 2005 Nationalsymbol. Die Früchte sind der Kokosnuss ähnlich (nur etwas kleiner), ihr Saft wird zur Herstellung von Palmwein (Toddy) und Palmzucker genutzt. Am Meer gedeihen bisweilen auch Kokospalmen. Der in Kambodscha zahlreich wachsende Bambus ist als Baustoff besonders gut geeignet, denn das Material ist gut zu verarbeiten und sehr langlebig.

Auch Kambodschas Pflanzenwelt schwindet zunehmend. Obwohl noch große Flächen nahezu unzugänglichen Dschungels existieren (je nach Quellen geht man von 30–70 % bewaldetem Gebiet aus), nimmt die Inbesitznahme durch den Menschen rasant zu. Ein besonderes Problem ist der **Holzeinschlag**, der mal illegal, mal von der Regierung gebilligt ist. Das Resultat ist das gleiche: Bodenerosion und Verschlammung der Flüsse und Seen.

Bevölkerung

Einwohner: 14,1 Mio.

Bevölkerungsdichte: 80 Einw. pro km²

Bevölkerungswachstum: 1,6–2,4 % (je nach Quelle)

Lebenserwartung: 62 Jahre (Frauen), 58 Jahre (Männer)

Analphabetenquote: ca. 25 %

Die letzte Volkszählung fand 2008 statt, von daher liegt die Vermutung nahe, dass die Einwohnerzahl etwas höher ist als hier angegeben. Sicher ist, dass in Kambodscha die Alterspyra-

mide auf einer breiten Basis junger Menschen aufbaut, die sich nach oben hin extrem verjüngt. Insgesamt leben in Kambodscha etwa 14,1 Mio. Menschen, die im Schnitt sehr jung sind (etwa 31 % aller Kambodschaner unter 15 Jahren alt, 50 % unter 25 Jahren, die Altersgruppe zwischen 25 und 54 Jahren macht etwa 38 % der Bevölkerung aus, zwischen 55 und 64 sind es 5,1 %, und nur etwa 4 % sind älter als 64 Jahre). Der Altersdurchschnitt liegt bei knapp über 20 Jahren. Jede Frau bringt etwa drei Kinder zur Welt, doch seit dem Babyboom der 1980er-Jahre ist die Geburtenrate leicht rückläufig. Im Schnitt sind Frauen 22 Jahre alt, wenn sie ihr erstes Kind gebären. Etwa 40 Kinder von 1000 sterben, bevor sie fünf Jahre alt geworden sind.

Der überwiegende Teil der Bewohner gehört zur Bevölkerungsgruppe der Khmer (85–88 %). Vietnamesen stellen mit etwa 5 % die größte Minderheit, gefolgt von den Cham (3 %), Chinesen stellen nur etwa 1 % der Bevölkerung. Die verbleibenden Prozente stellen Thais, Laoten und Angehörige der Bergstämme, die heute unter dem Namen Khmer Loeu als Gruppe erfasst werden.

Während in den Zeiten nach der Terrorherrschaft der Roten Khmer viele Einwohner Kambodschas traumatisiert wirkten und der Gast schlecht Zugang zu den Menschen fand, hat sich dies in den letzten Jahren auffallend verändert. Es scheint, als sei der neuen Generation das Glück wieder möglich; die Unbeschwertheit und die Freude haben wieder Einzug gehalten, auch wenn es vielen Khmer wirtschaftlich noch immer sehr schlecht geht.

Ethnische Gruppen

Khmer

Das Volk der Khmer stellt mit etwa 12 Mio. Menschen die absolute Mehrheit in Kambodschas Bevölkerung. Es wird angenommen, dass die Vorfahren der Khmer im 3. Jahrtausend v. Chr. aus dem Süden China ins heutige Staatsgebiet übergesiedelt sind. Die Ethnie ist eng verwandt mit dem Volk der Mon, was sich z. B. in ihrer Sprache niederschlägt (Mon-Khmer-Sprache). Dem Kontakt mit Indien in ganz frühen Epochen ist wohl die Schriftweise zu verdanken, denn die Khmer-Schrift zeigt deutliche Verwandtschaft mit der indischen Silbenschrift. Traditionen in Kunst, Musik usw., die in diesem Kapitel beschrieben werden, beziehen sich auf die Volksgruppe der Khmer.

Seit dem späten Mittelalter sind die Khmer Buddhisten. Alle Bemühungen der fremden Herrscher, ob Vietnamesen oder Franzosen, eine andere Religion dauerhaft oder mit nennenswert großer Anhängerschaft zu etablieren, schlugen fehl. Mehr zur Religion auf S. 128.

Die männlichen Khmer sind von ihrer Statur her oft relativ breitschultrig, die Frauen zierlicher. Alle Khmer haben dunkle (manchmal gewellte) kräftige Haare und braune, für asiatische Verhältnisse runde Augen. Ob Mann oder Frau, alle tragen immer ein *krama* bei sich, das für Kambodschaner typische Tuch. Man trägt es als Gürtel, als Sonnenschutz um den Kopf, als Tragetuch für das Kind oder nutzt es zu irgendeinem anderen Zweck. Traditionell trugen die Khmer Wickelröcke *(Sampots)* und einen freien Oberkörper. Es heißt, bis zum Eintreffen der Franzosen sei dies Tradition gewesen. Heute verhüllen sich kambodschanische Frauen selbst dann, wenn sie schwimmen gehen. Gemäß ihrem Schönheitsideal wird die Haut in allen Alltagssituationen trotz Hitze bedeckt, denn weiße Haut gilt als schick und Zeichen für Wohlstand.

Das Leben der Khmer ist strikt hierarchisch gegliedert. Dies hat sich seit dem Beginn der Geschichtsschreibung nicht geändert. Es bleibt abzuwarten, wie lange die Jugend sich dieser Hierarchie noch so bedingungslos unterwerfen wird.

Cham

Die moslemischen Cham sind Nachfahren jener Menschen, die einst das Champa-Reich bewohnten, welches sich auf dem Gebiet des heutigen südlichen Vietnam befand. Die Vorfahren der Cham, ein malaiisches Volk, hatten ab 1177 auch Teile Kambodschas erobert, wurden aber in der großen Seeschlacht auf dem Tonle Sap von Jayavarman VII. geschlagen. Ende des 17. Jhs., nach zahlreichen Konflikten mit Vietnam, zerfiel das Cham-Reich und einige Cham flohen von vietnamesischem Staatsgebiet Richtung Kambodscha. Unter den Roten Khmer wurden die Cham verfolgt, viele ermordet. Schätzungen zufolge verloren zwischen 100 000 und 500 000 Cham damals ihr Leben. Heute wohnen etwa 200 000 Cham meist als Fischer friedlich neben den Khmer in Kambodscha. Die Cham leben streng abgeschirmt in kleinen Dörfern am Wasser (Tonle Sap und Mekong).

Das einstige Reich Champa war hinduistisch geprägt, doch ab etwa 1607 bekannten sich immer mehr Cham zum sunnitischen Islam. Etwa 90 % aller in Kambodscha lebenden Cham sind Moslems. Der Rest sind Atheisten, Hindus oder Christen. Seit den 1960er-Jahren werden die Cham in Kambodscha auch als **Khmer Islam** bezeichnet, auch um sie gegen spätere Einwanderer (etwa aus Vietnam) abzugrenzen.

Die Cham haben eigene Schriftzeichen und eine eigene Sprache (austronesische Sprachfamilie).

Bergvölker

Den ethnischen Minderheiten der **Khmer Loeu** (Hochland-Khmer) gehören in Kambodscha etwa 150 000–200 000 Menschen an, sie machen knapp 1,5 % der kambodschanischen Bevölkerung aus. Der Name Khmer Loeu wurde in den 1960er-Jahren von König Sihanouk geprägt, auch um unter den etwa 22 indigenen Volksstämmen ein Einheitsgefühl zu erzeugen. Die größten Gruppen stellen die Tompuon, Kuay, Bunong, Kreung und Jarai mit jeweils über 20 000 Angehörigen. Bis auf die Jarai (deren Wurzeln auf die Cham zurückgehen) sprechen alle Khmer Loeu einen Mon-Khmer-Dialekt.

Khmer Loeu leben in kleinen Dörfern von wenigen hundert Menschen, die meisten im Hochland der Provinzen Rattanakiri, Mondulkiri und Stung Treng. Die Volksstämme vermischen sich kaum untereinander, sie sprechen eine eigene Sprache und unterschiedliche Dialekte. Die Menschen sind von dunklerer Hautfarbe und klein gewachsen. Vorherrschende Glaubensrichtung ist der **Animismus** (Geisterglaube). Für sie gibt es heilige Orte, wie Seen, Bäume oder Felsen, in denen die Geister wohnen. Auch der Ahnenkult ist ausgeprägt (s. Kasten S. 381). Fast alle Gemeinschaften sind matriarchalisch geprägt.

Die früher traditionell handgewebte Kleidung ist bei allen Khmer Loeu unterschiedlich, ebenso

© M. MARKAND

Die Angehörigen der ethnischen Minderheiten suchen heute ihren Weg zwischen Tradition und Moderne.

der Schmuck. Frauen trugen einst Sarongs ohne Oberbekleidung, Männer eine Art Lendenschurz. Heute werden jedoch überall Sarongs und Blusen bei den Frauen bevorzugt, bei Männern Hose und T-Shirt. Die Herstellung von Körben aus Rattan und Bambus wie die konischen Rucksäcke *(khapa)* ist immer noch weitverbreitet. Auch Fischreusen oder Matten aus Gräsern werden genutzt. Manche stellen Bronze-Gongs für Zeremonien her. Die Kuay sind bekannt für ihre Fähigkeit, Eisen zu schmieden.

Die meisten indigenen Völker kannten keine Schriftzeichen, Wissen wurde nur mündlich weitergegeben. Erst seit einigen Jahren baut die Regierung Schulen auch in den abgelegenen Dörfern.

Vietnamesen und Chinesen

Eine recht kleine Gruppe machen die Ethnien der Chinesen aus. **Vietnamesen** sind mit etwa 5 % recht zahlreich vertreten. Die ersten Siedler kamen im 17. Jh. nach Kambodscha. Sie lebten als Reisbauern. Während der Kolonialzeit kamen weitere Auswanderer, da sie von den Franzosen bei der Vergabe von Ämtern oft bevorzugt wurden. Und auch nach der Vertreibung der Roten

Khmer übernahmen sie wichtige Ämter im Land. Vietnamesen sind nicht sonderlich beliebt. Obwohl sie einst den Terrorherrscher Pol Pot vertrieben, herrscht eine große Abneigung gegen sie. Die Opposition macht nicht selten Stimmung gegen Vietnamesen und nutzt diese Ressentiments, um gegen Ministerpräsident Hun Sen Stellung zu beziehen (der einst mit vietnamesischer Unterstützung an die Macht kam). Während die **Cham** als eingebürgerte Kambodschaner gelten, haben Chinesen und Vietnamesen nur den Status von Immigranten. Viele kommen noch immer illegal über die Grenze. Das wird sich jedoch ab 2015 ändern, denn dann gilt im Rahmen der ASEAN-Freihandelszone das Recht auf Freizügigkeit. Ausgerechnet Sam Rainsy, der oft mit antivietnamesischen Parolen auffiel, wirbt nun für die Anerkennung der im Land geborenen Vietnamesen als kambodschanische Staatsbürger. Er geht davon aus, dass etwa 250 000 der 500 000–700 000 Vietnamesen nach dem Staatsbürgerschaftsgesetz von 1996 eingebürgert werden könnten, sofern sie selbst und ihre Eltern sich legal im Land aufhalten.

Chinesen kamen ab dem 13. Jh. als Händler und siedelten hauptsächlich in den Städten.

Nachdem auch sie von den Roten Khmer vertrieben wurden, kommen seit den 1990er-Jahren wieder vermehrt Chinesen ins Land und helfen mit ihren Investitionen nicht unwesentlich beim Aufbau der Wirtschaft.

Bildung

Kambodschaner gelten allgemein nicht als besonders strebsam. Schon als Vietnam Kambodscha besetzte, schimpfte Kaiser Minh Giang im Jahr 1840 über die Faulheit der Kambodschaner, und auch die französischen Kolonialherren berichteten von der fehlenden Strebsamkeit des kambodschanischen Volkes. Ein Grund liegt wohl darin, dass in der Tradition Kambodschas seit Jahrtausenden nicht so sehr die Bildung als vielmehr der Familienstand bedeutend war für das Fortkommen. Beim Blick in die Vergangenheit zeigt sich, dass lediglich in den Jahren der Ära Sihanouk (zwischen 1955 bis 1970) auch ärmeren Schichten durch Bildung ein Fortkommen möglich war. Dieser Trend wurde aber jäh von der Herrschaft der Khmer Rouge unterbrochen, und noch heute ist es längst nicht jedem Kind möglich, eine gute Ausbildung zu bekommen. Schulbildung ist ein Luxus, den sich viele Kambodschaner nicht leisten können. Das gilt besonders für die Landbevölkerung. (Angemerkt: Diese verrichten ihre Feldarbeit aufgrund der großen Hitze oft in den frühen Morgenstunden. Wenn sie sich anschließend in der Hängematte rekeln, hat das mit der vielfach beschworenen Faulheit nichts zu tun!)

Die **Alphabetisierungsrate** beträgt 73,9 %, wobei Männer deutlich besser ausgebildet sind, von ihnen können nur 15 % nicht lesen und schreiben. Bei den Frauen, die ihre Kinder meist in jungen Jahren gebären, sind es immerhin 36 %. Die Verfassung garantiert zwar allen Kambodschanern eine neunjährige Schulbildung, doch in der Realität kommen viele Kinder nur weitaus kürzer in den Genuss von Bildung bzw. besuchen nur die Grundschule. Dies gilt besonders auf dem Land, wo Kinder als Arbeitskräfte auf dem Feld gebraucht werden (34,5 % aller Kinder zwischen 7 und 14 Jahren gehen in Kambodscha arbeiten).

Das **Bildungssystem** ist formal gegliedert in eine Vorschule, eine sechsjährige Grundschulzeit und eine dreijährige Sekundarstufe. Danach können Schüler weitere drei Jahre auf eine höhere Sekundarschule wechseln und bei erfolgreichem Abschluss anschließend studieren. In der Realität ist dieser Werdegang aber nur sehr wenigen Kindern vergönnt. Oft ist die Ausbildung schlicht zu teuer, und wenn überhaupt, wird nur einem der meist zahlreichen Kinder ein solcher Weg eröffnet.

Es gibt zwei weitere wesentliche Probleme im Bildungssystem Kambodschas: die meist schlecht ausgebildeten Lehrer und das niedrige Gehalt. Letzteres führt vermehrt zu Korruption. Zudem müssen viele Lehrer einen zusätzlichen Job annehmen, um zu überleben, und so fällt oft der Unterricht aus. Obwohl mittlerweile nicht mehr jeder unterrichten kann, wie dies nach den Terrorjahren der Roten Khmer aufgrund des Mangels an Lehrkräften üblich war, ist die Qualität des Unterrichts eher mangelhaft. Auch fehlt es oft an Unterrichtsmaterialien. Wer in der Stadt wohnt, hat meist etwas bessere Lehrer, aber oft auch vollere Klassen, da mehr Kinder zur Schule geschickt werden als auf dem Land. Im Schnitt unterrichtet eine Lehrerin 45 Schüler.

Vor allem die **Universitäten** litten lange Zeit unter der Vertreibung und Tötung der wissenschaftlichen Eliten durch Pol Pot. Erst in den letzten Jahren entstanden viele neue Hochschulen, und auch solche mit langer Tradition, die besonders unter dem Tod der Lehrer litten, sehen wieder positiver in die Zukunft. Beispielsweise ist es gelungen, das Wissen über Tanz und Kunsthandwerk zu retten. Die erste Universität des Landes, die Royal University of Fine Arts, wurde 1918 gegründet. Lange Jahre war nicht sicher, ob das Wissen über die Tanzkunst rechtzeitig vor dem Tod der letzten Überlebenden gerettet werden konnte. Doch es gelang, und heute werden an der Universität wieder erfolgreich die Schönen Künste gelehrt. 1933/36 gründeten die französischen Besatzer die Hochschule Lycée Sisowath in Phnom Penh, die nach einigen Umbenennungen seit 1993 wieder ihren alten Namen trägt, aber nicht mehr als Universität lehrt, sondern als Secondary School fungiert. Die meisten Universitäten befinden sich in Phnom Penh.

Geschichte

Die etwa 2000-jährige Geschichte Kambodschas lässt sich grob in fünf Epochen einteilen: die Vor-Angkor-Zeit, etwa von Beginn der Zeitenwende bis ins Jahr 800; die Angkor-Zeit (9.–14. Jh.); die Nach-Angkor-Zeit (spätes Mittelalter und frühe Neuzeit); die Kolonialzeit (1863–1953) und schließlich das moderne Kambodscha. Nicht über alle diese Zeiten ist gleich viel bekannt; die Vor-Angkor-Zeit lässt sich nur ungefähr anhand chinesischer Quellen rekonstruieren, und auch über die Angkor-Zeit selbst gibt es nicht allzu viele Quellen: Schriftliche Aufzeichnungen auf Leder oder Palmblättern haben die Zeit nicht überdauert, und die in Stein gemeißelten Inschriften auf Tempelwänden haben vor allem religiöse Inhalte oder befassen sich mit den Rängen und Stiftungen von Würdenträgern. Aus der „dunklen Zeit" ab dem 14. Jh. gibt es fast gar keine Quellen mehr, vereinzelt berichten Händler aus dem Land. Auch vom Schicksal des kleinen Staates am Tonle Sap während des 18./19. Jhs., als das Land fast zwischen Thailand und Vietnam zerrieben wurde, berichten nur wenige Quellen. Erst als sich Kambodscha 1863 unter den Schutz Frankreichs begab, setzte eine gesicherte Geschichtsschreibung ein – und es waren die französischen Entdecker und Forscher, die den Kambodschanern die Erinnerungen an die große Zeit von Angkor zurückgaben.

Vorgeschichte

Die Ursprünge Kambodschas liegen in grauer Vorzeit. Höhlenfunde belegen, dass die Region des heutigen Königreiches schon seit über 6000 Jahren bewohnt ist; man kann jedoch davon ausgehen, dass Jäger und Sammler schon länger durch die tropischen Wälder gestreift sind. Vermutlich etwa zweieinhalb Jahrtausende vor unserer Zeitrechnung begannen die ersten Bauern damit, Land zu bestellen; Reis und Wurzelgemüse sicherten den Lebensunterhalt (und tun dies bis heute). Umfangreiche Funde von Töpferwaren belegen ein wichtiges Siedlungsgebiet beim heutigen Samrong Sen.

Etwa um 500 v. Chr. bildete die Einführung von Eisen einen kulturellen Einschnitt. Nicht nur die Werkzeuge, auch die Waffen wurden effektiver, und die Gesellschaft begann sich zu verändern. Es entstanden befestigte Siedlungen, die von einem schützenden Erdwall umgeben waren. Diese erstreckten sich vom Khorat-Plateau (heute Thailand) über Kambodscha bis ins Mekong-Delta (heute Vietnam). Eisen, Bronze, Gold und Silber wurden bearbeitet, Ackerbau und Viehzucht sicherten den Lebensunterhalt.

Die frühen Königreiche (Prä-Angkor-Epoche)

Die einzelnen Siedlungen, getrennt durch unwegsames Gelände, standen wohl zuerst nur in losem Kontakt zueinander. Es ist aber wahrscheinlich, dass einige lokale Häuptlinge nach „Größerem" strebten und nach und nach benachbarte Siedlungen in ihren Herrschaftsbereich eingliederten. Etwa um die Zeitenwende haben sich erste kleinere Reiche etabliert.

Funan

Im Jahr 245 berichtete eine chinesische Delegation ihrem Kaiser von einem Königreich

---

ZEITLEISTE

ca. 4000 v. Chr.	ca. 2500 v. Chr.
Jäger und Sammler hinterlassen erste Spuren im Gebiet des heutigen Kambodscha	Beginn der Sesshaftigkeit, erster Anbau von Reis

Funan, das im Bereich des Mekong-Deltas lag. Der wichtige Hafen von **Oc Eo** (beim heutigen Rach Gia) war zu dieser Zeit eine Schnittstelle im Handel zwischen Indien und China. Die Chinesen berichteten von Büchern und einer eigenen Schrift im Königreich Funan – die indischen Ursprungs war.

Wann genau der indische Einfluss in Kambodscha zu wirken begann, ist unklar. Sicher ist jedoch, dass der Kontakt mit indischen Händlern, Abenteurern und Missionaren Kultur und Gesellschaft der frühen Königreiche entscheidend geprägt hat.

Auch die am meisten nacherzählte Ursprungslegende Kambodschas führt das Entstehen des Reiches auf einen Einfluss von außen zurück. Darin heiratet Soma („Mond"), die Tochter des Naga-Königs, den fremden Besucher Kaundinya, bei dem es sich wohl um einen indischen Brahmanen gehandelt hat. Der Naga-König trinkt daraufhin all das Wasser, das sein Land bedeckt, und schafft den beiden damit ihr Königreich. Die Vermählung zwischen Natur und Kultur, die durch die beiden mythischen Figuren symbolisiert wird, ist prägend für die Geistesgeschichte des Landes – und das Austrinken des großen Wassers eine Erinnerung an die Leistungen der frühen Herrscher im Bereich der Kanalisation und Bewässerung. Beides zusammen bildet den Grundstein für eine großartige Kultur, die hier einige hundert Jahre später entstehen sollte.

Funan muss ein recht wohlhabendes Land gewesen sein. Chinesische Händler berichten, seine Bewohner äßen von silbernem Geschirr, Steuern würden in Gold, Perlen und Parfüm bezahlt. Bei Ausgrabungen in Oc Eo wurden römische Münzen gefunden, Indizien für ein weit gespanntes Handelsnetz.

Zhenla

Das Ende von Funan nahte, als das nördlich gelegene Reich Zhenla, das zuvor von Funan abhängig war, erstarkte. Ende des 6. Jhs. war Zhenla zu einer starken Militärmacht mit vielen Städten und dem Zentrum **Isanapura** (Sambor Prei Kuk) geworden. Im 7. Jh. übernahm es die Macht in Funan, doch schon im 8. Jh. zerfiel es wieder: in ein „Zhenla des Landes" und ein „Zhenla der See". Die Herrscher des Seereiches mussten schließlich ins Exil nach Java gehen – darunter der spätere erste König von Angkor, Jayavarman II., der dort den Bau der großen Tempelanlage von Borobudur überwachte.

Die Zeit von Angkor (802–1432)

Die Gründung des Angkor-Reiches markiert einen großen Einschnitt in der Geschichte Südostasiens. Eine so erfolgreiche, wohlorganisierte Zivilisation mit einem klug durchdachten Bewässerungssystem, das drei Reisernten im Jahr ermöglichte und die Ernährung einer Großstadt mit 1 Mio. Einwohnern sicherstellte, hat es wohl zu dieser Zeit nirgends sonst auf der Welt gegeben. Noch heute blickt jeder Kambodschaner stolz auf diese glorreiche Vergangenheit zurück, und der Tempel von Angkor ziert die Landesflagge.

Die Anfänge des Angkor-Reiches

Als der Zhenla-Prinz **Jayavarman II.** etwa um das Jahr 770 aus Java zurückkehrte, begann er im Land Allianzen zu schmieden – bis er sich im Jahr 802 am Phnom Kulen zum *chakravartin*, dem obersten Herrscher, krönen lassen konnte. Er regierte bis 850, sein Sohn trat als Jayavarman III. (reg. 850–877) seine Nachfolge an. Das Reich umfasste etwa die Größe des heuti-

500 v.Chr.	um die Zeitenwende	245
Beginn der Eisenzeit	Erste kleinere Fürstentümer entstehen	Chinesische Händler berichten vom Reich Funan

Chronologie der Angkor-Könige

König	Regierungszeit	Tempel (gebaut oder verändert; Auswahl)
Jayavarman II.	802–850	Rong Chen (Phnom Kulen)
Jayavarman III.	850–877	Bakong
Indravarman I.	877–889	Preah Ko, Indratataka (Baray)
Yashovarman I.	889–ca. 915	Lolei, Bakheng, Prasat Bei, Phnom Krom, Phnom Bok, Östlicher Baray
Harshmavarman I.	ca. 915–923	Prasat Kravan
Isnavarman II.	923–ca. 928	
Jayavarman IV.	ca. 928–ca. 941	Koh Ker
Harshavarman II.	ca. 941–944	
Rajendravarman	944–968	Pre Rup, Östlicher Mebon, Bat Chum, Banteay Srei, Srah Srang
Jayavarman V.	968–ca. 1001	Ta Keo
Udayadityavarman I.	1001–1002	Nördlicher Khleang, Fortsetzung Ta Keo
Jayaviravarman	1002–1010	Nördlicher Khleang, Fortsetzung Ta Keo
Suryavarman I.	1011–1050	Südlicher Khleang, Preah Vihear (Dangrek-Berge), Phimeanakas und Königspalast, Westlicher Baray, Wat Phu
Udayadityavarman II.	1050–1066	Baphuon, Westlicher Mebon
Harshavarman III.	1066–1080	
Jayavarman VI.	1080–ca. 1107	Phimai (heute in Thailand)
Dharaindravarman I.	1107–1112	

gen Kambodscha. Die Hauptstadt war Hariharalaya, das heutige Roluos (S. 306). Das Reich festigte sich, und es entstanden nicht nur größere Tempelanlagen, sondern es wurden auch die ersten umfangreichen Bewässerungssysteme angelegt. Unter **Indravarman I.** (reg. 877–889) wurde mit Indratataka der erste große *baray* (künstlicher See) angelegt, im Bereich der Kunst begann eine Blütezeit; u. a. wurden der Preah Ko (S. 307) und der Bakong (S. 307) fertiggestellt.

Die Gründung der Stadt Angkor

Nach dem Tod von Indravarman wurde – nach einigen Auseinandersetzungen um die Nachfolge, wie sie in Zukunft noch öfter auftreten sollten – **Yashovarman I.** (reg. 889–ca. 915) zum König gekrönt. Seine Regierungszeit markiert einen Einschnitt, denn er schuf nicht nur bedeutende Bauwerke wie den Lolei (S. 308) und den Bakheng (S. 279), sondern er verlegte die Hauptstadt von Hariharalaya nach Angkor. Mit der

3.–5. Jahrhundert	7. Jahrhundert	8. Jahrhundert
Münzfunde belegen Handelsbeziehungen bis nach Europa	Das nördlich gelegene Zhenla übernimmt Funan	Zhenla zerfällt in „Zhenla des Landes" und „Zhenla der See"

Suryavarman II.	1113–ca. 1150	Angkor Wat, Thommanon, Chao Say Thevoda, Banteay Samre, Beng Mealea
Yashovarman II.	ca. 1150–1165	Beng Mealea, Chau Say Thevoda, Bakong
Tribhuvanadityavarman	ca. 1165–1170	
Jayavarman VII.	1181–ca. 1220	Angkor Thom, Bayon, Königliche Terrassen, Srah Srang, Ta Prohm, Preah Khan, Jayatataka (Baray), Neak Pean, Ta Som, Banteay Chhmar (Nordwest-Kambodscha)
Indravarman II.	ca. 1220–1143	Ta Prohm, Banteay Kdei, Ta Som
Jayavarman VIII.	ca. 1243–1295	Bayon, Ta Prohm, Preah Khan, Angkor Wat, Baphuon, Chau Say Thevoda, Terrasse des Leprakönigs, Beng Mealea
Srindravarman	1295–1307	Ta Prohm, Preah Pit, Preah Palilay
Indrajayavarman	1307–1327	
Paramathakemaraja	1327–ca. 1353	
Houl-eul-na	1371–?	
Nippean-bat	1405–1409	
Lampang Paramaja	1409–1416	
Sorijovong	1416–1425	
Barom Racha	1425–1429	
Dharmasoka	1429–1431	
Ponhea Yat	1432–?	

Wahl der Lage zwischen dem heiligen Berg Phnom Kulen und den Ufern des großen Sees Tonle Sap bewies er eine äußerst glückliche Hand; hier sollte für die nächsten fünf Jahrhunderte das Herz des Khmer-Reiches schlagen (abgesehen von einem kurzen Intermezzo nach seinem Tod). Der Name der Stadt lautete seinerzeit Yashodharapura: die Pracht- (oder Ruhm-) hervorbringende Stadt. Der Östliche Baray (S. 303) wurde angelegt, und überall im Land entstanden kultische Bauten, u. a. auch Preah Vihear (S. 336).

Einer seiner Nachfolger, **Jayavarman IV.** (reg. 928–941), verlegte die Hauptstadt nach Ko Ker. Ihm folgte kurz sein Sohn Harshavarman II. (reg. 941–944) auf den Thron. Erst Javayarmans Neffe **Rajendravarman II.** (reg. 944–968) verlegte die Hauptstadt wieder zurück nach Angkor. Er und sein Sohn **Jayavarman V.** (reg. 968–1001) vergrößerten das Reich durch Kriege und be-

802	9. Jahrhundert	Anfang 10. Jahrhundert
Jayavarman II. wird erster König des neuen Khmer-Reiches	Beim heutigen Roluos wird die Hauptstadt Hariharalaya gegründet	Yashovarman I. verlegt die Hauptstadt nach Angkor

scherten den Bewohnern Jahrzehnte des Wohl-
standes. In dieser Zeit entstanden so wunder-
volle Bauwerke wie der Banteay Srei (S. 310).

Angkor als Großmacht

Als nach Thronstreitigkeiten im Jahre 1011 der
neue Herrscher **Suryavarman I.** an die Macht
kam, begann das Reich sich endgültig zu einer
Großmacht zu entwickeln. Unter seiner 40-jäh-
rigen Herrschaft dehnte Angkor sich aus bis ins
heutige Zentralthailand (bei Lopburi) und nach
Südthailand – vor allem im heutigen Phetcha-
buri finden sich einige gut erhaltene Khmer-
Ruinen. Zahlreiche Bauwerke entstanden, und
das Bewässerungssystem wurde weiter ausgebaut. Hinduistischer Shiva-Kult und Buddhismus
florierten nebeneinander.

Konflikte mit den Cham machten seinem
Nachfolger **Udayadityavarman II.** (1050–1066) zu
schaffen, doch auch er hinterließ mit dem Baphuon (S. 292) ein großartiges Bauwerk. Es war
jedoch **Suryavarman II.** (reg. ca. 1113–ca. 1150)
vorbehalten, das bedeutendste Bauwerk Kambodschas zu errichten: den dem hinduistischen
Gott Vishnu gewidmeten Tempel **Angkor Wat.**
Zudem dehnte Suryavarman II. das Reich noch
weiter aus – der Einfluss der Khmer reichte nun
bis in den Nordosten Thailands und im Süden
bis Nakhon Si Thammarat. Auch gegen das östlich gelegene Cham-Reich wurden einige erfolgreiche Feldzüge geführt; die Ursache für einen
Rachefeldzug nur wenige Jahrzehnte später.

Angkor Wat – seit alters Symbol der Landes

Krise und Wiederauferstehung

1177 schlugen die Cham zurück und griffen Angkor gleichzeitig zu Land und zu Wasser über den
Tonle Sap an. Sie drangen bis zu den inneren
Heiligtümern vor und töteten den König. Unruhige Jahre folgten, denen erst **Jayavarman VII.**
(reg. 1181–ca.1220) ein Ende bereitete. Er gilt
vielen als der größte König von Angkor. Sicher
war er der letzte große.

Jayavarman VII. veränderte das Gesicht des
Landes nachhaltig. Er ließ die Stadt Angkor
Thom bauen und verewigte seinen Sieg über die
Cham mit einem großen Fresko an der Außenmauer. Der Bayon mit seinen vielen Gesichtern
ist sein Werk – die Gelehrten streiten, ob er sich
selbst hier dargestellt hat oder einen Bodhisattva. Vielleicht stimmt beides: Denn Jayavarman war Anhänger des Mahayana-Buddhismus

928–944	944	944–1001
Unter Jayavarman IV. wird Ko Ker zur Hauptstadt	Rückkehr des Königshofes nach Angkor	Das Reich vergrößert sich und blüht auf

und identifizierte sich selbst mit dem Bodhisattva Avalokiteshvara. Überall im Land ließ er Statuen von sich in meditierender Haltung aufstellen – eine hat die Zeiten überdauert und ist heute eines der Highlights im Nationalmuseum in Phnom Penh (S. 153). Auch die Infrastruktur ließ er ausbauen: Neue Straßen verbanden die Zentren des Reiches, und etwa alle 15 km boten sog. „Feuerhäuser" den Reisenden Rast.

Der Niedergang von Angkor

Yayavarmans Nachfolger hatten es schwer, die erreichte Größe zu halten. Was genau den Niedergang des blühenden Reiches herbeigeführt hat, ist schwer zu sagen. Vermutlich kamen mehrere Umstände zusammen. Die großen Bauprojekte hatten das Land und seine Reserven erschöpft; unzählige Bäume waren gefällt worden, Erosion und ein absinkender Grundwasserspiegel waren vermutlich die Folge. Jedenfalls scheinen nach und nach die Bewässerungssysteme versagt zu haben, was zu Nahrungsengpässen geführt haben muss. Das große Heer war nicht mehr zu halten. Es wurde daher immer schwerer, sich gegen die Thai zur Wehr zu setzen, die ab Mitte des 12. Jhs. vor dem sich ausdehnenden Reich der Mongolen unter Kublai Khan von ihrem ursprünglichen Siedlungsgebiet in Yunnan nach Süden ausweichen mussten.

Der hinduistische Bilderstürmer **Jayavarman VIII.** (reg. 1243–1295) trug mit seiner Zerstörung fast aller Buddhastatuen im Land wahrscheinlich ebenfalls nicht zur Besserung bei, denn viele der Bauern waren inzwischen Anhänger des Theravada-Buddhismus. Sein Nachfolger **Indravarman III.** (reg. 1295–1308) war dann auch der erste König von Kambodscha, der dem Theravada-Buddhismus anhing. In diese Zeit (1296/97) fällt der Besuch des chinesischen Gesandten **Chou Ta-Kuan**, von dem die einzigen schriftlichen Zeugnisse über Angkor stammen, die nicht an Tempelwände gemeißelt die Zeiten überdauert haben. Er beschreibt noch eine recht wohlhabende, geordnete Stadt. Doch damit sollte es bald vorbei sein. Die Bedrohungen von außen wuchsen, und die letzte Tempelinschrift in Sanskrit von 1327 markiert das Ende des klassischen Khmer-Reiches. 1353 marschierte erstmals eine Thai-Armee durch die Straßen von Angkor. Sie konnte zurückgeschlagen werden, doch die Überfälle ließen nicht nach, und 1432 wurde Angkor endgültig von den Thai erobert. Die Khmer wichen nach Südwesten aus; König Ponhea Yat verlegte die Hauptstadt an die Stelle des heutigen Phnom Penh (S. 142).

Die Post-Angkor-Periode

Über die Zeit nach dem Fall von Angkor ist nur wenig bekannt. Einige nennen sie daher sogar „das dunkle Zeitalter". In der neuen Hauptstadt Phnom Penh gewannen Händler an Einfluss, deren Beziehungen nicht nur bis zu den „klassischen" Handelspartnern China und Indien reichten, sondern bis nach Japan und Europa: Spanier und Portugiesen hatten eigene Niederlassungen in der Stadt. Portugiesische Waffen waren es auch, mit deren Hilfe König **An Chan** (reg. 1516–1566) die Thai aus Angkor vertreiben konnte. Den Ort der siegreichen Schlacht nannte er Siem Reap: „Niederlage der Siamesen". Er ließ Angkor teilweise restaurieren und verlegte die Hauptstadt nach Lovek (S. 194), 40 km nördlich von Phnom Penh. 1594 schlugen die Thai jedoch zurück und zerstörten die neue Hauptstadt vollständig. Dabei wurden wohl auch die letzten schriftlichen Dokumente aus der Angkor-

1001	1113–1150	1177
Suryavarman I. besteigt den Thron und vergrößert das Reich	Regierungszeit Suryavarmans II., Bau von Angkor Wat	Die Cham erobern Angkor und töten den König

Zeit vernichtet. Die Thai setzten einen eigenen König auf den Thron.

König **Chey Chetta II.** (reg. 1618–1628) verlegte die Hauptstadt nach Oudong und verbündete sich mit den Vietnamesen, indem er eine vietnamesische Prinzessin heiratete. Er erlaubte seiner angeheirateten Verwandtschaft die Einrichtung einer Handelsniederlassung in Prey Nokor im Mekong-Delta: der Grundstein für die Entstehung und das Aufblühen des heutigen Sai Gon (Ho-Chi-Minh-Stadt) und ein tiefer Einschnitt in der Geschichte Kambodschas, denn nun begannen sich die Vietnamesen endgültig im Delta festzusetzen. Bis heute erheben nationalistische Khmer Anspruch auf das Gebiet, das sie *Kampucheakrom* (Nieder-Kambodscha) nennen.

Kambodscha zwischen Vietnam und Thailand

Im 18. Jh. rangen Vietnam und Thailand um die Herrschaft in Kambodscha. Wechselnde Bündnisse mit kambodschanischen Königen ließen mal die eine, mal die andere Seite die Oberhand gewinnen – fast immer zum Nachteil Kambodschas, das für den Beistand des einen Landes gegen das andere mit Landabtretungen bezahlte. Um 1770 waren sowohl Kambodschas als auch Vietnams Herrscher so stark mit inneren Auseinandersetzungen beschäftigt, dass Thailand den Westen Kambodschas endgültig in seine Gewalt bringen konnte.

Das 19. Jh. war geprägt vom Versuch der kambodschanischen Herrscher, nicht vollständig zwischen den Nachbarstaaten Vietnam und Thailand aufgerieben zu werden. Mal verbündeten sich die Könige mit den Thai gegen die Viet-

namesen, mal wurden die Vietnamesen um Hilfe gegen die Thai gebeten. Beide Nachbarstaaten okkupierten immer wieder große Gebiete Kambodschas, und das Land drohte, von der Landkarte zu verschwinden.

Als Südvietnam mit einer Rebellion fertig werden musste, unterstützte Thailand die Aufständischen und nutzte die Schwäche Vietnams, um 1834 in Kambodscha einzumarschieren und die Macht zu übernehmen. Als die Vietnamesen die Rebellion erfolgreich zurückgeschlagen hatten, marschierten sie in Kambodscha ein, setzten den alten König **An Chan** (reg. 1806–1834, namensgleich mit dem König aus dem 16. Jh.) wieder auf den Thron und sicherten sich so die Unterstützung der Khmer. Das geschlagene Thailand zog sich wieder aus Kambodscha zurück. Der Einfluss Vietnams auf Kambodscha war nun so groß, dass die Vietnamesen 1835 nach dem Tode des Königs An Chan dessen Tochter **An Mei** als Königin einsetzten. Ihre Rolle beschränkte sich von Anfang an nur darauf, zeremonielles Oberhaupt eines Protektorats zu sein. Viele Vietnamesen siedelten im Folgenden in Kambodscha. Das Ziel war die Vietnamisierung Kambodschas, dessen Einwohner als Barbaren angesehen wurden.

1840 setzte der vietnamesische Kaiser die Königin ab, und als im Folgenden auch alle Beamte durch Vietnamesen ersetzt werden sollten, reichte es den Khmer: Sie waren nicht mehr bereit, die Vietnamesen im Land zu akzeptieren oder gar die fremde Kultur anzunehmen. Im September 1840 kam zu einer Rebellion. Thailand ergriff erneut die Chance und übernahm die Kontrolle großer Bereiche Kambodschas. Weitere Scharmützel folgten, Vietnam gewann wieder die Oberhoheit. Es kam zu einer Pattsituation, woraufhin als Kompromiss 1843 König **An Duon** (reg. 1843–1860) ein-

1181	ab Mitte 12. Jahrhundert	1327
Jayavarman VII. besiegt die Cham und baut Angkor Thom wieder auf	Thai-Armeen dringen gegen Angkor vor	Die letzte Tempelinschrift in Sanskrit markiert den endgültigen Niedergang des Reiches

gesetzt wurde. Er erneuerte die alten Traditionen im Land. Alle Besatzer waren zu dieser Zeit aus Kambodscha abgezogen, doch formal blieb der Staat weiterhin Vietnam unterstellt. An Duon war aber den Thai weit mehr zugewandt.

1850 kamen die ersten französischen **Missionare** ins Land, und mit ihnen trat ein neuer Akteur im Spiel um die Macht auf den Plan. An Duon bat daraufhin 1856 Kaiser Napoleon III. um Hilfe in seiner schwierigen Lage zwischen den starken Nachbarn. Bevor es jedoch dazu kam, starb er 1860. Auf dem Thron folgte **König Norodom**, sein ältester Sohn. Er setzte die Verhandlungen fort, und 1863 schließlich wurde Kambodscha französisches Protektorat.

Französisches Protektorat (1863–1941)

1866 zog **König Norodom** mit seinem gesamten Stab nach Phnom Penh. In der neuen Hauptstadt gab es vorerst nur einen kleinen Holzpalast. Doch schon bald wurde der neue, heute noch genutzte Königspalast erbaut. Unter französischer Kontrolle stellte sich etwas Ruhe ein. Weder Thailand noch Vietnam marschierten in dieser Zeit in Kambodscha ein. Allein dynastische Auseinandersetzungen um die Thronfolge konnte auch die Kolonialmacht nicht vollständig unterbinden. Im Protektoratsvertrag war die Ausbeutung des Landes festgeschrieben, denn er sicherte den Franzosen das Recht auf die Holzwirtschaft und Ausbeutung der Minen. 1877 sollte eine Reihe von **Reformen** durchgesetzt werden, die der kambodschanischen Elite viel Einfluss genommen hätte. Beispielsweise ging es in den folgenden Jahren darum, den Ge-

meinden auf kommunaler Ebene mehr Einfluss zu gewähren, eine Idee, die in Kambodscha keine Tradition hat. Auch die Sklaverei sollte abgeschafft, das Steuersystem reformiert werden. Es kam zu Aufständen, die erst 1886 mit einem Kompromiss befriedet werden konnten.

Vor allem der König musste in den folgenden Jahren Privilegien abgeben. 1897 waren diese so weit beschnitten, dass der Erlass königlicher Dekrete, die Ernennung der Beamten und das Verfügungsrecht auf indirekte Steuern beim französischen Bevollmächtigten lagen. 1904 starb König Norodom, sein Bruder Sisovath folgte ihm auf den Thron. Nun begann die Zeit der **Modernisierung** Kambodschas. Die Ökonomie wurde vorangetrieben, es entstanden Straßen, und die Eisenbahnlinie, die Kambodscha mit Thailand verband, wurde gebaut. Phnom Penh erhielt Straßen, Elektrizität und Wasser, und das Gesundheitssystem wurde ausgebaut. Besonders wichtig in dieser Zeit war die Rückgabe der von Thailand besetzten Gebiete um Battambang und Siem Reap an Kambodscha im Jahr 1907. Schon nachdem der französische Forscher Henri Mouhot die Tempel von Angkor im Jahre 1860 wieder in das Zentrum der Aufmerksamkeit gerückt hatte, waren die Bauten zum nationalen Symbol avanciert.

Für das Volk hatte das Protektorat wegen hoher Steuern einen nachteiligen Effekt. Und da eine Veränderung der sozialen Strukturen auf der unteren Ebene nicht stattfand (vielmehr wurde das Land weiterhin von ein paar wenigen Beamten regiert, und die Bauern mussten für deren Unterhalt aufkommen), änderte sich für die einfachen Menschen nicht viel. Nachdem Frankreich zudem ab 1909 dazu übergegangen war, Vietnamesen als Beamte einzusetzen, wuchs der **Widerstand**, der kambodschanische Nationalismus erstarkte. Als die Abgaben wei-

1432	Mitte 16. Jahrhundert	1594
Angkor wird verlassen, Phnom Penh Hauptstadt	König An Chan vertreibt die Thai aus Angkor und nennt den Ort der Schlacht „Siem Reap"	Die Thai schlagen zurück und setzen einen eigenen König auf den kambodschanischen Thron

ter stiegen und die Menschen vermehrt zum Arbeitsdienst eingezogen wurden (z. B. zum Straßenbau), wandten sich im Jahr 1916 über 100 000 Bauern an ihren König und baten um Hilfe. Ihnen wurde zwar der Arbeitsdienst für das laufende Jahr erlassen, doch mehr folgte nicht auf diesen Aufstand.

1927 wird **Monivong** König von Kambodscha. Unter seiner Regentschaft von 1927 bis 1941 wurde das kambodschanische Selbstbewusstsein sichtlich größer. Wichtige Verwaltungsposten wurden von Kambodschanern besetzt, beispielsweise von Lon Nol, der später noch die Geschichte Kambodschas entscheidend prägen sollte. Und es erschienen die ersten Zeitschriften in Khmer, 1927 *Kambuja Surya* und 1936 *Nagara Vatta*, die sich als Erste intensiv politischen Themen widmete.

Der Kampf um die Unabhängigkeit (1941–1953)

Der Zweite Weltkrieg zeigte seine Auswirkungen auf Kambodscha, als Frankreich 1940 Deutschland unterlag und von Thailand aufgefordert wurde, das rechte Mekong-Ufer zurückzugeben. Es folgten kurze kriegerische Auseinandersetzungen, bei denen Frankreich sich geschlagen geben musste. 1941 schaltete sich Japan vermittelnd in den Konflikt ein. Kambodscha musste wichtige Provinzen abgeben, Angkor blieb jedoch kambodschanisch. 1941 starb König Monivong, und die Franzosen setzten seinen Enkel, den erst 19-jährigen **Norodom Sihanouk** auf den Thron. Im Juli 1941 besetzten die Japaner mit einer Truppenstärke von etwa 8000 Soldaten das Land, beließen die Administration jedoch in der Hand Frankreichs. Aus Angst, ihre Kolonien zu verlieren, da Japan sich als antikolonialistisch zeigte, übergaben die Franzosen immer mehr Verantwortung in die Hände der Kambodschaner. Es galt, das Volk auf Frankreichs Seite zu ziehen und der antikolonialen Bewegung etwas entgegenzusetzen. Kurz bevor Japan 1945 den Krieg verlor, wurden die Franzosen in Gewahrsam genommen, Kambodscha für unabhängig erklärt. König Sihanouk benannte das Land von Cambodge um in Kampuchea.

Nachdem Japan aber endgültig geschlagen war, kehrten die Franzosen im Oktober 1945 nach Kambodscha zurück. Doch nun erfolgten einschneidende Änderungen: Frankreich erlaubte die Bildung politischer Parteien, und bereits 1946 wurden Wahlen abgehalten. Ebenfalls in diesem Jahr fielen die von Thailand okkupierten Gebiete wieder an Kambodscha zurück. Im Hintergrund bildeten sich erste Widerstandsgruppen, wie etwa die **Khmer Issarak** (Freie Khmer), die vornehmlich in den Nordprovinzen lebten und sowohl gegen die Königs- als auch gegen eine Kolonialherrschaft kämpften. Auch im Süden Vietnams formierten sich kommunistische Guerillas. Im Mai 1947 trat eine neue Verfassung in Kraft, die sich an der IV. Republik orientierte und der Nationalversammlung mehr Macht zusprach. Faktisch hatte König Norodom Sihanouk nun keine Macht mehr. Frustration über den Status quo und die weiter bestehende Abhängigkeit von Frankreich veranlassten Sihanouk im September 1949 dazu, die Nationalversammlung aufzulösen ohne Neuwahlen anzusetzen. Er setzte sich als Ministerpräsident ein und reiste nach Frankreich, um für die Unabhängigkeit seines Landes zu werben.

Kurz darauf entließ Frankreich Kambodscha in eine Vorstufe der Unabhängigkeit, indem es

16.–19. Jahrhundert	1834	1840
Im „dunklen Zeitalter" hat Kambodscha es schwer, zwischen Thailand und Vietnam zu bestehen	Vietnam übernimmt die Macht in Kambodscha	Die Khmer rebellieren gegen die vietnamesische Fremdherrschaft

Khmer Issarak, Nagara Vatta, die Kommunisten und die Roten Khmer

Mit der Gründung der ersten Hochschule im Land und dem Erscheinen der Zeitung **Nagara Vatta** formierten sich unzufriedene Intellektuelle, um gegen die Vorherrschaft der Vietnamesen Widerstand zu leisten. Die sich im Süden zur **Khmer Issarak** zusammenschließenden Splittergruppen der Guerilla, die vor allem antiroyalistisch und antikolonialistisch gesinnt – und eher wenig gebildet – waren, wurden von der jungen intellektuellen Elite des Landes unterstützt. Auch die Mönche des Institute Bouddique in Phnom Penh, die lange Jahre für die Bildung der Kambodschaner verantwortlich zeichneten, sprachen sich deutlich gegen die Fremdherrschaft aus. Das Ziel – gebildete Kambodschaner sollten im eigenen Land mehr Chancen erhalten – wurde aber im Laufe der Geschichte ins Gegenteil verkehrt, als sich Führer an die Spitze der Bewegung setzten, die ganz andere Ziele verfolgten. Ein Teil der Anhänger spaltete sich ab und bildete bereits in den 1950er-Jahren eine radikale paramilitärische, rechtsgerichtete Einheit, die sich Khmer Sertei nannte. Ein Großteil der Guerillas wurde jedoch **kommunistisch** und folgte einer kleinen Gruppe junger Kambodschaner, darunter die späteren Führer der Roten Khmer, die sich während ihrer Ausbildung im Paris der 1950er-Jahre radikalisierten. Bereits in den 1960er-Jahren hatten diese in Ha Noi unter Führung Vietnams eine Arbeiterpartei gegründet. Als 1963 Studenten in Phnom Penh gegen die herrschende Partei Sankum demonstrierten, ging Oberbefehlshaber Lon Nol derart radikal gegen die linken Kräfte vor, dass diese sich in den Dschungel an der Grenze zu Nordvietnam zurückzogen. 1966 fand die Gruppe einen von Vietnam unabhängigen Weg und wurde fortan unter dem Namen *khmer krohom* (**Rote Khmer**) bekannt. Der Lauf der Geschichte, die Verstrickung Kambodschas in den Vietnamkrieg, führte dazu, dass diese kleine Splittergruppe die meisten Guerillas und viele Menschen der Landbevölkerung hinter sich zu vereinen wusste. Sie bekämpften alle Intellektuellen und bescherten dem Land die schlimmsten Jahre seiner Geschichte.

den Staat für unabhängig innerhalb der Französischen Union erklärte. Die Lage spitzte sich weiter zu, denn die Guerillas setzten den Franzosen immer mehr zu. In Vietnam verloren die Franzosen ihre Macht, und auch in Kambodscha formierte sich immer mehr Widerstand. Zwischen 1947 und 1950 gelang es den Guerillas der Khmer Issarak, 50 % des kambodschanischen Territoriums zu besetzen. In Paris schlossen sich in dieser Zeit jene Studenten zusammen, die wenige Jahre später als Khmer Rouge Kambodscha in den Abgrund ziehen sollten. 1951 ließ Sihanouk erneut **Wahlen** abhalten, entließ diese Regierung

allerdings kurze Zeit darauf wieder, um „wegen allgemeiner Unordnung" im Juni 1952 selbst die Macht zu übernehmen. Sihanouk warf den Regierenden Kumpanei mit den Guerillas vor und nutzte im Folgenden die Schwächung der Franzosen, die in Vietnam von den Viet Minh aufgerieben wurden, um die Hoheit über Polizei, Gerichte und das Militär zurückzubekommen. Am 9. November 1953 wurde Kambodscha vollständig unabhängig. Erneut änderte sich für das einfache Volk auch in der Unabhängigkeit nichts, sie zahlten weiterhin hohe Steuern, und ihr Ziel bestand im Wesentlichen darin, zu überleben.

1848	1863	1866
Kambodscha ist ohne Besatzungsmacht	Kambodscha wird französisches Protektorat	Die Hauptstadt wird von Oudong nach Phnom Penh verlegt

Die Unabhängigkeit

König Sihanouk wurde von seinem Volk bejubelt und als Nationalheld gefeiert. Im Genfer Abkommen vom Juli 1954, welches das Ende der französischen Kolonialzeit in Indochina festschrieb, sind zwei Punkte für Kambodscha relevant: Erstens wird die Auflösung der Khmer Issarak gefordert und zweitens Kambodscha zur Neutralität verpflichtet. Dass eine Vielzahl der Guerillas der Khmer Issarak bereits zu den Kommunisten übergelaufen oder im Begriff war, sich dieser Bewegung anzuschließen, sollte für den Verlauf der folgenden Jahre große Bedeutung haben. Sihanouk reiste im Laufe des Jahres 1954 durchs Land. Die Bauern brachten ihm nach alter Tradition viel Respekt entgegen, doch die politische Bedeutung des Königs schien für immer verloren. Kurzerhand entschloss sich Sihanouk 1955, den Thron an seinen Vater abzugeben und für das Amt des Ministerpräsidenten zu kandidieren. Er gründete die Partei **Sangkum Reastr Niyum** (Volkssozialistische Gemeinschaft) und zwang die Politiker der regierenden Demokraten, unter diesem Namen zu kandidieren. Sangkum gewann die Wahl und erhielt alle 91 Sitze der Nationalversammlung. Die Forschung ist sich sicher, dass Wahlmanipulation und massiver Einsatz von Gewalt Grund für dieses gute Resultat waren. Denn auch Wähler und Oppositionelle wurden von der Armee stark unter Druck gesetzt, und auch bei der Stimmauszählung soll manipuliert worden sein. Die folgenden Jahren von 1955 bis 1970 werden oft auch als **Ära Sihanouk** bezeichnet, denn der ehemalige König und damals amtierende Ministerpräsident dominierte die Politik des Landes. Auch bei den Wahlen 1958 gewann Sankum mit 99 % der Stimmen. Sihanouk hatte wirksam alle Gegner ausgeschaltet, die Partei der Demokraten hatte er verboten, und die Oppositionspartei Praechachon hatte nur einen einzigen Kandidaten. Innenpolitisch war das Land jedoch weitaus weniger stabil, als es den Anschein hatte. Sihanouk taktierte zwischen den westlichen Mächten und den kommunistischen Staaten. Die Welt befand sich mitten im Kalten Krieg, und es war für den Herrscher nicht leicht, neutral zu bleiben und nicht von einer Macht instrumentalisiert zu werden.

1960 starb König Suramarit, und Sihanouk setzte seine Mutter **Sisowath Kossamak** auf den Thron. 1963 wurden die führenden Köpfe der linken Bewegung des Landes verwiesen. Saloth Sar, später als **Pol Pot** bekannt, floh und verschrieb sich nun ganz der kommunistischen Idee. Sihanouk taktierte in dieser Zeit zwischen den Interessen der USA (und dem Verbündeten Südvietnam), die mittlerweile Krieg gegen Nordvietnam führten, den Interessen Thailands, den Einflüssen Chinas und auch Nordvietnams. Kambodscha musste neutral bleiben, doch dies war kaum möglich in der sich immer weiter aufheizenden Situation. So kam es Mitte der 1960er-Jahre zu der für Kambodscha fatalen Situation, dass zum einen amerikanische Flugzeuge über kambodschanisches Territorium fliegen durften, um Stellungen in Nordvietnam zu beschießen, und auf der anderen Seite Kämpfer der Viet Minh über kambodschanisches Gebiet (und den Hafen Sihanoukville) Kämpfer und Waffen zu den im Süden kämpfenden Vietcong brachten.

Sihanouks Macht begann zu schwinden, als 1968 Aufstände einiger Kommunisten (unter Saloth Sar und Ieng Sari) das Land in Unruhe versetzen. Nachdem amerikanische Bomber im Kampf gegen die Nachschubwege der Vietcong Kambodscha ins Visier genommen und in

1897

Reformen führen zum Machtverlust des Königtums

um 1920

Der Königspalast in Phnom Penh (Foto) erhält sein heutiges Aussehen

den Jahren 1969–1973 in 3000 Luftangriffen eine halbe Million Tonnen Bomben über Kambodscha abgeworfen hatten, erstarkte die Widerstandsbewegung in den ländlichen Gebieten, und viele der heimatlos gewordenen Bauern schlossen sich den Kommunisten an. Die Forschung geht heute davon aus, dass diese als **Operation Menu** (es begann mit der Operation Breakfast, es folgten Lunch, Snack, Dinner, Dessert und Supper; insgesamt starben bei den Angriffen 150 000 Zivilisten) in die Geschichte eingegangene Bombardierung der Amerikaner maßgeblich zum Sieg der Kommunisten in Kambodscha beigetragen hat.

Das Regime Lon Nol

Ein weiterer wichtiger Aspekt für die instabile Lage, in deren Verlauf die Roten Khmer die Macht übernehmen konnten, ist die Absetzung Sihanouks durch den seit 1966 als Premierminister amtierenden General Lon Nol. Aufgrund von Krankheit verließ Sihanouk 1970 Kambodscha und reiste nach Frankreich. Lon Nol setzte sich an die Spitze einer Bewegung aus frustrierten Militärs und Angehörigen der Mittelschicht, die mit der Regierung Sihanouks unzufrieden waren, putschte ihn in Abwesenheit aus dem Amt und gab dem Land den Namen **Khmer Republic**. Sihanouk ging daraufhin nach Peking ins Exil. Die Amerikaner erkannten die Regierung schnell an, denn sie erhofften sich vor allem Hilfe im Kampf gegen die Vietnamesen. Lon Nol setzte sich zum Ziel, die Nachschubwege der Vietcong zu zerstören, doch konnte seine schlecht ausgebildete Armee nichts gegen die gut organisierten Vietnamesen ausrichten. 1970 rief er die **Republik Kampuchea** aus, doch sollte diese nicht lange Bestand haben. 1971 endete der Versuch, vietnamesische Truppen zurückzuschlagen, mit einer herben Niederlage. Dem Vormarsch der Kommunisten war nichts mehr entgegenzusetzen. Das Prestige der **Roten Khmer** wuchs, als sich Sihanouk dem Druck Chinas beugte und eine Allianz mit der einst verfeindeten Gruppe einging und mit ihnen zusammen eine Exilregierung, die FUNK (Front United National du Kampuchea) bildete. Ihr gemeinsames Ziel: die Nordvietnamesen und Lon Nol mitsamt seinen amerikanischen Alliierten aus dem Land zu vertreiben. 1970 kontrollierten die Roten Khmer bereits etwa 20 % des Landes (im Nordosten und Nordwesten), 1972 waren nur noch Phnom Penh und einige wenige Provinzstädte nicht in ihrer Gewalt. In den besetzten Gebieten wurden erste wirtschaftliche Kooperativen gegründet, auch Buddhisten wurden bereits verfolgt und das Tragen der einheitlichen Kleidung (ein schwarzer Anzug aus Baumwolle, der wie ein Pyjama geschnitten war) verordnet. Am 17. April 1975 schließlich marschierten die Kämpfer in Phnom Penh ein. Lon Nol floh nach Hawaii, viele seiner Mitstreiter wurden ermordet.

Die Zeit der Roten Khmer

Leuchtend rotes Blut bedeckt die Städte und Ebenen von Kampuchea. Erhabenes Blut der Arbeiter und Bauern, Erhabenes Blut der Revolutionäre und Kämpferinnen [...] Es fließt in Strömen und steigt empor zum Himmel und verwandelt sich in die rote Fahne der Revolution.

1. Strophe der Nationalhymne des Pol-Pot-Regimes – mit dem Titel *Glorreicher 17. April*

© M. MARKAND

1927

Monivong wird König; Wiedererstarken des kambodschanischen Selbstwertgefühls

1941

Mit erst 19 Jahren wird Norodom Sihanouk (Foto) König von Kambodscha

Aus Saloth Sar wird Pol Pot

Pol Pot wird im Mai 1928 unter dem Namen Saloth Sar in einem kleinen Dorf als Sohn eines recht wohlhabenden Bauern geboren. Er wächst behütet auf und wird im Alter von sechs Jahren nach Phnom Penh geschickt. Dort lebt er bei seinem Bruder wohlbehalten im Umfeld des Königshauses (seine Cousine war Balletttänzerin am Hofe). In Phnom Penh geht er zwei Jahre ins Kloster, macht eine Ausbildung und besucht anschließend die Hochschule Sisowath. Saloth Sar ist kein besonders guter Schüler, doch es gelingt ihm 1949 als einer von 100 ausgewählten Studenten nach Paris zum Studium der Radioelektronik geschickt zu werden. Er schließt sein Studium aber nicht ab. Vielmehr lebt er in den Tag hinein und radikalisiert sich. Zusammen mit seinen Freunden Ieng Sari und Khieu Samphan wird er Mitglied der Kommunistischen Partei. Zurück in Kambodscha, tritt er 1952 in die von Vietnam dominierte **Kommunistische Partei Indochinas** ein. Kurz darauf ist er Gründungsmitglied der Kommunistischen Partei Kambodschas. Den Kontakt zu seiner Familie hat er bereits abgebrochen, und so erfährt diese erst spät, dass sich Saloth Sar nun Pol Pot nennt und in seiner Partei immer weiter zur Führungsfigur aufsteigt. Im Jahr 1962 realisieren König Sihanouk und Lon Nol, der Befehlshaber der Streitkräfte, die Gefährlichkeit der Kommunisten und vertreiben sie in die Grenzgebiete zu Vietnam. In den Untergrund abgetaucht, wird Pol Pot nun sowohl in Vietnam als auch in China geschult. Er lebt das einfache Leben und entwickelt wohl in dieser Zeit seine Idee vom bäuerlichen Kommunismus, der weder Bildung, Städte, Geld noch den Buddhismus braucht.

Auch nach der Machtübernahme der Kommunisten treten die Führer nicht persönlich in Erscheinung, sondern arbeiten unter der Organisation **Angka** (auch Angkar, was mit „Revolutionäre Organisation" übersetzt werden kann). Pol Pot ist der unumstrittene Anführer dieser aus elf Männern und zwei Frauen bestehenden Gruppe. 1976 wird Pol Pot Premierminister und in dieser Funktion oft Bruder Nr. 1 genannt. Direkt unter ihm in der Hierarchie stehen **Nuon Chea (Bruder Nr. 2)** und sein Freund **Ieng Sari (Bruder Nr. 3)**. Nach außen vertritt der eloquente und gebildete **Khieu Samphan** die Gruppe.

Von 1975 bis 1979 erlebte Kambodscha unter der Führung Pol Pots die wohl schlimmste Zeit seiner Geschichte. Nicht nur alle Menschen, die nach dem 17. April 1975 (dem Sturz Phnom Penhs) zu Geiseln des Systems wurden, waren Opfer von Folter und Tod – auch die eigenen Anhänger fürchte-

Im Jahr 1975 begannen die schlimmsten drei Jahre acht Monate und 20 Tage des Landes, die Zeit der Khmer Rouge, die Tausende Opfer forderte. **Pol Pot**, der als Saloth Sar zur Welt kam und auch als Bruder Nummer 1 zu trauriger Berühmtheit gelangte, war einer jener Studenten, die in Paris studiert hatten und dort zusammen mit **Ieng Sari** (dem späteren Außenminister) und **Khieu Samphan** (später Parteivorsitzender) die **Revolutionäre Volkspartei Kampuchea** (KPRP) anführten. Ihr Ziel: die Erneuerung Kambodschas. Um dies zu erreichen, galt es, alle Gegner (oder möglichen Gegner der Idee) zu töten. Die Uhr im Land, das nun **Demokratisches Kampuchea** hieß, sollte auf Null gestellt werden – Zeichen eines Neuanfangs.

1946	1947	1951
Frankreich erlaubt erste freie Wahlen	Verabschiedung einer neuen Verfassung	Eine aus Parlamentswahlen gebildete Regierung kann sich nur kurzfristig gegen König Sihanouk behaupten

ten stets um ihr Leben. Pol Pot selbst soll überall Verrat gewittert haben. Jeder, der ihm verdächtig erschien, musste wegen dieser Paranoia mit dem Leben bezahlen. Etwa 20 000 Männer und Frauen kamen in den **Foltergefängnissen** wie **Tuol Sleng** ums Leben.

Nach dem Sturz des Regimes geht Pol Pot nach Thailand und wird trotz seiner bereits bekannt gewordenen Massenmorde weiter als legitimer Herrscher des Landes anerkannt. In Kambodscha selbst wird er in Abwesenheit zum Tode verurteilt. Statt seine Macht zu brechen, wird er weiter unterstützt, was dem Land noch lange Jahre zum Nachteil gereichen sollte. Dank ausländischer Unterstützung gelingt es den Roten Khmer, Gebiete rund um Pailin und Anlong Veng zu sichern. Dorthin kehrt auch Pol Pot 1993 zurück. So blieb durch die nur zögerliche Abkehr des Westens vom Regime der Roten Khmer die Gefahr eines Wiedererstarkens des Terrors bis zum Tode Pol Pots im Jahr 1998 erhalten. Immer wieder stießen die verbliebenen Einheiten aus den Grenzgebieten ins Land vor. 1996 ergibt sich Ieng Sari und schwächt damit die Stellung der Roten Khmer erheblich. 1997 lässt Pol Pol seinen damaligen **Bruder Nr. 4**, **Son Sen**, mitsamt seiner Familie hinrichten. Dagegen rebellieren seine letzten verbliebenen Anhänger. Sie verurteilen Pol Pot 1997 in Anlong Veng zu Hausarrest. Kurze Zeit darauf stirbt Pol Pot. Ob er sich das Leben nahm oder, wie es offiziell heißt, eines natürlichen Todes starb, ist unklar. Seine Leiche wurde unmittelbar nach seinem Tod verbrannt, sodass diese Frage wohl für immer unbeantwortet bleiben wird.

Der Massenmörder Pol Pot fasziniert die Forschung bis heute. Vor allem die Frage, warum der als sanfter und wohlerzogener Junge bekannte Saloth Sar sich derart radikalisierte und sein Volk dahinmetzeln ließ, bleibt unbeantwortet. Die Vorstellung der Roten Khmer vom Kommunismus, die sich an Mao orientierte und ähnlich wie bei dessen Kulturrevolution alles Wissen ausradieren wollte (und dies fast geschafft hätte), war radikal. Pol Pots Geschichte passt nicht in das Raster anderer Despoten und Massenmörder. Wie konnte ein Mensch mit dieser Vergangenheit (wohlhabende Familie, Möglichkeit auf Bildung, voll integriert in die Gesellschaft) derart paranoid und zum Schlächter werden, der alle umbringen ließ, die sich ihm und seinen Plänen vermeintlich in den Weg stellten? Diese Frage bleibt bis heute unbeantwortet – und die Schuld Pol Pots ungesühnt.

Mitte 1975 kehrte Sihanouk nach Kambodscha zurück. Offiziell aufseiten der Roten Khmer, festigte er deren Prestige im In- und Ausland (indem er z. B. vor der Uno für Vertrauen in das neue Regime warb). Statt jedoch erneut mit an einer Regierung beteiligt zu sein, blieb er nach ein paar kritischen Worten über die Roten Khmer drei Jahren im Palast unter Hausarrest (Januar 1976 bis Januar 1979). Dem König verdanken die Kommunisten auch ihren Namen: Er nannte sie aufgrund ihrer Kleidung, die neben dem schwarzen Anzügen auch aus einem rot-weiß-gemusterten *krama* bestand, die Roten Khmer.

Die Khmer Rouge, oft auch als **Steinzeitkommunisten** bezeichnet, zielten auf die Vernich-

1953	1955	1955–1970
Kambodscha wird unabhängig	Sihanouk verzichtet auf sein Amt und setzt seinen Vater Norodom Suramarit als König ein	In der „Ära Sihanouk" blühen Kunst und Kultur wieder auf

tung jeglicher Bildung und aller Eliten im Land. Es galt, alle Menschen auf die Felder zu bringen und Kambodscha zu einem hundertprozentigen Agrarland zu machen. Die Roten Khmer wollten die Erträge verfünffachen, ein utopisches Ziel. Privatbesitz wurde verboten, Geld abgeschafft, es wurden Gemeinschaftsbetriebe eingerichtet und alle Menschen aus den Städten vertrieben. Alle Anhänger des alten Regimes wurden hingerichtet, dazu zählten Armeeangehörige, Polizisten, Beamte und Angestellte. Auch aus der Hauptstadt Phnom Penh, in der man die Roten Khmer zuerst noch als Befreier begrüßt hatte, wurden die Menschen aufs Land getrieben. Tausende kamen bei der harten Arbeit auf den Feldern, an den Staudämmen und bei der Zwangsarbeit im Straßenbau ums Leben.

Das Ziel, die Produktion zu vervielfachen und durch den Bau von Deichen und Kanälen an die glorreiche Zeit von Angkor anzuknüpfen, misslang grundlegend. Die Bevölkerung musste bis zur Erschöpfung arbeiten, und die Ernährungssituation war katastrophal. Viele starben an Auszehrung und Unterernährung. Und zahlreiche Menschen wurden scheinbar ziellos direkt auf dem Feld hingerichtet. So entstanden die berüchtigten **Killing Fields**: Wer auf dem Feld umkam, wurde an Ort und Stelle verscharrt. Waren es zu Beginn der Khmer-Rouge-Jahre noch vorwiegend Intellektuelle und Mönche, die hingerichtet wurden, so reichte am Ende bereits das Tragen einer Brille als Tötungsgrund. Intellektuelle Berufe galten als besonders nutzlos. Von 416 Bildhauern überlebten ganze 14. Und auch vom fast 200 Tänzer zählenden königlichen Ballett blieben nur 48 am Leben. Vom Orchester überlebten nur neun der 38 Musiker, von 450 Ärzten nur 45. Auch die Lehrer traf es schlimm: Von 22 000 entkamen

nur 7000 dem Tod. Sie überlebten, weil sie ihr Wissen bzw. ihre Kunstfertigkeiten versteckten. Wurden sie enttarnt, war dies ihr Todesurteil. Eine Ausnahme bildete der Maler Vann Nath, dessen Können ihn vor dem Tode bewahrte (s. Kasten).

Jedes kleinste Vergehen wurde mit dem Tode bestraft. Auch Familienbande wurden zerschlagen und Kinder derart unter Druck gesetzt, dass sie nicht selten ihre eigenen Eltern an den Pranger stellten, nur um sich selbst aus der Schusslinie zu bringen. Überlebende berichteten, dass

---

Der Maler Pol Pots

Vann Nath wird 1946 geboren, er wächst in armen Verhältnissen auf. In den 60er-Jahren lebt er als Mönch in einem Kloster und beginnt, für die damalige Zeit nicht unüblich (auch ärmere Kinder hatten in der Ära Sihanouk die Möglichkeit zu studieren oder etwas zu lernen), eine Ausbildung als Maler. 1975 wird auch er aufs Land verschickt und muss zwölf Stunden auf den Feldern schuften. Ende 1977 wird er inhaftiert: Der Vorwurf lautet, er sei CIA-Agent. Er kommt ins berüchtigte Foltergefängnis Tuol Sleng (S-21). Der Leiter Duch schätzt den Maler, und obwohl er ihn weiter foltern lässt, wählt er ihn aus, als Porträtist Propagandabilder von Pol Pot anzufertigen. Seine Kunst rettet ihm das Leben. Nur sieben Menschen überleben das Lager, Vann Nath ist einer von ihnen. Nach der Befreiung durch die Vietnamesen bekommt er die Aufgabe, die Erlebnisse in Tuol Sleng in Bildern festzuhalten und so der Nachwelt von den grausamen Geschehnissen dort zu berichten. Vann Nath stirbt 2011 in Phnom Penh.

1957

Genfer Abkommen zum Rückzug Frankreichs aus Indochina

© M. MARKAND

1958

Errichtung des Unabhängigkeitsdenkmals in Phnom Penh (Foto)

vor allem die Neun- bis Zwölfjährigen mit oft gnadenloser Brutalität auf ihre Opfer einschlugen, alle Werte vergessend. Die Jugend hatte Pol Pot scheinbar schnell auf seiner Seite, und er spielte mit dem Gedanken, alle Alten zu töten, um einen wirklich neuen kambodschanischen Menschen zu schaffen, der keine Erinnerung an die Jahre vor **Angka** hat. Ein jeder musste sich in allen Belangen seines Lebens den Zielen von Angka unterwerfen, der Organisation, die nun als Familie und Oberhaupt zu gelten hatte. Angka war die politische Basis, nicht die Führer selbst, denn diese blieben lange im Hintergrund. Erst in den späten Jahren seiner Herrschaft kam auch bei Pol Pot der Wunsch nach Personenkult auf.

Bestraft wurde nach dem Prinzip: „Lieber ein Dutzend Unschuldiger verhaftet, als einen Schuldigen davonkommen lassen". Das galt auch für die eigenen Anhänger, denn Pol Pot war argwöhnisch und sah überall Verschwörer. Viele Khmer Rouge wurden der Kollaboration mit dem Feind beschuldigt und in **Foltergefängnissen** wie dem **Tuol Sleng** in Phnom Penh solange gefoltert, bis sie teils wahnwitzige Geständnisse unterschrieben und hingerichtet wurden. Was unschuldig bedeutete und was Schuld ausmachte, war so weit gefasst, dass am Ende der Khmer-Rouge-Zeit etwa 2 Mio. Menschen (20 % der Bevölkerung) getötet worden waren (vorsichtige Schätzungen gehen von etwa 1 Mio. Menschen aus, wobei Opfer aus dem Krieg gegen Vietnam nicht eingerechnet sind. Die meisten starben auf den Feldern. Etwa 20 000 Menschen wurden gefoltert und anschließend getötet. Hohe Schätzungen sprechen von 3 Mio. Menschen). Beendet wurde diese Schreckensherrschaft erst mit dem Einmarsch der Vietnamesen, die sich von Scharmützeln an der Grenze gereizt zeigten und Kambodscha ihrerseits angriffen. Es sollte noch Jahre dauern, bis endlich Frieden herrschte. Die Besinnung auf ihr altes Wissen und ihre Kultur kostete die Khmer zähe Jahre des Wiederaufbaus. So viel Wissen schien verloren, so viele Stätten waren zerstört.

Das Ende der Roten Khmer

1977 marschierten vietnamesische Truppen nur für wenige Monate ins Land ein. Nachdem die Roten Khmer in Grenzdörfern Vietnams Massaker verübt hatten, ging Vietnam zum Gegenangriff über und sprach sich für die Unterstützung aller aus, die die Roten Khmer bekämpfen wollten. Es folgte die Bildung der **KNUFNS** (Khmer National United Front for National Salvation). Zu den Mitgliedern zählten im Exil lebende Kambodschaner, viele von ihnen vormals Rote Khmer, die sich bereits ab dem Jahr 1972 aus Angst vor der eigenen Hinrichtung nach Vietnam abgesetzt hatten. Im Dezember 1978 marschierten die Vietnamesen mit einer 100 000 Mann starken Armee ein, die unerwartet schnell Erfolge verbuchen konnte. Bereits nach nur 17 Tagen, am 8. Januar 1979, erreichten sie die Hauptstadt. Pol Pot floh nach Thailand und starb erst viele Jahre später (s. Kasten S. 112). Auch die meisten seiner Getreuen flohen nach Thailand oder lebten lange Jahre unbehelligt nahe Battambang an der thailändischen Grenze; ihre Nachkommen wohnen noch heute dort (S. 229). Nur sehr wenigen Verbrechern dieser Tage wurde bis heute der **Prozess** gemacht (s. Kasten S. 120). Auch nach der Niederlage gegen die Vietnamesen setzten die Khmer Rouge ihren Terror fort. Ihre Macht war geschwunden, aber bis endlich Frieden einkehren sollte, mussten noch Jahre vergehen.

1963	1970	17. April 1975
Die Kommunisten, darunter Saloth Sar, gehen in den Untergrund	Lon Nol stürzt Sihanouk, der König geht ins Exil	Die Roten Khmer erobern Phnom Penh

Die vietnamesische Interimsregierung

Nach der Machtübernahme bildeten die Vietnamesen aus Mitgliedern der **KNUFNS** eine Regierung. Präsident wurde **Heng Samrin**, Außenminister **Hun Sen**. Beide waren ehemals Rote Khmer, hatten sich jedoch bereits 1978 (Heng Samrin) bzw. 1977 (Hun Sen) nach Vietnam abgesetzt. Das Land wurde nun zur **Volksrepublik Kampuchea** (VRK) umbenannt. Die Menschen atmeten spürbar auf. Sie konnten in ihre Städte und Dörfer zurückkehren, Schulen wurden wieder eröffnet, und auch die verbliebenen Mönche kehrten in die Tempel zurück. Trotz einer spürbaren Verbesserung kam es zu weiteren **Flüchtlingswellen** nach Thailand, denn vor allem die verbliebenen gebildeten Menschen lehnten eine sozialistische Führung strikt ab. Insgesamt lebten 1981 etwas 630 000 Kambodschaner in thailändischen Flüchtlingslagern, darunter viele Rote Khmer, die die meisten Lager politisch dominierten. 150 000 Kambodschaner lebten im **Exil** in Vietnam.

Aus dem Ausland kamen ein paar wenige Hilfsdollar ins Land, die dazu beitragen sollten, die Not der Menschen zu lindern. Politisch fand die neue Regierung nur wenig Anerkennung von außen. Lediglich die UdSSR und einige andere Ostblockstaaten sowie Indien erkannten die VRK an. Sihanouk distanzierte sich in einer Rede Anfang 1970 vor dem Weltsicherheitsrat der Uno zwar von Pol Pot, forderte aber dennoch eine Verurteilung des vietnamesischen Einmarsches. Sowohl die USA als auch die europäischen Staaten verurteilten Vietnam. Sie sahen deren Eingreifen nicht als Befreiung von einem System, dessen Grausamkeit mittlerweile bekannt geworden war, sondern als einen aggressiven Akt gegen die Selbstbestimmung Kambodschas. Eine zynische Haltung, die dem Kalten Krieg geschuldet war. Statt den Verbrechern der Khmer Rouge auf internationaler Ebene den Prozess zu machen, behielten die Roten Khmer ihren Sitz in der Uno. Um das Image nach außen etwas aufzupolieren, wurde lediglich Pol Pot als Vorsitzender durch **Khieu Samphan** ersetzt. Die Roten Khmer wurden weiter finanziell unterstützt und sogar militärisch ausgebildet. Allen voran engagierten sich hier Thailand und China. Hilfsorganisationen der Vereinten Nationen durften nur in den Lagern der Roten Khmer helfen, nicht aber den Menschen im Land, die so sehr unter dem Regime gelitten hatten.

Auch an der im Jahr 1982 gegründeten Exilregierung, der Koalitionsregierung **Demokratisches Kampuchea** (CGDK), waren führende Rote Khmer beteiligt. Weitere Mitglieder waren Sihanouk und seine Partei **FUNCINPEC** (Nationale Einheitsfront für ein Unabhängiges, Neutrales, Friedliches und Kooperatives Kambodscha) und Mitglieder der Nationalen Befreiungsfront des Khmervolkes (**KPNLF**) unter dem ehemaligen Premierminister Son San. Ziel war die Vertreibung der Vietnamesen aus Kambodscha. Die militärische Macht dieser Gruppe lag eindeutig bei den Roten Khmer. Ihre Vorstöße konnten jedoch immer von vietnamesischen Truppen zurückgeschlagen werden. Ein schlimmes Andenken an diese Zeit sind die zahlreichen **Landminen** in den umkämpften Gebieten, die von den Truppen der VRK in den Jahren 1983 bis 1985 an der Grenze zu Thailand gelegt wurden. Eine Kampftechnik, die im weiteren Verlauf auch die Khmer Rouge verstärkt einsetzten und die noch heute zahlreiche Opfer fordert (s. Kasten S. 72). Auch die Bundesrepu-

Mitte 1975	1975–1979	1977
Norodom Sihanouk kehrt nach Kambodscha zurück	Die grausamen Jahre der Roten Khmer	Hun Sen setzt sich nach Vietnam ab

blik Deutschland unterstützte die Exilregierung, verurteilte aber z. B. in einer kleinen Anfrage der Grünen Petra Kelly im Juli 1985 die Taten der Roten Khmer. Im Land selbst half aber auch die BRD nicht, lediglich in Flüchtlingslager floss Geld, und diese waren nachweislich nicht frei von Kämpfern der Khmer Rouge. 1985 rückte **Hun Sen** in das Amt des **Premierministers** auf; er sollte dieses Amt bis zum heutigen Tage nicht mehr abgeben.

Die westlichen Mächte, so scheint es im Nachhinein, haben Vietnams Rolle in Kambodscha falsch eingeschätzt. Folgt man dem Verlauf der Geschichte, wird klar: Vietnam hatte nie vor, lange in Kambodscha zu bleiben. Das Unterfangen war einfach zu kostspielig. Von Beginn an setzte Vietnam auf die Ausbildung des kambodschanischen Militärs, und 1989 waren alle vietnamesischen Truppen aus Kambodscha abgezogen. Ein Grund für den Abzug waren aber wohl auch die ausbleibenden Zahlungen der UdSSR, die sich im Zuge der Ost-West-Annäherung unter Gorbatschow weniger engagierten. Die Regierung strich die Attribute Volksrepublik und nannte das Land wieder schlicht Kampuchea. Einigen im Land ging es besser, seit wieder privater Besitz erlaubt war, die Vielzahl der Menschen aber lebte mehr schlecht als recht. Kämpfer der Khmer Rouge konnten 1989 die Stadt Pailin erobern und 1990 ganze Gebiete an der thailändischen Grenze wieder unter ihre Kontrolle bringen. Dank eines Umdenkens von Amerikanern und Chinesen endete dann endlich die finanzielle Unterstützung, und die Macht der Roten Khmer war schnell gebrochen. Das Land war bereit für einen Neuanfang. In den Vereinten Nationen einigten sich die fünf Vetomächte nun auf ein gemeinsames weiteres Vorgehen.

UNTAC und die ersten freien Wahlen

Im Juni des Jahres 1991 unterzeichneten alle Beteiligten einen **Waffenstillstand**, und bereits vier Monate später wurde in Paris ein Friedensabkommen geschlossen. Ziel war die Bildung einer gemeinsamen Regierung, eines Nationalrats unter Sihanouks Führung. Die politische Macht sollte jedoch sofort an die Vereinten Nationen abgegeben werden. Bereits 1992 wurde die Übergangsverwaltung der Vereinten Nationen in Kambodscha (UNTAC) eingesetzt mit dem Ziel, nach spätestens neun Monaten demokratische Wahlen abhalten zu können. Zudem galt es, den Frieden zu wahren, die Entwaffnung voranzutreiben, Flüchtlinge nach Kambodscha zurückzuführen und eine demokratische Verfassung zu erarbeiten. Abgesandte aus über hundert Ländern nahmen an der Mission teil, über 15 000 Blauhelme kamen nach Kambodscha. Die Bundeswehr schickte 150 Sanitäter der Armee und beteiligte sich damit zum ersten Mal an einer UN-Mission. Insgesamt kostete die Durchführung je nach Quelle zwischen US\$1,6 Mrd. und US\$3 Mrd.

Die Erfolgsbilanz ist umstritten. Positiv wird vermerkt: Die Wahlen wurden erfolgreich durchgeführt, und 360 000 Flüchtlinge konnten repatriiert werden. Die Menschen waren nun zwar zurück in ihrem Land, doch trennte sich die Gesellschaft noch viele Jahrzehnte in jene, die nach 1979 dageblieben waren, und jene, die die Übergangsjahre im Exil verbracht hatten. Es gab ein tiefes Misstrauen, das sich erst in der folgenden Generation aufzulösen scheint.

Die **Entwaffnung** ging voran, wenngleich sich die Roten Khmer schon nach kurzer Zeit vom Pariser Abkommen abwandten, sich in die

1977	1978/1979	1979
Grenzstreitigkeiten mit Vietnam	Einmarsch der Vietnamesen bis nach Phnom Penh	Flucht von Pol Pot und Getreuen ins Exil oder in unzugängliche Grenzregionen

Nordprovinzen zurückzogen und ihre Waffen nicht abgeben wollten. Um den allgemeinen Frieden zu wahren, schritt die UNTAC hier nicht ein. Der Verzicht auf die Entwaffnung der Kämpfer führte schließlich dazu, dass die Macht der Roten Khmer erst viele Jahre später vollständig gebrochen werden konnte. Der Versuch der Roten Khmer, die Wahlen massiv zu behindern, scheiterte jedoch.

Negative Einflüsse der ausländischen Helfer wirken bis heute: Die Rolle der Gesandten als Überbringer von Aids und die massive Ausbreitung der Prostitution sind noch heute ein großes Problem. Auch die von der UN vorangetriebene **Liberalisierung der Märkte** hatte in Kambodscha bisher eher negative Folgen: Die Bereicherung einiger weniger auf Kosten vieler ist in Kambodscha besonders auffällig.

Für Reisende öffnete sich das Land, als 1991 die erste Ausgabe des *Lonely Planet Cambodia* erschien und die ersten Rucksacktouristen sich aufmachten, um das Land der Khmer auf eigene Faust zu bereisen. Drei von ihnen wurden von den Roten Khmer ermordet, doch die meisten kehrten unbeschadet von der Reise wieder heim.

Die Zeit von Hun Sen und die Demokratie in Kambodscha

1993 wurden Wahlen abgehalten. Sieger wurde die Partei **FUNCINPEC** mit 45 % der Stimmen unter Führung von Sihanouks Sohn **Norodom Ranariddh** (58 Sitze). Mit 38 % wurde Hun Sens Partei **CPP** (Cambodian People's Party) zweitstärkste Partei (51 Sitze). Die **BLDP** (Buddhist Liberal Democratic Party) unter **Son Sann** erhielt zehn Sitze. Ranariddh und Hun Sen übernahmen

gleichberechtigt nebeneinander als Premierminister die Regierungsgeschäfte. Fast 90 % der Bevölkerung nahmen an den Wahlen teil – und dies, obwohl in einigen Gebieten die Roten Khmer gewaltsam versuchten, die Menschen von den Urnen fernzuhalten. Am 21. September 1983 wurde die neue Verfassung verabschiedet, Sihanouk erneut König in einer **konstitutionellen Monarchie**.

Auf den ersten Blick ist unklar, warum Ranariddh als Gewinner der Wahl nicht auch alleiniger Machthaber wurde. Die realen Zustände im Land sprechen eine deutliche Sprache: Hun Sen hat Macht über Polizei, Militär und Rechtsprechung. In seiner Zeit als Führer der Interimsregierung ab 1985 hatte er durch Einsatz ihm loyaler Mitarbeiter seinen Einfluss auf diese wichtigen Kräfte gefestigt. Wäre er nicht an der Regierung maßgeblich beteiligt gewesen, hätte er diese Macht wohl eingesetzt.

Die verbliebenen **Roten Khmer**, die 1994 immerhin noch etwa 20 % Kambodschas besetzten, versuchten weiterhin an der Regierung beteiligt zu werden. Nachdem alle Gespräche scheiterten, wurde die Gruppierung im Juli 1994 **für illegal erklärt**. Überläufer sollten aber Amnestie erwarten können.

Währenddessen zeigten sich erste Spannungen in der neu gewählten Regierung. Prinz Ranariddh entließ seinen Finanzminister Sam Rainsy. Dieser gründete die **Khmer National Party** (KNP) und ist seither eine wichtige Oppositionsfigur im Land.

1995 wurde das Volk von einer **Hungersnot** heimgesucht, Kambodscha lief Gefahr, in einer tiefen Krise zu versinken. Internationale Hilfsgelder halfen das Schlimmste zu verhindern.

Die Politik wurde auch in der Folgezeit von Erschütterungen überschattet. Hun Sen und Rana-

1979	1979	1982
Bildung einer Interimsregierung unter Heng Samrin	Sihanouks Rede vor der Uno verurteilt die Vietnamesen als Besatzer	Gründung einer Exilregierung unter Sihanouk

Der Machtmensch Hun Sen

Hun Sen wird im Sommer 1951 in armen Verhältnissen auf dem Land geboren. Dank guter Schulnoten kann er auf ein Gymnasium in Phnom Penh wechseln. 1969 schließt er sich der Widerstandsbewegung an, um gegen Lon Nol und seine amerikanischen Verbündeten zu kämpfen. Während der Jahre der Terrorherrschaft von Pol Pot fungiert er von 1975 bis 1977 als Kommandeur eines Regiments. Während der endgültigen Machtübernahme und dem Einmarsch in Phnom Penh liegt Hun Sen mit einer Augenverletzung im Krankenhaus (geblieben ist ein Glasauge). Ein halbes Jahr später, so eine Broschüre der CPP, kommt er nach Phnom Penh und erkennt den Wahnsinn des Regimes. Er beschließt, zusammen mit Heng Samrin und Chea Sim gegen Pol Pot zu rebellieren und wird verraten. Daraufhin setzt sich der damals 25-Jährige 1977 nach Vietnam ab. Dort gehört er zu den Gründungsmitgliedern der **United Front for the Salvation of Kampuchea**, einer Bewegung, die von Vietnam mit dem Ziel unterstützt wird, die Roten Khmer zu stürzen (S. 115).

Im Gefolge des Einmarsches der Vietnamesen kehrt Hun Sen 1979 nach Kambodscha zurück und wird Außenminister in der von Vietnam eingesetzten Regierung unter Heng Samrin. 1985 löst er Samrin als Regierungschef ab. Seither hat er die Fäden der Macht nicht mehr aus der Hand gegeben. Vielmehr baute er durch Einsatz ihm loyaler Mitarbeiter – und vor allem vieler Verwandter in Schlüsselpositionen – seine Machtbasis so geschickt aus, dass er bis heute Polizei, Gerichtsbarkeit, Militär und Verwaltung kontrolliert. Überall im Land gibt es Parteibasen (erkennbar auch an den vielen blauen Schildern der **Cambodian People's Party**). Wer Erfolg und Einfluss haben wollte, musste lange Jahre dieser Partei angehören. Die Wahlen von 2013 deuteten an, dass sich dies gerade ändern könnte. Bisher festigte Hun Sen auf dem Land seinen Einfluss durch Zuwendungen an die arme Bevölkerung; wie lange diese sich jedoch noch vertrösten lässt, bleibt abzuwarten. Die Vergabe großer Landstriche an ausländische Investoren (und damit einhergehend die Vertreibung der landlosen Bevölkerung) verärgert nun auch die kleinen Leute, die endlich auch ihren Anteil am Aufschwung einfordern.

Hun Sen selbst plant noch viele Jahre als Premierminister zu fungieren und scheint in keiner Hinsicht bereit, die neuen Strömungen zuzulassen. Dabei könnte er sich mit seinem auf geschätzte US$500 Mio. angewachsenen Privatvermögen geruhsam zurückziehen. Da sich der autokratische Herrscher aber auch in der Vergangenheit seine Macht nicht selten durch Einsatz von Gewalt sicherte, blickt Kambodscha nicht unbelastet in die Zukunft.

riddh bekämpften sich, nicht immer mit lauteren Mitteln. Die Geberländer, allen voran die USA und die Bundesrepublik Deutschland, stoppten ihre Hilfsprogramme, doch hatte darunter vor allem die Bevölkerung zu leiden. Da die Gelder für Gesundheitsvorsorge und das Bildungssystem (wie auch heute noch) hauptsächlich aus Deutschland stammten, kam es in diesen Bereichen zu großen Engpässen. Ranariddh verbrüderte sich mit den Roten Khmer, doch die fragliche Interessengemeinschaft verlor 1997 den Machtkampf gegen Hun Sen. Ranariddh wurde

1985	1991	1992
Hun Sen wird Premierminister	Unterzeichnung eines Waffenstillstandes	Übergangsverwaltung durch die Vereinten Nationen

Das Khmer-Rouge-Tribunal

Die Geschichte wollte es, dass die Roten Khmer lange Jahre Unterstützung fanden. Jene, die überliefen, wurden begnadigt, kaum einer der Täter zur Rechenschaft gezogen. Derzeit tagt mehr oder weniger erfolgreich das Khmer-Rouge-Tribunal. Kambodschanische und internationale Richter sollen Recht sprechen über ein paar wenige vor Gericht gestellte Täter. Die Todesstrafe ist als Strafmaß ausdrücklich ausgeschlossen, denn diese ist bereits seit den 1990er-Jahren in Kambodscha abgeschafft.

Der erste Versuch einer Abrechnung begann bereits direkt nach der Vertreibung der Roten Khmer mit Unterstützung der Vietnamesen. Bereits 1979 wurden die beiden ersten Anführer, **Pol Pot** und **Ieng Sari**, in Abwesenheit zum Tode verurteilt. Doch die Urteile wurden nie vollstreckt. Als Ieng Sari 1996 zu Hun Sens Regierung überlief, wurde er begnadigt und lebte bis November 2007 in Pailin. Erst dann wurde er erneut festgenommen und vor dem Rote-Khmer-Tribunal angeklagt. Bevor der Prozess zu Ende ging, verstarb er jedoch im März 2013. Auch seine Frau **Ieng Thrith** (unter Pol Pot Sozialministerin) wurde verhaftet, im September 2013 jedoch wegen fortschreitender Demenz aus der Haft entlassen. General **Ta Mok**, der Nachfolger Pol Pots und als „Der Schlächter" bekannte Bruder Nr. 5, der ab 1997 die neue Nummer 1 der Roten Khmer wurde, starb bereits 2006 an Altersschwäche im Gefängnis.

Das Gericht, welches nach langem Gerangel zwischen Hun Sen und den Vertretern der internationalen Gemeinschaft 2003 beschlossen und 2004 gebildet wurde, nahm erst im Juli 2006 seine Arbeit auf. Um die öffentliche Ordnung nicht zu gefährden, bestand Hun Sen darauf, dass nur wirklich wichtige Führungspersonen angeklagt werden durften. Im Jahr 2012 trat ein Schweizer Untersuchungsrichter zurück, weil er sich zu stark eingeschränkt fühlte. Seine Vermutung: Nach Abhandlung der bisherigen Fälle will die Regierung keine weiteren Angeklagten mehr vor Gericht bringen.

Im Volk ist das Tribunal umstritten. Während die einen eine Bestrafung begrüßen, halten viele das Geld für schlecht angelegt. Und da zwei Drittel der Menschen zu jung sind, um eigene Erinnerungen an diese Zeit zu haben (und auch in der Schule bisher ungenügend über diese Jahre aufgeklärt wird),

wegen Kollaboration mit den Roten Khmer und Waffenhandels zu 30 Jahren Gefängnis verurteilt und von seinem Vater König Sihanouk 1998 wieder begnadigt. Dieser Schachzug wurde im Westen als Signal zur Hinwendung zum Besseren gewertet und Hilfe erneut geleistet.

Auch die Roten Khmer machten in dieser Zeit erneut von sich reden. **Ieng Sari** lief im September 1996 zu den Regierungsgruppen über. **Pol Pot** wurde von seinen eigenen Anhängern in seinem Dorf Anlong Veng angeklagt und im

Juli 1987 zu **lebenslangem Hausarrest** verurteilt. Er starb am 15. April 1998. Im Dezember desselben Jahres ergaben sich die letzten Kampfverbände der Roten Khmer. 1999 wurden die letzten von ihnen begnadigt.

Die **Wahlen im Juli 1998** organisierte Kambodscha ohne ausländische Hilfe. Die CPP konnte 64 Sitze gewinnen, zweite Kraft wurde die FUNCINPEC mit 43 Sitzen. Die KNP erhielt 15 Sitze. Die Wahlen verliefen nicht 100 % fair, aber sie waren angeblich doch fair genug, um inter-

1993	1993	1994
Wahlen unter Federführung der UNTAC	Sihanouk wird erneut König	Die Roten Khmer werden für illegal erklärt

ist vielen die Bedeutung des Tribunals unklar. Der Kosten-Nutzen-Effekt des bis Ende 2012 bereits US$173,3 Mio. teuren Verfahrens ist für sie besonders fraglich. Viele Betroffene, die dem Prozess positiv gegenüberstehen, hoffen auf gerechte Strafen, sind jedoch skeptisch, ob dies dem Gericht gelingen wird.

Die erste rechtskräftige Verurteilung betraf das Verfahren 001 und behandelte den Tötungsvorwurf gegen **Kaing Guek Eav** (auch als Duch bekannt), der als Leiter des Gefängnisses S-21 (Tuol Sleng) für die Ermordung und Folter Zigtausender Menschen verantwortlich zeichnete. Lange Jahre war Duch untergetaucht. Er lebte unter falschem Namen, trat zum Christentum über und arbeitete sogar für die NGO World Vision. 1999 wurde er enttarnt und verhaftet. 2007 begannen die Verhöre. Im Gegensatz zu allen anderen Roten Khmer entschuldigte sich Duch mehrfach für seine Taten und bekannte sich schuldig. 2010 wurde er zu einer Freiheitsstrafe von 35 Jahren verurteilt. 2012 wurde die Strafe in einem Revisionsverfahren auf lebenslänglich erhöht.

Am 8. August 2014 endlich wurden Bruder Nr. 2, **Nuon Chea**, und **Khieu Samphan** zu einer lebenslangen Freiheitsstrafe verurteilt. Vorgeworfen wurden ihnen Verbrechen gegen die Menschlichkeit. Bereits im September 2007 verhaftet, hatte der Prozess erst im Juli 2011 begonnen. Khieu Samphan hatte dabei abgestritten, überhaupt Macht gehabt zu haben. Seine Selbstkritik endete mit der Aussage: „Ich konnte mich nicht dazu durchringen, meine Stimme gegen die überflüssige Gewalt zu erheben." Nuon Chea entschuldigte sich im Verfahren 2013 halbherzig bei den Opfern. Er hätte besser hinsehen müssen, dies sei sein Verschulden. Aktiv zum Mord aufgerufen habe er aber nicht. Zynisch merkt er an: „Auch mir tut es leid. Vor allem wegen des Leids all der Tiere, deren Leben während des Krieges in Gefahr war." Beide bleiben lebenslang hinter Gittern – sofern sie nicht mit ihrer angekündigten Revision Erfolg haben und am Ende doch noch freikommen werden. Weitere Prozesse gegen andere noch lebende Mitglieder der Rote-Khmer-Führungskader sind nach Aussagen von Premierminister Hun Sen sehr unwahrscheinlich. Aktuelle Informationen unter: 🖥 www.eccc.gov.kh/en.

national anerkannt zu werden. Ein letztes Aufbäumen der Roten Khmer war in Anlong Veng zu verzeichnen. Hier töteten am Wahltag die letzten Anhänger der Roten Khmer in einem Wahllokal mindestens neun Menschen. Nach der Bildung einer Koalitionsregierung (Hun Sen Premierminister, Ranariddh Parlamentssprecher) der beiden großen Parteien trat Kambodscha 1999 der ASEAN bei.

Die ersten **Kommunalwahlen** vom Februar 2002 waren überschattet von Einschüchterung und Morden, doch die Ergebnisse, die zugunsten der CPP ausfielen, wurden trotzdem anerkannt. 2003 gewann die CPP auch die Wahl zur Nationalversammlung, benötigte jedoch wieder die FUNCINPEC zur Regierungsbildung.

Sihanouk und sein Nachfolger auf dem Thron

Im Jahr 2004 verblüffte der 82-jährige König seine Landsleute, denn er trat endgültig ab und überließ seinem 51-jährigen Sohn Norodom

2001

Das EU-Programm „Everything but arms" startet

© M. MARKAND

2003

Der Königliche Kambodschanische Tanz (Foto) wird in die Liste des Unesco-Welterbes aufgenommen

Norodom Sihanouk gehört wohl zu den schillerndsten und prägendsten Figuren der kambodschanischen Geschichte, und es heißt, er sei der im Volke beliebteste König aller Zeiten gewesen. Insgesamt war er an den Geschicken des Landes 63 Jahre lang beteiligt, und sein Leben ist geprägt von geschickten und weniger geglückten Allianzen. **Preah Bat Samdech Preah Norodom Sihanouk Varman** wurde am 31. Oktober 1922 in Phnom Penh geboren. 1941 setzten ihn die Franzosen auf den Thron: Sie hofften auf einen jungen, unerfahrenen, ihnen loyalen König. Dieses Kalkül sollte nicht aufgehen. Sihanouk erwies sich als erfolgreicher Machtmensch, der seine Person unverbrüchlich mit dem Geschick des Landes verband. Er fühlte sich stets als der Nachfahre der Gottkönige (und wurde vor allem von den Leuten auf dem Land auch als solcher gesehen), der allein die Geschicke des Landes zu lenken weiß.

Bis 1955 saß Sihanouk auf dem Thron. Infolge des Machtverlustes der Monarchie nach der Unabhängigkeit entschloss sich der findige Herrscher jedoch, abzudanken, wieder Prinz zu werden und als Politiker Macht auszuüben. Die Jahre von 1955 bis 1970 werden auch vielfach einfach nur als die **Ära Sihanouk** bezeichnet, denn er allein beherrschte die Politik des Landes.

Sihanouk war ein Lebemann, der zu feiern verstand. Er liebte den Glamour und die Frauen. Insgesamt hatte er mit sechs Frauen 13 Kinder. Erst im Jahr 1952 heiratete er seine große Liebe **Monique Izzi** und fand in diesem Bereich etwas Ruhe. Sihanouk arbeitete als Filmemacher (nicht sehr erfolgreich; er zeigte seine Filme auf den internationalen Festivals 1968 und 1969 in Phnom Penh, doch diese wurden von ihm selbst veranstaltet), Songschreiber und Autor. Er persönlich schrieb die Drehbücher, seine Generäle wurden als Schauspieler eingesetzt. Nicht selten übernahm er auch selbst die Hauptrolle. Für seinen ersten Film *Apsara*, in dem eine Militärszene zu sehen ist, setzte er sogar die Luftwaffe der Armee ein. Insgesamt drehte er in den Jahren von 1966 bis 1969 neun Spielfilme.

Sihamoni den Thron (Sihanouk stirbt 2013). Sihamoni, der Sohn Sihanouks und seiner Frau Monique Izzi, wurde einstimmig vom eiligst einberufenen Thronrat ausgewählt und im Oktober 2004 gekrönt. Zuvor war Sihamoni Balletttänzer, später Unesco-Botschafter und lebte vorwiegend in Frankreich. Besonders auffällig ist der neue Herrscher bisher nicht. Unauffällig sucht er den Kontakt zur Regierung und soll hier auch nicht mit seiner Meinung zurückhalten. Er ist bestrebt, ein gutes Verhältnis zum Volk zu halten, ist häufig auf dem Lande unterwegs und erfreut sich großen Respekts.

Die wirtschaftliche Lage stabilisierte sich unter Hun Sen. **Wirtschaftsprogramme**, wie die EU-Initiative **EBA** (Everything But Arms, s. auch S. 125) führten zu einer Ankurbelung des Exports. Auch **Investoren** kamen in den folgenden Jahren vermehrt ins Land, die hier z. B. Waren für den Westen fertigen lassen (S. 128). Illegaler und legaler Holzeinschlag sowie die Verpachtung von Land an ausländische Investoren (S. 68) brachten und bringen weitere Devisen ins Land. Und dennoch bleibt die Bevölkerung bis heute zum großen Teil von diesem Aufschwung ausgeschlossen. Vetternwirtschaft und Korruption füh-

2004	Oktober 2004	Oktober 2012
Sihanouk tritt als König zurück	Norodom Sihamoni wird neuer König	Sihanouk stirbt in Peking

Das Leben am Hof war glamourös wie einst bei den Gottkönigen von Angkor. Ausländische Gäste wurden in der Tanzhalle mit Apsara-Tanz unterhalten, einer Kunst, in der es seine Tochter Bopha Devi zur Meisterschaft brachte. 1969 drehte Sihanouk seinen letzten Film, seine Tage als glamouröser Herrscher waren gezählt.

Sein autoritärer, selbstverliebter Regierungsstil gefiel nicht jedem, und so formierten sich in diesen Jahren rechte und linke Oppositionsgruppen. 1970 wurde Sihanouk von seinem einstigen Mitstreiter Lon Nol aus dem Amt geputscht. Er floh nach China und verbündete sich – auch auf Druck der dortigen Machthaber – mit den linken Guerillagruppen der Roten Khmer. 1973 besuchte er die ehemaligen Feinde, die er einst selbst in den Untergrund vertrieb. Geschickt nutzten die Roten Khmer den immer noch im Volk beliebten Herrscher zum Zwecke der Propaganda. Fotografien zeigen Sihanouk zusammen mit Khieu Samphan oder milde lächelnd im Tempel Banteay Srei.

Nach der Machtergreifung der Kommunisten kehrte Sihanouk nach Kambodscha zurück, konnte aber keinerlei Einfluss ausüben und wurde nach einer Kritik an den Roten Khmer unter **Hausarrest** gestellt. Zahlreiche seiner Familienangehörigen wurden ermordet, darunter fünf seiner Kinder und 14 Enkel.

1979 ging Sihanouk erneut nach China ins Exil und gründete hier die FUNCINPEC, die, international anerkannt, zusammen mit den Roten Khmer eine Exilregierung stellte. 1991 wurde er provisorisch zum Staatsoberhaupt ernannt und nach den Wahlen erneut König in der nun etablierten konstitutionellen Monarchie.

Sihanouk erfreute sich großen Respekts in der Bevölkerung und behielt das Amt bis 2004. Dann trat er überraschend zurück und lebte gezeichnet von Krankheit, bis er am 15. Oktober 2012 mit 89 Jahren in Peking starb und im folgenden Frühjahr in Phnom Penh eingeäschert wurde.

ren zu einer immer größeren Zweiteilung der Gesellschaft. Die Unzufriedenheit der oftmals ausgebeuteten Arbeiter wächst.

Die Wahlen von 2013

Am 28. Juli 2013 fanden erneut Parlamentswahlen statt, und zum ersten Mal zeigte die Macht der CPP Risse. Die oppositionelle Kambodschanisch Nationale Rettungspartei (CNRP, ein Zusammenschluss zweier Parteien unter Rainsy, s. auch S. 124) gewann 55 von 123 Sitzen. Die CPP, immer noch unter Hun Sen, hat zwar noch die Mehrheit von 68 Sitzen, doch der Verlust von 22 % der Stimmen ist gravierend. Die CNRP erkannte bis Juli 2014 das Ergebnis nicht an, vielmehr klagte sie über massiven Wahlbetrug (und erhielt Rückendeckung vonseiten der wenigen im Land anwesenden Wahlbeobachter). Der Erfolg der Opposition ist daher noch höher zu bewerten. Im Juli 2014 einigten sich beide Parteien auf die Bildung einer neuen Regierung. Neben Reformen des Wahlvorstandes und im Senatsvorsitz wurde auch die Bildung eines Antikorruptionsrates beschlossen. Ob dem wohl schlimmsten Feind Kambodschas, der **Korruption**, ernsthaft etwas entgegengesetzt wird, bleibt abzuwarten.

2013	2013	Sommer 2014
Parlamentswahlen mit großen Erfolgen der Opposition	Erste Demonstrationen der Textilarbeiter	Erste Gespräche zwischen den Parteien beginnen, die Bildung einer Regierung rückt in greifbare Nähe.

Politik

Staatsform: Konstitutionelle Monarchie
Hauptstadt: Phnom Penh
Staatspräsident: König Norodom Sihamoni
Premierminister: Hun Sen

Innenpolitik

Dem Reisenden werden unweigerlich die vielen blauen Schilder der **Cambodian People's Party** (CPP) ins Auge fallen. Die Regierungspartei ist vor allem auf dem Land allseits präsent und seit dem Ende des Pol-Pot-Regime durchgehend an der Macht. Etwas weniger augenfällig sind die Parteischilder der **Kambodschanisch Nationalen Rettungspartei** (CNRP), die 2012 aus dem Zusammenschluss der Menschenrechtspartei (HRP) und der Sam Rainsy Partei (SRP) entstand. Nahezu unwichtig ist mittlerweile die **FUNCINPEC**, die einst von König Norodom Sihanouk gegründet wurde und lange Jahre an der Regierung beteiligt war.

Das Königreich Kambodscha ist heute eine konstitutionelle Monarchie mit einem demokratischen Mehrparteiensystem, als dessen Staatsoberhaupt seit Ende Oktober 2004 **König Norodom Sihamoni** eingesetzt ist. Sein Stellvertreter ist Chea Sim, der Präsident des Senats. Regierungschef ist Ministerpräsident **Hun Sen** von der Partei Cambodian People's Party, der das Amt bereits seit den Wahlen 1998 innehat (eingesetzt wurde er bereits 1985 durch die Vietnamesen nach dem Sturz der Roten Khmer). 2013 wurde er erneut im Amt bestätigt. Außenminister und stellvertretende Premierminister ist Hor Namhong (ebenfalls CPP), Arbeitsministers ist Ith Sam Heng.

Deutsche Entwicklungshilfe

Das Bundesministerium für wirtschaftliche Entwicklung und Zusammenarbeit (BMZ) (🖳 www.bmz.de) arbeitet seit vielen Jahren mit Kambodscha zusammen. Die wichtigsten Aufgaben der Entwicklungsarbeit, die als Partnerschaft kommuniziert wird, sind „die Förderung der ländlichen Entwicklung, der Aufbau des Gesundheitswesens sowie die Förderung von Demokratie". In den Jahren 2013 und 2014 lag der Entwicklungshilfeetat für Kambodscha bei 47 Mio. €.

Im Auftrag des BMZ arbeitet beispielsweise die deutsche Gesellschaft für internationale Zusammenarbeit (GIZ) seit 1994 in Kambodscha. Die GIZ hat nach eigenen Angaben das Ziel, „[...] die soziale Entwicklung und das Wirtschaftswachstum im Land, [...] den nationalen Frieden, Gerechtigkeit und Versöhnung zu fördern" (vgl. 🖳 www.giz.de/de/weltweit/383.html). Gefördert wird der Ausbau von Ressourcen und Kompetenzen auf Regierungsebene und in der Zivilgesellschaft. Es gibt z. B. ein Schulgesundheitsprogramm, bei dem Grundschüler Hygienemaßnahmen wie Zähneputzen und Händewaschen erlernen. Auch die Dezentralisierung der politischen Macht wird mit Schulungsprogrammen und anderen Maßnahmen unterstützt. Nicht zuletzt gehört die Restaurierung der Tempel von Angkor zum Aufgabenbereich der GIZ (die Gesellschaft unterstützt das APSARA-Projekt).

Der Verbesserung der Lebensumstände dienen in jedem Fall auch das Minenräumprogramm (S. 72) und der Ausbau der Stromversorgung, denn derzeit sind nur 24 % aller Kambodschaner ans Stromnetz angeschlossen. Als Tourist merkt man davon nicht viel, es sei denn, man besucht die entlegenen Gebiete abseits der Städte.

Ein besonderes Augenmerk liegt zudem auf der Verteilung von Land. Da es vielfach zu Vertreibungen und Menschenrechtsverletzungen kommt, setzt die deutsche Regierung sich hier für Reformen ein – bisher leider ohne großen Erfolg (mehr zu diesem Thema S. 72).

Solange der Korruption nicht Einhalt geboten wird, ist die Entwicklungshilfe für Kambodscha allerdings kritikwürdig. Es wäre wünschenswert, wenn die Politik hier mehr Druck ausüben würde, bevor das Geld fließt.

Das Parlament besteht aus einer National-versammlung mit 123 Abgeordneten unter dem Vorsitz von Heng Samrin und einem Senat mit 61 Amtsinhabern. Gewählt wird alle fünf bzw. sechs Jahre; die nächsten Wahlen zur National-versammlung und zum Senat finden 2018 statt.

Regierungspartei ist die CPP unter dem Vorsitz von **Chea Sim**. In der Opposition befindet sich die Kambodschanisch Nationale Rettungspartei unter Vorsitz von **Sam Rainsy**. Im Parlament hat die Opposition 55 Abgeordnete und die CPP 86 Sitze. Ein Jahr lang verweigerte die Opposition die Teilnahme an einer Regierung. Mitte Juli 2014 einigten sich die Parteien jedoch auf die Bildung einer Regierung und einige Reformen.

Verwaltungsstrukturen

Kambodscha gliedert sich verwaltungstechnisch in **25 Provinzen** und 1621 Gemeinden. Bei der Wahl der Provinzregierungen am 18. Mai 2014 hatte die CPP die Nase vorn, doch ist zu beobachten, dass der Stimmanteil der Oppositionspartei CNRP wächst. Die Bedeutung der Provinz- und Distrikträte wird seit 2008 gestärkt, um zu einer **Dezentralisierung politischer Macht** zu gelangen. Seither gelten sie als juristisch eigenständige Einheit mit administrativer und politischer Entscheidungskompetenz. Noch sind die Räte in dieser Funktion nicht besonders erfahren, doch wird ihre Kompetenz sicher im Laufe der Jahre wachsen (u. a. werden die Beteiligten durch deutsche Entwicklungshilfe in der Wahrnehmung ihrer Aufgaben unterstützt).

Der **Staatshaushalt** beträgt etwa US\$500 Mio., etwa US\$200 Mio. werden von Geberländern wie Deutschland bestritten. Doch die Korruption ist sehr hoch, einige Quellen und die Opposition gehen davon aus, dass genau diese US\$200 Mio. in den Taschen der Politiker verschwinden. Der erfolgreiche Kampf gegen **Korruption** könnte also dazu führen, dass Kambodscha in puncto Staatsfinanzen keine weitere Hilfe von außen mehr benötigt.

Machtstrukturen

Da sie seit Jahrzehnten im Amt hat, hat die Regierung Hun Sen Polizei und Militär fest im Griff und mit eigenen Anhängern besetzt. Gewaltenteilung gibt es in der Realität nicht. Offiziell ist auch die

Judikative vom Staat unabhängig. Doch Menschenrechtsorganisationen klagen immer wieder, die Richter seien von Hun Sen gelenkt. Viele Inhaftierungen seien politisch motiviert und die Verurteilungen ebenfalls. Das deutsche Ministerium für Wirtschaftliche Zusammenarbeit und Entwicklung schreibt: „[Es] bestehen jedoch in vielen gesellschaftspolitischen Bereichen autoritäre Tendenzen. Die regierende Kambodschanische Volkspartei (CPP) behindert aktiv die Arbeit regierungskritischer Politiker und benutzt Gesetzgebung, Verwaltung und Justiz, um politische Gegner und unabhängige Medien unter Druck zu setzen. Die Institutionen des Staates sind schwach, es fehlen stabile rechtliche und wirtschaftliche Rahmenbedingungen." Korruption ist weitverbreitet, und folgt man der Argumentation von Manfred Rohde (S. 481 Literaturtipps), dann basiert das Prinzip der erkauften Loyalität auf einer langen Tradition, die bereits das Leben in Angkor prägte. Diese Strukturen zu durchbrechen, ist eine der wichtigsten politischen Notwendigkeiten Kambodschas. Daher ist das Land „noch weit von der Erreichung internationaler demokratischer Standards entfernt." (vgl. 🖳 www.bmz.de). Aktuelle Informationen zur politischen und gesellschaftlichen Situation in Kambodscha und eine gute Aufarbeitung der Medieninformationen bieten der Blog von Dr. Markus Karbaum, 🖳 http://cambodia-news.net, und die Webseite der Konrad Adenauer Stiftung 🖳 www.kas.de/kambodscha.

LAND UND LEUTE

Außenpolitik

Kambodscha ist Mitglied zahlreicher Organisationen. Als wichtigste Elemente der Einbindung des Landes in die internationale Gemeinschaft aber gelten der Sitz in den Vereinten Nationen seit 1993, der Beitritt zur Gemeinschaft der südostasiatischen Staaten (ASEAN) 1999 und die Mitgliedschaft in der Welthandelsorganisation (WTO) seit dem Jahr 2004.

Die Bundesrepublik Deutschland arbeitete vor 1969 mit Kambodscha zusammen. Während der Pol-Pot-Jahre gab es keine Verbindung. Erst 1992 nahm man wieder offizielle Beziehungen zu Kambodscha auf. Nach den Wahlen 1993 wurde eine diplomatische Vertretung eingerichtet. Die ehemalige DDR hingegen pflegte auch in den Jahren 1969–1975 und ab 1979 (bis zur deutschen Wiedervereinigung) diplomatische Beziehungen zu Kambodscha. Deutschland engagiert sich stark in Bildung und Gesundheitsaufklärung (S. 124), hilft bei der Minenräumung (S. 72) und ist an der Restaurierung der Tempel von Angkor maßgeblich beteiligt.

Kambodschas Beziehungen zu den Nachbarstaaten sind oftmals problembeladen, doch die Regierung ist bemüht, die Spannungen abzubauen: Mit Thailand gibt es immer wieder Grenzkonflikte (erst 2011 kam es erneut zu bewaffneten Zwischenfällen bei der Tempelanlage von Preah Vihear), und auch die Problematik der Arbeitsimmigranten und ihres Aufenthaltsstatus sorgt immer wieder für Zündstoff. Auch mit Vietnam kommt es immer wieder zu Uneinigkeiten. Die meisten Streitigkeiten sind derzeit geschlichtet, doch da viele dieser Probleme eine lange Vorgeschichte haben, kann ein erneutes Aufflammen der Konflikte nicht ausgeschlossen werden. Das Verhältnis zu China ist derzeit recht gut – vor allem wohl auch, weil sich China zu einem der spendabelsten Geberländer entwickelt hat.

Wirtschaft

BIP: 2013 US$15,65 Mrd., von der Weltbank geschätzt

Durchschnittliches Jahreseinkommen: US$1000 (lt. anderer Schätzungen US$2000)

Existenzminimum: 285 € im Monat (Stadt), auf dem Land deutlich weniger

Wirtschaftswachstum: 7 %

Bevölkerung unterhalb der Armutsgrenze: 20 %

Inflationsrate: 2,95 %

Gewerkschaften: mehr als 1700 Unternehmensgewerkschaften, ca. 65 Branchenföderationen und Sammelgewerkschaften

Auch wenn Kambodscha einen wirtschaftlichen Aufwärtstrend verzeichnet: Noch ist die Armut im Land groß. Von den Menschen, die unterhalb der Armutsgrenze leben, befinden sich 18,6 % (Zahlen von 2009) in extremer Armut, diese Menschen haben weniger als US$1,25 pro Tag zur Verfügung. Die Gesellschaft für wirtschaftliche Zusammenarbeit stellt sogar bei 77 % der Menschen fest, dass sie weniger als US$2 pro Tag zum Leben haben.

Wichtigste **Export**-Partner des Landes sind die USA, Großbritannien, Kanada und Deutschland. Nach Deutschland wurden im Jahr 2012 Waren im Gesamtwert von über 667 Mio. € exportiert. Dabei handelte es sich hauptsächlich um Bekleidung und Schuhe. Dank der zollfreien Exporte aller Güter, die nichts mit Waffen zu tun haben (EBA), erhöht sich auch der Export von Reis und anderen Agrarrohstoffen.

2013 erreichten **Importe** etwa das Volumen von US$9,79 Mrd. Allein 2012 importierte Kambodscha Waren im Wert von 44,8 Mio. € aus Deutschland. Die wichtigsten Importpartner sind Thailand, Vietnam und China.

Landwirtschaft

Die Vielzahl der Menschen lebt als Selbstversorger auf dem Land und betreibt mit einfachsten Mitteln Landwirtschaft. Es fehlt noch heute an guten Bewässerungssystemen, jene Errungenschaften, die in den Zeiten von Angkor viel Wohlstand brachten. Gewinne aus landwirtschaftlicher Produktion fließen hauptsächlich an große Firmen, die nicht selten in Besitz ausländischer Investoren sind (vor allem aus Thailand und Vietnam). Die angestellten Beschäftigten in diesen Wirtschaftsbereichen verdienen i.d.R. nur sehr wenig. Immer mehr Fair-Trade-Produktionen machen jedoch Hoffnung, dass sich die Arbeitsbedingungen für viele Menschen bessern werden.

Die Landwirtschaft hatte 2013 zu etwa 31 % Anteil am Bruttoinlandsprodukt (BIP). Wichtigste Zweige hier sind Reisanbau und Fischerei. Beschäftigt sind in diesem Sektor etwa 56 % der Bevölkerung, die vor allem während der Saison von April bis Dezember die Ernte einbringen.

Tourismus

Insgesamt kamen 2013 etwa 4,2 Mio. ausländische Besucher nach Kambodscha (2012 waren es noch 3,68 Mio.), die meisten davon Vietnamesen, Japaner und Koreaner. Unter den westlichen Besuchern dominieren Amerikaner, Franzosen und Australier. Die 80 000 deutschen Besucher fallen hier mit etwa 2 % kaum ins Gewicht. Insgesamt steigen die Besucherzahlen seit Jahren kontinuierlich an.

Hauptanziehungspunkt für asiatische Besucher sind neben den Tempeln vor allem die Kasinos an den Grenzen. Denn sowohl in Thailand als auch in Vietnam ist Glücksspiel verboten. Ein politischer Nebeneffekt: Die Kasinos sichern die Grenzen. Kambodschanische Politiker be-

Grundbesitzrechte und Katasterämter

Land gehörte in der Tradition Kambodschas immer dem, der es bearbeitet. Erst unter französischer Herrschaft änderte sich dies. Die Kolonialherren verteilten das Land neu und ermöglichten im Sinne der in Europa bereits praktizierten Rechtstradition die Möglichkeit, Land zu kaufen und zu verkaufen. Pol Pots Schergen vertrieben die Menschen aus den Städten und Dörfern und ließen sie auf den Feldern arbeiten. Grundbesitz und Nutzungsrechte wurden abgeschafft und alles zum kollektiven Besitz erklärt. Das gesamte Katasterwesen und Unterlagen über Besitz wurden vernichtet. 1979 strömten die Menschen zurück in die verlassenen Städte und Dörfer, nahmen Land und Wohnung in Besitz. Wer zuerst vor Ort war, nahm sich, was er vorfand. Seit 1989 ist in der Verfassung wieder das Recht auf **Privateigentum** verankert, und es existiert auch wieder ein Grundbuch. 4,5 Mio. Anträge, von denen jedoch bisher nur 550 000 bearbeitet und eingetragen sind, wurden allein bis 1999 eingereicht. Besonders die ländliche Bevölkerung war und ist bei der Sicherung von Besitzrechten benachteiligt.

2001 wurde das **Bodengesetz** verabschiedet, dessen wichtigster Punkt festlegt: Menschen, die vor dem 31. August 2001 ein Grundstück in Besitz genommen haben (sowie einige weitere Kriterien erfüllen), haben einen Anspruch auf dieses Land. Dieses Recht wird **Besitzrecht** genannt. Auch wer mindestens fünf Jahre auf einem Grundstück wohnt oder eine Ackerfläche bearbeitet, hat ein Besitzrecht und kann daraufhin einen Landtitel beantragen. Indigene Bevölkerungsgruppen haben ein Gewohnheitsrecht auf ihren angestammten Lebensraum und können ebenfalls Landtitel auf Stammesgebiet erhalten.

Seit Ende der 1990er-Jahre wurde mit Hilfe von Geldern der Weltbank, der deutschen GTZ sowie finnischen und kanadischen Hilfsorganisationen die rein technische Seite eines Kataster- und Grundbuchwesens ausgebaut. Über 2,2 Mio. Landtitel wurden bis 2013 eingetragen. Das klingt alles sehr positiv, doch schon 2009 stellte der Bericht „Untitled" der NGO Bridges across borders South East Asia (BABSEA) fest, dass Bewohner oder Gemeinschaften keinen Zugang zum Vergabeverfahren erhielten oder Anträge verschleppt wurden. Auch wurden Anfragen auf Landtitel sehr oft abschlägig beschieden. Meist liegen diese Grundstücke in Gegenden, in denen die Bodenpreise hoch sind bzw. steigen oder Projektierungen in Planung sind. Eine Umsetzung der schön klingenden Gesetze ist daher noch in weiter Ferne. Die Bundesregierung hat ihre Zahlungen für Katastertätigkeiten bis auf Weiteres eingestellt – mehr Möglichkeiten, Druck auf die Regierung auszuüben, scheint sie kaum zu haben.

haupten, dass Vietnam gerne immer mal wieder Grenzsteine versetzte, um sein Territorium zu vergrößern: Dies ist nicht mehr möglich, wenn dort erst einmal ein Kasino steht.

Textilwirtschaft

Im Jahr 2013 und 2014 wurde die Weltöffentlichkeit auf die Missstände in der Textilwirtschaft Kambodschas aufmerksam, als Tausende Arbeiter auf die Straße gingen und höhere Löhne forderten. Die meisten Näherinnen arbeiten 70 Stunden in der Woche, oftmals bis zur totalen Erschöpfung. Viele sind unterernährt, denn ihr Gehalt ist im wahrsten Sinne des Wortes nur ein Hungerlohn. Alle großen Marken arbeiten mit Subunternehmen zusammen, die in Kambodscha Fabriken betreiben. Hier herrschen oft katastrophale Bedingungen: Die sanitären Einrichtungen sind defekt, die Nähmaschinen alt, und von Arbeitsrechten kann keine Rede sein. Arbeitsverträge werden oft nur für eine kurze Dauer abgeschlossen, die Näherinnen leben so in der stetigen Angst, ihren Job zu verlieren. Werden sie krank oder bekommen sie ein Kind, verlieren sie ihre Einkommensquelle. Einen großen Unfall wie in Bangladesch gab es zum Glück bisher nicht.

Nachdem zahlreiche Gewerkschaften zu Streiks aufgerufen hatten, kam es zu Massenprotesten, gegen die die Regierung mit großer Härte vorging: Fünf Menschen wurden getötet, zahlreiche Protestler weggesperrt. Im Juni 2014 kam es zur Verurteilung einiger Näherinnen, die Strafen wurden jedoch auf Bewährung ausgesetzt. Immer noch ist unklar, wie viele Menschen weiterhin im Gefängnis sitzen. Die Demonstranten sind derart eingeschüchtert, dass Demonstrationen zurzeit kaum noch stattfinden. Die Sensibilität der Käufer im Westen und damit der Druck auf die westlichen Firmen sind gestiegen, zumindest solange das Thema noch in den Medien ist. Ob die Textilwirtschaft nach der Erhöhung des Mindestlohnes im Juni 2014 von US$61 auf US$100 im Monat (bei einer 6-Tage Woche) bereit wäre, mehr zu zahlen, bleibt abzuwarten. Gefordert werden von den Arbeitern US$120, was immer noch sehr wenig ist –

Markenwaren in Kambodscha

Fast 80 % aller in Kambodscha genähten Kleidungsstücke werden in die EU exportiert. Viele dieser uns bekannten Markennamen finden sich auch auf den Märkten des Landes, wo die Produkte oft sehr preisgünstig angeboten werden. Vieles davon ist aussortierte (oder „vom Laster gefallene") Ware. Anderes, so heißt es, wurde in Sonderschichten schnell zusammengenäht (ob dies im Auftrag der Chefs der Fabriken geschieht oder den Näherinnen direkt zugute kommt, ist schwer zu beurteilen). Man sollte diese Kleidungsstücke nur für den Eigenbedarf erstehen, vom Handel damit ist abzuraten. Sobald der Anschein entsteht, die Ware diene dem Verkauf, muss Zoll gezahlt werden. Ob es dann noch zu einem Verfahren wegen gefälschter Ware kommen kann, hängt von den Produkten ab.

auch in Kambodscha. Der Verbraucher hierzulande würde diese Erhöhung kaum spüren, das Produkt würde sich allenfalls um ein paar Cent verteuern. Für den kambodschanischen Staat allerdings hätte eine Erhöhung weitreichende Folgen. Es wäre zu erwarten, dass auch Lehrer, Polizisten und anderen Bedienstete des Staates mehr Geld verlangen. Auch deshalb lehnt Hun Sen eine weitere Erhöhung des Mindestlohnes strikt ab.

Religion

Buddhisten: 95,3 %
Moslems: 2 %
Christen: 1,9 %
Hinduisten: 0,8 %

In Kambodscha ist die überwiegende Mehrzahl der Menschen buddhistisch (Theravada). Offizielle Zahlen gehen von 95,3 % aus. Nach moslemischen Glaubensregeln leben knapp 2 % (manche Quellen geben 4 % an), etwa 1,9 % sind Christen und 0,8 % Hinduisten und andere

Glaubensgemeinschaften. Oft vermischen sich die Religionszugehörigkeiten: Selbst wenn ein Khmer sich als Christ bezeichnet, so sucht er Jesus auch in den buddhistischen Tempeln auf (es heißt, Jesus sei auf seinen Wanderungen auch in Asien gewesen und habe die Lehre Buddhas vernommen). Und wer Buddhist ist, hat sicher noch einen der Götter aus dem hinduistischen Pantheon zuhause, der verehrt wird. Das hat geschichtliche Gründe, denn am Hofe der Könige von Funan und Angkor bestimmten über tausend Jahre lang Hindukulte das Leben von Herrscher und Beherrschten. Erst im 13. Jh. setzte sich der Buddhismus als Staatsreligion durch.

Buddhismus

Der Buddhismus ist in Kambodscha allgegenwärtig. So gehören orange gewandete Mönche selbstverständlich zum Bild. Vor allem in den frühen Morgenstunden sieht man sie, wenn sie mit ihren Bettelschalen ausgerüstet durch die Straßen ziehen. Die Mönche dürfen nur einmal am Tag etwas essen, und es ist für jeden gläubigen Buddhisten eine Selbstverständlichkeit und Ehrensache, zur Versorgung der Mönche beizutragen. Nicht zuletzt, weil so das eigene Karma verbessert werden kann.

In Kambodscha wird hauptsächlich die Lehre vom „kleinen Wagen" gelebt: Der **Theravada-Buddhismus** ist die Staatsreligion des Landes und wird von der Bevölkerungsgruppe der Khmer praktiziert. Doch auch der „große Wagen", der **Mahayana-Buddhismus**, ist in Kambodscha vertreten. Er wird von Chinesen und Vietnamesen als der wahre buddhistische Weg angesehen. Alle Richtungen vereint der Glaube an zahlreiche Geister, denn animistische Glaubensvorstellungen sind allgegenwärtig.

Die Geschichte des Buddhismus in Kambodscha

In der Frühzeit des Angkor-Reiches waren die Kambodschaner Hinduisten. Indische Händler, denen brahmanische Priester folgten, hatten die Religion ins Land gebracht. Zahlreiche Figuren und Steinmetzarbeiten in den Tempeln zeugen davon, und noch heute gehört zum buddhisti-

schen Glauben auch die Anbetung hinduistischer Figuren. Auch der Animismus (Geisterglaube) ist fest im kambodschanischen Buddhismus integriert; so haben viele Khmer ein Geisterhäuschen vor ihrem Haus, welches den dort lebenden Geistern ein Zuhause bieten soll (S. 134).

König Jayavarman VII. erklärte dann den Buddhismus zur Staatsreligion. Kurze Zeit wurde der Mahayana-Buddhismus gelebt, doch bereits ab 1295 wandte sich Angkor-König Sridravarman dem Theravada-Buddhismus zu. Diese Form des Buddhismus, Worte wie Mitgefühl *(karuna)* und Herzensgüte *(metta)*, waren neu für die Menschen, die sich in ihren Sorgen nun verstanden fühlten. Durch den Kontakt mit den Mönchen, die als Jünger Buddhas gelten, fühlten und fühlen sich die Menschen eingebunden in eine Wertegemeinschaft.

Während der Herrschaft der Roten Khmer wurde diese Gemeinschaft tief erschüttert. Zahlreiche Mönche fielen dem Terror zum Opfer, viele Tempel wurden zerstört, nahezu alle Buddhastatuen enthauptet. Neben der Gemeinschaft waren vor allem die einst in den Tempeln vermittelte Bildung und die Anhäufung von Wissen in den Augen der Anhänger Pol Pots zu vernichten. Von 65 000 Mönchen lebten nach der Zeit der Khmer Rouge nur noch etwa 3000. Heute hat sich die Zahl wieder vervielfacht, und die Mönchsgemeinschaften spielen wieder eine große Rolle in der Gesellschaft. Sie sind aktive Bewahrer der Lehre vom guten und rechten Handeln und vermitteln moralische und ethische Werte des Zusammenlebens.

Mönche und Politik

Im Laufe der Geschichte haben sich Mönche immer wieder zu Wort gemeldet und teilweise auch Aufstände angeführt. Dies geschah während der französischen Kolonialzeit ebenso wie heute, wenn Mönche zusammen mit Textilarbeitern auf die Straße gehen. Immer wieder wird in solchen Fällen diskutiert, ob Mönche, die Gewaltverzicht üben müssen, sich derart engagieren dürfen. Ihr Auftrag, für Gerechtigkeit und Freiheit einzutreten, ist für viele Menschen Grund genug, dieses Engagement zu begrüßen.

Die Grundzüge des Buddhismus

Die Grundlage des Buddhismus ist das Wissen, dass nichts beständig ist. Leben bedeutet, Leiden zu erfahren: Alter, Krankheit, Armut, Schmerz. Da der Mensch immer wieder geboren wird, durchlebt er diesen Kreislauf stets aus Neue. Der Buddhist weiß um die Regelmäßigkeit des Kreislaufs und richtet sein Verhalten danach aus, indem er versucht, Gutes zu tun und rechtschaffen zu leben. Bereits diese Absicht bewirkt Positives für das nächste Leben. Wer den Ursprung des Leidens und der Wiedergeburten erkennt, den die Buddhisten in der Gier, dem Hass und der Unwissenheit sehen, der kann sein Leben so ausrichten, dass er Erlösung findet. Aus dem Kreislauf der Wiedergeburten austreten kann nur, wer den Achtfachen Pfad des Buddha befolgt.

Die Vier Edlen Wahrheiten

In seiner ersten Predigt im Ishipatana-Park ("Gazellenhain") von Sarnath legte Buddha die Lehre von den "Vier Edlen Wahrheiten" dar. Mit ihnen zeigt er einen klar strukturierten "therapeutischen" Weg aus dem Leiden. Er erläutert, was Leiden ist, was dessen Ursachen sind, welches Ziel anzustreben ist und wie der Weg dorthin aussieht:

- 1. Alles Dasein ist leidhaft.
- 2. Ursache allen Leidens ist Begierde *(tanha)* und Anhaftung *(upadana)*.
- 3. Nur durch das Vernichten von Gier *(lobha)* und Hass *(dosa)* kann Leiden überwunden werden.
- 4. Der Weg dorthin ist der Edle Achtfache Pfad

Der **Edle Achtfache Pfad** untergliedert sich in drei Bereiche: wissende Einsicht *(pañña)*, sittliches Verhalten *(sila)* und Konzentration *(samadhi)*. Die acht Teile dieses Wegs sind den drei Bereichen wie folgt zugeordnet:

- *pañña:* 1. rechte Ansicht; 2. rechte Gesinnung
- *sila:* 3. rechte Rede; 4. rechtes Tun; 5. rechte Lebensführung
- *samadhi:* 6. rechte Anstrengung; 7. rechte Achtsamkeit; 8. rechte Meditation

Der historische Buddha

Über den historischen Buddha sind relativ viele Fakten bekannt, die jedoch im Laufe der Zeit mit Legenden durchwirkt wurden. Die Wissenschaft ist sich uneins über das genaue Geburtsdatum Buddhas. Nach neuesten Forschungen soll Bud-

Junge Novizen im Wat Kompong Thom

© MARION MEYERS

dha 450 v. Chr. geboren worden sein. Seine Herkunft hingegen ist gesichert, seine Lehre überliefert und sein Wandergebiet bekannt. Letzteres befand sich im Himalaya im heutigen Nordindien.

Geboren wurde Buddha als **Siddhartha Gautama**. Er war der Sohn des Führers eines vom Herrscher Kosala abhängigen Gebietes mit Namen Sakya. Oft wird er als Königssohn oder Prinz betitelt, was aber historisch nicht richtig ist. Siddhartha gehörte jedoch sicher der Oberschicht an und nahm schon als junger Mensch an Ratsversammlungen teil. Hier lernte er Disziplinen wie Rhetorik und Recht kennen. Lesen und Schreiben konnte er indes nicht, aber das wäre für seine Zeit auch außergewöhnlich gewesen.

Siddhartha wurde in jungen Jahren mit seiner Cousine verheiratet. Kurz nach der Geburt seines Sohnes verließ er mit 29 Jahren seine Familie, um als obdachloser **Bettelmönch** spirituelle Erfahrungen zu suchen. Er machte sich auf die Suche nach den Gründen für das menschliche Leid und nach einem möglichen Ausweg. Nachdem er mit Hilfe zweier Gurus („Lehrer") keine Erkenntnis fand, probierte er es mit **Askese**. Er verzichtete auf Kleidung und Körperpflege und wurde so mager, dass er dem Tode geweiht war. Im Pali-Kanon heißt es dazu, dass seine Rippen herausstanden wie „Dachsparren eines verfallenen Hauses". Kurz bevor er keine Kraft mehr hatte, wurde ihm bewusst, dass der Hunger auch seinen Geist zermürbte, und so begann er wieder regelmäßig zu essen.

Siddhartha begann mit der **Meditation**. Nachdem er viele Jahre als Bettelmönch gelebt hatte, erkannte er Weisheiten, wusste sie mit dem bereits Bekannten zu verbinden und fügte alles in einem harmonischen System zusammen. Unter einem *Ficus religiosa*, dem Bodhi-Baum, meditierend, erkannte er schließlich die Ursachen allen Leidens und den Weg der Überwindung. So fand er mit 35 Jahren das **Dharma**, die Lehre, die mit Wahrheit gleichgesetzt wird, und wurde zum Buddha, zum „Erwachten". Er predigte in den folgenden 40 Jahren erst vor seinen ehemaligen Mit-Asketen, die ihn nach seiner Beendigung des Fastens kurzfristig verlassen hatten, und später vor Königen und anderen Schülern.

Nur vier Monate, nachdem Buddha gestorben war, trafen sich seine wichtigsten Schüler. Einer von ihnen war **Ananada**, der Buddha 25 Jahre lang auf seinem Weg begleitet hatte. Die erfahrenen Mönche rezitierten die Lehren Buddhas, und die jungen Mönche lernten sie auswendig. In Ceylon wurden die Reden dann im ersten vorchristlichen Jahrhundert in **Pali** aufgeschrieben. Diese Schrift ist vollständig erhalten und weiß nicht nur von Buddhas Lehren zu berichten, sondern auch von einem Bandscheibenvorfall und einer Mageninfektion, an der er im Alter von über 80 Jahren gestorben ist. Wissenschaftler gehen davon aus, dass dies um 370 v. Chr. der Fall war.

Mahayana-Buddhismus und Theravada-Buddhismus

Nach dem Tode Buddhas wurden schon früh zwei Strömungen des Buddhismus deutlich. Der Mahayana-Buddhismus wird als großes Fahrzeug, der Theravada-Buddhismus als kleines Fahrzeug bezeichnet.

Im **Mahayana-Buddhismus** spielen Bodhisattvas eine Rolle. Während Buddha seine früheren Inkarnationen als Bodhisattvas bezeichnete, kann im Mahayana-Buddhismus jeder ein Bodhisattva werden, ein Weiser, der sich entscheidet, für die Menschen auf der Erde zu bleiben und sich um sie kümmern, anstatt ins Nirwana einzugehen.

Der **Theravada-Buddhismus** wird in Kambodscha etwa seit 1295 (unter Sridravarma) praktiziert. Ursprünglich stammt diese Glaubensrichtung aus Sri Lanka. Diese Richtung betrachtet sich als die ursprünglichste Lehre mit dem Ziel der Erlösung des Einzelnen aus eigener Kraft. Dem ständigen Prozess von Werden und Vergehen gilt es mit Anhäufung von Erkenntnis und gutem Karma zu entfliehen und das Nirwana, die völlige Freiheit von jeglichen Begierden, zu erreichen. Die Ethik basiert auf fünf Geboten: nicht töten, nicht stehlen, keine sexuellen Verfehlungen, nicht lügen und keine berauschenden Mittel nutzen.

Die Tempel und der Sangha-Orden

In Kambodscha geht fast jeder Mann bzw. jeder Junge einmal ins Kloster *(Wat)* und schließt sich einer Mönchgemeinde *(Sangha)* an. Sei es für nur einen Tag, für mehrere Monate oder gar für immer. Frauen, die als Nonnen leben, sind seltener. Ihr Leben ist weitaus restriktiver, und sie sind weniger anerkannt als Mönche (sie erhalten keine Weihe und dürfen nur niedere Arbeiten übernehmen). Oftmals bleibt vor allem verarmten Frauen ohne Familie keine andere Wahl, denn nur im Kloster bekommen sie Nahrung und können überleben.

Mönche müssen sich mehr als 200 Regeln unterwerfen: So dürfen sie nur eine Mahlzeit pro Tag zu sich nehmen, und dies nur vor 12 Uhr. Sie dürfen nicht in einem bequemen Bett schlafen, keinen Sex haben und so gut wie keinen Besitz ihr Eigen nennen. Nur die Mönchsrobe, eine hölzerne Kopfstütze und ihre Bettelschale sind erlaubt. Allerdings sieht man immer häufiger Mönche mit Telefonen und Zigaretten – beides müsste eigentlich verboten sein. Denn natürlich sind auch Drogen und Zerstreuung untersagt.

Die Aufgabe der Mönche besteht in der Meditation und dem Studium der heiligen Schriften. Meist sind vor allem in ärmeren Gemeinden die Klöster die Orte, an denen Bildung vermittelt wird und Kranke Hilfe finden. Gläubige sammeln gutes Karma (für ein besseres Leben nach der Wiedergeburt), indem sie durch Spenden im Wat unterstützen und indem sie allmorgendlich den Mönchen Nahrung spenden, wenn diese mit ihren Bettelschalen durch die Straßen ziehen.

Die wichtigste Zeremonie des Jahres ist *Kathen*, die jedes Jahr in den 29 Tagen des letzten Mondmonats gefeiert wird. Die Mönche, die zuvor drei Monate innere Einkehr üben mussten, dürfen nun wieder unter Menschen gehen und neue Gewänder annehmen. Diese Zeremonie soll von Buddha selbst einführt worden sein, der Termin ist noch heute fest im Feiertagskalender der Khmer integriert. Trotz großer Armut im Land spenden die Menschen in diesen Tagen insgesamt (nach Schätzungen des Ministeriums für Kultur und religiöse Angelegenheiten) über US$6 Mio.

Hinduismus

Nur noch wenige Menschen in Kambodscha sind reine Hinduisten. Und doch ist das Leben der Kambodschaner stark beeinflusst von der

Naga – der Schlangengott

Die neunköpfige Schlange Naga ist allgegenwärtig in Kambodscha, und man weiß zu berichten, dass sie im Mekong lebt. Die Legende berichtet, Naga hätte das Wasser, das einst ganz Kambodscha bedeckte, ausgetrunken und das Land trockengelegt, das sich heute Kambodscha nennt. Der Schlangengott wird daher als Schöpfer des Landes und als Gott des Wassers verehrt.

indischen Götterwelt. Es gibt kaum einen gesellschaftlichen Aspekt, der nicht davon geprägt wurde und bis heute seine Spuren zeigt. Beispielsweise spielt im kambodschanischen Tanz die Geschichte des Ramayana (in Kambodscha als eigene Kunstform Reamker weiterentwickelt) eine große Rolle (S. 140). Auch der tief verwurzelte Glaube an Wiedergeburt (Reinkarnation) und das Wissen um gutes und schlechtes Karma (welches für die Stufe der nächsten Existenz entscheidend ist) sind Basis des hinduistischen Denkens. Die Götter dieser Religion sind noch heute allgegenwärtig – vor allem in den Tempeln. Der Tourist trifft viele Gestalten zudem in Museen oder an Souvenirständen: Zu bewundern sind Ganesha, Shiva, Vishnu und Co. In Kürze sei hier daher auf einige der wichtigsten Figuren des hinduistischen Pantheon eingegangen (andere Merkmale, die wichtig für das Verständnis der Tempel sind, werden beim Thema Tempelarchitektur genauer erläutert).

Shiva: Diese Gottheit gehört zur Hindu-Trinität (mit Brahma und Vishnu) und symbolisiert diese Dreieinigkeit in einer Person: Zerstörung, Erschaffung und Bewahrung. In Shiva vereinen sich viele Gegensätze, und er wird in vielfacher Art dargestellt. Zu seinen Hauptkennzeichen gehören der Dreizack, der Halbmond und das senkrechte Weisheitsauge. Oft reitet er auf dem weißen Bullen Nandi. In Kambodscha wird Shiva oft als Lingam dargestellt, einer phallischen Steinsäule. In der Dreieinigkeit steht hier der runde obere Teil des Phallus für Shiva, die achteckige Mitte symbolisiert Vishnu, und das rechteckige Bassin steht für Bhrama.

Vishnu: Er gilt als der zweite Hauptgott der Hinduisten und wird als Schöpfer und Erhalter verehrt. Oft wird er als vierarmiger Vishnu dargestellt, der eine Kaurimuschel, ein Rad, einen Lotos und eine Keule hält.

Apsaras: Diese wunderhübschen Tänzerinnen leben auf dem Tempelberg Mehru und unterhalten dort die Götter durch Gesang, Tanz und Liebesspiel. Als Figur finden sich diese Apsaras oft auf einem Glöckchen.

Ganesha: Der Elefantengott gilt als Sohn von Shiva und Parvati. Vor allem von Alltagssorgen geplagte Menschen bitten ihn um Hilfe, denn er gilt als Gott der Weisheit.

Garuda: Symbolisiert die Kraft der Sonne und des Windes und dient Vishnu als Reittier. Garuda gilt als Fürst der Vögel, der u. a. die Schlange Naga zu bezwingen weiß. Meist wird er in Menschengestalt mit Vogelkopf dargestellt.

Christentum

Es gibt nur sehr wenige Christen in Kambodscha. Im Gegensatz zu Vietnam (und weniger ausgeprägt in Laos und Myanmar) konnten die Missionare die Khmer nicht von ihrem Glauben überzeugen. Die Versuche der Portugiesen schlugen fehl, lediglich die französischen Kolonialherren konnten ein paar Gläubige gewinnen und ließen einige wenige Gotteshäuser errichten.

Dazu gehörte z. B. eine große Kathedrale, Notre Dame in Phnom Penh, die einst auf dem Gelände des heutigen Rathauses stand. Die zwei Glockentürme der Kirche waren höher als Wat Phnom, was bei den Buddhisten nicht gerade zur Akzeptanz dieser westlichen Religion beitrug. 1970 wurde die Kirche zum Auffanglager für geflohene Vietnamesen. 1974 wurde sie bei einem Gefecht zwischen Regierung und den Roten Khmer stark beschädigt und während der Herrschaft Pol Pots vollständig abgetragen. Alle Heiligtümer und Bücher wurden zerstört, auf dem Friedhof wuchsen Bananen. Übrig blieben die Glocken, die heute am Eingang des Nationalmuseums zu sehen sind. Auch eine weitere Kathedrale (in Battambang) wurde von den Roten Khmer vollständig zerstört. Eine Ruine ist die Kirche bei der Bokor Hill Station. Hier wur-

de 2013 nach fast 40 Jahren am Karfreitag zum ersten Mal wieder ein Gottesdienst abgehalten. Ob die Kirche Teil des neuen Tourismusprojektes wird (S. 440), ist nicht abzusehen. Großen Einfluss haben die Christen hierauf wohl nicht.

Die einzige Kirche, in der regelmäßig Gottesdienste stattfinden, ist die St.-Michael-Kirche in Sihanoukville. Das kleine weiße Gebäude ist dem Schutzpatron der Seefahrer gewidmet, was sich auch in seiner Architektur bemerkbar macht, die von Segeln und Schiffen beeinflusst scheint. Die Gläubigen setzen sich hauptsächlich aus vietnamesischen Fischerfamilien zusammen, doch an Sonntagabenden finden sich hier auch Touristen und in Sihanoukville lebende westliche Ausländer ein, wenn ein Gottesdienst in englischer Sprache abgehalten wird.

Während der Terrorzeit der Roten Khmer wurden zahlreiche der wenigen Christen ermordet. Papst Benedikt XVI. gedachte ihrer, kurz bevor er zurücktrat, mit den Worten: „Viele Christen sind wegen ihres Glaubens gestorben. Das ist ein nobles Zeugnis, das sie der Wahrheit des Evangeliums geleistet haben."

Islam

In Kambodscha sind es vorwiegend die Nachfahren der Cham, die als Moslems leben. Die meisten sind Anhänger eines malaiisch dominierten schafiitisch ausgerichteten Islam. Die Schafiiten gehören zu den Sunniten und gelten allgemein als wenig radikal. Diese Schule ist besonders in Südostasien verbreitet (aber auch die Kurden in der Türkei gehören zu dieser Glaubensgruppe). Eine Minderheit orientiert sich an einer saudi-arabisch dominierten salafistischen Richtung. Sie sind ebenfalls Sunniten, gelten aber als ultrakonservativ. Zudem gibt es noch eine kleine schiitische Minderheit. Konflikte unter den moslemischen Glaubensgruppen sind bisher nicht bekannt.

2014 kamen Gerüchte auf, dass kambodschanische Moslems im Kampf des IS („Islamischer Staat"; zuvor als „ISIS" bekannt) mitmischten. Doch Sos Kamry, der Großmufti von Kambodscha, stellte in der *Phnom Penh Post* vom 23. Juni 2014 klar: „There is no relationship between Cambodian Muslims and those in the Middle East [...] In Cambodia, we don't have extremists." Moslemische Khmer schließen einen Kontakt ihrer Volksgruppe in den Orient kategorisch aus. Da einige Moslems aus der Gruppe der Cham jedoch ihre Kinder in den Nahen Osten zur Ausbildung schicken, ist ein Kontakt zu radikalen Gruppen dort nicht grundsätzlich auszuschließen. Einige Moscheen sollen geschlossen worden sein, angeblich wegen Terrorismusbekämpfung. Konflikte sind jedoch nicht bekannt.

Animismus und Aberglaube

Der Glaube an Geister ist tief in der Gesellschaft verwurzelt. Geister beseelen die Natur, und es gilt, sie gnädig zu stimmen, wenn man mit ihnen zusammenwohnt. So finden sich sehr häufig **Geisterhäuschen** vor den Häusern. Ganz einfache Wohnheime herumirrender Geister sind die einfachen Bretter mit Blechdose als Räucherstäbchenhalter. Andere Häuser sind aufwendiger, manche sehen gar aus wie kleine Schlösser. Alle haben das Ziel, den Geistern eine Heimstatt zu geben, wenn der Mensch den ursprünglichen Platz in Besitz genommen hat. Chinesische Gläubige haben meist sogar zwei Altäre vor dem Haus. Der eine ist für die Geister, der andere für die Ahnen. Beiden wird jeden Tag mit dem Anzünden von Räucherstäbchen gehuldigt.

Kambodschaner lieben es, zum **Astrologen** zu gehen und sich beraten zu lassen. Wer ein Haus bauen, heiraten möchte oder eine wichtige Entscheidung zu fällen hat, holt sich Hilfe vom Astrologen. Vor allem Männer lassen sich zudem Tätowierungen stechen, weil es heißt, dass sie dadurch unverwundbar werden.

Vor allem kleine Kinder gilt es vor **bösen Geistern** zu beschützen. Sie bekommen aus diesem Grund oft Spitznamen wie Lek (klein) und werden als hässlich bezeichnet, damit die bösen Dämonen sie nicht wahrnehmen. Kleine Zöpfe auf dem Kopf dienen als Haltegriffe, mit denen die guten Geister den bösen Geistern die Kinder entreißen können, sollten sie trotz aller Vorsicht auf diese aufmerksam geworden sein.

Kunst und Kultur

Tempelarchitektur

Die prachtvollen Tempel aus dem frühen Kambodscha und dem Angkor-Reich gelten in ihrer gesamten Anlage als bedeutende Kunstwerke. Egal ob sie als **Staatstempel** gedient haben, in denen der König seine Zeremonien abhielt, als **Ort der Ahnenverehrung** oder als **Kloster**, alle waren sie mit vielen religiösen Statuen und herrlichen Fresken geschmückt. Oft sind sie mehrstufig aufgebaut; als Pyramidentempel versinnbildlichen sie den Weltberg Mehru aus der hinduistischen Tradition. Mythische Figuren, halb Mensch, halb Tier, von Meisterhand geschaffen, dienten als Wächter. Die auch heute noch harmonisch wirkenden Grundrisse und Maße wurden von Priestern nach Regeln astronomischen, astrologischen und mythisch-geometrischen Ursprungs festgelegt. Auch wenn die verschiedenen Bauwerke sehr unterschiedlich gestaltet sind, so haben sie daher doch einige Gemeinsamkeiten.

Typische Merkmale

Alle Khmer-Tempel sind von mindestens einer **Umfassungsmauer** umgeben, die meisten haben drei oder vier Einfassungen. Die Tore wurden im Laufe der Zeit immer kunstvoller gestaltet und schließlich zu beeindruckenden Bauten, die **Gopuram** genannt werden. Fast jeder Kambodscha-Besucher wird zumindest das beeindruckende Südtor von Angkor Thom (S. 288) passieren. **Wassergräben** umgeben seit dem 9. Jh. viele Anlagen, die mithilfe von **Dammwegen** oder – seltener – **Brücken** überquert werden. Diese sind oft von mythischen Naga-Schlangen gesäumt, die die Tempelanlagen vor bösen Geistern beschützen sollten.

Im Zentrum der Anlage steht der **Prasat** (Tempelturm), in dem das zentrale Heiligtum verehrt wird: eine Statue oder ein Lingam. Der Turm hat einen quadratischen oder rechteckigen Grundriss und liegt auf einer Ost-West-Achse, die der ganzen Anlage Symmetrie verleiht. Die Tür weist meist nach Osten, Scheintüren schmücken die anderen Seiten. In vielen Tempeln, z. B. Angkor

Wat, gibt es noch weitere, symmetrisch ange-ordnete Prasats, die den Hauptturm umgeben. Der konzentrische Aufbau der gesamten Anlage setzt sich bis in die Dachkonstruktion des Hauptturms fort, wo die gestaffelten Stufen oft noch mit kleinen Miniatur-Türmchen verziert sind.

Der Hauptturm ist von mehreren Nebengebäuden umgeben. Oft ist ein **Mandapa** (Vorhalle) vorgelagert. Heute als **Bibliotheken** bezeichnete Gebäude enthielten womöglich heilige Schriften, können aber auch anderen Zwecken gedient haben. Umlaufende **Galerien**, die sich auch kreuzen können, dienten als Wandelgänge – und auch als eine Art Wandzeitung; so die äußeren Galerien des Bayon (S. 288), auf denen Jayavarman VII. seinen Sieg über die Cham bebildert darstellen ließ: auf dass sein Volk, das an Feiertagen bis genau zu dieser Stelle in den Tempelbezirk vordringen durfte, seine Heldentaten nicht vergäße.

Baumaterialien

Die Tempel der Vor-Angkor-Zeit wurden zum größten Teil aus **Ziegelsteinen** errichtet. Als Mörtel bzw. Klebstoff diente wahrscheinlich ein mit Kalk vermischtes Baumharz, das in einer dünnen Schicht aufgetragen wurde. Dabei wurde sehr exakt gearbeitet; die Steine weisen fast keinen Spalt auf. Daher konnten die Wände mit Hammer und Meißel bearbeitet und verziert werden. Ein Beispiel sind die beeindruckenden Fresken im mit deutscher Hilfe restaurierten Prasat Kravan (S. 300).

In der Angkor-Zeit löste **Sandstein** den Ziegel als Baumaterial ab. Etwa ab dem Jahr 1000 ist er das wichtigste Baumaterial. Er stammte aus Steinbrüchen am 40 km nördlich liegenden Phnom Kulen. Täglich müssen Boote voller Steine den Siem-Reap-Fluss hinabgefahren sein. Mörtel wurde hier nicht mehr eingesetzt; waren die schweren Steine erst einmal in ihre Position gehievt, hielt die Schwerkraft sie fest. Die aufwendigen Rundbogen und Dächer wurden über Holzkonstruktionen aufgebaut.

Aus **Holz** bestanden auch die Wohn- und Zweckgebäude zu Zeiten von Angkor; von ihnen ist nichts erhalten. Mit **Metallen** wie Bronze, Silber und Gold wurden wahrscheinlich an wichtigen Heiligtümern Wand- und Dachverkleidungen angebracht. Davon ist ebenfalls nichts erhalten.

Das von den Baumeistern eingesetzte grobporige **Lateritgestein** war für Fresken und Statuen nicht zu gebrauchen. Es eignete sich jedoch für Wege und äußere Umfassungsmauern, die ohne Verzierungen auskommen mussten. Erst später, als der Sandstein knapp wurde, hat man Laterit an einigen Stellen als Ersatzmaterial eingesetzt.

Epochen

Von der Vor-Angkor-Zeit, als das Reich Zhenla die Oberhand über Funan gewann (S. 101) und sich der zivilisatorische Schwerpunkt in die Region des heutigen Kambodscha verschob, bis zum Verlassen von Angkor 1432 vergingen über 700 Jahre, in denen Generationen von heute unbekannten Baumeistern die größten und schönsten Tempelanlagen der damaligen Welt entwarfen. Nicht nur die Bautechniken verfeinerten sich, und verschiedene Stile lösten einander ab – oder bestanden auch nebeneinander. Heute werden von den meisten Gelehrten 14 verschiedene Bauweisen unterschieden.

Prä-Angkor-Zeit (7.–9. Jh.)

In der Zeit vor Angkor werden vornehmlich Tempeltürme *(prasat)* aus Ziegelsteinen errichtet. Der **Sambor-Prei-Kuk-Stil** (ca. 600–650) kennzeichnet sich durch häufig in Quincunx-Form angeordnete Prasats, die mit mythischen Krokodilwesen *(makara)*, Girlanden und Blumengehängen verziert sind. Im **Prei-Kmeng-Stil** (ca. 650–700) wird dieser Schmuck noch üppiger, aber handwerklich oft nicht mehr ganz so gut ausgeführt. Der **Kompong-Preah-Stil** (ca. 700–800) zeichnet sich durch sehr fein gearbeitete Stürze aus. Tief in den Stein geschnitztes Blatt- und Rankenwerk wirkt wie ein Versteck für allerlei Fabelwesen, die daraus hervorlugen.

Übergangsphase (Mitte 9. Jh.)

Im **Phnom-Kulen-Stil** (ca. 825–875) spiegelt sich schon die große Veränderung, vor der das damalige Kambodscha stand. Die Ziegelsteine werden mit anderen Baumaterialien ergänzt, so wird erstmalig Laterit eingesetzt. Und es sind neue, äußere Einflüsse erkennbar: Drei nebeneinander stehende Prasats, die zudem höher sind als ihre Vorgänger, ähneln Anlagen aus der Cham-Kultur. Dekorationen an den Türstürzen verweisen auf Einflüsse aus Java: insgesamt eine Periode der Innovation.

Angkor-Periode (9.–13. Jh.)

Mit dem **Preah-Ko-Stil** (877–ca. 886) entwickeln sich die Anlagen weiter: Zu einem oder mehr Prasats mit quadratischem Grundriss, die auf einer Plattform stehen, gesellen sich nun umliegende Gebäude („Bibliotheken") und eine Umfassungsmauer. Mit dem Bakong entsteht ein erster Tempelberg. Der zentrale Prasat war der Mittelpunkt der alten Hauptstadt Hariharalaya. Neu sind in dieser Zeit auch die in Nischen stehenden weiblichen Gottheiten *(devata)* und männlichen Wächterfiguren *(dvarapala)*. Der **Bakheng-Stil** (889–923) führt das Element des Tempelberges dann weiter aus. Der in Quincunx-Form angeordnete Prasat auf der oberen Plattform spiegelt die damalige kosmologische Ordnung wider. An den wichtigeren Gebäuden wird nun immer mehr Sandstein eingesetzt. Auch im **Koh-Ker-Stil** (921–944) setzt sich dieser Trend fort. Die Ornamentik nimmt weiter zu, wobei die Figuren sich nun besser gegen das Rankwerk durchsetzen können. Im **Pre-Rup-Stil** (944–968) entstehen dann die letzten Ziegelstein-Gebäude; er deutet mit seinen langen Wandelgängen schon das Entstehen eines bedeutenden neuen Stiles an.

Der **Banteay-Srei-Stil** (968–1000) übertrifft alle vorangehenden Stilformen an Ornamentik und Schönheit. Komplett aus Laterit und rotem Sandstein errichtet, ist der namensgebende Tempel nahezu an allen ebenen Flächen mit tiefen, exquisiten Schnitzereien versehen. Sie sind zum Teil gut erhalten und beeindrucken jeden Besucher. Erstmalig wurden hier die Giebel über den Türen mit klassischen Szenen aus der hinduistischen Mythologie geschmückt.

Der sich etwa gleichzeitig entwickelnde **Khleang-Stil** (968–1010) hat weniger aufwendige Dekorationen, führt jedoch das Element kreuzförmiger Gopurams und Galerien ein. Benannt ist er nach den beiden Türmen gegenüber der Elefantenterrasse. Der relativ schmucklose

Ta Keo (S. 297) ist ein gutes Beispiel. Mit dem **Baphuon-Stil** (1050–1080) setzt sich jedoch der Trend zur aufwendigen Verzierung durch: Am namensgebenden Tempel erscheinen die ersten Basreliefs mit Szenen aus den Hindu-Epen. Gleichzeitig erlebt die Pyramiden-Architektur hier eine neue Blüte.

Der **Angkor-Wat-Stil** (ca. 1080–1175) gilt als *der* klassische Khmer-Stil. Die konischen Türme, die weiten Galerien mit Basreliefs, die Apsaras an den Wänden, die mehrköpfigen Nagas: Gestaltungsmerkmale mit einem hohen symbolischen Gehalt. Auf kaum einen anderen Stil wird bis heute so stark zurückgegriffen wie auf den von Angkor Wat; sei es nun das Unabhängigkeitsdenkmal in Phnom Penh oder das CD-Cover einer modernen Rock- oder Hip-Hop-Band.

Der **Bayon-Stil** (1181–1243) ist der letzte wichtige klassische Stil. Jayavarman II., auf den er zurückgeht, kam erst mit 60 Jahren auf den Thron: Daher hatte er es mit seinen Bauten ziemlich eilig. Viele und große Anlagen erschufen er und sein Nachfolger Indravarman II.: Ta Prohm, Preah Khan, Ta Som, die Elefantenterrasse, die Hauptstadt Angkor Thom und noch einige mehr. Unter der Masse litt jedoch die Qualität: Die Steinmetzarbeiten wurden weniger fein ausgeführt, und statt Sandstein kam vermehrt Laterit zum Einsatz.

Post-Bayon-Stil (1243–15. Jh.)

Im Nachhinein ist es leicht zu sagen: In der Bayon-Zeit deutete sich der Niedergang des Reiches bereits an. Tatsächlich ging es jedenfalls in der Post-Bayon-Zeit stetig bergab. Es wurde noch die Terrasse des Lepra-Königs gebaut, doch anschließend reichte die Kraft nur noch aus, kleinere Modifikationen an bestehenden Anlagen vorzunehmen. Inzwischen hatte sich zudem der Theravada-Buddhismus im Land durchgesetzt: Und so entstanden Klöster aus Holz, von denen heute jede Spur fehlt.

Bildhauerei

Die Bildhauerei hat in der Ausgestaltung der großen Tempelanlagen eine wichtige Rolle gespielt. Schon im 6. und 7. Jh. wurden große

Am Banteay Srei: Elefanten versprühen Wasser über der Göttin Lakshmi.

freistehende Statuen erschaffen. Als Material diente meist Sandstein. Dargestellt wurden hinduistische Gottheiten; allen voran Vishnu und Shiva in ihren verschiedenen Erscheinungsformen. Im Laufe der Jahrhunderte kamen immer mehr Buddhadarstellungen hinzu.

Die verschiedenen Stilrichtungen orientieren sich an der Einteilung der architektonischen Epochen. Oftmals wird dabei der Fundort als Indiz genommen. Insgesamt lässt sich jedoch feststellen, dass die Statuen aus der **Prä-Angkor-Zeit** weichere und fließendere Formen haben als die der klassischen **Angkor-Zeit**. Ein Beispiel ist der Durga-Torso aus dem 7. Jh., der im Nationalmuseum in Phnom Penh zu sehen ist (S. 152). Zur Blüte von Angkor herrschte eine etwas strengere Linie vor. Auch sie hat ihre Reize, wie die berühmte Darstellung des meditierenden Jayavarman VII. beweist (ebenfalls im Nationalmuseum zu sehen). Anhand von Unterschieden in der Haltung, der Haartracht, der Kleidung und dem Schmuck verschiedener Figuren können weitere Klassifizierungen vorgenommen werden.

Besonders attraktiv wirken heute noch die Statuen und Fresken im **Banteay-Srei-Stil**. Sie wirken weich und fast zart; wer den Tempel besucht, sollte sich Zeit für die Betrachtung der Figuren nehmen, die so freundlich durch die Jahrhunderte blicken.

Verschiedene Initiativen versuchen heute, die Bildhauerkunst der Vorfahren weiter zu pflegen. Bei Siem Reap können einige Werkstätten besichtigt werden. Dabei geht es jedoch vornehmlich um das Kopieren alter Vorlagen. Eigene künstlerische Ansätze scheinen im Augenblick noch nicht gefragt. Doch das steht ganz in der Tradition der Vorfahren: Auch früher galt das Schaffen einer Statue wohl nicht als Kunst, sondern als Dienst an den Göttern.

Musik

Die **klassische Musik** in Kambodscha ist nicht „nur" Kunst oder Unterhaltung, sondern hat immer auch einen kultischen Hintergrund. Bei Zeremonien, höfischen Veranstaltungen und religiösen Anlässen spielt ein **Pinpeat-Orchester**, das aus mindestens acht Musikern besteht. Die Musik ist auf einem fünfstufigen Tonsystem aufgebaut. Dieses Pentatonik genannte System ist das älteste nachgewiesene Tonsystem der

Menschheit und vermutlich vor 5000 Jahren in Mesopotamien entstanden. Entsprechend fremd klingt die Musik für westliche Ohren. Nach Kambodscha kam dieses System vermutlich über Java. Bei den einzelnen Stücken improvisieren die Musiker über eine einfache Melodie; zusammengehalten wird das Ensemble vom Schlag der großen Trommel. Als Instrumente werden neben der großen Trommel *(skorthom)* eingesetzt: ein Xylophon aus Bambus *(roneatek)*, das *kongtouch* aus 16 im Halbreis angeordneten Bronzegongs, Zimbeln (lautmalerisch *ching* genannt), und ggf. weitere Gongs *(kong)* und kleinere Trommeln *(samphor)*.

Etwas weltlicher, aber ebenfalls fremdartig-hypnotisch, ist die Musik der **Mohori-Orchester**, die der Besucher an manchen Tempeln in Angkor antrifft. Hier spielen gestrichene Saiteninstrumente *(tro)* und Zither-ähnliche Instrumente *(takhe)* eine melodietragende Rolle.

In der Aufbruchsstimmung, die in den 1960er-Jahren auch Kambodscha erfasst hatte, trat dann erstmals eine moderne **Popmusik** auf den Plan. Künstler und Künstlerinnen wie **Sinn Sisamouth**, **Ross Sereysothea** und **Pen Ron** prägten mit ihren Schlagern, Balladen und Rock'n'Roll-Songs den Sound einer aufbrechenden Generation. Kunstvoll vermischten sie die Einflüsse der modernen Zeit mit den Traditionen ihres Landes. Sie wurden alle von den Roten Khmer ermordet, sind jedoch bis heute unvergessen. Fans haben heute eine große Sammlung ihrer alten Aufnahmen auf You Tube zusammengetragen.

Nachdem in den 1990er-Jahren hauptsächlich zuckersüße Schlager nach thailändischem Vorbild aus den Lautsprechern in Kambodscha dudelten, haben nach der Jahrtausendwende junge Bands einen Aufbruch gewagt. Eine lebendige Hip-Hop-Szene rund um Aktivisten wie **DJ Illest**, der jungen Künstlern mit seiner **Klap Ya Hands Family** eine Heimat bietet. Die 2001 in Los Angeles gegründete Band **Dengue Fever**, 🖥 www.denguefevermusic.com, war dann Vorreiter für eine neue, eigenständige kambodschanische Rockmusik, die nun immer mehr Freunde findet. Junge Bands gründen sich in Kambodscha und führen die Ansätze aus den 1960er-Jahren fort; allen voran **The Cambodian Space Project**, 🖥 www.cambodianspaceproject.com,

um die Sängerin **Srey Thy** und den Gitarristen **Julien Poulson**, die mit ihren weltweiten Auftritten für internationale Aufmerksamkeit sorgen. Ihren ersten Hit *Chnam Oun Dop Pram Muoy* („I'm only Sixteen") von 2011 kann heute jeder Tuk-Tuk-Fahrer mitpfeifen. Andere Projekte wie **Dub Addiction**, 🖥 www.dubaddiction.com, setzen mit modern produziertem Khmer-Reggae und Techno- und Breakbeat-Remixen weitere Akzente: Die Szene wird größer und bunter.

Literatur

Literatur im westlichen Sinne ist eine recht junge Erscheinung in Kambodscha. Geschichten, Legenden und Mythen wurden jahrhundertelang nur mündlich überliefert, und von den Palmblattbüchern mit religiösen Texten, wie es sie zur Angkor-Zeit gegeben haben muss, ist nichts überliefert.

Nach zaghaften Anfängen in den 1930er-Jahren, als erste Magazine entstanden, dauerte es bis zur Unabhängigkeit 1953, ehe Wissenschaftler des Buddhistischen Institutes in Phnom Penh begannen, die mündlichen Überlieferungen zu sammeln und als mehrbändige textkritische Ausgabe zu drucken. Auszüge daraus wurden ins Deutsche übersetzt (*Märchen der Khmer*, Leipzig 1979).

1956 wurde dann die **Khmer Writers Association** gegründet, die den Autoren eine Heimat gab. Nach einer ersten Blüte in den 1960er-Jahren verschwand die Literatur in den Kriegszeiten dann völlig. Erst 1993 wurde der Schriftstellerverband wieder zum Leben erweckt. Von den etwa 200 Mitgliedern sind die Hälfte aktiv schreibende Autoren.

Ein wichtiges Thema in der aktuellen kambodschanischen Literatur ist die Auseinandersetzung mit dem Horror der Roten-Khmer-Zeit. Hier gibt es zum Teil eindrückliche Werke (S. 483).

Film

In den „goldenen" 1960er-Jahren blühte auch die kambodschanische Filmindustrie auf. Über 300 Filme wurden zu dieser Zeit gedreht. Intensiv gefördert wurde dies von König Sihanouk, der selbst ein begeisterter Filmemacher war (S. 122).

In den 1990er-Jahren kam es zu einer zaghaften Wiederbelebung der Filmwirtschaft – v. a. billig produzierte Horrorfilme lockten das Publikum in die Kinos. Weniger blutrünstig, dafür tränenreicher, waren die ersten Soap Operas, die für das Fernsehen produziert wurden. Aus dem Ausland – vom in Paris lebenden Filmemacher **Rithy Pann** – kam dann ein erster Beitrag zur Aufarbeitung der Zeit der Roten Khmer, der von einem Kambodschaner gedreht wurde (der Film wird heute noch täglich in Tuol Sleng gezeigt, S. 158).

In Kambodscha wurde auch eine Reihe internationaler Filme produziert, die sich teils mit dem Land beschäftigen, oder es als exotische Kulisse benutzte. Der dramatische Klassiker The Killing Fields von 1985 wurde zwar zum größ-ten Teil in Thailand produziert, bringt die Rote-Khmer-Zeit aber intensiv nahe. Mit Tomb Raider (2001) mit Angelina Jolie und City of Ghosts (2002) mit Matt Dillon trugen zwei Blockbuster Bilder von Kambodscha in alle Welt.

Heute ist wieder Leben in der kambodschanischen Filmszene, und seit 2010 wird jedes Jahr im Dezember ein internationales Filmfestival abgehalten. Mehr Informationen dazu unter 🖳 www.cambodia-iff.com.

Tanz und Theater

Die darstellenden Künste Kambodschas unterscheiden sich von vielen im Westen geläufigen. Gesprochene Theaterstücke mit Schauspielern sind weitgehend unbekannt; stattdessen wer-

Der Tanz der Apsaras

Göttinnen gleich scheinen die Tänzerinnen mit ihrem aufwendigen Kopfschmuck und den glitzernden Kostümen zu schweben, grazil wie ausdrucksstark bewegen sie Hände und Finger – Apsara-Tanz ist ein eindrucksvolles Erlebnis. Apsaras sind himmlische Nymphen (aus der hinduistischen Mythologie; halb Frau, halb Götterwesen), die mit ihren Tanzkünsten der Unterhaltung der Götter dienen. Sie entstiegen einst dem Milchmeer, als Götter und Dämonen auf der Suche nach dem Unsterblichkeits-Elixier Amrita waren.

Über 1850 Reliefs verewigen die barbusig tanzenden Apsaras in Angkor, und keine gleicht der anderen. Erstmals erwähnen chinesische Chroniken im Jahre 243 Tänzerinnen, die als Gastgeschenk aus dem in Kambodscha liegenden Funan-Reich gesandt wurden. Mehr als 3000 der anmutigen Tempeltänzerinnen soll es am Hofe von Jayavarman VII. gegeben haben. Sie tanzten nur für den König und die Götter. Nach dem Fall von Angkor ging die Tradition der Apsaras fast verloren, erst König An Duon (reg. 1843–1860) tat sich als großer Förderer der Kunst hervor.

Die meisten der heutigen traditionellen Tänze wurden im 18. bis 20. Jh. entwickelt. Vorbild waren die Darstellungen an den Tempeln. König Sisowath besuchte 1906 mit über hundert Tänzerinnen Europa – die Auftritte in Paris und Marseille waren ein sensationeller Erfolg. Für den Bildhauer Auguste Rodin haben sie Modell gestanden. Unter den Roten Khmer wurden die schönen Künste dann verboten. Die meisten Tänzerinnen verloren ihr Leben. Musikinstrumente, Partituren der Tänze und wertvolle Kostüme – alles wurde zerstört. Eine Handvoll Tänzerinnen unter der Leitung von Prinzessin **Bopha Devi** – eine der führenden Tänzerinnen vor dem Terrorregime und Tochter König Sihanouks – begannen den Apsara-Tanz nach Pol Pot wieder zu beleben. 2003 wurde die Kunst von der Unesco zum Weltkulturerbe erklärt. Heute erhalten die besten Tänzerinnen eine Ausbildung an der Königlichen Universität der Schönen Künste in Phnom Penh. Die meisten fangen bereits im Alter von sechs oder sieben Jahren mit der sechsjährigen Ausbildung an; weitere drei bis sechs Jahre dauert es, bis sie das geforderte künstlerische Niveau erreichen. Über 1500 Posen sind zu erlernen, jede Geste steht für ein Wort – Tanz als Sprache. Die handgearbeiteten, glitzernden Kostüme werden den Tänzerinnen vor jedem Auftritt an den Leib geschneidert. Sie sind denen der Angkor-Periode nachempfunden, mit einer Ausnahme: Die heutigen Apsaras tragen Oberteile.

Die kambodschanische Version des **Ramayana** heißt Reamker. Der frühestdatierte literarische Text der kambodschanischen Adaption stammt aus dem 16. Jh. Die erste Referenz auf das alte indische Epos findet sich schon in den Reliefs von Angkor Wat. Szenen aus diesem Epos gehören zum Standardprogramm der Tanztruppen, aber auch zum schwierigsten, was die Bühne zu bieten hat. Die Choreografien sind äußerst ausgefeilt. Die verschiedenen Rollen werden von den Darstellern oft jahrelang geübt. In den Hauptrollen: der indische Prinz Rama, der in Kambodscha Preah Ream heißt; Krong Reap (der Dämon Ravana), Neang Seda (Sita) und Preah Leak (Laksham) genannt. Hanuman ist derselbe, nur anders betont. Besonders gern getanzt wird die Szene, in der Hanuman eine Meerjungfrau bezirzt, damit sie eine Brücke für seine Armee baut. Näheres dazu im Kasten S. 285.

den epische und andere Geschichten mit musikalischer Untermalung und Tanz präsentiert – oder mit Schattenspielfiguren, einer in ganz Südostasien verbreiteten Kunstform, einer Art „Vorläufer des Kinos".

Schattentheater

Flackerndes Licht, schemenhafte Figuren, der rhythmische Lärm eines klassischen Orchesters, epische Geschichten, die in vielstündigen Aufführungen dargeboten werden: Das Schattenspiel ist eine jahrtausendealte Tradition, die heute von einigen engagierten Enthusiasten weiter gepflegt wird. Seit 2004 wird es von der Unesco als Weltkulturerbe geschützt.

Die Schattenspielpuppen werden aus Rindsleder hergestellt. Dazu wird das Leder erst gegerbt und dann gedehnt. Die klassischen Motive werden vorgezeichnet, ausgeschnitten und Löcher in alle Ränder gestanzt. Am Ende wird das Leder noch mit schwarzen und roten Naturfarben bemalt. Die Spieler bewegen die Puppen vor oder hinter einer Lichtquelle, sodass entweder die Umrisse oder die Schatten vom Zuschauer gesehen werden. Durch die Löcher im Leder fällt Licht, die Figuren wirken (fast) lebendig.

Kleine Puppen *(sbaektoch)* haben bewegliche Arme und Beine und werden an Stäben bewegt. Mit ihnen werden Geschichten aus dem Alltag, über Abenteuer, Liebe und Kampf erzählt.

Die 1–2 m großen Puppen *(sbaekthom)* haben keine beweglichen Teile, sie werden entweder an Stäben geführt, oder die Puppenspieler halten die Puppen und bewegen sich tänzerisch. Sie erzählen Geschichten aus dem Reamker, der kambodschanischen Version des indischen Ramayana-Epos (s. Kasten).

Schattenspielaufführungen werden in Siem Reap geboten: Kinder des Krousar-Thmey-Waisenhauses spielen im Hotel La Noria mittwochs und sonntags um 19.30 Uhr oder im Alliance Café mit Voranmeldung als Gruppe ab 15 Personen inkl. Abendessen.

Volkstanz

Volkstänze stellen meist Ausschnitte aus dem Alltag der Landbevölkerung dar. Tätigkeiten wie Fischen oder die Einbringung der Ernte sind beliebte Themen. Interessant ist der *robam komarek*, bei dem die Tänzer zwischen rhythmisch zusammenschlagenden Bambusstangen manövrieren müssen – bloß nicht aus dem Takt kommen! Bei Tanzvorführungen, wie man sie in Phnom Penh und Siem Reap sehen kann, sind meist einige Volkstänze mit im Programm.

Rom Vong und moderne Tänze

Eine populäre Tanzform ist der kommunikative, ausgelassene Kreistanz *ram vong*, der oft bei Familienfeiern, aber auch in Khmer-Diskotheken zu sehen ist. Die Schrittfolge ist einfach; wer dazu eingeladen wird, sollte sich trauen mitzumachen. Bei den jungen Leuten in den Städten sind Breakdance- und Hip-Hop-Stile im Kommen. Besonders erwähnenswert ist hier die Initiative **Tiny Toones**, 🖵 www.tinytoones.org, die Straßenkindern mithilfe von Breakdance eine Perspektive zu schaffen vermag.

© MARION MEYERS

Phnom Penh○

Phnom Penh `1 HIGHLIGHT`
und Umgebung

Stefan Loose Traveltipps

Königspalast und Silberpagode
Im prächtigen Palast residiert noch heute
die königliche Familie. Die Silberpagode birgt
buddhistische Kunstschätze von immensem
Wert. S. 150

Nationalmuseum Die Schätze aus 2000
Jahren Geschichte lassen die Vergangenheit
lebendig werden und bieten einen guten
Überblick über die verschiedenen Stilepochen. S. 152

Wat Phnom Lebendiger religiöser Alltag
im ältesten Tempel der Stadt. S. 155

Shoppingparadies Phnom Penh Bunt und
quirlig geht es auf den traditionellen Märkten
zu, kleine Boutiquen findet man in der Street
178 und der Street 240. S. 172

Phnom Chisor Der Ausflug zum mystischen
hinduistischen Tempel verzaubert mit einer
grandiosen Aussicht. S. 196

PHNOM PENH UND UMGEBUNG

Phnom Penh

Breite Straßen, schattige Parks, farbenfrohe Märkte, charmante Kolonialvillen, goldene, in den Himmel ragende Stupas und ziegelgedeckte Dächer, die von himmlischen Wesen getragen werden – all das und noch viel mehr ist Phnom Penh [4402], die Hauptstadt Kambodschas, die trotz ihrer 1,5 Mio. Einwohner recht überschaubar wirkt. Im Stadtbild manifestieren sich heute Einflüsse der französischen Kolonialzeit: Breite Alleen und prunkvolle Villen erinnern an die Anwesenheit der europäischen Kolonialmacht. Das alles vermischt sich mit der Khmer-Architektur aus den 1950er- und 1960er-Jahren, bei der Elemente des Bauhaus-Stils mit solchen aus der Angkor-Periode zusammenkamen. Doch zunehmend ergänzen moderne, verglaste oder verspiegelte Fassaden und Schaufenster das Stadtbild – Sinnbild für den Drang der Bewohner, nicht mehr nur auf das Vergangene zurückblicken, sondern sich selbst im glitzernden Schein einer besseren Zukunft sehen zu wollen. Neue, teils luxuriöse Einkaufszentren und die vielen Geschäfte für Handys und Tablets sind Orte, an denen dieses Lebensgefühl vor allem von der Jugend zelebriert wird.

Die Hauptstadt hat sich eine ganz besondere Lage ausgesucht: am Zusammenfluss von Tonle Sap und Mekong. Kaum haben sich die Wassermassen vereint, trennen sie sich schon wieder: in den Oberen Mekong und den Bassac, die beiden Hauptströme des Mekong-Deltas. Die Lage an diesem Knotenpunkt der Wasserwege spielte eine bedeutende Rolle in der Entwicklung der Stadt. Heute ist der Sisowath Quay, der das Ufer säumt und zum Bummeln einlädt, eine der belebtesten Straßen der Stadt.

Dank der überschaubaren Größe der Stadt lassen sich viele Sehenswürdigkeiten bei einem ausgedehnten Spaziergang erkunden, oder – bequemer – per Rundfahrt mit dem Tuk-Tuk. Den **Königspalast** und die **Silberpagode**, **Nationalmuseum**, **Wat Phnom** und den einen oder anderen **Markt** kann man an einem Tag besichtigen. Wer mehr Zeit hat, sollte die Besichtigungen auf mehrere Tage verteilen. Dann ist es auch möglich, sich näher mit der **kolonialen Vergangenheit**, der Khmer-Architektur der 1960er-Jahre, mit den zahlreichen Tempeln und dem schrecklichen Erbe des Khmer-Rouge-Terrors zu befassen.

Geschichte

„Phnom Penh" bedeutet „Hügel der Penh" und bezieht sich auf eine Überlieferung, die von der Gründung der Stadt erzählt:

Im Jahr 1434, nach den bitteren Niederlagen gegen die benachbarten Cham und Thai, die Angkor Thom verwüsteten und plünderten (S. 104), zog der einzige Überlebende der Königsfamilie, Prinz **Ponhea Yat**, mit einigen übrig gebliebenen Würdenträgern des Hofes von Angkor aus gen Süden, um eine neue Heimat zu finden. Sie wanderten entlang des Tonle Sap und erreichten eines Tages einen Hügel nahe dem Fluss, an dem sie beschlossen, zu rasten und eine Hütte zu bauen. Auf der Suche nach Bauholz stießen sie am Ufer auf eine Frau, eine Flüchtige wie sie selbst, die neben einem angespülten Banyan-Baum saß und auf seine Äste deutete: Dort eingeschlossen fanden sich vier Buddhastatuen von großer Schönheit – von den Göttern auf wunderbare Weise aus dem zerstörten Angkor Thom an diesen Ort gebracht. Der Prinz befahl, die Statuen auf den Hügel zu bringen, und ließ einen Tempel für sie erbauen. Um den Hügel herum begann er mit der Errichtung seiner neuen Hauptstadt. Der Hügel (khmer: *phnom*) bekam den Namen der Frau vom Flussufer: „Penh", und in der Folge wurde die ganze Stadt als Phnom Penh (Hügel der Penh) bekannt. Ponhea Yat wurde zum neuen König Suryavarman gekrönt, und in einigen Versionen der Geschichte wurde Frau Penh zur ersten Königin des neuen Reiches. Eine andere, populäre Variante der Geschichte erzählt, dass Frau Penh die Buddhastatuen schon bei einem Spaziergang im Jahr 1327 fand, und der Tempel existierte bereits, als Ponhea Yat hier eintraf. Wie auch immer: Bis heute ist der Daum Penh („Großmutter Penh") gewidmete Schrein am Wat Phnom ein wichtiger Ort der Verehrung, vor allem für Frauen (S. 155).

Der Friede, den die neue Königsstadt über das Land brachte, währte nicht lange. Schon 1473 wurde Suryavarmans ältester Sohn Srey Reachea, der seine Nachfolge angetreten hatte, vom Thai-König Ramadhipati II. besiegt. In der Folge sollte das Land nicht mehr zur Ruhe kommen (S. 105), die Hauptstadt wurde mehrfach verlegt. Mitte des 16. Jhs. war Phnom Penh ein **wichtiges Handelszentrum**, nicht zuletzt dank der hervorragenden Lage am Mekong, über den Waren und Güter rasch die Seehäfen erreichten. Händler aus China und Indonesien trafen hier auf portugiesische Kaufleute und Missionare, die, zurück in Europa, von der Stadt berichteten, in der u. a. Seide, Gold und Elfenbein umgeschlagen wurden. Spätestens 1772 war es jedoch auch damit vorbei, als eine Thai-Armee die Stadt in Schutt und Asche legte. Trotz des Wiederaufbaus kam Phnom Penh erst langsam wieder auf die Beine. 1812 wurde die Stadt nominell zur Hauptstadt ernannt, doch angesichts der schwachen Position der Khmer-Könige zwischen Thailand und Vietnam, die beide um die Vormachtstellung in Kambodscha kämpften, konnte sie diese Funktion erst wieder ab 1866 erfüllen, als die Franzosen die Kontrolle übernahmen – in der Zwischenzeit residierte der Hof im rund 40 km nördlich gelegenen Oudong.

Ende des 19. Jhs. lebten nur rund 25 000 Menschen unter einfachen Verhältnissen hier, an unbefestigten Straßen und auf Hausbooten am Fluss. Doch dies änderte sich unter der folgenden **französischen Kolonialherrschaft**. Noch heute ist das Gesicht der Stadt entscheidend von dieser Zeit geprägt: Das schachbrettartige Straßengitter mit seinen breiten Hauptachsen, der Königspalast, das Nationalmuseum, Jugendstilvillen, breite Alleen und herrliche Parkanlagen erinnern an das französische Protektorat. Schulen, Banken, Verwaltungsgebäude, eine Kanalisation: Phnom Penh wurde eine moderne Stadt in Asien. Nach dem Ende der Kolonialzeit 1954 war die Bevölkerung auf etwa eine halbe Million Einwohner angewachsen, und eine neue, gut ausgebildete Mittelschicht füllte Phnom Penh mit Leben. Eine Kaffeehauskultur entstand, lokale Musiker mischten ihre eigenen Traditionen mit Swing und Rock'n'Roll, und Touristen aus aller Welt wohnten in zum Teil mondänen Hotels. An diese Zeit, die bis weit in die 1960er-Jahre hinein reichte, erinnern sich die Älteren noch als das **„Goldene Zeitalter"**.

Doch die Auswirkungen des **Zweiten Indochinakriegs**, der von den Konfliktparteien in das Land getragen wurde, zerstörten all dies. Die massiven Bombardierungen vieler Landstriche durch das US-Militär und der ausbrechende **Bürgerkrieg** (S. 110) führten zu einem anschwellenden **Flüchtlingsstrom**, sodass die Einwohnerzahl Phnom Penhs bis zum Frühjahr 1975 auf geschätzte 3 Mio. Menschen anschwoll. Ein Zustand, dem die **Roten Khmer** direkt nach ihrer Machtübernahme am 17. April 1975 ein radikales Ende bereiteten.

Wer heute nach Phnom Penh kommt, kann sich kaum vorstellen, dass diese Stadt ab 1975 für fast vier Jahre eine **Geisterstadt** war. Denn direkt nach ihrer Machtübernahme deportierten die Roten Khmer die gesamte Stadtbevölkerung zur Zwangsarbeit auf das Land, in nur 48 Std. hatten sie die Stadt zu verlassen, Hunderttausende starben dabei. Durch die leeren Straßen der Hauptstadt wehte der Staub, hin und wieder aufgewirbelt von einem Jeep mit Roten-Khmer-Kadern, einem Trupp Arbeiter, Soldaten oder zur Exekution bestimmter Gefangener. Eine Geisterstadt, ein Ort des Schreckens, der auch nach der Machtübernahme der Vietnamesen im Januar 1979 noch für zehn Jahre wie betäubt wirkte – zwar kehrten Überlebende des Terrors der Roten Khmer nach Phnom Penh zurück und bezogen die leer stehenden Häuser, doch eine Infrastruktur existierte nicht, und in den Straßen streunte das Vieh umher.

Erst 1989 begann sich eine Wende abzuzeichnen, als die Truppen der UNTAC in die Stadt kamen – mit Taschen voller Geld (S. 117). Unterkünfte, Restaurants und Bars entstanden, es wurde saniert und investiert. Seit den 1990er-Jahren hat sich die Entwicklung mehr und mehr beschleunigt, und heute ist Phnom Penh im rapiden Wandel begriffen. Ganze Stadtteile ändern in kürzester Zeit ihr Gesicht, Baustellen zeugen allerorten vom Wandel. Nach einer wechselvollen Geschichte ist Phnom Penh endlich wieder in der Gegenwart angekommen, und blickt nun voller Hoffnung in eine bessere Zukunft.

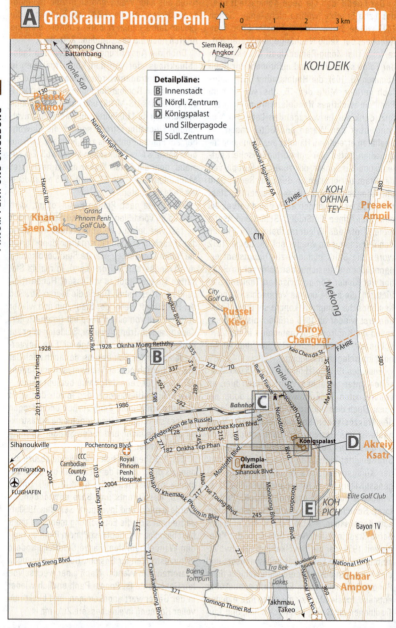

A Großraum Phnom Penh

N

0   1   2   3 km

Kompong Chhnang,
Battambang

Siem Reap,
Angkor   6A

KOH DEIK

Tonle Sap

National Highway 5

Detailpläne:
B Innenstadt
C Nördl. Zentrum
D Königspalast
  und Silberpagode
E Südl. Zentrum

National Highway 6A

FÄHRE

KOH
OKHNA
TEY

Preaek
Ampil

 Plaork
Phnov

Hanoi Rd.

Grand
Phnom Penh
Golf Club

CTN

Khan
Saen Sok

Mekong

Anlong Blvd.

Hanoi Rd.

City
Golf Club

Russei
Keo

Chroy
Changvar

Keo Chenda St.

FÄHRE

Mekong River St.

380

Okhna Try Heng

2011

1928

1928

Okhna Mong Reththy

B

355

273

70

Tonle Sap

337

516

592

315

288

598

592

1986

Rue de France

Bahnhof

C

Sisowath Quay

Norodom

93

Königspalast

D

Akreiy
Ksatr

Sihanoukville

Pochentong Blvd.

Confederation de la Russie)

128

Kampuchea Krom Blvd.

215

169

CCC
Cambodian
Country
Club

Royal
Phnom
Penh
Hospital

271

182

Onkha Tep Phan

245

Monireth Blvd.

Blvd.

Immigration

2004

1019

Olympia-
stadion

Sihanouk Blvd.

Norodom

Elite Golf Club

FLUGHAFEN

Truong Mom St.

2004

Yothapol Khemarak Phoumin Blvd.

217

Mao Tse Toung Blvd.

Monivong Blvd.

245

E

KOH
PICH

371

271

Bayon TV

Veng Sreng Blvd.

217

Chamkardoung Blvd.

371

Boeng
Tompun

Tra Bek

Lakes

Monivong
brücke

National Rd. No.1

369

National Hwy. 1

Chbar
Ampov

Tomnop Thmei Rd.

Takhmau,
Takeo

PHNOM PENH UND UMGEBUNG

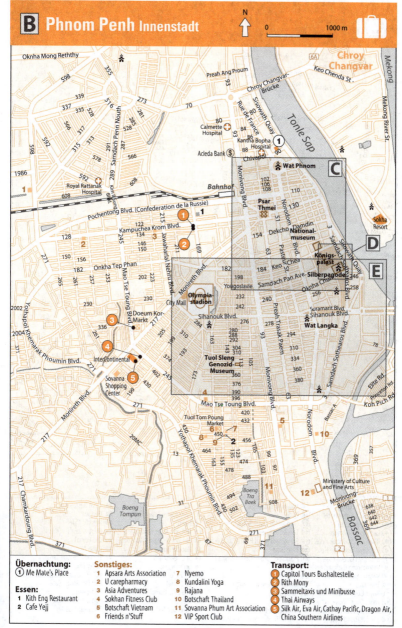

PHNOM PENH UND UMGEBUNG

Übernachtung:
1 Me Mate's Place

Essen:
1 Kith Eng Restaurant
2 Cafe Yejj

Sonstiges:
1 Apsara Arts Association
2 U carepharmacy
3 Asia Adventures
4 Sokhan Fitness Club
5 Botschaft Vietnam
6 Friends n'Stuff
7 Nyemo
8 Kundalini Yoga
9 Rajana
10 Botschaft Thailand
11 Sovanna Phum Art Association
12 VIP Sport Club

Transport:
1 Capitol Tours Bushaltestelle
2 Rith Mony
3 Sammeltaxis und Minibusse
4 Thai Airways
5 Silk Air, Eva Air, Cathay Pacific, Dragon Air, China Southern Airlines

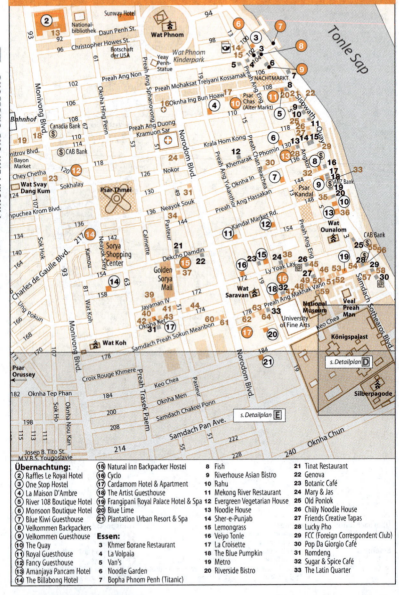

PHNOM PENH UND UMGEBUNG

Übernachtung:
2 Raffles Le Royal Hotel
3 One Stop Hostel
4 La Maison D'Ambre
5 River 108 Boutique Hotel
6 Monsoon Boutique Hotel
7 Blue Kiwi Guesthouse
8 Velkommen Backpackers
9 Velkommen Guesthouse
10 The Quay
11 Royal Guesthouse
12 Fancy Guesthouse
13 Amanjaya Pancam Hotel
14 The Billabong Hotel

15 Natural Inn Backpacker Hostel
16 Cyclo
17 Cardamom Hotel & Apartment
18 The Artist Guesthouse
19 Frangipani Royal Palace Hotel & Spa
20 Blue Lime
21 Plantation Urban Resort & Spa

Essen:
3 Khmer Borane Restaurant
4 La Volpaia
5 Van's
6 Noodle Garden
7 Bopha Phnom Penh (Titanic)

8 Fish
9 Riverhouse Asian Bistro
10 Rahu
11 Mekong River Restaurant
12 Evergreen Vegetarian House
13 Noodle House
14 Sher-e-Punjab
15 Lemongrass
16 Veiyo Tonle
17 La Croisette
18 The Blue Pumpkin
19 Metro
20 Riverside Bistro

21 Tinat Restaurant
22 Genova
23 Botanic Café
24 Mary & Jas
25 Old Ponlok
26 Chilly Noodle House
27 Friends Creative Tapas
28 Lucky Pho
29 FCC (Foreign Correspondent Club)
30 Pop Da Giorgio Café
31 Romdeng
32 Sugar & Spice Café
33 The Latin Quarter

N

0   500 m

Sonstiges:

13 Elephant Bar
14 Artisans d' Angkor
15 Seeing Hands Massage
16 Tropical & Travellers Medical Clinic
17 Seeing Hands Massage
18 Pharmacie de la Gare
19 DHL
20 Garage
21 Amara Spa
22 The Lounge
23 Thai Huot Supermarket
24 Zollbehörde
25 Memphis Pub
26 Seeing Hands Massage
27 Mekong Blue
28 The Empire Movie House
29 Paddy Rice
30 The Flicks 2
31 Eye Care
32 Vicious Cycle, Grasshoper Adventures
33 Spicy Green Mango
34 Sobbhana Boutique
35 Hidden Treasures

36 Le Moon
37 Heart of Darkness
38 Bohr's Books
39 Pontoon
40 Dusk till Dawn
41 Zeppelin Café
42 ChildSafe
43 Do it all Club
44 Saint Tropez
45 Nail Bar
46 Seeing Hands Massage
47 Daughters of Cambodia
48 Confirel
49 Ta Prohm Souvenir
50 Asasaxa Art Gallery
51 Garden of Desire
52 Senteurs d'Angkor
53 Mekong Arts
54 U care pharmacy, Bodia Spa
55 Smateria
56 Women for Women
57 D's Books
58 Happy Painting Gallery

59 Plae Pakaa Cambodian Living Arts
60 La Galerie
61 Starling Farm
62 Dodo Rhum House
63 Blue Chilli Bar
64 Roomet Contemporary Art Space

Transport:

6 Rith Mony
7 Touristenboote, Hang Chau Speed Boat, Tu Trang Travel, Blue Cruiser
8 Mekong Express
9 Gold VIP, Giant Ibis, Virak Buntham, Sokha Komar Tep
10 Nattakan
11 Neak Krorhorm
12 Sammeltaxis und Minibusse
13 Vannak Motorcycle Shop
14 Phnom Penh Sorya, GST Express Bus
15 Grease Monkey's
16 Worldwide Travel & Exchange
17 Exotissimo

D Königspalast und Silberpagode

N

0   100 m

Keo Chea
184
Chanchaya-Pavillon
Königspalast
Königlicher Wartesaal
Siegestor
Samdach Sothearos Blvd.
Sisowath Quay
Königliche Residenz
Thronsaal
Königliche Schatzkammer
Bankettsaal
Pavillon Napoleons III.
Königliche Verwaltung
HAUPT-EINGANG UND AUSGANG
Nordtor
Osttor
Silberpagode
Westtor
Elefantengarten
Südtor
Oknha Chun
240

Legende:

A Reiterstandbild von König Norodom
B Stupa von König Ang Duong
C Fußabdruck Buddhas
D Phnom Mondap
E Stupa von Kantha Bopha
F Königlicher Pavillon
G Stupa von König Norodom Suramarit
H Modell von Angkor Wat
I Glockenturm
J Bibliothek (Mondap)
K Stupa von König Norodom

------- Reamker-Galerie

Beginn der Reamker-Galerie

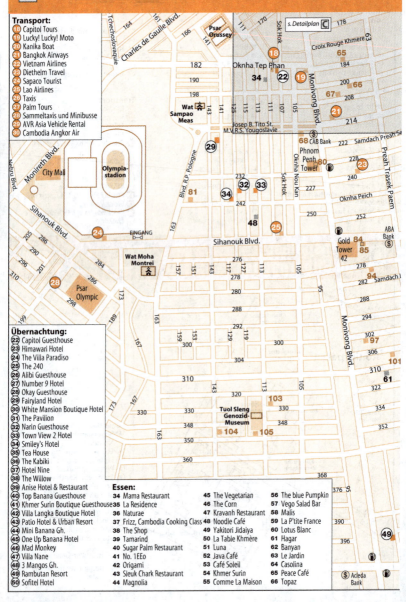

Transport:
- 18 Capitol Tours
- 19 Lucky! Lucky! Moto
- 20 Kanika Boat
- 21 Bangkok Airways
- 22 Vietnam Airlines
- 23 Diethelm Travel
- 24 Sapaco Tourist
- 25 Lao Airlines
- 26 Taxis
- 27 Palm Tours
- 28 Sammeltaxis und Minibusse
- 29 AVR Asia Vehicle Rental
- 30 Cambodia Angkor Air

Übernachtung:
- 22 Capitol Guesthouse
- 23 Himawari Hotel
- 24 The Villa Paradiso
- 25 The 240
- 26 Alibi Guesthouse
- 27 Number 9 Hotel
- 28 Okay Guesthouse
- 29 Fairyland Hotel
- 30 White Mansion Boutique Hotel
- 31 The Pavilion
- 32 Narin Guesthouse
- 33 Town View 2 Hotel
- 34 Smiley's Hotel
- 35 Tea House
- 36 The Kabiki
- 37 Hotel Nine
- 38 The Willow
- 39 Anise Hotel & Restaurant
- 40 Top Banana Guesthouse
- 41 Khmer Surin Boutique Guesthouse
- 42 Villa Langka Boutique Hotel
- 43 Patio Hotel & Urban Resort
- 44 Mini Banana Gh.
- 45 One Up Banana Hotel
- 46 Mad Monkey
- 47 Villa Nane
- 48 3 Mangos Gh.
- 49 Rambutan Resort
- 50 Sofitel Hotel

Essen:
- 34 Mama Restaurant
- 35 La Residence
- 36 Naturae
- 37 Frizz, Cambodia Cooking Class
- 38 The Shop
- 39 Tamarind
- 40 Sugar Palm Restaurant
- 41 No. 1EEo
- 42 Origami
- 43 Sieuk Chark Restaurant
- 44 Magnolia
- 45 The Vegetarian
- 46 The Corn
- 47 Kravanh Restaurant
- 48 Noodle Café
- 49 Yakitori Jidaiya
- 50 La Table Khmère
- 51 Luna
- 52 Java Café
- 53 Café Soleil
- 54 Khmer Surin
- 55 Comme La Maison
- 56 The blue Pumpkin
- 57 Vego Salad Bar
- 58 Malis
- 59 La P'tite France
- 60 Lotus Blanc
- 61 Hagar
- 62 Banyan
- 63 Le Jardin
- 64 Casolina
- 65 Peace Café
- 66 Topaz

PHNOM PENH UND UMGEBUNG

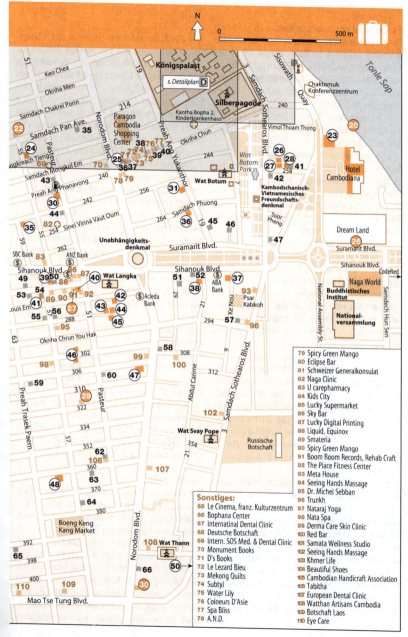

N

0   500 m

Königspalast

s. Detailplan D

Silberpagode

Keo Chea

Oknha Men

Samdach Chakrei Ponn

51

214

Kantha Bopha 2,
Kinderkrankenhaus

Sisowath Quay

Chaktomuk
Konferenzzentrum

Tonle Sap

22

24

Samdach Pan Ave.

35

Paragon
Cambodia
Shopping
Center

38 76 77

74 73

39 40

Oknha Chun

Vimol Thoam Thong

23

20

Hotel
Cambodiana

Samdach Mongkol Em

43

Preah Ang Phanavong

30

44

240

25

36 37

70

78 79

Wat
Botom
Park

242

82

Sinei Vinna Vaut Oum

254

31

Wat Botum

26

27

28 41

258

42

Kambodschanisch-
Vietnamesisches
Freundschafts-
denkmal

Suor
Pheng

35

Samdach Phuong

36

19

45

46

Dream Land

26

256

264

Unabhängigkeits-
denkmal

262

Suramarit Blvd.

47

Suramarit Blvd.

SBC Bank

ANZ Bank

Sihanouk Blvd.

86

83

49

39 50

87

40 Wat Langka

Sihanouk Blvd.

51

52

ABA
Bank

37

Sihanouk Blvd.

CodeRed

Naga World

93

Buddhistisches
Institut

National-
versammlung

Semdech Hun Sen

53

54

41

88 89 90

91

92

38

55

56

27

43

44

45

288

95

Psar
Kabkoh

57

96

Acleda
Bank

Ke Nou

Louis Em

51

Oknha Chrun You Hak

46

302

58

308

98

306

99

100

59

60

47

312

Abdul Carime

Pasteur

310

322

29

334

102

Wat Svay Pope

354

Russische
Botschaft

352

62

106

360

63

370

64

380

48

Boeng Keng
Kang Market

392

65

398

110

400

109

Mao Tse Tung Blvd.

Norodom Blvd.

108 Wat Thann

50

66

30

107

Preah Trasek Paem

Pasteur

57

63

53

Sonstiges:
65 Le Cinema, franz. Kulturzentrum
66 Bophana Center
67 International Dental Clinic
68 Deutsche Botschaft
69 Intern. SOS Med. & Dental Clinic
70 Monument Books
71 D's Books
72 Le Lezard Bleu
73 Mekong Quilts
74 Subtyl
75 Water Lily
76 Coloeurs D'Asie
77 Spa Bliss
78 A.N.D.

79 Spicy Green Mango
80 Eclipse Bar
81 Schweizer Generalkonsulat
82 Naga Clinic
83 U carepharmacy
84 Kids City
85 Lucky Supermarket
86 Sky Bar
87 Lucky Digital Printing
88 Liquid, Equinox
89 Smateria
90 Spicy Green Mango
91 Boom Boom Records, Rehab Craft
92 The Place Fitness Center
93 Meta House
94 Seeing Hands Massage
95 Dr. Michel Sebban
96 Trunkh
97 Nataraj Yoga
98 Nata Spa
99 Derma Care Skin Clinic
100 Red Bar
101 Samata Wellness Studio
102 Seeing Hands Massage
103 Khmer Life
104 Beautiful Shoes
105 Cambodian Handicraft Association
106 Tabitha
107 European Dental Clinic
108 Watthan Artisans Cambodia
109 Botschaft Laos
110 Eye Care

Orientierung

Es fällt nicht besonders schwer, sich in Phnom Penh zu orientieren, denn die Stadt ist **schachbrettartig angelegt**. Im Norden endet sie an der Chroy-Changvar-Brücke, im Süden gilt die Monivong-Brücke als Grenze. Die **wichtigsten Hauptachsen** von Nord nach Süd sind die Straßen Monireth, Monivong und Norodom Boulevard, von Ost nach West Russian, Sihanouk und Mao Tse Toung Boulevard. Alle anderen Straßen tragen eine Nummer.

Von Norden nach Süden verlaufen die Straßen mit ungeraden Nummern, vom Flussufer ausgehend in ansteigender Höhe. Von Ost nach West sind die Straßen mit geraden Ziffern gekennzeichnet, deren Höhe nach Süden zunimmt. An den meisten Häusern finden sich Hausnummer und Straßennummer.

Schwierig ist es hingegen, eine bestimmte **Hausnummer** zu finden. Gerade und ungerade Hausnummern sind zwar einer Straßenseite zugeordnet, die Nummerierung ist jedoch nicht fortlaufend, und in manchen Straßen sind Hausnummern gar zwei- oder dreimal vergeben. Hilfreich ist daher immer die Angabe, zwischen welchen Querstraßen ein bestimmtes Gebäude zu finden ist.

Die 3 km lange Landzunge Chroy Changvar liegt direkt gegenüber der Hauptstadt, sie wird gebildet aus dem Mekong und dem Tonle-Sap-Fluss. Wer die Uferpromenade Sisowath Quay entlangschlendert, dem fällt an der Südspitze der riesige Neubau der Sokha-Gruppe auf. Sonst hat die Halbinsel bisher nicht viel zu bieten; die teils überdimensionierten Hotelburgen sprechen überwiegend asiatisches Publikum an.

Ein Blick auf Stadtpläne aus den 1990er-Jahren zeigt ein großes Gewässer, den Boeng-Kak-See, ein paar hundert Meter westlich von Wat Phnom. An seinen Ufern lag seinerzeit das Travellerviertel Phnom Penhs. Der See ist inzwischen komplett zugeschüttet. Hier soll ein modernes Wohn- und Einkaufsviertel entstehen.

Wer nur kurz in Phnom Penh ist, kann sich an den Haupt-Sehenswürdigkeiten orientieren: Wat Phnom, der alte Markt der Königspalast und das Flussufer sind die Eckpunkte eigener Entdeckungstouren.

Königspalast und Silberpagode

Die Gebäude auf dem Gelände des Königspalastes prägen wie nur wenige andere eine die Silhouette der Stadt. Schon vom Flussufer aus fällt der elegante Chanchhaya-Pavillon auf, der hinter der pastellgelben, zinnenbewehrten Umfassungsmauer emporragt. Das Palastgelände selbst ist ein gepflegter Park, in dem die königlichen Gebäude wie architektonische Inseln verteilt sind. Mit dem Bau wurde 1866 begonnen, als die Hauptstadt zu Beginn des französischen Protektorates von Oudong wieder nach Phnom Penh verlegt wurde. Erst um 1920 erhielt die Anlage dann ihr heutiges Aussehen erhalten. Kambodschanische und europäische Stilelemente mischen sich, und auch der Königspalast in Bangkok stand wohl Pate. Wer schöne Fotos machen möchte, sollte morgens kommen, wenn die Fassade des Thronsaales von der Sonne beschienen wird.

Nur ein Teil des Bereiches ist zugänglich – immerhin residiert hier noch der König. Und auch der zugängliche Bereich ist nicht immer komplett zu besichtigen, denn einige Gebäude werden weiterhin für Empfänge und Zeremonien genutzt. Es kann also durchaus vorkommen, dass man an bestimmten Tagen vom Wachpersonal am Betreten einiger Bereiche gehindert wird: Der dort liegende rote Teppich wurde nicht für die Touristen ausgerollt …

Der **Eingang** zum Gelände befindet sich an der Flussseite am Sothearos Boulevard, vom Fluss aus gesehen links des Chanchhaya-Pavillons. ⊕ 8–11 und 14–17 Uhr, Eintritt 25 000 Riel, Kinder unter sechs Jahren frei, Führer US$10.

Königspalast

Der **Thronsaal, Preah Tineang Tevea Vinicchay**, ist das größte und auffälligste Gebäude des Ensembles. Mit seinem siebenfach gestaffelten Dach, dem viergesichtigen Turm und den von Garudas gekrönten Säulen symbolisiert er die ganze Pracht und Macht des Königtums. Das Gebäude wurde 1917 von König Bat Sisowath als Nachbildung des von König Norodom hier errichteten Holzpalastes erbaut und 1919 offiziell eingeweiht. Seitdem wurden alle Könige Kambodschas hier gekrönt, und noch heute wird der Saal für Empfänge und Zeremonien genutzt. Dass dabei das schöne Dach auch dicht ist, verdankt die Halle dem deutschen Steuerzahler: Einige Bereiche wurden Mitte der 1990er-Jahre von der Bundesrepublik für US$95 000 restauriert.

Im Inneren der Halle stehen die beiden **Königsthrone**, über denen ein neunstufiger, weißer Schirm hängt. Die bemalte Decke zeigt Szenen aus dem Reamker, die Wände sind mit Darstellungen mythischer Wesen geschmückt. Am Nord- und Südeingang schützen große Spiegel den Raum vor dem Eindringen böser Geister. Über den dicken, 35 m langen Teppich sind schon viele bedeutende Staatsoberhäupter geschritten. Einige Nebenräume dienen besonderen Zwecken: Zwei Schlafgemächer, getrennt für den König und seine Königin, werden nur in den sieben Tagen nach der Krönung genutzt, ein Raum dient als Gebetsraum für den König, und in einem anderen werden seine sterblichen Überreste aufbewahrt, bis sie in einem eigens dafür gebauten Chedi ihre letzte Ruhe finden.

Die beiden kleinen Gebäude, die den Eingang zum Thronsaal flankieren, stammen aus der gleichen Zeit und dienen ebenfalls besonderen Zwecken: Rechts liegt der **Königliche Wartesaal, Hor Samran Phirun**, der am Krönungstag genutzt wird, wenn Seine und Ihre Majestät hier auf den Elefanten warten, von dem aus sie während der Krönungsprozession ihren jubelnden Untertanen zuwinken. Das Gebäude links ist die **Königliche Schatzkammer, Hor Samrith Phimean**, in dessen Untergeschoss royale Gewänder und eine kleine Sammlung weiterer Gegenstände aus königlichem Besitz besichtigt werden können.

Der **Chanchhaya-Pavillon**, dessen markante Architektur die Fassade des Palastgeländes vom Flussufer aus dominiert, diente als **Tanzpavillon** und wurde 1914 auf König Sisowaths Betreiben hin anstelle eines ähnlichen Holzgebäudes errichtet. Hier schaute der König seinen Apsara-Tänzerinnen zu, und noch heute wird der Pavillon für besonders feierliche Bankette und ähnliche Anlässe genutzt, für die der kleinere **Bankettsaal** in der nordöstlichen Ecke des Geländes nicht ausreicht.

Eine Besonderheit ist der **Pavillon Napoleons III.** Zwischen all den asiatisch anmutenden Gebäuden wirkt er in seiner europäischen Architektur etwas deplatziert. Tatsächlich war er das erste dauerhafte, nicht-hölzerne Gebäude, das auf dem Gelände fertiggestellt wurde. Gebaut wurde er 1869 für Kaiserin Eugenie, die Frau des französischen Kaisers Napoleon III., die den Pavillon als Unterkunft bei der Einweihung des Suez-Kanals nutzte. 1876 schenkte Napoleon ihn dann König Norodom. Praktisch: Das königliche Symbol mit dem „N", das die Tür und andere Stellen der stählernen Konstruktion schmückt, erfüllte auch hier seinen Zweck. Zum Zeitpunkt der Recherche im Frühjahr 2014 war die Konstruktion völlig entkernt und das Stahlgerippe hinter einer Absperrung verborgen – im Laufe dieser Auflage sollte es dann renoviert in neuem Glanz erstrahlen. Die dahinterliegende **Königliche Verwaltung, Damnak Chan**, erbaut 1953, ist nicht für die Öffentlichkeit zugänglich, ebenso wie der Palast selbst.

Nicht mehr zum Gelände des Königspalastes, aber doch zu seinem Einzugsbereich gehört der königliche Anleger **Vetika Oumtouk** am Flussufer. Er wird u. a. vom König an Bonn Om Touk (S. 53) genutzt.

Silberpagode

An das Palastgelände schließt sich der Bereich der **Silberpagode** an. Sie erhielt ihren Namen von dem Fußboden, der aus Tausenden silbernen Fliesen besteht – die wenigen, die nicht vom Teppich verdeckt sind, kann man nahe dem Eingangsbereich sehen. Innen (Fotografierverbot) befindet sich eine bedeutende Sammlung sehr wertvoller Buddhafiguren, darunter der berühmte „Smaragdbuddha", der der Pagode auch ihren eigentlichen Namen gegeben hat: **Wat Phra Keo Morokat**. Die Anlage wurde zwischen 1892 und 1902 erbaut und blieb von der Zerstörungswut der Roten Khmer weitgehend verschont. Auf dem Gelände befinden sich verschiedene Nebengebäude, Stupas und ein umgebender Wandelgang mit einer Darstellung des Reamker.

5329 jeweils 1,125 kg schwere Silberfliesen bilden den Fußboden in Wat Phra Keo Morokat – beim aktuellen Silberpreis einen Wert von etwa 3 Mio. €. Unschätzbar ist hingegen der Wert der über 1650 Objekte, die im Tempel aufbewahrt werden; angefangen mit dem auffälligen goldenen, 90 kg schweren stehenden Buddha, der angeblich mit über 9584 Diamanten besetzt sein soll (darunter ein 25-karätiger in der Krone), über den im Zentrum stehenden Smaragdbuddha (der allerdings aus in Frankreich hergestelltem Baccarat-Kristall besteht), bis hin zu den vielen hundert Statuen und Statuetten, die von der Königsfamilie und anderen Adligen gestiftet wurden.

Äußerst sehenswert sind die **Reamker-Wandgemälde**, die die Innenseite der Umfassungsmauer schmücken. Leider sind sie zum großen Teil in einem bedauernswerten Zustand, der an einigen Stellen durch Restaurierungsarbeiten notdürftig verbessert wird – an anderen ist es dafür wohl zu spät. Die Bilder wurden von 1903 bis 1904 von einer Gruppe Studenten unter der Leitung des Künstlers Vichitre Chea und des Architekten Oknha Tep Nimit Thneak angefertigt. Den Rundgang beginnt man am besten am Osttor. Im Uhrzeigersinn wird die Geschichte erzählt: von der Entführung Sedas und die lange hin und her wogenden Schlachten, bis die Prinzessin endlich befreit und der Dämon besiegt ist. An einigen Stellen kann man sich noch vorstellen, in welcher Farbenpracht die fein ausgeführten Bilder vor hundert Jahren wohl geleuchtet haben müssen.

Weitere Gebäude des Geländes umfassen einen Schrein mit **Buddhas Fußabdruck**, einen **Glockenturm**, einen **Königlichen Pavillon**, ein **Modell von Angkor Wat** und die „**Bibliothek**" (**Mondap**), in der sich neben buddhistischen Texten auch eine angeblich antike, zum großen Teil aus Silber bestehende Statue des Stiers Nandi befindet, die 1983 in der Provinz Kandal gefunden wurde. Der kleine künstliche Hügel **Phnom Mondap** wird von einem Schrein mit einem weiteren Fußabdruck Buddhas gekrönt.

Das **Reiterstandbild von König Norodom** befindet sich seit 1892 an dieser Stelle. Hergestellt wurde es 1875 in Paris. Ursprünglich, so heißt es, sei es ein Standbild für Napoleon III. gewesen – es wurde einfach der Kopf ausgetauscht. Der umgebende Schrein wurde 1953 von König Sihanouk errichtet.

Der **Stupa** nördlich des Reiterstandbildes enthält die Asche von König Norodom. Einige andere Stupas auf dem Gelände sind ebenfalls royale letzte Ruhestätten: Hier ruhen u. a. An Duon

(reg. 1843–1860), der Gründer der gegenwärtigen Dynastie, sowie König Suramarit (reg. 1955–1960) und seine Königin Kossamak. Besonders traurig ist die Geschichte des Stupas von Prinzessin Kantha Botha: Die Tochter von König Sihanouk starb 1952 im Alter von nur vier Jahren an Leukämie.

Wer die Anlage durch das Südtor verlässt, findet im ehemaligen **Elefantengarten** neben Erfrischungsständen noch einige Nebengebäude mit kleineren Sammlungen und zeremoniellen Gegenständen. Nach Durchqueren einer **Galerie** mit historischen Fotos von König Sihanouk in verschiedenen meist heldenhaften Posen lädt ein kleiner **Pavillon** zur Rast, in dem ein großer Bildschirm Dokumentationen zeigt – u. a. eine sehenswerte deutsche Produktion zur Geschichte von Angkor, die die Vergangenheit mithilfe von anschaulichen Computersimulationen wieder auferstehen lässt.

Nationalmuseum

Das Nationalmuseum nördlich des Königspalastes ist mit seinen ziegelgedeckten, geschwungenen Dächern ein imposanter Bau. 1920 wurde es nach drei Jahren Bauzeit eröffnet. Entworfen hatte es der in Kambodscha geborene französische Architekt George Groslier (1887–1945), der sich zeit seines Lebens sehr für den Erhalt des kulturellen Erbes der Khmer eingesetzt hat.

Das Museum beherbergt die wertvollsten **Artefakte aus der Angkor-Zeit**, die im Land noch zu finden sind. Vieles wurde in der Vergangenheit nach Frankreich und in andere Länder verschleppt. Die ausgestellten Stücke geben jedoch einen guten Überblick über die verschiedenen Stilepochen und die Kunstfertigkeit der Handwerker. Das Gebäude ist in **vier Galerien** unterteilt, die einen begrünten Innenhof umschließen. Die Ausstellungsstücke sind chronologisch angeordnet.

Betreten wird das Haus über den östlichen Flügel. Am Eingang gibt es ein paar Souvenirs und einige Bücher zu kaufen; für alle, die es genau wissen wollen, empfiehlt sich das Buch *Masterpieces of the National Museum of Cambodia*, in dem 80 besonders herausragende Ausstellungsstücke in Wort und Bild erläutert werden (US$15). ☺ tgl. 8–17 Uhr, Eintritt US$5, zu zahlen am Ticketschalter gleich hinter dem Eingangstor zum Gelände. Achtung: Das Fotografieren ist nur im Innenhof gestattet.

Ostgalerie

Aufgrund der zeitlichen Anordnung der Ausstellungsstücke empfiehlt sich ein Rundgang im Uhrzeigersinn. Ausgehend von dem über 2 m großen, steinernen **Garuda** aus dem 10. Jh., der den Besucher am Eingang begrüßt, passiert man in der Ostgalerie zuerst eine Doppelreihe mit Glasvitrinen, in denen sich kleinere Bronzen befinden. Darin sind immer wieder einzigartige kleine Arbeiten zu entdecken, z. B. die 34 cm hohe, kniende Frauenfigur im vorletzten Kasten auf der linken Seite, die wohl einst als Spiegelhalter diente. Als erstes „großes" Highlight wartet hinter den Vitrinen das 1,22 m hohe und 2,22 m breite Bruchstück einer Bronze eines liegenden **Vishnu**, der ursprünglich wohl 6 m lang war. Das Bildnis zeigt den Gott im entspannten Schlaf zwischen zwei kosmischen Zeitaltern. Gefunden wurde das Stück, das aus der 2. Hälfte des 11. Jhs. stammt, im Westlichen Mebon in Angkor.

Südgalerie

Der sich anschließende Flügel des Gebäudes zeigt Stücke aus der **Prä-Angkor-** und der **Angkor-Periode**. Nach vier Treppenstufen geht es vorbei an einigen Figuren aus dem 7. Jh.: zwei Buddhafiguren, einem 1,65 m hohen Durga-Torso von großer Anmut und einer ebenso großen, gut erhaltenen **Statue vom Harihara**; einer Gottheit, die fast nur in Prä-Angkor-Zeiten auftaucht. Gut erhalten ist auch der sechsarmige **Vishnu** an der Stirnwand in der Mitte der Südgalerie. Die ausgestreckten Arme werden hier durch einen unterstützenden Bogen gehalten.

Vorbei an einer weiteren Vishnu-Darstellung aus dem 9. Jh. – einer der ersten mit vier „freitragenden" Armen – und weiteren Stücken aus der frühen Angkor-Zeit, geht man direkt auf eine kleinere (65 cm), aber gut erhaltene Statue von **Shiva** zu; schade, dass seiner Gespielin Uma, die er zärtlich umschlungen hält, der Kopf fehlt. Die Figur stand einst im Banteay Srei.

Westgalerie

In der Westgalerie dominieren zunächst Exponate der Baphuon-Epoche (11. Jh.), dann folgen Buddhastatuen, die zeigen, dass sich im Laufe der Zeit der Buddhismus stärker verbreitete.

An zentraler Stelle wartet – vor einem großen Bild des Bayon – die berühmte, 1,35 m hohe **Statue des Jayavarman VII.** in Meditationshaltung. Mehr als alle anderen gilt diese Figur als ein Symbol für Kambodscha. Sie wird von den Khmer tief verehrt, wie Opfergaben zu ihren Füßen zeigen (und die abgegriffenen Knie; doch heute gilt: Anfassen verboten!). Sie stammt aus dem späten 12. oder frühen 13. Jh. und gilt als Höhepunkt der Khmer-Bildhauerkunst.

Im zweiten Bereich der Westgalerie sind weitere Zeugnisse aus der späten **Angkor-Zeit** zu sehen. Bemerkenswert ist die sitzende Figur, die vielleicht Yama versinnbildlicht, den Gott des Todes. Der Legende nach soll sie jedoch den sagenumwobenen Lepra-König darstellen, der einst in Angkor herrschte. Gefunden wurde das Bild nahe der Terrasse des Lepra-Königs in Angkor Thom. Ob es jedoch jemals einen Lepra-König gab, bleibt fraglich. Falls ja, stellt die Statue den König jedenfalls nach seiner Heilung dar. Ob er sie aus Dankbarkeit gestiftet hat?

Das zähnefletschende Wesen schräg gegenüber stellt Narasimha dar: einen Menschen mit Löwenkopf, eine Manifestation von Vishnu. Meist findet sich dieses Bild nur als Relief – die Statue ist das einzig bekannte freistehende Beispiel.

Ein Fresko von der Nordterrasse aus Angkor, das den Sieg über Mara zeigt, leitet über in die Zeit nach dem Niedergang des Reiches.

Nordgalerie

Sänften, Tanzmasken, Schwerter, Pfeifen, ein Webstuhl – die Nordgalerie widmet sich vornehmlich dem 19./20. Jh. Die große goldene **Urne** am Ende des Raumes wurde für die Beerdigung verschiedener Könige genutzt, zuletzt 1960 für König Suramarit. Ausgesprochen sehenswert ist daneben die aufwendig verzierte Kabine eines königlichen Schiffes aus dem 19. Jh. Eine Ausstellung von Buddhastatuen und weitere Vitrinen mit Geschirr, Vasen, Schmuck und anderen Gegenständen führen durch die Ostgalerie dann zurück zum Eingang.

© M. MARKAND

Wat Phnom ist eng mit der Gründungslegende der Stadt verbunden.

Wat Phnom

Der 27 m hohe Tempelhügel, der der Stadt seinen Namen gab, erhebt sich nördlich des Zentrums nahe dem Fluss. Seine genauen Ursprünge liegen unauffindbar im Reich der Legende, aber seine Gegenwart ist umso klarer: Dies ist der im täglichen Geschehen wohl am meisten verehrte Ort der Stadt. Ein stetiger Strom von Gläubigen flutet durch das Gelände; Frauen, die zum Schrein der Großmutter Penh pilgern, Geschäftsleute, die den Segen für einen anstehenden Deal erbitten, Besucher vom Land, die überwältigt sind, an diesem berühmten Ort zu sein, Touristen, Wachleute, Wahrsager, Bettler – ein buntes Treiben, dem man stundenlang zuschauen könnte.

Man nähert sich dem Hügel am besten vom Osteingang her, wo sich auch das Kassenhäuschen befindet. Über die von Löwen und Nagas bewachte Treppe gelangt man direkt zum Hauptgebäude **Preah Vihear**, welches in seiner heutigen Form von 1926 stammt. Innen befindet sich eine große sitzende Buddhastatue, umgeben von sehenswerten Wandgemälden, die Stationen aus Buddhas Leben erzählen.

Hinter dem Preah Vihear ragt der große Stupa **Chedi Thom** empor, der die Reliquien von König Ponhea Yat (1405–1467) enthalten soll. Die französischen Kolonialherren hatten ihn in den 1880er-Jahren als Wachturm missbraucht und oben eine hölzerne Plattform angebracht.

Zwischen den beiden Gebäuden befindet sich der **Schrein der Großmutter Penh**, der Legende zufolge die Stadtgründerin Phnom Penhs. Die adlige Dame soll hier oben ein Heiligtum errichtet haben, um die vier angeschwemmten Buddhastatuen angemessen unterzubringen. Am Schrein mit dem Bildnis Penhs herrscht meist reger Betrieb; vor allem Frauen bringen Opfergaben dar.

Weitere Heiligtümer sind in der gepflegten, parkähnlichen Anlage, die Ende des 19. Jhs. von den Franzosen angelegt wurde, verteilt. Bemerkenswert ist der **Neak Ta Preah Chau** auf halber Höhe nördlich des Preah Vihear. Im hinteren Bereich sitzt die vergoldete, streng blickende, wie ein hoher Beamter gekleidete Figur des Preah Chau, einer taoistischen Gottheit, die vor allem von chinesischstämmigen und vietna-

mesischen Bewohnern Kambodschas verehrt wird. Sie scheint sehr einflussreich und mächtig zu sein, denn es herrscht ein ständiges Kommen und Gehen, und der Tisch im Heiligtum quillt über vor Gaben.

🕐 7–18.30 Uhr, Eintritt US$1.

Weitere buddhistische Klöster und Tempel

Während im Wat Phnom ebenso wie in der Silberpagode keine Mönche mehr leben, sind andere Tempel heute wieder bewohnt. Fünf Tempelanlagen sollen einst bei der Gründung der Stadt von König Ponhea Yat errichtet worden sein, und sie bestehen bis heute.

Wat Ounalom am Sothearos Boulevard, etwa 200 m nördlich des Königspalastes, ist einer der Wats aus der Gründungszeit der Hauptstadt. Die Daten seiner Grundsteinlegung variieren zwischen 1422 und 1443. Im großen Chedi hinter der Haupthalle soll ein Haar aus Buddhas Augenbrauen (khmer: *ounalom*) aufbewahrt werden. Der Wat beherbergte bis 1999 das Buddhistische Institut, heute wohnt hier der buddhistische Patriarch. Das macht den Wat zum wohl bedeutendsten Zentrum des Buddhismus in Kambodscha. In den Hochzeiten des Tempels lebten hier an die 500 Mönche. Die Roten Khmer wüteten im Wat Ounalom besonders brutal. Nach ihrer Vertreibung wurde die Pagode jedoch wieder restauriert. Heute findet sich

Von Freiheit und Glück …

Zahlreiche mit Vogelkäfigen ausgestattete Straßenhändler bevölkern die Tempelanlage auf dem Hügel. Wer ihnen Vögel abkauft und sie in die ersehnte Freiheit entlässt, dem winken, so will es zumindest der Volksglaube, Glück. Viele Kambodschaner kaufen deshalb gleich mehrere Singvögel, um sicherzustellen, dass ihre Wünsche auch tatsächlich in Erfüllung gehen. Wie auch immer man dazu stehen mag: Den Vögeln erfüllt man mit ihrem Freikauf ganz sicher ihren größten Traum …

dort im zweiten Stock eine Statue des vierten buddhistischen Patriarchen, des verehrten **Huot Tat**. Das Standbild entstand schon 1971 – vor seiner Ermordung durch die Roten Khmer. Diese warfen die Statue in den Fluss, aus dem sie jedoch später wieder geborgen werden konnte. So wurde, was eigentlich als symbolisches Ende des Buddhismus gedacht war, schließlich seine symbolische Wiederauferstehung.

Wat Botum, St. 7, ist ein weiterer der „originalen" Wats. Er wurde wahrscheinlich im Jahre 1422 von König Ponhea Yat gegründet, sein derzeitiges Aussehen geht auf Restaurierungen im Jahr 1937 zurück, den Zerstörungen durch die Roten Khmer fiel er zum Glück nicht zum Opfer. Viele geschmückte Stupas, die die Asche bedeutender Politiker oder Mönche beinhalten, verschönern das Gelände. Im östlich angrenzenden **Wat-Botum-Park** geht es weltlicher zu: In den Abendstunden versammeln sich viele Einheimische rund um den beleuchteten Brunnen und holen sich Süßwaren von den Dutzenden Straßenständen. Das **Kambodschanisch-Vietnamesische Freundschaftsdenkmal**, zwei vietnamesische Soldaten, die eine Khmer-Frau mit Baby im Arm flankieren, erinnert hier an die Befreiung Phnom Penhs von den Roten Khmer im Januar 1979. Fitnessgruppen, die sich mit Pop-, Swing- oder Hip-Hop-Musik gegenseitig zu übertönen versuchen, tanzen einstudierte Choreografien. Ähnliche Aerobic-Tanzstunden gibt es abends am Sisowath Quay, Höhe Street 148.

Wat Langka, das ebenfalls aus der Gründungszeit der Stadt stammt, liegt südwestlich des Unabhängigkeitsdenkmals. Sein Name versinnbildlicht die historischen Begegnungen zwischen kambodschanischen Mönchen und Gästen aus Sri Lanka, die hier regelmäßig stattgefunden haben sollen. Er spielte jahrhundertelang eine wichtige Rolle als Bibliothek heiliger Schriften und wurde bis 1967 von der Königsfamilie finanziert. Die Roten Khmer nutzten ihn als Lagerhaus. Anschließend wurde er aufwendig restauriert und erstrahlt heute in neuem Glanz. Eine Besonderheit sind die offenen Meditationsstunden (Vipassana). Mehrmals wöchentlich (Mo, Do und Sa ab 18 Uhr) sind Besucher hier herzlich willkommen.

Wat Saravan, Ecke St. 178 und 19, soll hier seit 1443 bestehen. Die ältesten Gebäude dürften um die hundert Jahre alt sein. Das und die Tatsache, dass der Tempel nicht von allzu vielen Touristen besucht wird, verleiht ihm eine besondere Atmosphäre. Der Wat soll den größten Teil der in Kambodscha überlieferten antiken buddhistischen Schriften beherbergen: über 3400 Manuskripte. Damit wäre er die vielleicht bedeutendste Bibliothek des Landes.

Das Erbe der französischen Kolonialzeit

Wer durch die Straßen von Phnom Penh streift, wird immer wieder auf Gebäude stoßen, die aus der französischen Kolonialzeit stammen – seien es die schönen restaurierten Villen entlang den großen Boulevards oder einige der Fassaden am Flussufer, wie des **Foreign Correspondents Club** (FCC), 363 Sisowath Quay (S. 150).

Rund um Wat Phnom erstreckte sich seinerzeit das Herz des Französischen Viertels. Die elegante Ausstrahlung der Gegend mit ihren Verwaltungsgebäuden und Wohnhäusern lässt sich heute noch erahnen.

Das große **Postamt** östlich des Hügels in der Street 13 z. B. stammt von 1894 und ist heute noch in dieser Funktion in Gebrauch. Es wurde zuletzt im Jahr 2001 renoviert.

Auch die **Nationalbibliothek** an der Street 92 westlich des Hügels lohnt einen Blick. Die Bücher, die hier seit 1924 gesammelt wurden, sind während des Terrors der Roten Khmer größtenteils vernichtet worden – heute sind die Bestände mit französischsprachigen Titeln wieder ein wenig aufgefüllt. Etwas weiter an der gleichen Straße beeindruckt das **Hotel Raffles Le Royal**, in dem schon Charlie Chaplin und Bill Clinton nächtigten. Das Haus, das im Laufe der Jahre verkommen war, wurde 1997 von der Raffles-Gruppe übernommen und erstrahlt seitdem in neuem altem Glanz.

Auch der nahe gelegene **Bahnhof** von 1932 vermag mit seiner Art-déco-Fassade zu gefallen.

Ein besonders auffälliges Beispiel des Art déco und geradezu ein Symbol für Phnom Penh ist der Zentralmarkt **Psar Thmei** im Herzen der Stadt. Der 1937 eröffnete und von 2009 bis 2011 renovierte, einzigartige gelbe Kuppelbau mit seinen vier Seitenarmen bietet alles, was das Herz begehrt – und noch ein bisschen mehr. Einen Bummel durch dieses belebte Einkaufsparadies sollte man sich nicht entgehen lassen. Es muss ja nicht gleich einer der teuren Edelsteine im zentralen Bereich sein: An den Ständen rund um das Gebäude lässt sich manches günstige Stück erwerben.

Der Zentralmarkt ist jedoch für Shoppingfreunde nicht ohne Alternativen. Eine ganze Reihe anderer Märkte lohnen ebenfalls den Besuch (S. 173), allen voran der Russian Market (Psar Tuol Tom Poung) im Süden der Stadt (S. 174).

Wat Koh, Monivong, St. 174, auch im 15. Jh. gegründet, wurde in den 1970er-Jahren vollständig zerstört und erst in den 1990ern wieder aufgebaut. Der Name „Koh" (Khmer für: Insel) legt nahe, dass der Tempel früher von Wasser umgeben war. Heute ist er eine Rettungsinsel für viele streunende Katzen.

Wat Moha Montrei, Ecke St. 123, Preah Sihanouk Boulevard, südlich des Olympia-Stadions, hingegen wurde erst in den 1960er-Jahren gegründet, der 35 m hohe Stupa 1970 eingeweiht. Der belebte Tempel beherbergt um die 250 Mönche und mindestens ebenso viele Studenten: Angegliedert ist eine öffentliche Schule.

Neuere Khmer-Architektur

In den 1960er-Jahren, als nach der Unabhängigkeit das Selbstbewusstsein im Lande wuchs, ging eine Generation junger Architekten daran, das Gesicht der Stadt zu verändern. Neben vielen Wohnblocks entstanden auch eindrucksvolle Bauwerke wie z. B. das **Olympia-Stadion** von 1964. Nicht, dass hier jemals Olympische Spiele stattgefunden hätten: Die einzige nennens-

werte Wettkampfveranstaltung waren 1966 die GANEFO (Games of the New Emerging Forces), an der 18 Nationen teilnahmen (Kambodscha soll dabei 13 Goldmedaillen gewonnen haben). Doch noch heute treffen sich hier allabendlich sportbegeisterte Khmer zu Fitnessveranstaltungen.

Das **Unabhängigkeitsdenkmal (Vimean Ekareach)** im Kreisverkehr an der Schnittstelle von Norodom und Sihanouk Boulevard erinnert an die 1953 erlangte Unabhängigkeit Kambodschas von Frankreich, eingeweiht wurde es am 9. November 1962. Gestaltet hat das Monument, das zugleich der Kriegsgefallenen gedenkt, der bekannte kambodschanische Architekt Vann Molyvann (*1926), der sein Handwerk in Paris unter Le Corbusier gelernt hatte und das Bild Phnom Penhs in den 1950er- und 1960er-Jahren entscheidend mitgeprägt hat. Das Denkmal, dessen Dach mit über hundert Nagas verziert ist, erinnert an die klassischen Vorbilder aus der Angkor-Zeit und wird abends stimmungsvoll beleuchtet.

Tuol-Sleng-Genozid-Museum (S-21)

Es ist ein beklemmendes Zeugnis der einstigen Schreckens- und Willkürherrschaft der Roten Khmer, das Einblick gewährt in das dunkelste Kapitel kambodschanischer Geschichte: das Tuol-Sleng-Museum in der Street 113 südlich des Zentrums. Hier wurden von 1975 bis 1979 über 17 000 Menschen unter grausamsten Bedingungen inhaftiert, gefoltert und ermordet. Wer seinen Fuß über die Gefängnisschwelle setzte, kehrte nicht wieder zurück. Besuchern präsentiert sich der Ort, an dem einer der grausamsten Völkermorde der Menschheitsgeschichte stattfand, noch heute fast genauso, wie ihn die vietnamesischen Befreier vorfanden.

Vor 1975 war der mit einem Zaun umgebene Gebäudekomplex eine Schule. Aus Klassenzimmern wurden Gefängniszellen, aus Fitnessgeräten Folterinstrumente, der Schulhof zum Friedhof. Zu Beginn wurden hier vor allem Intellektuelle, Ärzte und andere Mitglieder der verhassten Bildungselite eingekerkert, zu abstrusen

Geständnissen gezwungen und anschließend ermordet, entweder direkt an Ort und Stelle oder auf den **Killing Fields Choeung Ek** (S. 189). Der Logik der Roten Khmer zufolge wurden neben den Eltern auch deren Kinder schon im Babyalter abgeschlachtet – aus Angst, sie könnten später Rache nehmen. Ab etwa 1977 begann dann das System sich selbst zu fressen, und eine Generation von Henkern und Kadern ermordete die andere, sich gegenseitig des Verrats bezichtigend. Nur sieben Menschen haben das S-21 überlebt; Inhaftierte, die ihre Fähigkeiten als Fotograf oder Maler zum Überleben einsetzen konnten. Bekannt geworden ist Vann Nath, dessen Folter-Bilder heute im Museum zu sehen sind (s. Kasten S. 114).

Die Eisenbetten, an die die Gefangenen gekettet waren (und über denen Bilder der grauenvoll zugerichteten Leichname hängen, die die Vietnamesen vorfanden), die winzigen Zellen und vor allem Hunderte Schwarz-Weiß-Porträts von den Opfern brennen sich in das Auge des Betrachters – für viele Besucher ist dieser Ausflug ein äußerst verstörendes Erlebnis.

Folter und Hinrichtung wurden penibel dokumentiert, die Archive jedoch vor der Befreiung durch die Vietnamesen nicht mehr rechtzeitig vernichtet. So können Wissenschaftler heute detailliert Auskunft geben über die einzelnen Foltermethoden, bei denen Scheren, Äxte, Sensen, aber auch das berüchtigte Wasserbad zum Einsatz kam, in dem die Insassen langsam ertränkt wurden. Der Stacheldraht an den oberen Balkonen sollte verhindern, dass Insassen, um dem Martyrium zu entkommen, in den Tod sprangen.

Täglich um 10 und 15 Uhr wird hier der Film *Bophana* des kambodschanischen Regisseurs Rithy Panh (*1964) gezeigt. Das TV-Dokudrama von 1996 erzählt die wahre Liebesgeschichte zwischen der schönen Hout Bophana und dem Rote-Khmer-Kader Ly Sitha, die ihr tragisches Ende in Tuol Sleng findet.

⏲ 7–18 Uhr, Eintritt US$2.

ÜBERNACHTUNG

An Übernachtungsmöglichkeiten mangelt es in Phnom Penh nicht: Vom einfachen Mehrbettzimmer bis hin zur Luxusunterkunft ist für jeden Geldbeutel und Geschmack

etwas dabei. Auch während der Hauptreisezeit im Dezember und Januar findet sich immer ein freies Zimmer, wenn auch vielleicht nicht im bevorzugten Guesthouse.

Ein Bett im Dorm gibt es ab US$3, einfache Zimmer – oft ohne Fenster – mit Ventilator um US$10, mit AC ab US$15. Mittelklassehotels und immer mehr kleine Boutiquehotels bieten Zimmer ab US$40; ab US$60 ist oft sogar ein kleiner Pool dabei. Für Zimmer in den großen 5-Sterne-Hotels mit allen Annehmlichkeiten wie Spa, Pool, Fitnesscenter, Restaurant und Bar sind US$200 und mehr zu zahlen.

Beliebt bei **Budget-Travellern** ist die St. 172 hinter Wat Ounalom. Die Hotels sind günstig, es gibt Zimmer mit Ventilator oder AC, allerdings haben fast alle Zimmer ein Fenster zum Gang. Ebenfalls beliebt ist St. 258. Hier reihen sich einige Guesthouses aneinander, viele mit Schlafsälen und einfachen Zimmern, alle mit Restaurant. Die Gegend rund um die St. 278 und St. 51 im Bezirk Boeng Keng Kang (auch als NGO-Gegend bekannt) ist ebenfalls bei Reisenden beliebt: Hier gibt es einfache Guesthouses und schickere Boutique-Zimmer in angesagter Lage.

Wer plant, länger in Phnom Penh zu verweilen, sollte über einen Nachlass verhandeln, manche Hotels weisen auch Monatsmieten aus. In St. 278 haben viele Zimmer der „Golden"-Guesthouses eine separate Küche, ab US$400/ Monat. Alle Unterkünfte bieten kostenloses WLAN.

Nördliches Zentrum
Karte S. 146
Untere Preisklasse
Blue Kiwi Guesthouse ⑦, 113B St. 13, ✆ 077-326 086, ✉ bluekiwiguesthouse@hotmail.com, [9652]. Saubere gefliese Zimmer mit 1 oder 2 Betten in zentraler Lage. TV. Die Zimmer mit Kühlschrank kosten US$5 mehr. Schöne neue Bäder. ❷, Familienzimmer ❸

Fancy Guesthouse ⑫, 169B St. 15, ✆ 023-211 829, ▭ www.fancyguesthouse.com. Schöne Zimmer mit Balkon, Schrank, Kühlschrank und TV. Viele der einfachen Zimmer haben keine Fenster. Gemütliche Rattansessel locken auf den ansprechenden Gemeinschaftsbalkon. Kostenloser Tee und Kaffee. Sehr hilfsbereiter Besitzer. **❷ – ❸**

Me Mate's Place ①, 4B St. 90, ✆ 023-500 2497, 🖳 www.mematesplace.com, Karte S. 145. Moderne Backpacker-Unterkunft: Zimmer und Schlafsäle in minimalistischer Schwarz-Weiß-Optik. Restaurant. Beliebt, daher unbedingt reservieren. Dormbett US$10. **❸**

€ **Natural Inn Backpacker Hostel** ⑮, St. 172, ✆ 097-263 4160. Zimmer mit 4–6 Stockbetten, wahlweise mit Ventilator oder AC. Frauenschlafsaal. Die untere Matratze liegt auf dem Boden. Die Zimmer sind sauber, die angrenzenden Bäder schick und neu gefliest. Dormbett US$3/5.

One Stop Hostel ③, 85 Sisowath Quay, ✆ 023-992 822, ✉ info@onestophostel. com, [9655]. Boutique-Hostel mit Mehrbett-zimmern. Moderne in Weiß gehaltene AC-Zimmer mit 4 Stockbetten und Flussblick oder 2 Stockbetten ohne Fenster (Frauenschlaf-räume und gemischte Zimmer). Die Bäder sind sauber und in modernster Grau-Weiß-Optik gehalten. Schließfächer im Zimmer. Eine halb offene Ebene als Aufenthaltsraum mit Flach-bildschirm. Wäsche- und Ticketservice. Früh-stück auf Wunsch. Dormbett US$8

Royal Guesthouse ⑪, 91 St. 154, ✆ 023-218 026, ✉ hou_leng@yahoo.com, [9659]. Wohnliche Zimmer im oberen Stockwerk an einem Balkon mit toller Aussicht. Die günstigeren Zimmer haben nur ein Fenster zum Gang oder zur benachbarten Hauswand. **❷ – ❸**

Velkommen Guesthouse ⑨, 18 St. 144, ✆ 077-757 701, 🖳 www.velkommenguesthouse.com. Beliebtes angenehmes Haus. Kleine Zimmer, dafür alle mit Fenster oder Balkon, AC, TV. Gegenüber das **Velkommen Backpackers** ⑧ mit Dorms, wahlweise als AC-Zimmer oder mit Ventilator ohne Fenster. Dorm US$5/6. **❷**

Mittlere Preisklasse

🧳 🌳 **Blue Lime** ⑳, 42 St. 19Z, Off St. 19, ✆ 023-222 260, 🖳 www.bluelime. asia, [5978]. In einer ruhigen Seitenstraße liegt diese kleine Anlage. Den Mittelpunkt bildet ein Pool, umschattet von viel Grün und kleinen Salas, auf denen man wunderbar entspannen kann. Die angrenzenden 23 Zimmer sind

gekonnt gestaltet: grauer Boden, Ablage-flächen aus Beton, große Holzbetten mit Moskitonetz und bunte Dekorationsobjekte, die dem Zimmer ein gemütliches Flair verleihen. TV und Safe. 4 Zimmer mit eigenem kleinen Pool. Nichtraucherzimmer. Warmwasser-aufbereitung über Solar. Keine Kinder unter 16 Jahren. **❹ – ❺**

Cardamom Hotel & Apartment ⑰, 69 St. 174, ✆ 023-988 888, 🖳 www.cardamomhotel.com, [9344]. Recht gepflegtes Mittelklassehaus in zentraler Lage. Die 102 Zimmer sind nüchtern, aber komfortabel ausgestattet. Beim Früh-stücksbuffet (inkl.) mischen sich Geschäfts-reisende und Touristen aus aller Welt. **❹ – ❺**

Cyclo ⑯, 50 St. 172, ✆ 023-992 128, [9664]. Schönes Kolonialgebäude mit umlaufenden Balkonen. Die Zimmer sind unterschiedlich gestaltet, die günstigen ohne Fenster. Moderne Bäder. Auf dem Dach ein kleiner überdachter Whirlpool und bequeme Sofas. **❸ – ❺**

Monsoon Boutique Hotel ⑥, 53-55 St. 130, ✆ 023-989 856, 🖳 www. monsoonhotel.com, [9665]. Kleine, aber fein eingerichtete Zimmer im Boutique-Stil mit Rattanbett, Safe, Minibar und bemalten Wänden. Bäder mit dunkelgrauen Fliesen und grau verputzt mit Kieselsteindekoration. Die Deluxe-Zimmer liegen an einem begrünten Balkon. Standardzimmer leider nur mit Fenster zum offenen Gang. Inkl. Frühstück. Spa nebenan. **❹**

The Artist Guesthouse ⑱, 69 St. 178, ✆ 023-213 930, 🖳 www.the-artist-guest house.com, [9660]. Renoviertes kleines Stadt-haus unter französischer Leitung. Einfache moderne Zimmer: teils Einbauduschen und separates WC und Handwaschbecken. Einige Zimmer mit Fenster zum Gang, dafür schick im Maisonette-Stil: Matratze auf der oberen Ebene. Schön sind die Zimmer mit Doppel- und Einzelbett inkl. Balkon mit Blick zur Uni-versität der schönen Künste. Restaurant im Erdgeschoss. **❸ – ❹**

The Billabong Hotel ⑭, 5 St. 158, ✆ 023-223 703, 🖳 www.thebillabonghotel.com, [9666]. 20 großzügige und geschmackvoll möblierte Zimmer mit Holzfußboden und Chaiselongue rund um einen Pool. Die Zimmer im Erd-geschoss haben eine kleine Terrasse. **❹**

Obere Preisklasse

Amanjaya Pancam Hotel ⑬, 1 St. 154, ✆ 023-214 747, 🖳 www.amanjaya-pancam-hotel.com. Schöne gediegene Holzmöbel mit asiatisch-kolonialem Flair. Holzfußböden. Balkone zur Flussseite. Schöne Dachterrasse mit Bar Le Moon. Spa. ❼–❽

Frangipani Royal Palace Hotel & Spa ⑲, 27 St. 178, ✆ 023-220 422, 🖳 www.frangipani hotel.com, [9681]. Kleine Zimmer in weiß-blau-mediterraner Farbe gestaltet. Schöner Holzfußboden. Große Betten mit Moskitonetz. Sonniger Pool auf der 8. Etage. Von der Bar eine Etage tiefer bietet sich eine schöne Aussicht auf den Fluss, den Königspalast und das Nationalmuseum. Happy Hour 17–19 Uhr. ❻

La Maison D'Ambre ④, 123 St. 110, Ecke St. 19, ✆ 023-222 780, 🖳 www.lamaisondambre.com. Grandioses Designhotel mit minimalistischem Schick in 60 m² großen Suiten. Die Dachterrasse auf der 5. Etage im 70er-Jahre-Retro-Look. Familienzimmer. ❼

Plantation Urban Resort & Spa ㉑, 28 St. 184, ✆ 023-215 151, 🖳 www.theplantation.asia, [9680]. Eine grüne Oase mitten in der Stadt: Hinter der Mauer verbirgt sich ein liebevoll restauriertes Haus aus den 1930er-Jahren. Im Garten 2 moderne Wasserbecken. Um den großen Pool sind in neuen 2-stöckigen Gebäuden 70 Zimmer gruppiert. Farbige Sofas und Dekoration geben den Zimmern eine besondere Note. Minibar und Safe, zum Zimmer hin offene Bäder. Solarenergie, Nutzung ausschließlich einheimischer Produkte im Restaurant. Die Boutique verkauft lokale Souvenirs und Kleidung. ❻–❽

River 108 Boutique Hotel ⑤, 2 St. 108, ✆ 023-218 785, 🖳 www.river108.com, [9683]. Sandfarbene Natursteinböden, Holz und silberner Empire-Chic: Elegantes Boutiquehotel am Nachtmarkt. Besonders ansprechend sind die Zimmer mit Balkon und Flussblick. ❻

The Quay, 277 Sisowath Quay ⑩, ✆ 023-224 894, 🖳 www.thequayhotel.com, [9686]. CO_2 neutrales Hotel durch effizienten Energieeinsatz. Auch das Wasser wird wieder aufbereitet. 16 Zimmer im 70er-Jahre-Retro-Look. Zum Fluss hin gelegene Räume sind großzügig, mit schönem Ausblick vom Balkon. Jacuzzi und Bar/Restaurant auf der Dachterrasse (empfehlenswert ist der Hauscocktail „The Quay", zubereitet aus Gin, Gurke und Zitrone). ❻–❼

Luxus

Raffles Le Royal ②, St. 92, Ecke Monivong Blvd., ✆ 023-981 888, 🖳 www.raffles.com/phnompenh. Kolonialstil in Reinkultur. Das Gebäude wurde 1920 erbaut und fantastisch renoviert. Eine der Top-Hotel-Adressen in Asien. Die Zimmer bieten einen stilvollen Kompromiss aus kolonialem Ambiente und modernem Luxus. Perfekt geschultes Personal. 2 Pools, Spa, Fitnessstudio, Bars, Geschäfte, Restaurants. ❽

Südliches Zentrum

Karte S. 148

Untere Preisklasse

3 Mangos Guesthouse ㊽, St. 360, ✆ 017-776 212, [9663]. 7 Zimmer in einer Villa aus den 1970er-Jahren, ruhig in der NGO-Gegend gelegen. Toll ist der Pool im Garten, umgeben von Bäumen und Bananenstauden. Einfach möblierte Zimmer, einige mit vielen Schränken. Überdachte Bar im Garten. ❷–❹

Alibi Guesthouse ㉖, Sothearos Blvd., ✆ 023-695 9087, 🖳 www.alibiguesthouse.com, [9651]. Von der Straße zurückversetztes ruhiges familiäres Haus unter französischer Leitung. Saubere Zimmer, geflieste Böden, einige mit Einbauschrank, Moskitonetz, TV, Minibar, Safe und ausreichend Lampen. Große Bäder mit Ablageflächen. Gemeinschaftsbalkon und begrünter Innenhof. Die kleineren Zimmer unter dem Dach sind nur über eine schmale Stiege zu erreichen. Inkl. Frühstück. ❷–❸

Capitol Guesthouse ㉒, 14 St. 182, ✆ 023-217 072, 🖳 www.capitolkh.com, [9654]. Alteingesessenes Haus mit Tourbüro (Tickets und Abfahrt der Capitolbusse, s. Transport). Die Sopheap-Brüder betreiben ein ganzes Imperium. Im Umkreis liegen 5 weitere Häuser: Capitol 3, Monorom Inn, Hong Phann, Hello und Nice Guesthouse. Der Standard ist überall gleich: Angeboten werden saubere, geflieste Zimmer verschiedenster Kategorien; vom Zimmer mit Ventilator und Gemeinschaftsbad ohne Fenster bis hin zu familientauglichen großen Zimmern mit AC, Fenster und schönem Bad mit Warmwasser. ❶–❷

🏨 **Fairyland Hotel** ㉙, 99 St. 141, ✆ 023-214 510, [9653]. Komfortable Zimmer, die sich so auch in einem Mittelklassehotel finden könnten. Ohne überflüssige Dekoration, aber mit TV, Kühlschrank, Schreibtisch oder Nachttisch. Toll sind die Bäder, entweder mit Wanne oder Dusche. 8-geschossiges hohes Haus mit Aufzug. ❷

Mad Monkey ㊻, 26 St. 302, ✆ 023-987 091, 🖥 www.phnompenhhostels.com. Hostel mit modernem Ambiente für feierfreudige Backpacker. Gut gekühlte saubere AC-Schlafsäle mit 6–8 Stockbetten, teils 2 Bäder. Schließfächer. Privatzimmer mit Fenster zum Flur. Zudem Familienzimmer und weitere Schlafsäle im neuen Gebäude gegenüber. Beliebtes Restaurant. Tourbuchungen, Geldautomat. Schwesterhotel in Sihanoukville. Besser reservieren. Dormbett US$7. ❷–❹

🧳 **Narin Guesthouse** ㉜, 50 St. 125, ✆ 099-881 133, 🖥 www.naringuesthouse.com, [9656]. Backpacker-Unterkunft im Boutique-Stil: graue Wände mit einer farbigen Wand oder Decke. Dezente Beleuchtung durch schicke Lampen (leider etwas wenig Licht für Leseratten). Schöne Bäder. TV, einige Zimmer mit Safe. Rezeption und Restaurant auf der überdachten Gemeinschaftsterrasse auf der 1. Etage. Auf der 2. Etage ist der kleine Balkon zur Straße als Theke gestaltet. Wahlweise mit Ventilator oder AC. PC auf der Terrasse. Beliebt, besser reservieren. ❶–❷

Number 9 Hotel ㉗, 7C St. 258, ✆ 023-984 999, 🖥 www.number9hotel.com, [9657]. Modern und sehr schick gestaltete Lobby, ebenso geschmackvoll ist das Restaurant auf der 1. Etage (mit Billardtisch). Ansprechend sind die großen Zimmer mit Fenster, bei denen die hellen Steinfliesen gut zur Geltung kommen. Eine weniger gute Wahl sind die kleinen Zimmer ohne Fenster (mit Waschbecken im Zimmer). Alle Zimmer mit Flatscreen. Auf der 2. Etage Whirlpool, Sonnenliegen und Bar. ❷–❸

Okay Guesthouse ㉘, 3B St. 258, ✆ 023-986 534, 🖥 www.okay-guesthouse.com, [9658]. Sympathisches Guesthouse mit begrünter Fassade und gemütlichem Restaurant. Die Zimmer sind einfach möbliert, gemütlich wirkt die halbhohe Holzvertäfelung. Die EZ und jene mit Gemeinschaftsbad sind recht klein, viele davon haben zudem nur ein Fenster zum Gang. WLAN, Tourbüro. ❶–❷

Smiley's Hotel ㉞, 37 St. 125, Ecke St. 242, ✆ 012-365 959, ✉ smileyhotel.pp@gmail.com, [9661]. 40 saubere geflieste Zimmer. Alle mit Fenster, AC, Kommode, TV, Kühlschrank. Nette kleine Bäder. Aufzug. Freundlicher Service. Restaurant im Erdgeschoss. Die Zimmer in den oberen Stockwerken sind teurer. ❷

Top Banana Guesthouse ㊵, 9 St. 278, Ecke 51, ✆ 012-885 572, 🖥 www.topbanana.biz. Auf der Dachterrasse treffen sich Traveller, um Partys zu feiern. Hier ist jeden Abend etwas los, vor allem donnerstags bei Livemusik. Gemischte AC-Dorms, Frauenschlafsaal mit 6 Betten ohne Fenster, Zimmer teils mit Gemeinschaftsbad. Oft ausgebucht. Im Schwesterhotel **Mini Banana** ㊹, 136 St. 51, ✆ 023-726 854, eine Straßenecke weiter, gibt es weitere einfache Dorm-Zimmer. Dormbett US$6. ❶–❷

Town View 2 Hotel ㉝, 53 St. 113, ✆ 023-633 8080, 🖥 www.townviewhotel.com, [9662]. Mittelklassehotel zum Budgettarif: Aufzug, Marmorboden, Betten mit Nachttisch, TV, Schreibtisch, Minibar. Bäder teils mit Wanne. Gutes Preis-Leistungs-Verhältnis. ❷

Mittlere Preisklasse

🏨 **Anise Hotel & Restaurant** ㊴, 2C St. 278, ✆ 023-222 522, 🖥 www.anisehotel. com.kh, [9668]. Besonders einladend ist das gemütlich-asiatisch eingerichtete Restaurant. Auch das Haus punktet durch ansprechende Optik. Die Zimmer sind ordentlicher Mittelklasseschick, gefliest und mit Holzmöbeln ausgestattet, ohne viel überflüssige Dekoration. Inkl. Frühstück und Wäscheservice. Unterstützt soziale Projekte von „Friends". ❹–❺

Hotel Nine ㊲, 48 St. 9, ✆ 023-215 964, 🖥 www.hotel-nine.com, [9669]. In einer Seitenstraße verbirgt sich hinter einer Mauer ein 3-stöckiges Gebäude mit Zimmern, die rund um einen Pool angeordnet sind. Modern gestaltet in Beige-Braun-Tönen, große Bäder mit abgetrennter Dusche. Inkl. Frühstück. ❹–❻

Khmer Surin Boutique Guesthouse ㊶, 11A St. 57, ☎ 012-731 909, 🖳 www.khmersurin. com.kh, [9670]. Dunkle Möbel, Bastmatten, Schnitzereien an den Wänden – das Haus punktet mit stilvollem asiatischen Boutique-Stil. Alle Zimmer mit Kühlschrank, Safe, Flachbildschirm und begrüntem Balkon. Die Standardzimmer ohne Fenster, Tageslicht gibt es dann nur bei geöffneten Balkontüren. ④–⑤

One Up Banana Hotel ㊺, Z9 132 St. 51, ☎ 023-211 344, 🖳 www.1uphotelcambodia. com, [9667]. Modernes Haus mit großzügigen Zimmern, schön eingerichtet mit Kleiderschrank, Minibar, TV und Kitchenette. Fön, Bademäntel, Slipper. Die Bäder haben moderne Design-Sanitäranlagen. Dachterrasse. ④

🏨 **Rambutan Resort** ㊾, 29 St. 71, ☎ 017-992 240, 🖳 www.rambutanresort.com, [9671]. Boutique-Stil-Hotel. Die Waschbetonwände sind mit chinesischen Pop-Art-Motiven geschmückt. Pool mit kleinem Wasserfall im Innenhof. Die Zimmer sind minimalistisch ausgestattet: halb offene Bäder zum Zimmer, Betonboden, Safe, Minibar, einige mit kleiner Terrasse und Außenbadewanne. Halb überdachtes Restaurant und aufmerksamer Service. Inkl. Frühstück à la carte, Tee und Kaffee. ⑤–⑥

🏨 **Tea House** ㉟, 32 St. 242, ☎ 023-212 789, 🖳 www.theteahouse.asia, [9672]. Schon die Lobby überzeugt mit japanischem Design. Die Zimmer sind recht einfach, aber wirkungsvoll dekoriert: eine orange-rote Wand mit goldenen Ecken, asiatische Motive an den Wänden, Flachbildschirm, Safe, Minibar, Ablagefläche und Spiegel. Bäder mit Design-Waschtisch und Dusche mit Glasabtrennung. Kleiner Pool, Restaurant. Inkl. Frühstück. Die Tea-Lounge lockt mit einem Angebot von über 30 Teesorten. ④–⑥

The Kabiki ㊱, 22 St. 264, ☎ 023-222 290, 🖳 www.thekabiki.com, [9673]. Das Familienhotel in Phnom Penh in einer autofreien Seitenstraße. Der große Garten mit den vielen (beschrifteten) Bäumen ist von einer Mauer umgeben und lockt zum Spielen. Großer Salzwasser-Pool für Erwachsene und ein kleines Becken für Kinder. Zimmer im Haupthaus oder im Garten mit eigener Terrasse.

Die Familienzimmer haben ein zusätzliches Etagenbett. Safe, TV. ④–⑤

🏨 **The 240** ㉕, 83 St. 240, ☎ 023-218 450, 🖳 www.the240.asia, [9675]. 10 wunderbar einfache elegante Zimmer. Der Raum wird dominiert vom großen Bett mit Moskitonetz. Farbtupfer durch Seidenkissen. Wenige Einrichtungsgegenstände wie Kommode, Spiegel, Flatscreen und Minibar. Zum Zimmer hin offene Bäder. Die teureren Zimmer mit Minipool oder Minigarten. Kostenfreie Nutzung der Pools im Kabiki und Pavilion Hotel. Galerie im Erdgeschoss. Inkl. Frühstück. ④–⑤

The Willow ㊳, 1 St. 21, ☎ 023-996 256, 🖳 www.thewillowpp.com, [9674]. Villa aus den 1960er-Jahren mit begrüntem und überdachtem Vorhof. Unverkennbar die Architektur und Stilelemente der damaligen Zeit: halbrunde Erker, Balkone oder Metallgitter. Die Zimmer sind ausgestattet mit großen Betten mit Moskitonetz, Einbauschränken und großen Gemälden. Die 2. Etage wurde nachträglich aufgesetzt, moderner gestaltet, mit Retrofliesen und großzügigen Bädern. Viele Zimmer mit Balkon und großen Glasflächen. ⑤

Villa Nane ㊼, 10 St. 306, ☎ 023-989 997, 🖳 www.villanane.com, [9676]. 15 helle Räume beherbergt dieses in einer ruhigen Straße gelegene Haus. Alle Zimmer sind großzügig mit einer farblich gestalteten Wand, dunklen Möbeln und hellen großen Bädern ausgestattet. Unter dem Dach ein Familienzimmer mit Doppel- und Einzelbett sowie eine Suite mit komplett eingerichteter Küche. Kleiner Pool, große Kinderecke mit Spielzeug. Gerichte aus ökologisch und fair gehandelten Produkten, s. Restaurants. ⑤–⑥

Obere Preisklasse

Patio Hotel & Urban Resort ㊸, 134Z St. 51, ☎ 023-997 900, 🖳 www.patio-hotel.com, [9682]. Schicke Stadtzimmer: modern minimalistisch, Farbtupfer durch moderne Gemälde und Dekokissen. Leider sind die Zimmer klein. Im halb offenen Restaurant auf der 7. Etage eröffnet sich ein toller Blick auf Wat Langka. Fast noch besser ist der Blick aus dem Infinity-Pool ein Stockwerk höher. Preisnachlässe bei mehr als einer Übernachtung. Inkl. Frühstück. ⑤–⑦

The Pavilion ㉛, 227 St. 19, ✆ 023-222 280, 🖳 www.thepavilion.asia, [9684]. Die restaurierte Villa aus den 1920er-Jahren bietet sehr einladende Zimmer. Modern, aber mit kolonialem Flair eingerichtet. Teils wurden alte Fliesen erhalten, und einige Zimmer haben Holzfußboden. Im Garten gibt es recht kleine Standardbungalows. Wer mehr ausgeben kann, bezieht einen der großen Bungalows mit eigenem Jacuzzi. Der große Pool wird durch viele Bäume und Palmen beschattet. Spa. Keine Kinder unter 16 Jahren. ⑤–⑥

The Villa Paradiso ㉔, 25-27 St. 222, ✆ 023-213 720, 🖳 www.thevillaparadiso.com, [9685]. 14 Zimmer im Kolonialhaus oder am Pool. Alle Zimmer sind unterschiedlich gestaltet: Mal wohnt man in einem Khmer-, mal in balinesischem und mal in einem arabischen Ambiente. Große Betten mit guten Matratzen und Moskitonetz. DVD-Auswahl, Safe, Minibar. Spa-Anwendungen. Restaurant. ⑤–⑦

Villa Langka Boutique Hotel ㊷, 14 St. 282, ✆ 023-726 771, 🖳 www.villalangka.com, [9677]. 24 Zimmer in einer alten Khmer-Villa und 24 weitere in einem neuen 2-stöckigen Gebäude, einige mit Fenster zum offenen Gang, alle unterschiedlich gestaltet, Himmelbett und tolle alte Bodenfliesen, die Einrichtung ein Mix aus Alt und Modern. Offene Bäder. Alles von Palmen und tropischen Pflanzen umgeben, schöner Pool in der Mitte. Inkl. Frühstücksbuffet. ⑤–⑥

🏠 **White Mansion Boutique Hotel** ㉚, 26 St. 240, ✆ 023-555 0955, 🖳 www.hotelphnompenh-whitemansion.com, [9687]. Das Kolonialgebäude wirkt beeindruckend durch den Einsatz von Säulen, Balkonen und dank der hohen Decken. Innen bietet das Haus einen Mix aus Alt und Modern: Es hängt viel Kunst an den Wänden, und die Zimmer sind elegant in Schwarz-Weiß-Optik gehalten. Asiatische Dekorationen, Flatscreen, Minibar. Safe. Standardzimmer unter dem Dach mit Schrägen und Balkon. Business-Center, Spa. Neben dem Haus ein 25-m-Pool. Inkl. Frühstück. ⑥–⑦

Luxus

Himawari Hotel ㉓, 313 Sisowath Quay, ✆ 023-214 555, 🖳 www.himawarihotel.com, [9678]. Eine ganz eigene Welt: Auf dem Gelände und in dem Hotelkomplex gibt es Geschäfte, eine Klinik, Frisör, Geldautomaten, Restaurant, Café und eine Bar, die eigens im Hotel gebrautes Bier ausschenkt. Gut ausgestattetes Fitnesscenter, Spa, Pool, Jacuzzi, Sauna, Tennisplatz. Alle Zimmer haben einen Balkon, sind großzügig geschnitten und ansprechend möbliert (Schminktisch, TV, Minibar, kleine Küche mit Sitzplatz). ⑧

Sofitel Phnom Penh Phokeethra Hotel ㊿, 26 Sothearos Blvd., ✆ 023-999 200, 🖳 www.sofitel.com, [9679]. Gediegener Luxus und perfekter Service. Bar in der großen luxuriösen Lobby, 4 Restaurants, kleiner Fitnessraum, Spa, Tennis, Pool. ⑧

ESSEN

Phnom Penh bietet für jeden Geschmack und für jeden Geldbeutel die passende Küche – rund um die Uhr. Um 5 Uhr morgens öffnen die ersten Frühstücksstände in der Stadt. Touristenrestaurants mit Frühstück haben oft ab 6.30 Uhr geöffnet, einige mit durchgehender Küche bis 24 Uhr, sonst zwischen 10 und 23 Uhr. Teure Restaurants machen zwischen 14.30 und 17 Uhr Mittagspause. Wer zwischen Mitternacht und den frühen Morgenstunden etwas Essbares sucht, muss sich in die Barviertel begeben.

In den von Travellern frequentierten Straßen wie St. 172 und 258 servieren Guesthouses und Restaurants Pizza, Pasta und Asiatisches ab US$3, an der Uferpromenade Sisowath Quay sind die Preise etwas höher. Hauptgerichte kosten US$5–8. In vornehmen und teuren Restaurants mit entsprechendem Service gibt es Gerichte ab US$12, je nach Wahl kosten sie bis zu US$100 für ein Menü.

Nördliches Zentrum
Karte S. 146

Khmer-Küche

Bopha Phnom Penh (Titanic), Sisowath Quay, südlich des Bootsanlegers am Fluss, ✆ 023-427 209, 🖳 www.bopha-phnompenh.com. Naga-Schlangen bewachen den Eingang des überdachten Restaurants am Fluss. Schwere, tempelartige Architektur und Einrichtung, die angrenzende Titanic Lounge ist in Bootsform gestaltet. Gekocht wird ohne Glutamat, auf der Karte stehen überwiegend Khmer-Gerichte, aber auch Westliches. Spezialität des Hauses ist Wasserbüffel in verschiedenen Varianten. Zwischen 12 und 14 sowie 19.30 und 21.30 Uhr Apsara-Tanzvorführungen. ⏲ 6–22 Uhr.

Khmer Borane, 95 Sisowath Quay, ✆ 012-290 092. Exzellent zubereitete Khmer-Gerichte: *trey kor* (Fisch in Palmzucker), *lok lak* (Rinderfleisch), karamellisiertes Schweinefleisch oder Frosch. Wem die kambodschanische Küche nicht so liegt: einen einfachen Fried Rice gibt es auch. Hauptgerichte ab US$6. WLAN. ⏲ 11–24 Uhr.

Kith Eng Restaurant (kamb. Namensschild), 33B St. 169, ✆ 012-853 845, Karte S. 145. Einfache kambodschanische Küche. Das Restaurant wurde von Vann Nath gegründet, dem berühmten Künstler aus dem Tuol-Sleng-Gefängnis, der es nach seiner Frau benannte. Ein Teil seiner Bilder kann im Restaurant besichtigt werden. Die Besitzerin schließt den Raum gerne für Besucher auf. ⏲ 7–21 Uhr.

Lemongrass, 14 St. 130, ✆ 023-222 705. Khmer- und authentische Thai-Küche in dem kleinen Restaurant mit der dunklen gemütlichen asiatischen Dekoration. WLAN. ⏲ 9–23 Uhr.

Metro, 271 St. 148, ✆ 023-222 275. Asiatischer Cool-Schick. Kleine Speisekarte mit asiatisch-westlicher Fusion-Küche. Für Experimentierfreudige sind die Rindfleischscheiben mit roten Ameisen für US$8 ein Hochgenuss. ⏲ 9–1 Uhr.

Old Ponlok, 319 Sisowath Quay, ✆ 023-212 025. Die Einrichtung ist nicht gerade einladend, doch die Gerichte aus allen Teilen des Landes sind gut, günstig und lecker. ⏲ 10–22 Uhr.

Tinat Restaurant, St. 51, Ecke St. 154, ✆ 012-222 721. Ausgezeichnetes, preiswertes Restaurant mit einer riesigen Auswahl leckerer Khmer-Gerichte. Bei Einheimischen und Ausländern beliebt. ⏲ 6–22 Uhr.

Andere asiatische Küchen

Lucky Pho, 11 St. 178. Leckere Variationen der vietnamesischen Nudelsuppe *(pho)* mit frischer Minze, Chili und Limetten. ⏲ 8–21 Uhr.

Rahu, 159 Sisowath Quay, ✆ 023-215 179. Japanische Küche in kühl-grauem minimalistischem Ambiente. Sushi und Sashimi von US$2–9/Stck. ⏲ 17–2 Uhr.

Sher-e-Punjab, 16 St. 130, ✆ 023-216 360. Indische Küche, die viele indische Stammgäste anzieht. Große Auswahl vegetarischer Gerichte. WLAN. ⏲ 9–23 Uhr.

Europäische Küche

Genova, 19 St. 154, ✆ 012-390 039. Exzellente italienische Küche. Roberto ist stolz auf seine Kochkunst, und das zu Recht. Gute Pasta zu vernünftigen Preisen. ⏲ 11–23 Uhr.

La Croisette, 241 Sisowath Quay, ✆ 023-220 554, ⌨ www.lacroisette.asia. Schwerpunkt der Speisekarte ist italienisch. Angenehm hell gestaltetes Restaurant mit schönem Außenbereich. WLAN. ⏲ 7–1 Uhr (Küche bis 24 Uhr).

La Volpaia, 20-22 St. 13, ✆ 023-992 739. Pizza, Pasta, Salate und als Nachtisch Pannacotta:

€ Wo man günstig isst

Günstiges Essen findet man an der **Ostseite des Psar Thmei**. Einige der Stände haben bereits eine englische Speisekarte. Hier zahlt man 5000–6000 Riel für Nudelsuppen oder gebratenen Reis mit Fleisch und Gemüse. Die typisch asiatischen Süßspeisen aus Reis (meist in ein Bananenblatt gewickelt) kosten etwa 2000 Riel. Auch im **Russischen Markt** gibt es eine Menge günstiger Foodstalls.

In vielen Straßen bieten zudem am frühen Morgen und Abend **mobile Garküchen** einfache Wokgerichte ab 4000 Riel an. Am besten dort hinsetzen, wo viele Einheimische verkehren – sie wissen, wo das Essen gut ist. **Straßenverkäufer** fahren durch die Straßen und verkaufen frisches Obst, Fleischspieße oder belegte Baguettes. Vor den einschlägigen Nachtlokalen bauen sie ebenfalls ihre Stände auf.

Hygienisch ansprechender als auf den Märkten und auf der Straße und zudem klimatisiert sind die Essensstände in den **Shoppingcentern Sorya** und **Sovanna**: Hier kauft man Essensmarken und wählt dann auf den Schautafeln die Gerichte aus.

einfache und gute italienische Küche, nicht ganz günstig. ⏲ 12–14.30 und 17.30–22.30, Sa, So 12–22.30 Uhr.

Pop Da Giorgio, 371 Sisowath Quay, ✆ 012-562 892. Nicht nur bei italienischen Expats einer der beliebtesten Italiener in Phnom Penh. Es gibt Pizza und Nudelgerichte. ⏲ 11.30–14 und 18–22 Uhr.

Riverside Bistro, 273 Sisowath Quay, Ecke St. 148, ✆ 023-213 898. Seit Jahren vom deutschen Auswanderer Andy geleitetes beliebtes Restaurant mit internationalen und einheimischen Gerichten. Große Auswahl deutscher Klassiker, wie Rindsroulade für US$7,50 oder Schwarzwälderkirschtorte und Paulaner-Bier. Zudem hausgemachtes deutsches Brot. Ab 20 Uhr Livemusik. WLAN. ⏲ 7–1 Uhr.

Van's, 5 St. 102, ✆ 023-722 067, 🖥 www.vans-restaurant.com. In dem toll restaurierten Kolonialhaus mit Garten befand sich einst die Indochina Bank. Im Restaurant auf der 1. Etage sind die alten Mosaikfliesen noch erhalten, im Erdgeschoss die Tresortüren, hinter denen sich jetzt Büros befinden. Auch wer nicht hier essen möchte, kann tagsüber einen Blick in das Gebäude werfen. Raffinierte französische Küche, bei der auch Froschschenkel und Gänseleber nicht fehlen. Hauptgerichte US$20–40. ⏲ 11.30–14.30 und 17–22.30 Uhr.

Aus aller Welt

Botanic Café Art Gallery, 126 St. 19, ✆ 077-589 458. Klassisches Kolonialgebäude von 1920. Bei der Renovierung 2005 sind der Vorgarten und der begrünte Innenhof erhalten geblieben, ebenso wie Teile der Bodenfliesen. Das Restaurant bietet eine Plattform für lokale Künstler, die hier ihre Werke ausstellen. Die Küche ist westlich orientiert. Im 1. Obergeschoss wird „Dining in the Dark" ab 17 Uhr angeboten: kulinarischer Sinnesgenuss im Dunkeln. ⏲ 7–21.30 Uhr.

FCC (Foreign Correspondent Club), 363 Sisowath Quay, ✆ 023-210 142, 🖥 www.fcchotels.com. Eine Legende: Seit Jahrzehnten von Journalisten frequentiert (inzwischen allerdings hauptsächlich von Touristen besucht), ist das Restaurant eines der schönsten im Kolonialstil. Hohe Decken und Ventilatoren, offene Balus-

traden und einige bequeme Ledersessel. Ein perfekter Platz, um einen Drink zu nehmen, die ausliegenden Zeitungen zu studieren oder auf das Treiben am Flussufer zu schauen. Die Speisen sind westlich orientiert und nicht ganz günstig. Happy Hour (2 Getränke zum Preis von 1) von 17–19 und 22–24 Uhr. ⏲ 6–24 Uhr.

Fish, Sisowath Quay, Ecke St. 108, ✆ 023-218 786. Gehört zum Boutiquehotel nebenan. Große Auswahl an Fischgerichten, aber auch Lamm und Chicken Wings stehen auf der Karte. Delikat zubereitet ist der grüne Mangosalat mit Hühnchenbrust. Fischliebhaber teilen sich gerne die große Fischplatte für 2 Pers. für US$20. ⏲ 7–24 Uhr.

Mary & Jas, 59 St. 172. Kleines gemütliches Restaurant mit Korbsesseln an der Straße und 6 einfachen Holztischen innen. Überwiegend westliche Küche, aber auch Asiatisches findet man auf der Speisekarte. Entspannte Atmosphäre, Blues und Chill-out-Musik. ⏲ 7–23 Uhr.

Mekong River Restaurant, 1 St. 118, Ecke Sisowath Quay, ✆ 023-991 150. Beliebtes Restaurant im 24-Std.-Dauerdienst. Von den Außentischen lässt sich herrlich das Treiben auf der Uferstraße beobachten. Freundlich und zügig werden günstige Western-, Khmer- und Thai-Gerichte serviert. Während der fast durchgängigen Happy Hour von 7 bis 24 Uhr kostet ein frisch gezapftes Angkor Bier US$0,75. Klimatisierte Cocktail-Lounge auf der 1. Etage. Frühstücksbuffet 7–11.30 Uhr für US$2,95. Auf der Zwischenetage stdl. zwischen 11 und 21 Uhr 2 Filme in englischer und französischer Sprache, einer über die Roten Khmer, der andere zur Landminen-Problematik. ⏲ 24 Std.

Riverhouse Asian Bistro, St. 110, Ecke Sisowath Quay. Tapas, Nudeln und super Steaks – nicht nur vom Rind (auch Krokodil wird als Steak serviert). Draußen wie drinnen Lounge-Atmosphäre, ab 22 Uhr Barbetrieb. ⏲ 10–1 Uhr.

The Blue Pumpkin, 245 Sisowath Quay, ✆ 023-998 153, 🖥 www.tbpumpkin.com. Das Konzept ist ein voller Erfolg. Es gibt bereits 17 Filialen in Kambodscha. Große Frühstücksauswahl (französisches, englisches und amerikanisches Frühstück, zudem kambodschanische und vietnamesische Nudelsuppe).

Noodle(n) statt Pasta

Chilly Noodle House, 1 St. 172, ☎ 098-269 986. Suppen mit hausgemachten Nudeln: einfach lecker und günstig. Es gibt auch gebratene Nudeln oder einfache Reisgerichte. ⏲ 9–23 Uhr.

Noodle Café, 67 St. 113, ☎ 023-993 699, ⌨ www.noodle-cafe.com. Hervorragende Nudelsuppen in allen Variationen, ein paar Gerichte mit Fleisch, außerdem Kuchen, Kaffee- und Teespezialitäten. Asia-Nachspeisen-Liebhaber sollten unbedingt den „Rote-Bohnen-Shake" probieren. Das Ganze kann man klimatisiert auf der 1. Etage im 70er-Jahre-Retro-Kaffeehaus-Design genießen. Brettspiele, WLAN. ⏲ 7–21 Uhr.

Noodle Garden, 121 Sisowath Quay, ☎ 023-722 233, ⌨ www.noodlegardencambo.com. Reis- und Nudelgerichte hongkong-chinesischer Art. Liebhaber von Dim Sum kommen hier auch auf ihre Kosten. Gute Auswahl an Reis- und Nudelsuppen – alles im modern gestalteten AC-Restaurant. WLAN. ⏲ 7–24 Uhr.

Noodle House, 32 St. 130, Ecke St. 5, ☎ 077-919 110. In einem wunderschönen restaurierten kolonialen Eckgebäude untergebracht. Nudelsuppen im Khmer- und Thai-Stil. Die chinesische Suppe mit hausgemachten Nudeln ist ein echter Tipp. Ebenso die Nudeln in gebratener Form oder Bor Bor (kambodschanische Reissuppe). ⏲ 8–23 Uhr.

Gerichte aus der westlichen und der Khmer-Küche. Empfehlenswert ist *Fish Amok Ravioli*. Gutes Eis und eine grandiose Auswahl an Kuchen. Einladende, ganz in Weiß gehaltene Lounge auf der 1. Etage mit bequemen Sofas. WLAN. ⏲ 6–23 Uhr.

The Latin Quarter, St. 178, Ecke St. 19, ☎ 093-319 081, ⌨ www.thelatinquarter.net. Spanisch-lateinamerikanische Küche im kolonialen Hacienda-Stil. Tapas ab US$3. ⏲ 11 Uhr bis spät.

Südliches Zentrum
Karte S. 148
Khmer-Küche

Khmer Surin Restaurant, 9 St. 57, ☎ 023-993 163, ⌨ www.khmersurin.com.kh. Restaurant auf 3 Etagen in einem alten Holzhaus mit überdachter Veranda und ansprechendem asiatischen Ambiente. Hier sitzt man nicht nur toll, auch die Küche mit kambodschanischen und thailändischen Gerichten ist hervorragend. Thailändische Currys, Pad Thai, Laab-Salat oder kambodschanische Klassiker von *lok lak* über *kha cheung jrouk* (Schweinefuß in Palmzucker) stehen auf der umfangreichen Speisekarte. ⏲ 17–22 Uhr.

Kravanh Restaurant, 112 Sothearos Blvd., ☎ 012-539 977. Authentische Khmer-Küche im klimatisierten Restaurant mit passender musikalischer Untermalung. Toll zubereitet, munden z. B. die butterzarten rohen Rindfleischscheiben in Zitronenmarinade oder Reisnudeln mit roter Currysauce *(num banh chok samla nam-ya)*. Gerichte US$3–6. ⏲ 11–14 und 17–21 Uhr.

La Table Khmère, 11E St. 278, ☎ 012-238 068, ⌨ www.la-table-khmere.com. Klassische Khmer-Küche mit kreativer Note und fein abgestimmten Aromen, um US$6. Empfehlenswert die Crying-Tiger-Spieße. Kochkurse. ⏲ 11–23 Uhr.

Malis, 136 Norodom Blvd., ☎ 023-221 022, ⌨ www.malis-restaurant.com. Nicht nur das Ambiente mit den Fischteichen, der Buddhafigur und Fächerpalme ist eine Augenweide. Die Speisekarte ist umfangreich – das Lesen allein macht bereits Freude. Einige von Küchenchef Luu Meng kreativ interpretierte Rezepte sind unbedingt einen Versuch wert. Beliebt bei Reisegruppen. Innen auch klimatisiert. Reservierung empfohlen. ⏲ 6.30–23 Uhr.

No. 1EEo, St. 258. Das Restaurant zwischen dem Okay und Lazy Gecko Gh. hat eigentlich keinen Namen, nur die Hausnummer auf der Markise. Einfaches kleines Restaurant, gekocht wird auf den Gaskochern hinter der Theke. Umfangreiche Karte mit typischen einfachen kambodschanischen

Gerichten für US$1,50–3. Auch bei Einheimischen beliebt. ⏱ 6.30–18 Uhr.

Sleuk Chark Restaurant, 165 St. 51, ☎ 023-211 707. Feine kambodschanische Küche. Das Restaurant wird überwiegend von Einheimischen frequentiert. Auf der 1. Etage speist man an niedrigen Tischen ohne Stühle; draußen im von Bambusmatten überspannten begrünten Hof kann der Westler wie gewohnt an Tisch und Stuhl Platz nehmen. Auf der Speisekarte gibt es auch Ausgefallenes wie frittierte Spinnen und Rindfleisch mit roten Ameisen. ⏱ 10–15 und 17–22 Uhr.

Sugar Palm Restaurant, 19 St. 240, ☎ 092-393 572. Hübsches kleines Restaurant mit Terrasse auf der 1. Etage. Tolle Vorspeisenplatte für 3–4 Pers. Die Currys sind lecker, und die Portion reicht für 2 Pers. WLAN. ⏱ 11–22 Uhr.

Andere asiatische Küchen

Bayan, 245 St. 51, ☎ 012-850 065. Gute Auswahl an günstigen thailändischen Gerichten. Mittags-Buffet unter US$5. Und wer mag, kann sich nebenan noch mit einer thailändischen Massage verwöhnen lassen. ⏱ 7–22 Uhr.

Magnolia, 55 St. 51, Ecke St. 242, ☎ 012-529 977. Vietnamesische Küche in ihrer ganzen Vielfalt: Suppen wie *pho* in verschiedenen Varianten für US$3, Gerichte mit Fisch oder Fleisch, Hot Pot für US$6–8. Für kleine Gäste stehen auch Pommes auf der Speisekarte. Draußen sitzt man in einem begrünten Innenhof unter hellen Schirmen. ⏱ 10–22 Uhr.

Origami, 84 Sotheāros Blvd., ☎ 012-968 095. Japanische Küche im feinen AC-Restaurant. Serviert Sashimi und Sushi. Sashimi-Teller ab US$15, Sushi ab US$2/Stück. Mittagsmenüs ab US$6. ⏱ 10–14 und 18–22 Uhr.

Yakitori Jidaiya, 17 St. 278, ☎ 023-630 2254. Japanisch auf hohem Niveau. Es gibt kein Sushi auf der Karte. ⏱ 11–15 und 17–24 Uhr.

Europäische Küche

Comme La Maison, 13 St. 57. Französischer Feinkostladen und Bäckerei mit tollen Croissants, Petit Fours oder hausgemachter

---

🌳 **Lust auf Vegetarisch?**

Café Soleil, 22D St. 278, ☎ 012-923 371. Vegetarisch und ohne Glutamat-Zusatz: Fast 20 kambodschanische vegetarische Gerichte bietet das kleine Café zur Wahl. Gut und günstig. Erfrischend der Lemongrass-Tee. WLAN. ⏱ 7–22 Uhr.

 Evergreen Vegetarian House, 109 St. 130, ☎ 012-222 155. Gerichte quer durch den asiatischen Kontinent ohne Fisch, Fleisch oder Geschmacksverstärker. Wunderbar gewürzt, besteht ein einfaches Gericht aus vielen einzelnen Geschmacksnoten. Vegetarischer Schinken und Tofu als Fleischersatz, der von Geschmack, Würze und Konsistenz tierischer Herkunft überlegen ist. Mittagsmenüs. ⏱ 7–14 und 15.30–21 Uhr.

The Corn, Suramarit Blvd. (St. 268), ☎ 017-773 757, 🖥 www.thecorn.com. In dem kleinen Haus mit Terrasse werden vegane Speisen wie *amok* oder thailändische Currys serviert. (Hier gibt es auch Angebote für Nicht-Veganer mit Fleisch oder Fisch.) ⏱ 11–22 Uhr.

€ **The Vegetarian**, 159 St. 19, ☎ 012-905 766. Kein Fleisch, kein Fisch, keine Eier – dafür eine großartige Auswahl vegetarischer asiatischer Gerichte. Von kambodschanischem *lok lak* über Nudeln malaysischer Art bis hin zu thailändischen *pad-thai*-Nudeln oder japanischem Tempura – auch eingefleischte Nicht-Vegetarier werden im kleinen Bambusgarten fündig. Als Beilage wird weißer oder brauner Reis serviert. Gute, wenig gesüßte Fruchtshakes. Gerichte US$1,75–2. WLAN. ⏱ 10.30–20.30 Uhr, So geschl.

Vego Salad Bar, 21B St. 294, ☎ 012-984 596. Frische Salatbar – Blattsalate und viele andere frische Zutaten, gekühlt auf einer Theke. Die Salate gibt es auch als Wrap. Außerdem frisch zubereitete Bagels und Sandwiches. Wem mehr nach etwas Warmem ist – 9 leckere und günstige Hauptgerichte. Alle sind nach Städten benannt. Frisch gepresste Säfte dazu – lecker und gesund. Entweder im AC-Restaurant oder draußen. ⏱ 7.30–21 Uhr.

Ökologisch, sozial und Fair Trade

Phnom Penh bietet eine Menge Möglichkeiten nicht nur den Hunger zu stillen, sondern dabei auch einen sozialen Beitrag zu leisten.

Café Yejj, 170 St. 450, ✆ 092-600 750, 🖥 www.cafeyejj.com. Frühstück, Sandwiches, Pasta. Die Zutaten stammen aus ökologischem Anbau, von lokalen Bauern oder sind Fair-Trade-Produkte. Hier erhalten Frauen und Jugendliche in Notsituationen eine Ausbildung. ◷ 8–21 Uhr.

Friends Creative Tapas, 215 St. 13, ✆ 012-802 072, 🖥 www.mithsamlanh.org. Hervorragende Fusion-Tapas: vegetarisch oder mit Fisch/Fleisch. Außerdem wechselnde Wochenmenüs. Ehemalige Straßenkinder erhalten hier eine Ausbildung. Unbedingt reservieren. ◷ tgl. außer Mo 11–21.30 Uhr.

Hagar, 44 St. 310, ✆ 010-333 095, 🖥 www.hagarcatering.com. Frauen, die hier arbeiten, wurden Opfer von Gewalt und bekommen nun im Restaurant Unterstützung und Arbeit. Gutes kambodschanisches/westliches Mittagsbuffet für US$6,50. Do–Fr ab 17.30 Uhr Hotpot und Grillbuffet für knapp US$10. ◷ 7–14 Uhr.

Lotus Blanc, 152 St. 51, ✆ 017-602 251. Sourire d' Enfant unterhält das Schulungsrestaurant, in dem unterprivilegierte Jugendliche eine Ausbildung erhalten. Westlich-asiatische Speisekarte, Salatbuffet für US$5, Fr Livemusik. ◷ außer So 7–22 Uhr.

Peace Café, 14 St. 392, ✆ 012-436 806. In dem kleinen hübschen Café werden Tee, Smoothies, Kaffee, Salate, Sandwiches und Eiskreationen serviert. Im angrenzenden Geschäft gibt es Holzarbeiten (viele christliche Motive), Seidentücher und Schmuck zu kaufen – hergestellt von behinderten Menschen. WLAN. ◷ Di–So 9–18 Uhr.

 Romdeng, 74 St. 174, ✆ 092-219 565, 🖥 www.mithsamlanh.org. Der Name *Romdeng* bezeichnet eine Ingwerart, die oft in der kambodschanischen Küche verwendet wird. Das Restaurant ermöglicht ehemaligen Straßenkindern eine Ausbildung. Serviert werden sehr gute kreative authentische kambodschanische Gerichte in einem Kolonialgebäude. Mutige können als Snack frittierte Tarantel probieren. Auf der 1. Etage Souvenirs von Friends' n' Stuff. ◷ 11–21 Uhr.

Sugar & Spice Café, 65 St. 178, 🖥 www.daughtersofcambodia.org. Unterstützt Frauen, die aus dem Sexgewerbe ausgestiegen sind. Suppen, Sandwiches, Salate und Kuchen. Ausgefallene Crêpes-Kreationen und Smoothies wie Kürbis-Ingwer-Espresso-Smoothie. Wechselnde Monatsangebote. WLAN. ◷ 9–18 Uhr.

Veiyo Tonle, 237 Sisowath Quay, ✆ 012-350 199, 🖥 www.ncclaorphanage.org. Hübsches kleines Restaurant am Fluss. Frühstücksauswahl für US$3,95. Gute Khmer-Küche und Pizza. Die Gewinne gehen an ein Waisenhausprojekt. WLAN. ◷ 7–23 Uhr.

Villa Nane, 10 St. 306, ✆ 023-989 997, 🖥 www.villanane.com. Restaurant im gleichnamigen Hotel. Internationale Gerichte aus ökologisch und fair gehandelten Produkten. Kinder haben eine Spielecke mit vielen Büchern und Spielzeug. ◷ 7–20.30 Uhr.

Paté. ◷ 6–22.30 Uhr. Im Restaurant französische Hausmannskost, Pasta und Pizza, aber auch Kleinigkeiten wie Quiche und Sandwiches. ◷ 11.30–14.30 und 18–22.30 Uhr.

La P'tite France, 38 St. 306, ✆ 016-642 630. In einer alten Villa zaubert Didier Pierrot klassische französische Gerichte. Mittags gibt es ein 2-Gänge-Menü für US$9. ◷ 10–14 und 18–22 Uhr.

La Residence, 22-24 St. 214, ✆ 023-224 582, 🖥 www.la-residence-restaurant.com.

Überwiegend französische Speisen in exklusiver und gediegener Atmosphäre. Hauptgerichte ab US$15, das Menü mit 3 Gängen für US$15 oder US$29. ◷ 11–14.30 und 18.30–22 Uhr.

Luna, 6C St. 29, ✆ 023-220 895. Pizza und Pasta im lauschigen Garten. Bequeme Salas und Sofaecken. Empfehlenswert sind die *Ravioli Luna* mit Gorgonzola, Pinienkernen und Rosinen. Sa und So Brunch à la carte ab 9 Uhr. ◷ 11–22 Uhr.

Meta House, 37 Sothearos Blvd., ✆ 023-224 140, 🖳 www.meta-house.com. Kulturzentrum, dessen Art Café eine europäische Speisekarte mit einigen deutschen Klassikern wie Thüringer Bratwurst, Kartoffelsalat oder Currywurst bietet. WLAN. ⏰ Di–So 16–23 Uhr.

Topaz, 182 Norodom Blvd., ✆ 023-221 622, 🖳 www.topaz-restaurant.com. Französische Spitzenküche im edlen modernen Ambiente. Chefkoch Alain Darc zaubert Köstliches mit Trüffel, Gänseleberpastete und frischen Langusten. Nicht ganz günstig, Mittagsmenüs US$15–20. ⏰ 11–14 und 18–22 Uhr.

Aus aller Welt

Casolina, 56-58 St. 57, ✆ 012-691 402. Großes Gartenrestaurant mit gepflegtem Rasen, Kindertischen und Klettergerüst. Kindermenüs für US$4,50. Die Erwachsenen sitzen unter der überdachten Terrasse oder auf bequemen Salas und genießen internationale Küche. Dez–März abends Open-Air-Filme – **The Flicks 3**, 🖳 www.theflicks-cambodia.com. WLAN. ⏰ 8–23 Uhr.

Frizz, 67 St. 240, ✆ 012-524 801. Mix aus internationalen und einheimischen Gerichten, Fruchtshakes, Lassis. Hier treffen sich die Teilnehmer der Kochkurse der Cambodia Cooking Class (S. 178). ⏰ 10–22 Uhr.

Le Jardin, 16 St. 360, ✆ 017-555 035. Für Kinder gibt es in dem großen Innenhof einen Sandkasten, ein Spielhaus mit Rutsche und Spielzeug. Kindermenüs wie Pasta-Gerichte und Süßes. Erwachsene relaxen unter schattigen Bäumen und Segeln auf Sofas. Salate und andere mediterrane Gerichte. Die *Süddeutsche Zeitung* liegt hier aus. WLAN. ⏰ 9–22 Uhr, Wochenende 8–22 Uhr.

Mama Restaurant, 9 St. 111. Einfaches Restaurant mit französisch-englischer Speisekarte, auf der die üblichen Fried-Rice- und Fried-Noodles-Gerichte zu finden sind. Gute Frühstücksauswahl und hervorragendes Rindfleischgericht mit Kartoffeln und Möhren. Der Besitzer ist hauptberuflich Archäologe und weiß die ein oder andere unterhaltsame Geschichte zu erzählen. ⏰ 7.30–21.30 Uhr.

Naturae, 83 St. 240, ✆ 023-218 450. Kleine Auswahl an westlichen Gerichten um US$8 aus Biozutaten. Frühstücksets US$7.

Die Tische auf der Terrasse sind mit Gras dekoriert. Verkaufen Bio-Hipp-Babynahrung. ⏰ 9–21 Uhr.

Tamarind, 31 St. 240, ✆ 012-830 139. Empfehlenswerte mediterrane und nordafrikanische Küche. ⏰ 9–24 Uhr.

Cafés und Eisdielen

Java Café & Gallerie, 56 Sihanouk Blvd., ✆ 023-987 420, 🖳 www.javacambodia.com. Kaffee, Kuchen, Burger, Sandwiches und Smoothies. Gut klimatisiert auf 2 Etagen. Schöner Balkon mit Blick auf das Unabhängigkeitsdenkmal. An den Wänden wechselnde Kunst, die auch käuflich zu erwerben ist. Ab 20 Uhr gibt es Muffins und Cupcakes zum halben Preis. WLAN. ⏰ 6–22 Uhr

The Shop, 39 St. 240, ✆ 092-955 963. Gemütliche Bäckerei und Café. ⏰ Mo–Sa 6.30–19, So 6.30–15 Uhr.

UNTERHALTUNG UND KULTUR

Aktuelle Veranstaltungstermine und Informationen gibt es online unter **Lady Penh**, 🖳 www.ladypenh.com. Hier findet man eine ausführliche Übersicht über Filme, Konzerte, Ausstellungen und mehr. **Leng Pleng**, 🖳 www.lengpleng.com, veröffentlicht ab donnerstags die Live- und DJ-Auftritte der kommenden Woche. Für einen **Blick in die Club-Szene** lohnt auch der Besuch von 🖳 www.phnom-penh-underground.com. **The Advisor**, 🖳 theadvisorcambodia.com, gibt wöchentlich eine kostenlos ausliegende Zeitung heraus, die umfangreiche Kulturtermine, Livemusik und andere Tipps zu Aktivitäten enthält. In der Freitagsausgabe der *Phnom Penh Post* stehen die Events der kommenden Woche in der **What's on?**-Beilage, im **Asia Life Magazin** monatlich Veranstaltungshinweise.

Entlang dem Tonle-Sap-Fluss, am Sisowath Quay, reiht sich ein Restaurant (viele mit Barbetrieb) an das andere. Musik, Getränke oder Ausstattung: Hier findet jeder etwas nach seinem Geschmack. Ständig kommen neue angesagte Locations hinzu. Zahlreiche Pubs, aber auch Bars mit weiblicher Unterhaltung, reihen sich in der St. 104 und 136. Nachts wird es in den Clubs rund um die St. 51, zwischen

St. 154 und 174, richtig voll. In den Straßen mischen sich das ausgehfreudige Publikum, Barmädchen und Prostituierte.

Bars und Kneipen

Blue Chilli, 36 St. 178. Beliebter Treffpunkt der Gay-Gemeinde. Fr und Sa ab 23 Uhr Travestie-show. ⏱ 18–2 Uhr.

Dodo Rhum House, 42C St.178. Angenehme kleine Bar, beliebt bei französischen Expats. Der Besitzer importiert weißen Rum aus seiner Heimat Frankreich und veredelt diesen (z. B. mit Passionsfrucht, Schokolade oder Karamell). Gute westliche Gerichte. ⏱ 17–1 Uhr.

Eclipse Bar im Phnom Penh Tower, 44 Monivong Blvd., ✆ 023-964 171. Die beste Aussicht über Phnom Penh lockt auf die 22. Etage, 360-Grad-Panoramablick aus dem offenen schicken Restaurant und der Bar. Die Preise für die international ausgerichtete Küche sind etwas teurer. An den Tischen kann man aber auch einfach einen Drink zu sich nehmen und den Sonnenuntergang genießen, während der Happy Hour von 17.30–19 Uhr 30 % auf Getränke. ⏱ 17–2 Uhr.

Elephant Bar, im Raffles Le Royal Hotel, St. 92. Gediegener 30er-Jahre-Schick mit dezenter Klavieruntermalung. Etwas störend wirkt in dem Ambiente nur der Billardtisch. Nicht ganz billig. Zur Happy Hour von 16–21 Uhr kosten die Getränke die Hälfte. ⏱ 14–24 Uhr.

Equinox, 3A St. 278, ✆ 023-676 7593, 🖥 www.equinox-cambodia.com. Angesagte Bar auf 2 Ebenen: Kunstausstellungen, kostenlose Konzerte, Quiz- und Comedy-Abende und vieles mehr – einfach mal einen Blick auf die Veranstaltungshinweise werfen. Westlich orientierte Speisen. ⏱ 8 Uhr– Ende offen.

Garage, St. 110. In der kleinen Kneipe kommen Musikliebhaber der 60er- und 70er-Jahre auf ihre Kosten, aber auch andere Musikwünsche werden gerne gespielt. Serviert neben Alkoholika auch Fast-Food. AC und Nichtraucher. ⏱ 15.30–24 Uhr.

Le Moon, 1 St. 154. Offene Hotelbar des Amanjaya Hotels auf der 4. Etage. Toller Blick auf Wat Ounalom und die Uferstraße. Loungemöbel laden zum Entspannen ein. ⏱ 17–1 Uhr.

Liquid, 3B St. 278, ✆ 023-720 157. Schicke Bar mit von abstrakter Kunst geschmückten Wänden, Billardtisch. Auf der Speisekarte nicht ganz günstige Salate, Pizza und Asiatisches. ⏱ 9–24, Wochenende bis 2 Uhr.

Memphis Pub, 3 St. 118. Kleine Bar, in der ab 22 Uhr die Hausband und andere Livebands Rock und Blues spielen. ⏱ außer So 16–2, Wochenende bis 4 Uhr.

Paddy Rice Irish Sportsbar & Restaurant, 213 Sisowath Quay, ✆ 023-990 321. Irische Spezialitäten und einheimische Küche. Prima Platz, um an den 3 Bildschirmen oder der Großleinwand Sportübertragungen zu verfolgen. Ab und an Livemusik. WLAN. ⏱ 24 Std.

Red Bar, 20 St. 308, ✆ 010-729 655. Kleine engagiert geführte Bar – gut für einen Drink zu Reggae-Musik. ⏱ 16–24 Uhr.

Sky Bar, 90 Sihanouk Blvd., ✆ 023-992 777. Nicht die höchste Bar, aber mit der besten Aussicht auf das Unabhängigkeitsdenkmal und Wat Langka. Rundum verglast, klimatisiert. Happy Hour 17–20 Uhr. ⏱ 11–1 Uhr.

Zeppelin Café, 109 St. 51. Kleine quirlige Bar mit Hard-Rock-Devotionalien geschmückt. An manchem Abend legt der Besitzer selbst Rockiges auf den Plattenteller oder mixt am PC. Fried Rice & Co. auf der Speisekarte. ⏱ 18.30–4 Uhr.

Clubs

Die Ausgehmeile ist St. 51 zwischen St. 154 und St. 174. Die Golden Sorya Mall ist gespickt mit Restaurants und Hostessenbars. Straßenhändler verkaufen bis in die Morgenstunden Essen. Die großen Clubs wie Heart of Darkness, Pontoon, Do it all und Saint Tropez liegen wenige hundert Meter auseinander. Meist wird es hier erst gegen 24 Uhr voll. Die Getränke sind etwas teurer, die Musik ist oft ohrenbetäubend.

CodeRED, gegenüber Naga World, ✆ 017-800 642, 🖥 www.codeclubasia.com. Neuer Club abseits der Partymeile. Gutes Sound-System, viele Veranstaltungen; Gast-DJs legen aktuelle Musik verschiedener Stilrichtungen, aber immer jenseits des Mainstream auf. Partyankündigungen auf Facebook: CodeRed-Cambodia. Eintritt ca. US$5–10. ⏱ meist 21–4 Uhr.

Do it all Club, 61 St. 174, ☎ 023-220 904, 🖳 www.doitallclub.com. Kleiner Biergarten mit lauschigen Sitzecken und Großleinwand. Drinnen legen DJs R'n'B oder Hip-Hop auf. So ist Reggae-Nacht. ⏰ 22–4 Uhr.

Dusk till Dawn, St. 172. In einem unscheinbaren Eingang gegenüber dem Pontoon geht es mit dem Fahrstuhl auf die 5. Etage. Auf 2 Dach-terrassen hat man nachts einen super Blick auf die Ausgehmeile von Phnom Penh. Es läuft Reggae, auf der obersten Etage legen DJs auf. ⏰ 17–5 Uhr.

Heart of Darkness, 38 St. 51, 🖳 www.heart ofdarknessclub.com.kh. Immer noch mit der angesagteste Club in Phnom Penh. Gemischtes Publikum, das unter Angkor-Motiven tanzt. Ebenfalls beliebt bei jungen wohlhabenden Khmer, die gerne ihre Leibwächter mitbringen. Falls die zu vorgerückter Stunde und bei steigendem Alkoholpegel aggressiv werden, besser das Weite suchen. ⏰ 21 Uhr–Morgengrauen.

Pontoon, 80 St. 172, 🖳 www.pontoonclub. com. DJs heizen in der loungeartig gestalteten Partylocation Touristen wie Einheimischen ein. Die Musikrichtung variiert je nach Gast-DJ. Eintritt je nach Veranstaltung. Großes Security-Aufgebot und Taschenkontrolle. ⏰ 22 Uhr–Ende offen.

Saint Tropez, 31 St. 174. Schicker und teurer Club: Draußen Lounge-Bereich mit weißen Ledersofas, innen Glitzer-Schick. Westliches wie asiatisches Publikum tanzt zu R'n'B-Musik. Fingerfood. ⏰ 21–3 Uhr.

The Lounge, St. 110, Ecke Sisowath Quay, auf der 1. Etage über dem Riverhouse. In den Abendstunden amüsiert sich junges, gut situiertes, meist kambodschanisches Publikum. Später kommen westliche Besucher in der im Raubtierlook gestylten Bar mit Sitzecken hinzu. Gefeiert wird zu lauten Beats wechselnder DJs. Der schmale, umlaufende Balkon ist zu einer Theke umfunktioniert und bietet einen schönen Blick auf den Tonle Sap und die Uferstraße. Ab etwa 20 Uhr ist hier etwas los. ⏰ 15–3 Uhr.

Kino

Legend Cinemas, City Mall Monireth Blvd., 🖳 www.legend.com.kh. Von 9.30–21.45 Uhr meist englischsprachige Filme, vormittags auch Kinderfilme. Tickets US$3–5.

Platinum Cineplex, Sorya Shoppingcenter. Im obersten Stockwerk ist ein moderner Kino-komplex: Blockbuster in englischer Sprache zwischen 9.15 und 20.30 Uhr. Tickets US$3/5 (2D/3D Filme), Kinder US$2/3.

The Empire Movie House, 34 St. 130, ☎ 089-392 921, 🖳 www.the-empire.org. Sa und So um 13.30 Uhr läuft traditionell *The Killing Fields*, weitere Vorstellungen halbaktueller und klassischer Kinoproduktionen um 16, 18.30 und 20.30 Uhr, in der Woche nur abends. Auch Kinderfilme. US$3,50 (das Ticket gilt den ganzen Tag). Getränke und Fast Food.

The Flicks, 39B St. 95, ☎ 097-896 7827 oder 078-809 429, 🖳 www.theflicks-cambodia.com. **The Flicks 2**, 90 St. 136. Nicht mehr ganz aktuelle Kinofilme, auch kleinere Produktionen, laufen während der Woche um 16.30, 18.30 und 20.30 Uhr. Am Wochenende Vorstellungen um 14, 16, 18 und 20 Uhr. Im Flicks 2 mehrmals

The Killing Fields. Bequeme Sofas und Matratzen vor einer kleinen Leinwand. Dez–März Open-Air-Kino im Gasolina Restaurant, **The Flicks 3**. US$4 für den ganzen Tag und beide Kinos.

Mekong River Restaurant, 1 St. 118, Ecke Sisowath Quay. Auf der 1. Etage stdl. zwischen 11 und 21 Uhr 2 Filme in englischer und französischer Sprache, einer über die Roten Khmer, der andere behandelt die Landminen-Problematik.

Theater

Apsara Arts Association, 71 St. 598, ✆ 012-517 236, 🖥 www.apsara-art.org. Die Tanz-schule bildet junge Apsara-Tänzerinnen aus. Wer in dem schönen alten Holzhaus beim Training zusehen will, ist herzlich willkommen. ⏰ Mo–So 7.30–10.30 und 14–17 Uhr. Spende erbeten. Tanzvorführungen in der Schule nur nach Voranmeldung.

🌳 **Plae Pakaa Cambodian Living Arts**, im Nationalmuseum, ✆ 017-998 570, 🖥 www.cambodianlivingarts.org. Sehens-werte traditionelle Tanz- und Gesangsvorfüh-rungen im Nationalmuseum. Das wechselnde Programm bietet Apsara-Tanz oder die Darstellung eines Lebenszyklus mit traditio-nellem Gesang. Die Ensemble-Mitglieder stammen aus unterprivilegierten Familien. Okt–März Mo–Sa um 19 Uhr. US$15, Kinder bis 12 Jahre US$6.

Phnom Penh ist ein wahres Shoppingparadies. Am quirligsten geht es natürlich auf den **Märkten** zu. Im Psar Thmei sitzen die Schmuck-verkäufer hinter den glitzernden Vitrinen, und an den Eingängen stehen Souvenirverkäufer hinter ihren Ständen. Die größte Auswahl bie-tet der „Russenmarkt" (Psar Tuol Tom Poung). Unzählige Stände drängen sich dicht, verkauft werden: Stoffe, Schals, Schnitzarbeiten, Statuen, Schmuck, Dekorationsartikel, DVDs, Textilien oder Schuhe. Viele Markenartikel, gefälscht oder zweite Wahl, sind günstig zu erstehen, Handeln gehört dabei zum Geschäft (s. Kasten S. 41). Ruhiger geht es in den beiden großen klimatisierten **Shoppingcentern** Sorya und Sovanna zu – die ausgezeichneten Preise sind Festpreise.

Wunderbar bummeln lässt es sich auch in der St. 178 gegenüber dem Nationalmuseum und der Universität der feinen Künste. In dieser **Künstlerstraße** reiht sich Galerie an Galerie mit mehr und auch mal weniger hochwertigen Werken. Oft kann man den Künstlern bei der Arbeit zusehen. Meist malen sie naturalistisch bunte Szenen mit Angkor-Tempeln. Wer stöbert, findet auch ausdrucksstarke abstrakte Bilder einheimischer Künstler. Steinmetzen oder Holzschnitzern kann hier ebenfalls über die Schulter geschaut werden: Kunsthandwerks-läden wechseln sich ab mit kleinen Boutiquen, netten Cafés und Souvenirläden.

📖 **Traditionelles Schattenspiel**

Die **Sovanna Phum Art Association**, 166 St. 99, ✆ 012-846 020, 🖥 www.shadow-puppets.org, [4912], bietet traditionelles Schattenspiel. In einem Zelt werden vier unterschiedliche Vorführungen gezeigt. Die Tänzer bewegen dabei große Schattenspielfiguren *(Sbaek Thom)* und nutzen den eige-nen Körper, um Szenen aus dem Reamker darzustellen. Mit den kleinerer Schattenfiguren *(Sbaek Toch)* und den beweglichen Gliedern werden traditionelle Volksmärchen aufgeführt. In *Hanuman and Giant Big Drums* bewegen sich die Tänzer zu großen Trommeln, die früher für religiöse Zwecke oder zur Übermittlung von Nachrichten zwischen Dörfern genutzt wurden. Ein Orchester begleitet bei allen Vorführungen die Tänzer mit traditioneller Musik. **Vorstellungen** Fr und Sa um 19.30 Uhr, Tickets US$10, Kinder zahlen die Hälfte. In der kleinen **Galerie** Schattentheaterpuppen ab US$5. ⏰ Mo–Sa 8–12 und 14–21 Uhr.

Besucher können sich selbst an der **Herstellung von Schattenspielfiguren** versuchen. Nach Anmel-dung US$5 p. P. zzgl. der Schattenfigur (je nach Größe US$5–30), Kurse zum Erlernen traditioneller kambodschanischer Musikinstrumente US$10/Std.

© MARION MEYERS

Unter der Kuppel des Psar Thmei haben die Schmuckverkäufer ihren Sitz.

Wer es etwas schicker mag: In der St. 240 überwiegen **Boutiquen** und edlere Souvenirläden. Auch im Boeng-Keng-Kang-Viertel, St. 51, St. 57 und St. 278, haben ein paar Geschäfte eröffnet, die z. T. ausgefallene Stücke von einheimischen Designern verkaufen.

Die Märkte der Stadt öffnen oft schon um 6.30 Uhr – meist sind aber nur die Lebensmittelabteilungen so früh geschäftig. Alle anderen Stände, deren Angebot sich eher an Touristen richtet, werden gegen 9 Uhr besetzt. Boutiquen und Souvenirgeschäfte öffnen zwischen 8 und 10 Uhr ihre Türen, während um 18.30 Uhr Schluss ist, andere bleiben bis 21 Uhr offen.

Märkte

Die Märkte, mit Ausnahme des Nachtmarkts, öffnen etwa bei Sonnenaufgang. Mittags von 11.30 bis 14 Uhr ist meist kaum etwas los; erst am Nachmittag wird der Betrieb wieder aufgenommen.

Psar Chas (Alter Markt), St. 108/110, Ecke St. 13. Das Angebot richtet sich an die einheimische Bevölkerung. Hier gibt es Textilien, Schuhe, Schmuck, Devotionalien und Lebensmittel. Für viele Reisende wirkt der Markt etwas schmuddelig, und ein Gang durch die Frischabteilung ist ein olfaktorisches Erlebnis. Dennoch ein lohnenswerter Rundgang, bei dem es viel Neues zu entdecken gibt. An der St. 110 bieten Händler Essen zum Mitnehmen. ⏱ 6–20 Uhr.

Psar Kandal, zwischen St. 144/154 und St. 5/13. Teils überdachter Markt und offene Stände unter Planen. Hier werden Lebensmittel und Haushaltsgeräte verkauft. Es gibt einen Frisör und Schönheitssalons. Im Steingebäude werden Schmuck, Elektronik und Textilien verkauft. Abends Essen zum Mitnehmen, an der Westseite einige gute, günstige Restaurants. Der Markt ähnelt dem Psar Chas, ist aber bedeutend größer – und durchaus einen Bummel wert. ⏱ 5–20 Uhr.

Psar Orussey, St. 182, Ecke St.141. Bekannt für seine Auswahl an getrocknetem Fisch. Lebensmittel, Haushaltswaren, Kleinelektronik, Modeschmuck, Kleidung, Kosmetik.

Psar Reatrey (Nachtmarkt), zwischen St. 108/106 und Sisowath Quay. Wer Nachtmärkte aus anderen asiatischen Ländern kennt, wird etwas enttäuscht sein. Die Stände mit Kleidung und Modeschmuck sprechen Einheimische an.

Die Essensstände hinter der Bühne verkaufen günstige Snacks. Einfach zu den Einheimischen auf die Bastmatten setzen – eine prima Gelegenheit für ein Gespräch, oft mit Händen und Füßen. ⏰ Fr–So 17–22 Uhr.

Psar Thmei (Zentralmarkt), St. 53, Art-déco-Gebäude und das Wahrzeichen der Stadt. Unter der zentralen Kuppel haben die Gold- und Silberschmuck-Verkäufer ihren Sitz. Außerdem gibt es ein großes Angebot nachgeahmter oder Zweite-Wahl-Artikel von Markenherstellern (vorwiegend Kleidung, Schuhe, Taschen). In den Seitenarmen werden Alltagskleidung und Lebensmittel verkauft, Souvenirstände mit T-Shirts, Holzarbeiten, Seidenstoffe, Schmuck oder Postkarten säumen die Eingänge. An den Essensständen gibt es günstige einheimische Gerichte zu probieren.

Psar Tuol Tom Poung (Russischer Markt), südlich Mao Tse Toung Blvd./St. 450. „Russischer Markt" heißt er, weil er in den 1980er-Jahren von vielen Russen besucht wurde, die damals fast die einzigen westlichen Ausländer im Land waren. Typischer überdachter Markt: In den engen Gängen drängen sich die Verkaufsstände. Die Auswahl an Souvenirs, Klamotten, Imitaten – teils auch Zweite-Wahl-Originalkleidung – ist hier noch größer als auf dem Zentralmarkt, und außerdem gibt es die größte Auswahl an CDs, DVDs und VCDs. Schneider, Schuhe, hier gibt es alles.

 Einkaufen mit gutem Gewissen

In Phnom Penh gibt es eine Reihe von Geschäften, die mit den Erlösen Hilfsbedürftige unterstützen, ihnen Arbeit geben oder eine Ausbildung ermöglichen. Die im Folgenden aufgeführten Geschäfte bieten zudem Produkte an, die in Handarbeit hergestellt wurden.

A.N.D. Artisandesigner, St. 240, ✆ 023-224 713, 🖥 www.artisandesigners.org. Kleidung, Handtaschen und Schmuck, hergestellt von benachteiligten Menschen. ⏰ 9–19 Uhr.

Artisans d'Angkor, 12 St. 13, ✆ 023-992 409, 🖥 www.artisansdangkor.com. Fantastische Skulpturen, der Angkor-Zeit nachempfunden, sowie Seidenaccessoires und Silberarbeiten. Die hochwertigen Arbeiten werden in Werkstätten gefertigt, die Jugendlichen aus ländlichen Gegenden eine Ausbildung ermöglichen. Weitere Filiale im Flughafen. ⏰ 9–18 Uhr.

Cambodian Handicraft Association, 1 St. 350. Seidenkleidung, Schals, Taschen und Spielzeug aus Stoff. Von Frauen mit Behinderungen hergestellt. Die Werkstatt im hinteren Teil kann besichtigt werden. ⏰ 7–19 Uhr.

Daughters of Cambodia, 65 St. 178, ✆ 077-657 678, 🖥 www.daughtersofcambodia.org. Aus biologisch angebauter Baumwolle und natürlichen Farben gefertigte Kleidung, Taschen und Schmuck; von ehemaligen Prostituierten hergestellt. Im Obergeschoss ist das Sugar & Spice Café. ⏰ 9–18 Uhr.

Friends n' Stuff, 215 St. 13. Witzige Taschen aus recycelten Materialien, T-Shirts (u. a. auch für Kinder), Kleidung, *kramas* und Schmuck – gefertigt von Frauen, die aus den Erlösen ihre Kinder zur Schule schicken können. Weitere Filiale im Russischen Markt. Friends n' Stuff unterstützt Child-Safe – die praktischen Taschen mit dem Logo der Kinderschutzorganisation werden hier auch angeboten. Außerdem Kochbücher, u. a. mit Rezepten des Romdeng Restaurants, das ehemaligen Straßenkindern eine Ausbildung ermöglicht (s. o., Restaurants). ⏰ 11–21 Uhr.

Khmer Life, 118A St. 330, ✆ 012-592 089, 🖥 www.khmerlifebaray.com. Christlich orientierte Organisation, die eine Ausbildungsstätte in der Provinz Kompong Thom betreibt. Schmuck, Taschen und Schnitzarbeiten. ⏰ 8–18 Uhr.

Mekong Blue, 9 St. 130, 🖥 www.mekongblue.com. Schals, Tücher, Schuhe und Taschen – einzigartige Stücke aus Seide. Gefertigt werden sie von Frauen aus einer Kooperative in Stung Treng. ⏰ 8–18 Uhr.

Mekong Quilts, 47-49 St. 240, ✆ 023-219 607, 🖥 www.mekong-quilts.org. Wunderbare bunte Tagesdecken, Stofftiere für Kinder und Weihnachtsdekoration aus Stoff. Baumwolltagesdecken für ein

Supermärkte

Bayon Market, 33-34 Russian Blvd. Großer, gut sortierter Supermarkt: Frischeabteilung, Käse, Wurst, Olivenöl, Knorr- und Maggi-Produkte, Damenhygieneartikel (auch Tampons), viele Babyartikel wie Windeln, Fläschchen, Schnuller und Babynahrung, außerdem Spirituosen; Weine ab US$5. ⏱ 8–20 Uhr.

Lucky Supermarket, mit 4 Filialen: Sihanouk Blvd., City Mall, Sorya und Sovanna Shoppingcenter. Viele westliche Lebensmittel wie Wurst, Käse oder Marmelade. Babynahrung, Windeln. ⏱ 8–21 Uhr.

Thai Huot Supermarket, 99-105 Monivong Blvd., ☎ 023-742 623, 🖥 www.thaihuot.com. Viele europäische Produkte wie Wurst, Käse, Kaffee, Backmischungen oder Marmelade. ⏱ 7.30–20.30 Uhr.

Shoppingcenter

Eine Filiale der Lucky-Supermarkt-Kette gibt es im Erdgeschoss aller drei Shoppingcenter:

City Mall, Monireth Blvd./Olympia-Stadion. Fastfood-Ketten, Elektroartikel, Kleidung. Auf der 4. Etage eine riesige DVD-Auswahl und der Kinokomplex Legend Cinemas.

Sorya Shoppingcenter, St. 63 zwischen St. 154 und St. 136. Kambodschas 1. Rolltreppe wurde in den 5 Etagen eingebaut: Hier gibt es Kleidung, Kosmetik, Schuhe, Elektroartikel und viele Restaurants, in der 5. Etage ein

Doppelbett um US$200. Unterstützt Frauen in Vietnam und Kambodscha. Gewinne werden in Schulen, Ausbildung und Mikrokredite investiert. ⏱ 9–19 Uhr.

Nyemo, 41 St. 450, ☎ 023-213 160, 🖥 www.nyemo.com. Seide und Kinderspielzeug aus Stoff, hübsche Stoff-Mobilees und einige Buddha- und Apsarafiguren. Hilft Frauen beim Wiedereinstieg in den Beruf. ⏱ 7–17.30 Uhr.

Rajana, 170 St. 450, ☎ 023-993 642, 🖥 www.rajanacrafts.org. Toller Platz zum Stöbern. Hier gibt es fast alles, was das Herz begehrt: Schmuck, Taschen, Kleider, Grußkarten und vieles mehr. Die NGO Rajana kämpft für faire Löhne und eine gute Ausbildung. ⏱ Mo–Sa 7–18, So 10–18 Uhr.

Rehab Craft, 1 St. 278, ☎ 010-220 440. Die Schnitzereien, Webarbeiten und Taschen werden in eigener Werkstatt von Behinderten hergestellt. ⏱ 8–21 Uhr.

Smateria, 8 St. 57, ☎ 023-211 701, 🖥 www.smateria.com. Ausgefallene Taschen, teils aus recycelten Materialien. Die Organisation Smateria setzt sich für fair gehandelte Produkte und faire Arbeitsbedingungen ein. Filiale im Flughafen. ⏱ 8–21 Uhr.

Sobbhana, 23 St. 144, ☎ 023-219 455, 🖥 www.sobbhana.org. Hochwertige Seidenartikel. Frauen werden zur Herstellung dieser Ware in der traditionellen Kunst am Webstuhl ausgebildet und beschäftigt. Wunderbare Schals, mit Steinen verziert, Kleider, Hemden, aber auch Schmuck und Deko-Artikel. ⏱ 8–17.30 Uhr.

Tabitha, 239 St. 360, Ecke St. 51. An dem Straßenstand werden Kinderspielzeug aus Stoff und zudem Taschen und *kramas* verkauft. Die Werkstatt dahinter kann besichtigt werden. Der Gewinn wird Dörfern gespendet. ⏱ Mo–Sa 8–18 Uhr.

Ta Prohm Souvenir, 49 St. 178, ☎ 023-224 729. Die Gründerin Chim Kong wurde als junges Mädchen von einer Landmine verletzt. Mittlerweile beschäftigt sie über 30 behinderte Mitarbeiter. Taschen und Schals aus Seide. Ausgefallene Taschen aus Zement- oder Reissäcken. ⏱ 8–20 Uhr.

Watthan Artisans Cambodia, 180 Norodom Blvd., auf dem Gelände des Wat Than, ☎ 023-216 321, 🖥 www.watthanartisans.org. Von Menschen mit Behinderungen hergestellte Souvenirs wie Taschen, Stofftiere für Kinder, Schals, Schmuck und Dekorationsartikel. ⏱ 8–18 Uhr.

Women for Women, 9 St. 178, ☎ 012-650 665, 🖥 www.womanforwoman.net. Verkauft werden hier Taschen, Schals und Schmuck aus Stoff, gefertigt von sozial benachteiligten und behinderten Frauen. ⏱ 8–22 Uhr.

moderner Kinokomplex, Entertainmentcenter und eine Rollschuhbahn.

Sovanna Shoppingcenter, St. 430. Beherbergt ein ähnliches Angebot wie Sorya Shoppingcenter. Auf der 3. Etage ein Food-Court mit Spielplatz für kleinere Kinder (US$1).

Bücher

Bohr's Books, 47 St. 172, ☎ 012-929 148. Gebrauchte Bücher, viele in deutscher Sprache, ab US$4. Große Auswahl. Ankauf gelesener Bücher für US$1,50–2. ⊕ 8–20 Uhr.

D's Books, 79 St. 240, ☎ 023-221 280, weitere Filiale St. 178. Second-Hand-Bücher, auch in deutscher Sprache, US$5–7. Gelesene Bücher werden für US$1–3 eingekauft. ⊕ 9–21 Uhr.

Monument Books & Toys, 111 Norodom Blvd., ☎ 023-223 622, 🖥 www.monument-books. com. Gut sortierte Buchhandlung mit englischsprachigen Büchern und Zeitschriften. Viele Bücher zu Pol Pot und der Herrschaft der Roten Khmer. Auch Kochbücher, Kinderbücher und Bildbände. Kinderspielzeug. Eine weitere Filiale im Flughafen. ⊕ 7–20.30 Uhr.

Malereien

In St. 178 zwischen St. 13 und St. 19 gibt es mehrere Geschäfte, die Ölgemälde verkaufen.

Asasax Art Gallery, 192 St. 178, ☎ 012-877 795, 🖥 www.asasaxart.com.kh. Verbindung von antiker und moderner Kunst: Apsara-Tänzerinnen dem Heute gegenübergestellt. Expressionistische Ölgemälde des kambodschanischen Künstlers Asasax, ab US$250.

Happy Painting Gallery, 363 Sisowath Quay, ☎ 023-221 732. Die farbenfrohen, naiven Gemälde des Künstlers Stéfane Delaprée machen einfach gute Laune. Kleinere Werke ab US$150. Der Künstler bemalt auch Tassen oder Wasserflaschen: ein tolles Mitbringsel. ⊕ 8–22 Uhr.

La Galerie, 13 St. 178, ☎ 023-722 252. Sehenswerte moderne, ausdrucksstarke Gemälde und Objekte des Künstlers EM Riem. ⊕ 10–18 Uhr.

Roomet Contemporary Art Space, 36 St. 178, über dem Blue Chilli Pub, ☎ 077-550 759. Die Galerie stellt aktuelle Kunst kambodschanischer Künstler aus – wechselnde, teils sehr gute Arbeiten. ⊕ 10–12 und 13–18 Uhr.

Musik

Boom Boom Records, 1C St. 278, ☎ 023-636 4656. Auswahl an Musikdownloads aus einem umfassenden Katalog. Ab US$0,75. ⊕ 9–22 Uhr.

Schmuck

Garden of Desire, 33 St. 178, ☎ 012-319 116, 🖥 www.gardenofdesire-asia.com. Handgearbeiteter Silberschmuck mit Kunst-, Halboder Edelsteinen des kambodschanischen Designers Ly Pisith. ⊕ 9–18 Uhr.

Water Lily, 37 St. 240, ☎ 012-812 469. Originelle Schmuckkreationen aus Knöpfen, Reißverschlüssen, Recycling-Materialien oder Natürliches wie filigrane Kokons von Raupen. Auch Anfertigungen nach Kundenwünschen. Weitere Filiale im Flughafen. ⊕ 9–19 Uhr.

Skulpturen und Antiquitäten

Hidden Treasures – Antique Shop, 9 St. 148, ☎ 023-219 134, 🖥 www.asiaartsnantiques. com. Antike Buddhastatuen, chinesisches Porzellan – hier gibt es ausgefallene Stücke zu bewundern. Werden die Stücke mit der Post verschickt, benötigt man eine Ausfuhrerlaubnis des **Ministry of Culture And Fine Arts**, 227 Norodom Blvd. ⊕ 9–18 Uhr.

Souvenirs

Confirel, 57 St. 178, ☎ 023-890 093, 🖥 confirel.com. Produkte aus Palmfrüchten: Wein, Sekt, Hochprozentiges, Essig oder Zucker. Alle Produkte können probiert werden. ⊕ 9–18.30 Uhr.

Couleurs d'Asie, 33 St. 240, ☎ 023-221 075, 🖥 www.couleursdasie.net. Schmuck, Schuhe, Einrichtungs-Deko. ⊕ 8–19 Uhr.

Le Lezard Bleu, 61 St. 240, ☎ 012-928 005. Statuen, Bilder, Seidenkissen – exklusive und schöne Auswahl. ⊕ 8–19 Uhr.

Mekong Arts, 33 St. 178, ☎ 012-928 005. Filigrane Skulpturen, Seide und andere hochwertige Souvenirs. ⊕ 9–19 Uhr.

Senteurs d'Angkor, St. 178, ☎ 023-992 512, 🖥 www.senteursdangkor.com. Seifen, Düfte und Gewürzmischungen – hergestellt in Siem Reap. ⊕ 8–20 Uhr.

Starling Farm, 3 St. 178, ☏ 023-724 274, 🖥 www.starlingfarm.com. Wer nicht bis Kampot kommt, kann den weltberühmten Pfeffer auch in Phnom Penh erstehen. Hier werden die Pfefferkörner sortiert und vakuumverpackt. Es gibt auch Pfeffermühlen oder Wodka mit Pfeffer. ⏱ 8–17 Uhr.

Trunkh., 17 St. 294, ☏ 012-812 476, 🖥 www.trunkh.com. Wer zuhause gerne auf Flohmärkten stöbert, ist hier genau richtig. Kuriose und ausgefallene Stücke jeglicher Art: Spielzeug, Dekorationen, Tischsets, Bekleidung und mehr. ⏱ tgl. außer Mo 10–19 Uhr.

Textilien und Schuhe

Viele kleine Boutiquen, die teils ausgefallene Kleidung und Accessoires anbieten, sind in St. 178 und St. 240 angesiedelt. Auch die ersten großen Marken sind in Phnom Penh vertreten: Mango, Zara und Adidas haben bereits Filialen eröffnet. All diese Firmen finden sich am Sihanouk und Mao Tse Toung Blvd. (zwischen Norodom und Monivong Blvd.).

Beautyful Shoes, 138 St. 143, ☏ 012-848 438. Maßgefertigte Schuhe für Sie und Ihn für US$32–60. Der Besitzer spricht sehr gut Englisch. Aus dem Katalog auswählen oder ein altes Paar als Muster mitbringen. Die Anfertigungen dauern etwa 2 Wochen. ⏱ 7–18 Uhr. In der Straße gibt es mehrere Geschäfte nebeneinander, die Schuhe anfertigen.

Spicy Green Mango, 3 Filialen in der Stadt: 4A St. 278, 52A St. 240, 249 Sisowath Quay, ☏ 092-393 511, 🖥 www.spicygreenmango.com. Originelle Kinderkleidung und ausgefallene Patchwork-Style-Kleidung für Damen. ⏱ 10–21 Uhr.

Subtyl, 43 St. 240, ☏ 023-992 710, 🖥 www.subtyl.com. Elegante Kleidung, Accessoires und Ledertaschen. ⏱ 9–19 Uhr.

AKTIVITÄTEN

Fahrradfahren

Die überschaubare Größe der Stadt und die nah beieinander liegenden Sehenswürdigkeiten sind für eine Erkundung mit dem Fahrrad ideal – wäre da nicht der chaotische Verkehr. Fahrradtouren zur beschaulichen Mekong-Insel Koh Deik können Unerschrockene problemlos selbst organisieren, sie sind aber auch als Gruppentour mit Führer buchbar. Einige Guesthouses verleihen Fahrräder, u. a. das Capitol Gh. für US$2/Tag.

Vicious Cycle und Grasshoper Adventures, 23 St. 144, ☏ 012-430 622, 🖥 www.grasshopperadventures.com. Verleih guter Stadträder und Mountainbikes – auch mit Kindersitzen. US$ 4–8/Tag, Fahrradhelme US$1–2/Tag. ⏱ 8–18 Uhr. Organisierte Fahrradtouren als Tagestour zu den Inseln im Mekong oder nach Oudong für US$33/65 p. P.

Fitness und Sport

Viele der großen Hotels haben ein Schwimmbad, einen Fitnessraum oder Tennisplatz, die gegen Zahlung einer Gebühr auch von Tagesgästen genutzt werden können.

Elite Golf Club, Koh Pich (Diamond Island), ☏ 023-631 9822, 🖥 www.elitegolf-club.com. US$10. Ein Platz für Golffans mit Driving Ranch. Trainerstunden, Schläger-Ausleihe. Großer Außenpool und Fitnesscenter US$8. ⏱ 7–22 Uhr.

Fitness One im Himawari Hotel, in der Woche: US$7 (Pool oder Tennisplatz), US$10 (Fitnesscenter, Sauna, Tennisplatz, Pool), am Wochenende US$8/12. Kinder US$3–5. Monatskarten. ⏱ 6–22 Uhr.

Hash House Harriers, ☏ 012-832 509, 🖥 www.p2h3.com. Jogger treffen sich jeden So um 14 Uhr vor dem Bahnhof und legen 8–10 km zurück. US$ 5 inkl. Getränke (auch Bier).

Sokhan Club, Parkwaybuilding 113 Mao Tse Toung Blvd., ☏ 023-985 999. 25 m langes, überdachtes Schwimmbad, Sauna und Fitnessraum. Tageskarte US$6, die Hälfte bis 14 Uhr, Wochenende von 5.30–12 Uhr US$4, 12–22 Uhr US$6.

The Place, 11 St. 51, ☏ 023-999 799. Das ultramoderne Fitnesscenter in Phnom Penh auf 3 Ebenen: edle Ausstattung in den Umkleideräumen. High-end-Fitness-Geräte von Technogym, 20 Laufbänder, Stepper. Kurse wie Yoga, Pilates, Spinning oder gegen Aufpreis mit einem Personal Trainer. 25-m-Außenpool mit Liegen. WLAN. US$15/Tag, 10er-Karte US$130. ⏱ 6–22, Sa, So 6–21 Uhr.

Mit Kindern in der Stadt

Auch wenn es auf den ersten Blick nicht so scheint, Phnom Penh bietet eine Reihe von Attraktionen, die für Familien mit Kindern ideal sind und auch den Kindern richtig Spaß machen. Zwei gepflegte **Kinderspielplätze** für Kinder von zwei bis etwa sieben Jahren bieten abwechslung. Nach einem Besuch des Königspalastes lohnt ein Abstecher zum **Wat Botum Park**: Hier erwarten einen Klettergerüste, Schaukeln, Rutschen und viele Bänke für die Eltern. Wer Wat Phnom besucht hat, kann die Kinder im **Wat Phnom Kinderpark**, St. 102, neben Wat Phnom, toben lassen. Auch dieser Platz ist gut in Schuss, bietet Rutschen, Klettergeräte und Schaukeln.

Dream Land, Sisowath Quay, ☎ 023-982 983, 🖥 www.dreamland.com.kh. Fahrspaß für Klein und Groß. Attraktive Spiele und Fahrgeschäfte für alle Altersklassen. Spielplatz und Kinderkarussells, Autoscooter und Riesenrad. Kleiner Pool mit Kinderrutsche. Tickets je nach Attraktion, Tagespass US$10. ⏰ 9–20 Uhr.

Kids City, 162A Sihanouk Blvd., ☎ 011-266 779, 🖥 www.kidscityasia.com. Auf zehn Etagen klimatisiertes Indoor-Vergnügen: Spielflächen, Klettergarten, eine Wissensgalerie oder Schlittschuhlaufen. Betreuer stehen hilfreich zur Seite. Erwachsene rasten in einem der beiden Cafés. Socken für die Spielflächen und geschlossene Schuhe im Kletterbereich mitbringen. Je nach Aktivität ab US$4, Tagespass US$15 (unter 12 Jahre), sonst US$20. ⏰ 10–20 Uhr.

Kinder-Vergnügungspark auf Koh Pich (Diamond Island), ebenfalls auf kleine Gäste zugeschnitten: Kinderkarussells, Kinderboote und Autoscooter in Entenform für kleinere Kinder, ab US$1 pro Fahrspaß. ⏰ 9–22 Uhr.

Phnom Tamao Zoo (S. 189) liegt außerhalb und ist ein ideales Ziel für einen Tagesausflug mit Kindern. In der weitläufigen Anlage gibt es Elefanten, Tiger, Bären, Krokodile und jede Menge halb wilder Affen.

Skatebahn im Sorya Shoppingcenter (S. 175). Hier kann man auf der obersten Ebene skaten. Inkl. Skates-Ausleihe US$2 von 9–12, US$3 12–20 Uhr.

VIP Sport Club, 227 Norodom Blvd., ☎ 023-993 535, 🖥 www.vipsportclub.com. Nicht ganz so schick, überwiegend einheimisches Publikum. Gepflegter 20-m-Außenpool, Sauna, Tennisplatz, überdachter Fitnessraum und Tischtennisplatten. Verschiedene Tarife wie Tennis US$5, Fitness US$3, Fitness und Pool US$4, 10er-, Monats- und Jahreskarten. ⏰ 5.30–21, Pool 6–21 Uhr.

Im Freibad des **Olympia-Stadions** kann man ab 5.30 Uhr morgens seine Bahnen ziehen. Eintritt 6000 Riel.

Kochkurse

Cambodia Cooking Class, 67 St. 240, ☎ 012-524 801, 🖥 www.cambodia-cooking-class.com. Kurse starten im Restaurant Frizz um 9 Uhr. Gemeinsam fahren die Teilnehmer mit dem Tuk-Tuk auf den Markt. Danach geht es auf der Dachterrasse der Kochschule an die Arbeit: 5 Gerichte (2 im Halbtageskurs)

werden vorbereitet, gekocht und natürlich gegessen. Dann geht es zurück zum Restaurant Frizz. Anmeldung erforderlich. Halbtageskurs bis 13 Uhr für US$15; Tageskurs bis 16 Uhr US$23, inkl. Rezeptbuch. Teilnehmerzahl 2–16 Pers.

La Table Khmère Cooking Class, 11 St. 278, ☎ 012-238 068, 🖥 www.la-table-khmere.com. 3 Std. werden in dem schicken Restaurant geschnippelt, gebrutzelt und das 3-Gänge-Menü anschließend gemeinsam verzehrt. Klassische Gerichte wie Mangosalat, *amok* und ein Dessert. Beginn 15 Uhr, US$19 p. P.

Meditation, Yoga und Pilates

Kundalini Yoga, 91G St. 454, ☎ 092-429 835, 🖥 www.KundaliniYogaCambodia.org. 2–4 Yogastunden pro Tag, außer Mi. Weitere Angebote in den Giving-Tree-Schulen, St. 71 und St. 325. US$9. Ausführliche Informationen und Stundenplan auf der Webseite.

Nataraj Yoga, 52 St. 302, ℡ 090-311 341, 🖳 www.yogacambodia.com. Tgl. morgens und abends Yogakurse für US$9, US$20/ Wochenkarte. Sa und So einstündige Meditation um 17.30 Uhr gegen Spende.

Samata Wellnesstudio, 54 St. 306, ℡ 023-726 267. Pilates Di 9, Do 17.30 und 18.45, Sa 10.30 Uhr für US$9 ohne Voranmeldung. Einzelstunden gibt die als Physiotherapeutin ausgebildete Australierin Lauren. Yoga Mo–Fr 12.20 und 18.30 Uhr, US$9.

€ **Wat Langka**, Sihanouk Blvd., Ecke St. 51. Im Obergeschoss des zentralen Vihears. Gemeinsame kostenlose einstündige Meditation. Mo, Do, Sa 18, So 8.30 Uhr.

Wellness

Amara Spa, Sisowath Quay, Ecke St. 110, ℡ 023-998 730, 🖳 www.amaraspa.hotelcara. com. Massage, Packungen, Gesichtsbehandlungen im entspannten japanischen Zen-Ambiente. Empfehlenswert die East-West-Fusion-Massage US$35 (90 Min.). ⏱ 11–23 Uhr.

Bodia Spa, Sothearos Blvd., Ecke St. 178, ℡ 023-226 199, 🖳 www.bodia-spa.com. Tolles japanisch anmutendes Ambiente. Massage ab US$20. Packungen und Gesichtspflege mit hauseigener Kosmetiklinie. ⏱ 10–24 Uhr.

Derma Care Skin Clinic, 161B Norodom Blvd., ℡ 023-217 092. Hautklinik, in der eine Hautanalyse durchgeführt wird und entsprechende Packungen angewendet werden. Auch Aknebehandlungen und diverse Schönheitskorrekturen. Erstkonsultation US$5. ⏱ Mo–Sa 9–19 Uhr.

🏠 **Nail Bar**, 215 St. 13, 🖳 www.mithsam lanh.org. Im Friends n' Stuff-Geschäft. Maniküre, Pediküre für US$5, Hand- und Fußmassage (30/60 Min. für US$ 4/7). Ehemalige Straßenkinder erhalten hier eine Ausbildung. ⏱ 11–21 Uhr.

Nata Spa, 29 St. 57, Ecke St. 302, ℡ 023-223 938. Packungen, Gesichtsbehandlungen und Massagen ab US$20/Std. ⏱ 9–21 Uhr.

🏠 **Seeing Hands Massage**, St. 278, Sothearos Blvd., St.13, St. 108, St. 118. Blinde Masseure geben Massagen und können sich und ihre Familien so eigenständig ernähren. Die Salons sind einfacher als die Wellnesstempel und ohne jeden optischen Schnickschnack. US$7/Std. ⏱ 8–21 Uhr.

Spa Bliss und **Bliss Boutique**, 25-29 St. 240, ℡ 023-986 916. Gesichtsbehandlungen ab US$19. Verwendet werden Yves-Rocher-Pflegeprodukte und Make-up, das auch käuflich erhältlich ist. ⏱ 8–20 Uhr.

TOUREN

Reiseveranstalter

Diethelm Travel, 65 St. 240, ℡ 023-219 151, 🖳 www.diethelmtravel.com/cambodia. Kompetentes Reisebüro, Buchungen von Gruppen- und Individualreisen innerhalb Kambodschas, auch mit deutschsprachiger Reiseleitung. ⏱ Mo–Fr 8–12 und 13.30–17.30, Sa 8–12 Uhr.

Exotissimo, 66 Norodom Blvd., 6. Etage SSN Center, ℡ 023-218 948, 🖳 www.exotissimo. com. Langjährige Asienexperten, bieten Einzel- und Gruppentouren durch Kambodscha und alle Nachbarländer. Seit Gründung der gemeinnützigen Exo Foundation 2011 werden Spenden gesammelt und nachhaltiger Tourismus gefördert. ⏱ Mo–Fr 8–12 und 13.30–17.30 Uhr, zusätzlich während der Hauptreisezeit Sa 8–12 Uhr.

Palm Tours, 1B St. 278, ℡ 023-726 291, 🖳 www.palmtours.biz. Umfangreiche Angebote. Verkaufen Bustickets aller Gesellschaften, Flugtickets, Visaverlängerungen, Tourangebote, Landkarte des Kirirom-Nationalparks. ⏱ 8–21 Uhr.

Wordwide Travel & Exchange, 40 St. 172, ℡ 023-216 628. Bustickets, Flüge, Visa, Geldwechsel, Geld auf Kreditkarten und die Einlösung von Travellers Cheques – das Büro kümmert sich um (fast) alles. ⏱ 10–20 Uhr.

Tagestouren

Stadtführungen sind als Halbtagestour oder Tagestour inkl. Choeung Ek für US$6/8 zzgl. Eintrittspreise p. P. (bei mind. 4 Pers.) in Hotels und Guesthouses buchbar.

Rundfahrten auf dem Tonle Sap und Mekong, Touren bucht man am Bootsanleger 93 Sisowath Quay, Höhe St. 102. US$20/Std. (2–3 Pers.) 3 Std. Ausflug inkl. Besuch von Silk Island (Koh Deik oder Prektakov) US$ 40–60.

Bootstouren auf dem Tonle Sap lohnen nicht nur zum Sonnenuntergang.

Sonnenuntergangsfahrten halbstdl. zwischen 17 und 19.30 Uhr, US$5 für 1 Std. Boote für Privattouren können auch am Sisowath Quay, Höhe St. 90/92, für US$15/Std. gebucht werden.

Asia Adventures, 578 Kampuchea Krom Blvd., ☎ 078-817 888, 🖥 www.asia-adventures.com. Tagestouren mit dem Fahrrad in die Umgebung von Phnom Penh: Halbtagestour nach Koh Deik, Tagestour bis nach Oudong, zurück mit dem Taxi. US$33/65 p. P. Organisiert Fahrradtouren für 3–15 Tage innerhalb von Kambodscha. Familientaugliche Fahrradtouren, Kinderfahrräder, Kindersitze, Helme. ⏱ Mo–Fr 8–12 und 13.30–17.30, Sa 8–12 Uhr.

Cambodia Photo Tours, tgl. ab 13.30 Uhr im FCC, ☎ 060-873 847. Der professionelle Fotograf Michael Klinkhamer gibt einen Workshop mit anschließender Fototour durch Phnom Penh. Für alle, die sich für Fotografie interessieren oder einfach noch Tricks dazulernen wollen. Ab 4 Pers. US$35 p. P. (4 Std.).

🌳 **Kanika Boat**, Sisowath Quay, Eingang durch das Foyer des Himawari Hotels, ☎ 012-848 802. Tgl. Sonnenuntergangsfahrten mit dem Katamaran für US$7 zwischen 17 und 18 Uhr. Um 19 Uhr Mekong-Fahrt inkl. 4-Gänge-Menü und Getränk für US$20. Einnahmen gehen an Kinder der Phnom-Koma-Seametrey-Schule.

Khmer Architecture Tours, 🖥 www.ka-tours. org. Verschiedene geführte Touren zu Fuß oder mit dem Cyclo zu architektonisch interessanten Gebäuden der Khmer-Architektur zwischen 1953 und 1970. Etwa jedes 2. Wochenende ab 8.30 Uhr. Termine auf der Webseite, auf der auch ein gezeichneter Stadtplan mit einem Routenvorschlag zu finden ist (dieser kann ohne Probleme selber erkundet werden). US$8–15.

🌳 **The Cyclo Association**, 9D St. 158, ☎ 012-518 762, 🖥 www.cyclo.org.kh. Cyclo-Fahrer erhalten hier eine Mahlzeit, können duschen oder am Englischunterricht teilnehmen. In Phnom Penh stehen sie an vielen Sehenswürdigkeiten, erkennbar an den grünen T-Shirts und Cyclos. Zwischen US$2,50/Std. und US$10/Tag für eine Stadttour. Eine wunderbare Gelegenheit, die Stadt gemächlich zu erleben – und als Gruppentour eine spannende Alternative. Nach Absprache auch Sonnenuntergangs- oder Architekturfahrten.

Mehrtagestouren

Delta Adventures, ☎ 012-733 191, 🖥 www.deltaadventuretours.com. Mehrtagestouren nach Ho-Chi-Minh-Stadt.

Harley Tours Cambodia, ☎ 012-948 529, 🖥 www.harleycambodia.com. Touren durch die Umgebung von Phnom Penh mit Übernachtung in Kep oder Kompong Cham. Bis nach Siem Reap und Sihanoukville. Die Harleys können auch ausgeliehen werden. Nicht ganz günstig.

Nathan Horton Fototouren, ☎ 092-526 706, 🖥 www.nathanhortonphotography.com. Der Fotograf Nathan Horton lebt seit 2006 in Kambodscha und bietet Foto-Tagestouren rund um Phnom Penh für US$170 bis hin zu 10-Tagestouren für US$1800 inkl. Übernachtungen.

SONSTIGES

Apotheken

Pharmacie de la Gare, 81 Monivong Blvd., ☎ 023-526 855. Gut sortiert, Englisch sprechendes Personal. ⏲ 8.30–18 Uhr.

U carepharmacy, 6 Filialen in der Stadt: 26-28 Sothearos Blvd., ☎ 023-222 499; 39 Sihanouk Blvd., ☎ 023-224 099; 41-43 Norodom Blvd., ☎ 023-224 299; 254 Monivong Blvd., ☎ 023-224 399; 844 Kampucheakrom Blvd., ☎ 023-884 004; 207-209 Sisowath Blvd., ☎ 023-223 499. Großes Sortiment und kompetente englischsprachige Beratung. Verkauf von Original-Medikamenten und Drogerie-Produkten wie Sonnenmilch, Mückenschutz, Hautpflegeprodukten. ⏲ 8–22 Uhr, Sisowath Quay bis 23 Uhr mit erweiterter Produktpalette U caremart: Backwaren, Schreibwaren, Spirituosen und Zeitschriften.

Autovermietungen

AVR Asia Vehicle Rental, 46C St. 322, ☎ 023-216 178, 🖥 www.avrcambodia.com. Vermieten Ford und Chevrolet-Autos. Ein kleiner Chevrolet Spark für US$59/Tag, Pick-ups oder Minibusse für US$120/Tag an Selbstfahrer. Wahlweise mit Fahrer. ⏲ 8–18 Uhr.

Diplomatische Vertretungen

Deutschland, 76-78 St. 214 (Rue Yougoslavie), ☎ 023-216 193, Notfall-☎ 012-818 202,

📶 217 016, 🖥 www.phnom-penh.diplo.de. Die Botschaft ist auch für österreichische Bürger zuständig. ⏲ Mo–Fr 8.30–11.30 Uhr.

Schweiz, 53D St. 242, ☎ 023-219 045, 📶 213 375, ✉ swissconsulate@online.com.kh. Generalkonsulat.

Laos, 15-17 Mao Tse Tung Blvd., ☎ 023-982 632, 📶 720 907, ✉ laoembpp@canintel.com. Botschaft. ⏲ Mo–Fr 8.30–11.30 und 14–17 Uhr.

Thailand, 196 Preah Norodom Blvd., ☎ 023-726 306, 📶 726 303, 🖥 www.thaiembassy.org/phnompenh. Botschaft. ⏲ Mo–Fr 8.30–11 Uhr

Vietnam, 436 Monivong Blvd., ☎ 023-726 274, 📶 726 495, 🖥 www.vietnamembassy-cambodia.org/en. Botschaft.

Fotoarbeiten und Kopien

Mehrere Geschäfte nebeneinander am Sihanouk Blvd.

Lucky Digital Printing, 88 Sihanouk Blvd., ☎ 023-213 215. Fotos von Speicherkarten, Handys auf CD für US$1,50. Fotoausdrucke und Kopierservice. ⏲ 8–18 Uhr.

Geld

Dollarnoten in Riel werden in Banken, Schmuckgeschäften am Psar Thmei und im Russischen Markt sowie überall dort getauscht, wo der Tageskurs an der Ladentheke angeschlagen ist. Hotels und Guesthouses tauschen ebenfalls, meist aber zu schlechteren Kursen (und oft nur bei eigenen Gästen).

In Phnom Penh gibt es zahlreiche Bank-Niederlassungen und fast an jeder Ecke einen Geldautomaten. Entlang der Street 114 und 110 zwischen Norodom und Monivong Blvd. haben weitere Banken ihre Niederlassung.

ABA Bank, 148 Sihanouk Blvd., 🖥 www.ababank.com. Geldautomaten überall in der Stadt, akzeptieren Visa- und MasterCard, US$4 Transaktionsgebühr. MoneyGram-Service. ⏲ Mo–Fr 8–16, Sa 8–11 Uhr.

Acleda Bank, 61 Monivong Blvd., ☎ 023-998 777, 🖥 www.acledabank.com.kh. Western-Union-Service, wechselt Dollar und Euro-Reiseschecks gegen 2 % Gebühr, Geldautomaten akzeptieren alle gängigen Kreditkarten, 2–3 % Gebühr. ⏲ Mo–Fr 7.30–16, Sa 7.30–12 Uhr.

ANZ Royal Bank, 265 Sisowath Quay, ☎ 023-999 000, 🖳 www.anzroyal.com. Geldautomaten akzeptieren Visa-, MasterCard und Cirrus. US$4 Gebühr. Tauscht Travellers Cheques, Gebühr 2 %. ⏰ Mo–Fr 8.30–16, Sa 8.30–12 Uhr. Der Schalter nebenan hat kundenfreundlichere Öffnungszeiten: tgl. 8–21 Uhr, kein Geldautomat, aber Geld auf Kreditkarte für 1 %, mind. US$5.

CAB (Cambodia Asia Bank), 237 Sisowath Quay, 🖳 www.cab.com.kh. Geldautomaten akzeptieren MasterCard, Visa. Travellers Cheques werden für 3 % (Mindest-Gebühr US$2) eingelöst. ⏰ tgl. 8–21 Uhr. Kein Geldautomat, aber teures Geld auf Kreditkarte: 1 % Bearbeitungsgebühr, mind. US$5. Hauptgeschäftsstelle 439 Monivong Blvd., ☎ 023-220 000. ⏰ Mo–Fr 8–16, Sa 8–11.30 Uhr, 24 Std. Geldautomat. Geldwechsel und Geld auf Kreditkarte für mind. US$5 Gebühr. ⏰ tgl. 8–21Uhr.

Canadia Bank, 315 Monivong Blvd., ☎ 023-868 222, 🖳 www.canadiabank.com.kh. Wechsel Reiseschecks gegen eine Gebühr von 2 %, Geldautomaten akzeptieren Visa-, MasterCard ohne Transaktionsgebühr. Bargeld auf Vorlage von Kreditkarte und Reisepass kostenlos. Wer sich über MoneyGram Geld schicken lassen will, kann es hier abholen. ⏰ Mo–Fr 8–15.30, Sa 8–11.30 Uhr.

Singapore Banking Corporation (SBC), 55 Sihanouk Blvd., ☎ 023-991 388, 🖳 www.sbc-bank.com. Western-Union-Service, wechselt Reiseschecks gegen 2 % Gebühr, Geldautomaten akzeptieren Visa-, MasterCard, Cirrus und Diners Club, US$4 Gebühr. ⏰ Mo–Sa 8–21, So 8–16 Uhr.

Informationen

Tourist Information, Sisowath Quay. Mehr als den *Phnom Penh Visitors Guide* und einige Werbeflyer gibt es hier leider nicht, dafür kostenlos Internet und WLAN. ⏰ Mo–Fr 8–17, Sa 8–11 Uhr.

Informativ und ausführlich ist der vierteljährlich erscheinende *Phnom Penh Visitors Guide* mit einem kurzen geschichtlichen Abriss, Sehenswürdigkeiten, Hotels, Restaurants, Geschäften und Transportinformationen. Ebenfalls vierteljährlich erscheinen die kleinen **Pocket-Guide**-Hefte, nach Themen sortiert: *Drinking & Dining*, *After Dark* und *Out & About* mit Aktivitäten wie Shoppingtipps, Fitness und Wellness. Aktuelle Ausgaben liegen in Hotels, Guesthouses, Restaurants und Geschäften aus.

Internet

Kostenloses WLAN in Hotels und vielen Restaurants. 2 Rechner mit kostenlosem Internetzugang im Büro der Tourist Information (s. o.). Internetcafés im Stadtgebiet, 1000–2000 Riel/Std.

Kulturinstitute

Bophana Centre, 64 St. 200, ☎ 023-992 174, 🖳 www.bophana.org. Gegründet vom französisch-kambodschanischen Filmemacher Rithy Panh. Benannt wurde das Institut nach seinem Film *Bophana* aus dem Jahr 1996.

 Deutsch-kambodschanisches Kulturzentrum

Im Jahr 2007 wurde es von dem deutschen Filmemacher Nico Mesterharm gegründet: das **Meta House**, 37 Sothearos Blvd., ☎ 023-224 140, 🖳 www.meta-house.com, ein deutsch-kambodschanisches Kulturzentrum. Das Haus bietet ein Forum für Zeitgenössische Kunst und dient als Treffpunkt und dem Austausch der internationalen und kambodschanischen Kulturszene. Das Meta House wurde 2013 sogar zum besten Kulturzentrum Kambodschas gewählt. Im überdachten Kino auf der Dachterrasse laufen ab 16 Uhr Dokumentationen, einheimische Produktionen, Kurz- oder Art-House-Filme. Tickets US$2 inkl. Getränk. Im Art Café gibt es internationale und deutsche Gerichte, ab 21 Uhr legen DJs auf, an manchen Abenden auch Livemusik. Das aktuelle Programm gibt es auf der Webseite. WLAN. ⏰ Di–So 16–24 Uhr. Die Art Gallery im Erdgeschoss bietet internationalen Künstlern die Möglichkeit, Gemälde, Fotos oder Skulpturen auszustellen. ⏰ 10–22 Uhr, Eintritt frei.

Archiv voller Fotos und Filme, Eintritt frei. Sa 16 Uhr kostenlos Filme, bei denen König Sihanouk Regie geführt hat (franz. Untertitel) oder aktuellere kambodschanische Produktionen. ⏲ Mo–Fr 8–12 und 14–18, Sa 14–18 Uhr.
Le Cinema – Französisches Kulturzentrum, 218 St. 184, ☎ 023-213 124, ⌨ www.institut francais-cambodge.com. Programmkino. Französische Filme um 18.30 Uhr. Außerdem Bibliothek, Kunst- und Architekturausstellungen und ein Café im Innenhof. ⏲ außer So 11–24 Uhr.

Medizinische Hilfe
Kliniken
Calmette Hospital, 3 Monivong Blvd., ☎ 023-426 948 und 427 792, ✉ h_chamreun@ yahoo.com. Das staatliche Krankenhaus hat einen sehr guten Ruf. Angeschlossenes Herzzentrum: ☎ 023-430 768, ✉ admin@ cardiocambodge.com.kh.
International SOS Medical and Dental Clinic, 161 St. 51, ☎ 023-216 911, 012-816 911, ⌨ www.internationalsos.com. Gut ausgestattet und mit gutem Ruf. 24-Std.-Notfalldienst. Kümmern sich um den Transport in medizinisch notwendigen Fällen nach Singapore oder Bangkok. Operationen, Impfungen, zahnärztliche Behandlungen. ⏲ Mo–Fr 8–17.30, Sa 8–12 Uhr.
Naga Clinic, 11 St. 254, ☎/✆ 023-211 300, Notfall: ☎ 011-811 175, ⌨ www.nagaclinic. com. Unter französischer Leitung. Chirurgie, Tropenerkrankungen, Diabetes, Physiotherapie.

Konsultationen ab US$30. ⏲ Mo–Fr 8–12 und 14–18 Uhr. 24-Std.-Notfalldienst.
Royal Rattanak Hospital, 11 St. 592, Tuol Kok, ☎ 023-991 000, ⌨ www.royalrattanakhospital. com. Sehr gut ausgestattete Privatklinik mit internationalen, Englisch sprechenden Ärzten. Kooperation mit dem Bangkok Hospital. Chirurgie, Kardiologie, Gynäkologie, Orthopädie und Radiologie. Nehmen Kontakt zur Krankenversicherung auf und kümmern sich um die Zusage der Kostendeckung. Erstkonsultation US$106. ⏲ 24 Std. Ende 2014 soll das Krankenhaus **Royal Phnom Penh Hospital** heißen und in ein neues modernes Gebäude am Russian Blvd. (Pochentong Blvd.) umziehen.
European Dental Clinic (Zahnklinik), 160 A, Norodom Blvd., ☎ 023-211 363. 3 europäische Zahnärzte praktizieren in der Zahnklinik. ⏲ Mo–Fr 8–12 und 14–19, Sa 8–12 Uhr.
International Dental Clinic, 193 St. 208, ☎ 023-212 909, ⌨ www.imiclinic.com. Zahnklinik mit gutem Ruf. Kontrolltermin US$10. ⏲ Mo–Fr 8–12 und 14–17, Sa 9–12 Uhr.

Ärzte
Dr. Michel Sebban, 16 St. 57, ☎ 023-453 4115, 012-634 115, ✉ cabinetmedical.francais@ yahoo.fr. Als Arzt für Allgemeinmedizin, Gynäkologie und Akupunktur genießt der Franzose einen guten Ruf.
Tropical and Travellers Medical Clinic, 88 St. 108, ☎ 023-306 802, ⌨ www.travellers medicalclinic.com. Der Brite Dr. Scott behandelt in seiner Praxis kleinere Fälle wie Wundversorgung, bietet Gesundheits-Checks,

Impfungen, Tests auf Infektionen und Geschlechtskrankheiten. ⏱ Mo–Fr 8.30–12 und 14–17, Sa 8.30–12 Uhr.

Motorradverleih

Es gibt zahlreiche Motorradverleiher in Phnom Penh. Eine Honda mit 100 ccm kostet US$ 4–7/Tag, 250er-Crossmaschinen US$12–30/Tag. Als Sicherheit muss der Reisepass hinterlegt werden. Nur wirklich sichere Motorradfahrer sollten sich in das Gewühl der Stadt wagen. Die Maschinen immer abschließen oder auf einem bewachten Parkplatz abstellen. Motorraddiebstähle sind leider an der Tagesordnung.

Grease Monkey's, 62 St. 51, ☎ 012-555 496. Vermietet Crossmaschinen ab 250 ccm, US$25–80/Tag inkl. Helm und Versicherung. ⏱ 7–20 Uhr.

Lucky! Lucky! Moto, 413 Monivong Blvd., ☎ 023-212 788. Mopeds mit Gangschaltung US$4/Tag, Automatik US$6/Tag, 250er-Maschinen US12/Tag, 400–600 ccm US$25/Tag inkl. Helm. Günstiger als andere Anbieter, aber ohne Versicherung. ⏱ 8–18.30 Uhr.

Vannak Motorcycle Shop, 46 St. 130, ☎ 012-220 970, 🖥 www.vannakmotorcycle.com. Verleiht Motorräder zwischen 100 und 1500 ccm der Marken Suzuki, Kawasaki, Honda und Yamaha, US$ 5–50/Tag. Größere Crossmaschinen inkl. guter Helme.

Verkauft auch gebrauchte Motorräder. ⏱ 7–18 Uhr.

Optiker

Eye Care, mit 6 Filialen in der Stadt: 166 Norodom Blvd., ☎ 016-556 601. Fertigen Brillengläser in der passenden Sehstärke, Sonnenbrillen und Kontaktlinsen. ⏱ 7.30–19.30 Uhr.

Paketdienst

DHL, 353 St.110, ☎ 023-427 726, 🖥 www.dhl.com. ⏱ 7.30–17.30 Uhr. **EMS** im Hauptpostamt, ☎ 023-427 428. Nach Deutschland kostet ein Paket US$26 für 1 kg (S. 70). ⏱ 8–17 Uhr.

Post

Hauptpost, St. 13, Ecke St. 102, ☎ 023-426 062. Paketdienst EMS, Fax, Telegramme, Postkarten und Briefmarken, Geldwechsler und *Poste Restante*. ⏱ 7–18 Uhr.

Visaangelegenheiten

Immigration, 332 Russian Blvd. (gegenüber Flughafen), ☎ 012-581 558, 🖥 www.immigration.gov.kh. ⏱ Mo–Fr 7.30–10 und 14–16 Uhr (S. 86). Die meisten Hotels, Guesthouses und Reisebüros kümmern sich um die einmalige 30-Tage-Verlängerung eines Touristenvisums

---

Sicherheitshinweise

Kambodschas Hauptstadt Phnom Penh ist nicht gefährlicher als andere Großstädte, sofern man ein paar Verhaltensregeln beherzigt.

In den engen Gassen der Märkte Geld, Handys und Kamera gut verstauen und festhalten. Insbesondere in den Restaurants am Sisowath Quay Handtaschen und Rucksäcke festhalten oder so abstellen, dass keiner zugreifen kann. In vereinzelten Fällen kommt es auch zu **Taschenraub** aus dem Tuk-Tuk: Handtaschen und Rucksäcke möglichst nicht direkt zur Straßenseite stellen und gut festhalten. Findige Tuk-Tuk-Fahrer haben ein Netz an den Seiten aufgespannt.

Bei Fahrten mit dem Motorradtaxi den Rucksack nicht auf dem Rücken tragen, sondern zwischen Fahrer und sich selbst platzieren (s. auch S. 71).

Achtung Trickbetrüger! Touristen werden von einem gut Englisch sprechenden Einheimischen in ein Gespräch verwickelt, z. B. woher er das tolle T-Shirt hat. Es folgt eine Einladung nach Hause und die Aufforderung, an einem harmlosen Kartenspiel teilzunehmen. Vorsicht, das Spiel kann nach „Anfängerglück" nur verloren werden. Es gab schon Touristen, die dabei Tausende von Dollar verloren haben. Einige wurden sogar mit K.o.-Tropfen betäubt, das Konto mittels Kreditkarte geplündert.

für US$43–46, Bearbeitungszeit 3 Werktage. Business-Visa können unendlich oft für 1, 3, 6 oder 12 Monate verlängert werden, US$35/75/160/290, Bearbeitungszeit 1–2 Werktage. Die Beantragung eines **Visums für Vietnam** übernehmen Reisebüros und Hotels für US$61–70. Bearbeitungszeit 1 Werktag. Wer das Vietnam-Visum selbst in der Botschaft (S. 181) beantragt, zahlt US$60 (Abholung am nächsten Tag) oder US$70 für Sofortausstellung.

Wäschereien

Überall in der Stadt; auch Hotels und Guesthouses bieten Wäscheservice, US$1–3/kg.

Zoll

Zollbehörde (General Department of Customs and Excise), 6-8 Norodom Blvd., ✆/📠 023-214 065, 💻 www.customs.gov.kh

Busse

Als Pilotprojekt im Feb 2014 gestartet, fahren nun die grün-weißen City-Busse der Linie 1 zwischen 5.30 und 20.30 Uhr im 10-Min.-Takt über den Monivong Blvd., nur in südliche Richtung ab Höhe Chroy-Changvar-Brücke bis zur Monivong-Brücke. Der Bus hält 36x. Linie 2 und 3 starten am Nachtmarkt und fahren bis Takmau und Chaom Chau. Das Tagesticket kostet 1500 Riel.

Cyclos

Die mit Muskelkraft betriebenen Fahrradrikschas mit Vordersitz sieht man immer seltener auf Phnom Penhs Straßen. Für Kurzstrecken innerhalb der Stadt 2000 Riel, eine gemütliche Sightseeingtour US$ 8–10/Tag. Cyclofahrer kann man auf Straßen anhalten oder über The Cyclo Association (S. 180) buchen.

Motorradtaxis

Warten vor beliebten Unterkünften, Sehenswürdigkeiten und Lokalen. Einfach heranwinken oder sich ansprechen lassen. In den touristischen Gebieten sprechen die Fahrer ein bisschen Englisch. Für eine Kurzstrecke innerhalb der Stadt etwa US$0,50–1, Betrag vorher aushandeln. Am besten eine Karte bereithalten

und genau klären, wo man hin will. Die Karte können die wenigsten Fahrer lesen, daher sollte man in etwa wissen, wo es langgeht. Fahrer, die gut Englisch sprechen, bieten sich auch als Tourguide an, US$8–12/Tag für Sehenswürdigkeiten innerhalb der Stadt.

Taxis

Fahren nicht durch die Stadt, sondern stehen vor exklusiven Hotels oder touristischen Sehenswürdigkeiten oder am Bootsanleger. 24-Std.-Taxiruf:
Choice Taxi, ✆ 023-888 023;
Global Meter Taxi, ✆ 011-311 888.

Tuk-Tuks

Tuk-Tuk-Fahrer stehen vor allen Unterkünften, Lokalen, Sehenswürdigkeiten und fahren in der Stadt umher, um ihre Fahrdienste anzubieten. Die meisten Fahrer kennen sich bestens in der Stadt aus, verstehen aber oft nicht, wo man hin will. Sie orientieren sich nach Pagoden oder Märkten. Am besten, man zeigt das Ziel auf der Karte der Sehenswürdigkeiten, die die meisten Fahrer bei sich führen. Für Fahrten innerhalb der Stadt zahlt man US$1,50–3, nachts oder bei Regen wird es etwas teurer. In jedem Fall sollte der Preis vorher ausgehandelt werden. Eine Tagestour zu den Sehenswürdigkeiten innerhalb der Stadt kostet US$12–15.

Busse

Einen zentralen Busbahnhof, an dem viele Gesellschaften abfahren, gibt es nicht. Fast alle Busse fahren vor ihren Büros ab, Mekong-Express-Busse ab Japanischer Brücke. Bustickets, die über Guesthouses und Reisebüros gebucht werden, sind etwas teurer. Einige Gesellschaften holen die Kunden am Hotel ab. Während Feiertagen wie Khmer-Neujahr oder Bonn Phchum Ben erhöhen sich die Fahrpreise um US$2–3, und der Abholservice wird eingestellt.
ANLONG VENG, mit GST und Rith Mony 4x tgl. zwischen 7.30 und 10.45 Uhr für US$9,25–10 in 8 Std.;
BANGKOK (Thailand), umsteigen an der thailändischen Grenze in Minibusse, mit Capitol

Tours, Gold VIP, GST, Mekong Express, Phnom Penh Sorya, Virak Buntham vormittags insgesamt 10x tgl. zwischen 6.20 und 12 Uhr, abends mit Gold VIP und Virak Buntham 5x zwischen 19.30 und 0.30 Uhr für US$17–29 in 11–15 Std.;

Das einzige Busunternehmen, das mit denselben Bussen durchfährt, ist Nattakan (die Grenze muss dennoch zu Fuß überquert werden), um 8.15 Uhr für US$35 in 12 Std. inkl. Lunchbox, Snack, Wasser und Softdrink. Toilette an Bord.

BANLUNG, mit GST, Phnom Penh Sorya und Rith Mony insgesamt 4x tgl. zwischen 6.30 und 8.45 Uhr für US$13,25 in 9–10 Std.;

BATTAMBANG, mit Capitol Tours, Gold VIP, GST, Mekong Express, Phnom Penh Sorya, Rith Mony und Virak Buntham insgesamt 45x tgl. zwischen 6.45 und 21.30 Uhr für US$7,5–12 in 6 Std.;

HO-CHI-MINH-STADT (Vietnam), Direktbusse, mit Capitol Tours, Giant Ibis, Mekong Express, GST, Phnom Penh Sorya, Rith Mony, Sapaco Tourist und Sokha Komartep insgesamt 36x tgl. zwischen 6.30 und 15 Uhr für US$10–18 in 6–8 Std., mit Virak Buntham um 0.30 und 1.30 Uhr für US$14 in 8 Std.;

KAMPOT, mit Giant Ibis, Phnom Penh Sorya und Rith Mony insgesamt 9x tgl. zwischen 7 und 14.45 Uhr für US$5–8 in 3–4 Std.;

KEP, mit Phnom Penh Sorya und Rith Mony insgesamt 7x tgl. zwischen 7 und 14.30 Uhr für US$5 in 3 Std.;

KOH CHANG (Thailand), mit Gold VIP um 12, 19.30 und 20.30 Uhr für US$26 in 12–14 Std.; mit Virak Buntham um 7.45 Uhr für US$19 in 12 Std.;

KOH KONG, mit Phnom Penh Sorya, Rith Mony und Virak Buntham insgesamt 9x tgl. zwischen 7 und 13 Uhr für US$9–10,5 in 6–7 Std.;

KOMPONG CHAM, mit Capitol Tours, GST, Phnom Penh Sorya und Rith Mony insgesamt 17x tgl. zwischen 6.30 und 15.45 Uhr für US$4–6 in 3 Std.;

KOMPONG CHHNANG, mit den Bussen Richtung Battambang in 2 1/2 Std. für den gleichen Preis; KOMPONG THOM, mit Phnom Penh Sorya 12x tgl. zwischen 6.15 und 17 Uhr für US$6,25 in 4 Std.;

KRATIE, mit GST, Phnom Penh Sorya und Rith Mony 7x tgl. zwischen 6.45 und 10.30 Uhr für US$10,25 in 7 Std.; PAILIN, mit Rith Mony um 7.30 Uhr für US$10 in 10 Std.; PAKXE (Laos), mit Phnom Penh Sorya um 6.45 Uhr für US$28 in 17 Std. (über 4000 Inseln für US$25 in 13 Std.), bis nach Vientiane für US$50 in 27 Std.; mit Rith Mony um 8 Uhr für US$30 in 17 Std.; PATTAYA (Thailand), mit Gold VIP um 12, 19.30 und 20.30 Uhr für US$27 in 14 Std.; POIPET, mit Capitol Tours, Gold VIP, GST, Mekong Express, Phnom Penh Sorya, Rith Mony und Virak Buntham insgesamt 28x tgl. zwischen 6.30 und 23.30 Uhr für US$10–15 in 7–8 Std.; PURSAT, mit den Bussen Richtung Battambang in 4 Std. für den gleichen Preis. SEN MONOROM (MONDULKIRI), mit Phnom Penh Sorya und Rith Mony um 7.30 bzw. 8.30 Uhr für US$11 in 7 1/2 Std.; SIEM REAP (zum Zeitpunkt der Recherche wurde die N6 ausgebaut, Fahrzeit knapp 10 Std.), mit Capitol Tours, Giant Ibis, Gold VIP, GST, Mekong Express, Neak-Krorhorm-Bussen bzw. Minibussen, Phnom Penh Sorya, Rith Mony, Sokha Komartep und Virak Buntham insgesamt 66x tgl. zwischen 6.15 und 23 Uhr für US$7–15 in 6 Std.; SIHANOUKVILLE, mit Capitol Tours, Giant Ibis, GST, Mekong Express, Phnom Penh Sorya, Rith Mony und Virak Buntham insgesamt 35x tgl. zwischen 7 und 17.45 Uhr für US$6,25–12 in 4–5 Std.; SISOPHON (BANTEAY MEANCHEY), mit GST, Phnom Penh Sorya und Rith Mony insgesamt 15x tgl. zwischen 6.30 und 14 Uhr für US$8–9 in 7 Std.; mit Rith Mony auch um 20 Uhr.; SNOUL, mit Phnom Penh Sorya um 6.45, 7.15, 8, 10.30 und 12.45 Uhr für US$7 in 5 Std.; SRA EM (für Preah-Vihear-Tempel), mit GST um 8.30 Uhr für US$12 in 8 Std.; TAKEO mit allen Bussen Richtung Kampot zum gleichen Preis bis Ang Tasom, dann mit dem Tuk-Tuk oder Motorradtaxi 13 km bis Takeo-Stadt; TBENG MEANCHEY (PREAH VIHEAR), mit GST, Phnom Penh Sorya und Rith Mony insgesamt

4x tgl. zwischen 7.30 und 8.30 Uhr für US$6, 5–8,5 in 7 Std.; STUNG TRENG, mit Phnom Penh Sorya und Rith Mony insgesamt 4x tgl. zwischen 6.45 und 10.30 Uhr für US$12,5–13 in 9 Std.

Busgesellschaften:
Capitol Tours,14 St. 182 und Kampuchea Krom, Ecke St. 169, ✆ 023-217 627, 🖥 www.capitolkh.com. ⏲ 5–22 Uhr.
Giant Ibis Transport, 3 St. 106, ✆ 023-987 808, 🖥 www.giantibis.com. ⏲ 6–21 Uhr.
Gold VIP Bus Transport, 5 St. 106, ✆ 070-998 888. ⏲ 5–24 Uhr.
GST Express Bus, 13 St. 142, ✆ 023-218 114. ⏲ 5.30–21 Uhr.
Mekong Express, 87 Sisowath Quay, Ecke St. 104, ✆ 023-427 518, 🖥 catmekongexpress.com. Viele Verbindungen mit Minibussen. ⏲ 6–20.30 Uhr.
Nattakan, 27 St. 108, ✆ 078-956 222. Direktbus nach Bangkok. ⏲ 7–19 Uhr.
Neak Krorhorm, 4 St. 108, ✆ 012-495 249. Busse und Minibusse. ⏲ 5.30–19.30 Uhr.
Phnom Penh Sorya, St. 217, am Psar Thmei, ✆ 023-210 859, 🖥 www.ppsoryatransport.com. ⏲ 24 Std.
Rith Mony 24 St. 102 und St. 134, Ecke St. 169, ✆ 023-427 567, 017-525 388. ⏲ 7–19 Uhr.
Sapaco Tourist, Sihanouk Blvd., ✆ 023-210 300, 🖥 www.sapacotourist.com. Komfortable große Busse mit Fernseher und Toilette.
Sokha Komar Tep Express Limousine Bus Co. Ltd., 7 St. 106, ✆ 023-991 414. ⏲ 7–21 Uhr.
Virak Buntham Express Travel, 1 St. 106, ✆ 089-998 761. ⏲ 24 Std.

Sammeltaxis und Minibusse

Sammeltaxis und Minibusse warten am Doeum-Kor-Markt, nahe dem Intercontinental Hotel, an der Nord-West-Ecke des Zentralmarktes und am Olympia-Markt südlich des Olympia-Stadions. Sie fahren los, sobald genügend Passagiere zusammengekommen sind; für ein Sammeltaxi müssen somit bis zu 7 (!) Personen mitfahren wollen. Tipp: Genügend Platz hat man, wenn man die beiden vorderen Sitze bezahlt.

Am Nachmittag kann es passieren, dass man bis zum nächsten Tag warten oder die restliche Sitzanzahl mitbezahlen muss. Im Folgenden sind die Preise für ein ganzes Taxis aufgeführt, durch 6 Personen dividiert, erhält man den Preis für einen (engen) Einzelplatz. Die Preise für Minibusse liegen etwas darunter, auch hier ist der Sitzkomfort gegenüber den komfortablen großen Bussen deutlich eingeschränkt. Beladen werden die Minibusse, bis sie aus den Nähten platzen.

Grundsätzlich werden von allen 3 Haltepunkten alle Ziele in Kambodscha angesteuert. Aufgrund der Anbindung fahren von **Doeum-Kor-Markt** die meisten Sammeltaxis Richtung Takeo, Kampot und Kep. Vom **Olympia-Markt** werden vorrangig die Ziele Richtung vietnamesischer Grenze wie Neak Loeung, Prey Veng, Svay Rieng und Bavet angesteuert. Vom **Zentralmarkt** starten die Sammeltaxis Richtung Sihanoukville, Koh Kong, Siem Reap und Battambang. Die genannten Preise dienen der Orientierung, oft hängen sie nicht von den zurückgelegten Kilometern ab, sondern davon, ob der Fahrer eine Anschlussfahrt zurück nach Phnom Penh erhalten kann.
Banlung US$120; Battambang US$60; Bavet US$70; Kampot US$40; Kep US$50; Kompong Cham US$80; Kompong Chhnang US$60; Kompong Thom US$70; Neang Loeung US$40; Sen Monorom US$75; Siem Reap US$60; Sihanoukville US$60; Svay Rieng US$60; Takeo US$50.

Boote
Chau Doc (Vietnam):
Blue Cruiser, Sisowath Quay ✆ 023-990 441, 🖥 bluecruiser.com, um 13.30 Uhr. Luxuriöseres jachtähnliches Schnellboot für US$44 in 4 Std.;
Delta Adventures, ✆ 012-733 191. Um 8 Uhr für US$23 in 4 Std. inkl. Hotelabholung, buchbar über fast alle Reisebüros;
Hang Chau Speed Boat, Sisowath Quay, ✆ 012-631 4454, ✉ hangchauspeedboat@yahoo.com, um 12 Uhr für US$24 in 4 Std., Mi, Fr, So zusätzlich um 9 Uhr;
Tu Trang Travel, Sisowath Quay, ✆ 078-655 567, um 13 Uhr für US$24 in 4 Std.;

Ho-Chi-Minh-Stadt (Vietnam):
Delta Adventures (s. o.). 2- bis 4-tägige Touren mit Übernachtungen in Chau Doc, Can Tho oder Long Xuyen inkl. Sightseeing-Programm, wahlweise mit Homestay-Übernachtung. Von dort jeweils mit dem Bus nach Ho-Chi-Minh-Stadt. US$45–90. Buchbar über fast alle Reisebüros.

Phu Quoc (Vietnam):
Delta Adventures, ☏ 012-733 191. 2-tägige Tour. Mit dem Boot nach Chau Doc, Übernachtung. Am nächsten Morgen mit dem Bus nach Ha Tien, von dort mit dem Speedboot nach Phu Quoc, US$59.
Hang Chau Speed Boat (s. o.) oder **Tu Trang Travel** (s. o.) um 7.30 Uhr für US$35 in 5–6 Std., zwischen Nov und März.

Flüge
Der Flughafen Phnom Penh International liegt etwa 8 km westlich vom Stadtzentrum.

Visa bei Ankunft am Flughafen

Im Flugzeug wird das Antragsformular **Visa on Arrival** ausgeteilt. Entsprechende Formulare liegen aber auch im Flughafen bereit, ebenso wie die Arrival und Departure Card und der Vordruck für die Zollerklärung (Customs Departement Cambodia Passengers Declaration). Wer noch kein Visum für Kambodscha hat, der begibt sich bei Ankunft am Flughafen an den ersten Schalter mit der Aufschrift **Visa application**, um dort seinen Reisepass, Passfoto und das ausgefüllte Formular Visa on Arrival abzugeben. Dann stellt man sich in die zweite Schlange, **Cashier**. Wenn der eigene Name (meist ist es der Vorname) aufgerufen wird, erhält man gegen Zahlung von US$30 (für ein Touristenvisum) seinen Reisepass mit dem Visum und die Einzahlungsquittung. Dann weiter zum Einwanderungsschalter (**Immigration Checkpoint**), dort wird das Visum abgestempelt, die Arrival Card eingesammelt und die Departure Card in den Reisepass geheftet. Hinter der Gepäckausgabe und vor dem Ausgang sammeln die Zöllner die Zollerklärung ein.

Ein Taxi in die Innenstadt kostet US$10. Wer über den Parkplatz bis zur Straße läuft, zahlt für ein Tuk-Tuk oder Motorradtaxi ins Zentrum US$5/3 (je nach Verhandlungsgeschick und Verkehrslage). Vom Zentrum zum Flughafen Taxis/Tuk-Tuks/Motorradtaxi für US$10/7/4 in 20 Min. bis zu 1 Std. während der Rushhour.
Von Phnom Penh International tgl. Flüge nach BANGKOK, BEIJING, HA NOI, HONGKONG, HO-CHI-MINH-STADT, KUALA LUMPUR, LUANG PRABANG, PAKXE, SEOUL, SHANGHAI, SINGAPORE, TAIPEI und VIENTIANE, YANGON (S. 34).
Vom Inlandsterminal Verbindungen mit **Cambodia Angkor Air**, 🖥 www.cambodia angkorair.com, nach SIEM REAP, 4–6x tgl. in 45 Min., US$70–136.

Büros der Fluggesellschaften:
Air Asia, im Flughafen, ☏ 023-356 011, 🖥 www.airasia.com;
Asiana Airlines, im Flughafen, ☏ 023-890 440, 🖥 www.flyasiana.com;
Bangkok Airways, 61 St. 214, ☏ 023-722 545, 🖥 www.bangkokair.com;
Cambodia Angkor Air, 206A Norodom Blvd., ☏ 023-666 786, 🖥 www.cambodiaangkorair. com; ⊕ Mo–Fr 8–12 und 13.30–17.30 Uhr;
China Southern Airlines, 168 Monireth Blvd., ☏ 023-424 588, 🖥 www.flychinasouthern.com;
Dragon Air/Cathy Pacific, 168 Monireth Blvd. ☏ 023-424 300, 🖥 www.dragonair.com. ⊕ Mo–Fr 8–12 und 13–17 Uhr;
Eva Air, 14B St. 205, ☏ 023-219 911, 🖥 www. evaair.com. Mo–Fr 8–16.30, Sa 8–12 Uhr;
Lao Airlines, 111 Sihanouk Blvd., Ecke St. 107, ☏ 023-222 956, 🖥 www.laoairlines.com;
Malaysia Airlines, 35-37 St. 214, ☏ 023-218 923, 🖥 www.malaysiaairlines.com;
Silk Air, 168 Monireth Blvd./Intercontinental Hotel, ☏ 023-988 629, 🖥 www.silkair.net. ⊕ Mo–Fr 8–17 Uhr, Sa 8–12 Uhr;
Thai Airways International, 298 Mao Tse Toung Blvd., ☏ 023-214 359, 🖥 www.thaiair ways.com. Mo–Fr 8–16.30, Sa 8–12 Uhr;
Vietnam Airlines, 41 St. 214, ☏ 023-990 840, 🖥 www.vietnamairlines.com. ⊕ Mo–Fr 8–12 und 13.30–16.30, Sa 8–12 Uhr.

Die Umgebung von Phnom Penh

Rund um Phnom Penh gibt es eine Reihe von Sehenswürdigkeiten, die bequem auf einem lohnenswerten Tagesausflug besucht werden können – eine kleine Auszeit fernab der Hektik der Hauptstadt.

Wer an der Geschichte des Landes interessiert ist, sollte die südwestlich der Stadt gelegenen Killing Fields in **Choeung Ek** besuchen: Die friedliche Anlage steht in großem Kontrast zu den dort einst verübten Gräueltaten.

Einen halben Tag muss einplanen, wer die sehenswerten Seidenweberdörfer auf **Prektakov** oder der Mekong-Insel **Koh Deik** besichtigen möchte. Inmitten von Reisfeldern und Obstplantagen stellen die Bewohner in ihren Stelzenhäusern schöne *kramas* her; der Ausflug vermittelt einen wunderbaren Einblick in das ländliche Kambodscha.

Nördlich von Phnom Penh lassen sich in dem weitläufigen Gelände von **Phnom Brasat** nicht nur eine Tempelruine aus dem 6. Jh. entdecken, sondern auch viele, teils skurrile neue Pagoden, die dem Erbauer für das nächste Leben ein gutes Karma bringen sollen.

Nahe der früheren Hauptstadt Oudong, etwa 40 km nördlich von Phnom Penh, ist **Phnom Oudong** eine beeindruckende Anlage auf zwei Hügeln: Tempel, Steinhäuser, Stupas und eine Pagode neueren Datums liegen auf dem Berg verstreut. Auf dem Weg nach Phnom Oudong lohnen sich Abstecher in die kleinen Dörfer **Prek Gdam** oder **Kompong Luong**: Die Einwohner leben von der Kunst des Silberschmiedens, ihnen bei der Arbeit zuzuschauen bietet interessante Eindrücke.

Phnom Brasat, das Silberschmieddorf Prek Gdam und Oudong lassen sich bequem in einem Tagesausflug kombinieren.

Wer am Wochenende den Einheimischen folgt, kann einen entspannten Tag am Mekong verbringen und in **Koki Beach** in Bambushütten picknicken. 35 km südlich von Phnom Penh gibt es in **Tonle Bati** einen ähnlichen Platz: Die Hütten am See laden ebenfalls zum Picknick ein, fliegende Händler verkaufen Essen. Der Hauptgrund für einen Abstecher nach Tonle Bati aber sind die beiden Tempel **Ta Prohm** und **Yeay Peau** – sie stammen aus der Angkor-Periode und sind eine wunderbarere Einstimmung auf einen Besuch in Angkor.

Einer der imposantesten Tempel ist der noch weiter südlich gelegene, von nur wenigen Touristen besuchte **Phnom Chisor** aus dem 11. Jh. Vom Haupteingang bietet sich eine beeindruckende Aussicht auf Reisfelder und Palmyrapalmen bis nach Takeo.

Wenige Kilometer von Phnom Chisor entfernt liegt Kambodschas bestgepflegter Zoo: Im **Phnom Tamao Wildlife Rescue Center** leben Bären, Elefanten und Tiger in weitläufigen Gehegen, ein Zuchtprogramm dient dem Schutz bedrohter Tierarten, 🖳 http://freethebears.org.au/web/Projects/Cambodia.

Wer früh aufbricht, kann Tonle Bati, Phnom Chisor und Phnom Tamao in einem Tagesausflug miteinander verbinden.

Auf halbem Weg zwischen Phnom Penh und Kep befindet sich bei **Takeo**-Stadt einer der ältesten Tempel des Landes. Die Fundstücke aus der Funan-Periode sind im Museum von **Angkor Borei** zu bewundern, Überreste der Tempelruinen auf der sehenswerten Insel **Phnom Da**. Als Tagesausflug ist die Strecke nur mit einem Taxi zu bewältigen; entspannter ist es, eine Übernachtung in Takeo einzuplanen.

Choeung Ek (Killing Fields)

Schätzungen zufolge wurden auf den insgesamt 300 Killing Fields des Landes zwischen 1975 und 1979 von den Roten Khmer rund 200 000 Menschen brutal ermordet, die Gesamtzahl der Opfer der Khmer Rouge liegt bei rund 2 Mio. Menschen (s. auch S. 113). Choeung Ek, 12 km südwestlich von Phnom Penh, ist das bekannteste Killing Field Kambodschas.

Zwischen 1975 und 1978 wurden die des Landesverrats bezichtigten Männer, Frauen, Kinder und Babys aus dem berüchtigten Tuol-Sleng-Gefängnis in Phnom Penh (S. 115) nachts hierher, auf den ehemaligen chinesischen Friedhof, gebracht und exekutiert. Um dringend benötigte

Munition zu sparen, wurden die meisten Gefangenen nicht, wie anfänglich, erschossen, sondern mit Eisenstangen, Äxten oder anderen Gerätschaften erschlagen. Laute Musik erschallte über das Gelände, um die verzweifelten Schreie zu übertönen. Die Toten verscharrte man anschließend in Massengräbern. Kaum vorstellbar, wenn man jetzt über die so friedvolle Anlage spaziert.

Heute ist **Choeung Ek Memorial** eine staatliche Gedenkstätte. 1988 errichtet, beherbergt der 39 m hohe weiße Stupa Schädel, Knochen und Kleiderreste. Die Schädel wurden sorgfältig gereinigt, konserviert und nach Alter und Geschlecht sortiert. Überreste von 8985 Menschen stehen hier stellvertretend für geschätzte 17 000 Menschen, die alleine an diesem Ort dem Völkermord des Regimes der Khmer Rouge zum Opfer gefallen sind. Insgesamt 129 Massengräber wurden auf dem Gelände lokalisiert, 86 Gräber sind bereits geöffnet worden.

Schilder informieren über die Schreckenstaten und die Gebäude, die hier einst gestanden haben. Einige der Massengräber sind umzäunt und überdacht. Besonders erschütternd: der Baum, an dem zahllose Babys zu Tode geschleudert wurden.

In dem angrenzenden **Museum** sind einige der hier gefundenen Tötungswerkzeuge, Ketten und Kleidung ausgestellt; Bilder geben den Toten ein Gesicht. Zwischen 9 und 16.45 Uhr findet alle 35 Min. eine 15-minütige Videovorführung mit vielen Archivaufnahmen statt.

Jedes Jahr am 20. Mai wird anlässlich des sogenannten „Day of Hate", an dem an die Verbrechen des Pol-Pot-Regimes erinnert wird, eine Gedenkfeier auf dem Gelände veranstaltet.

☉ 7.30–17.30 Uhr, Eintritt US$3. Für US$3 zusätzlich erhält man einen Audioguide, der auch in deutscher Sprache viele Zusatzinformationen bietet, darunter ergreifende Augenzeugenberichte.

Man erreicht Choeung Ek mit dem Tuk-Tuk/Motorradtaxi für US$15/10 oder mit einer organisierten Tour der Guesthouses. Selbstfahrer folgen dem Monireth Blvd. (St. 217) stadtauswärts in südwestlicher Richtung, an der Gabelung links der St. 217 folgen, nach ca. 5 km den Schildern folgend links abbiegen.

Prektakov

Halbtägige Bootstouren zu **Seidenweberdörfern** starten ab Sisowath Quay (Bootscharter für US$20). Meist wird das Dorf Prektakov am anderen Mekongufer angesteuert, mit seiner wohltuenden Ruhe ein wunderbarer Kontrast zum hektischen Phnom Penh. Die Bewohner bauen Bananen, Mangos, Jackfruit und Zitronengras an. Ein beschaulicher Rundgang führt durch das Dorf, das über ein Kloster und einen farbenfroh gestalteten Tempel verfügt. Meist sprechen freundliche Frauen am Bootsanleger ankommende Besucher an, führen durch den Ort bis zu den Häusern der Seidenweber und erläutern den kompletten Herstellungsprozess, von der Raupenzucht über die Verpuppung, die anschließende Gewinnung der Seide bis hin zur Verarbeitung. Natürlich sind die fertigen Produkte auch käuflich zu erwerben.

Koh Deik und Koh Okhna Tey

Ein geruhsames Erlebnis ist auch der Ausflug auf die beiden benachbarten Inseln Koh Deik (auch Koh Dach) und Koh Okhna Tey (Mekong Islands genannt), die sich etwa 14 km nordöstlich der Hauptstadt aus dem Mekong erheben.

Koh Deik ist die mit 10 km Länge größere und schönere der beiden Inseln, die eine friedliche Stille umgibt. Die einzige, überwiegend unbefestigte Straße führt vorbei an kleinen Dörfern mit Stelzenhäusern. Die Bewohner leben vom Fischfang, der Viehzucht (Rinder, Ziegenherden, Ponys und Hühner) und dem Anbau von Palmen, Mangos und Jackfruit. Haupteinnahmequelle aber ist die Herstellung von Seidenstoffen. Unter vielen Häusern stehen Webstühle. Die Bewohner laden gerne ein, bei der Herstellung der Seidenstoffe zuzuschauen, erklären die Seidengewinnung und bieten natürlich auch die fertigen *kramas* oder andere Stücke zum Verkauf an. An der Nordspitze Koh Deiks bildet sich in der Trockenzeit (Dez–April) ein Sandstrand, an dem sich am Abend die Einheimischen sowie Besucher aus Phnom Penh zum Picknick treffen. Ein Restaurant etwa 1 km vor der Nordspitze bietet Fried-Rice-Gerichte und Fisch-*amok* für US$2–4 an.

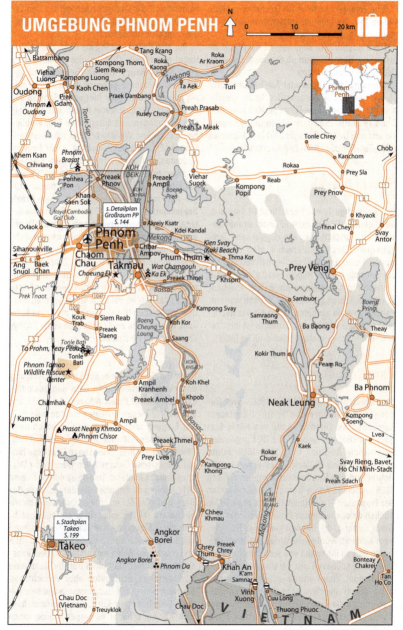

Battambang
Tang Krang
Roka Kaong
Roka Ar Kraom
Viehar Luong
Kompong Thom, Siem Reap
Ta Aek
Turi
Kompong Luong
Kaoh Chen
Praek Dambang
Mekong
Oudong
Prek Gdam
Phnom Oudong
Rusey Chroy
Preah Prasab
Preah Ta Meak
Tonle Chrey
Chob
Khem Ksan
Phnom Brasat
Kanchom
Chhviang
Rokaa
Prey Sla
KOH DEIK
Ponhea Pon
Preaek Phnov
Preaek Ampil
Viehar Suork
Reab
Kompong Popil
Prey Pnov
Khan Saen Sok
KOH OKHNA TEY
Boeng Prea
Khyaok
Royal Cambodia Golf Club
s. Detailplan Großraum PP S. 144
Thnal Chey
Svay Antor
Ovlaok
Akreiy Ksatr
Kdei Kandal
Phnom Penh
Mekong
Kien Svay (Koki Beach)
Chbar Ampov
Sihanoukville
Phum Thum
Thma Kor
Prey Veng
Chaom Chau
Takmau
Wat Champouh
Ka Ek
Khsom
Ang Snuol
Baek Chan
Choeung Ek
Preaek Thmei
Sambuor
Boeng Pring
Prek Tnaot
Bassac
Kampong Svay
Samraong Thum
Ba Baong
Theay
Kouk Trab
Siem Reab
Boeng Cheung Loung
Koh Kor
Preaek Slaeng
Saang
Kokir Thum
Peam Ro
Tonle Bati
Ta Prohm, Teay Peau
Tonle Bati
KOH KHSACH
Phnom Tamao Wildlife Rescue Center
Koh Khel
Ampil Kranhenh
Khpob
KOH THMEI
Ba Phnom
Chamhak
Preaek Ambel
Neak Leung
Kompong Soeng
Kampot
Ampil
Bassac
Lvea
Prasat Neang Khmao
Phnom Chisor
Preaek Thmei
Kaek
Svay Rieng, Bavet, Ho Chi Minh-Stadt
Prey Lvea
Kampong Khong
Rokar Chuor
Preah Sdach
s. Stadtplan Takeo S. 199
Chheu Khmau
Mekong
Takeo
Angkor Borei
Bonteay Chakrei
Angkor Borei
Phnom Da
Chrey Thum
Preaek Chrey
Khan An
Tan Ho Co
K'am Samnang
Chau Doc (Vietnam)
Treuyklok
Chau Doc
Vinh Xuong
Cuu Long
Thuong Phuoc
VIETNAM

Eine Eisenbrücke führt zur Nachbarinsel **Koh Okhna Tey**. Die Insel ist kleiner, weniger charmant, die Hauptstraße befestigt.

Die beiden Inseln sind nur mit dem Boot zu erreichen. Boote können ab Sisowath Quay für US$15 gechartert werden.

Mit dem Motorradtaxi oder Tuk-Tuk für US$10/15 über die Chroy-Changvar-Brücke zur gleichnamigen Halbinsel. Eine Fähre pendelt zwischen 6 und 18 Uhr in 15 Min. zwischen Chroy Changvar und Koh Deik, Fußgänger 2000 Riel, Motorrad US$1, Tuk-Tuk US$3 (Hin- und Rückfahrt).

Phnom Brasat

Der weitläufige Tempelbezirk liegt 28 km nordwestlich von Phnom Penh. Phnom Brasat bestand ursprünglich aus zwei Hügeln samt Tempelruinen. Doch mittlerweile sind weitere moderne oder dem Angkorstil entlehnte Pagoden auf den umliegenden Hügeln und entlang der Zufahrtsstraße hinzugekommen. Reiche Kambodschaner spenden gern für den Neubau weiterer Pagoden, um so ein gutes Karma für das nächste Leben zu erwirken. Das Ergebnis ist mitunter reichlich kitschig. Weitere Infos s. eXTra [9726].

Phnom Oudong

Fast 250 Jahre – von 1618 bis 1866 – war Oudong („der Siegreiche") die Hauptstadt Kambodschas. Oudong wurde von König Srei Soryopor (Barom Reachea IV.) 1601 gegründet, unter König An Duon (reg. 1843–1860) erlebte die Stadt eine Blütezeit. Tempel wurden errichtet und das Straßennetz ausgebaut. Doch 1866 entschied König Norodom – auf Anraten der Franzosen –, die Hauptstadt ins etwa 40 km südlich gelegene Phnom Penh zu verlegen. Die Stadt Oudong, die überwiegend aus Holzhäusern bestand, wurde dem Verfall preisgegeben, heute ist von ihr so gut wie nichts mehr zu sehen. Übrig geblieben sind die steinernen Stupas und Tempel. Vieles wurde jedoch im Vietnamkrieg durch amerikanische Bomben und danach durch die Roten Khmer und Vietnamesen im Bürgerkrieg beschädigt oder zerstört. Heute

bemüht sich die Weltgemeinschaft um den Erhalt: Oudong steht seit 1992 auf der Kandidatenliste zum Weltkulturerbe.

Die alte Hauptstadt lag am Fuße der beiden Hügel des Phnom Oudong, der größere wird auch **Preah Reach Throap** (Berg des königlichen Vermögens) genannt, nach einem König aus dem 16. Jh., der hier seine Schätze vor den Thailändern versteckt haben soll. Die beiden Erhebungen sind durch einen Grat verbunden, schon von Weitem erkennt man mehrere Stupas. Es gibt zwei Aufgänge, einer liegt im Südosten, der andere im Nordosten. Empfehlenswert ist der Aufstieg im Südosten, 160 Stufen führen auf den niedrigeren der beiden Hügel. Am Ende des Rundgangs, am Stupa **Preah Sakiamoni**, führen dann 500 steile Stufen wieder hinab. Gegenüber dieser Treppe steht ein Denkmal für die Opfer der Roten Khmer, das menschliche Knochen beinhaltet, die in Massengräbern in der Nähe gefunden wurden. Zwischen den Aufgängen locken Getränkeverkäufer und zahlreiche Essensstände, an denen gegrillter Fisch, Huhn oder frische Palmfrüchte angeboten werden. Von beiden Hügeln genießt man eine herrliche Aussicht auf eine Landschaft voller Palmyrapalmen und Reisfelder.

Rundgang

Beim Rundgang – vom südöstlichen Aufgang kommend –, erblickt man links den beeindruckenden Tempel **Preah Atharas**, der im 13. Jh. von den Chinesen errichtet worden sein soll. Der Eingang zeigt nicht wie sonst üblich nach Osten, sondern ist nach Norden, also Richtung China, ausgerichtet. Einer Legende zufolge hatten chinesische Gesandte am Berg einen Drachenabdruck entdeckt. Und da es dort auch eine tiefe Höhle gab, folgerten sie daraus, dass der Berg Wohnsitz der mächtigen Drachen-Schlange Makara sei, die, sollte sie eines Tages aus ihrem Loch hervorkommen, China verschlingen würde. Kambodscha würde so zu einem großen und mächtigen Reich emporsteigen. Die Chinesen verzichteten daraufhin auf die Besetzung Kambodschas, errichteten aber vorsichtshalber noch eine große Buddhastatue und eine Pagode über besagtem Loch, wohl wissend, dass kein Kambodschaner es wagen würde, einen

Buddha zu zerstören. Sie behielten Recht – bis zum Jahr 1977. Dann zerstörten die Roten Khmer große Teile der Statue und rissen den Tempel bis auf die sechs Grundpfeiler nieder. Doch bei dem Tempel handelte es sich längst nicht mehr um das Original. Die chinesische Pagode war im Laufe der Jahre verfallen und mehrfach restauriert worden; das letzte Mal vor der Zerstörung durch König Norodom im Jahr 1911. Heute wacht der 10 m hohe sitzende Buddha wieder in voller Größe über den Ort. Der Tempel ist fast vollständig wieder aufgebaut worden, und auch Makara wartet weiterhin in ihrem Loch. Gläubige schütten Wasser in die zwei Löcher vor der Buddhastatue, um das Ungeheuer am Leben zu erhalten.

Folgt man dem Pfad Richtung Norden, gelangt man zu zwei einfachen Steinhäusern: **Preah Ko** und **Preah Keo**, die den Zwillingen Ko und Keo gewidmet sind. Auch um die Zwillinge rankt sich eine Legende (s. Kasten unten). Preah Ko beherbergt heute die Darstellung einer liegenden Kuh, Preah Keo einen Buddha. Es handelt sich allerdings um Duplikate, die Originale wurden gestohlen.

Folgt man dem Weg, so gelangt man zu einem weiteren Steinhaus, an dem noch zahlreiche Einschusslöcher aus dem Befreiungskampf zu erkennen sind. Im **Prak Neak** („nagabeschützt") sitzt ein meditierender Buddha unter einem Wellblechdach, geschützt von einer Naga-Schlange.

Das letzte Haus auf dem kleinen Hügel ist **Ta Dambong Deik** gewidmet. Es heißt, ein König habe das Haus einst erbauen lassen. Er durchquerte auf einem Elefanten die Region, doch der Elefant erkrankte unheilbar. Ein weiser Mann

Die Legende von Preah Ko und Preah Keo

Während der Schwangerschaft kletterte eine Frau auf einen Mango-Baum, um die süßen Früchte zu ernten, stürzte dabei jedoch hinab. Sterbend gebar sie die Zwillinge Ko und Keo. Ko kam in Kuhgestalt zur Welt, Keo als Mensch. Im Alter von sieben Jahren verloren die beiden ihren Vater. Die Kuh Ko aber besaß magische Kräfte und kümmerte sich fortan um ihren Bruder. Als die Cham von den Fähigkeiten dieser Kuh erfuhren, entführten sie sie nach Thailand.

wusste Rat: Der König hatte vergessen, die Schutzgeister der Region anzurufen und um Erlaubnis für die Durchquerung zu bitten. Kaum hatte der König dies nachgeholt, wurde der Elefant gesund. Zum Dank wurde die Statue errichtet, deren Kopf eine Mütze mit den königlichen Insignien ziert.

Dem Pfad aufwärts zum größeren Hügel folgend, gelangt man zu mehreren Stupas. Zunächst erreicht man **Mak Proum**, die Grabstätte König Monivongs (reg. 1927–1941). Garudas, Blumenmotive, Elefanten und vier Gesichter schmücken diesen Ort. Der Stupa wurde 1991 renoviert und gelb gestrichen. Etwas oberhalb folgt der Stupa **Tray Troeng**. Er wurde 1891 von König Norodom erbaut, um die Asche seines Vaters, König An Duon (reg. 1843–1860), hier beizusetzen. Die Gelehrten streiten aber his heute, ob die Urne wirklich hier oder doch in der Silberpagode von Phnom Penh zu finden ist. Ehemals war der Stupa vollständig mit glasierten Keramiken mit Blumenmotiven bedeckt, an denen jedoch der Zahn der Zeit nagte. Mittlerweile wurden sie durch neue Kacheln ersetzt.

Der folgende Stupa **Damrei Sam Poan** enthält die Asche von König Soryopor, dem Gründer von Oudong (reg. 1601–1618). Er ist von Elefantenköpfen umgeben – einige stark verwitterte Köpfe wurden bereits ausgetauscht.

Zuletzt erreicht man den 2001 erbauten **Stupa Preah Sakiamoni**, der ein Augenbrauenhaar Buddhas enthält, das 2002 aus Phnom Penh hierher gebracht wurde. Außerdem soll er angeblich Asche aus Buddhas Knochen beinhalten. Der schöne Stupa steht auf einem weißen Marmorboden, ist aus hellem Beton gegossen und auffällig reich verziert: Elefantenköpfe, Löwen, Garudas und Blumenmotive schmücken seine Spitze. Auch lohnt ein Blick in den unterhalb des Stupas gelegenen Raum, der über 4000 Buddhastatuen enthält.

Vom Gipfel aus sieht man den goldenen Tempel des **Vipassana Dhura Buddhist Center**, der einen schönen Jadebuddha beherbergt. Bemalte Wände geben Szenen aus dem Leben des Erleuchteten wieder.

Beim Abstieg fallen zwei Becken auf, deren Wasser für zeremonielle Zwecke verwendet wird. Eintritt US$1.

Phnom Oudong liegt an der N5 und ist mit den Bussen Richtung Kompong Chhnang und Battambang (bis Oudong) in 1 Std. von Phnom Penh aus zu erreichen. (Oft wird der volle Preis bis Battambang für die Fahrt verlangt). Von der Haltestelle nach Phnom Oudong sind es noch 2 km (US$2 mit dem Motorradtaxi.) Für den Rückweg hält man einen Bus auf der N5 an oder nimmt ein Tuk-Tuk/Motorradtaxi US$10/7. Alternativ von Phnom Penh mit dem Taxi/Tuk-Tuk/Motorradtaxi US$40/20/15 (hin und zurück) in 1 Std.

Die Umgebung von Oudong

Ungefähr 2 km vor Oudong liegt **Kompong Luong** (Hafen der Könige), das bekannteste von mehreren Dörfern, in denen traditionelle Silberschmiede ihrem Handwerk nachgehen. Über hundert Familien leben hier von dieser Kunst. Die Schmuckstücke, Behältnisse, Apsaras, Buddhaköpfe und Schalen sind sehr fein und aufwendig gearbeitet. Wer hier oder z. B. in Prek Gdam eine der Werkstätten besucht, findet eine größere Auswahl als in Phnom Penh. Die Preise sind jedoch ähnlich. Für eine mittelgroße, fein ziselierte Schale mit Elefanten und Blumenmotiven aus 92,5 % Silber werden etwa US$100 verlangt.

Prek Gdam liegt nahe der Brücke über den Tonle Sap. An der Brückenzufahrt reihen sich Essensstände, die als Spezialität der Region gedünstete Wasserschildkröten feilbieten. Im Sinne des Artenschutzes sollte auf ihren Verzehr jedoch verzichtet werden.

Die Dörfer werden überwiegend von moslemischen Cham bewohnt. Die Moscheen am Wegesrand sind neueren Datums, denn unter den Roten Khmer wurde die moslemische Bevölkerung verfolgt, ihre Gotteshäuser zerstört und die Prediger ermordet.

Das Dorf **Lovek**, etwa 15 km nördlich von Oudong, war im 16. Jh. die Hauptstadt des kambodschanischen Reiches unter König Ang Chan. Heute ist es nur ein kleines Dorf mit zwei Pagoden: **Wat Preah Keo** (Pagode des Smaragd-Buddhas) und **Wat Preah Ko** (Pagode der heiligen Kuh, s. Legende S. 193).

Kien Svay (Koki Beach)

20 km südöstlich von Phnom Penh bei der kleinen Stadt **Koki** am Ufer des Mekong befindet sich ein Picknickgelände, das bei Einheimischen äußerst beliebt ist. Baden ist zwar möglich, aber das braune, trübe Wasser lädt nicht unbedingt dazu ein. Hier stehen Dutzende von einfachen Pfahlbauten, die man mieten kann. Am Wochenende wird es hier richtig voll. Eine Bambushütte kostet US$4 für den ganzen Tag. Unbedingt den Preis vorher aushandeln! Wer nichts zum Picknick dabeihat, wird ganz sicher in der riesigen überdachten Halle fündig. Ein herrlicher Duft nach Gebratenem liegt in der Luft, Dutzende von Händlern bieten Hühnchen- oder Fisch-Spieße, Muscheln, eingelegtes Gemüse, frisches Obst oder andere kambodschanische Spezialitäten an. Hier lassen sich wunderbar ein paar entspannte Stunden verleben. Man sollte es machen wie die Kambodschaner: sich etwas zu essen besorgen, auf den Bastmatten Platz nehmen und aufs Wasser schauen. Aktivere können ein Boot für US$10/ Std. für eine Mekong-Fahrt mieten.

Man erreicht Kien Svay mit dem Sammeltaxi ab Olympia-Markt südlich des Olympia-Stadions für 4000 Riel. Von dem pagodenähnlichen Eingangstor bis zum Picknickbereich ist es noch 1 km, US$1 mit Motorradtaxi. Von Phnom Penh mit dem Tuk-Tuk oder Motorradtaxi US$15/10 (Hin- und Rückfahrt).

Tonle Bati

Tonle Bati bezeichnet eine Halbinsel am Tonle-Bati-See, 35 km südlich von Phnom Penh, der von einem Seitenarm des Tonle-Bassac-Flusses gebildet wird – und einen weitläufigen Tempelbezirk in unmittelbarer Nähe. Das Seeufer ist am Wochenende ein beliebtes Ausflugsziel. Familien mieten eine der Bambushütten auf Pfählen für US$2,50/Tag und verbringen hier ihren Tag. Viele bringen ihr Picknick selbst mit, decken sich an Essensständen ein oder bestellen bei dem Besitzer der Hütte (US$5 pro Gericht). Von den Hütten ist ein Sprung ins kalte Wasser möglich (alte Autoschläuche werden für 3000 Riel/

Tag ausgeliehen). In der Woche ist hier kaum etwas los.

In der Nähe des Sees lohnt der Besuch der beiden Tempel Ta Prohm und Yeay Peau, die aus dem 12. und 13. Jh. stammen und eine prima Einstimmung auf Angkor sind.

Ta Prohm ist der beeindruckendere der beiden Tempel. Er wurde von Jayavarman VII. erbaut (reg. 1181– ca. 1220) und ist Shiva geweiht. An dieser Stelle befand sich vermutlich bereits ein Altar aus dem 6. Jh. (Funan-Periode). Die rechteckige Anlage ist aus Lateritsteinen erbaut und von einer Außengalerie umgeben, man betritt die Tempelanlage durch das Osttor. Alte Frauen und Männer bewachen und betreuen die Heiligtümer oder sagen für ein paar Riel die Zukunft voraus.

Vorbei an zwei zerfallenen „Bibliotheken", gelangt man zu fünf kreuzförmig angeordneten Kammern, in deren Mitte das Zentralheiligtum liegt. Das Halbrelief eines liegenden Buddhas ziert den Eingang der ersten Kammer. Drei große Buddhastatuen, darunter der schwarze Buddha Preah Somana Godom und der von den Roten Khmer geköpfte Buddha Kong Dschum, sind ebenfalls zu sehen.

Die Sage von Yeay Peau

Der König des Angkor-Reiches mit Namen Ketomealea kam auf einer ausgedehnten Reise durch seine Ländereien an Tonle Bati vorbei. Dort traf er die wunderschöne junge Peau. Er verliebte sich in sie, und als sie schwanger wurde, trafen sie folgende Vereinbarung: Sollte Peau einen Jungen gebären, so solle er nach seiner Erziehung zum Königshof geschickt werden. Als Erkennungszeichen diente ein Ring, den Ketomealea Peau übergab. Und tatsächlich gebar Peau einen Sohn, den sie Prohm nannte und wie vereinbart nach Angkor zum König schickte. Nach vielen Jahren reiste Prohm durch die Gegend um Tonle Bati. Er traf Peau, die nicht gealtert und immer noch wunderschön war und verliebte sich in sie. Zu spät erkannte Peau anhand einer Narbe auf Prohms Kopf, dass es sich um ihren Sohn handelte. Als Zeichen der Reue bauten sie die Tempel Ta Prohm und Yeay Peau.

Im Nordeingang befand sich die Statue **Preah Noreay**, eine hinduistische Göttin der Fruchtbarkeit, heute ist sie im Nationalmuseum in Phnom Penh zu bewundern. Frauen kommen immer noch hierher, um an einem Steinsockel betend Kindersegen zu erbitten.

Feine Basreliefs zieren die Außenseiten der fünf Kammern. An der Südseite ist eine vierarmige, nördlich eine sechsarmige Lokeshvara zu erkennen. Ebenfalls an der nördlichen Außenseite sind folgende drei Überlieferungen in den Stein gearbeitet: Die „untreue Gemahlin" sitzt vor dem König; darunter ist ihre Bestrafung dargestellt, bei der sie von einem Pferd zu Tode getrampelt wird. Ein weiteres Bild zeigt Buddha, der einem Bettler seinen weißen Elefanten schenkt. In der „Geschichte der Hebamme" sind zwei Frauen und ein kniender Mann zu erkennen: Der kniende Mann trägt einen Korb mit Reis auf dem Kopf, um der Hebamme für die Hilfe bei der Geburt seines Kindes zu danken. Seine Frau steht hinter ihm. In Nischen und Nebeneingängen erkennt man die Überreste zerstörter Statuen.

Im 150 m nördlich gelegenen modernen Wat Tonle Bati lohnt der Tempel **Yeay Peau** einen Blick: Die Buddhastatue im Innern des kleinen Sandsteinturms trägt unverkennbar weibliche Züge und ist bis heute eine Stätte andächtiger Anbetung, an der die Kambodschaner um Gesundheit oder Glück ersuchen. Hinter dem Yeay-Peau-Turm erhebt sich eine farbenprächtige, renovierte Pagode mit einem großen Buddha; an den Wänden ist der Lebensweg Buddhas abgebildet. Auf dem Gelände befinden sich weitere bunte Skulpturen, die sich jeweils auf Legenden beziehen: Buddha, der einem Bettler einen weißen Elefanten schenkt. Oder die Geschichte von Preah Keo und Preah Ko, dem Geschwisterpaar in Menschen- und Kuhgestalt (S. 193). Die fünf sitzenden Buddhafiguren mit unterschiedlichen Mudras (Handhaltungen) repräsentieren auf den Seiten die vier vergangenen, in der Mitte den zukünftigen Buddha. ⊙ 7–18 Uhr, Eintritt US$3.

Von Phnom Penh aus erreicht man die Stätte mit dem Tuk-Tuk/Motorradtaxi für US$20/15 in 1 Std. Sammeltaxi ab Doeum-Kor-Markt Richtung Takeo, am Abzweig Tonle Bati absetzen lassen (an der Sokimex-Tankestelle steht eine große Bretterwand mit aufgezeichnetem Tempel), US$4. Auch die Busse Richtung Kampot (voller Fahrpreis) fahren zu dieser Abzweigung. Von hier sind es noch 2,5 km. Motorradtaxis stehen am Straßenrand, US$3. Zurück sollte man ein Sammeltaxi oder einen Bus anhalten, US$4; Motorradtaxi US$12.

Phnom Tamao

In Phnom Tamao, 40 km südlich von Phnom Penh, zwischen Tonle Bati und Phnom Chisor, liegt der schönste **Zoologische Garten** Kambodschas, N2, Tro Pang Sap, ✆ 032-555 523, 🖥 www.phnomtamaozoo.com. Das 20 km² große Waldgebiet bietet bedrohten Tierarten Schutz: Löwen, Tiger, Elefanten, Malaienbären, Gibbons, Krokodile, Schlangen und eine riesige Anzahl von Vögeln haben hier einen weitestgehend artgerechten Lebensraum erhalten. Viele der Tiere stammen aus schlecher Haltung: vegetierten bei Händlern in viel zu engen Käfigen oder entstammen anderen Zoos, in denen sie ebenfalls nicht artgerecht untergebracht waren. Etliche Tiere wurden auch beschlagnahmt, als sie zwecks Gewinnung von Medikamenten außer Landes gebracht oder aber geschlach-

Hilfe für bedrohte Wildtiere

Mit Hilfe von ausländischen Geldern und NGOs ist man bemüht, die Bedingungen in dem Zoo ständig zu verbessern, zudem sind Zuchtprogramme zur Erhaltung bedrohter Tierarten aufgelegt worden. **Cambodian Wildlife**, 🖥 www.cambodiawildlifesanctuary.com, unterhält eine Hotline, unter der man Fälle von nicht artgerechter Haltung oder dem Handel mit bedrohten Wildtierarten wie Malaienbären, Kappengibbons oder dem siamesischen Krokodil melden kann: ✆ 012-500 094. Natürlich sind auch private Spenden und jede Form der Unterstützung herzlich willkommen. Interessierte erfahren über **Free the Bears**, 🖥 www.freethebears.org.au, viel über die hier lebenden Malaienbären.

tet und an Gourmetrestaurants verkauft werden sollten. Über 1200 heimische Tiere leben derzeit in den groß angelegten Gehegen.

Viele Tiere haben einen Namen erhalten, Schilder informieren die Besucher, unter welchen Umständen sie nach Phnom Tamao gekommen sind. Der Elefant Chhouk z. B. wurde durch eine Falle schwer am Fuß verletzt, sein Fuß musste amputiert werden. Eine Prothese ermöglicht ihm heute ein Leben in der Herde. ⏰ 8.30–16.30 Uhr, Eintritt US$5 inkl. Fahrzeug.

Man erreicht Phnom Tamao mit einem Sammeltaxi ab Doeum-Kor-Markt Richtung Takeo oder mit dem Bus Richtung Kampot. Am Abzweig Richtung Phnom Tamao muss man sich absetzen lassen. Ab da 5 km zum Tierschutzzentrum mit einem Motorradtaxi über eine staubige Straße für US$3. Viele Bettler säumen den Straßenrand. Einfacher ist die Anreise mit Tuk-Tuk/Motorradtaxi für US$20/15. Das Gelände ist weitläufig und deshalb am besten mit einem Fahrzeug zu erkunden. Tagesausflüge bietet Betelnut Jeep Tours, ✆ 012-619 924, 🖥 www.betelnuttours.com, jeweils Di, Do und Sa inkl. Eintritt, Führer und Mittagessen US$33/Pers.

Phnom Chisor

Der 130 m hohe Berg Phnom Chisor liegt 60 km südwestlich von Phnom Penh, ursprünglich hieß er Phnom Suryagiri (Berg des Sonnengottes). Zwei Treppen führen auf den Berg, der über eine bedeutende Tempelanlage aus dem 11. Jh. verfügte. Der Hauptzugang ist gesäumt von Essensständen, beschwerliche 400 Stufen gilt es hinaufzusteigen. Einfacher ist der Aufstieg über die 200 Stufen der südlichen Treppe ab dem Dorf **Trabeang Srong**.

Anfang der 1970er-Jahre diente der Berg den Roten Khmer als Ausgangspunkt, um Phnom Penh einzunehmen. Aus Hubschraubern bombardierten die Truppen unter Lon Nol die Stellungen der Roten Khmer. Die Einschüsse und auch die späteren Zerstörungen durch die Roten Khmer sind noch an der Pagode an der Ostseite des Gipfels erkennbar.

Die Stimmung auf dem Gipfel ist herrlich ruhig. Nur wenige Besuchergruppen kommen

© MARION MEYERS

Von Phnom Chisor bietet sich ein überwältigender Ausblick.

hierher. Kühe grasen friedlich, Mönche genießen den Ausblick – Hobbyfotografen werden begeistert sein.

An der Ostseite der Tempelruine **Prasat Phnom Chisor** fällt der Berg steil ab und eröffnet eine grandiose Aussicht über Reisfelder und Palmyrapalmen bis hin nach Angkor Borei (S. 200). Von hier kann man auch den ursprünglichen Zugang und zwei weitere Gopurams (überdachte Tore) erkennen. Der hinduistische Tempel stammt aus dem 11. Jh. und wurde von Suryavarman I. erbaut, weitere Inschriften deuten darauf hin, dass auch die nachfolgenden Könige Udayadityavarman II. und Suryavarman II. an der Fertigstellung beteiligt waren. Die Außengalerie besteht aus Lateritsteinen mit eingearbeiteten Fensteröffnungen aus Sandstein, das Eingangsportal ist mit Steinmetzarbeiten verziert. Auf der Innenseite zeigt der Türeingang Shiva auf seinem Reittier Nandi; seine Frau Uma sitzt auf seinem Bein. Bevor man den Innenbereich betritt, erkennt man rechter Hand einen Steinblock mit zwei Yoni-Darstellungen. Darauf stand früher ein Lingam, der heute im Zentralheiligtum aufbewahrt wird. Im Tempelkomplex befinden sich rechts und links die Überreste zweier „Bibliotheken", während im Eingangsbereich zum Zentralheiligtum zwei kleine **Wasserbecken** eingelassen sind. Sie dienen zum Waschen der Hände vor und nach dem Gebet. Der Wasserstand in den beiden Becken, die sich vermutlich mit Quellwasser füllten, sei, so die Tempelwächter, immer gleich hoch gewesen – bis die Bomben Teile des Tempels trafen und das Gleichgewicht zerstörten.

Die drei Türme im hinteren Teil des Tempelkomplexes sind den hinduistischen Gottheiten Vishnu, Shiva und Brahma gewidmet.

Auf dem Gipfel befindet sich neben weiteren Heiligtümern auch eine moderne Pagode. Nahe dem längeren Treppenaufgang stößt man auf den Tempel **Prasat Preah Ko Preah Keo**. Im Inneren erblickt man die Statue einer Kuh mit einem Jungen (s. Legende S. 193). Eintritt auf dem Gipfel: US\$2, dort gibt es auch Getränkestände.

Mit dem Tuk-Tuk/Motorradtaxi von Phnom Penh für US\$35/30 (hin und zurück). Alternativ: Sammeltaxi Richtung Takeo oder Bus Richtung Kampot bis zum Abzweig Phnom Chisor. Von der Straße sind es noch 3 km bis zum Berg. Moped-

Rund 5 km vor Phnom Chisor liegt das Dorf **Neang Khmao** (schwarze Frau). Dort stehen die Überreste zweier Türme aus dem 10. Jh., des **Prasat Neang Khmao**, „Tempel der schwarzen Dame". Der Sage nach lebte hier eine Königstochter in Verbannung, weil sie ihrem Herzen gefolgt war und sich mit einem Gelehrten von niedrigem Stand eingelassen hatte. Wer mag, kann sich die Türen von einem der Klosterbewohner aufschließen lassen. Die Statue der schwarzen Dame ist allerdings verloren gegangen, sie wurde durch eine „weiße" neueren Datums ersetzt. Hier sollen einst fünf Türme in einer Reihe gestanden haben, die anderen drei waren jedoch so schwer beschädigt, dass man die Reste entfernt und Platz für neuere Tempel geschaffen hat.

Prasat Neang Khmao gehörte zu einer ganzen Reihe von Tempeln, die sich einst entlang einer alten Straße Richtung Norden nach Koh Ker und Beng Mealea aufreihten.

fahrer warten an der Bushaltestelle auf Kunden, US$2. Zurück kann man versuchen, einen Bus oder ein Taxi anzuhalten.

Takeo

Die Stadt Takeo [9646], etwa 70 km südlich von Phnom Penh gelegen, ist Hauptstadt der gleichnamigen Provinz, von der weite Teile während der jährlichen Regenzeit in den Fluten des Mekong und des Bassac-Flusses versinken. Takeo ist der perfekte Ausgangspunkt für Touren zur „Wiege Kambodschas": zum Museum von **Angkor Borei** und den Tempeln von **Phnom Da**. Es handelt sich dabei um die ältesten Tempel und Fundstücke aus der Funan-Periode (6. Jh.) in Kambodscha. Nur wenige Touristen finden den Weg hierher, weshalb man die Tempel, die man auf einer Bootsfahrt durch ein eindrucksvolles Feuchtgebiet erreicht, fast für sich allein hat.

In Takeo-Stadt geht es geruhsam zu. Rund um den **Psar Thmei** im Süden der Stadt spielt sich das tägliche Leben ab, lebendig ist auch der Platz rund um das **Independence Monument** (eine kleine Ausgabe des Originals in Phnom Penh). Im Norden liegt der **Takeo-See** mit einer recht schönen Uferpromenade, die vor allem am späten Nachmittag zu einem Bummel einlädt. Rund um den **Psar Nat** im Nordosten stehen ein paar verfallene Ladenhäuser von morbidem Charme. Östlich liegt der schnurgerade **Kanal Nr. 15**, der zwischen 1986 und 1989 ausgebaut wurde und nun 19,7 km lang und 30 m breit ist. Während der Regenzeit ist das ganze Gebiet rund um den Kanal überflutet, und es scheint, als sei der Ort von Norden bis Osten von einem See umschlossen. Wer zwischen Juni und November hier ist, kann sich kaum vorstellen, dass auf der überfluteten Fläche bald grüne Reisfelder das Bild bestimmen. Dieser Wasserweg diente lange Jahrzehnte dem Warenaustausch mit Vietnam. Heute werden auf dem Kanal vorwiegend Passagiere von und nach Phnom Da befördert. Der Handelshafen Kompong Krom zur Verschiffung von Ladung nach und von Vietnam liegt ca. 4 km südöstlich der Stadt. Der Kanal geht über in den Fluss Takeo und fließt bei Chau Doc (Vietnam) in den Tonle Bassac.

Im kleinen **Takeo-Museum** sind einige Stücke aus der Provinz Takeo zu sehen, darunter mehrere Sandstein-Lingams aus der Prä-Angkor-Periode, Stelen, Bronzearbeiten aus dem 20. Jh. und sehenswerte Vishnu- und Durgafiguren aus dem 7. Jh. ⏰ Mo–Fr 8–11 und 14–17 Uhr, Eintritt US$1.

Nach 20 Uhr wird es ruhig in Takeo. Wer abends noch unterwegs ist, sollte besser eine Taschenlampe mitnehmen, denn die Straßen sind nicht beleuchtet.

ÜBERNACHTUNG

Daunkeo 2, ✆ 032-210 411, 🖥 www.daunkeo2. com. Großes, sehr gepflegtes Resort mit unterschiedlichen Zimmern in 2-stöckigen Gebäuden und großen Steinbungalows am See (bis Nov, dann trocknet die Fläche aus). Die Einrichtung zielt auf einheimisches Publikum: gefliese Böden, Holzmöbel, TV. In den Bungalows zusätzlich eine Sitzgarnitur. Außer künstlichen Blumengestecken wenig Dekoration. Schön sind die Salas mit gemütlichen Sitzkissen im Garten. ❷–❸

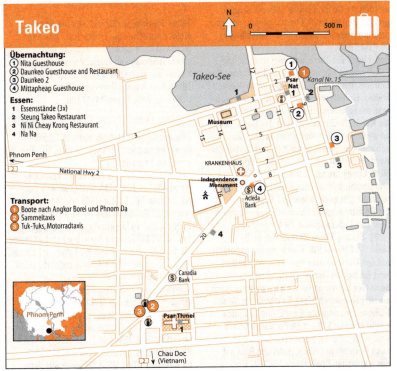

Takeo

N
0   500 m

Übernachtung:
1. Nita Guesthouse
2. Daunkeo Guesthouse and Restaurant
3. Daunkeo 2
4. Mittapheap Guesthouse

Essen:
1. Essensstände (3x)
2. Steung Takeo Restaurant
3. Ni Ni Cheay Krong Restaurant
4. Na Na

Phnom Penh

National Hwy 2

Transport:
1. Boote nach Angkor Borei und Phnom Da
2. Sammeltaxis
3. Tuk-Tuks, Motorradtaxis

Takeo-See

Psar Nat   Kanal Nr. 15

Museum

KRANKENHAUS

Independence Monument

Acleda Bank

Canadia Bank

Phnom Penh

Psar Thmei

Chau Doc (Vietnam)

Daunkeo Guesthouse and Restaurant, St. 9, ☏ 032-210 303, 🖥 www.daunkeo. com, [9648]. Das Guesthouse besteht aus 2 imposanten Häusern und wirkt dank des hübsch begrünten Vorhofes einladend. Große saubere Zimmer mit Ventilator oder AC. Einfach möbliert mit Bett, Schrank und Schreibtisch. Kleine Bäder mit Kaltwasser und Toilettenartikeln. Hilfsbereites Personal. Bei Bedarf werden Tuk-Tuk-, Motorrad-Fahrer oder Sammeltaxis organisiert. Angeschlossen ist ein Restaurant. WLAN. ❶–❸
Mittapheap Guesthouse, St. 20, ☏ 032-931 205, [9649]. Hinter einer orangefarbenen Einfahrt im Hinterhof gelegen. Das Guesthouse verfügt über einfache Zimmer mit Bett, Schreibtisch und TV. Kleine Bäder mit Warmwasser. Ventilator oder AC. Es gibt Zimmer mit 2 oder 3 Doppelbetten. WLAN. ❶–❷

Nita Guesthouse, St. 9, ☏ 012-955 527, [9650]. Recht große und schön gefliese Zimmer, mit Bett, Schrank, Schreibtisch und TV möbliert. Auch die kleinen Bäder sind sauber und ansprechend gefliest. Schöner Blick auf den See von den umlaufenden Balkonen. WLAN. Ventilator oder AC. ❶

ESSEN

Die Delikatesse in Takeo sind **Süßwasser-Langusten**. In den Restaurants am Psar Nat werden sie in Wasserbecken gehalten. Frischer geht es nicht, doch man muss natürlich bereit sein, das Todesurteil auszusprechen. Am See werden abends **Essensstände** aufgebaut, die Gegrilltes verkaufen. Gut und günstig isst man im **Psar Nat**. Morgens ab 6 Uhr werden hier Frühstückssuppen, Reisgerichte und guter Kaffee geboten. Bis abends gegen 20 Uhr werden die Suppen sowie Süßes aus Reis und Bohnen verkauft. Ebenso günstig und eine größere Auswahl bieten die Essensstände im Psar Thmei.

Zwischen Psar Thmei und dem Unabhängigkeitsdenkmal gibt es ein Dutzend einfacher Restaurants, die ab 10.30 Uhr Töpfe in die Auslage stellen. Einfach reinschauen und zeigen, was man essen möchte. Empfehlenswert z. B. das **Na Na**, St. 20. Zu erkennen ist das Restaurant an den Ziegelstein-Riemchen. Weder Namensschild noch Speisekarte auf Englisch, aber der Besitzer spricht Englisch. ⏰ 11–20 Uhr.

Ni Ni Cheay Krong, ✆ 016-544 197. Restaurant und Bambushütten über einem kleinen Lotosteich. Es gibt keine englische Speisekarte, aber die Besitzerin spricht Englisch und informiert über das Tagesangebot. ⏰ 11–21 Uhr.

Steung Takeo Restaurant, St. 9, ✆ 016-404 929. Hier sitzt man exponiert auf der Terrasse über dem See. Wunderbar sind die beiden Tische mit Hängematten, denn hier kann man herrlich entspannen nach einem gelungenen Mahl. Es gibt in der Saison Süßwasser-Languste. Eine kleine Languste kostet etwa US$10, große Portionen US$15 (reicht für 2 Pers.). Neben Frühstück stehen auch Gerichte mit Fisch, Huhn und Rind auf der englischen Speisekarte. ⏰ 7–21 Uhr.

SONSTIGES

Geld

Acleda Bank, am Independence Monument. Auszahlung auf Visa und Geldtransfer mit Western Union. ⏰ Mo–Fr 7.30–16 Uhr.
Canadia Bank, St. 20. Gebührenfreier Geldautomat für Visa- und MasterCard, Geldwechsel. ⏰ Mo–Fr 8–15.30, Sa 8–11.30 Uhr.

Grenzübergang nach Vietnam

Bis zur rund 40 km südlich liegenden Grenze **Phnom Den – Tinh Bien**, ⏰ 7–18 Uhr, gelangt man ab Takeo mit dem Taxi für US$35, Tuk-Tuk für US$20 oder Motorradtaxi für US$15 in 1 1/2–2 Std. Das Visum für Vietnam muss bereits im Pass sein. Hinter der Grenze mit dem Taxi oder Motorradtaxi bis nach Chau Doc (20 km).

Informationen

Takeo Tourism, ✆ 032-913 323. Die Angestellten sprechen gut Englisch, es gibt aber nicht viel mehr als eine Broschüre und einen Stadtplan von Takeo. Vermittlung eines besser französisch- als englischsprachigen Führers für Angkor Borei und Phnom Da, US$30. ⏰ 7.30–11 und 14–17 Uhr.

TRANSPORT

Öffentliche Busse fahren nicht ab Takeo, Reisende sind auf ein Motorradtaxi, Tuk-Tuk oder Taxi angewiesen.

KEP und KAMPOT, bis zum Verkehrsknotenpunkt ANG TASOM (13 km von Takeo) an der N2 mit dem Tuk-Tuk für US$6 oder Motorradtaxi für US$3. Von da aus einen Bus Richtung Süden anhalten (sofern Platz ist). Mit dem Taxi für US$40 (ganzes Taxi). Die Fahrt ist teurer als nach Phnom Penh, da die Fahrer in Kampot oder Kep seltener eine Anschlussfahrt zurück nach Takeo bekommen.

KIRIVONG, mit dem Sammeltaxi für US$35 (ganzes Taxi), Tuk-Tuk US$12, Motorradtaxi US$10. Von Kirivong weiter zum Grenzübergang Phnom Den–Tinh Bien (8 km) Motorradtaxi US$2, Taxi US$5.

PHNOM PENH, mit dem Sammeltaxi US$25 für das ganze Taxi, US$4 für einen Sitzplatz (6–7 Pers. werden in ein Auto gequetscht). Abfahrt sobald sie voll sind, Fahrtzeit 2 Std.

Angkor Borei

Die meisten Fundstücke von Angkor Borei stammen aus dem 6. und 7. Jh., obschon das Gebiet bereits ab dem 2. Jh. v. Chr. besiedelt war. Laut Berichten von chinesischen Gesandten existierte vom 1.–7. Jh. n. Chr. das Königreich Funan, welches Gebiete des heutigen Südkambodscha, das Mekong-Delta, Teile von Vietnam und Thailand umfasste. Die Funan hatten auch die Oberherrschaft über Teile der heutigen Laos und Nord-Kambodscha. Das Reich erlebte im 5./6. Jh. eine Blütezeit. Angkor Borei ist für Wissenschaftler deshalb so interessant, weil hier Inschriften in Sanskrit gefunden wurden – und nicht zuletzt die ältesten Inschriften in Khmer-Sprache

(611 v. Chr.). Ein Archäologenteam aus Phnom Penh und Hawaii hat die Überreste der Stadtmauer identifiziert. Uneinig sind sich Experten allerdings, ob Angkor Borei als Hauptstadt diente. Sicher ist jedoch, dass es sich um ein bedeutendes religiöses Zentrum gehandelt haben muss.

Heute sind die Fundstücke in dem kleinen tempelähnlichen **Angkor-Borei-Museum** nahe der Bootsanlegestelle zu sehen. Im Museum beeindrucken vor allem die großen dreigeteilten Lingams aus Phnom Da. Die untere viereckige Ebene symbolisiert Brahma, das Achteck Vishnu und die abgerundete Spitze Shiva. Außerdem sind eine Shiva-Statue mit dem dritten Auge, Buddhastatuen, Reliefs, Keramiken, Münzen, Perlen und Knochenreste sowie Fotos von den Grabungsarbeiten ausgestellt. Schautafeln geben Informationen zur Funan-Periode. Die kunstvoll in Szene gesetzten Figuren vor dem Museum sind allerdings Nachbildungen. ☉ 8–17 Uhr, Eintritt US$1. Falls die Türen verschlossen sein sollten: Das freundliche Ehepaar aus dem Kiosk neben dem Museum verwaltet die Schlüssel.

Ab Takeo kann man am Kanal 15 ein Speedboot (offenes Motorboot) für US$35 chartern (max. 4 Pers.). Die 20 km lange Fahrt durch den Kanal dauert etwa 1 Std. In der Trockenzeit ist die Flusslandschaft beeindruckend, in der Regenzeit geht die Fahrt über eine große Seenlandschaft. Unbedingt Sonnenschutz und Kopfbedeckung mitnehmen (Preis inkl. Phnom Da). Mit dem öffentlichen Boot um 13 Uhr für 4000 Riel in 2 1/2 Std., zurück nach Takeo erst am nächsten Morgen um 8 Uhr. Mit dem Motorradtaxi über den 60 km langen Landweg für US$20 (hin und zurück).

Phnom Da

Die Tempel-Insel Phnom Da liegt 8 km vor der vietnamesischen Grenze und ist mit dem kambodschanischen Festland über eine Brücke verbunden. Die Bewohner der Insel leben überwiegend vom Reisanbau. In der Regenzeit ziehen sie in ihre Dörfer nahe Angkor Borei.

Die Insel besteht aus zwei Hügeln, auf denen die Tempelanlage aus Sorge vor Überschwemmungen einst errichtet wurde. Folgt man dem

Weg linker Hand, erreicht man eine Treppe mit einem Naga-Handlauf. Der Weg führt hinauf zum Prasat Phnom Da. Die erste Ebene beherbergt zwei der fünf **künstlichen Höhlen**, die als hinduistische und buddhistische Schreine genutzt wurden. Während des Vietnamkrieges dienten sie dem Vietcong als Unterschlupf, unter Pol Pot wurden sie dann als Gefängnis genutzt. Auf dem Gipfel steht der quadratische, 17 m hohe **Prasat Phnom Da**. Der Laterit-Ziegelsteinturm wurde von Suryavarman I. im 11. Jh. erbaut und ist Vishnu gewidmet. Er steht auf Überresten eines Tempels aus dem 7. Jh. Dekorative Sandsteinsäulen zieren den Eingang, die übrigen Seiten sind mit falschen Türen versehen. Der Tempel selbst enthielt in den vier Ecken und in der Mitte Yonis und Lingams. Einer dieser Lingams ist im Angkor-Borei-Museum zu sehen. Die Beschädigung an der westlichen Außenseite stammt von amerikanischen Angriffen auf die Vietcong.

Im Osten liegt am Fuße des Hügels eine Pagode neueren Datums. Folgt man der Treppe und dem Weg 300 m in südwestlicher Richtung, erreicht man den kleinen, gut erhaltenen Basalt-Tempel **Ashram Maha Russei**, den französische Experten auf das 5. oder 6. Jh. datieren. Die Architektur ist eine interessante Mischung aus indischen, javanesischen und kambodschanischen Einflüssen. Ein kleiner umlaufender Gang mit acht Fenstern umgibt das Hauptheiligtum, in dem einst eine Hariharastatue stand (Vishnu und Shiva als eine Person). Das Dach symbolisiert eine geschlossene Lotosknospe, fein gearbeitete Säulen umgeben den Eingang.

Seit 1992 steht das Gebiet auf der Anwärterliste zum Unesco-Weltkulturerbe. Die hier entdeckten Fundstücke, nach denen ein eigener Stil benannt wurde (Phnom-Da-Stil), werden mit dem letzten König von Funan, Rudravarman (reg. 515–545), in Verbindung gebracht. Sie befinden sich heute im Nationalmuseum von Phnom Penh oder im Angkor-Borei-Museum.

Eintritt US$2, bezahlt wird am Erfrischungsstand nahe dem Bootsanleger und der Brücke.

Die meisten Reisenden verbinden den Besuch von Phnom Da mit dem Besuch des Museums in Angor Borei: Speedboot von Takeo für US$35 pro Boot (max. 4 Pers.) in 1 Std. (s. Anreise Angkor Borei). Von Angkor Borei bis Phnom

Da in 15 Min. Mit dem Motorradtaxi über den 65 km langen Landweg für US$20 (hin und zurück). Mit dem Motorradtaxi von/bis Angkor Borei für US$2 (4 km).

Grenzübergänge nach Vietnam

Von Phnom Penh aus sind zwei Grenzübergänge nach Vietnam einfach zu erreichen. Reisende, die von Phnom Penh aus Ho-Chi-Minh-Stadt ansteuern, haben die Auswahl zwischen mehreren Buslinien, die beide Städte auf dem Direktweg verbinden. Sie überqueren die Grenze auf kambodschanischer Seite bei **Bavet**. Der zweite beliebte Grenzübergang ist **K'am Samnar**. Hier stoppen die Boote, die Phnom Penh mit Chau Doc verbinden. Der dritte, wenig frequentierte Grenzübergang Phnom Den befindet sich 40 km südlich von Takeo (s. Kasten S. 200).

Grenzübergang Bavet – Moc Bai

Reisende durchqueren auf dem Weg nach Ho-Chi-Minh-Stadt bei ihrer Fahrt Richtung Grenze die Provinzen Prey Veng und Svay Rieng. Die Provinzen zählen zu den ärmsten des Landes. Reisfelder so weit das Auge reicht, unterbrochen von Baumgruppen und Palmyrapalmen. Kühe und Wasserbüffel grasen am Straßenrand, Ochsenkarren oder Pferdewagen sind auf den Straßen unterwegs. Bewohner verkaufen selbst gebrannten Palmschnaps am Straßenrand. Die N1 bis zur vietnamesischen Grenze ist in gutem Zustand. Alle Fahrzeuge überqueren in Neak Loeung den Mekong auf einer Fähre. In 10 Min. geht es über den Fluss, im gleichen Takt legen Fähren an und wieder ab. Quirlig geht es vor und auf der Fähre zu. Fliegende Händler bieten Langusten, Klebreis, frittierte Insekten oder angebrütete Eier feil. Eine Brücke über den Mekong ist in Bau, 2015 soll sie fertiggestellt sein.

Bavet ist die Grenzstadt auf kambodschanischer Seite. Seit die Busse nicht mehr an der Grenze gewechselt werden, gibt es kaum einen Grund, in dieser kleinen Stadt, die sich entlang der N1 erstreckt, auszusteigen oder zu verbleiben. Es sei denn, man will eines der fast ein Dutzend Spielkasinos besuchen, die sich direkt vor der Grenze befinden. Grenze ⊙ 6–22 Uhr. Das Visum muss im Pass sein.

Grenzübergang K'am Samnar – Vinh Xuong

Die meisten Reisenden wählen das Boot als Transportmittel auf dem Weg nach Chau Doc. Das Visum für Vietnam muss bereits im Pass sein. Am internationalen Grenzhafen in K'am Samnar wird ein Zwischenstopp eingelegt, hier wird das Visum für Vietnam abgestempelt: Bei Einreise nach Kambodscha stellen die Beamten für US$30 das Touristenvisum aus. Die Bootsführer verlangen US$34, dafür muss man nicht selbst zum Schalter laufen.

Entdeckernaturen können auch auf dem **Landweg** von Phnom Penh nach Chau Doc gelangen: Von Phnom Penh geht es mit einem Sammeltaxi bis ins 60 km entfernte Neak Loeung. Am Abzweig der N1 zur gut ausgebauten Straße 101 Richtung Grenze (1 km vor dem Fähranleger) warten Sammeltaxis auf Kundschaft. In 1 Std. fahren sie die 45 km bis zur Grenzstadt K'am Samnar für US$35 (ganzes Taxi, US$6 p. P.). (Der öffentliche Bootsverkehr von Neak Loeung ist eingestellt.) Die Fahrt entlang dem Mekong durch kleine Dörfer ist malerisch. Die Bevölkerung lebt vom Fischfang und der Landwirtschaft. Stelzenhäuser säumen die Straße. Das kleine Dorf **K'am Samnar** selbst hat nicht viel zu bieten. Wer hier strandet, kann im einzigen Hotel des Ortes absteigen. Hinter dem gleichnamigen Spielkasino liegt das **Diamond Crown Hotel**, 100 m vor der Grenze. Die Zimmer sind nichts Besonderes, aber ordentlich und mit Teppichboden ausgelegt. Bett, Schrank, TV und Kühlschrank, ❷–❸. Hier gibt es auch ein Restaurant. Grenzgang ⊙ 7–17 Uhr. Direkt vor der Grenze warten Motorradtaxifahrer, die für US$10 in 1 Std. bis Chau Doc fahren. Wer von der Grenze bis Neak Loeung will, muss ebenfalls auf Motorradtaxis zurückgreifen, US$12 in 1 1/4 Std.

Battambang

Phnom Penh

Battambang und der Westen

Stefan Loose Traveltipps

2 **Battambang** Architektur- und Kunstliebhaber bleiben in dieser entspannten Stadt gern ein paar Tage länger. S. 205

Wat Ek Phnom Inmitten einer lieblichen Landschaft lassen sich eine moderne Pagode und Tempelruinen aus dem 11. Jh. erforschen. S. 217

Kompong Chhnang Die freundliche Kleinstadt ist ein guter Ausgangspunkt, um die Welt der schwimmenden Dörfer zu entdecken. S. 221

3 **Banteay Chhmar** Die Tempelstadt fasziniert mit wunderbaren Stein-metzarbeiten. S. 235

Der Westen Kambodschas bietet faszinierende Kontraste. In weiten Teilen bestimmen fruchtbare Ebenen mit Reisfeldern, Stelzenhäusern und Palmyrapalmen das Landschaftsbild, während im Dschungel geheimnisvolle Tempelanlagen locken und charmante Kolonialstädte wie Battambang ihre Aufwartung machen. Die schwimmenden Dörfer am Tonle Sap sind beliebte Ausflugsziele, ebenso wie die von dichten Wäldern bedeckten Berge des Kardamom-Gebirges. Die Region erstreckt sich entlang dem Tonle-Sap-See bis zur Grenze nach Thailand und schließt im Nordwesten die Provinz Banteay Meanchey mit ihrer Hauptstadt Sisophon ein. Nicht zuletzt in der Architektur macht sich die Grenznähe zu Thailand stellenweise bemerkbar, bis 1946 gehörte dieser Teil des Landes zu Siam. Die viel befahrenen Nationalstraßen N5 und N6, auf denen der Transitverkehr von und nach Thailand rollt, sind in einem recht guten

Zustand und funktionieren als Schlagadern des Gebietes.

Touristen nutzen die Provinzen zwischen Thailand, Siem Reap und Phnom Penh, um einige erlebnisreiche Zwischenstopps einzulegen. An erster Stelle steht für viele Besucher die zweitgrößte Stadt des Landes auf dem Programm: **Battambang**, das sich mit seinen sehenswerten Kolonial- und alten Handelshäusern sehr einladend präsentiert. Die Umgebung ist mit Flussläufen, Reisfeldern, Obstbäumen und pittoresken Dörfern der Inbegriff des Landlebens. Die Provinz Battambang wird auch als Reisschüssel des Landes bezeichnet, die Böden sind fruchtbar, bis zu drei Reisernten pro Jahr möglich. Und neben Pursat sollen hier die süßesten Orangen und besten Kokosnüsse des Landes gedeihen. Pagoden und Tempel wie Wat Ek Phnom, Phnom Banan und Prasat Bassaet sind in einem bequemen Tagesausflug zu erreichen, ebenso wie Zeugnisse der Herrschaft Pol Pots auf Phnom Sampeau und in Kamping Puoy.

Auch das bezaubernde Städtchen **Kompong Chhnang** lohnt den Besuch. Die faszinierende Welt der schwimmenden Dörfer auf dem Tonle Sap hat einen unvergleichlichen Reiz, und die Freundlichkeit der Bewohner ist beeindruckend.

Von **Pursat** ist die schwimmende Stadt **Kompong Luong** zu erreichen, außerdem brechen von hier aus erlebnishungrige Bergfreunde ins Kardamom-Gebirge auf. Die kaum vorhandene touristische Infrastruktur empfinden viele Reisende als besonders reizvoll.

Von **Sisophon** ist die eindrucksvolle angkorianische Tempelanlage **Banteay Chhmar** aus dem 12. Jh. leicht zu erreichen. Nur ein kleiner Teil der Ruinen aus der Angkor-Ära mit den berühmten Reliefs im Bayonstil ist restauriert. Naturfreunde zieht es an den Stausee **Ang Trapeang Thmor**, an dem die seltenen Saruskraniche leben.

Poipet ist der von Touristen am häufigsten frequentierte Grenzübergang nach Thailand und gilt heute dank seiner zahlreichen Kasinos als „Las Vegas des Ostens". Bei **Pailin** überqueren dagegen nur wenige westliche Reisende die Grenze.

Battambang und Umgebung

2 HIGHLIGHT

Battambang

Battambang [4916] ist die ruhige Hauptstadt (knapp 200 000 Einw.) der gleichnamigen Provinz und die zweitgrößte Stadt Kambodschas. Immer mehr Touristen zieht diese beschauliche Stadt am friedlich dahinfließenden Sangker-Fluss in ihren Bann. Battambang kann mit einigen der am besten erhaltenen Handels- und Kolonialgebäude des Landes aufwarten, die meisten davon sind bisher noch nicht restauriert worden. Langsam beginnt sich auch hier das städtische Leben zu entfalten. Erste elegante Cafés haben eröffnet, und die Kunstszene, schon immer in Battambang stark vertreten, etabliert sich mit schicken Galerien. In der Umgebung fasziniert die bezaubernde Landschaft am Sangker-Fluss: Felder und kleine Dörfer, in denen das Leben den Erntezeiten folgt. Neue farbenprächtige Pagoden und Ruinen aus der Zeit der Gottkönige von Angkor führen eine friedliche Koexistenz.

Geschichte

Den Einheimischen zufolge, die fest an die Legende des Bat Dambang (s. Kasten S. 208) glauben, hat sich besagte Geschichte zur Gründung Battambangs im 11. Jh. zugetragen. Ab 1795 besetzten die Siamesen die Region und verwalteten Battambang mehr als hundert Jahre lang. Erst 1907, nach Intervention der Kolonialmacht Frankreich, fiel Battambang zurück an Kambodscha. Während des Zweiten Weltkriegs trat Frankreich die Provinz Battambang wieder an Thailand ab.

Nach der Unabhängigkeit Kambodschas entwickelte sich die Region rasant, eine Textil-, eine Jutefabrik sowie eine Zuckerraffinerie brachten ab 1967 wirtschaftlichen Aufschwung. Bis

Battambang

Daun Teau,
Wat Samrong Knong,
Krokodilfarm,
Wat Ek Phnom,
Prasat Bassaet

Sisophon

Vishnu-Statue
National Highway 5

Mohatep St.

Prinz auf weißem Pferd

Vietamesisch-kambodschanische Freundschafts-pagode

Polyclinique Visal Sokh

Psar Boeng Chhoeuk

Wat Piphettharam

Spean Thmei-Brücke

Sangker

Wat Bo Knong

Noria-Dorf

Psar Nat Clinic

Cambodia Asia Bank

Psar Nat

Canadia Bank

ANZ Royal Bank

Wat Bovil

Chin. Tempel

Bahnhof

Pir Thnu St.

Sor Kheng-Brücke

Sor Kheng Park

Wat Kandal

Wat Damrei Saa

Provincial Museum

NACHT-MARKT

Wat Sangker

Kompong Chhnang

Borey Thmey Mall

Acleda Bank

Friedens-Naga

Hun Sen-Brücke

Gouverneurs-palast

Ta Dambang-Statue

Dhamma Lattika Vipassana Center,
Phnom Sampeau,
Kamping Puoy,
Treng

Weingut Prasat Phnom Banan,
Phnom Banan

Wat Kor-Dorf,
Bambuszug,
O'Sralau

Psar Leu

Phnom Penh

BATTAMBANG UND DER WESTEN

Übernachtung:
1. The Sanctuary Villa
2. Asia Hotel
3. Royal Hotel
4. Tomato Guesthouse
5. Lux Guesthouse
6. Ganesha Family Guesthouse
7. Deluxe Villa
8. Bambu Hotel
9. La Villa
10. Here be Dragons
11. Au Cabaret Vert
12. Battambang Resort

Essen:
1. Te Kuch Vegetarian Restaurant
2. Essensstände
3. Fresh Eats Café
4. Jaan Bai
5. Pomme d'Amour
6. Gecko Café
7. Khmer Delight
8. Café Eden
9. Flavours of India
10. White Rose Restaurant
11. Chinese Noodle Restaurant
12. The Lonely Tree Café
13. Green Mango Café & Bakery

Sonstiges:
1. Zirkus Phare Ponleu Selpak
2. Vietnamesisches Konsulat
3. Heng Chay Ly Mart
4. Nary Kitchen
5. Seeing Hands Massage
6. Chea Neang Drink Shop
7. Choco L'Art Café
8. The Battambang Bike
9. Lotus Gallery & Bar
10. Make Maek Art Space
11. Smiling Sky Bookshop
12. Jewel in the Lotus
13. Soksabike
14. Vintage
15. Coconut Water Foundation
16. Seeing Hands Massage
17. Madison Corner Bar
18. Smokin Pot
19. Sammaki Gallery
20. Sky Disco
21. The River
22. Victory Club
23. Green Orange Kayak

Transport:
1. Busbahnhof
2. Rith Mony,
   Boote nach Siem Reap: Angkor Express, Channa
3. GST Express Bus
4. Sammeltaxis nach Phnom Penh,
   Pailin, Siem Reap, Poipet, Sisophon
5. Phnom Penh Sorya
6. Rith Mony
7. Capitol Tours
8. Busbahnhof Rith Mony
9. Sammeltaxis nach Pailin

die Räder ab 1975 stillstanden, denn in diesem schicksalhaften Jahr entvölkerten die Roten Khmer Battambang und zwangen die Einwohner zum Bau des Staudamms Kamping Puoy. Viele überlebten die unmenschlichen Arbeitsbedingungen nicht. Am 13. Januar 1979 dann marschierten die Vietnamesen in Battambang ein, friedliche Zeiten brachen dennoch nicht an. Denn die Vietnamesen kämpften noch immer gegen die Roten Khmer, die sich Richtung thailändische Grenze zurückgezogen hatten. Die „freiwillige Unterstützung" der Kambodschaner im Straßenbau und bei der Schaffung der nötigen Infrastruktur in dem unzugänglichen Gebiet war gefragt, viele Menschen starben dabei an Malaria und anderen Krankheiten. 1986 gelang es den Roten Khmer, kurzzeitig Teile von Battambang-Stadt zu besetzen. Sihanouks Nationalarmee (ANS) und Widerstandsgruppen schlugen die Truppen am 28. März aber zurück. 1994 wurde die Stadt evakuiert, als ein Angriff der Roten Khmer befürchtet wurde, die ihre Stellungen auf Phnom Sampeau (S. 219) bezogen hatten. Erst seit 1996 herrscht Frieden.

Orientierung
Der Fluss Sangker teilt die Stadt in zwei Hälften. Auf der westlichen Seite liegt das Zentrum mit den Märkten Psar Nat und Psar Leu, der Altstadt und dem Bahnhof. Auch zahlreiche Restaurants und Hotels befinden sich hier. Zum Sangker-Ufer parallel verlaufen Street 1 und 2 sowie die Haupteinkaufsstraße Street 3. Dazwischen liegen Straßen mit der Bezeichnung Street 1 1/2 und Street 2 1/2. Auf der östlichen Flussseite befinden sich überwiegend Wohngebiete, aber auch einige Hotelneubauten.

Sehenswertes
Den entspannten Stadtbummel beginnt man am besten im Zentrum Battambangs. Der **Psar Nat** (Versammlungsmarkt) stammt aus den 1930er-Jahren, in dem Art-déco-Gebäude mit dem markanten Uhrturm werden Schmuck, Haushaltswaren und landwirtschaftliche Produkte der Umgebung verkauft. Besonders beliebt aus dem Sortiment der frischen Früchte sind die süßen Orangen, die auch im reifen Zustand noch eine grüne Schale haben.

Nördlich des Marktes liegt eines der ältesten Klöster der Stadt, **Wat Piphettharam**, das bereits 1888 gegründet wurde. Über hundert Mönche leben hier. Am Nordeingang stehen vier 3 m hohe Wächterfiguren, den Südeingang bewachen zwei Riesen *(yeak)* mit Stoßzähnen und gigantischen Keulen. Einige Mönche sprechen Englisch und freuen sich, mit Gästen ihre Sprachkenntnisse zu erweitern und durch die Klosteranlage zu führen. Die beste Zeit dafür ist der Nachmittag.

Beeindruckend ist die gut erhaltene **Kolonialarchitektur** [5143] am Fluss und südlich des Psar Nat. Die zum Erbe der französischen Besatzungszeit zählenden Gebäude entstanden zwischen 1907 und 1940. Zweistöckige Handelshäuser, oft charakterisiert durch Säulengänge und breite Balkone, dominieren das Zentrum. Mehr als 800 historische Gebäude sind in Battambang zu finden, einige wurden bereits stilecht reno-

viert, andere warten mit dem verblassenden Charme vergangener Zeiten auf. Herausragend ist der renovierte **Gouverneurspalast**. Er wurde 1905 von einem italienischen Architekten für den letzten thailändischen Gouverneur Apheuy-von Chhum gebaut, der das Gebäude jedoch nie bezog. Auf dem Gelände befanden sich um 1840 die Festungsanlagen der Thailänder. Die beiden Kanonen vor der Residenz stammen aus dem Jahr 1789. Leider kann das Gebäude nicht von innen besichtigt werden.

Das **Flussufer** lädt zum Bummeln ein, auch wenn sich hier weniger spannende Geschäfte wie Handy-, Matratzen-, Haushaltswaren- oder Kopierläden angesiedelt haben.

Der **Chinesische Tempel** am Sangker-Fluss ist etwa 150 Jahre alt. Er ist der einzige verbliebene von ehemals drei chinesischen Tempeln in Battambang. Er trägt den Namen Huai Bao

Die Gründung Battambangs

Der Name der Stadt setzt sich aus den kambodschanischen Wörtern „Bat" (verschwinden) und „Dambang" (Stock) bedeutet, zusammen. Die Gründung des „verschwundenen Stockes" geht auf eine Legende zurück: Einst besaß ein Kuhhirte einen schwarzen Stab aus Kranhoung-Holz (Rosenholz), mit dessen Hilfe er von einer wundersamen Macht beseelt war. Man nannte den Hirten Ta Dambang („Großvater Stock"). Mit Hilfe dieses magischen Stabes setzte er den amtierenden König Chakrapot ab und ernannte sich selbst zum Oberhaupt. Eines Nachts wurde ihm im Traum prophezeit, dass der zukünftige König bereits gezeugt sei. Aus Angst ließ Ta Dambang alle schwangeren Frauen verbrennen. Ein Kind aber wurde noch auf dem Scheiterhaufen von einer Nebenfrau König Chakrapots geboren. Die Soldaten zogen es aus dem Feuer und übergaben es an ein Kloster, wo der Junge Prohmkel, der Verbrennungen an Armen und Beinen erlitten hatte und sich nur kriechend fortbewegen konnte, erzogen wurde.

Da ereilte Ta Dambang erneut ein Traum. Demzufolge sollte sieben Tage später ein Prinz auf einem fliegenden weißen Pferd Einzug halten und die Regentschaft übernehmen. Das Volk vernahm die Traumdeutung und strömte in die Stadt, um den Mann auf dem fliegenden Pferd zu sehen. Auch Prohmkel machte sich auf zum Palast. Unterwegs begegnete ihm ein Brahmane, der ihn bat, auf sein weißes Pferd aufzupassen. Während er auf die Rückkehr des Brahmanen wartete, stellte Prohmkel fest, dass das Pferd seine Glieder geheilt hatte, und bei dem Versuch es zu reiten, erhob es sich in die Lüfte. Und so kam es, dass der junge Prinz auf einem weißen Pferd zum Königssitz flog. König Ta Dambang erkannte die Prophezeiung, er warf seinen magischen Stab nach ihm, verfehlte ihn jedoch. Der Stab fiel zu Boden und wurde nie wieder gefunden. Ta Dambang – seiner Macht entledigt – floh und wurde ebenfalls nie wieder gesehen. Der Prinz aber gründete an dieser Stelle sein Königreich und gab ihm den Namen Bat Dambang.

Im Norden Battambangs steht die kleine Statue des Prinzen auf dem fliegenden Pferd. Unübersehbar ist die große Statue von Ta Dambang im Osten im Kreisverkehr am Ortseingang – ein grimmig dreinschauender kniender Mann mit dem Stab über einem Kelch. Zu der 1999 neu gestalteten Figur kommen viele Einheimische, um für die Erfüllung von Wünschen zu beten.

© MARION MEYERS

Garudas halten das Dach von Wat Kandal.

Gu Miao, was so viel wie Schutztempel bedeutet. Auffällig sind das Dach mit der Drachenverzierung und die bunt bemalten Türen. Er wurde mehrmals renoviert, das letzte Mal 2007.

Das **Battambang Provincial Museum** ist in einem 1968 erbauten traditionellen Khmer-Haus untergebracht. Es enthält sehenswerte Fundstücke, die bis ins 7. Jh. zurück datieren: Sandsteinreliefs, Buddhafiguren, Lokeshvaras und Hindugötter sowie filigrane Figuren aus Kupfer, Gold und Silber. Die Exponate sind auf Khmer, Englisch und Französisch beschriftet. ⏲ 8–11 und 14–17 Uhr, Eintritt US$1. Fotografierverbot.

Eine friedliche Atmosphäre herrscht in der Klosteranlage **Wat Damrei Saa**, benannt nach den weißen Elefantenfiguren. Der Vihear wurde 1904 erbaut, die Außenwände zieren außergewöhnlich ausdrucksvolle Relief-Szenen aus dem Reamker-Epos (kambodschanische Version des indischen Ramayana-Epos, S. 140). Am Osteingang gibt es eine originelle Verbindung von alten Überlieferungen und damals neuer Technik: Ein kleines Bildnis zeigt Hanuman auf einer Dampflokomotive.

Im Park am Flussufer, zwischen Hauptpost und Gouverneursresidenz, steht die Skulptur einer **Friedens-Naga**. Gefertigt wurde die Schlange 2007 aus Waffen, die von und mit Hilfe der Einwohner gesammelt wurden (seit 2005 ist Privatpersonen der Besitz, Verkauf und Gebrauch von Schusswaffen untersagt).

Von den Wats auf der östlichen Flussseite ist **Wat Kandal** (Zentrale Pagode) erwähnenswert. Die lange Allee und der aufwendige Bogengang sind einmalig für Kambodscha. Der 1969 erbaute Vihear hat ein prachtvolles Holzdach, farbenfrohe Reliefs zieren die Außenseite. Auf dem Gelände befindet sich das Mausoleum von Sor Heu und seiner Frau Neat Yong, den Geldgebern der alten Universität Battambang. Etwa 50 Mönche leben in der Klosteranlage.

Die Auswahl an Mittelklassehotels und günstigen Zimmern ist enorm. Dormzimmer sind für US$3 zu bekommen, ebenso wie ganz einfache Zimmer mit Bad. Ein Zimmer mit AC kostet ab US$10. Aber auch hochpreisige Unterkünfte zwischen US$50 und US$100 im Boutique-Stil und mit Pool öffnen inzwischen ihre Türen. Alle bieten kostenlos WLAN an.

Hotel, Lar A St., ℰ 053-953 523. Typisch
ísches Mittelklassehotel. Die Zimmer
sauber und mit Schrank, TV und teils Kühl-
ank gut möbliert. Neue Bäder. Ventilator
r AC. ❶ – ❹

Ganesha Family Guesthouse, St. 1 1/2
und St. 2, ℰ 092-135 570, 🖥 www.
eshaguesthouse.com, [9442]. Ansprechen-
Stadthaus in zentraler Lage. Schönes Dorm-
mer mit 5 Einzelbetten, Moskitonetz und
ecke (US$4). Kleine Zimmer mit Bad und ein
nderbar helles mit Balkon. Alle mit Ventilator
d Kaltwasser. Fahrrad- und Mopedverleih,
nzimmer, Billard und vieles mehr. Unter
utsch-kambodschanischer Leitung. ❶ – ❷

Here Be Dragons, ℰ 089-264 895,
🖥 www.herebedragonsbattambang.
m. Angesagte Backpacker-Unterkunft
it Partycharakter unter englischer Leitung.
eranstaltet werden BBQ- und Pub-Quiz-
bende. Von außen macht das 60er-Jahre
aus nicht viel her. Innen günstige Zimmer,
ahlweise im Dorm mit 6 Stockbetten (US$3),
infache Zimmer mit Gemeinschaftsbad
der eigenem Bad. Alle mit Ventilator.
achterrasse und Garten. ❶

.ux Guesthouse, 79 St. 3 1/2, ℰ 092-335 767,
🖥 www.luxguesthouse.com, [9443]. 5 Stockwerke ohne Fahrstuhl. Saubere helle Zimmer
mit vielen Möbeln, TV und Minibar. Wahlweise
Ventilator oder AC. Helle Bäder mit Heißwasser-
dusche. Gäste können den Pool des Schwester-
hotels Deluxe Villa für US$3 nutzen. ❷

Royal Hotel, West of Central Market,
ℰ 016-912 034, ✉ royalasiahotelbb@
yahoo.com, [9444]. Seit Jahren beliebte
Unterkunft, und das zu Recht: große, helle,
gefliesste Zimmer rund um ein Atrium. Die
meisten Räume sind mit Schrank, Schreibtisch,
Stuhl, TV und teils Kühlschrank ausgestattet.
Bäder mit Kalt- oder Warmwasser. Restaurant
auf der Dachterrasse. PC in der Lobby. Bus-
und Bootstickets, Visaservice für Vietnam,
Geldwechsel. Wahlweise Ventilator oder AC.
Familienzimmer mit Doppel- und Einzelbett.
❶ – ❷, Familienzimmer ❸

Tomato Guesthouse & Restaurant, St. 119,
ℰ 072-853 432, [9445]. Günstige familien-

geführte Backpacker-Unterkunft: winzige
Zimmer mit einem schmalen Bett oder Stock-
bett und Ventilator, dazu ein kleines Bad.
Alle Zimmer im 1. Obergeschoss an einem
umlaufenden Balkon. Gutes und günstiges
Restaurant im Erdgeschoss. ❶

Mittlere Preisklasse

Au Cabaret Vert, N57, ℰ 053-656 2000,
🖥 www.aucabaretvert.com, [9446]. Unter
französischer Leitung. Großzügige Bungalows
in einem tropischen Garten. Geflieste Böden,
TV, Kühlschrank, Schminktisch – alles mit
einem Hauch Kolonialflair. Bäder mit abgetrennter Dusche. Großer Natur-Pool. Im
Restaurant wird Khmer-Küche und Internationales serviert. Organisieren eine 2 1/2-stündige
Cyclotour mit Audioguide durch Battambang
für US$13 p. P. ❺

Battambang Resort, Wat Kor Village,
ℰ 053-666 7001, 🖥 www.battambang
resort.com, [9447]. Malerische Lage am Dorf
Wat Kor. Ruhig gelegen, inmitten eines großzügigen Gartens mit Obstbäumen und einem
natürlichen Teich. Bungalows im minimalistisch grauen Stil. Als Familienbungalow mit
Verbindungstür oder freistehend. Letztere
haben eine rund gemauerte Dusche im Raum,
eine Veranda und breite Fenster mit Teichblick.
Großer Salzwasserpool. Kostenloser Fahrradverleih: Mit dem Rad lassen sich die umliegenden Dörfer erkunden. Auch die 3,5 km nach
Battambang sind gut zu meistern. 2x tgl.
kostenloser Shuttle-Service. Besucher zahlen
US$5 für einen Pooltag. Inkl. Frühstück. ❺

Deluxe Villa, St. 3 1/2, ℰ 077-336 373,
🖥 www.deluxevilla.com, [9448]. Gartenanlage
mit Zimmern rund um einen schönen Pool.
2-stöckige großzügige Bungalows mit vielen
Möbeln wie Schreibtisch und Sofa. Geräumige
Mosaikbäder mit Wanne. Die oberen Zimmer
mit Balkon sind teurer. Alle Zimmer mit Pool-
blick. Tagesgäste zahlen US$5 für den Pool.
Restaurant. Fahrrad- und Motorradverleih. ❺

The Sanctuary Villa, ℰ 097-216 7168,
🖥 www.sanctuarycambodia.com,
[9449]. 7 traumhafte Gartenbungalows an einem
schönen großen Pool. Alte Bodenfliesen und
dunkle Holzmöbel, ein großes Bett, halb offener,

begehbarer Kleiderschrank – das alles mit gelber Stoffdekoration gemütlich gestaltet. Tolle Bäder mit Eckbadewanne, großer Fensterfront und zusätzlich separater Dusche. Safe, Minibar, TV. Inkl. Frühstück. ❹

Obere Preisklasse

Bambu Hotel, St. 203, ☏ 053-953 900, 🖥 www.bambuhotel.com. 16 Zimmer rund um einen Pool. Besonders schön die aufwendig modern renovierten Zimmer in einem alten Haus. Aber auch die neuen Doppelbungalows haben asiatischen Charme. Inkl. Frühstück. ❺–❻

La Villa, St. 159 D, ☏ 053-730 151, 🖥 www.lavilla-battambang.net, [9450]. Toll renovierte Kolonialvilla mit 7 Zimmern, in der kein Raum dem anderen gleicht. Außergewöhnliche Details versetzen den Besucher in die Kolonialzeit, vor allem die Deluxe-Zimmer im 1. Obergeschoss beeindrucken. In der Orangerie ein erstklassiges französisches Restaurant. Pool im Garten. Inkl. Frühstück. ❺–❻

ESSEN

Verglichen mit Phnom Penh und Siem Reap ist das Essen hier günstig. In den auf Touristen eingestellten Restaurants kostet ein Hauptgericht US$3–4. Noch günstiger kann man an den Essensständen im Psar Nat und Psar Leu essen. Jeden Abend wird ein großer Nacht-

Essen und Einkaufen

In Ruhe stöbern, etwas zu essen bestellen und noch mal über das Angebot nachdenken? In Battambang kein Problem, gleich mehrere Restaurants haben einen angegliederten Souvenirshop oder sind Souvenirshop mit Restaurant.

Café Eden, 85 St. 1, ☏ 053-731 525, 🖥 www.cafeedencambodia.com. In einem alten Handelshaus am Flussufer. Die Böden sind noch mit alten Fliesen belegt. Das hübsche Café hat im Obergeschoss einen Balkon und AC-Raum. Es gibt Frühstück, gute Salate, Sandwiches, Wraps und Pizza. Der sehenswerte Souvenirladen ist im Erdgeschoss im Hinterraum untergebracht. Hier werden u. a. Sandalen aus alten Autoreifen, Schmuck, schöne Schals und Bilder verkauft. WLAN. ⏰ tgl. außer Di 7.30–21 Uhr.

🌳 **Coconut Water Foundation**, 91 St. 3, ☏ 053-630 0958, 🖥 www.coconutwaterfoundation.org. Kunsthandwerk wie Taschen und Schmuck, hergestellt von Frauen aus den umliegenden Dörfern. Dazu werden in dem kleinen Laden Frühstück und Getränke angeboten. Die Gewinne fließen in ein Ausbildungsprogramm für benachteiligte Kinder und Frauen und in Umweltbildungsarbeit. ⏰ tgl. 8–18 Uhr.

🌳 **Fresh Eats Café**, St. 2 1/2, ☏ 053-459 9944, 🖥 www.mpkhomeland.org. *Kramas*, Taschen und andere originelle Souvenirs, die Jugendliche aus dem Homeland-Haus herstellen. Homeland kümmert sich seit 2007 um Waisen, Straßenkinder und missbrauchte Kinder. Im Restaurant erhalten Jugendliche aus dem Homeland eine Ausbildung. Serviert werden Khmer- und Pasta-Gerichte aus frischen Zutaten. ⏰ 8–21 Uhr.

🌳 **Gecko Café**, St. 3, ☏ 017-712 428. Im Erdgeschoss des wunderbar renovierten Eckhauses wird hübscher Schmuck verkauft. Auf der 1. Etage befindet sich das schicke Restaurant, das seinen Charme alten Terrakotta-Böden, weiß gekalkten Wänden, vielen Ziegelsteinen und dunklen Möbeln verdankt. Toller Rundbalkon mit Tischen. Die Speisekarte bietet Burger, Sandwiches, Salate, Pizza, Asiatisches und Mexikanisches. Dazu leckere Smoothies. Die Inhaber legen Wert darauf, keiner Hilfsorganisation anzugehören und alle ihre Steuern selbst zu zahlen. Sie garantieren ihren Angestellten faire Löhne und Arbeitszeiten sowie Gewinnbeteiligung. WLAN. ⏰ 9–22 Uhr.

🌳 **The Lonely Tree Café**, 134 St. 121, ☏ 053-953 123, 🖥 www.thelonelytreecafe.com. Projekt der NGO S.A.U.C.E., 🖥 www.sauceong.org. Im Restaurant auf der 1. Etage arbeiten unterprivilegierte Jugendliche. Es gibt internationale Gerichte wie Pasta und Pizza und daneben Klassiker der Khmer-Küche. Schön sind die ausgefallene Kleidung und Schmuckstücke, die im Erdgeschoss verkauft werden. ⏰ 9.30–22 Uhr.

markt am Flussufer (🕓 16–24 Uhr) aufgebaut. Unzählige Imbissbuden bieten Nudelsuppen, Wokgerichte, Baguettes, Desserts und Fruchtsäfte an.

Chinese Noodle Restaurant. Hier gibt es die besten Nudelsuppen der Stadt, vor allem morgens ist es rappelvoll. Englische Speisekarte. 🕓 6–21 Uhr.

Flavours of India, 85 St. 2 1/2. Authentische indische Küche zu vernünftigen Preisen. WLAN. 🕓 9.30–22.30 Uhr.

🏠 **Green Mango Café & Bakery**, St. 211, 📞 053-649 966, 🖥 www.greenmango cgi.com. Benachteiligte Frauen erhalten hier eine Ausbildung. Frische Backwaren, Salate, mexikanische und asiatische Auswahl. AC-Raum. WLAN. 🕓 Mo–Sa 7–16 Uhr.

🏠 **Jaan Bai**, St. 2, 📞 078-263 144. Jaan Bai heißt übersetzt Reisschale, und die Betreiber des Hauses machen es sich zum Ziel, diese auch für benachteiligte Jugendliche zu füllen. Jaan Bai dient als gastronomisches Ausbildungszentrum und lädt den Gast in ein schickes Restaurant: Holztische, eine Fliesenbank nach altem Muster, Gemälde an den Wänden und Graffitikunst an der Außenwand

machen das Café zu einem Hingucker. Die überschaubare Speisekarte offeriert Khmer- und Thai-Gerichte. Gekocht wird ohne Glutamat. Gerichte ohne jegliche tierische Inhaltsstoffe sind extra gekennzeichnet. Es gibt auch die typischen Khmer-Sandwiches *nom pang sach*. WLAN. 🕓 11–22.30 Uhr.

🏨 **Khmer Delight**, St. 119, 📞 012-434 746. Schickes, beliebtes Restaurant. Gelungene Fusion-Küche mit Elementen aus Khmer-, koreanischer und indonesischer Kochkunst. Auch wer Khmer-Lasagne und -Pizza mag, wird hier fündig. Sehr große Auswahl an Flaschenweinen. WLAN. 🕓 7.30–22.30 Uhr.

Pomme d'Amour, 63 St. 2 1/2, 📞 053-650 2188, 🖥 www.apple-of-love.com. Ein kambodschanisch-französisches Familienunternehmen: feine französische Küche. Etwas teurer, aber seinen Preis wert. 🕓 7–22 Uhr.

🏠 **Te Kuch Vegetarian Restaurant**, Lar A St., 📞 012-243 402. Die Auswahl an vegetarischen Speisen ist hervorragend. Übrigens sind auch die „Fleisch"-Gerichte wie das BBQ vegetarisch. Gute ausgefallene Shakes. WLAN. 🕓 7–19, Sa, So 7–20 Uhr.

Die Kunstszene von Battambang

Battambang ist die Künstlerstadt Kambodschas. Viele der bekannten Maler, Schriftsteller und Schauspieler des Landes stammen aus Battambang und haben hier gearbeitet. Darunter Maler wie Vann Nath (1946–2011), der Tuol Sleng überlebte, weil er malen konnte (s. Kasten S. 114), oder Sopheap Pich (geb. 1971), dessen Bambusarbeiten es bis ins Metropolitan Museum of Art in New York geschafft haben. Die bekannte Sängerin Ros Sereysothea (1948–1977), Schauspieler Tep Rindaro (geb. 1963) oder die Schauspielerin Sophea Pel – sie alle haben ihre Wurzeln in der Provinz Battambang.

Die Stadt Battambang zieht aber auch ausländische Maler, Autoren und Intellektuelle an, die sich von der schönen und ruhigen Atmophäre inspirieren lassen.

Lotus Gallery & Bar, 53 St. 2 1/2, 📞 092-260 158. Darren Swallow, der beim Phare Zirkus Theaterunterricht gegeben hat, betreibt jetzt einen Künstlertreffpunkt. Das aufwendig renovierte alte Handelshaus beherbergt nicht nur ein schickes Restaurant und eine Bar im Erdgeschoss. Im Obergeschoss finden Künstler zudem eine Ausstellungsplattform. Zwei Filmabende pro Woche sind geplant. 🕓 außer Mo 8 Uhr–spät.

Choco L'Art Café, St. 117, 📞 010-661 617. Hier gibt es Kunst an den Wänden und selbst gemachte Desserts: ein tolles Konzept. 🕓 8–24 Uhr.

Die Straße 2 1/2 entwickelt sich zur Künstlergasse. Galerien wie **Make Maek Art Space**, 66 St. 2 1/2, 📞 017-946 108, 🕓 9–17 Uhr, und die **Sammaki Gallery**, St. 2 1/2, 📞 017-946 108, 🕓 13–17 Uhr, stellen zeitgenössische kambodschanische Maler aus. Einmal im Monat findet ein Straßenfest mit ortsansässigen Künstlern statt.

White Rose Restaurant, St. 2. Schmackhafte und günstige Khmer-Küche, bei Einheimischen wie Touristen gleichermaßen beliebt. Viele kommen extra wegen der köstlichen Fruchtshakes hierher. Gutes Frühstücksangebot. ⊕ 6.30–22 Uhr.

UNTERHALTUNG UND KULTUR

Eine Kneipenszene hat sich noch nicht entwickelt. Viele Restaurants haben Tische, an denen sich abends das ein oder andere Bier genießen lässt; ab 22 Uhr wird es jedoch ruhig. Nur wenige Bars sind bis Mitternacht geöffnet.

Bars und Kneipen
Madison Corner Bar, St. 2 1/2, ☏ 053-650 2189. Die Kneipe, die am längsten geöffnet hat. An der Bar treffen sich die Nachtschwärmer. Der Besitzer stellt eigenen aromatisierten Rum her. Mehrmals monatlich Mottopartys. ⊕ 8 Uhr bis spät.

Auch an der stilvollen Bar der **Lotus Gallery & Bar** (s. Kasten S. 212) gibt es oft noch bis spät einen Absacker. ⊕ 8–23 Uhr außer Mo.

The River, ☏ 012-781 687. Schicke Außengastronomie am Flussufer. Die Tische und die kleine Theke sind nicht nur ideal für einen Sundowner (US$0,50 für ein gezapftes Angkor-Bier). Auf 2 Großleinwänden werden Sport- und Fußballevents übertragen. ⊕ 6.30–23 Uhr.

Clubs
Sky Disco, St. 208. Seit Jahren der angesagteste Club in Battambang. Beliebt bei jungen Khmer. Wechselnde DJs legen Techno und Hip-Hop auf, oft sind Gast-DJs aus Phnom Penh dabei. Voll wird es erst gegen 23 Uhr. Mindestverzehr ein Getränk für US$3. ⊕ 19–2 Uhr.

Kino und Zirkus
Ecran Moviehouse, im Ganesha Guesthouse, St. 2. Videos on Demand in 2 Zimmern mit Matratzen für 1–5 Pers., US$2,5 p. P. und Film.

 **Zirkus Phare Ponleu Selpak**, 3 km westlich Richtung Sisophon, ☏ 053-952 424, 🖥 www.phareps.org. Von

einer französischen NGO geleitet, bietet der Zirkus benachteiligten jungen Menschen Training in Zirkusartistik, Musik und Malerei. Die Darbietungen sind absolut sehenswert und bieten moderne Akrobatik auf hohem Niveau. Wer es nicht zur Vorstellung schafft, kann meist beim Training zusehen (⊕ Mo–Fr 8–12 und 14–17 Uhr). Wechselnde Programme, aktuelle Infos auf der Website. Vorstellungen Do, Fr, Sa und Mo um 19 Uhr für US$10, Kinder US$5. Anfahrt mit dem Tuk-Tuk für US$4 (hin und zurück).

EINKAUFEN

Bücher
Smiling Sky Bookshop, 113 St. 3. Gebrauchte Bücher in Deutsch, Englisch oder Französisch. Kaufen auch Bücher an. ⊕ 8–19 Uhr.

Märkte
Das Angebot im **Psar Nat** (Zentralmarkt) und **Psar Leu** (Neuer Markt) richtet sich an die einheimische Bevölkerung. Im interessanteren Psar Nat gibt es einfach alles: Schmuck, Textilien, Schuhe, Haushaltswaren und Lebensmittel. Im neuen überdachten Psar Leu werden überwiegend Schmuck und Textilien verkauft (viele der kleinen Läden stehen jedoch noch leer).

Souvenirs
Mehr Adressen im Kasten auf S. 211.
Juwel in the Lotus, St. 2 1/2. Nick ist eigentlich Maler, er betreibt zudem diesen wirklich skurrilen Laden in der Künstlerstraße. Ideal zum Stöbern: alte Schallplatten, Kassetten, Plakate, Kleidung und viele andere witzige Souvenirs. Wer Literatur sucht, der könnte an *Flower of Battambang* Freude finden. Denn diese kambodschanische Liebesgeschichte ist als Comic gezeichnet und mit englischsprachigen Sprechblasen versehen. ⊕ 13–22 Uhr.

Supermärkte und Shoppingcenter
Chea Neang Drink Shop, an der Westseite des Marktes. Bestsortierter Minimarkt für westliche Produkte: Müsli, Käse, Milch, Süßigkeiten und Wein. ⊕ 7–20 Uhr.

Heng Chay Ly Mart, St. 105A, ☎ 053-655 5566. Großer Supermarkt, gut sortiert in Toilettenartikeln (auch Tampons) und Spirituosen. ⏱ 7–20 Uhr.

Die **Borey Thmey Mall** im Westen der Stadt steht bisher halb leer, nur wenige Textilgeschäfte sind hier ansässig.

Wein

Vintage, St. 2 1/2, ☎ 012-415 513. In der gemütlichen Weinbar können nicht nur Weine aus aller Welt probiert und gekauft werden. Auch lokale Produktionen aus Palmfrüchten wie Zucker, Essig oder Palmwein werden angeboten. Dazu wechselnde Tagesangebote kleiner Snacks. WLAN. ⏱ 9–23 Uhr.

AKTIVITÄTEN

Kochkurse

Nary Kitchen, St. 111, ☎ 012-763 950, 🖥 www.narykitchen.com. Das Einkaufen für 3 Gerichte steht am Beginn des Kurses. Dann wird zusammen gekocht und gegessen. 2 Kurse tgl., um 9 und 16 Uhr, ab 2 Pers. mit Voranmeldung. US$10 inkl. Rezeptbuch.

Smokin Pot, St. 1 1/2, ☎ 012-821 400, ✉ vannaksmokingpot@yahoo.com. Beliebter Treffpunkt für alle Kochfans. Los geht's mit dem Einkauf auf dem Markt. Dann wird im Restaurant geschnippelt und gebrutzelt. Es gibt 3 typische Khmer-Gerichte nach Wahl – und natürlich anschließend ein gemeinsames Essen. Tgl. 9.30–12.30 Uhr, Anmeldung am Vortag. US$10.

Meditation

Dhamma Latthika Battambang Vipassana Center, Nähe Phnom Sampeau und Phnom Trungmoan, an der N 7, 16 km von Battambang in westlicher Richtung, ☎ 012-689 732, 092-931 647, 🖥 www.latthika.dhamma.org. 10-tägige Meditationskurse im Kloster inkl. Unterkunft und vegetarischem Essen. Gegen Spende. Termine auf der Homepage.

Schwimmen und Wellness

🌳 **Seeing Hands Massage**, St. 115 und St. 119. Blinde Masseure und Masseurinnen geben japanische Shiatsu-Massagen. 2 Filialen in Battambang. US$6/Std. ⏱ 8–22 Uhr.

Victory Club, St. 1, ☎ 012-581 818. Öffentliches 25-m-Schwimmbad. Schön ist der kleine Kinderpool mit Rutschen und Klettergeräten. US$2. ⏱ Mo–Fr 6–20, Sa, So 7–21 Uhr.

TOUREN

€ **Architecture Battambang**. Eine gute Idee, für alle, die die Stadt auf eigene Faust erkunden wollen: 2 Stadtspaziergänge mit durchnummerierten Highlights und zahlreichen Infos zu architektonisch sehenswerten Gebäuden können als PDF heruntergeladen werden. Ausgearbeitet von KA Architecture Tours, 🖥 www.ka-tours.org. Bei der Tourist Information gibt es die Süd- und Zentralroute auch kostenlos in gedruckter Form.

🌳 **Green Orange Kayaks**, im Dorf Ksach Poy, 8 km südlich von Battambang, ☎ 017-736 166, 092-464 060, 🖥 www.feda cambodia.org. Am Green Orange Café in Ksach Poy werden die ein- und zweisitzigen Kajaks zu Wasser gelassen. 11 km geht es damit auf dem Sangker-Fluss zurück nach Battambang. 2–3 Std. dauert die ökofreundliche, friedvolle Fahrt. US$12 p. P. inkl. Transfer zzgl. US$5 für einen lokalen Führer. Anmeldung erforderlich. Die NGO vermietet auf dem Gelände AC-Bungalows für US$20. Alle Einnahmen gehen an das örtliche Schulprojekt.

Soksabike, St. 1 1/2, ☎ 012-542 019, 🖥 www.soksabike.com. Die Stadt Battambang und ihre Umgebung sind flach und somit bietet sich hier die perfekte Möglichkeit, ausgedehnte Fahrradtouren zu unternehmen. Wer das nicht auf eigene Faust machen will, kann Touren durch die ländliche Umgebung inkl. Einkehr bei Familien (um bei der Herstellung von Reisnudeln, Reiswein oder dem Weben zuzusehen) buchen. Halbtagestouren starten um 7.30 Uhr, US$27; als Tagestour inkl. Mittagessen US$40 p. P. ⏱ 7–17 Uhr.

The Battambang Bike, 60 St. 2 1/2, ☎ 097-482 4104. Die geführten Touren durch die Stadt (auch als Architekturfahrt) dauern gute 3 Std. und kosten US$15 p. P. (ab 2 Pers.). Eine Halbtagestour in die Umgebung US$20 inkl. Snacks und Eintrittsgeldern. ⏱ 8–17 Uhr. Samstags um 7.30 Uhr treffen sich Fahrradfreunde bei The Battambang Bike, um gemeinsam eine

Tour durch Battambang und Umgebung zu starten. Die Fahrt ist kostenlos, ein Drahtesel allerdings Voraussetzung (u. a. bei Battambang Bikes zu leihen).

Diplomatische Vertretungen
Vietnamesisches Konsulat, St. 3, ✆ 053-952 894. Die Ausstellung eines 30-Tage-Visums benötigt 2–3 Werktage, US$60. ⊕ Mo–Fr 8–11.30 und 14–16 Uhr.

Fahrrad- und Motorradverleih
Viele Guesthouses und Hotels verleihen Fahrräder. Im **Tomato Guesthouse** für US$1/Tag. Das **Royal Hotel** und **Ganesha Guesthouse** vermieten Fahrräder (ab US$2/Tag) und Mopeds (ab US$8/Tag).
Recht gute Räder gibt es bei **The Battambang Bike** für US$2, Mountainbikes US$4/Tag, bei **Soksabike Mountainbikes** für US$5/Tag, einfache Fahrräder im dazugehörigen **Kinyei Café** 50 m nördlich, US$2.
Im **Gecko Café** Mopedverleih für US$7/Tag.

Geld
Geldwechsler betreiben ihre Geschäfte rund um den Psar Nat. Fast alle großen Banken haben eine Filiale in Battambang:
Acleda Bank, St. 3, ✆ 053-953 171, 🖥 www.acledabank.com.kh. Geldautomat für alle gängigen Kreditkarten und Western-Union-Service. ⊕ Mo–Fr 7.30–16, Sa 7.30–12 Uhr.
ANZ Royal Bank, St. 1. Geldautomat akzeptiert MasterCard, Visa und Cirrus. ⊕ Mo–Fr 8.30–16 Uhr.
Cambodia Asia Bank, 72 St. 3, ✆ 053-953 149, 🖥 www.cab.com.kh. Geld auf MasterCard und Visa, Travellers-Cheques-Wechsel und Western-Union-Service. ⊕ Mo–Fr 8–17 Uhr.
Canadia Bank, St. 113. Kostenfreier Geldautomat für alle gängigen Kreditkarten. MoneyGram-Service. ⊕ Mo–Fr 8–15.30, Sa 8–11.30 Uhr.

Informationen
Tourist Information, St. 1, ✆ 012-534 177, 🖥 www.destinationbattambang.org. Die Mitarbeiter sprechen sehr gut Englisch, sind überaus freundlich und hilfsbereit.

Es gibt einen guten Stadtplan, die informative Broschüre *Battambang Visitors Guide* und die *Architecture Walking Map*. ⊕ 8–11.30 und 14–17 Uhr.
Informative Beiträge (und viel Werbung) enthält die vierteljährlich erscheinende Ausgabe des *faceguide*.

Medizinische Hilfe
Polyclinique Visal Sokh, N5, ✆ 053-952 401. Privatklinik für minder schwere Fälle. 24-Std.-Notfalldienst.
Psar Nat Clinic, ✆ 053-952 414, Krankenwagen ✆ 092-919 801. Privatklinik mit englischsprachigem Personal. 24-Std.-Notdienst.

Post
Hautpost, St. 1, ✆ 053-730 064. Postkarten, Briefmarken und Paketdienst EMS. Internet 1500 Riel/Std. ⊕ 7–17 Uhr.

Wäschereien
Die meisten Guesthouses und Hotels bieten Wäscheservice an, außerdem Wäschereien überall in der Stadt, US$1,50/kg.

Motorradtaxis
Überall im Stadtgebiet gilt: Eine Stadtfahrt sollte nicht mehr als 2000 Riel kosten.

Tuk-Tuks
Überall im Stadtgebiet, für Fahrten innerhalb der Stadt US$1, bei mehreren Personen US$2.

Per Dekret sind alle großen Busse aus dem Zentrum verbannt. Der **neue Busbahnhof** liegt 1,5 km außerhalb Richtung Sisophon an der N5; der **Busbahnhof der Gesellschaft Rith Mony** 2,5 km außerhalb in Fahrtrichtung Phnom Penh, ebenfalls an der N5. Zum Zeitpunkt der Recherche hatten noch alle Busgesellschaften ein Büro in der Nähe des Marktes **Psar Boeng Chhoeuk** (300 m nordwestlich des Psar Nat). Kostenloser Tuk-Tuk- oder Motorradtaxi-Service vom Ticketbüro

BATTAMBANG UND DER WESTEN

www.stefan-loose.de/kambodscha

BATTAMBANG | Transport   **215**

zum Busbahnhof. Sammeltaxis fahren ebenfalls Nähe Psar Boeung Chhoeuk ab. Boote nach Siem Reap legen an der **Spean-Thmei-Brücke** ab.

Wer mag, kann andere Leser an seinen Erfahrungen teilhaben lassen und neueste Informationen oder Empfehlungen im eXTra [4925] posten.

Busse

BANGKOK (Thailand), umsteigen an der Grenze mit Capitol Tours, Phnom Penh Sorya und Rith Mony insgesamt 4x tgl. zwischen 7.45 und 12.45 Uhr für US$13–15 in 8 Std.;
KOMPONG CHAM, mit Phnom Penh Sorya um 9.30 Uhr für US$10 in 8 Std.;
KOMPONG CHHNANG, mit den Bussen Richtung Phnom Penh für den gleichen Preis in 4 Std.;
PAILIN, mit Rith Mony um 13.30 Uhr für US$3,75 in 2 Std.;
PHNOM PENH, mit Capitol Tours, GST, Phnom Penh Sorya und Rith Mony insgesamt 31x tgl. zwischen 6.30 und 17.30 Uhr für US$5–6 in 6 Std.;
POIPET, mit Capitol Tours, GST, Phnom Penh Sorya und Rith Mony insgesamt 6x tgl. zwischen 7.45 und 18 Uhr für US$3,75–4 in 3 Std.;
PURSAT, mit den Bussen Richtung Phnom Penh für den gleichen Preis in 2 Std.;
SIEM REAP, mit Capitol Tours, Phnom Penh Sorya und Rith-Mony-Minibussen insgesamt 7x tgl. zwischen um 7.45 und 15 Uhr für US$3,75–5 in 3 1/2 Std.;
SISOPHON, mit Capitol Tours, GST, Phnom Penh Sorya und Rith Mony insgesamt 7x tgl. zwischen 7 und 14.30 Uhr für US$2,50–3 in 1 1/2 Std.

Sammeltaxis

Folgende Sammeltaxis starten nahe Psar Boeng Chhoeuk:
PAILIN, für US$5 in 1 Std.;
PHNOM PENH, für US$10 in 4 Std.,
ganzes Taxi US$45–60 (je nach Uhrzeit);
POIPET, für US$5 in 2 Std.;
PURSAT, für US$10 in 1 1/2 Std.;

SIEM REAP, für US$6 in 3 Std.,
ganzes Taxi US$40;
SISOPHON, für US$4 in 1 Std.
Außerdem Sammeltaxis nach Pailin am Psar Leu.

Eisenbahn

Die Sanierung der Bahngleise ist in Planung (s. Kasten S. 220). Zum Zeitpunkt der Recherche fuhren noch keine Passagierzüge.

Schiffe

Der Schiffsanleger befindet sich an der Autobrücke **Spean Thmei**. In der Hauptsaison sollte man die Tickets besser einen Tag vorher kaufen. Auch Guesthouses und Hotels besorgen die Fahrkarten. Die sehenswerte Tour nach Siem Reap wird abwechselnd von den beiden Gesellschaften **Angkor Express**, ☎ 012-601 287, und **Channa**, ☎ 012-354 344, übernommen. In der Regenzeit dauert die Bootstour mind. 5 Std. In der Trockenzeit – je nach Wasserstand ab März – werden die Passagiere erst mit dem Pick-up in knapp 1 Std. zu einer schiffbaren Stelle transportiert, die Reisezeit kann dann bis zu 9 Std. betragen.
SIEM REAP, um 7 Uhr für US$20 in 5–9 Std.

Nördlich von Battambang

Die ländliche Umgebung von Battambang mit ihrer weiten Ebene gilt als Inbegriff Kambodschas: Reisfelder und Palmyrapalmen soweit das Auge reicht. Schattig ist die schöne Landschaft am Fluss Sangker, Kokospalmen und wilde Bananensträucher säumen den Fluss, unterbrochen wird dieses Idyll von ebenso sehenswerten kleinen Dörfern.

Von Battambang nach Ek Phnom

Die beachtenswerten Ruinen der hinduistischen Tempelanlage befinden sich 12 km nördlich von Battambang. Lohnenswert ist die etwas längere Anfahrt über die idyllischen Dörfer am Sangker-Fluss (16 km).

Auf dem Weg liegt eine **Krokodilfarm**, ☎ 097-837 3128. Insgesamt leben rund 600 Tiere auf den Krokodilfarmen der Umgebung. Sie werden

Farbenfrohe Deckengemälde zieren die neue Pagode Ek Phnom.

hier wegen ihrer Eier gezüchtet und als Baby-krokodile nach Vietnam und China verkauft. ⏱ 7–18 Uhr, Eintritt US$3.

Familien im Dorf **Pheam Ek**, an einem Seiten-arm des Sangker-Flusses, stellen Reispapier her, man sieht die Trockenstände am Wegesrand. In den Restaurants werden frische Frühlingsrollen *(nem)* in Reispapier angeboten.

Die Dörfer **Daun Teau** und **Preak Krochrain** bei Phnom Ek sind bekannt für die Herstellung von Prahok. Die fermentierte Fischpaste, die bei fast keinem kambodschanischen Gericht fehlt, ist schon von Weitem zu riechen. Fische werden als Ganzes oder als Paste zerkleinert für zwei bis vier Wochen mit viel Salz in Fässern gelagert.

Wat Ek Phnom

Auf dem Gelände fällt als Erstes die neue bud-dhistische Pagode aus dem Jahr 2003 ins Auge. Auffällig sind die bunt bemalten Decken, die Wände und die zahlreichen Ornamente, die das Bauwerk zieren, auf der Außenmauer windet sich eine Naga-Schlange.

Dahinter erhebt sich die Ruine eines hinduis-tischen Tempels aus dem Jahre 1027, errichtet aus Laterit und Sandstein. Der Bau fällt in die Re-gierungszeit Suryavarmans I. (1011–1050). Die beiden miteinander verbundenen Prasats wei-sen schön gearbeitete Türstürze und Flachreliefs auf. Auf der Ostseite ist im Inneren des Zentral-heiligtums über einem Türsturz eine Szene aus dem „Kirnen des Milchozeans" (s. Kasten S. 286) zu erkennen. Nur wenige Touristen kommen hier-her, daher ist die Atmosphäre sehr friedlich.

Der große sitzende Buddha wird wohl nicht fertiggestellt werden. Entweder ist er zu groß oder die Position im Lotosteich schlecht ge-wählt: Battambangs Stadtverwaltung will ihn entfernen, die Bevölkerung würde ihn jedoch gerne dort belassen. Es ist zu erwarten, dass die Figur unvollendet stehen bleiben wird.

Man erreicht Wat Ek Phnom mit dem Tuk-Tuk/Motorradtaxi für US$12/8 in 30 Min.

Wat Samrong Knong

Die Holzpagode Samrong Knong wurde um 1907 erbaut. Ein Torbogen erinnert an die ang-korianische Bauweise, zwei außergewöhnliche Metalldrahtfiguren zieren die Außenseite. Wie viele Pagoden, die von der Zerstörungswut un-ter Pol Pot verschont geblieben sind, diente auch diese als Gefängnis. Hinter dem Teich und den Wohnräumen der Mönche steht ein Gedenkstupa, der an die 10 000 Opfer der Roten Khmer aus der Region erinnert. Überreste der Ermordeten sind hinter Glas aufgebahrt. Auf dem Sockel stellt ein Flachrelief die Gräueltaten der damaligen Machthaber dar. Eine der Relieftafeln beschreibt sogar Fälle von Kannibalismus.

In dem kleinen gleichnamigen Dorf stellen Frauen **Krolan** am Wegesrand her: Klebreis, Kokosmilch und süße Bohnen köcheln 2 Std. im Bambusrohr vor sich hin, ein leckerer, 100 % natürlicher Snack für unterwegs.

Prasat Bassaet

Von Battambang aus erreicht man über eine Schotterstraße nach 16 km Prasat Bassaet. Auf dem Weg liegt das von moslemischen Cham bewohnte Dorf **Noria**.

Von der von Suryavarman I. im 11. Jh. erbauten Tempelanlage sind nur noch Überreste vorhanden. Hinter den zwei riesigen Banyan-Bäumen sind die beiden verbliebenen Gebäude verfallen, Steine liegen wild durcheinander. Die Roten Khmer verwendeten Steinquader aus Prasat Bassaet für das Staudammprojekt Kamping Puoy (S. 221). Der Legende nach hielt sie nur eine Geistererscheinung von der völligen Zerstörung ab. Immer noch sind auf der Rückseite schön gearbeitete Türstürze erkennbar.

Man erreicht Prasat Bassaet mit dem Tuk-Tuk/Motorradtaxi für US$15/10 in 40 Min.

Südlich von Battambang

Wat Kor

3 km südlich von Battambang liegt das idyllische Dorf Wat Kor. Im Dorf selbst stehen 21 wunderschöne alte doppelstöckige Holzhäuser. Zwei

dieser Häuser können besichtigt werden. Das erste Haus wird auch als **Kor-Song-Haus** bezeichnet. Es wurde 1920 erbaut, heute lebt Mrs. Bun Roeurngs Familie in dritter Generation hier. Das Holzhaus mit der Veranda enthält schöne alte Möbelstücke und Musikinstrumente. Unter den Roten Khmer war hier eine Gemeinschaftsküche untergebracht. Mrs. Bun spricht Französisch und führt Besucher gerne herum. Das zweite Haus, **Kor Sang**, stammt aus dem Jahr 1907. Auffallend ist die hohe Holzdeckenkonstruktion; es gibt keine Veranda, und der Wohn-Schlaf-Raum ist vollgestopft mit alten Möbelstücken. Fast ebenso alt sind die Obstbäume im Garten. Der Eintritt ist frei, eine Spende angebracht (US$0,50–1).

Weingut Prasat Phnom Banan

Zwischen Battambang und Phnom Banan werden nicht nur Orangen, Chilis, Erdnüsse und Reis angebaut, auf 10 ha wachsen Reben auf Kambodschas einzigem Weingut Prasat Phnom Banan, ✆ 012-665 235. Rund 10 000 Flaschen Rotwein setzt das Unternehmen jedes Jahr in Kambodscha ab. Im Garten finden Weinproben statt, und die Weinberge kann man besichtigen. Allein die Kelterei bleibt Betriebsgeheimnis. US$2 kostet das Probierset, bestehend aus Rotwein, Brandy, Trauben- und Honig-Ingwer-Saft. Wer sich mit dem interessanten Geschmack anfreundet, kann den Rotwein für US$15, Brandy US$12 oder eine Flasche Saft für US$2,50 mitnehmen. ⏰ 6–18 Uhr.

Zwischen dem Weingut und Phnom Banan liegt das kleine Dorf **Bay Damrum**. In den Bäumen verbringen Hunderte von Flughunden den Tag.

Phnom Banan

28 km südlich von Battambang erhebt sich auf einem Hügel die relativ gut erhaltene Tempelanlage **Wat Banan**, die auf den ersten Blick an Angkor Wat erinnert. Wahrscheinlich wurde sie von Udayadityavarman II. (reg. 1050–1066) zu Ehren Shivas erbaut und unter Jayavarman VII. (reg. 1181–ca. 1220) auch buddhistisch genutzt. 358 steile Stufen führen – von Nagas flankiert und am oberen Ende von Löwen bewacht – auf das 70 m hohe Plateau mit den fünf Türmen

(Prasats). Die vier äußeren Türme sind aus Laterit erbaut, während der mittlere aus Sandstein gefertigt wurde und Buddhafiguren beherbergt. Devatas (weibliche Gottheiten) zieren die Außenseite – leider wurden ihre Gesichter abgeschlagen. Aufbau und Gestaltung ähneln Angkor Wat in Miniaturdimension. Eintritt US$3 (s. Kasten S. 218).

Auf der Rückseite des Hügels gelangt man zur Höhle **Leang But Meas** (Höhle des falschen Goldes). Den Namen trägt die Höhle, weil ihre Innenwände glitzernde Einsprenkelungen aufweisen. Es gibt Stalaktiten, deren Aussehen Elefantenköpfen, Apsaras oder Krokodilen ähneln. Das Wasser, das von einem der Stalaktiten tropft, soll heilig sein. Wer davon trinkt, sieht die Vergangenheit und die Zukunft. Vor dem Höhleneingang wartet ein Ehepaar mit Taschenlampen, um die Besucher zu führen. Spende erbeten (US$1).

Anfahrt mit dem Tuk-Tuk/Motorradtaxi für US$15/10 in 45 Min.

Phnom Sampeau (Bootsberg)

Die Pagoden auf dem Gipfel des länglich geformten Felsens sind schon von Weitem sichtbar, der Tempelberg liegt 15 km südwestlich von Battambang an der N57 Richtung Pailin. Der kleinere Hügel wird **Phnom Krapeau** (Krokodilberg) genannt und erinnert damit an eine Legende (s. Kasten). Die Auffahrt mit dem eigenen Moped ist nicht möglich. Wahlweise führt eine steile Treppe mit 700 Stufen hinauf, der Fußweg über eine asphaltierte Straße dauert gute

30 schweißtreibende Minuten. Am Ticketstand bieten Motorradtaxis die Rundfahrt zu den Höhlen und Pagoden auf dem Berg für US$4 an.

Auf halbem Weg zum Gipfel führt von der Asphaltstraße rechts ein Weg zur **Windhöhle Leang Kshal**. Stufen leiten hinunter zu einer Felsplattform. Hier befinden sich die in Stein gehauenen Unterkünfte für Mönche. Buddhastatuen wachen auf dem Gelände, ein überdacht liegender Buddha ist gegen Wind und Wetter geschützt. Beide Seiten der Höhle sind offen, und es weht immer ein laues Lüftchen, daher auch der Name Windhöhle. 10 Min. dauert es bis zur anderen Seite des Berges. Besucher sollten unbedingt eine Taschenlampe mitnehmen oder sich von einem der Kinder führen lassen.

Die beiden Kanonen kurz vor dem Gipfel – eine mit russischer, die andere mit deutscher Beschriftung – sind vermutlich Überbleibsel aus dem Kampf der Roten Khmer mit den Regierungstruppen 1994/1995, als hier die Frontlinie verlief. Von dort sind es noch 100 m bis zum Gipfel, von dem man einen fantastischen Blick über die Ebene hat. Gleich drei moderne Pagoden stehen hier. Wat Konping liegt etwas tiefer und ist im Stil von Angkor Wats Türmen gestaltet.

Auf der Rückseite des Berges erblickt man auf halber Höhe ebenfalls **mehrere Pagoden und Buddhastatuen**, außerdem einen bunt bemalten Vihear. Zehn Mönche und Nonnen leben hier. Die Pagoden wurden von den Roten Khmer als Verhör- und Gefängnisraum benutzt, die Leichen der Gefangenen anschließend in Höh-

---

Der Mythos vom Boots- und Krokodilberg

Einst soll sich Prinz Reachkol in ein Bauernmädchen namens Sovann Maksa verliebt haben. Sovann hatte ein Krokodil *(krapeu)* großgezogen, das auf den Namen Athon hörte, ihr aufs Wort gehorchte und sie fortan beschützte. Der Prinz aber durfte das arme Mädchen nicht heiraten, sondern musste eine Prinzessin zur Frau erwählen. Als Prinz Reachkol mit dem Boot auf dem Weg zu seiner Verlobten, Prinzessin Rumsay Sok, war, schickte Sovann, schäumend vor Wut und Enttäuschung, das Krokodil hinterher. Athon versuchte, das Boot zu rammen und zum Kentern zu bringen. Da warf Reachkol kurzerhand die Hühner und Enten über Bord, um das Krokodil zu besänftigen, doch vergebens. Das Boot drohte unterzugehen. In letzter Minute rettete Rumsay Sok ihren Verlobten, indem sie mit ihren magischen Haaren alles Wasser aufsog. Das Krokodil, das nun auf dem Trockenen saß, starb.

Phnom Sampeau, so heißt es, stelle das Boot dar, während Phnom Krapeu das Krokodil versinnbildliche, zwei weitere kleine Berge gelten als die über Bord gegangenen Enten- und Hühnerkäfige.

Der Bambuszug

© MARION MEYERS

Für viele ist die Fahrt mit der „Bambusbahn" eine der wichtigsten Attraktionen der Gegend. 5 km südöstlich von Battambang, in dem winzigen Dorf **O'Dambong** – hier soll sich übrigens die Stelle befinden, an der der magische Stab Ta Dambangs den Boden berührte (S. 208) – liegt der Bahnhof des Bambuszuges. Die selbst gebastelten Gefährte sind schnell zusammengebaut: Auf alten Panzerrädern wird eine Bambusplattform von etwa 3 x 2 m befestigt. Darauf nehmen die Passagiere Platz. Als Antrieb dienen alte Motoren aus Generatoren oder Booten. Genannt wird das Gefährt liebevoll Norry (aus dem Englischen für Lorry). In den abgelegenen Gegenden ohne Straßen kamen früher ohne die Bambusbahn Reisbauern nicht zu Arbeit, Frauen nicht auf den Markt, und Kranke bekamen keine Hilfe. Über ein Dutzend solcher Norrys fuhren auf der Strecke.

Jetzt werden hier nur noch Touristen befördert. Kommt einem Bambuszug auf dem einstrangigen Schienengleis ein Gefährt entgegen, gibt es klare Vorfahrtsregeln: Es wird kurzerhand dasjenige abgebaut, das die wenigsten Passagieren befördert. Vorfahrt haben auch zwei Norrys hintereinander. Auch den sporadisch verkehrenden langsamen Güterzügen müssen sie Platz machen. Immerhin 15 km/h Höchstgeschwindigkeit erreicht der Bambuszug. Die meisten Touristen fahren 6–7 km bis ins Dorf O'Sralau für US$5 p. P. (hin und zurück) in 1 Std.

Schon seit Jahren wird über das Ende der Bambusbahn spekuliert, jetzt ist es amtlich: Die Bahngleise werden saniert, der Auftrag ist an eine australisch-kambodschanische Kooperation vergeben. Wenn also künftig auf der Strecke regelmäßig Züge verkehren, müssen die Norrys weichen. Aber bis dahin kann noch Zeit vergehen.

Anfahrt mit dem Tuk-Tuk/Motorradtaxi für US$7/5 (hin und zurück) in 15 Min.

len geworfen. Hinter der Pagode führt ein Pfad zu zwei dieser „Killing Caves". Eine der Höhlen trägt den Namen **Leang Kirirum**. Stufen führen zu der Grotte hinunter, ein Drahtkäfig enthält Gebeine der hier Ermordeten. Noch grausamer mutet die sogenannte **Theaterhöhle (Leang Lacaun)** an. Hier wurde früher tatsächlich Theater gespielt. Ein Metallkäfig mit den Knochen der hier Ermordeten und ein golden verzierter Glas-Stupa mit Schädel- und Knochenresten erinnern an die Gräueltaten. Heute enthält die Grotte einen liegenden Buddha neueren Datums.

Bei Sonnenuntergang verlassen Hunderte von **Fledermäusen** eine Höhle am Berg auf der

Suche nach Nahrung. Am besten lässt sich das Schauspiel kurz vor dem Ticketschalter an der N57 beobachten. Eintritt US$3 (s. Kasten S. 218).

Man erreicht Phnom Sampeau mit dem Tuk-Tuk/Motorradtaxi für US$12/8 in 30 Min.

Am Fuße von Phnom Sampeau bieten **Essensstände** kühle Getränke und Snacks an. An kleinen Ständen entlang der N57 bekommt man **gegrillte Ratte** – frisch aus den Reisfeldern gefangen (500 Riel/Stck.).

Kamping Puoy

Der Stausee Kamping Puoy liegt 36 km westlich von Battambang und ist nach einer hier vorkommenden Wasserpflanze benannt. Der 8 km lange Damm wurde von den Roten Khmer angelegt. Zur Zwangsarbeit verurteilt, ließen 10 000 Menschen beim Bau ihr Leben. Das Ziel, mit Hilfe des Stausees die Felder auch während der Trockenzeit zu bewässern, wurde unter den Roten Khmer nicht erreicht. Heute trägt der Damm dazu bei, dass in der Umgebung bis zu dreimal pro Jahr Reis geerntet werden kann. Der Kamping-Puoy-See ist Kambodschas größte Lotos-Anbaufläche. Besonders schön ist er in der Regenzeit, dann bedecken Lotosblumen die Wasseroberfläche und unzählige Vögel bevölkern die kleinen Kanäle und Reisfelder der Umgebung.

Der See ist zugleich ein beliebtes Ausflugsziel am Wochenende. Hinter dem Damm kann man es den Jugendlichen gleichtun und sich in dem glasklaren Wasser erfrischen. Für die meisten Einheimischen steht jedoch Picknick auf dem Programm. Sie machen es sich auf einer der Holzplattformen am See gemütlich, die man für US$2 mieten kann. Wer im dazugehörigen Restaurant bestellt, zahlt keine Miete. Es gibt Hühnchen oder Fisch für mehrere Personen, um 45 000 Riel. Ein Ausflug mit einem Motorboot über den See kostet US$10 für 1 Std. (max. 10 Pers.).

In der Umgebung hatten sich bis Mitte der 1990er-Jahre die Roten Khmer verschanzt. Noch heute ist das Gebiet nicht vollständig von Minen befreit, daher sollte man unbedingt auf den gekennzeichneten Wegen bleiben.

Zu erreichen ist Kamping Puoy mit dem Tuk-Tuk/Motorradtaxi für US$30/20 in 1 Std.

Zwischen Phnom Penh und Battambang

Auf dem Weg von Phnom Penh nach Battambang entlang der N5 lassen sich einige Zwischenstopps einlegen. Allen voran lohnt das ruhige Städtchen **Kompong Chhnang** einen Besuch. Die angrenzenden schwimmenden Dörfer am Tonle-Sap-Fluss sind wenig touristisch und können mit dem Ruderboot erkundet werden. Sehenswerte kleine Töpferdörfer liegen in der Umgebung. Ab Kompong Chhnang erstreckt sich entlang der N5 eine typisch kambodschanische Landschaft mit Reisfeldern, Zucker- und Kokospalmen, dazwischen Stelzenhütten. Von der Stadt **Pursat** am gleichnamigen Fluss lassen sich Abstecher ins wenig entdeckte Kardamom-Gebirge unternehmen, alternativ kann man die große schwimmende Stadt **Kompong Luong** auf dem Tonle Sap besuchen.

Kompong Chhnang

Die Provinzhauptstadt Kompong Chhnang (Hafen der Töpfe) [5138], 90 km nördlich von Phnom Penh, ist bekannt für die hier traditionell hergestellten Töpferarbeiten. Die Stadt, deren Einwohner einem freundlich begegnen, ist zweigeteilt: Der beschauliche Stadtkern erstreckt sich rund um den Markt **Psar Leu** – samt einem hübschen **Park** und der kleineren Ausgabe des **Independence Monument** ganz in der Nähe. Rund 2 km nordöstlich liegt der **Fischereihafen** am Tonle-Sap-Fluss (s. u.). Verbunden sind die beiden Zentren über einen Damm, zu dessen Seiten sich Stelzenhäuser erstrecken. Lohnenswert ist ein Spaziergang zwischen den Häusern in der Trockenzeit. Die Bauten reichen teils mehrere Meter in die Höhe, die Bewohner bauen Gemüse und Salat an. Beschaulich ist das Leben hinter der befahrenen Hauptstraße. **Wat Yeary Tep** an der Straße zwischen Markt und Hafen ist eine schöne renovierte Pagode, von der man einen wunderbaren Blick auf den Fluss genießt. Auf dem Gelände leben einige Mönche. Ideal lässt sich Kompong Chhnang per Fahrrad erkunden.

Kompong Chhnang

N

0   500 m

Phnom Penh

Übernachtung:
1 C'est ici Guesthouse
2 Chantea Borint Hotel
3 Sovann Phum Hotel

Essen:
1 Essensstände (3x)
2 einfaches Restaurant (2x)
3 Van Soleap Restaurant

Transport:
1 Motorboote
2 Ruderboote
3 GST
4 Rith Mony, Olympic Epress, Busse, Sammeltaxis, Tuk-Tuks, Motorradtaxis

Schwimmende Dörfer

Tonle Sap

Psar Krom

Wat Yeary Tep

Ondoung Rossey, Battambang

Phaa Sihanouk

Vishnu

FUSSBALL-FELD

SPIEL PL.

Prison St.

Psar Leu

Acleda Bank

Vietnamesisch-Kambodschanisches Freundschaftsdenkmal

Phnom Santuk

GEFÄNGNIS

POLIZEI

Independence Monument

KRANKENHAUS, AUGENKLINIK

Canadia Bank

Phnom Penh

ÜBERNACHTUNG

Riesig ist die Bettenauswahl in Kompong Chhnang nicht, dafür ist der Standard ordentlich, und es wird sich immer ein freies Zimmer finden. Alle Unterkünfte bieten kostenlos WLAN.

C'est ici Guesthouse, am Flussufer, ☎ 088-990 5152, [9452]. Unter französischer Leitung: 4 einfach möblierte Ventilator-Zimmer mit hellen kleinen Bädern in einem Khmer-Stadthaus. Restaurant im Erdgeschoss. ➊

Chantea Borint Hotel, Prison St., ☎ 026-988 622, [9453]. An einem begrünten Innenhof gelegen. Der Besitzer spricht Englisch und ist sehr hilfsbereit. Geflieste

Zimmer, Einbauschrank, Schreibtisch, Kühlschrank und TV. Kleine Bäder mit Warmwasser. Wahlweise gibt es AC oder Ventilator. Kein gemütliches Highlight, aber die ruhige Lage und der Service sind toll. Bustickets, Fahrrad- und Mopedverleih. Auf Wunsch wird Frühstück serviert. ➊ – ➋

Sovann Phum Hotel, N5, ☎ 026-989 333, ✉ sovannphumkpchotel@yahoo.com. Ordentliches Mittelklassehotel: 30 AC-Zimmer liegen an breiten Marmorfluren. Viele Holzmöbel, kleines Marmorbad. Die zur Straße liegenden Zimmer sind zwar etwas lauter, dafür haben sie riesige Fenster und sind ansprechend hell. Restaurant. ➋

ESSEN

Es gibt jede Menge **Essensstände**, u. a. im Markt Psar Leu, am Kreisverkehr bei der Vishnustatue, rund um den Psar Krom sowie am Bootsanleger. Auch mehrere **einfache Restaurants** haben bis in den Abend geöffnet: einfach in die Töpfe schauen und auswählen. Eine Portion inkl. Reis kostet 5000–6000 Riel. Im **C'est ici Guesthouse** (s. o.) werden Frühstück, Salat, Reisgerichte, Hamburger oder Steaks geboten.

Van Soleap (kambodschanisches Schild). Empfehlenswertes Restaurant. Es gibt eine englische Speisekarte, und auch das Personal spricht Englisch. Gute günstige Hausmannskost um US$2. WLAN. ⏱ 6–20 Uhr. Nach 20 Uhr wird es ruhig in der Stadt, dann haben nur noch ein paar Obst- und Saftverkäufer ihre Straßenstände aufgebaut.

SONSTIGES

Fahrrad- und Motorradverleih

Das **Chantea Borint Hotel** vermietet Fahrräder (US$1/Tag) und Mopeds (US$7/Tag). Im **C'est ici Guesthouse** bekommt man Fahrräder für US$3.

Geld

Acleda Bank, N5. Geldwechsel, der Geldautomat akzeptiert Visa. ⏱ Mo–Fr 7–16 Uhr. **Canadia Bank**, N5. Tauscht Travellers Cheques, Geldwechsel, gebührenfrei Geld auf alle MasterCard und Visa. ⏱ Mo–Fr 8–15.30, Sa 8–11.30 Uhr.

NAHVERKEHR

Motorradtaxis stehen überall im Stadtgebiet, 2000 Riel für eine Stadtfahrt. Ein Halbtagesausflug kostet etwa US$8, Tagesausflug US$15 (je nach Entfernung). **Tuk-Tuks** u. a. an der Sokimex-Tankstelle und am Bootsanleger, US$1 für eine Stadtfahrt, Tagesausflüge um US$20.

TRANSPORT

Busse

Einen Busbahnhof gibt es nicht. Busse zwischen Phnom Penh und Battambang halten an der Sokimex-Tankstelle bzw. am Büro der jeweiligen Busgesellschaft. Tickets über die Guesthouses oder an den mobilen Verkaufsständen an der Sokimex-Tankstelle. BATTAMBANG, stdl. zwischen 8.30 und 16 Uhr für US$6 in 4 Std.; PAILIN, mit den Bussen nach Battambang, dort umsteigen für US$10 in 6 Std.; PHNOM PENH, stdl. zwischen 10 und 20 Uhr für US$5 in 2 1/2 Std.; PURSAT, stdl. zwischen 8.30 und 16 Uhr für US$4 in 2 Std.

Sammeltaxis

Taxifahrer warten an der Sokimex-Tankstelle auf Kundschaft. Regulär wird nur PHNOM PENH für US$4 in 1 1/2 Std. angefahren.

Die Umgebung von Kompong Chhnang

Unbedingt einen Ausflug wert sind die schwimmenden Dörfer auf dem Tonle-Sap-Fluss. Zudem locken einige kleine Dörfer in der Umgebung mit Töpferwaren, die hier traditionell hergestellt werden. Wer viel Zeit hat, kann mit dem Moped über eine alte Landebahn düsen und sich in der Nähe Kriegsüberbleibsel ansehen, s. **eXTra [9534]**.

Schwimmende Dörfer

Die schwimmenden Dörfer **Phoum Kandal** und **Chong Kos**, die sich übergangslos an die Ufer des Tonle-Sap-Flusses schmiegen, sind weit weniger touristisch als diejenigen bei Siem Reap. Einmalig ist eine gemächliche Ruderbootfahrt durch diese amphibische Wasserlandschaft mit ihren schwimmenden Behausungen. Die auf Holz- oder Bambusplattformen errichteten und am Ufer verankerten Häuser sind zum Teil hübsch geschmückt, besitzen eine Veranda und Blumen zur Verzierung. In schwimmenden Gärten wird Gemüse angebaut, unter vielen Behausungen befinden sich Drahtkörbe, in denen Fische und Garnelen, zum Teil für den Export, gezüchtet werden. Die Häuser sind an das Stromnetz angeschlossen, ein kleiner Fernseher findet sich in fast jedem Haus. Zudem gibt es schwimmende Märkte, Lebensmittel-, Werk-

© MARION MEYERS

Hier spielt sich das Leben auf dem Wasser ab: schwimmende Behausungen des Dorfes Chong Kos.

zeug- und Läden für Fischereibedarf. Auch Garküchen sind hier mobil, und die Köchinnen versorgen die Anwohner mit Essen. Dabei rudern sie die kleinen Boote im Stehen. Die Bewohner besitzen überwiegend vietnamesische Wurzeln – die Schilder an den Häusern sind daher oft zweisprachig. Die kambodschanischen Bewohner gehören überwiegend der Minderheit der moslemischen Cham an.

Schon weit vor dem Hafen werden Touristen angesprochen: 1-stündige Rundfahrt im Holzruderboot für US$5 (Einzelperson), US$8 (2 Pers. in einem Boot). Mit dem Motorboot US$15 für ein ganzes Boot (bis 10 Pers.).

Ondoung Rossey

Das bekannteste Töpferdorf der Region nennt sich Ondoung Rossey [5139] und liegt 7 km nordwestlich von Kompong Chhnang. In diesem und den umliegenden Dörfern stehen unter fast jeder Hütte Tonwaren, einige verfügen auch über Brennöfen. Fast immer besteht die Möglichkeit, einem Töpfer bei der Arbeit zuzusehen. Große Töpfe werden ganz in Handarbeit mittels Spachtel und einer besonderen Klopftechnik, die bereits seit dem 13. Jh. angewendet wird,

hergestellt. Die Muster werden aufgebracht, eingearbeitet oder eingeätzt. Beliebte Objekte sind Elefanten (als Spardosen), Krokodile, Teetassen, Tontöpfe, Dekoartikel für Teelichter und andere hübsche Skulpturen. Die Arbeiten können im Shop der **Cambodian Craft Cooperation** gekauft werden, einer Kooperation, die mit deutscher Hilfe gefördert wird. Auch in Kompong Chhnang werden die Töpferwaren am Psar Krom und außerhalb an der N5 Richtung Battambang verkauft.

Aber nicht nur das Dorf entlang der roten Staubstraße ist sehenswert. In der Nähe liegen ausgedehnte Reisfelder, aus denen hohe Palmyrapalmen in den Himmel ragen. Kurz nach Ende der Regenzeit präsentiert sich die Landschaft in einem satten Grünton, in der Trockenzeit hingegen liegen die Felder brach. Aber selbst die braune Graslandschaft, auf die Kühe die letzten Halme zupfen, hat ihren Reiz.

Man erreicht Ondoung Rossey mit dem Motorradtaxi für US$5 (hin und zurück).

Phnom Santuk und Wat Santuk

4 km südwestlich von Kompong Chhnang liegt die Klosteranlage Wat Santuk. Stufen führen

auf den Hügel Phnom Santuk, der mit großen Felsbrocken bedeckt ist und eine Steinpagode mit Buddhastatuen beherbergt. Von hier oben hat man einen herrlichen Ausblick bis zum Tonle Sap.

Anfahrt mit Motorradtaxi für US$5 (hin und zurück).

Pursat

Nur wenige Touristen zieht es nach Pursat [9459], das rund 175 km nördlich von Phnom Penh am Ufer des Stoeng Pursat liegt, denn der Ort selbst hat nicht viel zu bieten. Aber genau das übt einen Reiz auf jene aus, die das authentische Kambodscha abseits der Touristenpfade suchen. Das Zentrum bildet der Psar Leu. Ein Spaziergang entlang dem Pursat-Fluss bis zur **Koh Sampeau Meas** (Insel des goldenen Bootes) bietet sich an. Die Legende erzählt, dass hier ein gestrandetes Boot lag. Keiner konnte es bergen, und so wurde es nach und nach zu einer Insel. Jetzt ist die kleine Insel kahlgeschlagen und in eine blau-rot-gelbe Bootsform in Beton gegossen. Zwei pagodenähnliche Gebäude stehen auf der mit Platten ausgelegten Fläche; ein großes Plastikschiff dient als Spielgerät für Kinder. Gegen Sonnenuntergang treffen sich Einheimische zum Aerobic, Badminton, Fußball und Joggen. Wenige Meter nördlich erreicht man einen von den Roten Khmer errichteten **Staudamm**. Wer über die Hauptstraße 103 zurückläuft, kommt an der **Pheal-Nhek-Pagode** vorbei. Im Garten stehen einige sehr skurrile Betonfiguren von blutrünstigen Höllen-Darstellungen.

Ein weiterer netter Spaziergang führt über die Brücke auf die östliche Flussseite. Im Dorf **Banteay Dei** kann man Steinmetzen bei der Arbeit zuschauen. Der grünliche Marmor stammt aus dem Kardamom-Gebirge.

In Pursat fährt noch ein **Bambuszug** auf Schienen (s. Kasten S. 220). Die Bevölkerung der umliegenden Dörfer nutzt das günstige Transportmittel, um Waren zum Markt zu bringen. Wer sich für eine Mitfahrgelegenheit interessiert, wendet sich am besten an die Englisch sprechenden Moped- und Tuk-Tuk-Fahrer.

ÜBERNACHTUNG

Pursat kann mit erstaunlich vielen Hotels aller Kategorien aufwarten. Die aufgeführten Hotels haben ein Restaurant und bieten kostenlos WLAN.

Hotel Thansour Thmey, Rd. 102, ✆ 012-962 395, ✉ thansourthmey@gmail.com, [9461]. Khmer-Mittelklassehotel. Im Hotel und nebenan werden große Schnitzarbeiten aus Stein und Holz verkauft. Einige Zimmer beeindrucken mit schweren geschnitzten Betten. Bäder mit Badewanne. Schön ist der Blick vom Gemeinschaftsbalkon. Wahlweise Ventilator oder AC. Hier wird kaum Englisch gesprochen. ❶–❷

KM Hotel, Rd. 101, ✆ 052-952 168, 🖥 www.kmhotel.com.kh, [9462]. Vornehmstes Hotel am Platze mit beeindruckender Fassade. Die Zimmer haben spiegelnd helle Marmorböden, sind sauber und mit wenigen Möbeln ausgestattet, dazu TV und Kühlschrank. Die riesigen Deluxe-Zimmer bieten Flussblick. Spa, Fitnessraum. Großer sonniger Pool am Fluss mit Kinderbecken. Tagesgäste können den Pool für US$4 (Kinder US$2) nutzen. Tageskarte Fitness, Sauna, Pool US$10. Inkl. Frühstück. ❸

€ **Phnom Pech Hotel**, Rd. 101, ✆ 052-951 515, ✉ phnompechhotel@yahoo.com, [9463]. Das Hotel punktet durch die Hilfsbereitschaft bei Tourbuchungen. Einfache helle Zimmer, halbhoch gefliest. Kleine Bäder mit Warmwasser. Wahlweise Ventilator oder AC. Fahrrad und Mopedverleih. ❶–❷

Pursat Century Hotel, N5, ✆ 052-951 446, ✉ pursatcenturyhotel@gmail.com, [9464]. Etwas zurückversetztes Haus an der Nationalstraße. Recht schöne möblierte Zimmer, TV, Kühlschrank. Spa, sonniger Pool. Sehr gutes Preis-Leistungs-Verhältnis. ❶–❸

ESSEN

Günstig kann man bis 17 Uhr an den Essensständen am Markt essen. Eine englische Speisekarte haben die Hotelrestaurants und die beiden folgenden Tipps.

Lam Siv Eng, N5. Das Restaurant ist gleichzeitig ein Verkaufsraum für schwere Schnitzereien und filigrane Marmorarbeiten. Hervor-

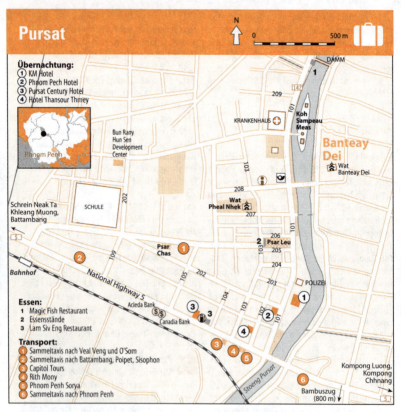

Pursat

N

0   500 m

Übernachtung:
1. KM Hotel
2. Phnom Pech Hotel
3. Pursat Century Hotel
4. Hotel Thansour Thmey

Phnom Penh

Bun Rany Hun Sen Development Center

KRANKENHAUS

DAMM

209

Koh Sampeau Meas

Banteay Dei

Wat Banteay Dei

Schrein Neak Ta Khleang Muong, Battambang

SCHULE

208

Wat Pheal Nhek
207

Psar Chas

206 Psar Leu
205

204

Bahnhof

National Highway 5

203

POLIZEI

Essen:
1. Magic Fish Restaurant
2. Essensstände
3. Lam Siv Eng Restaurant

Acleda Bank

Canadia Bank

Transport:
1. Sammeltaxis nach Veal Veng und O'Som
2. Sammeltaxis nach Battambang, Poipet, Sisophon
3. Capitol Tours
4. Rith Mony
5. Phnom Penh Sorya
6. Sammeltaxis nach Phnom Penh

Stoeng Pursat

Kompong Luong, Kompong Chhnang

Bambuszug
(800 m)

ragende kambodschanische Küche. Empfehlenswert ist das Schweinefleisch mit Zitronengras und Chili. Westliches Frühstück. ⏰ 7–22 Uhr.
Magic Fish Restaurant (Tep Machhar), Rd. 101. Unschlagbar ist die Aussicht auf den Fluss und den Staudamm. Auf der umfangreichen Speisekarte stehen einfache kambodschanische Gerichte ab US$2. ⏰ 10–22 Uhr.

SONSTIGES

Einkaufen

Im **Bun Rany Hun Sen Development Center**, St. 202, wird traditionelles Handwerk wie Weben, Nähen und Marmorbildhauerei gelehrt. In dem angegliederten Shop können schöne Stücke erworben werden, u. a. *kramas*, die mit Naturfarben gefärbt sind. ⏰ Mo–Fr 7–11 und 14–17, Sa 7–11 Uhr.

Fahrrad- und Motorradverleih

Das **Phnom Pech Hotel** verleiht Fahrräder (US$3/Tag) und Mopeds (US$10/Tag). Hier können auch Ausflüge zum schwimmenden Dorf Kompong Luong per Motorradtaxi/ Tuk-Tuk oder Taxi arrangiert werden (US$10/15/35).

Geld

Acleda Bank, N5. Geldautomat für Visa. ⏰ Mo–Fr 7.30–16, Sa 7.30–12 Uhr.
Canadia Bank, N5. Gebührenfreier Geldautomat für MasterCard, Visa und Cirrus,

MoneyGram, Devisenwechsel. ⊕ Mo–Fr
8–15.30, Sa 8–11.30 Uhr.

Informationen

Tourist Information, St. 208, ✆ 089-970 898.
Die Mitarbeiterin spricht sehr gut Englisch
und hat Broschüren über die Region vorrätig.
⊕ Mo–Fr 8–11 und 14–17 Uhr.

TRANSPORT

Busse

Mehrere Busgesellschaften haben ein
Büro an der N5, dort halten auch alle Busse.
BANGKOK (Thailand), umsteigen an der
Grenze, mit Phnom Penh Sorya um 10 Uhr
für US$17 in 12 Std.;
BATTAMBANG, mit Capitol Tours,
Phnom Penh Sorya und Rith Mony insge-
samt 31x tgl. zwischen 7.30 und 21 Uhr für
US$2,50–3 in 2 Std.;
KOMPONG CHHNANG, mit den Bussen
Richtung Phnom Penh für den gleichen Preis
in 2 Std.;
PHNOM PENH, mit Capitol Tours, Phnom
Penh Sorya und Rith Mony insgesamt 46x tgl.
zwischen 7.15 und 19.30 Uhr für US$4,25–5
in 4 Std.;
POIPET, mit Phnom Penh Sorya und
Rith Mony 18x tgl. zwischen 7.30 und 16 Uhr,
um 19.30 Uhr mit Phnom Penh Sorya, für
US$5–6 in 4 Std.;
SIEM REAP, mit Capitol Tours, Phnom Penh
Sorya und Rith Mony zwischen 7.15 und
7.30 Uhr für US$6–6,25 in 5–6 Std.;
SISOPHON, mit Capitol Tours, Phnom
Sorya und Rith Mony insgesamt 17x tgl.
zwischen 7.30 und 16 Uhr, um 19.30 Uhr mit
Phnom Penh Sorya, für US$5 in 4 Std.

Sammeltaxis

BATTAMBANG, für US$5 in 1 1/2 Std.;
KOMPONG CHHNANG, für US$6 in 1 1/2 Std.;
O'SOM (Kardamom-Gebirge), für US$20
in 6 Std.;
PHNOM PENH, für US$6 in 3 1/2 Std.;
POIPET, für US$8,5 in 4 Std.;
SISOPHON, für US$7,50 in 3 1/2 Std.;
VEAL VENG (Kardamom-Gebirge), für US$10
in 4 Std.

Die Umgebung von Pursat

Weite Orangenhaine erstrecken sich rund um
Pursat, die Umgebung ist zudem für die Arbeiten der Marmorbildhauer bekannt. Ausflüge führen in die schwimmende Stadt Kompong Luong
und ins Kardamom-Gebirge.

Kompong Luong

Kompong Luong ist eines der größten schwimmenden Dörfer des Tonle-Sap-Sees und nennt
sich „Hafen der Könige", da hier angeblich einst
die Könige ein kühles Bad nahmen. Vor allem in
der Trockenzeit haben der Bootsanleger und die
ersten Kanäle bis zum offenen See nichts kö-
niglich Erhabenes, denn unansehnlicher Plastikmüll sammelt sich auf den trockengefallenen
Flächen.

1300 Familien leben in dieser faszinierenden
bunten Welt schwimmender Holzhäuser und
Hausboote, die sich mit dem Wasserstand bewegen. In der Trockenzeit, wenn der Wasserstand des Tonle Sap sinkt, rücken die Bewohner
kurzerhand näher zur Seemitte. 70 % von ihnen
haben vietnamesische Wurzeln, von den 30 %
Kambodschanern sind viele moslemische Cham.
Das Dorf verfügt sowohl über sehr einfache
Bambushütten als auch über hübsch dekorierte blaue Holzhütten mit Veranda und Blumen-
schmuck. Manche Einwohner bewirtschaften
schwimmende Hühner- und Schweineställe
oder Gemüsebeete. Doch auch hier hat die Moderne inzwischen Einzug gehalten; ein Wald von
Fernsehantennen bestimmt das Bild, was jedoch die Faszination für diese so komplett andere Welt nicht schmälert. Es gibt hier draußen schwimmende Schulen, Geschäfte, eine
Pagode, eine Kirche, eine Tankstelle, eine Klinik, Handyshops, die Polizeiwache, eine Bäckerei, eine Eisfabrik, eine Krokodilfarm, eine Werft,
mobile Garküchen und vieles mehr. Schmale
Wasserwege führen zwischen den Häusern hindurch, die manchmal von unzähligen Booten be-
völkert werden.

Ab Anleger werden gemeindebasierte **Bootstouren** angeboten, die Touren werden nach dem
Rotationsprinzip vergeben. Festpreise für eine
einstündige Rundfahrt: 1–3 Pers. US$9 pro Boot
(4–5 Pers. US$13); größere Boote US$21–29.

Wahlweise führen die Rundfahrten zur vietnamesisch oder zur kambodschanisch geprägten Wohnseite (beides zu kombinieren ist ebenfalls möglich). Außerdem werden Fahrten durch einen gefluteten Wald angeboten, sofern der Wasserstand das erlaubt.

Eine Übernachtung auf dem See ist im **Chan Yang Homestay and Restaurant** in einfachen Zimmern mit Ventilator für US$6 möglich.

Von Pursat 38–45 km (je nach Wasserstand) mit Motorradtaxi/Tuk-Tuk/Taxi (US$12/20/35) zur Anlegestelle in 50 Min. Von Kralor (auf N5) 5 km bis Anlegestelle mit Motorradtaxi US$2.

Neak Ta Khleang Muong

Das Grabmal des kambodschanischen Nationalhelden General Khleang Muong und seiner Frau liegt etwa 6 km nordwestlich von Kompong Luong inmitten von Reisfeldern. Die beiden nahmen sich einst das Leben, als die Thai 1482 drohten, zu übermächtig zu werden. Die Legende berichtet, dass der Geist des Generals und seine Geisterarmee eine Woche später für einen Sieg der Kambodschaner über die Thai sorgten. Vor der Grube, in die angeblich Khleang Muong erst alle Waffen und dann sich selbst gestürzt hatte, steht die Statue des Generals (gleich zweimal) und die seiner Frau. Der angrenzende Park ist eine beliebte Kulisse für Hochzeitsfotos. Viele bunte kitschige Betonfiguren sind zu sehen, wie ein Papageien-Baum, Elefanten, Kängurus oder King Kong. Im Mai wird zu Ehren Khleang Muongs das Loeung-Neak-Ta-Festival abgehalten.

Mit dem Tuk-Tuk/Motorradtaxi erreicht man den Schrein ab Pursat für US$6/4.

Kardamom-Gebirge

Entdeckernaturen können das Kardamom-Gebirge von Pursat aus bereisen, einen der letzten Flecken unberührten Regenwalds, in dem zahlreiche Wildtiere heimisch sind, darunter der Nebelparder, der Malaienbär und der Malaysi-sche Tiger. Der Tourismus steckt hier noch in den Kinderschuhen. Zwar findet man im Kardamom-Gebirge Unterkünfte, aber kaum jemand spricht Englisch.

Veal Veng liegt 125 km von Pursat entfernt, die rote Staubstraße ist in einem recht guten Zustand und verläuft eben durch Strauchlandschaften und Laubwälder (in der Trockenzeit werfen viele Bäume ihre Blätter ab, und mancher Landstrich erinnert dann an deutsche Wälder im Frühjahr). Veal Veng selbst hat nicht viel zu bieten, am Ortseingang befindet sich die Ranger Station des Phnom-Samkos-Naturschutzgebietes. Bei Einheimischen beliebt sind die bewaldeten Hänge des **Phnom Tompor** (10–12 km nördlich, mit dem Motorradtaxi US$10).

Von Veal Veng fahren Sammeltaxis 70 km bis **Thma Da** an der thailändischen Grenze. Dort ergießt sich der A4-Wasserfall über Kaskaden, der Platz ist bei Einheimischen zum Picknicken äußerst beliebt.

Wunderschön ist die bergige Strecke von Veal Veng nach **O'Som**, einem kleinen Dorf in den Bergen. 50 km führen durch immergrünen Wald. Baumriesen, Kokospalmen, wilde Bananensträucher und Flusslandschaften wechseln einander ab. Befahren wird die Strecke nur in der Trockenzeit. Von August bis November sind die Wege überspült und mit einem Auto nicht passierbar. In dieser nordwestlichen Region des Kardamom-Gebirges wohnen Angehörige der Chong-Ethnie. Sie leben von der Landwirtschaft, bauen Reis und Gemüse zum eigenen Bedarf an und sammeln wilden Kardamom. Die Ranger Station am Ortseingang (Cardamom Conservation Programm) bietet keine englischsprachigen Informationen. Zum Zeitpunkt der Recherche wurden noch keine Trekkingtouren in die Berge angeboten. Gegenüber dem Ou Soum Guesthouse betreibt die Familie von **Mr. Roul**, ✆ 086-226 016, einen Verkaufsstand. Mr. Roul ist der einzige im Ort, der Englisch spricht. Er ist sehr hilfsbereit und springt bei Übersetzungen ein.

Etwa 10 km außerhalb liegt das **Cardamom Mountain Crocodile Sanctuary**. In dem Feuchtgebiet lebt mit über 30 Tieren die größte Population des vom Aussterben bedrohten Siam-Krokodils. Mr. Roul vermittelt einen der Aufseher, die Ausflüge zu den Krokodilen anbieten

(US$10 p. P.). Lohnenswert ist der Motorradaus-
flug in den Abendstunden, wenn sich mehr Tiere
an Land befinden.

Im Zentrum von Veal Veng gibt es 3 einfache
Guesthouses, die Ventilatorzimmer mit Bad
für US$5 bieten.

Ky Srey Oun Guesthouse, Veal Veng, etwa
1 km vom Kreisverkehr, ✆ 052-456 8888,
[9469]. Nette saubere Zimmer mit Ventilator,
TV, Marmorbad mit Warmwasser. Restaurant.
WLAN. Der Besitzer spricht Englisch und kann
bei Ausflügen in der Umgebung helfen. ❶
Ou Soum Guesthouse, O'Som, ✆ 081-525 252,
[9491]. Das schöne Khmer-Holzhaus hat
einfache Zimmer (Bett und Moskitonetz) mit
Gemeinschaftsbad auf der 1. Etage an einem
möblierten Gemeinschaftsbalkon. Strom
18–22 Uhr. ❶
Es gibt ein einfaches **Restaurant** im Ort.

Von Pursat starten ab Psar Chas **Sammeltaxis**
Richtung Veal Veng (US$10 in 2 1/2 Std.) und
O'Som (US$20 in 4 1/2 Std.).
Von O'Som fahren morgens Sammeltaxis
nach Pursat (US$20 p. P. in 4 1/2 Std.) und nach
Koh Kong (US$10 p. P. in 2 1/2 Std., zwischen
Dez und Juli).

Pailin und Umgebung

Nahe der thailändischen Grenze liegt Pailin, bekannt als letzter Rückzugsort der Roten Khmer
und für die kostbaren Edelsteine, die in der
gleichnamigen Provinz gefördert wurden. Große
Flächen rund um Pailin werden heute landwirtschaftlich genutzt. Cassava (Maniok) wird angebaut, aber auch Mangos und Mais wachsen
hier. Pailin ist Malaria-Gebiet; unbedingt sollte
man in den Abend- und frühen Morgenstunden
lange Kleidung tragen und sich gut schützen.

Geschichte

Bereits 1876 kamen Angehörige des burmesischen Volksstammes der Kolah nach Pailin,
um nach Edelsteinen zu suchen, Anfang des
20. Jhs. folgten burmesische Einwanderer der
Shan-Volksgruppe. Zwischen 1795 und 1907 sowie während des Zweiten Weltkrieges stand
die Provinz unter der Herrschaft der Thais. Nach
Machtübernahme der Roten Khmer Mitte der
1970er-Jahre war Pailin eine der Kommando-
zentralen. Nach Einmarsch der Vietnamesen zogen sich viele Rote Khmer hierher zurück, und
die Region blieb bis zu Pol Pots Tod Rückzugsort
der letzten Khmer Rouge. Viele ihrer Nachfahren
leben bis heute hier.

Von den Führungskadern versteckten sich einige in den Wäldern. Andere lebten unbehelligt
in der Öffentlichkeit, wie etwa Ieng Sari, Nuon
Chea und Khieu Samphan. Sie wurden im Laufe
der Jahre sehr vermögend, denn sie vergaben
die Schürfrechte an thailändische Unternehmen, und auch die Schlagrechte für Edelhöl-
zer lagen unter ihrer Kontrolle. 1994 eroberten
die Regierungstruppen unter Hun Sen die Stadt,
konnten sie jedoch nur ein paar Wochen halten.
Im August 1996 lief Ieng Sari mit 3000 Mann zur
Regierung Hun Sens über. Die Kapitulation be-
inhaltete nicht nur die Zusicherung der Straf-
freiheit: Ieng Sari wurde zudem Statthalter von
Pailin. Erst 2007 wurden er und seine Frau für
Verbrechen gegen die Menschlichkeit verhaftet,
um sie vor dem UN-Tribunal zur Rechenschaft zu
ziehen. Doch 2013 starb Ieng Sari ohne Verurteilung. Ihr gemeinsamer Sohn Ieng Vuth ist in Amt
und Würden – als stellvertretender Gouverneur
von Pailin.

1997 machte die Stadt nochmals Schlagzeilen: Während eines Friedensmarsches des buddhistischen Mönches Maha Ghosananda (auch
als kambodschanischer Gandhi verehrt) kam es
zu einem Treffen zwischen Ghosananda (gest.
2007) und Ieng Sari, wobei Letzterer sich seg-
nen ließ. Offiziell war er nun nicht nur von Staats
wegen, sondern auch im buddhistischen Sinne
wieder in die Gesellschaft aufgenommen.

Ende der 1990er-Jahre glich die Landschaft
um Pailin einer Großbaustelle – die wertvollen Hölzer waren längst verkauft und Minen-
suchtrupps durchwühlten das Erdreich nach
tödlichen Überbleibseln. Immer noch gelten Pailin und die angrenzenden Bezirke Samlot und
Rotanak Modol als die am stärksten verminten
Gebiete Kambodschas.

Fast alle Edelsteinen-Minen sind heute stillgelegt, die Rubine und Saphire ausgebeutet. Dennoch graben verarmte Kambodschaner noch im Erdreich, immer auf der Suche nach dem Sensationsfund. Nach heftigen Regenfällen ziehen viele Bewohner in die Berge, und tatsächlich kehren einige mit Granatsteinen oder Topasen nach Hause zurück. Das Rubin-Denkmal am Ortseingang zeugt noch vom vergangenen Ruhm des Ortes als aufstrebende reiche Edelstein-Stadt.

Die Stadt

Pailin [9454] präsentiert sich gesichtslos und weist kaum nennenswerte Sehenswürdigkeiten auf. Der Ort zieht sich entlang der N57, die hauptsächlich von Mopedwerkstätten gesäumt wird. Die angrenzenden Straßen sind noch immer einfache Lehmstraßen. Im Ort selbst gibt es einen **Markt (Psar Samaki)**, in den angrenzenden Geschäften werden günstige Edelsteine verkauft, die zumeist von minderer Qualität sind. Vor dem Rathaus steht eine kleine Ausgabe des **Independence Monument** von Phnom Penh.

Sehenswert ist **Wat Phnom Yat**, der am Ortseingang Richtung Battambang auf einem Hügel steht. Von hier bietet sich ein schöner Blick auf Pailin. Rechts und links am Aufgang zum Hügel erblickt man die Statuen von Frau Yat, von der folgende Legende berichtet: In früheren Zeiten jagten und töteten die Bewohner die wilden Tiere in den Bergen, was die Götter sehr beunruhigte. Also sandten sie die Pilgerin Yeay Yat, die es nach Pailin verschlagen hatte, eine Botschaft: Sollten die Bewohner das Jagen einstellen, würden sie Kostbarkeiten in der Erde und im Fluss finden. Und seien kostbare Steine darunter, so sollten sie eine Pagode bauen und Opfergaben darbringen. Und so gingen Yeay Yat und ihr Mann an den Fluss und erblickten einen Otter *(pai)* im Wasser spielen *(leng)*. Und als der Otter das Maul öffnete, sahen sie darin einen Edelstein (daher der Name Pailin). Noch heute kommen viele Kambodschaner zum Wat Phnom Yat und bringen Opfergaben, um die Schutzgeister gnädig zu stimmen und um für den Erfolg bei der Edelsteinsuche zu bitten. Der Tempelberg, der von zahlreichen bunten Buddhastatuen, Nagas und Stupas geziert ist, ist eine Klosteranlage, in der sowohl Mönche als auch Nonnen leben. Schön sind die Figuren, die um einen alten *po*-Baum herum gebaut sind. Auch hier ist Frau Yat unter einem Pagodendach dargestellt. Daneben finden sich die blutrünstigen Darstellungen drastischer Höllenstrafen für Lügen, Ehebruch und Mord.

Neben dem Tempelberg Phnom Yat steht **Wat Rottanaksaphorn**. Die Klosteranlage wurde 1963 von den burmesischen Kolah gebaut. Unter Pol Pot wurden die Mönche ermordet oder vertrieben. Heute zählt das Kloster etwa 30 Bewohner. Zur Straße wird es von einer Außenmauer neueren Datums begrenzt, auf der das „Kirnen des Milchozeans" (s. Kasten S. 286) zu sehen ist. Den Innenraum der dreistöckigen Pagode zieren Gemälde aus dem Leben Buddhas und viele dekorative Motive. Die Aufgänge zu den oberen Etagen sind leider gesperrt.

Blue-Mountain-Wasserfall

Beliebt ist ein Ausflug zum 10 km entfernten Blue-Mountain-Wasserfall (Toek Phnom Khieu), der auch in der Trockenzeit noch Wasser führt. Die Straße soll bis 2015 geteert sein, dann wäre ein Besuch auch in der Regenzeit problemlos möglich. Picknickhütten säumen den Weg, und von einem Restaurant aus führen Stufen zu den Wasserbecken hinunter, in denen man ein erfrischendes Bad genießen kann. Ein zweistündiger schöner Wanderweg durch immergrünen Wald schlängelt sich entlang dem Fluss bis fast zur thailändischen Grenze. Eintritt US$1. Anfahrt mit dem Motorradtaxi für US$12 (hin und zurück).

An der thailändischen Grenze

Vor der 20 km entfernten Grenze stehen **Kasinos** wie das Diamond Crown, Flamingo, Dreamworld und Victoria Casino. Dazu gehören moderne Hotelburgen mit allen Annehmlichkeiten wie Restaurants, Massagesalons und Karaokebars. Die Spieler kommen überwiegend aus Thailand, denn dort ist das Glücksspiel verboten. Gerüchten zufolge gehören die Kasinos den Familien der Obersten Roten Khmer, Ieng Sari, Nuon Chea und Khieu Samphan.

ÜBERNACHTUNG

In Pailin selbst gibt es nur wenige Übernachtungsmöglichkeiten. Wer an der Grenze strandet, kann auch direkt dort in einfachen Guesthouses oder den Mittelklassehotels der Spielkasinos übernachten. Alle bieten kostenloses WLAN.

Bamboo Guesthouse, 3 km in nordwestlicher Richtung, ☏ 012-405 818, [9456]. Ruhig und hübsch begrünt, gibt es hier freistehende charmante Holzbungalows und gegenüber eine Reihe Steinzimmer. Die Ausstattung und Möblierung der 27 Räume ist identisch. AC, TV, Kühlschrank und Warmwasser. In dem beliebten Restaurant wird viel Seafood unter einem Bambusdach serviert, ⏲ 6.30–22 Uhr. ❷–❸

Memoria Palace, 4,5 km nordwestlich des Zentrums, ☏ 015-430 014, 🖳 www.memoria palace.com, [9457]. Mitten in der Natur liegt die große Gartenanlage. Weitläufig verstreute große Bungalows mit AC, Flachbildschirm und DVD-Spieler. Schön sind die Standardbungalows, in denen eine Schrankwand das modern grau gehaltene Bad mit separater Dusche vom Wohnraum trennt. 23-m-Pool mit Blick auf die Berge. Im nicht ganz günstigen Restaurant wird Khmer-Küche und Internationales serviert. ⏲ 7–22 Uhr. ❹–❻

€ **Pailin Ruby Guesthouse**, im Zentrum an der N57, ☏ 055-666 6668, [9458]. Großes Haus mit ordentlichen Zimmern, TV, Kühlschrank, Schrank, Bad mit Warmwasser. Wahlweise Ventilator oder AC. Schöner sind die Zimmer am umlaufenden Balkon, andere haben nur ein Fenster zum Gang. Der Besitzer Kop Saly spricht gut Englisch und ist sehr hilfsbereit. ❶–❷

ESSEN UND UNTERHALTUNG

Am Samaki-Markt gibt es zahlreiche **Essensstände** und Garküchen. Einfache Restaurants befinden sich auch an der Grenze. Beliebt sind die Restaurants in den Hotels wie im **Bamboo Guesthouse** und im **Memoria Palace**.
Pipup Penh 70, N57, ☏ 012-666 467. Das Schild ist auf Kambodschanisch. Es ist ein erstaunlich

Pailin N ↑ 0   300 m

Psar Prum (22 km),
① ②
Psar Samaki 1
① ② ③ ④
National Highway 57
Acleda Bank $
2
Independence Monument
Canadia Bank $ 3
POLIZEI KRANKENHAUS
National Highway 57
Supermarkt
Wat Rottanaksaphorn
Clinic Khe Sokhom (2 km), Battambang →
57
Phnom Penh
Wat Phnom Yat

Übernachtung:
① Memoria Palace
② Bamboo Guesthouse
③ Pailin Ruby Guesthouse

Transport:
① Sammeltaxis
② Motorradtaxis
③ Rith Mony
④ Ponleu Angkor Khmer Transport

Essen:
1 Essensstände und Garküchen
2 Phnom Meas Restaurant
3 Pipup Penh 70

modernes Restaurant in der Stadt. Drinnen gibt es einen AC-Raum, draußen eine Terrasse, und der betonierte Innenhof wird abends zum Biergarten. Ab 19 Uhr wird auch Gegrilltes serviert. Die englischsprachige Bedienung und eine englische Speisekarte mit Bildern erleichtern die Bestellung. Es gibt sehr gute kambodschanische und thailändische Gerichte um US$4. WLAN. ⏲ 6.30–23 Uhr.
Phnom Meas Restaurant, ☏ 017-520 426. In dem gehobenen, typisch kambodschani-

schen Restaurant werden einheimische Gerichte unter Palmdächern serviert. Die Portionen sind sehr üppig und nicht ganz günstig, dafür wird vom aufmerksamen Service immer wieder nachgelegt. Englische Karte. Außer in den Spielkasinos und in Karaoke-Bars kann von **Unterhaltung** oder gar Nachtleben in Pailin nicht die Rede sein.

SONSTIGES

Geld
Geldwechsler befinden sich rund um den Markt. Gängige Währungen sind der thailändische Baht, Riel und US-Dollar.
Acleda Bank, Geldautomat für Visa-, Master-Card und Cirrus. Western-Union-Service. ⏲ Mo–Fr 7.30–16, Sa 7.30–12 Uhr.
Canadia Bank, N57, tauscht Travellers Cheques. Kostenfreie Abhebung am Geld-automaten mit MasterCard, Visa und Cirrus. MoneyGram-Service. ⏲ Mo–Fr 8–15.30, Sa 8–11.30 Uhr.

Medizinische Hilfe
Das städtische Krankenhaus ist nur im Notfall zu empfehlen. Der leitende Arzt in der **Khe Sokhom Clinic** spricht Englisch, ✆ 012-814 118. ⏲ Mo–Fr 8–17 Uhr.

NAHVERKEHR
Überall im Stadtgebiet und am Abzweig zum Markt findet man **Motorradtaxis**, Stadtfahrten für 1000–2000 Riel. Bis zur Grenze (22 km) für US$2,50.

TRANSPORT

Busse
Busse fahren vom Ticket-Schalter der Busgesellschaft ab.
BATTAMBANG, Ponleu-Angkor-Khmer-Transport um 8.40 Uhr für US$3,75 in 2 Std.; Rith Mony um 7.30 und 8.30 Uhr für US$3,75 in 2 Std.
PHNOM PENH, Ponleu-Angkor-Khmer-Transport um 8.40 Uhr für US$9,25 in 7 Std.; Rith Mony um 7.30 und 8.30 Uhr für US$9,50 in 7 Std.
Alle anderen Ziele wie Siem Reap, Sisophon und Poipet nur mit Umsteigen in Battambang, durchgängige Bustickets sind nicht erhältlich.

Sammeltaxis
stehen an der N57 gegenüber vom Markt. Bis zur Grenze 5000 Riel, bis Battambang für US$6 (ganzes Taxi US$30). Die Preise sind günstiger als bei den Fahrern, die direkt hinter der Grenze stehen.

Die thailändischen Grenzübergänge

Psar Prum (Pailin) – Ban Pakkad
Geöffnet hat die Grenze von 6–22 Uhr. Bei der Einreise von Thailand nach Kambodscha gilt: alle Schlepper ignorieren, das kambodschanische Touristenvisum für einen Monat kostet US$30. 22 km sind es vom kambodschanischen Grenzort Psar Prum bis nach Pailin. 100 m hinter der Grenze warten auf kambodschanischer Seite Motorradtaxis und Sammeltaxis auf Kundschaft (mit dem Motorradtaxi von der Grenze bis Pailin 100 Baht, mit dem Sammeltaxi 300 Baht bzw. 100 Baht p. P.; bis Battambang für 1500 Baht oder US$10 p. P.; bis Siem Reap für US$80–100). Problemlos sind die Einreiseformalitäten nach Thailand. An der Grenze wird für deutsche Staats-bürger ein kostenloses 30-Tage-Visum in den Pass gestempelt. Auf der thailändischen Seite in Ban Pakkad fahren Minibusse nach Chantaburi für 150 Baht. Von dort Verbindungen nach Trat und Bangkok.

Kamrieng – Ban Laem
Ein weiterer, wenig genutzter, internationaler Grenzübergang über die thailändische Grenze ist der 40 km entfernte Grenzort Kamrieng (Ban Laem in Thailand), ⏲ 6–22 Uhr. Hinter der Grenze bieten Mopedtaxifahrer ihre Fahrdienste bis nach Pailin an.

Provinz Banteay Meanchey

Die 6679 km² große Grenzprovinz im Nordwesten des Landes ist von Landwirtschaft geprägt, Reis- und Maniokfelder bestimmten das Bild. Die ruhige Provinzhauptstadt Sisophon bietet sich an, um die wunderbar abgeschiedenen Tempelanlagen Banteay Chhmar und Banteay Torp zu erkunden – fern der Touristenströme, die die Tempel von Angkor Wat bevölkern. In Ang Trapaeng Thmor leben die seltenen wie schönen Saruskraniche. In der Provinz liegt außerdem Poipet, der von Touristen am häufigsten genutzte Grenzübergang von und nach Thailand.

Sisophon

Sisophon [9470] wird auch Svay oder nach der Provinz Banteay Meanchey genannt. Die Stadt liegt an einem Verkehrsknotenpunkt 48 km vom Grenzübergang Poipet, 66 km von Battambang und 105 km von Siem Reap entfernt. Die meisten Reisenden sehen den Ort nur auf der Durchfahrt von der thailändischen Grenze bei Poipet nach Siem Reap oder Phnom Penh. Dabei hat die untouristische Kleinstadt durchaus ihren Reiz, denn hier kann man in das einfache kambodschanische Leben eintauchen. Reisende übernachten in der Regel hier, um sich die Tempelanlage Banteay Chhmar anzusehen.

Zentraler Platz ist der große **Markt Serey Sophorn**, dessen Hauptgebäude ein tempelartiges Dach ziert. Den **Wettikha-Park** rahmt auf der Nordwestseite eine schöne Balustrade, die das „Kirnen des Milchozeans" (s. Kasten S. 286) darstellt. In Sisophon betreibt Krousar Thmey, 🖥 www.krousar-thmey.org, mit Unterstützung des deutschen Kinderhilfswerks terre des hommes eine Schule für Kunst und Kultur, die **École d'Art et de Culture Khmers**. Benachteiligte Kinder werden in traditioneller Musik, Apsara-Tanz, Schattentheater, aber auch in Malerei und Bildhauerei unterrichtet. Interessierte können bei Proben zuschauen. 🕐 Mo–Fr 7–11 und 14–17, Sa 7–11 Uhr.

ÜBERNACHTUNG

Alle Hotels bieten kostenloses WLAN.
Botoum Hotel, 449 N5, 📞 012-687 858, 🖥 www.botoumhotel.com, [9472]. Gepflegtes Haus mit einem schönen Innenhof. Zimmer mit viel Mobiliar (Schrank, Tisch, Sitzmöbel, TV, Kühlschrank). Schöne Bäder. Einige Zimmer mit Balkon. Wahlweise Ventilator oder AC. Der Besitzer spricht gut Englisch, ist sehr hilfsbereit und vermittelt Touren mit einem englischsprachigen Taxifahrer nach Banteay Chhmar. Restaurant. Kostenloser Fahrradverleih. ❶–❷

€ **Golden Crown Guesthouse**, 📞 054-958 444. Einfache, aber recht ordentliche große Zimmer über 2 leeren Hallen. Wahlweise Ventilator oder AC. ❶–❷
Pyramid Hotel, St. 2, 📞 054-668 8881, 🖥 www.pyramid-hotel.com, [9473]. Die renovierten Zimmer sind modern in Braun- und Grautönen gehalten. Flachbildschirm, schicke Schrankelemente, abgehängte Decken mit farbiger Hintergrundbeleuchtung. Dunkelgraue Bäder mit Mosaiksteinen und großem Duschbereich. Auf der 5. Etage befindet sich ein Restaurant. Von dessen offener Dachterrasse bietet sich ein toller Blick über Sisophon. Spa. ❷–❸

ESSEN UND UNTERHALTUNG

Groß ist die Auswahl an Restaurants mit englischer Speisekarte nicht. Am Markt gibt es einfache Straßenrestaurants. Die Restaurants im **Botoum Hotel** und **Pyramid Hotel** haben eine englische Speisekarte und offerieren Khmer- und thailändische Gerichte. Die **Khmer-Restaurants** an der Ostseite des Wettikha-Parks haben bis nach Mitternacht geöffnet, es ist ein guter Platz für einen späten Snack oder ein kühles Bier.

Kim Heng Restaurant, N6. Hier werden günstige Khmer- und Thai-Gerichte unter einem hohen Dach serviert. Moderner Biergartencharakter mit Musikberieselung. 🕐 10–14.30 und 17–21 Uhr.
The Mirror Restaurant. In dem modernen AC-Restaurant gibt es Eis, Pommes, Chicken-Wings, Khmer-BBQ, aber auch ein paar einfache Reis- und Nudelgerichte. Englische

Sisophon

N ↑ 0 ———————— 500 m

Übernachtung:
1 Pyramid Hotel
2 Golden Crown Guesthouse
3 Botoum Hotel

Banteay Chhmar ↖ 56

Siem Reap

Essen:
1 Kim Heng Restaurant
2 The Mirror Restaurant
3 Khmer-Restaurants
4 Essensstände

KRANKENHAUS

Wettikha Park

Canadia Bank

FUSSBALL-FELD

Ecole d'Art et de Cultures Khmers

Vielarmige Lokesvhara

Acleda Bank

Psar Serey Sophorn

Phnom Penh

Poipet, Aranyaprathet

ALTER BUS-BAHNHOF

Srei Sisophoan

NACHT-MARKT

Transport:
1 Virak Buntham
2 Rith Mony
3 Capitol Tours
4 Sammeltaxis
5 Neuer Busbahnhof
6 Phnom Penh Sorya
7 GST

Battambang

Speisekarte. Beliebt bei Familien. WLAN.
⏰ 10–21 Uhr.

Ein **Nachtleben** hat Sisophon, sieht man von den Karaokebars ab, nicht zu bieten. Bis 21 Uhr hat der **Nachtmarkt** geöffnet, doch nur wenige Geschäfte haben sich an der Halle angesiedelt. Dafür gibt es Musikbeschallung und eine Leinwand für Sportübertragungen. Für Kinder stehen dort Trampolin und Schaukeln.

SONSTIGES

Geld

Acleda Bank, Geldautomaten akzeptieren Visa-, MasterCard und Cirrus, Western-Union-Service. ⏰ Mo–Fr 7.30–16, Sa 7.30–12 Uhr.
Canadia Bank, gebührenfreier Geldautomat für MasterCard und Visa, MoneyGram.
⏰ Mo–Fr 8–15.30, Sa 8–11.30 Uhr.

Informationen

Tourist Information, der Direktor der Touristenbehörde von Banteay Meanchey spricht zwar recht gut Englisch, aber bis auf eine Broschüre der Tourismusbehörde über ganz Kambodscha gibt es keine Informationen.
⏰ Mo–Fr 7.30–11.30 und 14–17.30 Uhr.

NAHVERKEHR

Nur wenige Motorradtaxi- oder Tuk-Tuk-Fahrer sprechen Englisch. **Motorradtaxis** kosten überall im Stadtgebiet 1000–2000 Riel.
Tuk Tuk-Fahrer warten rund um den alten Busbahnhof auf Kundschaft. Eine Stadtrundfahrt kostet 2000–4000 Riel.

TRANSPORT

Bustickets gibt es in den Büros der Busgesellschaften, von hier starten auch die Busse. Ob der neue Busbahnhof zukünftig genutzt wird, bleibt abzuwarten.

Busse

ANLONG VENG, mit Rith Mony um 9 und 11 Uhr für US$7,5 in 6 Std.;
BANGKOK (Thailand), umsteigen an der Grenze, mit Capitol Tours, GST, Phnom Penh Sorya und Rith Mony insgesamt 12x tgl. zwischen 10 und 19 Uhr für US$10–15 in 7–8 Std.;

BATTAMBANG, mit Capitol Tours, GST, Phnom Penh Sorya und Rith Mony insgesamt 21x tgl. zwischen 6.30 und 15 Uhr für US$2,50 in 2 Std.; mit Virak Buntham um 20.30 und 21.30 Uhr für US$5 in 1 1/2 Std.;
KOMPONG CHHNANG, mit den Bussen Richtung Phnom Penh für den gleichen Preis in 5 1/2 Std.;
O'SMACH (Grenze Thailand), mit Rith Mony um 15 Uhr für US$6,25 in 4 1/2 Std.;
PHNOM PENH, mit Capitol Tours, GST, Phnom Penh Sorya und Rith Mony insgesamt 21x tgl. zwischen 6.30 und 15 Uhr für US$5–6,25 in 8 Std.; mit Virak Buntham um 20.30 und 21.30 Uhr für US$8 in 7 Std.;
POIPET, mit Capitol Tours, GST, Phnom Penh Sorya und Rith Mony 12x tgl. zwischen 10 und 19 Uhr für US$1,25–2,50 in 1 Std.;
PURSAT, mit den Bussen Richtung Phnom Penh für den gleichen Preis in 3 1/2 Std.;
SIEM REAP, mit Capitol Tours, GST und Rith Mony insgesamt 9x tgl. zwischen 6.45 und 14.30 Uhr für US$3,75–4 in 1 1/2 Std.;
SRA EM (für Prasat Preah Vihear), mit Rith Mony um 9 und 11 Uhr für US$7,50 in 7 Std.

Sammeltaxis

Sammeltaxis warten am alten Busbahnhof.
BANTEAY CHHMAR, für US$5 in 1 1/2 Std.;
BATTAMBANG, für US$5 in 1 Std.;
PHNOM PENH, für US$15 in 5 Std.;
POIPET, für US$2,50 in 45 Min.;
SIEM REAP für US$5 in 1 Std.

Die Umgebung von Sisophon

Von Sisophon auf dem Weg Richtung Osten entlang der N6 passiert man nach 20 km das Dorf **Choob**. Meißel- und Schleifgeräusche kündigen schon von Weitem die Steinmetze an, die hier ihrem traditionellen Handwerk nachgehen. In den Werkstätten und Geschäften kann man den Künstlern bei der Arbeit zusehen und fein gearbeitete Buddhas oder Apsaras erstehen. 60 km nördlich von Sisophon lockt eine weitere Attraktion: die beeindruckende Tempelanlage von **Banteay Chhmar**, die auf der Anwärterliste zum Weltkulturerbe steht.

3 HIGHLIGHT

Banteay Chhmar

Beeindruckend und bislang nur von wenigen Touristen besucht ist die Tempelanlage Banteay Chhmar [4942], rund 60 km nördlich von Sisophon und 20 km von der thailändischen Grenze entfernt. Die Anlage wurde von König Jayavarman VII. (reg. 1181–ca. 1220) Ende des 12. Jhs. an der Stelle eines Tempels aus dem 9. Jh. erbaut und ist Indravarman, dem Sohn Jayavarmans VII., und vier Soldaten gewidmet, die ihr Leben gaben, um den Kronprinzen in einem Kampf zu schützen. Warum eine derart große Stadt in dieser abgelegenen Region entstand, ist bis heute ungeklärt. Banteay Chhmar gehört – neben Preah Khan, Angkor Thom und Angkor Wat – zu den vier größten umfriedeten Tempelanlagen Kambodschas. Der Umbau zu einer bedeutenden Tempelstadt vollzog sich in vielen Jahren und in mehreren Schritten. Eine Sanskrit-Inschrift auf einem der zuletzt entstandenen Gebäude nennt das Jahr 1216 als Datum der Fertigstellung und Einweihung. Die Stadt maß damals 2,2 km x 1,7 km. Erst seit Anfang des 20. Jhs. wird die Ruinenstadt Banteay Chhmar genannt, was „Kleine Zitadelle" oder „Zitadelle der Katzen" bedeuten kann (in Khmer klingen „klein" und „Katze" sehr ähnlich). „Kleine Zitadelle" scheint wahrscheinlicher, denn Banteay Chhmar ist nicht einmal halb so groß wie die „Große Stadt" Angkor Thom.

Auf den ersten Blick scheint die Tempelanlage aus einer unübersichtlicher Anhäufung von kollabierten Türmen, Galerien, Laterit- und Sandsteinblöcken zu bestehen. 80 % von Banteay Chhmar liegen in Trümmern, was nicht nur dem Alter, sondern auch Kunstdieben zuzuschreiben ist, die das Heiligtum in dieser abgeschiedenen Lage plünderten. Auf den zweiten Blick aber erkennt man einzigartige Details. Es empfiehlt sich daher, für die Besichtigung der Anlage einen Führer zu engagieren.

Das idyllische Dorf Banteay Chhmar mit seinen freundlichen Bewohnern liegt direkt am Tempelgelände innerhalb der äußersten (vier-

Banteay Chhmar (Zentraler Komplex)

N
0 — 50 m

Zweite Umfassungsmauer
Nord-Gopuram
Erste Umfassungsmauer

A

Becken
Shiva
Becken

Bibliothek

West-Gopuram
Vishnu
Zentral-Heiligtum
Halle der Tänzerinnen
Ost-Gopuram

Bibliothek

B

Becken
Brahma
Becken
C

Süd-Gopuram
D

Legende:
A "Kirnen des Milch-ozeans", Rahu in einer Kampfszene und einen Esel verschlingend
B 32- und 22-armige Lokeshvara
C Seeschlacht auf dem Tonle Sap
D Kampfszenen

ten) Umfassungsmauer. Der innere Wassergraben wird noch heute von der Bevölkerung als Wasserreservoir genutzt.

Besichtigung

Von der vierten Umfriedung und dem äußeren Wassergraben ist nicht mehr viel zu erkennen. Um den mittig gelegenen Zentraltempel verlaufen ein 63 m breiter, viereckig angelegter innerer Wassergraben und eine dritte, kaum erhaltene Umfriedung. Die Dämme waren mit Naga-Balustraden geschmückt, deren eine Seite von Göttern, die andere von Dämonen flankiert war. Besucher betreten die Anlage von Osten, innerhalb des Wassergrabens. Hinter dem **Ticketschalter** steht rechter Hand ein recht gut erhaltenes Gebäude, das „House of Fire".

Eine teils eingestürzte **zweite Außenmauer** von 200 x 250 m Länge umschließt den Zentralkomplex. Auf den Außenseiten dieser Mauer sind die meisten **Basreliefs** zu sehen. Auf der südlichen Außenseite der Ostmauer entdecken Besucher das außerordentlich große, zweireihige Flachrelief, das die Seeschlacht auf dem Tonle-Sap-See gegen die Cham zeigt. Interes-

sant sind die vertikal schwimmenden Fischschwärme. Im oberen Reliefbalken ist König Jayavarman VII. auf einem Pferd zu sehen. Hinter dem Eingang durch das Osttor erkennt man die Reste der Halle der Tänzerinnen. Ein Fenstersturz ist mit Musikanten verziert, u. a. einem Harfenspieler. Zu erkennen sind zudem tanzende Kraniche. Insgesamt vier Wasserbecken befinden sich an jeder Ecke zwischen zweiter und erster Umfassungsmauer.

Beeindruckend sind die zwei erhaltenen Basreliefs mit den beiden 32- und 22-armigen Lokeshvaras an der westlichen zweiten Außenmauer (Südseite). Ursprünglich zierten acht Darstellungen die Mauer, vier der Reliefplatten wurden 1998 geraubt. Zwei dieser Reliefs konnte die Polizei auffinden, sie sind nun im Nationalmuseum von Phnom Penh zu sehen. Die beiden anderen werden noch vermisst, zwei weitere liegen in Trümmern. Ebenfalls an der westlichen Außenmauer (Nordseite) ist das „Kirnen des Milchozeans" erkennbar. Außerdem erscheint der mythische Dämon Rahu gleich zweimal: in einer Kampfszene und einen Esel vor einem Ochsenkarren verschlingend. Auf der südlichen zweiten Außenmauer sind Basreliefs mit Kampfszenen erkennbar. Es handelt sich um die Darstellung des Angriffs der Cham auf Angkor im Jahre 1177. Man sieht bewaffnete Krieger mit Armbrust, Lanzen und Schilden; zwei Krieger halten die abgeschlagenen Köpfe ihrer Gegner.

Drei Heiligtümer waren Brahma, Vishnu und Shiva gewidmet, jetzt sind nur noch Reste erhalten. In das von der ersten Umfassungsmauer umgebene **Zentralheiligtum** gelangt man am besten durch den nördlichen Gopuram. Das gesamte Areal ist mit Trümmern bedeckt, es gibt keinen Weg. Bei der Erkundung sollte man Vorsicht walten lassen, manche der Tempelreste sind locker und Zwischenräume mit Blättern verdeckt. Zwei Türme im Bayon-Stil mit vier Gesichtern sind noch erhalten. Anhand der Trümmer ließ sich rekonstruieren, dass es einst in der gesamten Anlage bei Fertigstellung 50 Türme mit Gesichtern gab.

Die Überreste des **Inseltempels Mebon** im Baray östlich des Haupttempels sind bestenfalls Ende April zu besichtigen, wenn das Becken ausgetrocknet ist. Das Wasserreservoir misst eine Länge von 1,7 km x 800 m, außergewöhnlich sind die zum Wasser führenden Lateritstufen.

Diesen Inseltempel nicht mitgezählt, umgeben insgesamt acht Tempel (auch **Satelliten-Tempel** genannt) die Hauptanlage Banteay Chhmar. Jeweils zwei Tempel befinden sich an der Nordachse (Yeay Kom und Ta Phai), der Westachse (Ta Nem und Samnang Ta Sok) und Südachse (Ta Phlang und Ta Prohm), ein weiterer an der Ostseite (Ta Em) und Südostseite (Yeay Chou). Die Tempel liegen 200–400 m vom Wassergraben entfernt. Die beiden Tempel außerhalb der äußeren ersten Umfriedung im Norden und Westen, Ta Phai und Samnang Ta Sok, sind ca. 800 m vom Wassergraben entfernt. 1914 berichtete Georges Croslier, dass alle Satelliten-Tempel vier Gesichter besitzen. Am besten erhalten und gut zugänglich ist **Prasat Ta Prohm**. Der 8 m hohe, halb verfallene Turm liegt malerisch von einem Wassergraben umgeben und zeigt die vier Gesichter Lokeshvaras (Bodhisattva des Mitgefühls). Weniger gut erhalten sind die Gesichter der Prasats Ta Nem, Samnang Ta Sok und Ta Phai. Von Ta Em, Yeay Kom, Ta Phlang und Yeay Chou sind nur noch Reste übrig.

Der **Global Heritage Fund** (GHF), 🖵 www. globalheritagefund.org, kümmert sich seit 2008 um die Erhaltung der Tempelanlage. Das GHF

In Banteay Chhmar sind von den einst 50 Türmen mit Gesichtern nur noch zwei erhalten.

© MARION MEYERS

Visitor Center südlich des Eingangs zeigt Fotos und Pläne. In Zusammenarbeit mit der Universität Heidelberg wurden 2010 Steinblöcke im 3D-Verfahren gescannt. Die Daten helfen bei einer späteren Restaurierung und eröffnen die Möglichkeit, Steine wieder zusammenzusetzen.

Am besten erkundet man die Türme mit einem Einheimischen per **Motorradtaxi** (im CBT Büro, s. u.). Wer sich näher im Zentralheiligtum umschauen oder die Satellitentempel erkunden will, sollte unbedingt festes Schuhwerk tragen.

Eintritt US$5 (wer im Homestay übernachtet und mehrtägige Besichtigungen plant, zahlt nur einmalig US$5).

ÜBERNACHTUNG UND ESSEN

Eine wunderbare Gelegenheit, am Dorfleben teilzuhaben und die Gemeinde zu fördern, ist eine **Homestay-Übernachtung** im Dorf Banteay Chhmar. Ein Teil der Erlöse aus dem **Banteay-Chhmar-Community-Based Tourism (CBT)** kommen der Gemeinde zugute. Das Büro befindet sich zwischen Markt und dem Eingang zur Tempelanlage. Tath Sophal vom Global Heritage Fund kümmert sich um die touristischen Belange, ☎ 012-237 605, 🖥 www.visitbanteaychhmar.org. Übernachtet wird in traditionellen Stelzenhäusern in separaten Zimmern mit Matratze und Moskitonetz, Gemeinschaftsbad für US$7. Frühstück (US$2), Mittag- und Abendessen (US$4) gibt es bei Voranmeldung im CBT oder bei der Homestay-Familie für den gleichen Preis. Rund um den Markt sorgen zudem einfache **Essensstände** für das leibliche Wohl. Im einzigen Restaurant **Cham Rom** werden Nudelsuppen und Reisgerichte serviert. Der Besitzer spricht Englisch.

AKTIVITÄTEN

Das CBT (s. o.) organisiert interessante Aktivitäten wie **Ochsenwagen- und Kuyonfahrten** (das sind kleine traktorähnlichen Gefährte mit einer langen Gabel), verleiht Fahrräder (US$1,50/Tag), arrangiert ein **Treffen mit Mönchen**, einen traditionellen **Musikabend** oder das Erlernen der **Reispapierherstellung**. Zudem Ausflüge mit dem Motorradtaxi nach Banteay Torp für US$7. Über

das CBT besteht auch die Möglichkeit, den einzigen englischsprachigen **Führer** vor Ort für die Tempelanlage Banteay Chhmar zu engagieren, US$10.

TRANSPORT

Anfahrt mit dem **Taxi** von Sisophon für US$35–40 (der englischsprachige Angestellte des Botoum Hotels verlangt US$50 inkl. Banteay Torp). Die Anfahrt dauert gut 1 1/2 Std. über eine staubige, sandige Schlaglochpiste. Mit dem **Motorradtaxi** (aufgrund der Straßenverhältnisse raten wir dringend davon ab) für US$25. Sammeltaxi ab Sisophon kosten US$5 p. P.

Banteay Torp

5 km südlich von Banteay Chhmar ist der Abzweig nach Banteay Torp ausgeschildert, von dort geht es noch 8 km über eine schlechte Schlaglochpiste. Banteay Torp bedeutet „Zitadelle der Armee", die Anlage wurde ebenfalls von Jayavarman VII. erbaut. Umgeben von zwei Mauern und einem Wassergraben, sind von den ursprünglich fünf erstaunlich hohen Türmen noch drei erhalten. Daneben steht eine Pagode neueren Datums mit farbenprächtiger Deckenbemalung. Banteay Torp ist zusammen mit Banteay Chhmar problemlos an einem Tag zu besichtigen. Eintritt frei.

Ang Trapeang Thmor

Das Vogelschutzgebiet Ang Trapeang Thmor liegt rund 60 km nordöstlich von Sisophon und knapp 100 km nordwestlich von Siem Reap an einem Wasser-Reservoir. Der Stausee wurde unter den Roten Khmer zur Bewässerung der umliegenden Reisfelder angelegt. Feuchtgebiete, Wiesen und Reisfelder dominieren das etwa 8 x 10 km große Gebiet. Neben den seltenen **Saruskranichen** leben hier auch etwa 200 weitere Vogelarten wie Reiher und Störche. Saruskraniche haben ein graues Gefieder, einen roten Kopf, sehr lange Beine und gelten mit bis zu 1,80 m als die größten bekannten Kraniche der

Welt. Vom Aussterben bedroht, stehen sie auf der Roten Liste der IUCN (International Union for Conservation of Nature). Saruskraniche wurden schon auf den Basreliefs auf dem Bayon-Tempel dargestellt. Ein Besuch lohnt sich nur in der Trockenzeit zwischen Januar und April. Die meisten Vögel lassen sich gut in den frühen Morgen- oder Abendstunden beobachten. Ang Trapeang Thmor ist auch eine der wenigen Gebiete in Kambodscha, in denen die als stark gefährdet eingestufte Hirschart Thamin, auch Elds Hirsch genannt, noch zu finden ist.

Die Fahrt ins Vogelschutzgebiet führt durch das Seidenweberdorf **Phnom Sarok**. Unter den Stelzenhäusern wird Seidenraupenzucht betrieben, zudem werden hier hochwertige *kramas* gewebt. Phnom Sarok liegt 2,5 km vor dem Stausee, der bei Einheimischen zum Picknick und Baden beliebt ist. Besuche des Vogelschutzgebietes Ang Trapeang Thmor müssen von der Wildlife Conservation Society genehmigt werden und sind im Rahmen einer organisierten Tour über das Sam Veasna Center in Siem Reap buchbar, 🖵 www.samveasna.org. US$110 p. P. bei 4 Personen. Besser Ferngläser mitbringen.

Poipet

Bis Mitte der 1990er-Jahre waren die Bewohner von Poipet [9474] den Kämpfen zwischen den Roten Khmer, die sich hier verschanzt hatten, und den Regierungstruppen ausgesetzt. Heute erstreckt sich die Grenzstadt über mehrere Kilometer rechts und links der N5. Die Hauptstraße wird bei trockenem Wetter in eine Staubwolke gehüllt, während der Regenzeit jedoch verwandeln sich manch ungeteerte Straßen in Schlammpisten. Für die meisten Reisenden ist Poipet eine Durchgangsstation auf dem Weg von oder nach Thailand, nur selten verschlägt es westliche Ausländer über Nacht hierher. Wer den Kreisverkehr vor der Grenze meidet und entlang der Hauptstraße zu dem sehenswerten großen Markt **Psar Akia** schlendert, erlebt eine typische kambodschanische Stadt mit freundlichen Bewohnern, die schüchtern grüßen.

Im Niemandsland zwischen der Grenze Kambodscha–Thailand sind mehrere **Kasino-Hotel-Komplexe** in Betrieb, in denen das überwiegend thailändische Publikum spielt (Glücksspiel ist in Thailand verboten).

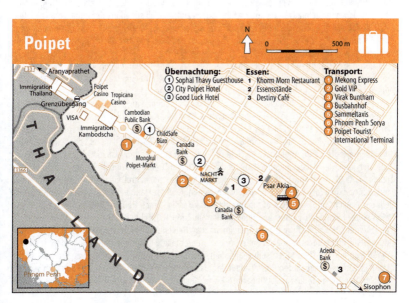

Poipet

ÜBERNACHTUNG

In Poipet gibt es eine Unmenge von Guesthouses entlang der N5. Die besseren Zimmer sind in den großen Kasinohotels zu bekommen, wie im **Poipet Resort Casino** (ab 1000 Baht, die Hälfte des Übernachtungspreises wird in Spiel-Jetons rückvergütet).

City Poipet Hotel, N5, etwa 1 km vor der Grenze in einer Seitenstraße, 📞 054-967 576, ✉ citypoipethotel@gmail.com, **[9476]**. Eines der besseren Häuser der Stadt. Sehr große gefliese AC-Zimmer, in denen die Möbel wie Bett, Schreibtisch, TV, Kühlschrank und Einbauschrank etwas verloren wirken. Großes Bad mit Toilettenartikeln für den Kurzurlauber ohne Gepäck. WLAN. ❷–❸

Good Luck Hotel, 200 m westlich vom Psar Akia Markt, 📞 011-722 408, **[9477]**. Das knallgrün gestrichene Haus ist kaum zu übersehen. Auch innen dominiert die Farbe bei Möbeln und an Wänden. Die AC-Zimmer sind ansprechend. Im Erdgeschoss gibt es einen kleinen Supermarkt, nebenan ein Restaurant. ❶

Sophal Thavy Guesthouse, N5, 100 m vor der Grenze, 📞 012-910 735, ✉ sophal.thavy@gmail.com. Einfache saubere Zimmer mit Bett, TV, Kühlschrank. Ventilator oder AC. WLAN. ❶–❷

ESSEN UND UNTERHALTUNG

Am Kreisverkehr vor der Grenze stehen am frühen Abend ein paar **Essensstände**. Eine größere Auswahl dieser mobilen Lokale öffnet

---

Vorsicht vor Tricks am Grenzübergang von/nach Thailand

Der Grenzübergang **Poipet – Aranyaprathet**, der zu Recht einen schlechten Ruf hat, ist von 6–22 Uhr geöffnet.

Die gute Nachricht zuerst: Die **Ausreise von Kambodscha nach Thailand** gestaltet sich problemlos. Die meisten Reisenden haben ein Ticket von Siem Reap oder Phnom Penh nach Bangkok oder einem anderen Ziel in Thailand in der Tasche. Jeder muss die Grenze zu Fuß passieren, und fast alle Busunternehmen wechseln den Bus hinter der Grenze. In Poipet hält der Bus direkt vor der Grenze am Kreisverkehr. Samt Gepäck heißt es dann Einreihen und den Ausreisestempel abholen. Wenige hundert Meter weiter geht es vorbei an den Kasinos bis zur thailändischen Immigration, wo das kostenlose 30-Tage-Visum (für Deutsche) bzw. 15 Tage (Österreich, Schweiz) in den Pass gestempelt wird. Dann noch den Zoll passieren und auf der thailändischen Seite auf den nächsten Bus des thailändischen Schwesterunternehmens warten.

Die **Einreise von Thailand mit einer gebuchten Tour** bis Siem Reap oder Phnom Penh ist nervenaufreibender: Wer von Thailand aus ein Busticket zu einem Ziel in Kambodscha hat und die Grenze bei Aranyaprathet–Poipet überquert, wird in Aranyaprathet meist bis zu einem Restaurant oder einer offiziell aussehenden „Visastelle" gefahren. Dort wird versucht, von allen Reisenden, die noch kein Visum haben (E-Visa werden akzeptiert, S. 86), die Pässe einzusammeln, um ein überteuertes Visum zu beschaffen. Das Visum (Visa on Arrival) kann problemlos selbst organisiert werden und kostet US$30. Der beste Rat ist hier: warten, bis der Bus zur Grenze fährt und dann mit allen anderen über die Grenze laufen. Alle Angebote von Hilfe und offiziell aussehenden Visastellen ignorieren. Zuerst holt sich jeder den Ausreisestempel an der thailändischen Grenze ab (zwei Schlangen, eine für Thailänder, eine für Ausländer). Dann sind es noch 100 m bis zu einem großen, reich verzierten Torbogen mit drei Angkor-Wat-Türmen und zwei Löwenstatuen. Rechter Hand befindet sich ein Steingebäude mit der Aufschrift: „**The Office of the international Border Check Point of Poipet**". Dort gibt es das Einreiseformular. Ein Beamter vor dem Schalter verlangt 100 Baht „Bearbeitungsgebühr", wenn er das ausgefüllte Einreiseformular zusammen mit dem Reisepass, einem Passfoto und US$30 den hinter der Glasscheibe sitzenden Beamten reicht. Auch diese Gebühr kann man sich sparen, einfach ignorieren und die Unterlagen selber abgeben. Die Beamten kleben innerhalb von wenigen Minuten das Einreisevisum in den Pass. Dann folgt man weitere 100 m der Straße und holt sich vor dem Immigration-Schalter die Arrival/Departure-Karte. Ausfüllen, wieder anstellen, und der Beamte stem-

---

ab 16 Uhr rund um den Psar Akia. Am **Nacht-markt** an der N5 vor der Pagode gibt es abends leckere Fruchtshakes und Süßes. Internationaler geht es in den Restaurants in den großen Kasinos zwischen der kambodschanischen und thailändischen Grenze zu. Im **Poipet Resort Casino** ist zwischen 5 und 24 Uhr ein Buffet für 250 Baht p. P. aufgebaut. Im Biergarten des **Tropicana Casinos** wird Hot Pot serviert. Das Kasino-Areal kann auch ohne Ein- oder Ausreiseformalitäten betreten werden.

Destiny Café, N5, etwa 2 km vor der Grenze. AC-Restaurant, in dem es gutes Frühstück gibt (Müsli und Sandwiches). Ein paar wenige Reis- und Nudelgerichte sowie Smoothies, Fruchtshakes und himmlische Frappés.

Der Name ist Programm: Hier liegen Bibeln aus. WLAN. ⏱ 7–19 Uhr.

Khorm Morn Restaurant, N5, ca. 1,5 km vor der Grenze. Bei Einheimischen beliebtes Restaurant mit englischer Speisekarte. ⏱ ab 17 Uhr.

SONSTIGES

Geld

Die Wechselstuben an der Grenze rund um den Kreisverkehr wechseln Baht, Dollar und Riel. Besser sind die Kurse bei den Banken.

Acleda Bank, N5. Geldautomaten akzeptieren nur Visa. ⏱ Mo–Fr 7.30–16 Uhr.

Cambodian Public Bank, N5. Der Geldautomat akzeptiert Visa-, MasterCard und Cirrus. ⏱ Mo–Fr 8–16 Uhr.

pelt das Visum ab, tackert die Departure-Karte in den Reisepass, und schon ist man in Kambodscha. Nach wenigen Metern wird man bis zum kostenlosen Shuttle-Bus dirigiert, ⏱ 7–18 Uhr, der zu dem etwa 8 km außerhalb liegenden Poipet Tourist International Terminal fährt. Dort geht die Fahrt mit einem kambodschanischen Busunternehmen weiter nach Siem Reap, Battambang oder Phnom Penh. Wartezeiten einkalkulieren, die Busse fahren los, sobald genug Passagiere zusammen sind. Bequemer sind die etwas teureren durchgehenden Busse z. B. der Gesellschaft Nattakan.

Eigene Einreise von Aranyaprathet nach Kambodscha: mit dem Tuk-Tuk oder Motorradtaxi bis zur Grenze. Wirklich alle Schlepper ignorieren. Es gibt kein Immigration Office vor der Ausreise aus Thailand, und bevor nicht der Ausreisestempel im Pass ist, muss man sich nicht um das Kambodscha-Visum kümmern! Das Visum wird immer in US-Dollar bezahlt und kostet US$30. Geldumtausch (in Riel) ist nicht nötig. In Poipet kann problemlos mit thailändischem Baht, amerikanischen Dollar oder kambodschanischen Riel bezahlt werden. Die Wechselkurse an der Grenze sind schlecht, entweder bei den offiziellen Banken hinter der Grenze tauschen oder bis zum nächsten Ziel warten. Wie oben beschrieben die Grenze passieren. Schlepper versuchen, die Reisenden in den kostenlosen Shuttle-Bus zu bugsieren. Der fährt nicht zum Busbahnhof in Poipet, sondern an den 8 km außerhalb liegenden Poipet Tourist International Terminal. Hier werden überteuerte **Bustickets** nach Sisophon, Battambang, Phnom Penh und Siem Reap verkauft: Battambang ab 7 Uhr für US$10 in 3 Std.; Phnom Penh ab 8 Uhr für US$15 in 10 Std.; Siem Reap um 15 Uhr für US$10 in 3 Std.; Sisophon ab 6.30 Uhr für US$5 in 1 Std. Die Busse am Poipet Tourist International Terminal folgen keinem festen Fahrplan, sie warten auf die Anschlussfahrt der Passagiere aus Thailand. Weitere Transportmittel vom Poipet Tourist International Terminal sind ein **Minivan** nach Siem Reap für US$10 p. P. (bei 10 Pers.) oder **Sammeltaxi** p. P. (mind. 4 Pers.): Battambang US$10; Phnom Penh US$25; Siem Reap US$12; Sisophon US$20.

Günstiger sind die Preise ab dem Busbahnhof in Poipet (S. 242). Alle Schlepper ignorieren, die behaupten, es gebe nur das Terminal außerhalb. Einfach ein paar Meter gehen und dort ein Motorradtaxi für 2000 Riel bis zum Busbahnhof Poipet nehmen. Wer nach Siem Reap will, ist auf ein Sammeltaxi angewiesen (obwohl bei den Busunternehmen Siem Reap angeschlagen ist, gibt es diese Busse nicht). Die Sammeltaxis rund um den Busbahnhof sind etwas günstiger als die im Kreisverkehr an der Grenze.

Canadia Bank, N5. Geldautomat für alle gängigen Kreditkarten ohne Transaktionsgebühr. ⊙ Mo–Fr 8–15.30, Sa 8–11.30 Uhr.

Internet
In fast allen Hotels und im Destiny Café gibt es kostenlos WLAN, das City Poipet Hotel hat außerdem 3 Computer in der Lobby (US$1/Std. für Besucher, Gäste gratis).

NAHVERKEHR
Motorradtaxis stehen im Kreisverkehr direkt hinter der Grenze. Innerhalb der Stadt und bis zum Busbahnhof Poipet 2000 Riel.

TRANSPORT
Der Busbahnhof von Poipet befindet sich etwa 1,5 km von der Grenze entfernt am Psar-Akia-Markt. Die Busgesellschaften haben ein Büro entlang der N5 oder rund um den Busbahnhof.

Busse
BATTAMBANG, Gold VIP um 8.30, 14.30 und 20.30 Uhr für US$6 in 3 Std.;
Mekong Express um 9 und 12.30 Uhr für US$8 in 2 1/2 Std.;
Rith Mony um 6.30, 7.30, 9, 12, 14 und 19.30 Uhr für US$5 in 3 Std.;
HO-CHI-MINH-STADT (Vietnam), Gold VIP um 20.30 Uhr für US$22 in 20 Std. (über Phnom Penh);

KAMPOT, Gold VIP um 20.30 Uhr für US$17 in 16 Std. (über Phnom Penh);
KOH KONG, Gold VIP um 20.30 Uhr für US$15 in 14 Std. (über Phnom Penh);
KOMPONG CHHNANG, mit den Bussen nach Phnom Penh für den gleichen Preis in 6 Std.;
PHNOM PENH, Gold VIP um 8.30, 14.30 und 21 Uhr für US$10 in 8 Std.;
Mekong Express um 9 und 12.30 Uhr für US$16 in 7 Std.;
Phnom Penh Sorya um 6.30, 8.30 und 9.30 Uhr für US$10 in 8 Std.;
Rith Mony um 6.30, 7.30, 9, 12, 14 und 19.30 Uhr für US$8 in 8 Std.;
Virak Buntham um 7.30, 8.30 und 9.30 Uhr für US$9 in 8 Std.;
PURSAT, mit den Bussen nach Phnom Penh für den gleichen Preis in 5 Std.;
SIHANOUKVILLE, Gold VIP um 20.30 Uhr für US$15 in 14 Std. (über Phnom Penh).

Sammeltaxis
Rund um den Busbahnhof warten Sammeltaxis nach:
BATTAMBANG, für US$5 (ganzes Taxi: US$30) in 2 Std.;
PHNOM PENH, für US$15 (US$100) in 6 Std.;
SIEM REAP, für US$6 (US$35) in 2 Std.;
SISOPHON, für US$4 (US$20) in 30 Min.
Die Sammeltaxis am Kreisverkehr vor der Grenze verlangen etwas höhere Preise.

© M. MARKAND

Siem Reap und die Tempel von Angkor

Stefan Loose Traveltipps

4 **Siem Reap** Schöne Kleinstadt am Fluss nahe den Tempeln mit französischem Flair und jeder Menge angesagter Restaurants und Bars. S. 246

5 **Die Tempel von Angkor** Angkor Wat, der Bayon, Ta Prohm, Preah Khan und viele mehr … die großartigen Tempel sind die berühmteste Sehenswürdigkeit von Kambodscha. S. 277

Banteay Srei Der filigrane Sandsteintempel etwas abseits der Hauptrouten von Angkor beherbergt einige der größten Meisterwerke der Khmer-Bildhauerkunst. S. 310

6 **Tonle-Sap-See** Schwimmende Dörfer und eine einzigartige Vogelwelt auf dem größten See Südostasiens. S. 314

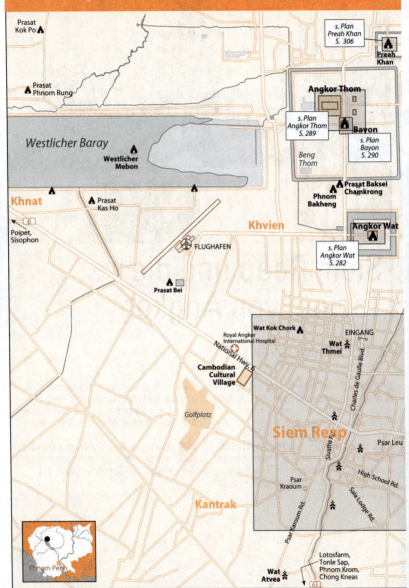

Siem Reap und Angkor

Prasat
Kok Po

s. Plan
Preah Khan
S. 306

Preah
Khan

Prasat
Phnom Rung

Angkor Thom

Westlicher Baray

s. Plan
Angkor Thom
S. 289

Bayon

s. Plan
Bayon
S. 290

**Westlicher
Mebon**

*Beng
Thom*

Prasat Baksei
Chamkrong

Khnat

Prasat
Kas Ho

**Phnom
Bakheng**

6

Poipet,
Sisophon

Khvien

Angkor Wat

s. Plan
Angkor Wat
S. 282

FLUGHAFEN

Prasat Bei

Wat Kok Chork

EINGANG

**Wat
Thmei**

Royal Angkor
International Hospital

**Cambodian
Cultural
Village**

Siem Reap

Charles de Gaulle Blvd.

Sivatha

Psar Leu

Golfplatz

High School Rd.

Psar
Kraoum

Sala Lodge Rd.

Kantrak

Psar Karoum Rd.

Lotosfarm,
Tonle Sap,
Phnom Krom,
Chong Kneas

**Wat
Atvea**

63

Phnom Penh

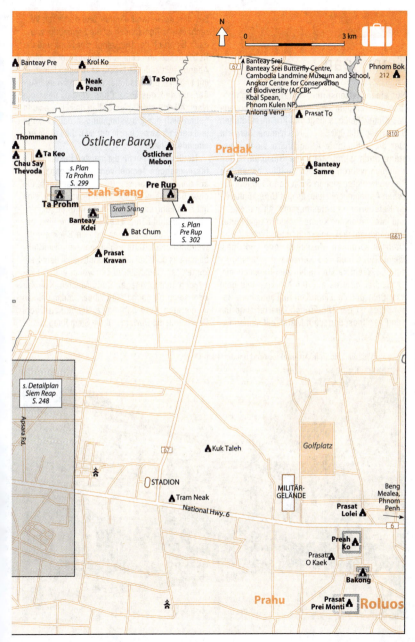

Siem Reap

Nur einen Katzensprung entfernt von den berühmten Tempeln von Angkor, einst Zentrum des Khmer-Reiches, liegt das Provinzstädtchen Siem Reap (100 000 Einw.). Noch immer herrscht hier die entspannte Atmosphäre einer Kleinstadt, auch wenn steigende Besucherzahlen zu einem wahren Bauboom geführt haben. Für Reisende bieten sich in Siem Reap alle touristischen Annehmlichkeiten: Es gibt Unterkünfte aller Kategorien und Restaurants mit nationaler und internationaler Küche für jeden Geldbeutel. Entspannung nach anstrengenden Tempelbesuchen versprechen Massagesalons und Spas. Kleine Boutiquen und Kunsthandwerksstände auf den Nachtmärkten laden zum Bummeln ein, exotischer geht es auf den Märkten wie dem Psar Chas und dem Psar Leu zu. Etwas ganz Besonderes ist das Old French Quarter rund um den Psar Chas, den alten Markt, mit seinen liebevoll renovierten Kolonial- und den alten Warenhäusern. Romantisch ist die Stimmung, wenn nach Einbruch der Dunkelheit der Fluss und die Holzbrücken von Lampions beleuchtet werden. Abends füllt sich die tagsüber ruhige Kleinstadt mit Leben – die Besucher flanieren an den Außenständen des Psar Chas vorbei, über die Nachtmärkte auf beiden Seiten des Flusses und geben sich der Partystimmung in der Passage und der Pub Street hin, in der sich die Lokale aneinanderreihen.

Natürlich stehen für die meisten Besucher die faszinierenden Tempel von Angkor ganz oben auf der Entdeckerliste. Die Tempelanlagen, die etwa 6 km nördlich von Siem Reap liegen, sind mit dem Fahrrad, Tuk-Tuk oder Auto bequem zu erreichen und können das ganze Jahr über besucht werden. Einen besonderen Blick auf die weltberühmte Stätte erhält man vom Heißluftballon aus oder bei einem Rundflug mit dem Helikopter. Tagesausflüge zu den weiter entfernt liegenden Tempelanlagen Beng Mealea, Koh Ker oder sogar bis nach Preah Vihear sind mit einem gemieteten Auto bequem zu bewerkstelligen. Doch auch die Dörfer rund um Siem Reap mit ih-

Charmant ist die koloniale Architektur rund um den Psar Chas.

© MARION MEYERS

ren Reisfeldern lohnen einen Besuch, erhält man hier doch Einblick in den dörflichen Alltag. Ebenso faszinierend ist das Leben in den schwimmenden Dörfern auf dem Tonle-Sap-See. Kaum vorstellbar für uns Besucher, dass tatsächlich das gesamte Leben auf dem Wasser stattfindet. Schulkinder paddeln mit dem Boot zur Schule, Waren des täglichen Bedarfs bis hin zum Mobiltelefon werden in schwimmenden Geschäften verkauft, Snacks von Booten aus feilgeboten. Der größte See Südostasiens bietet zudem teils seltenen Wasservögeln eine Heimat, was vor allem Vogelliebhaber anlockt.

Geschichte

Siem Reap heißt übersetzt „der Platz, an dem die Siamesen geschlagen wurden", wohl in Anlehnung an eine Schlacht aus dem 17. Jh. Die ersten Beschreibungen des Dorfes stammen aus dem Jahr 1860, als der französische Forschungsreisende Henri Mohout die Tempel von Angkor (wieder) entdeckte. Zu diesem Zeitpunkt bzw. bereits seit 1795 stand die gesamte Region unter dem Einfluss Siams. Erst mit dem Französisch-Siamesischen Vertrag vom 23. März 1907 fielen Siem Reap und Angkor an Kambodscha zurück. In den 1920er-Jahren kamen die ersten Touristen, das Grand Hotel d'Angkor eröffnete (damals lag es noch außerhalb der Stadt). Als attraktives Reiseziel in Asien wurde Siem Reap bereits in den 1950er- bis Anfang der 1970er-Jahre bekannt. Prominente Besucher waren Somerset Maugham 1923 und Charlie Chaplin 1936. Im Jahr 1966 weilte Charles De Gaulle während eines Staatsbesuches hier, und Jacqueline Kennedy verbrachte 1967 drei Tage in Siem Reap und Angkor.

Unter den Roten Khmer wurde die Stadt ab 1975 entvölkert und viele Häuser zerstört. 1979 vertrieben die Vietnamesen die Gewaltherrscher, die in den nahe gelegenen Dschungel flüchteten. Die zurückgekehrte Bevölkerung verbarrikadierte sich im Stadtzentrum, um sich vor den immer wiederkehrenden Überfällen der Roten Khmer zu schützen. Bis 1993 kam es zu regelmäßigen Übergriffen, von denen auch die UNTAC nicht verschont blieb. Seit Mitte der 1990er-Jahre wurde der Tourismus neu belebt.

Die Besucherzahlen steigen Jahr für Jahr, und das kleine Dorf wird täglich größer. Die Ausfallstraßen mit großen Hotels an beiden Seiten ziehen sich immer weiter aufs Land hinaus, und auch der Weg zu den Tempeln ist mittlerweile fast nahtlos zugebaut. Doch noch immer versprüht die Stadt durch ihre idyllische Lage am Fluss und die niedrige Bebauung (in der Stadt) den Charme einer Kleinstadt.

Orientierung

Siem Reap erstreckt sich von den Tempelanlagen im Norden bis südlich des „alten" Marktes (Psar Chas), sowie westlich und östlich entlang dem Siem-Reap-Fluss.

Der belebte Stadtkern befindet sich rund um den Psar Chas auf der westlichen Seite des Flusslaufs. Das Gebiet rund um den Markt ist überschaubar und gut zu Fuß zu erkunden. Hier befinden sich die Ausgehmeile Pub Street und die überdachte Straße, in der sich die Restaurants aneinanderreihen, genannt „Passage", sowie der Sivatha Boulevard. Letzterer ist die Hauptgeschäftsstraße.

Die wichtigsten Straßen: Die wichtigste Ost-West-Verbindung ist die Nationalstraße 6 (N6), die im Osten nach Phnom Penh und Kompong Thom, im Westen zum Flughafen, weiter nach Sisophon, Poipet und Bangkok führt. Nur wenige Straßen tragen einen Namen, manche sind durch Nummern gekennzeichnet. Einige Straßen werden von Einheimischen auch nach den örtlichen Gegebenheiten benannt. So trägt die N6 auf der westlichen Seite den Beinamen „Airport Road"; die Straße, die östlich des Psar Chas am Krankenhaus verläuft, „Hospital Street" (offizielle Bezeichnung 2 („Pi")-Thnou St.). Nördlich der N6 führt der Charles de Gaulle Boulevard zum Haupteingang nach Angkor, daher auch der Name „Angkor Wat Road"; 7 Makara wird „Highschool Road" genannt. Die Straße östlich entlang dem Fluss heißt einfach „River Road". Viele Tuk-Tuk- und Motorradtaxi-Fahrer kennen die Stadt wie ihre Westentasche, aber natürlich nicht alle gewünschten Ziele. Für Preisverhandlungen einfach einen markanten Punkt in der Nähe angeben, wie einen Markt, die Pub Street oder eine Pagode.

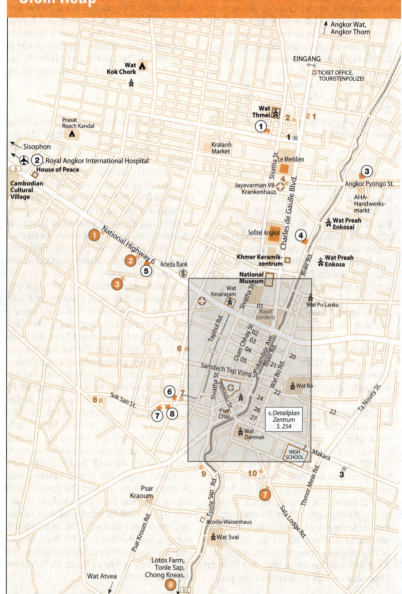

Angkor Wat, Angkor Thom

EINGANG

TICKET OFFICE, TOURISTENPOLIZEI

Wat Kok Chork

Wat Thmei
1

2
1

1

Prasat Reach Kandal

Kralanh Market

Sisophon

Le Meridien

Royal Angkor International Hospital
House of Peace

Angkor Pyongo St.
3

Cambodian Cultural Village

Jayavarman VII-Krankenhaus

AHA-Handwerks-markt

Wat Preah Enkosai

Charles de Gaulle Blvd.

Sivatha St.

Sofitel Angkor
4

Wat Preah Enkosa

National Highway 6
1

Khmer Keramik-zentrum

River Rd.

2

Acleda Bank
5

National Museum

Wat Kesararam

Wat Po Lanka

3

01 Royal Gardens

Taphul Rd.

Sivatha St.

Oum Chhay St.

02
03
04

Pokambor Ave.

6

05

River Rd.

Wat Bo Rd.

20
21

Samdech Tep Vong St.

22

Wat Bo

8
Sok San St.

6
7

Sivatha St.

Pithnou St.

26

s. Detailplan Zentrum S. 254

22

Ta Nouey St.

7
8

Psar Chas

27

Wat Damnak

HIGH SCHOOL

Makara

9

10

3

Thnot Meas Rd.

Psar Kraoum

Tonle Sap Rd.

7

Sala Lodge Rd.

Acodo-Waisenhaus

Psar Kroun Rd.

Wat Svai

Lotos Farm, Tonle Sap, Chong Kneas,

Wat Atvea

8

Übernachtung:
1. Samar Villas & Spa Resort
2. Empress Angkor Hotel
3. Angkor Village Resort & Spa
4. The River Garden
5. Khemara Angkor Hotel & Spa
6. Garden Village
7. Diamond D'Angkor
8. Jasmine Garden Villa

Essen:
1. Vegan Tea House
2. Essensstände
3. Jungle Junction

Sonstiges:
1. Krousar Thmey Massage
2. Angkor Arena
3. Smile of Angkor
4. Beatocello
5. Rosana Broadway
6. Kampuchea Dental Clinic
7. Tuk-Tuk Bar
8. The Happy Ranch
9. Institute for Khmer Textiles
10. Quad Adventure Cambodia

Transport:
1. Vietnam Airlines
2. Helistar
3. Tara Boat
4. Minibusse
5. Sammeltaxis
6. Chong Kov Sou Busbahnhof, Sammeltaxis
7. Osmose
8. Boote nach Phnom Penh und Battambang

Sehenswertes

In der Stadt

Die Innenstadt lässt sich prima zu Fuß oder mit einem Fahrrad erkunden. Im Folgenden der Vorschlag für einen **Rundgang**, beginnend in der Innenstadt an der westlichen Flussseite. Es geht Richtung Nordosten, dann auf der östlichen Flussseite in südlicher Richtung zurück. Mit dem Fahrrad ist für die gesamte Tour ein Tag einzuplanen.

Im **Psar Chas** (alter Markt) werden Kunsthandwerk, *kramas*, Sarongs und jede Menge anderer Souvenirs verkauft. Morgens ist ein guter Zeitpunkt für einen Besuch, dann bieten Marktfrauen in den Gängen frische Lebensmittel feil.

200 m weiter nordöstlich erblickt man am Fluss das buddhistische Kloster **Wat Preah Prohm Rath**, in dem gegenwärtig etwa 20 Mönche leben. Die Anfänge des Klosters gehen zurück auf König Ang Chan I. (reg. 1516–1566), der es Anfang des 16. Jhs. gründete. Einen Blickfang bildet am Eingang die Nachbildung des Kampfbootes Ang Chans, dem magische Kräfte zu hohen Geschwindigkeiten verholfen haben sollen. Der moderne Vihear wurde 1951 erbaut, die Außenwände zieren 44 bunte Relieftafeln, die Szenen aus dem Leben Buddhas darstellen. Das Foto neben dem sitzenden Buddha im Inneren zeigt den Mönch Chuon Nath (1883–1969), der 1938 das erste Wörterbuch in Khmer verfasste.

Nördlich befindet sich das Reha-Zentrum **Handicap International**, 🖥 www.handicapinternational.be. Von einem international tätigen belgischen Verein gefördert, bietet es Informationen zum Thema Landminen, die Anfertigung von Prothesen und Reha-Maßnahmen. ⏰ Mo–Fr 8–12 und 14–17 Uhr.

Eine Oase der Ruhe sind die gepflegten **Royal Gardens** an der **Königlichen Residenz**, etwa 500 m dem Flussverlauf in nördlicher Richtung folgend. Hunderte von Flughunden, die sich von Früchten ernähren, hängen tagsüber in den Bäumen. Auf dem Gelände steht der **Schrein Preah Ang Chek – Preah Ang Chrom**. Die Pagode beherbergt die Schutzgöttinnen von Siem Reap. Zu sehen sind zwei Statuen der Schwester-Gottheiten, die vermutlich einst Prinzessinnen von Angkor waren. Preah Ang Chek ist die größere und schlankere, Preah Ang Chrom die kleinere. Die Originalstatuen stammen aus dem 16. Jh. und wurden Ende der 1950er-Jahre von ihrem damaligen Standort Angkor Thom ins Angkor Conservation Center gebracht. Einer Legende zufolge soll der damalige Provinzgouverneur Dap Chhun die Statuen gestohlen haben. Die über 500 kg schweren Figuren, die er trotz ihres Gewichts tragen konnte, hätten zu ihm gesprochen und ihm Glück gebracht. Doch von dem Tag an, an dem Dap Chhun versuchte, den König zu hintergehen, verstummten sie. Dap Chhun schlug aus Wut der Figur Preah Ang Chek die Hand ab – die Bruchstelle ist noch heute zu erkennen. So viel zur Legende! Gläubige überschütten die ausgestreckten Handflächen der im Schrein aufgestellten Figuren mit geweihtem Wasser, um Glück oder die Erfüllung eines Wunsches zu erbitten. Die beiden sollen außerdem frisch vermählten Paaren Glück bringen. Beim Schrein singen Mönche, oft spielen hier traditionelle Khmer-Bands.

Südlich angrenzend steht unter einem Baum der **Schrein Ya-Tep**. Er ist den Ahnengeistern *(neak ta)* gewidmet. Die Neak ta wachen über den Ort und die hier lebenden Menschen – solange ihnen genügend Respekt gezollt wird. Daher bringen insbesondere in den frühen Abendstunden viele Gläubige Opfergaben dar.

Wat Kesararam, 100 m westlich, wurde um 1970 erbaut, bunte Wände und Decken stellen Buddhas Leben dar. Unter dem Tempel liegen Knochenreste von Opfern der Roten Khmer.

Das aufwendig gestaltete Gebäude 200 m nördlich beherbergt das sehenswerte **Angkor Nationalmuseum**, 968 Charles de Gaulle Blvd., ✆ 063-966 601, ⌨ www.angkornationalmuseum. com, das sich dem Angkor-Reich und der Khmer-Kultur widmet. Es ist ein modern, informativ und interaktiv gestaltetes Museum. Beeindruckend ist die Galerie der 1000 Buddhas, die aus verschiedenen Epochen und Materialien stammen. Die übrigen sieben Räume sind nach Themenkomplexen unterteilt wie die Entwicklung des Khmer-Reichs, Religionen, Baustile der Angkor-Könige, Angkor Wat oder Angkor Thom. ◷ 8.30–18.30 Uhr, Eintritt US$12, Kinder unter elf Jahren die Hälfte. Deutschsprachiger empfehlenswerter Audioguide US$3.

Im **Khmer Keramik Zentrum**, Charles de Gaulle Blvd., ✆ 063-210 004, ⌨ www.khmerceramics. com, erhalten benachteiligte Jugendliche eine Ausbildung in alter Töpferkunst. Wer Interesse hat, kann unter Anleitung selbst Töpferarbeiten herstellen, ein Stück wird gebrannt und am nächsten Tag ins Hotel gebracht. US$15. ◷ 8–20 Uhr.

Die Klosteranlage **Wat Thmei** 3,5 km nördlich des Psar Chas beherbergt einen Stupa mit Knochen und Kleiderresten von Opfern der Roten Khmer, auch Mönche sind hier umgekommen. Die heute hier lebenden jungen Mönche unterhalten sich gern mit ausländischen Besuchern, um ihre Englischkenntnisse aufzubessern. Auf dem Gelände befindet sich zudem ein Waisenhaus; das **Salvation Center Cambodia** verkauft kleinere Andenken, deren Erlöse HIV-positiven Menschen helfen.

Wer von dort auf die **östliche Flussseite** Richtung Zentrum wechselt, erreicht zuerst den Tempel Preah Enkosai.

Wat Preah Enkosai wurde Ende des 10. Jhs. von Rajendravarman II. (reg. 944–968) erbaut. Von den ursprünglich drei Laterit-Türmen sind noch zwei erhalten, der Vihear steht auf den Resten des dritten Tempels. Sie sind das älteste Zeugnis der Angkor-Zeit in der Stadt. Der Hauptturm hat einen Türbogen aus Sandstein, auf dem einige Steinmetzarbeiten zu erkennen sind: Indra auf einem Elefanten und das Kirnen des Milchozeans (s. Kasten S. 286). **Wat Preah Enkosa**, ca. 300 m südlich, wurde 1911 erbaut. Zwei Boote, aus einem Jackfruit-Baum geschnitten, liegen rechts und links des Eingangs. Der Vihear der Klosteranlage **Wat Po Lanka**, weitere 300 m südlich, stammt aus den 1960er-Jahren, das Dach wird von Garudas gehalten: Die Kraft der mystischen Wesen soll dem Gebäude Standfestigkeit verleihen. Sehenswert ist der Bodhi-Baum, der von meditierenden Buddhas umgeben ist.

Der „neue Markt" **Psar Leu** befindet etwa 1 km in östliche Richtung an der N6. In dem großen überdachten Markt wird (fast) alles verkauft: Elektro-Kleingeräte, Textilien, Stoffe, Schmuck, Haushaltswaren. Interessant ist ein Gang durch die Lebensmittelabteilung, in der viele bei uns unbekannte Gemüse- und Obstsorten angeboten werden.

© MARION MEYERS

Auf dem Gelände von Wat Damnak sind heute ein Kloster, eine Bibliothek und eine Schule untergebracht.

130 Mönche leben im sehenswerten **Wat Bo**, dessen Klostergebäude noch aus dem 18. Jh. stammt. Die Eingänge und Fensterstürze zieren wunderbare Reliefs aus dem Ramayana-Epos. Gegen eine Spende schließt der Tempelwächter auf, sodass man die aus dem 19. Jh. stammenden Wandmalereien im Vihear bestaunen kann. Sie zeigen Alltagsszenen, u. a. mit französischen Soldaten und Chinesen. Nach Rücksprache mit dem Klostervorsteher kann der Vihear zur Meditation genutzt werden (Spende erbeten).

Dem Psar Chas gegenüber, auf der östlichen Flussseite, steht **Wat Damnak** („Palast"). Unter König Sisowath als Königsresidenz genutzt, ist es heute ein buddhistisches Kloster und Lernzentrum. Die Bibliothek des **Zentrums für Khmer-Studien** ist frei zugänglich. Die ebenfalls hier ansässige **Life & Hope Association**, ☎ 063-761 810, 🖥 www.lifeandhopeangkor.org, unterrichtet unterprivilegierte Kinder in Englisch.

In der Umgebung
Richtung Tonle Sap
7 km südlich von Siem Reap Richtung Tonle-Sap-See liegt der sehenswerte **Wat Atvea**. Der aus Laterit und Sandstein gebaute Tempel ist

gut erhalten, er stammt aus dem 12. Jh., wurde von Suryavarman II. errichtet und leider niemals fertiggestellt. Die Parallelen zu Angkor Wat sind klar zu sehen. Atvea heißt übersetzt „ohne Tür". Vier Gopurams sind mit Lotosblüten-Reliefs verziert. Die Türpfosten des Zentralheiligtums in der Mitte sind mit Apsara-Darstellungen geschmückt, rechts und links davon sind nicht vollendete Apsaras auszumachen. Auf dem Steinpodest im Zentralheiligtum soll einst eine Vishnustatue gestanden haben. Die Anlage mit dem angrenzenden Kloster ist wunderbar ruhig, nur wenige Touristen besuchen den Tempel.

Ein interessanter Zwischenstopp auf dem Weg zum See verspricht die **Lotos Farm**, Phnom Krom Rd., ☎ 063-636 9133, 🖥 www.lotusfarm. org. Hier kann man der Gewinnung und Weiterverarbeitung von Lotosseide zuschauen, kostenfreie Führungen. ⏲ 10–18 Uhr.

Cambodian Cultural Village
Der Themenpark liegt an der N6, 5 km Richtung Flughafen, ☎ 063-963 098, 🖥 www.cambodian culturalvillage.com. Überwiegend asiatische Gruppen besuchen die 200 000 m² große, gepflegte Anlage, in der Miniaturnachbildungen von

Die Seidenfarm im Dorf Puok

Wahrscheinlich wurden bereits im 2. Jh. Seidenwebarbeiten aus China und Indien ins Reich der Funan importiert. Später siedelten Seidenweber in Kambodscha in der Gegend um Takeo. Während der französischen Kolonialzeit war Seide ein begehrter Exportartikel. Handgewebte Seide hat einen tiefen Glanz und eine einzigartige Struktur durch kleine Unregelmäßigkeiten. Während der Herrschaft der Roten Khmer galt das schöne Material als Teil der westlichen Dekadenz, und die Herstellung von Seide wurde verboten. Alle Genossen mussten einfache grobe schwarze Kleidung in Pyjamaform tragen. So fiel auch diese Kunst der Vergessenheit anheim.

Erst Anfang der 1990er-Jahre rückte dieses alte Handwerk wieder in den Blickpunkt. In Siem Reap wird heute die Seidenfarm bei dem Dorf Puok von **Les Artisans d'Angkor** geleitet. 1991 als französische NGO gegründet, finanziert sich das Projekt seit 2001 selbst. Benachteiligte Jugendliche werden hier in der Seidenweberei ausgebildet. Die kostenlose einstündige Führung zeigt die Maulbeerplantagen (Lieblingsspeise der Seidenraupen), die Aufzucht der Raupen und die Gewinnung der Seidenfäden aus den Kokons. Es ist beeindruckend zu sehen, dass bis zu 500 m lange Seidenfäden aus nur einem Kokon entstehen. Rohseide aus Kambodscha hat einen einzigartigen Goldton. Gefärbt wird mit Naturstoffen: Grau aus den ausgekochten Ästen des Lychee-Baums; Braun aus gekochten Kokosnussschalen; Rot aus Schildläusen, Gelb und Blau aus Baumrinden. Danach geht es zur Verarbeitung an die Webstühle. Im angegliederten Museum sind besonders interessante Exemplare der Webkunst zu bewundern.

🏠 **Seidenfarm**, 17 km westlich von Siem Reap, im Dorf Puok an der N6 Richtung Sisophon, ✆ 063-555 5768. ⏰ 8–17 Uhr, Eintritt frei. Angegliederter Shop. Um 9.30 und 13 Uhr kostenloser Shuttlebus von Artisans d'Angkor in Siem Reap.

---

berühmten Bauwerken wie dem Königspalast, Nationalmuseum und Wat Phnom in Phnom Penh zu sehen sind. Zehn traditionelle Dörfer sind aus Beton, Holz und Plastik nachgebaut. Zudem beherbergt der Park einen Zoo, ein Museum und ein Wachsfigurenkabinett, dazwischen werden traditionelle Tänze dargeboten. Erwachsene mögen das etwas kitschig empfinden, für Kinder ist es ein schöner Ausflug. ⏰ 8–20 Uhr, Eintritt US$15, Kinder 1,10m–1,40m US$5. Golfwagen für den bequemen Transport ab US$7.

Nahe den Tempeln

Nördlich von Siem Reap befinden sich im Tempelbezirk drei Ausflugsziele, die sich bequem mit den Tempelbesuchen verbinden lassen. Wer jedoch nur dorthin will, muss kein Tagesticket kaufen, sofern man (bzw. der Tuk-Tuk- oder Taxifahrer) bei der Einlasskontrolle Bescheid gibt.

Banteay Srei Butterfly Centre

🏠 Fast 40 heimische Schmetterlingsarten flattern in einem tropischen Garten, 10 km vor Banteay Srei, ✆ 097-852 7852, 🖥 www.angkorbutterfly.com, unter einem hohen Netz umher. Gezeigt wird die Entwicklung der filigranen Tiere von der Larve zur Raupe, über die Verpuppung im Kokon bis hin zum fertigen Schmetterling. Das Center unterrichtet die einheimische Bevölkerung in Sachen Schmetterlingsaufzucht und Naturschutz. ⏰ 9–16.30 Uhr, Eintritt US$4, Kinder unter zwölf Jahren US$2, inkl. Führung.

Cambodia Landmine Museum and School

🏠 Der Kambodschaner Aki Ra gründete 1997 die Sammlung und stellt seither Kriegswaffen, z. B. Gewehre, Handgranaten und Minen, in seinem Museum, 🖥 www.cambodialandminemuseum.org, 6 km vor Banteay Srei, aus. Ausführliche Informationen zu den noch in Kambodscha vergrabenen Landminen und Blindgängern sind ebenfalls zu finden. Aki Ra, der unter den Roten Khmer selbst Minen legte, wurde nach dem Krieg zum Minenräumer ausgebildet. 2008 gründete er eine NGO, die Landminen und Blindgänger in abgelegenen Dörfern entschärft. Die Eintrittsgelder des Museums werden zur Unterstützung von Kindern verwendet, deren Familienmitglieder u. a. von Verletzungen durch Landminen betroffen sind. Hinter dem Museum leben über 30 Kinder, die Unterkunft, Essen, eine Schulausbildung und Weiterbildungsmöglichkeiten erhalten. Freiwilligenarbeit möglich. ⏰ 7.30–17.30 Uhr, Eintritt US$3, Kinder unter zwölf Jahren frei.

Angkor Centre for Conservation of Biodiversity (ACCB)

🛈 Dieses Schutzzentrum nahe Kbal Spean, 1 1/2 Std. nördlich von Siem Reap, ✆ 011-426 856, 🖥 www.accb-cambodia.org, setzt sich in Zusammenarbeit mit dem Zoo Münster für den Schutz bedrohter Tierarten ein. Gibbons, Leopardenkatzen, Makakken, Schildkröten, Störche und Ibisse leben in dem Zoo, darunter viele gefährdete einheimische Arten. Die Tiere wurden zum Teil aus nicht artgerechter Haltung konfisziert. ACCB betreibt Zucht- und Auswilderungsprogramme sowie Naturschutzaufklärung in Schulen. Das Zentrum ist nur im Rahmen einer Führung (1 1/2 Std.) Mo–Sa um 13 Uhr oder unter vorheriger Anmeldung zu besichtigen. Um eine Mindestspende von US$3 wird gebeten.

ÜBERNACHTUNG

An Unterkünften mangelt es in Siem Reap nicht. Selbst in der Hauptreisezeit wird man spontan noch irgendwo irgendein freies Zimmer finden. Und dennoch ist zwischen Dezember und Ende Februar eine Reservierung zu empfehlen. Wer mit Bus oder Boot ankommt, sieht sich einer Schar von Tuk-Tuk- und Mopedtaxifahrern gegenüber. Wer sich noch nicht für eine Unterkunft entschieden hat, kann den Empfehlungen des Taxifahrers folgen. Die Fahrt ist dann meist kostenlos, der Fahrer erhält eine Provision vom Hotel. Selbstverständlich kann man sich weitere Hotels ansehen, sollte das angebotene Zimmer einem nicht zusagen. Dann ist aber nicht selten die Fahrt ins Zentrum mit US$2 zu bezahlen.
Genügsame Traveller können für US$1 im einfachsten Dormbett übernachten. Für günstige Guesthouses mit eigenem Bad und Ventilator sind etwa US$10, mit AC US$15–20 zu zahlen. Einige dieser Häuser bieten sogar einen kleinen Pool. Viele Backpacker-Unterkünfte haben im

Wat Bo Village eröffnet, rund um St. 20 und die angrenzenden Straßen. Zum Zeitpunkt der Recherche waren die Seitenstraßen nicht asphaltiert, während der Regenzeit verwandeln sie sich daher noch in schlammige Pisten. Beliebt ist die Sok San St. Unterkünfte verschiedener Preisklassen reihen sich hier aneinander. Zudem gibt es günstige Restaurants und ein paar Bars für diejenigen, die das Getümmel rund um die Pub St. meiden wollen. Mittelklassehotels mit Pool liegen um US$60. Immer mehr kleine Boutiquehotels eröffnen, hier hängt der Preis von der Zimmergröße ab. Nach oben sind in Siem Reap fast keine Grenzen gesetzt. Viele der großen Resorts liegen etwas abseits an der N6 Richtung Flughafen. Unterkünfte aller Preisklassen bieten kostenloses WLAN.

Untere Preisklasse

Arboretum Guesthouse ㉜, Sok San St., ✆ 063-963 240, 🖥 www.arboretumguesthouse.com, [9688]. Familiäres Haus mit schönem Garten und Terrasse zur Straße. Die Zimmer haben gefliese Böden, sind mit Bett und Schrank möbliert, umlaufende Steinbordüren schmücken die Wände. Ventilator oder AC. ❷

🛏 **Avatar Angkor Hotel** ⑰, Taphul Rd., ✆ 063-968 767, 🖥 www.avatarangkorhotel.com, [9689]. Außen hochmodern, innen sind alte schwarz-weiße Bodenfliesen erhalten. Das Haus ist dekoriert mit Gebrauchsgegenständen aus Holz wie alten Pflügen oder Eggen. In den schönen AC-Zimmern stehen Bett, Schreibtisch und Ablagemöbel. Ansprechende Bäder, ebenfalls mit schwarz-weißen Fliesen und die Waschbecken, die aus einem Palmenstamm gearbeitet wurden. Minibar und Wasserkocher. Zudem eine 30-Min.-Massage. ❷

Bou Savy Guesthouse ⑩, Seitengasse N6, ✆ 063-964 967, 🖥 www.bousavyguesthouse.com, [9690]. Großes rotes Haus in einem tropischen Garten. Die Zimmer sind sauber gefliest, mit Kühlschrank, TV und netten farbigen Seidenkissen dekoriert. Bei Travellern beliebt, unbedingt reservieren. Inkl. Frühstück. ❷

€ **Garden Village** ⑥, 434 Sok San St., ✆ 012-217 373, 🖥 www.gardenvillageresort.com. 70 unterschiedlichste Zimmer auf

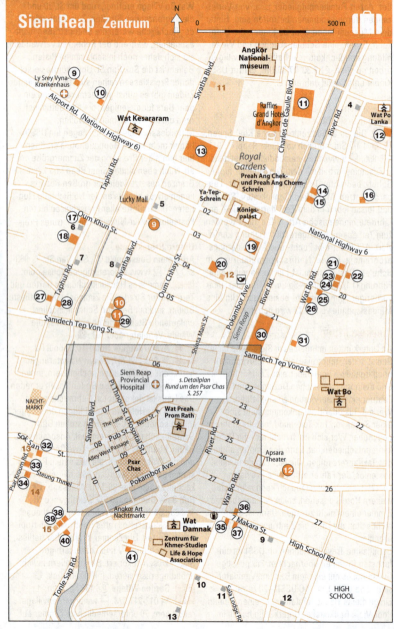

Siem Reap Zentrum

N

0   500 m

SIEM REAP UND DIE TEMPEL VON ANGKOR

Angkor National-museum

Ly Srey Vyna-Krankenhaus   **9**

10

Airport Rd. (National Highway 6)

Wat Kesararam

Taphul Rd.

11

Raffles Grand Hotel d'Angkor   **11**

Charles de Gaulle Blvd.

River Rd.

4

Wat Po Lanka   **12**

13

Royal Gardens

01

Preah Ang Chek- und Preah Ang Chorm-Schrein

14 **15**

16

Lucky Mall

5

Ya-Tep-Schrein

Königs-palast

National Highway 6

17   Oum Khun St.   **6**

18

9

02

03

19

21

Taphul Rd.

7

8

Sivatha Blvd.

Oum Chhay St.

04

20

12

Wat Bo Rd.

23 **24**

22

25

20

27

28

05

Pokambor Ave.

Siem Reap

26

Samdech Tep Vong St.

10 **11** **29**

Shinta Mani St.

21

30

31

Samdech Tep Vong St.

Siem Reap Provincial Hospital

s. Detailplan Rund um den Psar Chas S. 257

22

Wat Bo

NACHT-MARKT

PT Throu St.

The Lane

Pub St.

New St.

Wat Preah Prom Rath

23

24

22

Sok San   **32** St.

13

Pa Koum Rd.

33

Steung Thmel

Alley West Passage

08

11

10

Psar Chas

25

26

River Rd.

27

12

Apsara Theater

34

14

Pokambor Ave.

26

Angkor Art Nachtmarkt

39 **38**

15

40

Tonle Sap Rd.

41

Wat Damnak

Zentrum für Khmer-Studien

Life & Hope Association

36

35

37

Makara St.

9

High School Rd.

27

Wat Bo Rd.

10

11

Sala Lodge Rd.

12

13

HIGH SCHOOL

mehrere Häuser verteilt. Die einfachste und günstigste Schlafmöglichkeit ist ein Dorm-Bett „Khmer-Stil": Matratze und Moskitonetz. Schön sind die Mehrbettzimmer mit vielen Stockbetten im luftigen gemauerten Raum. In dem neuen Gebäude auf der Rückseite gibt es riesige gefliste saubere Zimmer mit einem Bett, schönem Bad und Terrasse. Auf der Gemeinschafts-Dachterrasse ist immer etwas los. Dormbett von US$1 bis zu US$2,50. Das DZ kostet p. P. US$6–8.

€ **Golden Takeo Guesthouse** ㉔, 123 Wat Bo Village, ☏ 012-785 424, 🖥 www.goldentakeoguesthouse.com, [9691]. Im Erdgeschoss Zimmer mit Doppelbetten, im oberen Stockwerk mit 2 großen Betten. Recht hübsch gestaltet durch farbige Wände mit aufgemalten Blumenmotiven. Gutes Preis-Leistungs-Verhältnis. WLAN oder Internet im Flur. Inkl. Frühstück. ❷

Happy Guesthouse ㉓, 134 Wat Bo Village, ☏ 063-963 815, 🖥 www.happyangkorguest house.com, [9692]. 2 Häuser mit günstigen kleinen Zimmern, in denen lediglich Bett und Fernseher stehen. Ventilator oder AC. WLAN nur im Restaurant. ❶–❷

I Lodge Hostel ㉙, 30 Samdech Tep Vong St., ☏ 012-709 235. 8 recht stilvolle Zimmer. Graue Wände und dunkle Möbel, weißer Schrank, Schreibtisch, TV, Kühlschrank. Passend dazu Schwarz-Weiß-Fotos an den Wänden. Ventilator oder AC. Inkl. Frühstück. ❶–❷

€ **Ivy Guesthouse** ㊷, ☏ 012-800 860, 🖥 www.ivy-guesthouse.com, [9727]. Hier wohnt der Gast in einem Khmer-Holzhaus im Garten. Ganz unterschiedliche einfache Zimmer mit ebensolchem Bad, gemütlich durch den alten Holzboden. In manchen Zimmern liegt nur eine große Matratze auf einem Holz-podest. Keine Moskitonetze. Toll ist die Terrasse auf der 1. Etage mit Korbmöbeln. Vor allem der schöne Garten macht dieses Haus zu einem besonderen Platz. Dort sind einige Wände hübsch in Rot gestrichen mit liebevollen Details geschmückt. Ventilator, AC. White Bicycles können hier für US$2 ausgeliehen werden. ❶

Jasmine Garden Villa ⑧, Sok San St., ☏ 063-650 1626, 🖥 www.jasminegarden villa.com, [9693]. Hinter Bambus und Bananensträuchern verbirgt sich dieses gemütliche Guesthouse. Dunkelrote Wände strahlen eine heimelige und stilvolle Atmosphäre aus. Einfach möbliert mit Bett, Schrank, kleinem Tisch, TV, Kühlschrank. Accessoires, z. B. Kissen, peppen die Zimmer auf und versprühen einen Hauch Boutique-Chic. Wahlweise Ventilator oder AC. Tgl. kostenlos Kaffee, Tee, Wasser. Restaurant. Fahrradverleih. ❷

Jasmine Lodge ⑨, 307 N6, ☎ 012-784 980, 🖥 www.jasminelodge.com, [9694]. Eine ruhige Seitengasse der N6. Highlight ist der kleine Pool im Garten. Restaurant mit gemütlichen Korbsesseln und Billard-Tisch. Die Zimmer und Bäder sind sauber, mit Bett, Schreibtisch, Rattan-Ablage und TV möbliert. Mehrbettzimmer vorhanden. Wahlweise gibt es Ventilator oder AC. ❶ – ❷

🏨 **Mandalay Inn** ⑩, ☎ 063-761 662, 🖥 www.mandalayinn.com, [9695]. Toll begrünter Vorgarten mit Tischen und zahlreichen Buddha- und Hindufiguren geschmückt. Geflieste Böden, Ablagemöglichkeiten, TV und sogar ein Safe. Mit Ventilator oder AC. Auch die EZ sind recht großzügig mit einem großen Bett und Kommode möbliert (kein Safe). Kleines Fitnessstudio. Im Restaurant wird internationale und burmesische Küche serviert. Tourbüro. ❶ – ❷

Popular Guesthouse ㉘, ☎ 063-963 578, 🖥 www.popularguesthouse.com, [9696]. Beliebtes Guesthouse mit Angkor-Motiven in der Lobby. Saubere geflieste Zimmer mit kleinem Schreibtisch, Kühlschrank und TV. Viele der Zimmer haben große Bäder mit abgetrennter Dusche. Ventilator und Kaltwasser; Ventilator oder AC mit Warmwasser. Tourbüro. ❷

Rosy Guesthouse ⑮, River Rd., ☎ 063-965 059, 🖥 http://rosyguesthouse.com, [9697]. Am Fluss gelegenes familiäres Guesthouse unter engl. Leitung. Es gibt Budget-Zimmer ohne Bad, Doppel oder Twin-Bett-Zimmer mit Bad bis hin zu größeren Familienzimmern und Balkon. Die Zimmer sind ordentlich, sauber mit Schrank oder Kleiderstange, TV und Kühlschrank möbliert. Vom Gemeinschaftsbalkon mit Lounge-Sesseln hat man einen tollen Flussblick. Billard für die Erwachsenen, Spielzimmer mit gutem Spielzeug für die Kinder, 2x wöchentl. Charity-Quiz,

Bücher, DVD, White-Bicycles-Verleih. Inkl. Frühstück. ❶ – ❸

Shadow of Angkor I Guesthouse ㊽, 353 Pokambor Av., ☎ 063-964 774, 🖥 www.shadowofangkor.com, [9698]. Gute Lage in einem Kolonialhaus am Tonle-Sap-Fluss. Mit Bett, Schrank und Beistelltisch eingerichtete Zimmer. AC, TV und Kühlschrank. Die teureren Zimmer haben einen Balkon mit Flussblick. Auch 3-Bett-Zimmer. Schöner Gemeinschaftsraum auf der 1. Etage. Tour Office, Fahrradverleih. ❷ – ❸

🏨 **Shadow of Angkor II Guesthouse** ㊺, Wat Bo St., ☎ 063-760 363, 🖥 www.shadowofangkor.com, [9699]. Schöne, helle Zimmer mit dunklen schweren Möbeln: Schrank, Schreibtisch oder Beistelltisch. TV. Moderne Bäder mit Dusche und Glasduschabtrennung. Kleiner überdachter Pool. Die teuren Zimmer haben zusätzlich einen Balkon. ❸

Smiley's Guesthouse ⑱, Taphul Rd., ☎ 012-852 955, 🖥 www.smileyguesthouse.com, [9700]. Von der Straße zurückversetztes Haus. Die 70 Zimmer liegen an einer Balustrade rund um einen begrünten Innenhof. Holzfußboden, großer Kühlschrank und kleiner Schrank, TV. Wahlweise Ventilator oder AC, alle mit Warmwasser. ❶ – ❷

The Siem Reap Central Hostel ㊱, 7 Makara St., ☎ 012-517 111, ✉ thesiemreapcentral@ yahoo.co. Großzügige Zimmer mit großen Betten, Schrank und TV. Schattiger Vorgarten mit Billard und Sitzmöglichkeiten. Wahlweise Ventilator oder AC. ❷

The Siem Reap Hostel ㉟, 7 Makara St. ☎ 063-964 660, 🖥 www.thesiemreaphostel. com. Beliebte Backpacker-Unterkunft. Kleiner überdachter Pool. AC-Schlafsäle für US$7 pro Bett oder DZ. Besondere Angebote, wie Yogakurse und Filmabende, tragen zur Beliebtheit bei (auch für Nichtgäste), Zimmer inkl. Frühstück. ❸

Two Dragons Guesthouse ㉕, 110 Wat Bo Village, ☎ 063-965 107, 🖥 www.twodragons-asia.com, [9701]. Von einem englisch-thailändischen Paar geleitet. Einfache, zweckmäßig eingerichtete saubere Zimmer. Der Besitzer ist sehr rührig und hilft bei allen Fragen. Wahlweise Ventilator oder AC, alle TV. Kaffee und

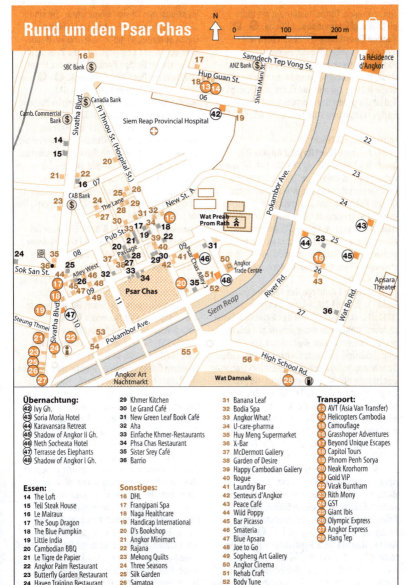

Rund um den Psar Chas

N ↑   0   100   200 m

Übernachtung:
- 42 Ivy Gh.
- 43 Soria Moria Hotel
- 44 Karavansara Retreat
- 45 Shadow of Angkor II Gh.
- 46 Neth Socheata Hotel
- 47 Terrasse des Elephants
- 48 Shadow of Angkor I Gh.

Essen:
- 14 The Loft
- 15 Tell Steak House
- 16 Le Malraux
- 17 The Soup Dragon
- 18 The Blue Pumpkin
- 19 Little India
- 20 Cambodian BBQ
- 21 Le Tigre de Papier
- 22 Angkor Palm Restaurant
- 23 Butterfly Garden Restaurant
- 24 Haven Training Restaurant
- 25 The Blue Pumpkin
- 26 Little Italy
- 27 Chamkar
- 28 Amok

- 29 Khmer Kitchen
- 30 Le Grand Café
- 31 New Green Leaf Book Café
- 32 Aha
- 33 Einfache Khmer-Restaurants
- 34 Phsa Chas Restaurant
- 35 Sister Srey Café
- 36 Barrio

Sonstiges:
- 16 DHL
- 17 Frangipani Spa
- 18 Naga Healthcare
- 19 Handicap International
- 20 D's Bookshop
- 21 Angkor Minimart
- 22 Rajana
- 23 Mekong Quilts
- 24 Three Seasons
- 25 Silk Garden
- 26 Samatoa
- 27 Spicy Green Mango
- 28 The Yellow Sub
- 29 Miss Wong
- 30 Temple Balcony Restaurant

- 31 Banana Leaf
- 32 Bodia Spa
- 33 Angkor What?
- 34 U-care-pharma
- 35 Huy Meng Supermarket
- 36 X-Bar
- 37 McDermott Gallery
- 38 Garden of Desire
- 39 Happy Cambodian Gallery
- 40 Rogue
- 41 Laundry Bar
- 42 Senteurs d'Angkor
- 43 Peace Café
- 44 Wild Poppy
- 45 Bar Picasso
- 46 Smateria
- 47 Blue Apsara
- 48 Joe to Go
- 49 Sopheng Art Gallery
- 50 Angkor Cinema
- 51 Rehab Craft
- 52 Body Tune
- 53 Monument Books & Toys
- 54 Diwo Gallery
- 55 Hip Hop
- 56 Alliance Café

Transport:
- 13 AVT (Asia Van Transfer)
- 14 Helicopters Cambodia
- 15 Camouflage
- 16 Grasshoper Adventures
- 17 Beyond Unique Escapes
- 18 Capitol Tours
- 19 Phnom Penh Sorya
- 20 Neak Krorhorm
- 21 Gold VIP
- 22 Virak Buntham
- 23 Rith Mony
- 24 GST
- 25 Giant Ibis
- 26 Olympic Express
- 27 Angkor Express
- 28 Hang Tep

Tee kostenlos. Gutes Restaurant mit thailändischer und internationaler Küche. ❷–❸

Voodoo Guesthouse ㉞, neben Artisans d'Angkor, ✆ 063-674 8989, 🖥 www.voodoosiemreap.webs.com, [9702]. Weißes Haus, mit witzigen Figuren bemalt. Spartanisch eingerichtete Zimmer, mit Farbe aufgepeppt. Toll ist die große Dachterrasse, auf der abends Partys stattfinden. Ventilator oder AC. ❶–❷

Mittlere Preisklasse

Auberge Mont Royal d'Angkor ㉗, 497 Taphul Rd., ✆ 063-964 044, 🖥 www.auberge-mont-royal.com, [9711]. Lobby und Restaurant sind in einem wunderbar restaurierten Kolonialhaus untergebracht. Alle Zimmer in den 3 angrenzenden Gebäuden haben einen Balkon und sind im Khmer-Stil eingerichtet, alle mit Safe, TV und Kühlschrank. Dazwischen stehen üppige Bananenstauden und andere tropische Pflanzen. Schöner Pool. Inkl. Frühstück. ❹–❺

Borann L'Auberge des Temples ⑯, ✆ 063-964 740, 🖥 www.borann.com, [9712]. Im gleichen Stil wie das Schwesterhotel La Noria stehen hier unter schattigen Bäumen weiße doppelstöckige Bungalows. Die Zimmer sind großzügig und ansprechend ausgestattet: Schattenspielpuppen oder andere Dekorationen aus natürlichen Materialien zieren die Wände. Eingerichtet mit Bett, Schreibtisch, Sitzmöglichkeiten, Safe, aber kein TV. Alle Zimmer haben entweder eine große Terrasse oder Balkon mit großem Deckenventilator. Pool. Restaurant. ❺

Frangipani Villa Hotels ㉛, 603 Wat Bo St., ✆ 063-963 030, 🖥 www.frangipanihotel.com, [9714]. Die Zimmer wirken luftig und hell dank der hellblau gestrichenen Wand. Große Betten mit Moskitonetz dominieren den Raum. Hübsche, aber recht kleine Bäder. Toll ist der Pool hinter dem Haus, der von duftenden Frangipani-Bäumen umgeben ist. ❹–❺

Golden Banana B&B Superior und **Boutique Hotel** ㊶, ✆ 063-761 259, 🖥 www.golden-banana.com, [9715]. Das Golden Banana besteht aus 3 Häusern. Die günstigeren Zimmer liegen an einem Garten mit chinesisch anmutender Dekoration. Gegenüber befindet sich das Superior Hotel mit Pool. Alle Zimmer sind im asiatischen Design eingerichtet. Sie sind nicht besonders groß, aber mit Liebe zum Detail gestaltet. Minibar, Safe und TV. Besonders schön und sehr groß sind die Zimmer im 3. Haus, dem Golden Banana Boutique Hotel, ebenfalls mit Pool. Inkl. Frühstück. ❹–❻

Golden Temple Villa ㉝, ✆ 012-943 459, 🖥 www.goldentemplevilla.com, [9716]. Am Eingang begrüßt Shiva die Besucher. Prächtig begrünter Vorgarten mit Palmen. Die Zimmer sind alle im Khmer-Stil eingerichtet mit viel Holz und Seidentüchern. Toilettenartikel in den Bädern. Kostenlos gibt es tgl. 1 Std. Massage, Fahrradverleih, Kaffee, Tee und Bananen. Restaurant und Aufenthalsräume sind mit Buddhastatuen oder Lotosblumen dekoriert. ❷–❹

Khemara Angkor Hotel & Spa ⑤, an der N6 Richtung Flughafen, ✆ 063-760 666, 🖥 www.khemaraangkor.com, [9345]. Beliebtes Haus mit gepflegten, aber nicht allzu aufwendig eingerichteten Zimmern; die meisten ohne Balkon. Entspannung bietet der Pool. Bei unserem Besuch viele deutsche Gäste. Online manchmal günstige Angebote, sonst ❹–❻

Neth Socheata Hotel ㊻, Psar Chas Alley 1, ✆ 063-963 294, 🖥 www.nethsocheatahotel.com, [9717]. Familiäres Guesthouse in einer winzigen Gasse: bequem eingerichtete Zimmer mit Holzmöbeln, Kleiderschrank, Minibar, TV. Empfehlenswert sind die Zimmer mit kleinem Balkon, alle anderen sind leider ganz ohne Tageslicht und daher nur 3. Wahl. ❹

The River Garden ④, ✆ 063-963 400, 🖥 www.therivergarden.info, [9718]. In der großzügig begrünten Gartenanlage gibt es ganz einfache Zimmer, aber auch schön dekorierte in doppelstöckigen Holzbungalows. Alle sind unterschiedlich eingerichtet und haben Holzfußböden, dunkle Möbel oder ausladende Rattanbetten. Kleine Schreib- oder Schminktische. Besonders sind die ausgefallenen Antiquitäten. Familienzimmer mit Doppel- und Einzelbett. Es werden einige Aktivitäten angeboten: Pilates, Kochkurse oder Street-Food-Touren mit dem Tuk-Tuk. Pool. ❹–❻

The Villa Siem Reap ㉘, 153 Taphul Rd., ✆ 063-761 036, 🖥 www.thevillasiemreap.com, [9719]. Große und gemütliche Standard-

Auch in Siem Reap unterstützen Hotels soziale Projekte und verantwortungsvollen Tourismus. Empfehlenswert sind:

Babel Guesthouse ㉑, ☎ 063-965 474, 🖥 www.babel-siemreap.com. Die norwegische Leitung engagiert sich für verantwortungsvollen Tourismus. Toller Garten mit Korbsesseln, Sofas und gemütlicher Gemeinschafts-Fernsehecke. Die Zimmer sind einfach, sauber und mit ein wenig Farbe hübsch gestaltet. Viele 3-Bett-Zimmer. ❷ – ❸

European Guesthouse ㉒, ☎ 012-582 237, 🖥 www.european-guesthouse.com, [9705]. Mitglied von Childsafe und ConCERT. Einfache große Zimmer mit AC, inkl. Frühstück. Ein Pluspunkt ist der gemütliche Garten. White-Bicycle-Fahrrad-Ausleihe. ❷

La Noria Hotel & Restaurant ⑭, River Rd., ☎ 063-964 242, 🖥 www.lanoriaangkor.com, [9706]. Doppelstöckige Bungalows in tropischem Garten. Die einfachen weiß getünchten Zimmer haben Schattenspielfiguren als Dekoration an den Wänden. Großzügige Bäder. Alle Zimmer mit Terrasse oder Balkon. Familienzimmer. Pool. Auszubildende aus dem Krousar-Thmey-Waisenhaus servieren Khmer- und internationale Gerichte im Restaurant des Haupthauses auf der 1. Etage. Inkl. Frühstück. ❺

Seven Candles Guesthouse ㉖, 307 Wat Bo St., ☎ 063-695 6777, 🖥 www.sevencandlesguesthouse.com, [9707]. Ein Teil des Gewinns geht an die Ponheary-Ly-Stifung, 🖥 www.theplf.org, die sich für Bildungs- und Ausbildungsprojekte engagiert. Nette Zimmer, mit Fotos dekoriert. Schöne kleine grau gefliste Bäder. Balkon und überdachter Gemeinschaftsbalkon. Bieten geführte Essenstouren zu den Märkten und Straßenrestaurants. Familienzimmer mit 4 Betten für US$38. ❷

Shinta Mani, Oum Khun St. ⑳, Ecke St. 14, ☎ 063-761 998, 🖥 www.shintamani.com, [9708]. Das feine Boutiquehotel bildet benachteiligte Jugendliche aus. Allein die kleine Lobby ist wegen des schwarzen halben Buddhareliefs unter blauer Beleuchtung sehenswert. Ausgesuchte Antiquitäten schmücken die sonst nüchtern in Schwarz-Weiß gehaltene Einrichtung. In den Zimmern dominiert das große Bett vor einer Rauchglas-Spiegelwand. Ausgefallene schwarze Lampen über dem Bett und im Bad geben den Zimmern eine ganz besondere Note. Großer Pool. ❻

Soria Moria Hotel, Wat Bo St. ㊸, ☎ 063-964 768, 🖥 www.thesoriamoria.com. Die Angestellten erhalten faire Löhne, eine gute Aus- und Weiterbildung und sind am Hotel beteiligt. Die Zimmer sind großzügig, aber etwas gestrig mit vielen Holzmöbeln eingerichtet. Schöne Dachterrasse und Jacuzzi. Kleiner Pool. Vor der Tür können White Bicycles ausgeliehen werden. ❺

zimmer mit Stuckdecken und einer lilafarben gestrichenen Wand und in ebendieser Farbe gehaltenen Badezimmern. Passende Deko-Kissen, Safe, Schreibtisch, Kühlschrank, TV. Die Suiten und Gartenzimmer am Pool sind zusätzlich mit Haartrockner und Bademantel ausgestattet. Unter australischer Leitung. Inkl. Frühstück. ❹ – ❺

Villa Medamrei ㊴, ☎ 063-763 636, 🖥 www.villamedamrei.com, [9720]. Eingangs- und Aufenthaltsbereich bestehen aus einem Mix chinesischer Stilelemente, Wasserbecken und dem minimalistischen Schick eines Boutiquehotels. Kleine, fein dekorierte Zimmer im gleichen Stilmix mit Betonböden, gemauerten Elementen und bunter Seidendekoration. TV,

Safe. Inkl. Frühstück. Gute Wahl für diejenigen, die keinen Pool brauchen. ❹

Obere Preisklasse

Angkor Village Resort & Spa ③, St. 60, ☎ 063-963 561, 🖥 www.angkorvillage.com. In der tropischen Gartenanlage stehen doppelstöckige Holzbungalows im Khmer-Stil mit je 4 Zimmern, deren stilvolle Einrichtung mit dunklen Möbeln den Gast in die Kolonialzeit zurückversetzt. Große Bäder mit Wanne. Terrasse oder Balkon. Den Ansprüchen gerecht wird der 200 m lange Pool, der sich hinter den Bungalows entlangschlängelt. Spa, Souvenirboutique. ❼

Diamond D'Angkor ⑦, 55 Sok San St., ☎ 063-966 987, 🖥 www.diamondangkor.com, [9721].

Die weiße Villa ist schon außen beeindruckend. Innen locken geschmackvolle Balkon-Zimmer, die mit dem Holzboden und Holzmöbeln wohnlich-luxuriös wirken, auch dank der dekorativ eingesetzten Buddha- oder Ganeshastatuen. Schöne Bäder, ausgefallene Waschschüsseln und Dusche mit Steindekoration. Das Service-Angebot ist beeindruckend: Die Preise verstehen sich inkl. Frühstück, tgl. Minibar mit Softdrinks, Obstschale, Wäscheservice sowie einer einmaligen Mahlzeit für 2 Pers. und einer Tuk-Tuk-Rundfahrt. Kleiner Pool. **⑤–⑦**

Empress Angkor Hotel ②, 888 N6, auf dem Weg zum Flughafen, ☎ 063-963 999, www.empressangkor.com, [9339]. Großes Hotel, dessen Flügel sich um einen Innenhof mit schönem Pool gruppieren. Gut ausgestattete und gepflegte Zimmer; viele mit kleinem Balkon. Hauptsächlich asiatische Gäste; ausgezeichnetes Frühstücksbuffet mit asiatischen Spezialitäten. Einziger Nachteil: Wer in die Innenstadt will, muss ein Tuk-Tuk (US$3) nehmen, zu Fuß ist es zu weit. **⑤–⑦**

FCC Angkor Hotel ⑲, Pokambor Ave., ☎ 063-760 280, 🖳 www.fcchotels.com, [9722]. 2-stöckiger Bau rund um einen Innenhof samt Pool. Alle Zimmer haben bodentiefe Glasfenster zur Terrasse oder zum Balkon. Die Zimmer sind edel mit dunklen Möbeln ausgestattet, und Schwarz-Weiß-Fotografien an den Wänden tragen zur gelungenen Einrichtung bei. Das Bad ist mittels Schiebetür abgetrennt. Schmaler langer Pool. Inkl. Frühstück und einmalig 30-Min.-Fußmassage. **⑦**

Golden Temple Hotel ㊲, 7 Makara St., ☎ 012-756 655, 🖳 www.goldentemplehotel.com, [9723]. Die begrünte Anlage ist mit Angkor-Motiven geschmückt, ohne überladen oder gar kitschig zu wirken. Die rot gestrichenen Zimmer und Bäder sind edel im Khmer-Stil eingerichtet. Pool. Inkl. Frühstück, 1 Std. Massage pro Tag und Picknickkorb für einen Tempeltag. **⑥–⑦**

Karavansara Retreat ㊹, St. 25, ☎ 063-760 678, 🖳 www.karavansara.com, [9710]. Das alte Holzhaus mit dem modernen Anbau beherbergt großzügige Kolonialsuiten mit tollem großen Bett, hohen Decken, dekorativem Decken-

ventilator und halbrund gemauerten Bädern. Die Standardzimmer dagegen etwas dunkel. Pool auf der Dachterrasse. **⑤–⑥**

Terrasse des Elephants ㊼, Sivatha Blvd., ☎ 063-965 570, 🖳 www.terrasse-des-elephants.com, [9709]. Restaurierte Kolonialvilla. Der Einrichtungsstil ist sehr ausgefallen: Überall gibt es Reliefs und Skulpturen, die den Angkor-Motiven nachempfunden sind. Die Bäder sind offen auf einer Empore platziert: mittendrin Bayon-Köpfe, ein Teich und noch mehr Reliefs. Maisonette-Zimmer gibt es auf der obersten Etage. Dachterrasse mit Pool. Spa. **⑤–⑦**

Luxusklasse

Amansara ⑪, ☎ 063-760 333, 🖳 www.amanresorts.com. Die ehemalige Gästevilla von König Sihanouk beherbergt nun 24 großzügige 80m² große Suiten. Der 1960er-Jahre-Baustil wurde geschickt mit minimalistisch exklusivem modernem Design kombiniert. Graue Fliesenböden, elfenbeinfarbige Wände, dunkle Holzmöbel, Sofas und Designbäder, teils eigener Pool. 25-m-Außenpool. Halbrundes Restaurant mit 7 m hohen Decken, Bibliothek, Boutique: Luxus pur zum Preis ab US$1050. **⑧**

Heritage Suites Hotel ⑫, nahe Wat Po Lanka, ☎ 063-969 100, 🖳 www.heritagesuiteshotel.com, [9703]. Das toll restaurierte Kolonialhaus beherbergt ein exquisites Restaurant und eine Bar. Im Garten hinter dem Haus liegen 26 Suiten und Zimmer, dekoriert nach dem Motto: Kolonialstil trifft Moderne. Komplett offen gestaltete Zimmer in erlesenem Design. Die Badewanne steht im Raum, einige Zimmer mit Außendusche oder Jacuzzi. Pool. Wer über das Hotel bucht, wird stilecht von einem alten 258er-Mercedes abgeholt. **⑧**

La Résidence d'Angkor ㉚, River Rd., ☎ 063-963 390, 🖳 www.residencedangkor.com. Die im Khmer-Stil eingerichteten Holzhäuser gruppieren sich um einen großen Salzwasserpool. Die Zimmer und Suiten sind ähnlich eingerichtet, dekorative Elemente wie Steinarbeiten oder Seidenkissen unterstreichen den luxuriösen Charakter. Aktivitäten wie Kochkurse, Ausflüge, morgens Meditation, Wassersegnung oder Gespräche mit Mönchen. Bar,

Restaurant, Souvenirgeschäft und ein ausgezeichnetes Spa runden das Angebot ab. ❽
Samar Villas & Spa Resort ①, ☎ 063-762 449, 🖥 www.samarvillas.com. Etwas außerhalb gelegenes, einzigartiges Kleinod unter französischer Leitung. Kein Raum gleicht dem anderen: Holzböden und alten Fliesen nachempfundene Bodenbeläge, alles liebevoll mit Antiquitäten dekoriert und mit edlen Tropenhölzern ausgestattet. Manche Zimmer sind mit japanisch anmutenden Entspannungsecken gestaltet, andere bieten eine antike, auf Füßen stehende Badewanne: Es lohnt sich, mehrere Zimmer zu besichtigen. Pool. Männer erhalten jeden Tag eine kostenlose Rasur, weibliche Gäste eine einmalige Gesichtsmassage. Auch die vor dem Resort wartenden Tuk-Tuk-Fahrer sind ausgewählt: Die Fahrzeuge sind mit Fernseher und Soundsystem bestückt. ❽
Victoria Angkor Resort & Spa ⑬, Central Park, ☎ 063-760 428, 🖥 www.victoriahotels.asia, [9703]. Überbordender Kolonialstil. Die Zimmer liegen an einer Balustrade, die entweder den Blick auf den Königlichen Garten oder auf den Pool bieten. Alle Räume mit Holzböden und alten eingelassenen Fliesen, dunklen Möbel und allen Annehmlichkeiten eines Luxushotels. Großer Pool im Garten. ❽

Siem Reap bietet jede Menge Ausgehmöglichkeiten und Restaurants, die jegliche Geschmacksrichtungen bedienen. Besonders rund um die Pub St. und in der Passage reiht sich ein Restaurant an das andere. Für ein Hauptgericht wird zwischen US$4 und US$10 verlangt, in exklusiven Restaurants auch mehr. Viele auf Touristen eingestellte Restaurants öffnen um 7 Uhr und servieren Frühstück, oft gibt es durchgängig warme Küche bis gegen 23 Uhr. Gehobene Restaurants machen zwischen 14.30 und 17.30 Uhr Mittagspause. Tagsüber gibt es günstige authentische Küche im Psar Leu, abends öffnen auf der gegenüberliegenden Straßenseite einfache Garküchen. Mobile Essensstände gibt es in der Hauptsaison entlang dem Sivatha Blvd., vor der X-Bar und am Huy-Meng-Supermarkt. Günstige Restaurants befinden sich auf der Rückseite des Psar Chas.

Khmer-Küche

Amok, Passage, ☎ 063-965 407. Es wird nicht nur das namensgebende Nationalgericht serviert, doch sind vor allem die 5 Varianten des *amok* für US$8,75 unbedingt empfehlenswert. WLAN. ◷ 10–23 Uhr.
Angkor Palm Restaurant, Hospital St., ☎ 063-761 436, 🖥 http://www.angkorpalm.com. Solide Khmer-Küche, die „Angkor Palm Platter" mit 7 kambodschanischen Gerichten ist ein guter Einstieg in die kambodschanische Küche. Mehr über diese Kochkunst lernt man in den angebotenen Kursen. ◷ 10–23 Uhr.
Cambodian BBQ, Passage, ☎ 063-966 052. Für US$9,75 gibt es 7 Fleisch- und Fischsorten, darunter auch Ausgefallenes wie Krokodil, Strauß und Tintenfisch zum Selbstgrillen. Der Tontopf mit Holzkohle steht in einer Vertiefung im Tisch. WLAN. ◷ 10–23 Uhr.
Chamkar, Passage, ☎ 092-733 150. Serviert hervorragende vegetarische Khmer-Küche, um US$4. ◷ 11–22.30 Uhr.
Cuisine Wat Damnak, 300 m hinter dem Wat Damnak, ☎ 077-347 762, 🖥 www.cuisinewat damnak.com. Kambodschanisch für Gourmets: 2 wöchentlich wechselnde 5- oder 6-Gänge-Menüs für US$22/26. Unbedingt reservieren. ◷ Di–Sa 18.30–21.30 Uhr.
Kanell, 7 Makara St., ☎ 063-966 244, 🖥 www.kanellrestaurant.com. Im Garten unter Palmdächern oder im alten Holzhaus kann man stilvoll essen. Es gibt westliche und Khmer-Küche sowie ein Kindermenü mit Hamburger und Fritten. Wer den Pool nutzen will, muss für US$5 etwas verzehren. ◷ 9–23 Uhr.
Khmer Kitchen, St. 9, ☎ 063-964 154, 🖥 www.khmerkitchens.com. 2 Filialen rund um den Psar Chas. Kambodschanische Gerichte, die mit Fisch, Huhn, Rind oder Tofu angeboten werden. Der aufmerksame Service bietet Reis als Nachschlag. ◷ 11–23 Uhr.

€ **Little Krama**, gegenüber dem Wat Damnak. Einfaches einheimisches Restaurant mit nettem Service und englischer Speisekarte: gut, günstig und riesige Portionen zum Sattwerden. ◷ 6–23 Uhr.

Phsa Chas Restaurant, am alten Markt, ☎ 012-571 181. Seit fast 20 Jahren tischt das freundliche Team Gästen aus aller Welt

Eine ganze Reihe von Restaurants bildet benachteiligte Menschen aus oder spendet ein Teil ihrer Erlöse an Hilfsprojekte:

Butterfly Garden Restaurant, St. 25, ☎ 017-957 161, 🖥 www.butterfliesofangkor.com. Über den Tischen ist ein Moskitonetz gespannt, damit die wenigen Schmetterlinge nicht wegflattern (bei unserem Besuch überzeugte die Idee nicht, da es nur sehr wenige Schmetterlinge gab, aber das kann an der Jahreszeit gelegen haben). Das Restaurant ist ein Trainingsrestaurant für benachteiligte Jugendliche, 10 % der Gewinne gehen an NGOs, 20 % werden neben dem Lohn an die Mitarbeiter verteilt. Westliche und Khmer-Menüs für US$12, die meist 2 Personen satt machen. ⏰ 8–22 Uhr.

Green Star, gegenüber Wat Danmak. Gute und günstige kambodschanische Spezialitäten, auch Aal und Frosch gibt es zu probieren. Alle Gewinne gehen an das Green Gecko Project, das über 70 ehemalige Straßenkinder und ihre Familien unterstützt. Das Restaurant wird von Aivee und dem Australier Doug geleitet. ⏰ 11.30–14.30 und 17.30–22 Uhr.

Haven Training Restaurant, Sok San St., ☎ 078-342 404. Das von Schweizern gegründete Restaurant bildet Waisen und solche Jugendliche aus, die missbraucht wurden. Auch bei der Suche nach einer Festanstellung für die Zeit nach der Ausbildung werden die Kinder unterstützt. Khmer- und internationale Gerichte, dazu ein toller Service im Garten-Restaurant. Die Zutaten werden teils von anderen NGO-unterstützten Farmern bezogen. Abends unbedingt reservieren. ⏰ außer So und Mi vormittags 11.30–15 und 17.30–22 Uhr.

Joe to Go, ☎ 063-969 050, 🖥 www.joetogo.org. Leckerer Kaffee und kleine Gerichte in netter Atmosphäre. Zudem gibt es eine kleine Boutique mit Schmuck, Taschen und Kleidung und auf der 1. Etage wechselnde Kunstausstellungen. Der Gewinn geht an Global Child (die Organisation finanziert den Schulbesuch ehemaliger Straßenkinder). WLAN. ⏰ 7–21.30 Uhr.

Marum, ☎ 017-363 284, 🖥 www.marum-restaurant.org. Ehemalige Straßenkinder erhalten hier eine Ausbildung. Es ist eines der 3 Friends-Ausbildungsrestaurants (die anderen befinden sich in Phnom Penh und Sihanoukville). In dem Gartenrestaurant sitzt man nicht nur sehr schön, auch der Service ist hervorragend. Serviert werden leckere, kreative Khmer-Gerichte. Wer mag, kann auch frittierte rote Baumameise mit Dipp probieren. Unbedingt reservieren. ⏰ außer So 11–22 Uhr.

New Green Leaf Book Café, St. 9, ☎ 063-766 016, 🖥 www.newleafbookcafe.org. Alle Zutaten werden von Bauern aus der Region bezogen. In dem hübschen Café gibt es internationale Gerichte und guten Kaffee. Gebrauchte und von NGOs publizierte Bücher werden verkauft. Alle Erlöse gehen an Hilfsorganisationen, die Gelder transparent verwenden. Auf der oberen Etage wechselnde Kunstausstellungen, Khmer-Sprachkurse und Yoga. WLAN. ⏰ 8–21.30 Uhr.

Sala Bai, 155 Taphul Rd., ☎ 063-963 329, 🖥 www.salabai.com. Bietet unterprivilegierten Jugendlichen eine Ausbildung in der Gastronomie- und Hotelbranche. Im Restaurant gibt es tolles Frühstück, mittags Khmer- und internationale Gerichte. ⏰ Mo–Fr 7–9 und 12–14 Uhr. Vermieten 4 schöne, etwas teure Zimmer über dem Restaurant. ❸

Sister Srey Café, 200 Pokambor Ave., ☎ 097-723 8001. Das kleine Café serviert Frühstück und kleinere Gerichte, auch vegane Speisen. ConCert (s. Kasten S. 268) hat hier einen Stand und informiert über Hilfsprojekte. ⏰ 7–19 Uhr.

hier eine große, günstige Auswahl an kambodschanischen Gerichten auf: Auf unseren Recherche-Touren führt der erste Gang immer gleich hierhin. ⏰ 7–23 Uhr.

Sugar Palm Restaurant & Bar, Taphul Rd., ☎ 063-964 838. In dem traditionellen Holzhaus werden auf der 1. Etage hervorragende klassisch kambodschanische Gerichte um US$8 serviert. ⏰ außer So 11.30–15 und 17.30–23 Uhr.

Tangram Garden, bei Wat Damnak, ☎ 097-726 1110, 🖥 www.tangram garden.com. Familienfreundliches Restaurant.

Während die Eltern im weitläufigen Garten unter Bambusschirmen ihr Essen genießen, können sich die Kleinen auf dem Spielplatz austoben. Es werden überwiegend Zutaten aus der Region verwendet. Abends edles Ambiente mit dezenter Beleuchtung und Lounge-Musik. Klassische Khmer-Gerichte und Gegrilltes wie gefüllte Paprika oder Steaks (aus Neuseeland), alle Hauptgerichte zwischen US$3,75 und US$10. WLAN. ⏰ außer Di 11.30–14.30 und 17.30–22 Uhr.

Andere asiatische Küchen

Little India, Hospital St., ☎ 012-652 398. Das Ehepaar aus Sri Lanka serviert indische Küche, 1x in der Woche gibt es abends Spezialitäten aus Sri Lanka. Viel Vegetarisches. ⏰ 10–22 Uhr.

The Hashi, 86 Sivatha Blvd., ☎ 063-969 007, 🖥 thehashi.com. Der Edel-Japaner serviert nicht nur exzellentes Sushi und Sashimi, auch Kobe-Rind steht auf der Speisekarte. Gehobene Preise. ⏰ 11–15 und 18–23 Uhr.

The Soup Dragon, Pub St./Hospital St. Auf 3 Etagen wird in dem Holzhaus gute und beliebte vietnamesische Küche geboten, die auch von den hier lebenden Auslandsvietnamesen gelobt wird. WLAN. ⏰ 8–24 Uhr.

The Loft, Sivatha Blvd., ☎ 017-978 305. Khmer und Taiwanesisch unter moderner loftartiger Wellblecharchitektur. ⏰ 11–14 und 17–24 Uhr.

Europäisch

Barrio, 170 Wat Bo St., ☎ 063-965 237. In dem französischen Bistro serviert Patrick Colent gute französische Hausmannskost. ⏰ 11–23 Uhr.

Le Malraux, 155 Sivatha Blvd., ☎ 063-966 041, 🖥 www.le-malraux-siem-reap.com. Chefkoch David Martin zaubert französische Gerichte mit kambodschanischem Touch. Gemütliches Restaurant und große Terrasse. Gehobene Preise. ⏰ 7–24 Uhr.

Little Italy, Alley West, ☎ 012-315 911. Italienische Gerichte: Pasta, Salate und gute Steinofenpizza. Pizzas um US$8. ⏰ 9–23 Uhr.

Tell Steak House, 374 Sivatha Blvd., ☎ 063-963 289. Unter französisch-kambodschanischer Leitung mit Angeboten auch aus der deutschen

Küche. Für Heimwehgeplagte gibt es Wienerschnitzel für US$6,25 oder Käsefondue für 2 Pers. US$20. ⏰ 11–23 Uhr.

Aus aller Welt

Aha, St. 9 und Passage, ☎ 063-965 501, 🖥 www.shintamani.com. Fine Dining in modern-kühlem Ambiente unter ausgefallenen Lampen. Innen klimatisiert, Open Air an einigen wenigen Außentischen Richtung Passage. Kreative khmer-internationale Fusions-Küche. Toll sind die Vorspeisenteller, bei denen man 3 Gerichte kosten kann (in den Varianten Khmer, Vegetarisch, Fisch oder Meeresfrüchte). Ebenso empfehlenswert sind die Hauptgerichte ab US$6. Umfangreiche Weinkarte. Serviert von sehr aufmerksamem Personal. ⏰ 12–23 Uhr.

Jungle Junction Family Entertainment Restaurant and Bar, 7 Makara St., ☎ 098-293 400. Restaurant mit Spielplatz. Eltern können entspannt an den überdachten Tischen sitzen. Die Speisekarte offeriert Khmer-Küche, Internationales und eine große Burger-Auswahl. Zudem viele Kids-Menüs. ⏰ 11.30–22 Uhr.

Le Grand Café, Hospital St., Ecke St. 9, ☎ 012-447 316. In der Kolonialvilla sitzt man am schönsten auf der 1. Etage mit Blick auf den Psar Chas. Khmer-Küche, Asiatische, westliche Gerichte. WLAN. ⏰ 7 Uhr bis spät.

Le Tigre De Papier, Pub St., ☎ 063-760 930. Internationale Gerichte. Die meisten Gäste kommen wegen der sehr guten Pizzas und Nudelgerichte. Die 250-Gramm-Filetsteaks für US$8 sind auch hervorragend. Beliebte Kochkurse. WLAN. ⏰ 7 Uhr bis spät.

Nest, Sivatha Blvd., ☎ 063-966 381, 🖥 www.nestangkor.com. Gehobene Küche unter weißen Stoffbahnen mit Gartenatmosphäre. Khmer-, internationale und Fusions-Küche. Auswahl an guten Steaks. Menüs für US$20. ⏰ 11.30–24 Uhr.

Peace Café, ☎ 092-177 127, 🖥 www.peacecafeangkor.org. Das Café im lauschigen Garten serviert vegetarische Gerichte und fabelhafte Gemüse- und Fruchtshakes. Hier gibt es Yoga-, Kochkurse, Khmer-Unterricht und an bestimmten Tagen Gespräche mit Mönchen zum Thema Buddhismus. Am besten in das aktuelle Programm schauen. WLAN. ⏰ 7–21 Uhr.

The Blue Pumpkin, Hospital St., ✆ 063-963 574, 🖥 www.tbpumpkin.com. Unten Café, oben weiße kühle AC-Lounge mit riesigen Sofas. Praktisch sind die mobilen Tischchen, auf denen ein Laptop oder ein Snack Platz finden. Frühstück, westliche Gerichte, gutes Eis und hervorragende Kaffeespezialitäten. In der Bäckerei gibt es nach 20 Uhr 30 % Nachlass auf frische Backwaren. WLAN. Weitere Filiale am Sivatha Blvd. ⏱ 6–23 Uhr.

🌳 **Vegan Tea House**, 8 Krovan St., ✆ 097-974 2025. Japanisches Café, in dem kleine Portionen veganer Speisen serviert und Backwaren verkauft werden. WLAN. ⏱ 11–21 Uhr.

UNTERHALTUNG UND KULTUR

Die Restaurant- und Barszene ist immer im Wandel. Ständig kommen neue angesagte Locations dazu. Aktuelle Informationen gibt es in dem kostenlos ausliegenden *Siem Reap Angkor Visitors Guide* und den *Siem Reap Pocket Guides Drinking & Dining* und *Out & About*. Die Hefte werden alle 3 Monate aktualisiert. Hier erscheint jedoch nur, wer für die entsprechende Werbung zahlt.

Bars und Kneipen

Das Angebot ist schier überwältigend. Die Pub St. macht ihrem Namen alle Ehre. Hier ist immer etwas los, die Straße wird abends für den Verkehr gesperrt, Straßenkünstler und Musiker treten auf. In der Hauptreisezeit drängen Menschenmassen durch die Amüsiermeile. Alternativ kann man in den schicken Hotelbars einen gepflegten Cocktail zu sich nehmen. Im **Victoria Angkor** lockt die Terrasse der **L'Explorateur Bar** (Happy Hour 17–19 Uhr, Cocktails für die Hälfte und kostenlos Canapes). Im **FCC Angkor** lässt sich in bequemen Sesseln und Kolonialflair (Happy Hour 17–19, 22–24 Uhr) von anstrengenden Tempelbesuchen entspannen, ähnlich wie in der gediegenen **Elephant Bar** im **Raffles Grand Hotel** (⏱ 18–24 Uhr). Freunde des Jazz kommen donnerstagabends im **Heritage Suites Hotel** auf ihre Kosten (18.30–21.30 Uhr, Cocktails US$3).

Angkor What?, Pub St. Eine halbe Generation von Travellern hat sich an den Wänden verewigt. Ein guter Platz, um draußen oder an der Bar einen Drink zu nehmen. ⏱ 16–3 Uhr.

Banana Leaf, Pub St., ✆ 063-964 813. Gemütliche Korbsessel vor einer schicken

Abends verwandelt sich Siem Reap rund um den Psar Chas in eine quirlige Ausgehmeile.

© JAN DÜKER

offenen Bar. Von hier hat man entweder die ganze Pub St. im Blick oder kann Sportübertragungen auf der großen Leinwand verfolgen. Kreative Cocktails wie Mojito mit Kampot-Pfeffer. ⏲ 15–24 Uhr.

Bar Picasso, Alley West. Namensgebend sind die beleuchteten Picasso-Nachdrucke, die in der einem Kellergewölbe nachempfundenen Bar an den Wänden hängen. Klimatisiert. Die halbrunde Theke eignet sich bestens, um ins Gespräch zu kommen. Hier treffen sich viele Expats auf einen Drink oder einen kleinen Snack (z. B. eingelegter Feta-Käse, Chorizo oder Chili con carne). ⏲ 17 Uhr bis spät.

Laundry Bar, St. 9. Gemütliche Bar etwas abseits der Pub St. Billard. Am Wochenende legen DJs auf. ⏲ 16 Uhr–spät.

📖 **Miss Wong**, The Lane, ✆ 092-428 332. Schicke Cocktailbar im Shanghai-Stil der 1930er-Jahre. Vom Trubel der Pub St. entfernt, kann man stilvoll einen der hervorragenden Cocktails genießen. ⏲ 18–1 Uhr.

Silk Garden, The Lane, ✆ 077-855 633. Verwunschen begrünter Garten mit Bananenstauden und Wasserfall. Restaurant über 2 Ebenen, an der gemütlichen Bar wird Reggae bis Rock gespielt. ⏲ 11–24 Uhr.

Temple Balcony, Pub St., ✆ 015-999 909. Beliebte Bar mit lauter Musik in den Abendstunden. Die zentrale Lage und die beiden Billardtische ziehen viele Traveller an. Im Obergeschoss Restaurant, von 19.30–21.30 Uhr mit einer Apsara-Tanz-Vorführung. Happy Hour ab 21.40 Uhr. Kochkurse. WLAN. ⏲ 7–4 Uhr.

The Yellow Sub, The Lane, ✆ 077-646 706. Der Name ist Programm: Beatles an den Wänden und aus den Lautsprechern. Große Whiskey-Auswahl und Zigarren. ⏲ Mo–Fr 12–1, Sa, So 15–1 Uhr.

Tuk-Tuk Bar, Sok San St. Lauschige kleine Bar, in die auch Einheimische einkehren. ⏲ 10–1 Uhr.

X-Bar, Sivatha Blvd., 🖥 www.xbar.asia. Von der Dachterrasse blickt der Gast über die Pub St. Leinwand für Sportübertragungen, Billard, DJ-Auftritte, Freitags ab 20.30 Uhr Live-Rockbands. Auf der obersten Ebene gibt's eine Skater-Halfpipe. Bis 4 Uhr morgens wird Fast Food serviert. Ab 23 Uhr füllt sich die Bar mit Nachtschwärmern. ⏲ 16 Uhr bis Sonnenaufgang.

Clubs

Hip Hop, vor Wat Damnak am Fluss. Überwiegend von Einheimischen besuchte schicke Diskothek mit lauter Musik, in der es ab 24 Uhr voll wird. Im Biergarten gibt es Khmer-Musik und eine große Leinwand, auf der Filme laufen. Ein guter Ort, um mit Einheimischen zu feiern. ⏲ 16–3 Uhr.

Kino und Zirkus

Angkor Cinema, im Ankor Trade Center, ✆ 098-857 206. Privatkino für US$5 p. P. (ab 2 Pers.). Einfach etwas Passendes aus über 200 DVDs überwiegend englischsprachiger Actionfilme aussuchen. ⏲ 11–22.30 Uhr.

🎪 **Phare – The Cambodian Circus**, Komay Rd., hinter dem Nationalmuseum, ✆ 015-499 480, 🖥 www.pharecambodiancircus. org. Tgl. um 19.30 Uhr findet eine einstündige sehr sehenswerte Akrobatik-Show statt. Die Artisten stammen überwiegend aus unterprivilegierten Familien. Dem asketisch und etwas unheimlich wirkenden Feuerschlucker begegnet fast jeder einmal auf den Straßen Siem Reaps, wenn er kleine Kostproben seines Könnens gibt. US$15, Kinder 5–12 Jahre US$8.

Theater

Tanz und Schattentheater

Siem Reap ist neben Phnom Penh einer der wenigen Orte, an dem Touristen klassische **Apsara-Tänze** sehen können. Meist werden diese Aufführungen mit 2 Volkstänzen (Fischertanz und Kokosnusstanz) und einem weiteren klassischen Fragment des Reamker aufgeführt (mehr zu den Tänzen s. Land und Leute, S. 139). Auch **Schattentheatervorführungen** sind sehenswert. Bei diesen Darbietungen werden kleine bewegliche oder bis zu 2 m große Schattenpuppen eingesetzt. Die Spieler zeigen zu traditioneller Musik Alltagsszenen oder Teile des Reamker (s. Kasten S. 285).

Apsara Theater, gegenüber Angkor Village Hotel, 🖥 www.angkorvillageresort.asia/apsara theatre.php. Das Theater im Stil einer Pagode wurde von dem französischen Architekten Olivier Piot erbaut. Traditionelle Khmer-Gerichte um 19.30 Uhr, im Anschluss Apsara-Tanz bis 21.30 Uhr. Oft durch Reisegruppen ausgebucht.

US$25 inkl. Essen ohne Getränke, Kinder unter 12 Jahren die Hälfte.

Ebenfalls Tanz und Dinner werden im **Raffles Grand Hotel d'Angkor, La Résidence d'Angkor** und **Sofitel Angkor Phokeethra** geboten.

€ Kostenlose sehenswerte Aufführungen mit Livemusik und Gesang tgl. im **Temple Balcony Restaurant** von 19.30–21.30 Uhr, Verzehrzwang (mind. ein Getränk).

🌳 **La Noria Hotel**, ✆ 063-964 242, 🖥 www.lanoriaangkor.com. Mi und So um 19.30 Uhr führen Kinder von **Krousar Thmey** Apsara-Tanz und Schattentheater vor. Der Eintritt kommt der NGO zugute, US$6. Mehr zur NGO unter 🖥 www.krousar-thmey.org.

Schattentheateraufführungen gibt es auch im **Alliance Café**, in der Boutique Villa, ✆ 063-964 940, 🖥 www.allianceangkor.com. Anmeldung erforderlich. Inkl. Abendessen ab 19 Uhr für US$20, ab 15 Pers. Ein Teil der Einnahmen geht an eine Hilfsorganisation.

Weitere Shows in Siem Reap

Angkor Arena, hier werden Bokator (traditioneller Boxkampf) und Khmer-Box-Shows gezeigt. Mo 19.45, Di–So 19.20 Uhr, US$10. Live-Kämpfe Mo 17.30, Mi 16 Uhr.

🌳 **Beatocello** im Kinderkrankenhaus Jayavarman VII., ✆ 063-964 803, 🖥 www.beatocello.com. Seit der Schweizer Dr. Beat Richner 1974 das erste Mal mit dem Deutschen Roten Kreuz nach Kambodscha kam, ließ ihn das Land nicht mehr los. 1991 kehrte er zurück und baute 1992 das erste Kinderkrankenhaus in Phnom Penh. Die von ihm geleitete **Kantha Bopha Foundation** setzte sich für die Behandlung von Kindern ein – kostenlos. Die Organisation betreibt mittlerweile 5 Kinderkrankenhäuser, eines in Siem Reap und 4 weitere in Phnom Penh. Finanziert werden diese Krankenhäuser durch Spenden. Jeden Sa um 19.15 Uhr tritt der Schweizer als Beatocello auf, spielt Cello und erzählt, begleitet durch eine Filmvorführung, aus seinem Leben. Die Veranstaltung ist kostenlos – um Spenden wird gebeten. Unbedingt einen Pullover mitnehmen, die Aula des Krankenhauses ist gut klimatisiert. Für alle die helfen wollen, aber wenig Geld zum Spenden übrig haben: Sehr hilfreich für die Arbeit des Krankenhauses sind auch Blutspenden.

Rosana Broadway, N 6, ✆ 063-769 995, 🖥 www.rosanabroadway.com. Cabaret-Kostüm-Show. Ab US$27; tgl. 19.15 und 21 Uhr.

Smile of Angkor, Grand Theater, ✆ 063-655 0168, 🖥 www.smileofangkor.info. Bombastische Laser-3D-Show über den Aufstieg von Angkor. Ab US$38, Kinder 4–12 Jahre die Hälfte. Inkl. Buffet; tgl. 19.15 Uhr.

FESTE

Angkor Photo Festival, 🖥 www.angkorphoto.com. Jedes Jahr im November stellen internationale Fotografen eine Woche lang ihre Werke aus. Interessante Veranstaltungen begleiten das Festival. Termine und Infos auf der Internetseite.

🌳 **Angkor Wat Internationaler Halbmarathon**, im Dezember, genaue Termine unter 🖥 www.angkormarathon.org. Zugunsten der Opfer von Landminen starten seit 1996 Tausende Sportler im Angkor-Archäologiepark.

🌳 **Umzug der Riesenpuppen**, im Februar. Abends werden riesige, bis zu 30 m lange, beleuchtete Puppen aus Bambus und Pappmaschee an Stöcken durch die Stadt bis zum Royal Garden getragen. Die Puppen werden von benachteiligten Kindern in Gemeinschaftsarbeit unter Anleitung der Mitarbeiter des Zirkus Phare Ponleu Selpak hergestellt. Guten Ausblick gewähren die Lokale im Obergeschoss in der Pub St. Weitere Infos unter 🖥 www.giantpuppetproject.com.

EINKAUFEN

Siem Reap ist ein Einkaufsparadies. Hier gibt es nicht nur die größten Nachtmärkte des Landes; auch kleine Boutiquen, Galerien und Kunsthandwerkstätten reizen zum Stöbern.

Märkte

Mehrere Märkte laden zum Bummeln und zur Suche nach Souvenirs ein. Die den Ausländern genannten Preise sind oft überteuert, also Handeln nicht vergessen!

AHA Handwerksmarkt, Rd. 60. Von heimischen Handwerken hergestellte Arbeiten, darunter

Viele Shops unterstützen benachteiligte Menschen durch Ausbildung, Beschäftigung oder Spenden. Mekong Quilts, Nyemo, Rajana und Smateria sind auch in Phnom Penh vertreten.

Artisans d'Angkor – Chantiers Écoles, 🖥 www.artisansdangkor.com. Hochwertige Holz- und Steinmetzarbeiten, feine Lackarbeiten, wunderbare Seidenstoffe und ausgefallene Kleidung aus Seide aus den eigenen Produktionsstätten werden in dem schicken Verkaufsraum angeboten. Die angrenzenden Werkstätten können besichtigt werden. Hier werden benachteiligte Jugendliche in alten Handwerkstraditionen wie der Bildhauerei, dem Holzschnitzen, der Seidenmalerei oder in der Herstellung von Lackwaren ausgebildet. Ein Führer begleitet Besucher kostenlos durch die Räume und erklärt die Arbeiten. Über 48 solcher Workshops befinden sich rund um Siem Reap. Wer sich für die Seidenherstellung interessiert, kann die Seidenfarm in Puok besuchen (S.252).

Bloom, ✆ 092-601 328, 🖥 www.bloomcambodia.com. Witzige Taschen aus alten Reissäcken. Unterstützt bedürftige Frauen und setzt sich für faire Löhne ein. 🕐 außer Mo 8–17 Uhr.

Mekong Quilts, 5 Sivatha Blvd., ✆ 063-964 498, 🖥 www.mekong-quilts.org. Schöne Sachen aus Stoff: Bettüberwürfe, Decken, Kinderspielzeug und Weihnachtsdekoration, gefertigt von Frauen aus ländlichen Gebieten in Kambodscha und Vietnam. 🕐 8–22 Uhr.

Nyemo, Angkor Nachtmarkt, 🖥 www.nyemo.com. Herrliche Kissen, Tücher und Kinderspielzeug aus Seide und Stoffen. Unterstützt hilfsbedürftige Frauen. 🕐 16–24 Uhr.

Rajana, Sivatha Blvd., 🖥 www.rajanacrafts.org. Schöner Silberschmuck und Dekorationsobjekte. Die NGO Rajana setzt sich für faire Arbeitslöhne und -bedingungen ein. 🕐 8–23 Uhr.

Rehab Craft, Pokambor Ave., 🖥 www.rehabcraftcambodia.com. Von behinderten Menschen hergestelltes Kunsthandwerk, darunter viele Holzschnitzarbeiten. 🕐 9–21 Uhr.

Samatoa, Hospital St., ✆ 063-965 310, 🖥 www.samatoa.com. Ausgefallene Seidenmode, die auch maßgefertigt wird. Setzt sich für fairen Handel und sozial verantwortliche Beschäftigung ein. 🕐 8–22 Uhr.

Senteurs d'Angkor und **Boutique Kokoon**, Hospital St., ✆ 063-963 830, 🖥 www.senteursdangkor. com. Wunderbare asiatische Gewürze, Düfte und Teesorten; außerdem Kosmetik, Kerzen und Seidenartikel. Bildet die Landbevölkerung aus; die Zutaten werden regional eingekauft oder biologisch angebaut, 🕐 7–22 Uhr. Der Workshop und der Botanische Garten an der N6 Richtung Flughafen können kostenlos besucht werden, 🕐 7.30–18 Uhr.

Smateria, Alley West, 🖥 www.smateria.com. Außergewöhnliche Taschen aus recycelten Materialien im italienischen Design. Unterstützt benachteiligte Frauen. 🕐 10–22 Uhr.

Three Seasons, The Lane, 🖥 www.keokjay.com. 3 Labels in einem Geschäft: Elswhere, Zoco und Keo Kjay. Tolle Fair-Trade-Mode, deren Verkauf HIV-positiven Frauen hilft. 🕐 10–22 Uhr.

Wild Poppy, Alley West. Ausgefallene Kleider, Kinderkleidung und Schmuck. 5 % der Erlöse werden der NGO HUSK, 🖥 www.huskcambodia.org, gestiftet. 🕐 9–22 Uhr.

Buddhastatuen aus recyceltem Müll, Schattenspielpuppen oder Tischsets und Taschen aus Wasserhyazinthen, deren Erwerb Frauen am Biosphärenreservat Prek Toal unterstützen. Oftmals kann man die Handwerker auch bei der Arbeit sehen. 🕐 10–19 Uhr.

Angkor Art Nachtmarkt, auf der anderen Flussseite, gegenüber dem Psar Chas. Großes Angebot an Souvenirs. Hier hat die NGO Friend n' Stuff, 🖥 www.friends-international.org,

einen Stand, an dem ansprechende Taschen aus Recycling-Materialien verkauft werden. Massagen von blinden Masseuren (Seeing Hands). Außerdem ein Stand mit Fruchtshakes und guten Nudelsuppen für US$1. Geldautomat. 🕐 11–24 Uhr.

Angkor Nachtmarkt, 🖥 www.angkornight market.com. Über 240 Shops mit Kunsthandwerk, Seide, Schattenspielpuppen und anderen Souvenirs. Manches davon stammt allerdings aus asiatischen Nachbarländern. In der Mitte die beliebte Island Bar. Die Straßen zum Nachtmarkt säumen einige Restaurants und eine Menge Massagesalons. Einige dieser Salons versuchen Kunden draußen auf die Liegen zu locken – mittels einer Dokumentation zu Angkors Geschichte, die auf Leinwänden gezeigt wird. ⏲ 16–24 Uhr.

Psar Chas, Holzschnitzereien, Silberarbeiten, Buddhafiguren, *kramas*, T-Shirts und andere Bekleidung, Seide, Objekte aus Rattan, Gewürze – hier sind der Einkaufslust keine Grenzen gesetzt. Bis zum späten Nachmittag frische Lebensmittel. ⏲ 9–22 Uhr.

Supermärkte und Shoppingcenter

Angkor Minimart, Sivatha Blvd. Viele westliche Produkte wie Wurst, Käse oder Yoghurt. ⏲ 24 Std.

Angkor Trade Center, Pokambor Ave. Center mit Supermarkt, Fast-Food-Läden und einem Kino auf der 1. Etage. ⏲ 9–22 Uhr.

Huy Meng Supermarket, Sivatha Blvd. Gut sortiert und gut besucht dank zentraler Lage und kundenfreundlichen Öffnungszeiten. ⏲ 24 Std.

Lucky Mall, Sivatha Blvd. Mehrstöckiges Einkaufszentrum mit Filialen von U-care-pharma, Lucky-Supermarket und Lucky Burger Fastfood. Daneben Textilien, Schreibwaren, Geldautomat. ⏲ 9–22 Uhr.

Lucky Supermarket, Lucky Mall. Die große Supermarktkette ist bestens sortiert und führt ebenfalls viele westliche Produkte. ⏲ 9–22 Uhr.

Bücher

Blue Apsara, St. 9, ☎ 012-601 483. Gebrauchte Bücher, darunter eine gute Auswahl deutsch-sprachiger Belletristik, um US$5. ⏲ 8–22 Uhr.

D's Bookshop, Hospital St. Second-Hand-Bücher, auch in deutscher Sprache, um US$5. Für Bücher, die in Zahlung genommen werden, gibt es US$2. ⏲ 10–22 Uhr.

Monument Books & Toys, Pokambor Ave., 🖥 www.monument-books.com. Tolle Bildbände und englischsprachige Bücher. Große Auswahl zur jüngeren Geschichte Kambodschas oder Angkor. Daneben Kochbücher, Kinderbücher und Kinderspielzeug. ⏲ 8–21 Uhr.

Rogue, Hospital St., ☎ 012-703 264. Hier gibt es neben E-Books auch Musik und Filme zum Downloaden. Dazu das nötige Equipment wie iPods, Kopfhörer und auch T-Shirts. ⏲ 9–22 Uhr.

Malereien

Im Psar Chas und den beiden Nachtmärkten gibt es Ölgemälde zu kaufen – meist handelt es sich um naturalistische bunte Motive der Tempel von Angkor. Galerien in Siem Reap stellen Gemälde und Fotoarbeiten bekannter einheimischer oder in Kambodscha lebender Künstler aus. Die Leinwände werden zum Transport vom Rahmen genommen und können gerollt gut transportiert werden. Zuhause

Sinnvolles Engagement

ConCERT, 560 Psar Kroum Rd., ☎ 063-063 511, 🖥 www.concertcambodia.org, nennt sich die Netzwerk- und Informationsstelle für Öko-tourismusprojekte und ehrenamtliche Arbeit. ConCERT arbeitet mit 26 der über 300 regis-trierten NGOs in der Region Siem Reap zusam-men und überprüft deren Arbeit hinsichtlich Transparenz, Effizienz und Mittelverwendung. Im Büro kann man sich umfassend über die Arbeit informieren. Wer eine der Organisatio-nen finanziell unterstützen möchte, kann über ConCERT spenden bzw. einen Termin mit der NGO vereinbaren lassen. Auch hilfreiche Sach-spenden werden entgegengenommen. Ideen liefert dabei eine Übersicht, die von Flip Flops für US$1 über einen 50-kg-Sack Reis für US$50 bis hin zum Bau einer Schule für US$5000 viele Vorschläge enthält.

Darüber hinaus wird ehrenamtliche Arbeit ver-mittelt. Ein Bewerbungsformular ist hier erhält-lich, gemeinsam werden Vorschläge ausgear-beitet, um die Fähigkeiten eines Interessenten möglichst effektiv unter Berücksichtigung eige-ner Wünsche einzusetzen (Vermittlungsgebühr US$200). Interessierte, die in einem Waisen-haus arbeiten möchten, bekommen einen Einführungskurs. Wer innerhalb von drei Tagen keine passende Stelle erhält, bekommt das Geld zurück. ⏲ Mo–Fr 9–12 und 13–17 Uhr.

angekommen, muss das Werk dann wieder auf einen Rahmen gespannt werden.

Diwo Gallery, Pokambor Ave., ☎ 092-930 799, 🖥 www.diwo-gallery.com. Fotografien des Franzosen Thierry Diwo. Hochwertige Skulpturen, die Exponaten aus dem Nationalmuseum in Phnom Penh nachempfunden sind. Kostenloser Shuttle-Service zur größeren Diwo Gallery 2 Richtung Tonle Sap. ⏰ 8–22.30 Uhr.

Happy Cambodian Gallery, am Psar Chas. Farbenfrohe, naiv-ironische Gemälde des Künstlers Stéfane Delaprée (Stef). Kleinere Werke ab US$150. ⏰ 8–22 Uhr.

McDermott Gallery, Passage, ☎ 012-615 695, 🖥 www.asiaphotos.net. Sehenswerte künstlerische Schwarz-Weiß-Fotografien des bekannten Fotografen John McDermott. Im Obergeschoss Ausstellungen lokaler Künstler. Fotografien ab US$25. Weitere Filiale im FCC. ⏰ 9–22 Uhr.

Sopheng Art Gallery, St. 9, ☎ 063-964 322. Bunte, naiv bis kubistische Ölgemälde der kambodschanischen Künstlerin Sopheng, ab US$55. ⏰ 8.30–21.30 Uhr.

Schattenspielpuppen

House of Peace, N6, 5 km Richtung Flughafen, ☎ 063-764 004, 🖥 www.friedenshaus-kambodscha.de. Von der Deutsch-Kambodschanischen Gesellschaft gegründete Werkstatt zur Fertigung von Schattenspielpuppen. Die auf dem Gelände lebenden Waisen erhalten eine Schulausbildung und werden in der alten Handwerkstradition unterrichtet. Alle Puppen sind aus Leder handgefertigt und zeigen klassische Motive wie Götter, Dämonen oder Elefanten – ein tolles Souvenir, das auch noch wenig Platz im Gepäck einnimmt. Kleine Puppen ab US$7. Groß und aufwendig gestaltet, kostet dieses Souvenir bis zu US$150. ⏰ 6–18 Uhr.

Schmuck, Skulpturen, Antiquitäten

Garden of Desire, Passage, ☎ 012-319 116, 🖥 www.gardenofdesire-asia.com. Zweite Filiale des kambodschanischen Designers Ly Pisith. Handgearbeiteter Silberschmuck mit Edel- und Schmucksteinen. ⏰ Mo–Sa 10–22, So 16–22 Uhr.

WA Gallery, Oum Khun St. ☎ 092-746 2187. Antiquitäten wie Schmuck oder Skulpturen, aber auch zeitgenössische bunte Arbeiten wie die Neon-Buddhas der französischen Künstlerin Nicolette. Weitere Filiale im FCC. ⏰ 8–22 Uhr.

Textilien und Seide

Institute for Khmer Traditional Textiles (IKTT), 427 Rd. 63, ☎ 063-964 437, 🖥 iktt.esprit-libre.org/en. IKTT wurde 1996 von dem Japaner Kikuo Morimoto gegründet, um die alte Tradition der Seidenweberei aus dem 8. Jh. wiederzubeleben. Gewebt werden traditionelle Motive, gefärbt mit Naturfarben aus Mandelblättern, Lycheeholz, Bananen und Kokosnüssen. In dem altes Holzhaus stehen im Erdgeschoss Webstühle, im Obergeschoss befindet sich der Verkaufsraum. Die meisten der schönen Seidenartikel werden in einem Dorf außerhalb gefertigt. ⏰ 8–12 und 14–17 Uhr.

Spicy Green Mango, Alley West und The Lane. Bunte ausgefallene Patchwork-Kleider für Frauen und Kinder. ⏰ 10–22 Uhr.

AKTIVITÄTEN

Kochkurse

Gleich mehrere Restaurants und Hotels vermitteln einen prima Einblick in die kambodschanische Küche, u. a.:

Cooks in Tuk Tuks, im The River Garden Hotel, ☎ 063-963 400, 🖥 www.therivergarden.info. Erst geht es zusammen auf den Markt, hier werden lokale Besonderheiten, Gemüse und Gewürze erklärt. Eingekauft wird nicht, die Zutaten befinden sich bereits im Hotel. Danach wird fröhlich geschält, geraspelt, geschnippelt, im Mörser zerdrückt, gekocht und gemeinsam gegessen. Außerdem gibt es ein kleines Rezeptheft sowie Ersatzvorschläge, was die exotischeren Zutaten anbetrifft. Nützliche Tipps helfen daheim bei speziellen Fragen, z. B. wie lange man was im Kühlschrank aufbewahren oder auch einfrieren kann. Tgl. um 10 Uhr für US$25 p. P. ohne Voranmeldung.

Le Tigre de Papier, Passage, ☎ 012-265 811. Start ist der gemeinsame Besuch des Psar Chas, dann wird zusammen gekocht und natürlich gegessen. Die Auswahl der 5 Gänge

hängt vom saisonalen Angebot ab. Tgl. um 10, 13 und 17 Uhr für US$19, ohne Anmeldung.
Peace Café, ☏ 092-177 127, 🖥 www. peacecafeangkor.org. Hier lernt man in einem Kurs, vegetarische Gerichte zu zaubern. Tgl. 11–13 Uhr für US$20, inkl. Rezeptbuch.
Raffles Grand Hotel d'Angkor, ☏ 063-963 888. Exklusiver Kochkurs. Mit dem Küchenchef geht es zum Markt. Nach der Erklärung der Geheimnisse kambodschanischer Zutaten wird das Essen unter fachkundiger Leitung zubereitet und anschließend verzehrt. Dazu gibt es ein Glas Wein, Kochbuch, Urkunde und Raffles-Schürze. US$85.

€ **Temple Balcony Restaurant**, ☏ 015-555 508. Bietet tgl. um 14 Uhr den sehr günstigen Kochkurs für US$10 (Voranmeldung notwendig).

Meditation und Yoga

New Green Leaf Book Café, St. 9, ☏ 016-606 951, 🖥 www.newleafbookcafe.org. Yoga auf der Dachterrasse des Cafés. Fr, Sa und So, aktuelle Termine auf der Internetseite, 1 1/4 Std. für US$6.
Peace Café, ☏ 092-177 127, 🖥 www.peace cafeangkor.org. Tgl. 1–3 Yoga-Kurse für US$5, 1 1/4 Std.

🌳 **Wat Kok Chork**, ☏ 092-768 837, 🖥 www.fodcambodia.org. Einstündige Meditation mit dem Mönch Daro: Mo 14, Mi 10 und Fr 16 Uhr. Um eine Spende von US$5–10 für den Schulbetrieb des Klosters wird gebeten.

Quadfahren

Quad Adventure Cambodia, nahe Wat Damnak, ☏ 092-787 216, 🖥 www.quad-adventure-cambodia.com. In Begleitung eines Guides kann für eine Stunde bis hin zu einem Tag die Umgebung per Quad erkundet werden. US$30–170 je nach Mietdauer inkl. Schutzausrüstung und Abholung am Hotel.

Reiten

The Happy Ranch Horse Farm, ☏ 012-920 002, 🖥 www.thehappyranch.com. Wer mag, kann gemächlich auf dem Pferderücken die umliegenden Dörfer und Tempel besuchen.

Der Kambodschaner Sary Pann ist seit seines amerikanischen Exils Pferdeliebhaber und sorgt dafür, dass die Tiere auf der Farm bestens gepflegt werden. Es gibt Reitstunden für Kinder, und auch erwachsene Anfänger können sich hier auf den Pferderücken wagen. Entspannt sind die Ausflüge mit dem Ponywagen. Reiten für US$28/Std., Halbtagesausflug US$69. ⏲ 6–18 Uhr.

Schwimmen

Zahlreiche Hotelpools bieten auch Nichtgästen nasskalte Erfrischung gegen eine oft geringe Gebühr. Diese reicht von einem Verzehrzwang im Golden Banana Boutique Hotel bis zu US$20 in Luxusherbergen wie im Raffles Grand Hotel. Aber auch einfache Unterkünfte rüsten inzwischen mit einem eigenen kleinen Pool auf. Und wer keinen eigenen Pool hat, fragt am besten im eigenen Hotel oder Guesthouse nach dem nächstgelegenen Pool; die Angestellten weisen meist gern den Weg. Kostenlos schwimmt man im Westlichen Baray im Archäologiepark.

Wellness

Sightseeing kann anstrengen, doch glücklicherweise ist das Angebot für entspannende Momente danach groß und reicht von Fußmassagen über Ganzkörperpackungen bis hin zu Thai-, Khmer-, Japanischer Massage oder Heißen Steinen. Massagen werden rund um den Nachtmarkt ab US$4/Std. angeboten. Viele der Frauen haben allerdings keine richtige Ausbildung, und so ist die Massage eher wenig professionell. Einige Massagesalons bieten spezielle Massage (s. Kasten S. 171).
Beliebt sind zudem **Fischbecken**, in denen die kleinen zappeligen Wasserwesen die abgestorbenen Hautschuppen von den Füßen knabbern. Das ist jedoch weder etwas für Kitzelige noch für Hygienebewusste.
Die hier gelisteten Wellnessoasen haben einen guten Ruf und ausgebildetes Personal:
Bodia Spa, ☏ 063-761 593, 🖥 www.bodia-spa. com. Die Wellnessoase bietet Massage, Packungen, Waxing, Dampfsauna und Yacuzzi. Anwendungen mit eigenen Kräuterprodukten. ⏲ 10–23 Uhr.

Body Tune, 293 Pokambor Ave., ☎ 063-764 141. Thai-Massage ab US$14/Std. ⏱ 10–22.30 Uhr.

Frangipani, 615 Hup Guan St., ☎ 063-964 391, 🖥 www.frangipanisiemreap.com. Im EZ mit Dusche ab US$20 für 30 Min., darunter Anti-Stress-Massage oder 4-händige Massage. Gesichtsbehandlungen. ⏱ 10–22 Uhr.

🔶 **Krousar Thmey Massage**, Charles de Gaulle Blvd. Auch hier verdienen Blinde mit dem Handwerk des Masseurs ihren Lebensunterhalt. US$7/Std. ⏱ 9–21 Uhr. Stilvoll und naturgemäß teuer sind die Spas in den exklusiven Hotels wie im **Raffles Grand Hotel** oder im **La Résidence d'Angkor**.

🔶 **Seeing Hands Massage 4**, 324 Sivatha Blvd., ☎ 012-838 487. Gute Massagen von sehbehinderten Menschen. US$6/Std. ⏱ 8–23 Uhr.

TOUREN

Touranbieter

Viele Guesthouses und Hotels bieten Touren zu den Tempeln und den schwimmenden Dörfern (S. 315) an. Die meisten arbeiten mit Tuk-Tuk-Fahrern zusammen, denen sie vertrauen und die einen guten Ruf bei Gästen haben. Interessante Touren bieten auch folgende Unternehmen:

Bees Unlimited, ☎ 012-436 475, 🖥 www.beesunlimited.com. Der Amerikaner Dani lebt seit 20 Jahren in Kambodscha und zeigt Besuchern das ländliche Leben. Er kommt ins Hotel und stellt eine individuelle Tour mit dem Tuk-Tuk zusammen. Meist geht es los mit einem Besuch des Psar Leu, in dem es exotische Früchte, Gemüse und landestypische Lebensmittel zu entdecken gibt – alles kann probiert werden. In den Dörfern zeigt er, womit die Dorfbewohner ihren Lebensunterhalt verdienen. Dani schaut einfach mal bei den Nachbarn herein: Korbflechter, Reis-Nudel-hersteller, Schlangenjäger, Räucherstäbchen-hersteller, oder darf es auch eine Probe traditioneller Schröpftechniken sein? Tagestour US$35 p. P.

🔶 **Beyond Unique Escapes**, Alley West, Ecke Sivatha Blvd., ☎ 063-969 269, 🖥 www.beyonduniqueescapes.com. Außer-gewöhnliche und individuelle Touren. Etwa eine Tagestour zu den Dörfern, um den Alltag einer Familie zu erleben und z. B. bei der Reisernte zu helfen; Teilnahme an einer Wassersegnung im Kloster; Kochkurse in einem Khmer-Dorf. Alle Touren US$22. Teile der Einnahmen gehen an die NGO HUSK, 🖥 www.huskcambodia.org. ⏱ 7–22 Uhr.

Capitol Tours, ☎ 012-830 170, 🖥 www.capitoltourscambodia.com. Touren mit dem Tuk-Tuk, Minivan oder Landrover, u. a. auch nach Preah Vihear, Koh Ker und Beng Mealea. Recht teure Tagestouren nach Angkor, zu den schwimmenden Dörfern und Prek Toal.

🔶 **Naturschutzzentrum Sam Veasna**, 63 St. 26, ☎ 063-963 170, 🖥 www.samveasna.org. Die NGO organisiert ökologisch verträgliche Vogelbeobachtungs-Touren. Ein Teil der Einnahmen geht an Projekte im Ort, wie die Ausbildung lokaler Führer. Schwerpunkt liegt in der lokalen Förderung des Öko-tourismus. Im Gegenzug verpflichten sich die Gemeindemitglieder u. a., nicht zu jagen. Sam Veasna ist der einzige Anbieter individueller 1- bis 4-Tages-Touren zum Ang-Trapaeng-Thmor-Vogelschutzgebiet, Tmatboey-Vogel-schutzgebiet, den „Geier-Restaurants" Chhep, Okoki und zu den Florican Grasslands. Weitere Vogelbeobachtungstouren zum Prek-Toal-Vogelschutzgebiet, Phnom-Kulen-Nationalpark, Beng Mealea und nach Kbal Spean. Tagestouren zwischen US$50 und 175 p. P. (bei 4 Pers.). ⏱ 7–18 Uhr.

🔶 **Osmose**, ☎ 012-832 812, 🖥 www.osmosetonlesap.net, bietet ebenfalls Touren zu den schwimmenden Dörfern und ins Prek-Toal-Vogelschutzgebiet (S. 318).

Fahrrad- und Motorradtouren

Camouflage, ☎ 012-884 909, 🖥 www.camouflagecambodia.com. Geführte Fahrradtouren zu den Tempeln von Angkor oder in die ländliche Umgebung. Mountainbiketouren am Phnom Kulen (US$85 p. P. inkl. Transport) oder Beng Mealea (US$55 p. P.). Als Halbtages-Familientouren fahren Kinder im Kindersitz oder mit dem eigenen Fahrrad (realistisch schaffen sie die Tour ab etwa 6 Jahren, kleine Räder stehen zur Verfügung), US$25. Mehrtages-

touren möglich. Räder können auch unabhängig von einer Tour gemietet werden (s. u.). ⏱ 7.30–20 Uhr.
Grasshopper Adventures, St. 26, ✆ 012-462 165, 🖥 www.grasshopperadventures.com. Geführte Fahrradtouren zu den Tempeln oder in die ländliche Region. ⏱ 7–18 Uhr.
Sabai Adventures Cambodia, ✆ 088-372 3121, 🖥 www.sabaiadventures.com. Tagestouren mit einem Leihmoped in die dörfliche Umgebung oder zum Tempel Beng Mealea. Inkl. Hotelabholung, Fahrtraining und Mittagessen ab US$29. Mehrtagestouren möglich.
Siem Reap Dirt Bikes, ✆ 099-823 216, 🖥 www.siemreapdirtbikes.com. Vermietet für geführte Touren gute 250-ccm-Geländemaschinen. Trips als Tagestour zu Beng Mealea bis hin zu 10 Tagen quer durch Kambodscha. Ab US$130.

SONSTIGES

Apotheken
Filialen der Apotheken-Kette **U-care-pharma** befinden sich am Ende Pub St., Hospital St., ✆ 063-965 396, ⏱ 8–24 Uhr, und im Shoppingcenter Lucky Mall, ✆ 063-966 683, 🖥 www.u-carepharmacy.com, ⏱ 8–21 Uhr. Original-Medikamente und Drogerieartikel wie Sonnenmilch und Mückenschutz. Die Bedienung spricht Englisch. Weitere Filiale im Flughafen.

Tagestouren zu den Tempeln von Angkor

Die meisten Touristen nehmen ein Tuk-Tuk, um die **Tempel von Angkor** und die etwas weiter entfernten Anlagen zu erkunden. Der Preis richtet sich nach der Entfernung der Tempel und liegt für eine Tagesausfahrt zwischen US$10 und US$30. Wer abends gegen 16.30 Uhr nur für den Sonnenuntergang nach Angkor Wat fährt, zahlt US$8. Zwischen US$10 und 15 kostet die **Kleine Runde** (Angkor Wat, Bayon/Angkor Thom, Ta Keo, Ta Prohm, Banteay Kdei, Prasat Kravan). US$15–20 zahlt der Gast für die **Große Runde** (kleine Runde ohne Ta Keo und Ta Prohm, dafür mit Pre Rup, Östlicher Mebon, Ta Som, Neak Poan und Preah Khan).
Ab US$20–25 wird man zum 35 km entfernten **Banteay Srei** gebracht. Noch weiter entfernt liegt **Kbal Spean**, wer hierhin will, zahlt etwa US$30. Für die anstrengende Fahrt bis **Phnom Kulen** ist mit ca. US$35 zu rechnen. Fahrten mit dem Motorradtaxi sind etwas günstiger. Der Preis ist relativ unabhängig davon, ob es morgens vor Sonnenaufgang losgeht, ein ganzer Tag bei den Tempeln verbracht wird, oder die Gäste nur kurz bei den Tempeln vorbeischauen und vor dem Mittag wieder zurück in Siem Reap sind. Man sollte bei den Termin- und Preisverhandlungen jedoch in etwa wissen, was man plant, damit der Tuk-Tuk-Fahrer nicht genervt wartet und zur Eile drängt bzw. der Gast an den Tempeln auf den Fahrer warten muss, weil dieser erstmal eine Mittagsverschnaufpause eingelegt hat.

Weiter entfernt gelegene Tempel

Von Siem Reap aus lassen sich problemlos in einem Tagausflug die weiter entfernt liegenden Tempel Beng Mealea und Koh Ker, Preah Vihear oder Banteay Chhmar anschauen. Für Touren (jeweils 2 Pers.) nach **Beng Mealea** (S. 312) und **Koh Ker** (S. 332) sind US$75 p. P. einzuplanen inkl. Transport mit dem Auto, Lunchbox und Wasser; mit einem gemieteten Auto inkl. Fahrer US$80. **Preah Vihear** liegt 4 Std. nördlich von Siem Reap an der thailändischen Grenze, als gebuchte Tour US$116 p. P. mit dem Landrover inkl. Mittagessen und Wasser. Mit dem Auto US$90 zzgl. US$25 Transport auf den Berg (S. 339). Es ist auch möglich, Preah Vihear, Koh Ker und Beng Mealea an einem Tag zu besichtigen, sofern man vor Sonnenaufgang aufbricht und nicht zu viel Zeit bei den Tempeln verbringt. Der Tagesausflug zur Tempelanlage **Banteay Chhmar** (S. 235) im Nordwesten schlägt mit US$98 p. P. inkl. Lunch und Wasser zu Buche. Die aufgeführten Preise beziehen sich auf eine Gruppe von 4 Pers.

Autovermietungen

Hotels und Guesthouses vermitteln Mietwagen mit Fahrer ab US$30/Tag.

Fahrrad- und Motorradverleih

Mopeds dürfen nicht an Touristen vermietet werden, nur an nachweislich hier lebende oder arbeitende Ausländer. Dahinter steht wohl die Lobby der Motorrad- und Tuk-Tuk-Fahrer, die sonst arbeitslos würden. Und die Bestimmung dient wohl auch der Ruhe in den Tempeln, denn sicher würde der ein oder andere Mopedfahrer wenig rücksichtsvoll durch die Tempelanlage brausen.

Viele Hotels und Guesthouses vermieten einfache Fahrräder für US$1–2/Tag.

Camouflage (s. o.). Verleiht Fahrräder für US$3 und Mountainbikes für US$7/Tag inkl. Fahrradhelm und Schloss. Auch Kinderfahrräder und Kindersitze können gemietet werden. ⊕ 7.30–20 Uhr.

Grasshoper Adventures (s. o.). Gute Fahrräder für US$8/Tag, Fahrradhelme US$1. Vermieten auch Kindersitze oder Fahrradanhänger für Kinder. ⊕ 7–18 Uhr.

🏕 **White Bicycles**, 🖵 www.thewhite bicycles.org. Für einen guten Zweck radelt man mit den Fahrrädern von White Bicycles, US$2/Tag. Der Gewinn geht an Dörfer, um dort sauberes Trinkwasser bereitzustellen und die Schulausbildung der Kinder zu ermöglichen. White Bicycles stehen u. a. vor dem Soria Moria Hotel, Ivy Guesthouse, La Noria Hotel und Rosy Guesthouse.

Geld

Geld tauschen die Geldwechselstände im Psar Chas. Hotels bieten oft einen schlechteren Kurs. Geldautomaten sind überall in der Stadt zu finden. Die Auszahlung erfolgt in US$, die Gebühr pro Auszahlung liegt zwischen 1 und 3 %. Die Canadia Bank erhebt als einzige Bank keine Transaktionsgebühr.

Acleda Bank, N6, 🖵 www.acledabank.com.kh. Tauscht Bargeld und Travellers Cheques, außerdem Western-Union-Service. Mehrere Geldautomaten in der Stadt. ⊕ Mo–Fr 8–15, Sa 8–11.30 Uhr.

ANZ Royal Bank, Samdech Tep Vong St., 🖵 www.anzroyal.com. Barauszahlung auf Kreditkarte. Geldautomaten für Visa- und MasterCard. ⊕ Mo–Fr 8–15, Sa 8–11.30 Uhr.

CAB (Cambodia Asia Bank), Sivatha Blvd., ✆ 063-965 315, 🖵 www.cab.com.kh. Wechselt Geld und Travellers Cheques. Western-Union-Service. Geldautomaten akzeptieren Visa-, MasterCard und American Express. ⊕ tgl. 7.30–21 Uhr.

Cambodian Commercial Bank, 168 Sivatha Blvd., Geldwechsel, MoneyGram. Geldautomat akzeptiert MasterCard. ⊕ Mo–Fr 8–15 Uhr. Geldwechsel und Geld auf Kreditkarte. Außenschalter ⊕ Mo–Fr 15–17, Sa, So 9–17 Uhr.

Canadia Bank, Sivatha Blvd., ✆ 063-964 808, 🖵 www.canadiabank.com. Geldwechsel, kostenfreie Geldautomaten für Visa- und MasterCard. MoneyGram. ⊕ Mo–Fr 8–15.30, Sa 8–11.30 Uhr.

SBC Bank (Singapore Banking Cooperation), 18A Sivatha Blvd., ✆ 063-963 838, und Lucky Mall, ✆ 063-963 737, 🖵 www.sbc-bank.com. Western-Union-Service, Geldautomat akzeptiert Visa/MasterCard/Diners/Cirrus.

Informationen

Touristeninformation, Sivatha Blvd., ✆ 092-795 585. Sehr freundliches Personal, das bei Hotelbuchungen, Bus- und Flugtickets oder Visaverlängerungen hilft. Bietet die gleichen Informationen wie Guesthouses und Touranbieter. ⊕ 7–21 Uhr.

💼 **Khmer Angkor Tour Guide Association (KATGA)**, ✆ 063-964 347, 🖵 www. khmerangkortourguide.com. Alle, die einen deutsch sprechenden Führer durch die Tempel suchen, finden in diesem Zusammenschluss lizenzierter Tourguides sicher einen passenden Guide. Zur Erlangung der KATGA-Lizenz ist eine Prüfung abzulegen. Deutsch sprechende Führer nehmen US$50/Tag. Wer etwas günstiger herumgeführt werden will, nimmt einen Englisch sprechenden Guide und zahlt US$25–30 pro Tag. KATGA-Guides sind an den dunklen Hosen und beigefarbenen Hemden mit Namensschild zu erkennen. Vermittlung über KATGA oder Guesthouses und Hotels.

Der *The Siem Reap Visitor Guide* bietet Infos zu Geschichte, Tempeln, Übernachtung und Restaurants. Die Hefte liegen kostenlos in Hotels und Restaurants aus und werden alle 3 Monate aktualisiert. Kompakte Infos über Restaurants, Hotels und Aktivitäten in den ebenfalls vierteljährlich erscheinenden Pocket Guides *Siem Reap Drinking & Dining* und *Out & About*.

Internet

Viele Cafés und Restaurants bieten ihren Gästen einen Gratiszugang ins Web. Internetcafés dagegen werden immer seltener, für 3000–4000 Riel/Std. kann man dort durchs Netz surfen oder mit den Lieben daheim skypen.

Medizinische Hilfe

Ly Srey Vyna Krankenhaus, 113 N6, ☎ 063-965 088. Viele Reiseveranstalter schicken Kunden im Notfall hierhin. Die Ärzte sprechen Englisch, 24 Std. Notdienst. Erst-Konsultation US$50.

Naga Healthcare, 19A Hup Guan St., ☎ 092-793 180, 🖥 www.nagahealthcare.com. Die Praxis des Niederländers Dr. Joost Hoekstra genießt einen sehr guten Ruf. Dr. Hoekstra spricht auch Deutsch. Erstkonsultation US$30. ⏰ 8–12 und 14–18 Uhr.

Royal Angkor International Hospital, N6, ☎ 063-761 888, Notfall-☎ 012-235 888, 🖥 www.royalangkorhospital.com. Privatklinik von internationalem Standard, arbeitet mit dem Bangkok Hospital zusammen. Konsultationen ab US$145. 24 Std. Notaufnahme.

Siem Reap Provincial Hospital, Hospital St., ☎ 063-963 11. Das Staatliche Krankenhaus ist nur in Notfällen zu empfehlen.

Kampuchea Dental Clinic, ☎ 063-555 5112, 092-714 858, 🖥 www.kampucheadental.com.kh. Empfehlenswerte Zahnklinik. Führt u. a. Wurzelbehandlungen durch und fertigt Kronen an.

Polizei

Touristenpolizei, an der Ticket-Kontrollstelle Eingang Archäologiepark, ☎ 012-402 424.

Post und Paketdienst

Hauptpost, Pokambor Ave. Postkarten, Briefmarken, internationale Telefonate.

⏰ 7.30–17 Uhr. Im Gebäude **EMS-Kurierdienst** (S. 70). ⏰ 8–12 und 14–17 Uhr.
DHL, 14-18 Sivatha Blvd., ☎ 063-964 848.

Sicherheit und Betrügereien

Rund um die Pub St. und Sivatha Blvd. häufen sich Betrügereien durch Frauen, die mit einem kleinen Baby im Arm umherlaufen, häufig im Eingangsbereich von Supermärkten. Sie fragen nach **Milch für ihr Kind**, lassen dieses von den Touristen kaufen und geben sie anschließend wieder zurück. Das Geld wird dann mit dem Supermarktbesitzer geteilt, das Restgeld an eine wartende Person abgegeben. Ähnliches kann bei Fahrten zu den schwimmenden Dörfern passieren. Entweder soll der Tourist einen überteuerten Sack Reis kaufen, oder der Lehrer bittet um Schulmaterialien für die Schüler. In beiden Fällen wird auch hier der Einkauf zurückgebracht. Weitere Informationen zum Thema Sicherheit auf S. 70.

Telefon

SIM-Karten verkaufen zahlreiche Mobilfunkanbieter rund um den Sivatha Blvd. und den Psar Chas, Tipps dazu auf S. 75.

Visaangelegenheiten

Die einmalige **Verlängerung** eines Touristenvisums für 30 Tage übernehmen die Touristeninformation, Hotels, Guesthouses und Touranbieter. US$50, innerhalb von 3 Tagen.

Wichtige Telefonnummern

Polizei
Touristenpolizei Haupteingang Angkor Archäologie Park, ☎ 012-402 424; Englischsprachige Polizisten, ☎ 097-778 0002, ☎ 012-969 991

Feuerwehr
Sivatha Blvd., ☎ 063-784 464, ☎ 012-390 806, ☎ 012-784 464

ChildSafe
Hotline ☎ 012-311 112, ☎ 063-761 096, ✉ Kalimyanmith@friends-international.org

Business-Visa können für 1, 3, 6 oder 12 Monate verlängert werden, US$35/75/160/290.

Visa für Vietnam besorgen Guesthouses und Touranbieter für US$65 innerhalb von 3 Werktagen.

Wäschereien

Wäschereien gibt es fast überall in der Stadt. Die meisten Hotels und Guesthouses bieten Wäscheservice für US$1–2/kg.

NAHVERKEHR

Motorradtaxis

Motorradtaxis warten an Kreuzungen und an der Westseite des Psar Chas auf Fahrgäste. Fahrten innerhalb der Stadt US$0,50-1, nachts das Doppelte. Tagestouren zu den Tempeln US$10–15.

Taxis

Taxis bzw. Autos mit Fahrer vermitteln Hotels und Guesthouses: Taxi nach Banteay Chhmar US$70, Banteay Srei US$30, Beng Mealea US$40, Battambang US$35, Koh Ker US$60, Phnom Penh US$60, Poipet US$25, Sihanoukville US$120.

Tuk-Tuks

Tuk-Tuk-Fahrer stehen überall im Zentrum oder fahren umher auf der Suche nach Fahrgästen. Fahrten innerhalb der Stadt für US$1–2, bei Regen oder nachts das Doppelte. Zu den Hotels etwas weiter draußen an den Ausfallstraßen, vor allem wenn es teure Unterkünfte sind, US$3. Tagesfahrten zu den Tempeln auf S. 272.

TRANSPORT

Der **Busbahnhof Chong Kov Sou** liegt etwa 4 km östlich der Stadt. Die Busgesellschaften haben ein Büro am Abzweig zum Busbahnhof oder zusätzlich in der Stadt. Busse fahren entweder ab dem jeweiligen Büro, dem Busbahnhof oder einem anderen zentralen Punkt in Siem Reap. Tickets besorgen Hotels, Guesthouses und Touranbieter gegen einen kleinen Aufpreis. Alle Anbieter holen Gäste kostenlos im Hotel mit dem Minibus ab und bringen sie zur Haltestelle. Eigene Anreise zum Busbahnhof mit dem Motorradtaxi US$2, Tuk-Tuk für US$3.

Busse

ANLONG VENG, mit GST und Rith Mony um 13.30, 14.30 und 16.30 Uhr für US$5 in 3 1/2–4 Std.;

BANGKOK (Thailand), umsteigen an der thailändischen Grenze;

mit Capitol Tours und Gold VIP um 8 Uhr für US$10 in 10–11 Std.;

mit Gold VIP, Hang Tep und Virak Buntham (Sleeper-Bus) zwischen 2 und 2.30 Uhr für US$10–15 in 10 Std.;

Direktbus mit Nattakan um 8.15 Uhr für US$28 in 8 Std. inkl. Wasser, Kaffee, Snack und Mittagessen;

BANLUNG (RATTANAKIRI), mit Phnom Penh Sorya um 5 Uhr für US$16,50 in 12 Std.;

BATTAMBANG, mit Capitol Tours, Olympic Express, Phnom Penh Sorya und Rith Mony 9x tgl. zwischen 6.30 und 13.30 Uhr für US$5–6,25 in 4–5 Std.;

CAN TO (Vietnam), mit Hang Tep um 7 und 19 Uhr für US$39 in 16 Std.;

CHAU DOC (Vietnam), mit Hang Tep um 7 und 19 Uhr für US$38 in 15 Std.;

HO-CHI-MINH-STADT (Vietnam), umsteigen in Phnom Penh;

mit Hang Tep, Mekong Express und Virak Buntham zwischen 6.30 und 7.30 Uhr für US$15–24, mit Hang Tep um 19 Uhr, Virak Buntham (Sleeper-Busse) um 19 und 24 Uhr für US$21/22 in 13 Std.;

KAMPOT, umsteigen in Phnom Penh;

mit Giant Ibis und Phnom Penh Sorya um 7.45 bzw. 6.30 Uhr für US$21/12 in 10–13 Std.;

mit Hang-Tep um 24 Uhr und Virak Buntham (Sleeper-Busse) um 19, 20.30 und 24 Uhr für US$17–27 in 12 Std., weiter nach Koh Tonsay inkl. Boot für US$39 in 15 Std.;

KEP, über Phnom Penh und Kampot, mit Hang Tep um 24 Uhr für US$27 in 13 Std.;

KOH CHANG (Thailand), mit Hang Tep um 8 Uhr für US$14 in 12 Std.;

KOH KONG, über Phnom Penh oder Sihanoukville;

mit Hang Tep um 24 Uhr und Virak Buntham
(Sleeper-Busse) um 19, 20.30 und 24 Uhr für
US$17–27 in 12 Std.;
KOMPONG CHAM, mit GST, Neak Krorhorm
und Phnom Penh Sorya 5x tgl. zwischen ca.
5.30 und 10.30 Uhr für US$5,50–6,50 in 5–6 Std.;
KOMPONG CHHNANG, mit Phnom Penh Sorya
um 8 Uhr für US$10 in 9 Std.;
KRATIE, mit Neak Krorhorm und Phnom Penh
Sorya um 5 und 7.30 Uhr für US$11–12 in
8–9 Std.;
LAOS, mit Phnom Penh Sorya um 5 Uhr über
4000 Inseln und Don Det für US$23 in 13 Std.;
Pakse für US$26 in 16 Std., mit AVT über Stung
Treng in ca. 8 Std. für US$24;
PATTAYA (Thailand), umsteigen an der
thailändischen Grenze;
mit Gold VIP um 8 Uhr für US$20, Gold VIP,
Hang Tep und Virak Buntham (Sleeper-Busse)
um 2 bzw. 2.30 Uhr für US$17–20 in 14 Std.;
PHNOM PENH, mit Capitol Tours, Giant Ibis,
GST, Gold VIP, Mekong Express, Neak Krorhorm,
Olympic Express, Phnom Penh Sorya und
Rith Mony 49x tgl. zwischen 5.45 und 18 Uhr
für US$5–13 in 6–7 Std.;
mit Hang Tep, Rith Mony und Virak Buntham
(Sleeper-Busse) 8x tgl. zwischen 19 und 24 Uhr
für US$8–12 in 5–6 Std.;
PHU QUOC (Vietnam), mit Hang Tep und Virak
Buntham 3x tgl. zwischen 19 und 20.30 Uhr für
US$36–44 in 15–16 Std. (Sleeper-Bus und Boot);
POIPET, mit Capitol Tours, Gold VIP und
Hang Tep um 8 Uhr für US$6–8 in 3 1/2 Std.,
Gold VIP und Hang Tep um 2.30/2 Uhr für
US$6–8 in 3 Std.;
PURSAT, mit Phnom Penh Sorya um 8 Uhr
für US$7 in 7 Std.;
SEN MONOROM (MONDULKIRI), mit Phnom
Penh Sorya um 5 Uhr für US$16,50 in 10 Std.;
SIHANOUKVILLE, über Phnom Penh;
mit Gold VIP, Mekong Express, Phnom Penh
Sorya und Rith Mony 11x tgl. zwischen 6.30 und
12 Uhr für US$10–24 in 11–12 Std., Hang Tep,
Rith Mony und Virak Buntham (Sleeper Busse,
Virak Buntham je nach Auslastung auch direkt)
4x tgl. zwischen ca. 20 und 24 Uhr für US$14–17
in 10–12 Std.;
SISOPHON, mit den Bussen Richtung Poipet
für den gleichen Preis in 2 Std.;

SRA EM (für Preah Vihear), mit Rith Mony
um 13.30 Uhr für US$5 in 6 Std.;
STUNG TRENG, mit Phnom Penh Sorya um
5 Uhr für US$15,50 über Kompong Cham in
11 Std., oder mit AVT auf der neuen Direkt-
verbindung in ca. 5 Std. für US$15.

Die Busgesellschaft **Hang Tep** (im Backpacker
Hostel) verkauft kombinierte Bus-Boot-Tickets
zu den Inseln in Thailand wie Koh Samui,
Koh Phan Ngan, Koh Tao, Koh Phi Phi oder Koh
Lanta. Die anstrengende Anreise über Bangkok
dauert mind. 24 Std.

Sammeltaxis und Minibusse

Sammeltaxis stehen rund um den Busbahnhof und an der N6. Sie fahren los, sobald
alle 6 Sitze verkauft sind. Besser am Morgen
vorbeischauen, nachmittags kann die Weiterfahrt schwierig werden, wenn nicht genügend
Passagiere zusammenkommen. Zur Not muss
man die freien Sitze zusätzlich kaufen.
ANLONG VENG US$6,50, BATTAMBANG US$8,
O'SMACH (Grenze Thailand) US$6,50, PHNOM
PENH US$10, SISOPHON US$6.
Minibusse stehen an der N6 und fahren ebenfalls los, sobald genug Passagiere zusammen
sind. Der Sitzplatz ist etwas günstiger als
im Sammeltaxi, es kann aber sehr eng werden,
wenn der Wagen extrem voll beladen wird.

Schiffe

Die **Schnellboote** nach **Phnom Penh** sind
zwar eine Alternative zur Busfahrt, jedoch ist
die Fahrt über weite Strecken eher langwilig,
nur das letzte Stück entlang dem Fluss eröffnet
schöne Blicke auf die Landschaft. Dafür ist
die Fahrt 5x teurer als mit dem Bus.
Die meisten Reisenden sind von der Flussfahrt
nach **Battambang** hellauf begeistert, denn es
geht vorbei an malerischen Flusslandschaften.
Je nach Wasserstand kann die Reisezeit bis
zu 9 Std. betragen.
Die Boote starten im **Hafen** in der Nähe des
schwimmenden Dorfes **Chong Kneas**, etwa
13 km südlich von Siem Reap. Tickets können
über Angkor Express, Guesthouses, Touranbieter und Hotels erstanden werden;
der Transfer zum Pier ist im Preis enthalten

(Abfahrt im Hotel ab 5.30 Uhr). Tickets sollten einen Tag, in der Hauptsaison 2 Tage vorher, gekauft werden. Auf eigene Faust kostet die Anreise mit dem Motorradtaxi/Tuk-Tuk/Taxi US$3/8/11 und dauert 30 Min.
BATTAMBANG, um 7.30 Uhr für US$20 in 6–9 Std.;
PHNOM PENH, um 7 Uhr für US$35 in 5–6 Std., (Nov–März).

Flüge

Der **Flughafen Siem Reap International** liegt etwa 7 km vom Stadtzentrum entfernt. Inlandflüge mit Cambodia Angkor Air, 🖳 www.cambodiaangkorair.com, nach: PHNOM PENH, 4–6x tgl. in 45 Min., US$70–136;
SIHANOUKVILLE, tgl. in der Hauptsaison, sonst (Mai–Okt) 4x wöchentl. in 1 Std., ab US$116.
Von Siem Reap starten internationale Flüge nach:
CHINA (Guangzhou, 1x tgl.; Shanghai, 2x wöchentl., Peking 1x tgl.);
LAOS (Vientiane, 1x tgl. in 1 Std.; Luang Prabang, 1x tgl. in 1 3/4 Std., Pakxe, 1–2x tgl. in 1 Std.);
MALAYSIA (Kuala Lumpur, 1–2x tgl.);
PHILIPPINEN (Manila, 4x wöchentl.);
SINGAPORE, 2x tgl.;
SÜDKOREA (Seoul, 3x tgl.);
THAILAND (Bangkok, 6x tgl. in 1 Std.);
VIETNAM (Hanoi, 5x tgl.; Ho-Chi-Minh-Stadt, 5x tgl.; Da Nang, 2x wöchentl., jeweils in 1 Std.).
Flugpläne unter 🖳 www.cambodia-airports.com.

Zum/am Flughafen: Vom Zentrum zum Flughafen oder in umgekehrter Richtung kosten Taxis/Tuk-Tuks oder Motorradtaxis US$7/4/2 für die 20-minütige Fahrt. Viele Unterkünfte bieten ihren Gästen kostenlosen Transfer.
Wer ohne Visa anreist, füllt das in der Ankunftshalle ausliegende Visa-on-Arrival-Formular aus, gibt dieses am 1. Schalter samt Reisepass, Passfoto und US$30 ab. Der letzte Beamte in der Reihe ruft dann den Vornamen auf und händigt den Pass mit dem Visum aus.

Die Tempel von Angkor

Ein Besuch der Tempel von Angkor ist für die meisten Reisenden *das* Highlight ihres Kambodscha-Besuches. Die Tempel, die seit 1992 zum Unesco-Weltkulturerbe zählen, liegen auf einer Fläche von etwa 400 km² verteilt (mehr zur Geschichte gibt es auf S. 101); die berühmtesten sind aber alle von Siem Reap aus leicht zu erreichen.

Tuk-Tuk-Fahrer bieten zwei klassische Touren an: die **Kleine Tour**, die Angkor Wat, Angkor Thom, Ta Prohm und einige andere bedeutende Tempel beinhaltet, und die etwas längere **Große Tour**, die auch Tempel wie den Preah Khan miteinschließt. Die Tempel sind im Folgenden in der Reihenfolge dieser Touren beschrieben. Weitere Ausflüge zu **entfernteren Zielen** sind möglich, z. B. zum wunderschönen Banteay Srei. Auch dafür haben die Fahrer passende Angebote parat, und man kann sich gut seine eigene Tour zusammenstellen. Möglich wäre auch eine **historische Route**: Dabei würde man beim ältesten Tempel anfangen und chronologisch vorgehen. Das erfordert allerdings ziemlich viel Fahrerei. Wer nur wenig Zeit hat, kann sich auch eine **private Tagestour** zusammenstellen, die sich z. B. um Angkor Wat, Angkor Thom und Banteay Srei aufbaut. Ergänzende Hinweise und Besuchstipps zu den einzelnen Tempeln finden sich in den jeweiligen Steckbriefen.

An allen größeren Tempeln warten ganze Schwärme von Getränkeverkäuferinnen, und auch einfache Gerichte sind erhältlich – ebenso wie Souvenirs; angeboten von Kindern, die über ganz erstaunliche Sprachkenntnisse verfügen. Auch Bücher zu den Tempeln werden von fliegenden Händlern angeboten: gut geeignet für alle, die mehr wissen wollen, als wir hier darstellen können. Einige Tipps dazu finden sich auf S. 481.

Die Gottkönige von Angkor und ihre Tempelanlagen

Als sich Jayavarman II. im Jahr 802 am Phnom Kulen (S. 313) zum ersten Gottkönig von Kambuja (Kambodscha) ausrufen ließ, legte er den Grundstein für den fast 600 Jahre andauernden **Devaraja-Kult** (von Sanskrit: *deva*, Gott; *raja*, König), mit dem die Könige des Reiches ihre Herrschaft sicherten und rechtfertigten. Als besonders beschützter Vertreter oder gar Inkarnation eines (aus der hinduistischen Glaubenswelt stammenden) Gottes auf Erden waren sie unantastbar – und ihre Macht unbeschränkt.

Äußeres Zeichen dieser Macht war der jeweilige **Staatstempel**, den ein König errichten ließ. Mehrere äußere Einfassungen umgeben den Tempel, der oft in mehreren Stufen oder pyramidenförmig angelegt ist. Ganz oben im Zentrum steht ein zentraler Turm, in dem ein Heiligtum verehrt wurde, das den König und seine Macht symbolisiert; meist ein Lingam, manchmal auch eine Statue. Die umgebenden Nebentürme, Galerien und Vorkammern dienten zum einen rituellen Zwecken, zum anderen symbolisierten sie in ihrer architektonischen Anlage die Ordnung des Kosmos.

Fast alle Könige versuchten, ihre Vorgänger zu übertreffen; sei es in der Ausdehnung des Reiches, sei es in der Größe des Tempels. Auch die Bautechniken entwickelten sich im Laufe der Zeit weiter. So kommt es, dass die Tempel immer größer und prächtiger wurden – mit Angkor Wat als Höhepunkt.

Die Staatstempel waren jedoch nicht die einzigen Bauwerke, die die Könige hinterließen. Oft errichteten sie weitere **Tempel zur Verehrung der Vorfahren**, und gründeten später, als der Hinduismus nicht mehr die vorherrschende Glaubenrichtung war, **buddhistische Klöster**. Große künstliche Seen (Khmer: *baray*), Wassergräben, Brücken und Anleger sind weitere Zeugen dieser Zeit. Von den Palästen und Wohnstätten, seinerzeit aus Holz gebaut, sind jedoch keine Spuren mehr vorhanden.

Auch von den **Kunstschätzen**, die einst die Tempel schmückten, ist vieles verschwunden. Jahrhundertelang bedienten sich Tempelräuber in Angkor, und noch heute tauchen auf Auktionen seltene und wertvolle Stücke ungeklärter Herkunft auf – Kunstraub ist kein Phänomen der Vergangenheit. Die meisten Statuen in den Tempeln sind Repliken, und was die Jahrhunderte unbeschadet üerstanden hat, kann heute zum Teil in Museen betrachtet werden: vor allem im Angkor National Museum in Siem Reap und im Nationalmuseum im Phnom Penh. Geblieben sind jedoch die **Flachreliefs** in Angkor und im Bayon, sowie Tausende in Stein geschlagene Wächterfiguren und – die steinernen **Apsaras** (s. Kasten S. 139), die einst schon den Gottkönigen und ihrem Hofstaat ihr Lächeln schenkten und heute die Besucher aus aller Welt bezaubern.

Das richtige Ticket

Für den Besuch der meisten Tempel im Bereich von Angkor muss ein Ticket gelöst werden, das es in drei Varianten gibt: für **einen Tag** (US$20), für **drei aufeinander folgende Tage** (US$40), jeweils ab Kaufdatum; und für **sieben Tage** (US$60), gültig innerhalb eines Monats. Die meisten Reisenden entscheiden sich für das Drei-Tages-Ticket. Am Vorabend des ersten Tages darf man jeweils schon zum Sonnenuntergang in die Anlage; passend für eine erste stimmungsvolle Stippvisite auf den Phnom Bakheng oder in Angkor Wat. Das Ticket muss stets mitgeführt und oft vorgezeigt werden.

Phnom Bakheng und Umgebung

Der Phnom Bakheng ist ein beliebtes Ziel für den Vorabend einer Angkor-Tour. Wer am Spätnachmittag das Ticket für den nächsten Tag am Haupteingang zu den Tempeln kauft, kann bis zu diesem Tempelberg weiterfahren, um den Sonnenuntergang zu genießen. In der Hauptsaison ist es allerdings ziemlich voll. Dabei passiert man die äußere Mauer von Angkor Wat, die schön von der tiefstehenden Sonne beleuchtet wird – das weckt Vorfreude auf den nächsten Tag ...

Phnom Bakheng

- **Datierung**: spätes 9., frühes 10. Jh. (geweiht 907)
- **Königlicher Erbauer**: Yashovarman I. (reg. 889–ca. 915)
- **Stil**: Bakheng
- **Religion**: Hinduismus (Shiva)
- **Lage**: 1,7 km nordwestlich von Angkor Wat, an der Straße, Zugang von Osten
- **Besuch**: Besuchsdauer ca. 1 Std. (inkl. Aufstieg)
- **Nicht verpassen**: die Aussicht auf die Türme von Angkor Wat sowie Phnom Krom (Südwesten), Phnom Bok (Nordosten), Phnom Kulen (Westen) und den Westlichen Baray

Phnom Bakheng bedeutet „starker Berg", und die 70 m hohe Anhöhe erschien König Yashovarman I. der richtige Ort, seinen Staatstempel zu errichten, als Mittelpunkt seiner neuen Hauptstadt Yashodharapura. Auch der Tempel selbst ist ein **„Bergtempel"**: Steile Stufen führen auf die oben abgeflachte, fünfstöckige Pyramide, auf der fünf Prasats in Quincunx-Form angeordnet waren (heute nur noch teilweise erhalten). Im mittleren stand der **Königliche Lingam Yashodhareshvara**, durch den Shiva verehrt wurde. Die Anordnung der fünf Prasats war damals eine Neuerung und sollte die Gipfel des Weltbergs Mehru versinnbildlichen. In den folgenden Jahrhunderten wurde noch öfter auf dieses Modell zurückgegriffen – am augenfälligsten in den Türmen von Angkor Wat. Einst führten drei Wege auf den Berg, heute ist nur noch die Haupttreppe im Osten begehbar. Nachdem man die **zwei Wächterlöwen** passiert hat, sollte man gut darauf achten, wohin man tritt, denn die Stufen sind teilweise verfallen.

Rund um die 76 x 76 m messende Basis der Pyramide standen früher 44 Ziegelsteintürme, von denen nur noch einige erhalten sind. Die Treppen, die von allen vier Himmelsrichtungen auf den Tempel führen, werden von steinernen Wächterlöwen bewacht. Kleinere Türme flankieren den Weg nach oben; pro Ebene zwölf in symmetrischer Anordnung. Insgesamt gibt es neben dem zentralen Heiligtum 108 weitere Türme – die

Zahl der Vollkommenheit in der hinduistischen und buddhistischen Mythologie (und auch der christliche Rosenkranz hat 108 Perlen).

Der größere **zentrale Turm** ist, obwohl sein Dach nicht mehr vorhanden ist, der am besten erhaltene Turm der Anlage. Vier Türen öffnen sich zu den Seiten. Eine Devata im nordöstlichen Abschnitt zeigt die Narben von Gewehrkugeln; wahrscheinlich hat sie einem gelangweilten Soldaten für Schießübungen gedient. In den frühen 1970er- Jahren wurde Phnom Bakheng von den Roten Khmer als Artilleriestellung genutzt. Der westliche Bereich zeigt schön gearbeitete Wandpfeiler und die am besten erhaltene Devata, die von einem reich geschmückten Bogen umgeben ist.

Baksei Chamkrong

- **Datierung**: frühes 10. Jh., Umwidmung 948
- **Königliche Erbauer**: Harshavarman I. (reg. 910–923) und Rajendravarman II. (reg. 944–968)
- **Stil**: Übergang von Bakheng zu Koh Ker
- **Religion**: zuerst Ahnentempel, dann Hinduismus (Shiva)
- **Lage**: 150 m nördlich von Phnom Bakheng, auf dem Weg nach Angkor Thom
- **Besuch**: weniger bedeutendes Monument, kann vom Phnom Bakheng aus erreicht werden; 15 Min.

Dieser kleinere Tempel war wohl der erste Tempelberg in der Region Angkor, der aus dauerhaften Materialien wie Ziegelsteinen, Laterit und Sandstein (für die Dekorationen) errichtet wurde. Und er ist der einzige, der kein Staatstempel ist: Sein Erbauer, Harshavarman I., ließ ihn zur Verehrung seiner Eltern errichten. Erst später wurde er von Rajendravarman II., der die Hauptstadt von Koh Ker wieder nach Angkor zurückverlegte (S. 103), im Rahmen einer Restaurierung Shiva gewidmet.

Auf der 12 m hohen, vierstufigen Pyramide, deren unterste Plattform 27 x 27 m misst, steht ein einzelner, 13 m hoher Turm. Die Pyramide ist sehr steil, und das gilt auch für die Treppen, die auf allen vier Seiten auf die oberste Plattform führen. Am besten begehbar sind die westliche und die nördliche. Das quadratische **Zentralheiligtum** hat eine Tür nach Osten und drei falsche Türen an den anderen Seiten. Sie sind recht gut erhalten und weisen die typischen Dekorationen dieser Epoche auf: viel ornamentales Blattwerk, das an Holzschnitzereien erinnert. Vom Stuck, der den Tempel umgeben haben muss, ist so gut wie nichts erhalten – außer den Löchern, an denen er befestigt war. Am östlichen Türsturz kann man noch Indra auf seinem dreiköpfigen Elefanten Airavata reitend erkennen.

Prasat Bei

- **Datierung**: 10. Jh.
- **Königlicher Erbauer**: Yashovarman I. (reg. 889–ca. 915)
- **Stil**: Bakheng
- **Religion**: Hinduismus (Shiva)
- **Lage**: nahe Baksei Chamkrong, 300 m westlich der Straße
- **Besuch**: nur mäßig interessant; 5 Min.

Prasat Bei bedeutet **„Drei Türme"**; und diese stehen nebeneinander in nordsüdlicher Ausrichtung auf einer 24 x 10 m großen Lateritplattform. Der Tempel, Ende der 1960er-Jahre teilweise renoviert, wurde vermutlich nie fertiggestellt. Bei beiden Seitentürmen fehlen die Dachaufbauten. Nur am zentralen Turm und am Südturm finden sich verzierte Türstürze; sie zeigen Indra auf seinem Elefanten, der einmal mit drei Köpfen (zentraler Turm), einmal mit einem Kopf dargestellt ist (Südturm).

Angkor Wat

- **Datierung**: erste Hälfte 12. Jh.
- **Königlicher Erbauer**: Suryavarman II. (reg. 1113–ca. 1155)
- **Stil**: Angkor Wat
- **Religion**: Hinduismus (Vishnu)
- **Lage**: 5,5 km nördlich von Siem Reap, der erste Tempel an der Hauptzufahrtsstraße nach Angkor

- **Besuch**: zum Sonnenaufgang, vormittags, nachmittags, am besten mehrfach; mehrere Stunden. Teil fast jeder Tour. In den inneren Bereichen ist angemessene Kleidung erforderlich (Knie und Schultern bedeckt).
- **Nicht verpassen**: die achtarmige Vishnustatue am westlichen Eingangstor, die Basreliefs der Galerien (vor allem das „Kirnen des Milchozeans"), die Apsaras rund um das zentrale Heiligtum

Angkor Wat, die **„Stadt, die ein Tempel ist"**, ist das großartigste Monument, das je in Kambodscha erbaut wurde. Von der harmonischen Komposition der riesigen Anlage bis hin zu den feinsten Details seiner Reliefs – noch heute trifft zu, was der portugiesische Reisende Diogo de Couto vor fast einem halben Jahrtausend schrieb: „Dieser Tempel ist so besonders, dass man ihn mit Worten kaum beschreiben kann, und mit keinem anderen Gebäude der Welt vergleichen." Und: „Ein Land, das eine derartige architektonische Meisterleistung vollbracht hat, darf nicht untergehen!" – diese Worte von Louis-Adolpe Bonard, dem ersten Gouverneur von Cochinchina (1861–63), haben vielleicht dazu beigetragen, dass Kambodscha als Staat weiter existierte und nicht zwischen Thailand und Vietnam aufgeteilt wurde.

Die grundlegende **Architektur** ähnelt anderen kambodschanischen Tempeln: Mehrere Einfassungen umgeben ein zentrales Heiligtum, einen hohen Turm, der von vier weiteren Türmen umgeben ist; Symbol des Weltbergs Mehru. Ein großer Unterschied besteht jedoch zu allen anderen Tempeln in Angkor: Angkor Wat ist **nach**

Steigende Touristenzahlen in Angkor

Während 1993 knapp 120 000 Besucher die Tempel von Angkor besuchten, kamen 20 Jahre später, im Jahr 2013, bereits fast 4 Mio. Urlauber. Knapp 17 % der Reisenden sind Europäer. Die größte Gruppe davon sind Franzosen mit etwas über 3 %, gefolgt von den Deutschen mit einem Anteil von immerhin fast 2 %. Die meisten Besucher stammen indes aus Asien.

© JAN DÜKER

Die Basreliefs in Angkor Wat erzählen von Königen, Göttern und Dämonen.

Westen ausgerichtet, nicht nach Osten. Über die Bedeutung dieser Tatsache rätseln die Forscher seit Generationen: War der Tempel vielleicht ein großes Grabmal? Die Reliefs der ersten Galerie verlaufen gegen den Uhrzeigersinn und zwingen den Besucher damit, das Heiligtum wie bei einer Totenprozession „verkehrt herum" zu umlaufen. Heute glaubt man, dass der Tempel zuerst als Staatstempel von Suryavarman II. und nach seinem Tode dessen Verehrung diente. Gesichert ist diese Interpretation aber nicht. Zu Lebzeiten von Suryavarman hatte Angkor Wat die Funktion eines **Staatstempels** und einer **Königsstadt** – mehrere zehntausend Menschen sollen auf dem Areal gelebt haben.

Wer sich die riesige Anlage erschließen will, kommt meist mit einem Besuch nicht aus. Tatsächlich empfehlen sich mindestens zwei Besuche zu verschiedenen Tageszeiten, um das Sonnenlicht einmal auf der Westseite und einmal auf der Ostseite zu haben. Im Licht der Sonne sind die Strukturen der Reliefs viel besser zu erkennen. Einige der schönsten Apsaras des Tempels an den östlichen Wänden des Westeingangs wirken z. B. im Licht des frühen Morgen am besten.

Die äußeren Bereiche

Der Besucher nähert sich dem Tempel über den Haupteingang im Westen. Zunächst wird der **Wassergraben** über einen 220 m langen Dammweg überquert. Dieser Graben diente zum Schutz der Stadt und als Wasserspeicher. Gespeist wird er bis heute durch den Siem-Reap-Fluss. Die **Umfassungsmauer** misst 1025 x 802 m. Der westliche Eingang ist der bei Weitem größte Zugang zu der Anlage. Insgesamt ist er 235 m breit. Mittig steht der dreiteilige **Gopuram**, der schon die Architektur des Haupttempels vorwegzunehmen scheint; ein zentraler Gipfel, flankiert von kleineren Erhebungen, die mit Galerien angeschlossen sind. Im südlichen (linken) Teil steht eine sehr verehrte, 4 m hohe **Vishnustatue**. Möglicherweise war sie einst das zentrale Heiligtum und wurde erst später aus dem Haupttempel an diese Stelle versetzt.

Nach dem Durchqueren des Einganges entfaltet sich vor dem Auge des Betrachters das grandiose Panorama von Angkor Wat. Ein weiterer steinerner Dammweg von 350 m Länge führt zum Haupttempel. Bevor man ihn begeht, sollte man sich aber noch die Zeit nehmen, die wundervol-

Angkor Wat

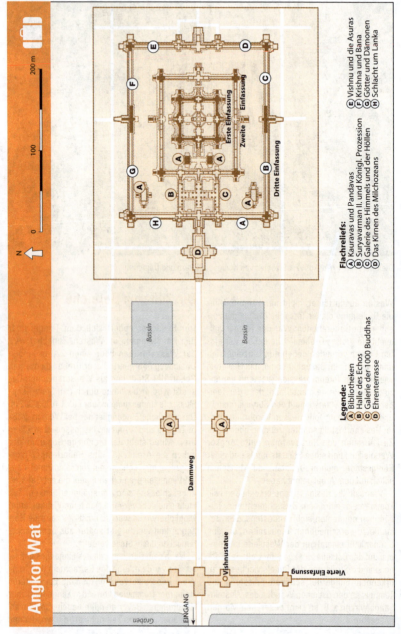

Legende:
- Ⓐ Bibliotheken
- Ⓑ Halle des Echos
- Ⓒ Galerie der 1000 Buddhas
- Ⓓ Ehrenterrasse

Flachreliefs:
- Ⓐ Kauravas und Pandavas
- Ⓑ Suryavarman II. und Königl. Prozession
- Ⓒ Galerie des Himmels und der Höllen
- Ⓓ Das Kirnen des Milchozeans
- Ⓔ Vishnu und die Asuras
- Ⓕ Krishna und Bana
- Ⓖ Götter und Dämonen
- Ⓗ Schlacht um Lanka

Erste Einfassung
Zweite Einfassung
Dritte Einfassung
Vierte Einfassung

Dammweg
Bassin
Bassin
Vishnustatue
EINGANG
Graben

200 m
100
0
N

len steinernen **Apsaras** an der Ostseite des Gopurams zu betrachten: Besonders schön sind die an der Südostecke des Hauptturm, und bemerkenswert (weil selten) die an der Südostecke des Südturms, die beim Lächeln ihre Zähne zeigt.

Von dem von Naga-Balustraden gesäumten **Dammweg**, der zum Tempel führt, gehen auf jeder Seite in regelmäßigen Abständen sechs Treppen ab, die früher in ein Wegenetz mündeten, das die Stadt durchzog. Heute ist davon nichts mehr zu erkennen. Auf halber Strecke liegen zwei „**Bibliotheken**", Nebengebäude unbekannten Zweckes, die aufwendig verziert sind. Dahinter befinden sich zwei **Wasserbecken**, wobei im linken meist auch in der Trockenzeit noch Wasser steht – das hier zu schießende Foto mit dem Tempel und seiner sich im Wasser spiegelnden Silhouette ist wohl eines der bekanntesten Bilder Südostasiens. Der Weg endet in einer **zweistufigen Terrasse**, die ebenfalls von steinernen Nagas gesäumt ist. Man kann sich vorstellen, dass hier früher Empfänge stattgefunden haben und der König von hier aus mit seinem Volk kommunizierte.

In einem Pavillon hinter der Nordwestecke der Esplanade berichtet eine **Ausstellung des GAPC** (German Apsara Conservation Project) über die schwierige Aufgabe, die Apsaras von Angkor zu restaurieren und zu konservieren. Dieses Projekt der Fachhochschule Köln ist hier unter der Leitung von Prof. Dr. Hans Leisen seit 1995 tätig. Mehr Informationen unter 🖳 http://gacp-angkor.de.

Die Galerien der Dritten Einfassung

Hinter der Terrasse führt eine Treppe zur **Dritten Einfassung**, die den Inneren Tempelbereich umfasst. Sie ist als offene Galerie angelegt und von einem Gewölbedach geschützt. An der Innenwand befinden sich die **berühmten Flachreliefs** von Angkor Wat, die mit einer Höhe von 2 m und auf einer Länge von 540 m mehr als 1000 m² bedecken. Bis hierhin wird nicht weiter durfte sich das Volk dem Tempel nähern – und sich auf den Reliefs über die Größe und Macht ihres Gott-

Der Botaniker **Henri Mohout** machte die vom Dschungel überwachsenen Tempel von Angkor im Jahr 1860 weltbekannt. Nicht nur im Ausland wurde so die einstige Größe des Landes erkannt, auch die Khmer selbst wurden sich erneut ihrer Vergangenheit bewusst. Nachdem im Jahr 1907 die Thai das Gebiet an Kambodscha zurückgegeben hatten (S. 107), begannen französische Forscher mit der Restaurierung der Tempel und der Übersetzung der Inschriften. Die ersten Touristen kamen ins Land. Dazu gehörte 1901 Pierre Loti, der seine Pilgerfahrt nach Angkor in einem Buch veröffentlichte. Bereits in den 1920er-Jahren war eine rege Reisetätigkeit nach Angkor zu verzeichnen. Mit dem **Madrolle Nord-Indochina** wurde 1932 der erste Reiseführer über die Region veröffentlicht. Es entstanden die ersten beiden Herbergen: Eine einfachere Bettstatt soll Berichten zufolge ganz nah bei den Tempeln gestanden haben. Das Holzhaus namens Sala eröffnete 1925, und der Besucher blickte wohl direkt von der Terrasse auf die Tempel. Viele Holzhäuser standen einst um Angkor Wat (wie Pierre Loti berichtet, s. dazu auch Literaturtipps S. 483), die damals noch von Mönchen bewohnt waren. Das luxuriöse Hotel d'Angkor öffnete 1931/1932. Die betuchten Gäste besuchten nicht nur die Tempel, sie gingen z. B. auch in den umliegenden Wäldern auf die Jagd. Die meisten Reisenden kamen von Saigon nach Angkor Wat. Die Fahrt dauerte Berichten zufolge etwa 15 Std. – so viel schneller geht es heute aufgrund von Grenzformalitäten und Zwischenstopps auch nicht.

königs und mythische Geschichten informieren. In acht Abschnitten (die vier Seiten sind jeweils von einem Tempelaufgang durchbrochen), die gegen den Uhrzeigersinn gelesen werden, sind jeweils einzelne Themen behandelt.

Westgalerie, südlicher Abschnitt

Hier tobt die **Schlacht von Kurukshetra**, der Höhepunkt der Auseinandersetzungen zwischen den Clans der **Pandavas** und der **Kauravas** – der

Krieg zwischen diesen bildet den roten Faden des berühmten altindischen Epos Mahabharata. Von links marschiert die Armee der Kauravas; von rechts kommen die Pandavas. An den Außenseiten marschieren die Soldaten im unteren Bereich noch in Reih und Glied; darüber sieht man Generäle auf ihren Streitwagen. Etwa 5 m vom linken Rand entfernt oben erkennt man den Kaurava-Führer Bhishma, der von Pfeilen durchbohrt ist. Zur Mitte hin verdichtet sich die Szene zu einem dramatischen Kampfgetümmel. Im Zentrum treffen Arjuna und sein Wagenlenker, der vierarmige Krishna, die aufseiten der Pandava kämpfen, auf den an seinem Haarknoten zu erkennenden Brahmanen Dronacharya, der nun die Kauravas anführt. Dazwischen liegt ein verzweifelter Kaurava-Führer, dessen Pferde und Wagenlenker von Pfeilen getroffen sind. Überall sieht man Soldaten im Nahkampf. Die Schlacht endete nach 18 Tagen ohne Überlebende und markierte so das Ende eines *yuga*, eines Weltzeitalters.

Südwestlicher Eckpavillon

Szenen aus dem **Ramayana**, dem zweiten großen indischen Epos, und andere **hinduistische Legenden** sind im Pavillon an der Südwestecke dargestellt. Aus dem Ramayana stammt die Geschichte vom Kampf zwischen den Affenbrüdern Valin und Sugriva (Süddurchgang, Ostseite). Valin liegt sterbend in den Armen seiner Frau, umgeben von trauernden Affenkriegern. An der Südseite des Westdurchgangs schüttelt ein 20-armiger Ravana mit vielen Köpfen den Berg Kailash, auf dem Shiva sitzt. Die Nordseite des Ostdurchgangs zeigt das Wasserfest in Dvaravati; geschmückte Boote werden über fischreiches Gewässer gerudert. Auf einem findet eine Partie Schach statt; man kann sogar die einzelnen Figuren unterscheiden.

Südgalerie, westlicher Abschnitt

Der erste Bereich dieses Reliefs (bis zur 6. Säule) zeigt den König **Suryavarman II.** (zwischen 4. und 5. Säule) bei einer Audienz, umgeben von Priestern, Hofdamen und Soldaten. Der zweite Abschnitt illustriert auf über 90 m eine **Königliche Prozession**. Der von 15 Schirmen beschützte Suryavarman II. (die größere Figur zwischen

14. und 15. Säule) wird begleitet von einem großen Heer und 18 Generälen. Bannerträger und eine Kapelle marschieren voran. Historisch interessant ist die Vorhut am Ende dieses Abschnitts: Sie besteht aus siamesischen Söldnern (zu identifizieren an ihren Schnurrbärten und Helmbüschen).

Südgalerie, östlicher Abschnitt

Die **Galerie des Himmels und der Höllen** war gewiss als Antrieb zu einem gottgefälligen Leben gedacht. Am Anfang der Galerie sieht man die guten Menschen auf dem Weg in eines der 37 Paradiese: Paläste, die von Garudas und Löwen getragen werden. Die himmlischen Paläste sind im oberen Bereich abgebildet. Grausam erscheinen die Strafen, die die 32 Höllen im unteren Bereich für Sünder bereithielten: Die Maßlosen werden in zwei Teile zersägt, den Reisdieben glühende Eisen in den Körper gedrückt, Jähzornige auf Scheiterhaufen geworfen. Über allen wacht der **vielarmige Gott des Todes Yama** auf einem Büffel (ggü. der 7. Säule). Seine beiden Assistenten etwa 3 m weiter entscheiden über Wohl und Wehe der Toten: Fällt ihr Urteil negativ aus, so öffnet sich die Falltür, und der Betroffene purzelt in die Unterwelt.

Ostgalerie, südlicher Abschnitt

Die Darstellung vom **„Kirnen des Milchozeans"** (s. Kasten S. 286) ist wohl das berühmteste Relief von Angkor Wat. Die ersten 5 m des 49 m langen Reliefs zeigen das Heer der Asuras (Dämonen) mit Elefanten und Streitwagen. Anschließend sieht man, wie 92 Asuras mit runden Augen und hohem Haarschmuck am Körper der Naga-Schlange Vasuki ziehen. Ihre fünf Köpfe werden vom Dämonenkönig Ravana gehalten. Dieser ist, ebenso wie der Affenkönig Hanuman auf der entgegengesetzten Seite, eine Hinzufügung der Khmer-Künstler zu der indischen Geschichte. Im Zentrum bildet ein Pfahl als Andeutung des Berges Mandara die Drehachse. Vishnu in seiner Verkörperung als Schildkröte Kurma verhindert, dass dieser im Meer versinkt. Oben versucht Indra, ihn vom Kippen abzuhalten. 88 Devas (Götter), mandeläugig und mit konischem Haarschmuck versehen, ziehen von der anderen Seite an der Schlange;

Der klassische Tanz ist neben den weltberühmten Tempeln von Angkor das große kulturelle Erbe Kambodschas. Nach Jahrzehnten des Krieges und der fast völligen Auslöschung durch die Roten Khmer gewinnt der Tanz wieder an Bedeutung: identitätsstiftend nach innen, Kraft, Anmut und Harmonie verkörpernd nach außen. Wie schon zu Zeiten der Gottkönige sind die Tänzer und Tänzerinnen heute wieder ein Symbol ihres Landes.

In Kambodscha kennt jedes Kind die Abenteuer von Prinz Ream und Prinzessin Seda, vom mutigen Affen Hanuman und dem bösen Dämon Reab. Im Westen ist die Geschichte weit weniger bekannt.

Das **Reamker**, die kambodschanische Version des fast 2000 Jahre alten indischen **Ramayana-Epos**, stellt einen zentralen Teil des Repertoires im klassischen Khmer-Tanz dar. Früher dauerte die Aufführung des gesamten Epos viele Tage und Nächte lang – heute werden nur noch einzelne Szenen getanzt. Die meisten Aufführungen konzentrieren sich auf einige wesentliche Elemente und die Hauptfiguren Seda, Ream, Hanuman und den Dämon Reab.

Die Geschichte

Prinz Ream, sein Bruder Leak und die schöne Prinzessin Seda haben sich ins Exil in den Wald zurückgezogen. Sie wollen ein einfaches Leben führen. Aus dem Unterholz beobachtet der böse Dämon Reab die königlichen Waldbewohner. Er will die Prinzessin entführen und ersinnt eine List: Durch seine magische Kraft verzaubert er seinen Diener in einen goldenen Hirschen. Als Prinzessin Seda diesen goldenen Hirschen sieht, bittet sie ihren Prinzen, ihn für sie zu fangen.

Prinz Ream begibt sich auf die Jagd und bittet seinen Bruder, auf seine Braut aufzupassen. Um auch ihn von Seda wegzulocken, ersinnt der Dämon eine weitere List: Er ruft mit Reams Stimme nach des Bruders Hilfe.

Leak zieht einen magischen Kreis um Seda, der alles Böse abhalten soll. Nur wenn Seda diesen Kreis verlassen würde, begäbe sie sich in Gefahr. Dies merkt der Dämon, als er versucht, zu Seda vorzudringen. Den magischen Kreis kann er nicht durchbrechen. Eine dritte List wird ihm helfen. Er nimmt die Gestalt eines Einsiedlers ein. Kränklich hustend, begibt er sich in die Nähe Sedas und erweicht, wie erhofft, ihr Herz. Sie begibt sich aus dem magischen Kreis, um dem Greis Hilfe anzubieten. Diese nimmt der Greis gerne an. Doch statt hilfsbedürftig zu sein, bedrängt er Seda und macht ihr unschickliche Angebote.

Sie solle ihm in seinen Palast folgen, seine Braut werden. Seda weist ihn von sich, bezichtigt ihn der Lüge und schickt den Einsiedler davon. Nun nimmt der Dämon wieder seine wahre Gestalt an. Da der magische Kreis durchbrochen wurde, ist es ihm nun ein Leichtes, Seda zu entführen.

Als Ream und Leak zu ihrem Lager zurückkommen, finden sie es verlassen vor. Verzweifelt suchen sie nach Prinzessin Seda. Leak rät seinem Bruder, den Affengeneral Hanuman um Hilfe anzurufen.

Hanuman erhört den königlichen Ruf und eilt mit seiner Affenarmee zu Hilfe. Gemeinsam machen sie sich auf den Weg zu der Insel Lanka – dorthin, wo der Dämon Prinzessin Seda gefangen hält. Auf ihrem Weg hilft ihnen die goldene Meerjungfrau, das tiefe Wasser zu überqueren. Dazu bedarf es allerdings Hanumans männlich-schmeichelnder Verführungskünste.

Die Truppen Hanumans unter der Führung Reams erreichen die Insel der Dämonen. Die große Schlacht beginnt. Ream gelingt es, den bösen Dämonen Reab zu besiegen. Jetzt macht er sich auf die Suche nach seiner Prinzessin.

Seda ist derweil verzweifelt. Wird ihr Prinz sie jemals finden? Wie lange wird sie sich noch den Annäherungen des Dämonen widersetzen können? Als Prinz Ream ihr Gemach betritt, ist sie glücklich. Beide beschließen, an den Palast zurückzukehren und allen von ihren Abenteuern zu erzählen.

auf den letzten 5 m sieht man ihr Heer. Unterhalb der Szene erblickt man das Meer, in dem Fische, Krokodile und Drachen leben. Oberhalb sind auf einer dritten Ebene die Wesen dargestellt, die beim Quirlen entstanden sind: die göttlichen Apsaras, oder in der Mitte der Elefant Airavata und das Pferd Uchaishrava.

Wer an dieser Stelle der Meinung ist, nun genug Reliefs gesehen zu haben, kann den Rundgang hier beenden und ins Tempelinnere fortschreiten: Die meisten Highlights hat man nun gesehen. Die folgenden Reliefs zeigen zwar noch durchaus sehenswerte Stellen, sind aber insgesamt – bis auf die Schlacht von Lanka im südlichen Abschnitt der Westgalerie – für die viele Besucher weniger spannend.

Ostgalerie, nördlicher Abschnitt

Die Reliefs in diesem Abschnitt sind erst Mitte des 16. Jhs. entstanden und von geringerer Qualität. Auf 52 m wird vermutlich ein **Sieg Vishnus über die Asuras** abgebildet. Er steht, von beiden Seiten attackiert, genau in der Mitte auf seinem Reittier Garuda. An Ende des Reliefs reitet eine Schar Krieger auf Pfauen heran.

Nordgalerie, östlicher Abschnitt

Auch auf diesem 66 m langen Abschnitt findet sich eine **Kampfszene**, die im 16. Jh. in geringerer Qualität entstand. Wieder kämpft **Vishnu gegen Dämonen**; hier in seinem **Avatar Krishna**, der sich in Übergröße mit seinen acht Armen gut gegen die Angreifer abhebt. **Agni**, der Feuergott, mit vier Armen und sechs Köpfen auf einem Nashorn stehend, hat ein großes Feuer entzündet, das jedoch von Garuda gelöscht wird. Im hinteren Bereich, knapp 10 m vor dem Ende, verletzt Krishna den Dämonenkönig **Bana** mit seinem Diskus, lässt sich aber am Ende (der Geschichte und des Reliefs) von Shiva, vor dem er auf dem Berg Kailash kniet, überzeugen, Banas Leben zu schonen. Hier findet sich zudem die einzige Abbildung des elefantenköpfigen **Ganesha** im gesamten Tempel.

Das Kirnen des Milchozeans

Die Geschichte vom Kirnen („Buttern") des Milchozeans ist eine alte **hinduistische Erzählung** aus dem Epos *Bhagavata Purana*. Es geschah einmal … dass Amrita, der Nektar der Unsterblichkeit, in einem der periodischen Zyklen von Vergehen und Entstehen des Universums nicht aus dem Kosmischen Ozean entsprang. Das brachte Chaos ins Leben der **Götter**, die den Nektar brauchten, um ihre Überlegenheit über die **Asuras**, die Dämonen, zu wahren. Der Ozean musste folglich gebuttert werden, eine große Aufgabe, die die Beteiligung aller erforderte. Vishnu schlug vor, die Dämonen zur Mithilfe zu bewegen, indem die Götter ihnen einen Anteil an dem Trank anböten. Die Götter stimmten zu, als Vishnu ihnen versprach, persönlich die Dämonen am Trinken zu hindern.

Der Berg Mandara wurde als gewaltige Achse eingesetzt und die Schlange **Vasuki** vom Meeresboden geholt und als riesiges Seil um den Berg geschlungen. Die beiden Parteien sollten an deren Enden rhythmisch ziehen, um auf diese Weise den Ozean zu quirlen und Amrita zu produzieren. Der Schlange Vasuki gefiel dies natürlich nicht; sie spuckte ein starkes Gift aus, um die an ihr zerrenden Parteien zu vernichten. Hier kam Shiva zu Hilfe, der das Gift trank. Er überlebte, doch fortan war seine Kehle von innen blau. In einer gemeinsamen Anstrengung entstand schließlich das gewünschte Elixier. Tatsächlich konnten sich die Dämonen als Erstes ihren Anteil daran beschaffen. Gerade als sie es trinken wollten, erschien jedoch Vishnu in der Gestalt der Mohini, einer so schönen Frau, dass die Asuras völlig durcheinandergerieten und ihren Trank vergaßen. In der Folge tranken die Götter das Amrita bis auf den letzten Tropfen leer. Ein Aufruhr entstand, doch wurden die Götter aufgrund ihrer wiedergewonnenen Überlegenheit leicht mit den erzürnten Dämonen fertig.

Beim Kirnen des Milchozeans entstanden neben dem Nektar der Unsterblichkeit noch einige Nebenprodukte: Suranhi (die Kuh des Überflusses), Varuni (die Göttin des Weines), Lakshmi (die Göttin des Reichtums, die Vishnus Frau wird), der dreiköpfige Elefant Airavata, das siebenköpfige Pferd Uchaishrava und nicht zuletzt – all die himmlischen Apsaras.

Die Tempel von Angkor aus der Luft betrachtet: ein fantastisches, wenn auch nicht ganz preiswertes Vergnügen.

Angkor Ballon, Startpunkt bei Windstille zwischen Flughafen Siem Reap und Angkor Wat, ✆ 012-520 810. Der angeleinte Fesselballon steigt bis zu 200 m hoch, und die Gäste erleben für 19 Min. einen spektakulären Blick über die gesamte Anlage rund um Angkor Wat. Etwa 30 Passagiere passen in die Gondel. US$15 p. P., Kinder US$7,50. ⊕ 6–18 Uhr.

Helistar, 25A N6, Siem Reap, ✆ 063-966 072, 🖥 www.helistarcambodia.com. 20-minütige Rundflüge über die Tempel von Angkor bis zu den schwimmenden Dörfern für US$200 p. P.; 8 Min. über Angkor Wat kosten US$90, wer auch die umliegenden Tempel sehen will, zahlt US$150.

HNZ Helicopters Cambodia, 658 Hup Quan St., Siem Reap, ✆ 063-963 316, 🖥 www.helicopters cambodia.com. Das neuseeländische Unternehmen bietet ebenfalls Rundflüge über die Tempel. Die Flüge dauern von 8–48 Min., die Preise liegen zwischen US$90 und 430 p. P. inkl. Hoteltransfer zum Flughafen. Der Hubschrauber fasst 5 Pers., ab 3 Pers. wird geflogen. Wer noch tiefer in die Tasche greifen will, kann bis Preah Vihear oder Koh Ker fliegen. ⊕ 7–19 Uhr.

Nordgalerie, westlicher Abschnitt

Die Kriege zwischen Göttern und Dämonen finden ihre Fortsetzung in diesem Abschnitt, der zur Zeit Suryavarmans II. entstand. 21 verschiedene Gottheiten des **hinduistischen Pantheon** sind hier in der Schlacht versammelt: darunter Vishnu auf seinem Reittier Garuda, Indra auf seinem Elefanten Airavata, Brahma auf seiner Gans Hamsa, Varuna, der Gott des Ozeans, auf einer Naga-Schlange, der vielarmige Kriegsgott Skanda auf seinem Pfau. Shiva steht auf seinem Streitwagen und spannt seinen Bogen, und auch der Gott des Todes, Yama, ist dabei; sein Streitwagen wird von einem Büffel gezogen.

Westgalerie, nördlicher Abschnitt

Die epische **Schlacht um Lanka** ist das Thema dieses 51 m langen Teilstückes. Analog zur nebenan liegenden Schlacht um Kurukshetra, erreicht hier das zweite große Hindu-Epos, das Ramayana (in Kambodscha: Reamker), seinen Höhepunkt. Es ist die wohl meisterzählte (und getanzte) Geschichte (s. Kasten S. 285) des Landes. Detailreich werden die Kämpfe der vielen Protagonisten illustriert. Dabei sind die Hauptdarsteller im mittleren Bereich versammelt: beginnend zwischen dem 8. und dem 9. Pfeiler mit Rama (Khmer: Ream), der von Hanuman getragen wird, und seinem Bruder Lakshmana (Leak) mit einem Bogen. Im Zentrum des Reliefs tobt eine wilde Schlacht zwischen den Heeren der Affen und der

Dämonen. Zwischen dem 13. und dem 14. Pfeiler kann der Dämonenkönig Ravana (Reab) dann leicht an seinen 20 Armen und zehn Gesichtern identifiziert werden. Zwischen dem 15. und dem 16. Pfeiler gibt es eine viel fotografierte Szene, bei der ein Affe in einen Pferdekopf beißt. Am schönsten wirkt die Galerie kurz vor Sonnenuntergang im Licht der tief stehenden Sonne.

Der innere Tempelbereich

Durch den westlichen Gopuram erreicht man über eine Treppe die **Erste Terrasse** der Tempelpyramide. Sie wird von kreuzförmigen Gängen unterteilt. Bassins füllen die Zwischenräume. In der nordwestlichen und südwestlichen Ecke stehen zwei „Bibliotheken". Viele Apsaras laden zu näherer Betrachtung ein, und die Säulen und Fenster sind aufwendig verziert. Die südliche Galerie ist als **Preah Poan (tausend Buddhas)** bekannt. Der Name stammt aus einer Zeit, als hier unzählige Buddhastatuen standen, zusammengetragen in den Jahrhunderten, als Angkor Wat als buddhistisches Kloster diente. Die meisten sind in den 1970er-Jahren von den Roten Khmer zerstört worden. Einige überlebten in den Archiven der Conservation d' Angkor. Heute sind einige Statuen jüngeren Datums dazugekommen.

14 Aufgänge führen auf die **Zweite Terrasse**, die 115 x 100 m misst. Die Türme an den Ecken

sind nur noch teilweise erhalten. Die umlaufende Galerie und zwei „Bibliotheken" sind mit über 1500 Apsaras geschmückt, jede einzelne bis ins feinste Detail herausgearbeitet. Im weichen Licht des frühen Morgens oder späten Nachmittags wirken sie noch attraktiver.

Über eine steile Treppe erreicht man schließlich die **Dritte Terrasse**. Auch sie ist von einer Galerie (60 x 60 m) umgeben; zwei weitere Galerien verbinden sie mit dem Zentralheiligtum. Die vier Ecktürme und der erhöht stehende Hauptturm bilden zusammen die wohl bekannteste Silhouette Kambodschas und sind seit den 1950er-Jahren Bestandteil der Nationalflagge des Landes. Hier ist man nun angekommen – im mythischen Herzen des Landes.

Angkor Thom

- **Datierung**: spätes 12. Jh. und danach; einige Monumente sind auch älter
- **Königliche Erbauer**: Jayavarman VII. (reg. 1181–1220) und seine Nachfolger
- **Stil**: Bayon; einige Monumente frühere Stile
- **Religion**: Buddhismus
- **Lage**: 1,7 km nördl. von Angkor Wat
- **Besuch**: Kleine Tour; mehrere Stunden (vgl. die einzelnen Monumente)
- **Nicht verpassen**: Südtor, Bayon, Baphuon, die königlichen Terrassen

Als Jayavarman VII. die Cham besiegt hatte, die 1177 bis ins Zentrum Kambodschas vorgedrungen waren und den König Tribhuvanadityavarman (reg. ca. 1165–1177) getötet hatten, schwor er sich, eine neue Hauptstadt zu bauen, die uneinnehmbar sein sollte: Angkor Thom. 3 km lang und 8 m hoch waren die Mauern, die an allen vier Seiten das quadratische Areal der Stadt umgaben. Ein 100 m breiter Wassergraben, über den vier breite Steinbrücken führten, die jeweils an dem massiven Gopuram endeten, durch den die Stadt betreten wurde, umschloss die Mauern. Im Zentrum der Stadt befanden sich der fantastische **Bayon**, der Staatstempel Jayavarmans, sowie weitere Tempel, Paläste, Terrassen und Türme. Und der groß angelegte Plan des Gründerkönigs ging auf: 250 Jahre lang blieb Angkor Thom die **Hauptstadt des Khmer-Reiches**.

Heute nähert sich der Besucher, von Angkor kommend, meist von Süden. Die **Brücke**, die zum südlichen Eingang führt, ist mit zwei Balustraden gesäumt: 54 Dämonen auf der rechten und 54 Götter auf der linken Seite ziehen an einer gewaltigen Naga-Schlange: eine Erinnerung an die Geschichte vom Kirnen des Milchozeans (s. Kasten S. 286). Die Köpfe sind Repliken. Vorsicht: nicht anlehnen! Im Sommer 2014 hat ein koreanischer Tourist, der an eine Statue gelehnt für ein Foto posieren wollte, eines der Häupter von den Schultern geschubst. Die Beton-Nachbildungen halten nicht besonders gut auf den Sandsteinkörpern und sollen nach und nach durch Sandsteinköpfe ersetzt werden.

Schließlich passiert man den **südlichen Gopuram**, ein mächtiges, beeindruckendes Monument: 23 m hoch, mit vier riesigen Gesichtern gekrönt, die in die vier Himmelsrichtungen schauen – willkommen in der alten Hauptstadt.

Bayon

- **Datierung**: spätes 12. Jh. bis spätes 13. Jh.
- **Königliche Erbauer**: Jayavarman VII. (reg. 1181–1220) und Nachfolger
- **Stil**: Bayon
- **Religion**: Mahayana-Buddhismus, später Hinduismus
- **Lage**: im Zentrum von Angkor Thom
- **Besuch**: ganztags, 2 Std. Vormittags sind hier viele Tourgruppen anzutreffen; am späten Nachmittag ist es ruhiger, wenn die Gruppen Angkor Wat oder Phnom Bakheng zum Sonnenuntergang aufsuchen.
- **Nicht verpassen**: die tanzenden Apsaras und fliegenden Vögel an den Pfeilern der äußeren Galerien, die Basreliefs der inneren und äußeren Galerie, die lächelnden Gesichter an den Türmen (kann man gar nicht verpassen)

Der Bayon, Staatstempel von Jayavarman VII. und seinen Nachfolgern, ist eines der interessantesten und geheimnisvollsten religiösen Gebäude der Welt. Die Anlage ist nicht allzu groß,

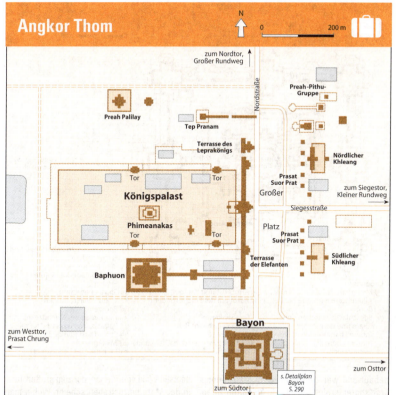

Angkor Thom

N
0   200 m

zum Nordtor,
Großer Rundweg

Nordstraße

Preah-Pithu-
Gruppe

Preah Palilay

Tep Pranam

Terrasse des
Leprakönigs

Nördlicher
Khleang

Tor   Tor

Prasat
Suor Prat

Königspalast

Großer

zum Siegestor,
Kleiner Rundweg

Siegesstraße

Phimeanakas

Platz   Prasat
Suor Prat

Tor   Tor

Südlicher
Khleang

Terrasse
der Elefanten

Baphuon

Bayon

zum Westtor,
Prasat Chrung

s. Detailplan
Bayon
S. 290

zum Osttor

zum Südtor

---

aber äußerst komplex, sowohl in architektonischer als auch symbolischer Hinsicht. Der Bayon wurde im Laufe der Zeit mehrfach ergänzt und umgebaut, was dazu führt, dass er nun sehr kompakt wirkt, vor allem im Zentrum. Nähert man sich dem Bayon von der Ferne, so wirkt er zunächst wie ein amorpher grauer Berg – ein beabsichtigter Effekt, denn seine Bauweise als dreistufige Pyramide mit einem zentralen Turm und vielen niedrigeren Nebentürmen versinnbildlicht den Weltberg Mehru. Kommt man näher, sieht man an den Seiten der Türme zahllose große, **lächelnde Steingesichter** – wohl eine Darstellung des Bodhisattva Lokeshvara, mit dem Jayavarman VII. sich identifizierte. Die Gesichter, die in alle vier Himmelsrichtungen blicken, sollten dem ganzen Reich Schutz gewähren.

Erst beim Betreten der Anlage entschlüsselt sich ihre Grundstruktur. Der Zugang erfolgt von Osten über eine breite, 72 m lange **Terrasse**, die von Löwenfiguren bewacht wird. Der **innere Tempelbereich** ist von zwei umlaufenden, fast quadratischen Galerien umgeben. Beide weisen faszinierende Flachreliefs auf (s. u.). Die äußere misst 156 x 141 m und beinhaltet vier Gopurams und vier Eckpavillons. Sie umfasst die erste Ebene und bietet auch Raum für zwei „Bibliotheken" im nordöstlichen bzw. südöstlichen Bereich. Die Säulen sind mit tanzenden Apsaras und Medaillons fliegender Vögel geschmückt; ähnliche Darstellungen finden sich auch in Angkor Wat.

Die **innere Galerie** misst 80 x 70 m und steht auf der zweiten Ebene. Sie wurde mehrfach um-

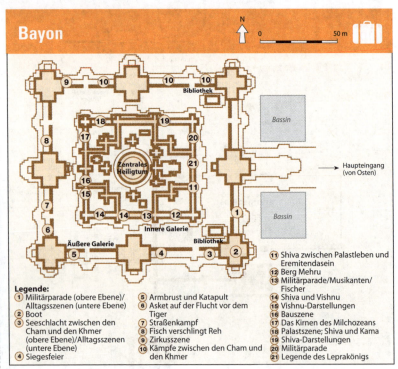

Bayon

N
0   50 m

9   10   10   10
Bibliothek

18   19   *Bassin*

8   17   20

**Zentrales
Heiligtum**   21   → Haupteingang
(von Osten)

16   11
15

7   14   14   13   12
Innere Galerie

6   **Äußere Galerie**   **Bibliothek**   *Bassin*

5   4   3   2

Legende:
① Militärparade (obere Ebene)/
   Alltagsszenen (untere Ebene)
② Boot
③ Seeschlacht zwischen den
   Cham und den Khmer
   (obere Ebene)/Alltagsszenen
   (untere Ebene)
④ Siegesfeier
⑤ Armbrust und Katapult
⑥ Asket auf der Flucht vor dem
   Tiger
⑦ Straßenkampf
⑧ Fisch verschlingt Reh
⑨ Zirkusszene
⑩ Kämpfe zwischen den Cham und
   den Khmer

⑪ Shiva zwischen Palastleben und
   Eremitendasein
⑫ Berg Mehru
⑬ Militärparade/Musikanten/
   Fischer
⑭ Shiva und Vishnu
⑮ Vishnu-Darstellungen
⑯ Bauszene
⑰ Das Kirnen des Milchozeans
⑱ Palastszene; Shiva und Kama
⑲ Shiva-Darstellungen
⑳ Militärparade
㉑ Legende des Leprakönigs

gebaut und war zu Beginn wohl kreuzförmig. Erst später erhielt sie durch Anbauten ihren heute fast quadratischen Grundriss, der nun allerdings durch die vielen Vorsprünge recht verwinkelt wirkt. Nach innen gehen weitere Galerien und Gänge ab; ein enges Labyrinth, das sich an die dritte Ebene des Tempels schmiegt. Steile Treppen führen zu der annähernd kreuzförmigen Plattform empor. Darauf erhebt sich das **zentrale Heiligtum**. Die Basis hat einen Durchmesser von 25 m, die Gesamthöhe über Grund beträgt 43 m. Das Heiligtum war wohl ehemals kreuzförmig, wirkt heute durch die ergänzenden kleinen Kapellen an den Seiten jedoch fast rund.

Das ganze Arrangement wird dominiert durch die vielen mit Gesichtern geschmückten Türme, die sich zum Teil über den Gopurams oder den Eckpavillons aufbauen und zum Teil frei auf der Terrasse stehen. Sie erheben sich auf den verschiedenen Ebenen und in verschiedenen Hö-

hen: ein Wald von Türmen, der zum großen Turm in der Mitte hinzustreben scheint. Wohin man auch blickt – stets begegnet einem ein Lächeln des erleuchteten Bodhisattva.

Die Reliefs
Neben den Gesichtertürmen sind die Reliefdarstellungen eines der Highlights am Bayon. Sie sind zu unterschiedlichen Zeiten geschaffen worden; diejenigen an der Außengalerie stammen wohl vom Anfang des 13. Jhs. und haben Historikern viele Anhaltspunkte zum alltäglichen Leben zu Zeiten von Angkor geliefert. An der Innengalerie ließ Jayavarman VIII. in der Mitte des 13. Jhs. hinduistische Motive anbringen, als er versuchte, den Buddhismus zurückzudrängen. Die Beschreibungen (in Ausschnitten; es gibt noch viel mehr Details zu entdecken) erfolgen im Uhrzeigersinn und beginnen an den östlichen Eingängen.

Äußere Galerie

Ostseite, südlicher Abschnitt: Wendet man sich vom Ost-Gopuram nach Süden, so kann man eine Khmer-Armee marschieren sehen. Auf zwei Ebenen kommt einem das nach rechts marschierende Heer mitsamt Elefanten und Musikern entgegen. Die Nachhut bilden Prinzessinen in Sänften und ganze Familien mitsamt Haustieren. Nach der Zwischentür schließen sich weitere, diesmal nach links ziehende Soldaten an. Es folgen Szenen aus dem kambodschanischen Alltag um 1200 – erstaunlich, wie sehr manche Bilder der Gegenwart ähneln.

Südseite, östlicher Abschnitt: Hier wird eine Schlachtszene gezeigt, bei der die Heere der Khmer und der Cham aufeinandertreffen. Jayavarman VII. ließ hier wohl seine Erfahrungen beim Vertreiben der Feinde verewigen. Während am Ufer das Alltagsleben weitergeht, gejagt und gefischt wird, Kinder geboren und feine Damen frisiert werden, kämpfen die Krieger – wer zu Boden geht, fällt den Krokodilen zum Opfer. Die Cham-Krieger sind an ihren Kopfbedeckungen zu erkennen, die an eine umgedrehte Blume erinnern, die Khmer-Krieger sind barhäuptig. An einigen Stellen kämpfen auch Cham-Krieger aufseiten der Khmer: Das Cham-Reich zerfiel in mehrere einzelne Königtümer, und so kam es wohl zu wechselnden Allianzen.

Südseite, westlicher Abschnitt: Auf einer Militärparade werden einige große Waffensysteme vorgeführt, eine Armbrust auf einem Elefanten, die von zwei Personen bedient werden muss, und ein Katapult auf Rädern.

Westseite, südlicher Abschnitt: Hier und auf den folgenden Abschnitten bis zum Erreichen der Ostgalerie sind die Reliefs nur teilweise fertiggestellt. Wieder marschiert eine Armee, diesmal durch einen Wald, in dem Einsiedler leben. Zwei von ihnen sind vor einem Tiger auf einen Baum geflüchtet. Hinter der Zwischentür eine Szene auf erst drei, dann vier Ebenen, die Historiker für die Darstellung eines Bürgerkrieges halten, der 1182 in Malyang, südlich des heutigen Battambang, ausbrach: Ansammlungen gestikulierender Menschen, manche bewaffnet, einige im

Begriff zu kämpfen, und an einer Stelle werden zwei abgeschlagene Köpfe hochgehalten.

Westseite, nördlicher Abschnitt: Fortsetzung der Kriegsgeschichte auf zwei Ebenen. Der König war siegreich, die feindliche Armee flüchtet. An einer Stelle verschlingt ein großer Fisch einen kleinen Hirschen. Hinter der Zwischentür wird der König (auf dem von Schirmen umgebenen Elefanten) mit einer Prozession begleitet. Nach einer Inschrift verlässt er hier den Wald, um sich zur Krönung zu begeben.

Nordseite, westlicher Abschnitt: Im ersten Bereich schauen der König und sein Hofstaat Musikern und Akrobaten zu. Hinter der Zwischentür beginnen wieder Kämpfe zwischen den Cham und den Khmer.

Nordseite, östlicher Abschnitt: Fortsetzung der Kämpfe. Die Khmer werden geschlagen und flüchten in die Berge; vielleicht eine Erinnerung an die Niederlage von 1177. Es ist verlockend, die gesamten äußeren Reliefs als steinernes Geschichtsbuch zu interpretieren …

Ostseite, nördlicher Abschnitt: Der Höhepunkt der Kämpfe zwischen den Cham und den Khmer. Sogar die Elefanten kämpfen miteinander: Einer hat seinen Rüssel um den Stoßzahn eines anderen geschlungen. Die Khmer-Armee, die von Süden heranmarschiert, ist eine direkte Fortsetzung derjenigen, die an der südlichen Hälfte zu sehen ist (Beginn des Rundgangs).

Innere Galerie

Ostseite, südlicher Abschnitt: Hier sieht man einen asketischen Shiva mit einem erhobenen Arm zwischen Darstellungen des Palastlebens (links) und des Daseins als Eremit (rechts).

Südseite, östlicher Abschnitt: Eine marschierende Armee, unterbrochen von zwei kämpfenden Prinzen. Auf einem Berg sitzt ein König oder Gott; Eremiten und Tiere umgeben die Szene.

Südseite, westlicher Abschnitt: In verschiedenen Szenen wird Shiva dargestellt; etwa auf einem Thron oder einem Lotos sitzend, sowie mit Dreizack und begleitet von Apsaras. Etwas weiter hält er Hof, umgeben von Frauen und Priestern. Im mittleren Bereich sieht man einen vierarmigen Vishnu, umgeben von fliegenden Apsaras, zu dessen Füßen ein König kniet.

Westseite, südliche Hälfte: Mehrere Vishnu-Darstellungen, u. a. eine, die ihn auf Garuda sitzend einem feindlichen Heer entgegentreten lässt. An einer Stelle wird auf drei Ebenen der Bau eines Tempels gezeigt: Man sieht, wie sich Sklaven mit den schweren Steinen abmühen.

Westseite, nördliche Hälfte: Wieder marschiert eine Armee unter der Führung von zwei Königen oder Generälen in ihren Streitwagen, ergänzt durch eine Palastszene und eine Darstellung vom Kirnen des Milchozeans.

Nordseite, westliche Hälfte: Hier sind neben einer Palastszene einige Hindugötter versammelt, die Trimurti Vishnu, Brahma und Shiva (tanzend in der Mitte), und weiter unten Ganesha und Rahu. Im linken Bereich sieht man einen meditierenden Shiva, auf den der Liebesgott Kama einen Pfeil abschießt. Der zornige Shiva verbrennt ihn daraufhin mit seinem dritten Auge; sterbend sieht man den Liebesgott in den Armen seiner Gemahlin Rati liegen. Die Geschichte hat jedoch ein versöhnliches Ende: Shivas Gefährtin Parvati, auf deren Bitten Kama den Pfeil abgeschossen hatte, damit Shiva sie endlich beachtet, konnte den Gott später besänftigen, Kama wiedergeboren werden.

Nordseite, östliche Hälfte: In verschiedenen Szenen wird Shiva dargestellt, mit seiner Gefährtin auf dem Bullen Nandi reitend, Shiva und der Bogenschütze Arjuna auf der Jagd. Außerdem der Dämon Ravana, der den Berg Kailash erschüttert.

Ostseite, nördliche Hälfte: Eine marschierende Armee auf zwei Ebenen – unten die Soldaten, Musiker und Streitwagen, oben der König mit zwei Frauen auf einem großen Wagen mit sechs Rädern. Eine weitere Szene zeigt Männer und Elefanten bei der Bergung einer Statue aus einem Gewässer. Ein Taucher scheint ein wertvol-

les Objekt geborgen zu haben: Es ist zwar nicht zu erkennen, doch die herumfliegenden Apsaras verleihen der Szene etwas Heiliges. Zwischen dem nördlichen und dem Zentralturm dann eine Szene, die mit einer Legende in Verbindung gebracht wird: Von links nach rechts gelesen sieht man hier die Geschichte des „Leprakönigs", der mit bloßen Händen gegen eine große Schlange kämpft. Sie scheint ihn gebissen zu haben, denn im nächsten Bild sieht man, wie seine Hände von Frauen untersucht werden. Später liegt er krank danieder. Die Legende berichtet, der König habe sich durch den Schlangenbiss mit Lepra infiziert.

Baphuon

- **Datierung**: Mitte 11. Jh. (wahrscheinlich 1060 geweiht)
- **Königlicher Erbauer**: Udayadityavarman II. (reg. 1050–1066)
- **Stil**: Baphuon
- **Religion**: Hinduismus (Shiva)
- **Lage**: in Angkor Thom, 200 m nordwestlich des Bayon
- **Besuch**: ganztags, 45 Min. Strenge Vorschriften: Schultern und Knie müssen bedeckt sein; Zutritt verboten für Schwangere und Kinder unter zwölf Jahren; Rauchen, lautes Husten oder Rufen sowie Filmen sind untersagt. Es gibt einen vorgeschriebenen Besuchsweg durch den Tempel.

Über 50 Jahre lang war der Baphuon für Besucher gesperrt. Nachdem 1943 ein großer Teil des schon in einem schlechten Zustand befindlichen Staatstempels Udayadityavarmans II. zusammengefallen war, beschloss die EFEO in den 1960er-Jahren seine Restaurierung nach der Methode der Anastylosis; damals ein Wagnis bei einem Tempel dieser Größenordnung. Die Ruine wurde vollständig abgebaut und über 300 000 Steine auf einem Gebiet von über 10 ha ausgebreitet. Dabei wurden die einzelnen Fundorte exakt notiert. In den 1970er-Jahren mussten die Arbeiten dann eingestellt werden, da die Roten Khmer die Herrschaft in dem Gebiet übernommen hatten – wertvolle Unterlagen wurden bei folgenden Kriegshandlungen dann vollständig zerstört. Erst 1995 konnte die Arbeit wieder aufgenommen werden; und die ersten sieben Jahre war das Team allein damit beschäftigt, die Positionen der einzelnen Steine wieder zu rekonstruieren. Dann konnte endlich der Wiederaufbau beginnen; und seit 2011 ist das mächtige Monument nun wieder zugänglich.

Man nähert sich dem Tempel von Osten durch das große **Osttor**, das fast so breit ist wie der Tempel selbst. Es ist mit ein paar Devatas verziert, aber nicht richtig fertiggestellt: Vermutlich kam es später hinzu. Über einen von Säulen gestützten, 172 m langen Damm führt der Weg durch einen in der Mitte liegenden Pavillon (vielleicht der frühere Eingang, bevor der große im Osten dazukam) hin zur äußeren der drei Einfassungen. Hier passiert man die Eingangskontrolle (s. o.; Besuch). Eine Holztreppe ist über die alten steinernen Stufen gebaut, und man erreicht die erste Ebene der Pyramide. Ein erhöhter Weg verbindet hier das Osttor mit den zwei „Bibliotheken"; vermutlich eine spätere Hinzufügung.

Der Weg wendet sich nach links hin zum südlichen Aufgang. Über eine weitere Treppe erreicht man das **Tor der zweiten Einfassung** (120 x 100 m), das ebenso wie die anderen Tore auf dieser Ebene reich mit Motiven aus der Hindu-Mythologie verziert ist. Die Reliefs sind ein Highlight dieses Tempels, und wer genug Zeit hat, sollte die Plattform einmal umrunden, um sie alle zu sehen.

Besonders steil ist die Treppe auf die letzte Ebene. Die sie umgebende Galerie ist nur noch in Teilen erhalten und zeigt sehr schöne Reliefs. Viele der Steine sind jüngeren Datums. In der Mitte der Plattform steht das **sternförmige Heiligtum** – heute zumeist abgesperrt. Türrahmen an seiner Spitze lassen vermuten, dass es dereinst von einem Turm gekrönt war.

Folgt man dem vorgeschriebenen Weg, so beginnt nun der Abstieg über die steile Treppe im Norden. Auf der untersten Ebene lohnt ein Blick auf den (unvollendeten) großen **ruhenden Buddha**, der an der Westseite der Pyramide liegt. Am frühen Nachmittag herrscht das beste Licht, um den Kopf des Buddha zu erkennen. Schließlich verlässt man das Gelände durch den westlichen Gopuram. Von hier aus kann man seinen Weg zum nächsten Tempel fortsetzen: dem Phimeanakas.

Der Aufstieg auf den Baphuon belohnt mit einem Ausblick auf seinen Dammweg.

© M. MARKAND

Phimeanakas

- **Datierung**: spätes 10. oder frühes 11. Jh., nach einigen Theorien auch früher
- **Königliche Erbauer**: Suryavarman I. (reg. 1001–ca. 1050) oder Rajendravarman II. (reg. 944–968)
- **Stil**: Khleang
- **Religion**: Hinduismus
- **Lage**: in Angkor Thom, auf dem Gelände des Königspalastes
- **Besuch**: ganztags, 30 Min. Achtung, steile Treppen: Für Kinder unter sechs Jahren (und weniger sportliche Naturen über 60) nicht geeignet

Der Staatstempel von Suryavarman I. gibt einige Rätsel auf: Jüngste Ausgrabungen auf dem Gelände legen nahe, dass Vorläufer des heutigen Monuments bereits um 900 oder sogar noch früher errichtet wurden. Noch streiten sich die Gelehrten. Sicher ist jedoch, dass hier seit dem 11. Jh. über Jahrhunderte der Königspalast stand. Von den hölzernen Gebäuden ist jedoch nichts übrig geblieben. Umfasst wird das Areal von einer 5 m hohe Lateritmauer, 585 x 246 m lang. Den Zugang zum Palastgelände gewährten fünf Gopurams, zwei im Norden, zwei im Süden und ein größerer im Osten, der mit der Elefantenterrasse (s. rechts) und dem Siegestor (s. rechts) verbunden war. Nördlich des Tempels finden sich zwei Wasserbecken, die mit Steinplatten eingefasst sind: Badestellen für Männer (größeres Becken) und Frauen (kleineres Becken).

Der Phimeanakas selbst ist relativ klein (35 x 28 m an der Basis) und schmucklos. Sehr steile, verwitterte Steinstufen führen nach oben; benutzt werden sollte die schmale Holztreppe an der Westseite. Hat man die **dreistufige Pyramide** erklommen, so lockt noch das **zentrale Heiligtum** zu einer Kletterpartie – auf eigene Gefahr! (Heraufkommen ist einfacher als herunter).

Um das kleine Zimmer ganz oben rankt sich eine Erzählung des chinesischen Chronisten Chou Ta-Kuan (S. 481). Er berichtet, dass außerhalb des Palastes ein goldener Tempel steht, dessen Spitze der König nachts erklimmt. In dem Turm wohnt ein **Geist**, geformt wie eine neunköpfige Schlange, der Herr des gesamten Königreiches ist. Jede Nacht erscheint dieser Geist in Form einer Frau, mit der sich der Herrscher vereinigen muss. Sollte der Geist einmal nicht erscheinen, wäre das ein Zeichen für den nahen Tod des Königs. Würde aber der Herrscher sein Rendezvous verpassen, käme großes Unheil über das Reich.

Die königlichen Terrassen

- **Datierung**: 13. Jh.
- **Königliche Erbauer**: Jayavarman VII. (reg. 1181–1220) und seine Nachfolger
- **Stil**: Bayon
- **Lage**: in Angkor Thom
- **Besuch**: unbedingt vormittags, denn nachmittags liegen die Reliefs im Schatten; ca. 30 Min.

Die 300 m lange **Elefantenterrasse** muss einst den Rand des Komplexes der königlichen Gebäude gebildet haben. Hier wurde Hof gehalten, hier gingen die großen Prozessionen vorbei. Ihren Namen hat die in Nord-Süd-Richtung verlaufende, 3 m hohe Terrasse, die sich im südlichen Bereich bis zum zweiten der fünf Treppenaufgänge zieht, von den abgebildeten Elefanten. Die Elefanten scheinen mit ihren Mahouts auf der Jagd zu sein; einige sind in Kämpfe mit Tigern verwickelt. Im zentralen Bereich folgen Löwen und Garudas, die die Plattform rund um den mittleren Aufgang auf erhobenen Armen zu tragen scheinen. Nördlich des mittleren Treppenaufgangs wiederholt sich dies spiegelbildlich. An allen Aufgängen wachen zu beiden Seiten dreiköpfige Elefanten (Airavatas), deren Rüssel auf Lotosblüten ruhen. Der weiter vorgezogene **Hauptaufgang** ist mit Naga-Balustraden und Wächterlöwen flankiert. Von ihm führt eine Straße geradewegs zum **Siegestor**, dem Osteingang von Angkor Thom.

Sehenswert ist auch der **nördliche Treppenaufgang**, der wohl mehrfach erweitert wurde. Erst in den 1990er-Jahren legte die EFEO eine zweite Mauer frei, auf der ein seltenes fünfköpfiges Pferd (entspricht dem siebenköpfigen Pferd Uchaishrava aus der Hindu-Mythologie – oder dem Pferd Balaha aus dem buddhistischen

Kosmos?) von menschlichen Figuren umgeben ist. An anderer Stelle sieht man eine Art Polospiel. Es ist denkbar, dass solche Wettkämpfe vor der Terrasse stattgefunden haben.

Die sich nördlich anschließende **Terrasse des Leprakönigs** hat ihren Namen von einer Legende, derzufolge eine hier gefundene Statue von Yama, dem Herrscher der Unterwelt, den an Lepra erkrankten König Yashovarman I. (reg. 889–ca. 915) darstellten sollte. Die Statue, deren Original aus dem 14. oder 15. Jh. stammt und inzwischen im Nationalmuseum in Phnom Penh zu sehen ist, wurde an dieser Stelle durch eine Kopie ersetzt. Auch diese Terrasse wurde nachträglich erweitert, sodass nun zwei Mauern vorhanden sind. Beide sind reich verziert. Einige Forscher vermuten, dass hier früher ein Krematorium stand, in dem die Körper von verstorbenen Angehörigen der Königsfamilie eingeäschert wurden.

Weitere Gebäude in Angkor Thom

- **Datierung**: 10. bis 16. Jh.
- **Lage**: in fußläufiger Entfernung der königlichen Terrassen
- **Besuch**: nicht unbedingt erforderlich. Wer Angkor Thom im Rahmen der „Kleinen" oder „Großen Tour" besucht, kann sich ggf. mit einem Blick aus der Ferne begnügen und hat so mehr Zeit für die anderen, bedeutenderen Tempel.

Östlich des großen Platzes, der sich vor der Elefantenterrasse erstreckt, stehen zwölf gleichförmige Tempeltürme, die **Prasat Suor Prat**; jeweils sechs nördlich und südlich der Siegesstraße. Sie sind zum Teil unvollendet und von unbekannter Funktion. „Suor Prat" bedeutet Seiltänzer, doch ob solche hier einmal ihre Kunst zeigten, bleibt Spekulation. Gebaut wurden sie zur Zeit von Jayavarman VII. Die beiden dahinterliegenden, **Khleang** („Warenhaus") genannten Gebäude aus dem späten 10. und frühen 11. Jh. dienten vermutlich religiösen Zwecken, denn dort wurden buddhistische und hinduistische Figuren gefunden. Doch wer weiß: Vielleicht waren

sie auch antike Souvenirshops? Der chinesische Chronist Chou Ta-Kuan wartet mit einer weiteren interessanten Erklärung auf. Nach seiner Überlieferung wurden hier Gottesurteile gefällt: Streitende Kontrahenten wurden hier so lange eingesperrt, bis einer krank wurde – und somit seine Schuld bewiesen war.

Nördlich der Khleang liegt **Preah Pitu**, eine Gruppe hinduistischer und buddhistischer Tempel aus dem 12. Jh. Ein ausgetrockneter Wassergraben umgibt die fünf kleinen Heiligtümer. Die Gruppe wird selten von Touristen besucht, und so kann man hier in Ruhe die schönen Reliefs und die verzierten Terrassen mit ihren steinernen Elefanten und Löwen genießen.

Geht man von der Terrasse des Leprakönigs aus Richtung Nordtor, so kann man in einen kleinen Weg abbiegen, der zum **Tep Pranam** führt. Auf einer Terrasse, zu der ein teilweise erkennbarer 75 m langer Weg aus Laterit führt, sitzt eine fast 6 m hohe Buddhafigur. Sie stammt vermutlich aus dem 16. Jh. und zeigt, dass auch nach dem Niedergang des Reiches Angkor weiter ein Ziel für Pilger war. Heute ist sie mit einem Holzgerüst und orangefarbenen Tüchern vor dem Wetter geschützt.

150 m weiter nordwestlich liegt **Preah Palilay**. Umgeben von einer 50 x 50 m messenden Mauer erhebt sich hier ein Sandsteinturm, der aus dem 13. oder 14. Jh. stammt; jedenfalls aus der Zeit nach dem hinduistischen Bildersturm unter Jayavarman VIII., denn hier finden sich viele schöne, unzerstörte Buddha-Darstellungen (am Ost-Gopuram). Diese und die Lage im Wald machen ihn zu einem kleinen Geheimtipp in Angor Thom. Die östlich vorgelagerte Naga-Terrasse ist eine der am besten erhaltenen in ganz Angkor.

Die Tempel der „Kleinen Tour"

Angkor Wat und Angkor Thom werden bei fast jeder Tour angesteuert. Die folgenden Tempel sind die zusätzlichen Ziele der beliebten „small tour" (17 km), die sich im Laufe der Jahre bei Tuk-Tuk-Fahrern und Reiseleitern etabliert hat.

© M. MARKAND

Der Thommanon ist mit lächelnden Devatas verziert.

Thommanon

- **Datierung**: frühes 12. Jh.
- **Königlicher Erbauer**: Suryavarman II. (reg. 1113–ca. 1155)
- **Stil**: Angkor Wat
- **Religion**: Hinduismus
- **Lage**: 500 m östlich des Siegestores von Angkor Thom, 100 m nördlich der Straße, Zugang von Süden
- **Besuch**: bestes Licht am Vormittag; ca. 30 Min.; kombinieren mit Chau Say Tevoda gegenüber

Auf einer Rundtour verlässt man Angkor Thom durch das Siegestor und stößt nach einem halben Kilometer auf zwei kleine, interessante Tempel. Links der Straße befindet sich der kompakte Thommanon-Tempel, der in vielen Details große Ähnlichkeiten zu Angkor Wat aufweist. Daher wird (mangels Inschriften) vermutet, dass er kurz vor diesem gebaut wurde. In den 1960er-Jahren wurde die Ruine von der EFEO weitestgehend wiederhergestellt; daher lässt sich seine Architektur gut erkennen. Die Anlage hat eine zentrale West-Ost-Achse;

an beiden Enden befindet sich jeweils ein Eingangsturm. Östlich neben dem **zentralen Turm** steht eine Vorhalle, die mit dem Zentralheiligtum durch einen Korridor verbunden ist. Südlich der Hauptachse befindet sich eine einzelne kleine **„Bibliothek"**. Die Tatsache, dass deren nördliches Gegenstück völlig fehlt (ebenso wie die Eingangstürme im Norden und Süden), lässt vermuten, dass dieser Tempel seinerzeit nicht vollendet wurde.

Das **zentrale Heiligtum** steht auf einer fein verzierten Basis. Auch die Außenseite des Heiligtums ist aufwendig mit Hochreliefs geschmückt: Hübsche, mild lächelnde Devatas mit Blumenkronen sind mit ornamentalen Rankenmotiven umgeben. Am Türsturz des östlichen Eingangs ist innen ein **Hochrelief von Vishnu**, der auf Garuda steht, wegen der Dunkelheit nur schlecht zu erkennen. Die anderen „Eingänge" sind mit fein geschmückten falschen Türen verschlossen. Über dem Südeingang erkennt man eine **Darstellung von Ravana** (die Figur mit den vielen Armen und Köpfen), der den Berg Kailash zu erschüttern versucht, auf dem Shiva wohnt. Der innere Türsturz des Zentralheiligtums zeigt Vishnu auf Garuda stehend.

Chau Say Thevoda

- **Datierung**: Mitte 12. Jh.
- **Königlicher Erbauer**: Suryavarman II. (reg. 1113–ca. 1155)
- **Stil**: Angkor Wat
- **Religion**: Hinduismus
- **Lage**: 500 m östlich des Siegestores von Angkor Thom, 100 m südlich der Straße, Zugang von Norden
- **Besuch**: vormittags; gut zu kombinieren mit Thommanon, ca. 15 Min.

Chau Say Thevoda und der ihm 200 m gegenüberliegende Thommanon könnten fast Geschwister sein: Sie entstammen der gleichen Epoche und haben den gleichen Grundriss. Beim Chau Say Thevoda ist allerdings das komplette Struktur erkennbar: das Zentralheiligtum mit der Vorhalle östlich daneben, beide „Bibliotheken" und alle vier Eingangstürme. Die Gebäude sind jedoch in einem schlechteren Zustand. Bei Renovierungen in jüngster Zeit wurden nun einige Säulen etc. nachgebildet – die frischen, makellosen Ersatzsteine nehmen dem Tempel etwas von seiner Atmosphäre. Doch es wird wohl nicht lange dauern, bis auch hier die Witterung ihre Spuren hinterlässt.

Den kleinen Tempel umgibt eine 33 x 42 m lange Mauer, von der nur noch die Lateritplattform übrig ist. Beachtenswert sind einige fein gestaltete **Devatas** am zentralen Heiligtum, vor allem an der Westseite. Die südliche „Bibliothek" lohnt einen Blick wegen der vielen noch erkennbaren Kinderfiguren, mit denen die Plattform geschmückt ist. An einer Stelle im westlichen Bereich erkennt man einen Prinzen, der seine Prinzessin zärtlich im Arm hält. Am Osttor erblickt man im südlichen Abschnitt den Affenkönig Sugriva, dessen Thron von Apsaras getragen wird.

An den Bereich des Tempels schließt sich östlich ein **Dammweg** an, der zu einer kreuzförmigen Terrasse führt. Von hier geht es über einen mit Randsteinen markierten Weg weiter zum Ufer des Siem-Reap-Flusses; das lässt vermuten, dass der Tempel früher per Boot angesteuert wurde. Diese Bereiche wurden wahrscheinlich nachträglich während der Regierungszeit von Jayavarman VIII. ergänzt.

Spean Thma

- **Datierung**: unklar
- **Lage**: an der Straße östl. von Angkor Thom
- **Besuch**: wird meist im Vorbeifahren gesehen; wer stoppen will, muss ggf. seinem Fahrer Bescheid sagen.

Fährt man von Thommanon und Chao Say Thevoda weiter nach Osten, so passiert man die Reste der Brücke Spean Thma, die einst den Siem-Reap-Fluss überquerte – bis der Fluss seinen Lauf änderte. Über ihre Datierung sind sich die Gelehrten nicht einig; für manche stammt sie aus dem 12. oder 13. Jh., für manche aus dem 16. Jh. Die Anordnung der unterschiedlich großen Steine legt die Vermutung nahe, dass diese Brücke aus den Materialien eines älteren Gebäudes gefertigt wurde; vielleicht ein Tempel oder eine andere Brücke.

Die kaum beachteten Steine können jedoch eine wichtige Geschichte erzählen: Denn vergleicht man die Höhe der Brücke mit der Höhe des heutigen Flussbettes, so sieht man, dass sich der Fluss durch Erosion im Laufe der Jahrhunderte immer tiefer in das Land eingeschnitten hat. Dies mag mit zum Niedergang der Angkor-Kultur beigetragen haben, denn mit sinkenden Wasserständen konnten die *barays* und die Bewässerungsgräben ihre Funktion nur noch unzureichend erfüllen, und es wuchs einfach nicht mehr genug Reis, um die riesigen Städte zu versorgen.

Ta Keo

- **Datierung**: spätes 10. Jh.
- **Königlicher Erbauer**: Jayavarman V. (reg. 968–1001)
- **Stil**: Khleang
- **Religion**: Hinduismus (Shiva)
- **Lage**: zwischen Angkor Thom und Östlichem Baray, am Ostufer des Siem-Reap-Flusses
- **Besuch**: ganztags, ca. 45 Min.

Ta Keo ist einer der großen „Tempel-Berge" von Angkor, leider blieb die Anlage unvollendet. Vielleicht war der Tod des Königs der Grund, denn nach dem Ableben Jayavarmans V. folgte eine unruhige Zeit, und seine Nachfolger haben sich wohl eher um den Machtgewinn bzw. -erhalt gekümmert – und vielleicht um eigene Bauprojekte. Das ist schade: Die innovative Anlage würde sonst wohl zu den bedeutendsten Bauwerken von ganz Angkor zählen. Sie war die erste, die fast vollständig aus Sandstein errichtet wurde. Auch die Platzierung ist ungewöhnlich: Nicht, wie zuvor, im Zentrum seiner Hauptstadt, sondern an der westlichen Ecke des Östlichen Baray.

Die Abwesenheit von dekorativen Elementen und Reliefs reduziert die Betrachtung der Anlage auf das Wesentliche: Eine 22 m hohe, **quadratische Pyramide**, auf deren oberster Plattform fünf Türme stehen – Symbol des Weltberges Mehru, wie auch der Bakheng (S. 279). Zwei Einfassungen mit Gopurams aus Sandstein umgeben den Tempel: Die äußere misst 122 x 106 m; eine Mauer aus Laterit und Stein umgibt diese erste Ebene. Die innere Plattform liegt 5,5 m höher und misst 80 x 75 m. Sie ist von einer durchgehenden Galerie umgeben – zur Bauzeit eine architektonische Innovation. Geht man durch den östlichen Gopuram in den inneren Bereich des Tempels, fallen links und rechts zwei „Bibliotheken" auf. Die Tempelpyramide selbst erhebt sich nun in drei Stufen weitere 14 m. Am Fuß der Treppe steht eine Figur des Stieres Nandi, Shivas Reittier. Eine steile Treppe führt nach oben, wo das **zentrale Heiligtum** seine Satelliten-Prasats überragt, da es auf einer 4 m hohen Basis steht.

Durch die Straße, die an zwei Seiten vorbeiführt, ist der Tempel am besten von Süden und Westen zugänglich. Im Jahr 2014 waren umfangreiche Restaurationsarbeiten im Gange, die, wenn sie im gleichen Ausmaß fortgeführt werden, einen Besuch weniger interessant machen: Baukräne und Plastikplanen stören die Atmosphäre; und einige Teile sind abgesperrt.

Ta Prohm

- **Datierung**: 1186
- **Königlicher Erbauer**: Jayavarman VII. (reg. 1181–1220)
- **Stil**: Bayon
- **Religion**: Buddhismus
- **Lage**: südöstlich von Ta Keo, 1,7 km östlich der Stadtmauer von Angkor Thom
- **Besuch**: Der Zugang erfolgt meist über den Westeingang; man durchquert den Tempel und wird hinter dem Osteingang von seinem Fahrer wieder aufgepickt. Am späten Nachmittag hat man so ein gutes Licht (die Sonne im Rücken), allerdings betritt man den Tempel auf diese Art durch den Hintereingang. Empfehlenswerter ist der Besuch vormittags von Osten aus durch den Haupteingang. Nach dem Durchqueren kann man sich hinter dem Westeingang wieder mit seinem Fahrer treffen. Besuchsdauer: ab 1 Std. Ein Kompass kann sich im Tempel als nützlich erweisen.
- **Nicht verpassen**: Die Wurzeln der riesigen Bäume, die Teile des Gebäudes fest im Griff haben, sind ein spektakuläres Fotomotiv. Die fein ausgeführten Wandreliefs mit interessanten Motiven lohnen ebenfalls längere Betrachtung.

Ein Besuch im Ta Prohm („Ahnherr Brahma") zählt zu den Highlights bei einer Rundfahrt durch die Tempel: Er ist noch fast im gleichen Zustand, wie ihn die französischen Entdecker vorgefunden haben. Eingestürzte Gänge, von herabgefallenen Steinen versperrte Wege, wurzelumranktes Mauerweg – kein Wunder, dass dieser romantische Ort als Kulisse für Lara Crofts verfilmte Abenteuer in Angkor diente. Letzteres ist auch ein Grund, warum seit Jahren immer mehr Touristen durch die alten Gemäuer strömen. Hölzerne Wege erleichtern das Gehen, und einige Teile wurden abgesperrt: Das erhöht die Sicherheit, vermindert aber etwas den Reiz. Einige der Baumriesen, die mit ihren Wurzel die Mauern umschlungen halten, wurden bereits gekappt – zu groß die Gefahr, dass sie umstürzen und schweren Schaden anrichten; sei es am Tempel oder an den Besuchern. Zuletzt wurden im September 2014 vier betroffene Bäume gefällt; drei davon waren bereits abgestorben, der vierte drohte bei Wind die ihn haltende Wand einzureißen. Doch noch immer strahlt der Ort etwas Besonderes aus; und mancher kommt gern ein zweites Mal hierhin zurück.

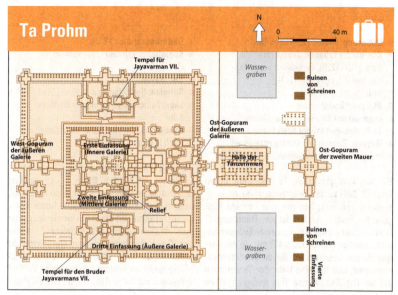

Ta Prohm

N
0   40 m

Tempel für
Jayavarman VII.

Wasser-
graben

Ruinen
von
Schreinen

Ost-Gopuram
der äußeren
Galerie

West-Gopuram
der äußeren
Galerie

Erste Einfassung
(Innere Galerie)

Halle der
Tänzerinnen

Ost-Gopuram
der zweiten Mauer

Zweite Einfassung
(Mittlere Galerie)

Relief

Dritte Einfassung (Äußere Galerie)

Ruinen
von
Schreinen

Wasser-
graben

Vierte
Einfassung

Tempel für den Bruder
Jayavarmans VII.

Im Gegensatz zu den meisten großen Tempeln der Angkor-Zeit ist der Ta Prohm nicht einem Hindu-Gott gewidmet, sondern buddhistisch geweiht. Jayavarman VII., der ihn zum Gedenken an seine Mutter errichten ließ, widmete ihn dem weiblichen Bodhisattva Prajnaparamita. Der ursprüngliche Name des Komplexes war *rajavihara*, „königliches Kloster". Es muss ein wirklich bedeutender Ort gewesen sein: Inschriften zufolge „besaß" es 3140 Dörfer mit 79 365 Bewohnern, die für den Unterhalt sorgten. 18 hohe Priester, 2740 Beamte mit 2202 Assistenten und nicht weniger als 615 Tänzerinnen waren hier beschäftigt. Zu den Tempelschätzen gehörten ein goldenes Tischgedeck, das mehr als 500 kg schwer gewesen sein soll, 35 große Diamanten, 40 602 Perlen, 4540 Edelsteine … die Liste könnte fortgesetzt werden. Auch wenn die Zahlen kaum überprüfbar sind, vermitteln sie doch das Bild eines sehr belebten Ortes.

Der Gesamtkomplex ist von einer 700 x 1000 m langen Lateritmauer umgeben. Der Grundriss der Anlage ist wegen des Zustands der Ruine heute auf den ersten Blick nicht so leicht zu erkennen wie in anderen Tempeln. Kommt man von

Osten, passiert man nach ungefähr 500 m zuerst die **vierte Einfassung** (250 x 220 m) durch einen kreuzförmigen Gopuram, der mit buddhistischen Motiven geschmückt ist, und stößt auf die Reste der **Halle der Tänzerinnen**. Ein Wassergraben umgab den dahinter liegenden inneren Bereich, der einen annähernd quadratischen Grundriss aufweist. Er ist von außen durch die **dritte Einfassung** abgetrennt, die 112 x 106 m misst. Innerhalb dieser Einfassung beginnt dann ein Irrgarten teilweise verfallener Gänge und Galerien, die das fast vollständig eingefallene zentrale Heiligtum umgeben. Sich ein bisschen zu verlaufen, hat hier aber noch niemandem geschadet … Es gibt überall etwas zu entdecken: Zum Teil überraschend gut erhaltene Reliefs zeigen himmlische Devatas, aber auch Szenen aus Buddhas Leben. Viele Nischen und Winkel laden ein, sich ein wenig hinzusetzen und die Atmosphäre aufzusaugen. Fotografen finden immer wieder neue, spannende Blickwinkel – und warten auf den Moment, in dem kein anderer Tourist durchs Bild läuft. Die dramatischen Baumwurzel-Bilder zeigen sich vor allem im nördlichen und östlichen Bereich.

Banteay Kdei

- **Datierung**: spätes 12.–frühes 13. Jh.
- **Königliche Erbauer**: Jayavarman VII. (reg. 1181–1220), vergrößert von Indravarman II. (reg. 1220–1243)
- **Stil**: Bayon
- **Religion**: Buddhismus
- **Lage**: an der Straße, südöstlich des Ta Prohm, gegenüber Srah Srang
- **Besuch**: Zugang von Osten, am besten morgens oder spätnachmittags. 30–60 Min.

Banteay Kdei gehört wie Ta Prohm und Preah Khan (S. 304) zu den Gründungen von Jayavarman VII. und wirkt fast wie eine kleinere Ausgabe der beiden. Auch er ist als **„Flachtempel"** in einer Ebene angelegt, von einer äußeren Lateritmauer umgeben (720 x 475 m), die mit viergesichtigen Gopuram im Bayon-Stil durchbrochen sind, und hat eine Halle der Tänzerinnen auf der Ost-West-Achse. Das wenig auffällige **zentrale Heiligtum** ist von recht kompakt stehenden Galerien umgeben. Die innere Einfassung misst 31 x 36 m mit vier jeweils etwa gleich großen Gopurams und Ecktürmen. Die zweite Einfassung (50 x 58 m) hat einen größeren Gopuram im Osten, einen ähnlichen im Westen, und zwei kleinere an der Nord- und Südseite.

Die Anlage wurde 1946 vom Dschungel befreit, restauriert wäre zu viel gesagt. Daher ist sie recht atmosphärisch. Wie an anderen Tempeln aus dieser Zeit, erkennt man stellenweise eine etwas weniger kunstvolle Bauweise; einige Steine wurden wenig sorgsam aufeinandergestapelt. Dennoch finden sich auch hier schöne Verzierungen und hübsche Devatas in den Nischen. An einigen Stellen erkennt man zerstörte Buddhareliefs an den Wänden, Zeugnis des hinduistischen Bildersturmes im 13. Jh. (S. 105). Japanische Archäologen entdeckten 2001 etwas östlich vor dem Eingang der Anlage ein „Massengrab" aus dieser Zeit: mit **Hunderten buddhistischer Statuen**, die meisten davon geköpft. Einige intakte Statuen, die ebenfalls gefunden wurden, sind vermutlich später von buddhistischen Mönchen aus Respekt vor den zerstörten dort beerdigt worden. Die Funde sind heute im Angkor Nationalmuseum in Siem Reap zu sehen (S. 250).

Srah Srang

- **Datierung**: spätes 12. Jh.
- **Königlicher Erbauer**: Jayavarman VII. (1181–1220)
- **Stil**: Bayon
- **Religion**: Buddhismus
- **Lage**: östlich gegenüber vom Banteay Kdei
- **Besuch**: 15 Min., bei Sonnenaufgang auch länger

Der Srah Srang („königliches Bad") ist ein relativ kleiner (700 x 300 m) **Baray**, in dem seit fast tausend Jahren Wasser steht. Man nimmt an, dass er zwei Jahrhunderte früher (unter König Rajendravarman II.) gegraben wurde; laut einer Inschrift „zum Nutzen aller Kreaturen" – außer den „Deich-Brechern" (gemeint waren wohl die Elefanten, die mit ihrem Gewicht die Uferbefestigung zerstören konnten). Jayavarman VII. ließ später den mit Naga-Balustraden und Wächterlöwen geschmückten Landungssteg anlegen. Von hier konnte der Herrscher zu dem Heiligtum fahren, das einst mitten im See stand – heute sind nur noch in der Trockenzeit, wenn der Wasserspiegel fällt, ein paar Steine davon zu erkennen.

Besonders schön ist ein Besuch hier zum Sonnenaufgang, wenn feenhaft die Dunstschleier über dem Wasser schweben. Die aufgehende Sonne taucht dann bei klarem Himmel die Nagas an den Enden der Balustraden in ein rötliches Licht – ein erinnerungswürdiger Auftakt für einen Tag in den Tempeln.

Prasat Kravan

- **Datierung**: 1. Hälfte 10. Jh. (geweiht 921)
- **Erbauer**: gestiftet von einem hohen Beamten unter Harshavarman I. (reg. 910–923)
- **Stil**: Übergang von Bakheng zu Koh Ker
- **Religion**: Hinduismus (Vishnu)
- **Lage**: östlich von Angkor Wat und südlich von Banteay Kdei
- **Besuch**: Kleine Tour; vormittags, mittags, etwa 20 Min.

Die fünf in Nord-Süd-Achse ausgerichteten Ziegeltürme des „Kardamom-Heiligtums" (benannt nach einem Baum, der einst dort stand) wirken von außen wenig beeindruckend, bergen innen jedoch einige **einzigartige Reliefs**. Gestiftet wurde der Tempel nicht von einem König, sondern von einem hohen Würdenträger, der Anhänger des Vishnu war. Dessen Abbildungen auf den drei Basreliefs im zentralen Turm sind bemerkenswert kunstvoll ausgeführt. Ungewöhnlich ist die Darstellung mit acht statt vier Armen an der Westseite (gegenüber vom Eingang). Umgeben ist der Gott von 88 kleinen Figuren, die ihn anbeten. Über seinem Kopf ist ein Krokodil zu erkennen (früher wegen eines abgebrochenen Steins am Maul oft mit einem großen Gecko verwechselt), das eigentlich nur als Begleiter von Shiva bekannt ist. An der Südwand (links vom Eingang) überquert Vishnu in vierarmiger Darstellung mit einem großen Schritt den Ozean, der durch die Wellenlinien zu seinen Füßen symbolisiert wird. An der Nordwand sieht man ihn auf Garuda unter einem Triumphbogen reitend.

Der **nördliche Turm** enthält Basreliefs mit Darstellungen von Lakshmi, der Gefährtin Vishnus; an der südlichen Wand vierarmig, an der östlichen Wand zweiarmig. Die anderen Türme sind innen ohne Schmuck. Ob die Bauarbeiten unterbrochen wurden? Sicher ist jedenfalls, dass Prasat Kravan zu politisch unruhigen Zeiten gebaut wurde – kurz nach seiner Einweihung wurde die Hauptstadt nach Koh Ker verlegt.

Von außen präsentieren sich die Türme, die alle eng nebeneinander auf einer einzigen Plattform stehen, bis auf eine weitere Vishnu-Darstellung über der Tür des Südturms, schmucklos. Das eingestanzte Zeichen „CA" auf einigen Ziegeln bedeutet „Conservation Angkor", eine Erinnerung an die französischen Restaurationsarbeiten von 1968. Heute ist auch das GACP (German Apsara Conversation Project) am Schutz der Anlage beteiligt. Die Anlage wird meist im Rahmen der „Kleinen Tour" als letzte nach dem Banteay Kdei besucht, also am Nachmittag. Wer seine Tour selbst zusammenstellt, sollte eher morgens oder mittags kommen, da die Innenräume dann etwas besser vom Sonnenlicht erhellt werden.

Die Tempel der „Großen Tour"

Auf der etwas längeren „big tour" (26 km) werden sehenswerte Monumente im Bereich des Östlichen Baray besucht.

Pre Rup

- ■ **Datierung**: 10. Jh. (geweiht 961)
- ■ **Königlicher Erbauer**: Rajendravarman II. (reg. 944–968)
- ■ **Stil**: Pre Rup
- ■ **Religion**: Hinduismus (Shiva)
- ■ **Lage**: nordöstlich von Srah Srang, 500 m südlich des Östlichen Baray
- ■ **Besuch**: am besten früher Morgen oder später Nachmittag, denn der Tempel wird nicht von Bäumen abgeschattet und wirkt im rötlichen Licht der tief stehenden Sonne besonders schön. 30–60 Min.

Pre Rup war der Staatstempel von Rajendravarman II. und wahrscheinlich auch das Zentrum seiner Hauptstadt. Mit seinem annähernd quadratischen Grundriss, seiner Pyramidenform und seinen fünf Türmen soll er den Weltberg Mehru symbolisieren. Der moderne Name Pre Rup bedeutet „Drehen des Körpers" und bezieht sich auf einen überlieferten Kremationsritus, bei dem der Körper des Toten gedreht wurde. Lokale Geschichten bringen den Tempel Kremation eines versehentlich durch einen Gärtner getöteten Königs mit Pre Rup in Verbindung. Dafür gibt es jedoch keine Anhaltspunkte. An der Stelle direkt östlich der Pyramide, an der diese Drehung stattgefunden haben soll, stand nach Meinung der meisten Forscher vermutlich eine Statue des Stiers Nandi.

Der Parkplatz des Tempels liegt östlich des Eingangs, und so betritt man das Heiligtum durch den **Haupteingang**, den östlichen Gopuram. Im umfassten Bereich befinden sich links drei und rechts zwei Türme (der dritte wurde wohl nicht fertiggestellt), die etwas hineingezwängt wirken und wohl später, vermutlich von

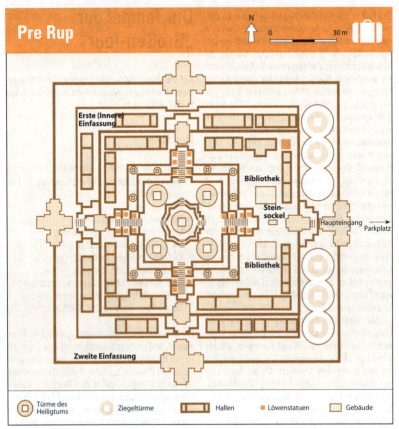

Pre Rup

N

0 — 30 m

Erste (Innere) Einfassung

Bibliothek

Steinsockel

Haupteingang — Parkplatz

Bibliothek

Zweite Einfassung

| ⊙ | Türme des Heiligtums | ⬠ | Ziegeltürme | ▭▭▭ | Hallen | ◼ | Löwenstatuen | ▢ | Gebäude |

Rajendravamans Sohn Jayavarman V., hinzugefügt wurden. Durch den nächsten Gopuram hindurch gelangt man zur **inneren Einfassung**; hier stößt man als Erstes auf die **legendäre „Wendestelle"**, einen ausgehöhlten Steinsockel. Zu beiden Seiten davon stehen zwei Ziegelstein-„Bibliotheken". Eine Treppe führt auf die **dreistufige Pyramide**. Auf der ersten Ebene befinden sich zwölf kleinere Heiligtümer; ähnlich wie beim Bakheng.

Auf der oberen Ebene stehen die die fünf Gipfel des Weltberges symbolisierenden **Türme**. Das wichtigste Heiligtum, Shivas Darstellung in Gestalt des Lingams Rajendrabhadreshvara, war im zentralen Turm untergebracht. Eine weitere Shiva-Darstellung – diesmal in Gestalt des Königs – wurde im nordöstlichen Heiligtum verehrt. Der südöstliche Turm war Vishnu gewidmet, der südwestliche seiner Gefährtin Lakshmi. Hier finden sich einige interessante Devata-Reliefs, darunter an der Ostseite eine ungewöhnliche vierarmige, viergesichtige, die wahrscheinlich Sarasvati, die Gefährtin von Brahma, darstellt. Im südöstlichen Turm wurde Uma (Parvati) verehrt, die Gefährtin von Shiva.

Wer den „Weltberg" erklommen hat, kann sich außerdem an der Aussicht erfreuen: nach Osten Richtung Phnom Bok und Kulen-Berge oder nach Westen, wo die Türme von Angkor Wat am Horizont zu erkennen sind.

Östlicher Mebon

- **Datierung**: 10. Jh. (geweiht 953)
- **Königlicher Erbauer**: Rajendravarman II. (reg. 944–968)
- **Stil**: Pre Rup
- **Religion**: Hinduismus (Shiva und Eltern des Königs)
- **Lage**: in der Mitte des Östlichen Baray, 1,3 km nördlich von Pre Rup
- **Besuch**: früher Vormittag, später Nachmittag, 30–45 Min.
- **Nicht verpassen**: Die fein gearbeiteten Türstürze an den 5 Prasats gehören zu den schönsten, die Angkor zu bieten hat.

Nähert man sich heute dem Östlichen Mebon, so ist es schwer vorstellbar, dass er Mittelpunkt eines 7,5 x 1,8 km großen künstlichen Sees, des **Östlichen Baray**, war. König Yashovarman I. (reg. 890–ca. 915) hatte ihn zur Bewässerung seiner neuen Hauptstadt Yashodharapura anlegen lassen (S. 103). Das 4 m tiefe Gewässer ist längst ausgetrocknet und durch seine Reisfelder von der Umgebung kaum zu unterscheiden. Die Lage im See bedingt jedoch, dass der Tempel nicht mit den üblichen weiten Umfassungsmauern und Wassergräben umgeben ist, sondern recht kompakt auf einer kleinen Anhöhe liegt.

Die Basis des Tempels besteht aus Laterit und misst 126 x 121 m. An allen vier Seiten gibt es kleine Landungsstege; an den vier Eckpunkten stehen **Wächterelefanten** aus Sandstein. Die äußere Umfassung (108 x 104 m) ist von einer Mauer umgeben, kreuzförmige Gopurams bilden die Eingänge. Auf dieser Ebene befanden sich an allen vier Seiten umlaufende Galerien. Der **innere Tempelbereich** steht auf einer 2,40 m hohen Terrasse. An den Aufgängen befinden sich acht paarweise angeordnete Heiligtümer. Die fünf größeren Gebäude („Bibliotheken") enthielten vielleicht die religiösen Gegenstände, die für die Verehrung der Götter in den fünf Türmen auf der obersten Plattform benötigt wurden. Diese oberste Ebene liegt weitere 3 m höher und misst an jeder Seite 33 m. Die **fünf Türme** sind in Quincunx-Form angeordnet. Sie wirken auf den ersten Blick recht schmucklos; und die vielen Löcher in der Ziegelwand zeigen an, dass hier einst eine Verkleidung angebracht gewesen sein muss. Auch der Dachschmuck ist zerfallen.

Die Türstürze aus Sandstein jedoch sind in einem guten Zustand und lohnen nähere Betrachtung. Jeder weist ein anderes Motiv auf. Zum Beispiel am zentralen Heiligtum: An der Ostseite Indra auf seinem dreiköpfigen Elefant Airavata; aus dem umgebenden Blätterwerk brechen Reiter hervor, darüber ein Fries mit betenden Figuren. Oder am nordwestlichen Turm: über dem Osteingang Indra, flankiert von zwei Löwen, und am Ende ein gekrönter Elefant, der auf einem Ast reitet, der in einen Pferdekörper übergeht. Am Nordöstlichen Turm, Nordseite: Garuda, von zwei Löwen flankiert, an den Enden jeweils ein Bogenschütze, der auf einem Makara mit Elefantenkopf und Löwenkörper reitet. Wer ein Teleobjektiv mitbringt, kann hier wunderbare Detailfotos machen.

Ta Som

- **Datierung**: spätes 12. und frühes 13. Jh.
- **Königlicher Erbauer**: Jayavarman VII. (reg. 1181–1220)
- **Stil**: Bayon
- **Religion**: Buddhismus
- **Lage**: 2 km nördlich vom Östlichen Mebon
- **Besuch**: vormittags; Zugang von Westen; 30–45 Min.
- **Nicht verpassen**: den von einer Baumwurzel umrankten Osteingang

Der kleine Tempel Ta Som gehört wie auch Ta Prohm und Preah Khan (S. 304) zu den vielen Gründungen von Jayavarman VII. und unterscheidet sich kaum im Stil. Seine ursprüngliche Funktion ist unklar; keine Inschrift gibt darüber Auskunft. Seit einer vorsichtigen Restaurierung 1998–2012 durch ein kambodschanisches Team, das vom WMF (World Monuments Fund) der Unesco ausgebildet und finanziert wurde, ist der Tempel nun gut begehbar und eine recht ruhige Alternative zu seinen zwei größeren Brüdern.

Die Anlage ist umgeben von einer Außenmauer (240 x 200 m), die von zwei viergesichtigen Gopurams durchbrochen ist. Es folgen der Wassergraben und eine zweite Umfassung. Dahinter befindet sich eine Galerie (30 x 20 m), die das **zentrale Heiligtum** umgibt. Immer wieder stößt man auf schöne Details: Beachtenswert sind die anmutigen Devatas in verschiedenen Positionen: wie sie sich das Haar auswringen oder sich im Spiegel betrachten (nördlicher Gopuram der inneren Einfassung). Einige sind erstaunlich gut erhalten, andere mit Moos überwachsen – jedoch jeweils schön anzusehen.

Ein Highlight ist der von einem Baum umwachsene Osteingang. Um ihn zu sehen, muss man die Anlage einmal komplett durchqueren. Fotografen sollten unbedingt vormittags kommen, wenn der Gopuram im Licht der Sonne liegt.

Neak Pean

- **Datierung**: spätes 12. Jh.
- **Königlicher Erbauer**: Jayavarman VII. (reg. 1181–1220)
- **Stil**: Bayon
- **Religion**: Buddhismus
- **Lage**: östlich des Preah Khan, 300 m südlich der Straße
- **Besuch**: am besten Dezember–Januar, denn dann steht Wasser im Bassin; 30 Min.

Der Neak Pean ist ein ungewöhnliches, kleines Monument, das zur Zeit seiner Erbauung auf einer Insel mitten im heute längst trockenen Nördlichen Baray lag. Heute nähert man sich dieser Insel von der Straße aus über einen etwa 200 m langen hölzernen Steg, der über ein (je nach Jahreszeit) sumpfiges oder überflutetes Gebiet führt, aus dem abgestorbene Bäume ragen. An der Insel, auf der das Heiligtum liegt, sind noch die Reste einer Uferbefestigung oder eines Anlegers zu erkennen.

Das Heiligtum selbst ist ein einzelner **Turm**, der auf einer Basis steht, die durch zwei verschlungene Naga-Schlangen gebildet wird (Khmer: neak pean). Diese Basis bildet selbst wieder eine kreisrunde Insel inmitten eines quadratischen Teiches mit 70 m Seitenlänge. An allen vier Seiten dieses Gewässers sind mittig weitere quadratische Teiche mit jeweils 25 m Seitenlänge angelegt. Sie sind mit dem Hauptteich hydraulisch verbunden: Aus **steinernen**

Wasserspeiern (im Osten ein menschliches Haupt, im Süden ein Löwen-, in Norden ein Elefanten- und im Westen ein Pferdekopf) sprudelte das Wasser des Zentralbecken in die vier Nebenbecken, an denen dann wohl rituelle Waschungen vorgenommen wurden.

Das **zentrale Heiligtum** hat eine Tür nach Osten, die anderen drei früher offenen Türen wurden nachträglich zugemauert. Die Giebelbilder zeigen Szenen aus dem Leben Buddhas – die Vermutung liegt nahe, dass Jayavarman VII. hier ein älteres hinduistisches Heiligtum zu einem buddhistischen, Lokeshvara gewidmeten umbauen ließ. Sein Bildnis ziert nun die drei blinden Türen. Auch die **Pferdestatue** östlich des Heiligtums ist mit dem Lokeshvara in Verbindung zu bringen: Denn in dieser Gestalt erschien der Bodhisattva, um in Seenot geratene Männer aus den Fängen Männer verschlingender Dämoninnen zu retten.

Heute ist nur noch der nördliche Teil der Anlage zugänglich: Ein Zaun hindert die Besucher daran, die bröckelnden Ufer dieses stillen Heiligtums als Picknickplatz zu missbrauchen.

Preah Khan

- **Datierung**: 2. Hälfte 12. Jh. (geweiht 1191)
- **Königlicher Erbauer**: Jayavarman VII. (reg. 1181–1220)
- **Stil**: Bayon
- **Religion**: Buddhismus (gewidmet dem Vater des Königs)
- **Lage**: nördöstlich von Angkor Thom
- **Besuch**: den ganzen Tag über; mind. 1 Std. Der Zugang geschieht üblicherweise von Westen, also durch die Hintertür. Es empfiehlt sich jedoch, von der Hauptstraße links in einen kleinen Pfad abzubiegen, der um den Tempel herumführt und den Zugang durch den Osteingang ermöglicht.
- **Nicht verpassen**: die Halle der Tänzerinnen, die großen Garudas an der vierten Einfassung, den Tempel an sich

Preah Khan („Heiliges Schwert") ist das Zentrum einer Gruppe von Tempeln (Ta Som, Neak Pean), die Jayavarman VII. anlegen ließ, als er das

© M. MARKAND

Ein steinerner Gott bewacht den Westeingang von Preah Khan.

Reich wiederherstellte (S. 104). Preah Khan wurde recht früh in der Regierungszeit fertiggestellt; und seine großräumige Anlage als **Tempelstadt** mit vier Einfassungen und einem Wassergraben, über den breite Brücken mit Naga-Balustraden führen, legt einigen Forschern zufolge die Vermutung nahe, dass der König von hier aus dereinst regiert hat – bis seine neue Hauptstadt Angkor Thom und der Bayon fertiggestellt waren. Anschließend diente der Tempel als **großes Kloster** und **buddhistische Universität**, über tausend Lehrer sollen hier gewirkt haben. Einer Inschrift zufolge waren 5234 Dörfer mit 97 840 Bewohnern für die Versorgung der Stadt zuständig. 10 t Reis sollen täglich angeliefert worden sein. Dagegen wirkt der Schwarm von „Cold Drink"-Verkäuferinnen, die den Besucher am Parkplatz vor dem Westeingang umschwirrt, geradezu rührend harmlos.

Die **äußere Einfassung** des Tempels, die mit gigantischen Garudas geschmückt ist, misst 800 x 700 m. Innerhalb dieser Mauern lag die Tempelstadt. Hier lebten die Bewohner: neben dem Herrscher die aristokratischen Familien und die Brahmanen. Die **dritte Einfassung**, wie die äußere aus Laterit gebaut, misst 200 x 175 m

und ist von vier Gopurams durchbrochen; der im Osten ist der größte. Innerhalb dieser befinden sich zum Tempel gehörige Gebäude wie die Halle der Tänzerinnen, die hinter dem Ost-Gopuram liegt. Sie ist besser erhalten als in anderen Tempeln aus der gleichen Epoche und zeigt oberhalb der Türen schöne Friese mit aufgereihten Tänzerinnen. Nördlich davon steht ein ungewöhnliches zweistöckiges Gebäude, in dem der Legende nach das *preah khan*, das **heilige Reichsschwert**, aufbewahrt wurde. Dieses wurde von Generation zu Generation weitervererbt und ist erst in den Wirren der Rote-Khmer-Zeit verlorengegangen. In den nördlichen, südlichen und westlichen Bereichen dieser Einfassung befinden sich zudem Galerien und Satellitentempel, und an den vier Ecken blieb Raum für kleine Teiche. Besonders die **Satellitentempel** lohnen nähere Betrachtung. So findet sich z. B. im nördlichen eine ausgesucht schöne Darstellung von Vishnu und Lakshmi, die auf einem drachenähnlichen Wesen ruhen; vielleicht eine Darstellung von Ananta Shesha, der Schlange, die die Welt umschlingt (östliche Wand in der östlichen Vorhalle des Zentralheiligtums).

Preah Khan

N 0 ⟶ 50 m

Zweistöckiges Gebäude

Erste Einfassung

Zentrales Heiligtum

Bibliothek

Halle der Tänzerinnen

Bibliothek

Osttor, zeremonieller Zugang

Westtor, Prozessionsweg, Parkplatz

Zweite Einfassung

Dritte Einfassung

Zwischen der zweiten Einfassung (85 x 76 m) und der inneren (62 x 55 m) ist nur wenig Platz. An der östlichen Seite ist er mit später hinzugefügten kleineren Gebäuden gefüllt. Überall finden sich Reliefs; verzierte Säulen, ornamentale Darstellungen, Devatas und Wächterfiguren – und hastig in die Wand gekerbt wirkende Figuren mit gekreuzten Beinen. Sie sind stumme Zeugen des Bildersturms unter Jayavarman VIII. (reg. 1243–1295), als buddhistische Darstellungen mit hinduistischen Bildern überdeckt wurden.

Die Enge in diesem Bereich ist aber nichts im Vergleich zu der scheinbar konfusen Anordnung der Gebäude im **innersten Tempelbezirk**: Kleine Schreine und andere Gebäude drängeln sich in allen vier Ecken, getrennt durch axiale Galerien, die zum **zentralen Heiligtum** führen. Dieses Sanktuarium ist – im Vergleich zu anderen Bereichen des Tempels – in einem recht guten Zustand. Die Wände sind von innen mit Löchern übersät; man nimmt an, dass sie mit Metallplatten (Bronze oder Gold?) verkleidet waren. In der Mitte des Raumes stand einst die Statue des Lo-

keshvara Jayavarmeshvara, durch die Jayavarmans Vater Dharanindravarman II. (reg. 1155–1160) verehrt wurde. Sie befindet sich heute im Nationalmuseum in Phnom Penh. An ihre Stelle rückte, vermutlich im 16. Jh., ein buddhistischer Stupa. Auch ihm wird große Verehrung zuteil. Davor brennen auf einem kleinen Tischchen die Räucherstäbchen, die jeden Tag von Besuchern entzündet werden. Wer ein paar Riel in die Opferschale wirft, kann hier seine Wünsche und Träume mithilfe des heiligen Rauches gen Himmel schicken.

Die Roluos-Gruppe

Die drei Tempel der Roluos-Gruppe, Preah Ko, Bakong und Lolei, erstrecken sich über ein Gebiet von 3 km und liegen 13 km südöstlich von Siem Reap beim heutigen Dorf Roluos. Sie sind leicht über die Nationalstraße 6 zu erreichen. Zur Zeit ihrer Erbauung am Ende des 9. Jhs. waren sie Teil der neuen Hauptstadt **Hariharalaya**, mit der Jayavarman II. etwa hundert Jahre zuvor das Angkor-Reich begründete (S. 102). Wer die Tempel vormittags besucht, kann auf dem kleinen Markt von Roluos einen kurzen Stopp einlegen und nach Textilien und Seide Ausschau halten. Die Roluos-Gruppe liegt zudem auf dem Weg nach Beng Mealea (57 km von Siem Reap, s. S. 312) und kann als Zwischenstopp bei einem Besuch dieses Tempels eingeplant werden. Für einen Besuch ist ein Angkor-Ticket erforderlich.

Preah Ko

- **Datierung**: spätes 9. Jh. (880)
- **Königlicher Erbauer**: Indravarman I. (reg. 877–889)
- **Stil**: Preah Ko
- **Religion**: Hinduismus (Shiva)
- **Lage**: Roluos, 400 m südlich der Straße
- **Besuch**: 30 Min.

Der Preah Ko („Heiliger Bulle") war der erste Tempel, den Indravarman I. in der Hauptstadt Hariharalaya anlegen ließ. Sechs elegante **Ziegelsteintürme** erheben sich auf einer Plattform, vor der drei Nandistatuen stehen – der Bulle, der Shivas Reittier ist, gab dem Tempel seinen Namen. Mehrere Mauern umgeben dieses Heiligtum; die äußere misst 500 x 400 m. Zwischen ihr und der zweiten Umfassung (97 x 94 m) war vermutlich Platz für die königliche Residenz und die Häuser seines Hofstaates. Da sie aus Holz gebaut waren, findet sich heute keine Spur mehr von ihnen. Innerhab der zweiten Einfassung haben wohl mehrere Gebäude aus Stein gestanden, von denen heute nur Reste und noch eine 2014 in Restaurierung befindliche „Bibliothek" in der südwestlichen Ecke geblieben sind.

Eine weitere Mauer grenzt den **inneren Bereich** ab. Die Türme, in zwei Reihen angeordnet, waren über und über mit aufwendigen Stuckreliefs geschmückt. Noch heute sind einige erhalten. Wächterfiguren (skt: *dvarapala*) stehen in Nischen neben den Eingängen (von denen nur die nach Osten geöffnet sind). Über den Eingängen erkennt man Ranken und das Gesicht des Dämonen Kala. An den Türrahmen befinden sich reich verzierte oktagonale Säulen und Inschriften, die beschreiben, dass alle Türme Personen gewidmet sind: der mittlere, etwas zurückversetzte, dem König Jayavarman II., der linke dem Vater, der rechte dem Großvater von Indravarman. Alle werden mit posthumen Namen als Inkarnationen Shivas gefeiert. Die dahinterliegenden Türme sind den jeweiligen Ehefrauen zugeordnet.

Bakong

- **Datierung**: spätes 9. Jh. (881)
- **Königliche Erbauer**: Indravarman I. (reg. 877–889), Ergänzungen durch Yashovarman II. (reg. 1160–1165)
- **Stil**: Preah Ko
- **Religion**: Hinduismus (Shiva)
- **Lage**: Roluos, südlich von Preah Ko
- **Besuch**: 45–60 Min.

Der Bakong war der Staatstempel von Indravarman I., und er ist das beeindruckendste Monument dieser Gruppe. Er ist der erste bedeutende Pyramidentempel der Region; seine fünf Stufen symbolisieren den Weltberg Mehru. Gewidmet war es Shiva, der hier in Form des Lingams Sri Indresrava verehrt wurde. Das zentrale Heiligtum, wie es in seiner heutigen Form die oberste Plattform krönt, wurde vermutlich einige Jahrhunderte später durch Yashovarman I. hinzugefügt. Es diente in den 1960er-Jahren als Vorbild für das Unabhängigkeitsdenkmal in Phnom Penh (S. 157).

Die gesamte Anlage ist mit einer **äußeren Umfassungsmauer** von 900 x 700 m umgrenzt. Hinter dieser Lateritmauer befand sich ein Wassergraben, der heute an manchen Stellen zu erkennen ist. Er umgrenzt die **zweite Einfassung** (400 x 300 m), die ebenfalls aus Laterit gebaut ist. Innerhalb dieser Mauern liegen rechter Hand die Räumlichkeiten eines **modernen Klosters**, das sich auf dem Gelände befindet. Die Mönche und Novizen sind an ihren orangefarbenen Gewändern zu erkennen.

Die **innere Einfassung** misst 160 x 120 m. Ein mit Steinen begrenzter Weg, der vom Ost-Gopuram zum Tempel führt, ist von zwei lang gestreckten Bauten gesäumt. Sie sind im Angkor-Wat-Stil gebaut und werden der Zeit des späteren Umbaus zugesprochen. Acht Ziegelsteintürme in verschiedenen Stadien der Restaurierung (an einigen wird zurzeit gearbeitet) umgeben den Tempelberg. Bemerkenswert sind die Türrahmen, die nicht, wie sonst, aus zwei horizontalen und zwei vertikalen Steinen gebaut sind, sondern aus einem einzigen großen Stein geschlagen wurden. An den falschen Türen dieser Ziegelsteintürme finden sich interessante Türknäufe, die wie ein Löwenkopf gestaltet sind.

Die fünfstufige **Tempelpyramide** hat einen fast quadratischen Grundriss. Die unterste Ebene misst 67 x 65 m, die oberste 20 x 18 m. An allen vier Seiten führen Stufen nach oben. Die untersten drei Ebenen sind an den Ecken mit Wächterelefanten bestanden, auf der vierten Ebene befinden sich zwölf kleinere Schreine. Der einzelne Turm auf der obersten ist im Angkor-Wat-Stil gebaut. Über den Türen sieht man schöne Darstellungen eines tanzenden Shiva (Osten), vom Kirnen des Milchozeans (Süden), Vishnu auf der Weltenschlange Ananta (Westen) und von Rama und Lakshmana, die von einer Schlange gefesselt sind – eine Geschichte aus dem Ramayana (Norden).

Es ist kaum vorstellbar, dass dieser heute so gut zu begehende Tempelberg vor hundert Jahren ein undefinierbarer Haufen Steine und Erde war. Nur durch die bewundernswerte Leistung des französischen Archäologen Maurice Glaize konnte dieser Tempel zwischen 1936 und 1943 in seiner heutigen Form wiederhergestellt werden.

Lolei

- **Datierung**: spätes 9. Jh.
- **Königlicher Erbauer**: Yashovarman I. (reg. 889–ca. 915)
- **Stil**: Übergang von Preah Ko nach Bakheng
- **Religion**: Hinduismus (Shiva)
- **Lage**: Roluos, 600 m nördlich der Straße
- **Besuch**: 15 Min.

Dass dieses Heiligtum einst auf einer künstlichen Insel in einem großen künstlichen See stand, würde man heute nicht mehr vermuten.

Es lässt sich jedoch nachweisen, dass schon unter Indravarman I. (reg. 877–889) die Grundsteine für diese Anlage gelegt wurden. Es war jedoch seinem Sohn Yashovarman I. vorbehalten, die Deiche zu schließen und die Türme fertigzustellen. Es war dessen letzte Tat in Hariharalaya, wie die Hauptstadt beim heutigen Roluos damals hieß – kurz darauf zog er mit seinem gesamten Hof nach Angkor um und gründete eine neue Hauptstadt mit dem Bakheng als Zentrum.

Die Anlage liegt auf einer Plattform, die von großen Lateritblöcken begrenzt wird – die damalige Uferbefestigung. Die **vier Ziegelsteintürme** sind in keinem guten Zustand mehr: Auf den Dächern wächst Gras, und der südöstliche ist 1968 ganz zusammengestürzt. Im Jahr 2014 war der nordöstliche Turm eingerüstet; vorsichtig versucht man, ihn vom Pflanzenwuchs zu befreien und vor dem weiteren Verfall zu bewahren. Die wenigen erhaltenen Reliefs lassen erahnen, dass die Türme einst aufwendig dekoriert waren: Die Türstürze sowie die Wächterfiguren und Devatas neben den Türen sind mit großer Kunstfertigkeit gearbeitet. Beachtenswert auch die in Schönschrift ausgeführten Sanskrit-Inschriften.

Auf dem Gelände liegt heute ein **modernes Kloster**. Man sollte die Mönche in ihren nahe gelegenen Wohnhäusern nicht behelligen. Der Vihara jedoch ist frei zugänglich und lohnt einen Blick: Er ist innen bis unter das Dach mit bunten Darstellungen aus Buddhas Leben verziert.

Weitere Heiligtümer in der Umgebung

Abseits der zentralen Gebiete um Angkor Wat, Angkor Thom und den Östlichen Baray finden sich weitere interessante Bauwerke. Vor allem der Banteay Srei zieht viele Besucher an.

Westlicher Mebon

- **Datierung**: Mitte 11. Jh.
- **Königlicher Erbauer**: Udayadityavarman II. (reg. 1050–1066)

- **Stil**: Baphuon
- **Religion**: Hinduismus (Vishnu und Shiva)
- **Lage**: im Westlichen Baray
- **Besuch**: 40 Min. (inkl. Bootsfahrt)

Der Westliche Mebon liegt mitten im **Westlichen Baray**, der während der Regierungszeit von Suryavarman I. (reg. 1001–ca. 1050) gegraben wurde. Mit einer Ausdehnung von 8 x 2,2 km und einer Tiefe von durchschnittlich 7 m ist er die größte Wasserfläche in Angkor und „funktioniert" im Gegensatz zu vielen anderen heute noch: Am Ende der Regenzeit steht das Wasser fast auf der gesamten Fläche, am Ende der Trockenzeit immerhin noch auf der (westlichen) Hälfte – Fischreservoir und Naherholungsgebiet für die Bevölkerung. Vom Tempel, der im Zentrum der Insel stand, ist jedoch nicht viel übrig geblieben: Die meisten Türme sind zusammengefallen, nur an der Ostseite der Insel sind noch Reste zu erkennen. Gegen Ende der Trockenzeit, wenn der Wasserspiegel niedrig ist, kann man bei einem Spaziergang um das Heiligtum auf dem trocken liegenden Grund des Sees große Mengen herabgefallener Steine sehen.

Berühmt ist der Westliche Mebon für eine Statue, die hier gefunden wurde: Bei der großen **Vishnu-Bronze**, deren Bruchstücke heute im Nationalmuseum in Phnom Penh zu sehen sind, handelt es sich wahrscheinlich um ein von Chou Ta-Kuan erwähntes Bildnis. Entdeckt wurde es 1936 von dem französischen Archäologen Maurice Glaize (1186–1964), der, so erzählt es die Überlieferung, durch den Traum eines Bauern auf den Fundort aufmerksam wurde.

Banteay Samre

- **Datierung**: 1. Hälfte 12. Jh.
- **Königlicher Erbauer**: Suryavarman II. (reg. 1113–ca. 1155)
- **Stil**: Angkor Wat
- **Religion**: Hinduismus (Vishnu)
- **Lage**: 500 m östlich vom Östlichen Baray; Abzweig von der Hauptstraße im Dorf Pradak, nach 2,2 km südlich der Straße
- **Besuch**: mind. 45 Min. Empfehlenswert, da ruhig: Der Tempel steht nur selten auf dem Programm von Tourgruppen. Kann mit einem Besuch von Banteay Srei verbunden werden.
- **Nicht verpassen**: Die Reliefs – nur in Angkor Wat finden sich noch reichere Darstellungen indischer Mythen und Götter.

Auch wenn im Banteay Samre keine Inschriften über seine Gründung berichten, so legen doch die Architektur der Gesamtanlage und viele Details nahe, dass er zur Zeit von Angkor Wat erbaut wurde. Wie z. B. auch im Thommanon und im Chao Say Thevoda, erhebt sich über dem zentralen Heiigtum ein einzelner Turm, den ein kurzer Korridor (skt: *antarala*) mit einer Vorhalle verbindet (skt: *mandapa*). Zu beiden Seiten stehen jeweils eine „Bibliothek", und konzentrische Galerien mit annähernd quadratischem Grundriss fassen die Anlage ein. Die innere Einfassung misst 44 x 38 m, die äußere 83 x 77 m. Dadurch wirkt der Tempel recht kompakt. An den Schnittpunkten der Mittelachsen mit den Einfassungen befinden sich kreuzförmige Gopurams; nur der Osteingang der äußeren Umfassung scheint nicht fertiggestellt oder zerstört worden zu sein.

Vom Parkplatz kommend, betreten die meisten Besucher den gut restaurierten Tempel durch den Nordeingang. Sinnvoller ist es, links um die Anlage herumzugehen und den Osteingang zu benutzen; vom Haupteingang aus erschließt sich die Anlage am besten. Auffällig ist der erhöhte Weg, der vom Osteingang wegführt; er endet nach über 200 m in einer kreuzförmigen Terrasse mit Naga-Balustrade und steinernen Wächterlöwen. Auch auf der gegenüberliegenden Seite, am Westeingang, führt ein solcher Weg (über 350 m) vom Tempel weg. Die Vermutung liegt daher nahe, dass der Banteay Samre der Mittelpunkt einer größeren Stadt war.

Die drei Tore der **äußeren Umfassung** weisen eine Vielfalt hinduistischer Motive auf. Am Giebel des **Nordtores** sieht man Rama und den vielarmigen Ravana kämpfend auf ihren Streitwagen. Auch der Giebel des **Westtores** zeigt eine Schlachtszene aus dem Ramayana: Hier kämpft eine Dämonenarmee gegen eine Streitmacht aus Affen. Am Giebel des **Südtores** sieht man den im Kampf verletzten Lakshmana, dem seine Affenkrieger eine Medizin bringen. Viele weitere schön ausgearbeitete Szenen schmücken auch die anderen Eingänge, Giebel und Türstürze. Das zentrale Heiligtum, das auf einer hohen Plattform steht, weist weitere Motive auf – wer sich für hinduistische Mythologie interessiert, kann hier Stunden zubringen.

Banteay Srei

- **Datierung**: 2. Hälfte 10. Jh. (geweiht 967)
- **Erbauer**: gestiftet von einem Brahmanen namens Yajnavaraha zur Zeit von Rajendravarman II. (reg. 944–968) und Jayavarman V. (reg. 968–1001).
- **Stil**: Banteay Srei
- **Religion**: Hinduismus (Shiva)
- **Lage**: 37 km nördlich von Siem Reap
- **Besuch**: mind. 1 Std. (ohne Anfahrt, diese dauert ca. 45 Min.). Früh aufbrechen, um die großen Besuchergruppen zu vermeiden. Kann auch ohne Angkor-Ticket besucht werden und kostet dann 2000 Riel Eintritt. Angemessene Kleidung erforderlich (Knie und Schultern bedeckt). ⏲ bis 17 Uhr.

Banteay Srei ist der Lieblingstempel vieler Besucher und wird oft als das Juwel unter den Tempeln von Angkor bezeichnet. Sein Name bedeutet „Zitadelle der Frauen" und wird seiner zarten, unvergleichlichen Schönheit zugeschrieben. Eine Schönheit, die zerbrechlich ist: Um Schäden durch den wachsenden Besucherstrom zu vermeiden, ist der zentrale Teil der Anlage abgesperrt. Ein kleines Fernglas kann nützlich sein, um die Reliefs genauer zu betrachten.

Der hübsche Tempel wurde von französischen Archäologen 1914 „entdeckt", doch erst zehn Jahre später vom Dschungel befreit. Kurz vorher gab es einen großen Skandal, als eine Gruppe von Europäern unter der Leitung des französischen Schriftstellers André Malraux wertvolle Skulpturen und Türstürze zu rauben versuchte; sie wurden entdeckt, in Phnom Penh inhaftiert und erst nach Rückgabe der Stücke wieder freigelassen. Ironie der Geschichte: 1959 wurde der ehemalige Kunstdieb Malraux unter Charles de Gaulle französischer Kulturminister. Der Zwischenfall sorgte immerhin dafür, dass die archäologische Arbeit 1924 aufgenommen und der Tempel besser geschützt wurde. Er ist der erste, der anhand der Technik der Anasty-

Die Skulpturen und Reliefs im Banteay Srei gehören zum Besten, was die Khmer-Kunst zu bieten hat.

© M. MARKAND

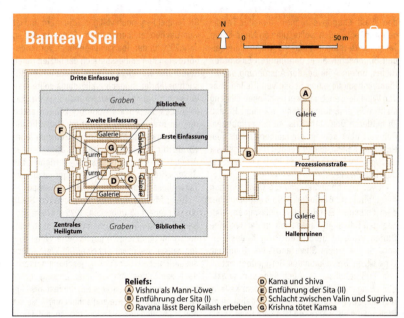

Banteay Srei

N ↑ 0 ——— 50 m

Dritte Einfassung

Graben

Bibliothek

Zweite Einfassung

Galerie

F

Galerie

Erste Einfassung

G

Turm

Galerie

B

Turm

D **C**

Galerie

Prozessionsstraße

E

Galerie

A

Galerie

Zentrales Heiligtum

Graben

Bibliothek

Galerie

Hallenruinen

Reliefs:
- **A** Vishnu als Mann-Löwe
- **B** Entführung der Sita (I)
- **C** Ravana lässt Berg Kailash erbeben
- **D** Kama und Shiva
- **E** Entführung der Sita (II)
- **F** Schlacht zwischen Valin und Sugriva
- **G** Krishna tötet Kamsa

losis wieder hergestellt wurde – so erfolgreich, dass die Technik seitdem auch für weitere Tempel angewandt wurde.

Der heutige Besucher muss zuerst ein **Besucherzentrum** mit Schautafeln und Souvenirshops (sowie Toiletten) passieren, ehe er nach einem kurzen Gang das Tempelgelände an dessen östlicher Seite erreicht. Durch einen üppig verzierten **Eingangspavillon**, dessen Giebel Indra auf einem dreiköpfigen Airavata zeigt, betritt man die 67 m lange **Prozessionsstraße**, die zum kreuzförmigen Gopuram der Außenmauer (110 x 95 m) führt. Dabei passiert man die Reste einiger Gebäude, deren Bedeutung unklar ist. Durch den **Gopuram der Außenmauer** (sein herabgefallener östlicher Tympanon ist auf dem Boden abgestellt und zeigt die Entführung von Sita) geht es weiter in einen Zwischenbereich, der von einem Wassergraben gefüllt ist. Er kann trockenen Fußes über den steinernen Weg überquert werden. Eine zweite Lateritmauer (42 x 38 m) umfasst nun den **inneren Tempelbereich**. Parallel dazu stehen sechs teilweise erhaltene Galerien; jeweils zwei an den von Gopurams durchbrochenen Ost- und West-

seiten der Mauer, und jeweils eine im nördlichen und südlichen Abschnitt.

Von der inneren Mauer, die den Tempel einst umschloss, ist bis auf die Gopurams nur wenig erhalten. Stattdessen ist rund um den zentralen Bereich nun eine Absperrung, angebracht von der „Apsara Authority" – näher heran geht es nur mit Fernglas oder Teleobjektiv. In der Mitte steht das T-förmige **Zentralheiligtum** auf einer Plattform. An den sechs Aufgängen knien Wächterfiguren: Affen, Löwen und Garudas. Darunter sind auch neuere Nachbildungen: Die Originale wurden gestohlen oder befinden sich heute im Museum. Der Wandschmuck hat, dank des harten Sandsteins, in den er tief eingearbeitet wurde, die Zeiten gut überdauert. Das Rankwerk und die hübschen weiblichen Figuren gehören zu den Ikonen der Khmer-Kunst; ebenso wie die Verzierungen an den beiden kleinen „Bibliotheken", die das Zentralheiligtum flankieren.

Der Giebelschmuck über dem **östlichen Eingang der nördlichen „Bibliothek"** zeigt eine Episode aus dem altindischen Mahabharata-Epos: Indra (auf seinem Reittier Airavata) lässt es auf den Wald Khandava regnen, den der Feuergott Agni entzünden wollte, um den Naga-König Takshaka zu töten. Arjuna und Krishna, die beiden Bogenschützen in den unteren Ecken des Bildes, helfen Agni bei der Ausführung seines Plans, indem sie einen Schild von Pfeilen über den Wald decken. Über dem westlichen Eingang sieht man eine Kampfszene in einem Palast; im mittleren Bild steht Krishna mit erhobenem Schwert über seinem grausamen Onkel, dem Dämonen Kamsa, den er bei den Haaren gefasst hat. Von den Seiten schauen Frauen entsetzt bei der Hinrichtung zu.

Etwas versöhnlicher sind die Darstellungen der **südlichen „Bibliothek"**: So sieht man über dem östlichen Eingang den vielarmigen, vielköpfigen Dämonen Ravana, wie er den wie eine Stufenpyramide geformten Berg Kailash erschüttert, auf dem Shiva und seine Gemahlin Uma sitzen. Shiva kann den Berg jedoch mit einem Fuß stabilisieren. Auch über dem westlichen Eingang sieht man Shiva auf dem Kailash; hier schießt gerade der Liebesgott Kama einen Pfeil auf ihn ab, während Shiva eine Rose an die neben ihm sitzende Uma reicht.

Beng Mealea

- **Datierung**: Mitte 12. Jh.
- **Königlicher Erbauer**: vermutlich Dharaindravarman II. (reg. ca. 1150–1160)
- **Stil**: Angkor Wat
- **Religion**: Hinduismus, Buddhismus
- **Lage**: 40 km östlich von Angkor Wat. Anfahrt: über den NH6 Richtung Phnom Penh, nach 37 km in Dam Dek links auf die N66 abbiegen, nach weiteren 31 km liegen der Parkplatz und der Eingang hinter der (nicht zu nehmenden) 90-Grad-Linkskurve nach Koh Ker (N210). Kann mit dem Besuch von Phnom Kulen/Kbal Spean verbunden werden.
- **Besuch**: ganztags, 45–90 Min., Eintritt US$5. Vorsicht bei Klettertouren!

Wer erleben möchte, wie die europäischen Entdecker im 19. Jh. die Tempel von Angkor wahrgenommen haben, kann einen Ausflug zum Beng Mealea unternehmen: Denn dieser große Tempel liegt noch völlig in Trümmern und ist vom Dschungel überwachsen. Er wurde erst im Jahr 2000 für den Tourismus geöffnet, vorher gehörte er in den Einflussbereich der letzten Roten Khmer und war stark vermint. Heute ist ein Besuch gefahrlos möglich – allerdings sollte man ein wenig Übung im Klettern mitbringen. Lokale Guides der Apsara Authority können erklären, ob bzw. wo dies erlaubt ist. Der erhöhte, aus Holz gebaute Weg, der zum Zentrum führt, wurde für die Dreharbeiten zu Jean-Jaques Arnauds Film *Two Brothers* (2004) errichtet. Die Geschichte der beiden kleinen Tiger spielt zum Teil in diesem romantisch zerfallenen Tempel.

Beng Mealea war das Zentrum einer Stadt, die von einem 45 m breiten, 1025 x 875 m großen Wassergraben umgeben war. Von allen Himmelsrichtungen führten gepflasterte Wege zum Tempel, der wie üblich auf einer Ost-West-Achse ausgerichtet ist. Der Zugang geschieht heute jedoch von Süden. Am südlichen Zugang rechts fällt eine Naga-Balustrade auf, die fast aussieht wie neu: Jahrhundertelang schlummerte sie vor den Elementen geschützt im Erdreich und wurde dort erst 2009 entdeckt und ausgegraben.

Der Grundriss des Tempels erinnert ein wenig an einen Angkor Wat, allerdings sind keine erhöhten Ebenen vorhanden. Heute ist die Gesamtstruktur mit drei konzentrischen Galerien, die das eingefallene Zentralheiligtum umgeben, aufgrund des Zustandes der Anlage nur noch zu erahnen. Wer etwas herumklettert, entdeckt an den Gopurams Reliefs, die hinduistische und buddhistische Motive zeigen. Auch ungewöhliche Darstellungen fallen auf: z. B. die einer Apsara, die sich durch das Haar streicht und ihre rechte Brust mit einer Hand unterstützt (am südöstlichen Eckpavillon der äußeren Umfassung). Das große Highlight ist jedoch die Atmosphäre an sich: Mehr Indiana-Jones-Feeling geht in Angkor nicht!

Kbal Spean

- **Datierung**: 11. Jh.
- **Königlicher Erbauer**: Udayadityavarman II. (reg. ca. 1050–1066)
- **Stil**: Baphuon
- **Religion**: Hinduismus

- **Lage**: ca. 13 km nördlich von Banteay Srei, im westlichen Teil vom Phnom Kulen.
- **Besuch**: 1 Std. plus Aufstieg etwa 30 Min. Achtung: Minengefahr! Nicht von den markierten Wegen abweichen! Ein Besuch in der Regenzeit (Juli–Nov) verspricht die schönsten Eindrücke. Kann verbunden werden mit einem Besuch in Banteay Srei (beides zusammen dauert einen halben Tag) und einer Weiterfahrt nach Beng Mealea (alles zusammen ein ganzer Tag). ⊕ bis 15 Uhr.

Kbal Spean (Khmer: Steinbrücke) bietet etwas Abwechslung zu den vielen Tempeln, die in der Region Angkor besucht werden können. Hier ist die Hauptattraktion – ein Fluss. An seinen Ufern finden sich viele hinduistische Reliefs, und in das Flussbett wurden unzählige Lingams gearbeitet; **„der Fluss der tausend Lingams“** ist folgerichtig ein Beiname dieses Ortes.

Vom Parkplatz aus führt ein etwa halbstündiger, zum Teil recht steiler Aufstieg zu dem bemerkenswerten, etwa 150 m langen Flussabschnitt. Zuerst wird ein etwa 7 m hoher **Wasserfall** erreicht. Teile der hinduistischen Motive, die den Sandstein geschmückt haben, über der sich das Wasser ergießt, wurden von Kunsträubern gestohlen. Oberhalb des Falls ist ein kleiner rechteckiger Pool in das Flussbett gegraben. Das Bildnis eines schlafenden Vishnu an seiner Innenwand ist nur in der Trockenzeit gut zu sehen. Der Weg führt weiter flussaufwärts und endet an der namensgebenden **Steinbrücke**. Auf halbem Wege sieht man im Flussbett eine Yoni-Darstellung, in der fünf Lingams in Quincunx-Form stehen. Weitere Lingams umgeben die Figur.

Die Steinbrücke am oberen Ende des Weges ist ein natürlicher Sandsteinblock, unter dem das Wasser einen Tunnel gegraben hat. Von dieser Brücke aus ergibt sich ein schöner Blick flussaufwärts; man erkennt die in das Flussbett gehauenen Lingams sowie ein Bild von Shiva und Uma, die gemeinsam auf dem Bullen Nandi reiten. Gleich nördlich der Brücke verdient eine Darstellung des auf der Weltenschlange Ananta ruhenden Vishnu Aufmerksamkeit. Vishnu lässt auf diesem Bild den Kosmos im Traum entstehen; aus seinem Nabel entspringt ein Lotos, der sich öffnet und Brahma freigibt:

Symbol eines neuen Lebenszyklus. All diese Bilder und Lingams heiligen das Wasser, das über sie sprudelt. Der Fluss mündet schließlich in den Siem-Reap-Fluss, der wiederum die Bewässerungsanlagen von Angkor speiste – so segnete das geheiligte Wasser die ganze Stadt.

Phnom Kulen

- **Lage**: 50 km nördlich von Siem Reap
- **Besuch**: Eintritt US$20

Der Phnom Kulen ist für die Kambodschaner der heiligste Berg des Landes und an Wochenenden und Feiertagen ein beliebtes Ziel. Das Plateau mit einer Größe von 37,5 km^2 wurde 1993 zum Nationalpark erklärt. An der Südseite des Phnom Kulen genießt ein aus der Post-Angkor-Periode stammender, 5 m großer **liegender Buddha** („Preah An Thom“), der in den Sandstein geschlagen wurde, viel Verehrung. Im **Fluss der tausend Lingams** (rechts der Straße, die zum liegenden Buddha führt) wurde, ähnlich wie bei Kbal Spean, das Flussbett mit den phallischen Shiva-Symbolen verziert. Ein **Wasserfall** mit kleineren Badegelegenheiten zieht die Bevölkerung an. Das alles könnte auch westliche Besucher ansprechen – doch die US$20 Eintritt, die ein privater Geschäftsmann kassiert, der die Straße auf den Berg bauen ließ, schreckt die meisten ab. Zu Recht: Für diesen Einsatz (plus Anfahrt) kann man in Angkor Besseres erleben.

Historisch ist der Berg von großer Bedeutung, denn hier begann vor über 1200 Jahren der Aufstieg des Reichs von Angkor, als anno 802 Jayavarman II. sich hier zum Gottkönig erklären ließ. Viele Heiligtümer wurden in der Folgezeit auf dem Berg errichtet, doch sie sind heute nur sehr begrenzt zugänglich, da das Gebiet lange Zeit von den Roten Khmer beherrscht wurde. Viele Minen aus dieser Zeit lauern noch heute im Boden und warten auf ihre Opfer. Wer die wenigen Überreste des pyramidenförmigen Staatstempels von Jayavarman II., **Prasat Rong Chen**, oder einen der vielen Ziegelsteintürme aufsuchen möchte, sollte dies unbedingt nur in Begleitung eines einheimischen Führers tun. Und auch dies ist nicht 100 % sicher, denn in der Regenzeit werden viele Minen fortgeschwemmt und können so auch an schon als sicher geglaubten Wegen wieder auftauchen. Auch der schwer zu findende „Elefantenteich" **Sra Damrei** an der Südseite des Berges mit seinen lebensgroßen steinernen Elefantenfiguren darf nur mit einem Führer, der sich hier gut auskennt, besucht werden.

Phnom Bok

- **Datierung**: frühes 10. Jh.
- **Königlicher Erbauer**: Yashovarman I. (reg. 889–ca. 915)
- **Stil**: Bakheng
- **Religion**: Hinduismus (Trimurti)
- **Lage**: ca. 5 km nordöstl. von Banteay Samre
- **Besuch**: vormittags, wenn die Sonne noch tief steht. Sonst wird der Aufstieg über die 600 Stufen zu anstrengend.

Der kleine Tempel auf dem 210 m hohen Berg (schöne Aussicht: Phnom Kulen im Norden und die Ebene von Angkor im Süden) hat einen quadratischen Grundriss. Die drei nebeneinander stehenden zentralen Türme waren Shiva (Mitte), Vishnu (Norden) und Brahma (Süden) gewidmet. Die gut erhaltenen Köpfe der Statuen, die hier standen, sind heute im Musée Guimet in Paris zu bewundern. Einen Blick wert sind auch die Nebengebäude, die zum Teil aus Sandstein gearbeitet sind. Die gesamte Anlage ist in einem mäßig guten Zustand, Pflanzen wachsen zwischen den Steinen. Besucher sind hier selten, sodass eine friedvolle Atmosphäre herrscht. Im westlichen Bereich der Bergkuppe, etwa 100 m vom Tempel entfernt, befindet sich eine quadratische Plattform aus Laterit. Hier liegt ein abgebrochener Lingam mit einem Durchmesser von 1,20 m – er muss eine Länge von 4–5 m gehabt haben. 100 m östlich des Tempels befindet sich ein tiefes künstliches Wasserreservoir.

Phnom Krom

- **Datierung**: frühes 10. Jh.
- **Königlicher Erbauer**: Yashovarman I. (reg. 889–ca. 915)
- **Stil**: Bakheng
- **Religion**: Hinduismus (Trimurti)
- **Lage**: 12 km südwestlich von Siem Reap am Ufer des Tonle-Sap-Sees
- **Besuch**: später Nachmittag, zum Sonnenuntergang (Angkor-Ticket erforderlich)

Der Tempel auf dem Berg Phnom Krom (137 m) ähnelt in der Gesamtstruktur stark demjenigen auf Phnom Bok, ist jedoch stärker vom Zahn der Zeit angenagt. Kaum etwas von der Wanddekoration ist übrig geblieben. Am oberen Teil des nördlichen Turmes (Vishnu gewidmet) sind noch Fragmente zu erkennen. Die Shivastatue, die einst im zentralen Turm stand, kann heute im Nationalmuseum in Phnom Penh bestaunt werden.

Obwohl „in Sachen Tempel" hier oben nicht viel zu sehen ist, lohnt sich der etwa 20-minütige Aufstieg: der Aussicht auf den Tonle-Sap-See wegen. Vor allem zum Sonnenuntergang empfehlenswert – und am besten am Ende der Regenzeit, wenn das Wasser hoch steht, die Felder überflutet sind und man fast das Gefühl hat, auf einer Insel zu sein.

6 HIGHLIGHT

Tonle-Sap-See

Siem Reap liegt nicht nur vor den Toren Angkors, sondern auch am größten und einem der interessantesten Seen Südostasiens: dem Tonle Sap. Eine faszinierende Lebenswelt offenbart sich hier den Besuchern. Die Menschen, die auf und um den See leben, haben sich den extrem schwankenden Wasserständen angepasst. Für sie ist der See Wohnort, Verkehrsweg, Nahrungs- und Einkommensquelle in einem. Die Bewohner leben in Hausbooten oder haben ihre Häuser auf schwimmende Bambusplattformen gebaut. Andere Dörfer bestehen aus Stelzenhäusern. 170 schwimmende Dörfer gibt es insgesamt auf dem Tonle-Sap-See, rund 80 000

© MARION MEYERS

Das ganze Leben spielt sich auf dem Wasser ab: Kinder im schwimmenden Dorf Mechrey.

Menschen leben auf dem Wasser. Überwiegend sind es Vietnamesen, denen der Landbesitz untersagt ist. Aber nicht nur den Menschen bietet der Tonle Sap einen Lebensraum, auch unzählige Wasservögel nisten hier.

Schwimmende Dörfer

Von Siem Reap aus lassen sich vier schwimmende Dörfer bequem auf einem Halb- oder Tagesausflug erreichen. Manche Besucher sind fasziniert von dem Leben, das sich auf dem Wasser abspielt, andere empfinden den Ausflug als zu touristisch oder sogar voyeuristisch. In der Hauptsaison drängen Touristenboote durch die Kanäle, dicht vorbei an schwimmenden Wohnstätten. Weniger überlaufen sind das kleine Dorf Mechrey und die schwimmende Stadt Kompong Khleang.

Chong Khneas

Das schwimmende Dorf Chong Khneas liegt Siem Reap am nächsten. Die Fahrt dorthin führt durch die hübschen Dörfer Aranh und Phnom Krom, deren Bewohner in Stelzenhäusern am Fluss leben. Einen kleiner Abstecher lohnen eine Lotos-Farm (S. 251). Chong Kneas heißt nicht nur das Dorf auf dem Wasser, auch die Siedlung auf dem Festland, wo die Boote ablegen, trägt den gleichen Namen. An der Zufahrtsstraße zum Hafenterminal liegt das **GECKO-Umweltzentrum**. Schautafeln liefern zahlreiche Informationen über Flora und Fauna des Tonle Sap (Eintritt frei).

Viele Bewohner sind vom schwimmenden Dorf aufs Festland gezogen, Stelzenhäuser, ein Kindergarten, die Kranken- und Polizeistation stehen an der Zufahrtsstraße zum Hafen. Einige Bewohner gehören der Minderheit der Cham an, deren kleine Moschee man am Wegesrand erblickt. In einem modernen Terminal werden Bootstickets für eine Rundfahrt in das schwimmende Dorf Chong Khneas, nach Battambang oder Phnom Penh verkauft.

Die kurzweilige Bootsfahrt zum schwimmenden Dorf führt vorbei an Wohn- und Geschäftshäusern auf dem Wasser, deren Bambusunterlage alle sechs bis acht Jahre ausgetauscht wird. Während der Regenzeit liegt das Dorf näher am Festland, in den Trockenmonaten ziehen die Bewohner mit ihren Häusern Richtung Seemitte. Halbjährlich folgen sie somit dem Auf und

Tonle Sap

Der Tonle-Sap-See ist der größte und einer der fischreichsten Süßwasserseen in Südostasien. Er wird von mehreren Zuflüssen im Norden gespeist, der südliche Ablauf ist der Tonle-Sap-Fluss, der bei Phnom Penh in den Mekong mündet.

In der Regenzeit schwillt der See von 2500 km² auf über 10 000 km² an, die Seetiefe steigt von 2 m auf bis zu 14 m. Der Grund ist ein einzigartiges Naturphänomen: Die Fließrichtung des Tonle-Sap-Flusses ändert sich.

Der Beginn der Regenzeit im Juni fällt mit der Schneeschmelze im Himalaya-Gebirge zusammen, in dem der Mekong entspringt. Der Mekong führt zu dieser Zeit viermal mehr Wasser als üblich. Wo der Mekong auf den Tonle-Sap-Fluss trifft, drücken die Wassermassen des Mekong den Tonle-Sap-Fluss in die umgekehrte Fließrichtung und füllen so den See. Am Ende der Regenzeit, wenn die Wassermassen des Mekong geringer werden und der Druck nachlässt, kehrt sich die Fließrichtung wieder um. Die Kambodschaner feiern dieses Ereignis mit dem Wasserfest Bonn Om Tuk im November bei Vollmond.

Der nährstoffreiche Mekong, der Tonle Sap und der Fluss Bassac bilden ein einzigartiges Ökosystem, in dem über 300 verschiedene Fischarten leben. Mehr als die Hälfte der in Kambodscha verzehrten Fische stammen aus dem Tonle Sap. Der Fischreichtum des Tonle Sap war einst legendär. Henri Mohout, jener Forscher, der einst die Tempel von Angkor ergründete und sie im Westen populär machte, schrieb: „Der große See ist eine Quelle des Reichtums für die ganze Nation. Es gibt so viel Fisch, dass wenn das Wasser niedrig steht, sie von den Booten zerdrückt werden und das Eintauchen der Ruder verhindern." Unzähligen Wasservögeln, darunter Pelikane, Störche, Fischadler, der bedrohte Schwarzkopfibis, Großer Ibis und der Große Marabu, bietet der See eine Heimat. Zudem leben über 30 verschiedene Arten von Reptilien, z. B. Krokodile, im See. Auch zahlreiche Otter haben hier ihr Zuhause. 1997 wurde das Gebiet von der Unesco zum Biosphärenreservat erklärt. Ziel ist es, den Schutz der Umwelt mit ökonomischen Bedingungen zu vereinbaren.

Aber auch dieses Ökosystem ist in Gefahr. Insgesamt sinkt der Wasserspiegel, was nicht nur mit der Ablagerung von Sedimenten während der Regenzeit zu tun hat, sondern auch mit der Abholzung der Wälder. Zudem hat Überfischung zum Rückgang des Fischreichtums geführt. Über den Fluss gespannte Nylonnetze haben längst die traditionellen Wurfnetze oder einfachen Bambusfallen ersetzt. Auch Krokodile sind in freier Wildbahn selten geworden. Die meisten werden in Farmen gehalten, wo sie als Fleisch und vor allen Dingen als Lederproduzent dienen. Wasserschlangen, bisher zum eigenen Verzehr gejagt, werden nun kommerziell gefangen, um sie an die Krokodile zu verfüttern. Über 7 Mio. Schlangen sterben so jährlich auf den Farmen. Schildkröten ersetzen nun die Schlangen in den Kochtöpfen.

Auch die zunehmende Verschmutzung des Mekong durch industrielle Einleitungen aus Thailand und China belasten das Ökosystem. Die Auswirkungen der Staudammprojekte in Kambodscha, Laos, Thailand und China auf das fragile Ökosystem sind bisher kaum abzuschätzen.

Ab des Tonle Sap und sind so zu Wassernomaden geworden. Von den 3000 Bewohnern sind 65 % Vietnamesen und 35 % Khmer. Das Dorf besitzt eine vietnamesische Pagode und zwei Schulen. Eine davon ist eine katholische Grundschule, das Gebäude wird zugleich als Kirche genutzt. Die überwiegende Anzahl der Bewohner lebt vom Fischfang, darüber hinaus werden drei Fisch- und Krokodilfarmen sowie fünf Restaurants betrieben. Viele Tourgruppen machen an einem der Lokale Halt. Die Bootstour stoppt zudem an einer Krokodilfarm mit angegliedertem Souvenir-Shop. Häufig wird ein zweiter Stopp eingelegt, diesmal an einer Schule, wo Sachoder Geldspenden gesammelt werden.

Auf eigene Faust gelangt man mit dem Tuk-Tuk/Motorradtaxi für US$15/7 in 20 Min. nach Chong Khneas. Mit dem Fahrrad sind die 13 km ebenfalls gut zu bewältigen. Knapp 1 1/2-stündige Bootsfahrt inkl. Englisch sprechendem Guide für US$20 p. P. (2–4 Pers.), ab 5 Pers. US$15.

Organisierte Touren über Guesthouses ab US$15 p. P. inkl. Transport und Boot.

Capitol Tours, ✆ 012-830 170, 🖥 www.capitol tourscambodia.com. Tagestour inkl. Wat Thmei und ein Besuch bei Artisans d'Angkor. 1–2 Pers. mit dem Tuk-Tuk, ab 3 Pers. mit dem Minivan inkl. Transport, Boot, Tourguide und Wasser. US$25 p. P.

Tara Boat, ✆ 092-957 765, 🖥 www.taraboat. com. Halbtagestour für US$27 inkl. Transfer, Boot, Eintrittsgebühren, Tourguide, Essen und zwei Getränken auf dem Tara Boat.

Kompong Phluk

Kompong Phluk liegt etwa 20 km südöstlich von Siem Reap. Viele Touristen verbinden den Besuch von Kompong Phluk mit der Besichtigung der Roluos-Gruppe (S. 306). 700 Familien, insgesamt 4000 Menschen, leben hier in Pfahlhäusern. In der Regenzeit steht das Wasser bis fast zur Türschwelle, während zur Trockenzeit die Stelzen 6–7 m aus dem Wasser ragen. Auf dem Hauptkanal gewinnt man einen ersten Eindruck, die Fahrt führt vorbei an Häusern, der Polizeistation und der Grundschule. In schwimmenden Gärten wird Gemüse angebaut. Wer das Dorfzentrum und den überschwemmten Wald sehen möchte, steigt auf Holz-Einbäume um. Maximal drei Personen sitzen hintereinander in den schmalen Booten, die von einheimischen Frauen gerudert werden (US$5 zugunsten der Dorfgemeinschaft). Entlang der engen Kanälen in der Dorfmitte stehen einfache Bambushütten auf Pfählen, aber auch große Holzhütten mit Wellblechdach und blumengeschmückten Veranden. Daneben die Pagode des Dorfes, eine Krankenstation, Handyladen und ein Restaurant. Die meisten Bewohner sind an das Stromnetz angeschlossen, Fernsehantennen und Mobilfunkmasten ragen in den Himmel. Beschaulich ist die Fahrt durch den überschwemmten Wald. Je nach Wasserstand geht es vorbei an versteinerten Bäumen oder durch grüne Wipfel. Die Fahrt endet an einem der drei großen Restaurants, an denen auch Tourgruppen Rast machen. Zurück geht es wieder im großen Boot.

Homestay-Übernachtungen organisiert das Garden Village Guesthouse für US$50 p. P. inkl. Transport, Boot, Übernachtung, Frühstück und Abendessen.

Von Siem Reap mit dem Tuk-Tuk/Motorradtaxi für US$20/10 in 40 Min. Ab Anleger 2-stündige Bootstour für US$20 p. P., Fahrten mit dem Einbaum zzgl. US$5 p. P.

Von Chong Khneas aus mit dem Boot in 1 1/4 Std. (US$80 p. P.).

Als organisierte Tour mit **Tara Boat**, ✆ 092-957 765, 🖥 www.taraboat.com. Tagesausflüge US$60 p. P. Inkl. Mittagessen und Getränke; bei **Capitol Tours** für US$35 inkl. Hotelabholung, 2 Pers. per Tuk-Tuk, ab 3 Pers. Minivan, Boot, Lunchpaket, zzgl. US$5 für die Fahrt mit dem Einbaum. In einigen Guesthouses wie Mandalay Inn ab US$20 inkl. Transport und Boot.

Mechrey

Das kleine schwimmende Dorf Mechrey liegt etwa 20 km südwestlich von Siem Reap zwischen Chong Khneas und Prek Toal. Das Dorf liegt malerisch an einer Pagodeninsel und wird nur von wenigen Touristen besucht. Etwa 250 Familien leben hier in schwimmenden Häusern, die sich mit dem Wasserspiegel bewegen. Die Häuser bestehen aus einfachen Palmmatten auf einer Bambusplattform. Die Bewohner halten Schweine und Hühner in Käfigen über dem Wasser. Das Dorf bietet einen schwimmenden Supermarkt, eine Krokodilfarm und ein Restaurant mit Aussichtsplattform.

Von Siem Reap mit dem Tuk-Tuk/Motorradtaxi für US$20/10 in 40 Min. 2-stündige Bootstour für US$20 p. P. (kommt der Dorfgemeinschaft zugute). Am Ticketschalter können auch Ochsenkarren-Rundfahrten gebucht werden (US$4 für 30 Min.).

Als Halbtages-Kajaktour über **Unique Kajak Cambodia Tours**, ✆ 097-456 3131, 🖥 www. uniquekayakcambodia.com, für US$115 p. P. Mit dem Boot von Mechrey bis Prek Toal US$70 p. P.

Kompong Khleang

Kompong Khleang liegt etwa 50 km südöstlich von Siem Reap und ist die größte Stadt auf dem See. 10 000 Familien leben in den Stelzenhäusern über dem Wasser. In der Regenzeit steht das Wasser fast bis an die Türschwelle, in der Trockenzeit ragen die Häuser mehrere Meter aus dem See. Nur wenige Touristen besuchen die abgelegene Stadt. Die breite Wasserstraße zwischen den Häusern gleicht einer geschwungenen Allee, erst hinter dem Hauptweg werden die Wasserwege enger. Drei Pagoden zählt Kompong Khleang, ferner eine Tankstelle, Restaurants, eine Krokodilfarm und viele Geschäfte. Die Stadt wirkt relativ wohlhabend, die Häuser sind mit Wellblech gedeckt, fast überall erblickt man eine Fernsehantenne auf dem Dach. Bootstouren führen über den Hauptwasserweg mit Abstechern in die kleineren Kanäle. Hier bekommt man einen Eindruck vom Leben auf dem Wasser, ohne aufdringlich zu sein.

TRANSPORT

Von Siem Reap mit dem Tuk-Tuk/Motorradtaxi für US$30/20 in 1 1/2 Std. Ab Anleger 2-stündige Bootstour für US$20 (pro Boot, max. 8 Pers.). In der Regenzeit bzw. je nach Wasserstand befindet sich der Anleger weiter landeinwärts, dann kostet die Fahrt US$25.
Kombinierte Bootstour Kompong Khleang und Kompong Phluk US$80.
Von Chong Khneas mit dem Boot für US$70 p. P. (2 Pers., ab 5 Pers. US$50). Als organisierte Tour mit **Tara Boat**, ✆ 092-957 765, 🖥 www.tara boat.com, für US$72.

Prek Toal

Das Schutzgebiet Prek Toal an der Nordwestspitze des Tonle Sap umfasst 312 km². Tausende von Zugvögeln kommen jedes Jahr zum Brüten hierher. Während der Trockenzeit von Januar bis April ist der Anblick der enormen Vogelschwärme besonders beeindruckend. In den Baumwipfeln der überschwemmten Wälder nisten viele gefährdete große Vogelarten wie der Große Adjudant, Graupelikane oder Milchstörche neben Graukopf-Seeadlern, Kormoranen, Schwarzkopfibissen, Schlangenhalsvögeln und Reihern. Nicht nur Vogelliebhaber sind begeistert von der Vielzahl der Vögel mit den teils imposanten Flügelspannweiten. Die beste Zeit zur Vogelbeobachtung ist der frühe Morgen oder späte Nachmittag. Enthusiasten, die den frühen Morgen zur Vogelbeobachtung nutzen, können in einfachen Unterkünften im Parkbüro für US$20 übernachten. Unbedingt Kopfbedeckung und Sonnenschutz mitnehmen.

TOUREN

Naturschutzzentrum Sam Veasna, 63 St. 26, Siem Reap, ✆ 063-963 710, 🖥 www.samveasna.org. Tagestour US$115 p. P. bei 4 Pers.

Osmose, ✆ 012-832 812, 🖥 www.osmosetonlesap.net. Tagestouren für US$105 p. P. ab 4 Pers. Ein Teil des Erlöses geht an ein Projekt, das Dorfbewohnern und deren Kindern das Ökosystem des Sees erklärt und so das Umweltbewusstsein schärft. Beide Angebote inkl. Transport, Eintrittsgebühren, Tourguides, Dorfbesuch und Essen. Start gegen 6 Uhr morgens im Hotel, Rückkehr gegen 18 Uhr. Beide Anbieter haben auch Touren mit Übernachtung im Programm.
Weitere Anbieter sind **Tara Boat** mit Tagesausflügen für US$125 p. P., und **Capitol Tour** (US$95 p. P.) inkl. Transport bis Chong Khneas, Boot, Eintritt und Boot im Nationalpark.

TRANSPORT

Von Siem Reap mit dem Tuk-Tuk/Motorradtaxi für US$15/7 in 20 Min. zum Hafen in Chong Khneas. Von da aus mit dem Boot zum Parkbüro Prek Toal (Hin- und Rückfahrt US$50 p. P., ab 2 Pers. in 1 Std.). Ab Prek Toal geht es mit einem kleinen Boot ins Vogelreservat (Eintritt US$20, Boot US$30 inkl. Führer, 1 Std.).

© MARION MEYERS

Kompong Thom

Phnom Penh

Kulturstätten in Zentralkambodscha

Stefan Loose Traveltipps

Wat Phnom Santuk Am buddhistischen Tempelberg lassen sich zahlreiche liegende Buddhas entdecken. S. 326

7 Sambor Prei Kuk Faszinierend sind die prä-angkorianischen Tempelbauten unter schattigen Bäumen. S. 327

Preah Khan Die abgeschiedene, große Tempelstätte aus dem 11./12. Jh. hat man oft ganz für sich allein. S. 330

8 Koh Ker Die von Bäumen umrankten Tempelruinen aus der Zeit Jayavarmans IV. locken Besucher an – fernab der Touristenströme. S. 332

Prasat Preah Vihear Der beeindruckende Bergtempel an der Grenze zu Thailand begeistert schon allein wegen seiner einzigartigen Lage. S. 336

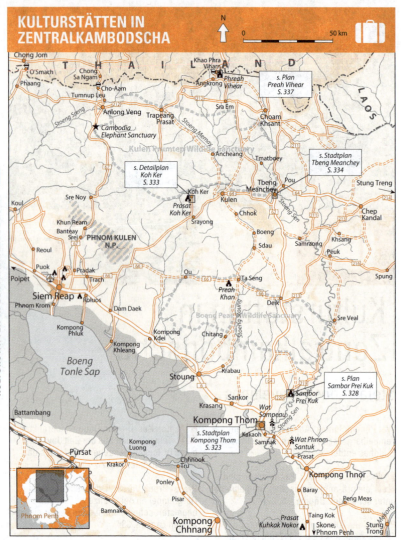

KULTURSTÄTTEN IN ZENTRALKAMBODSCHA

N

0   50 km

THAILAND

LAOS

Chong Jom
O'Smach
Phaang
Chong Sa Ngam
Cho-Aam
Tumnup Leu
Khao Phra Viharn
Angkrong
Phreah Vihear
s. Plan Preah Vihear S. 337
Sra Em
Anlong Veng
Trapeang Prasat
Choam Khsant
Cambodia Elephant Sanctuary
Stoeng Sreng
Stoeng Memay
Kulen Promtep Wildlife Sanctuary
Ancheang
Tmatboey
Pou
s. Stadtplan Tbeng Meanchey S. 334
Stung Treng
s. Detailplan Koh Ker S. 333
Koh Ker
Tbeng Meanchey
Koul
Sre Noy
Prasat Koh Ker
Kulen
Stoeng Sen
Chep Kandal
Khun Ream
Banteay Srei
Srayong
Chhok
Boeng
Khsang
PHNOM KULEN N.P.
Reoul
Sdau
Samraong
Peuk
Puok
Pradak
Trach
Ou
Ta Seng
Spung
Poipet
Phnom Krom
Siem Reap
Roluos
Dam Daek
Preah Khan
Deik
Sre Veal
Kompong Phluk
Kompong Kdei
Chitang
Boeng Peae Wildlife Sanctuary
Stoeng Stoeng
Kompong Khleang
Boeng Tonle Sap
Stoung
Krabau
Battambang
Krasang
Sankor
Sambor Prei Kuk
s. Plan Sambor Prei Kuk S. 328
Pursat
Krakor
Kompong Luong
Chhnook Tru
Ponley
Pisar
Bamnak
Krasang
Wat Sampeau
Kompong Thom
Kakaoh
Samnak
s. Stadtplan Kompong Thom S. 323
Wat Phnom Santuk
Prasat
Kompong Thnor
Baray
Peng Meas
Taing Kok
Prasat Kuhkak Nokor
Skone, Phnom Penh
Stung Trong
Mekong
Kompong Chhnang
Phnom Penh

Die Region Zentralkambodscha erstreckt sich nördlich von Phnom Penh bis zur thailändischen Grenze und umfasst die Provinzen Kompong Thom in der Landesmitte sowie Preah Vihear und Oddar Meanchey im Norden. In diesem spärlich besiedelten Landesteil leben überwiegend Bauern, die wie seit Jahrhunderten unter großer Mühsal den kargen Boden bestellen. In der Region finden sich beeindruckende Tempelanlagen, die einen Besuch lohnen.

Ist man mit dem eigenen Fahrzeug unterwegs, bietet sich zwischen Phnom Penh und Kompong

Thom ein Abstecher zu dem kleinen Tempel **Prasat Kuhak Nokor** aus dem 11. Jh. an. Die Stadt **Kompong Thom** liegt im Herzen Kambodschas an der Nationalstraße 6 zwischen Phnom Penh und Siem Reap. Von hier aus lassen sich Ausflüge zu den Tempelanlagen Sambor Prei Kuk, Preah Khan und zu dem nahe gelegenen Wat Phnom Santuk besonders gut organisieren.

Sambor Prei Kuk, jene Tempelstadt der Zhenla, die im 7. Jh., also noch vor dem berühmten Angkor Wat, entstand, liegt 35 km nordöstlich von Kompong Thom. Ausgebildete Guides aus den Dörfern bieten sich als Führer an. Der Ausflug zu der einsam gelegenen, aus dem 11./12. Jh. stammenden Tempelanlage **Preah Khan** gestaltet sich indes etwas schwieriger: Über eine recht gute Staubpiste gelangt man in knapp 3 Std. ans Ziel. Touristengruppen kommen selten hierher, meist kann man die Tempel ganz für sich allein erkunden. Besser zu erreichen ist der auf einem Berg gelegene buddhistische Wallfahrtsort **Wat Phnom Santuk** südöstlich von Kompong Thom, der nicht nur fantastische Panoramablicke, sondern auch jede Menge Stupas, Pagoden und in den Fels gehauene Buddhastatuen bietet.

Weitere sehenswerte Orte sind von Siem Reap (s. auch Kap. Siem Reap und die Tempel von Angkor) einfacher und bequemer zu erreichen. Dazu gehört das Vogelschutzgebiet **Tmatboey**, wo der Riesenibis, Kambodschas Nationalvogel, sowie vom Aussterben bedrohte Kranicharten ein Refugium gefunden haben und im Rahmen einer geführten Tour mit Glück gesichtet werden können. Auch die noch immer vom Dschungel überwachsene Tempelanlage **Koh Ker** lohnt einen Abstecher von Siem Reap. Koh Ker diente im 10. Jh. kurzzeitig als Hauptstadt des Khmer-Reiches und ist eines der größten Tempelareale Kambodschas. Ebenfalls als Tagestour kann **Prasat Preah Vihear** besichtigt werden. Der am Dangrek-Gebirge an der Grenze zu Thailand gelegene mächtige Bergtempel, der auf das 9. Jh. zurückgeht und um den es zwischen Thailand und Kambodscha bis in jüngste Zeit immer wieder blutige Auseinandersetzungen gab, fasziniert die Besucher aufgrund des einzigartigen länglichen Grundrisses und der Lage auf einem Bergkamm mit fantastischer Aussicht. Die kleine touristisch unerschlossene Stadt **Tbeng Meanchey** ist die Hauptstadt der Provinz Preah Vihear und bietet sich für einen kurzen Zwischenstopp an.

In der Provinz Oddar Meanchey ist **Anlong Veng** nahe der thailändischen Grenze als Rückzugsort der Roten Khmer in die Schlagzeilen geraten. Das Grab Pol Pots und seines Mitstreiters Ta Mok können ebenso besucht werden wie die Ruinen ihrer letzten Zufluchtsstätten. In **Cho-Aam** gibt es einen internationalen Grenzübergang, doch die Weiterreise in Thailand gestaltet sich umständlich. Der Grenzübergang **O'Smach** ist auf der thailändischen Seite besser angebunden.

Provinz Kompong Thom

Geografisch gesehen liegt die Provinz Kompong Thom in der Mitte Kambodschas. Sie ist nach Mondulkiri mit 13 814 km^2 die zweitgrößte des Landes. Etwa 650 000 Menschen leben hier, mehr als 90 % davon sind Khmer, daneben sind chinesischstämmige Einwohner, Vietnamesen und Cham in der Region ansässig.

Kompong Thom ist eine landwirtschaftlich geprägte Provinz, Reisfelder bestimmen in weiten Teilen das Landschaftsbild. Einmal im Jahr wird der Reis, das Hauptanbauprodukt der Provinz, geerntet, in wenigen Gebieten sogar zweimal. Darüber hinaus gedeihen hier Cashew-Nüsse, Bohnen, Wassermelonen, Mangos, Kokos- und Areca-Nüsse, große Flächen sind für den Anbau von Kautschuk gerodet worden. Der überwiegende Teil der Bewohner sind Bauern. Da Kambodschas zweitlängster Fluss, der Stoeng Sen, durch die Provinz fließt, stellt an dem Fluss und an den Seen zudem die Fischerei eine wichtige Einnahmequelle dar. Große Industrien haben sich hier nicht angesiedelt. Touristisch interessant ist Kompong Thom wegen seiner Tempel Sambor Prei Kuk und Phnom Santuk.

Kompong Thom

Viele Reisende erleben das knapp 180 km nördlich von Phnom Penh gelegene Kompong Thom **[5149]** nur während eines kurzen Busstopps auf ihrem Weg von der Hauptstadt nach Siem Reap. Dabei hat die Stadt, am Fluss Stoeng Sen, durchaus ihren Reiz. Der Besucher findet hier ein authentisches Kambodscha mit ausreichend touristischer Infrastruktur. Ausflüge zu den Tempelstätten Sambor Prei Kuk und Preah Khan sind ab Kompong Thom problemlos zu organisieren.

Geschichte

Bewohnt war das Gebiet bereits im 1. Jh. während der Funan-Periode durch khmer- und kuaystämmige Einwohner. Unter der Herrschaft der Zhenla im 6./7. Jh. bauten deren Könige das nahe Sambor Prei Kuk (S. 327) zur Hauptstadt aus.

Strategische Bedeutung hatte Kompong Thom auch während der Angkor-Zeit. Jayavarman VII. (reg. 1181–ca. 1220) ließ eine befestigte Straße bauen, die Kompong Thom mit der damaligen Hauptstadt Angkor Thom verband. Anfang der 1970er-Jahre war die Provinz Ziel schwerer Bombardierungen durch die US-Luftwaffe im Kampf gegen die kommunistischen Vietnamesen.

Am 18. April 1975 kapitulierte Kompong Thom vor den Roten Khmer, die Stadt wurde entvölkert. Am 9. Januar 1979 drängten vietnamesische Truppen die Schergen Pol Pots zurück, doch bis Anfang 1993 kam es weiterhin zu Gefechten zwischen den Roten Khmer und Regierungstruppen. Erst seit 1996 ist die Provinz Kompong Thom befriedet und vollständig in den Machtbereich der Regierung integriert.

Orientierung

Der Fluss Stoeng Sen teilt die Stadt in zwei Hälften. Die südliche Seite bewohnten während der Kolonialzeit die Franzosen, hier liegen der Kompong-Thom-Markt, zahlreiche Hotels, Restaurants, die Tourist Information und die Haltestellen für Busse und Sammeltaxis. Ein guter Orientierungspunkt ist das sechsstöckige Arunras Hotel im Zentrum. Auf der „kambodschanischen" Nordseite des Flusses befinden sich der Markt Psar Chas, das Museum und der sehenswerte Wat Kompong Thom.

Sehenswertes

Kompong Thom bietet keine besonderen Sehenswürdigkeiten, dennoch ist ein Spaziergang durch die überschaubare Stadt am Sen-Fluss reizvoll. Das Zentrum bildet der geschäftige **Kompong-Thom-Markt**. Die südwestliche Flussseite ist zu einer Promenade ausgebaut worden, in einem schattigen Park am Flussufer erblickt man eine **Skulptur** der britischen Künstlerin Sasha Constable: Drei Fische balancieren eine Weltkugel, hergestellt ist das Kunstwerk aus alten Waffen. Entlang dieser Flussseite sind einige schöne Beispiele kolonialer Architektur erhalten geblieben, u. a. der **Palast des ehemaligen französischen Gouverneurs**. In dessen Garten leben in drei Mahagoni-Bäumen Hunderte von Flughunden, die sich gegen Sonnenuntergang auf Futtersuche begeben.

Zwei Brücken überspannen den Stoeng-Sen-Fluss, die schmale Steinbrücke wurde 1927 von den Franzosen erbaut. Am Flussufer liegt der „alte Markt" **Psar Chas** (linker Hand unter dem blauen Dach). Wer hier stöbert, wird Verkaufsstände für traditionelle Medizin entdecken: Getrocknete Wurzeln, Rinden und Kräuter werden aus Säcken verkauft. Wer mag, kann versuchen, per Zeichensprache herauszufinden, wogegen sie helfen sollen.

Folgt man der N6 500 m in nördliche Richtung, erreicht man **Wat Kompong Thom**. In der sehenswerten bunten Klosteranlage leben 140 Mönche, zudem befindet sich hier der Sitz des höchsten buddhistischen Würdenträgers der Region. Das Klostergebäude in den verblassenden Farben ähnelt fast einem von Gaudí entworfenen Gebäude, Garudas halten das Dach, verschiedene Figuren und Ornamente zieren die Balkonbrüstungen. Um einen Bodhi-Baum sind Buddhas Lebensabschnitte dargestellt. Beeindruckend ist das ausdrucksvolle Gemälde der trauernden Gemeinde hinter dem liegenden Buddha. Der Vihear ist über und über mit bunten Bildern geschmückt, denen leider Feuchtigkeit und die Ausscheidungen der hier nistenden Fledermäuse zugesetzt haben.

Das **Kompong-Thom-Museum**, N6, befindet sich 2 km hinter der Brücke Richtung Siem Reap. Die beiden Löwen vor dem tempelartigen Gebäude stammen aus Sambor Prei Kuk, genau wie die meisten Exponate im Inneren. ⊕ Mo–Fr 8.30–20 Uhr (falls verschlossen, den Wächter herausklopfen, er schließt gerne auf), Eintritt frei.

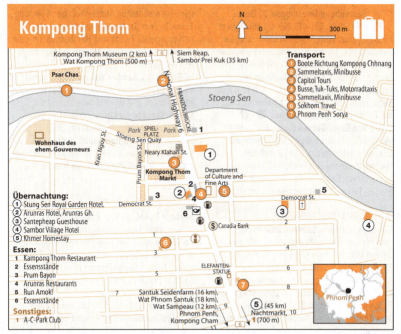

Kompong Thom

N
0 — 300 m

Kompong Thom Museum (2 km) ↑ Siem Reap,
Wat Kompong Thom (500 m) Sambor Prei Kuk (35 km)

Psar Chas

Stoeng Sen

Nationalstraße / FRANZÖS. BRÜCKE / National Highway 6

Park SPIEL- Park
Stoeng Sen Quay PLATZ

Wohnhaus des
ehem. Gouverneurs

Neary Klahan St.

Kompong Thom
Markt

Department
of Culture and
Fine Arts

Democrat St. Democrat St.

$ Canadia Bank

ELEFANTEN-
STATUE

Santuk Seidenfarm (16 km),
Wat Phnom Santuk (18 km),
Wat Sampeau (12 km),
Phnom Penh,
Kompong Cham

(45 km)
Nachtmarkt,
(700 m)

Transport:
1 Boote Richtung Kompong Chhnang
2 Sammeltaxis, Minibusse
3 Capitol Tours
4 Busse, Tuk-Tuks, Motorradtaxis
5 Sammeltaxis, Minibusse
6 Sokhom Travel
7 Phnom Penh Sorya

Übernachtung:
1 Stung Sen Royal Garden Hotel
2 Arunras Hotel, Arunras Gh.
3 Santepheap Guesthouse
4 Sambor Village Hotel
5 Khmer Homestay

Essen:
1 Kampong Thom Restaurant
2 Essensstände
3 Prum Bayon
4 Arunras Restaurants
5 Run Amok!
6 Essensstände

Sonstiges:
1 A-C-Park Club

Phnom Penh

ÜBERNACHTUNG

An Unterkünften mangelt es in Kompong Thom nicht, wobei sich Zimmer und Preise in den Guesthouses ähneln. Alle bieten ihren Gästen kostenloses WLAN. Ein Bauboom ist ausgebrochen, seit bekannt wurde, dass die Chancen der Tempelanlage Sambor Prei Kuk recht gut stehen, in Kürze in den Status des Unesco-Weltkulturerbes gehoben zu werden.
Arunras Guesthouse, N6, ✆ 092-316 070, [9432]. Viele hübsche kleine Zimmer mit hellem Fliesenboden und modernen Bädern, Kaltwasser. Leider die meisten ohne Fenster (dafür auch ohne Straßenlärm). Ventilator oder AC. ❶–❷

Arunras Hotel, N6, ✆ 092-316 070, [9433]. 6 Stockwerke mit Fahrstuhl. Die Zimmer sind zwar nicht besonders modern, dafür großzügig geschnitten und mit Holzmöbeln eingerichtet, manche mit großem Balkon. Schlechte WLAN-Verbindung in den Zimmern. ❶–❷

Khmer Homestay, N6, 45 km südlich Richtung Phnom Penh, ✆ 012-635 718, ▯ www.khmer homestaybaray.com, [9434]. 10 Stelzenhütten in einem hübschen Garten werden von der sehr gut Englisch sprechenden Besitzerin vermietet. Alle mit Matratze, Moskitonetz, Ventilator und gepflegtem Gemeinschaftsbad. Das Dorf Somrong schließt sich hinter dem Garten an. Geboten werden Ausflüge ins Dorf, Touren mit dem Ochsenkarren oder Kurse in Reisnudelherstellung. US$10 p. P.

Sambor Village Hotel, Democrat St., 600 östlich des Zentrums, ✆ 062-961 391, ▯ www.sambor village.com, [9437]. Herrliche, fast schon ländliche Lage am Stoeng-Sen-Fluss. 19 Bungalows im Boutique-Stil stehen zwischen tropischen Pflanzen. Eine große Suite mit offenem Bad zum Zimmer und Jacuzzi. Großer Pool. Restaurant. Kostenloser Fahrradverleih. Organisieren Ausflüge und Bootsfahrten auf dem Sen-Fluss. Wer im Restaurant speist, kann den Pool kostenlos nutzen. Inkl. Frühstück. ❹–❻

Santepheap Guesthouse, 23 Demo-crat St., ☎ 077-476 869, ✉ stp23guest house@yahoo.com, [9435]. In einer ruhigen Seitenstraße. Im aus Holz und Stein erbauten Vorderhaus günstige, aber recht dunkle Zimmer. Schöner sind die Räume im neueren Anbau: großzügige Zimmer mit TV, Bäder mit Kaltwasser. Der Besitzer ist hilfsbereit, und die Zimmer sind penibel sauber. ❶–❷

Stung Sen Royal Garden Hotel, N6, ☎ 062-961 228, [9436]. Großzügige AC-Zimmer mit Schrank, Schreibtisch und TV möbliert. Bad mit Warmwasser, manche Zimmer mit Badewanne. Schön ist das Zimmer mit der großen Terrasse über dem Haupteingang. ❷

ESSEN UND UNTERHALTUNG

Günstige, einfache **Essensstände** findet man bis zum frühen Abend an und auf den beiden Märkten Psar Chas und Kompong Thom. In der Seitenstraße gegenüber dem Arunras Hotel gibt es eine einfache Garküche, die Busreisende auf dem Zwischenstopp mit Essen versorgt (bis 21.30 Uhr). Zwischen dem Kompong-Thom-Markt und dem Arunras Hotel öffnen abends einige einfache Essens-stände. Ein schicker Nachtmarkt wird zurzeit gegenüber der Acleda Bank gebaut.

Arunras Hotel und **Guesthouse** (s. o.). Hotel und Gh. haben zu Recht beliebte Restaurants. Es gibt nicht nur hervorragenden illy-Kaffee, sondern auch eine große Auswahl authentischer Khmer-Gerichte. Beliebt bei Einheimischen wie Touristen. Morgens werden gute Nudelsuppen, aber auch Westliches zum Frühstück serviert. ⏰ 6–21 Uhr.

Kompong Thom Restaurant, N6, ☎ 012-324 355. Das ansprechende Restaurant im Zentrum hat eine tolle kleine Terrasse mit Flussblick. Angeboten werden Khmer-Gerichte wie Wasserbüffel mit Zitronengras, aber auch Pasta und west-liches Frühstück. Aufmerksamer Service, dafür etwas teurer. WLAN. ⏰ 6.30–21 Uhr.

Prum Bayon, Democrat St. Das Eck-lokal ist mittags und abends immer gut besucht – aus gutem Grund. Frisch zubereitete Khmer-Gerichte für 7000 Riel. ⏰ 6–21 Uhr.

Run Amok!, Democrat St., ☎ 017-916 219. Der Neuseeländer Richard McDonald ist nicht nur eine wandelnde Auskunftei über Kompong Thom. In dem Gartenlokal macht er auch hervorragende Pizzas und Hamburger. Ein paar klassische Khmer-Gerichte gibt es aber auch. ⏰ 17–22 Uhr.

Im Garten des **Sambor Village Hotels** speist man in angenehmer Atmosphäre. Das Personal ist freundlich und zuvorkommend, und die Khmer-Gerichte sind hervorragend. In der Hauptsaison besser reservieren. ⏰ 17–22 Uhr.

Zur abendlichen Unterhaltung tragen viele Karaoke-Bars bei. Beliebt bei jungen Einheimi-schen ist der **A-C-Park-Club** mit Biergarten, ⏰ ab 18 Uhr.

TOUREN

Sokhom Travel, St. 3, ☎ 012-691 527, ✉ guideimsokhom@yahoo.com. Mr. Sokhom hat ein kleines Büro in seinem Wohnhaus. Er hat viele Informationen auf Lager und orga-nisiert 1- bis 4-tägige Touren zu den Tempeln Sambor Prei Kuk, Preah Khan, Koh Ker und Beng Mealea mit dem Taxi.

Mr. Has Sophy, ☎ 012-682 100, veranstaltet 2-tägige Touren mit dem Moped inkl. Homestay-Übernachtung zu den Tempeln Sambor Prei Kuk und Preah Khan für US$60 p. P. zzgl. Über-nachtung US$5; 3- bis 4-tägige Trips inkl. Preah Vihear, Koh Ker, Beng Mealea bis nach Siem Reap für US$150 p. P. zzgl. Übernachtung.

SONSTIGES

Einkaufen

Dinge des alltäglichen Bedarfs kaufen Einheimische im **Kompong-Thom-Markt** oder **Psar Chas**. Gut sortiert sind die **Minimärkte** an den Sokimex-, Tela- und Total-Tankstellen im Zentrum.

Fahrrad- und Motorradverleih

Bei **Sokhom Travel**, St. 3, ☎ 012-691 527, gibt es Fahrräder für US$2/Tag und Motorräder für US$7/Tag.

Geld

Acleda Bank, N6, 2 km südlich des Zentrums. Geldautomaten für Visa- und MasterCard und Western-Union-Service. ⏰ Mo–Fr 7.30–16, Sa 7.30–12 Uhr.

Canadia Bank, N6. Geldautomat ohne Zusatzgebühr für MasterCard, Visa, Cirrus, Geldwechsel, MoneyGram-Service. ⊕ Mo–Fr 8–15.30, Sa 8–11.30 Uhr.

Informationen

Tourist Information, St. 1. Es gibt kein Info-material, die Angestellten sprechen aber Englisch und versuchen, Fragen zu beantworten. ⊕ Mo–Fr 7.30–11.30 und 14.30–17 Uhr. Gute Informationen gibt es bei Richard im **Run Amok!** Restaurant und bei **Mr. Sokhom.**

Internet

Ein **Internetcafé** an der N6, 2000 Riel/Std.

Post

Hauptpost an der N6. Postkarten, Brief-marken und Paketdienst EMS. Die hilfsbereiten Angestellten sprechen Englisch. ⊕ Mo–Fr 7.30–17.30 Uhr.

NAHVERKEHR

Motorradtaxis und **Tuk-Tuks** stehen vor dem Arunras Hotel und fahren durch die Stadt auf der Suche nach Kundschaft.

TRANSPORT

Kompong Thom liegt an der N6 zwischen Phnom Penh (170 km) und Siem Reap (147 km). Busse in beide Richtungen passieren Kompong Thom im Stundentakt. Die meisten legen am Arunras Hotel eine Pause ein. Falls noch Platz ist, kann problemlos zugestiegen werden. Tickets der Busgesellschaften wie Rith Mony, Phnom Penh Sorya und GST werden bei den 3 mobilen Verkaufsstellen gegenüber dem Arunras Hotel verkauft. Capitol Tours im Frisör-laden Nähe Markt, Phnom Penh Sorya hat ein Büro am Elefanten-Tiger-Denkmal.

Busse

KOMPONG CHAM, um 8 und 10 Uhr für US$6 in 2 Std. Von dort Verbindungen nach KRATIE (US$12), STUNG TRENG (US$18) und SEN MONOROM (US$18); PHNOM PENH, um 7.30, 9.30, 10, 10.30, 11.30, 12, 12.30, 13, 13.30, 14, 14.30, 15, 16.30 und 17 Uhr für US$5 in 4 Std.;

POIPET, um 11 Uhr für US$15 in 5 1/2 Std.; SIEM REAP, um 10.30, 11.30, 12.30, 13.30, 14.30, 15.30, 16.30 und 17.30 Uhr für US$5 in 3 Std.; SISOPHON, um 11 Uhr für US$15 in 5 Std.; SRA EM, um 11, 12 und 12.30 Uhr für US$10 in 5 1/2 Std.; TBENG MEACHEY, um 12.30 Uhr für US$5 in 3 Std.

Sammeltaxis und Minibusse

Starten vom Taxistand an der Democrat St. und an der nördlichen Brückenseite. KOMPONG CHAM, mit dem Sammeltaxi für US$5 in 2 Std., mit dem Minibus für US$3,75 in 2 1/2 Std.; PHNOM PENH, mit dem Sammeltaxi für US$6,25 in 3 Std., mit dem Minibus für US$3,75 in 3 1/2 Std.; SIEM REAP, mit dem Sammeltaxi für US$6 in 2 1/2 Std.; TBENG MEACHEY, mit dem Sammeltaxi für US$6,25 in 2 1/2 Std. Von dort weiter nach Sra Em für Prasat-Preah-Vihear-Tempel.

Boote

Einfache überdachte, kleine Holzboote liegen am Psar Chas und fahren Richtung KOMPONG CHHNANG um 9 Uhr für US$8 in 7 Std. bis Chhnok Tru (ganzes Boot US$100). Die anstren-gende Fahrt führt am reizvollen, landwirtschaft-lich geprägten Flussufer vorbei, ist aber nur fortgeschrittenen Travellern zu empfehlen (es gibt keine Sitzbänke, und nach Möglichkeit wird das Boot so voll gepackt, bis wirklich kein Reiskorn mehr Platz hat). Mit dem Motorradtaxi weiter nach Kompong Chhnang. Hilfe beim Anheuern bieten Englisch sprechende Moped-fahrer oder Richard im Run Amok! Restaurant.

Die Umgebung von Kompong Thom

Von Kompong Thom aus können zahlreiche Se-henswürdigkeiten angesteuert werden. Die ehe-malige Tempelstadt **Sambor Prei Kuk** aus dem 7. Jh. ist von Kompong Thom bequem über eine recht gute Straße zu erreichen. Die Tempel von

In den Fels gemeißelte Buddhafiguren auf dem Tempelberg Phnom Santuk

Preah Khan können in einem anstrengenden Trip erkundet werden. Mit einem Taxi ist es möglich, beide Anlagen in einer langen Tour an einem Tag zu besuchen. Manch einer entscheidet sich für eine zweitägige Tour mit einer Homestay-Übernachtung bei Preah Khan. Näher bei Kompong Thom reizen der Tempelberg **Phnom Santuk** mit seiner unglaublichen Vielzahl von Tempeln und Buddhastatuen und der etwas skurril wirkende **Wat Sampeau**. Sehenswert sind auch die Herstellungsprozesse eines fein gewebten Schals oder eines riesigen Steinbuddhas.

Wat Phnom Santuk

Rund 18 km südöstlich von Kompong Thom erhebt sich bei Santuk der 207 m hohe Tempelberg, ein wichtiger buddhistischer Wallfahrtsort. 809 anstrengende Stufen führen vom Fuße des Berges, wo einfache Restauranthütten den Parkplatz säumen, zum Gipfel. Die Treppe ziert ein Naga-Geländer, der Schlangenkörper wird rechts von Männer-, links von Frauendarstellungen gehalten. Einfacher ist die Anfahrt über die steile asphaltierte Straße.

Auf dem Gipfel wird man nicht nur mit einer **fantastischen Aussicht** belohnt, man hat fast das Gefühl, in einem buddhistischen Themenpark angekommen zu sein: Am Berghang und auf dem Gipfel befinden sich **zahlreiche Stupas**, teils aus dem 15. Jh., viele neueren Datums. Es wird vermutet, dass König Ponhea Dharma Reacha (reg. 1474–1497) die erste Pagode auf dem Berg gründete und seine Asche hier beisetzen ließ. Ein vielstöckiger **chinesischer Tempel** ist mit Porzellanfiguren geschmückt. Außerdem lassen sich zahllose **liegende Buddhas** entdecken, teils vor Jahrhunderten in den Fels gehauen, neuere in Beton gegossen, und gleich zwei **Fußabdrücke des „Erwachten"** (Buddha). Besucher werfen Münzen in einen Felsspalt, um für die Erfüllung eines Wunsches zu beten.

Die Jugendlichen, die sich vor Ort als Führer anbieten, sprechen zwar kein Englisch, führen aber gut durch die fast unüberschaubar große Anlage. Am Wochenende kommen viele Kambodschaner hierher, unter der Woche hat man die Anlage fast für sich alleine. Eintritt US$2.

Wer die 809 Stufen nicht laufen will: Es gibt einen Motorrad-Shuttle-Service vom Parkplatz für US$5 (hin und zurück), (US$3 für die Auffahrt). Motorradtaxifahrer scheuen die steile Auffahrt.

Von Kompong Thom erreicht man Wat Phnom Santuk mit dem Tuk-Tuk oder Motorradtaxi für US$15/8 in 40 Min.

Kakaoh

14 km südlich von Kompong Thom liegt das Dorf Kakaoh. Reisenden auf der N6 von Phnom Penh Richtung Siem Reap fallen die **Steinmetzarbeiten** rechts und links der Nationalstraße auf. Die besten Steinmetze stellen hier meisterliche Buddhafiguren, Löwen, Apsaras und andere Figuren her.

Wat Sampeau

Mitten im Nirgendwo, 12 km östlich von Kompong Thom, steht dieses schrille, skurrile und bunte Heiligtum. Die 2008 errichtete Pagode hat die Form eines riesigen zweistöckigen Bootes. Etwas kleiner fallen zwei weitere goldene und silberne Boote auf dem Gelände aus. Viele Darstellungen beziehen sich auf die Legende um eine Frau mit magischen Haaren, die alles Böse abhält, eine abgewandelte Version der Geschichte auf S. 219. Im „Hauptschiff" verkünden Wahrsager gegen Spende die Zukunft. Gestiftet wurde das Ganze von erfolgreichen Geschäftsleuten, Einheimische kommen gern hierher, um sich die Zukunft vorhersagen zu lassen.

 Auf der Seidenfarm

Die sehenswerte **Santuk-Seidenfarm** im Dorf **Samnak**, 16 km südlich von Kompong Thom, wird von dem Amerikaner Bud Gibbons, ☎ 012-906 604, ✉ gibbonsbud@gmail.com, und seiner kambodschanischen Frau Nevin betrieben. Besuchern wird hier der gesamte Produktionsprozess eines Seidenartikels nahe gebracht: von der Seidenraupe, die sich von Maulbeerblättern ernährt, über die Verpuppung im Kokon, die Gewinnung der goldenen Khmer-Rohseide bis hin zum Färben und anschließenden Weben. Die Gibbons unterstützen die lokale Bevölkerung, schaffen Arbeitsplätze und zahlen den Frauen Zusatzleistungen wie drei Monate Mutterschaftsurlaub. Natürlich können die fertigen Schals auch für US$20–30 käuflich erworben werden. ⏱ Mo–Fr 7–10 und 11–16 Uhr, Eintritt frei.

Anfahrt mit dem Tuk-Tuk/Motorradtaxi für US$10/5. Kürzer ist die Anfahrt mit dem Motorradtaxi, wenn der Fluss per Boot (2000 Riel p. P.) überquert wird.

 7 | HIGHLIGHT

Sambor Prei Kuk

Die beeindruckende Tempelstätte [5150] liegt 35 km nordöstlich von Kompong Thom. Die Anfahrt ist eine Reise durch das ländliche Kambodscha entlang palmengesäumter Dörfer und Reisfelder. Obwohl bisher nur von wenigen Touristen besucht, zählt Sambor Prei Kuk zu den bedeutendsten Tempelanlagen Kambodschas und steht seit 1992 auf der Anwärterliste zum Unesco-Weltkulturerbe. Die Chancen stehen gut, dass die Tempelanlage 2015 den begehrten Status erhält. Auf dem Areal, das insgesamt eine Ausdehnung von 6 km von Ost nach West und 4,5 km von Nord nach Süd hat, sind insgesamt **293 Tempel** verzeichnet. Knapp 60 Türme *(prasat)* sind unschwer als solche zu erkennen, die meisten davon stammen aus dem 7. Jh. Archäologen vermuten weitere Schätze unter der Erde.

Die Tempelgruppen liegen nur wenige hundert Meter auseinander, die Sandwege sind gepflegt, und viele Bäume spenden Schatten. Die Hauptgruppen sind ausgeschildert, dennoch empfiehlt es sich, einen Führer zu engagieren und für den Besuch mindestens 2 Std. einzuplanen.

Forscher der japanischen Universität Waseda belegten, dass bereits König **Bhavavarman I.** 598 in Sambor Prei Kuk oder in der Nähe die Hauptstadt bzw. eine bedeutende Stätte des Zhenla-Reiches mit Namen Bhavapura errichtete. Nach seinem Tod zog sein Bruder **Mahendravarman** von Vat Phou (im heutigen Südlaos) nach Sambor Prei Kuk. Ab 610 hieß die Hauptstadt des Zhenla-Reiches **Isanapura**, nach dem Namen von Mahendravarmans Sohn **Ishanavarman I.** (reg. 610–628). Während seiner Regentschaft herrschten die Zhenla über weite Teile des heutigen Kambodschas, Teile Thailands und des südlichen Laos. Die meisten der Tempel gehen auf diese Zeit zurück.

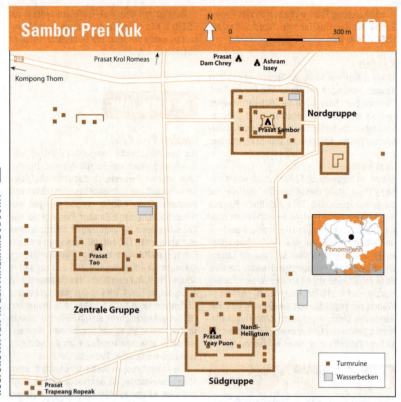

Die Basis des Baustils findet sich in der indische Tempelbaukunst. Dennoch hat sich in Isanapura ein ganz eigener Stil entwickelt, auch Sambor-Prei-Kuk-Stil genannt: Auf Sandstein-Plattformen stehen quadratische, rechteckige oder achteckige Ziegelsteintürme. Die Türöffnung befindet sich an der Ostseite, alle anderen Seiten haben Scheintüren. Die Türstürze sind reich verziert und die Skulpturen oft fast lebensgroß und fein gearbeitet. Drei Materialien wurden verwendet: Laterit für die Außenmauern, Ziegel für die Türme und Sandstein für dekorative Elemente. Im 7. Jh. sollen fast 20 000 Menschen in Isanapura gelebt haben. Isanavarmans Sohn **Bhavavarman II.** herrschte ebenfalls von dort. Zu Beginn des 9. Jhs. zog König Jayavarman II. nach Phnom Kulen. Wie lange Isanapura als Hauptstadt diente bzw. wann genau Sambor Prei Kuk dem Verfall überlassen wurde, ist noch nicht hinreichend erforscht.

Bereits in den 1920er-Jahren begannen französische Forscher die drei Tempelkomplexe vom Dschungel zu befreien. Zwischen 1969 und 1973 flogen die Amerikaner Bombenangriffe, und mit der Machtergreifung der Roten Khmer übernahm die Natur wieder das Kommando. 1994 wurde mit der Restaurierung begonnen, viele Tempel sind bereits wieder instand gesetzt, die Arbeiten werden derzeit hauptsächlich von Japan finanziert.

Nördlich der Zufahrtsstraße steht **Ashram Issey**. Der kleine, halb zerstörte Tempel stammt aus dem Jahr 598 und weist hinduistische Bauelemente auf. Ein ganz ähnlicher Tempel ist auch in Phnom Da (S. 201) zu finden. Ein tolles Fotomotiv sind die Überreste eines Tempels, der fast vollständig von einer Würgefeige bedeckt ist. Einheimische nennen die Ruine nach diesem Baum **Prasat Dam Chrey**.

Es werden drei Haupt-Tempelkomplexe unterschieden:

Prasat Sambor (Nordgruppe N)

Südlich der Straße liegt dieser Tempelkomplex, dessen Bauwerke einst zu den größten bekannten Tempelbereichen gehörten. Die Türme stammen aus der **Vor-Angkor-Zeit**, aus dem 7. Jh., der Haupteingang liegt im Osten. Von den einst über 51 Tempeln (*sambor* bedeutet viele) stehen heute noch ganze elf Bauwerke. Als Erstes passiert man eine Yoni mit einem Lingam. Die Yoni ist eine Kopie, das Original steht im Museum von Kompong Thom (S. 321). Der nächste Tempel (Nr. 9) enthält eine Kopie der Statue der Göttin Durga (Durga, die zweite Frau Shivas, ist Göttin des Krieges; das Original befindet sich im Nationalmuseum von Phnom Penh, S. 153). Der **Haupttempel**, der einer Reinkarnation Shivas, Gambhireshvara, gewidmet ist, ist der einzige, der vier Öffnungen in alle Himmelsrichtungen aufweist. Hier sind noch Reste der ursprünglichen Verzierung aus Pflanzensäften zu erkennen. **Tempel Nr. 10** enthält die Kopie einer Statue, die halb Shiva, halb Vishnu darstellt und Harihara genannt wird (auch hier ist das Original in Phnom Penh zu bewundern). Eine Besonderheit ist die Darstellung mit ausgestellter Hüfte, denn üblich sind sonst rein statische Darstellungen.

An der Südseite erkennt man einen achteckigen Turm, das **Oktagon**. Die acht Ecken korrespondieren mit Vishnu, der üblicherweise mit acht Armen darstellt wird. Die hier gefundene

Wirklich minenfrei?

Während des Vietnamkriegs trafen zahlreiche Bomben der Amerikaner das Tempelgebiet und beschädigten einige Bauwerke schwer, fast 300 Bombenkrater sind bis heute auszumachen. Das Gelände gilt als minenfrei und von Blindgängern geräumt. Dennoch sollte man besser nicht zu weit vom Weg abweichen.

Kalkin-Figur (Reinkarnation Vishnus mit einem Pferdegesicht) befindet sich heute in Paris im Musée Guimet. Der Turm ist außen mit **„Fliegenden Palästen"** verziert. Legenden zufolge benutzen Götter diese Konstruktionen, um von Ort zu Ort zu fliegen.

Prasat Tao (Zentrale Gruppe C)

Die Gruppe stammt ebenfalls aus dem 7. Jh., wurde jedoch von Jayavarman II. im Jahre 802 umgebaut. Sie bestand aus 42 Tempeln, heute steht nur noch ein Ziegelsteinturm. Der 30 m hohe Turm des zentralen Heiligtums wird wegen der beiden Löwen am Eingang **Löwentempel** (Prasat bedeutet Tempelturm, Tao ist der Löwe) genannt. Ursprünglich bewachten je zwei der Löwen im Angkor-Stil die Aufgänge. Die Statuen sind aufwendig gearbeitet, die Mähnen der Löwen lockig. Drei der Löwen stehen heute in Kompong Thom (zwei vor dem Museum, ein weiterer im Departement of Culture and Arts). Im Inneren des Prasats befinden sich zerbrochene Yonis.

Zwischen Zentraler Gruppe und Südgruppe, 200 m südwestlich, liegt **Prasat Trapeang Ropeak**. Von den ursprünglich fünf Türmen in Quincunx-Form ist der zentrale Prasat erhalten geblieben.

Prasat Yeay Puon (Südgruppe S)

Der in Größe und Schmuck beeindruckendste Bereich diente als Staatstempel Ishanavarmansl. und stammt ebenfalls aus dem 7. Jh. Von den Einheimischen wird er auch **Prasat Neak Puon** genannt. Die erste äußere Umfassungsmauer ist aus Laterit gebaut, am Außeneingang befinden sich Steinplatten mit Inschriften. Die innere zweite Mauer ist besser erhalten, sie ist aus Ziegelsteinen gefertigt, auf deren Innenseite 80 Ziegelsteinmedaillons Geschichten aus dem Ramayana-Epos erzählen.

Von den einst 35 Tempeltürmen sind noch ganze sieben erhalten. Das zentrale Heiligtum, dessen Türsturz mit einer Naga geschmückt ist, war Shiva gewidmet. Innen im 30 m hohen Ziegelsteinturm befindet sich eine große Yoni, auf der einst ein Lingam stand. Ein weiterer überdachter, heute halb zerbrochener Turm enthielt einen silbernen Nandi (das Transporttier Shivas). Leider ist es verschwunden. Zur Gruppe gehören fünf achteckige Türme, deren Außenreliefs „fliegende Paläste" darstellen. Eine mächtige Würgefeige umfängt das Osttor.

Etwa 2 km abseits liegt die Gruppe **Prasat Krol Romeas**, deren acht große Ziegeltürme im Wald verstreut stehen.

Eintritt US$3.

Homestay-Übernachtungen im Dorf Okrou Kae oder Sambor, 2–3 km von Sambor Prei Kuk entfernt, für US$4 p. P.
Einfache **Restaurants** befinden sich am Ticketschalter.

Isanborei Craft Hut, ✆ 092-254 829, 🖳 www.samborpreikuk.com. Das gemeindebasierte Projekt entstand aus der Zusammenarbeit der Khiri Reach Foundation und der deutschen Gesellschaft für Technische Zusammenarbeit (GTZ). Am Ticketschalter werden Produkte, die in den umliegenden Dörfern hergestellt werden, zum Verkauf angeboten. Besucher können auch die Werkstätten, in denen die Bambus- und Seidenarbeiten hergestellt werden, besichtigen. Isanborei Craft Hut vermittelt gut ausgebildete Führer für Sambor Prei Kuk für US$6 (2–3 Std., länger US$10). Außerdem Ochsenkarrenfahrten für US$5 (1–2 Pers.) und Fahrradverleih für US$3/Tag.

Von Kompong Thom in 45–60 Min. mit dem Taxi/Tuk-Tuk/Motorradtaxi für US$25/15/10.

Prasat Kuhak Nokor

Rund 72 km südlich von Kompong Thom liegt Prasat Kuhak Nokor, auch Kuk Nokor genannt. Mächtig ragen die geschwärzten Lateritsteine des Tempels hinter einer bunten Pagode neueren Datums hervor. Die restaurierte Anlage an einem Baray ist gepflegt und einladend. Ein paar wenige Tourgruppen machen hier einen kurzen Zwischenstopp, Individualreisende finden seltener den Weg hierhin.

Kuhak Nokor wurde im 11. Jh. von Suryavarman I. erbaut. Die massive intakte Außenmauer

ist durch vier Gopurams unterbrochen, das Eingangstor befindet sich im Osten. Das halb eingestürzte Gebäude an der Südseite diente wahrscheinlich als Unterkunft für Mönche. Über dem Eingang zum Zentralheiligtum zeigt ein fein gearbeiteter Türsturz einen dreiköpfigen Elefanten *(Airavata)*. Das Innere ist wie eine Galerie mit Nischen gestaltet. Ein Lingam stand einst im Zentralheiligtum, heute ist noch eine zerbrochene Yoni zu erkennen. Der Turm des Zentralheiligtums ist dunkel und von Fledermäusen bewohnt. Eintritt US$2.

Man erreicht die Tempelanlage mit den Bussen zwischen Phnom Penh und Siem Reap, muss dann am Dorf Tang Kok aussteigen – vom Abzweig 2 km in westlicher Richtung. Alternativ mit dem Taxi/Motorradtaxi von Kompong Thom für US$60/30 in 2 Std. (hin und zurück).

Provinz Preah Vihear

Die im Norden des Landes gelegene Provinz war bisher nur schwer zu erreichen, das hat sich zum Glück geändert. Grund für den Ausbau des Straßensystems waren nicht zuletzt die Auseinandersetzungen Kambodschas mit Thailand um den Besitzanspruch auf den Tempel Prasat Preah Vihear. Drei großartige Bauwerke machen die Reise in den Norden lohnenswert: die Tempelanlagen Preah Khan, Koh Ker und Prasat Preah Vihear.

Preah Khan

Die Tempelanlage Preah Khan liegt abgeschieden 120 km von Kompong Thom und 70 km von Tbeng Meanchey entfernt. Sie ist über die asphaltierte N64 und die (in der Trockenzeit) gut befahrbare Staubstraße N66 zu erreichen. Von Einheimischen wird Preah Khan auch als Prasat Bakan (eine andere Aussprache aus dem Khmer) oder Kompong Svay (nach dem Distrikt, in dem sie liegt) bezeichnet – um Verwechselungen mit dem gleichnamigen Tempel in Angkor zu vermeiden. Fachleute nennen Preah Khan deshalb auch Bakan Svay Rolay.

Die Anlage ist nicht exakt nach Osten ausgerichtet, sondern wie hinduistische Tempel ein wenig nach Norden verschoben. Daher geht man davon aus, dass der ursprüngliche Tempel im 9. Jh., noch vor der Angkor-Periode, errichtet wurde. Mit dem Bau begonnen hatte Suryavarman I. (reg. 1001–ca. 1050), erweitert wurde die Anlage unter Suryavarman II. (reg. 1113–ca. 1150). Später baute Jayavarman VII. (reg. 1181–ca. 1220), einer der bedeutendsten Könige von Angkor, die Tempel zu einer buddhistischen Stätte samt dazugehöriger Stadt aus. Der Sandsteinkopf Jayavarmans VII., heute eines der Prunkstücke im Nationalmuseum in Phnom Penh, wurde hier gefunden. Bis zur Fertigstellung seiner neuen Hauptstadt Angkor Thom diente Preah Khan wahrscheinlich vorübergehend als Hauptstadt und war zu seiner Blütezeit sogar größer als Angkor Thom. Das fast 5 km² große Gelände ist von einer Mauer umgeben und damit die größte eingefasste Tempelstätte Kambodschas. Die Tempelanlage war und ist durch eine Straße mit den Tempeln von Angkor verbunden.

Der **Haupttempel-Komplex** von Preah Khan stammt aus dem 12. Jh. und wurde wahrscheinlich von Suryavarman II. erbaut.

Besucher betreten Preah Khan von der Ostseite über einen Damm, dessen Unterseite von einem Schwanenfries geschmückt ist. Hinter dem **Osttor** mit seinen drei Türmen lag das ehemalige Stadtgebiet, heute sind die Pfahlbauten verfallen, und dem Besucher eröffnet sich der Blick auf eine nahezu freie Fläche. Nach 200 m folgt eine weitere Umfassungsmauer, das beeindruckende Tor ist fest im Griff von Würgefeigen. Die Reste mehrerer Türme und „Bibliotheken" sind erhalten. Das kreuzförmige Zentralheiligtum war von vier Gopurams aus zu betreten.

Mitte der 1990er-Jahre wurde der zentrale Tempelkomplex restauriert. Dann verbreitete sich das Gerücht, dass unter den Tempeltürmen Statuen vergraben seien. Tempelräuber rückten mit Baggern und Bohrmaschinen an, und die Türme fielen in sich zusammen. Heute stehen nur noch der West- und der Nordturm.

Der **Prasat Preah Stung** westlich des Sees wird auch Prasat Muk Buon (vier Gesichter) genannt. Er stammt aus dem 11. Jh. und besitzt reichhaltige Verzierungen. Von einer Außenmauer umgeben, weisen alle vier Seiten Eingangstore auf, in deren Mitte sich ein Gesichterturm im Bayon-Stil befindet, typisch für die Epoche Jayavarmans VII. 50 m außerhalb in östlicher Richtung liegt ein faszinierendes Relief mit dreiköpfigen Vögeln im Gras.

Prasat Preah Thkol nennt sich der Mebon in der Mitte des Barays (2,98 km x 518 m), der nur in der Trockenzeit erreichbar ist. Der Tempel ist von einer Außenmauer umgeben. Auf dem gut erhaltenen Zentralturm ist auf jeder Seite eine beeindruckend große Garuda-Figur zu erkennen. Vier weitere stark beschädigte Türme stehen im Innenbereich.

Der **Prasat Damrei** (Elefantenheiligtum) am Ostrand des Wasserbeckens besitzt vier Aufgänge, die auf den 15 m hohen pyramidenförmigen Tempel führen, der auf der oberen Ebene von zwei gemeißelten Elefanten bewacht wird; zwei weitere sind im Nationalmuseum in Phnom Penh zu besichtigen. Drei enthauptete Löwen bewachen ebenfalls die obere Ebene. Der einfache neue Holztempel auf der Plattform beherbergt eine Ganesha-Figur. Die vier Eingangstore sind mit zahlreichen Apsara-Darstellungen und Ornamenten geschmückt.

Eintritt US$5 (falls Kasse besetzt ist). Am Tempelgelände gibt es keine Essens- oder Getränkestände.

Von Kompong Thom erreicht man den Tempel mit dem Motorradtaxi für US$40 in 3 Std., Tuk-Tuk für US$70 in 4 1/2 Std., mit dem Taxi für US$100 in 2 Std. (hin und zurück).

ÜBERNACHTUNG

Wer viel Zeit bei den Tempeln verbringen oder den Besuch von Sambor Prei Kuk und Preah Khan verbinden möchte, der kann bei Familie **Senkin** im 3 km entfernten Dorf **Ta Seng** übernachten, ☏ 097-890 739, US$5. Im Haus steht den Gästen ein Bett mit Moskitonetz, abgetrennt durch einen Vorhang, zur Verfügung. Gemeinschaftsbad mit Hocktoilette und Schöpfdusche. Im Haus selbst gibt es keinen Strom, im Dorf zwischen 18 und 21 Uhr. Abendessen und Frühstück gibt es bei der Familie für US$5 p. P. Im Dorf existieren zudem 2 einfache Restaurants.

Koh Ker

Koh Ker, lange Zeit von dichtem Dschungel überwuchert, war einst für kurze Zeit die Hauptstadt des Khmer-Reiches. Die Gründung der neuen Hauptstadt resultierte aus einem Machtkampf zwischen den beiden Söhnen von Yashovarman I. (reg. 889–ca. 915) und einem Onkel. Nach dem Tod der beiden Brüder ernannte sich 928 der Onkel – Jayavarman IV. – zum König. Dem hinduistischen Glauben anhängend, nannte er die Stadt Lingapura (Stadt der Lingas). Lingapura war von 928 bis 944 Hauptstadt des **Angkor-Reiches**, bis die nachfolgenden Könige nach Angkor zogen. Jayavarman IV. (reg. 928–941) ließ einen Großteil der Tempel errichten. Auch sein Sohn Harshavarman II. (reg. 941–944) residierte während seiner kurzen Amtszeit in Koh Ker. Forscher konnten mittlerweile 184 Bauwerke auf 81 km² ausmachen. Der Baustil unterscheidet sich deutlich von jenem in Angkor. Die Architektur zeichnet sich durch hohe und schlanke Türme und große dekorative, in Bewegung befindliche Figuren aus. Fachleute gaben dem Stil daher einen eigenständigen Namen: Koh-Ker-Stil. Die große Garuda-Figur in der Eingangshalle des Nationalmuseums in Phnom Penh ist hier gefunden worden. Koh Ker steht seit 1992 auf der Anwärterliste zum Unesco-Weltkulturerbe.

Die unbefestigte Straße zwischen den Bauwerken ist in einem sehr guten Zustand und von Minen befreit, dennoch sollte man besser Vorsicht walten lassen und auf den Wegen bleiben. Die Anlage wird bisher kaum von Touristengruppen besucht, sie ist wunderbar ruhig, und manchen Tempel hat man für sich ganz allein. Die Bauwerke sind noch nicht restauriert, viele Tempelruinen von Würgefeigen umschlungen – die Atmosphäre ist friedlich und manchmal richtiggehend verwunschen. Südöstlich liegt das als Rahal bezeichnete Wasserreservoir.

Die Tempelanlage

Die Tempel werden im Allgemeinen in drei Gruppen eingeteilt:

Erste Gruppe

Hierzu gehören Prasat Thom und Prasat Krohom, die von einer gemeinsamen Außenumfriedung umgebenen ältesten Bauwerke der Anlage. Besucher werden als Erstes den **Prasat Krohom** („Roter Tempel") sehen, der aus drei Gopurams besteht. Der erste Gopuram hat einen übergroßen Eingang. Ein Säulengang führt zum zweiten Gopuram, auf dessen Türsturz ein dreiköpfiger Elefant, auf dem Shiva reitet, zu erkennen ist; Wächterfiguren sind in die Türpfosten gemeißelt, dahinter befindet sich eine stark zerstörte Nandi-Figur. Der dritte Gopuram ist ein kreuzförmiger Tempel aus rotem Backstein (daher der Name „Roter Tempel"). Das Bauwerk schmückte einst ein 4 m hoher, achtarmiger tanzender Shiva. Davon ist nur ein Fragment der Hand erhalten, das im Nationalmuseum in Phnom Penh zu sehen ist.

Ein weiterer Damm mit einem stark beschädigten Naga-Geländer führt zum Haupttheiligtum **Prasat Thom**. Die Ziegelsteintürme, die früher auf dem Gelände standen, sind zusammengefallen. Teils hat der Zahn der Zeit an den Bauwerken genagt, teils wurden sie von Einheimischen auf der Suche nach verborgenen Schätzen zerstört. Beeindruckend ist die prachtvolle Pyramide (**Prang**), die an ein aztekisches Bauwerk aus Mittelamerika erinnert. 36 m hoch, aus sieben Stufen bestehend, symbolisiert sie den Berg Mehru und sollte als Staatstempel Jayavarmans IV. dienen, blieb aber unvollendet. Die Kantenlänge beträgt 62 m. Überlieferungen zufolge soll die Spitze eine 4,6 m hoher Lingam geziert haben. Der Aufgang ist für Besucher gesperrt. Riesige Statuen standen wohl einst auf dem Gelände, dessen äußere Umfassungsmauer mit steinernen Lotosknospen verziert ist.

Zweite Gruppe

Sie liegt 2–3 km östlich und besteht aus über einem Dutzend Ziegelsteintürmen oder Heiligtümern, die mehrere hundert Meter auseinander stehen. Die schönsten darunter sind, von Prasat Thom kommend:

Prasat Leung, in dem halb verfallenen Sandsteinturm steht ein großer steinerner Lingam.

Prasat Sralao ist nach den Bäumen mit den weißen Stämmen benannt, die malerisch auf der

Ruine wachsen. Der Tempel wird auch Prasat Andong Kuk genannt.

Prasat Kra Chap ist im Banteay-Srei-Stil gebaut (Banteay Srei wurde allerdings erst später errichtet). Eine Baumwurzel umfängt die äußere Umrandung. Im ersten Gopuram sind noch Inschriften aus dem 10. Jh. zu erkennen. Das Zentralheiligtum ist zusammengefallen und von einem großen Mahagoni-Baum überwuchert. Auf der Außenmauer des Heiligtums sieht man in Frontalansicht Shiva auf Nandi reiten.

Prasat Banteay Pi Chean, die „Festung mit zwei Umfriedungen". In der Mitte steht ein schwarzer Turm aus Lavagestein, Inschriften zieren die Säulen, in Inneren befand sich einst ein Lingam.

Prasat Chrap besteht aus drei Laterittürmen in einer Reihe.

Prasat Damrei (Elefanten-Tempel) wird bewacht von Löwen und vier Elefantenstatuen an den Eckpunkten. Das zentrale Heiligtum ist ein 15 m hoher Ziegelturm. Den östlichen Türsturz und einzigen Eingang ziert ein wunderbar erhaltenes Relief eines Elefantenkopfes, auf dem Shiva thront.

Dritte Gruppe

Die Gruppe besteht aus mehreren Prasats und liegt südlich des Haupttempels und des Wasserbeckens. Die reizvollsten darunter sind von Süden nach Norden:

Prasat Pram ist einer der beeindruckendsten Tempel von Koh Ker. Von den fünf *(pram)* Türmen ist einer komplett von Würgefeigen umschlossen. Prasat Pram fasziniert mit der Symbiose von Natur und den vom Menschen erschaffenen Bauwerk die Besucher ähnlich wie Ta Prohm in Angkor. Der Tempel ist unvollendet geblieben, die Türstürze weisen keinerlei Verzierungen auf.

Prasat Neang Khmao (Tempel der schwarzen Damen). Sein Name stammt wahrscheinlich von dem schwarzen Lateritturm. In Inneren ist eine Plattform zu erkennen, die eine Yoni darstellt. Der Türrahmen ist aus Sandstein gefertigt und mit Blumenornamenten verziert.

Prasat Chin (chinesischer Tempel). Die drei Laterittürme symbolisieren Brahma, Vishnu und Shiva. Der Turm linker Hand weist ein Relief über dem Türsturz auf, auf dem Garuda auf zwei

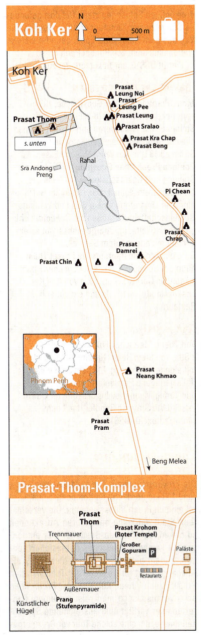

dreiköpfigen Schlangen steht. Die dort gefundene Statue zweier kämpfender Affen, Sugriva und Vali aus dem Ramayana-Epos, befindet sich im Nationalmuseum von Phnom Penh.

Eintritt US$10, am Ticketschalter zu bezahlen.

ÜBERNACHTUNG UND ESSEN

Mom Morokod Koh Ker Guesthouse, 100 m vom Ticketschalter, ☏ 078-365 656, [9429]. Steinhaus mit 11 sauberen und großen Zimmern, alle mit 2 Doppelbetten, Ventilator und Bad. Strom ab 18 Uhr. Auf Wunsch auch Essen. ➋
Ponloeu Preah Chan Guesthouse, zwischen Srayong und Ticketschalter, ☏ 012-906 080, ✉ mothsareth@gmail.com, [9428]. Im Holzhaus einfache Zimmer mit einem Bett und Ventilator. Gemeinschaftsbad draußen mit Schöpfdusche und Hocktoilette. Im Obergeschoss gibt es ein Zimmer mit angebautem Bad. ➊
Gute einfache **Restaurants am Prasat Thom**, nach der Spezialität Wildschwein oder Hirsch fragen. Im Dorf Srayong, 8 km von Koh Ker, **Essensstände** am Markt und ein einfaches Restaurant.

TRANSPORT

Von Tbeng Meanchey (70 km) in knapp 3 Std.; von Siem Reap (100 km) in 2 1/2 Std. mit eigenem Fahrzeug. Mit dem Sammeltaxi (falls genügend Passagiere) von Siem Reap und Tbeng Meanchey bis Srayong für US$10 in 3 Std. Ab Srayong Rundfahrt mit dem Motorradtaxi für US$10.

Tbeng Meanchey

Die Provinzhauptstadt Tbeng Meanchey [9485], rund 150 km nördlich von Kompong Thom, wird oft einfach Preah Vihear genannt. Die verschlafene Stadt hat keine besonderen Attraktionen zu bieten, dafür lernen Besucher hier authentisches kambodschanisches Alltagsleben kennen. Zudem bietet sich Tbeng Meanchey als Ausgangspunkt für Besuche der Tempelstätten Prasat Preah Vihear, Koh Ker oder Preah Khan an – vorausgesetzt man reist mit einem Fahrer an oder verfügt über ausreichende Sprachkenntnisse, um eine solche Tour vor Ort zu orga-

Tbeng Meanchey

Übernachtung:
① Home Vattanak Guesthouse
② Heng Heng Hotel

Essen:
1 Essensstände
2 Phnom Tbeng Restaurant

Sonstiges:
1 Weaves of Cambodia

Transport:
① Chum Sovann Transport
② Sammeltaxis, Motorradtaxis
③ Phal Bophan Transport
④ Phnom Penh Sorya
⑤ Rith Mony
⑥ GST

nisieren. Auch das Vogelschutzgebiet Tmatboey ist von hier aus leicht zu erreichen, theoretisch zumindest. Praktisch gestaltet sich die Tour allein deshalb schwieriger, weil so gut wie keiner im Ort Englisch spricht, was die Organisation eines Taxis oder Motorradtaxifahrers außerordentlich erschwert.

Das Zentrum bildet der **Markt**, Psar Kompong Pronak Preah Vihear genannt, und die große Haltestelle, an der Taxifahrer auf Fahrgäste warten. Nur die Hauptstraßen sind geteert, alle Querstraßen sind rote Staubpisten.

Interessant ist ein Besuch der Weberei-werkstatt **Weaves of Cambodia**, 450 m östlich des Krankenhauses, ✆ 092-346 415, 🖥 www.weavescambodia.com. In der von der Vietnam Veterans of America Foundation gegründeten Seidenweberei werden hochwertige Seidenschals und Sarongs, überwiegend für den Export, hergestellt. Mittlerweile gehört der Betrieb der Designerin Carol Cassidy. Beschäftigt werden dort Menschen, die durch die Folgen von Landminenunfällen oder Kinderlähmung beeinträchtigt sind. Der Manager Toch Sar zeigt gern die einzelnen Produktionsschritte und bietet die handgefertigten Schals zum Verkauf (US$30–45). ⏱ Mo–Sa 7.30–11 und 13–17 Uhr.

Tbeng Meanchey bietet eine ganze Reihe von Unterkünften, empfehlenswert fanden wir nur die aufgeführten.

Heng Heng Hotel, Mlou Prey St., ✆ 097-777 7497, [9488]. Von außen wirkt das Hotel protziger und teurer, als es ist. Saubere kleine Zimmer mit TV, Ventilator oder AC. WLAN. ❶–❷

Home Vattanak Guesthouse, St. A14, ✆ 064-636 3000, [9487]. Das Haus liegt in einer ruhigen Seitenstraße, 500 m vom Markt entfernt. Kaum zu glauben, dass in Tbeng Meanchey eine derart luxuriöse Unterkunft zu finden ist. 27 geschmackvolle AC-Zimmer. Die Superior- und VIP-Zimmer sind mit vielen lackierten schweren Holzmöbeln ausgestattet. Tolle Bäder mit Dusche oder Wanne. An der Rezeption wird Englisch gesprochen. WLAN. ❷–❹

Günstige **Essensstände** gibt es rund um den Markt.

Das **Phnom Tbeng Restaurant**, Mlou Prey St., ✆ 092-661 473, hat zwar nur ein kambodschanisches Schild, aber eine englische Speisekarte und einen Kellner, der Englisch spricht. Gute chinesische und Khmer-Gerichte, ab US$3 für eine kleine (ausreichende) Portion. WLAN. ⏱ 6.30–22 Uhr.

Geld
Acleda Bank, Geldautomaten für Visa, Western-Union-Service. ⏱ Mo–Fr 7.30–16, Sa 7.30–12 Uhr.
Canadia Bank, der gebührenfreier Geldautomat akzeptiert MasterCard und Visa, Geldwechsel, MoneyGram-Service. ⏱ Mo–Fr 8–15.30, Sa 8–11.30 Uhr.

Informationen
Tourist Information, Mlou Prey St., ✆ 012-496 154. ⏱ Mo–Fr 7.30–11.30 und 14–17 Uhr, besser vormittags versuchen.

Die Busgesellschaften GST, Rith Mony, Phnom Penh Sorya, Phal Bophan und Chum Sovann haben ein Verkaufsbüro in Tbeng Meanchey. Busse fahren von den Ticketverkaufsstellen ab.

Busse
KOMPONG THOM, mit den Bussen Richtung Phnom Penh, US$4 in 3 Std.;
PHNOM PENH, alle Gesellschaften fahren zwischen 6.30 und 8 Uhr für US$5 in 7 Std.;
SRA EM, mit GST um 15.30 Uhr für US$5 in 2 Std.

Sammeltaxis
KOH KER, Richtung Siem Reap nach Srayong für US$10 in 3 Std.;
KOMPONG THOM, für US$6 in 3 Std.;
SIEM REAP, unregelmäßig für US$10 in 5 Std.;
SRA EM (für Prasat Preah Vihear), für US$7 in 2 Std.
Ganzes Taxi nach Kompong Thom für US$45, nach Siem Reap für US$50 und Prasat Preah Vihear für US$50 (hin und zurück US$80).

Tmatboey

30 km nördlich von Tbeng Meanchey liegt das kleine Dorf Tmatboey. Hier, im Nordwesten der Preah-Vihear-Provinz mit seinen Savannen aus Sümpfen und Grasland, befindet sich einer der letzten Orte dieser Erde, an denen der Weißschulteribis *(Pseudibis davisoni)* nistet und Kambodschas Nationalvogel, der Riesenibis *(Pseudi-*

bis gigantea), beheimatet ist. Ornithologen und Vogelfreunde können hier zudem den ebenfalls auf der Roten Liste der vom Aussterben bedrohten Tierarten stehenden Großen Adjudanten sowie Saruskraniche sichten. Die **Wildlife Conservation Society** (WCS), 🖳 www.wcs.org, gründete im Dorf Tmatboey mitten im Kulen-Promtep-Naturschutzgebiet ein kommunales Ökoprojekt. Die Initiative bietet den Dorfbewohnern Bildung und Arbeit, im Gegenzug verpflichten sie sich dem Schutz der Ibisse.

Von Siem Reap erreicht man Tmatboey in 4 Std., von Tbeng Meanchey in 1 Std. mit dem Auto. **Ausflüge** inkl. Übernachtung organisiert das **Sam Veasna Center**, 🖳 www.samveasna.org, in Siem Reap (US$485 p. P. inkl. 2 Übernachtungen bei 4 Pers.). Mehrtagestouren sind auch über 🖳 www.SeeCambodiaDifferently.com buchbar.

Prasat Preah Vihear

Seit 2008 gehört der Tempel Preah Vihear zum Unesco-Weltkulturerbe und ist damit als Meisterwerk menschlicher Schöpferkraft anerkannt.

Die herrliche Lage auf einem 650 m hohen Gipfel im zerklüfteten Dangkrek-Gebirge macht ihn zu einem ganz besonders beeindruckenden angkorianischen Tempel. Der Ausblick hinter dem Zentralheiligtum ist atemberaubend: Jenseits der ebenen Fläche fällt der Bergrücken fast senkrecht in die Tiefe, und bei guter Sicht schweift das Auge kilometerweit über Reisfelder und Palmyrapalmen – in der Ferne ist sogar Phnom Kulen auszumachen. Besonders beeindruckend sind die Ausblicke zum Sonnenauf- oder -untergang. Die Anlage ist seit Jahrzehnten Gegenstand eines teilweise blutigen **Grenzkonflikts mit Thailand** (s. Kasten S. 338). Vor einem Besuch sollte man sich unbedingt über die aktuelle Situation informieren.

Preah Vihear unterscheidet sich maßgeblich von allen anderen angkorianischen Bauwerken in Kambodscha. Nicht nur die Tempelachse weist einen ungewöhnlichen Verlauf auf: von Nord nach Süd; die vollständig aus Sandstein errichtete Anlage ist zudem nicht konzentrisch angelegt (also von außen nach innen mit entsprechenden Umfassungsmauern), sondern es liegen vier Ebenen hintereinander, die durch Prachtstraßen miteinander verbunden sind. Der

Prasat Preah Vihear auf einem Gipfel des Dangkrek-Gebirges

© MARION MEYERS

Tempel ist Shiva geweiht und trägt daher auch den Namen Shikhareshavara (Ort der Gottheit Shiva). Der Berg selbst symbolisiert dabei den heiligen Berg Mehru.

Mit dem Tempelbau begonnen wurde vermutlich im Jahr 900 unter der Herrschaft von Yashovarman I. (reg. 889–ca. 915). Die nachfolgenden Könige erweiterten den Tempelkomplex, große Teile werden Suryavarman I. zugeschrieben. Unter Suryavarman II., dem Erbauer von Angkor Wat, wurde der Bau im Jahr 1150 vollendet.

Rundgang

Vom Parkplatz auf dem Gipfel gelangt man zunächst zu einem Hof, der mit siebenköpfigen Naga-Statuen geschmückt ist. Die graue Sandsteintreppe aus 178 Stufen ist der ursprüngliche Nordaufgang und bildet heute den Zugang von Thailand aus. Dahinter befindet sich der **fünfte Gopuram**. Der stark verfallene Pavillon ist auf der alten 2000-Riel-Banknote abgebildet. Theoretisch ist der Tempel auch über die **Osttreppe** begehbar. Der zweieinhalbstündige Aufstieg über 2242 Stufen ist allerdings nur extrem sportlichen Besuchern zu empfehlen. Zum Zeitpunkt der Recherche war die Treppe aufgrund von Soldatenstellungen geschlossen.

Die nachfolgende 275 m lange breite **erste Prachtstraße** war wohl einst mit Laternen beleuchtet – in damaliger Zeit muss es ein beeindruckendes Bild gewesen sein. Linker Hand liegt das königliche Bad Srah Srang.

In den kreisrunden Bodenlöchern vor den Stufen zum vierten Gopuram wurden einst Opfergaben aufgestellt. Auf dem Giebel des **vierten Gopuram** ist auf der Südseite eine Episode aus der Geschichte vom „Kirnen des Milchozeans" (s. Kasten S. 286) dargestellt: Der Gott Vishnu erscheint als Schildkröte, die den Berg Mehru auf dem Rücken trägt. Die um den Berg geschlungene Schlange Vasuki fungiert als Seil, an dem Götter und Dämonen ziehen, um das Unsterblichkeitselixier zu gewinnen. Der Türsturz linker Hand zeigt Vishnu, wie er eine Schlange tötet.

Dann folgt die 100 m lange **zweite Prachtstraße**, an deren Ende der kreuzförmige **dritte Gopuram** steht. Den Giebel ziert eine Szene aus dem *Mahabarata*: Krishna hält einen Berg über die Menschen als Schutz vor den Sintfluten des

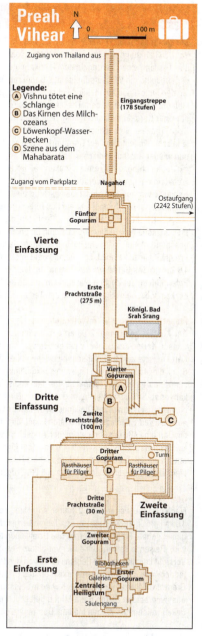

Preah Vihear

N ↑ 0 _____ 100 m

Zugang von Thailand aus

Legende:
Ⓐ Vishnu tötet eine Schlange
Ⓑ Das Kirnen des Milchozeans
Ⓒ Löwenkopf-Wasserbecken
Ⓓ Szene aus dem Mahabarata

Eingangstreppe (178 Stufen)

Zugang vom Parkplatz — Nagahof

Ostaufgang (2242 Stufen) →

Fünfter Gopuram

Vierte Einfassung

Erste Prachtstraße (275 m)

Königl. Bad Srah Srang

Vierter Gopuram

Ⓐ

Dritte Einfassung

Ⓑ

Zweite Prachtstraße (100 m)

Ⓒ

Dritter Gopuram

Rasthäuser für Pilger — Ⓓ — Rasthäuser für Pilger — Turm

Dritte Prachtstraße (30 m)

Zweite Einfassung

Zweiter Gopuram

Erste Einfassung

Bibliotheken

Galerien — Erster Gopuram

Zentrales Heiligtum

Säulengang

Tauziehen um Prasat Preah Vihear

Der kambodschanisch-thailändische Konflikt um Preah Vihear schwelt schon seit Anfang des 20. Jhs. Von 1863 an stand Kambodscha unter französischem Protektorat. 1904 unterzeichneten Frankreich und Thailand einen Vertrag, in dem Frankreich das Land südlich der Dangkrek-Berge erhielt, Grenzverlauf sollte die Wasserscheide des Dangkrek-Gebirges sein. Durch diesen Grenzverlauf bedingt, lag der Tempel nun auf thailändischer Seite. In einem 1907 unterschriebenen Vertrag zwischen Thailand und Frankreich, in dem Thailand weitere Gebiete an Frankreich abtrat, wurde der Grenzverlauf auf einer Karte an einem Bachlauf festgemacht, nun lag der Tempel wieder auf kambodschanischer Seite. Thailand übte jedoch weiterhin die Amtsgewalt über Preah Vihear aus. 1934 wurde von thailändischen Ingenieuren der Grenzverlauf neu vermessen, und wie es der Zufall wollte, lag der Tempel nun wieder auf thailändischer Seite. Im 1942 unterschriebenen Tokio-Vertrag (in dem sich Thailand mit Japan verbündete), erhielt Thailand alles Land zurück, das unter der Herrschaft von Rama V. an Frankreich abgetreten worden war. Damit lag Preah Vihear nun festgeschrieben auf thailändischem Gebiet. Zwischen 1949 und 1958 bekräftigte erst Frankreich mit Zustimmung Kambodschas seinen Anspruch auf den Tempel und auf das Gebiet rund um Preah Vihear. Nach der Unabhängigkeit Kambodschas trat die Regierung für die Rechtsansprüche des Landes ein. Als Reaktion besetzte 1959 die thailändische Armee das Gebiet. König Sihanouk als damaliger Premierminister brachte den Fall vor den internationalen Gerichtshof in Den Haag. Nach einem Urteil des IGH von 1962 gehörte der Tempel Preah Vihear zu Kambodscha, gemäß der Landkarte von 1907. Unklar blieb jedoch die Hoheit über ein 4,6 km² großes Gebiet um den Tempel. In den 1970er-Jahren war die Gegend unter der Kontrolle der Roten Khmer, der Zugang war nur von thailändischer Seite aus möglich. Erst im August 1998 öffnete die kambodschanische Regierung den Tempel für den Tourismus.

Prasat Preah Vihear wird Weltkulturerbe

Der Konflikt entbrannte 2008 erneut, als im Vorfeld der Ernennung zum Weltkulturerbe durch die Unesco Karten des Gebietes um den Tempel neu erstellt wurden. Die von Phnom Penh angefertigte Karte musste vom thailändischen Parlament bestätigt werden. In Thailand wurden Proteste laut, ein Stück thailändisches Land läge nun auf kambodschanischer Seite. Die kambodschanische Regierung sperrte daraufhin den Tempel ab. Der thailändische Außenminister trat zurück, und ab Oktober 2008 kam es zu Schusswechseln an der Grenze. Die Situation spitzte sich weiter zu, mit der Folge, dass die militärische Invasion Thailands nicht nur das Leben von Soldaten und Zivilisten forderte, sondern auch die Tempelanlage von Granaten beschädigt wurde. 2009 brannte während eines Feuergefechts ein Dorf am Fuße des Tempels nieder. Angeblich wohnten die Dörfler auf thailändischem Gebiet. 2011 kam es erneut zu Schusswechseln und dem Einsatz von Raketen und Streubomben auf beiden Seiten. Im Juli 2011 ordnete der Internationale Gerichtshof den Abzug aller Truppen und die Einrichtung einer entmilitarisierten Zone an. Im Juli 2012 zogen beide Länder ihre Truppen ab.

Das Ende des Grenzkonflikts?

Nach beinahe weiteren 2 1/2 Jahren entschied der IGH am 11. November 2013 einstimmig, dass das 4,6 km² große Gebiet rund um den Tempelberg zu Kambodscha und nicht zum thailändischen Staatsgebiet gehört. Fraglich bleibt, ob das Urteil einen Schlussstrich unter die Auseinandersetzung ziehen wird. Reisende sollten sich daher vor einem Besuch unbedingt über die Sicherheitslage informieren. **Vorsicht Landminen!** Die Region wurde von den Roten Khmer vermint, die Räumungsarbeiten waren jedoch kurz vor dem neuen Aufkeimen des Grenzkonfliktes abgeschlossen. Während der jüngsten Grenzstreitigkeiten kamen jedoch wieder Soldaten durch Minen ums Leben. Es spricht einiges dafür, dass von beiden Seiten neue Minen gelegt worden waren. Deshalb sollte man unbedingt auf den gekennzeichneten Wegen bleiben. Das Tempelgelände selbst ist minenfrei.

Regengottes Indra. Der rückwärtige Giebel ist feiner ausgearbeitet: Shiva reitet auf der Kuh Nandi. Die beiden Steinhäuser rechts und links dienten als Pilgerunterkünfte.

Am Ende der kürzeren **dritten Prachtstraße** steht der **zweite Gopuram**, an dessen Türpfosten Inschriften zu erkennen sind. Dann folgt das stark verfallene Zentralheiligtum auf dem Gipfel, das noch zwei „Bibliotheken" aufweist, eingefasst von einer Galerie aus Sandstein. Durch den Säulengang gelangt man zum Aussichtspunkt.

🕐 7–16.30 Uhr.

PRAKTISCHE TIPPS

Anfahrt: Von Anlong Veng gelangt man mit dem **Sammeltaxi** für US$6 in 1 1/2 Std. bis Sra Em. Von Tbeng Meachey mit dem Sammeltaxi für US$7 in 1 1/2 Std. oder mit dem **GST Bus** um 15.30 Uhr für US$5 in 2 Std., beide bis Sra Em. Von Sra Em sind es 25 km bis zum Ticketschalter, mit dem Motorradtaxi ab Kreisverkehr Sra Em für US$15 (hin und zurück). Als Tagesausflug von Siem Reap in 4 Std. mit einem gemieteten Auto um US$100.

Der **Ticketschalter** befindet sich am Fuße des Berges. Wer nicht mit einem Allradfahrzeug anreist, bezahlt hier die Auffahrt zum Tempel: US$25 für einen Pick-up (6 Pers.) oder US$5 für ein Motorradtaxi (Hin- und Rückfahrt). Für normale Fahrzeuge ist der Weg zu steil.

🕐 7–16.30 Uhr. Wer zum Sonnenaufgang da sein will, sollte sich vorher anmelden, 📞 088-6858 7777. Hier werden englischsprachige **Tourguides** für US$15 vermittelt (zum Zeitpunkt der Recherche gab es nur einen), ein Ausweisdokument ist vorzuzeigen.

Die steile, gut ausgebaute Serpentinenstraße führt den Berg hinauf bis zu einem Parkplatz mit Garküchen und Erfrischungsständen. Von hier sind es noch 5 Min. zu Fuß zum fünften Gopuram.

ÜBERNACHTUNG UND ESSEN

Der nächste Ort, 25 km südlich des Tempels Prasat Preah Vihear, ist Sra Em. Die kleine Stadt besteht hauptsächlich aus einem Kreisverkehr und dem angrenzenden Markt.
Preah Vihear Boutique Hotel, 500 m vom Kreisverkehr Richtung Prasat Preah Vihear, 📞 088-

346 0501, [9480]. Boutiquehotel, das den Namen verdient: elegante AC-Zimmer mit Balkon oder Terrasse rund um einen schönen Pool. Dunkle Holzmöbel, dezente Beleuchtung, Flatscreen, Minibar, Granitbad mit abgetrennter großer Glasdusche. Überdachtes Restaurant auf der 1. Etage. Loungebereich. Inkl. Frühstück. WLAN. ❻

Sok San Guesthouse, 1 km vom Kreisverkehr Richtung Anlong Veng, 📞 097-715 3839. Ordentliche, aber spärlich möblierte Zimmer, wahlweise mit Ventilator oder AC. Restaurant. WLAN. ❶–❷

Einfache **Essensstände** am Markt im Kreisverkehr. Im Sok San Guesthouse und Preah Vihear Boutique Hotel gibt es ein gutes Restaurant.

TRANSPORT

Busse

Die Busgesellschaften Liang U.S. Express, Rith Mony und GST haben einen Ticketschalter am Kreisverkehr in Sra Em.
PHNOM PENH, zwischen 7 und 8 Uhr für US$10 in 10 Std. (über Kompong Thom für den gleichen Preis).

Sammeltaxis

Sammeltaxis und Motorradtaxifahrer warten am Kreisverkehr.
ANLONG VENG, für US$7 in 1 1/2 Std.;
SIEM REAP, für US$15 in 4 Std.;
TBENG MEANCHEY, für US$7 in 1 1/2 Std.

Provinz Oddar Meanchey

In der abgelegenen Provinz Oddar Meanchey im Nordwesten des Landes befinden sich zwei wenig genutzte internationale Grenzübergänge nach Thailand. Ausländische Besucher zieht es allenfalls nach Anlong Veng. Hier lebten der Führungskader der Roten Khmer und ihre Soldaten samt Familien noch Jahrzehnte nach dem Machtverlust zusammen. Pol Pots Grabstätte ist heute eine seltsame Touristenattraktion mit mäßigem Wert für westliche Besucher. Provinz-hauptstadt ist Samraong, die Stadt wird von den Einheimischen auch nach der Provinz Oddar Meanchey genannt.

Anlong Veng

Die staubige Grenzstadt, 124 km nördlich von Siem Reap, bräuchte kaum Erwähnung zu finden, wenn hier nicht **Pol Pot** sein letztes Versteck und auch seinen Tod gefunden hätte. In Anlong Veng [9438] verschanzten sich Spitzenkader der Roten Khmer und ihre Soldaten, um gegen die Regierungstruppen zu kämpfen. Pol Pot, **Nuon Chea**, **Khieu Samphan** und **Ta Mok** – sie alle fanden hier Unterschlupf. Pol Pot wurde Mitte 1997 von seinen einstigen Gefolgsleuten zu Hausarrest verurteilt und starb

am 15. April 1998 in Anlong Veng, kurz vor der geplanten Ergreifung durch die Regierungstruppen. Ob er an einer Herzattacke starb oder – wie einige behaupteten – ermordet wurde, konnte nie geklärt werden. Hastig wurde sein Leichnam eingeäschert. Bis Ende 1998 leistete Ta Mok (auch als der Einbeinige, der Schlächter oder Bruder Nr. 5 bekannt) mit den letzten Soldaten der Khmer Rouge Widerstand. 1999 konnte auch Ta Mok festgenommen werden, er starb am 21. Juli 2006 in einem Gefängnis in Phnom Penh, bevor das internationale Tribunal (s. Kasten S. 120) ihm den Prozess machen konnte. Einige der Bewohner von Anlong Veng verehren die Führer der Roten Khmer bis heute, waren sie doch früher selbst aktive Rote Khmer oder sind deren Nachfahren. Das Ansehen Ta Moks wird besonders hochgehalten, da er z. B. die öffentliche Schule bauen ließ. Heute stehen die meisten Einwohner der Regierungspartei CPP nahe, unter Hun Sen (selbst ein ehemaliger Roter Khmer) wurden viele Khmer-Rouge-Soldaten in dessen Dienst übernommen.

Das Zentrum liegt rund um einen Kreisverkehr, dessen Mitte ein Denkmal mit einer Friedenstaube ziert, das von Hun Sen in Auftrag gegeben wurde. Die Straße nach Norden führt Richtung Grenze, nach Süden geht es nach Siem Reap und im Osten nach Sra Em und Prasat Preah Vihear. Bisher sind in dem unspektakulären Anlong Veng nur ehemalige Rote-Khmer-Quartiere und -Grabstätten zu besichtigen.

Das **Haus von Ta Mok** wird von den Dorfbewohnern oft besucht. Es liegt an einem künstlichen See, den Ta Mok persönlich anlegen ließ. In dem zweistöckigen Holzhaus ist bis auf einige kitschige Bilder vom Prasat-Preah-Vihear-Tempel, Angkor Wat und einem Wasserfall nichts mehr zu sehen, alles wurde geplündert. Ein Altar zu seinen Ehren steht am Hauseingang. Einheimische opfern hier Räucherstäbchen und Geld. Im Garten sind ein alter Radio-Funkwagen und zwei Gefangenen-Käfige ausgestellt. Von der Terrasse hat man einen spektakulären Blick auf den See, aus dem abgestorbene Baumstümpfe ragen. In der Mitte des Sees entdeckt man ein kleines Ziegelsteingebäude, es ist das Plumpsklo des ehemaligen Hauses von Pol Pot. Eintritt US$2.

Das **Grab von Ta Mok** befindet sich 7 km hinter seinem Haus im Dorf Tumnup Leu, von der Straße Richtung Grenze geht es rechts ab. Nach 400 m steht neben einer Pagode das eindrucksvolle, von seinem Enkel 2009 erbaute Beton-Mausoleum.

Folgt man der gut ausgebauten Straße Richtung Grenze, passiert man einen Felsbrocken in der Straßenmitte. Die Roten Khmer haben dort **Statuen** in den Fels gehauen. Eine Frau mit einem Bündel Bambus auf dem Kopf und zwei uniformierte Soldaten sind zu erkennen, Letzteren haben Regierungstruppen die Köpfe abgeschlagen. Der Platz dient ebenfalls als Stätte des Gebets.

In Grenznähe liegt die **Einäscherungsstätte Pol Pots**. Seine Leiche wurde zusammen mit Autoreifen, alten Möbeln und Müll verbrannt. Ein Schild weist zu dem überdachten Erdhügel, dessen Umzäunung aus alten Flaschen besteht.

Folgt man der sandigen Piste für 7 km, erreicht man die letzte **Zufluchtsstätte Ta Moks**. Von seinem Haus stehen nur noch drei Grundmauern, sie sind mit Graffiti übersät. Spektakulär ist der Blick von der Klippe (auch Ta Moks Klippe genannt). Das dort ansässige **Khnong Phnom Dankrek Guesthouse** bietet einfache Zimmer und ein Restaurant. Enthusiasten nehmen weitere 8 km über eine schlechte Straße durch dünn besiedelte Wald-, Gras- und landwirtschaftlich genutzte Flächen auf sich, um zur letzten **Zufluchtsstätte von Pol Pot** im Dschungel zu gelangen. Das bunkerartige, unterkellerte Steinhaus ist jedoch komplett geplündert. Wenige Meter davor weist ein Schild auf die nicht mehr vorhandenen Überreste von **Khieu Samphans Haus** hin. Laut einem Schild ist die Gegend von Minen geräumt, dennoch sollte man besser auf den ausgetretenen Pfaden bleiben und nicht zu tief in den Dschungel wandern.

Ein geplantes **Museumsprojekt** ist einstweilig gestoppt. Der ehemalige stellvertretende Distriktgouverneur Nhem En war früher Hauptfotograf im Tuol-Sleng-Foltergefängnis (alle Inhaftierten wurden bei Einlieferung fotografiert, ein Katalog des Schreckens) und besitzt noch 1200 Fotos von „Delinquenten" und Privatfotos der gesamten Führungsspitze der Roten Khmer. Sein Ziel ist es, ein „Khmer-Rouge-Versöhnungszentrum" nahe Anlong Veng zu bauen. Aus seinem Privatbestand will er Gewehre, Kampfanzüge, Kameras und Fotos beisteuern, bisher fehlen jedoch Sponsoren für dieses Projekt.

Anfahrt: Eine Rundfahrt mit dem Motorradtaxi zu Ta Moks Haus, zur Grenze sowie zu Pol Pots Grab und Haus ist für US$15 möglich, etwa 3 Std. müssen veranschlagt werden. Kaum einer der Motorradtaxifahrer spricht Englisch.

KULTURSTÄTTEN IN ZENTRALKAMBODSCHA

ÜBERNACHTUNG UND ESSEN

In diesen Hotels wird ein wenig Englisch gesprochen. Alle haben kostenloses WLAN.
Monorom Guesthouse, 300 m nördlich des Kreisverkehrs, ☏ 065-690 0468. Ordentliche, saubere Ventilator- oder AC-Zimmer im zurückversetzten Haus. Schöne helle Bäder mit Warmwasser. Restaurant an der Straße. ❶–❷
New Lucky Star Guesthouse, vom Kreisverkehr 150 m Richtung Sra Em, ☏ 011-998 384, [9440]. Die zentrale Lage ist ein großer Vorteil dieses Hauses; an der Straße gibt es ein Restaurant und einen Supermarkt. Die Zimmer sind nichts Besonderes, doch ihre Größe ist ein weiteres Plus. Möbliert mit Schrank, Schreibtisch und TV. Wahlweise gibt es Ventilator und kaltes oder warmes Wasser oder AC-Zimmer mit Warmwasser. Hilfsbereite Besitzerin. ❶–❷
Günstige **Essensstände** am Markt und Richtung Kreisverkehr. Abends öffnen zahlreiche einfache Restaurants am Kreisverkehr Richtung Siem Reap. Da selten Englisch gesprochen wird, behilft sich der Hungrige mit einem Blick in den Topf und einem Fingerzeig.
Im hübschen Restaurant des **New Lucky Star Guesthouse** auf der 1. Etage werden gute Khmer-Gerichte serviert. ⏱ 6–21 Uhr.
Sieng Hai Restaurant, 100 m vom Kreisverkehr in nördlicher Richtung. Es gibt eine englische Speisekarte, und das Personal spricht auch ein wenig Englisch. Schmackhafte Khmer- und Thai-Gerichte, nicht ganz günstig. ⏱ 7–21 Uhr.

Die Nachfahren der Roten Khmer

Die Bewohner Anlong Vengs begegnen Besuchern freundlich und zurückhaltend. Doch all diese Menschen sind Nachfahren der Roten Khmer. Eine Aufarbeitung der Geschehnisse hat nie stattgefunden, und so sind auch die Enkel wohl zerrissen zwischen Achtung vor den eigenen Verwandten und der Ahnung, dass diese Unrecht begangen haben.

Es mutet schon seltsam an, mitten im Wald in einer Ruine zu stehen, in der Massenmörder wie Pol Pot und Ta Mok gelebt haben – gewöhnungsbedürftig gestaltet sich auch die Fahrt auf dem Rücksitz eines Mopedtaxis zu den letzten Zufluchtsstätten: Fast alle Männer, die einem auf den schmalen Sandpfaden entgegenkommen, sind in militärischen Tarnfarben gekleidet. Manch einer hat ein Gewehr geschultert, oder man wird Zeuge einer Schießübung. Der Ausflug ist etwas verstörend und nur wirklich Geschichtsinteressierten zu empfehlen.

SONSTIGES

Acleda Bank, neben dem New Lucky Star Guesthouse. Die einzige Bank hat einen Geldautomaten für Visa- und MasterCard und bietet Western-Union-Service. ⊕ Mo–Fr 7.30–16, Sa 7.30–12 Uhr.

TRANSPORT

Die Busgesellschaften Rith Mony und Liang U.S. Express binden Anlong Veng an Siem Reap, Phnom Penh, Battambang und Sisophon an. Der Ticketschalter von Rith Mony befindet sich neben dem Sieng Hai Restaurant, der von Liang U.S. auf der anderen Straßenseite. Von dort starten auch die Busse.

Busse

BATTAMBANG, mit Liang U.S. Express um 8 Uhr für US$10 in 8 Std.;
PHNOM PENH, mit Liang U.S. Express um 8 Uhr für US$10 in 10 Std.; mit Rith Mony um 7 Uhr für US$10 in 10 Std.;
SIEM REAP, mit Rith Mony um 7 Uhr für US$5 in 2 1/2 Std.;
SISOPHON, mit Rith Mony um 7 Uhr für US$10 in 6 Std.

Sammeltaxis

Fahrer warten am Kreisverkehr.
SIEM REAP, für US$5 in 2 Std.;
SRA EM, für US$6 in 1 1/2 Std.;
TBENG MEANCHEY, für US$12 in 2 1/2 Std.

Grenzübergänge nach Thailand

Zwei abgeschiedene Grenzübergänge nach Thailand liegen innerhalb der Provinz Oddar Meanchey.

Cho-Aam – Chong Sa Ngam

Der Grenzübergang (S. 37) liegt 20 km von Anlong Veng entfernt. Nicht zu übersehen ist der luxuriöse, riesige Kasino- und Hotelneubau 200 m vor dem Grenzübergang. Anreise von oder bis zur Grenze Cho-Aam (⊕ 7–20 Uhr) mit dem Motorradtaxi für US$5. Verbindungen für US$5 ab/bis Anlong Veng s. oben.

Weiterreise in Thailand: Der Grenzort ist auf thailändischer Seite extrem abgelegen. Motorradtaxis warten auf Kundschaft Richtung Prasat.

O'Smach – Chong Jom

Der kleine kambodschanische Grenzort O'Smach (S. 37) liegt 70 km von Anlong Veng, 40 km von der Provinzhauptstadt Samraong und etwa 200 m von Sisophon oder Siem Reap entfernt. Die Straßen sind gut ausgebaut. Im Ort gibt es einige Guesthouses und einfache Restaurants entlang der N68.

Hinter der Grenze fährt man mit dem Minibus bis Surin, von dort unter anderem Verbindungen nach Bangkok stdl. für 380–520 Baht in 7 Std., Chiang Mai 5x tgl. in 15–18 Std. für bis zu 1000 Baht, Ubon mehrmals tgl. in 3 Std. für 120–210 Baht.

Kambodschas wilder Osten

Stefan Loose Traveltipps

9 **Kompong Cham** Genau der richtige Ort, um entspannt am Fluss die Seele baumeln zu lassen. S. 345

Kratie Die seltenen Irrawaddy-Delphine, die im Mekong leben, zeigen sich hier bisweilen Besuchern. S. 353

Mekong Discovery Trail Per Rad lernt man die reizvollen Landschaften am Mekong und die Menschen, die hier leben, kennen. S. 356

10 **Banlung** Im Vulkansee Yeak Laom kann man ein Bad nehmen und auf Trekkingtouren die Dörfer ethnischer Minderheiten besuchen. S. 371

11 **Sen Monorom** Abenteuerlustige können mit Elefanten durch die Wälder streifen. S. 383

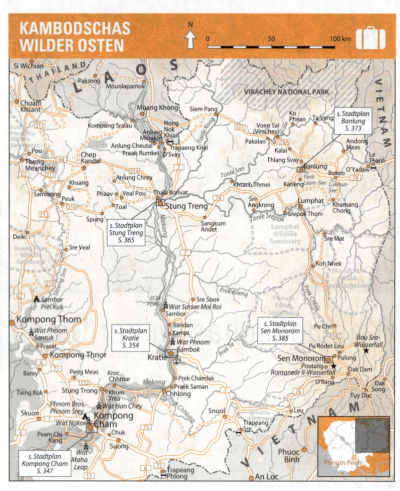

KAMBODSCHAS WILDER OSTEN

Der Osten Kambodschas lockt mit Naturschönheiten, die sich besonders gut auf Trekking- und Fahrradtouren erschließen. Ob erlebnisreiche Besuche bei den ethnischen Minderheiten in abgeschiedenen Dörfern oder die Möglichkeit, seltene Tiere in freier Wildbahn zu beobachten – dieser Landesteil ist ein Eldorado für Naturliebhaber, die sich abseits der Haupttouristenströme bewegen wollen.

Im Westen fließt der Mekong durch die Provinzen Kompong Cham, Kratie und Stung Treng.

Fahrten entlang dem mäandernden Flusslauf sind besonders schön in der Trockenzeit, wenn der niedrige Wasserstand kleine Inseln im Mekong entstehen lässt. Die Bewohner der Dörfer am Mekong nutzen die fruchtbaren Uferstreifen zum Gemüse- und Obstanbau.

In den Provinzen Rattanakiri und Mondulkiri im „wilden" Osten entlang der vietnamesischen Grenze leben die Hochland-Khmer *(Khmer Loeu)*. Hier ist es ganzjährig kühler als in der Tiefebene. Die typisch kambodschanische Landschaft aus

Reisfeldern und Palmyrapalmen wird abgelöst von bewaldeten oder grasbewachsenen Hängen. Es ist eines der letzten Rückzugsgebiete von wilden Elefanten, Wildrindern, Gibbons, Kleideraffen, des Siam-Krokodils, von Geiern und vielen anderen Vogelarten – wenngleich der Dschungel durch massive Abholzung bereits stark dezimiert worden ist.

In der hübschen und ruhigen Stadt **Kompong Cham** kann man entspannte Tage am Fluss und auf der Mekong-Insel Koh Pbain verbringen. Interessante Ausflüge zu Tempelbergen wie dem Männer- und Frauenhügel, zum Wat Han Chey und angkorianischen Tempelbauten wie Wat Nokor können problemlos mit dem Fahrrad unternommen werden. In der Trockenzeit sollte man sich auf keinen Fall die Fahrt über die abenteuerliche, aufwendig konstruierte Bambusbrücke entgehen lassen.

In **Kratie** lässt sich am Mekong entlangschlendern, und auf ausgedehnten Fahrradtouren kann man die Wege des Mekong Discovery Trails erkunden. Die vom Aussterben bedrohten stupsnasigen **Irrawaddy-Delphine** leben in den Stromschnellen bei Kampi und können hier am besten gesichtet werden. Das Provinzstädtchen **Stung Treng** bietet sich als Zwischenstopp auf dem Mekong-Trail Richtung laotische Grenze an. Von hier können nicht nur auf dem Fahrrad, sondern auch per Kajak die Dörfer am Mekong bis nahe dem Mekong-Fall Khon Phapheng in Laos besucht werden. Von Stung Treng sind es noch 70 km bis zum einzigen internationalen Grenzübergang von Kambodscha nach Laos.

In der nordöstlichsten Provinz **Rattanakiri** zieht das Städtchen **Banlung** mit seinem Wildwest-Flair Naturfreunde an. Der nahe gelegene Vulkansee Yeak Laom ist wunderbar zum Baden geeignet. Besonders beliebt sind mehrtägige Trekkingtouren Richtung Virachey-Nationalpark. Zahlreiche ethnische Minderheiten wohnen in kleinen Dörfern – Homestays ermöglichen einen Einblick in ihre Lebensgewohnheiten und in die tief animistisch verwurzelten Gebräuche.

Die Provinz **Mondulkiri** lockt ganzjährig mit kühlerem Klima. Die beschauliche Stadt **Sen Monorom** liegt inmitten von sanft geschwungenen Hügelketten. In einem Tagesausflug geht es zu dem beeindruckenden Bou-Sra-Wasserfall.

Besucher können in Sen Monorom domestizierte Elefanten in ihrer natürlichen Umgebung erleben, sei es als eintägige Trekkingtour mit Elefanten oder in dem Elefantencamp des Elephant Valley Projects. Trekkingtouren führen zu entlegenen Wasserfällen und Dörfern der Bunong-Minderheit. Wer tief ins Waldschutzgebiet vordringt, sieht vielleicht auch noch ein seltenes Bateng-Rind, Kleideraffen oder Gibbons.

Provinz Kompong Cham

Die landwirtschaftlich geprägte Provinz Kompong Cham ist eine der bevölkerungsreichsten Provinzen des Landes. Die fruchtbaren Schwemmböden sind ideal, um Reis anzubauen, aber auch eine Vielzahl von Früchten gedeiht hier. Wenn der Mekong sich in der Trockenzeit zurückzieht, werden Maniok, Süßkartoffeln, Tabak, Mais und Erdnüsse gepflanzt. Kokos- und Palmyrapalmen durchziehen die Landschaft, und viele Monokulturen, wie die von den Franzosen schon im letzten Jahrtausend angelegten Kautschukplantagen, prägen das Bild. Sechs große Kautschukpflanzungen gibt es in der Region, außerdem eine Pfefferplantage. Die ruhige Provinzhauptstadt Kompong Cham [9492] ist die fünftgrößte Stadt Kambodschas und wegen ihrer hübschen Kolonialarchitektur einen Besuch wert. Kein Wunder, dass immer mehr Touristen hier einen Zwischenstopp zu den Zielen im Norden und Osten des Landes einlegen.

9 **HIGHLIGHT**

Kompong Cham

Zur Zeit des französischen Protektorats in den 1920er- und 1930er-Jahren war die Provinzhauptstadt Kompong Cham ein blühender Ort. Heute ist das einstige Flair der ehemals so kosmopolitischen Stadt nur noch anhand der Überreste der vielen kolonialen Bauten und der breiten Alleen zu erahnen. Genau das macht, zusammen mit der lässig-ruhigen Atmosphäre am Mekong, den Reiz von Kompong Cham aus, das übersetzt „Hafen der Cham" heißt. Moslemische Cham, die größte religiöse Minderheit in Kambodscha (S. 97), bewohnen seit Jahrhunderten diese Region. Fast die Hälfte lebt in der Provinz Kompong Cham, hier stellen sie einen Bevölkerungsanteil von 5,8 %.

Sehenswertes

Das Stadtzentrum liegt auf der westlichen Flussseite, Mittelpunkt bildet der **Kompong-Cham-Markt**. In der großen überdachten Halle soll es die besten *kramas* in ganz Kambodscha geben. Hergestellt werden sie in den vielen kleinen Dörfern der Umgebung. Um den Markt drängen sich alte **Kolonialbauten** und zweistöckige **Handelshäuser**, die vom einstigen Wohlstand der Kautschuk- und Tabakmetropole zeugen. Einige der ehemaligen Geschäftshäuser wurden renoviert, andere präsentieren sich in verblichenem Charme.

Nördlich des Marktes führt eine Parkallee zur **Residenz des Gouverneurs**. In den teils freistehenden **französischen Kolonialvillen** befinden sich die Verwaltungen der Provinz.

Schön ist die ausgebaute **Uferpromenade am Mekong**. Manch ein Baum spendet wohltuenden Schatten, dazwischen bilden verschnörkelte Laternen ein hübsches Bild. Auch hier versprühen zweistöckige Ladenhäuser noch den Charme längst vergangener Tage. Viele der ansässigen Restaurants sind auf Traveller eingestellt.

Die erste Brücke über den Mekong, die **Kizuna-Brücke**, südlich des Zentrums, wurde von den Japanern finanziert und 2002 eröffnet. Auf der östlichen Flussseite steht der 35 m hohe **Aussichtsturm** aus der französischen Kolonialzeit. Er wurde 2005 renoviert, von oben bietet sich ein toller Ausblick auf den Mekong – besonders beeindruckend zum Sonnenuntergang. Das Erklimmen der steilen Eisenleiter im Inneren ist allerdings nichts für Menschen mit Höhenangst.

Eine außergewöhnliche **Bambusbrücke** führt auf die südlich gelegene ländliche Mekong-Insel **Koh Pbain**. Herrliche Ausflüge lassen sich außerdem zu dem angkorianischen Tempel **Wat Nokor**, entlang herrlicher Landschaften zu den prä-angkorianischen Überresten im **Wat Han Chey** oder zur Holzpagode **Wat Maha Leap** unternehmen.

Nur in der Trockenzeit führt die Bambusbrücke von Kompong Cham zur Insel Koh Pbain.

© MARION MEYERS

Kompong Cham

N

0   500 m

Übernachtung:
1. Phnom Pros Hotel
2. Mariya Hotel
3. Daly Hotel
4. Chaplin's Guesthouse
5. Mekong Sunrise Guesthouse
6. Rana Homestay
7. Mekong Bamboo Hut

Essen:
1. einfache Restaurants
2. Samki Restaurant
3. Smile Restaurant
4. Hao An Restaurant
5. Destiny Coffee
6. Mekong Crossing Restaurant
7. Lazy Mekong Daze

Transport:
1. Sammeltaxis und Minibusse Richtung Kompong Thom und Siem Reap
2. Informationsschalter, Taxis und Minibusse Richtung Phnom Penh
3. Phnom Penh Sorya
4. Neak Krorhorm
5. Liang U.S Express
6. GST
7. Rith Mony
8. Capitol Tours
9. Sammeltaxis und Minibusse Richtung Kratie, Stung Treng, Banlung und Sen Monorom
10. Boote

(Map labels:) 7 Makara Hotel, Preah Bat Chey Reachea St., Kampuchea Krom St., Boeung Kok-Markt, Residenz des Gouverneurs, Khemarak Phoumin St., Trasak Paem St., KING, Chroy Thma-Pagode, Preah Bat Keto Maelea St., Kosamak Neary Roth St., Preah Bat Monivong Blvd., NACHT-MARKT, KRANKENHAUS, Canadia Bank, ANZ Royal Bank, Wat Nokor (2 km), Phnom Bros und Phnom Srey (7 km), Kompong Thom, Siem Reap, Kompong Cham-Markt, Phnom Penh, Vithei Pasteur, Chas St. Nr.7, Kromoun Sor St., Mekong Hotel, Tela-Tankstelle, Ang Duong St., 222, Soc Bat Eng St., Naga, Soramarith St., Preah Bat Sihanouk St., Preah Bat Trang St., Mekong, Kizuna-Brücke, Bambusbrücke, Koh Pbain (2 km), Kratie, Phnom Penh

---

Kompong Cham verfügt über zahlreiche einfache Guesthouses und Hotels. Alle bieten kostenloses WLAN.

Chaplin's Guesthouse, Preah Bat Sihanouk St., ✆ 078-333 668, ✉ charlie@chaplingsguesthouse.com, [9494]. Saubere, ansprechende AC-Zimmer mit großem Bett, Ablagefläche, Flachbildschirm und schönem Bad. Toll sind die Zimmer mit Balkon und Flussblick. Restaurant. ❸

Daly Hotel, Kromoun Sor St., ✆ 042-666 6631, ✉ daly.hotel99@gmail.com, [9495]. Modernstes Haus in der Stadt: elegante Lobby und ebenso schicke Zimmer. Flatscreen, Kühlschrank. Große Bäder mit abgetrennter Glasdusche und Toilettenartikeln. Zimmer mit Balkon, aber ohne Fenster, andere mit feststehender großer Fensterfläche, die leider nicht zu öffnen ist. Die automatische Lüftung funktioniert jedoch gut. Fahrstuhl. ❷

Mariya Hotel, Preah Bat Sihanouk St., ✆ 042-641 1144, ✉ mariyahotel9@gmail.com, [9496]. Manche mögen den asiatischen Schick, andere empfinden ihn als kitschig oder altbacken. Geschnitzte Holzmöbel, bunte Vorhänge oder Teppiche auf den Fliesenböden. Einige Zimmer mit Flussblick. ❶–❷

Mekong Sunrise Guesthouse, Preah Bat Sihanouk St., ✆ 011-449 720, ✉ bong_thol@yahoo.com. Seit Jahren beliebteste Travellerunterkunft mit viel Service wie Bustickets, Ausflügen, Bootstouren. Die Zimmer sind günstig, etwas abgewohnt und ohne

Fenster nach außen. Ventilator, AC-Zimmer im Erdgeschoss. Restaurant. Billard. ❶–❷

Phnom Pros Hotel, Kosamak Neary Roth St., ☎ 042-941 444, ✉ phnomproshotel@yahoo.com. Großes Hotel mit ordentlichen, einfachen Zimmern. Ventilator oder AC. ❶–❷

🏠 **Rana Homestay**, 12 km Richtung Kratie, N7, ☎ 012-686 240, 🖥 www.rana-ruralhomestay-cambodia.webs.com, [9497]. Frau Kheang bietet Homestay-Übernachtungen auf ihrem Grundstück. Man wohnt in 3 einfachen Hütten, die mit Matratze und Moskitonetz bestückt sind. Helles sauberes Gemeinschaftsbad für Gäste. Sie und ihr amerikanischer Ehemann Don wohnen mit den beiden gemeinsamen Kindern im Haus. Don hat in Berlin gearbeitet und spricht Deutsch. Frau Kheang zeigt Gästen gern das angrenzende Dorf. Auf dem Programm stehen Spaziergänge, bei denen bei den Nachbarn eingekehrt wird, um bei der täglichen Arbeit zuzusehen – wer mag, kann sich auch selbst z. B. im Reisanbau versuchen. Am 2. Tag gibt es eine Fahrradtour und am Abend offene Gesprächsrunden mit Dorfbewohnern. Kheang spricht sehr gut Englisch und engagiert sich als Übersetzerin. Sie baut auf ihrem Land Früchte und Gemüse an, das Essen wird mit Kräutern aus dem Garten verfeinert. US$25 p. P. inkl. Essen und Ausflügen. Minimum sind 2 Personen und 2 Übernachtungen. 2 Tage vorher reservieren. Kein Strom.

ESSEN

Günstig kann man an den **Straßenständen** und **einfachen Restaurants** auf und rund um den Markt essen. Auf dem **Nachtmarkt** gibt es ebenfalls einfache Garküchen.

Destiny Coffee, 12 Rue Pasteur, ☎ 092-998 937. In dem schicken Café gibt es hausgemachten Kuchen und andere Süßigkeiten, Kaffee, Shakes, Smoothies, gute Salate und klassische Khmer-Gerichte. WLAN. ⏱ Mo–Sa 7–17 Uhr.

Hao An, 70 Preah Monivong Blvd., ☎ 042-941 234. Optisch gibt das große Ecklokal mit den runden Tischen nicht viel her. Dafür ist das chinesisch geprägte Essen schmackhaft. Ausgesucht wird von einer großen bebilderten Speisekarte. Wer zu mehreren Personen

kommt, kann aus einer Menge Zutaten für einen Hot-Pot auswählen. Abgetrennter AC-Raum. ⏱ 6– 22 Uhr.

Lazy Mekong Daze, Preah Bat Sihanouk St., ☎ 092-307 765. Der Treffpunkt der Traveller-szene wird von dem Franzosen Frank und seiner kambodschanischen Frau geführt. Es gibt Frühstück, Khmer- und westliches Essen. Die Portionen sind zum Sattwerden. Bustickets, günstiger Mopedverleih, Billard, geführte Radtouren. Abends ein schöner Platz, um den Sonnenuntergang mit Loungemusik zu genießen. WLAN. ⏱ 6.30–22 Uhr.

Mekong Crossing Restaurant, 2 Rue Pasteur, ☎ 087-881 788. Ebenfalls unter Travellern beliebtes Ecklokal mit Mekong-Blick. Frühstück, Khmer-Küche, Internationales und Pizza stehen auf der Speisekarte. WLAN. ⏱ 6–22 Uhr.

Samki Restaurant, Preah Bat Sihanouk St., ☎ 017-476 440. Ein Ableger des Smile Restaurants mit ähnlicher Speisekarte: Khmer-Küche und Westliches. WLAN. ⏱ 6.30–22 Uhr.

🎗 **Smile Restaurant**, Preah Bat Sihanouk St., ☎ 017-997 709, 🖥 www.bsda-cambodia.org. Waisen und benachteiligte Jugendliche erhalten hier eine Ausbildung. Schickes Restaurant mit viel Bambus-Deko. Das Speiseangebot ist gut und bunt gemischt: Es gibt Frühstück, Sandwiches, Salate, Internationales und Khmer-Gerichte. Kleiner Souvenirshop. WLAN. ⏱ 6.30–22 Uhr.

SONSTIGES

Fahrrad- und Motorradverleih

Fahrräder und Mopeds vermieten das **Mekong Hotel**, **Mekong Sunrise Guesthouse**, **Lazy Mekong Daze** und **Mekong Crossing Restaurant**. Fahrräder US$1,50/Tag; Mopeds US$5–7/Tag.

Geld

Am Markt Wechselstuben, die Euro und US-Dollar tauschen.

ANZ Royal Bank, Preah Monivong Blvd., Geldautomat für alle gängigen Kreditkarten. Mindestgebühr US$4. ⏱ Mo–Fr 8.30–16 Uhr.

Canadia Bank, Preah Monivong Blvd. Gebührenfrei Bargeld, auch auf Kreditkarte. Der Geldautomat nimmt MasterCard, Visa

und Cirrus. MoneyGram-Service. ⊕ Mo–Fr
8.30–15.30, Sa 8.30–11.30 Uhr.

Informationen
Tourist Information, am stillgelegten,
verwahrlosten Schwimmbad. Das ebenso
heruntergekommene Häuschen ist zwar offen,
aber selten besetzt. Es gibt einige staubige
alte Broschüren in Khmer.

Kochkurse
Im **Mekong Sunrise Guesthouse**, (s.o.),
für US$15 p. P. (keine Mindestteilnehmerzahl).
Los geht es um 10 Uhr mit dem Einkauf auf
dem Markt. Gekocht werden 2 Gerichte unter
fachkundiger Anleitung.

Schwimmen
Der sonnige Pool des **7 Makara Hotels**,
Nr. 14, nahe der Residenz des Gouverneurs
steht Tagesgästen für US$2 zur Verfügung.

Supermärkte
Die **Tela-Tankstelle**, St. 222, hat einen gut
sortierten Minimarkt.

Touren
Das **Mekong Sunrise Guesthouse**, (s. o.),
organisiert Sonnenuntergangstouren auf dem
Mekong in einem traditionellen Boot, los geht
es um 15.30 Uhr. US$9 p. P., ab 3 Pers. US$5.

NAHVERKEHR
Motorradtaxis und **Tuk-Tuks** stehen an den
Büros der Busgesellschaften und rund um den
Kompong-Cham-Markt.

TRANSPORT
Die Busgesellschaften Capitol Tours, GST,
Liang U.S. Express, Neak Krorhorm, Phnom
Penh Sorya und Rith Mony haben ein Büro am
Preah Monivong Blvd. oder an der N7. Die
Busse fahren jeweils an ihrem Ticketoffice ab.

Busse
ANLONG VENG, mit Liang U.S. um 7, 7.45,
8.30 und 12 Uhr für US$10 in 8 Std.;
BANLUNG, mit Phnom Penh Sorya und Rith
Mony um 10.30 bzw. 10 Uhr für US$10 in 8 Std.;

BATTAMBANG, mit GST, Liang U.S. und
Rith Mony jeweils um 7.30 Uhr für US$8,75–10
in 7 Std.;
KOMPONG THOM, mit den Bussen nach
Siem Reap für den gleichen Preis in 2 Std.;
KRATIE, mit Phnom Penh Sorya um 10.30 und
14 Uhr, mit Rith Mony um 10 Uhr, für US$6–
6,25 in 2 1/2 Std.;
PHNOM PENH, mit Capitol Tours, Phnom Penh
Sorya und Rith Mony insgesamt 9x tgl. zwischen
7.45 und 14.45 Uhr für US$4,50–5 in 3 1/2 Std.;
POIPET, mit GST, Liang U.S., Neak Krorhorm
und Rith Mony jeweils um 7.30 Uhr für
US$11,25–12,50 in 8–9 Std.;
SEN MONOROM, mit Phnom Penh Sorya
um 12 Uhr für US$4 in 5 Std.;
SIEM REAP, mit GST, Liang U.S., Neak Krorhorm
und Phnom Penh Sorya insgesamt 9x tgl.
zwischen 7 und 12 Uhr für US$6,25–7 in 5 Std.;
SISOPHON, mit den Bussen Richtung Poipet
für den gleichen Preis in 7 Std.;
STUNG TRENG, mit Phnom Penh Sorya um
10.30 Uhr für US$10 in 6 Std.

Sammeltaxis und Minibusse
Sammeltaxis und Minibusse starten von
3 Haltepunkten. Einfacher ist es, man sucht
das Informationsbüro an der Nordseite des
Marktes auf, an dem auch die Taxis Richtung
Phnom Penh starten. Die ältere Dame spricht
Englisch und kann den Taxi- und Minibus-
fahrern Bescheid geben.
KRATIE, mit dem Sammeltaxi für US$5;
mit dem Minibus für US$3,50 in 2 Std.;
PHNOM PENH, mit dem Sammeltaxi für US$5;
mit dem Minibus für US$2,50 in 2 Std.;
SEN MONOROM, mit dem Sammeltaxi für
US$8 in 4 Std.;
SIEM REAP, mit dem Sammeltaxi für US$8
in 4 Std.

Die Umgebung von Kompong Cham

Ausflüge mit dem Fahrrad, Motorrad oder dem
Tuk-Tuk sind ein tolles Erlebnis, zumal sich malerische Dörfer entlang des Weges reihen. In den

fruchtbaren Ebenen wird neben Reis auch Mais und Tabak angebaut. In der Tabak-Erntezeit im März/April sieht man fast an und unter jedem Haus Tabakblätter zum Trocknen hängen, wobei der qualitativ hochwertige Tabak durch das Trocknen in Lehmhäusern entsteht. Bis zur Decke hängen dort die Tabakblätter, das Haus wird durch einen Ofen und ein Rohrsystem drei Tage lang beheizt.

Eine schöne und lange Radtour führt zum Wat Nokor, nach Phnom Bros und Phnom Srey, durch das Dorf Cheung Kok, zurück über die Bambusbrücke auf die Insel Koh Pbain. Auch die Fahrt entlang dem Mekong zum Wat Han Chey ist für geübte Radler gut zu bewältigen.

Bambusbrücke

Das ungewöhnliche, 700 m lange Bambuskonstrukt, 2 km südlich des Zentrums von Kompong Cham, wird jedes Jahr zum Anfang der Regenzeit – bevor der Wasserpegel des Mekong steigt und die Brücke mitreißen würde – abgebaut und in der Trockenzeit wieder aufgebaut. Der Bambus wird sortiert, rund die Hälfte der 40 000 Bambusstöcke können im Folgejahr nochmals verwendet werden. Die Brücke ist stabiler, als sie aussieht: Nicht nur Pkw, auch Minibusse und kleine Lkw überqueren die Bambusstreben. „Brückenmaut" US$1 p. P.

Koh Pbain

Friedlich sind die Wanderwege zwischen traditionellen Häusern und paradiesischen Gärten, in denen Früchte wie Mangos, Papayas, Bananen, Jackfruit und Kokosnüsse, aber auch Mais, Tabak, Chili, Tomaten, Pfeffer, Erdnüsse oder Sesam meisterlich gedeihen. Viele Bewohner gehören der moslemischen Minderheit der Cham an. Unter den Häusern sieht man auch hier Webstühle stehen, an denen Frauen die begehrten *kramas* fertigen. Die 7 km lange Insel lässt sich prima mit dem Fahrrad von Kompong Cham aus erkunden. In der Trockenzeit führt ein Weg zur kleinen Nachbarinsel Koh Sochten.

Wer hier übernachten möchte, dem bietet sich das **Mekong Bamboo Hut**, ✆ 015-905 620, ✉ mekongbamboohut@yahoo.com, [9498], an. Wunderbar einfache Anlage unter französischer Leitung. Unter Bananenstauden verstecken sich überdachte Holzplattformen, auf denen es Hängematten mit Moskitonetz (US$2) oder Matratzen (US$3) zum Schlafen gibt. Sauberes Gemeinschaftsbad mit Schöpfdusche. 2 einfache A-frame-Hütten sind in Planung. Unschlagbar ist der Blick von der Terrasse über den Mekong. Restaurant mit ein paar einfachen Gerichten, Fahrrad- und Mopedverleih, WLAN. ⏰ Nov–Mai.

Man erreicht Koh Pbain bei einer Fahrt 2 km entlang dem Mekong in südliche Richtung, über die Bambusbrücke für US$1. In der Regenzeit mit der **Fähre** zwischen 4.30 und 18.30 Uhr für US$1. Von Kompong Cham **Rundfahrt** mit dem Tuk-Tuk/Motorradtaxi für US$10/7 zzgl. Flussüberquerung.

Wat Nokor

Wat Nokor, auch Wat Nokor Bachey genannt, liegt 3 km westlich von Kompong Cham an der N7. Die geradezu archaisch anmutende große Klosteranlage weist drei Pagoden, einen chinesischen Tempel und zahllose Stupas auf. Räucherstäbchen und Essensgaben zeugen von der Bedeutung des Tempels als religiöses Zentrum der Region. Erbaut wurde der Sandsteintempel im 11. Jh., von den ursprünglich vier Tempelkomplexen sind jedoch nur noch Teile erhalten. Und doch fasziniert die Anlage die meisten Besucher. Da sie fast zur gleichen Zeit wie Angkor erbaut wurde, ähneln der Aufbau und die Stein-

Grenzübergang nach Vietnam

Der selten von Touristen genutzte internationale Grenzübergang **Trapeang Phlong – Xa Mat** liegt 70 km nordöstlich von Kompong Cham und ist von 7 bis 17 Uhr geöffnet. Das Visum für Vietnam muss im Pass sein. Wer die Grenze passieren will, kann einen regulären Bus Richtung Kratie nehmen, sich in Kraek absetzen lassen und die letzten 14 km zur Grenze mit einem Motorradtaxi zurücklegen (Preis Verhandlungssache). Auf der vietnamesischen Seite starten einige hundert Meter von der Grenze entfernt Linienbusse nach Tay Ninh. Es empfiehlt sich, die Grenze so früh wie möglich zu passieren, um noch einen Anschlussbus zu bekommen.

Einst suchte sich eine Königin des Khmer-Reiches mit Namen Ayotya ihren Ehemann selbst aus, woraufhin es ihr die anderen Frauen gleichtaten. Doch Unzufriedenheit machte sich nach kurzer Zeit breit: Denn die schönen Frauen konnten ihren Mann zwar wählen, mussten aber auch die Hochzeit und Mitgift zahlen. So schlossen sie eine Wette darüber ab, wer zukünftig die Heiratsanträge aussprechen dürfe: die Männer oder die Frauen. Dazu sollten beide in der Nacht einen Hügel aufschütten. Gewinner sollte die Gruppe sein, die bis zum Aufgang des Morgensterns den höchsten Hügel errichtet hätte. Die Männer willigten ein, in der Überzeugung, die stärkeren zu sein und folglich mehr Erde aufschütten zu können. Die Frauen aber zündeten in der Nacht eine Laterne an, die sie hoch über ihren Berg an einer Bambusstange befestigten. Da dachten die Männer, dies sei bereits der Morgenstern und legten sich schlafen. Die Frauen aber arbeiteten weiter und schufen so den größeren Hügel Phnom Srey. Seitdem müssen Männer um die Hand der Frauen anhalten – und die Hochzeitsfeier bezahlen.

metzarbeiten mit den wunderbaren Apsaras denen bei Siem Reap. Im Unterschied zu Angkor teilt man sich die Anlage jedoch nur mit wenigen Einheimischen oder Mönchen. Andere fasziniert Wat Nokor, weil das weitgehend eingestürzte Zentralheiligtum durch einen modernen Tempel ergänzt wurde. Von einer geschwärzten Lateritmauer umgeben, befindet sich ein Gopuram im Westen, einer im Osten. Besucher betreten die viereckig angelegte Anlage durch das Osttor, wo noch deutlich Inschriften zu erkennen sind. Wunderbar erhaltene Säulen, Apsaras und Reliefs sind zu sehen; die schöneren Arbeiten befinden sich auf der Innenseite. Vorbei an zwei Wächterfiguren geht es durch eine innere Galerie. Gopurams in jeder Himmelsrichtung führen in den Innenhof, Buddhas neueren Datums zieren die Nischen. Der neu hinzugefügte Tempel präsentiert sich mit einem Dach, bunten Säulen und farbenfrohen Wand- und Deckenmalereien, unter denen die Überreste des Zentralheiligtums einen schönen Kontrast bilden.

Eintritt US$2 (die Besichtigung von Phnom Bros und Phnom Srey sind enthalten). Man erreicht Wat Nakor mit dem Tuk-Tuk/Motorradtaxi für US$7/4.

Phnom Bros und Phnom Srey

Der Berg des Mannes und der Berg der Frau [4945] ragen 7 km westlich von Kompong Cham aus der Schwemmlandebene auf. Die beiden ungleich großen Hügel, auf denen wilde Makaken auf Fütterung warten, sind einer Legende zufolge (s. Kasten) durch einen Wettstreit zwischen Männern und Frauen entstanden. Kambodschaner lieben diese Geschichte, sie wird an verschiedenen Orten im Land erzählt und mit dem einen oder anderen Detail ausgeschmückt oder abgewandelt.

Auf dem Gipfel des **Phnom Bros** (Männerberg), wo sich heute ein buddhistisches Kloster befindet und auf den eine breite Zufahrtsstraße führt, stehen zwei Pagoden im Angkor-Stil und zahlreiche Stupas, die die Asche hochrangiger Persönlichkeiten beinhalten. Herausragend ist ein 40 m hoher, weißer Stupa neueren Datums. Die Roten Khmer hatten auf diesem Berg eines ihrer berüchtigten Gefängnisse errichtet, die Opfer wurden am Fuße von Phnom Bros in Massengräbern verscharrt.

Zwischen den beiden Hügeln fand sich ein sogenanntes Killing Field. Eine **Gedenkstätte für die Opfer des Pol-Pot-Regimes** enthält Schädel und Gebeine. Untergebracht ist sie in einem dunklen Laterittempel mit goldenen Verzierungen, den man passiert, wenn man vom Phnom Bros zum Phnom Srey läuft.

Zum **Phnom Srey** (Frauenberg) führen 211 Stufen hinauf. Auf dem kleinen ebenen Gipfel erblickt man einen Stupa und ein weiteres Heiligtum, das eine Nandistatue (Shivas Reittier in Kuhgestalt) beherbergt. Das Streicheln der Statue soll Glück bringen. Eintritt US$2, zusammen mit Wat Nokor.

Anfahrt mit dem Tuk-Tuk/Motorradtaxi für US$12/7.

© MARION MEYERS

In Wat Han Chey stehen prä-angkorianische Türme neben Stupas neueren Datums.

Cheung Kok

Einen interessanten Rundgang verspricht das 600-Seelen-Dorf Cheung Kok. Es liegt in 1 km Entfernung gegenüber dem Aufgang zum Phnom Bros. In dem Dorf kann man zusehen, wie Reis verarbeitet, Palmyrapalmensaft gewonnen oder *kramas* gewebt werden. Vor den Häusern erklären Schilder die Arbeitsabläufe. Die französische NGO Amica, 🖳 www.amica-web.com, unterstützt das Dorf.

Wat Han Chey

Die Klosteranlage liegt 21 km nördlich von Kompong Cham am Mekong. Wer den fantastischen Panoramablick vom Tempelberg genießen will, muss vorher 308 Stufen erklimmen – oder die steile geteerte Straße nehmen, die sich an chinesischen Gräbern vorbeischlängelt. Die Tempelanlage geht auf das 7. Jh. zurück. Aufgrund der Reste von drei kleinen Ziegelsteintürmen geht die Forschung davon aus, dass Wat Han Chey schon vor Beginn des Angkor-Reiches ein religiöses Zentrum war. Heute besitzt die sehenswerte Anlage einen ganz eigenen Charme: Historische Zeugnisse stehen zwischen bunten Tempeln, Stupas, Buddhafiguren, riesigen Be-

tonfrüchten und einem Zoo mit Tierfiguren aus Beton. Dazwischen eröffnen sich dem Besucher immer wieder wunderbare Blicke auf den Mekong und die kleinen Inseln, auf denen in der Trockenzeit Landwirtschaft betrieben wird.

Man erreicht den Wat mit dem Tuk-Tuk/Motorradtaxi für US$15/10 in 40 Min.

Wat Maha Leap

Die Klosteranlage, 28 km südöstlich von Kompong Cham, beherbergt einen alten Holztempel. Um das Jahr 1900 errichtet, ist er einer der wenigen buddhistischen Holztempel, die nicht der Zerstörungswut der Roten Khmer zum Opfer gefallen sind. Vielmehr wurde Maha Leap von den Roten Khmer als Krankenstation genutzt, noch heute befindet sich auf dem Gelände ein Krankenhaus. Der äußerlich unscheinbare Holztempel selbst ist meist verschlossen, doch die Mönche schließen ihn gern auf – eine Spende ist angebracht. Innen erschließt sich die ganze Schönheit: Die schwarzen tragenden Holzbalken aus ganzen Stämmen sind mit aufwendigen goldenen Mustern versehen und die Decke mit bunten Gemälden geschmückt. Die Roten Khmer hatten die Holzbalken übermalt, doch Mönche legten die alten Verzierungen wieder frei.

In den Dörfern rund um Maha Leap wird Seide gefärbt und zu *kramas* gewebt. 4 km südlich von Maha Leap liegt das hübsche Dorf **Dom Nak Pring**; hier klappern die Webstühle unter den Stelzenhäusern.

Wat Maha Leap erreicht man mit dem Tuk-Tuk/Motorradtaxi für US$15/10 in 1 Std.; mit dem Motorboot zwischen Juli und Ende Dezember für ca. US$40.

Kautschukplantagen

Rund um Kompong Cham erstrecken sich ausgedehnte Kautschukplantagen. Bereits um 1910 begannen die Franzosen damit, in der Region Kautschuk anzupflanzen. Unter den Roten Khmer wurde die Produktion aufgegeben. 18 km östlich von Kompong Cham kann man die **Plantage von Chuk** mit dem kompletten Produktionsablauf besichtigen: Hier sieht man die spiralförmig angeritzten Bäume. In den angebundenen Schalen sammelt sich die auslaufende, zähflüssige weiße Kautschukmasse. In der Fabrik selbst wird der Naturkautschuk mit großem Wasseraufwand gereinigt und gehäckselt. Zu „handlichen", erstaunlich kleinen 33-kg-Blöcken gepresst, wird der Rohgummi transportfertig verpackt. ⏰ 7–17 Uhr, Eintritt: US$1.

Provinz Kratie

Lebensader der Provinz Kratie ist der Mekong, der sich hier durch eine in weiten Teilen abgeschiedene Landschaft schlängelt. Die Bewohner zu beiden Seiten des Stroms leben von der Fischerei und vom Reisanbau. In der Trockenzeit, wenn der Wasserstand des Mekong fällt, entstehen zahlreiche sandige Inseln im Fluss. Zentrum der Region ist die gleichnamige Provinzhauptstadt, ein guter Ausgangspunkt für Touren in die Umgebung, allen voran Bootstouren zu den seltenen Irrawaddy-Delphinen. Wer mehr Zeit hat, kann herrliche Touren zu den Mekong-Inseln **Koh Trong** oder **Koh Pdao** (35 km nördlich von Kratie) unternehmen. Ökotourismus-Projekte auf beiden Inseln helfen der ländlichen Bevölkerung, alternative Einkommen zu erwirtschaften. Wer dem Mekong flussaufwärts folgt, kann in einem interessanten Tagesausflug das Meditationskloster **Phnom Sambok** besuchen, bei Kampi **Süßwasserdelphine** entdecken, die 100-Säulen-Pagode **Sarsar Moi Roi** bei Sambor besuchen und eine **Schildkrötenaufzuchtstation** besichtigen.

Kratie

Die Provinzhauptstadt Kratie (gesprochen: Kratscheh) **[9499]** liegt an der N7 auf halbem Wege zwischen Phnom Penh und der laotischen Grenze. Das ehemalige Fischerdorf gewinnt bei Reisenden zunehmend an Beliebtheit: Die meisten Besucher übernachten in Kratie, um die seltenen Irrawaddy-Delphine bei Kampi, 15 km nördlich, zu sehen. Auch das überschaubare, ehemalige französische Kolonialstädtchen hat seine Reize. Das geruhsame Leben spielt sich in den wenigen Straßen zwischen Markt und Flussufer ab. 2011 brannte die alte **Markthalle** ab, heute ist der neue Markt das Zentrum des Ortes. Um den Markt stehen historische zwei- und dreistöckige **Handelshäuser**, die noch immer den Charme der Kolonialarchitektur verkörpern. Zum Sonnenuntergang treffen sich die Einheimischen an der **Uferpromenade**, wo an Straßenständen süße Fruchtshakes und Eis verkauft werden. Von hier eröffnet sich ein schöner Blick auf die Mekong-Insel Koh Trong. **Wat Kratie** liegt ebenfalls im Zentrum der Stadt. Der Vihear wurde 2014 aufwendig renoviert. Sehenswert ist der über und über mit bunten Szenen aus dem Leben Buddhas bemalte Innenraum. Südlich des Zentrums kann man die einstige Pracht des Städtchens anhand der renovierten Kolonialvillen erahnen. Herausragendes Beispiel ist die **Residenz des Gouverneurs**.

ÜBERNACHTUNG

Kratie bietet einfache Guesthouses mit günstigen Zimmern, viele nur mit Ventilator. Anspruchsvolle Traveller finden die einzige luxuriöse Unterkunft auf der Insel Koh Trong (S. 358). Alle Unterkünfte bieten kostenloses WLAN.

Kratie

N
0   100   200 m

Thma Kre,
Phnom Sambok,
Stromschnellen,
Ko Pdao,
Kampi

Stung Treng,
Snuol,
Sen Monorom

Friedenstaube

Phnom Penh

Preah Soramarit Quay

Acleda Bank

Canadia Bank

Preah Sihanouk St.

Übernachtung:
1 Le Tonlé Tourism
   Training Center
2 Luck Life World Hotel
3 Oudom Samabath
   Hotel
4 U-Hong II Guesthouse
5 Star Guesthouse
6 Heng Heng II Hotel
7 Silver Dolphin Gh.

Essen:
1 Tonlé Restaurant
2 Sorya Café
3 Red Sun Falling
   Restaurant
4 Mekong Restaurant
5 Tokae Restaurant

Wat Kratie

Koh
Trong

MARKT

Mohaksat Tranel Kosomak St.

Preah Sihanouk St.

Preah Soramarit Quay

Sonstiges:
1 Cambodian Rural
   Development Tours
2 DT Mart
3 Ke Sok Heang Shop

Transport:
1 Sammeltaxis, Minibusse
2 Fähre zur Insel Koh Trong
3 Bushaltestelle
4 Phnom Penh Sorya

GOUVERNEURS-
RESIDENZ

Wat Roka
Kandal,
Chhlong

308

KRANKEN-
HAUS

Heng Heng II Hotel, Preah Soramarith Quay, ☎ 072-971 405. Großzügige, saubere Ventilator- und AC-Zimmer mit Flachbildschirm. Bäder mit Warmwasser. Busticketverkauf. **1**–**2**

Le Tonlé Tourism Training Center, Rd. 3, ☎ 072-210 505, 🖥 www.letonle.org, [9501]. 4 Zimmer in einem toll renovierten und liebevoll geschmückten Holzhaus. Hotel und Restaurant dienen als Ausbildungsbetrieb für unterprivilegierte Jugendliche. Einfache Zimmer mit Moskitonetz. Großes, helles, modernes Gemeinschaftsbad. **1**

Luck Life World Hotel, Sihanouk Rd., ☎ 011-928 323, ✉ lucklifeworld@yahoo.com, [9502]. Auffällig pompöses Hotel, dessen Lobby mit vielen schweren Lackmöbeln und noch mehr Holz dekoriert ist. Die AC-Zimmer sind mit die besten in der Stadt: groß, hell, zur Hälfte holzvertäfelt. Mit Schrank, Schreibtisch, Kühlschrank und Flatscreen ausgestattet. Ordentliche, große Bäder, Warmwasser. Die VIP-Zimmer sind etwas überladen. Die Angestellten sprechen kaum Englisch. **2**–**3**

Oudom Sambath Hotel & Restaurant, 439 Preah Soramarith Quay, ☎ 012-924 442, [9503]. Großes Haus mit ebenso großem Restaurant im Erdgeschoss. Ordentliche Zimmer mit ein oder 2 Betten, TV, die teuren mit Flussblick. Wahlweise Ventilator oder AC. **1**–**2**

Silver Dolphin Guesthouse, Preah Soramarith Quay, ☎ 012-999 810, ✉ silver.dolphinbooking@yahoo.com, [9505]. Beliebtes Haus mit einfachen Ventilator-Zimmern mit Bett, TV und Bad. Helles Dormzimmer mit 4 Etagenbetten und Schließfach (US$2). Dachterrasse mit Mekong-Blick, Restaurant. Bustickets, Ausflüge. **1**

Star Guesthouse, Rd. 10, ☎ 011-564 922, [9504]. Unter Travellern beliebt sind die einfachen Ventilator-Zimmer, alle mit hübsch bemalter Wand. Übernachtungen im Schlafsaal für US$2,50. Die große Dachterrasse mit Restaurant und Bar lädt zum Chillen in Hängematten ein. **1**

U-Hong II Guesthouse, Rd. 10, ☎ 085-885 168. Das Haus ist auf junge westliche Traveller eingestellt: recht schöne Zimmer mit ein oder 2 Betten über dem Restaurant, Ventilator oder AC. Ausflüge, Bustickets. **1**–**2**

Spezialität der Region ist *krolan*, Klebreis mit süßen Bohnen und Kokosmilch in einem Bambusrohr gekocht. Krolan wird an Straßenständen bei der Pagode und am Flussufer feilgeboten und nach Gewicht bezahlt. Beliebt sind die Restaurants im Star Guesthouse, Silver Dolphin und U-Hong II Guesthouse.

Mekong Restaurant, Rd. 9, ✆ 061-331 168. Von einheimischen Geschäftsleuten frequentiertes Khmer-Restaurant. Große Portionen klassischer Khmer-Küche. Gut sind die „sauren Suppen". Westliches Frühstücksangebot. WLAN. ⏱ 6.30–21 Uhr.

Red Sun Falling, Preah Soramarith Quay. Bekannt wegen des hervorragenden BBQs mit Fritten. Die Inhaber bemühen sich gekonnt, mit Khmer- und internationalen Gerichten dem guten Ruf des Hauses gerecht zu werden, nachdem der einstige Besitzer Joe das Restaurant verkauft hat. Gebrauchte Bücher. WLAN. ⏱ 7–21 Uhr, Getränke bis der letzte Gast geht.

Sorya Café, Preah Soramarith Quay, ✆ 090-241 148. Hübsches Café am Flussufer. Große Frühstücksauswahl, hausgemachten Kuchen, Lebkuchen, Khmer- und ein paar internationale Gerichte. Frauen aus den Dörfern stellen im Café interessante Stoffkreationen her und aus, der Umsatz geht zu 100 % an die Frauen. Kajakausflüge, s. Touren. ⏱ Mo–Sa 7–21 Uhr.

Tokae Restaurant, 84 Rd. 10, Ecke Preah Sihanouk, ✆ 097-297 2118. Das hübsche Ecklokal ist nach dem Gecko benannt, der auch als Wandgemälde das Restaurant ziert. Von hier hat man tagsüber einen interessanten Blick auf das quirlige Marktgeschehen. Günstige Khmer-Gerichte, serviert von aufmerksamer Bedienung. Unter französischer Leitung. WLAN. ⏱ 6.30–22 Uhr (Küche bis 21 Uhr).

Tonlé Restaurant, St. 3, ✆ 072-210 505, 🖥 www.letonle.org. Das Ausbildungsrestaurant für benachteiligte Jugendliche ist gemütlich eingerichtet. Die Khmer- und westlichen Gerichte sind gut zubereitet und werden von schüchternem, aber aufmerksamem Personal serviert. WLAN. ⏱ 6.30–21 Uhr. Fast alle Restaurants schließen gegen 22 Uhr. Auf der Dachterrasse des Star Guesthouses gibt es noch länger Getränke. Danach bleibt nur eine der Karaokebars, wie der Nachtclub im **Diamond City Karaoke**.

Geschäftig geht es rund um den Markt von Kratie zu.

© MARION MEYERS

TOUREN

Tages- und Halbtagestouren mit dem Tuk-Tuk organisieren alle Guesthouses. Im Tokae Restaurant werden Bootstouren vermittelt, z. B. die 2-stündige **Sonnenuntergangstour** auf dem Mekong für US$12 p. P. (2 Pers., ab 3 Pers. US$9).

 Cambodian Rural Development Tours (CRDT), Rd. 3, ☎ 072-633 3643, 🖥 www.crdtours.org. 2001 von Studenten gegründet, kümmert sich die Organisation um den Aufbau alternativer Lebensweisen in der ländlichen Region. CRDT arbeitet mit dem WWF zum Schutz der Delphine zusammen und hat das Ausbildungshotel Le Tonlé ins Leben gerufen. Die Mitarbeiter sprechen hervorragend Englisch, organisieren Übernachtungen und Transport entlang dem Mekong Discovery Trail, Homestays, Touren in Kambodscha oder eine Woche Freiwilligenarbeit. ⏱ Mo–Fr 8–12 und 14–17.30 Uhr.

Eine Alternative zu den Bootsfahrten bei Kampi ist die Delphinsichtung aus einem Kajak: **Sorya Kayaking Adventures**, Preah Soramarith Quay, ☎ 090-241 148, 🖥 www.soryakayaking.com. Flussaufwärts Richtung Kampi geht es mit dem Tuk-Tuk, zurück wird gepaddelt. Halbtagestouren rund um die Mekong-Inseln

Freiwilligenarbeit bei Kratie

In einwöchigen Projekten können Gruppen von sieben bis neun Personen in umliegenden Gemeinden bei dem Aufbau z. B. einer Hühner- oder Entenfarm helfen. Neben der Arbeit stehen interessante Aktivitäten wie Fahrradtouren in die Umgebung, Gespräche mit Mönchen o. Ä. auf dem Programm. US$230 inkl. Homestay und Essen p. P. zzgl. Projektkosten (ca. US$500, aufgeteilt auf die teilnehmenden Personen). Infos bei CRDT, 🖥 www.crdtours.org.

bei Kampi für US$32 p. P. (2 Pers., Gruppenrabatte). Tagestouren führen zusätzlich durch einen überfluteten Wald, Mittagessen auf Phnom Sambok, zurück über Koh Trong (US$45 p. P.). 2-tägige Touren auf dem Te-Fluss inkl. Homestay-Übernachtung und 4 Mahlzeiten für US$75 (nicht im März/April möglich). Fernglas-Ausleihe US$1.

SONSTIGES

Bücher

Gebrauchte Bücher zum Kauf oder Tausch gibt es im Red-Sun-Falling-Restaurant und im U-Heng II Guesthouse.

Mekong Discovery Trail

Der **Mekong Discovery Trail** ist ein 180 km langes Netz aus Wanderwegen entlang dem Mekong zwischen Kratie und Stung Treng, das sich bis zur Grenze nach Laos zieht. Ausgewiesen wurde er, um Touristen die natürliche Schönheit des Landes und die traditionelle kambodschanische Lebensweise näherzubringen, vor allem aber soll mit diesem Projekt ein nachhaltiger Tourismus gefördert werden, der der lokalen Bevölkerung neue Einkommensquellen erschließt und sich dem Schutz von Umwelt und Natur, einschließlich der vom Aussterben bedrohten Irrawaddy-Delphine, verpflichtet. Teilstrecken können zu Fuß, per Fahrrad, Moped oder im Kajak zurückgelegt werden, Touren sind als Tages- oder Mehrtagestour inkl. Homestays möglich. Die Übernachtungen in solchen Privatunterkünften sind als gemeindebasiertes Ökotourismus-Projekt angelegt und kommen direkt den Dörfern zugute. Von Kratie bieten sich die Tages- oder Zweitagestouren an: Der **Koh Trong Island Trail** ist ein 9 km langer Rundweg um die Insel, der am besten mit dem Fahrrad zu erkunden ist. Anspruchsvoller ist der **Kratie West to East Bank Trail**, ein 44 km langer Rundweg zu beiden Seiten des Mekong.

Wer von Kratie Touren inkl. Übernachtungen einplant, wendet sich zwecks Organisation am besten an **Cambodian Rural Development Tours** (CRDT), Rd. 3, ☎ 072-633 3643, 🖥 www.crdtours.org, in Kratie.

Karten der Trails gibt es in den Guesthouses oder in der Tourist Information.

Zum Mekong Discovery Trail bei Stung Treng s. auch S. 366.

Einkaufen

DT Mart, Rd. 9. Kleiner Minimarkt mit kalten Getränken, Knabbergebäck und Toiletten-artikeln. ⏰ 6–21 Uhr.

Fahrrad- und Motorradverleih

Fahrradverleih in vielen Guesthouses für US$1–2/Tag. Mopeds werden in den Unter-künften für US$7/Tag vermietet.
Ke Sok Heang Shop, Preah Sihanouk, ✆ 011-326 381. Große Auswahl an einfachen Fahrrädern und guten Mountainbikes, US$1–6. ⏰ 6–18 Uhr.

Geld

Geldwechsler am Markt, Filialen folgender Banken im Zentrum:
Acleda Bank, Geldautomaten für Visa-, MasterCard und Cirrus sowie Western-Union-Service. ⏰ Mo–Fr 7.30–16, Sa 7.30–12 Uhr.
Canadia Bank, Preah Soramarith Quay. Geldautomat ohne Zusatzgebühr für alle gängigen Kreditkarten, Geldwechsel, MoneyGram-Service. ⏰ Mo–Fr 8–15.30, Sa 8–11.30 Uhr.

Informationen

Tourist Information, Preah Soramarith Quay. Die schicken Sofas sind mit Jugendlichen besetzt, englischsprachige Informationen gibt es so gut wie gar nicht. Bessere Infos in den Guesthouses und Restaurants wie **Heng Heng II Hotel**, **Star Guesthouse**, **U-Hong Guesthouse I und II** und bei **CRDT**.

Motorradtaxis und Tuk-Tuks

Überall im Zentrum, 1000–2000 Riel für eine Stadtfahrt.

TRANSPORT

Nur die Busgesellschaft Phnom Penh Sorya hat ein Büro in Kratie. Die Tickets können dort, oder gegen Aufpreis in den Guesthouses, gekauft werden. Phnom Penh wird über 2 Routen angefahren. Minibusse fahren immer über Chhlong, die 90 km und 1 1/2 Std. längere Strecke über Snuol wird von den Phnom-Penh-Sorya-Bussen bedient.

Busse

BANLUNG, um 13.30 Uhr für US$8 in 5 Std.;
HO-CHI-MINH-STADT (Vietnam), um 10 Uhr für US$25 in 6 Std., inkl. Essen. Mit dem Tuk-Tuk oder Motorradtaxi 5 km bis zur N7 in Klastung (Transport im Preis enthalten), dort in den Bus aus Laos Richtung HCMS einsteigen.
KOMPONG CHAM, mit den Bussen nach Phnom Penh für US$5,25 in 4 Std.;
PHNOM PENH, um 7.30, 10.30 und 11.30 Uhr für US$8,25 in 7 Std. (über Snuol);
STUNG TRENG, um 15.30 Uhr für US$5 in 3 1/2 Std.
Nach Laos mit dem Bus aus Phnom Penh um 12.30 Uhr bis NAKASANG (4000 Inseln) für US$14 in 5 Std., weiter nach PAKXE für US$16 in 8 Std.

Minibusse und Sammeltaxis

Von Kratie starten fast ausschließlich **Mini-busse**, nur wenige Taxis warten auf Passagiere. Minibusse organisieren die Guesthouses inkl. Hotelabholung (auch hier „passen" mind. 4 Pers. auf 3 Sitze):
BANLUNG, um 8 Uhr für US$8 in 5 Std.;
KAMPOT, um 6.30 Uhr für US$14 in 9 Std., umsteigen in große Busse in Phnom Penh;
KEP, um 6.30 Uhr für US$14 in 9 Std., umsteigen in große Busse in Phnom Penh;
KOMPONG CHAM, um 7 und 12 Uhr für US$6 in 2 Std.;
PHNOM PENH, um 6, 6.30, 7 und 12 Uhr für US$7 in 5 Std.;

Grenzübergang nach Vietnam

Von Kratie gelangt man mit den Phnom-Penh-Bussen bis Snuol, von dort mit dem Motorrad-taxi 10 km bis zum Grenzübergang **Trapeang Sre – Loc Ninh**, ⏰ 7–17 Uhr, für US$5. Das Visum für Vietnam muss im Pass sein. Der äußerst selten von Travellern auf eigene Faust genutzte Grenzübergang ist auf vietname-sischer Seite recht abgelegen. Der Weg führt von der Grenze weiter auf der N13 über Loc Ninh und Chon Thanh Richtung Ho-Chi-Minh-Stadt.

SEN MONOROM, mit größeren Minibussen und eigenem Sitz um 7 und 8 Uhr für US$7 in 6 Std.;
SIEM REAP, um 7 Uhr für US$12 in 6 Std.;
SIHANOUKVILLE, um 6.30 Uhr für US$15 in 10 Std., umsteigen in große Busse in Phnom Penh;
STUNG TRENG, um 7 Uhr für US$6 in 2 Std.
Sammeltaxis starten bei genügend Fahrgästen nach:
KOMPONG CHAM, für US$6 in 2 Std.;
PHNOM PENH, für US$10 in 5 Std.;
SIEM REAP, für US$15 in 6 Std.
Nach Laos um 7 Uhr (Grenze US$12 in 3 Std.) über NAKASANG (US$15 in 5 Std.) bis PAKXE (US$20 in 8 Std.), umsteigen in große Busse in Stung Treng.

Schiffe
Fähren auf die Insel Koh Trong für 1000 Riel p. P. (einfache Strecke), Fahrrad 1000 Riel, (Motorräder sind kaum die steilen Stufen bis zum Fähranleger zu transportieren). Zwischen 6.30 und 17.30 Uhr, sobald genügend Passagiere zusammen sind, in 10 Min.

Die Umgebung von Kratie

Alle Sehenswürdigkeiten rund um Kratie sind bequem in Tagesausflügen mit dem Tuk-Tuk oder Motorradtaxi zu erreichen. Auch für Selbstfahrer mit Moped oder Fahrrad sind die Straßen ideal. Gesäumt von Stelzenhäusern, Kokospalmen und Feldern, geht es gemächlich den Mekong entlang. Die Straße nördlich bis Sambor ist befestigt, südlich verläuft parallel zum Mekong ein teils sandiger Weg durch malerische Dörfer.

Koh Trong
Die Einwohner der idyllischen Insel, die sich bei Kratie aus den Fluten des Mekong erhebt, leben von der Landwirtschaft. Traditionelle Holzhäuser, Kokospalmen, Jackfruit-, Pomelo- und Mango-Bäume säumen die schattigen Wege. Koh Trong ist berühmt für die grapefruitartigen Pomelos, hier sollen die besten des Landes gedeihen. Am Westufer werden hin und wieder Exemplare der seltenen Riesenweichschildkröte (S. 361)

gesichtet. Der 9 km lange Rundweg um die Insel lässt sich wunderbar mit dem Fahrrad von Kratie aus befahren. Nur nach Regenfällen sind die überwiegend sandigen Wege beschwerlich zu meistern.

ÜBERNACHTUNG UND ESSEN
Homestay-Übernachtungen können entweder direkt vor Ort oder über CRDT (S. 356) gebucht werden.
Arun Mekong Guesthouse, ☎ 017-663 014, 🖥 www.arunmekong.wordpress.com, [9508]. Zimmer in einem großzügigen, renovierten Holzhaus. Auf der oberen Etage mit großem, sauberen Gemeinschaftsbad. Schön sind die Holzbungalows im Garten. Restaurant. ❸–❹
🏠 **Koh Trong Community Homestay I und II**, [9506]. Übernachtet wird in einem klassischen Holzhaus auf Matratzen. Die nachts aufgespannten Vorhänge geben etwas Privatsphäre. Gemeinschaftsbad mit Schöpfdusche im Haus, (US$3 p. P., Mittag- und Abendessen US$4, Frühstück US$2). Haus II liegt 500 m südlich des Fähranlegers, das schönere Haus I etwa 2 km weiter nördlich.
Rajabori Villas, ☎ 012-770 150, 🖥 www.rajabori-kratie.com, [9507]. 10 schöne Holzbungalows auf Stelzen in einer großzügigen Gartenanlage. Viele Antiquitäten im Haupthaus geben der Anlage Flair. Toller großer Pool. Tagesgäste zahlen US$5 für einen Pooltag. Restaurant. Inkl. Frühstück. ❹–❻

TRANSPORT UND NAHVERKEHR
Zur Anreise s. Kratie, Transport.
Motorradtaxifahrer warten auf Koh Trong am Fähranleger. Eine Inselrundfahrt kostet US$5. Fahrräder können ebenfalls auf der Insel am Fähranleger im **Community Based Eco Tourism Information Center** gemietet werden, US$1–2. Das Center organisiert auch Ochsenkarren- oder Pferdewagenfahrten (US$10–15).

Thma Kre
Wer der Straße am Mekong-Ufer Richtung Norden folgt, erreicht nach wenigen Kilometern das kleine Dorf Thma Kre. Rechts und links

Seinen Name hat der **Irrawaddy-Delphin** von dem Fluss Irrawaddy in Myanmar, in dem diese Delphin-Gattung ebenfalls lebt. Die lateinische Artbezeichnung *Orcaella brevirostris* (kurzschnäbelig) beschreibt das Aussehen des Delphins: Statt der typischen langen Schnauze haben Irrawaddy-Delphine eine kleine Stupsnase und eine hohe gewölbte Stirn, sie ähneln damit mehr den Schweinswalen als den Meeresdelphinen. Ihr Körper ist blaugrau mit hellerer Unterseite, charakteristisch ist die kleine Rückenflosse. Sie erreichen eine Länge von 2–2,80 m, werden bis zu 150 kg schwer und können fast 30 Jahre alt werden. Kleine Fische, Schnecken und Muscheln stehen auf dem Speiseplan der Irrawaddy-Delphine, die in Gruppen von fünf bis sechs Tieren in Flüssen, Seen oder Küstenregionen leben. Flussdelphine stehen auf der Roten Liste der IUCN, insgesamt gilt die Spezies als stark gefährdet. Im Mekong, auf dem 190 km langen Abschnitt zwischen Kratie und der Grenze zu Laos, leben laut WWF noch maximal 85 Tiere.

Die Fischer der Region fangen keine Tiere, sie gelten den Khmer als heilig. Es heißt, ein Fischer, der einen Delphin mit dem Netz fängt oder gar tötet, wird nie wieder einen guten Fang haben. Über tausend Delphine sollen vor 1975 in Kambodschas Gewässern gelebt haben. Unter den Roten Khmer wurde die gesamte Population im Tonle-Sap-See abgeschlachtet, da das Fischöl als Treibstoff verwendet wurde. Es gibt auch Berichte von Schießübungen auf die Tiere. Die verbliebenen Delphine sind durch Eingriffe des Menschen mehr denn je gefährdet: Illegale Fischfangmethoden mittels Dynamit und Elektroschock, großflächige Stellnetze im Fluss, Lärm durch immer mehr Bootsverkehr, der Bau von Staudämmen und die zunehmende Verschmutzung (auch durch das bei der Goldgewinnung verwendete Quecksilber und Zyanid), setzten den Tieren zu.

Zwischen 2003 und 2008 kam es zu einem Massensterben von Jungtieren, deren Immunsystem zu schwach war. Über die Ursache können nur Vermutungen angestellt werden: Giftstoffe wie DDT (offiziell in Kambodscha verboten) und PCB (findet Verwendung in Schiffsanstrichen gegen Algenbewuchs) werden über die Muttermilch von den Kälbern aufgenommen. Ein weiterer Grund wird in der Inzucht innerhalb kleiner Populationen vermutet.

Der WWF setzt sich für den Erhalt der Spezies ein und arbeitet mit lokalen NGOs zusammen: Aufklärung, Monitoring und ein weitgehendes Fischfangverbot halten derzeit die Population stabil. Die Gewinne durch den Delphintourismus (Bootsausflüge und Souvenirs) kommen der Dorfbevölkerung zugute, die so einen positiven Nutzen aus dem Schutz der Tiere zieht.

der Straße säumen Dutzende von kleinen Ständen die Straße, an denen *krolan*, die Spezialität der Region, verkauft wird. Die mit Klebreis (mit Kokosmilch, süßen Bohnen und etwas Salz abgeschmeckt) gefüllten Bambusrohre werden jeden Morgen eine Stunde lang im Feuer gekocht. Der nahrhafte Snack sollte am gleichen Tag verzehrt werden. Das Bambusrohr ist so dünn geschnitten, dass es wie eine Banane geschält werden kann.

Phnom Sambok

Die beiden bewaldeten Hügel des Sambok-Berges ragen 9 km nördlich von Kratie idyllisch zwischen den Reisfeldern empor. Der kleinere Hügel wird Phnom Bros („Männerberg") genannt,

der höhere Phnom Srey („Frauenberg"). Die namensgebende Legende ist auch für andere Berge bedeutend (s. Kasten S. 351).

Treppen, die flankiert werden von lebensgroßen Mönchsstatuen, führen erst zum Phnom Bros, dann zum Phnom Srey. Vor allem in der Trockenzeit, wenn die meisten Bäume ihre Blätter abgeworfen haben, bieten sich wunderschöne Ausblicke auf den Mekong. Die Einheimischen kommen gern zum Sonnenuntergang hierher. Auf beiden Gipfeln befindet sich ein Vihear mit interessanten Wandmalereien. Die beiden Klöster sind beide bewohnt: Die Nonnen leben auf dem Männerberg, die Mönche auf dem Frauenberg. Rund um den Vihear auf Phnom Bros stehen einfache Hütten. Diese Pilgerunterkünfte

Die Legende der Flussdelphine

Für die Kambodschaner sind die Irrawaddy-Delphine bis heute eine Art Zwitterwesen aus Mensch und Tier, was seinen Ursprung in folgender Legende haben mag – und das Bemühen um den Erhalt des Delphin-Bestandes erklärt: Ein hübsches Mädchen und ein Neak Ta (Geist) verliebten sich einst ineinander. Der Geist, der jede Gestalt annehmen konnte, lebte auf der Erde als Schlange. Die Eltern des Mädchens konnten die Wahl ihrer Tochter nicht recht verstehen, erst als sich der Geist in einen hübschen Jüngling verwandelte, gaben sie ihre Zustimmung zur Hochzeit.

Nicht lange danach wurde den Eltern großer Reichtum beschieden. Eine zweite Familie sah das mit Neid und ging in den Wald, um ebenfalls eine Schlange für ihre Tochter zu finden. Gesagt, getan. Doch in der Hochzeitsnacht sahen die Eltern, wie ihre Tochter von der Schlange verschlungen wurde. In letzter Sekunde schlitzten sie das Tier auf und retteten so die Tochter. Doch von diesem Moment an war das Mädchen vom Unglück verfolgt, auch den Geruch der Schlange wurde sie nicht mehr los. Völlig verzweifelt versuchte sie daraufhin, sich in den Fluten des Mekong zu ertränken. Der Versuch schlug jedoch fehl, sie verwandelte sich in einen Delphin.

Nur noch etwa 30 Delphine leben in dem Gewässer der wenigen Flusskilometer rund um Kampi, Dynamitfischerei und andere illegale Fangmethoden haben zur Dezimierung des Bestandes beigetragen (s. Kasten S. 359). Die Bootsführer wissen meist genau, wo die Tiere, die in der Regenzeit etwas weiter Richtung Norden schwimmen, am besten zu sehen sind.

Der Morgen ist ein guter Zeitpunkt für eine Tour. Dann sind nur wenige Boote auf dem Mekong unterwegs, die lärmempfindlichen Tiere fühlen sich weniger gestört und tauchen näher an den Booten auf. Im Gegensatz zu ihren Meeresverwandten springen sie nicht aus dem Wasser, sondern tauchen nur kurz mit der Schnauze auf, um dann in einem eleganten Bogen wieder unter Wasser zu gleiten. Einen Schnappschuss von den Tieren zu machen ist fast unmöglich, nur mit Glück zeigt das Foto eine Rückenflosse zwischen den Fluten.

Die **Stromstellen** bei Kampi (1 km nördlich) sind besonders beliebt bei Einheimischen in der Trockenzeit. Für US$2,50 kann man eine der schwimmenden Hütten mieten. Viele veranstalten dort ein Picknick und kühlen sich mit einem Sprung in den Mekong ab. Eintritt 500 Riel (für die Brücke – sie wird nach jeder Regenzeit wieder aufgebaut).

TOUREN

Bootstouren zu den Irrawaddy-Delphinen: 1–2 Pers. US$9 p. P.; ab 3 Pers. US$7, Kinder bis 12 Jahre US$4. Die Fahrt dauert in der Trockenzeit von Nov–Mai 1 Std., Juni–Okt 1 1/2 Std., ein Teil der Erlöse geht an ein Gemeinschaftsprojekt.

TRANSPORT

Mit dem Tuk-Tuk/Motorradtaxi ab Kratie für US$10/5.

stehen Einheimischen zur Meditation zur Verfügung. Reisende können hier kostenlos übernachten, um mit den anwesenden Mönchen zu meditieren (für Essen und Getränke muss selbst gesorgt werden), Spende angebracht.

Eintritt US$1. Die meisten verbinden die Besichtigung mit der Delphintour bei Kampi oder radeln mit dem Rad hierher.

Kampi

15 km nördlich von Kratie liegt das kleine Dorf Kampi. Von hier starten überdachte Boote, von denen aus die gefährdeten **Irrawaddy-Delphine** *(trey psaut)* beobachtet werden können. In der Trockenzeit, wenn der Mekong weniger Wasser führt, sieht man die seltenen Säuger oft schon von der Bootsanlegestelle aus.

Sambor

35 km nördlich von Kratie liegt Sambor. Bekannt ist das Dorf aufgrund des nah gelegenen **Wat Sarsar Moi Roi (100-Säulen-Pagode)**, der bereits im 16. Jh. erbaut, unter dem Pol-Pot-Regime jedoch weitgehend zerstört wurde. Erst 1997 wurde die Vihear wieder aufgebaut und rühmt sich, die meisten Säulen des Landes zu haben.

Der große goldene Stupa auf dem Gelände ist das Grabmal der Prinzessin Vorakpheak aus dem Jahr 1529. Eine Legende (bebildert ist die Sage auf der anderen Seite neben der 100-Säulen-Pagode) berichtet vom Schicksal der Prinzessin: Als die Königstochter Vorakpheak einmal schwer erkrankte, schickte ihr Vater König Reachea nach dem Oberhaupt der Neak-Sen-Pagode, denn diesem wurden magische Kräfte nachgesagt. Während der Meister zur Königstochter reiste, übte sich sein bester Schüler Nen Thun heimlich in Magie und verwandelte sich in ein Krokodil. Da seine Gestalt auch nach Rückkehr des Oberhauptes nicht mehr rückgängig zu machen war, trug er von diesem Tag an seinen Lehrer immer auf dem Rücken. Als er eines Tages mit dem Oberhaupt im Mekong schwamm, wurde er von einem anderen Krokodil angegriffen. Nen Thun überlegte, was er mit seinem Lehrer auf dem Rücken während des Kampfes tun sollte und beschloss, ihn vorsichtshalber herunterzuschlucken. Nach drei Tagen und drei Nächten hatte Nen Thun das andere Krokodil besiegt. Er schwamm ans Ufer, doch als er seinen Lehrer wieder ausspuckte, war dieser bereits tot. Nen Thun war unsäglich traurig, und in seiner Trauer machte er die Königstochter Vorakpheak für das Geschehen verantwortlich. Er suchte so lange nach ihr, bis er sie fand, und verspeiste sie bei nächster Gelegenheit. Die königlichen Truppen stellten daraufhin dem Krokodil nach, bis sie es schließlich bei Sambor fanden und töteten. Die Überreste der Prinzessin wurden hier beigesetzt.

Auf dem Gelände befindet sich außerdem das 2011 gegründete **Mekong Turtle Conservation Center** (MTCC), 🖥 www.mekongturtle.com. Verschiedene Schildkrötenarten werden hier gepflegt, aufgezogen und wieder in den Mekong entlassen. Darunter befindet sich auch die vom Aussterben bedrohte Cantors Riesenweichschildkröte *(Pelochelys cantorii)*, die im Mekong entdeckt wurde. Die Gattung zählt zu den größten Süßwasserschildkröten der Erde und hat keinen festen Panzer. Sie lebt im Sand, wird zwischen 1,20 m und 2 m lang und wiegt im ausgewachsenen Zustand 50 kg. Die lokale Bevölkerung ist in den Schutz dieser Spezies involviert: Einheimische schützen die Nester und erhalten für jedes geschlüpfte Jungtier US$8. ⏲ 8.30–16.30 Uhr, Eintritt Erwachsene US$4, Kinder US$2 inkl. einer englischsprachigen Führung.

Kambodschas Vihear mit den meisten Säulen: Wat Sarsar Moi Roi

Zwei weitere ältere Pagoden lassen sich in Sambor besichtigen: **Wat Liev** und **Wat Preah Gouk**. Preah Gouk wurde von den Roten Khmer als Küche genutzt, innen halten Holzpfeiler aus ganzen Stämmen das Pagodendach. Die Deckengemälde sind überarbeitet, sie wurden von den Roten Khmer überstrichen und später wieder freigelegt. Der beeindruckende Baum vor der Pagode soll mehrere hundert Jahre alt sein.

Anfahrt mit dem Tuk-Tuk/Motorradtaxi von Kratie bis Sambor inkl. Delphintour und Phnom Sambok für US$20/15.

Koh Pdao

Auf der 45 km langen Insel im Mekong, 35 km nördlich von Kratie, gibt es sieben kleine Dörfer, deren Einwohner vom Fischfang und der Landwirtschaft leben. Besucher können bei Gastfamilien übernachten, eine Radtour unternehmen oder der Familie zur Hand gehen. Die Einnahmen kommen der Gemeinschaft zugute. Um Koh Pdao leben auch Irrawaddy-Delphine, manchmal kann man sie vom Ufer aus beobachten. Wer auf eigene Faust anreist, muss im Community Center vorsprechen (Übernachtung US$3–5, Mittag- und Abendessen US$4, Frühstück US$2). Besser vorab anmelden, damit die Zimmer und am Fähranleger abgeholt wird. Über CRDT, Rd. 3, ☎ 072-633 3643, 🖥 www.crdtours.org. US$17 p. P. für 1 1/2 Tage inkl. drei Mahlzeiten.

Anfahrt mit dem Tuk-Tuk/Motorradtaxi oder Fahrrad aus Kratie, im Dorf Sambor mit der Fähre zwischen 5.30 und 18 Uhr für 1000 Riel p. P. (Fahrrad kostenlos, Motorrad 1000 Riel) in 30 Min. übersetzen.

Wat Roka Kandal

Die Klosteranlage, 1,5 km südlich von Kratie, weist östlich der Straße eine moderne Pagode auf, außergewöhnlich dagegen ist die Holzpagode am Fluss. Sie stammt aus dem 19. Jh. und wurde 2002 mithilfe der Cambodian Craft Cooperation, 🖥 www.cambodian-craft.com, in Zusammenarbeit mit der Handwerkskammer Koblenz renoviert. Ursprünglich als Verkaufsstätte für örtliches Handwerk vorgesehen, dämmert das Holzhaus jetzt in einer Art Dornröschenschlaf vor sich hin. Schön sind innen die

Deckenkonstruktion und die bemalten Säulen. Der Hausmeister kann aufschließen, Telefonnummer steht an der Tür. Eintritt 2000 Riel.

Chhlong

Die nette Hafenstadt am Fluss liegt 33 km südlich von Kratie. Für ambitionierte Fahrrad- oder Mopedfahrer lohnt ein Abstecher. Die gemütliche Fahrt entlang dem Mekong führt durch traditionelle moslemische Cham-Dörfer. Chhlong selbst hat einen quirligen Markt, am Fluss stehen mehrere dem Verfall preisgegebene Kolonialhäuser. Einfache Guesthouses finden sich südlich am Flussufer. Fähre über den Mekong für 1000 Riel p. P.

Anfahrt mit dem Tuk-Tuk/Motorradtaxi von Kratie inkl. eines Besuchs von Wat Roka Kandal für US$20/15.

Provinz Stung Treng

Die Provinz Stung Treng besuchen die meisten Touristen nur auf der Durchreise von und nach Laos. Touristisch bisher vernachlässigt, bieten sich hier ebenfalls schöne Touren am und auf dem Mekong an, und in kleinen Dörfern können bei Homestay-Übernachtungen Kontakte zur Bevölkerung geknüpft werden.

Stung Treng

Die meisten Reisenden legen in Stung Treng [9509] nur einen kurzen Stopp ein, um etwas zu essen und auf den nächsten Bus Richtung Laos, Banlung, Siem Reap oder Phnom Penh zu warten. Stung Treng hat keine besonderen Sehenswürdigkeiten zu bieten, aber die kleinstädtische Atmosphäre am Zusammenfluss von Tonle Sekong und Mekong ist entspannt.

Das Zentrum bildet der große **Markt**, viele Waren aus Laos wie Textilien und Silberschmuck werden hier zum Verkauf angeboten.

Stung Treng besitzt mehrere Pagoden, darunter **Wat Kandal** im Osten und **Wat Preah Ang Thom** im Westen der Stadt. Wat Preah Ang Thom wurde 1992 nach den Zerstörungen durch die Roten Khmer wieder aufgebaut. Rechts des Vihears steht eine kleine Pagode mit einer Kuhstatue, die auf der Legende um Preah Ko und Preah Keo beruht (S. 193). Eine dritte Pagode, **Wat Leur**, östlich des Zentrums am Sekong-Fluss, hat einen außergewöhnlichen doppelstöckigen Vihear.

Stung Treng kann mit ein paar hübschen **Kolonial- und Art-déco-Villen** entlang dem Sekong-Fluss aufwarten. Bekannt ist der Ort auch für eine lokale Delikatesse, den Pa-Si-Yi-Fisch. Das **Fischdenkmal** am Ufer stellt einen solchen Flussbewohner dar. Bis zu US$70 werden auf dem Markt für ein Kilogramm verlangt.

Lohnenswert ist ein Besuch im **Mekong Blue – Strung Treng Women's Development Center**, 4 km östlich der Stadt, St. 2, Sre Po Village, ℡ 012-622 096, 🖳 www.mekongblue.com, in dem benachteiligte Frauen ausgebildet werden. Die kostenlose Führung in der Seidenweberwerkstatt zeigt den ganzen Entstehungsprozess eines Seidenartikels: von der Aufzucht der Raupe, der Gewinnung der Kokons, über das Abwickeln der Fäden und das Färben bis zum Weben. Auf dem Gelände befinden sich ein Kindergarten und eine Krankenstation sowie Unterkünfte für Frauen. Schals um US$40, ausgefallene Stücke US$57. ⏰ Mo–Sa 7.30–11.30 und 13.30–17 Uhr.

Wer länger bleibt, kann von Stung Treng eine ganze Reihe interessanter **Ausflüge** unternehmen. 3 km vom Zentrum in westlicher Richtung fließt der **Tonle Sekong** in den Mekong. Besonders schön sind das Farbenspiel und die Stimmung zum Sonnenuntergang. Auf der gegenüberliegenden Flussseite steht **Prasat Preah Ko**, ein Tempel aus der Zhenla-Periode. Faszinierend sind Boots- und Kajakfahrten auf dem Mekong Richtung laotischer Grenze, die Sichtung der seltenen **Irrawaddy-Delphine** sowie **Homestay**-Übernachtungen in kleinen Dörfern. Einmal im Monat bietet das **Angkor Centre for Conservation of Biodiversity (ACCB)**, welches sich zum Ziel setzt, bedrohte Tierarten zu schützen (s. Touren), zwei- bis dreitägige Touren nach **Khsach Thmei** (80 km von Stung Treng) an, wo Geier gefüttert werden, um die Population des Asiatischen Weißrückengeiers, Dünnschnabelgeiers und des Asiatischen Königsgeiers stabil zu hal-

ten. Interessierte Besucher haben die Möglichkeit, die Tiere zu beobachten, wie sie aus den Baumwipfeln erst einen Tag misstrauisch ihre Speise in Form eines Rindskadavers beobachten, um sich dann über ihn herzumachen.

ÜBERNACHTUNG

In Stung Treng gibt es zahlreiche einfache Guesthouses zu vergleichbaren Preisen. Ausstattung und Ambiente richten sich eher an die einheimische Bevölkerung. Die Unterkünfte haben kostenloses WLAN.

🏨 **Gold River Hotel**, St. 2, ℡ 074-690 0029, 🖳 www.goldenriverhotel.com, [9511]. Schöne saubere AC-Zimmer mit schweren Holzmöbeln wie Schreibtisch und Sitzgarnitur, Schrank, Ablagefläche. Zur Ausstattung gehören TV, Kühlschrank und Wasserkocher. Große Bäder mit Badewanne und Marmorablage. Aufzug. Etwas teurere Zimmer mit Flussblick. ❷–❹

🏨 **Le Tonlé Guesthouse**, St. 2, 500 m westlich des Fähranlegers, ℡ 074-973 638, 🖳 www.letonle.org, [9512]. 4 einfache Ventilator-Zimmer in einem traditionellen Holzhaus mit großer Gemeinschaftsterrasse. Ein Familienzimmer mit 2 Doppelbetten. Alle Zimmer teilen sich ein sauberes Gemeinschaftsbad mit Warmwasser. Sozial benachteiligte Menschen erhalten hier eine Ausbildung im Hotelgewerbe. Tourinfos, Radverleih für US$1–2. Im Restaurant muss vorbestellt werden, dann wird frisch eingekauft. ❶

🏨 **Mekong Bird Resort**, 6 km nördlich, ℡ 074-690 0885, ✉ mekongbird76@yahoo.com, [9513]. Die schöne Gartenanlage liegt oberhalb des Mekong. Alle 10 1- oder 2-Bett-Holzbungalows haben 2 Terrassen: Eine bietet einen fantastischen Ausblick über den Fluss, die andere liegt Richtung Garten. Beide sind mit gemütlichen Möbeln bestückt. Innen ist die Ausstattung einfach und besteht aus Naturmaterialien: Holzbetten und Rattanablage oder Holztisch. Bad mit Kaltwasserdusche. Ventilator. Restaurant über dem Mekong mit Aussichtsplattform. Es gibt eine schwimmende Bambusinsel im Mekong. Kostenlose Kajakausleihe bei Übernachtung oder Verzehr im Restaurant. Strom über

Stung Treng

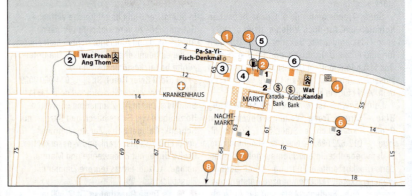

S e k o n g

Wat Preah Ang Thom
Pa-Sa-Yi-Fisch-Denkmal
KRANKENHAUS
MARKT
Canadia Bank
Acleda Bank
Wat Kandal
NACHT-MARKT

Generator 17.30–23 Uhr. Toll zum Sonnen-untergang und zur Vogelbeobachtung. **2**
Riverside Guesthouse, im Zentrum ✆ 012-257 207, ✉ kimtysou@gmail.com, [9514]. Spartanische, aber saubere Zimmer mit AC oder Ventilator. Die günstigen Zimmer ohne Fenster. Bäder mit Kaltwasser. Beliebteste Travellerunterkunft mit Tourinfos und Restaurant, Büchertausch. Sehr hilfsbereite Besitzer. WLAN nur im Restaurant. **1**–**2**
Sampheap Guesthouse, neben Riverside Gh., ✆ 074-675 6333, [9515]. Großzügige Zimmer mit Ventilator oder AC. Schön sind die hellen Zimmer zur Flussseite. Ordentliche Bäder mit Warmwasser. **1**–**2**
Stung Treng Guesthouse, St. 64, ✆ 088-565 4433, [9516]. Einfache, saubere Zimmer mit Nachttisch und TV, einige ohne Fenster. Familienzimmer mit 3 Betten. Ventilator oder AC. **1**–**2**

ESSEN UND UNTERHALTUNG

Auf dem kleinen Nachtmarkt öffnen vom frühen Abend bis gegen 21 Uhr kleine Garküchen. Schmackhaftes Essen servieren die einfachen Restaurants auf der Süd-Westseite des Marktes, sie sind bis in die Abendstunden geöffnet.

Spezialität der Region ist *nehm*, roher Fisch mit Kräutern in Bananenblättern. Er wird am Markt verkauft.
Dara Restaurant, im Zentrum. Gute preisgünstige Khmer-Hausmannskost, darunter empfehlens-werte Currys. ⏰ 6.30–21 Uhr.
Ponika's Place, St. 61. Auf Traveller einge-stelltes Restaurant: Die englische Speisekarte offeriert Khmer-Küche, Westliches und sehr gute indische Gerichte. Tourinfos, Wäsche-service und Mopedverleih. WLAN. ⏰ 6–21 Uhr.
Riverside Restaurant im gleichnamigen Guesthouse. Auf der Karte überwiegend Khmer-Gerichte, auf den westlichen Gaumen zugeschnitten. Travellertreffpunkt an den 2 Außentischen. Hier gibt es viele Informa-tionen, auch zu Minibussen, die direkt vor der Türe halten. WLAN. ⏰ 6.30–22.30 Uhr.
Saigon Restaurant, St. 14. Das vietnamesische Restaurant serviert köstliche vietnamesische Nudelsuppen *(pho)*. ⏰ 6.30–21 Uhr.
Sun Tha Restaurant, im gleichnamigen Hotel, ✆ 074-973 970. Das große Restaurant mit den runden schweren Tischen ist nicht das, was wir Westler gemütlich nennen. Das Essen ist jedoch hervorragend. Authentische Khmer-

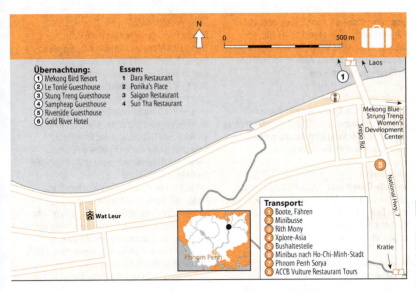

Übernachtung:
1. Mekong Bird Resort
2. Le Tonlé Guesthouse
3. Stung Treng Guesthouse
4. Sampheap Guesthouse
5. Riverside Guesthouse
6. Gold River Hotel

Essen:
1. Dara Restaurant
2. Ponika's Place
3. Saigon Restaurant
4. Sun Tha Restaurant

Transport:
1. Boote, Fähren
2. Minibusse
3. Rith Mony
4. Xplore-Asia
5. Bushaltestelle
6. Minibus nach Ho-Chi-Minh-Stadt
7. Phnom Penh Sorya
8. ACCB Vulture Restaurant Tours

Wat Leur

Phnom Penh

Laos

Mekong Blue-
Strung Treng
Women's
Development
Center

Srepo Rd.

National Hwy. 7

Kratie

Küche, zudem chinesische und vietnamesische Gerichte. Gehobene Preise. WLAN. ☾ 6.30–22.30 Uhr.

TOUREN

ACCB Vulture Restaurant Tours, ☎ 092-827 842, 🖥 www.accb-cambodia.org. 2- und 3-tägige Touren nach Khsach Thmei zur Geierfütterung inkl. Übernachtung in Hängematten, Essen, zzgl. Transport. Ab US$150 für 2 Pers. In dem „Geierrestaurant" steht natürlich nicht Geier auf der Speisekarte!

Xplore-Asia, ☎ 074-973 456, 🖥 www.xplore-cambodia.com. Halbtages- und Tagestouren. Es gibt z. B. kombinierte Rad- und Kajakfahrten und auch mehrtägige Touren entlang dem Mekong Discovery Trail (s. Kasten S. 366). ☾ 8–17, So 8–12 Uhr.

Trekkingtouren von Siem Pang an den Rand des Virachey-Nationalparks entlang dem Ho-Chi-Minh-Pfad, die 2 bis 3 Tage dauern, werden vom Riverside Guesthouse (s. o.) organisiert. Survival Tour inkl. Transport, Übernachtung, Mahlzeiten, Englisch sprechendem Führer und Anleitung, wie man im Dschungel überlebt. 2 Tage US$110/150 p. P., 3 Tage US$165/195 p. P. (4 Pers./2 Pers.).

SONSTIGES

Fahrrad- und Motorradverleih

Mountainbikes verleiht **Xplore-Asia** für US$5/Tag. Wer damit bis Kratie, Siem Reap oder Phnom Penh radeln will, zahlt US$10/Tag (zzgl. US$15/20 für Gepäckhin- und Radrücktransport).
Fahrräder gibt es für US$2/Tag, Mopeds für US$7/Tag im **Ponika's Place Restaurant** (s. o.) und **Riverside Guesthouse** (s. o.).

Geld

Am Markt werden laotische Kip und US-Dollar in Riel gewechselt.
Acleda Bank, Geldautomaten für Visa- und MasterCard. Western-Union-Service. Wechselt Travellers Cheques. ☾ Mo–Fr 7.30–16, Sa 7.30–12 Uhr.
Canadia Bank, Geldautomat ohne Zusatzgebühr für Visa-, MasterCard und Cirrus, Geldwechsel, MoneyGram-Service. ☾ Mo–Fr 8–15.30, Sa 8–11.30 Uhr.

Informationen

Tourist Information, 2 km außerhalb an der Brücke über den Tonle Sekong, ☎ 012-334 717. Die Mitarbeiter sprechen gut Englisch und sind sehr hilfsbereit, haben aber nicht viele Informationen. ⏱ 8–11 und 14–17 Uhr, am Wochenende nicht immer besetzt. Bessere Infos gibt es bei **Xplore-Asia** (s. Touren) und im **Riverside Guesthouse**.

Kajaktouren
Kajakverleih bei **Xplore-Asia** (s. Touren) für US$10/Tag. Doppelsitzer US$15/Tag. Kostenlose Ausleihe im **Mekong Bird Resort**, sofern man dort wohnt oder im Restaurant isst.

Kochkurse
Le Tonlé Guesthouse. Nach Absprache wird morgens auf dem Markt zusammen eingekauft, unter fachkundiger Anleitung im Restaurant ein Gericht gekocht und natürlich zusammen gegessen. US$5 p. P. (ab 1 Pers.).

Visaangelegenheiten
Xplore-Asia organisiert die Verlängerung des Touristenvisums für US$52 in 5–7 Tagen. Beschaffung eines Vietnam-Visums für US$70, ebenfalls in 5–7 Tagen.

Wäschereien
Im Ponika's Place und Riverside Guesthouse für US$1,50/kg.

Phnom Penh Sorya hat ein Büro in Stung Treng, Rith Mony vermittelt nur lokale Minibusse. Tickets direkt bei der Busgesellschaft oder in den Guesthouses. Der Mittagsbus Richtung Phnom Penh und der Bus Richtung Laos fahren nicht ins Zentrum, zugestiegen wird an der Sekong-Brücke, der Transfer ist im Ticketpreis enthalten. Minibusse warten am Riverside Guesthouse auf Fahrgäste, einfacher ist die Buchung über das Guesthouse, der Aufpreis von meist US$1 beinhaltet die Abholung am Hotel.

Die schlechte Staubstraße zwischen Stung Treng und Kratie wird derzeit ausgebaut, Richtung Banlung ist die Straße in einem sehr guten Zustand, ebenso bequem ist die Reise Richtung Laos. Sobald die Brücke über den Mekong fertiggestellt ist (voraussichtlich 2015), sollten auch Busse Richtung Siem Reap verkehren. Bis dahin erfolgt der Transport mit Minibussen, die entweder auf der anderen Flussseite warten oder die Fähre über den Sekong nutzen.

Busse
KOMPONG CHAM, mit den Bussen Richtung Phnom Penh für US$10 in 8 Std.;

Mekong Discovery Trail – Teil 2

Stung Treng eignet sich bestens als Ausgangspunkt, um den nördlichen Teil des Mekong Discovery Trails (s. auch Kasten S. 356) zu erkunden.

The Sticky Rice Trail ist ein 35 km langer Rundweg entlang den Feuchtgebieten zwischen dem Sekong-Fluss und dem Mekong, der mit dem Fahrrad oder Motorrad befahren werden kann. Auf dem Rückweg passiert man das Dorf Hang Khou Ban, hier wird *krolan* – Klebreis in Bambusrohren – produziert.

North to the Laos Border führt zu den beiden kleinen Mekong-Dörfern O'Svay und Preah Rumkel. Hier sind Homestay-Übernachtungen möglich. Eine gute große Übersichtskarte hält die Tourist Information bereit.

Eine Karte mit ausführlichen Erklärungen gibt es bei Xplore-Asia. Wer sich nicht selbst auf den Weg machen will, kann hier Touren buchen. Geführte Halbtagestouren inkl. Kajaktour auf dem Sekong US$40 p. P., Tagestouren inkl. Trekkingtouren, Mekong-Wasserfall und Delphinbeobachtungen ab US$85 p. P.

Wer den kompletten Mekong Trail von der laotischen Grenze bis zum 190 km entfernten Kratie erradeln will, kann bei Xplore-Asia Fahrräder leihen, das auch Gepäcknachschickung und Fahrradrücktransport organisiert (s. auch S. 365).

Noch pendeln Fähren über den Sekong bei Stung Treng.

KRATIE, mit den Bussen Richtung Phnom Penh für US$3 in 3 1/2 Std.;
PHNOM PENH, mit Phnom Penh Sorya um 6.45 und 12 Uhr für US$12 in 12 Std.;
LAOS, mit Phnom Penh Sorya um 16 Uhr bis zur GRENZE für US$5 in 1 Std., bis NAKASANG (für 4000 Inseln), für US$12 in 3 Std., bis PAKXE für US$18 in 5 Std.

Minibusse
BANLUNG, um 8 und 14 Uhr für US$7 in 2 1/2 Std.;
HO-CHI-MINH-STADT (Vietnam), um 8 Uhr ab Saigon Restaurant für US$25 in 12 Std. (über Snuol);
KOMPONG CHAM, mit dem Minibus Richtung Phnom Penh für US$10 in 7 Std.;
KRATIE, mit dem Minibus Richtung Phnom Penh für US$6 in 3 1/2 Std.;
PHNOM PENH, um 8 Uhr für US$10 in 8 Std.;
SEN MONOROM, mit dem Minibus nach Kratie, dort umsteigen (evtl. ein zweites Mal in Snuol, je nach Minibus) für US$13 in 7 Std.;
SIEM PANG, um 8 Uhr für US$6 in 4 Std.;
SIEM REAP, um 8 Uhr von Thala Borivat (erst mit der Fähre den Mekong überqueren) für US$15 in 5 Std. Wenn die Brücke fertiggestellt

ist, sollen die Tickets nur noch US$10 kosten. Mit dem VIP-Minibus AVT ab Riverside Gh. um 9 und 14 Uhr für US$23 in 5 Std.;
TBENG MEANCHEY, mit den Minibussen Richtung Siem Reap für US$10/14 in 3 Std. Ein ganzer Minibus kostet nach BANLUNG US$100, KRATIE US$100, PHNOM PENH US$200, SIEM REAP US$200.
Nach Laos um 8 Uhr bis NAKASANG für US$10 in 3 Std., mit dem VIP-Minibus AVT bis DON DET (inkl. Boot) um 14 Uhr für US$15 in 3 1/2 Std. (Buswechsel an der Grenze). Ein ganzer Minibus zur Grenze kostet US$50.

Schiffe
Solange die Brücke über den Mekong nicht fertiggestellt ist, pendeln Fähren über den Sekong-Fluss, zwischen 5 und 17 Uhr für 2000 Riel p. P. Motorrad 3000 Riel, Fahrrad 1000 Riel, in 15 Min. Vormittags halbstdl., nachmittags stdl. Der Betrieb wird eingestellt, sobald die Brücke befahrbar ist.
Bootscharter (bis 5 Pers.) ab Fähranleger bis Grenze LAOS für US$80 in 3 1/2 Std., KRATIE für US$200 in 8 Std., KOH PDAO für US$150 in 7 Std. Informationen bei Xplore-Asia und Riverside Gh.

Die Umgebung von Stung Treng

Thala Borivat

Auf der anderen Seite des Mekong liegt das hübsche Dorf Thala Borivat. Im 7. Jh., zur Zeit der Zhenla-Herrschaft, war der Ort ein Handelsstützpunkt zwischen den religiösen Stätten Sambor Prei Kuk und Vat Phou in Laos. Heute zeugt im Dorf nur ein halb eingestürzter, quadratischer Ziegelturm, **Prasat Preah Ko**, von der früheren Bedeutung des Ortes. Er war Shiva gewidmet, die Figur seines Reittieres, ein Ochse aus Sandstein (Nandi), steht überdacht vor dem Tempel. Heute verehren Gläubige die Figur als Preah Ko, der Legende zufolge eine Kuh mit magischen Fähigkeiten (S. 193). 1,5 km außerhalb liegen weitere Tempelreste im Dickicht.

Anfahrt mit dem Motorradtaxi für US$10 (hin und zurück).

O'Svay

Das Dorf am Mekong liegt 55 km nördlich von Stung Treng. Besucher können in zwei Homestays im Ort übernachten. Die beiden Familien haben in ihren Häusern je ein Zimmer für zwei Gäste. Strom ist vorhanden. US$3 p. P., US$3 pro Mahlzeit. Es gibt kein Community Office mehr in O'Svay, sodass man einfach die Bewohner nach einem Homestay fragen muss. Von O'Svay könten

Ziele auf dem Weg nach Laos

Richtung Laos lassen sich wunderbare Touren unternehmen, ob mit dem Fahrrad, Moped oder per Kajak. Besonders eindrucksvoll sind **Flussfahrten auf dem Mekong** bis zum tosenden **Khon-Phapheng-Wasserfall** an der Grenze zu Laos. Vorbei geht es an Feuchtgebieten und überfluteten Wäldern, deren Wipfel aus dem Wasser ragen. In der Trockenzeit bieten sich Sandbänke entlang dem mäandernden Flusslauf für eine Verschnaufpause und eine Abkühlung im Wasser an. Eine kleine Population der bedrohten **Irrawaddy-Delphine** (Kasten S. 359) lebt bei **Anlung Cheutal**. Geruhsam sind Ausflüge mit Homestay-Übernachtungen in den beiden Dörfern **O'Svay** oder **Preah Rumkel**.

nen Boote zu den Irrawaddy-Delphinen gechartert werden (US$20 pro Boot, max. 4 Pers.).

Anfahrt mit dem Tuk-Tuk/Motorradtaxi von Stung Treng für US$20/12,50 in 1 Std. Ein Minibus fährt morgens ab O'Svay nach Stung Treng und gegen Mittag von dort zurück, US$5.

Preah Rumkel

Das bezaubernde Dorf liegt ebenfalls am Mekong und wurde von der NGO Mlup Baitong als **Homestay-Ökodorf** konzipiert. Das NGO-Projekt ist ausgelaufen, aber im Dorf gibt es weiterhin neun Homestay-Angebote. Viele der Häuser sind ausgeschildert, oder man fragt im Community Restaurant im Ort nach. Übernachtung US$3 p. P., US$3 pro Mahlzeit. In einem schönen Tagesausflug kann man mit einem geliehenen Moped (US$6) oder Fahrrad (US$1) nach **Anlung Cheutal** zur Delphinbeobachtung und zum Baden fahren. Dort sorgt ein einfaches Community-Restaurant für das leibliche Wohl. Weiter geht es bis an die Grenze zu Laos und dem Mekong-Wasserfall **Khon Phapheng**.

Anfahrt: Entweder mit der Fähre in Stung Treng für 2000 Riel p. P. über den Sekong, 80 km auf der westlichen Mekong-Seite bis nach Preah Rumkel. Mit dem Motorradtaxi für US$25. Oder auf der östlichen Flussseite mit dem Motorradtaxi oder Minibus bis ins 70 km entfernte Anlung Morakot. Ein Minibus fährt morgens bis Stung Treng, gegen Mittag zurück, US$4. Von Anlung Morakot mit dem Community-Boot, ☎ 097-577 1742, für US$15 (Festpreis pro Boot, max. 6 Pers.) bis nach Preah Rumkel, inkl. Delphinbeobachtung (hin und zurück). Wer über Nacht bleibt, zahlt für Hin- und Rückfahrt US$20. In den winzigen Booten lässt sich auch ein Moped oder Fahrrad transportieren.

Siem-Pang-Waldschutzgebiet

Die abgelegene Region Nordkambodschas wurde 2014 als Schutzgebiet ausgewiesen. In den Wald- und Feuchtgebieten am Sekong-Fluss leben fünf vom Aussterben bedrohte Vogelarten: Weißschulter-Ibis (*Pseudibis davisoni*), Riesenibis (*Thaumatibis gigantea*), Weißrückengeier (*Gyps bengalensis*), Dünnschnabelgeier (*Gyps tenuirostris*) und Asiatischer Königsgeier (*Sarcogyps calvus*). Beide hier lebenden Ibisarten ma-

Der einzige, recht abgelegene internationale Grenzübergang zwischen Kambodscha und Laos, **Trapaeng Kriel – Nong Nok Khian**, hat zwischen 7 und 18 Uhr geöffnet. Auf kambodschanischer Seite gibt es nur ein paar Essensstände.

Nach Laos: Die kambodschanischen Beamten verlangen bei der Ausreise aus Kambodscha US$2 „Stempelgebühr". Bei Nachfrage nach einer Quittung wird man eventuell ohne Zahlung durchgewinkt. Bei der Einreise nach Laos (Nong Nok Khian) gibt es Visa on Arrival, US$30 für deutsche Staatsangehörige; Österreicher und Schweizer zahlen US$35. Wer vor 8 oder nach 16 Uhr, am Samstag oder Sonntag die Grenze passiert, zahlt zusätzlich US$1. Hier können keine Passfotos gemacht werden (also unbedingt mitbringen), und es gibt keinen Geldautomaten.

Nach Kambodscha: Die laotischen Beamten verlangen (illegalerweise) für den Ausreisestempel US$5. Zu Fuß geht es über die Grenze. Wer noch kein kambodschanisches Visum im Pass hat, füllt in der kleinen Hütte den Visaantrag aus. Ein Touristenvisum kostet US$30. Die Beamten verlangen US$5 mehr, eine Art „Stempelgebühr". Redefreudige Naturen können mit den Beamten diskutieren und Stoische kommentarlos US$30 hinlegen und sich nicht beirren lassen. Wer ohne Passfoto einreisen will, zahlt dafür US$2.

Der Grenzübergang auf kambodschanischer Seite heißt Trapaeng Kriel (alter Name: Dong Kralor). Die meisten Reisenden haben ein Ticket für die Weiterfahrt nach Stung Treng, Siem Reap oder Phnom Penh in der Tasche. Hinter der Grenze muss auf den Anschlussbus gewartet werden, lediglich der Bus von Phnom Penh Sorya fährt durch bis Stung Treng, Siem Reap und Phnom Penh. Individuell Reisende haben eventuell die Möglichkeit, bis 12 Uhr in einem der Busse mitzufahren, sofern Platz ist (die Fahrt dauert etwa 1 1/2 Std.). Sonst wird die Weiterfahrt schwierig; es gibt keine Motorradtaxis von der Grenze ins 70 km entfernte Stung Treng.

chen rund 25 % der weltweiten Population aus. Von Siem Pang aus sind keine Touren buchbar. Doch das Riverside Guesthouse in Stung Treng organisiert Trekkingtouren im Schutzgebiet mit einem Ranger (S. 365), übernachtet wird im Luntheany Guesthouse (US$6).

Man erreicht Siem Pang von Stung Treng mit dem Minibus bis Siem Pang um 8 Uhr für US$6 in 4 Std.

Provinz Rattanakiri

Die nordöstlichste Provinz Kambodschas grenzt an Laos und Vietnam. Entlang der laotischen Grenze im Norden schmiegt sich der Virachey-Nationalpark. In von dichten Wäldern bedeckten Hügeln sollen noch Tiger, Leoparden und wilde Elefanten leben, auch Primaten und Rotwild haben hier eine Heimat. Aber auch in Rattanakiri ist der Ausverkauf der Natur vorangeschritten. Wo früher noch dichter Dschungel das Land-

schaftsbild bestimmte, erstrecken sich heute Kautschuk-, Cashewnuss-, Pfeffer- und Kaffeeplantagen. Dennoch ist es für Naturliebhaber noch immer eine der schönsten Provinzen Kambodschas. Hier lassen sich ausgedehnte Trekkingtouren in den Dschungel unternehmen, an Wasserfällen baden und übernachten und Dörfer der ethnischen Minderheiten besuchen. Zahlreiche Seen liegen in der Provinz, darunter die beiden Vulkanseen Yeak Laom und Lukmut, während die Nebenarme des Tonle-San- und Seprok-Flusses sowie kleinere Flussläufe die hügelige Landschaft durchziehen.

Faszinierend sind die Gebräuche und Lebensgewohnheiten der ethnischen Minderheiten in Rattanakiri. Zahlreiche indigene Völker, auch Hochland-Khmer *(Khmer Loeu)* oder Chunchiet genannt, leben in den abgeschiedenen Regionen. Sie sprechen ihre eigenen Sprachen und pflegen ureigenste Traditionen und Bräuche, deren Kern im Geisterglauben liegt (s. Kasten S. 370). Auch zahlreiche Laoten siedeln in der Provinz. Im 18. Jh. eroberten laotische Herr-

Genau wie in den Nachbarstaaten leben auch in Kambodscha **ethnische Minderheiten**. Überwiegend in Dörfern des Hochlands ansässig, werden sie als Khmer Loeu, „Hochland-Khmer", oder Chunchiet bezeichnet. Insgesamt sind etwa 80 000 Hochland-Khmer in der Provinz Rattanakiri beheimatet, etwa 150 000–200 000 Angehörige indigener Volksstämme sind es im gesamten Land (S. 97). Die unterschiedlichen Gruppen sprechen eine eigene Sprache und unterscheiden sich nicht zuletzt in der traditionellen Anlage ihrer Dörfer. In Rattanakiri siedeln u. a. Angehörige der Tompuon, Jarai, Kreung, Kachoch und Kavet, wobei die Tompuon mit rund 30 000 Menschen die größte Minderheit darstellen.

Die Dorfgemeinschaften, die **Subsistenzwirtschaft** betreiben, lebten bis vor Kurzem völlig autark. Mittels Brandrodung legen sie im Dschungel Anbauflächen an, auf denen Reis und Gemüse angebaut werden. Nach maximal fünf Jahren ist der Boden ausgelaugt, ein neues Feld wird angelegt. Überschüsse werden auf lokalen Märkten verkauft. Früchte des Dschungels und erlegte Tiere ergänzen den Speiseplan. Die meisten Chunchiet halten Hühner, Schweine oder Wasserbüffel – geschlachtet werden sie meist nur für religiöse Rituale.

Der **Animismus** bestimmt bis heute das Leben der Bergvölker, und so vertrauen die Khmer Loeu der Naturmedizin, die ihre Heilsäfte aus Rinden, Wurzeln und Blättern gewinnt. Auch befragen alte Frauen und Männer die Götter, welches Opfer notwendig ist, um einen Kranken zu heilen.

Die **Bunong** leben in ebenerdigen Hütten, deren Dächer fast bis auf den Boden reichen und bis zu 1 m über das Haus hinausragen. Sie sind überwiegend in der Provinz Modulkiri beheimatet (S. 383). Mit den Cham verwandt sind die **Jarai**, viele stammen wie die E De aus Vietnam. Die verwendeten Schriftzeichen basieren auf dem vietnamesischen Alphabet. Traditionell leben die Jarai zu mehreren Familien in Langhäusern, die in Zimmer unterteilt sind.

Bei den **Kreung** und **Kavet** nehmen Frauen die zentrale Rolle in der Dorfgemeinschaft und in der Religion ein. Die Häuser sind ebenerdig in Kreisform angelegt. Mädchen und Jungen ziehen mit etwa 15 Jahren in eine eigene kleine Hütte: die Männer in 5 m hohe Stelzenhütten, Frauen in niedrigere Unterkünfte. Erst wenn sich ein Ehepaar gefunden hat, wird eine gemeinsame Hütte bezogen.

Die **Kuay** leben überwiegend in der Provinz Preah Vihear und sind bekannt für ihre Schmiedearbeiten.

Die **Tompuon** bauen Pfahlhäuser, die in einer Reihe angeordnet sind. Jugendliche im heiratsfähigen Alter errichten eine eigene Hütte: junge Männer eine Hütte mit Balkon, junge Frauen ohne. Die Mädchen laden potenzielle Heiratskandidaten in ihre Hütte ein, bis ein Kandidat gefunden wird, dabei dürfen die jungen Männer dort übernachten, ohne dass es zu sexuellen Handlungen kommt.

Anfang des 20. Jhs. setzten die Franzosen die Bewohner des Hochlands für die Bewirtschaftung ihrer Kautschukfelder ein, unter König Sihanouk wurde die Arbeitszeit erhöht. Auch die Roten Khmer versuchen, den Khmer Loeu ihren Lebensstil aufzuzwingen. Wie viele damals getötet wurden, ist heute kaum festzustellen, nur die Beschlagnahmung von traditionellen Gongs und Tonkrügen ist dokumentiert.

Heute ist der angestammte Lebensraum der Khmer Loeu durch Abholzung und Bodenspekulanten bedroht, denn den Khmer Loeu gehört das Land, auf dem sie siedeln, nicht; es ist Staatseigentum. Bodenspekulanten haben Land gekauft, um es für landwirtschaftliche Nutzung zu roden. Auch die Vergabe von Ökonomischen Landkonzessionen (ELC) seitens der Regierung Hun Sens führt dazu, dass große Dschungelflächen zugunsten von Kautschuk- und Cashewplantagen gerodet werden. Ganze Dörfer sind daher von Umsiedlungsmaßnahmen betroffen. Aber nicht nur der Verlust des Lebensraumes der Khmer Loeu, auch zunehmende Schulbildung, verstärkte Kontakte zur Außenwelt – auch durch Touristen – verändern ihren Lebensstil. Fernseher, Handys und Motorräder halten Einzug, und die traditionellen Lebensweisen verschwinden mehr und mehr.

scher das Gebiet, im 19. Jh. stand Rattanakiri unter thailändischer Kontrolle. Unter dem französischen Protektorat wurde die Provinz 1905 wieder Kambodscha zugesprochen. Zu Zeiten des Vietnamkriegs verlief hier der Ho-Chi-Minh-Pfad von Laos nach Südvietnam. Die Amerikaner warfen über den Städten Banlung und Lumphat großflächig Bomben ab, um den Nachschubweg zu sabotieren. Noch heute sind in Lumphat zahllose Bombenkrater zu erkennen. Die Region ist von Minen befreit, dennoch sollte man besser auf den Wegen bleiben und auf Trekkingtouren den Guides folgen.

Rattanakiri heißt übersetzt „Edelsteinberg", und noch immer wird in mühsamer Handarbeit nach wertvollen Steinen gesucht (s. Kasten S. 379). Auch Goldwäscher sind auf der Suche nach Reichtum.

Die ausgebaute Nationalstraße 78, die Stung Treng mit der vietnamesischen Grenze verbindet, ist in einem guten Zustand. Fast alle anderen Straßen sind Staubstraßen, die sich in der Regenzeit in rote Schlammpisten verwandeln.

Viele Reisende schätzen das ganzjährig kühlere Klima. Die beste Reisezeit ist nach dem Ende der Regenzeit, dann sind alle Straßen passierbar, die Landschaft ist wunderbar grün, die Wasserfälle sind beeindruckend. Ausgangspunkt für Touren ist die Provinzhauptstadt **Banlung**. Einheimische und Busunternehmen nennen den Ort auch nach der Provinz Rattanakiri.

10 HIGHLIGHT

Banlung

Bis auf die wenigen Hauptstraßen sind alle Wege in dem geschäftigen Ort Banlung [4933] noch Staubpisten, und in der Trockenzeit scheinen sämtliche Gebäude von einer rötlichen Schicht überzogen zu sein. Holzhäuser, vor denen vereinzelt Kakteen wachsen, machen den Eindruck einer Wildweststadt in den Bergen Kambodschas komplett.

Das Zentrum ist der lebhafte **Markt**. Bei Tagesanbruch kommen Frauen aus den Stammesdörfern der ethnischen Minderheiten mit ihren Bastkörben *(khapa)* auf dem Rücken, um Obst, Gemüse, Blumen und verschiedene Wurzeln zu verkaufen und Waren einzukaufen, die sie in ihren Dörfern nicht selbst produzieren. Auch Zirkone, Amethyste und Saphire aus der Region werden hier angeboten. Manche sind noch in ungeschliffenem Zustand, andere wurden zu Schmuck verarbeitet. Einen Kauf sollte jedoch nur erwägen, wer sich mit Edelsteinen gut auskennt.

Vom **Phnom Eisay Patamak**, 1,5 km westlich des Marktes, eröffnen sich zum Sonnenuntergang traumhafte Blicke auf die Umgebung.

Etwa 1 km nördlich des Zentrums liegt der **Kansaeng-See**, um den eine asphaltierte Straße führt. Zum Sonnenuntergang kommen viele Einheimische hierher, um auf den Bastmatten zu picknicken.

Für viele Reisende ist jedoch die Natur der Grund, länger als geplant zu bleiben. Der kreisrunde Vulkansee **Yeak Laom** liegt nur 4 km vom Zentrum entfernt und eignet sich perfekt, um ein erfrischendes Bad zu nehmen. Zahlreiche **Wasserfälle**, wie der Kachang- und der Katieng-Fall, sind einfach mit einem Motorrad zu erkunden. Nicht zuletzt sind die faszinierenden **Trekkingtouren Richtung Virachey-Nationalpark** ein guter Grund, Banlung zu besuchen.

ÜBERNACHTUNG

Im Zentrum zwischen Markt und Unabhängigkeitsdenkmal gibt es eine Reihe einfacher Guesthouses, die Zimmerpreise sind identisch (US$5 mit Ventilator, US$12 mit AC) – wirklich empfehlenswert ist keines.
Alle im Folgenden aufgeführten Unterkünfte liegen rund um das Zentrum und haben WLAN, allerdings nicht immer auf dem Zimmer.

Untere Preisklasse

€ **Backpacker Pad**, St. 50, ☎ 092-785 259. Für Reisende mit schmalem Budget sind ein Bett im Schlafsaal (US$2) oder ein Zimmer mit Gemeinschaftsbad eine Option. ❶
Colonial Lake Palace, St. 422, ☎ 092-785 259, [9519]. Beeindruckend ist die kolonial gestaltete Fassade. Im Inneren sind die Zimmer im nüchternen Asiastil eingerichtet, mit 1 oder

2 Betten, Schreibtisch und Flachbildschirm möbliert. Wahlweise Ventilator oder AC. **①–②**

Eang Monyratanak Hotel, N78, ☎ 097-915 7176, 🖥 www.eangmonyratanak.com, [9520]. In dem modernen Gebäude gibt es saubere große und helle AC-Zimmer mit Schreibtisch, Flatscreen und Kühlschrank. **②–④**

Theng Dara Guesthouse, N78, ☎ 017-795 168. Akzeptable Unterkunft. Einfache Ventilator- oder AC-Zimmern, 1 oder 2 Betten, TV. **①–②**

🧡 🌳 **Tree Top Ecolodge**, St. 78A, ☎ 075-555 5015, 🖥 www.tree top-ecolodge.com, [4935]. Im Hang unter schattigen Bäumen gelegene Anlage. Schöne Holzzimmer oberhalb des Restaurants und großzügige Bungalows unter Cashew- und Jackfruit-Bäumen, alle mit Ventilator, Balkon oder Terrasse. Die teureren Bungalows unten im Hang sind mit Wasserkocher ausgestattet. Hier gibt es Tee und Kaffee und eine große Wasserflasche pro Tag. Die Badezimmer haben Kieselsteinwände und Warmwasser. Die Bungalows neben dem Restaurant sind etwas einfacher gestaltet und entsprechend günstiger. Das Restaurant mit dem fantas-

tischen Ausblick eignet sich hervorragend für einen Drink zum Sonnenuntergang. 1,5 l Wasser zum Nachfüllen für 1000 Riel. Tourinfos und Bustickets. **①–②**

Yaklom Hill Lodge, 4 km östlich von Banlung, ☎ 097-699 9145, 🖥 www.yaklom.blogspot.com, [9521]. Unter dichten Bäumen im Dschungel stehen weitläufig verteilt 15 Holzbungalows auf Stelzen und kleine Nachbauten von Stammeshütten. Die Bungalows sind etwas in die Jahre gekommen, aber sauber mit Moskito- netz und einfachem Kaltwasserbad ausge- stattet. Als Deko dienen Gebrauchsgegen- stände der Bergstämme. Warme Duschen gibt es in 2 separaten Häuschen. Es gibt zudem Familien- und Gruppenbungalows. Strom über Generator von 18 bis 21 Uhr. Der hilfsbereite Besitzer organisiert Trekkingtouren und Bus- tickets. Inkl. Frühstück. **②**

Mittlere und obere Preisklasse

Ratanak Resort, 3,5 km östlich von Banlung, ☎ 092-244 114, 🖥 www.ratanakresort.com, [9522]. Weitläufige Gartenanlage mit 16 groß- zügigen AC-Holzbungalows im Hang. Edle Inneneinrichtung aus Holz, zudem TV, Kühl-

Das Zentrum von Banlung ist der große, lebhafte Markt.

© M. MARKAND

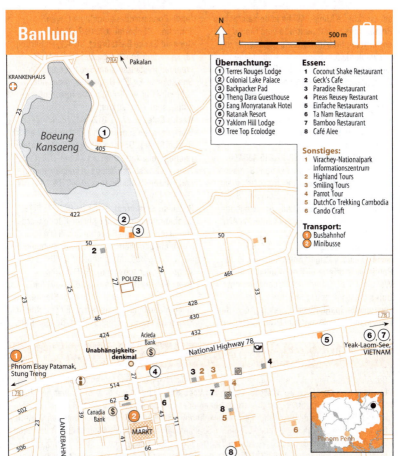

Banlung

N

0   500 m

Übernachtung:
1 Terres Rouges Lodge
2 Colonial Lake Palace
3 Backpacker Pad
4 Theng Dara Guesthouse
5 Eang Monyratanak Hotel
6 Ratanak Resort
7 Yaklom Hill Lodge
8 Tree Top Ecolodge

Essen:
1 Coconut Shake Restaurant
2 Geck's Cafe
3 Paradise Restaurant
4 Pteas Reusey Restaurant
5 Einfache Restaurants
6 Ta Nam Restaurant
7 Bamboo Restaurant
8 Café Alee

Sonstiges:
1 Virachey-Nationalpark
  Informationszentrum
2 Highland Tours
3 Smiling Tours
4 Parrot Tour
5 DutchCo Trekking Cambodia
6 Cando Craft

Transport:
1 Busbahnhof
2 Minibusse

KRANKENHAUS

Pakalan

78A

Boeung Kansaeng

405

422

50

2

3

POLIZEI

29

46t

33

428

430

432

Acleda Bank

National Highway 78

Unabhängigkeits-denkmal

Phnom Eisay Patamak, Stung Treng

514

62

5

Canadia Bank

MARKT

66

502

506

LANDEBAHN

27

39

43

41

511

Yeak-Laom-See, VIETNAM

Phnom Penh

schrank und Safe. Schöne, geräumige Bäder mit großen Fenstern und Wasserfalldusche oder Badewanne, die Wände sind mit Kieselsteinen verziert. Infinity-Pool. Von hier und dem gemütlichen 2-stöckigen Restaurant mit umlaufendem Balkon hat man einen fantastischen Blick in das grüne Tal Richtung Banlung. Inkl. Frühstück. ❹–❺
Terres Rouges Lodge, St. 422, ✆ 012-770 650, 🖥 www.ratanakiri-lodge.com, [9523]. Die 1890 erbaute Gouverneursresidenz beherbergt nun ein Boutiquehotel. 23 Zimmer und Bungalows

gibt es in der gepflegten Gartenanlage – alle mit schönen Kolonialmöbeln, Lampen und alten Bildern dekoriert, unterschiedlich gestaltet und aufgeteilt. Ob mit balinesischem oder chinesischem Flair – es lohnt sich, mehrere Zimmer anzusehen. Massage, Pool und Poolbar, Restaurant. Inkl. Frühstück. ❹–❻

ESSEN UND UNTERHALTUNG

Banlung hat eine Reihe von günstigen Restaurants, deren Angebot sich an westliche Reisende richtet. Ab Vormittag gibt es zudem schmackhafte Khmer-Küche in den einfachen Restaurants eine Querstraße vom Markt entfernt (einfach in die Töpfe schauen und auswählen). Zum Sonnenuntergang legen die Restaurants rund um das Coconut Shake Restaurant Bastmatten an den Kansaeng-See; serviert wird Sticky Rice, Gegrilltes und Mangosalat für wenige tausend Riel. Auch zwischen Markt und Unabhängigkeitsdenkmal öffnen abends einfache Grillstände und Restaurants.

Bamboo Restaurant, St. 62, ☎ 015-406 290. Günstige Khmer-Gerichte, ein paar Speisen sind von der Thai-Küche inspiriert, und westliches Essen wie Burger und Pommes. Serviert werden köstliche Currys und hervorragende Bananenshakes. Freundliche Leute. WLAN. ⏱ 7–12.30 und 15–22 Uhr.

📱 **Café Alee**, St. 78A, ☎ 089-473 767. Die mit witzigen Sprüchen gespickte Speisekarte offeriert Khmer-Küche und Westliches, darunter auch vegane Gerichte. Gutes Müsli mit hausgemachtem Joghurt und vorzügliche Spaghetti mit Bambus. Außerdem kann man Kleinigkeiten zum Drink bestellen (etwa Popcorn oder eingelegte Oliven). Tourinfos, Büchertausch. ⏱ 7–22 Uhr.

Coconut Shake Restaurant, St. 422, ist berühmt für seine leckeren Kokosshakes. Eines der wenigen Restaurants am See mit englischer Speisekarte. Es gibt Baguettes, *amok* und sehr gute Currys (Erdnuss-Allergiker müssen aufpassen). ⏱ 7–20 Uhr.

Geck's Cafe, St. 27, ☎ 012-422 228. Schicker Biergarten mit schwarzen Kunststoffmöbeln im Rattan-Schick. Drinnen gibt es AC. Die umfangreiche Speisekarte offeriert Khmer-, China-, Thai- und westliche Küche in kleinen, mittleren und großen Portionen (um 20 000 Riel). WLAN. ⏱ 7–22 Uhr.

Paradise Restaurant, St. 62, ☎ 097-775 2779. Liebhaber authentischer Khmer-Küche werden begeistert sein. Die Gerichte um 25 000 Riel sind nicht ganz günstig, aber dafür steht die persönliche Bedienung neben dem Tisch und sorgt für Reisnachschlag. ⏱ 7–22 Uhr.

Pteas Reusey Restaurant, St. 62, ☎ 012-469 043. Das Restaurant besteht aus einem Blechdach und umlaufenden Glasfenstern. Eingerichtet mit Plastikstühlen und Klapptischen. Bei unserem

Fluss- und Dschungelexpeditionen

Die Anzahl der Touranbieter in Banlung ist groß, wobei sich die meisten Touren ähneln: Es geht mit dem Motorrad oder Auto bis nach **Voen Sai**, von dort mit dem Boot über den Tonle San Richtung Osten zum Kachoch-Dorf **Ko Phean** oder den O'Lalai flussaufwärts Richtung Norden zu dem Dorf **Rok**, in dem Angehörige der Kavet leben. Meist starten die Touren von den Dörfern. Bei kombinierten Trekking-Rafting-Touren wird gemeinsam ein **Bambusfloß** gebaut, mit dem man über den Fluss fährt. Gemächlich ist die Floßfahrt auf dem **San-Fluss** (auch Sesan genannt), herausfordernder die Touren auf dem **O'Lalai**. Ab Ende März kann der Wasserstand zu niedrig sein, sodass die Flussfahrten durch **Trekking** ersetzt werden. Gewandert wird maximal 6 Std. pro Tag. Bei 3-tägigen Touren nächtigt man eine Nacht in der Hängematte mit Moskitonetz, die andere Nacht im Zelt oder in einem indigenen Dorf im **Homestay** in einer einfachen Hütte. Alle Anbieter sprechen gut Englisch. Vor Ort wird zusätzlich ein lokaler Führer engagiert. Mit dem Erlös aus Eintritten zu den Dörfern, den Touren samt Guide und den Homestay-Übernachtungen wird die indigene Bevölkerung unterstützt. Die meisten Touren sind auf 3 Tage und 2 Übernachtungen ausgelegt. Alle Touranbieter gehen auf Wunsch aber bis zu 8 Tage in den Dschungel. Die aufgeführten Anbieter haben einen guten Ruf und werden von Guesthouses bevorzugt gebucht. Die Preise gelten jeweils für Gruppen von 2 Pers. inkl. Transport, Essen, Unterkunft und Führer; bei größeren Gruppen gibt es oft Rabatte. In der Nebensaison lohnt es besonders bei verschiedenen Anbietern nach der nächsten Tour zu fragen und sich einer Gruppe anzuschließen. Das spart Kosten und macht oft auch mehr Spaß. Da wir nicht mit allen Anbietern Touren unternehmen können, freuen wir uns über Bewertungen, eure Geschichten und eure Tipps unter **eXTra [9518]**.

Zwei- bis viertägige Trekkingtouren von Banlung führen in die **Voen Sai Siem Pang Conservation Area** (VSSPCA): Zwischen Voen Sai und Siem Pang leben die seltenen Nördlichen **Gelbwangen-Schopfgibbons** *(Nomascus annamensis)*. Die Art wurde erst 2010 entdeckt. Sowohl genetisch als auch in der Art ihrer Rufe unterscheiden sie sich von ihren nächsten Verwandten, den Südlichen Gelbwangen-Schopfgibbons. Die Gesamtpopulation wird auf 10 000 Tiere geschätzt. Männliche Gibbons haben ein schwarzes Fell und gelblich-rötliche Wangenflecken, die Weibchen ein hellbeiges Fell.

Das Projekt ist als Community Based Ecotourism (CBET) konzipiert. Nur kleine Gruppen bis zu sechs Personen dürfen das Gebiet betreten, der Eintritt von US$25 geht an die umliegenden Dörfer als Anreiz, den Lebensraum und die Gibbons zu schützen. Übernachtet wird an der Rangerstation nahe dem I-Tub-Dorf. Nach dem Weckruf der Gibbons gegen 3.30 Uhr geht es los, um die Tiere in ihrem angestammten Lebensraum zu beobachten. Dreitägige Touren ab US$200 p. P. inkl. Transport, Essen, Übernachtung und Guide über Smiling Tours (S. 376). Touren ab Siem Reap über See Cambodia Differently, ℡ 063-966 355, 🖥 www.SeeCambodiaDifferently.com.

Besuch gab es noch keine englische Speisekarte, aber der Besitzer spricht sehr gut Englisch und kann von der schmackhaften kambodschanischen Hausmannskost etwas empfehlen. WLAN. ⏰ 7–21 Uhr.

Ta Nam Restaurant, St. 62. Das Restaurant ist tagsüber von Einheimischen gut besucht, und dies aus gutem Grund: Die englische Speisekarte offeriert hervorragende Nudelsuppen und ein paar Reisgerichte. ⏰ 6–15 Uhr.

TOUREN

DutchCo Tekking Cambodia, ℡ 097-679 2714, 🖥 www.trekkingcambodia.com. Informationen im Café Alee von ⏰ 10–12 und 17–19 Uhr. Der Holländer Rik Hendriks bietet professionelle Tagestouren und 3- bis 5-Tages-Trekkingtouren an den Rand des Virachey-Nationalparks. Von Voen Sai geht es mit dem Boot über den San- und O'Lalai-Fluss. Die Treks führen Richtung Tanop, wo Angehörige der Kavet leben. Inkl. einer Nachtwanderung. US$45 p. P. und Tag.

Highland Tours, ℡ 088-870 3080. Bieten Tages- und 2-Tages-Touren in die Nähe von Kalai und 2- bis 4-Tages-Trekkingtouren von Voen Sai den Tonle San flussaufwärts. US$35 p. P. und Tag als 3-Tagestour.

Parrot Tour, ℡ 097-837 3878, 🖥 www.jungletrek.blogspot.com. Mr. Jammy bietet verschiedenen Touren an, u. a. ins Gibbon-Schutzgebiet für US$90 p. P. und Tag und ins Lumphat

Wildlife Sanctuary für US$40 p. P. und Tag. 3-tägige Touren von Voen Sai Richtung Siem Pang, Übernachtung u. a. in einem Dorf, in dem nur 7 Familien leben. US$45 p. P. und Tag. 3-tägige Trekkingtouren von Voen Sai

Trekkingtour-Veranstalter in Banlung engagieren einen indigenen Führer, sodass Dörfer nur in Begleitung dieses kundigen Führers betreten werden. Trotzdem einige Verhaltenshinweise:

- Nur mit Zustimmung und ohne Blitzlicht fotografieren. Das gilt auch für Kinder. Viele der ethnischen Minderheiten glauben, dass ihr Geist auf dem Bild gefangen wird.
- Auf keinen Fall ein Dorf betreten, bevor man dafür die Zustimmung bekommen hat. Schilder und Zeichen zeigen oft, aber nicht immer, dass der Zutritt verwehrt wird.
- Das Dorf so verlassen, wie man es vorgefunden hat und keinen Abfall hinterlassen.
- Höflicher und respektvoller Umgang mit den Dorfbewohnern, insbesondere mit älteren Menschen, ist selbstverständlich.
- Dezente Kleidung tragen, die Schulter und Knie bedeckt.
- Selbstverständlich keine Drogen nehmen.
- Keine Kultgegenstände oder Antiquitäten abkaufen.

KAMBODSCHAS WILDER OSTEN

Richtung Koh Phean oder als kombinierte Trekking-Rafting-Tour über den O'Lalai-Fluss zum Dorf Rok für US$45 p. P. und Tag. **Smiling Tours**, ✆ 097-236 4333, 🖥 www.ratanakiri-smilingtours.com. Mr. Smey, der seit 1990 als Guide arbeitet, ist meist in der Tree Top Ecolodge (s. o.) anzutreffen. Interessante Tagestouren für US$25 in die Umgebung: zu den Wasserfällen, Jarai- und Kachoch-Friedhöfen, Edelsteinminen oder in ein laotisch-chinesisches Dorf (S. 380). 3-tägige Touren ins Gibbon-Schutzgebiet (s. Kasten S. 370). 3- bis 4-tägige Trekkingtrips nördlich von Voen Sai mit Übernachtung am Ou Chanang oder Ou Jai-Wasserfall. Raftingtouren inkl. einer Bambusflussfahrt am Rok-Dorf.

Trekkingtouren im Virachey-Nationalpark können nur über das **Virachey-Nationalpark-Informationszentrum** gebucht werden (S. 380).

SONSTIGES

Fahrrad- und Motorradverleih

Die meisten Guesthouses und Touranbieter vermieten Fahrräder, je nach Ausführung für US$1–2 pro Tag, Mopeds US$5–7 pro Tag. Im Theng Dara Gh. Geländemaschinen für US$20/Tag.

Geld

Acleda Bank, N78. Geldautomat für alle gängigen Kreditkarten und Western-Union-Service. ⏰ Mo–Fr 7.30–16, Sa 7.30–12 Uhr.
Canadia Bank, St. 41. Geldautomat ohne Zusatzgebühr für MasterCard und Visa, Geldwechsel, MoneyGram-Service. ⏰ Mo–Fr 8–15.30, Sa 8–11.30 Uhr.

Informationen

Tourist Information, die Tür ist zwar offen, das Büro aber selten besetzt. Es gibt bis auf einen Stadtplan von Banlung wenig interessante Tipps. ⏰ Mo–Fr 7.30–11.30 und 14–17, Sa 8–11 Uhr. Die besten Informationsquellen sind die Touranbieter.

Internet

Mehrere **Internetcafés** in der Stadt, US$1/Std. Kostenlos WLAN in den Unterkünften und in mehreren Restaurants.

Schwimmen

Wer nicht den Yeak-Laom-See in der Natur bevorzugt, kann die Schwimmbäder in der Terres Rouges Lodge oder im Ratanak Resort benutzen. Tagesgäste zahlen US$5 am Tag. Am See sollten vor allem Frauen auf züchtige Kleidung achten: Hier badet frau am unauffälligsten mit T-Shirt und Shorts.

Souvenirs

Cando Craft, Kunsthandwerk der Khmer Loeu wie Bastkörbe, Kalebassen oder Haarkämme. ⏰ Mo–Fr 7–12 und 14–17Uhr.

Visaangelegenheiten

Tree Top Ecolodge organisiert die Verlängerung des Touristenvisums für US$50 und die Beschaffung eines Vietnam-Visums für US$90, beides in 4 Werktagen.

Wäschereien

Wäscheservice in den Guesthouses für US$1,50/kg.

TRANSPORT

Banlung wird von den Busgesellschaften Phnom Penh Sorya und Rith Mony bedient, einige Ziele sind nur mit lokalen Minibussen erreichbar. Tickets gibt es in den Unterkünften und bei den Touranbietern. Die sind zwar etwa US$1 teurer als bei Direktbuchung über die Minibusfahrer oder Busgesellschaften, dafür inkl. Hotelabholung bzw. Transport zum Busbahnhof 2 km außerhalb. Ankommende Busse halten meist am Markt.

Busse

KOMPONG CHAM, mit dem Bus nach Phnom Penh um 6.30 Uhr für US$11 in 9 Std.;
KRATIE, mit dem Bus nach Phnom Penh um 6.30 Uhr für US$9 in 7 Std.;
PHNOM PENH, um 6.30 Uhr für US$11 in 12 Std.;
SIEM REAP, um 6.30 Uhr für US$19 in 14 Std. (Buswechsel in Skuon mit Wartezeit).

Minibusse

Die lokalen Minibusse sind nichts für Komfortliebhaber: mind. 4 Pers. plus Gepäck „passen" auf 3 Sitze.

KOMPONG CHAM, um 6.30 Uhr für US$15 in 8 Std.;
KRATIE, um 7.30 Uhr für US$9 in 6 Std.;
PHNOM PENH, um 6.30 Uhr für US$15 in 10 Std.;
SEN MONOROM, s. Kasten.
SIEM REAP, um 7.30 Uhr für US$16 in 9 Std. Komfortabler ist der Wechsel in den VIP Minibus in Stung Treng um 14 Uhr für US$28 (ganze Strecke). Bei Stung Treng wird mit einer Fähre der Sekong überquert; wenn die Brücke fertiggestellt ist, soll die Fahrt günstiger werden.
STUNG TRENG, um 7.30 Uhr für US$6 in 2 1/2 Std.;
TBENG MEANCHEY, mit dem Minibus Richtung Siem Reap um 7.30 Uhr für US$15 in 6 Std.

In die Nachbarländer

DON DET und DON KHON (beide Laos), um 7.30 Uhr für US$15 in 7 Std. inkl. Boot; PAKXE, für US$22 in 5 Std. (jeweils reine Fahrzeit, in Stung Treng wird in den Phnom-Penh-Sorya-Bus gewechselt, der gegen 16 Uhr Stung Treng passiert);
PLEI KU (Vietnam), um 7.30 Uhr für US$12 in 5 Std. (ggf. Buswechsel hinter der Grenze).

Die Umgebung von Banlung

Es sind die beeindruckenden Naturlandschaften, die Besucher nach Banlung ziehen. Manche erkunden sie auf Tagesausflügen mit dem Motorrad(taxi), andere unternehmen mehrtägige Trekkingausflüge mit Übernachtung in der Natur, s. eXTra [4939]. Problemlos kann man ein paar Tage in Banlung verbringen und jeden Tag etwas Neues entdecken.

Yeak-Laom-See

Der bezaubernde kreisrunde Vulkansee [4937] liegt 4 km östlich von Banlung und misst 800 m im Durchmesser, das Wasser ist bis zu 50 m tief. Die Khmer Loeu betrachten diesen See als heilig. Für sie ist er Sitz der Land-, Wasser- und Waldgeister, weshalb kein Gebäude an seinem Ufer errichtet oder der Wald gerodet werden darf. Ein schöner, 3 km langer Wanderweg führt rund um den malerischen See, Bambus und Urwaldriesen säumen das Ufer. Holzterrassen laden zum Baden im blau schimmernden warmen Wasser ein. Yeak Laom ist perfekt für einen entspannten Halbtagesausflug, bei dem man sich

Banlung – Sen Monorom

Ein Blick auf die Landkarte zeigt: Es gibt eine Straße zwischen Banlung und Sen Monorom. Diese wird auch mit chinesischer Hilfe fleißig seit Jahren gebaut und wieder ausgebessert. Immer noch (Stand August 2014) ist die 180 km lange Schotter-/Staub-/Schlammpiste eine Herausforderung. Öffentliche Minibusse verkehren nur zwischen **Koh Nhek** (auf halber Strecke zwischen Banlung und Sen Monorom gelegen) und Sen Monorom. Koh Nhek besteht aus einer Ansammlung von Häusern rund um eine Kreuzung. Es gibt eine Filiale der Acleda Bank und drei Restaurants. Wer in Koh Nhek strandet, hat die Wahl zwischen mehreren einfachen Guesthouses (US$5) und dem Sovannkiri Gh. mit recht schönen Bungalows (US$15–20).

Von Banlung nach Sen Monorom: Mit den Bussen nach Kratie. Wer Glück hat, findet am Nachmittag noch einen Minibus nach Sen Monorom. Sonst am nächsten Morgen ab Kratie mit großen Minibussen um 7 und 8 Uhr für US$7 in 6 Std. An einem Tag kann man die Strecke mit Motorradtaxi für US$85 oder gechartertem Auto für US$170 in 7 Std. schaffen (nur in der Trockenzeit). Eine weitere Option ist ein Motorradtaxi bis Koh Nhek für US$35 in 3 1/2 Std., am nächsten Morgen mit den Minibussen zwischen 6 und 9.30 Uhr für US$8 in 3 Std. nach Sen Monorom.

Von Sen Monorom nach Banlung kommt man in einem Tag entweder mit den Phnom-Penh-Sorya-Bussen mit Umsteigen in Snuol oder mit lokalen Minibussen, dann umsteigen in Kratie, mind. 10 Std. einplanen (je nach Wartezeit). Mit dem Motorradtaxi für US$60 in 7 Std. Green House in Sen Monorom (S. 386) organisiert eine volle Zwei-Tagestour mit dem Motorrad über schmale Dschungelpfade, an Wasserfällen vorbei, den Edelsteinschürfern von Bokeo und dem Yeak-Laom-See für US$130 inkl. Essen und Homestay-Übernachtung in Koh Nhek.

Nachbildungen von Stammeshütten am Yeak-Laom-See

mit einem Sprung ins Wasser abkühlen und mit kleinen Snacks am Seeeingang versorgen kann. Am Wochenende kommen viele Einheimische, um eine der Hütten am Seeufer zu mieten, zu picknicken oder eine Party zu feiern. Westliche Touristinnen sollten sich den einheimischen Frauen anpassen und zumindest ein T-Shirt beim Baden überziehen.

Das **Cultural and Environmental Center**, am Rundweg, 400 m westlich des Eingangs, beherbergt Alltagsgegenstände, Kunsthandwerk und gibt spärliche Informationen über die ethnischen Minderheiten, Eintritt 300 Riel.

Eintritt zum See 6000 Riel, Moped 2000 Riel, Fahrrad 1000 Riel. Den Eintritt erhält der Tompuon-Stamm, der See und Park verwaltet.

Man erreicht den See zu Fuß von Banlung in 45 Min., mit dem Tuk-Tuk/Motorradtaxis für US$10/5 (Hin- und Rückfahrt inkl. Wartezeit) in 15 Min.

Phnom Eisay Patamak

Der Berg Phnom Eisay Patamak liegt etwa 1,5 km westlich von Banlung. Wegen der einst hier üppig wachsenden Mangobäume wird er oft auch Phnom Svay genannt. Wer der Straße hinauf folgt, passiert erst die **Pagode Eisay Patamak**. Unterhalb des Gipfels liegt eine große Buddhastatue. Sie stammt aus dem Jahr 1980, das Original wurde von den Roten Khmer zerstört. Einheimische kommen hierher, um für einen Geschäftsabschluss oder eine gute Reise zu beten. Vom Gipfel bietet sich ein schöner Blick auf grüne Hänge. Besonders romantisch ist es zum Sonnenuntergang.

Wasserfälle

Im Süden und Nordwesten von Banlung liegen gleich vier Wasserfälle, die sich mit einem Motorrad bequem ansteuern lassen. Die schönsten, der **Katieng-** und der **Kachang-Wasserfall**, liegen beieinander und sind auch auf einer Fahrradtour von Banlung aus erreichbar. Alle Wasserfälle sind einfach anzufahren, Wege führen bis ans Wasser. Besonders beeindruckend sind die Wasserfälle zur Regenzeit, aber auch in der Trockenzeit führen sie noch Wasser.

Katieng-Wasserfall

12 km südwestlich von Banlung fällt der Katieng-Wasserfall rund 8 m in die Tiefe in ein rundes Wasserbecken. Über Holzstufen geht es zu dem

natürlichen Pool, der sich prima zum Schwimmen eignet. In den ausgewaschenen Höhlen kann man sogar hinter den Wasserfall laufen. In einer Hütte wird Kunsthandwerk der Tompuon verkauft. Eintritt 2000 Riel.

Kachang-Wasserfall

Der schöne Wasserfall liegt 9 km südwestlich von Banlung. Von der Hängebrücke hat man einen tollen Blick auf die 10 m hohe Kaskade. Das natürliche Becken eignet sich zum Schwimmen und ist angenehm kühl. Es gibt ein einfaches Restaurant, in dem auch Souvenirs verkauft werden. Nachbildungen einer hohen Männerhütte, einer niedrigen Frauenhütte und einer Familienhütte des Kreung-Stammes stehen hier (s. Kasten S. 370), Eintritt 3000 Riel.

Cha-Ong-Wasserfall

Der Cha-Ong-Wasserfall, 16 km nordwestlich von Banlung, stürzt 30 m in eine Schlucht und ist damit der höchste Wasserfall der Umgebung. Stufen führen bis ans Wasser; unter den prasselnden Wassermassen kann man wunderbar eine Dusche nehmen. Eintritt 2000 Riel.

Ou-Sinlair-Wasserfall

Knapp 30 km südlich von Banlung geht die Fahrt entlang großer Kautschukplantagen. Hinter dem Dorf Ou Sinlair stehen noch beeindruckende Urwaldriesen. Über sieben 1–2 m hohe Stufen bahnt sich der Fluss seinen Weg. Am Parkplatz sind nur wenige der halb verfallenen Imbissstände besetzt, Bastmatten am Ufer laden zum Picknick ein, von dort kann man in einem der Becken bequem ein Bad nehmen. Bei unserem Besuch war der Platz allerdings sehr vermüllt. Eintritt 4000 Riel.

Andong Meas

Der kleine Ort Andong Meas, rund 58 km nordöstlich von Banlung, ist über eine rote Staubstraße erreichbar. Rund um Andong Meas liegen Dörfer der ethnischen Minderheiten, oft sieht man die Langhäuser der Jarai. Ein schöner **Jarai-Friedhof** (s. Kasten S. 381) befindet sich 2 km von Andong Meas entfernt. Er darf nur in Begleitung von Einheimischen betreten werden, Eintritt 5000 Riel.

In Andong Meas kann für US$25 ein Boot gechartert werden (auf das Schild an der Hauptstraße achten), los geht es an der Brücke. Die schöne halbstündige Bootsfahrt auf dem San-Fluss führt zu einem weiteren alten verlassenen Jarai-Friedhof und zu einer Insel im Fluss, auf der nach Gold geschürft wird.

In einem Tagesausflug sind bequem die Edelsteinminen bei Bokeo und Andong Meas zu erreichen, mit dem Motorradtaxi für US$25 z. B. bei Smiling Tours.

Voen Sai und Umgebung

Das kleine Dorf Voen Sai liegt rund 40 km nördlich von Banlung am San-Fluss. Auf halber Stre-

Auf Edelsteinsuche

Die Provinz Rattanakiri ist bekannt für ihre Edelsteine, die hier nach wie vor auf traditionelle Art geschürft werden. Zurzeit wird rund 30 km östlich von Banlung, im Bezirk **Bokeo**, nach den begehrten Steinen gesucht. Um Dutzende von Löchern sind kleine Erdwälle aufgeschüttet, die von Planen geschützt werden. Über jedem Loch steht eine kleine Seilwinde. Bis zu 12 m tief ist ein derartiges Loch, der Durchmesser ist gerade mal so breit, dass ein Mann darin hinabsteigen und Erde ausheben kann. Vertiefungen an der Seitenwand dienen als Trittleiter. Die Arbeit ist Familienangelegenheit: Während ein Mann das Loch tiefer und tiefer gräbt – auch Seitengänge werden gegraben – betätigt ein zweiter die Seilwinde, um die ausgehobene Erde zutage zu fördern. Frauen durchsieben dann die Erde nach brauchbaren Steinen, wozu in erster Linie Zirkone, Saphire und Amethyste zählen. Kleine Steine sind nur US$1–2 wert, für große gute Steine können mehrere hundert Dollar erzielt werden. Die Schürfer werden auch *kamakor chech tbong*, „Edelstein-Arbeiter", genannt. Sie buddeln auf privatem Land und werden von den Landbesitzern nach gefundenen Edelsteinen bezahlt, US$100–200 können so mit der gefährlichen Arbeit pro Monat verdient werden. Im Gegensatz zur Landwirtschaft ist die Arbeit jahreszeitenunabhängig, nur bei Starkregen wird die Suche eingestellt.

cke dorthin erreicht man das Kreung-Dorf **Kalai**. Am Wegesrand stehen die winzigen Hütten der jungen Frauen und Männer (s. Kasten S. 370). Von hier starten wenig reizvolle Tages-Trekkingtouren, denn viel von den ursprünglichen Wäldern wurde in der Vergangenheit abgeholzt.

In **Voen Sai** gibt es ein einfaches Restaurant mit englischer Speisekarte oberhalb des Fähranlegers. Die Fähre besteht aus vier einfachen Holzbooten, auf denen eine Holzplattform liegt. Man mag es kaum glauben, aber selbst mehrere Pkw auf einmal werden damit auf die gegenüberliegende Flussseite geschifft.

In der dortigen Siedlung, im Dorf **Kalan Nr. 1**, oder auch einfach **Laotisch-Chinesisches Dorf** genannt, leben – Laoten und Chinesen. Die Siedlung teilt sich in zwei Bereiche: westlich die einfachen großen Holzhäuser der Laoten, östlich die farbigen, geschmückten Häuser der chinesischen Bevölkerung.

Am Fähranleger in Voen Sai können auch Boote gechartert werden. Die sehenswerte zweistündige Fahrt führt zum Kachoch-Dorf **Ko Phean** und zum Laotisch-Chinesischen Dorf für US$25 (ganzes Boot, max. 4 Pers.).

Anfahrt: Minibusse (etwa alle zwei Tage) ab Banlung-Markt für US$8 in 1 Std. Motorradtouren, die den Besuch des Kachoch-Friedhofs in Ko Phean und des Laotisch-Chinesischen Dorfes beinhalten, für US$25 zzgl. US$25 für das Boot.

Lukmut-See

Ein weiterer herrlicher See in einem Vulkankrater liegt 55 km südöstlich von Banlung. Er ist etwa doppelt so groß wie der Yeak-Laom-See. Im Vergleich dazu ist hier jedoch, außer an Feiertagen, gar nichts los und man hat die Natur für sich allein. Ein schmaler Pfad führt um den See herum. In gut einer Stunde hat man den Lukmut-See umrundet. Zwischendurch kann man eine Abkühlung im Wasser nehmen.

Man erreicht ihn mit dem Motorradtaxi für US$20 in 1 Std. Der Eintritt, falls das Kassenhäuschen besetzt ist, beträgt 2000 Riel.

Virachey-Nationalpark

Der Virachey-Nationalpark im Nordosten Kambodschas grenzt in Norden an Laos und im Osten an Vietnam, Teile des Nationalparks liegen in der Provinz Stung Treng. Mit 3325 km² ist er der größte Nationalpark des Landes. Seit die Regierung im Januar 2014, auch auf Druck von Bird Life Cambodia, 670 km² zum neuen Siem-Pang-Schutzwald erklärt hat, stehen nun mit dem Virachey-Nationalpark grenzübergreifend zusammenhängend 7000 km² in Nordkambodscha, Südlaos und Westvietnam unter Schutz. Noch bedecken dichte Wälder und Grassteppen das Gebiet, dessen höchster Berg der 1500 m hohe Phnom Yak Youk ist. Im Virachey-Nationalpark sollen noch wilde Tiger, Bären und Elefanten leben. Primaten wie Gibbons, deren Ruf schon von Weitem zu hören ist, sind hier beheimatet. Auch Paarhufer wie der Sambar-Hirsch, der Muntiak-Hirsch und das Kouprey-Wildrind durchstreifen Wälder und Steppen. Kaum eines der scheuen Tiere wird man bei einer Trekkingtour sehen, aber zahlreiche Vögel, z. B. Nashornvögel, können beobachtet werden.

Gerüchten zufolge sollen jedoch bereits 60 % des Gebietes an Indochine Mining Ltd., eine in Australien beheimatete Firma, verkauft worden sein, die hier nach Gold und Kupfer schürfen will. Sobald Straßen das Gebiet durchziehen, werden wohl die Grundstücke meistbietend verkauft werden. Noch ist nicht abzusehen, ob der Virachey-Nationalpark künftig einer Mondlandschaft oder einer grünen Monokultur gleichen wird. Bisher sieht man Kautschukplantagen nur im entlegenen äußersten Nordostzipfel des Schutzgebietes. Doch eine Veränderung zum Nachteil von Fauna und Flora ist abzusehen. Der Touranbieter DutchCo (S. 375) unterstützt im Tanop-Wald die ethnische Minderheit der Kavet im Kampf für ihr angestammtes Gebiet und den Erhalt des Dschungels.

Theoretisch ist der Nationalpark von Banlung, Stung Treng und Siem Pang aus zugänglich. Doch Trekkingtouren in den Park können nur von Banlung aus organisiert werden. Dort befindet sich das offizielle **Virachey-Nationalpark-Informationszentrum**, ℰ 097-984 1471 (Ranger Mr. Sokheoun), ⌨ viracheyecotourism. blogspot.com, ⌚ 9–17 Uhr. Die Ranger des Nationalparks sind die Einzigen, die dort auch Touren führen dürfen. Wie viel Geld bei den lokalen Dorfgemeinschaften von den notorisch unterbezahlten Rangern ankommt, lässt sich schwer

Angehörige der ethnischen Minderheiten wie die Jarai, Tompuon, Kachoch und Kreung bestatten ihre Toten auf einem Friedhof, der für sie eine **heilige Stätte** darstellt. Zum Grab werden dem Toten immer wieder Wasser, Essen und Tabak gebracht. Alle ein bis drei Monate nach einem Ableben gibt es eine Feier, bei der ein Schwein geschlachtet, Reiswein getrunken und Gong-Musik gespielt wird.

Nach ein bis zwei Jahren, wenn die Trauerphase beendet ist (meist hängt der Zeitpunkt von den finanziellen Mitteln der Angehörigen ab), wird eine **dreitägige Opferzeremonie** abgehalten. Das Grab erhält dann ein Holzdach, eine Umrandung und mindestens zwei geschnitzte Holzstatuen, die den Toten und seinen Ehepartner darstellen. Auf das Grab werden die **persönlichen Gegenstände** des Toten gelegt: sein Bett, die Matratze, ein Moskitonetz, der persönliche Reisweinkrug oder sein Essgeschirr. Jedes der Kinder opfert am Grab einen Büffel – die Büffelkiefer hängen dort anschließend aufgereiht. Zudem wird ein Bananenstrauch am Grab gepflanzt und ein Huhn in den Dschungel entlassen; beides soll den Geist des Toten auf- bzw. mitnehmen. Nicht nur geschnitzte Statuen zie-

© MARION MEYERS

Jarai-Friedhof bei Andong Meas

ren die Gräber, auch Historisches wird in Holz „verewigt": Oft sieht man zwei Elefantenstoßzähne, die daran erinnern, dass vor den Roten Khmer Arbeitselefanten den Alltag bestimmten. Oder einen kleinen Hubschrauber der US-Armee in Holz, eine Erinnerung des Toten an den Vietnamkrieg.

Die **Überdachungen** der Gräber der Jarai werden schmal und hoch gebaut, während diejenigen der Kachoch flach sind. Auf der Dachspitze der Kachoch-Gräber sind geschnitzte Pferdeköpfe und Blumenmotive zu erkennen. Auch Baumwolle hängt an den Gräbern, denn früher stellte man die Kleidung noch selbst aus Baumwolle her und fast jede Familie hatte ein kleines Baumwollfeld. Bei den Tompuon ist auch der Beruf des Verstorbenen, etwa seine Tätigkeit als Polizist oder Soldat, anhand der Figuren erkennbar. Die Kreung dagegen bahren ihre Toten drei bis sieben Tage zu Hause auf. Hühner oder ein Schwein werden geopfert und ein Baum gefällt, aus dem der Sarg gefertigt wird. Darin wird der Tote beerdigt. Sie verzichten auf jeglichen Schmuck, das Grab besteht aus einer einfachen Holzumrandung und einem Metalldach.

Den Jarai, Tompuon, Kachoch und Kreung ist gemeinsam, dass nach der dreitägigen Opferzeremonie und der Errichtung des Grabes alles für den Toten getan worden ist und die **Gräber der Natur überlassen** und nicht weiter gepflegt werden.

Entlang dem San-Fluss können zwei Friedhöfe der Jarai bei Anlong Meas und ein Kachoch-Friedhof im Dorf Ko Phean besucht werden. Alle Plätze dürfen nur in Begleitung eines Führers und eines Dorfmitglieds betreten werden, eine Spende von 5000 Riel sollte man parat haben. Der Friedhof der Tompuon am San-Fluss ist seit mehreren Jahren (aufgrund von plötzlichen Todesfällen im Dorf nach einem Friedhofsbesuch) für ausländische und einheimische Besucher gesperrt.

beurteilen. Die Englisch sprechenden Ranger haben verschiedene Exklusiv-Touren im Angebot: Die dreitägige Tour führt ins 55 km von Banlung entfernte Dorf Ta Veng, von dort geht es in den Park zum Yark-Koung-Kreav-Berg und Yark-Keav-Wasserfall. Übernachtet wird in Hängematten und Homestays. Die Touren werden für Einzelpersonen bis hin zu Gruppen von acht Personen durchgeführt. Der dreitägige Trip kostet für zwei Personen US$221. Abenteuerlustige können bis zu sieben Tage im Virachey-Nationalpark bis zur Phnom-Veal-Thom-Grassavanne wandern.

Lumphat

Die Roten Khmer machten das 40 km südlich von Banlung gelegene Lumphat zur Provinzhauptstadt, erst 1979 verlegten die Vietnamesen diese nach Banlung.

Über eine recht gute rote Schotter-Staubstraße führt die Strecke durch Reisfelder und Buschland. Das heute hübsche, einfache Dorf am Srepok-Fluss war während des Vietnamkriegs Ziel amerikanischer Bombenabwürfe, die die Nachschubwege des Ho-Chi-Minh-Pfads treffen sollten. Noch heute sind die Bombenkrater und die Überreste bombardierter Steinhäuser zu erkennen. Angeblich sollen alle Blindgänger geräumt worden sein, dennoch beachte Vorsicht walten lassen. Lumphat ist Ausgangspunkt für Touren ins **Lumphat Wildlife Sanc-**

Grenzübergang nach Vietnam

Der internationale Grenzübergang **O'Yadaw – Le Thanh** liegt ca. 70 km von Banlung entfernt. Zwischen Banlung und Plei Ku in Vietnam existieren Bus- und Minibusverbindungen (nach Vietnam evtl. Buswechsel an der Grenze, US$12 in 5 Std. bis Plei Ku). Das Visum für Vietnam muss im Pass sein.

Von **Plei Ku** bis **Banlung**: Meist überquert der Bus mit dem Gepäck die Grenze, nur die Fahrgäste müssen aussteigen. Im Niemandsland fährt der Bus die Gäste bis zum kambodschanischen Grenzposten. Bei Einreise nach Kambodscha gibt es Visa on Arrival für US$30 (Touristenvisum für einen Monat, Passfoto notwendig).

tuary. Es gibt Homestay-Möglichkeiten und zwei einfache Restaurants.

Man erreicht Lumphat mit dem Motorradtaxi ab Banlung für US$20 (hin und zurück).

Lumphat Wildlife Sanctuary

Das 2500 km² große Lumphat Wildlife Sanctuary am Srepok-Fluss ist besonders Erfolg versprechend in puncto Vogelbeobachtungen. Störche, Ibisse und Geier leben in den Wäldern und Grassavannen. Auch vor diesem Schutzgebiet macht der „Fortschritt" nicht halt: Die Regierung Hun Sens hat 9000 ha Landkonzessionen an ein viet-

Tipps für Trekkingtouren

Rattanakiri ist **Malariagebiet**, daher müssen Besucher unbedingt an Mückenschutz denken und langärmelige Kleidung mitnehmen. Feste Schuhe sind bei Wanderungen ein Muss. Lange Hosen in Strümpfe oder Schuhe gepackt, schützen zudem vor Blutegeln. Auch die Sonneneinstrahlung sollte nicht unterschätzt werden: Eine Kopfbedeckung und Sonnencreme gehören in den Trekking-Rucksack. Nachts kann es in einer Hängematte oder den einfachen Homestay-Mattenbungalows kalt werden. Besser **wärmende Kleidung** mitnehmen.

Teile des von den Amerikanern bombardierten Ho-Chi-Minh-Pfades liegen im Virachey-Nationalpark. Die einheimischen Führer kennen die Wege, deshalb unbedingt den Führern folgen und nicht zu weit vom Weg abkommen, **keinesfalls Metallgegenstände im Boden anfassen**.

Die ideale Trekkingzeit ist im November/Dezember: Die Wälder erscheinen besonders grün, die Wege sind einfacher zu begehen, und bei Übernachtungen in der Hängematte ist die Wahrscheinlichkeit gering, einen Regenschauer abzubekommen. Von Ende März bis Juni können geplante Bootstouren wegen Niedrigwassers ausfallen, die Wasserfälle führen dann so gut wie kein Wasser mehr.

namesisches Unternehmen vergeben, das dort nun eine Kautschukplantage betreibt.

Angeboten werden dreitägige Trekkingtouren von Banlung aus: Richtung Lumphat und Serei Mongkol, dann geht es über den Srepok-Fluss ins Lumphat Wildlife Sancutary. Eine Bootstour führt um drei Inseln im Srepok-Fluss. Übernachtet wird in Hängematten. US$40 p. P. und Tag, über Parrot Tour buchbar.

Provinz Mondulkiri

Mondulkiri ist Kambodschas flächenmäßig größte und zugleich die am dünnsten besiedelte Provinz, im wahrsten Sinne der „wilde Osten". Erst 1960 wurde sie unter König Sihanouk von der Provinz Kratie abgetrennt, zwei Jahre später wurde Sen Monorom zur Provinzhauptstadt erklärt.

Eine abwechslungsreiche Landschaft, bestehend aus Hügeln, die sanft geschwungen und mit Gras oder immergrünem Dschungel bewachsen sind, dazu zahlreiche Seen und noch mehr Wasserfälle kennzeichnen die Region. Elefantenfreunde können hier wunderbare Trekkingtouren mit den Dickhäutern unternehmen. Bisher kamen nur wenige westliche Besucher in das versteckte Dschungelparadies, doch seit dem Ausbau der Straße nach Phnom Penh steigen die Besucherzahlen. Mit Absegnung der Regierung soll der Tourismus, insbesondere der Ökotourismus, gefördert werden. Im Mondulkiri-Waldschutzgebiet sind 3729 km² Waldfläche unter Schutz gestellt. Ein Rückzugsgebiet für zahlreiche Wildtiere, die in den Wäldern leben, darunter Elefanten, Bateng-Rinder, Primaten und viele Vogelarten. Der WWF arbeitet mit dem Land- und Forstwirtschaftsministerium zusammen, u. a. in einem Projekt zur Auswilderung von Tigern.

In Mondulkiri lebt die ethnische Minderheit der Bunong, mit knapp 30 000 Angehörigen eines der größten indigenen Völker Kambodschas, neben den Tompuon in Rattanakiri (s. Kasten S. 370). Sie stellen fast die Hälfte der Einwohner Mondulkiris. In Khmer wird auch der Begriff Pnong gebraucht (wir verwenden in diesem

Buch Bunong, da es der Lautschrift ihrer Sprache am nächsten kommt). Traditionelle Bunong-Häuser sind lang gestreckte ebenerdige Hütten mit zwei Türöffnungen, das halbrunde Palmblätterdach reicht fast bis auf den Boden. Im Inneren befinden sich rechts und links erhöhte Schlafplätze, unter dem Dach der Speicherplatz, außerdem verfügen die Hütten über eine Kochstelle. Wie bei allen indigenen Völkern ist der Animismus hier tief verwurzelt. Die Gesellschaft ist matriarchalisch geprägt, dennoch ist der Dorfvorsteher ein Mann. Seit sich weite Flächen in der Hand von Bodenspekulanten befinden, haben viele Bunong das Nomadenleben und die Subsistenzwirtschaft aufgegeben. Aus Angst vor Landvertreibung werden feste Dörfer errichtet, die traditionellen Hütten mehr und mehr durch Khmer-Holzhütten ersetzt. Rund um ihre Dörfer betreiben die Bunong nun Landwirtschaft, auch Schulen haben Einzug in die Dörfer gehalten.

Die Provinz ist bekannt für Avocados, Kaffee, Durian, Pfeffer und Honig. Exportgut Richtung Vietnam ist leider Tropenholz. Aus den Wäldern wird u. a. das begehrte und teure Rosenholz geschlagen. Auch Goldvorkommen gibt es in der Provinz, beispielsweise wird in Preah Meas die Erde auf der Suche nach dem edlen Metall durchsiebt. Und der australische Konzern BHP Billiton hat in Mondulkiri Bauxitvorkommen entdeckt.

Sen Monorom

Eine beschauliche Atmosphäre prägt Sen Monorom [9524] – Mondulkiris Provinzhauptstadt mit Dorfcharakter. Das überschaubare Zentrum erstreckt sich rund um den Markt und entlang der Hauptstraße, die Häuser ziehen sich über ein paar wenige Kilometer. Danach gibt es nur noch Natur und kleine Dörfer, die überwiegend von Bunong bewohnt werden.

Sen Monorom liegt zwischen den Hügeln der Chhlong-Hochebene auf 800 m Höhe. Selbst im heißen Monat April sind die Temperaturen hier noch angenehm, das Thermometer klettert selten über 30 °C. Ende Dezember/Anfang Januar wird es dafür nachts recht kalt, die Temperaturen können bis auf 7 °C fallen.

Manch einen wird die Umgebung der Provinzhauptstadt Sen Monorom mit den weich gerundeten, grasbewachsenen Hügeln, den Holzhütten und friedlich grasenden Rindern an die Schweiz erinnern. Auf den Grashügeln im Süden und Osten bestimmen Pinienplantagen das Landschaftsbild. Gegen Ende der Trockenzeit nehmen die Hügel eine bräunliche Färbung an und der Wind wirbelt Staub über die Landschaft.

Dank wilder Dschungellandschaften, der zwei Seen in Zentrumsnähe und zahlreicher rauschender Wasserfälle in der Umgebung ist Sen Monorom ein Eldorado für Naturfreunde. Die meisten westlichen Reisenden kommen nach Sen Monorom, um Ausflüge zu den Bunong-Dörfern oder eine Trekkingtour mit Elefanten zu unternehmen. Auch mehrtägige Trecks mit Übernachtung im Dschungel oder als Homestay sind für viele ein faszinierendes Erlebnis. Schön ist ein Ausflug zu Kambodschas größtem Wasserfall, dem beeindruckenden Bou Sra.

ÜBERNACHTUNG

In dem ganzjährig kühleren Klima ist eine Klimaanlage nicht unbedingt notwendig, Warmwasser dagegen in der kälteren Jahreszeit durchaus angenehm. Fast alle Unterkünfte bieten inzwischen warmes Wasser. Alle haben kostenloses WLAN.

Untere Preisklasse

Happy Elephant Bungalows, ☎ 097-616 4011, [9526]. Einfache Holzbungalows unterhalb des Restaurants im Hang. Ventilator, Bett, Moskitonetz und Bad mit Kaltwasserdusche und Schöpftoilette. Unter französisch-kambodschanischer Leitung. ❶

Long Vibol Guesthouse & Restaurant, 2 km außerhalb, ☎ 012-589 958, 🖥 www.longvibol. com. Ordentliche Ventilator-Reihenhaus-

---

Achtung Einheitsname

Die Provinzhauptstadt Sen Monorom wird von Einheimischen oft wie die gesamte Provinz mit dem Namen Mondulkiri bedacht. Auch auf Bussen ist fast immer Mondulkiri (für das Ziel Sen Monorom) angeschlagen.

---

zimmer in einem Garten, möbliert mit einem Bett und Flachbildschirm. Bäder mit Warmwasser. 3-Bett-Zimmer vorhanden. Restaurant. ❶

Nature Lodge, 2 km außerhalb, ☎ 073-690 0442, 🖥 www.nature lodgecambodia.com, [9527]. In dem großen Gartengrundstück am Hang kann man sich fast verlaufen. Vereinzelt stehen hier gemütliche Holz-Dreieckshütten auf Stelzen, ausgestattet mit Terrasse und innen mit Bett, Moskitonetz und einem hübschen Bad mit Kieselsteinboden. Warmwasser mittels Gaskartusche. Großzügig sind die Deluxe-Holzbungalows mit Glastüren zur Terrasse. 2-stöckige Familienbungalows mit 2–3 Doppelbetten. Das große Restaurant ist ganz aus Naturmaterialien errichtet und um Bäume herum gebaut. Bequeme Liegeflächen, Billard und eine Speisekarte, die Khmer-Gerichte und Internationales zu vernünftigen Preisen offeriert. Unterprivilegierte Jugendliche erhalten eine Ausbildung; die Mitarbeiter bekommen Sprachtraining und überdurchschnittliche Gehälter. Das eigene Tourprogramm beschäftigt Bunong-Guides und unterstützt eine Dorfgemeinschaft. Besser reservieren. ❷–❹

Phanyro Motel, ☎ 017-770 867, [9528]. 10 Min zu Fuß vom Zentrum. Rund um den Garten stehen große, einfache, saubere Bungalows. Ventilator, TV und Warmwasser über Solar. Tourangebote und Motorradverleih. ❷

Pich Kiri Motel, N76, ☎ 012-932 102, [9530]. Verschiedene Gebäude an einem begrünten Hof. Sauber. Mit vielen schweren Holzmöbeln, TV und Ventilator oder AC ausgestattet. Familienzimmer mit 2 Doppelbetten. Außerdem kleine, einfache Ventilator-Holzbungalows. Im Zentrum eine gute Wahl. Bustickets, Trekkingangebote, Wäscheservice. ❶–❸

Tree Lodge, ☎ 097-723 4177, 🖥 www. treelodgecambodia.com, [9529]. Einfache A-frame-Grasmatten-Bungalows mit Gemeinschaftsbad oder Holzbungalows mit Bad und Terrasse. Bett mit Moskitonetz, Ventilator. Bäder mit Warmwasser. Genügsamen Naturen wird schon mal eine Hänge-

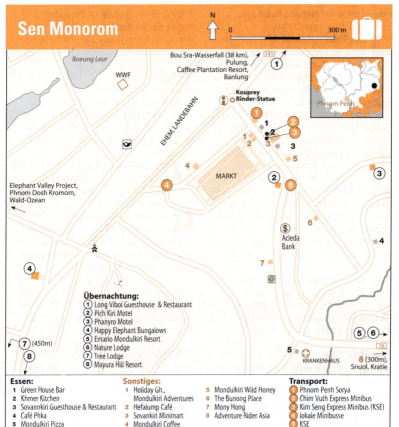

Sen Monorom

N ↑

0 — 300 m

Boeung Leur

WWF

EHEM. LANDEBAHN

Bou Sra-Wasserfall (38 km),
Pulung,
Caffee Plantation Resort,
Banlung

Kouprey
Rinder-Statue

Phnom Penh

MARKT

Elephant Valley Project,
Phnom Dosh Kromom,
Wald-Ozean

$ Acleda
Bank

@

KRANKENHAUS

8 (300m),
Snuol, Kratie

Übernachtung:
1. Long Vibol Guesthouse & Restaurant
2. Pich Kiri Motel
3. Phanyro Motel
4. Happy Elephant Bungalows
5. Emario Mondulkiri Resort
6. Nature Lodge
7. Tree Lodge
8. Mayura Hill Resort

Essen:	Sonstiges:		Transport:
1 Green House Bar	1 Holiday Gh., Mondulkiri Adventures	5 Mondulkiri Wild Honey	1 Phnom Penh Sorya
2 Khmer Kitchen	2 Hefalump Café	6 The Bunong Place	2 Chim Vuth Express Minibus
3 Sovannkiri Guesthouse & Restaurant	3 Sovankiri Minimart	7 Mony Hong	3 Kim Seng Express Minibus (KSE)
4 Café Phka	4 Mondulkiri Coffee	8 Adventure Rider Asia	4 lokale Minibusse
5 Mondulkiri Pizza			5 KSE

matte im Restaurant aufgespannt (US$1). Das gemütliche Restaurant mit Aussicht ist ein Travellertreffpunkt. Mr. Tree betreibt das Mondulkiri Project (s. Kasten S. 388). ●

Mittlere und obere Preisklasse

Emario Mondulkiri Resort, 3 km außerhalb, ☎ 073-652 3344, 🖳 www.emariomondulkiri. com, [9531]. Großzügige AC-Reihenzimmer im Bungalowstil. Schick mit poliertem Holzfußboden, vielen Holzmöbeln, TV, Minibar. Bäder mit Badewanne. Restaurant. ❸–❹
Mayura Hill Resort, 4 km außerhalb, ☎ 017-711 177, 🖳 www.mayurahillresort.com, [9532].

Luxus in Mondulkiri: Außen minimalistischer Bauhausstil, innen sind die 10 Villen im Hang mit modern grauer Wand und viel warmem Holz ausgestattet, Terrasse, TV, DVD-Player, Minibar. 3 Familienvillas. Beheizter Infinity-Pool. Kinderspielplatz, Fitnesscenter, Restaurant. Inkl. Frühstück ❻

ESSEN UND UNTERHALTUNG

Bekannt ist die Provinz Mondulkiri für Avocados. Von Ende April bis Juni werden sie geerntet – eine prima Zeit für einen Avocado-Shake. Außerdem wird in der Region Kaffee angebaut und Honig produziert.

Essensstände und **einfache Restaurants** befinden sich rund um den Markt.

Café Phka, ☎ 097-616 0514. Inmitten eines Gartens steht das entzückende kleine Holzhaus. Ruhig fließt ein Bach vor der Terrasse. In dieser romantischen Atmosphäre werden tgl. wechselnde, frisch zubereitete asiatische oder westliche Gerichte, Suppen und Sandwiches angeboten. Unbedingt einen Versuch wert sind die frischen Backwaren und der Kuchen: Käse- und Schokoladenkuchen sind fantastisch. Dazu gibt es gesunde Erfrischungen wie einen Limonen-Minze-Shake. WLAN. ⏲ Mo–Sa 8–17, So 12–17 Uhr.

Green House Bar, ☎ 017-905 659. Gemütliches Restaurant und Bar aus Bambus und Holz. In dem beliebten Travellertreff werden günstige Khmer-Gerichte und Sandwiches serviert. WLAN, PC mit Internetzugang, Ausflüge und viele Informationen. ⏲ 7–22 Uhr.

Khmer Kitchen, ☎ 097-893 4560. Schmackhafte, authentische Khmer-Küche, die auch bei Einheimischen beliebt ist. Daneben internationales Frühstück, serviert von dem zuvorkommenden Mr. Lucky. ⏲ 6–21 Uhr.

Mondulkiri Pizza, ☎ 097-522 2219. Von außen sieht die Hütte sehr einfach aus. Drinnen sitzt man urgemütlich an rustikalen Holztischen, rundum ist alles mit Bambus verkleidet. Es gibt nur Pizzas, darunter die ausgefallenen Varianten Amok Chicken und Buffalo. Mittlere Größe für US$6. WLAN. ⏲ 10–22 Uhr.

Sovannkiri Guesthouse & Restaurant, ☎ 088-721 9991. Beliebtes gemütliches Restaurant. Es gibt Frühstück, Khmer-Gerichte und westliches Fastfood. Das australisch-kambodschanische Ehepaar vermietet 8 einfache Zimmer mit Ventilator und Kalt- oder Warmwasser ❶. WLAN. ⏲ 6–22 Uhr.

The Bunong Place, ☎ 012-474 879. Um 11.30 Uhr gibt es ein typisches Bunong-Mittagessen (bei Voranmeldung und Spende). Der Amerikaner Bill leitet die Organisation (s. auch S. 387, Touren) und ist ein interessanter Gesprächspartner. ⏲ 7–18 Uhr. Eine Kneipenszene hat sich noch nicht entwickelt, spätestens um 22 Uhr scheinen

fast alle Bewohner zu schlafen. Hübsch sitzt man an der Bar des Sovannkiri-Restaurants oder in der Green House Bar zu Reggae-Musik. Beide Restaurants servieren auch Cocktails.

EINKAUFEN

Souvenirs

Mondulkiri Coffee, in dem modernen Laden gibt es natürlich: Kaffee aus Mondulkiri, gemahlen oder in ganzen Bohnen um US$4 für 500 g. Außerdem Honig und grünen Tee aus der Region.

Mondulkiri Wild Honey, ☎ 073-690 0096. Der Honig wird in der Region produziert und in Sen Monorom verkauft. Die Erlöse gehen an die Dorfgemeinschaft. Kleines Glas US$6.

The Bunong Place, ☎ 012-474 879. In dem kleinen Shop werden Souvenirs aus Stoff verkauft, die von den Bunong in Handarbeit hergestellt wurden. Auch Kalebassen oder Messer sind hier zu finden.

Supermarkt

Sovankiri Minimart, gut sortierter Minimarkt: Toilettenartikel, Mückenspray, westliches Knabbergebäck und Wein. ⏲ 6.30–22 Uhr.

TOUREN

Besucher, die hierher kommen, entspannen nicht nur in der kühlen Bergluft und genießen das Dorfleben. Die meisten unternehmen einen Tagesausflug (mit oder ohne Elefantentrekking) oder eine mehrtägige Wanderung. Jede Unterkunft bietet das komplette Tourprogramm in die Umgebung an.

Adventure Rider Asia, N76, ☎ 078-250 350, 🖥 www.adventurerideriasia.com. Der Deutsche Reinhard Trippmacher führt seit Jahren professionelle Tages- und Mehrtagestouren auf Geländemaschinen durch. Tagesfahrten in die Umgebung zu Wasserfällen und ins Goldgräberdorf Preah Meas ab US$65 p. P. Mehrtagestouren ab US$110 zzgl. Unterkunft und Essen.

Green House Bar, ☎ 017-905 659, 🖥 www.greenhouse-tour.blogspot.com. Besitzer Sam Nang ist eine gute Informationsquelle. Tages- und Mehrtages-Trekkingausflüge, Touren ins Seima-Waldschutzgebiet, geführte zweitägige

Touren mit dem Motorrad abseits der Straße bis Banlung (s. Kasten S. 377).

🏠 **Hefalump Café**. Das hübsche 2-stöckige Café dient als Treffpunkt und Informationsbüro für Ökotourismus. WWF (World Wild Fund For Nature), WCS (World Conservation Society), ELIE (Elephants Livelihood Initiative Enviromental, Elephant Valley Project) und Nomad stellen ihre Programme und Tourangebote vor. Hier werden nur Touren vermittelt, bezahlt wird direkt bei den Kommunen und Dörfern, ohne „Zwischenhändler". Vom **WWF** unterstützte Mehrtagestouren gehen nach Dei Ey mit Übernachtung in der Dei Ey Lodge. Hier können u. a. die seltenen Saruskraniche beobachtet werden, während der Regenzeit auch das Siam-Krokodil. Als dreitägige Tour US$155 p. P. inkl. Transport, Übernachtung und Essen. Mountainbiketouren rund um die Srae-Y-Kommune inkl. Trekking mit Elefanten, als Tagestour US$70 p. P., 2-tägige Tour mit Übernachtung im Zelt US$125. Außerdem Touren ins Seima-Waldschutzgebiet.

Mondulkiri Adventures, ☎ 097-672 6561, 🖥 www.mondulkiriadventures.wordpress.com. Mr. Torn hat lange für das Elephant Valley Project gearbeitet. Tagestouren, mehrtägige Trekkingtouren, Bustickets. Wer unbedingt auf einem Elefanten sitzen will: Elefanten-Touren in den Dörfern Pulung und Poutang, wobei max. 2 Touristen im „Mahout-Stil" reiten, Tagestour inkl. Transport, Essen und 2 einstündigen Ritten für US$35 p. P.

Mony Hong, ☎ 088-593 5588, 🖥 www.mondulkaritourguide.com. Touren abseits der üblichen Routen tief in die Dschungelpfade des Mondulkiri-Waldschutzgebietes. Anreise mit dem Moped, Mehrtagestrekkingtouren mit Übernachtung im Dschungel, max. 4-Pers.-Gruppen. Als zweitägige Tour US$450 (für 2 Pers., inkl. Anreise, Übernachtung, Essen, Guide).

🏠 **The Bunong Place**, ☎ 012-474 879. Touren mit einem englischsprachigen Bunong-Führer zu den Wasserfällen und den Dörfern. Die Tagesausflüge vermitteln einen Eindruck vom Leben der ethnischen Minderheit. Halb-/Tagestouren mit dem Motorradtaxi US$15/25.

SONSTIGES

Fahrrad- und Motorradverleih

Fast alle Unterkünfte vermieten Mopeds (US$6–8/Tag), in der **Green House Bar** Mountainbikes und Mopeds für US$7/Tag. Gute 250er-Crossmaschinen über **Adventure Rider Asia** für US$25/Tag inkl. vernünftiger Helme.

Geld

Acleda Bank, N76. Geldautomaten für alle gängigen Kreditkarten, Geldwechsel und Western-Union-Service. ⏰ Mo–Fr 7.30–16, Sa 7.30–12 Uhr.

Informationen

Tourist Information, falls geöffnet gibt es nur einige Flyer. Bessere Infos in den Guesthouses, der **Green House Bar**, im **Hefalump Café** oder im **The Bunong Place**.

Internet

In der **Green House Bar** für US$1/Std., auf der Hauptstraße für 3000 Riel/Std.

Taxi

Es gibt nur wenige **Motorradtaxifahrer** im Zentrum. Tuk-Tuks gibt es nicht.

TRANSPORT

Die Busgesellschaft Phnom Penh Sorya verbindet Sen Monorom mit Phnom Penh. Abfahrt am Ticketschalter. Guesthouses und Touranbieter verkaufen die Fahrkarten, ebenso wie Tickets für die „Express"-Minibusse. Im Gegensatz zu den lokalen Minibussen hat jeder seinen eigenen Sitz („one seat, one person"). Abfahrt am jeweiligen Büro; wessen Zimmer auf dem Weg nach Phnom Penh liegt, wird abgeholt. Lokale Minibusse sind ebenfalls über die Guesthouses buchbar, Ticket inkl. Hotelabholung. Die Straße Richtung Phnom Penh ist mittlerweile in einem sehr guten Zustand. Richtung Banlung wird eine Straße ausgebaut (s. Kasten S. 377).

Busse

BANLUNG, mit dem Bus Richtung Phnom Penh um 7.30 Uhr bis Snuol (in 2 Std.), Wartezeit ca. 2 Std. Weiter mit dem Bus aus

KAMBODSCHAS WILDER OSTEN

Knapp 300 wilde Elefanten sollen noch in den Wäldern Mondulkiris leben. In der Vergangenheit haben die Bunong Elefanten gefangen, domestiziert und dann als Arbeitskraft eingesetzt. Elefanten helfen ihnen bis heute, den Dschungel zu roden (damit auf kleinen Parzellen für etwa fünf Jahre z. B. Reis angebaut werden kann) und schwere Lasten zu tragen. Alle 52 in Mondulkiri in Gefangenschaft lebenden Elefanten wurden einst von den Bunong domestiziert. Allerdings erfolgte die letzte Gefangennahme vor mehr als 20 Jahren. Das Züchten von Elefanten aber ist für die Bunong tabu. Sollte sich Nachwuchs einstellen, sind Opfer für den Elefanten und das gesamte Dorf unvermeidlich, um Übel fernzuhalten – so will es der Glaube.

Elefantentrekking und -reiten wird in den Bunong-Dörfern, darunter Pulung und Poutang, angeboten. Touranbieter „mieten" die Elefanten von den Bunong. Auf einer Trekking-Tagestour kann man so das Verhalten der Dickhäuter im Dschungel beobachten, ihnen Futter geben oder ihnen bei einer Abkühlung im Fluss zusehen. Ob die Tiere beim Reiten mehr leiden als bei den schweren Arbeiten, die sie sonst im Dschungel verrichten würden, ist schwer zu sagen. Sicher ist, dass auch die Verwendung als Reittier nicht artgerecht ist, denn der Transport der Touristen in Körben ist für den Elefanten, dessen Hauptkraft in den Schultern liegt, sehr belastend. Wer dennoch unbedingt auf dem Rücken eines Elefanten durch den Wald geschaukelt werden will, sollte darauf achten, dass er beim Ausritt auf den Schultern oder dem Kopf des Elefanten sitzt – die Mahouts dirigieren so ihre Arbeitselefanten (möglich z. B. bei **Mondulkiri Adventures**, Tagesausflug US$35 p. P.).

Ein etwas anderes Projekt ist das **Elephant Valley Project**, 🖥 www.elephantvalleyproject.org (EVP). Das 10 km von Sen Monorom gelegene Elefantencamp wurde von dem engagierten Jack Highwood aus England aufgebaut. Sein Ziel ist es, die Lebensbedingungen der als Arbeitselefanten eingesetzten Tiere zu verbessern. Rund zehn Tiere leben hier, sie wurden den Besitzern abgekauft oder gemietet. Manche wurden auch von den Bunong selbst abgegeben, weil sie krank oder zu altersschwach zum Arbeiten waren. Das EVP bietet seinen Elefanten eine artgerechte Lebensweise und kümmert sich um kranke Tiere. Mahouts, die ihre Elefanten hierherbringen, wird ein Lohn gezahlt, wenn sie sich weiterhin um ihre Tiere kümmern. Elefantenreiten bietet Jack nicht an. Aber dafür lernen Besucher eine Menge über Elefanten, deren natürliche Lebensweise und den Dschungel (US$70 p. P. für einen Tagesaufenthalt inkl. Transport und Essen, zweitägiger Aufenthalt mit Freiwilligenarbeit US$100 p. P. bei Übernachtung im Mehrbettzimmer oder US$120 in einem der zehn Bungalows, inkl. Essen; fünf Tage für US350/400). Die Volunteers helfen bei kleinen Projekten in den Bunong-Dörfern oder im Elefantencamp. Das Camp ist von Freitagnachmittag bis Sonntagnachmittag geschlossen, ein Besuch nur mit Voranmeldung möglich. Buchbar über die Website, in der Green House Bar oder im Hefalump Café.

Die NGO **ELIE** (Elephants Livelihood Initiative Environment) verwaltet die Einnahmen aus dem EVP. Unterstützt werden die Gemeinden Putrom, Poutang und Pulung. So wird Kindern armer Familien die Schulausbildung oder ein Studium bezahlt. Das örtliche Krankenhaus erhält Gelder, schwer Erkrankte Geld für den Transport zu entfernteren Krankenhäusern. In Putrom werden Bunong darin unterstützt, Landtitel für ihr jahrhundertelang besiedeltes Gebiet zu erhalten.

Ein weiterer Anbieter von Elefantentrekking ist das **Mondulkiri Project** in der Tree Lodge, 🖥 www. mondulkiriproject.org. Tages-Trekkingtouren (ohne Reiten) mit Elefanten durch den Dschungel und Elefantenbaden für US$45 p. P. Mr. Tree beabsichtigt, ein Zuchtprogramm ins Leben zu rufen. Die Elefanten, mit denen er arbeitet, stammen von den Bunong. Da Elefantennachwuchs strikt gegen deren Überzeugung ist, versuchen sie, sich gegen das Projekt zu wehren.

Phnom Penh kommend bis Banlung für
US$15 in 12 Std.;
KOMPONG CHAM, mit dem Bus Richtung
Phnom Penh um 7.30 Uhr für US$7,50 in
5 Std.;
KRATIE, mit dem Bus nach Phnom Penh
um 7.30 Uhr für US$7 in 4 Std. (mit umsteigen
und Wartezeit in Snuol, besser den Minibus
nehmen);
PHNOM PENH, um 7.30 Uhr für US$8,75 in
7 1/2 Std.;
SIEM REAP, mit dem Bus nach Phnom Penh
um 7.30 Uhr bis Skuon für US$8 in 6 Std.,
von dort mit dem Tuk-Tuk 1 km bis zum Busbahnhof, von dort mit allen Bussen Richtung
Siem Reap (mind. 12 Std. Gesamtfahrzeit).

Minibusse
BANLUNG, mit dem lokalen Minibus bis
Kratie, von dort mittags Weiterfahrt mit einem
lokalen Minibus (besser in Sen Monorom
über das Gh. oder Mondulkiri Adventures
organisieren lassen) für US$15 in 8 Std.
(reine Fahrzeit);
KOMPONG CHAM, mit dem lokalen Minibus
um 8.30 und 13 Uhr für US$7 in 6 Std.;
KRATIE, mit dem lokalen großen Minibus
(eigener Sitz) um 8 und 13 Uhr für US$7 in
5 Std.;
PHNOM PENH, mit dem Express-Minibus um
7 und 13 Uhr für US$10 in 6 Std. (über Snuol
und Memot). Mit dem lokalen Minibus um
8.30 und 13 Uhr für US$8 in 8 Std.

Taxis
PHNOM PENH, für US$70 (US$7 p. P.).
Wer nach SIEM REAP mit dem Taxi will,
zahlt für den Wagen etwa US$250.

Die Umgebung von
Sen Monorom

Wasserfälle
Wirklich imposant und einen Besuch wert ist
der Bou-Sra-Wasserfall. Alle anderen Kaskaden
lohnen einen Abstecher in Verbindung mit einer
Besichtigungstour.

Monorom-Wasserfall (Sihanouk-Wasserfall)
5 km nordwestlich der Stadt stürzt der 9 m hohe
Wasserfall in ein kreisrundes Becken. Es ist
nicht spektakulär, aber man kann hinter den
Wasserfall laufen. Schwimmen ist möglich, wir
raten jedoch davon ab, denn der Wasserlauf
enthält Abwässer aus Sen Monorom.
   Man erreicht ihn mit dem Motorradtaxi für
US$3 (hin und zurück).

Romanear II-Wasserfall
15 km südöstlich von Sen Monorom gelegen,
bahnt sich bei diesem Fall das Wasser über
Felsbrocken seinen Weg. Obwohl der Wasserfall nicht sonderlich spektakulär ist, lohnt der
Besuch, da man schwimmen kann. Besucht
man auf dem Weg zudem noch das Bunong-Dorf
Poutang, verspricht die Tour ein schöner Tag
zu werden.

Dak-Dam-Wasserfall
25 km östlich von Sen Monorom, über eine asphaltierte Straße Richtung Vietnam zu erreichen. Mehrere Meter fällt das Wasser senkrecht hinunter, im angrenzenden Wald steht ein
beeindruckend großer Bodhi-Baum, in Kambodscha auch *Dschrei*-Baum genannt. Die Anreise lohnt sich, wenn man einen Besuch des hübschen Dak-Dam-Dorfes einplant.
   Anfahrt mit dem Motorradtaxi für US$8 in
30 Min.

Bou-Sra-Wasserfall
Dieser Fall liegt etwa 38 km nordöstlich von Sen
Monorom. Vom Parkplatz geht es vorbei an Er-
frischungs- und Souvenirständen bis zur mittleren Ebene des Falls. Die zwei breiten Kaskaden
sind beeindruckend: 15 m und 25 m stürzen sie
in die Tiefe. Zum Schwimmen besser geeignet
ist die untere Stufe. Bei Einheimischen ist der
Wasserfall besonders zum Picknick beliebt: Die
zahlreichen Bastmatten können für 5000 Riel
gemietet werden, bequemer sitzt man jedoch in
einer der Hütten (15 000 Riel). Eintritt 5000 Riel.
   Anfahrt mit dem Motorradtaxi für US$10 in
1 Std., mit dem Auto für US$60 auf einer asphal-
tierten Straße.
   Eine schöne **Rundtour** mit dem Motorradtaxi für US$20 beinhaltet den Besuch des Bou-

Vor oder nach dem Besuch des Bou-Sra-Wasserfalls bietet sich ein Stopp im **Caffee Plantation Resort**, ☎ 012-666 542, an. Das Restaurant liegt 3 km von Sen Monrom entfernt an der Straße nach Banlung und bietet ansprechende Sitzplätze an einem Teich. Auf dem hügeligen Gelände werden Kaffee, Durian, Ananas, Dragonfruit, Bananen und Pfeffer angebaut. Wer mag, kann durch die Plantage streifen, für Kinder gibt es eine große Rutsche. Verkauft wird Kaffee aus Mondulkiri für US$3 (500 g).

Sra-Wasserfalls, von Putung, dem Caffee Plantation Resort, Wald-Ozean und Phnom Dosh Kromom.

Phnom Dosh Kromom

Auf einem der beiden runden Hügel (die Übersetzung heißt so viel wie „Brusthügel") befindet sich das **Hill Tribe Cultural Center**. Von hier eröffnet sich ein fantastischer Blick auf Sen Monorom und die Umgebung. Die Bunong betrachten die Stätte als heilig. Unter einer Rundhütten-Überdachung steht eine männliche Statue, die Naturgeister repräsentiert, auf dem gegenüberliegenden Hügel ein weibliches Pendant.

Wald-Ozean

Nahe Phnom Dosh Kromom befindet sich der von Einheimischen so genannte „Wald-Ozean". Wer auf dem Hügel mit dem überwältigenden Blick steht, kann sich mit viel Fantasie vorstellen, dass die unendlich weiten, sanft geschwungenen Hügel ein Wellenmeer bilden (eindrucksvoller ist das Bild, wenn man kopfüber zwischen den eigenen Beinen hindurchschaut).

Pulung und Poutang

Pulung, 9 km nordöstlich von Sen Monorom gelegen, und Poutang, 12 km südwestlich, sind zwei typische Bunong-Dörfer. Am besten besucht man die Dörfer mit einem englischsprechenden Bunong-Führer. Er beherrscht die Sprache der Bunong und kann ein Gespräch mit den Familien vermitteln. Besucher bekommen so einen tollen Einblick in die Gebräuche und das Dorfleben. In beiden Dörfern wird Elefantentrekking und -reiten angeboten. Die Dörfer sind Startpunkt für Ein- bis Dreitagestouren mit einem Englisch sprechenden Führer und einem Bunong-Guide, ab US$25 p. P. pro Tag, inkl. Essen und Homestay-Übernachtung.

Seima-Waldschutzgebiet

In dem 3000 km² großen Schutzgebiet (SPF, Seima Protected Forest) leben wilde Elefanten, Bären, unzählige Vögel, darunter viele Störche, und Primaten wie der Südliche Gelbwangen-Schopfgibbon *(Nomascus gabriellae)* und der Schwarzschenklige Kleideraffe (*Pygathrix nigripes*). Beide Affenarten stehen auf der Roten Liste der IUCN der vom Aussterben bedrohten Tierarten. Rund 300 Exemplare des Schwarzschenkligen Kleideraffen sollen im SPF leben. Die World Conservation Society WCS, 🖥 www.wcs.org, hat es sich zum Ziel gesetzt, zusammen mit der Forstverwaltung und der Gemeinde Andong Kralong hier den Dschungel und die Primaten zu schützen. Ein- bis Dreitagesausflüge starten am Büro der Forstverwaltung in O'Rieng etwa 20 km westlich von Sen Monorom. Ein Teil der Einnahmen, insbesondere der Eintritt von US$10/Tag, geht an die Gemeinde von Anlong Krolan zum Schutz der Affen. Buchbar sind Touren über die Green House Bar in Sen Monorom als Zwei- bis Dreitagestour inkl. Übernachtung in Hängematten, Eintritt, Essen und Führer. Auch als Dreitagestour von Andong Krolan bis nach Poutang möglich. Ab 2 Pers. US$50/Tag, z. B. über Mondulkiri Adventures. Mehrtagestouren organisiert auch das Sam Veasna Center in Siem Reap, ☎ 063-963 710, 🖥 www.sam veasna.org.

Der Süden

Stefan Loose Traveltipps

12 **Die Strände bei Sihanoukville**
Junge Partygänger feiern am Serendipity und Ochheuteal Beach, während der Otres Beach Ruhesuchende und Wassersportler begeistert. S. 404

13 **Koh Rong und Koh Rong Samloem**
Traumhafte weiße Sandstrände, dschungelbewachsene Hügel und türkisfarbenes Wasser – die Inseln sind eine Verheißung. S. 420, 426

14 **Kampot** In dem bezaubernden Städtchen mit kolonialem Flair lassen sich entspannte Tage verbringen. S. 430

Kep Fangfrische Krustentiere genießt man am besten am Krebsmarkt nach einem Tag am Kep-Strand. Unweit von Kep lassen sich faszinierende Höhlen erkunden. S. 442

Koh Kong Der ideale Ausgangsort für Trekkingtouren ins wilde Kardamom-Gebirge und in die Mangrovenwälder des Peam-Krasop-Nationalparks. S. 452

Chi Phat Verschiedene Ökotourismus-Projekte im entlegenen Kardamom-Gebirge haben sich die nachhaltige Entwicklung der Region auf die Fahnen geschrieben. S. 464

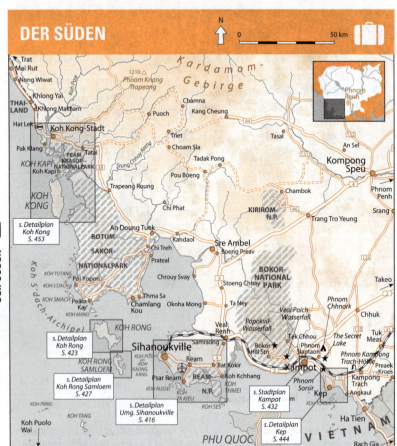

DER SÜDEN

N
0   50 km

Trat
Mai Rut
Nong Wiwat
Khlong Yai
Klong Makham
Kardamom-Gebirge
1210
Phnom Kriang Trapeang
THAILAND
Hat Lek
Pak Klang
Koh Kong-Stadt
Chamna
Puoch
Kang Cheung
44
Tasal
An Sel
KOH KAPI
PEAM KRASOR-NATIONALPARK
Tatai
Koh Kapi
48
Triet
Choam Sla
Tadak Pong
Pou Boeng
Kompong Speu
Phnom Penh
KOH KONG
Stung Chhay Areng
Trapeang Roung
Chi Phat
Chambok
Srang
s. Detailplan Koh Kong S. 453
BOTUM SAKOR-NATIONALPARK
An Doung Tuek
Kandaol
Chi Treh
Prateal
Sre Ambel
Boeng Preav
KIRIROM-N.P.
46
Trang Tro Yeung
Koh S'dach-Archipel
KOH TOTANG
KOH S'DACH
Poi Yopon
Chrouy Svay
Stoeng Chhay
BOKOR-NATIONALPARK
Takeo
124
KOH SMACH
Peam Kay
KOH MANO
Thma Sa
Chamlang Kou
Oknha Mong
Ta Ney
Phnom Chhnork
Chhuk
KOH RONG
Veal Renh
Popokvil-Wasserfall
Veal Poich-Wasserfall
The Secret Lake
Tuk Meas
s. Detailplan Koh Rong S. 423
Sihanoukville
Samraong
Bokor Hill Stn.
Phnom Slaptaon
Phnom Kampong Trach-Höhle
Preaek Kroes
KOH RONG SAMLOEM
KOH POSSI
KOH KAONG KANG
Ream
Bat Kokir
Kampot
Kampong Trach
s. Detailplan Koh Rong Samloem S. 427
Psar Ream
REAM-N.P.
Koh Kchhan
KOH THMEI
Phnom Sorsir
s. Stadtplan Kampot S. 432
Angkaul
KOH RUSSEI
KOH TA KIEU
Kep
KOH PRINS
KOH TANG
s. Detailplan Umg. Sihanoukville S. 416
KOH SES
KOH TONSAI
Ha Tien
Koh Puolo Wai
PHU QUOC
s. Detailplan Kep S. 444
VIETNAM
Rach Gia

Erst vor Kurzem wurden Kambodschas südliche Provinzen Sihanoukville, Kampot, Kep und Koh Kong aus ihrem touristischen Dornröschen-Schlaf geweckt. Dabei wartet die 435 km lange Küste, die sich am Golf von Thailand von Vietnam bis zur Provinz Trat in Thailand erstreckt, mit zauberhaften Naturlandschaften auf. Es locken tropische Strände, teils erschlossen, andere naturbelassen und menschenleer, sowie Inseln mit faszinierender Unterwasserwelt; verschlungene, mangrovengesäumte Wasserwege versprechen packende Naturerlebnisse. Durch die Gebirgszüge des Kardamom-Gebirges, deren Ausläufer

bis nahe an die Küste reichen, schlängeln sich Flüsse, die sich über Klippen ihren Weg bahnen.

Zu den erschlossenen Stränden von **Sihanoukville** indes zieht es schon seit vielen Jahren Reisende – fast ein Dutzend Strände erstrecken sich rund um die Stadt. Ob Partygänger oder Ruhesuchender, jeder findet hier seinen Traumstrand. Einem tropischen Paradies gleichen die beiden vorgelagerten Inseln **Koh Rong** und **Koh Rong Samloem**. Sie bieten sanft geschwungene Buchten mit weißen Sandstränden und türkisblauem Wasser vor grünen Hügeln. Mit dem Schnellboot von Sihanoukville in

20 Min. erreichbar, zieht Koh Rong die meisten Reisenden an. Taucher können die Unterwasserwelt rund um die Inseln entdecken. Die schönen intakten Korallenriffe in Ufernähe, nur wenige Meter unter Wasser, bieten auch Anfängern perfekte Tauchspots. Erfahrende Taucher bevorzugen einen *Liveaboard*-Trip zu unbewohnten Inseln wie **Koh Tang** und **Koh Prins**. Einfache Übernachtungsmöglichkeiten und Ruhe pur finden Reisende auf den Inseln **Koh Thmei**, **Koh Ta Kieu** oder **Koh Russei** mit ihren naturbelassenen gelben Sandstränden.

Abwechslung vom Strandleben bieten Ausflüge zu den Mangrovenwäldern des **Ream-Nationalparks** oder zu dem bei Einheimischen beliebten Wasserfall **Kbal Chhay**.

Das einnehmende Städtchen **Kampot** besticht durch die entspannte Atmosphäre am Fluss und einen Mix aus französisch und chinesisch geprägten Baustilen. Kampot ist zudem der Ausgangspunkt für interessante Ausflüge, etwa zum **Bokor-Nationalpark** und zu umliegenden Höhlen. Im ruhigen Badeort **Kep** sind die frisch zubereiteten Krebse ein Muss!

Zwischen Sihanoukville und Koh Kong liegen die zwölf Inseln des **Koh-S'dach-Archipels**. Unterkünfte gibt es auf **Koh S'dach** und **Koh Totang**. Schnorchel- und Tauchausflüge zu bunten Korallenriffen werden von hier aus angeboten.

Der zu Unrecht kaum beachtete Ort **Koh Kong** an der thailändischen Grenze ist Ausgangspunkt für eine Reihe fantastischer Ausflüge. Nicht nur menschenleere Strände wie auf der gleichnamigen Insel locken Reisende an. Im **Peam-Krasop-Nationalpark** führen Wasserwege durch prächtige Mangrovenwälder, und im Hinterland erhebt sich das **Kardamom-Gebirge**. Dschungeltouren, vom Tagesausflug bis hin zu einwöchigen Treks, begeistern Naturliebhaber. Im Kardamom-Gebirge etablieren sich zudem beachtenswerte Ökotourismus-Projekte, so in **Chi Phat**, einem sehenswerten Dorf am Phi-Pot-Fluss. Aktive können Trekking- und Mountainbiketouren zu Kaskadenfällen und alten Begräbnisstätten unternehmen. Ein ähnliches Projekt wird am **Kirirom-Nationalpark** angeboten: Wer weniger Zeit hat, kann in **Chambok** bei einer Familie wohnen und Wanderungen zu Wasserfällen unternehmen.

Sihanoukville und Umgebung

Nur wenige Reisende bleiben in Sihanoukville-Stadt, die meisten zieht es an die umliegenden Strände (S. 404). Doch neben dem ausgiebigen Strandleben locken auch Ziele in der Umgebung, wie der Wasserfall **Kbal Chhay**, der von vielen Einheimischen zum Picknick und Baden genutzt wird. Im **Ream-Nationalpark** können per Trekking und im Boot die Mangrovenwälder erkundet und mit Glück und gutem Auge auch seltene Vogelarten entdeckt werden.

Sihanoukville

Sihanoukville-Stadt („Downtown") **[8155]** liegt rund 230 km von Phnom Penh entfernt auf einer kleinen Halbinsel bzw. Landzunge. Die Stadt hat auf den ersten Blick nicht viel zu bieten, dient Reisenden aber als Ausgangsort für Fahrten zu

Wertvolle Küste

Seit Kambodscha sich im touristischen Aufwind befindet, ist der gesamte Küstenabschnitt von Koh Kong an der thailändischen bis nach Kep an der vietnamesischen Grenze begehrtes Land. Da die Besitzurkunden unter den Roten Khmer vernichtet wurden, konnten nur wenige Einheimische das Land, auf dem sie gebaut hatten, als ihr Eigentum verteidigen. Investoren, überwiegend aus China, projektieren ganze Landstriche. Die Küstenlinie vor dem Koh-S'dach-Archipel, der Ream-Nationalpark und Inseln vor Sihanoukville sind bereits von Kambodschas Regierung verkauft oder auf 99 Jahre verpachtet worden. Schon 2003 wurde vor der Küste von Sihanoukville Erdöl entdeckt. Immer noch wird von der kambodschanischen Regierung mit dem amerikanischen Konzern Chevron über die Förderung und Gewinnverteilung verhandelt. Derzeit sieht es so aus, als würde frühestens 2017 mit der Offshore-Ausbeute begonnen.

den Stränden und auf die Inseln. Erst auf den zweiten Blick entdeckt man eine typische aufstrebende kambodschanische Stadt, deren Lebensrhythmus nicht vom Tourismus geprägt ist.

Geschichte

Bis 1954 war Sihanoukville, einst unter dem Namen Kompong Som bekannt, ein einfaches Fischerdorf. Doch nach der Unabhängigkeit von Frankreich brauchte Kambodscha einen eigenen Tiefseehafen. Bis dato wurden die Waren von den Kolonialherren am Mekong-Delta in Vietnam umgeschlagen. Die Wahl fiel auf Kompong Som. Zu Ehren von König Sihanouk wurde das Dorf in Sihanoukville umbenannt. Zwischen 1955 und Mitte der 1960er-Jahre baute man mit Unterstützung der Franzosen und der USA den Hafen sowie die Nationalstraße 4, die Sihanoukville mit Phnom Penh verbindet, aus. Nach Fertigstellung beider Projekte entwickelte sich Sihanoukville zu einem beliebten Ferienort für reiche Kambodschaner. 1970, nach dem Sturz Sihanouks, benannte General Lon Nol die Stadt wieder in Kompong Som um. Unter Pol Pot wurde auch dieser Ort entvölkert und die Menschen zur Arbeit auf den Feldern gezwungen. Als 1975 die Roten Khmer ein amerikanisches Handelsschiff kaperten, flog die US Air Force Bombenangriffe auf Sihanoukville (S. 430). Offiziell heißt die Stadt seit 1993, als Sihanouk erneut König wurde, wieder Sihanoukville, Einheimische benutzen beide Namen.

Sehenswertes

Da Sihanoukville-Stadt erst nach 1954 entstanden ist, kann die Stadt, die umgeben ist von kahlen Hügeln, die zurzeit wieder aufgeforstet werden, nicht mit typischer Kolonialarchitektur aufwarten. Die früheren Fischerhütten sind abgerissen worden, das heutige Stadtbild wird von Betonbauten geprägt. In den Seitenstraßen stehen die typischen modernen Khmer-Häuser mit einem kleinen Geschäft im Erdgeschoss. Die spärlichen Sehenswürdigkeiten liegen weit über das Stadtgebiet verstreut.

Das Wahrzeichen Sihanoukvilles ist die 1996 erbaute Statue der beiden Golden Löwen, das **Golden Lions Monument**, am Beginn der Serendipity Beach Road.

Quirlig geht es auf dem „neuen" Markt, **Psar Leu**, zu, der nach einem Brand 2008 wieder aufgebaut wurde und wo heute neben Fischen und

Die Kirche St. Michael wurde von Kambodschas berühmtestem Architekten Vann Molyvann gebaut.

© MARION MEYERS

www.stefan-loose.de/kambodscha

Meeresfrüchten auch Dinge des täglichen Bedarfs den Besitzer wechseln.

Anderthalb Kilometer nördlich führt eine asphaltierte Straße auf den 132 m hohen Sihanoukville-Berg, auf dem Plateau liegt **Wat Leu** (Wat Chotynieng). Nachdem die alte Pagode 1975 von den Roten Khmer zerstört worden war, entstand hier zunächst ein Wasserreservoir. Darüber wurde die heutige Klosterschule gebaut, die 50 Mönche beherbergt. Von hier oben genießt man einen schönen Blick über die Stadt und die Umgebung, besonders empfehlenswert zum Sonnenuntergang.

Die **Kirche St. Michael**, nahe Wat Leu, wurde 1962 von dem bekannten kambodschanischen Architekten Vann Molyvann entworfen und erbaut. Vann Molyvann (*1926) plante zwischen 1955 und 1972 über hundert öffentliche Bauten, sein Stil ist eine Mischung aus Bauhaus und Postmoderne und als „Neue Khmer Architektur" bekannt geworden. St. Michael, unter den Roten Khmer als Gefängnis missbraucht, ist eine der wenigen Kirchen, die die Zerstörungswut des Pol-Pot-Regimes überstanden haben. 1993 wurde sie renoviert und wieder eröffnet. Die Messen werden überwiegend von katholischen Vietnamesen besucht. Der Besuch lohnt aufgrund der ausgefallenen Architektur mit dem hohen spitzen Dach und den Wänden, deren lochartige Struktur Sonnenstrahlen ins Kirchenschiff fallen lässt.

Sehenswert ist auch **Wat Krom** (Wat Utynieng), nördlich des Independence-Strandes. Die Atmosphäre ist wunderbar ruhig, Palmen und Bodhi-Bäume begrünen die Anlage. Wände und Decken des Vihears sind mit bunten Bildern aus Buddhas Leben geschmückt. Hinter dem Vihear befindet sich die Statue eines großen liegenden Buddhas. Insgesamt 110 Mönche leben hier. Junge Novizen unterhalten sich gern mit Ausländern, um ihr Englisch zu verbessern.

Wie viele andere Städte, hat auch Sihanoukville ein **Independence Monument**, dessen Zugang mit einem Naga-Handlauf versehen ist. Das 1985 östlich des Victory Hills erbaute Denkmal wurde in Gedenken an die kambodschanische Unabhängigkeit errichtet.

Das **Victory Monument** auf dem Victory Hill symbolisiert die vietnamesisch-kambodscha-nische Freundschaft und erinnert an den 1979 errungenen Sieg der Vietnamesen über die Roten Khmer.

Eine Sehenswürdigkeit der ganz anderen Art sind die **Affen** an der Küstenstraße auf der Rückseite des Independence Hotels. Die zutraulichen Tiere sitzen auf dem Zaun und erwarten von Touristen wie Einheimischen gefüttert zu werden. Praktischerweise gibt es gleich zwei Verkaufsstände, die Leckereien anbieten.

ÜBERNACHTUNG

Nur wenige Touristen bleiben in Sihanoukville-Stadt. Die Unterkünfte sind nicht günstiger als jene, die näher an den Stränden liegen. Aber Reisenden, die eine authentische Umgebung schätzen, ist eine Bleibe in „Downtown" zu empfehlen. Schließlich sind alle Strände mit dem Moped oder Tuk-Tuk in 5–20 Min. erreichbar. Alle Unterkünfte haben WLAN.

Don Bosco, Omui St., 3 km südöstlich des Psar Leu, ☎ 034-933 765, 🖥 www.donboscohotelschool.com, [9535]. Hier erhalten sozial benachteiligte Jugendliche eine Ausbildung in den verschiedenen Bereichen des Hotel- und Gaststättengewerbes. 31 großzügige Zimmer im Mittelklassehotel-Stil. TV, Safe, Kühlschrank. Bäder mit abgeteilter Dusche und Toilettenartikeln. Einige Zimmer sind mit Balkon oder Jacuzzi ausgestattet. Hervorragender und freundlicher Service. Pool, Fitnessraum, Garten. 3x tgl. kostenloser Shuttlebus in die Stadt und zu den Stränden. ❷-❹

Geckozy Guesthouse, ☎ 012-495 825, 🖥 www.geckozy-guesthouse.com. In einer ruhigen Seitenstraße gelegenes Khmer-Holzhaus. 6 einfache Ventilator-Zimmer mit Moskitonetz und wenigen Rattanmöbeln. Es gibt ein gemütliches Restaurant und einen wunderbar großen Garten zum Relaxen. ❶

Nolan Guesthouse, Sopheamongkol St., ☎ 034-965 7474, ✉ nolan_guesthouse@yahoo.com, [9536]. Die Lobby wirkt mit den schweren lackierten Holzmöbeln kühl. Saubere Zimmer mit Bett, Kommode, Kühlschrank und TV möbliert. Große Bäder mit Warmwasser. ❷

Pagoda Rocks Resort, 2 km außerhalb, ☎ 034-939 111, 🖥 www.pagodarocks.com, [9537].

Sihanoukville

Übernachtung:
1. The Small Hotel
2. Nolan Guesthouse
3. Geckozy Guesthouse
4. Pagoda Rocks
5. Golden Sea Beach Hotel
6. Sakal Bungalows,
7. The Harbor Lights Palace
8. Mealy Chenda
9. Snake House
10. Independence Hotel
11. Don Bosco
12. Mick & Craig's
13. Monkey Republic
14. Beach Road Hotel
15. The Big Easy
16. Utopia
17. Coolabah Hotel
18. Nice Beach Hotel
19. Zana Beach Guesthouse
20. G.B.T 1
21. Rega Hibiscus Garden Bungalows
22. New Sea View Villa
23. Serendipity Beach Resort
24. Motel 7
25. Seaside Hotel
26. Above Us Only Sky
27. The Cove Beach Bungalows
28. Cloud 9
29. Swissgarden Guesthouse
30. G.B.T 4
31. Makara Bungalows

Essen:
1. Essensstände (2x)
2. Ristorante Gelato Italiano
3. Te Lee Hong I Restaurant
4. DD Canada
5. Starfish Bakery Café
6. Holy Cow
7. Restauranthütten, White Rabbit Home Café
8. Tutti Frutti
9. L'Ambassade Gh. & Restaurant
10. Marco Polo
11. Sandan
12. Happa
13. Café Mango
14. Nyam
15. Q&A

Sonstiges:
1. Mr. Heinz Bookshop
2. Chamroeun Phal Supermarkt
3. Fishermanns Den Sport's Bar
4. G'day Mate
5. Samudera Market
6. Seeing Hands Massage III
7. Fitness Resort
8. Dr. Som Dara
9. Traditional Khmer Cookery Classes
10. Vietnamesisches Konsulat
11. Fun Buggys
12. Skyline Club
13. Cambodian Children Painting Project (CCPP)
14. Pharmacy Chamroeun Chanlida
15. Top Cat Cinema
16. The Dive Shop
17. Meta Spa
18. Eco Sea Dive
19. Pure
20. The Led Zephyr
21. Rajana
22. Galaxy Cinema
23. Rogue iPod
24. M'lop Tapang Shop
25. Starfish
26. Golden Star Mart
27. Scuba Nation Cambodia
28. Frogman Diving
29. Q&A
30. Bliss Massage & Spa
31. Frogman Diving
32. Dolphin Shak
33. Sessions
34. Buddy Land Waterpark
35. JJ's Playground
36. Flying Boat

DER SÜDEN

Phnom Penh

KOH POS

Queenco Casino & Hotel

Victory Hill

WASSERBÜFFEL-STATUE
Airport Pier

Victory Monument

Girlie-Bar Street

Koh Pos Beach

Wat Krom

Boeng Sam At

Victory Beach

Hawaii Beach

Independence Beach

Thnou St.

Santepheap St.

Ekareach St.

NACHTMARKT

Golden Lions Monument

Thnou St.

Serendipity Beach Rd

Kanda St.

TOURISTEN-POLIZEI

NACHTMARKT

Tola St.

Mithona St.

Serendipity Beach

Ochheuteal Beach

0   300 m

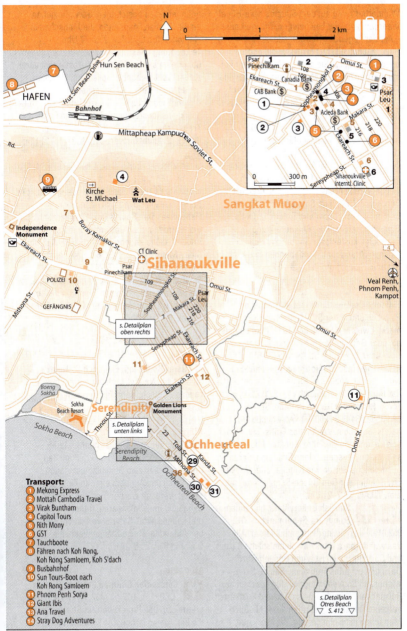

N
0 1 2 km

Hun Sen Beach
Hun Sen Beach Dive
Bahnhof
HAFEN

Mittapheap Kampuchea Soviet St.
Rd.

Psar Pinechikam
108
Canadia Bank
Ekareach St.
CAB Bank $
Sopheakmongkol St.
108
Acleda Bank
Ekareach St.
220
218
216
Makara St.
Sereypheap St.
Omui St.
Psar Leu
Sihanoukville Interntl. Clinic

0 300 m

Kirche St. Michael
Wat Leu

Sangkat Muoy

Independence Monument

Ekareach St.
Boray Kamakor St.
CT Clinic
Sihanoukville
Psar Pinechikam
108
Sopheakmongkol St.
108
Makara St.
220
218
216
Sereypheap St.
Ekareach St.
Omui St.
Psar Leu

POLIZEI
Mithona St.
GEFÄNGNIS

s. Detailplan oben rechts

Veal Renh, Phnom Penh, Kampot

DER SÜDEN

Boeng Sokha
Sokha Beach Resort
Sokha Beach

Serendipity
Golden Lions Monument
s. Detailplan unten links

Thnou St.
Ekareach St.
Serendipity Beach
Ochheuteal
Tola St.
Mithona St.
Ochheuteal Beach
Kanda St.

s. Detailplan Otres Beach
▽ S. 412 ▽

Transport:
1. Mekong Express
2. Mottah Cambodia Travel
3. Virak Buntham
4. Capitol Tours
5. Rith Mony
6. GST
7. Tauchboote
8. Fähren nach Koh Rong, Koh Rong Samloem, Koh S'dach
9. Busbahnhof
10. Sun Tours-Boot nach Koh Rong Samloem
11. Phnom Penh Sorya
12. Giant Ibis
13. Ana Travel
14. Stray Dog Adventures

Wunderbar ruhig auf dem Sihanoukville-Hügel unterhalb von Wat Leu gelegen. Die weit auseinander liegenden Holzbungalows sind in den Hang gebaut, alle mit Terrasse, die oberen bieten Meerblick. Sie sind großzügig, sehr hell, mit dunklen Möbeln, Moskitonetz, Minibar und Flatscreen ausgestattet und verfügen über ansprechende Bäder mit Dusche oder Wanne. Infinity Pool. Inkl. Frühstück. **5**

The Small Hotel, 📞 034-630 6161, 🖥 www.thesmallhotel.info, [9538]. Unter schwedisch-kambodschanischer Leitung. Das Haus wirkt nicht nur von außen mit der bewachsenen Fassade gemütlich. 11 gut eingerichtete Zimmer mit Schreibtisch, Schrank, TV, Minibar, Safe und DVD-Player. Bad mit Warmwasser und Toilettenartikeln. Gemeinschaftsbalkon, Restaurant und Bar. 2x tgl. kostenloser Shuttle-Service zur eigenen Strandbar am Independence Beach. Reservierung empfohlen. **2**–**3**

ESSEN

Einfache **Essensstände** gibt es am und im Psar Leu und in der St. 109 Richtung Nachtmarkt. Zwischen St.108 und 109 öffnen abends ein paar Grillstände am Kinderspielplatz.

Holy Cow, Ekareach St., 📞 012-478 510. In dem gemütlichen Holzhaus im Khmer-Stil wird internationale und Khmer-Küche serviert, darunter viel Vegetarisches. 🕐 8.30–23 Uhr.

Ristorante Gelato Italiano, St. 108, 📞 034-699 9900, 🖥 www.donbosco hotelschool.com. Westliches Frühstück, Khmer- und italienische Gerichte. Populär wegen der sehr guten hausgemachten Eiscreme, darunter ausgefallene Sorten wie Nutella- oder Cookie-Eis. Schüler der Don-Bosco-Schule servieren hier. WLAN. 🕐 7–21 Uhr.

Starfish Bakery Café, hinter dem Samudera-Supermarkt, 📞 012-952 011, 🖥 www.starfishcambodia.org. Allein das wunderbare Haus im Kolonialstil mit Garten und Springbrunnen ist einen Besuch wert. Dazu gibt es gutes Frühstück, Salate, Sandwiches. Im Souvenirshop werden Taschen aus Reissäcken, *kramas*, Pfeffer, Tee und Postkarten verkauft. Beschäftigt werden ausschließlich Menschen mit Behinderung. Die Werkstatt

nebenan ist zu besichtigen. Gewinne gehen an die Starfish Foundation, die Menschen in Not unterstützt. WLAN. 🕐 7–17 Uhr.

Te Lee Hong I Restaurant, 7 Makara St., gegenüber dem Psar Leu. Einfaches Restaurant unter einem Wellblechdach. Beliebt bei Einheimischen wegen der authentischen Khmer-Küche. Die englischsprachige Speisekarte bietet große und kleine (ausreichende) Portionen Fisch, Krebs, Frosch sowie Rinder- und Schweinefleisch. Empfehlenswert. WLAN. 🕐 16–21 Uhr.

UNTERHALTUNG

Die meisten Kneipen füllen sich gegen 22 Uhr mit älteren Expats. Gemütliche oder gar schicke Bars gibt es in Downtown nicht.

Fishermans Den Sport's Bar, 170 Ekareach St. Hier werden neben Getränken und Essen auch Angelausflüge angeboten (S. 399). 🕐 8–2 Uhr.

G'day Mate, Ekareach St. Bar unter australischer Leitung. Billard. 🕐 24 Std.

Skyline Club, Ekareach St. Angesagter Club, der bei Einheimischen und Touristen beliebt ist. Gegen 23 Uhr füllt sich die Disco im Glitzerschick. 🕐 13–5 Uhr.

EINKAUFEN

Bücher

Mr. Heinz Bookshop, Ekareach St. Heinz stammt aus Neapel, spricht aber auch hervorragend Deutsch. Gebrauchte Bücher um US$5. 🕐 9–18 Uhr.

Märkte

Psar Leu, der „neue" überdachte Markt, wurde 2008 fertiggestellt und lädt mit den breiten Gassen zum Bummeln ein – auch wenn sich das Angebot eher an Einheimische richtet. Verkauft werden Textilien, Schuhe, Schmuck, Haushaltswaren, Handys, Blumen und Lebensmittel. Sehenswert ist die Meerestier-Abteilung. Einige Stände wechseln Dollar in Riel. 🕐 6–18 Uhr.

Malereien

Cambodian Children Painting Project (CCPP), 📞 017-500 402, 🖥 www.letus create.org. Das Projekt betreut Straßenkinder, die hier Malen lernen. Die Kinder erhalten im

Haus außerdem Essen, medizinische Hilfe, Kleidung, Englisch- und Computerkurse. Der Erlös aus dem Verkauf der Bilder kommt den Kindern zugute. Wer mag, kann auch direkt spenden. Verkauft werden die teils wirklich tollen Bilder auch an der Serendipitiy Beach Rd. für US$5.

Supermärkte
Chamroeum Phal Supermarkt, Sopheamong-kol St. Gut sortierter Supermarkt mit kunden-freundlichen Öffnungszeiten. ⏲ 7–24 Uhr.
Samudera Market, 7 Makara St., ☎ 034-933 441. Der große Supermarkt bietet Souvenirs, Drogeriewaren, Babyartikel, eine große Weinauswahl (ab US$6/Flasche), Spirituosen, Vollkornbrot, Obst, Gemüse, Käse und Wurst. ⏲ 7–22 Uhr.

AKTIVITÄTEN

Angeln
Trade Wind Charter's, im Fishermans Den Sport's Bar, 170 Ekareach St., ☎ 012-702 478. Bis zu 12 Pers. passen auf die 14 m große Jacht. Los geht es um 7.30 Uhr, Rückkehr 17.30 Uhr. In der Bar wird der geangelte Fisch zubereitet und gegessen, US$40 p. P. Nach Voranmeldung.

Buggyfahren
Fun Buggys Sihanoukville, ☎ 016-404 807, ✉ funbuggys@yahoo.com. Buggyfahren für US$35/Std. Halbtags- und Tagesausflüge zu den umliegenden Stränden und zum Kbal-Chay-Wasserfall. Die Trips in dem squadähnlichen 2-sitzigen Gefährt mit Überrollbügel kosten zwischen US$55 und US$110. ⏲ 8.30–18 Uhr.

Fitness
Fitness Resort, Boray Kamakor St., ☎ 097-947 7431, 🖥 www.fitness-sihanoukville.com. Fitnesstraining in einer Gartenanlage: Hanteln, Boxring, Volleyballfeld. Tgl. Kurse, u. a. Khmer-Boxen oder Aerobic. Kinder-Sportkurse und ein Spielplatz runden das Angebot ab. Tages-karte US$4, US$5 inkl. Kurse. Wochenkarte US$15/20, Monatskarte US$40/45. Mo, Do, Sa Tai-Chi-Kurs um 10.30 Uhr für US$5 mit Voran-meldung. ⏲ Mo–Sa 6–20, So 6–12 Uhr.

Auf dem Gelände kann man auch Zimmer und Bungalows mieten, Preise inkl. Fitnesscenter und Frühstück. ❸

Kochkurse
Traditional Khmer Cookery Classes, 335 Ekareach St, ☎ 092-738 615, 🖥 www. cambodiancookeryclasses.com. Max. 8 Teil-nehmer kochen unter kompetenter Anleitung auf der Dachterrasse eines typischen Khmer-Hauses 3 Gerichte. US$23 inkl. Getränk und Rezeptkarten. Ab 2 Pers., mit Voranmeldung. ⏲ Mo–Sa 10–14 Uhr.

Wassersport
Segeln, Surfen, Kitesurfen S. 414, Otres I und II.
Tauchen und **Schnorcheln**, alle Tauchanbieter haben ein Büro an der Serendipity Beach Rd. (S. 407).

Wellness
Besonders luxuriös sind die Spas in den teuren Hotels wie das **Jouvence Spa** im Inde-pendece Hotel (s. u.). Massagen ab US$40, Anwendungen ab US$45. ⏲ 8–22 Uhr.
Jasmine Spa, im Sokha Beach Resort (s. u.), Anwendungen ab US$40. ⏲ 9–21 Uhr.
Seeing Hands Massage III, 95 Ekareach St. In einfacher Umgebung Massage von Blinden. US$6/Std. ⏲ 8–21 Uhr.

Yoga
Nach Voranmeldung im **Fitness Resort**, Boray Kamakor St., ☎ 097-947 7431, 🖥 www.fitness-sihanoukville.com. Jeden Sa um 10.30 Uhr für US$8.
Die Italienerin **Prema**, ☎ 070-271 809, bietet Einzelstunden am Strand für US$6 (90 Min.) p. P. an.

TOUREN

Reiseveranstalter
Mottah Cambodia Travel, Ekareach St., ☎ 012-996 604, 🖥 www.mottah.com. Besitzerin Nay spricht Deutsch und bietet viel Service und gute Informationen: Flüge, Bustickets, Insel-trips, Visa, Geldwechsel, Fax, Kopien, Internet US$1/Std. ⏲ 7–21 Uhr.

DER SÜDEN

Stray Dog Adventures, 14 Mithona St., ℡ 017-810 125, 🖳 www.straydogasia.com. Geführte Motorcrosstouren rund um Sihanoukville. Tagestour US$80. Mehrtagestouren ab US$90/Tag, ohne Benzin, Essen, Unterkunft oder Versicherung. Vermietet werden 250er-Geländemaschinen für US$20–25/Tag; 650er für US$35/Tag, inkl. Helm.

Tagestouren

Nahezu alle Reisebüros und Guesthouses bieten die folgenden Touren an:

3 Insel-Tour: Schnorcheltour zu 3 nahe gelegenen Inseln. Auf Koh Russei legen die Boote für ein Mittagessen an. Inkl. Abholung, Frühstück, Mittagessen und Schnorchelausrüstung US$15 p. P.

Partyboot, ℡ 034-666 6106, 🖳 www.theparty boat.asia. Tagesausflug nach Koh Rong Samloem zur Saracen Bay. 3 Decks mit Bar, Sonnendeck und DJ. Partyspaß pur – die Rückfahrt wird mit exzessiven Trinkspielen verkürzt. Hotelabholung ab 9.30 Uhr, zurück 17.30 Uhr. Inkl. Essen und Schnorchelausrüstung, US$25. Zur **Fullmoon-Party** auf Koh Rong Samloem geht es mit dem Partyboot für US$20 um 17.30 Uhr ab Serendipity-Pier, zurück 5 Uhr morgens.

Romny Travel, ℡ 016-861 459, ✉ romnytour@yahoo.com. Tgl. Boottouren mit einem eigenen umgebauten Fischerboot nach Ko Rong Samloem und Ko Rong für US$15. Gäste können auf einer der Inseln auch eine längere Pause einlegen und erst nach einigen Tagen die Weiterfahrt antreten. Die Romny-Familie hat auch ein einfaches Gästehaus nahe dem Ochheuteal Beach (hinter dem Ochheuteal Hotel) ❶ und auf Ko Rong Samloen (s. dort Homstay Resort) und ist daher eine gute Anlaufstelle für alle, die erst abends in Sihanoukville ankommen und am nächsten Tag günstig auf die Inseln wollen. Die Fahrt dauert allerdings recht lange.

Sun Tours, ℡ 016-396 201, 🖳 www.suntourscambodia.com. Tagesausflug nach Koh Samloem ab Airport-Pier, Abfahrt 9.30 Uhr, inkl. Essen, Schnorcheln und einer Mangrovenwanderung für US$25, zzgl. Hotelabholung US$1,50 (Kinder zwischen 6 und 12 Jahren US$12,50).

Tagesausflüge zum **Ream-Nationalpark** für US$20 p. P., inkl. Bootstour durch den Mangrovendschungel, Entspannung am Strand, Mittagessen, Getränke und Eintritt. Ream-Nationalpark inkl. **Kbal-Chhay-Wasserfall** für US$30 p. P.

SONSTIGES

Apotheken

Pharmacy Chamroeum Chanlida, Ekareach St., ℡ 034-934 748. Gute Auswahl an Original-Medikamenten und Kosmetikprodukten. Die Apothekerin spricht sehr gut Englisch. 🕐 9–23 Uhr.

Autovermietungen

Autos mit Fahrer vermitteln Hotels, Guesthouses und Reisebüros.

Fahrrad- und Motorradverleih

In den Hotels, Guesthouses und Restaurants. Fahrräder z. B. im **Geckozy** für US$2/Tag oder Independence Hotel US$5/Tag. Mopeds ab US$4/Tag, z. B. im **DD Canada Restaurant**. Gute 250er-Crossmaschinen über **Stray Dog** (s. o.) ab US$20.

Geld

Der Samadura-Supermarkt tauscht Bargeld und löst Reiseschecks ein. Geldautomaten überall in Sihanoukville-Stadt, Serendipity Beach Rd. und Victory Hill.

Achtung Verkehrskontrolle

Die Polizei in Sihanoukville kontrolliert Ausländer auf Mopeds besonders gern. Offiziell verboten ist es, tagsüber mit Licht und ohne internationalen Führerschein zu fahren. Außerdem besteht Helmpflicht für den Fahrer, und das Motorrad muss einen Außenspiegel haben. Verstöße werden nach dem offiziellen Bußgeldkatalog mit US$4–5 geahndet. Einige Polizisten, die ihr karges Gehalt aufbessern wollen, verlangen deutlich mehr. Entweder auf einer Quittung bestehen, oder den Vorfall auf der Polizeiwache klären lassen – dieses Ankündigung schreckt die meisten Polizisten ab.

DER SÜDEN

Acleda Bank, Ekareach St. Der Geldautomat akzeptiert nur Visa. Western-Union-Service. ⏲ Mo–Fr 7.30–16, Sa 7.30–12 Uhr.

ANZ Royal Bank, 215 Ekareach St. Geldautomat akzeptierte Visa-, MasterCard, Cirrus und Maestro. US$4 Gebühr. ⏲ Mo–Fr 8.30–15 Uhr.

CAB Bank, 208 Ekareach St. Geldautomat und Geld auf Kreditkarte für Visa- und MasterCard. Western-Union-Service. ⏲ 8–21 Uhr.

Canadia Bank, 197 Ekareach St. Geldautomaten akzeptieren Visa- und MasterCard, keine Transaktionsgebühr. ⏲ Mo–Fr 8–15.30, Sa 8–11.30 Uhr.

Informationen

Tourist Information, Boray Kamakor St. Die Angestellten sind freundlich, sprechen aber kaum Englisch. Die einzige Information ist die Broschüre des Tourismusministeriums. ⏲ 8–11.30 und 14–17 Uhr.
Am Ochheuteal-Strand gibt es ein offiziell aussehendes **Tourismusbüro**, das die gleichen Dienste und Informationen bietet wie andere Reisebüros. ⏲ 7–18.30 Uhr.
Gute Informationen rund um die Themen Essen, Ausgehen, Übernachtung und Aktivitäten stehen in dem vierteljährlich erscheinenden, kostenlos ausliegenden *Sihanouk Ville Visitors Guide*. Alle zwei Monate erscheint der ebenfalls kostenlose *Sihanoukville Advertiser* mit ähnlichen Informationen und, wie der Name andeutet, viel Werbung. Daneben gibt es noch das kompakte Heftchen *Sihanoukville A-Z*.

Konsulat

Vietnamesisches Konsulat
310 Ekareach St., ✆ 034-933 466. Die Beamten stellen sofort ein 30-Tage-Visum für Vietnam aus, US$60. Ein Passbild ist nicht notwendig. ⏲ Mo–Fr 8–12 und 14–16, Sa 8–12 Uhr.

Medizinische Hilfe

CT Clinic, 47 Boray Kamakor St., ✆ 034-936 666, Notfall-✆ 081-886 666. Gute Adresse bei schweren Erkrankungen. Unfallversorgung, Evakuierungsflüge. Die CT Clinic akzeptiert Kreditkarten, kümmert sich um die Abrechnung mit Krankenkassen und arbeitet mit dem Royal Rattanak Hospital in Phnom Penh und dem

Bangkok Hospital in Thailand zusammen. Erstkonsultation US$20. ⏲ 24 Std.

Dr. Som Dara, 92 Boray Kamakor Str., ✆ 034-555 5161. Allgemein- und Tropenmediziner mit sehr gutem Ruf unter den Expats. ⏲ 7–21 Uhr.

Sihanoukville International Clinic, Ekareach St., ✆ 034-933 911, Notfall-✆ 097-891 1911. Gut ausgestattete Klinik mit russischen, chinesischen und kambodschanischen Ärzten. Erstkonsultation US$10–30. 24-Std.-Notdienst.

Polizei

Polizei-Hauptwache, Ekareach St., ✆ 034-631 3313. ⏲ 24 Std.

Touristenpolizei, am Ochheuteal Beach, ✆ 097-749 1144. Wer eine Anzeige z. B. über einen Diebstahl aufgeben will und muss, braucht eine Ausfertigung auf Khmer und in englischer Sprache. Dolmetscherservice von 10–15 Uhr, gegen Spende. 24-Std.-Notruf-✆ 034-657 9888, 097-725 5543.

Post

Am Independence Monument und gegenüber dem Psar Leu. Briefmarken und Paketservice EMS. ⏲ Mo–Fr 7.30–12 und 14–17 Uhr.

DER SÜDEN

Visaangelegenheiten

Die einmalige Verlängerung des Touristenvisums übernehmen Guesthouses und Touranbieter für rund US$50 innerhalb von 3 Werk-
tagen. Verlängerung des Business-Visums für
1/3/6/12 Monate US$50/80/160/290. Passfoto
nötig. Ein Vietnam-Visum gibt es im Konsulat
(S. 401) oder über die Guesthouses und
Touranbieter gegen einen kleinen Aufpreis.

(S. 401)

NAHVERKEHR

Motorradtaxifahrer und Tuk-Tuks stehen
und fahren überall in der Stadt und an den
Stränden.

Motorradtaxis

Eine einfache Fahrt im Stadtzentrum sollte
nicht mehr als 2000 Riel kosten. Vom Zentrum
zum Ochheuteal-Strand, Victory-Strand,
Victory Hill und Serendipity-Strand etwa US$2,
bis Otres-Strand US$3. Tagesmiete für ein
Motorradtaxi US$15.

Tuk-Tuks

Eine einfache Fahrt im Stadtzentrum kostet
US$1. Vom Zentrum zum Ochheuteal-Strand,
Victory-Strand, Victory Hill und Serendipity-
Strand etwa US$3, bis Otres-Strand US$5.
Tagesmiete je nach Entfernung US$20.

TRANSPORT

Der **Busbahnhof**, Soviet St., ☎ 034-934 189,
liegt 3 km nordwestlich des Stadtzentrums.
Busse fahren von ihrem Büro und über den
Busbahnhof. Virak Buntham, Phnom Penh
Sorya, Rith Mony und Capitol Tours haben
ein Büro am Busbahnhof. Bustickets organisieren alle Hotels und Guesthouses, ein
kostenloser Abholservice ist dann im Ticketpreis enthalten.

Für eine Fahrt vom Busbahnhof mit dem Tuk-
Tuk oder Motorradtaxi zu den Stränden gelten
Fixpreise. Nur Mitglieder des „Verbandes"
der Motorradtaxis dürfen ausländische Gäste
zu den Hotels fahren. Außerhalb der Station
einen Fahrer zu finden ist schwierig, denn
der Bahnhof liegt sehr abgelegen. Die Preise
sind am Ausgang angeschlagen: Ein Motorrad-
taxi/Tuk-Tuk kostet zum Victory-Strand US$1/3,
Stadtzentrum und Independence-Strand
US$1,50/4, Sokha-, Ochheuteal- und Serendipity-
Strand US$2/6, bis Otres-Strand US$3/8.

Serendipity Beach Road: Hier schlägt das touristische Herz von Sihanoukville.

© MARION MEYERS

DER SÜDEN

Für ein Taxi sind US$2–4 zusätzlich zu kalkulieren.

Guesthousebesitzer zahlen den Motorradtaxifahrern oft eine Provision. Nicht wundern, wenn das auserkorene Hotel angeblich voll, zu oder voller Prostituierter ist. Besser selber nachsehen.

Busse

BANGKOK (Thailand), umsteigen an der Grenze
mit Rith Mony und Virak Buntham um 8.15 Uhr; mit Virak Buntham auch 20 Uhr, für US$26–30 in 15 Std.;

BATTAMBANG, umsteigen in Phnom Penh
mit GST, Mekong Express, Phnom Penh Sorya und Rith Mony 13x tgl. zwischen 7 und 13.45 Uhr; mit Virak Buntham um 20 Uhr, für US$12–16 in 10 Std.;

HO-CHI-MINH-STADT (Vietnam), tagsüber mit Umsteigen in Phnom Penh, die Nachtbusse fahren durch:
mit GST, Mekong Express, Phnom Penh Sorya und Rith Mony 8x tgl. zwischen um 7 und 8.30 Uhr; mit Phnom Penh Sorya und Virak Buntham um 20 Uhr, für US$16–25 in 10–13 Std.;

KAMPOT, mit GST und Phnom-Penh-Sorya-Minibussen 3x tgl. zwischen 7 und 12 Uhr für US$6 in 3 Std.;

KEP, mit GST und Phnom-Penh-Sorya-Minibussen 3x tgl. zwischen 7 und 12 Uhr für US$8 in 4 Std.;

KO CHANG (Thailand), umsteigen an der Grenze, Bus und Fähre
mit Rith Mony und Virak Buntham um 8.15 Uhr für US$26–28 in 9 Std.;

KOH KONG, mit Rith Mony, Phnom Penh Sorya, Virak Buntham 7x tgl. zwischen 7 und 13.45 Uhr für US$6–9 in 4 Std.;

KO SAMET (Thailand), umsteigen an der Grenze, Bus und Fähre
mit Rith Mony und Virak Buntham um 8.15 Uhr für US$26–30 in 11 Std.;

KRATIE, umsteigen in Phnom Penh
mit Rith Mony um 7.15 und 8.30 Uhr für US$17 in 14 Std.;

PATTAYA (Thailand), umsteigen an der Grenze
mit Rith Mony und Virak Buntham um 8.15 Uhr für US$26–30 in 11 Std.;

PHNOM PENH, mit Capitol Tours, Giant Ibis, GST, Mekong-Express-Minibussen, Phnom Penh Sorya und Rith Mony 39x tgl. zwischen 7 und 17.45 Uhr, mit Virak Buntham um 20 Uhr, für US$5–12 in 4–5 Std.;

POIPET, umsteigen in Phnom Penh
mit Mekong Express und Rith Mony 6x tgl. zwischen 7 und 17 Uhr, mit Virak Buntham um 20 Uhr, für US$16–28 in 12 Std.;

SIEM REAP, tagsüber mit Umsteigen in Phnom Penh, der Nachtbus fährt durch:
mit GST, Mekong Express, Phnom Penh Sorya und Rith Mony 13x tgl. zwischen 7 und 13.45 Uhr, mit Virak Buntham um 20 Uhr, für US$14–24 in 10 Std.;

SISOPHON, umsteigen in Phnom Penh
mit Rith Mony und Phnom Penh Sorya 7x tgl. zwischen um 7 und 13.45 Uhr für US$16 in 13 Std.;

TRAT (Thailand), umsteigen an der Grenze
mit Rith Mony und Virak Buntham um 8.15 Uhr für US$19 in 7 Std.;

Vietnamesische Grenze (HA TIEN)
mit den Minibussen von Champa-Mekong-Travel um 8 Uhr für US$14 in 4 1/2 Std., weiter nach PHU QUOC für US$25 in 7 Std.

Sammeltaxis

Sammeltaxis stehen am **Busbahnhof** und **Psar Leu**. Sie starten, sobald genügend Passagiere für Ziele wie Phnom Penh, Kampot oder Koh Kong beisammen sind: 5–7 Pers. teilen sich den Pkw. Die Fahrt ist eng, unbequem und kaum günstiger als ein Busticket. Als Richtpreis für einen Sitzplatz einfach den Gesamtpreis durch 6 Personen dividieren.
KAMPOT US$35 in 2 Std.; KEP US$40 in 2 1/2 Std.;
KOH KONG US$60 in 3 1/2 Std.;
PHNOM PENH US$55 in 3 1/2 Std.

Schiffe

KOH RONG, um 9 und 14 Uhr mit dem I-Speedboot in 20 Min. für US$30; um 8.30, 11 und 15 Uhr mit Speed Ferry in 45 Min. für US$20, beide von Serendipity-Pier (jeweils hin und zurück); um 9 und 15 Uhr mit der Fähre für US$10 in 2 Std. ab Sihanoukville-Hafen, Royal Pier.

Optional kann man auch einen Rundtrip auf einem Ausflugsboot buchen und auf der Insel einen Stop einlegen. Ein Ticket für Hin- und Rückweg inkl. Stop zum Schnorcheln und Mittagsessen kostet US$25.

KOH RONG SAMLOEM (Saracen Bay), um 10 und 15 Uhr mit dem I-Speedboot in 15 Min. für US$30; um 8.30 und 15 Uhr mit Speed Ferry in 45 Min. für US$20, beide von Serendipity-Pier (jeweils hin und zurück); um 9 Uhr mit der Fähre für US$10 in 2 Std. ab Sihanoukville-Hafen, Royal Pier. Mit einem Ausflugsboot kostet die Fahrt hin und zurück US$15, sie dauert aber sehr lange, da auf der Hinfahrt ein Stopp zum Schnorcheln und Mittagsessen auf Ko Rong Samloen inbegriffen ist und auf der Rückfahrt in Ko Rong etwa 1 Std. pausiert wird. Abholung gegen 8.30 Uhr am Hotel. Kontakt auf S. 400, Romny Travel, Touren Sihanoukville.

KOH RUSSEI, um 9 Uhr mit der Fähre für US$5 in 80 Min. ab Serendipity-Pier (zurück 13 Uhr).

KOH S'DACH, um 12 Uhr mit dem Versorgungs-boot für US$15 in 4 1/2 Std. ab Sihanoukville-Hafen, Royal Pier.

KOH TA KIEU, um 9 Uhr mit der Fähre für US$6 in 1 1/2 Std. ab Serendipity-Pier (zurück 13 Uhr).

Gesellschaften und aktuelle Abfahrtszeiten Partyboote, ☏ 095-236 440, 🖥 www.theparty boat.asia. **I-Speedboote**, 🖥 www.seacambodia. asia, und **Speed Ferry**, 🖥 speedferrycambodia. com, nach Ko Rong Samloem und Koh Rong, Büros am Serendipity-Pier bzw. Golden Lions Monument. Tickets auch in allen Reisebüros. Die oben genannten Abfahrtszeiten ändern sich schnell, daher bitte auf den Webseiten noch mal die aktuellen Verbindungen nachsehen.

Flüge

Der **Flughafen Sihanoukville** liegt etwa 20 km vom Stadtzentrum an der N4 Richtung Phnom Penh. Seit Jahren wird spekuliert, ob er in einen internationalen Flughafen umgewandelt werden wird. Aktuelle Flug-pläne unter 🖥 www.cambodia-airports.com. Von Sihanoukville aus starten mit Cambodia

Angkor Air, 🖥 www.cambodiaangkorair. com, in der Hauptsaison (Nov–April) tgl. Flüge nach SIEM REAP, ab US$116 in 1 Std. Anfahrt: Vom Zentrum zum Flughafen Taxi/Tuk-Tuk für US$20/15 in 30/50 Min. Shuttle Bus US$10 p. P. in 45 Min. (über Hotels buchbar).

12 HIGHLIGHT

Die Strände bei Sihanoukville

Mit ihrem feinen weißen Sand sind die kasuari-nengesäumten Strände rund um Sihanoukville längst zum Touristenmagneten geworden. Nicht nur Backpacker zieht es an die geschwungenen Buchten, auch Pauschal- und einheimische Tou-risten rollen hier das Badehandtuch aus. Dank der großen Auswahl findet fast jeder seinen ei-genen Lieblingsstrand. Das touristische Herz schlägt an der **Serendipity Beach Road**. Reisen-de erwarten hier alle Annehmlichkeiten eines Strandortes. Der schmale westliche **Serendipity-Strand** ist überwiegend felsig (S. 404). Es liegen Pläne vor, die Bucht mit Sand aufzuschütten, um eine durchgehende Verbindung zum Sohkha-Strand zu schaffen.

Östlich des Piers schließt sich der 3 km lange **Ochheuteal-Strand** an. Viele Strandrestaurants, die ihre Tische, Liegestühle und Sonnenschirme dicht an dicht aufbauen, säumen den weißen Sandstreifen. Abends, wenn überall der Geruch von gegrilltem Fisch und Fleisch in der Luft liegt, herrscht hier eine tolle Atmosphäre, manch eine der Strandbuden hat bis zum Morgengrauen ge-öffnet (S. 410).

Otres Beach liegt 6 km südöstlich von Siha-noukville-Stadt. Der von Kasuarinen gesäumte weiße Sandstrand ist 4 km lang und vom Och-heuteal-Strand über eine Landzunge zu errei-chen. Otres ist in Strand I und II geteilt, das mitt-lere Stück ist noch unbebaut. **Otres I** säumen einfachen Anlagen und Restaurants – die Atmo-sphäre ist lässiger als am hektischeren Ochheu-teal Beach. Am weißen Sandstrand **Otres II** geht es noch ruhiger zu. (S. 411).

Hinter einer Felsen-Halbinsel westlich des Serendipity-Strandes liegt der breite, von Palmen und Kasuarinen gesäumte weiße **Sokha Beach** (S. 414). Leider beansprucht das 5-Sterne-Hotel Sokha Beach Resort fast den ganzen Strand, Nichtgäste haben dort keinen Zutritt.

Richtung Westen schließt sich der rund 1 km schmale ruhige **Independence Beach** an. Benannt ist er nach dem exklusiven Independence Hotel am Westende, das König Sihanouk in den 1960er-Jahren mitplante und in dem er sogar die Einrichtung bestimmte (S. 415).

Koh Pos Beach ist eine winzige Bucht, hinter deren Sandstreifen die Tische des chinesischen Seafood-Restaurants Treasure Island stehen.

Die gigantische Brücke hinüber zur Insel **Koh Pos** (Schlangeninsel) ist für Besucher gesperrt. Mit internationalem Geld und dem Segen der Tourismusbehörde wird derzeit auf der Insel das **Morakot Island Resort** errichtet, 🖥 www.morakotisland.com. Hotels, Villen, Eigentumswohnungen, Shops und Restaurants sollten dort bis 2016 entstehen. Zum Zeitpunkt der Recherche sah es so aus, als würden die Bautätigkeiten ruhen.

Am Fuße der Koh-Pos-Brücke Richtung Norden folgt der schmale **Hawaii Beach (Lamherkay Beach)**. An der Investitionsruine des Emario Beach Resorts vorbei, gelangt man zu dem mit Laubbäumen und von Dutzenden Restaurants gesäumten Strand. Überdachte Tische und Liegestühle stehen bis zur Wasserlinie. Die Einheimischen bevorzugen am Wochenende diesen Strand und gehen einer Lieblingsbeschäftigung nach: Essen, Trinken und aufs Wasser schauen. In der Woche ist wenig los.

Verhaltenstipps

Gerade am Ochheuteal Strand kommt es (leider) immer wieder zu **Diebstählen**. Deshalb gilt: Wertsachen, die man nicht im Hotelsafe deponieren will oder kann, nie aus den Augen lassen. Vereinzelt wird von Taschendiebstählen berichtet (S. 71).

Am Ocheuteal Beach wimmelt es von Bettlern, nur zu oft sind es Kinder. M'lop Tapang, eine NGO, die sich um **Straßenkinder** kümmert, rät dringend davon ab, Kindern Geld oder Essen zu geben (s. Kasten S. 401).

Kambodschaner sind sehr konservativ. Frauen wie Männer springen oft komplett bekleidet ins Wasser. Für Frauen ist das Tragen eines **Bikinis** am Strand durchaus akzeptiert – aber bitte nur am Strand! Oben ohne in der Sonne zu liegen oder gar Nacktbaden sind ein absolutes Tabu!

Victory Beach ist ein 1 km langer, goldbrauner, schmaler Sandstreifen. Bei den Restauranthütten noch relativ gepflegt, wird der Strand Richtung Hafen immer schmutziger (S. 415).

4 km nördlich des Hafens liegt der einsame **Hun Sen Beach (Prek Treng Beach)**. Der Strand mit den überdachten Beton-Holzsalas ist unberührt, naturbelassen, und nur wenige Kasuarinen oder Palmen spenden Schatten. Am Wochenende wird der Strand von Einheimischen frequentiert, in der Woche sind oft nur ein paar Fischer dort. Das Wasser ist hier sehr flach. Da es keine Erfrischungsstände gibt, bringt man sich die Verpflegung besser selbst mit. Auf dem Weg vom Hafen hierher passiert man das Fischerdorf **Thom Nop Roluk**. Viele der Häuser stehen auf Stelzen im Wasser und sind nur über Stege zu erreichen.

Serendipity

Serendipity [9539] nennt sich die Zufahrtsstraße vom Golden Lions Monument Richtung Meer. Günstige Backpackerunterkünfte, Hotels, Bars, Shops, Tauchschulen, Touranbieter und eine riesige Auswahl an Restaurants reihen sich auf etwa 600 m Länge aneinander. Am Ende liegt der Pier, an dem die Schnellboote Richtung Koh Rong und Koh Rong Samloem ablegen.

DER SÜDEN

In Serendipity, Karte S. 396, gibt es ein großes Angebot an verschiedensten Übernachtungs-möglichkeiten der unteren oder mittleren Preis-kategorie, je näher am Strand, desto teurer wird es meist. Luxusherbergen sucht man hier vergebens. Irgendwo ist immer noch etwas los, die Gegend ist nichts für Lärmempfindliche.

Untere Preisklasse

Mick & Craig's, Serendipity Beach Rd., ℡ 034-934 845, 🖥 www.mickandcraigs.com, [9541]. 17 Zimmer im Innenhof mit Veranda oder im Obergeschoss an einem umlaufenden Balkon. Die Zimmer sind modern, klein und mit dem Nötigsten möbliert. Schönes Bad mit abgetrennter Dusche. Wahlweise Ventilator oder AC. Das überdachte helle Restaurant ist modern minimalistisch gestaltet. Billard, Buchladen und Tourinfos. ❷

Monkey Republic, Serendipity Beach Rd., ℡ 092-000 000, 🖥 www.monkeyrepublic.info. Nach dem verheerenden Brand 2013 wurde die Anlage komplett neu aufgebaut. Schönes Restaurant im Hacienda-Stil. Die mit Kaltwasser und Ventilator ausgestatteten Zimmer sind dahinter um einen Innenhof angeordnet. Nach wie vor beliebt bei jungen Travellern. ❷

New Sea View Villa, Serendipity Beach Rd., ℡ 017-420 270, 🖥 www.sihanoukville-hotel. com, [9544]. Die Ventilator- und AC-Zimmer sind in freundlichen Farben gestrichen und mit Kunst an den Wänden dekoriert. 3-Bett-Zimmer vorhanden. Das vorzügliche Restaurant im Innenhof serviert Fusion- und internationale Gerichte. ❷–❹

Rega Hibiscus Garden Bungalows, ℡ 012-219 505, [9545]. Die Zimmer liegen etwas unter-halb der Straße, dafür gibt es einen wunderbar üppig mit Bambus begrünten Innenhof. Einfache Ventilator-Zimmer mit Warmwasser, die AC-Zimmer haben zusätzlich noch eine Kommode mit Spiegel und Rattanablage. Auf der 1. Etage befindet sich das Black Gouper Seafood Restaurant. ❷

The Big Easy, Serendipity Beach Rd., ℡ 081-943 930, 🖥 www.thebigeasy.asia, [9546]. Die Anlage hat den Backpacker-Charme ver-gangener Zeiten: 20 einfachste nette Holz-hütten in einem kleinen Garten, alle mit Veranda und Palmdach. Ventilator, Bad mit Kaltwasser. An der Straße großes Restaurant mit Bar, es gibt Fast Food (u. a. Burger) und eine asiatische Auswahl. Billard. ❶

€ **Utopia**, Serendipity Beach Rd., Ecke 14 Mithona St., ℡ 034-934 319, 🖥 www.utopia-cambodia.com. Großer Innen-hof, der mit Sprayerkunst an den Wänden bunt aufgepeppt ist. Pool, Bar, Tischtennis, Fitnessraum. Dormbetten ab US$1 mit Ventilator ohne Fenster oder mit AC für US$2,50. 2 Zimmer mit privatem Bad. Hier ist immer etwas los. Abends gibt es Filme, Partys mit Feuertänzern und günstige Happy-Hour-Angebote (z. B. Bier für US$0,25). ❶

Mittlere Preisklasse

🧳 **Above Us Only Sky**, am Strand, ℡ 097-744 7350, 🖥 www.aboveusonly sky.net, [9547]. Großzügige Steinbungalows mit Palmdach im Hang. Innen Rattanmöbel, Terrakottaboden, getönte Wände, TV, Kühl-schrank. Bungalows mit 2 Betten oder Doppel-bett. Auf der Terrasse kann man von gemüt-lichen Korbsesseln aus aufs Meer schauen. Stylisches Restaurant und Sitzgelegenheiten auf den Felsen am Meer. ❹

Cloud 9, am Strand, ℡ 098-215 166, 🖥 www. cloud9bungalows.com, [9548]. Ruhig gelegen, hier bekommt man kaum etwas vom Party-lärm des Ochheuteal-Strandes mit. Hübsche Ventilator-Holzbungalows im Hang, große Glasfronten zur Veranda. Bad mit Warm-wasser. ❹

🧳 **Serendipity Beach Resort**, Serendipity Beach Rd., ℡ 034-938 888, 🖥 www. serendipitybeachresort.com, [9549]. Von außen wirkt das 5-stöckige Hotel wie eine Luxus-unterkunft, die Lobby ist dagegen asiatisch karg. Das alles machen aber die tadellosen, modern gestalteten Zimmer wett. Großzügig, hell, mit einer bunten Wand und geschmack-voll farbig abgestimmter Sitzgarnitur und Chaiselounge. Bäder in angesagtem Braun mit passendem Bild, Glasdusche und Wanne mit Zimmerblick sind die Highlights in den Bade-zimmern. Fahrstuhl. 20-m-Pool neben dem Hotel. Gutes Preis-Leistungs-Verhältnis. ❹

The Cove, am Strand, ☎ 034-638 0296, 🖥 www.thecovebeach.com, [9550]. Einfache Holzbungalows am Berghang mit Balkon und Hängematten. Ventilator, Moskitonetz. Schöne Bäder mit runden Waschtischen und Warmwasser. Die höher gelegenen Stein-AC-Bungalows bieten einen fantastischen Blick aufs Meer. Inkl. Frühstück. Restaurant am Meer. ❸–❺

ESSEN

Die Auswahl an Restaurants entlang der Serendipity Beach Rd. ist beachtlich. Italienisch, Mexikanisch, Griechisch oder Japanisch: Hier findet jeder etwas nach seinem Geschmack. Rund um das Golden Lions Monument werden abends Essensstände aufgebaut, die angrenzenden einfachen Restaurants servieren Gerichte zwischen 6000 und 10 000 Riel. Mutige können hier auch frittierte Heuschrecken oder Käfer probieren.

Café Mango, Serendipity Beach Rd., ☎ 013-440 075. Westliches Frühstück, Pizza, hausgemachte Pasta und empfehlenswerte Filetsteaks. ⏰ 7–23 Uhr.

Happa, Serendipity Beach Rd., ☎ 034-934 380. Serviert japanische Teppan-Gerichte (auf heißem Stein zubereitet) à la carte mit feinen Saucen, Sushi und Sashimi. Aber auch die köstlichen Khmer-Gerichte wie die Bananenblütensuppe oder Cha Kroeung mit Fleisch oder Tofu sind empfehlenswert. ⏰ 17–22 Uhr.

Marco Polo, 2 Thnou St., ☎ 092-920 666. Pizza aus dem Holzofen und Pasta, zubereitet vom italienischen Chef, serviert in einem kleinen gemütlichen Restaurant. ⏰ 12–22 Uhr.

Sandan, 2 Thnou St., ☎ 087-544 540, 🖥 www.mloptapang.org. Die NGO M'lop Tapang bildet hier Lehrlinge aus, die aus schwierigen Verhältnissen kommen. Serviert wird ausgezeichnete kreative Khmer-Küche. Zu empfehlen ist der Lotos-stengel-Salat mit Huhn. Für „fortgeschrittene Traveller" gibt es frittierte Heuschrecke mit schwarzem Pfeffer und Zitrone. Kleiner Souvenirshop von M'lop Tapang mit bunter Kinderkleidung und Taschen. Spieleecke für Kinder. ⏰ 8–21 Uhr.

UNTERHALTUNG UND KULTUR

Kino

Top Cat Cinema, Serendipity Beach Rd., ☎ 012-790 630. Statt Stuhlreihen gibt es Korbsessel, Sofas oder Matratzen. Kleiner Kinosaal und 2- bis 3-Pers.-Zimmer. Kein Programm, dafür stehen über 6000 Videos zur Auswahl. US$4,50 p. P. für 2 Std. ⏰ 24 Std.

Kneipen

An Ausgehmöglichkeiten mangelt es wahrlich nicht. In den Guesthouses wie Monkey Republic oder Utopia herrscht fast rund um die Uhr Partystimmung. Etwas älteres Publikum zieht die kommunikative Theke des **The Led Zephyr**, ☎ 034-698 2121, 🖥 www.theledzephyr. com, an. Abends gibt es hier Livemusik, mittwochs ist das Mikrofon für jeden offen. ⏰ 7–1 Uhr. Wirklich edel ist das Ambiente im **Pure**, ☎ 017-605 785, 🖥 www.pure-cambodia. com, einer ganz in Weiß gestylten Lounge auf 2 Ebenen. ⏰ 17–1 Uhr. Zum Feiern am Strand s. S. 410.

AKTIVITÄTEN

Tauchen

Das Angebot der **Tauchschulen** ist fast identisch. Alle sind unter ausländischer Leitung, das Equipment ist ordentlich. Neben Tagestrips und *Liveaboards* bieten alle Tauchanbieter 3-Tages-PADI-Open-Water-Kurse um US$320 an. Informationen zu den Tauchgebieten s. Kasten S. 420.

Eco Sea Dive, Serendipity Beach Rd., ☎ 012-654 104, 🖥 www.ecoseadive.com. Tagestauchtouren nach Koh Rong Samloem inkl. 2 Tauchgängen, Essen, Transport und Ausrüstung für US$80, Schnorchler US$30. Bungalows und Zelte auf Koh Rong Samloem (Eco Lodge ❶–❹). ⏰ 8–20.30 Uhr.

Frogman Diving, Serendipity Beach Rd., im Rega Hibiscus Garden, Hauptbüro Ochheuteal Beach, ☎ 012-596 237, 🖥 www.frogman.asia. Tagestauchfahrten nach Koh Rong Samloen, 2-Tages-Tauchfahrten inkl. 5 Tauchgängen, Nachttauchen und Übernachtung in der Eco Lodge auf Koh Rong Samloem für US$225. Der einzige Anbieter von Tagestauchtripps nach Koh Tang und Koh Prins, mit dem Frogman-

DER SÜDEN

Schnellboot in 1 Std., US$119 ab 3 Pers.
⊕ 8–19 Uhr.

Scuba Nation Cambodia, Serendipity Beach
Rd., ✆ 012-604 680, 🖥 www.divecambodia.
com. PADI-5-Star-Dive-Center unter skandina-
vischer Leitung. Tagestripps nach Ko Rong
Samloem und *Liveaboard*-Trips nach Koh Tang
und Koh Prins inkl. 5 Tauchgängen für US$275/
325, Schnorchler US$120/160. ⊕ 9–20 Uhr.

The Dive Shop, Serendipity Beach Rd.,
✆ 034-933 664, 🖥 www.diveshopcambodia.
com. PADI-5-Star-Dive-Center unter deutscher
Leitung. Fundives bei Koh Rong Samloem für
US$80 inkl. Essen, Transport und Ausrüstung,
Schnorchler zahlen US$30. 2- bis 4-Tages-
Liveboards nach Koh Tang, Koh Prins und Koh
Puolo Wai. Bungalowanlage und Dive Shop am
Robinson Bay auf Koh Rong Samloem (nicht
immer besetzt, daher besser hier buchen).
⊕ 7–21 Uhr.

Wellness

Meta Spa, Serendipity Beach Rd., ✆ 034-
455 3333. Verschiedene Massageangebote
in angenehmer Atmosphäre. Packungen,
Gesichtspflege, Waxing. Massage ab US9/Std.
⊕ 9–23 Uhr.

TOUREN

Fast jeder Shop und jedes Guesthouse fungiert
als **Reiseveranstalter** und verkauft Bus- und
Bootstickets. Als alteingesessen und zuverlässig gilt **Ana Travel**, Serendipity Beach Rd.,
✆ 034-933 929, 🖥 www.anatravelandtours.
com. Flug- und Bustickets, Visaservice, Auto-
vermietung, Inseltouren. ⊕ 8–21 Uhr.

EINKAUFEN

Musik

Rogue iPod, Serendipity Beach Rd., ✆ 016-
591 472, 🖥 www.roguecambodia.com. Neben
Musik-, Videos- und Film-Downloads gibt es
das entsprechende Zubehör wie Kopfhörer,
Speicherkarten und auch Kleidung. ⊕ 9–21 Uhr.

Souvenirs

M'lop Tapang Shop, Serendipity
Beach Rd., 🖥 www.mloptapang.
org. Ausgefallene Handarbeiten für einen
guten Zweck. Gestaltet von Müttern, die
mit dem Erlös den Schulbesuch ihrer Kinder
finanzieren. Strandtaschen, Kulturbeutel,
schöne Geldgürtel. Aus Recycling-Materialien
hergestellte Taschen, Schmuck oder Unter-
setzer aus Plastikstrohhalmen: tolle Ideen,
die sich gegenüber dem üblichen Angebot
abheben. ⊕ 10–17 Uhr.

Rajana, Serendipity Beach Rd., 1. Etage,
✆ 012-789 350, 🖥 www.rajanacrafts.
org. Die NGO Rajana setzt sich für faire Löhne
und Arbeitsbedingungen ein. Verkauft werden
kramas, Kleider, bunte T-Shirts, Gewürze und
Dekoartikel wie Kissen und Wandbehänge.
⊕ 9–21 Uhr.

Starfish, Serendipity Beach Rd.,
✆ 012-95 201, 🖥 www.starfishcambodia.
org. Von Menschen mit Behinderung hergestellte Taschen aus Reissäcken, *kramas*, Silberschmuck und Besteck oder Schmuck aus
Kokosnüssen. ⊕ 9–20 Uhr.

Ochheuteal

Ochheuteal [9552] ist der Bezirk östlich der Serendipity Beach Road. In den drei parallel zum
Strand verlaufenden Straßen wechseln Hotels, Restaurants und unbebaute Grundstücke
einander ab. Fast rund um die Uhr ist an der
Strandpromenade etwas los. Hier reiht sich ein
Restaurant an das andere, ein schmaler ge-
pflasterter Weg trennt sie vom Sandstrand. Der
Sand ist weiß und pudrig, die Restaurants haben Tische, Liegestühle und Sonnenschirme
bis fast zur Wasserlinie aufgebaut. Die Benutzung dieser Liegestühle ist kostenlos, sofern
man etwas verzehrt. Pausenlos laufen Verkäu-
fer-/innen den Strand auf und ab, die Obst, Essen, Schmuck, Bootstouren, Massagen, Maniküre und Beinenthaarung anbieten. Beliebt ist
Ochheuteal auch bei Einheimischen, für die ein
Strandtag bedeutet, im Schatten zu sitzen und
ausgiebig kulinarischen Genüssen zu frönen.
Abends brutzeln überall Fisch, Meeresfrüchte, Steaks und Fleischspieße auf den Grills der
Restaurants.

Für alle, die es lieber ruhiger mögen: Die südöstliche Hälfte des rund 3 km langen Ochheuteal Beach ist nicht bebaut, der Strand naturbelassen.

In den Straßen parallel zum Strand entstehen mehr und mehr Hotels und Guesthouses, hier ist für jeden Geschmack und Geldbeutel etwas zu finden, Karte S. 396/397. Direkt am Strand gibt es keine Hotels.

Untere Preisklasse

G.B.T 1, 14 Mithona St., ℡ 016-210 222, [9554]. Die Travellerunterkunft bietet Holz-Doppelbungalows mit Veranda, AC, TV und Warmwasser. Günstiger sind die recht dunklen Holz-Reihen-Zimmer mit TV, Ventilator, Kaltwasser. Großes Restaurant mit schweren Holzmöbeln. ❶–❷

G.B.T. 4, 14 Mithona St., ℡ 016-999 383. Ruhig liegen die einfachen Zimmer rund um einen begrünten Innenhof. Wahlweise mit Ventilator oder AC, Bäder mit Warmwasser. Restaurant. ❶–❷

Makara Bungalows, Preah Lumhei Phumin St., ℡ 034-933 449, 🖥 www.makarabungalows. com, [9555]. AC-Zimmer rund um einen chlorfreien Pool. Einfach und sauber, mit Schrank, Tisch, TV und Safe ausgestattet. Restaurant. ❸

Motel 7, 14 Mithona St., ℡ 016-411 313, ✉ cambodiamotel7@yahoo.com, [9556].

Einfache und geschmackvolle Zimmer im 2-stöckigen Gebäude rund um eine Rasenfläche: Terrakottaböden, schwarze Möbel, TV, Kühlschrank. Helle saubere Bäder mit Warmwasser. Wahlweise Ventilator oder AC. ❷

🧳 **Nice Beach Hotel**, 14 Mithona St., ℡ 034-659 4999, 🖥 www.nicebeach-hotel.com, [9559]. Sehr geräumige helle Zimmer im Obergeschoss. Fliesenboden, modern grau gestrichene Wände, TV, Kühlschrank und Schrank. Alle Bäder mit Wanne und Toilettenartikeln. Die teuren Zimmer haben zusätzlich einen großen Balkon mit Blick auf die Mithona St. Gutes Preis-Leistungs-Verhältnis. Inkl. Frühstück. ❸–❹

Swissgarden Guesthouse, ℡ 097-573 6006, 🖥 www.swissgarden-cambodia.com, [9557]. Familiäres kleines Haus unter schweizerischer Leitung. Die Besitzer kümmern sich rührend um alle Gäste. Unterschiedliche zweckmäßige Zimmer in einem hübschen Steinhaus mit gemütlichem, begrüntem Innenhof. Frühstücksauswahl für US$5. Vermieten auch eine Villa am Independence Beach. ❷–❸

Zana Beach Guesthouse, 1 Kanda St., ℡ 034-666 9777, ✉ zanabeach_gh@yahoo.com.

DER SÜDEN

Bei Einheimischen wie Touristen beliebt: der belebte Ochheuteal-Strand

© M. MARKAND

Ebenerdige Reihenzimmer, in Hufeisenform angeordnet. Einfach, klein und sauber. Alle mit TV, Kühlschrank, gemauertem Schrank und einem Tisch möbliert. Bad mit Warmwasser. Wahlweise Ventilator oder AC. Die Zimmer mit 2 Betten sind US$2 teurer. 3-Bett-Zimmer vorhanden. ❶–❷

Mittlere Preisklasse

Coolabah Hotel, 14 Mithona St., ☎ 017-678 218, ⌨ coolabah-hotel.com, [9558]. In diesem geschmackvollen Boutique-hotel gibt es unterschiedlich gestaltete Zimmer an einem Balkon. Helle Fliesenböden, farbig gestaltete Wände, AC, Minibar. Schicke helle Bäder und Dusche mit Glasabtrennung. Familienzimmer mit 3 Betten. Im Innenhof befindet sich ein kleiner Pool. ❸–❺

Seaside Hotel, ☎ 034-933 641, ⌨ www.seasidehotel.com.kh, [9560]. Von außen gleicht das Hotel einem Tempel. Die Lobby ist asiatisch kühl gestaltet, dafür sind die Zimmer ansprechend mit vielen Holzmöbeln ausgestattet. Fliesenboden, TV, Minibar. Sehr schöne Marmorbäder mit Glas-Duschabtrennung. Familienzimmer. Großzügiger Pool. ❸–❻

ESSEN

Die meisten Gäste zieht es abends zu den Restaurants entlang der Strandpromenade. Das Angebot ist fast überall identisch, und alle Restaurants haben zusätzlich Korbsessel am Strand aufgestellt. Ein frisch gegrillter Seafood-Teller kostet rund US$4. Die meisten westlichen Touristen bevorzugen die Restaurants nahe der Serendipity Beach Rd., während einheimische Touristen die Restaurants weiter östlich bevölkern. Viele wählen einfach aus dem Angebot der vorbeikommenden Fisch- und Shrimps-Verkäufer und verzehren im überdachten Restaurant. Einige der Strandrestaurants haben WLAN. Abwechslung vom Strand bieten folgende Restaurants:

Nyam, 23 Tola St., ☎ 092-738 615, ⌨ www.nyamsihanoukville.com. Exzellente traditionelle Khmer-Küche, u. a. Pomelo-Salat mit Shrimps, Fisch-*amok* und karamelisierten Süßwasserfisch. Die Köchin veranstaltet die Kochkurse „Traditional Khmer Cookery Classes" (S. 399). ⏲ 17–22 Uhr.

Q&A, 14 Mithona St., ☎ 012-598 072. Neben einer exzellenten Buchauswahl gibt es in dem gemütlichen Café vietnamesische, thailändische und kambodschanische Spezialitäten. Gute vietnamesische Nudelsuppe *(pho)*. Sticky Rice bestellt man am besten ein paar Stunden vorher. WLAN. ⏲ 8–22 Uhr.

UNTERHALTUNG UND KULTUR

Bars

Neben den Restaurants an der Strandpromenade gibt es auch 3 angesagte Strandbuden. Hier wird es ab 23 Uhr voll. Bis in die Morgenstunden legen DJ's auf. Im **Dolphin Shak** und **JJ's Playground** wird überwiegend Trance gespielt, Partys gibt es zu Vollmond, Halbmond oder Neumond. Im **Sessions** läuft oft Rockiges – manchmal bis 7 Uhr morgens.

Kino

Galaxy Cinema, 14 Mithona St. Ähnlich wie das Top Cat Cinema an der Serendipity Beach Rd. Kleiner Kinosaal und Zimmer mit Korbsesseln und Sofas. Filmliebhaber können aus über 3000 DVDs auswählen. US$ 3 p. P. für 2 Std. ⏲ 24 Std.

EINKAUFEN

Bücher

Q&A, 14 Mithona St., ☎ 012-598 072. Gebrauchte Bücher ab US$4. Große Auswahl deutschsprachiger Belletristik und einiger Sachtitel (u. a. auch Kopien vergriffener Bücher) auf der 1. Etage. Nehmen Bücher in Zahlung. WLAN. ⏲ 8–22 Uhr.

Märkte

Der **Nachtmarkt**, 23 Tola St., ist in ein Steingebäude umgezogen, es gibt einige Souvenirgeschäfte, aber bisher stehen noch viele Stände leer.

Supermarkt

Golden Star Mart, 14 Mithona St. Alles für den Strandurlauber: Knabbergebäck, Süßigkeiten, Drogerieartikel, Spirituosen und Strandkleidung. ⏲ 8–23 Uhr.

DER SÜDEN

Auf dem Wasser

Überall am Strand kann man Lkw-Reifen-schläuche für US$2/Tag ausleihen und sich darin treiben lassen. Ein paar Meter vom Ufer entfernt liegen ein Trampolin und eine aufge-blasene Rutsche im Wasser, US$1 für den ganzen Tag. Aktivere können ein Kajak für US$10/Tag mieten. Teurer ist ein Geschwindig-keitsrausch mit einem Jetski, US$20 für 10 Min. (1 Std. US$80). Eine kurzweilige Rundfahrt auf dem **Bananenboot** kostet US$15 (max. 5 Pers.). Ein besonderes Erlebnis ist ein 20-minütiger Rundflug mit dem „Flying Boat". Der Pilot fliegt ein Schlauchboot, das sich mithilfe eines Motors und eines Segels in die Lüfte erhebt. Grandios ist von oben der Ausblick auf die Küstenlinie und die Strände, US$50.

Kinder

Buddy Land Waterpark, 14 Mithona St. Eine riesige aufblasbare Wasserrutsche und ein Wasserbecken warten auf kleine und größere Kinder. US$1–3. ⊙ 8–12 und 13–18 Uhr.

Wellness

Bliss Massage & Spa, 14 Mithona St., ☏ 034-636 6691. Massagen, Packungen, Gesichtspflege, Waxing, Sauna und Dampfbad. Gute günstige 4-Hand-Massagen. Auch bei Einheimischen beliebt. Khmer-Massage ab US$8/Std. ⊙ 10–23 Uhr.

Otres I und Otres II Beach

Die beiden Strände liegen 6–10 km von Siha-noukville-Stadt entfernt Richtung Südosten. Der Otres-Strand ist 4 km lang, er teilt sich in Otres I [9561] im Westen und Otres II [9569] im Osten. Der mittlere Teil ist auf einer Länge von etwa 1,5 km bisher unbebaut.

Otres I dagegen ist dicht bebaut, am Strand reihen sich recht einfache Unterkünfte und Res-taurants aneinander. Auch in der Parallelstra-ße zum Strand stehen schlichte Bungalowanla-gen. Viele Traveller bevorzugen tagsüber diesen schönen Strand, um ein Sonnenbad zu nehmen. Wassersportarten wie Segeln, Surfen, Kite-surfen, Wakeborden oder Stehpaddeln werden hier angeboten.

Otres II ist ideal für Ruhesuchende, die Atmo-sphäre sehr entspannt. Der feine, weiße Sand quietscht unter den Füßen, Kasuarinen spen-den Schatten, und das klare, aber flache Was-ser lädt zur Abkühlung ein. Die ersten schicken hochpreisigen Bungalowanlagen haben hier be-reits eröffnet. Die Bungalows stehen auf dem Sand oder auf der anderen Seite einer roten Staubstraße.

Fast alle Unterkünfte am **Otres I** sind recht einfach, meist sind es Holzhütten mit Palm-dächern, manche haben nur ein Gemeinschafts-bad. Einige Restaurants am Strand bieten auf der oberen Etage einfache Zimmer an. Die Über-nachtungspreise sind höher als an den anderen Stränden. Alle bieten kostenloses WLAN. Karte S. 412.

Die Auswahl an Übernachtungsmöglich-keiten am **Otres II** ist bunt gemischt, vom Dorm bis zur Luxusherberge bietet der Strand für jeden Geldbeutel eine Auswahl. Insgesamt sind die einfachen Hütten im Vergleich zu anderen Stränden recht teuer. Karte S. 412.

Untere Preisklasse

Chez Paou, Otres I, ☏ 093-357 247. Bambus-verkleidete, eng stehende Hütten rund ums Restaurant mit Vorgarten. Innen sind die Hütten mit Terrakottafliesen ausgelegt und einem Bett möbliert, mit und ohne Bad. Hütten ohne Bad haben ein Waschbecken im Zimmer. Einfache Zimmer über dem Restaurant. ❷–❹

Done Right, Otres I, ☏ 034-630 1100, 🖥 www.doneright.se. Pueblos-Stil-Rundhütten mit Dreiecksfenster und Bad, verbaute Glasflaschen und Dosen isolieren die Wände. Einfache Zimmer mit Gemein-schaftsbad über dem Restaurant. Kleines Fitnessstudio. Vom Teil des Erlöses wird eine Schule unterstützt. ❷–❸

Footprints, Otres II, ☏ 097-262 1598, ✉ foot prints.otres@gmail.com. Beliebte Traveller-unterkunft. Dormbetten mit Ventilator für US$6. Außerdem gibt es in dem Garten hübsche Steinbungalows mit Gemeinschafts- oder privatem Bad. Freitags Livemusik am Strand. ❷–❸

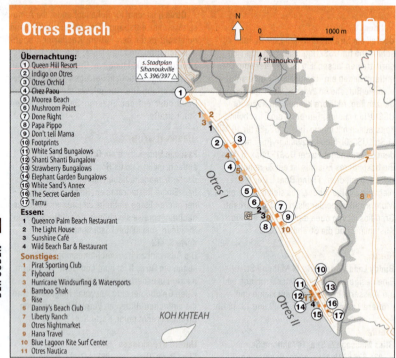

Otres Beach

N 0   1000 m

↑ Sihanoukville

s. Stadtplan
Sihanoukville
△ S. 396/397 △

Übernachtung:
1. Queen Hill Resort
2. Indigo on Otres
3. Otres Orchid
4. Chez Paou
5. Moorea Beach
6. Mushroom Point
7. Done Right
8. Papa Pippo
9. Don't tell Mama
10. Footprints
11. White Sand Bungalows
12. Shanti Shanti Bungalow
13. Strawberry Bungalows
14. Elephant Garden Bungalows
15. White Sand's Annex
16. The Secret Garden
17. Tamu

Essen:
1. Queenco Palm Beach Restaurant
2. The Light House
3. Sunshine Café
4. Wild Beach Bar & Restaurant

Sonstiges:
1. Pirat Sporting Club
2. Flyboard
3. Hurricane Windsurfing & Watersports
4. Bamboo Shak
5. Rise
6. Danny's Beach Club
7. Liberty Ranch
8. Otres Nightmarket
9. Hana Travel
10. Blue Lagoon Kite Surf Center
11. Otres Nautica

Otres I

Otres II

KOH KHTEAH

DER SÜDEN

Indigo on Otres, Otres I, ☎ 097-937 5100. 2 eng stehende Reihen kleiner viereckiger Palmhütten. Innen recht gemütlich mit türkisfarben gestrichenem Steinboden, weißem Rattanschrank und Beistelltisch. Gemeinschaftsbad. ❷–❸

Moorea Beach, Otres I, ☎ 097-732 4237, ✉ beachmoorea@yahoo.fr. Fanzösisches Management. In den runden kleinen Schilfhütten liegt die Matratze auf einem roten Betonpodest, es gibt einen Spiegel und Aufhänge-Haken. Mit Gemeinschaftsbad. Schickes überdachtes Restaurant, ebenfalls in Rot gehalten mit runden Liegeplattformen und gemütlichen Korbsesseln. ❶–❷

Mushroom Point, Otres I, ☎ 097-712 435, 🖥 www.mushroompoint.com, [9564]. Gepflegte witzige Anlage komplett in Pilzform: Am Strand stehen 5 Palmbungalows mit Fensterausschnitt ohne Bad, Schirme und

eine Bar. Auf der anderen Straßenseite das Pendant in einer kleinen Gartenanlage mit ebensolchen Bungalows und einem 7-Betten-Dorm (US$10, Doppelbett US$14). Nur Walk-in-Gäste. ❸

Otres Orchid, Otres I, ☎ 034-455 6168, ✉ otres.orchid@yahoo.com. Jenseits der Straße in einem kleinen, schön angelegten Garten mit Wasserlauf. Traditionelle einfache Bambushütten mit Bad und großer Veranda, Hängematten und vielen Grünpflanzen und Orchideen in Kokosnussschalen. ❷

Queen Hill Resort, Otres I, ☎ 089-388 555, [9565]. Einfachste Holzhütten mit Bad und Veranda auf der felsigen Halbinsel. Einige mit 2 Doppelbetten. Toll ist der Blick auf die Bucht. Restaurant am Strand. ❷

Shanti Shanti Bungalows, Otres II, ☎ 011-976 069, 🖥 www.shantishanti.sitew.com, [9571]. 6 hohe Stelzenbungalows am Strand unter Kasuarinen. Die einfachen, offenen Holzhütten sind mit Matratze und Moskitonetz ausgestattet. Als Sicht-, Wind- und Regenschutz können Bambusmatten an den Seiten abgerollt werden. Gemütliche Korbsessel am Strand. Unter franz. Leitung. ⊕ Nov–April. ❷

🏨 **Strawberry Bungalows**, Otres II, ✆ 017-777 545, 🖥 www.strawberry-cambodia.com, [9572]. Einfache Ventilator-Holzhütten auf Stelzen im Sand, jenseits der Straße. Alle mit Veranda, Bett, Moskitonetz, Ablage und gefliestem Bad. Ein wunderbares Ambiente: Die Bungalows stehen in einem üppigen, tropischen Garten. ❸

White Sand Bungalows, Otres II, ✆ 097-998 8517. Hier gibt es ganz unterschiedliche Ventilatorbungalows. Einfache Basthütten mit Gemeinschaftsbad am Strand, jenseits der Straße hübsche runde Steinbungalows mit rundem großem Bad. ❸–❹

White Sand's Annex, Otres II, ✆ 088-619 4741, ✉ whitesandbungalow@gmail.com, [9573]. 8 mit Schilf eingedeckte Rundhütten auf dem Strand. Innen mit einem Bett, Nachtschränkchen und Sitzgelegenheit möbliert. Gemeinschaftsbad mit Warmwasser. Stylische Bar am Strand. ❸

Mittlere Preisklasse

🏨 **Don't tell Mama**, Otres I, ✆ 097-943 7201, 🖥 www.donttellmama2011.jimdo.com, [9563]. 7 schöne Steinbungalows mit luftigem Palmblätterdach. Der Betonboden ist mit Bastmatten belegt, Bett mit Moskitonetz und Rattan-Ablageflächen. Die einfachen Bäder sind blau gestrichen, Kaltwasserdusche, Schöpftoilette. Ventilator. Gemütliches kleines Restaurant auf der 1. Etage. Die ganze Anlage steht auf weißem Sand, kleine Palmen und Bambussträucher schirmen die Terrassen ab. Familienbungalows. Ein Zimmer mit Gemeinschaftsbad. Unter deutscher Leitung. ❷–❹

Elephant Garden Bungalows, Otres II, ✆ 034-659 0222, 🖥 www.elephant-garden.com. Wunderbar dekorierte Anlage. 2 Löwenstatuen bewachen den Strand mit Massageplattform, Liegeflächen und Aussichtsterrasse. Zimmer verschiedenster Kategorien. Einfache Zimmer im Khmer-Holzhaus, in Palm- oder

Steinbungalows. Hinter der Straße stehen luxuriöse Villen. Alle sind geschmackvoll dekoriert. Gutes Restaurant. Unter deutscher Leitung. Unbedingt reservieren. ❷–❻

Papa Pippo, Otres I, ✆ 010-359 725, 🖥 www.papapippo.com. Rund um das Restaurant am Strand stehen kleine, mit Palmwedeln verkleidete Bungalows mit Bad. Die Glastüren zur Terrasse bringen Licht. ❹

Obere Preisklasse

🏨 **Tamu**, Otres II, ✆ 015-258 340, 🖥 www.tamucambodia.com, [9574]. Minimalistisches Design auf weißem Sand: 20 ebenerdige AC-Zimmer mit Terrasse oder über der Rezeption mit Balkon. Grauer Betonboden, eine geschliffene graue Wand, Ablage in weißem Lack und moderne Kunst. Tolle Bäder mit Warmwasser, ebenfalls in grauem Schleiflack, separates WC, Regenfalldusche. Minibar und Safe. TV und DVD auf Anfrage. Schmaler, 17 m langer Pool. Gute Fusion-Küche am Strand. ❻

The Secret Garden, Otres II, ✆ 097-649 5131, 🖥 www.secretgardenotres.com. Luxuriöse große AC-Bungalows, minimalistischer Schick mit grauen Wänden, große Außendusche, TV und Kühlschrank, Pool. ❻

ESSEN UND UNTERHALTUNG

Die Restaurantauswahl am **Otres I** Strand ist groß – am besten sich einfach dort niederlassen, wo einem Ambiente und Speisekarte zusagen. Restaurantgäste können die Liegestühle am Strand kostenlos nutzen. Partystimmung herrscht tagsüber am **Rise** und in **Danny's Beach Club**. Das **Queenco Palm Beach Restaurant** bietet nicht nur internationale Gerichte und BBQ-Fastfood, sondern auch ein Freizeitangebot: Minigolf, Boule, Boutiquen, Billard, Massage und die schicksten Liegeflächen mit dicken Matratzen. ⊕ 7–21 Uhr. Abends dagegen sind die Restaurants verwaist, viele schließen bereits gegen 18 Uhr. Am südlichen Ende bauen Restaurants wie **The Light House** ein BBQ am Strand auf, das Angebot ist identisch: Fisch oder Fleisch vom Grill inkl. einem Bier für US$5. Das **Papa Pippo** bietet exzellente italienische Küche mit hausgemachter Pasta und Pizza, ⏲ 9–21 Uhr. Im gemütlichen **Sunshine Café** gibt es gute Khmer-Küche am Strand. Der Service ist aufmerksam und freundlich. ⏲ 8–21 Uhr.

Das Essen am **Otres II** ist teurer als an den anderen Stränden. Meist isst der Gast in einem der Hotelrestaurants. Empfehlenswert sind die schönen Restaurants des Elephant Garden und Tamu Hotels. Das einzige Restaurant ohne angegliedertes Hotel ist das kleine überdachte **Wild Beach Bar & Restaurant** mit übersichtlicher Speisekarte internationaler und asiatischer Gerichte. Billard, Bambusliegestühle und Hängematten am Strand. ⏲ 10–21 Uhr.

Jeden Samstag findet der sehenswerte **Otres Nightmarket** statt. Rund um eine Miniaturausgabe des Big Ben gibt es kleine Buden, in denen Schmuck, Kleidung, Getränke und diverse Speisen angeboten werden: Sushi, Calamari, Pasta, Crêpes oder selbst gemachter Kuchen. Dazu Livemusik. Bänke und Bastmatten laden zum Chillen ein. ⏲ 18–24 Uhr.

AKTIVITÄTEN

Reiten

Liberty Ranch, 1,5 km von Otres I, ☎ 097-257 0187, 🖥 www.libertyranch-sihanoukville. com. 10 gut gepflegte Ponys und Pferde warten auf Ausritte an den Strand oder die Umgebung, mit dem Pony für US$6, auf dem Pferderücken US$25/Std. ⏲ 7–11 und 15–18 Uhr.

Wassersport

Blue Lagoon Kitesurf Center, in den Don't tell Mama Bungalows, ☎ 085-511 145. Andy aus Deutschland gibt Unterricht im Kitesurfen für US$50/Std., 3-Tages-Kurs US$295. Equipmentverleih für US$35/Std. Wenn der Wind am Otres Beach nicht ausreicht, geht es an den Hawaii Beach. Sehr gute Windbedingungen herrschen für Könner zwischen Mai und Okt. ⏲ 10–16.30 Uhr.

Flyboard, am Queenco Palm Beach, ☎ 088-830 1150, 🖥 www.flyboardcambodia. com. Wagemutige können sich am Flyboard versuchen: Ein Wakeboard mit 2 Wasserdüsen katapultiert einen Brett und Mann bis zu 6 m in die Luft. US$50 für 15 Min., 10 Min. Einführungskurs. ⏲ 9.30–16.30 Uhr.

Hurricane Windsurfing & Watersports, auf dem Gelände des Queenco Palm Beach, ☎ 017-471 604, 🖥 www.windsurf-cambodia. com. Hier gibt es fast alles, was mit Wassersport zu tun hat: Surf- und Windsurfunterricht für US$19/25/Std. Verliehen werden Body Boards, Paddelbretter oder 1- bis 3er-Kajaks (US$5–10/Std.). Von Otres I können bequem die beiden vorgelagerten Inseln erpaddelt werden. Die beste Zeit zum Surfen und Wellenreiten in der Regenzeit Mai–Okt. ⏲ 9.30–17.30 Uhr.

Otres Nautica, ☎ 092-230 065, vermietet kleine Segelboote (US$10/Std.), Hobie-Cat-Katamarane (US$25/Std.), Einer- und Doppelkajaks (US$3/4/Std.). ⏲ 7–17.30 Uhr.

Pirat Sporting Club, auf dem Gelände des Queenco Palm Beach, ☎ 077-200 276. Wakeboard- und Wasserski für US$120/Std.

Queenco Palm Beach, vermietet Hobie-Cat-Katamarane für US$15/20/Std. und Tretboote für US$5/30 Min.

Im **Bamboo Shak** gibt es ebenfalls Kajaks und Lkw-Reifen zur Ausleihe.

SONSTIGES

Hana Travel, ☎ 034-653 3000. Organisiert Bus- und Bootstickets, Visaverlängerung und Geldtausch. Mopedverleih ab US$6/Tag. Internet US$1/Std., Wäscheservice ab US$1/kg. ⏲ 7–21 Uhr.

NAHVERKEHR

Motorradtaxifahrer und Tuk-Tuks stehen an der Parallelstraße zum Strand, bis Sihanoukville-Stadt für US$2–6.

Sokha Beach

Einer der schönsten Strände in Stadtnähe ist der Sokha Beach. Der 800 m lange, breite und weiße Sandstrand wird von Palmen und Kasuarinen beschattet. Über Dreiviertel des Strandes wird vom Sokha Beach Resort beansprucht und ist den Gästen vorbehalten. Nur ein kleines Stück im Osten ist frei zugänglich, hier ist kaum etwas los.

ÜBERNACHTUNG

Karte S. 396.

Sokha Beach Resort, 2 Thou St., ☎ 034-935 999, 🖥 www.sokhahotels.com. Über 350 Zimmer umfasst das riesige, aber recht kahle 5-Sterne-Resort. Asiatische und westliche Gäste steigen hier ab. Die Zimmer in den Hauptflügeln rechts und links des Pools sind ordentlicher Mittelklassestandard. Wirklich schön und entsprechend teuer sind die 110 m² großen Bungalows an einem künstlichen See mit Jacuzzi auf der Terrasse. Poollandschaft, 3 Restaurants, 6 Bars, Spielkasino, Fitnesscenter, Spa, Kid's Club und Privatstrand runden das Angebot ab. ❼–❽

Independence Beach

Zwischen Sokha Beach und der Koh-Pos-Brücke liegt der 1 km lange Strand mit schönem weißem, pudrigem Sand. Zahlreiche Restauranthütten oberhalb der Strandmauer sorgen für das leibliche Wohl. Der lange, mittlere Strandabschnitt ist nicht bebaut und naturbelassen. Das Wasser ist ideal für Schwimmer, es wird recht schnell tief.

ÜBERNACHTUNG

Den Strand dominiert das Independence Hotel am westlichen Strandende. Am östlichen Ende steht das überwiegend von Asiaten bevorzugte Holiday Palace Casino. Karte S. 396.
Independence Hotel, 2 Thou St., ✆ 034-934 300, ⌨ www.independencehotel.net, [9551]. Das Hotel mit einer langen Geschichte wurde 1963 erbaut. 1967 beherbergte es z. B. Jacqueline Kennedy. Nach der Zeit der Roten Khmer verfiel das Haus zusehends. 2007 komplett renoviert, wurde die Struktur beibehalten, das Innere in modernem Design gestaltet. Heute laden 113 Zimmer und Suiten luxusverwöhnte Gäste ein. Große Glasflächen, schicke Bäder mit Sicht ins Zimmer; großzügige Studios teils mit eigenem Pool über den Klippen lassen kaum einen Wunsch offen. Glasfahrstuhl zum Strand. 2 Restaurants, Bar, Spa, Sauna, Pool, Tennisplatz, Kinderspielplatz. Kostenloser Shuttleservice nach Sihanoukville-Stadt. ❼–❽

Victory Hill und Victory Beach

500 m vom Meer entfernt liegt rund um einen kleinen Hügel der Bezirk **Victory Hill**. In den 1960er-Jahren war dies eine angesagte Wohngegend, viele Villen zeugen von dem Wohlstand ihrer ehemaligen Besitzer. Ende der 1990er-Jahre nahmen die ersten Traveller Quartier, heute ver-

bringen hier zahlreiche Rentner aus dem Westen ihren Ruhestand. Doch auch viele Einheimische haben hier ihre Wohnungen und Geschäfte, die kleinen Obst-, Gemüse- und Essensstände richten ihr Angebot nicht nur auf Touristen aus. Bekannt sind vor allem zwei Straßen am Victory Hill: In der Restaurant Street reihen sich einfache und günstige Restaurants aneinander, die zweite Straße wird Girlie-Bar-Street genannt. Zwischen Victory Hill und Victory Beach [9575] liegen drei Spielkasinos, die von asiatischen und russischen Urlaubern frequentiert werden.

Victory Beach ist ein knapp 1 km langer schmaler, gelber Sandstreifen am Fuße des Berges. Das Queenco Casino and Hotel dominiert den nördlichen, recht schmutzigen Strandabschnitt. Überwiegend asiatisches und russisches Publikum steigt hier ab. Das riesige Chner Molop Chrey Restaurant wird von asiatischen Tourbussen angefahren. Der beste Strandabschnitt zum Sonnenbaden befindet sich bei den Restauranthütten. Am Airport Pier können Fischer- und Schnellboote für Trips zu den Inseln gemietet werden. Die Sun-Tours-Boote nach Koh Rong Samloem starten ebenfalls von hier, S. 400, Sihanoukville, Tagestouren.

ÜBERNACHTUNG

Karte S. 396.
Golden Sea Beach Hotel, Krong St., am Strand, ✆ 093-456 868, [9578]. Neue ebenerdige Anlage direkt am Strand: Saubere ordentliche Zimmer mit Schrank, Minibar und Safe. Schöne Bäder mit Badewanne und Dusche. Pool. Relativ teuer. ❻–❼
Mealy Chenda, Restaurant St., Victory Hill, ✆ 034-933 472, [9577]. Alteingesessenes Haus, beliebt bei Travellern. Freundlicher Allround-Service. Recht große AC-Zimmer mit viel abgewohnter Einrichtung. Bäder mit Warmwasser. Schöner sind die Zimmer mit Balkon im neueren Haus. Toller Blick von der Restaurant-Dachterrasse über Victory Hill. ❷–❸
€ **Sakal Bungalows**, ✆ 034-933 686, [9579]. Ordentliche, saubere Zimmer mit Ventilator oder AC im Steinhaus und kleine einfachste dunkle Holzbungalows unter Bäumen. Restaurant. Der kleine Pool ist außen mit großen Beton-Pilzen dekoriert. ❶–❷

DER SÜDEN

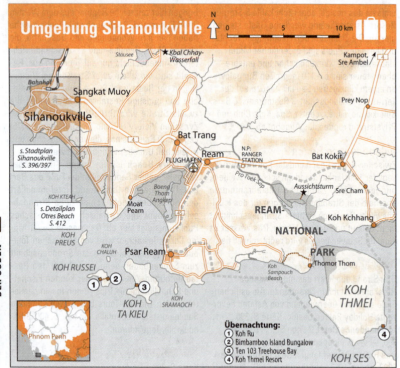

Umgebung Sihanoukville

N

0 — 5 — 10 km

Stausee · ★ Kbal Chhay-Wasserfall

Kampot, Sre Ambel

Bahnhof

Sangkat Muoy

Prey Nop

Sihanoukville

s. Stadtplan
Sihanoukville
S. 396/397

Bat Trang

N.P:
RANGER
STATION

Ream

FLUGHAFEN

Bat Kokir

Pro Toek Sop

Aussichtsturm ★ Sre Cham

KOH KTEAH

Boeng
Thom
Angkep

Moat
Peam

s. Detailplan
Otres Beach
S. 412

REAM-

KOH
PREUS

KOH
CHALUH

Psar Ream

Koh Kchhang

NATIONAL-

KOH RUSSEI

Koh
Sampouch
Beach

Thomor Thom

PARK

① ②

③

KOH
TA KIEU

KOH
SRAMAOCH

KOH
THMEI

Phnom Penh

Übernachtung:
① Koh Ru
② Bimbamboo Island Bungalow
③ Ten 103 Treehouse Bay
④ Koh Thmei Resort

④

KOH SES

Snake House, ✆ 012-673 805, 🖥 www.snake-house.com. Doppelstöckige AC-Bungalows in tropischem Garten mit Terrasse. Pool. Nikolai ist Schlangenkundler. Er hat auf dem Gelände seines Guesthouses einen kleinen Zoo: Schlangen, eine Krokodilfarm, mehrere Papageienarten und ein großes Salzwasserfischbecken im Restaurant. 2 Tische seines Restaurants haben ein eingeschlossenes Terrarium. Die Tiere werden leider alle in sehr kleinen (Glas)-Käfigen gehalten. Ohne Verzehr Eintritt US$3, ⏰ 8–23 Uhr. ④–⑤

The Harbor Lights Palace, ✆ 034-934 429, ✉ thehaborlightspalace@yahoo.com. Ansprechendes Hotel mit einem herrlichen großen Pool. Gute Zimmer mit Terrakottafliesen, Flachbildschirm, großem Bad und Balkon. Die größeren Zimmer mit Kitchenette und Wohnbereich. ⑤–⑥

ESSEN

An dem kurzen Strandabschnitt stehen mehrere Restauranthütten mit auffälligen tempelartigen Dächern. Alle servieren Khmer- und internationales Essen. Die Benutzung der Liegestühle ist bei Verzehr gratis.

L'Ambassade Gh. & Restaurant, Victory Hill, ✆ 017-443 714. Unter französischer Leitung. Französische, internationale und Khmer-Küche. Die französischen Rezepte stammen von der Mutter des Besitzers. Sehr gute Spaghetti-Gerichte. Verwunschen begrünte und überdachte Terrasse, abends etwas grell ausgeleuchtet. Die 15 Zimmer werden nur an Walk-in-Gäste vermietet, ②. ⏰ 8–22 Uhr.

Tutti Frutti, liegt in der Girlie-Bar-Street, ist aber dennoch ein ausnehmend ansprechend und gemütliches Restaurant mit 6 Tischen im Erdgeschoss eines hübschen Stadthauses.

Westliches Frühstück, Khmer- und französische Küche. Gute Fruchtshakes. ⏰ 7.30–22 Uhr.

White Rabbit Home Café, Restauranthütte am Strand. Die Theke und die bebilderte Speisekarte sind mit Motiven aus Alice im Wunderland geschmückt. Gemütliche schwingende Korb-Sofas. ⏰ 9–20 Uhr.

Wasserfall Kbal Chhay

Der sehenswerte Wasserfall liegt zwischen Sihanoukville und dem Ream-Nationalpark. Von Sihanoukville Richtung Phnom Penh weist nach ca. 10 km ein großes Schild in Khmerschrift zum Wasserfall, dort nach links abbiegen und 8 km der roten Schotterpiste folgen.

Die Straße führt an einem großen künstlichen See vorbei, dem Wasserreservoir von Sihanoukville. Hinter dem Parkplatz überspannt eine Brücke den Wasserzulauf (manchmal 500 Riel Brückenzoll). Nach wenigen Metern sind die Kaskaden des Wasserfalls erreicht, die bis zu 6 m in die Tiefe stürzen, natürliche Pools laden zum Baden ein. Der Platz ist bei Einheimischen am Wochenende sehr beliebt. Im Hang und in

Wassernähe erblickt man viele Holzplattformen und Hütten, die zum Picknick genutzt werden. Der Boden wird einfach mit Bastmatten ausgelegt, Hängematten dienen der Entspannung. Die Tagesmiete beträgt je nach Verhandlungsgeschick und Personenzahl US$5. Die Benutzung ist kostenlos, wenn man in den zugehörigen Restaurants Essen bestellt. Der bequemste Zugang zum Baden befindet sich vor der Brücke, einfach dem Weg mit den Erfrischungsständen folgen.

Man erreicht den Wasserfall mit dem Tuk-Tuk/Motorradtaxis für US$20/15 (besser einen Schal gegen den Staub einpacken). Anreise mit dem Auto US$1 Straßengebühr.

Ream-Nationalpark

Der Ream-Nationalpark liegt 18 km südöstlich von Sihanoukville (offizieller Name: Preah Sihanouk National Park). Er wurde 1993 von König Sihanouk gegründet und umfasst 150 km² Küste, Hinterland, die beiden Inseln Koh Thmei und Koh Ses sowie 60 km² Fluss- und Meeresgebiet. Ein Großteil des Parks wurde an chine-

Abwechslung vom Strand: Auch am Kbal-Chhay-Wasserfall lässt sich ein erfrischendes Bad nehmen.

© MARION MEYERS

sische Investoren verpachtet. Die auf 20 Jahre ausgelegte geplante 5-Billionen-Dollar-Investition in das 3300 ha große **Golden Silver Gulf Resort** ist angeblich 2010 per königlichem Dekret gestoppt worden. Die Verhandlungen laufen dennoch weiter, zumal das Projekt von Hun Sen unterstützt wird. Mit ersten Bautätigkeiten ist bereits begonnen worden. Zum Zeitpunkt der Recherche führte eine teilasphaltierte Straße quer durch den Park bis zum 9 km langen, (fast) einsamen Sandstrand Koh Sampouch. In den verbliebenen Wäldern sollen noch Primaten wie Rhesusaffen, aber auch Reptilien, Krokodile, Rotwild und Wildschweine leben.

Von den Investitions-Planungen ausgenommen sind die Mangrovenwälder entlang dem Prek-Toek-Sap-Fluss. Die Ausdehnung und Anzahl der Mangroven ist beeindruckend. Insgesamt 155 Vogelarten bietet der Nationalpark Nistgelegenheit, darunter Graukopf-, Weißbauchseeadlern, Silberreihern, Eisvögeln und Störchen wie dem Malaien-, Milch- und Buntstorch. Eine Population von Delphinen lebt zwischen dem Festland bei Thmor Thom und der Insel Koh Thmei.

Am Parkeingang gibt es eine **Rangerstation**, ☎ 092-698 872, die recht gute Informationen bietet, ⏰ 9–15.30 Uhr. Von hier starten auch **Bootstouren**. Nur mit einem Ranger (die leider kaum Englisch sprechen) können Touren unternommen werden. Mit dem Boot geht es über den Prek-Toek-Sap-Fluss, an dessen Ufern sich Mangrovenwälder erstrecken. Erster Stopp ist an der kleinen Flussinsel **Koh Dam**, ein Holzsteg führt 300 m durch die Mangroven zu einem 12 m hohen Holz-Aussichtsturm, von dem aus man einen fantastischen Blick bis zur Insel Koh Thmei genießt. Danach geht es weiter bis zu dem weißen Sandstrand **Koh Sampouch**, das Meer ist hier jedoch aufgrund der Flussmündung recht trüb. Eine halbstündige Wanderung mit dem Ranger führt durch das Fischerdorf **Thmor Thom** („Großer Fels"), dessen Einwohner vom Fischfang, Gemüse- und Reisanbau leben. Zurück geht es vorbei an der Dolphin-Station, die aus einer einfachen Bretterbude besteht.

Anfahrt mit dem Tuk-Tuk/Motorradtaxi für US$20/15 (hin und zurück). Bootstour ab Rangerstation (bis zu 5 Pers.) für US$35 bis zum Man-

grovenweg und Aussichtsturm (1 1/2 Std.) oder in 4–5 Std. inkl. Sampouch-Strand und Thmor Thom für US$52.

Als organisierte Tour in den meisten Guesthouses für US$20 inkl. Mittagessen. Individuelle Kajaktouren durch die Mangroven mit Prey Nup Mangrove, ☎ 015-233 273, 🖥 www.preynupmangrove.com, US$50–80 p. P.

Die Inseln vor Sihanoukville

Die hügeligen Inseln vor der Küste sind von Dschungel bedeckt, zahlreiche Strände und kleine unentdeckte Buchten säumen die Küstenlinie. Meist spenden Kasuarinen oder Laubbäume Schatten, hin und wieder ragen Kokospalmen bis zum türkisfarbenen Wasser. Die Inseln eignen sich perfekt für ein paar relaxte Strandtage. Bisher stehen fast nur einfache Holzhütten mit Palmdach an den Stränden, die überwiegend Backpacker anziehen, aber auch erste luxuriösere Bungalows wurden bereits errichtet. Südseeträume werden an den blütenweißen Stränden von **Koh Rong** und **Koh Rong Samloem** wahr. Aber auch **Koh Russei**, **Koh Ta Kieu** und **Koh Thmei** mit nur wenigen Bungalowanlagen sind für Ruhesuchende ideal. Auf den Inseln gibt es keine befestigten Straßen oder Mopeds, alle Strände werden von Booten angesteuert. Strom gibt es häufig nur in den Abendstunden zwischen 18 und 23 Uhr. Fast alle Bungalowanlagen sind ganzjährig geöffnet.

Koh Russei (Bambusinsel)

Die ruhige Insel liegt etwa eine Stunde mit dem Boot von Sihanoukville entfernt. Koh Russei wird von vielen Tagesausflüglern besucht, denn Tourboote meist am Oststrand anlegen. Dort befinden sich ein Restaurant und die **Bimbamboo Island Bungalows**, ☎ 093-366 325. Es gibt fünf einfache Palmbungalows mit und ohne Bad, ❶–❷, sowie drei Dormschlafplätze (US$3).

Über einen schönen Dschungelpfad ist der lange, gelbweiße Sandstrand im Westen zu erreichen. Hier liegt einsam die Bungalowanlage **Koh Ru**, ☎ 088-999 0424. Sie besteht aus sehr einfachen windschiefen Palmbungalows mit Gemeinschaftsbad oder Holzbungalows am Strand mit Schöpf-Außendusche und Gemeinschaftstoilette. Restaurant. ❶–❷. Wie lange es diese Unterkünfte noch geben wird, ist fraglich. Auf der Insel soll ein Luxusresort entstehen.

Man erreicht Koh Russei mit dem Tourboot ab Serendipity-Pier um 9 Uhr, zurück um 14 Uhr für US$10 (hin und zurück).

Koh Ta Kieu

Gegenüber von Koh Russei liegt die mit 8 km² etwa doppelt so große Insel Koh Ta Kieu [9583]. Die Insel ist mit dichtem Wald bewachsen, an der Westküste erstreckt sich ein schöner einsamer, 2,5 km langer Sandstrand mit wenigen Bungalowanlagen. Übernachtung bietet z. B.: **Ten 103 Treehouse Bay**, ✆ 097-943 7587, ⌨ www.ten103cambodia.com, [9585]. Wunderbar einfache Anlage unter amerikanischer Leitung: Sieben weit verstreute Baumhäuser am felsigen Ufer, offen zur Meerseite und mit Gemeinschaftsbad. Es gibt einen Bungalow mit Bad. Außerdem Dorm-Betten mit Moskitonetz (US$8), ebenfalls in einem zum Meer hin offenen Holzhaus, oder Hängematten mit Moskitonetz (US$7). Tolle Holzplattform über dem Meer zum Relaxen. In dem guten Restaurant wird täglich frisches Brot aus zwei Holzöfen serviert. Ein kurzer Weg durch den Dschungel führt zur hauseigenen Absinth-Brennerei. ❶–❷

Man gelangt mit dem Ten-103-Boot ab Otres I-Strand um 10 Uhr auf die Insel, zurück um 9 Uhr in 1 Std. für US$13 (hin und zurück inkl. Tuk-Tuk von Sihanoukville bis Otres I).

Koh Thmei

Ein Teil der 50 km² großen Insel gehört zum Ream-Nationalpark. Dichter Dschungel bedeckt die hügelige, noch sehr ursprüngliche Insel, kleine Buchten mit gelbem Sand säumen den Küstenstreifen. Die etwa 70 Einwohner leben von der Fischerei und illegalem Holzschlag. Einzige Unterkunft ist das **Koh Thmei Resort**, ✆ 097-737 0400, ⌨ www.koh-thmei-resort.com, [9588]. Das deutsche Ehepaar Kavita und Michael vermietet acht einfache, aber großzügige Holzbungalows am Strand unter Bäumen. Die Stelzenbungalows sind mit Bett, Moskitonetz, Ventilator und Rattanablage möbliert und verfügen über hübsche teilgeflieste Bäder mit abgemauerter Kaltwasserdusche. Alle haben große Terrassen mit Hängematten. Familienbungalow für US$60. Kavita ist eine leidenschaftliche Köchin, und so werden im Restaurant hervorragende asiatisch und westlich orientierte Gerichte serviert.

Achtung Plagegeister

Je nach Jahreszeit quälen **Sandfliegen** die Sonnenhungrigen. Ideale Bedingungen für die Insektenlarven im Sand sind warme Temperaturen und hin und wieder ein Regenguss. Sandfliegen sind so klein, dass man sie kaum auf der Haut wahrnimmt. Der Stich kann einen Juckreiz auslösen, der bis zu zwei Wochen anhält, selten kommt es auch zu allergischen Reaktionen. Auf jeden Fall sollte man dafür sorgen, dass sich die Stelle nicht durch heftiges Kratzen entzündet. Lange Kleidung, insbesondere Schuhe und Strümpfe wehren Bissattacken ab. Sandfliegen halten sich meist am Boden auf, da sie keine guten Flieger sind. Wer sich in Badekleidung an den Stand legen will, sollte dick Kokosnuss- oder Babyöl auf der Haut zu verteilen, durch die Ölschicht gelangen die winzigen Quälgeister nicht. Kokosnussöl wird in den Supermärkten in Sihanoukville und am Tui Beach auf Koh Rong verkauft. Babyöl gibt es in jedem gut sortierten Supermarkt auf dem Festland. Reisende berichten von kurzzeitigen Plagen auf Koh Rong, Koh Rong Samloem und Koh Kong.

Probleme mit **Bettwanzen** schildern Traveller aus den einfachen Unterkünften auf Koh Rong. Sie können sich an Betten und in Matratzen festsetzen und werden nachts von der Körperwärme des Schlafenden angezogen. Kleine rote juckende Bissstellen sind die Folge. Auch hier gilt: nach Möglichkeit nicht aufkratzen. Bei allergisch reagierenden Menschen schwillt die Stelle an, am besten helfen dann Antihistamine. Reisende können vor Bezug unter das Laken schauen, kleine schwarze Punkte auf der Matratze deuten auf Ausscheidungen der Wanzen hin – dann hilft nur noch das Bett wechseln.

DER SÜDEN

Neben Relaxen in der Hängematte stehen für die meisten Gäste Schwimmen oder Wanderungen am gelben Muschelstrand auf dem Programm. Es gibt auch einen Kajak- und Schnorchelverleih, außerdem werden gemeinsame Schnorchelausflüge zur vorgelagerten Insel Koh Ses unternommen. Wert wird auf Umweltverträglichkeit gelegt: 24 Std. Strom dank Solarenergie, der Gast duscht mit Regenwasser, es gibt eine eigene Kläranlage, der Generator wird mit Küchenöl betrieben, und Wasserflaschen werden stets wieder nachgefüllt. ❹

Anfahrt: Von Sihanoukville mit den Bussen Richtung Phnom Penh; von Kampot Richtung Sihanoukville, jeweils bis Bat Kokir (Ou Chamnar). Von dort aus 7 km mit dem Motorradtaxi für US$2 bis zum Fischerdorf Koh Kchhang. Bis zur Insel mit dem Koh-Thmei-Resort-Boot für US$12,50 (bis 6 Pers.) in 1 Std. (nach tel. Anmeldung).

Mit dem Taxi von Sihanoukville bis Koh Kchhang (37 km in 1 Std.) für US$30, von Kampot (60 km in 1 1/4 Std.) für US$40.

Koh Rong

Mit 70 km² ist Koh Rong [9589] die größte Insel vor der Küste von Sihanoukville. Sie gleicht mit fast 20 weißen Sandstränden und den dahinter aufragenden bewaldeten Hängen einem tropischen Inseltraum. Ein paar schmale Pfade durchziehen die Hügel. Die meisten der Buchten sind touristisch noch unerschlossen. Nur der Koh Tui Beach ist inzwischen recht dicht bebaut, am 6 km langen einsamen Sok San Beach stehen nur wenige Anlagen, während es am Long Set, Lazy und Palm Beach eine einzige Bungalowanlage mit wenigen Hütten gibt. Insgesamt sind die Übernachtungspreise deutlich höher als auf dem Festland, für eine einfache Hütte mit Bad werden zwischen US$30 und US$50 verlangt. Zwischen Mitte Dezember und Mitte Januar sind fast alle Unterkünfte ausgebucht, die Übernachtungspreise

Tauchspots und Unterwasserwelt

Kambodschas Küsten bieten tolle Tauchspots. Intakte Korallenriffe mit bunten Fischen direkt an der Küste locken Schnorchler und Taucher gleichermaßen an. In dreitägigen Tauchkursen lernen auch Anfänger die eindrucksvolle Unterwasserwelt kennen. Die Bedingungen sind ideal: Die Tauchspots liegen an der Küste, die Tauchtiefe beträgt max. 18 m, und es gibt kaum Strömungen. Die Sichtverhältnisse liegen meist bei 10–15 m, besser ist die Sicht im April und Mai. Mehrere PADI-Tauchanbieter haben sich in Sihanoukville niedergelassen (S. 407), manche betreiben eine Bungalowanlage in der Nähe der Tauchgebiete auf Koh Rong Samloem und Koh Rong. Tauchbasen mit eigenem Boot nehmen auch Schnorchler mit, bei der geringen Wassertiefe kommen so auch die Nicht-Taucher auf ihre Kosten.

Als Tagesausflug von Sihanoukville werden die Riffe rund um **Koh Rong Samloem** und **Koh Rong** angefahren. Die Tour inkl. Transport, Ausrüstung, Mittagessen und zwei Tauchgängen kostet bei allen Anbietern rund US$80. Die Auswahl der Tauchplätze hängt von den Wetter-, Wind- und Sichtverhältnissen unter Wasser ab. Zu sehen gibt es Korallen, insbesondere Weichkorallen, Trichterkorallen und Wälder von Stabkorallen und deren Bewohner. Schwärme von Korallenfischen wie Papageien-, Kaiser- und Anemonenfische bevölkern die Riffe. Zweitägige Trips mit Übernachtung auf Koh Rong Samloem oder auf dem Boot schlagen mit US$200–220 inkl. Essen, Übernachtung und fünf Tauchgängen (davon ein Nacht-Tauchgang) zu Buche.

Erfahrene Taucher können bei *Liveaboards* Delphine, Stachelrochen und vielleicht sogar Walhaie beobachten. Ausgezeichnete Tauchreviere bieten die 4–8 Std. entfernten Inseln Koh Tang, Koh Prins und Puolo Wai. Die Inseln sind bis auf Militärstützpunkte unbewohnt, es gibt keine Übernachtungsmöglichkeiten.

Koh Tang (43 km südwestlich von Sihanoukville, S. 430) und die Schwesterinsel **Koh Prins** (ca. 65 km südwestlich) werden in zweitägigen *Liveaboards* von Sihanoukville angesteuert. Zwar hat die Dyna-

schnellen dann nochmals in die Höhe, unbedingt frühzeitig reservieren. Auf der Insel befinden sich vier kleine Fischerdörfer. Von Sihanoukville aus erreicht man die Insel mit der Fähre in 2 1/2 Std., Schnellboote verkürzen die Anreise auf 20 Min.

Koh Tui Beach

Koh Tui war ein einfaches Fischerdorf an einer mit weißem Sand bedeckten, 800 m langen, malerisch geschwungenen Bucht. Die Fischer gibt es immer noch, viele leben jedoch jetzt vom Tourismus. Auch der Strand ist immer noch wunderschön, wenngleich er heute recht belebt ist. Im Dorf am südlichen Strandende sind aus den Fischerhäusern einfache Guesthouses geworden. Fast ausschließlich junge Backpacker zieht es an diesen Strand, und oft steigt im Dorf irgendwo eine Party. Kleine Shops versorgen Touristen mit dem Nötigsten.

Neben Strand- und Wasseraktivitäten kann die Insel auch zu Fuß erkundet werden. Von Koh Tui führt ein schöner Dschungelpfad bis zum **Sok San Beach**, der in einer Stunde bequem zu erwandern ist – unbedingt in festem Schuhwerk. Viele bleiben, um hier den Sonnenuntergang zu erleben. Mit dem Taxiboot für US$15 (ganzes Boot) geht es zurück nach Koh Tui. Weniger anstrengend ist der kurzweilige Weg zu einem kleinen **Wasserfall**.

ÜBERNACHTUNG

Die Unterkünfte auf Koh Rong sind alle recht einfach, meist handelt es sich um Holzhütten mit Palmdach. Im Fischerdorf stehen viele 2-stöckige Holzhäuser, in den oberen Etagen werden einfache Zimmer mit Gemeinschaftsbad vermietet. Manche haben unten eine Bar, in der laute Musik gespielt wird, bis die letzten Gäste gegangen sind. Nach Norden wird es ruhiger. Die Bungalows sind weitläufig im Gelände verteilt, und die Restaurants schließen gegen 22 Uhr. Strom kommt über einen Generator, in fast allen Unterkünften nur

DER SÜDEN

mitfischerei sichtbare Schäden angerichtet, dennoch wachsen hier viele wunderbar intakte Korallen. Taucher locken die fantastischen Sichtverhältnisse von bis zu 50 m. Schildkröten, Muränen, Barrakudas, Rochen und Walhaie sind in den Gewässern zuhause, und bei Koh Prins liegt ein Wrack auf 40 m Tiefe. **Puolo Wai** wird in 3- bis 4-Tages-*Liveaboards* angefahren. Mantarochen und Großfische, Thunfisch- und Makrelenschwärme faszinieren die Taucher.

Von Sihanoukville in nordwestlicher Richtung liegen die selten angesteuerten Ziele wie **Condor Reef**, an dem Haie, Delphine, Schildkröten, Zackenbarsche und Barrakudas beobachtet werden können. Das Riff liegt weit draußen auf 10 m Tiefe, für die Anfahrt müssen die Wetterverhältnisse stimmen. Teile von Wracks liegen auf dem Meeresgrund. Am **Shark Island** leben Schwarzspitzen-Riffhaie und Königsfische, die Sichtverhältnisse liegen um 30 m. Mehrtägige Trips kosten ca. US$100 p. P. und Tag. Zweiter Tauch-Hotspot ist das **Koh-S'dach-Archipel**. Die Wassertiefe beträgt max. 10 m, mit Sichtweiten bis 10 m. Bei entspannten Tauchgängen rund um die zwölf Inseln des Archipels lässt sich eine beeindruckende Korallenvielfalt bewundern: Es gibt Fächer-, Trichter- und viele Weichkorallen, Korallenfische bevölkern die Riffe. Tauchgänge bis 25 m sind am **Squid Drop** möglich (eine Bootstunde von Koh S'dach). Von Koh S'dach werden auch die 3 Std. entfernt liegenden Tauchreviere **Shark Island** und **Condor Reef** angefahren.

Informationen zum marinen Leben Kambodschas und dessen Erhalt gibt es bei:

Save Cambodian Marine Life, Koh Rong Samloem, ☏ 098-256 812, 🖳 www.savecambodian marinelife.com. Die NGO betreibt den Schutz mariner Vielfalt, der Riffe und Korallen. Freiwilligenarbeit mit Unterbringung auf Koh Rong Samloem ab US$500.

Marine Conservation Center, ☏ 011-384 545, 🖳 www.shallow-waters.org. Operiert von Koh S'dach aus. Die engagierte NGO setzt sich für den Schutz der Riffe und die Einrichtung einer marinen Schutzzone im Koh-S'dach-Archipel ein. Freiwilligenarbeit möglich.

zwischen 18 und 23 Uhr. Viele Unterkünfte bieten bereits WLAN.

Coco Bungalow, ☎ 016-592 177. Hinter dem Strand stehen 18 Bungalows in einem Palmengarten. Einige mit Gemeinschaftsbad, die anderen auf dem Hügel mit Bad und wunderbarer Aussicht von der Veranda. Größere Familienbungalows. ❷–❸

Monkey Island, ☎ 090-656 475, 🖥 monkey island-kohrong.com, [9591]. 20 Holz-Palmdachbungalows bilden 2 Reihen parallel zum Strand. Entweder mit Gemeinschaftsbad, eigenem Bad oder als Familienbungalow mit 2 großen Betten. WLAN. ❸–❹

 Paradise Bungalows, ☎ 092-548 883, 🖥 www.paradise-bunga lows.com, [9592]. Von dem Deutschen Rudi betrieben. Gäste aller Altersklassen wohnen in den 19 Bungalows. Die einfachen Holz-Palmdachbungalows am Hügel haben ein schönes Bad mit Kieselsteinboden und eine Veranda mit Matratzen oder Dreieckskissen. Die Deluxe-Bungalows stehen näher am Strand und haben ein großes offenes Bad. Am Strand gibt es Familienbungalows mit 2 Schlafzimmern oder 6 Einzelbetten. Ein AC-Stein-Bungalow. Sehr gutes, gemütliches Restaurant im Hang. Im Restaurant 24 Std. Strom durch Solarenergie. Wiederauffüllung von Wasserflaschen mit aufbereitetem Quellwasser. Die Einnahmen daraus gehen an die Dorfgemeinschaft. WLAN. ❹–❻

🔑 Luxus auf der Privatinsel

Das **Song Saa Resort**, ☎ 023-989 009, 🖥 song saa.com, ist ein ökologisches Projekt auf einer Privatinsel. Die Song-Saa-Foundation des australischen Ehepaares Hunter unterstützt unter anderem Wiederaufforstungsprogramme. Das Boutiquehotel bietet insgesamt 27 luxuriöse und exquisite Villen aus Naturmaterialien auf den Felsen und auf dem Wasser, alle mit Privatpool. Spa. Kleiner Sandstrand. Villa ab US$1350/Tag inkl. Mahlzeiten, Wassersportaktivitäten und Transport von und nach Sihanoukville mit dem Schnellboot, 2x tgl. in 35 Min. ❽

Smile Guesthouse, ☎ 015-525 366. 13 einfache Zimmer im großen Holzhaus mit Gemeinschaftsbad und recht günstige Dormschlafplätze im 4-Bett-Zimmer (US$6). ❷

Treehouse Bungalows, Büro Serendipity Beach Rd., 🖥 www.treehouse-bungalows.com. Zugang von Koh-Tui-Strand. Die Bungalows liegen an einer kleinen Bucht mit goldgelbem Sand. Am Strand stehen ausgefallene hohe Baumhäuser aus Holz und Palmblättern mit Bad auf halber Höhe. Unter schattigen Bäumen und weitläufig verteilt gibt es Bungalows mit Veranda. Kajak- und Schnorchelverleih. ❸–❹

White Beach, ☎ 034-934 744, 🖥 www.koh rong-islandtravel.com. Zurückgesetzte große Holzbungalows auf Stelzen mit Palmdach. Glastüren zur Veranda, 2 Doppelbetten mit Moskitonetz und ein ansprechendes Bad mit Waschtisch, separatem WC, abgemauerter Dusche und eingelassenen Kieselsteinen in den Wänden. Ventilator. ❺

White Rose Guesthouse, ✉ mengly007@gmail. com, [9593]. 16 Zimmer in einem typischen hölzernen Khmer-Haus im Fischerdorf. Alle Zimmer mit Moskitonetz, Fenster und Gemeinschaftsbad. Strom 8–12 und 16–24 Uhr. WLAN. ❷

ESSEN UND UNTERHALTUNG

Fast alle Bungalowanlagen haben ein Restaurant. Am südlichen Ende der Bucht, wo die kleinen Guesthouses auf dem Strand stehen, wird überall abends BBQ angeboten: frischer Fisch mit Beilagen für US$4–6. Das **Nam Nam** und **Elephant Restaurant** servieren jedoch nicht nur BBQ am Strand, auf der Speisekarte stehen einige Reis- und Nudelgerichte sowie Fish'n'Chips.

Günstig isst man auch im Fischerdorf, **Mr. Run's** macht eine gute Nudelsuppe und einfache Reis-Wokgerichte ab US$1.

La Mami, auf dem Pier. Frühstück, hausgemachte Gnocchi, Pasta, Risotto, wechselnde gute Tagesangebote vom Italiener. 🕐 8–23 Uhr.

Paradise Bungalows Restaurant. Khmer-Gerichte und Internationales gibt es in dem großen überdachten und liebevoll dekorierten Restaurant am Hang, serviert vom aufmerk-

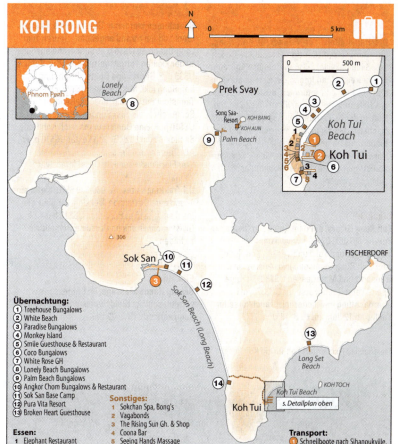

KOH RONG

N

0 — 5 km

0 — 500 m

Lonely Beach ⑧

Prek Svay

Song Saa-Resort ○ *KOH BANG*
○ *KOH AUN*
⑨ *Palm Beach*

Koh Tui Beach

① **Koh Tui**

② ⑥

⑦

② ③
④
⑤
①
①
2
3
4
5
6
3
8
4

△ 306

FISCHERDORF

Sok San ⑩

⑪

③

⑫

Sok San Beach (Long Beach)

⑬

Long Set Beach

○ *KOH TOCH*

⑭

Koh Tui Beach

s. Detailplan oben

Koh Tui

Übernachtung:
① Treehouse Bungalows
② White Beach
③ Paradise Bungalows
④ Monkey Island
⑤ Smile Guesthouse & Restaurant
⑥ Coco Bungalows
⑦ White Rose GH
⑧ Lonely Beach Bungalows
⑨ Palm Beach Bungalows
⑩ Angkor Chom Bungalows & Restaurant
⑪ Sok San Base Camp
⑫ Pura Vita Resort
⑬ Broken Heart Guesthouse

Essen:
1 Elephant Restaurant
2 Nam Nam Restaurant
3 Mr. Run's
4 La Mami

Sonstiges:
1 Sokchan Spa, Bong's
2 Vagabonds
3 The Rising Sun Gh. & Shop
4 Coona Bar
5 Seeing Hands Massage
6 Mango Lounge Gh.
7 Koh Rong Divers
8 Friends of Koh Rong

Transport:
① Schnellboote nach Sihanoukville, Serendipity Pier
② Fähren nach Sihanoukville Hafen
③ Boote Richtung Sihanoukville

---

samen Service. Gut, wenn man Abwechslung zu den Restaurants mit den einfachen Tischen am Strand sucht. ⊕ 8–22 Uhr.

In den zum Strand offenen Bars der kleinen Guesthouses am Koh-Tui-Fischerdorf treffen sich Traveller in Feierlaune, im **Bong's** geht es manchmal schon morgens hoch her, während in der hübsch dekorierten Schwemmholzbar **Vagabonds** oft noch spät abends eine Party steigt. Ob in der großen 2-stöckigen

Bar des **Coco Bungalows** oder an der runden Theke des **Monkey Island**, irgendwo ist immer etwas los. Feierabend ist, wenn der letzte Gast nach Hause gegangen ist.

AKTIVITÄTEN

Massage
Am Strand **Sokchan Spa** und **Seeing Hands Massagen** (von Blinden), US$9/Std. ⊕ 9–22 Uhr.

Soziales Engagement willkommen

Die Hilfsorganisation **Friends of Koh Rong**, Koh Rong Travel Centre, Serendipity Beach Rd., Sihanoukville, 🖳 www.friendsofkohrong. org, betreibt einen Informationsstand auf dem Koh-Tui-Pier und informiert ausführlich über die Hilfsprojekte auf der Insel. Wer Zeit hat, kann in der neu errichteten Schule südlich des Fischerdorfes Englisch unterrichten, mit den Kindern malen oder Unterricht in Hygiene und Umweltbelangen geben. Eine kleine Krankenstation gibt es auch, Medikamentenspenden sind willkommen.

Tauchen

Koh Rong Divers, auf dem Koh Rong Divers Pier, ✆ 087-920 074, 🖳 www.kohrongdivecenter.com. Tgl. Fundives um Koh Rong oder Koh Rong Samloem. Inkl. Ausrüstung, Transport und Mittagessen US$80. 3-tägige Open-Water-Tauchkurse für US$320 inkl. Übernachtung im Fischerdorf. Tauchkurse für Kinder ab 12 Jahren. ⏱ 8–18 Uhr.

TOUREN

Bootstouren werden in Guesthouses, Restaurants und am Strand angeboten. Touren zum Long Beach ab US$5 p. P. Schnorchelausflüge zu der kleinen vorgelagerten Insel Koh Toch ab US$5 p. P. Ganztägige Bootsfahrten rund um Koh Rong inkl. Mittagessen US$25. Eine Tagestour mit Angeln, anschließendem BBQ, Schnorcheln bis zum Sonnenuntergang für US$10 p. P. Eine Bootstour bis nach Koh Rong Samloem zum Lazy Beach kostet US$10 p. P. Alle Touren ab 4 Pers.
Wer Flora und Fauna der Insel intensiver kennenlernen will:
Gil Trekkingtouren, ✆ 088-379 6528, bietet eine 4- und eine 6-stündige Trekkingtour über die Insel an. US$15 p. P./2 Pers., US$10 bei 4 Pers. Gil ist nachmittags im Paradise Bungalows zu finden.

SONSTIGES

Einkaufen

Seeing Hands Massage, im Erdgeschoss werden schicke Kleidchen und Strandbekleidung verkauft. ⏱ 9–22 Uhr.

Malerisches Fischerdorf Koh Tui auf Koh Rong

© MARION MEYERS

The Rising Sun Gh. & Shop, hier gibt es Schnorchelmasken, einfache Medikamente wie Schmerztabletten, Drogerieartikel wie Shampoo, Sonnenmilch und Aftersun-Lotion, Wein, Spirituosen und westliche Süßwaren. ⏱ 8–23 Uhr.

Geld

Es gibt keine Banken oder Geldautomaten. In den Guesthouses wie **Mango Lounge** oder in der **Coona Bar** im Fischerdorf bekommt man Bargeld auf Visa- und MasterCard.

Wäsche

In den Guesthouses oder im Fischerdorf für US$1/kg.

TRANSPORT

KOH RONG SAMLOEM mit dem I-Speedboot bis Saracen Bay um 10.45 Uhr in 10 Min. für US$30; mit Speed Ferry um 10 Uhr bis M'pei Bay und Saracen Bay in 15 bzw. 30 Min. für US$20 (jeweils Rundfahrtticket hin und zurück bis Sihanoukville).
SIHANOUKVILLE, um 9.30 und 14.30 Uhr mit dem I-Speedboot in 20 Min. für US$30; um 10.25, 12.50 und 17 Uhr mit Speed Ferry in 45 Min. für US$20 bis Serendipity Pier (jeweils hin und zurück); mit der Fähre um 10 und 16 Uhr bis Sihanoukville-Hafen für US$10 in 2 1/2 Std.; Tickets in den Guesthouses und Bungalowanlagen. Schnellboot-Tickets in der Hauptsaison besser einen Tag im Voraus kaufen. Da sich die Abfahrtszeiten und Verbindungen ständig ändern, bitte aktuell einsehen unter 🖥 www. seacambodia.asia und 🖥 speedferrycambodia. com bzw. in den Anlagen nachfragen.

Long Set Beach

2,5 km langer feinster weißer Sandstrand, gesäumt von Kasuarinen. Ein einziges Resort steht an dem herrlichen Strand, den man in etwa 30 Min. zu Fuß vom Koh Tui Beach erreicht. Das **Pura Vita Resort**, 📞 015-700 083, 🖥 www.pura vitaresort.com, [9597], bietet sechs Holzbungalows in Reihe am Strand. Einfach, aber nett ausgestattet mit Bett, Moskitonetz, Sitzecke, Safe und Sitzmöbeln auf der Veranda. Bad mit Kie-

selsteinboden. Ein Zimmer über dem Restaurant mit Gemeinschaftsbad. Die nette Eigentümerin hat lange in Kanada gelebt, sie kocht hervorragend italienisch und khmer. Strom 18–23 Uhr. Inkl. Frühstück. ❹–❺

An- und Abreise: S. 402 und S. 421 Sihanoukville, Koh Tui. Kostenloser Bootstransfer vom und zum Koh-Tui-Pier.

Palm Beach

Die namensgebende palmenbewachsene Landzunge liegt gegenüber dem Song Saa Inselresort. Der feine weiße Sandstrand ist von großen Steinen unterbrochen. Die andere Seite ist sehr flach und mit Mangroven bewachsen. Zehn Fischerhäuser auf Stelzen stehen am Pier. Einzige Bungalowanlage am Strand sind die **Palm Beach Bungalows**, 📞 081-500 632, 🖥 www. palm-beach-koh-rong.com, [9598]. Kevin aus Südafrika leitet die Anlage. 23 Bungalows stehen unter Palmen oder rund um den Sandplatz mit einem Volleyballnetz. Die Holz-Palmdach-Bungalows auf Stelzen haben eine Veranda und sind mit Bett und Moskitonetz möbliert. Bad mit Dusche und Schöpftoilette. Im Restaurant wird asiatisches und indisches Essen serviert, abends gibt es ein BBQ am Strand. Kajakverleih. ❸–❹

An- und Abreise: Mit dem Palm-Beach-Boot ab Büro an der Serendipity Beach Rd. bzw. am Sihanoukville-Hafen um 13/13.30 Uhr in 2 1/2 Std. für US$10. Ab Palm Beach um 9.30 Uhr.

Lonely Beach

Die 2 km breite, sichelförmige Bucht gleicht einem Tropenparadies. Kokospalmen, Laubbäume und Kasuarinen säumen den weißen Sandstrand. Das Wasser ist türkisfarben und vollkommen klar. Eine Bungalowanlage befindet sich an diesem Strand: **Lonely Beach Bungalows**, 📞 081-343 457, 🖥 www.lonely-beach.com, [9599]. Acht einfache Stelzen-Holzbungalows mit Palmdach stehen hinter dem Restaurant im halbhoch bewachsenen Gelände. Sie sind mit einem oder familientauglich mit zwei großen Betten ausgestattet. Zum Bad geht es drei Stufen hinunter, kein fließendes Wasser, Schöpfdusche und Toilette. Großer überdachter Schlafsaal mit zwölf Einzelbetten und Moskitonetz (US$8). Unter deutscher Leitung von Jörg. 24 Std. Strom über Solar. ❸–❹

An- und Abreise: Mit dem Lonely-Beach-Boot ab Sihanoukville-Hafen um 13 Uhr in 3 1/2 Std. für US$10. Ab Lonely Beach um 8 Uhr.

Sok San Beach

Der Strand wird von vielen auch Long Beach genannt: 6 km weißer Sand, so fein, dass er unter den Füßen knirscht. Davor breitet sich das türkisfarbene Wasser der Bucht aus. Sechs Bungalowanlagen stehen am Nord- und Südende, der mittlere Strandabschnitt ist unbebaut. Nur wenige flache Sträucher säumen diesen Strand, es gibt kaum Schatten. Am nördlichen Ende befindet sich das nette Fischerdorf Sok San, dessen Sandwege Palmen einrahmen. Einige Fischerleute vermieten Zimmer in ihren Holzhäusern.

ÜBERNACHTUNG

Angkor Chom, ✆ 078-559 959, ✉ angkor.chom @yahoo.com, [9594]. Im Fischerdorf am Strand: 6 Stelzenbungalows mit 2 Betten, Moskitonetz und Schöpfdusche. Engagierter Besitzer. Schönes, halb offenes Restaurant am Pier mit einigen Fried-Rice/Fried-Noodles-Gerichten. Strom 18–22.30 Uhr. Taxiboot (ganzes Boot) für US$30 zum Koh-Tui-Strand. ❷
Broken Heart Guesthouse, ✆ 097-794 6424 🖥 www.bhgh.info, [9595]. Am südlichen Ende des Sok-San-Strandes. 10 Bungalows über den Klippen mit fantastischem Blick auf die Bucht. Einfachste Holzbungalows mit Schöpfdusche und Toilette. Die Anlage macht einen etwas unaufgeräumten Eindruck, aber für viele ist genau das das echte Robinson-Crusoe-Feeling. Restaurant. Longtailboote für US$15 pro Boot zum Koh-Tui-Strand. Strom 18–23 Uhr. ❸–❹
Sok San Base Camp, ✆ 012-787 019, 🖥 www.soksanbasecamp.com, [9596]. Die große französisch geführte Anlage steht in der prallen Sonne auf dem weißen Sandstrand. Die Wiederaufforstung der abgeholzten Fläche wird wohl noch etwas Zeit in Anspruch nehmen. 28 große Doppel-Holzbungalows in 9 Reihen mit umlaufender Veranda. Eine der luxuriösesten Anlagen auf der Insel. Möbliert mit großen Betten, Moskitonetz, Schrank,

Schreibtisch. VIP-Bungalows mit AC in 1. Reihe, auch die Deluxe-Bungalows dahinter mit AC. Es gibt Familienbungalows mit Zustellbett oder Verbindungstür. Die hinterste Bungalow-Reihe steht am Generator und hat nur Zimmer mit Ventilator. Schickes Restaurant und Bar am Strand mit weißen Korbmöbeln. Großes Angebot an Aktivitäten: Bogenschießen, Boule, Kajak- und Hobie-Cat-Verleih, Dschungelwanderungen. In der Anlage wird die französische Variante des Dschungelcamps, „Koh Lanta", gedreht. Bei Dreh-Terminen ist die gesamte Anlage für Gäste geschlossen. 24 Std. Strom. WLAN. Bezahlung mit Kreditkarte möglich. Inkl. Frühstück. ❺–❼

TRANSPORT

Mit dem Angkor-Chom-**Boot** ab Sihanoukville-Hafen, Royal Pier, um 12.30 Uhr in 2 1/2 Std. für US$10. Ab Angkor-Chom-Steg um 8.30 Uhr.
Mit dem Sok-San-Base-Camp-**Schnellboot** ab Sihanoukville Independence Beach (vor dem Holiday Palace Hotel) um 14 Uhr in 50 Min. für US$10. Ab Sok-San-Base-Camp um 12.30 Uhr.

13 HIGHLIGHT

Koh Rong Samloem

Koh Rong Samloem [9417] liegt rund 30 km von Sihanoukville entfernt. Die Insel hat die Form eines Hufeisens und ist etwa 10 km lang. Während das Inselinnere hügelig und mit Dschungel bewachsen ist, säumen traumhafte Sandstrände die Küstenlinie, vor der mehrere Tauchspots liegen. An der Nordküste befindet sich das Fischerdorf **M'pei Bay**. Herrliche Strandtage, aber auch Wanderungen von Strand zu Strand, sind hier zu empfehlen. Festes Schuhwerk ist unbedingt für die teils steilen Pfade erforderlich.

Alle Anlagen auf der Insel verfügen über ein Restaurant, wobei Unterkünfte und Essen teurer sind als in Sihanoukville. Einfache Bungalows ohne Bad kosten US$20–30, für ein Hauptgericht müssen zwischen US$4 und US$7 kalkuliert werden. Strom wird meist zwischen 17 und 23 Uhr über Generatoren erzeugt. Alle Anlagen vermieten Schnorchelequipment für US$2–5/Tag.

DER SÜDEN

KOH RONG SAMLOEM

N
0   1   2 km

Übernachtung:
1. Sunset Bungalows
2. Easy Tiger
3. The Fishing Hook
4. Rumi Bungalow
5. Saracen Bay Resort
6. Huba Huba Bungalows
7. Robinson Bungalows
8. The Beach Island Resort
9. Sun Island Eco Village
10. Homestay Resort
11. Paradise Bungalows
12. Lazy Beach

Sonstiges:
1. Save Cambodian Marine Life
2. Coral Gardens Dive
3. The Dive Shop

KOH KOUN

M'pei Bay

Koh Rong Samloem Villas

ARMEE-STÜTZPUNKT

Sihanoukville

Saracen Bay

Saracen Beach

Robinson Bay

Lazy Beach

Phnom Penh

LEUCHTTURM

DER SÜDEN

Die Insel ist ruhig, es gibt keine Bars oder Nachtleben. Nur einmal im Monat findet in der Saracen-Bucht im Beach Island Resort eine Fullmoon-Party statt. Rund 100–500 Partybegeisterte feiern hier zu Techno- und Trancemusik bis in die Morgenstunden.

Saracen Beach
Der Strand, dessen nördlicher Teil mit Bäumen und Kasuarinen bewachsen ist, erstreckt sich auf 3 km im Osten der Insel. Die leicht geschwungene Bucht mit dem weißen Sand und dem flachen helltürkisen Wasser ist ein tropischer Traumstrand.

ÜBERNACHTUNG

Homestay Resort, ☎ 016-861 459, ✉ romny tour@yahoo.com, **[9421]**. Zahlreiche Holzbungalows, die in der prallen Sonne liegen. Die Ausstattung ist okay, aber beim Design nicht gerade 1. Wahl. Das Plus: In allen Zimmern stehen 2 große Betten. Ausnahme im Baumhaus, dort gibt es nur eine Matratze. Leider ist die Anlage etwas vermüllt, aber das kann sich ändern, denn zur Zeit der Recherche waren hier noch viele Bautätigkeiten zu sehen. Das Restaurant ist relativ günstig. Die Dormbetten direkt hinter dem Restaurant (US$6) sind nur für den äußersten Notfall in Betracht zu ziehen. ❹

Paradise Bungalows, ☎ 092-548 883,
🖳 www.paradise-bungalows.com, [9422].
2014 eröffnete Anlage ganz im Süden des
Strandes mit 5 schönen hochwertigen
geräumigen Bungalows. Große Betten, viele
Sitzgelegenheiten. Riesiges, etwas überdimensioniertes Restaurant. ❺

🧳 **Rumi Bungalow**, ☎ 058-84293149,
✉ zehrasamloem@gmail.com, [9419].
Geräumige palmgedeckte Holz- und Mattenbungalows am Hang und am Strand. Schön
schattig unter Bäumen gelegen. Ein einladen-
des Baumhaus direkt am Wasser mit fantastischem Ausblick. Möbliert mit Bett (oftmals
ein großes und ein kleines Bett), Moskitonetz
und Rattanablage. Bäder mit Kaltwasser.
Unter der Leitung von 2 engagierten jungen
Aussteigern. Geplant sind ein eigener Steg
und eine Yogaplattform. In einigen Bungalows
stört leider der Generator der Nachbaranlage.
Der Strand vor der Anlage ist mit Steinen
durchsetzt, zum Schwimmen geht man einfach
ein paar Meter weiter. ❸–❹

🧳 **Saracen Bay Resort**, ☎ 016-997 047,
🖳 www.saracenbay-resort-cambodia.
com, [9580]. Großzügige Holzbungalows mit
riesiger Veranda. Innen mit schönem hellem
Fliesenboden. Möbliert sind die Bungalows
mit einem großen Bett, Moskitonetz und Tisch.
Geräumiges Bad mit Toilettenartikeln und
Marmorwaschbecken. Gemütliche Korbsessel
auf der Veranda. Liegestühle am Strand.
Schöner Strandabschnitt. ❹

🌴 **Sun Island Eco Village**, ☎ 077-765 069,
🖳 www.sun-island-eco-village.com,
[9420]. Große Zelte auf einer Holzplattform
unter Palmdächern am Strand. Matratze und
Nachttischlampe im Zelt, Korbsessel mit Tisch
auf der Zeltveranda. Eigenes Bad neben dem
Zelt. 24 Std. Solar-Strom. Gutes Restaurant.
Teils sind die Zelte schon etwas verwohnt. ❸

€ **The Beach Island Resort**, ☎ 097-
757 8759, 🖳 www.thebeachresort.asia,
[9581]. Verschiedene Bungalow-Kategorien,
herausragendes Merkmal: Alle sind rund.
Die Deluxe-Bungalows sind schöne weiße
gemauerte Bungalows mit umlaufender
Veranda, Fliesenboden und großem runden
Bett in der Mitte, Bad mit Kieselsteinmauern,

Safe, Kühlschrank. Die günstigere Übernachtungsmöglichkeit ist etwas kleiner geschnitten.
Außerdem stehen auf dem Strandabschnitt
2-stöckige Schilfhütten mit Bad unten oder
mit Gemeinschaftsbad. Betten im offen zum
Meer gestalteten 18-Zimmer-Dormschlafsaal
(US$7,50) runden das Angebot ab. Sitzkissen
im gemütlichen Rundrestaurant. Im Beach
Island Resort finden die Fullmoon-Partys statt.
24 Std. Strom. WLAN. Gutes Frühstücksbuffet
für jedermann (US$5). ❷–❺

AKTIVITÄTEN

Auf dem nördlichen Pier ist die Tauchschule
Coral Gardens Dive angesiedelt, ☎ 034-
651 6171, ✉ coralgardensdiveresort@gmail.
com. Fahrten mit dem eigenen Katamaran:
2 Fundives für US$75, Schnorchler bezahlen
US$25, inkl. Mittagessen im Fischerdorf
M'pei Bay.

TRANSPORT

Es gibt bisher 3 größere Piers am Saracen-
Strand. Im Norden liegt der Pier für **Speed-
boote**, und auch das **Partyboot** ankert hier.
SIHANOUKVILLE Verbindungen von und zum
Serendipity-Pier (Abfahrten s. dort). Mit dem
Partyboot ab Saracen Bay um 15.30 Uhr in
2 1/2 Std. für US$25 (hin und zurück; auf dem
Hin-, manchmal auch auf dem Rückweg 30 Min.
Schnorchelstopp vor Koh Tas). I-Speedboote
fahren um 11 und 15.30 Uhr für US$30 (hin und
zurück) in 15 Min., Speed Ferry um 10.45 und
15.45 Uhr für US$20 (hin und zurück) in 45 Min.
zum Serendipity Pier.
Im Süden der Bucht befindet sich der Pier
von Romny Travel, an dem die Tagesausflugs-
boote anlegen. Abfahrt etwa 14 Uhr.
Fahrt über Koh Rong zum Serendipity-Pier,
Ankunft gegen 18 Uhr für US$15 (Hin- und
Rückfahrt).
KOH RONG mit dem I-Speedboot bis Koh Tui
um 10.30 Uhr in 10 Min. für US$30; mit Speed
Ferry um 9.15 Uhr über M'pei Bay bis Koh Tui
in 15 bzw. 30 Min. für US$20 (jeweils Rund-
fahrtticket hin und zurück bis Sihanoukville).
Aktuelle Abfahrtszeiten auf den Webseiten
🖳 www.seacambodia.asia und 🖳 speedferry
cambodia.com.

Fischerdorf M'pei Bay

Im Norden der Insel liegt das kleine pittoreske Fischerdorf M'pei Bay. Wer keinen Sandstrand vor der Tür braucht, wohnt hier mitten unter den Fischern. Die sandigen Wege des Vorzeigedorfes sind sauber, es wird Abfalltrennung praktiziert. Die Einwohner haben sich auf die Touristen eingestellt, es gibt Restaurants mit englischer Speisekarte, Wäschereien und Angebote für Boots- und Angeltrips. Vor dem Dorf liegt die kleine Insel Koh Koun (Inselkind). Am Bootssteg vermietet eine nette Familie ein Zimmer mit vier Dormbetten (jeweils US$8) im **The Fishing Hook**. Die kleine Veranda ist liebevoll dekoriert, genau wie das Restaurant nebenan, ☏ 081-332 718.

ÜBERNACHTUNG

Easy Tiger, ☏ 086-482 040. Der Engländer Neo vermietet in einem Fischerholzhaus ein Zimmer und 4 Betten im Schlafsaal (US$7). Sehr gute Matratzen und Kissen. Mit Gemeinschaftsbad. In dem rückwärtigen Garten entstanden zum Zeitpunkt der Recherche großzügige Holzbungalows. Entspannte Atmosphäre. ❷–❸
Sunset Bungalows, ☏ 088-832 7237. Nobler wohnt man in diesen hübschen Holzbungalows, die in einem wunderbar angelegten Garten unter Bäumen stehen; Steinstrand. ❸–❹
Im Dorf und in den Anlagen 24 Std. Strom.

SONSTIGES

Save Cambodian Marine Life, ☏ 098-256 812, 🖥 www.savecambodianmarine life.com. Die NGO, deren Büro sich auf dem Steg befindet, kümmert sich um den Erhalt der Riffe und deren Bewohner. Taucher, die beim Säubern und Anlegen der Riffe oder Artenzählungen helfen wollen, können sich auf der Webseite informieren.

TRANSPORT

Mit **Speed Ferry** um 9.45 Uhr nach Koh Rong in 15 Min.; um 10.15 und 16.15 Uhr über Saracen Bay bis Sihanoukville (Serendipity-Pier) in 1 1/2 Std.; ab Sihanoukville um 8 und 15 Uhr für US$20 (Rundfahrtticket hin und zurück).

Lazy Beach

Die 700 m breite sichelförmige Bucht ist nach der einzigen Bungalowanlage benannt. Kasuarinen säumen den weißen feinen Sandstrand. Das türkisfarbene Meer ist flach, die Klippen am Rand eignen sich prima zum Schnorcheln.

ÜBERNACHTUNG

Lazy Beach, ☏ 016-214 211, 🖥 www.lazy beachcambodia.com. 19 Holzbungalows mit Palmdach verteilen sich großzügig über die gesamte Breite der Bucht. Alle Bungalows mit Bett, Moskitonetz, Ventilator und eigenem Bad. Großer Gemeinschaftsbereich mit Bar und gemütlichen Sofaecken. Strom zwischen 18 und 6 Uhr. ❹

TRANSPORT

Lazy Beach Boot ab Serendipity-Pier um 12 Uhr, ab Lazy Beach um 8.30 Uhr in 2 1/2 Std. für US$20 (hin und zurück).

Robinson Bay

Malerisch geschwungen ist die 500 m breite Bucht auf der Westseite der Insel. Hinter dem goldgelben Sandstrand ragen die bewachsenen Hügel der Insel auf. In der Regenzeit ist die Bucht mit dem Boot nur schwer zu erreichen.

ÜBERNACHTUNG UND ESSEN

Robinson Bungalows, buchbar über The Dive Shop, ☏ 034-933 664, 🖥 www.diveshop cambodia.com, [9582]. Am Südende der Bucht, 11 einfache große Holzhütten in den Hang gebaut, alle mit Gemeinschaftsbad. Fantastisch ist die Aussicht von den Veranden. Innen hohe Decken, möbliert mit Bett, Moskitonetz und Tisch. ❸
In der Mitte der Bucht liegt **The Dive Shop**, im Gebäude gibt es ein Dormzimmer mit 15 Doppelbetten (US$5). Die **Huba Huba Bungalows** am Nordende haben ein ähnliches Angebot und ein gutes Restaurant.

TRANSPORT

Mit dem **Dive-Shop-Boot** ab Sihanoukville-Hafen um 8 Uhr, ab Robinson-Bucht um 15.30 Uhr in 2 1/2 Std. für US$20 (hin und zurück).

Koh Tang

Die 7 km lange Insel liegt etwa 43 km vor der Küste, südwestlich von Sihanoukville. Bis auf einen Militärstützpunkt ist das Eiland unbewohnt. Tauchanbieter steuern die Riffe bei *Liveaboard*-Fahrten an (s. Kasten S. 420).

Die Insel ist in die Geschichte eingegangen. Als am 12. Mai 1975 die amerikanischen Truppen aus dem Vietnam-Debakel bereits auf dem Rückzug waren, kaperten die Roten Khmer bei Koh Tang das U.S. Containerschiff *Mayaguez*. Daraufhin bombardierten die USA Sihanoukville und die dortigen Ölraffinerien. Am 15. Mai 1975 stürmten Marines die *Mayaguez* und griffen mit Hubschraubern und Fallschirmeinheiten die Insel Koh Tang an, um die dort vermutete Schiffscrew zu befreien. Die Besatzung des Containerschiffes war jedoch längst nach Sihanoukville gebracht worden und am Tag des Angriffs unbeschadet auf einem Boot Richtung Thailand unterwegs. Anders als die Amerikaner erwartet hatten, war die Insel nicht einfach einzunehmen. Da die Roten Khmer lange mit einem Angriff der Vietnamesen gerechnet hatten, war die Insel entsprechend befestigt worden. Bei den heftigen Gefechten kamen 18 Marines und etwa ebenso viele Khmer ums Leben. Über hundert amerikanische Soldaten wurden schließlich von der US-Luftwaffe in Sicherheit gebracht.

Provinz Kampot

Richtung Küste und vietnamesischer Grenze erstreckt sich eine flache Landschaft mit Reis-, Obstfeldern und Palmyrapalmen, aus denen malerische Karstfelsen aufragen. Die Bewohner der Provinz Kampot leben überwiegend von der Landwirtschaft und der Salzgewinnung, neben Durian wird hier der berühmte Kampot-Pfeffer angebaut. Entlang dem Flussdelta betreiben zudem moslemische Cham Fischfang.

Noch bis Anfang der 1990er-Jahre verschanzten sich in der Region Truppen der Roten Khmer. 1994 entführten sie nahe Kampot drei westliche Rucksacktouristen aus einem Eisenbahnzug auf der Strecke Phnom Penh–Sihanoukville. Nachdem die kambodschanische Regierung sich wei-

gerte, ein Lösegeld zu zahlen, wurden die Geiseln ermordet.

Zentrum der Provinz ist das reizende Städtchen **Kampot**, das Reisende aus aller Welt in seinen Bann zieht und ein guter Ausgangspunkt für Ausflüge in den **Bokor-Nationalpark** mit den Resten einer französischen Bergstation und einer königlichen Residenz ist. Der Bokor-Nationalpark ist Teil des Elefanten-Gebirges, dessen Ausläufer nördlich an Kampot-Stadt grenzen. Die Hänge des fast 1000 m hoch liegenden Massivs sind mit dichtem Dschungel bewachsen, in den unzugänglicheren Regionen sollen noch Bären und wilde Elefanten leben. Höchster Berg ist der 1079 m hohe Phnom Bokor. Auf dem oft wolkenverhangenen Plateau, auf dem die französischen Kolonialherren in den 1920er-Jahren eine Bergstation errichtet hatten, entstehen derzeit ehrgeizige Hotelprojekte. Seit Ende der 1940er-Jahre war der Gipfel Schauplatz zahlreicher Schlachten (S. 438). Bei einem Ausflug in den Nationalpark ist auch der bei Einheimischen beliebte **Popokvil-Wasserfall** mühelos zu erreichen. Sehenswert ist zudem der im Dschungeldickicht versteckte **Veal-Poich-Wasserfall**.

Auf dem Weg zum 25 km entfernten Kep ragen zwischen den Feldern pittoreske Karstfelsen auf, die über Höhlen und Tempel verfügen, die man besichtigen kann. Richtung Küste liegen weite Felder zur Salzgewinnung.

14 HIGHLIGHT

Kampot

Die lässig-ruhige Stimmung, die koloniale Architektur, dazu die herrliche Lage am Tek-Chhou-Fluss sind der Grund dafür, dass Reisende oft länger als geplant in Kampot [4922] bleiben, einer Provinzhauptstadt mit französischem Kleinstadtflair. Die Atmosphäre ist entspannt, der Verkehr auf den breiten Straßen ruhig. Die zweistöckigen Häuser sind chinesischen Handelshäusern nachempfunden und besitzen mit den Holzläden, Balustraden und ihrer Patina einen unvergleichlichen Charme. Daneben stehen teils

Neben Pfeffer werden auch Durian angebaut – die überdimensionierte Skulptur zeugt davon.

schön renovierte französische Kolonialhäuser. Hobbyfotografen kommen hier auf ihre Kosten.

Der Fluss Tek Chhou, auch Kampong Bay River genannt, teilt die Stadt in zwei Hälften. Östlich des breiten Flusses liegt das Zentrum mit dem Busbahnhof, dem Alten und Neuen Markt, Restaurants und Hotels. Das Zentrum ist überschaubar und kann bequem zu Fuß oder mit einem Fahrrad erkundet werden. Zwei Brücken überspannen den Fluss. Die „alte Brücke" soll für Fußgänger und Mopeds reserviert sein, die „neue Brücke" dient dem Auto- und Schwerlastverkehr. Die Straßen sind fast schachbrettartig aufgeteilt, sie werden von den Einheimischen nach besonderen Gebäuden benannt. Seit Neustem erhalten immer mehr Straßen Nummern.

Kampot ist ein guter Ausgangspunkt für Ausflüge zum Bokor-Nationalpark, zu umliegenden Pfefferplantagen, Wasserfällen, pittoresken Fischerdörfern oder zum 25 km entfernten Badeort Kep.

Sehenswertes

Bei einem Bummel durch die Kleinstadt stechen schöne Beispiele der **Kolonialarchitektur** ins Auge, einige Bauten sind renoviert, andere dem Verfall preisgegeben. Besonders sehenswert sind die **chinesischen Handelshäuser**, die nach 1950 entstanden sind. Viele der zweistöckigen Gebäude befinden sich rund um den Alten Markt. Ein paar wenige wurden renoviert, leider ersetzte man dabei die alten Holzläden durch moderne grüne oder blaue Glasfenster. Der **Alte Markt** bietet heute lediglich kleine moderne Shops, in denen Kleidung, Souvenirs und Bücher verkauft werden.

Der südliche Teil der **Uferpromenade** ist die baumgesäumte Flaniermeile, an der Restaurants und Bars zu einem Stopp einladen und die abends romantisch mit Laternen beleuchtet ist. Da Straßenbeleuchtung sonst nur spärlich vorhanden ist, sollte, wer etwas weiter außerhalb wohnt, unbedingt abends eine Taschenlampe dabeihaben.

Die **Alte Brücke** wird auch Französische Brücke genannt, sie wurde von den Roten Khmer zerstört, später aber wieder aufgebaut. Weitere markante Gebäude sind das **Alte Kino** und die renovierte **Villa des ehemaligen Gouverneurs**.

Im überdachten **Neuen Markt** werden Textilien, Schuhe, Haushaltswaren und Lebensmittel für den täglichen Gebrauch verkauft. An den

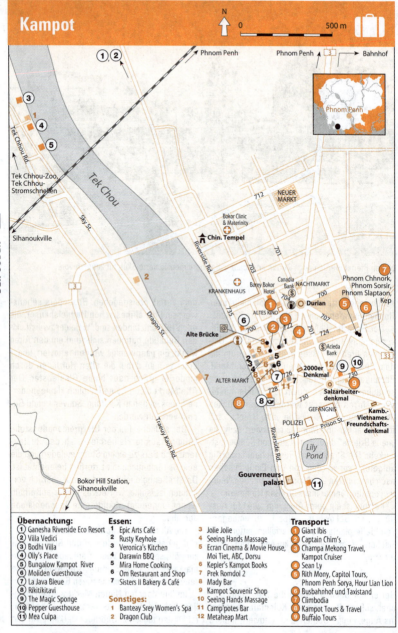

Kampot

N
0   500 m

→ Phnom Penh
Phnom Penh ←   3   → Bahnhof

Phnom Penh

Tek Chhou-Zoo,
Tek Chhou-
Stromschnellen

Sihanoukville

Tek Chhou

Sky St.

Tek Chhou Rd.

Dragon St.

Traeuy Kaoh Rd.

Riverside Rd.

712

NEUER
MARKT

Bokor Clinic
& Maternity

Chin. Tempel

701

703

KRANKENHAUS

Bokor Bokor
Hotel

Canadia
Bank

NACHTMARKT

ALTES KINO

Durian

Phnom Chhnork,
Phnom Sorsir,
Phnom Slaptaon,
Kep

700

701

707

724

Acleda
Bank

33

Alte Brücke

@

700

2000er
Denkmal

730

Salzarbeiter-
denkmal

ALTER MARKT

728

GEFÄNGNIS

POLIZEI   Prison St.

730

Kamb.-
Vietnames.
Freundschafts-
denkmal

736

Lily
Pond

Bokor Hill Station,
Sihanoukville

3

Gouverneurs-
palast

DER SÜDEN

Juwelierständen kann man Handwerkern bei der Fertigung, Reparatur oder Umarbeitung von Schmuckstücken über die Schulter schauen.

Die Stadt besitzt gleich mehrere Denkmäler. Etwas skurril ist der **Durian-Kreisverkehr**. Eine überdimensionale Durian im Früchteteller ziert den Kreisel und zeigt: Die Region ist bekannt für den Anbau der unangenehm riechenden Frucht. Ebenso wichtig für die Region ist die Salzgewinnung. Das **Salzarbeiter-Denkmal** trägt dem Rechnung. Daneben gibt es noch das **2000-Jahr-Denkmal** und ein waffengespicktes **kambodschanisch-vietnamesisches Freundschaftsdenkmal**.

ÜBERNACHTUNG

Die meisten Hotels und Guesthouses liegen im Zentrum. Außerhalb, entlang dem Flussufer, haben Unterkünfte ihre Toren geöffnet, von denen aus man ein kühles Bad im Fluss nehmen kann. Beliebt bei jungen Backpackern sind die einfachen Bungalowanlagen auf der westlichen Uferseite. In der Straße am Salzarbeiter-Denkmal gibt es ebenfalls eine Reihe von günstigen Unterkünften. Alle bieten kostenloses WLAN.

Untere Preisklasse

Bodhi Villa, 1,5 km außerhalb, ☎ 012-728 884, 🖥 www.bodhivilla.com, [9604]. Einfache Unterkunft am Flussufer mit einem schattigen Garten. Verschiedenste Schlafmöglichkeiten: Von einer Matratze im Dorm (US$5), über halb offene Bungalows mit Vorhängen im Garten bis hin zu einem zum Wasser hin offenen Mattenbungalow auf dem Fluss. Alle mit Gemeinschaftsbad. Beliebt bei jungen feierfreudigen Travellern. Der australische Betreiber Hugo liebt Musik, in seinem Aufnahmestudio dürfen auch Gäste proben. Kinderschaukel und Trampolin im Garten. Freitags Livemusik. Vom Restaurant im tempelartigen Haupthaus kann direkt ins Wasser gesprungen werden. Wakeboard-, Surfbretter, Radverleih. ❷

Bungalow Kampot River, 1,5 km außerhalb, ☎ 033-666 6418, ✉ bungalowkampotriver@yahoo.com, [9603]. Einfache hohe Stelzenbungalows aus Holz und Palmblättern. Innen liegt eine Matratze auf dem Boden, Moskitonetz und Ventilator vervollständigen die Einrichtung. Ebenerdig befindet sich ein kleines gemauertes Bad mit Schöpftoilette und Duschbrause. Entspannte Atmosphäre. Vom gemütlichen Restaurant über den Mangroven kann man sich mit einem Sprung in den Fluss abkühlen. Kostenloser Fahrradverleih. ❶

🏨 **Ganesha Riverside Eco Resort**, 4 km außerhalb, ☎ 092-724 612, 🖥 www. ganesharesort.com, [9605]. In der Nähe eines moslemischen Dorfes inmitten der Natur gelegen. Auf einer Seite bietet sich ein fantastischer Blick auf Reisfelder und Palmyrapalmen bis zum Bokor-Nationalpark, auf der anderen Seite lädt ein palmengesäumter kleiner Fluss zum Schwimmen ein. 10 Hütten stehen weitläufig verteilt, 2 Rundjurten am Fluss mit eigener Terrasse über dem Wasser. Weitere Jurten und Stelzenbungalows befinden sich im Garten. Alle aus Bambus und Palmblättern gefertigt mit Gemeinschaftsbädern im gleichen Stil. Zimmer im Haupthaus und ein Familientower mit 2 Doppelbetten und privatem Bad. ❷

Mea Culpa, ☎ 012-504 769, 🖥 www.meaculpakampot.com. [7073]. Die 60er-Jahre-Villa steht in einem schönen großen Garten. 6 recht nett dekorierte AC-Zimmer mit Seidenkissen und farblich abgestimmten Vorhängen. Möbliert mit Bett, Schreibtisch, TV. Großzügige Bäder. Im italienischen Restaurant gibt es Pizza aus dem Holzofen. ❸

Moliden Guesthouse, St. 735, Ecke St. 700, ☎ 033-690 4495, ✉ molidenkampot@yahoo.com, [9607]. In dem wunderschönen alten Holzhaus an der alten Brücke gibt es AC-Zimmer mit schönen Bädern. Mit Bett, TV und Kühlschrank ausgestattet. Sehr gedämpfte Beleuchtung und kein Schrank. Familienzimmer mit 2 großen Betten für US$50. Inkl. kleinem Frühstück; wer darauf verzichtet, bekommt oft US$5 Rabatt. Gemütliches Restaurant mit vielen Korbsesseln. Gute Pizzas. ❸

€ **Olly's Place**, 1,5 km außerhalb, ☎ 092-605 837, 🖥 www.ollysplacekampot.com. Holz/Mattenbungalows mit Schilfdach unter Kokospalmen und 2 Zimmer im Haupthaus. Ausgestattet mit Bett, Moskitonetz, Ventilator. Alle mit Gemeinschaftsbad. Gemütliches Restaurant am Fluss mit Liegeflächen und

Bademöglichkeiten. Surf- und Paddelbrettverleih. Mangroventouren. ❶

Pepper Guesthouse, St. 730, ☏ 017-822 626, ✉ pepperguesthousekampot@yahoo.com, [9606]. In einer 60er-Jahre-Villa. Im Charme der damaligen Zeit, recht nette Zimmer mit Holzboden, Kühlschrank und TV. Es gibt Zimmer mit Ventilator, Kaltwasser, Warmwasser oder AC. Restaurant. ❶–❷

The Magic Sponge, St. 730, ☏ 017-946 428, 🖥 www.magicspongekampot.com, [5293]. Teils großzügige Zimmer, grün gestrichen, mit TV und eigenem Bad. Wer eine Klimaanlage braucht, zahlt US$5 mehr fürs Zimmer. Dormbetten auf der obersten Etage (US$3). Minigolfanlage im Hof. ❶–❷

Villa Vedici, 2,5 km außerhalb, ☏ 089-290 714, 🖥 www.villavedici.com, [9608]. Malerische große Gartenanlage direkt am Fluss. Zimmer im Haupthaus rund um einen schönen Pool. Weitere Zimmer im Bootshaus am Wasser oder in einem Khmer-Haus. Es gibt Bungalows für bis zu 8 Pers. Die Anlage punktet mit dem großen Wassersportangebot: Kitesurfen, Wakeboarden oder Wasserski für US$2/Min. Mountainbikeverleih. ❸

Mittlere Preisklasse

La Java Bleue, St. 726, ☏ 033-667 6679, 🖥 www.lajavableue.biz. Boutiquehotel im wunderschön renovierten Kolonialstil-Haus. Auf 3 Häuser verteilen sich schicke Themenzimmer mit Khmer- oder chinesischer Dekoration. Sehr gutes französisches Restaurant. Inkl. Frühstück. ❹–❺

Rikitikitavi, St. 735, ☏ 012-235 102, 🖥 www.rikitikitavi-kampot.com. 7 Zimmer im Erdgeschoss eines renovierten Hauses aus den 1920er-Jahren. Stilsicher, edel ausgestattete Zimmer im Khmer-Stil. Holzboden oder Terrakottafliesen, Holzmöbel, TV, Safe, AC, Minibar. Restaurant und Bar auf der oberen Etage. Inkl. Frühstück. ❹

ESSEN

Einfache Essensstände gibt es bis in die Abendstunden zwischen der Alten Brücke und dem Alten Markt am Flussufer. Zwischen der Alten Brücke und dem Durian-Kreis-

verkehr öffnen abends Stände, die Süßes und Fruchtsäfte verkaufen.

Auf dem neu etablierten Nachtmarkt sind die schmalen, garagenartigen Geschäfte bis 22 Uhr geöffnet, 3 Kinderkarussells ziehen einheimische Familien an, und 2 Essensstände bieten einfache Wok-Gerichte.

Darawin BBQ, St. 735. Bei Einheimischen wie Touristen beliebtes einfaches kambodschanisches BBQ-Restaurant. Günstig und lecker. ⏰ 10–22 Uhr.

Ecran Movie House, St. 724, s.u. Kino, preiswerte und empfehlenswerte selbst gemachte Nudeln und Teigtaschen. ⏰ 11–22 Uhr.

Epic Arts Café, St. 724, 🖥 www.epicarts.org.uk. Café, das von Gehörlosen betrieben wird. Es gibt westliches Frühstück, Kuchen und eine Auswahl kleinerer westlichasiatischer Gerichte. Epic Arts veranstaltet Workshops und betreibt Schulen, in denen Behinderte Tanz, Musik oder Kunst erlernen. Im Café können tolle Taschen, Schmuck und Postkarten erworben werden. ⏰ 7–16 Uhr.

La Java Bleue Hotel, s.o. Das hoteleigene Restaurant serviert hervorragende französische Küche, darunter eine sehr leckere Bouillabaisse. Abends auch BBQ. Etwas teurer. ⏰ 8–22 Uhr.

Mira Home Cooking, kambodschanische Küche, einfach und schmackhaft zubereitet. Die Portionen für US$2–3 sind zum Sattwerden. ⏰ 8–22 Uhr.

Om Restaurant and Shop, ☏ 090-798 152. Internationale und asiatische Gerichte, die Zutaten stammen aus ökologischem Anbau. Besonders empfehlenswert die Smoothies aus Früchten, Gemüse und Kräutern. WLAN. ⏰ 8.30–20.30 Uhr.

Rusty Keyhole, St. 735, beliebt wegen der Würste mit Kartoffelpüree und der hervorragenden Rippchen. Immer gut besucht. Unter australischer Leitung. ⏰ 11–24 Uhr (Küche bis 21.30 Uhr).

Sisters II Bakery & Café, St. 726. Frische Backwaren, darunter herrliche Schokoladen- und Zitronenkuchen. ⏰ 6–18 Uhr.

Veronica's Kitchen, St. 735, ☏ 013-511 666. Hübsch begrüntes Restaurant. Serviert wird gute Khmer-Küche, aber auch einige internationale Gerichte. Es gibt u. a. Moan Term, eine kambodschanische Suppe mit Huhn, Knoblauch, Erdnüssen und viel Pfeffer. WLAN. ⊕ 7.30–22 Uhr.

Kampot besticht nicht durch ein ausschweifendes Nachtleben, die Anzahl der Bars ist überschaubar.

Bars

ABC, St. 724, ☎ 097-560 585. Kleine Bar, in der Di und Sa von 21–23 Uhr hörenswerte kambodschanisch-westliche Livemusik erklingt. WLAN. ⊕ 18–24 Uhr.
Camp'potes Bar, St. 726, ☎ 097-384 6857, 🖳 camp-potes-bar.com. Schickere Cocktailbar, die sehr gute karibische Cocktails mit passender musikalischer Untermalung bietet. Unter engagierter französischer Leitung. ⊕ 17–24 Uhr.
Mady Bar, St. 735, Do wird hier Livemusik gespielt, aber auch sonst ist hier bis zu späterer Stunde etwas los. Billardtisch.
Moi Tiet-Bar, St. 724. In der auch als Tattoo-Laden fungierenden Bar treffen sich ebenfalls viele Traveller auf einen Drink. WLAN. ⊕ ab 16 Uhr.
Eintauchen ins kambodschanische Nachtleben können Nachtschwärmer in den beiden Diskotheken **Prek Romdol 2** und im **Dragon Club** auf der anderen Flussseite. ⊕ 19–24 Uhr.

Kino

Ecran Cinema & Movie House, St. 724, ☎ 093-249 41. Im großen Kinosaal (4 m Leinwand) werden um 16 Uhr Filme von oder über Kambodscha gezeigt, um 19 Uhr ein Blockbuster. Statt auf Stühlen kann man in Korbsesseln oder auf einer großen Matratze Platz nehmen. In einer privaten Filmkabine können DVDs geschaut werden. US$2,50. ⊕ außer Di 11–22 Uhr.

Bücher

Kepler's Kampot Books, St. 724, im Alten Markt. Gebrauchte Bücher, einige auch in deutscher Sprache, und Souvenirs. Leider wissen die Verkäufer nicht immer, was die Ware kostet, sodass man manche Souvenirs nur begucken, aber nicht kaufen kann. ⊕ 9–19 Uhr.

Pfeffer

Wird überall in Guesthouses und kleinen Shops angeboten, luftdicht verpackt kosten 100 g US$4. Günstiger ist der Pfeffer auf den Märkten.

Souvenirs

Kampot Souvenir Shop, St. 735. Kleidung, Schmuck aus Hülsenfrüchten, Pfeffer aus Kampot, Kaffee aus Rattanakiri und vieles mehr. ⊕ 9–20 Uhr.

Supermärkte

Metaheap Mart, am Salzarbeiter-Denkmal. Gut sortierter Supermarkt, in dem es auch einige westliche Milchprodukte und eine große Spirituosensammlung gibt. ⊕ 8–21 Uhr.

Textilien

🖳 **Dorsu**, St. 724, ggü. dem Alten Markt. 🖳 www.dorsu.org. Von Frauen aus der Umgebung unter fairen Bedingungen hergestellte ausgefallene Kleidung. Pfeffer wird in hübschen Stoffsäcken verkauft. ⊕ 8–17 Uhr.

Fahrradfahren

Geführte Radtouren zu den Tek-Chhou-Stromschnellen werden von der **Tourist Information** angeboten, inkl. Mittagessen für US$15 p. P. (mind. 3 Pers.).
Buffalo Tours (S. 436), Touranbieter, der verschiedene Fahrradtouren durch die Fischerdörfer der Umgebung im Programm hat, US$13 p. P.

Kajaktouren

Captain Chim's, St. 724, gegenüber dem Alten Markt. Vermietet Kajaks für US$7/Tag (halber Tag US$4). Geführte Kajaktouren von 14.30–18.30 Uhr für US$9 p. P.

Klettern

Climbodia, Nähe Phnom Slaptaon, ☎ 095-581 951, 🖳 www.climbodia.com. Der Belgier David Van Hulle bietet Klettertouren, Abseilen und Höhlenklettern am Phnom Slaptaon an (s. auch S. 441). Halbtagestour US$30 p. P.

Kochkurse

Captain Chim's, St. 724 (s. o.), veranstaltet je nach Auslastung halbtägige Kochkurse für US$8 p. P.

Wellness

📍 **Banteay Srey Women's Spa**, 1,5 km außerhalb, ✆ 012-276 621, 🖥 banteay-sreyspa.org. Herrliche Anlage direkt am Fluss. Massagen ab US$12/Std., Packungen und Behandlungen ab US$10. Kleine Snacks und Fruchtsäfte. Nur für Frauen. Von den Einnahmen werden benachteiligte Mädchen und Frauen unterstützt. 🕐 außer Di 11–19 Uhr.

Jolie Jolie, ✆ 092-936 867, 🖥 www.joliejolie-kampot.com. In netter Atmosphäre werden Massagen ab US$15/Std., Körperpackungen und Behandlungen ab US$40, Maniküre, Pediküre und Waxing angeboten. 🕐 10–20 Uhr.

📍 Mehrere Massagepraxen **„Seeing Hands"** mit blinden Masseuren, die japanische Shiatsu-Massage anwenden, u. a. St. 735, US$5/Std. 🕐 7–22 Uhr.

Yoga

Bantey Srey Women's Spa, ✆ 012-276 621, 🖥 banteaysreyspa.org, 3x tgl. für US$3 in der Hauptsaison.

Bart the Boatman, ✆ 092-174 280. Der Belgier bietet individuelle Bootstouren an.

Buffalo Tours, St. 730, ✆ 012-442 687, ✉ keusarun@yahoo.com. Hilfsbereite und kompetente Beratung, hier können eine ganze Reihe von Tagesausflügen gebucht werden. 🕐 7–20 Uhr.

Captain Chim's, St. 724, ✆ 012-210 820. Bietet eine Auswahl von Aktivitäten an, inkl. Kajaktouren. 🕐 7.30–22 Uhr.

Champa Mekong Travel, St. 724, ✆ 033-630 0036, ✉ Champamekong@yahoo.com. Ausflüge und Betreiber einer Minibus-Flotte. 🕐 6.30–22 Uhr.

Kampot Tours & Travel, ✆ 088-812 5556, 🖥 www.kampottour.com. Minibusverbindungen und Ausflüge. 🕐 6.30–21 Uhr.

Tourist Information Center, St. 735, ✆ 033-655 5541. Vermittlung von Tagesausflügen in die Umgebung. 🕐 7–11 und 13–18 Uhr.

Tagestouren ab Kampot im Überblick

Die angebotenen Touren sind bei allen Anbietern (s. Touren) ähnlich.

■ **Bootstouren**: Halbtagestouren auf dem Tek Chhou inkl. Schwimmen ab US$5 p. P. Wer zusätzlich noch den Angel auswerfen will, zahlt US$15 p. P.

■ Die **Sonnenuntergangs-Glühwürmchen-Bootstour** ist eine romantische Fahrt flussaufwärts in den Sonnenuntergang. Die Bootsführer kennen die Stellen, an denen, sobald es dunkel ist, Glühwürmchen blinken und Bäume wie einen Weihnachtsbaum erstrahlen lassen. 2 1/2 Std. für US$5 p. P. inkl. einem Getränk.

■ **Bokor Hill Station Tour & Sunset Cruise**: Besuch der Bokor Hill Station und des Popokvil-Wasserfalls mit anschließender Sonnenuntergangs-Bootstour. Inkl. Transport, Führer und Mittagessen. Abholung um 8.30 Uhr im Hotel, zurück gegen 18 Uhr. US$13 p. P.

■ Eine **Kampot-Tages-Rundreise** beinhaltet den Besuch der Phnom-Chhnork-Höhle und einer Pfefferfarm. In Kep geht es zum Königspalast und an den Strand zum Baden. US$14 inkl. Mittagessen, Eintrittsgeldern und Hotelabholung.

■ **Ausflüge nach Kep** beginnen mit dem Besuch des Krebsmarktes und einer Pfefferfarm. Auf dem Weg wird an der Phnom-Chhnork-Höhle und an den Salzfeldern gestoppt. Anschließend geht es nach Rabbit Island zum Schwimmen und Schnorcheln. Inkl. Transport für US$18 p. P.

■ Champa Mekong Travel hat in seinem Programm 2- bis 4-Tagesfahrten ins **Mekong-Delta** mit Bus und Boot bis nach **Ho-Chi-Minh-Stadt** oder nach **Phu Quoc**. US$50–US$109 p. P.

DER SÜDEN

Fahrrad- und Motorradverleih

Viele Guesthouses vermieten Fahrräder für US$2/Tag und Mopeds ab US$4/Tag.
Sean Ly, ☎ 012-944 687. Mopeds, Geländemaschinen oder eine Harley für US$5–15/Tag.
⏰ 7–19 Uhr.

Geld

Geld wechselt ein Schmuckstand am Alten Markt.
Acleda Bank, am Kreisverkehr, Geldwechsel, Geldautomat für Visa. ⏰ Mo–Fr 7.30–16.30, Sa 7.30–12 Uhr.
Canadia Bank, am Durian-Denkmal. Geldautomat für Visa-, MasterCard und Cirrus gebührenfrei, Travellers-Cheque-Einlösung, Bargeld auf Kreditkarte. MoneyGram-Service. ⏰ Mo–Fr 8.30–15.30, Sa 8–11.30 Uhr.

Informationen

Tourist Information, ☎ 033-655 5541.
Die Mitarbeiter haben Infobroschüren von Touranbietern oder andere Werbeflyer vorrätig und vermitteln Touren. ⏰ 7–11 und 13–18 Uhr.

Medizinische Hilfe

Bokor Clinic & Maternity, St. 710, ☎ 033-632 0531. Englischsprachige Ärzte, Ultraschall, Röntgen und EKG-Geräte. ⏰ 24 Std.

Visaangelegenheiten

Reisebüros und Guesthouses übernehmen die Ausstellung eines Visums für Vietnam, in 3 Werktagen für US$70. Über Champa Mekong Travel für den gleichen Preis in einem Tag.
Die einmalige Verlängerung eines kambodschanischen Touristenvisums für einen Monat innerhalb von 5 Werktagen für US$56, ebenfalls in allen Reisebüros.

Motorradtaxis und **Tuk-Tuks** stehen und fahren überall in der Stadt umher. Eine Stadtfahrt kostet US$0,50–2.

Tickets gibt es direkt am **Busbahnhof** in den Büros der Busgesellschaften oder über die Guesthouses und Touranbieter. Rith Mony, Capitol Tours, Phnom Penh Sorya und Hour Lian Lion haben ihr Büro am Busbahnhof.

Busse

BANGKOK, mit Champa-Mekong-Travel-Minibussen um 8 Uhr über Sihanoukville, Grenzübergang Koh Kong oder um 15.30 Uhr über Phnom Penh, Grenzübergang Poipet, jeweils für US$35 in 12–15 Std.;
BATTAMBANG (umsteigen in Phnom Penh), mit Phnom Penh Sorya um 6.45 und 7.30 Uhr für US$12 in 10 Std.;
CAN THO (Vietnam), umsteigen in Busse hinter der Grenze mit Kampot Tours & Travel-Minibussen und Champa-Mekong-Travel-Minibussen um 9.30/10.30 und 14/15.30 Uhr für US$16–18 in 6 1/2 Std.;
CHAU DOC (Vietnam), umsteigen in Busse hinter der Grenze mit Kampot Tours & Travel-Minibussen und Champa-Mekong-Travel-Minibussen um 9.30/10.30 und 14/15.30 Uhr für US$14 in 5 Std.;
HA TIEN (Grenze Vietnam), mit Kampot Tours & Travel-Minibussen und Champa-Mekong-Travel-Minibussen um 9.30/10.30 und 14/15.30 Uhr für US$14 in 2 Std.;
HO-CHI-MINH-STADT (Vietnam) mit Phnom Penh Sorya um 6.45, 7.45 und 12.30 Uhr für US$16 in 10 Std. (umsteigen in Phnom Penh); mit Champa-Mekong-Travel-Minibussen um 10.30 und 15.30 Uhr für US$20 in 10 Std. (umsteigen in Ha Tien);
KAMPONG CHAM, mit Phnom Penh Sorya um 6.45 und 7.30 Uhr für US$12 in 8 Std.;
KOMPONG TRACH, mit den Bussen nach Phnom Penh für den gleichen Preis;
KEP, mit Hour-Lian-Lion-Bussen um 7 und 12 Uhr für US$2 in 45 Min.;
mit Kampot Tours & Travel-Minibussen und Champa-Mekong-Travel-Minibussen um 9.30/10 und 14.30/15.30 Uhr für US$3 in 45 Min.;
KOH KONG (umsteigen bei Sihanoukville), mit Hour-Lian-Lion um 8.30, 10.30, 11 und 15.30 Uhr für US$12 in 5 Std.;
PHNOM PENH, mit Giant Ibis, Hour Lian Lion, Phnom Penh Sorya und Rith Mony insgesamt 9x tgl. zwischen 7 und 14.45 Uhr für US$4–8 in 3–4 Std.;

PHU QUOC (Vietnam), Bus und Boot,
mit Champa-Mekong-Travel um 10.30 und
15.30 Uhr für US$22 in 5 Std.;
SIEM REAP (umsteigen in Phnom Penh)
mit Phnom Penh Sorya um 7.30 und 9.30 Uhr
für US$12 in 10 Std.;
SIHANOUKVILLE, mit Hour-Lian-Lion-
Bussen um 8.30, 10.30, 11 und 15.30 Uhr für
US$5 in 2 Std.; mit Champa-Mekong-Travel-
Minibussen und Kampot Tours & Travel-
Minibussen um 8.30, 11 und 15 Uhr für
US$5–6 in 2 Std.;
SISOPHON (BANTEAY MEANCHEY)
(umsteigen in Phnom Penh), mit Phnom Penh
Sorya um 6.45 und 7.30 Uhr für US$15 in
14 Std.;
TAKEO, mit den Bussen nach Phnom Penh
bis Ang Ta Som für den gleichen Preis
in 2 Std.

Sammeltaxis

Sammeltaxis warten am Busbahnhof.
Die Preise sind p. P. und für ein ganzes Taxi
angegeben. Die Fahrer fahren los, sobald
der Pkw voll ist, d. h. 6–7 Pers. quetschen
sich in ein Auto.
KEP, für US$3 (US$20) in 30 Min.;
KOH KONG, für US$10 (US$70) in 4 Std.;
PHNOM PENH, für US$8 (US$45)
in 3 Std.;
SIHANOUKVILLE, für US$6 US$40 in
1 1/2 Std.;
TAKEO, für US$5 (US$30) in 2 Std.

Eisenbahn

Der **Bahnhof** mit dem architektonisch
auffälligen Spitzdach liegt 2 km nördlich des
Durian-Kreisverkehrs. Die Gleise sind saniert,
Passagierzüge fuhren zum Zeitpunkt der
Recherche noch nicht, aber es gibt Planungen,
den Personenverkehr auf der Schiene auf-
zunehmen.

Schiffe

KEP, mit Kampot Cruiser, ☎ 081-369 369,
🖳 kampotcruiser.com, um 8 Uhr in 1 1/2 Std.
für US$7;
KOH TONSAY, mit Kampot Cruiser um 8 Uhr
in 2 Std. für US$10.

Die Umgebung von Kampot

Bokor-Nationalpark und Bokor Hill Station

Die von dichtem Dschungel bedeckten Hügel
und Berge im Süden des Elefanten-Gebirges
wurden 1993 von König Sihanouk als Nationalpark erklärt (offizieller Name: Nationalpark
Preah Monivong). Mit 1580 km² ist der **Bokor-
Nationalpark** eines der größten Schutzgebiete des Landes, in dem Elefanten, Leoparden,
Malaienbären, Kappengibbons, Langschwanzmakaken, Plumploris und Schuppentiere in freier Wildbahn leben.

Ungeheure Anziehungskraft auf Besucher
übte bis vor Kurzem vor allem die auf dem Gip-
felplateau des 1079 m hohen Phnom Bokor gelegene ehemalige französische **Bokor Hill Station**
aus, die als eine Art Ghost Town ein beklemmendes Dokument der kambodschanischen
Zeitgeschichte darstellte. Die Kolonialherren
hatten die Station, von der der Blick weit über
die Küstenebene schweift, in den 1920er-Jahren
errichtet, um hier oben der drückenden Schwü-
le an der Küste zu entfliehen. Das 1925 eröffnete
imposante Bokor Palace Hotel, die Kirche, ein
Postamt, eine Polizeistation und Geschäfte
dienten der Annehmlichkeit, während die Kolonialherren das ganzjährig kühle Klima zur Erholung nutzten. Der gute Ausblick machte die
Station später zu einem strategisch wichtigen
Punkt. Truppen der Khmer Issarak (Freie Khmer)
besetzten Ende der 1940er-Jahre den Berg im
Kampf gegen die Kolonialmacht Frankreich.
Nach der Unabhängigkeit Kambodschas suchte
die Elite des Landes in den 1950er- und 1960er-
Jahren den Bokor Hill zur Sommerfrische auf,
bevor er 1972 von den Roten Khmer erobert
wurde. 1979 wurde der Berg erneut zum Schauplatz einer Schlacht, als die einmarschierenden
Vietnamesen hier über mehrere Monate gegen
die Roten Khmer kämpften. Dabei verschanzten sich die Vietnamesen in der katholischen
Kirche, die Roten Khmer im Bokor Palace Hotel, bis heute sind die Kampfspuren zu sehen.
In den darauffolgenden Jahren verfiel die einst
so glamouröse Station in bester Lage, eine ge-
spenstische Atmosphäre machte sich zwischen
den zerbröckelnden Mauern breit. So gruselig,

Bereits im 13. Jh. berichtete der chinesische Entdecker Chou Ta-Kuan vom Pfeffer, den er auf seiner Reise nach Kambodscha entdeckt hatte. Im Mittelalter war Pfeffer in Europa ein Luxusprodukt, das sich nur wohlhabende Kreise leisten konnten – noch heute spricht man „vom gepfefferten Preis". Während des französischen Protektorats legten die Kolonialherren in dieser Region Kambodschas große Pfefferplantagen an, in Frankreich wurde fast ausschließlich Pfeffer aus Kampot verwendet. Doch die Roten Khmer zerstörten die Plantagen, erst Ende des letzten Jahrtausends begannen hier ansässige Familien wieder mit dem traditionellen Pfefferanbau.

Der Pfeffer aus Kampot wird wegen seiner einzigartig nachklingenden Aromen von Kennern auf der ganzen Welt geschätzt. Verantwortlich dafür sind wahrscheinlich das Klima mit häufigeren Niederschlägen und die quarzhaltige Erde, in der die Pfefferpflanzen gedeihen.

Genau wie der Wein, ist der Pfefferstrauch eine Rankenpflanze. Schwarzer, grüner, roter und weißer Pfeffer: Alle Pfefferkörner kommen vom selben Strauch. Geerntet wird zwischen Januar und Mai. Die Ernte erfolgt in Handarbeit, da die einzelnen Pfefferkörner einer Rebe unterschiedlich reifen.

Grüne Pfefferkörner werden unreif geerntet. Die Körner sind weniger scharf und sollten innerhalb von drei Tagen verwendet werden; durch Gefriertrocknen oder Einlegen in Salzwasser verlängert sich die Haltbarkeit. Die meisten grünen Pfefferkörner werden nach dem Ernten in der Sonne getrocknet, so entsteht nach drei bis vier Tagen der bekannte schwarze Pfeffer.

„Reif" ist der Pfeffer, wenn das Korn eine **rote Farbe** aufweist. Da nur wenige rote Körner bis zur vollen Reife an der Rebe verbleiben, ist die Sorte besonders begehrt. Bei weißem Pfeffer wird die Schale durch Einweichen im Wasser abgelöst. **Weißer Pfeffer** ist teurer, schließlich ist der Produktionsaufwand deutlich höher (bei Massenproduktion wird künstlich gebleicht, anstatt die Schale zu lösen).

Verantwortlich für die **Schärfe** ist der Stoff Piperin im Kern des Korns. Der Schärfegrad ist bei schwarzem, rotem und weißem Pfeffer der gleiche. Geschmacklich aber unterscheiden sich die Körner: Der weiße Pfeffer gilt als milder im Geschmack, roter Pfeffer hat eine fruchtigere Note.

Besuch auf der Pfefferplantage

In der Umgebung von Kampot und Kep sind zahlreiche Pfefferfarmen zu besichtigen.

Eine der größten ist die **Starling Farm**, ☎ 017-900 977, 🖥 www.starlingfarm.com. Die Plantagen sind frei zugänglich, im luxuriösen Haupthaus kann man sich über den Pfefferanbau informieren, Pfeffer probieren und natürlich auch kaufen. Die Produkte sind allerdings etwas teurer als in den Geschäften. ⏰ 7–19 Uhr.

🌳 Individuelle Touren gibt es auf der **Sothy's Pepper Farm**, ☎ 012-800 864, 🖥 www.mykampot pepper.asia. Der Deutsche Norbert Klein baut mit seiner kambodschanischen Frau Sorn Pfeffer auf rein ökologischer Basis an. Als Dünger werden Kuhdung und Fledermaus-Guana (Kot) verwendet. Schädlinge werden auf natürliche Weise mit einem Sud aus den bitteren Kernen des Niem-Baumes (kambod. *Sdau*-Baum) bekämpft. ⏰ 7–17 Uhr.

dass eine der spannendsten Szenen des Thrillers *City of Ghosts* von Matt Dillon hier 2002 gedreht wurde.

2007 dann verpachtete Kambodschas Regierung unter Hun Sen den Bokor-Berg auf 99 Jahre an den Sokha-Sokimex-Konzern, der hier in den Tourismus investiert und die verfallene Hill Station zu restaurieren gedenkt. Eine breite, sehr gut ausgebaute Straße schlängelt sich bereits den Berg bis zum Gipfel hinauf, Teile des Hochplateaus sind abgeholzt worden. Fertiggestellt ist das bei Asiaten beliebte Vier-Sterne **Thansur Bokor Highland Resort**. Der riesige fünfstöckige fensterlose Kasinobau und die angrenzenden Zimmerkomplexe erinnern bestenfalls an die einfallslose Architektur der 1960er-

Jahre. Vier weitere Großprojekte waren zum Zeitpunkt der Recherche in Bau.

Wer von Kampot kommend der Bergstraße folgt, sieht 7 km vor dem Gipfel eine riesige neue Buddhafigur: **Lok Yeay Mao** ist die Schutzfigur der Reisenden. Gegenüber erkennt man die Überreste der einstigen Wochenendresidenz König Sihanouks, des **„Black Palace"**. Ursprünglich bestand das Gebäude aus den noch heute sichtbaren Ziegelsteinen und schwarzen Holzbalken. Daher stammt wohl noch der Name „schwarzer Palast". Das alte Wächterhaus ist zu einer Art Schrein umfunktioniert. Das Haus ist komplett geplündert, aber von der Terrasse genießt man eine tolle Sicht bis zur Küste.

Auf dem Gipfel teilt sich die Straße hinter dem Ticketkontrollpunkt. An eine Autobahnabfahrt erinnert die Ausschilderung und Abfahrt Richtung Popokvil-Wasserfall und **Katholische Kirche**. Die Überreste der Kirche wirken skurril in dieser Umgebung. Die dunklen Bruchsteinmauern sind von rötlichen Flechten überzogen. Im Inneren befinden sich noch der Altar und zwei Statuen von Maria und Josef; frische Blumen zeigen, dass der Platz noch heute von Gläubigen besucht wird.

Entlang der Straße sieht man die Überreste des alten Polizeigebäudes, einen Wasserturm und das ehemalige **Bokor Palace Hotel & Casino**. Die Fassade der immer noch beeindruckenden Ruine wurde kürzlich ausgebessert und weiß verputzt. Gerüchten zufolge soll das Hotel renoviert und wieder in Betrieb genommen werden. Von der alten Terrasse eröffnet sich bei gutem Wetter eine grandiose Aussicht auf die Küste bis nach Sihanoukville und zur vietnamesischen Insel Phu Quoc. Vor dem Kasino gibt es einen mobilen Imbiss mit Holzbänken und Sonnenschirmen.

Hübsch ist **Wat Sampeau Pram** („fünf Schiffe"). Fünf Felsbrocken in Bootsform gaben der Pagode ihren Namen. Erbaut aus Bruchstein, mit vergoldeten Giebeln und Garudas, steht das von rötlichen Flechten überzogene Gebäude im starken Kontrast zu dem Kasinoneubau. Der Stupa wurde 1924 von König Monivong erbaut.

Der 10 m hohe **Popokvil-Wasserfall** („wirbelnde Wolken") wird von asiatischen Reisegruppen geschätzt, ein riesiges überdimensioniertes Restaurant zeugt davon. Seit der Staudamm in Betrieb ist, gibt es allerdings nur noch in der Regenzeit einen beeindruckenden

Wie aus einer anderen Welt scheint die katholische Kirche auf dem Bokor Plateau zu stehen.

© MARION MEYERS

Wasserfall. Wer die 5 Min. zum Wasserbecken hinunterklettert, kann auch in der Trockenzeit hier baden, wenn auch das braune Wasser nicht unbedingt dazu einlädt.

Eintritt: Die Benutzung der Straße wird als „Umweltabgabe" deklariert, Mopeds 2000 Riel, Pkw 10 000 Riel.

Als ganztägige organisierte Tour für US$13, mit dem Motorradtaxi US$20. Eigene Anfahrt von Kampot mit dem Motorrad: 6 km westlich der Küstenstraße folgen, rechts abbiegen, von dort sind es noch 34 km über die Bergstraße bis zum Gipfel.

Tipp: Besser einen Pullover mitnehmen – bei der Anfahrt und auf dem Gipfel kann es empfindlich kalt sein.

Veal-Poich-Wasserfall

Der Wasserfall liegt etwa 6 km von Kampot entfernt im Bokor-Nationalpark. Nach einem gut 45-minütigen Marsch durch den Dschungel erreicht man die schöne, 10 m hohe Kaskade. Hohe Bäume umschließen den runden Pool und ranken sich malerisch um große Steinbrocken. In dem klaren Wasser kann man wunderbar schwimmen. Wagemutige können die Felsen hinaufklettern und unter den Wasserfall laufen.

Anfahrt: über eine sandige Piste in 30 Min. bis zum Haus von Herrn Saetola. Er bietet sich für US$5 auch als Führer zum Wasserfall an, von dort sind es noch 20 Min. über einen schmalen Dschungelpfad.

Über Buffalo Tours als Fahrrad- und Trekkingtour für US$15 inkl. Mittagessen. Unbedingt festes Schuhwerk tragen.

Tek-Chhou-Zoo und Tek-Chhou-Stromschnellen

Rund 12 km nordöstlich von Kampot, am Fluss Tek Chhou, wird ein nur wenig besuchter **Zoo** betrieben. Die Tiere sind zwar wohlgenährt und gepflegt, wirken aber nicht gerade glücklich in ihren engen Käfigen. Zu bestaunen gibt es einen Löwen, Tiger, Elefanten, Gibbons, Krokodile und zahlreiche Vogelarten, darunter Greifvögel, Reiher- und Storchenarten. Das groß angelegte Gelände Gelände wird von Musik beschallt, viele Kinderspielgeräte sind vorhanden. ⊕ 7–18 Uhr, Eintritt US$4.

Die **Tek-Chhou-Stromschnellen** liegen 12 km nordöstlich von Kampot und sind kaum erwähnenswert, seitdem die Chinesen 3 km weiter ein Wasserkraftwerk gebaut haben. Der Ort ist besonders bei Einheimischen beliebt und am Wochenende von Familien gut besucht, die hier picknicken.

Beides erreicht man aus Kampot mit dem Tuk-Tuk/Motorradtaxi für US$10/8.

Höhlen bei Kampot

Zwischen Kampot und Kep erheben sich, schon von Ferne sichtbar, inmitten der Reisfelder schroffe Kalksteinhügel, die zahlreiche Höhlen beherbergen. Wer sie besichtigen möchte, sollte festes Schuhwerk, Mückenspray und eine Taschenlampe nicht vergessen!

Phnom Chhnork

Die Fahrt zur bekanntesten Höhle Phnom Chhnork (sprich Dschnuk), etwa 10 km von Kampot entfernt, führt durch eine malerische Landschaft. Es geht vorbei an Reisfeldern, Palmyrapalmen und kleinen Dörfern. Führer, die sich vor dem Höhleneingang anbieten, benötigt man für die leicht über Stufen erreichbare Höhle nicht unbedingt. Nur wer den Rückweg durch das Höhleninnere erklettern will, sollte sich auf jeden Fall einem Guide anvertrauen. 203 Stufen führen zum Höhleneingang hinauf, über eine weitere Treppe geht es wieder hinab. Im zentralen Bereich der Höhle erblickt man den von Felsen gerahmten prä-angkorianischen Ziegelsteintempel **Roung Prasat** aus dem 7. Jh. Er ist Shiva geweiht, der Stalagmit im Inneren stellt einen Lingam dar. Sandsteinformationen, Stalagmiten und Stalaktiten ähneln Elefanten, einem Krokodilschwanz, Adlern oder einem Kuhkopf. Den hinteren Höhlenteil nutzen Mönche zur Meditation. Eintritt US$1, Führer US$1.

Von Kampot aus erreicht man Phnom Chhnork mit dem Tuk-Tuk/Motorradtaxi für US$15/10 in 30 Min.

Phnom Slaptaon

Diese Höhle wird auch Phnom Kbal Romeas genannt und liegt 6 km nordöstlich von Kampot. Am Eingang ranken sich malerisch Bäume, die mit dem Stein verwachsen zu sein scheinen. Ein verwittertes, gemaltes Bildnis Buddhas taucht im ersten Höhlenabschnitt auf. Die 20 m hohe Haupthalle ist nach oben offen, sie wird von einem großen Felsbrocken halb verschlossen. Durch einen engen Spalt gelangt man in die zweite Halle, in deren Inneren die Überreste eines Altars aus Ziegelsteinen stehen. Stalaktiten und Stalagmiten formen einen Tigerkopf, Elefanten und einen Affen. Eintritt US$1, der notwendige Führer mit Taschenlampe sollte nicht mehr als US$1 kosten.

Phnom Slaptaon ist von Kampot mit dem Tuk-Tuk/Motoradtaxi für US$12/8 in 20 Min. zu erreichen.

Phnom Sorsir

15 km von Kampot entfernt, an der N33 Richtung Kep, befindet sich dieser Höhlenkomplex. Am Fuße des Berges gibt es ein kleines Kloster, in dem zwölf Mönche leben. Führer bieten sich an, Besucher durch die Höhlen zu führen (gegen Spende). 101 Stufen geht es hinauf zum Eingang, von dort hat man einen wunderbaren Ausblick auf die umliegenden Reis- und Salzfelder. Die große erste Höhle trägt den Namen Roung Damrei Saa („Höhle des weißen Elefanten"). Namensgebend sind die hellen Stalaktiten, die einem Elefantenkopf ähneln. Die angrenzende Höhle hat eine Kuppel, in der zahlreiche Fledermäuse nisten (daher der Name Leang Bpodjio, „Fledermaushöhle"). Hier liegt auch die 100-Reisfelder-Höhle (Roung Srae Moi Roi). Durch ein Loch kann man terrassenförmige Kalkablagerungen erspähen, die an Reisfelder erinnern. Ein Stupa, der in vier bunten Bildern das Leben Buddhas erzählt, befindet sich außerhalb auf einem Hügel.

Man erreicht die Höhle von Kampot mit dem Tuk/Tuk Motorradtaxi für US$15/10 in 40 Min.

Provinz Kep

Kep ist die südlichste und mit 336 km² zugleich kleinste Provinz des Landes, erst 2008 wurde sie von der Provinz Kampot getrennt. Kep erstreckt sich entlang der Küste bis zur vietnamesischen

Grenze. Dreh- und Angelpunkt ist die Stadt **Kep** mit knapp 40 000 Einwohnern. Den **Kep-Nationalpark** durchziehen gut ausgeschilderte und interessante Wanderrouten. Badefreunde zieht es zu dem malerischen Strand der kleinen Insel **Koh Tonsay**.

Kep

Rund 170 km südwestlich von Phnom Penh und knapp 40 km von der vietnamesischen Grenze entfernt, liegt der kleine Ort Kep [4957], der mit einer hübschen Sandbucht aufwarten kann, vor allen Dingen aber berühmt ist für frisch zubereitete Krebse, die hier als Delikatesse gelten. Viele Wochenendausflügler aus Phnom Penh kommen hierher, um in den zahlreichen Picknickhütten zu essen und zu entspannen.

Ein Zentrum im eigentlichen Sinne besitzt Kep nicht. Vom 25 km entfernten Kampot kommend, zweigt die Zufahrtsstraße am Denkmal des Weißen Pferdes ab. An der Straße liegen auf einer Länge von etwa 5 km einige Guesthouses, von hier führen Pfade zu den Bungalowanlagen am Nationalpark.

Kep selbst eignet sich hervorragend zur Erkundung mit dem Fahrrad oder Motorrad. Zudem lassen sich von hier interessante Ausflüge in die Umgebung unternehmen. Schöne Trekkingrouten im kleinen Kep-Nationalpark, Besuche von Pfefferplantagen, die Entdeckung faszinierender Höhlenkomplexe oder Ausflüge zu den vorgelagerten Inseln wie Koh Tonsay, stellen für viele Reisende ein Highlight ihres Kep-Aufenthaltes dar.

Geschichte

Der Name Kep leitet sich von dem französischen Wort le cap (Kap oder Landzunge) ab. Kep wurde 1908 von den Franzosen als exklusiver Badeort gegründet, als eine Côte d'Azur fern der Heimat. Später, in den 50er- und 60er-Jahren, bauten wohlhabende Kambodschaner hier ihre Villen und genossen ihre Tage mit Segeln, Wasserskifahren und Tauchen, bis 1975 mit der Machtübernahme der Roten Khmer dieses süße Leben ein jähes Ende fand. Die Roten Khmer (und anschließend die Vietnamesen) plünderten und zerstörten die Villen, heute stehen sie genau wie die Ruinen der Kolonialhäuser als stumme Zeugen eines der dunkelsten Kapitel der kambodschanischen Geschichte in der Landschaft. Interessante architektonische Beispiele der 50er- und 60er-Jahre findet man in Kep-Dorf. Gepflegt hingegen wirken die Ruinen der alten königlichen Residenzen mit ihren Gärten zwischen Krebsmarkt und Kep-Dorf.

Die Khmer haben eine prosaischere Erklärung für den Namen Kep gefunden, der nichts mit den Franzosen zu tun hat: Demnach stahl einer Legende zufolge Prinz Sakor Reach seinem Kommandanten ein weißes Pferd. Bei einer Rast am Strand wurde er von Soldaten aufgespürt, schwang sich auf das Pferd und ließ in Eile den Sattel, *keb seh*, zurück. An dieser Stelle soll der Ort Kep entstanden sein.

Sehenswertes

Hinter dem Abzweig mit einer Vishnu-Statue beginnt der Krebsmarkt **Psar K'Dam**. Für Kambodschaner sind die Krebse, die hier in den einfachen Restaurants angeboten werden, die Hauptattraktion und Grund, nach Kep zu fahren. Besonders morgens ist auf dem Markt viel los, wenn Fischer ganze Körbe frisch gefangener Krebse an die Kaimauer bringen, um sie zu verkaufen. Über den Markt wacht die goldene Statue von **Sdach Korn**, einem kambodschanischen König (reg. 1498–1505).

Nach 1,5 km entlang der schönen Küstenstraße gelangt man zum **Kep Beach**, dem zentralen Stadtstrand. Der 300 m lange Sandstrand mit weißem Sand aus Sihanoukville verschönert und lädt mit flachem Wasser zum Faulenzen ein, bietet allerdings kaum Schatten. Restaurants, wenige Hotels und die Bushaltestelle liegen auf der gegenüberliegenden Straßenseite. Am östlichen Strandende erblickt man die Statue von **Srey Saa** („weiße Frau"). Die nackte Fischersfrau schaut aufs Meer hinaus, vergeblich wartet sie auf die Rückkehr ihres Mannes.

400 m Richtung Osten erblickt man die etwas deplatziert wirkende **Statue eines riesigen Krebses** im Meer. Der anschließende dunkelbraune, recht schmutzige Strandabschnitt

Chhne Derm Dont (Coconut Beach) lädt nicht gerade zum Baden ein. Einheimische kommen hierher, um auf den Picknickplattformen und in einfachen Restaurants zu essen. Die folgenden 2 km säumen Dutzende weitere Picknickhütten, Strand gibt es nicht.

Kep-Dorf ist ein kleines Fischerdorf, die Einwohner leben hier in einfachen Hütten zwischen Hauptstraße und Meer. Das nördliche, breit angelegte Straßennetz wirkt kurios und überdimensioniert. Die Straßen sind menschenleer, keinerlei Verkehr rollt über die sauber geteerten Straßen. Auf einer Seite stehen nagelneue tempelartige Ministeriumsbauten, auf der anderen Seite verfallen die Villen der einstigen Khmer-Elite. Hier befindet sich auch die kleinere Ausgabe des **Independence Monument** aus Phnom Penh. Es gibt einige wenige Übernachtungsmöglichkeiten, außerdem fahren vom Pier die Boote nach Koh Tonsay ab.

Nördlich von Kep liegt eine **Schmetterlingsfarm**; unter einem hohen Netz flattert eine wenig beeindruckende Artenvielfalt im tropischen Garten. ⏰ 7–17 Uhr, gegen Spende.

Vom **Wat Samathi** öffnet sich ein atemberaubender Blick über Reisfelder, Palmyrapalmen und Salzfelder bis zum Meer und den vorgelagerten Inseln.

ÜBERNACHTUNG

Kep wartet mit vielen schönen Unterkünften auf, manche davon liegen am Fuße des Nationalparks. Nur wenige Anlagen befinden sich direkt am Meer, dafür haben viele Zimmer und Bungalows um US$40 einen Pool. Im Dorf findet man bereits günstige Zimmer ab US$5. Am Wochenende entspannen in Kep die reichen Kambodschaner aus Phnom Penh. Wer samstags ankommt oder übers Wochenende bleiben will, sollte besser ein Zimmer reservieren. Alle mit kostenlosem WLAN.

Untere Preisklasse

Bacoma, ☎ 088-411 2424, ✉ bacoma @live.com, [9617]. Unter engagierter Leitung des Deutschen Michael. In der Gartenanlage mit dem Seerosenteich stehen verschiedene Bungalows. Schöne gemütliche

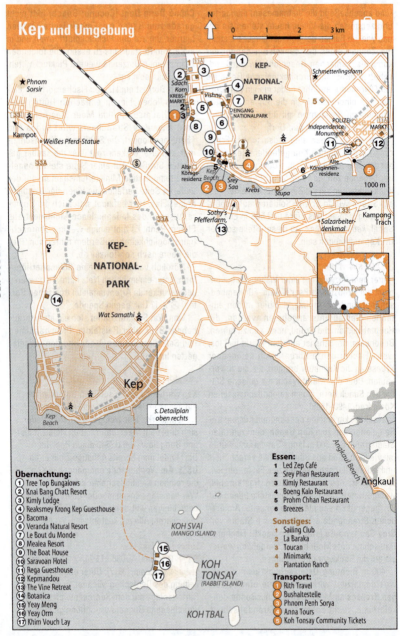

Kep und Umgebung

N

0   1   2   3 km

KEP-NATIONAL-PARK

Schmetterlingsfarm

★ Phnom Sorsir

Kampot

Weißes Pferd-Statue

Bahnhof

Sdach Korn KREBS-MARKT

Vishnu

EINGANG NATIONALPARK

POLIZEI

Independence Monument

MARKT

Alte Königinnen-residenz

Alte Königs-residenz

Kep Beach

Srey Saa

Krebs

Stupa

0   1000 m

Sothy's Pfefferfarm

Salzarbeiter-denkmal

Kampong Trach

KEP-NATIONAL-PARK

Wat Samathi

Phnom Penh

Kep

Kep Beach

s. Detailplan oben rechts

Angkaul Beach

Angkaul

KOH SVAI
(MANGO ISLAND)

KOH TONSAY
(RABBIT ISLAND)

KOH TBAL

s. Detailplan oben rechts

Übernachtung:
1. Tree Top Bungalows
2. Knai Bang Chatt Resort
3. Kimly Lodge
4. Reaksmey Krong Kep Guesthouse
5. Bacoma
6. Veranda Natural Resort
7. Le Bout du Monde
8. Mealea Resort
9. The Boat House
10. Saravoan Hotel
11. Rega Guesthouse
12. Kepmandou
13. The Vine Retreat
14. Botanica
15. Yeay Meng
16. Yeay Orm
17. Khim Vouch Lay

Essen:
1. Led Zep Café
2. Srey Phan Restaurant
3. Kimly Restaurant
4. Boeng Kalo Restaurant
5. Prohm Chhan Restaurant
6. Breezes

Sonstiges:
1. Sailing Club
2. La Baraka
3. Toucan
4. Minimarkt
5. Plantation Ranch

Transport:
1. Rith Travel
2. Bushaltestelle
3. Phnom Penh Sorya
4. Anna Tours
5. Koh Tonsay Community Tickets

DER SÜDEN

gemauerte Rundhütten mit Palmdach und ebensolchen sauberen Gemeinschaftsbädern mit Warmwasserdusche. Außerdem gibt es großzügige Steinbungalows mit Bad. Charmant sind die Khmer-Stelzenhäuser. Von der großen Veranda eröffnen sich tolle Blicke über den Garten. Ein Familienbungalow mit 2 Doppelbetten. Billard, Gemeinschafts-TV auf 2,5 m Leinwand. Kostenloser Radverleih. ❷–❸

Botanica, an der Zufahrtstraße nach Kep, ✆ 097-801 9071, 🖥 www.kep-botanica.com, [9618]. Gelbe Steinbungalows mit Palmblätterdach und Terrakottaboden im tropischen Garten. Einfach möbliert mit einem oder 2 Betten und einer Ablagemöglichkeit. Infinity-Pool. Bungalows mit Ventilator und Kaltwasser oder AC und Warmwasser. Restaurant. ❷–❸

€ **Kepmandou**, im Dorf, ✆ 097-795 8723, ✉ kemandou-lounge-bar@hotmail.fr. Entspannte Travelleratmosphäre im 2-stöckigen Khmer-Haus. Verschiedene einfache Zimmer: mit Gemeinschaftsbad, eigenem Bad mit oder ohne Warmwasser. Manche auf der 1. Etage nahe der Bar oder im Garten mit Terrasse. Alle mit Ventilator. Meerblick vom Restaurant auf der 1. Etage. Billard, Fernsehecke, Büchertausch. ❶–❷

Reaksmey Krong Kep Guesthouse, am Krebsmarkt, ✆ 036-644 4476, 🖥 www.reaksmey krongkepguesthouse.com, [9625]. Großes Haus mit Meerblick an einem leider zubetonierten Platz. Die Zimmer sind sehr ansprechend: Großzügig und sauber, punkten sie mit hellem glänzenden Fliesenboden, Schrank, Nachttisch, Ablagefläche, TV und Kühlschrank. Dazu sehr schöne Bäder mit Warmwasser. Wahlweise Ventilator oder AC. ❷–❸

📖 **Rega Guesthouse**, im Kep-Dorf, ✆ 097-383 9064, 🖥 www.keprega.com, [9619]. Eine kleine entspannte Oase unter französischer Leitung. Vor der Tür stehen Bougainvilleen und Fächerpalmen. Die 14 Zimmer liegen ebenerdig um einen wunderbar begrünten Garten. Möbliert sind alle Räume mit Bett, Schreibtisch und Rattanablage. Im 2-stöckigen offenen Holzhaus ist ein gemütliches Restaurant untergebracht, und es gibt Massageplätze,

in denen Blinde japanische Massage für US$5/Std. anbieten. Wahlweise Ventilator oder AC. Moped- und Radverleih. ❷

The Boat House, ✆ 089-859 211, 🖥 www. boathousekep.com, [9621]. Einfache Zimmer im 3-stöckigen Steinhaus. Charmant wirkt das Haus durch liebevolle Dekorationen mit Bambusstöcken und Einbaum-Booten. Zimmer mit Ventilator oder AC, die günstigeren ohne Fenster. Charme hat das hölzerne Khmer-Haus mit dem Tempeldachgiebel im rückwärtigen Garten. Es gibt hübsche, kleine Zimmer mit Gemeinschaftsbad oder großzügige Familienzimmer an der Veranda. DVD-Zimmer, Bücherausleihe. ❶–❸

€ **Tree Top Bungalows**, ✆ 012-515 191, [9622]. Eine gute günstige Unterkunft findet man in den einfachen sauberen Reihen-Zimmern aus Palmmatten mit Bett und Hängematten an einer schmalen Veranda. Sauberes, weiß gefliestes Gemeinschaftsbad. Überteuert hingegen sind die ebenso einfachen Mattenbungalows mit oder ohne Bad oder die Holzhütten mit AC. ❶–❺

Mittlere Preisklasse

Kimly Lodge, ✆ 012-721 200, 🖥 www.kimly lodge.com, [9624]. Kleine Steinbungalows mit Veranda in einem herrlichen Palmengarten. Das Bad ist mit groben Steinen abgetrennt, zur Zimmerdecke hin offen. Kleinere Zimmer im hinteren Garten. ❷–❹

Le Bout du Monde, ✆ 097-526 1761, 🖥 www.leboutdumondekep.com. 7 wunderbare Khmer-Häuser auf Stelzen. Unter den hohen Palmdächern steht ein Bett mit Moskitonetz und Schreibtisch, dekoriert mit asiatischen Figuren und Masken. Safe, Wasserkocher. Riesige Holzterrasse mit Holzmöbeln. Von den teureren Bungalows reicht der Blick bis zum Meer. ❹–❺

Mealea Resort, am Krebsmarkt, ✆ 036-636 7778, 🖥 www.mealearesort.com, [9626]. Sehr schöne Steinbungalows mit Ziegeldach im tropisch begrünten Garten. Innen mit Terrakottaböden oder gleichfarbig gestrichenem Betonboden, hohen Decken und Dachbalken. Edle dunkle Holzmöbel verleihen dem Raum Flair. Einige Bungalows mit halb offenem Bad.

Familienbungalows vorhanden. Kleiner Pool.
Inkl. Frühstück. ❹

Saravoan Hotel, am Kep-Strand, ☎ 036-
639 3909, ⌨ www.saravoanhotel-kep.com,
[9627]. Individuelle schicke Zimmer im
Boutique-Stil. Familienzimmer mit 2 Doppelbetten. Die Zimmer in den oberen Etagen sind
teurer und mit Balkon ausgestattet. Kleiner
Pool. Unter holländischer Leitung. Inkl.
kleinem Frühstück. ❹–❺

🌳 **The Vine Retreat**, 13 km nordöstlich
von Kep, ☎ 097-461 0711, ⌨ www.
thevineretreat.com. 8 eher einfache, aber
geschmackvolle Zimmer: mit Gemeinschaftsbad, eigenem Bad oder als Familienzimmer mit Doppel- und Einzelbett und Bad.
Eigene Pfeffer-, Obst- und Gemüseplantage.
Strom über Solar. Großer Salzwasserpool.
Toll ist der Ausblick vom Restaurant auf
die weite grüne Ebene. Auf der Speisekarte
werden u. a. Gerichte aus ungekochten,
unbehandelten Nahrungsmitteln ohne Zusätze
angeboten („Raw food"). Mit dem Tuk-Tuk
für US$7 bis nach Kep. ❸–❹

Obere Preisklasse und Luxusklasse

🌳 **Knai Bang Chatt Resort**, ☎ 078-
888 556, ⌨ www.knaibangchatt.com,
[5151]. 18 individuelle Zimmer in 3 architektonisch ausgefallenen Gebäuden. Ebenso
ungewöhnliche, luxuriöse Stilmix-Zimmer aus
traditionellen Khmer- und minimalistischen
Designelementen. Infinity-Pool, Spa, kleiner
Privatstrand. Hervorragendes Restaurant
The Strand. 3 % der Einnahmen kommen einem
Entwicklungsprojekt zugute. ❽

🧳 **Veranda Natural Resort**, ☎ 036-
638 8588, ⌨ www.veranda-resort.com,
[9620]. Perfekt in die Natur eingepasst. Stein-
wege und Holzstege verbinden die rustikalen
Bungalows. Alles aus Naturmaterialien wie
Bruchsteine, Kieselsteine und Holz. Innen mit
viel Liebe kombiniert mit Seidendekoration
und Kunst an den Wänden, alle Zimmer
sind einzigartig und individuell. Spa, großer
Pool, hauseigene Bäckerei und Supermarkt.
Restaurant mit fantastischer Aussicht Richtung
Küste, nicht nur zum Sonnenuntergang.
❺–❻

Günstige Gerichte werden tagsüber an einfachen **Essensständen am Krebsmarkt** angeboten, darunter *num banh chok* (Reisnudeln)
und Nudelsuppen für 2000–3000 Riel, Waffeln,
frittierte Bananen sowie Reisgerichte. Ein
herrlicher Platz, um morgens beim Sortieren
der Krebse zuzuschauen.

Boeng Kalo Restaurant, am Kep-Strand.
Kein sonderlich schickes Restaurant, aber das
Essen ist sehr gut. Kambodschanische Küche
mit viel Seafood. Schmackhaftes Fischcurry.
🕑 7–22 Uhr.

Breezes, zwischen Strand und Pier, ☎ 097-
675 9072. Nettes kleines Restaurant am Meer
unter niederländischer Leitung. Khmer-Küche
und Kleinigkeiten aus der internationalen
Küche. 🕑 11–21 Uhr.

Kimly Restaurant, gilt als bestes Restaurant
am Krebsmarkt. Die vielen eng aneinander
stehenden Tische sind abends stets voll besetzt.
Zuletzt standen 24 verschiedene Krebsgerichte
auf der Karte. 2 Krebse mittlerer Größe um
US$7,50. 🕑 9–23 Uhr.

Led Zep Café, hinter dem Eingang zum Nationalpark. Vom keinen Bambuscafé bietet sich
ein herrlicher Blick bis zum Meer. Auf der über-
sichtlichen Speisekarte stehen Sandwiches
und Salate mit schmackhaftem Dressing.
Sandwiches und Kekse zum Mitnehmen für
Wanderungen im Nationalpark sind hier
erhältlich. 🕑 10–17 Uhr.

Phrom Chhan Restaurant, am Kep-Strand.
Das einfache und günstige Restaurant ist bei
Einheimischen und Touristen beliebt.
🕑 7–21 Uhr.

Sailing Club, ☎ 036-210 310, ⌨ www.knai
bangchatt.com. Das umgebaute Fischerhaus
gleicht einem luftigen französischen Strand-
pavillon. Tolle überdachte Terrasse am Meer,
auf der Salate, Snacks, viel Seafood und
Fleischgerichte serviert werden. Etwas teurer.
Besucher können den Steg für einen Sprung
ins Wasser nutzen. 🕑 10–22 Uhr.

Srey Phan Restaurant, am Krebsmarkt.
Sehr gute Krebse mit frischem Pfeffer. Fisch,
Scampis und Tintenfisch nach Angebot. Hier
kann man Srey beim Kochen zuschauen.
Günstig. 🕑 9–22 Uhr.

DER SÜDEN

© MARION MEYERS

Krebse aus Kep mit dem berühmten grünen Pfeffer von Kampot sind ein kulinarisches Highlight. In Kep steht das Gericht auf fast auf jeder Speisekarte, die frischesten werden in den zahlreichen Restaurants am Krebsmarkt serviert. Hier kommen tagsüber Körbe gefüllt mit lebenden Krustentiere an. Die größte Auswahl findet man im Kimly Restaurant, und wer mag, kann sich die Krebse im Wasserbassin selbst aussuchen.

Ausgehmöglichkeiten am Abend gibt es so gut wie keine, denn spätestens um 23 Uhr wirkt die Gegend wie ausgestorben. Am Krebsmarkt sind das **Toucan** mit Reggaemusik und Billard oder das schicke **La Baraka Restaurant** eine gute Wahl für einen Absacker und je nach Gästeauslastung auch länger geöffnet.

AKTIVITÄTEN

Reiten
Plantation Ranch, ✆ 097-847 4960, 🖥 kep-plantation.com. Pferdefreunde können bei Didier die Umgebung auf dem Pferderücken erkunden, US$20/Std.

Wassersport
Sailing Club, ✆ 078-333 685, 🖥 www.knai bangchatt.com. Verliehen werden Hobie-Cat-Katamarane für US$15/25/Std., Doppelkajaks für US$5/Std. und Surfbretter für US$12/Std. Segellektionen gibt es für US$8/Std. ⏲ 8–18 Uhr.

TOUREN

Reiseveranstalter
Zahlreiche Touranbieter und Reisebüros sind an der Tourist Information und ein paar Meter weiter am Kep-Strand angesiedelt.
Anna Tours, zwischen Tourist Information und Strand, ✆ 092-317 371. Vermittelt Bustickets und Touren. ⏲ 6.30–21 Uhr.
Rith Travel Center, am Krebsmarkt, ✆ 017-789 994. Touren und Busfahrkarten. Etwas teurer. ⏲ 7–22 Uhr.

Tagestouren
Das Angebot der Guesthouses und Reiseveranstalter ist vergleichbar:
Geführte Touren im **Kep-Nationalpark** für US$5 p. P. (ab 4 Teilnehmern), s. auch S. 449, Kep-Nationalpark.
Tagestouren nach **Koh Tonsay** (s. auch S. 451, Rabbit Island) für US$7 p. P., nur Boottransfer inkl. Hotelabholung und Rücktransport. Als Schnorcheltour inkl. Mittagessen für

US$15. Beide Touren starten um 9 Uhr, zurück geht es um 16 Uhr.

Die **3-Insel-Tour** führt nach Koh Tonsay, Koh Svai und Koh Pou (auch als Rabbit Island, Mango Island und Snake Island bekannt) inkl. Transport, Schnorchelausrüstung und Mittagessen für US$25 p. P.

Countryside Tour, wer nicht mit dem Moped oder Fahrrad auf eigene Faust los will, für den ist die Tour eine schöne Alternative. Besucht werden die Phnom-Chhnork-Höhle, eine Pfefferplantage, Salzfelder und ein moslemisches Fischerdorf. US$15 p. P.

Bokor Hill Station und Bootsfahrt auf dem Tek-Chhou-Fluss für US$20 p. P. inkl. Hotelabholung und Mittagessen. Los geht es um 7.30 Uhr, zurück gegen 18 Uhr.

SONSTIGES

Fahrrad- und Motorradverleih

In den Guesthouses und am Phrom Chhan Restaurant kosten Fahrräder und Moutainbikes US$1–3/Tag; Mopeds US$5–8/Tag. Im **Sailing Club** werden 125-ccm-Motorräder für US$12/Tag und Mountainbikes für US$10/Tag vermietet. ⏰ 8–18 Uhr.

Geld

Die **Acleda Bank** an der N33 tauscht nur Geld. Die nächsten Geldautomaten befinden sich im 25 km entfernten Kampot. Kep Lodge und Vanna Hill Resort zahlen Bargeld auf Kreditkarte gegen 5 % Gebühr.

Informationen

Tourist Information, Pheng ist hilfsbereit und hat viele Infos. ⏰ Mo–Fr 7.30–12 Uhr. Kostenlose Broschüren mit Infos liegen in Restaurants und Guesthouses aus. Im *Coastal* werden Unterkünfte, Aktivitäten und Restaurants rund um Kampot und Kep aufgeführt, 🖥 www.coastal-cambodia.com. Der *Sihanouk Ville Visitor Guide* und *Sihanoukville Advisor* enthalten ebenfalls Tipps zu Kep. Informativ ist auch die Seite 🖥 www.kepcity.com.

Visaangelegenheiten

Reisebüros und Guesthouses übernehmen das Einholen eines Vietnam-Visums für US$70 in 3 Werktagen. Die einmalige Verlängerung eines kambodschanischen Touristenvisums für einen Monat innerhalb von 3 Werktagen für US$55, ebenfalls in allen Reisebüros.

NAHVERKEHR

An der Vishnu-Statue, vor dem Krebsmarkt, am Strand und am Pier warten **Tuk-Tuks** und **Motorradtaxis**. Zwischen Krebsmarkt und Pier mit dem Tuk-Tuk/Motorradtaxi für US$2/1. Eine Fahrt bis nach Kampot für US$11/8 in 45 Min.

TRANSPORT

Die Busgesellschaften Phnom Penh Sorya und Hour Lian Lion steuern Kep an. Es gibt keinen Busbahnhof, die Haltestelle befindet sich am Strand. Die Minibusflotten von Kampot Tours & Travel sowie Champa Mekong Travel verbinden Kep mit Orten Richtung Vietnam und Thailand, inkl. Hotelabholung. Tickets vermitteln alle Reisebüros und Guesthouses.

Busse

BANGKOK (Thailand), umsteigen in große Busse bei Sihanoukville und Buswechsel hinter der Grenze, mit Kampot Tours & Travel-Minibussen um 7.30 Uhr für US$40 in 13 Std.;
BATTAMBANG, umsteigen in Phnom Penh, mit Phnom Penh Sorya um 7.30 und 8.30 Uhr für US$12 in 9 Std.;
KAMPOT, mit Hour Lian Lion und Phnom Penh Sorya um 12.30 und 14.30 Uhr für US$2 in 45 Min., mit Kampot Tours & Travel-Minibussen um 7.30 Uhr für US$2 in 45 Min.;
KO CHANG (Thailand), umsteigen in große Busse hinter Sihanoukville und hinter der Grenze, inkl. Boot, mit Kampot Tours & Travel-Minibussen um 7.30 Uhr für US$35 in 9 Std.;
KOH KONG, oft von lokalen Minibussen übernommen, mit Kampot Tours & Travel-Minibussen um 7.30 Uhr für US$15 in 6 Std.;
PHNOM PENH, mit Champa-Mekong-Travel-Minibus um 15 Uhr für US$7 in 4 Std.; mit Hour Lian Lion und Phnom Penh Sorya um 7.30/8.30 und 13.30 Uhr für US$5 in 5 Std.;
SIEM REAP, umsteigen in Phnom Penh, mit Phnom Penh Sorya um 7.30 und 8.30 Uhr für US$14, um 13.30 Uhr (ab Phnom Penh mit

dem Sleeper Bus) für US$18, reine Fahrzeit 11 Std.;
SIHANOUKVILLE, mit Kampot Tours & Travel-Minibussen um 7.30 und 14.30 Uhr für US$8 in 3 Std.;
TRAT (Thailand), umsteigen in große Busse hinter Sihanoukville und hinter der Grenze, mit Kampot Tours & Travel-Minibussen um 7.30 Uhr für US$35 in 6 1/2 Std.

Ziele in Vietnam (umsteigen hinter der Grenze in große Busse):
CAN THO, mit Kampot Tours & Travel-Minibussen und mit Champa Mekong Travel-Minibussen um 10.30/11 Uhr für US$17 in 5 Std.;
CHAU DOC, mit Kampot Tours & Travel-Minibussen und Champa-Mekong-Travel-Minibussen um 10.30/11 Uhr für US$15 in 3 Std.;
HA TIEN, mit Kampot Tours & Travel-Minibussen um 10.30 Uhr für US$8 bis zur Grenze, für US$9 ins Zentrum in 1 1/2 Std.;
HO-CHI-MINH-STADT, mit Kampot Tours & Travel-Minibussen und Champa-Mekong-Travel-Minibussen um 10.30/11 Uhr für US$18–20 in 12 Std.;
Als 2- bis 4-Tages-Mekong-Delta-Tour für US$70–110 inkl. Übernachtung und Ausflügen.
LONG XUYEN, mit Kampot Tours & Travel-Minibussen um 10.30 Uhr für US$18 in 6 1/2 Std.;
MY THO, mit Kampot Tours & Travel-Minibussen und Champa-Mekong-Travel-Minibussen um 10.30/11 Uhr für US$18 in 6 1/2 Std.;
PHU QUOC (Bus und Boot), mit Kampot Tours & Travel-Minibussen und Champa-Mekong-Travel-Minibussen um 10.30/11 Uhr für US$18 in 5 Std.;
RACH GIA, mit Kampot Tours & Travel-Minibussen und Champa-Mekong-Travel-Minibussen um 10.30/11 Uhr für US$14–15 in 3 Std.;
VINH LONG, mit Kampot Tours & Travel-Minibussen um 10.30 Uhr für US$18 in 6 1/2 Std.

Taxis
Taxis können von Hotels und Touranbietern organisiert werden.

KAMPOT für US$20 in 35 Min.;
PHNOM PENH für US$50 in 3 Std.;
SIHANOUKVILLE für US$35 in 2 Std.

Schiffe
KOH TONSAY, ab dem Pier in Kep-Dorf um 9 Uhr, zurück um 16 Uhr für US$7 in 25 Min. inkl. Hoteltransfer. Von Koh Tonsay zurück auch um 13 Uhr für US$10 (hin und zurück). Mit einem gecharterten Privatboot für US$25 (max. 8 Pers., hin und zurück).

Kep-Nationalpark

Der 1993 eingerichtete, nur 50 km² große, dicht bewaldete Nationalpark, den teils steile Pfade durchziehen, schmiegt sich unmittelbar an das Stadtgebiet von Kep. Die höchste Erhebung ist der Phnom Kep (286 m). Ein 8 km langer, breit ausgebauter Rundweg eignet sich zum bequemen Wandern oder Mountainbikefahren. Interessanter sind die schmalen Trails über die Hügel. Festes Schuhwerk ist hier nötig. Christian aus dem Led Zep Café hat alle Wanderwege im Nationalpark beschildert, ausgebaut, hält sie instand und sammelt Müll. Manch ein Baum ist mit Hinweisen auf Flora und Fauna und einer witzige Kommentierung versehen. Selbst die Aussichtspunkte sind beschrieben – eine tolle Leistung. Im Led Zep Café hängt eine Übersichtskarte und im Coastal ist eine Kopie abgedruckt. ⊙ 7–17 Uhr, Eintritt 4000 Riel.

Angkaul Beach

Der 2 km lange Angkaul Beach liegt 25 km von Kep entfernt Richtung vietnamesische Grenze. Die Straße Richtung Grenzübergang ist gut ausgebaut, der Weg führt vorbei an Salzfeldern. In der Trockenzeit ab Mitte Januar kann man Salzarbeiter beim Zusammenkehren des Salzes beobachten. Durch einen Torbogen geht es zu dem Fischerdorf Angkaul. Wo die Fischerboote anlanden, ist der Strand verschmutzt, wenige hundert Meter weiter hat man jedoch den goldgelben, naturbelassenen Sandstrand für sich allein. Kokospalmen und tropische Bäume spen-

© MARION MEYERS

Rund um Kep wird Salz gewonnen.

den hier Schatten. Der Sand ist mit Muscheln und kleinen Kieselsteinen durchsetzt, das Wasser flach. Im Dorf Angkaul gibt es kalte Getränke und ein kleines Restaurant.

Man erreicht den Strand mit dem Tuk-Tuk/ Motorradtaxi von Kep in 45 Min. für US$20/14 (hin und zurück).

Phnom-Kampong-Trach-Höhle und Wat Kiri Sela

Eine der beeindruckendsten Höhlen der Region liegt 26 km nordöstlich von Kep im Bezirk Kampong Trach, rund 5 km in nordwestlicher Richtung von der gleichnamigen Stadt an der N33 entfernt, und gehört damit geografisch schon zur Provinz Takeo.

Imitten der faszinierenden Karstlandschaft bildet die **Phnom-Kampong-Trach-Höhle** einen touristischen Anziehungspunkt. Der Höhleneingang ähnelt einem Drachenmaul, der tunnelartige Durchgang sind die Zunge und der Schlund des „Drachens". Außerdem kann man in den Felsformationen eine Schildkröte und ei-

nen Adler erkennen. Durch diesen „Drachenrachen" gelangt man in einen großen runden offenen Innenraum von 40 m Durchmesser. Faszinierende 30 m hohe lianenbewachsene Wände umschließen diesen ruhigen, magischen Ort, der auch als **Wat Kiri Sela** bezeichnet wird. Ein überdachter, liegender Buddha neueren Datums befindet sich hier, die lilafarbene Stelle auf dem Erdboden wird als Blut Buddhas gedeutet. Weitere Höhlen befinden sich in den Karstfelsen, deren Nischen Buddhastatuen beherbergen. Ein aus Stalagmiten gebildetes Krokodil, der Kopf eines Aals, ein Affe und ein Elefantenkörper sind hier mit etwas Fantasie erkennbar. Eintritt US$1, Kinder und Jugendliche mit Taschenlampen führen durch die Höhlen und zeigen die Felsformationen. Eine Spende von US$1 ist angemessen.

Baden in der Höhle

500 m nordwestlich der Kampong-Trach-Höhle befindet sich der Eingang zum **Swimming Cave** (Roung Hael Toek). Die halb offene Höhle ist in der Regenzeit mit schönem klarem Wasser gefüllt und zum Schwimmen geeignet.

Anfahrt: Mit dem Tuk-Tuk/Motorradtaxi von Kep für US$20/15 in 40 Min., von Kampot für US$25/18 in 1 Std.

Koh Tonsay (Rabbit Island)

Sieben Inseln liegen vor dem Küstenstreifen von Kep. Bis auf Koh Tonsay (Rabbit Island) und Koh Pou (Snake Island) sind sie unbewohnt und wegen des felsigen Ufers schwer zugänglich. Am Horizont sieht man die vietnamesische Insel Phu Quoc. Sie gehörte früher zu Kambodscha und trug den Namen Koh Tral. Für viele Kambodschaner ist der Verlust der Insel immer noch schmerzhaft.

Koh Tonsay, die wegen ihres Umrisses so genannte Kanincheninsel [4959], liegt 4,5 km von Kep entfernt und ist in einer rund 25-minütigen Bootsfahrt zu erreichen. Besucher erwarten hier eine 300 m breite, von Palmen gesäumte Hauptbucht mit einem muscheldurchsetzten Strand, hinter dem sich tropisch bewachsene Hügel erheben. Viele besuchen die Insel im Rahmen eines Tagesausflugs, entspreched ruhig und idyllisch wird es hier nach 16 Uhr, wenn auch das letzte Boot wieder Richtung Festland losgetuckert ist. Die Insel eignet sich perfekt zum Relaxen. Überdachte Massagehütten stehen am Strand, für US$5/Std. kann man sich hier bei leichter Brise und Meerblick durchkneten lassen. Aktivere können Schnorchelausrüstung (US$2), Schwimmreifen (US$1) oder Kajaks (Einer- oder Doppelkajaks für S$3/5/Std.) ausleihen.

In gut einer Stunde lässt sich die Insel zu Fuß in festen Schuhen umrunden, weitere einsame Sandstrände erwarten den Wanderer, vor allem an der Südwestküste. Hin und wieder behaupten Fischer, der Weg führe nicht weiter, weshalb ein Boot bis zum nächsten Strand nötig sei. Tatsächlich aber kann man die Strecke komplett laufen.

Ein dreistündiger Angel- und Schnorchelausflug zum schönen Korallenriff bei **Koh Pou** (Snake Island) wird für US$10 p. P. angeboten. Nach Koh Pou mit einem Privatboot für US$20.

Näheres zur An- und Abreise: S. 448, Kep, Transport.

7 Bungalowanlagen säumen den Strand, jede mit eigenem Restaurant, einige mit kleinem angegliedertem Shop. Strom gibt es von 18 bis 22 Uhr, also besser eine Taschenlampe mitbringen. Alle Bungalows sind einfachste Mattenbungalows mit Bett und Moskitonetz. Bungalows mit Bad kosten

Grenzübergang nach Vietnam

Wer den Grenzübergang **Ha Tien (Prek Chak – Xa Xia)** passiert, um nach Vietnam einzureisen, muss ein Visum im Pass haben. Die meisten Reisenden überqueren die Grenze, ⏱ 6–18 Uhr, mit einem Busticket zur Weiterreise. Meist werden die Pässe eingesammelt, und der Fahrer übernimmt die Organisation. Das Gepäck bleibt im Idealfall im Bus. Es kann vorkommen, dass man den Impfpass vorzeigen muss; hat man diesen nicht dabei, zahlt man 1 US$ fürs Fiebermessen.

Wer ohne durchgehendes Busticket einreist, zahlt für die 7 km Fahrt von der Grenze bis zum vietnamesischen Ha Tien für das Motorradtaxi 50 000 Dong.

Wer von Vietnam aus einreist, überquert die 300-m-Grenze zu Fuß. Das kambodschanische Touristenvisum, das einen Aufenthalt von einem Monat erlaubt, ist an der Grenze erhältlich (Passfoto nötig). Der Preis für ein Touristenvisum beträgt US$30. Auch an dieser Grenze versuchen die Grenzbeamten ihr karges Gehalt aufzubessern und verlangen US$35. Bei einigen hilft vielleicht Verhandlungsgeschick. Im kambodschanischen Grenzort Prek Chak stehen Motorradtaxis, die für US$10 bis Kep (40 km) oder US$18 bis Kampot (65 km) fahren. Eventuell warten auch Taxis auf Fahrgäste bis Kep/Kampot für US$25/35. In Prek Chak befindet sich ein kleines Kasino und das zum Zeitpunkt der Recherche geschlossene überdimensionale Hat Tien Vegas Casino & Hotel. Es gibt einige einfache Guesthouses. Die nächsten Geldautomaten sind in Kampot. In Kep werden in vielen Restaurants und Hotels vietnamesische Dong akzeptiert, im Dorfmarkt von Kep tauschen Händler Dong in US-Dollar.

zwischen US$8 (Doppelbett) und US$15 (mit 2 großen Betten). Günstiger sind Bungalows mit Gemeinschaftsbad.

Khim Vouch Lay, ✆ 077-288 844. Wunderbare Lage am südlichen Ende der Bucht. Die Bungalows liegen um einen Rasenplatz und sind von Palmen beschattet. Bad mit Hocktoilette und Duschbrauseschlauch. Hängematte auf der Veranda. Gutes Restaurant. ❶–❷

Yeay Meng, ✆ 036-668 8881. Die günstigste Übernachtungsmöglichkeit. Eine Reihe Mattenbungalows mit Palmblätterdach und Gemeinschaftsbad. Bungalows mit Schöpftoilette und Brause, wahlweise mit einem oder 2 Doppelbetten. ❶–❷

Yeay Orm, ✆ 097-999 9837, ✉ silornkin@yahoo.com. Stabilere Holz-Doppelbungalows mit 2 Doppelbetten und einfachere Mattenbungalows mit einem Bett. Bad mit Brause und Schöpftoilette. ❶–❷

Westliche Küstenprovinz Koh Kong

Die dünn besiedelte, von herrlichen Naturlandschaften geprägte Provinz fristete lange Zeit eine Art Schattendasein. Doch seit dem Ausbau der Fernstraßen tut sich einiges in Koh Kong, das ganz im Nordwesten an Thailand grenzt.

Wasser- und Naturfreunde werden hier ganz sicher auf ihre Kosten kommen. Die Inseln des **Koh-S'dach-Archipels** sind touristisch kaum erschlossen, herrliche Strände, Korallen und Fischerdörfer warten auf ihre Entdeckung. **Koh-Kong-Stadt** lädt zu einem entspannten Stadttag, und ruhesuchende Strandurlauber zieht es zu den einsamen Bungalowanlagen auf der **Insel Koh Kong**. In der Provinz liegen gleich mehrere Naturschutzgebiete. Im **Peam-Krasop-Schutzgebiet**, nur wenige Kilometer von Koh-Kong-Stadt entfernt, bietet das Flussdelta den beeindruckenden Mangroven zahlreichen Tieren einen Lebensraum. Auch die palmengesäumten Ufer und Wasserfälle des Tatai-Flusses faszinieren Besucher. Das massive **Kardamom-Gebirge** erstreckt sich nördlich von Koh Kong. In dem teilweise unzugänglichen Gebiet mit seinen bis zu 1800 m hohen Gipfeln sind mehr als 30 gefährdete Tierarten beheimatet, Trekkingtouren zählen zu den Highlights im Süden des Landes. Geführte Dschungeltouren bietet das als gemeindebasiertes Projekt ausgelegte idyllische Dorf **Chi Phat**. Ein ähnlich sehenswertes Dorf liegt auf halbem Wege von Phnom Penh nach Sihanoukville am **Kirirom-Nationalpark** in der Gemeinde **Chambok** an der Grenze zur Provinz Kompong Speu.

Doch ein Ausverkauf der Natur ist auch hier zu beobachten: Flüsse werden ausgebaggert, riesige Frachter transportieren den Sand nach Singapore, geplante Staudämme bedrohen intakte Flusssysteme, Mangrovenwälder und ganze Täler. Chinesische Tourismusprojekte, die in Nationalparks mit dem Segen der kambodschanischen Regierung im Bau sind, schlagen Schneisen durch Wälder und werden zukünftig auch die Küstenlinie verändern.

Botum-Sakor-Nationalpark

Gegenüber dem Koh-S'dach-Archipel auf dem Festland liegt der Botum-Sakor-Nationalpark. Die 1834 km² große Halbinsel ist bisher die Heimat von Elefanten, Hirschen, Malaienbären und Primaten wie Kappengibbons, Langschwanzmakaken und dem Schwarzschenkligen Kleideraffen. Doch Teile des Parks sowie ein 90 km langer Küstenabschnitt vor dem Archipel sind der chinesischen Baufirma Union zugeschlagen worden. In der Planung sind Hoteltürme, Ferienparks, Luxusvillen, Golfplätze und Bilderbuchdörfer. Riesige Straßen wurden bereits in die Wälder geschlagen. Ob die Planungsumsetzung der „Sunny-Union"-Anlage so fortschreitet, bleibt abzuwarten. Ein kleiner Umschlaghafen war zum Zeitpunkt der Recherche bereits angelegt.

Koh-S'dach-Archipel

Die zwölf Inseln des Koh-S'dach-Archipels liegen vor der Küste des Nationalparks Botum Sakor, genauer gesagt vor der Südspitze. Die Inseln – die meisten davon unbewohnt – sind bewaldet, kleine Buchten mit goldgelbem Sand ver-

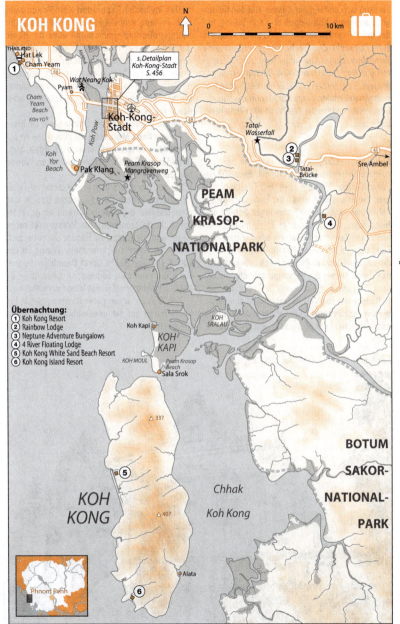

KOH KONG

N

0   5   10 km

THAILAND
Hat Lek
Cham Yeam
①
Wat Neang Kok
Pyam
Cham Yeam Beach
KOH YO
Koh Pow
Koh-Kong-Stadt
s. Detailplan Koh-Kong-Stadt S. 456
Koh Yor Beach
Pak Klang
Peam Krasop Mangrovenweg
Tatai-Wasserfall
②
③
Tatai-Brücke
Sre Ambel

PEAM

KRASOP-

NATIONALPARK

④

Übernachtung:
① Koh Kong Resort
② Rainbow Lodge
③ Neptune Adventure Bungalows
④ 4 River Floating Lodge
⑤ Koh Kong White Sand Beach Resort
⑥ Koh Kong Island Resort

Koh Kapi
KOH KAPI
KOH SRALAU
KOH MOUL
Peam Krasop Beach
Sala Srok

△ 337

⑤

KOH KONG

△ 407

Chhak

Koh Kong

BOTUM

SAKOR-

NATIONAL-

PARK

Phnom Penh

Alata

⑥

DER SÜDEN

stecken sich entlang der Küsten. Auf den beiden größten Inseln, Koh S'dach und Koh Totang, findet man Unterkünfte. Auf Koh S'mach entstand zum Zeitpunkt der Recherche ebenfalls eine Bungalowanlage. Koh Ampil wird bei Bootstouren von Koh S'dach und Koh Totang aus angesteuert. Schnorchler und Taucher bestaunen hier weitgehend intakte bunte Korallenriffe, wobei die Gewässer rund um die Inseln mit 10 m Tiefe recht flach sind.

Koh S'dach

Koh S'dach (Königsinsel) [9610] ist die bevölkerungsreichste Insel des Archipels. Etwa 700 Familien (Khmer, Vietnamesen und Thai) wohnen hier. Die Einwohner lebten bis Ende der 1990er-Jahre vorwiegend vom Schmuggel. Schiffe aus Hong Kong, Singapore oder Thailand löschten hier einen Teil ihrer Ware. Vor allem Zigaretten, Elektroartikel und Alkohol waren begehrte Güter, die anschließend in Phnom Penh verkauft wurden. Dann kamen die Versorgungsboote, die auf dem Weg von Koh Kong und Sihanoukville hier Halt machten. Die Verbindungen sind eingestellt worden, jetzt leben die Einwohner vom Fischfang oder arbeiten in der ortsansässigen Eisfabrik.

Das idyllische Fischerdorf Koh S'dach zieht sich entlang einer 1,5 km langen geteerten Hauptstraße und nimmt damit etwa die Hälfte der Ostseite der Insel ein. In den Ladenhäusern werden Lebensmittel, Handys, Schmuck, Uhren oder Fischereibedarf verkauft. Auch eine Billardhalle ist zu finden. Nur wenige Touristen besuchen das Dorf; die, die kommen, werden freundlich gegrüßt.

Am südlichen Ende der Straße steht die Klosteranlage **Kaeu Morakot**. Den Vihear zieren ein liegender und ein meditierender Buddha, bunte Bilder aus Buddhas Leben bedecken Wände und Decken.

An der Westküste liegt die bezaubernde kleine naturbelassene Bucht **Coconut Beach**. Der menschenleere goldgelbe Strand ist gesäumt von Kokosnusspalmen, das Wasser ist recht flach, und die steinigen Ränder eigenen sich hervorragend zum Schnorcheln. Winzig ist die kleine steinige Bucht **Coral Beach** im Süden. Bei Ebbe kann man bequem zur gegenüberliegenden kleinen Insel Ghost Island schwimmen.

Koh S'dach ist ein guter Ausgangspunkt für Bootstouren auf die unbewohnten Inseln des Archipels.

Das Kloster Kaeu Morakot auf Koh S'dach

© MARION MEYERS

ÜBERNACHTUNG UND ESSEN

Belinda Beach Lovely Resort, ☎ 017-517 517, 🖳 www.belindabeach.com, [9612]. Abgelegene großzügige Anlage an einem abgeholzten Hang. 4 sehr schön ausgestattete AC-Zimmer in 2 Steinbungalows. Großes Bett mit Moskitonetz, Warmwasser. TV, Minibar und Safe. Toller Blick vom Pool aufs Meer. Kleiner Privatstrand. Der belgischer Inhaber Benoit kocht hervorragende 3-Gänge-Menüs für US$21. 24 Std. Strom. Inkl. Frühstücksbuffet. WLAN. ❼

Mean Chey Guesthouse, ☎ 011-979 797, [9613]. Am Fischerdorf hinter der Eisfabrik. Keine Rezeption, Schlüssel erhält man in dem kleinen Laden auf dem Pier. 10 blau gestrichene einfache große Stein-Reihenzimmer mit Bett, TV und Klapptisch. Großes Bad mit Schöpfdusche und Toilette. Ventilator oder AC. Am betonierten Strand gibt es zudem 10 nicht empfehlenswerte Betonhütten ohne Fenster mit hartem Bett. ❶–❷

Mr. Sea, ☎ 015-512 678, ✉ seaislander77@gmail.com, vermietet ein Homestay-Zimmer im Fischerdorf für US$8. Sea spricht sehr gut Englisch und hilft auch bei Buchungen.

Zwei einfache Restaurants befinden sich im Fischerdorf. Neben dem Mean Chey Gh. steht am Strand das Restaurant **Ivone** unter französischer Leitung. Geboten werden westliches Frühstück und französische oder einheimische Gerichte je nach Tagesangebot. ⏱ 7–21 Uhr.

Nebenan an der Strandzufahrt gibt es einen kleinen **Supermarkt**. Die beiden Betreiberinnen servieren einfache, schmackhafte und günstige Reis- und Nudelgerichte aus dem Wok. Einfach auf die Bilder der Speisekarte tippen. ⏱ 7.30–21 Uhr.

AKTIVITÄTEN

Vom Pier können **Schnellboote** zu den benachbarten Inseln Koh S'mach und Koh Ampil gemietet werden. Koh Ampil nennen sich 3 winzige Inseln an einer Sandbank mit einer Kokosnussplantage. Als Schnorchelausflug inkl. BBQ für US$30 p. P.

Shallow Waters, ☎ 092-956 289, 🖳 www.shallow-waters.org. Die Tauchschule befindet sich an der Nordostseite. Organisierte Tauch-

ausflüge zu den umliegenden Inseln wie Koh Chan und Koh Andeck (Schildkröteninsel). Halbtagesausflug mit 2 Fundives für US$70, 3-Tages-Open-Water-Kurse für US$350. Übernachtungen sind im Dorm für US$15 inkl. Essen möglich. Die 3 engagierten Frauen leiten auch das dortige **Marine Conservation Center**. Die NGO setzt sich für den Erhalt der Riffe und die Einrichtung eines Unterwasserschutzgebietes ein. Sie setzen auf die Aufklärung der Bevölkerung in Sachen Umweltschutz. Die Kinder der Fischer erhalten Englischunterricht; Schnorchelausflüge oder Strandsäuberungen stehen auf dem Programm. Es gibt wöchentliche Vorträge zur Überfischung oder Wasserverschmutzung. Freiwilligenarbeit möglich.

TRANSPORT

Busse und Boote

Mit den Bussen von Sihanoukville Richtung Koh Kong bzw. mit den Bussen von Koh Kong Richtung Phnom Penh oder Sihanoukville, jeweils in 2 Std. für US$5 bis An Doung Tuek, Café Sok Srey. Von dort mit dem lokalen Minibus bis Poi Yopon für US$7,50 in 2 Std. Von Poi Yopon mit dem Schnellboot für 5000–10000 Riel bis Koh S'dach oder Koh Totang in 10 Min. Ab Poi Yopon fahren um 8 Uhr morgens lokale Minibusse Richtung Phnom Penh, Koh Kong oder Sihanoukville.

Taxis

Taxi ab Poi Yopon nach PHNOM PENH (4 1/2 Std.), SIHANOUKVILLE (3 1/2 Std.) oder KOH KONG (3 1/2 Std.), jeweils für US$100.

Schiffe

SIHANOUKVILLE, mit dem Versorgungsschiff von Sihanoukville-Hafen (Royal Pier) um 12 Uhr in 4 1/2 Std. für US$15 bis Koh S'dach. Zurück um 20 Uhr. Von Koh S'dach mit dem Taxiboot für US$10 bis Koh Totang.

Koh Totang

Die bewaldete Insel ist genauso groß wie die Schwesterinsel Koh S'dach: In einer halben Stunde kann man gut von einem zum anderen Ende laufen. Nur sieben Fischerhütten gibt es auf der Insel. Zur Anreise s. Koh S'dach.

ÜBERNACHTUNG UND ESSEN

Nomad's Land, ☎ 011-916 171, 🖥 www.nomadslandcambodia.com, [9616]. Die einzige Unterkunft auf der Insel! 5 Holzbungalows unterschiedlichster Bauart verstecken sich zwischen Bäumen am kleinen goldgelben Sandstrand. Es gibt Hütten mit und ohne Bad, über 2 Ebenen oder als Familienbungalow. Alle sind einfach und aus Naturmaterialien hergestellt. In den Bädern Trockentoiletten, die Schöpfduschen werden mit Regenwasser gefüllt (die kleinen Fische sorgen dafür, dass sich keine Moskitos einnisten). Karim aus Marokko leitet seit mehreren Jahren die Anlage. Die Zutaten für das Essen stammen ausschließlich aus lokaler Produktion – alles wird frisch zubereitet. Kostenloser Kajak- und Schnorchelverleih. Nachmittags Yoga für US$8, Reiki-Massage für US$20/Std. Strom 24 Std. über Solarenergie. Die Erlöse aus dem Postkarten- und Souvenirverkauf gehen an die lokale Gemeinschaft. Kein WLAN. Unbedingt reservieren. Bungalowpreise inkl. 3 Mahlzeiten und Getränken US$90–110 für 2 Pers.

Koh-Kong-Stadt

Koh-Kong-Stadt [9628] liegt 220 km nordwestlich von Sihanoukville und 290 km westlich von Phnom Penh. Die meisten Touristen sehen Koh Kong nur auf der Durchreise von oder nach Thailand. Dabei hat das kleine Städtchen aufgrund seiner Lage und der fantastischen Ausflugsmöglichkeiten viel zu bieten. So zieht der oft menschenleere weiße Koh-Yor-Strand Sonnenanbeter an, und die abgeschiedene Insel Koh Kong lockt mit einsamen Sandstränden und zwei abgelegenen Bungalowanlagen. Im Peam-Krasop-Nationalpark geht es zu Fuß oder mit dem Boot durch dichte Mangrovenwälder, während der herrliche Tatai-Wasserfall zum Baden und Kajaken einlädt. Naturfreunde erleben Abenteuer im Kardamom-Gebirge bei Trekkingtouren mit Übernachtung im Dschungel.

Früher war Koh Kong mangels Straßenverbindung mehr oder weniger vom Rest des Landes abgeschnitten. Der Zugang von Thailand war einfacher als von Kambodscha aus. Trans-

Koh-Kong-Stadt

N
0   200 m

Übernachtung:
1 Koh Kong Bay Hotel
2 Koh Kong City Hotel
3 99 Guesthouse
4 Apex Koh Kong Resort
5 Kaing Kaing Gh.
6 Paddy's Bamboo Guesthouse

Sonstiges:
1 Pun Pun Club
2 Pisey Club

Essen:
1 Café Laurent
2 Mr. 42
3 Golden Sea Restaurant
4 Einfaches Restaurant
5 Fat Sams
6 Essensstände

Transport:
1 Busbahnhof
2 Boote zur Insel Koh Kong
3 Virak Buntham
4 Ritthy Koh Kong Eco Adventure Tours
5 Rith Mony
6 Phnom Penh Sorya
7 Olympic Express

portmöglichkeiten zur Provinzhauptstadt Koh Kong gab es lediglich über die jetzt eingestellten Schiffsrouten von Sihanoukville aus. Seit die N48, die Koh Kong an Phnom Penh und Sihanoukville anbindet, 2008 fertiggestellt wurde, befindet sich das ehemals wilde und gesetzlose Fleckchen in Aufbruchsstimmung. Früher lebte die Provinz von Schmuggel, Prostitution und Glücksspiel. Heute sind die Weichen Richtung Tourismus gestellt, besonderes Augenmerk liegt dabei auf dem Ökotourismus.

Orientierung

Koh Kong ist nicht nur der Name der Provinz, sondern auch der Name der südlich vorgelagerten Insel und der Provinzhauptstadt. Die Stadt wird von Einheimischen zwecks besserer Unterscheidung auch Dong Tong genannt. Koh-Kong-Stadt liegt am Prek-Koh-Pow-Fluss, der im Kardamom-Gebirge entspringt. Das Zentrum mit Busbahnhof, Markt, Restaurants, Hotels und Guesthouses befindet sich auf der östlichen Flussseite. Die mit 1900 m längste Brücke des Landes wurde 2002 fertiggestellt und führt über den Fluss (Maut für Motorrad 1400 Riel, Tuk-Tuk 2800 Riel, Pkw 5800 Riel) Richtung thailändische Grenze. Das Fischerdorf Pak Klang auf der Südspitze der gegenüberliegenden Brückenseite ist außerdem durch ein Speedboottaxi mit Koh Kong verbunden. Die Landzunge hat einen herrlichen weißen Sandstrand, der sich bis fast zur thailändischen Grenze zieht. Der Grenzort Cham Yeam liegt 12 km von Koh Kong entfernt.

Sehenswertes

Sehenswürdigkeiten im eigentlichen Sinne hat Koh Kong nicht zu bieten. Im Zentrum gibt es einen typisch kambodschanischen **Markt**. Das an einer Landzunge 1 km nördlich vom Zentrum gelegene **Red House** wurde eigens für König Sihanouk errichtet, der hier aber nie wohnte. **Wat Neang Kok** liegt 4 km vom Stadtzentrum entfernt hinter der Brücke. Interessant sind die Darstellungen der buddhistischen Höllenqualen. Zwischen Vihear und Fluss stehen dazu verwitterte, aber dennoch ausdrucksstarke lebensgroße Betonfiguren.

Nahe der Grenze liegt der wenig besuchte Tierpark **Safari World**, N48. Auf dem gepflegten, weitläufigen Gelände werden Tiger, Schwarzbären, Strauße, Kängurus, Rehe, Krokodile, Delphine und viele Papageienarten gehalten. Hauptattraktion sind die Tiershows im 45-Min.-Takt. Putzig sind die Papageien, die Rechenaufgaben lösen, fahrradfahren oder Spielkarten erkennen. Boxende Affen, zahme Krokodile und dressierte Tiger – das gleicht eher einer Zirkusvorstellung und fasziniert vor allem Kinder. Am besten morgens um 9.20 Uhr zur ersten Show oder ab 13.20 Uhr zu den Nachmittagsvorstellungen kommen. Dazwischen bleibt genug Zeit,

entlang der Gehege spazieren zu gehen. ⊙ Sa, So 8.45–16.30 Uhr, Eintritt US$12, Kinder bis 1,40 m US$8.

An Unterkünften mangelt es in Koh Kong nicht. Die meisten haben einfache Zimmer, die ein asiatisches Publikum ansprechen. Es gibt aber auch eine Anzahl von Travellerunterkünften und etwas schickere Zimmer am Fluss. Alle bieten kostenloses WLAN.

Untere Preisklasse

Apex Koh Kong Resort, St. 7, ✆ 016-307 919, 🖳 www.apexkohkong.com, [9630]. Die angenehmen Zimmer mit umlaufenden Balkonen liegen rund um einen Pool. TV, Kühlschrank, Bad mit Warmwasser. Wahlweise Ventilator oder AC. Gutes Preis-Leistungs-Verhältnis. Allerdings könnten sich Menschen mit leichtem Schlaf von den Bässen des benachbarten Pisey Clubs gestört fühlen. Restaurant. ❶–❷

99 Guesthouse, St. 6, ✆ 035-66 0999, [9631]. Helle, saubere Zimmer. Alle mit Fliesenboden, Flachbildschirm an der Wand. Bad mit Heißwasser-Dusche. Der Sohn der Besitzerin Pisey spricht gutes Englisch und ist sehr hilfsbereit. Kostenlos Kaffee und Tee. Wahlweise Ventilator oder AC. Alleinreisende zahlen US$1 weniger fürs Zimmer. ❶–❷

Kaing Kaing Guesthouse, St.1, Ecke St. 9, ✆ 035-674 7111, [9632]. Auffälliges orangefarbenes Haus. Saubere gefliese helle Zimmer mit Schrank, Schreibtisch und Hocker. Gute Bäder mit abgetrennter Dusche. Die dortigen Fliesen mit der halbnackten Frau sind Geschmackssache. Schön sind die Eckzimmer mit Balkon. Ventilator oder AC. ❶–❷

Koh Kong City Hotel, St. 1, ✆ 035-936 777, 🖳 kkchotel.netkhmer.com, [9633]. Große, saubere gefliese AC-Zimmer möbliert mit Bett, Schreibtisch, Spiegel und TV. Angenehmes Bad mit großer Marmorablage und Badewanne, Warmwasser. Betonierte Terrasse am Fluss. Die Zimmer mit Flussblick sind teurer. Familienzimmer mit 3 Betten. ❷

€ **Paddy's Bamboo Guesthouse**, ✆ 015-533 223, ✉ ppkohkong@gmail.com, [9634]. Zimmer in einem Khmer-Haus, unten in

Stein und oben aus Holz gebaut. Winzige Zimmer im Erdgeschoss mit Bad (Schöpftoilette und Kaltwasserbrause). Im Obergeschoss gemütlichere Zimmer mit Gemeinschaftsbad für den gleichen Preis. Für Budget-Reisende sind ein einfacher Schlafsaal mit Matratzen und ein Zimmer mit Hängematten vorhanden (US$2). Gemütliche Veranda mit Billard, Schließfächer, Touren, Bustickets, Fahrradverleih. ❶

Mittlere und obere Preisklasse

Koh Kong Bay Hotel, St. 1, ☎ 035-936 367, 🖳 www.kohkongbay.com, [9635]. Bestes Haus in der Stadt. Designorientierte, behagliche Moderne ganz in Weiß. Zur Ausstattung gehören Nachttisch mit Lampe, Beistelltisch, Wasserkocher und Flachbildschirm. Abstrakte Kunst belebt die Wände. Die Zimmer mit Flussblick haben eine große Terrasse. Restaurant, Bar am Fluss. Großer Pool. Spa. Nichtgäste können den schönen Pool für US$3/Tag nutzen. Bootstouren nach Koh Kong Island. ❹–❻

Koh Kong Resort, wenige Meter vor der Grenze, ☎ 016-700 970, 🖳 www.kohkong resort com, [9636]. Pompöse große Luxusunterkunft mit allen Annehmlichkeiten. Im Hauptgebäude gut eingerichtete Zimmer im Empirestil, Marmorbäder mit Wanne und Glasdusche. Die Standardzimmer auf der anderen Straßenseite sind dagegen überteuert. Tolle Poollandschaft in einer großen Gartenanlage. Privatstrand mit feinem weißen Sand, Kasino, Duty-Free-Shop, Spa, Geldautomat (Visa). Tagesgäste zahlen US$5 für die Nutzung von Pool und Strand. ❹–❽

ESSEN

Einfaches und günstiges Essen gibt es tagsüber auf dem **Markt**. Hier wird u. a. gute *bor bor* (Reissuppe) mit Fisch für 3000 Riel verkauft. Einfache Grill- und Wokgerichte servieren die Garküchen am **Nachtmarkt**. 2 bei Einheimischen beliebte einfache **Restaurants** liegen an der Hauptstraße St. 3. Einfach in die Töpfe gucken: Meist besteht die Auswahl aus einer hervorragenden sauren Fischsuppe, einer Rindfleischsuppe und Reisgerichten für 5000–6000 Riel. **Café Laurent**, St. 1, ☎ 016-373 737. Schickes Restaurant über dem Fluss, aus Holz und

Bambus gebaut. Ein alter Käfer ist vor der Tür geparkt, in der Bar dienen 2 alte Motorräder als Deko. Auf der Karte gibt es viel Seafood und Gerichte aus der Khmer-Küche, zudem Pizza, Pasta und Salate. WLAN. ⏰ 10.30–23 Uhr.
Fat Sams, große Frühstücksauswahl und viele westliche Gerichte, Stammkunden empfehlen die Schnitzel. Die asiatischen Speisen schmecken nicht jedem. Sportübertragungen, Mopedverleih. Sam kümmert sich hervorragend um seine Gäste, das Restaurant ist abends ein beliebter Treffpunkt. WLAN. ⏰ Mo–Sa 9–22, Sa 16–22 Uhr.
Golden Sea Restaurant, St. 1. Beliebtes Restaurant, das überwiegend westliche Gerichte wie Pizza und Sandwiches serviert. WLAN. ⏰ 6.30–21.30 Uhr.
Mr. 42, St. 1. Ein wunderbarer Platz, um auf der 1. Etage den Sonnenuntergang mit einem kalten Getränk zu genießen. Vermieten auch einfache dunkle Zimmer mit Ventilator, ❶.

UNTERHALTUNG

In Koh Kong geht es ruhig zu, von Nachtleben kann kaum die Rede sein.
Das **Café Laurent** (s. o.) hat eine schicke Lounge Bar.
Zu Techno, Elektro und Khmer-Pop tanzt das junge Khmer-Publikum im **Pun Pun Club** und **Pisey Club**, ⏰ 18–4 Uhr.
Der Deutsche Roni betreibt in Koh Kong einen Fernsehsender, der auch einen **deutschen Kanal** ausstrahlt.

TOUREN

Fast alle Unterkünfte vermitteln Touren wie Dschungelwanderungen, Ausflüge zu den Wasserfällen und zur Koh-Kong-Insel, Trekkingtouren im Kardamom-Gebirge etc.
Ritthy Koh Kong Eco Adventure Tours, St. 1, ☎ 012-707 719, 🖳 www.kohkongeco adventure.com. Mr. Ritthy ist der bekannteste Tourvermittler in Koh Kong. Er ist seit Jahren im Geschäft und hat den Ruf, zuverlässig und hilfsbereit zu sein. Ritthy steht für alle Fragen zur Verfügung. ⏰ 7–21 Uhr.
Beliebt sind **Trekkingtouren** im Kardamom-Gebirge (S. 463). Als Tagestour zu einem kleinen Wasserfall inkl. Bootstour, Hotelabholung,

DER SÜDEN

Mittagessen für US$20–27 p. P. (ab 2 Pers.). Auf unterschiedlichen Tagestouren wird 4–8 Std. gewandert. Die 8-stündige Wanderung ist ein anstrengendes, aber eindrucksvolles Naturerlebnis, wobei große Tiere kaum zu erspähen sind. In der Regenzeit ist die Tour eine wirkliche Herausforderung, durch das satte Grün wird man jedoch dafür entschädigt. Allerdings gilt es dann, viele Moskitos, Spinnen und Blutegel abzuwehren.

Reisende schwärmen von der 1 1/2-Tagestour im Kardamom-Gebirge mit Übernachtung in der Hängematte mit Moskitonetz (Taschenlampe und warme Kleidung mitnehmen), US$35 p. P. Mehrtagestouren möglich.

Tagesausflüge zur **Koh-Kong-Insel** für US$25 inkl. Mittagessen und Schnorchelausrüstung. Die Anreise zur Insel beträgt 2–2 1/2 Std. Geführte **Kajaktouren** durch die Mangroven für US$25. Und wer sich lieber auf der Piste bewegt: Motocrossausflüge für US$110.

SONSTIGES

Fahrrad- und Motorradverleih

Viele Guesthouses und Restaurants vermieten Fahrräder für US$1–3 und Mopeds für US$5–7/Tag; 250er-Crossmaschinen bei Ritthy für US$20/Tag.

Geld

Die Währungen in Koh Kong sind Riel, Dollar und thailändische Baht. Geldwechsler sitzen an der südlichen Marktseite und tauschen Dollar, Baht und vietnamesische Dong.

Acleda Bank, St. 3, Ecke St. 5. Geldautomat akzeptiert nur Visa. Western-Union-Service. ⏰ Mo–Fr 7.30–16, Sa 7.30–12 Uhr.

Canadia Bank, St. 1. Geldautomaten ohne zusätzliche Gebühr, Visa-, MasterCard, Cirrus. MoneyGram-Geldüberweisung. ⏰ Mo–Fr 8–15.30, Sa 8–11.30 Uhr.

Cambodia Public Bank, St. 2. Geldautomat für MasterCard, Visa und Cirrus. Western-Union-Service. ⏰ Mo–Fr 8–16 Uhr.

Informationen

Der Deutsche Roni verlegt den *Koh Kong Visitors Guide*, eine kostenlose monatliche Broschüre, die überwiegend aus Werbung besteht. Informativer ist die Seite 🖥 www. koh-kong.com. Im *Sihanouk Ville Visitor Guide* und *Coastal* ist ein Kapitel über Koh Kong enthalten.

Medizinische Hilfe

Das **staatliche Krankenhaus** ist wirklich nur im Notfall eine Option.

Die **Sen Sok Clinic**, 📞 012-555 060, wird von einer englischsprachigen Ärztin geleitet. ⏰ 7–19 Uhr.

Die bessere medizinische Versorgung ist in Thailand in der 90 km entfernten Klinik in Trat gegeben. Für Notfälle ist die Grenze rund um die Uhr geöffnet, Aus- und Einreiseformalitäten werden schnell und unbürokratisch erledigt.

NAHVERKEHR

Überall im Zentrum finden sich Tuk-Tuks und Motorradtaxis, Stadtfahrten kosten 1000–4000 Riel.

TRANSPORT

Busse und Sammeltaxis fahren vom Busbahnhof ab. Tickets gibt es in den Guesthouses (inkl. Tuk-Tuk zum Busbahnhof), den Büros der Busgesellschaften (Olympic Transport, St. 3; Phnom Penh Sorya, St. 3; Rith Mony, St. 3; Virak Buntham, St. 3, ⏰ 6–19 Uhr) oder am Busbahnhof. Eine Fahrt vom Zentrum zum Busbahnhof sollte nicht mehr als US$1–2 mit dem Motorradtaxi/Tuk-Tuk kosten. Koh Kong wird von mehreren Busgesellschaften bedient.

Busse

BANGKOK (mit Minibussen der Busunternehmen bis zur Grenze, umsteigen in Minibusse bis Trat, dort umsteigen in große Busse) mit Rith Mony und Virak Buntham um 12/12.30 Uhr für US$20–22 in 7 Std.; BATTAMBANG (umsteigen in Phnom Penh) mit Olympic Express um 7.30 und 11.30 Uhr für US$15 (weiter in Phnom Penh um 14.30 oder 15.15 Uhr) oder US$17 (Nachtbus in Phnom Penh um 19.30 oder 20.30 Uhr) in 10 Std., mit Phnom Penh Sorya und Rith Mony insgesamt 4x tgl. zwischen 7.30 und 11.30 Uhr für US$11,75–15 in 9–10 Std.;

12 km von Koh Kong entfernt liegt die kleine Grenzstadt **Cham Yeam** (auf thailändischer Seite **Ban Hat Lek**). ⊕ 6–22 Uhr.

Bei der **Ausreise nach Thailand**: Mit dem Tuk-Tuk/Motorradtaxi aus Koh Kong für US$7/3 (inkl. Brückenzoll) bis zur Grenze. Hinter der Grenze warten Minibusse nach Trat (alle 45 Min. in 1 1/2 Std. für 120 Baht). Von dort stdl. Busse nach Bangkok für 250 Baht in 4 1/2 Std.

Bei der **Einreise nach Kambodscha**: Alle Schlepper, die bei der Visumsbeschaffung behilflich sein wollen, ignorieren. Ebenso die Mitarbeiter der Busgesellschaften, die eilfertig die Visumsbeschaffung übernehmen wollen. Der offizielle Preis für ein kambodschanisches Monatsvisum beträgt US$30 (Passfoto notwendig). Da keine Preise ausgewiesen sind, verlangen die Zöllner oftmals US$35. Hinter der Grenze warten Tuk-Tuks und Motorradtaxis, die für US$7/3 ins Zentrum von Koh Kong fahren.

KAMPOT (umsteigen in Veal Renh) mit Virak Buntham um 8 Uhr für US$10 in 5 Std.;
KEP (umsteigen in Veal Renh) mit Virak Buntham um 8 Uhr für US$10 in 5 1/2 Std.;
KOH CHANG (Thailand), umsteigen an der Grenze, Bus und Boot, mit Rith Mony und Virak Buntham um 12/12.30 Uhr für US$15–16 in 5 Std.;
PHNOM PENH, mit Olympic Express, Phnom Penh Sorya, Rith Mony und Virak Buntham insgesamt 8x tgl. zwischen 7.30 und 14 Uhr für US$6,25–8 in 6 Std.;
POIPET (umsteigen in Phnom Penh) mit Olympic Express um 7.30 und 11.30 Uhr für US$10 in 12 Std.;
PURSAT, mit Phnom Penh Sorya um 7.30 Uhr für US$11,75 in 9 Std.;
SIEM REAP (umsteigen in Phnom Penh) mit Olympic Express um 7.30 und 11.30 Uhr für US$15 (weiter in Phnom Penh um 14.30 Uhr) oder US$17 (Nachtbus in Phnom Penh um 19.30, 20.30 oder 21 Uhr) in 11 Std., mit Phnom Penh Sorya und Rith Mony insgesamt 4x tgl. zwischen 7.30 und 11.30 Uhr für US$14,25–15 in 11 Std.;

SIHANOUKVILLE, mit Rith Mony und Virak Buntham jeweils um 8 Uhr für US$7–8 in 4 Std.;
TRAT (Thailand), mit Minibussen, umsteigen an der Grenze, mit Rith Mony und Virak Buntham um 12/12.30 Uhr für US$7–8 in 2 Std.;

Sammeltaxis

Sammeltaxis stehen am Busbahnhof oder können von den Guesthouses inkl. Abholung bestellt werden. Meist passen 5–7 Pers. in einen Pkw und fahren los, sobald genügend Passagiere zusammen sind. Die Preise gelten p. P. bzw. für ein ganzes Taxi.
AN DOUNG TUEK, für US$5 (US$30) in 2 Std.;
KAMPOT, für US$12 (US$70) in 4 Std.;
KEP, für US$12 (US$70) in 4 1/2 Std.;
PHNOM PENH, für US$10 (US$60) in 4 1/2 Std.;
SIHANOUKVILLE, für US$10 (US$60) in 3 Std.

Speedboot-Taxis

Zwischen Kong-Kong-Stadt und dem Fischerdorf Pak Klang für US$2 p. P. in 20 Min., max. 8 Pers., sobald genügend Passagiere zusammenkommen.

Die Umgebung von Koh-Kong-Stadt

Koh Yor Beach

Einen entspannten Strandtag verspricht der 8 km von Koh Kong entfernte Koh-Yor-Strand. Der 3 km lange, weiße, naturbelassene Sandstrand ist von Muscheln durchsetzt, Kasuarinen spenden Schatten. An der Südspitze liegt das Fischerdorf **Pak Klang**. Es gibt einige einfache Restauranthütten am Strand, die beliebteste ist der Crab Chak.

Mit dem Tuk-Tuk/Motorradtaxi erreicht man Koh Yor von Koh Kong aus für US$15/7 inkl. Brückenzoll und Wartezeit. Mit dem Taxiboot ab Koh Kong für US$2 bis Pak Klang.

Naturschutzgebiet Peam Krasop

Eindrucksvolle Mangrovenwälder, die als Brutstätten für Fische, Krabben, Spinnen, Schnecken, Schlammläufer und verschiedenste Vogelarten dienen, erstrecken sich in dem 238 km² großen

Feuchtgebiet 7 km südöstlich von Koh-Kong-Stadt. Eine amphibische Wasserlandschaft mit Abertausenden winziger Inselchen, auf denen eine schützenswerte Tier- und Pflanzenwelt beheimatet ist, sowie schwimmenden Fischerdörfern, die bis heute vom natürlichen Reichtum dieses Meerwasser-Ökosystems leben. Teile des Schutzgebiets sind gemäß Ramsar-Konvention, 🖳 www.ramsar.org, als Feuchtgebiete von internationaler Bedeutung ausgewiesen und zählen zu den wichtigsten Naturlandschaften der Provinz, nicht zuletzt deshalb, weil sie den empfindlichen Küstenstrich wirkungsvoll vor Erosion schützen. Ein schöner, 800 m langer Wanderweg, führt vom Eingang zum Naturschutzgebiet über Betonstege durch den beeindruckenden Wald.

Der Weg ist auch bei Einheimischen sehr beliebt, die die Holzplattformen zum Picknick nutzen – das Essen wird entweder mitgebracht oder vom einzigen Restaurant serviert. Am Ende des Pfades gelangt man über eine Hängebrücke zu einem 15 m hohen Beobachtungsturm, der einen schönen Blick über die Flusslandschaft ermöglicht. Am Aussichtsturm können Boote gemietet werden, um auf einer Strecke von 2–4 km durch die Mangroven oder bis zum 8 km entfernten Fischerdorf Peam Krasop (und dem wenig einladenden gleichnamigen Strand) zu fahren (US\$5–20 pro Boot, max. 10 Pers.).

Individueller ist eine Tour mit dem Boot von Koh Kong nach **Koh Kapik** oder **Koh Sralau**. Die Insel Koh Sralau ist besonders in den frühen Morgenstunden zur Vogelbeobachtung interessant. Vermittlung eines Bootes und ortskundigen Führers über Ritthy Koh Kong Eco Adventure Tours ab US\$60.

Zum Zeitpunkt der Recherche waren die Bungalows des Bang Kajak Resorts in Bau.

🕓 6.30–18 Uhr, Eintritt 5000 Riel.

Von Koh-Kong-Stadt aus erreicht man den Park mit dem Tuk-Tuk/Motorradtaxi für US\$10/5 (hin und zurück).

Tatai-Wasserfall

Der schöne Wasserfall liegt 19 km östlich von Koh Kong. Der breite Tatai-Fluss [9637] stürzt über Felsen mehrere Meter in die Tiefe und speist mit seinem klaren, sauberen Wasser, das aus dem Kardamom-Gebirge stammt, viele natürliche Becken. Selbst in der Trockenzeit führt der Fall so viel Wasser, dass man in den Pools schwimmen kann. Beeindruckend ist die Erkundung des Tatai-Flusses mit seiner immergrünen Flusslandschaft mit dem Boot oder einem Kanu stromabwärts (von den Bungalowanlagen Neptune Adventure und Rainbow Lodge (s. u.) möglich oder über Ritthy Koh Kong Eco Adventure Tours, S. 458). Fantastisch ist eine Fahrt während der Regenzeit, wenn im Dschungel viele kleine Wasserfälle entstehen, die den Tatai-Fluss anschwellen lassen. Eintritt US\$1 (Kassenhäuschen, wenn besetzt, hinter dem Abzweig von der N48).

Geschäftig geht es an der Taitai-Brücke (23 km östlich von Koh Kong) zu, derzeit wird aus dem Flussbett Sand gebaggert, der nach Singapore exportiert wird. Hier gibt es auch eine einfache Übernachtungsmöglichkeit. Direkt an der Brücke liegt das **Beauty Guesthouse** In einem Holzhaus kann für US\$5 in einem Zimmer mit eigenem Bad übernachtet werden.

Am und auf dem **Tatai-Fluss** gibt es vier Unterkünfte, sie sind nur mit dem Boot ab der Tatai-Brücke erreichbar. Anreise bis zur Brücke von Koh Kong mit dem Tuk-Tuk/Motorradtaxi für US\$15/8. Alle Busse und Sammeltaxis von Koh Kong nach Sihanoukville und Phnom Penh kommen hier auch durch.

🏠 **4 River Floating Lodge**, ☎ 088-924 3436, 🖳 www.ecolodges.asia, [9641]. 12 luxuriöse Zelte auf einem schwimmenden Steg in malerischer Lage. Die Zelte sind 45 m² groß und mit Himmelbetten, DVD-Player, Bad und Terrasse ausgestattet – feudaler kann ein Zelt nicht sein. 24 Std. Strom über Solarzellen. Inkl. Frühstück. Anfahrt: Mit dem Boot ab Tatai-Brücke in 30 Min. (kostenlose Hin- und Rückfahrt). ❽

Neptune Adventure Bungalows, ☎ 088-777 0576, 🖳 www.neptuneadventure-cambodia.com, [9639]. Der Deutsche Thomas besitzt mit seiner Frau Sothea ein großes Stück bewaldeten Landes direkt am Fluss. In der familiär geführten Anlage laufen Hühner, Truthähne und 2 Hunde frei herum. Einfache Matten/

© MARION MEYERS

Bezaubernd schlängelt sich der Tatai-Fluss durch den Dschungel.

Holzbungalows auf Stelzen. Sie sind mit Bett oder Matratze, Terrasse und Hängematte ausgestattet. Einfaches Bad mit Schöpfdusche neben den Bungalows. Genügsame können auch in Hängematten am Fluss übernachten (US$10). Schöne Gemeinschaftsterrasse über dem Wasser. 24 Std. Solarstrom. Thomas bietet Tagesausflüge an. 2 Std. Trekking bis zum Tatai-Wasserfall, zurück geht es mit dem Boot oder Kanu, US$10 p. P. Geführte Kanufahrten durch die Mangroven nach Absprache. Kostenloser Kajakverleih. Inkl. Frühstück. Anfahrt: Mit dem Boot ab Tatai-Brücke in 10 Min. (kostenlose Hin- und Rückfahrt). ❸–❹

Rainbow Lodge, ☎ 012-160 2585, 🖥 www.rainbowlodgecambodia.com, [9640]. 100 m vom Fluss entfernt stehen 7 über Betonstege verbundene Bungalows. Die großen Beton-Holz-Hütten auf Stelzen sind mit einem Bett, Moskitonetz, Ventilator und Rattanablage möbliert. Großzügige gemauerte und gefliese Bäder mit abgetrennter Dusche. Hängematten auf den Veranden. Angeboten werden viele Aktivitäten. Geführte Trekkingtouren zwischen 2 und 8 Std., US$10–20; als Übernachtungstrip für US$30. Auch Klettertouren im Dschungel

oder an einem Wasserfall mit professioneller Ausrüstung stehen auf dem Programm. 24 Std. Solarstrom, Wasseraufbereitung. Unterstützt die Tatai-Gemeinde und die dortige Schule durch Aufbesserung der Lehrergehälter, Bau einer Toilette und fließend Wasser. Müllsammelaktionen. Unter englicher Leitung. Kostenloser Kajakverleih. Inkl. 3 Mahlzeiten, Wasser, Kaffee und Tee, US$80 p. P. Anfahrt: Mit dem Boot ab Tatai-Brücke in 10 Min. (kostenlose Hin- und Rückfahrt). ❺

TRANSPORT

Mit dem **Tuk-Tuk/Motorradtaxi** von Koh Kong für US$15/6 (hin und zurück, inkl. Wartezeit) bis zum Parkplatz. Ab da 5 Min. zu Fuß über einen abschüssigen Weg. Mit den Bussen Richtung Phnom Penh und Sihanoukville für US$2,5 bis zum Abzweig, von dort 2 km bis zum Parkplatz zu Fuß. Ab Tatai-Brücke mit dem Boot 3 km bis zum Wasserfall für US$16 (bis 10 Pers.).

Insel Koh Kong

Kambodschas größte Insel [9642] liegt 25 km südlich von Koh-Kong-Stadt und ist von dichtem Dschungel überzogen. Die einzige Siedlung auf diesem noch ursprünglichen Eiland ist das kleine Fischerdorf **Alata** an der Südostküste, das mit seinen Pfahlbauten ein hübsches Bild abgibt. Bis zu 400 m hoch erheben sich die Hügel im Inselinneren, während die östliche Küstenlinie felsig ist. An der Westküste erstrecken sich sechs Traumstrände, die der Einfachheit halber durchnummeriert wurden. Zwei Bungalowanlagen gibt es auf Koh Kong, sie liegen an den malerischen Buchten von Strand Nr. 3 und Nr. 6. Das Wasser ist flach, klar und türkisfarben, doch an beiden Stränden gibt es Sandfliegen (s. Kasten S. 419).

ÜBERNACHTUNG

Koh Kong White Sand Beach Resort, Strand Nr. 3, ☎ 096-666 9909, [9644]. 7 schöne, gepflegte einfache Holz-Mattenbungalows. Matratze mit Moskitonetz auf dem Boden, Ventilator. Hübsche Bäder mit Waschbecken, WC und Duschbrause. 8 Reihenzimmer der gleichen Ausstattung, mit Gemeinschaftsbad. Am 500 m langen kasuarinenbeschatteten Sandstrand gibt es eine mit Mangroven bewachsene Lagune. Hängematten, Liegen und Tische am Strand. Kostenlos Schnorchel- und Kajakverleih. 24 Std. Solarstrom. Kein WLAN. Keine Mobilfunkverbindung, nur SMS funktioniert. Der Strand wird von Tagesausflüglern angesteuert. In Koh-Kong-Stadt ist die Vorbuchung eines Zimmers US$5 teurer, besser eine SMS schicken. Restaurant. ❷–❸
Koh Kong Island Resort, Strand Nr. 6, ☎ 097-755 8988, 🖥 www.kohkongisland.net, [9645]. Hübsche Deluxe-Holzbungalows unter Bäumen, großzügig mit Glasfenstern, nette gelb gespachtelte Bäder und Veranda. Die Standardbungalows stehen in der abgeholzten Anlagenmitte und sind schlichte Holzhütten mit Matratze auf dem Boden und einer Spiegel-Schiebetüre ins nach oben offene Bad. Strom über Generator von 18 bis 2 Uhr. Kein WLAN, eingeschränkter Mobilfunk. Aktivitäten wie Kajakverleih und 2-stündige Dschungelwanderungen mit Bootabholung für US$20. Restaurant. Inkl. Frühstück. ❹–❺

TRANSPORT

Mit den **Tagesausflugsbooten** ab Koh-Kong-Stadt um 8 bzw. 8.30 Uhr in 2 1/2 Std. bis Strand Nr. 3, weiter nach Strand Nr. 6 in 20 Min. Zurück um 14 bzw. 15 Uhr, für US$30 (hin und zurück).

Kardamom-Gebirge

Das gewaltige Kardamom-Gebirge erstreckt sich nördlich von Koh Kong bis hoch nach Pursat und in südöstlicher Richtung über den Kirirom-Nationalpark bis hin zum Elefanten-Gebirge und dem Bokor-Nationalpark. Das Gebirge umfasst eine Fläche von 20 000 km², höchster Gipfel ist der 1813 m hohe Phnom Aoral. Einst war das Gebiet bewohnt, wovon Urnen mit menschlichen Überresten, deren Alter mit 500 Jahren datiert wird, noch heute zeugen. Nicht nur die gewaltigen Höhenunterschiede, sondern auch die unterschiedlichen klimatischen Verhältnisse vom regenreichen Emerald-Tal bei Bokor bis hin zur ziemlich trockenen Kirirom-Region machen das Gebiet zu einem der artenreichsten in ganz Südostasien. Hier wurden über 30 vom Aussterben

Trekking im Kardamom-Gebirge

Die **Rangerstation** in **Thma Bang** im Areng-Tal verfügt über ein einfaches Guesthouse, DZ US$5. Auch eine Mahlzeit ist von den Rangern für US$2 zu bekommen. Angeboten werden in der Trockenzeit Trekkingtouren von bis zu sieben Tagen, teils führen die Wege bis auf 1000 m Höhe. Tages- und Mehrtagesausflüge S. 458, Koh Kong/Touren.
Der Spanier **Alex Gonzales-Davidson**, ☎ 097-989 7999, 🖥 www.wildkkproject.com, bietet individuelle Dschungelwanderungen an. Er lebt seit Jahren in der Region und engagiert sich für den Umweltschutz. Je nach Personenzahl und Übernachtungen muss mit etwa US$30 p. P. gerechnet werden, inkl. Führer, Essen und Übernachtung in Hängematten mit Moskitonetz.
Anfahrt: Von Koh-Kong-Stadt 40 km auf der N48 Richtung Sihanoukville/Phnom Penh, der Abzweig nach Thma Bang ist eine unbefestigte Straße. Von Koh Kong mit dem Motoradtaxi für US$15 in 2 Std.

DER SÜDEN

bedrohte Tierarten gezählt, darunter der Asiatische Elefant, Indonesische Tiger, Nebelparder, Marmorkatzen, Malaienbären, Kragenbären, Plumplori, Kappengibbons, Gaur-, Banteng-Rinder, Malaienenten (Weißflügelente) und Gabelbartfische (Drachenfisch). Lange galt das Siam-Krokodil als „in freier Wildbahn ausgestorben", bis reinrassige Exemplare im Kardamom-Gebirge entdeckt wurden. Zählungen haben bis zu 450 Vogelarten ergeben, die in den immergrünen Wäldern leben.

4013 km² bei Thma Bang sind als **Zentrales Kardamom-Waldschutzgebiet** (Central Cardamom Protected Forest, CCPF) ausgewiesen, flankiert vom **Phnom Samkos-** und **Phnom-Aoral-Wildtier-Schutzgebiet** (2538 km²). Das Phnom-Samkos-Schutzgebiet erstreckt sich auf 3338 km² Richtung thailändischer Grenze und umfasst Kambodschas zweithöchsten Berg, den Phnom Samkos (1717 m), sowie die Berge Khmaoch und Tumpor. Das Gebiet ist zudem als bedeutendes Vogelschutzgebiet IBA (Important Bird Area) von BirdLife International ausgewiesen. Im den südlichen Kardamom-Bergen, rechts und links der N48, ist seit 2002 der **South West Elephant Corridor** (SWEC) eingerichtet. Ziel dieses Projektes ist es, Elefantenrouten zu schützen und einen Wechsel der Tiere zwischen verschiedenen Schutzgebieten zu fördern. Weitere Informationen auch unter: Conservation International, ⌨ www.conservation.org, Flora & Fauna International, ⌨ www.fauna-flora.org, Wildlife Alliance, ⌨ www.wildlifealliance.org. Geschützt werden die Gebiete von NGOs und bewaffneten Parkaufsehern.

Chi Phat

🌳 Ökotourismus-Projekte im Kardamom-Gebirge zielen darauf ab, den Dorfbewohnern in diesem Gebiet eine nachhaltige Lebensgrundlage zu schaffen, sodass sie nicht mehr wie bisher ihren Lebensunterhalt durch Abhol-

Hilfe für das Areng-Tal?

Bis jetzt fließt der **Areng-Fluss** noch ungehindert durch das Kardamom-Gebirge. Das Areng-Tal ist Teil des CCPF (Central Cardamom Protected Forest), einem der Schutzgebiete, die dazu eingerichtet wurden, den Pflanzen- und Tierreichtum des in Südostasien einmaligen immergrünen Auen- und Regenwaldes zu schützen. Das Tal ist Heimat der **Khmer Daeum** („Original-Khmer"), einer indigenen Bergbevölkerung, die hier seit Jahrhunderten im Einklang mit der Natur lebt. Die Khmer Daeum sprechen einen eigenen Dialekt, von dem angenommen wird, dass er sich seit der Hochzeit Angkors kaum verändert hat.

Das Tal ist auch Heimat von über 277 Tierarten, wozu der als gefährdet eingestufte Nebelparder, die Weißflügelente und der Drachenfisch zählen. Weltweit sollen nur noch 250 Siam-Krokodile existieren, die meisten davon im oberen Areng-Fluss, wo auch die Weibchen brüten. Am Oberlauf des Flusses will Kambodschas Regierung nun mit Hilfe der chinesischen Firma Sinohydro Corporation ein Staudammprojekt realisieren, um die chronische Unterversorgung des Landes mit Strom zu überwinden. Teile des Areng-Tales sollen dabei geflutet werden: 20 000 ha Wald werden untergehen und der angestammte Lebensraum von fast 1000 Menschen der Khmer Daeum geflutet. Wirtschaftlich betrachtet macht das Projekt kaum Sinn. Die minimale Stromgewinnung von 108 Megawatt steht in keiner Relation zu den Kosten des Projektes und den ökologischen Folgen. Frühere chinesische und japanische Investoren hatten sich bereits von dem Plan zurückgezogen. Sind aber erst einmal Schneisen in den Dschungel geschlagen, befürchtet die lokale Bevölkerung den Einfall von illegalen Holzfällern und Wilderern. Weltweit regt sich Protest gegen das ökologisch und ökonomisch fragwürdige Projekt. Alex Gonzales-Davidson ist Gründer der lokalen NGO **Mother Nature Cambodia**. Das Netzwerk, zu dem Aktivisten, Anwohner und Mönche gehören, setzt sich für die Rettung des Tales und gegen den Cheay-Areng-Damm ein. Die Oberhäupter von 124 Familien haben eine Petition an die Regierung verfasst, Mönche einen Protestmarsch organisiert, Bäume kartografiert und Baumpatenschaften vergeben. Weitere Infos dazu unter ⌨ mothernature.pm.

zung, Wilderei oder Brandrodung bestreiten müssen. Die Dörfer Chi Phat, Trapeang Roung und auch Chambok sind gute Beispiele, wie Naturschutz, der von der Bevölkerung getragen wird, durch nachhaltigen Tourismus gefördert werden kann.

Das kleine Dorf Chi Phat [9609] ist federführend in Sachen Ökotourismus. 120 km südöstlich von Koh Kong und 20 km flussaufwärts von An Doung Tuek, liegt es am Phi-Pot-Fluss inmitten des Kardamom-Gebirges. Der malerische Ort zieht sich 3 km an einer Staubstraße entlang und ist Heimat von etwa 600 Familien. Es gibt einen Markt und kleine Verkaufsstände, in denen die Bewohner Gemüse, Drogerieartikel oder Snacks verkaufen. Drei Restaurants, eine Billardhütte und eine Kneipe, in der hochprozentiger Reisschnaps verkauft wird, runden das Angebot ab. Die Menschen sind freundlich und aufgeschlossen, und somit ergibt sich hier eine wunderbare Gelegenheit, in das Dorfleben einzutauchen. Früher lebten die Einwohner überwiegend von der Landwirtschaft, für die sie Brandrodung betrieben, und erwirtschafteten Geld aus illegalem Holzschlag und der Wilderei. 2002 wurde die **Wildlife Alliance**, 🖥 www. wildlifealliance.org, gegründet, um eine weitere Abholzung und dem Wildern entgegenzuwirken. Um die Bevölkerung in das Projekt zu integrieren, wurde 2007 mit Unterstützung der Wildlife Alliance der gemeindebasierte Ökotourismus eingeführt, der Chi-Phat-Community-Based Ecotourism (CBET). 14 gewählte Vertreter leiten das Projekt, das bereits Erfolge zeitigt, denn dank der Einnahmen aus dem Ökotourismus akzeptiert und schätzt die Gemeinde den Schutz der Wälder und Flussläufe.

Auf elektronischen Luxus braucht keiner zu verzichten. Im CBET-Büro gibt es tagsüber Strom über Solarpanel, WLAN und einen Internetzugang von 17–23 Uhr für 5000 Riel/Std. Alle anderen Häuser sind an den Generator des Dorfes angeschlossen, Strom gibt es Mo–Fr 5–9 und 17–23, Sa, So 5–9 und 12–23 Uhr (am Wochenende länger, denn die im Fernsehen übertragenen Boxkämpfe sind eine beliebte Wochenendbeschäftigung der männlichen Dorfbevölkerung).

Das Ausflugsangebot für Touristen ist groß. Touren werden auch für Einzelpersonen durchgeführt, die angegebenen Preise gelten für zwei Personen. Je größer die Gruppe, desto günstiger wird es. Angeboten werden **Tagestrekkingausflüge** in die nähere Umgebung zu Wasserfällen und Höhlen (um US$20). Der schöne Pool des O'Malu-Wasserfalls ist auch in der Trockenzeit hervorragend zum Schwimmen geeignet, auch wenn das Wasser sich dann nur noch spärlich über die 5 m hohen Klippen ergießt. **Dschungelwanderungen** von zwei bis sieben Tagen mit Übernachtung in Hängematten (US$50–168) können arrangiert werden. Viele Angebote kann man als reine Wanderung oder mit dem Mountainbike durchführen. Mindestens zwei Tage sind für eine Tour zu zwei Plätzen mit 500 Jahre alten Grab-Tonkrügen zu kalkulieren. Bootstouren zur **Vogelbeobachtung** am Damnak Kos sind zudem eine wunderbare Alternative (US$32).

Wir empfehlen, mindestens eine Nacht im Dschungel einzuplanen. Das Erlebnis ist faszinierend, die Übernachtung in Hängematten mit Moskitonetz ist bequemer, als es sich anhört, das einfache Essen vom Lagerfeuer ein Genuss. Tages-Trekkingtouren führen meist nur bis zur Waldgrenze. Die Wege dorthin sind auch für Motorräder befahrbar, und es geht durch karge oder landwirtschaftlich genutzte Flächen. Wer weniger Zeit hat, sollte die Touren mit den recht guten Mountainbikes (ab US$29) oder kombinierte Boots- und Trekkingtouren unternehmen. Weniger anstrengend ist eine abendliche Bootsfahrt zu den Glühwürmchen (US$20), eine Sonnenuntergangsfahrt inkl. Abendessen oder zum Nachtfischen (US$12). Wer lieber individuell unterwegs ist, kann mit Fahrrädern (US$4), guten Mountainbikes (US$10) oder Kajaks (ab US$10) die Gegend erkunden (im CBET-Büro).

Alle Tourangebote inkl. Führer, Übernachtung und drei Mahlzeiten. Buchbar über CBET, Chi Phat, ☎ 092-720 925, ✉ chiphatbooking@ gmail.com. ◷ CBET-Büro 7.30–11.30 und 14–17.30 Uhr.

20 % der Einnahmen aus Übernachtungen, Essen und Touren über CBET fließen in den Gemeinschaftsfonds, aus dem Anschaffungen für das Dorf getätigt oder Kleinkredite vergeben werden. Die restlichen Einnahmen gehen an die im Rotationsprinzip beschäftigten Führer, Köche und Vermieter.

ÜBERNACHTUNG UND ESSEN

Bei Ankunft muss man sich im CBET-Büro registrieren lassen. Die Unterkünfte werden von CBET verteilt, man kann zwischen Guesthouse, Homestay und einer Bungalowanlage wählen. Es gibt insgesamt 13 von Einheimischen betriebene Guesthouses (US$5) und 10 Homestay-Zimmer (US$4). Alle Zimmer sind sauber und gepflegt, haben ein Bett, Moskitonetz und Außenbad (Hock- oder Sitztoilette und Schöpfdusche).

Eco Sothun Lodge, 2 km vom CBET-Büro entfernt und dort auch buchbar, auf einer kleinen Insel gelegen und über eine Hängebrücke erreichbar. 4 freistehende Bungalows und 4 Reihenzimmer sind aus Holz und Bambus gebaut und passen sich perfekt in die tropische Umgebung ein. Alle haben ein eigenes Bad mit europäischer Toilette und Dusche. Romantische Aussichtsterrasse am Fluss. ❷

2 weitere privat betriebene **Bungalowanlagen** im Dorf können vor Ort gebucht werden.

Ein **Restaurant** gibt es im **CBET-Büro**. 30 Gemeindemitglieder wechseln sich beim Kochen ab. Frühstück (Reis oder Nudeln) US$2,50; Mittag- und Abendbuffet US$3,50. In den 3 einfachen **Restaurants** kostet eine Mahlzeit um 7000 Riel.

TRANSPORT

Alle **Busse** und **Sammeltaxis** kommen auf der Strecke Koh Kong Richtung Phnom Penh und Sihanoukville durch An Doung Tuek. Von An Doung Tuek sind es 20 km mit dem **Tuk-Tuk** (2 Pers.)/**Motorradtaxi** für US$15/6 bis Chi Phat in 45 Min. über eine nicht befestigte, aber intakte Straße. Schöner ist die Fahrt mit dem **Longtailboot** ab Brücke An Doung Tuek in 2 Std. für US$25 (max. 6 Pers.). Die **Abreise** kann von CBET organisiert werden, die Preise enthalten einen Zuschlag für den Gemeinschaftsfonds. Mit dem Motorradtaxi bis An Doung Tuek für US$7 oder mit dem Boot (1–4 Pers.) für US$30 (bis 20 Pers. US$40). Von dort mit dem Bus nach Phnom Penh oder Sihanoukville um 9.30 Uhr für US$7; Koh Kong um 12 Uhr für US$6, Kampot um 9.30 Uhr für US$9,50 (Buswechsel in Veal Rengh). Für eine Sitzplatzgarantie muss immer die gesamte

Fahrstrecke des Busses bezahlt werden. Günstiger reist man in einem lokalen Minibus, einfach an der Straße heranwinken.

Trapeang Roung

Das zweite Dorf, das sich seit 2008 den gemeindebasierten Ökotourismus auf die Fahne geschrieben hat, ist Trapeang Roung, das 60 km südöstlich von Koh Kong direkt an der N48 liegt. Hier leben 518 Familien in einer landwirtschaftlich geprägten Umgebung. Es werden Ausflüge zu Fuß, mit dem Mountainbike oder im Kajak angeboten. Die Touren führen entlang dem Areng-Fluss, zu den **Kbal-Kampong**- und **Chhay-Chhveng-Stromschnellen** bis zum **Py-Chhan-Wasserfall**. Kombinierte Boots- und Trekkingtouren inkl. Schwimmen und Vogelbeobachtung sind möglich. Zwei- oder dreitägige Touren beinhalten eine Homestay-Übernachtung oder eine Nacht im Dschungel in einer Hängematte. Herausfordernder sind die Mountainbike- und Klettertouren zum Phnom-Roung-Berg. Touren zwischen US$25 für eine Trekkingtagestour bis zu US$90 für eine dreitägige Tour (ab 2 Pers., Gruppenrabatte ab 4 Pers.). Wer mag, kann abends mit auf Langusten-Fang gehen (US$12,50) oder einen Kochkurs buchen und die Zubereitung einer einfachen Nudelsuppe, eines Hühnchencurrys oder Reisnudeln mit Curry erlernen (US$10–17). Buchbar über CBET, Trapeang Roung, an der N48, 500 m südlich der Trapeang-Roung-Brücke über den Areng-Fluss, ☏ 035-690 0815, ✉ bookingtpr@gmail.com. ⏱ CBET-Büro 7–17 Uhr.

ÜBERNACHTUNG UND ESSEN

Unterkünfte werden vom CBET-Büro verteilt. 8 Familien bieten Homestay-Übernachtungen im separaten Zimmer an. Matratze mit Moskitonetz und einfaches Gemeinschaftsbad, US$5. Essen bei der Gastfamilie für US$2,50 pro Mahlzeit.

TRANSPORT

Alle **Busse** zwischen Koh Kong und Phnom Penh bzw. Sihanoukville fahren durch Trapaeng Roung. Für eine Sitzplatzgarantie muss i.d.R. die ganze Fahrstrecke bezahlt werden, von Phnom Penh bzw. Sihanoukville für US$6–8 in 5 bzw. 3 Std.

Kirirom-Nationalpark

Das hügelige Gebiet um Kirirom [9600] liegt auf halbem Weg zwischen Phnom Penh und Sihanoukville. Der nur wenig besuchte Kirirom-Nationalpark wird auch Preah Suramarith Kossmak genannt. 1997 als Nationalpark deklariert, umfasst das Gebiet 323 km² rund um den 670 m hohen Kirirom-Berg (Glücksberg). Ursprünglich war der Berg als privater Ruhesitz von König Sihanouk ausgewählt worden. Elefanten, Leoparden, Malaienbären, Kappengibbons, Rotwild, Banteng-Wildrinder und zahlreiche Vogelarten sind in den einsamen Wäldern beheimatet.

Folgt man dem asphaltierten Abzweig von der N4 am Dorf Trang Tro Yeung für 8 km, erreicht man das Kirirom Hillside Resort am Fuße der Berge. Hier gabelt sich der Weg zu den zwei Hauptgebieten. Rechts führt eine gute, aber nicht asphaltierte Straße 9 km bis zu dem malerischen Dorf Chambok, links windet sich eine asphaltierte Straße 15 km bis zu einem 670 m hoch gelegenen Plateau des Kirirom-Nationalparks. Von dort bietet sich ein fantastischer Ausblick über den Kirirom-Nationalpark und das Kardamom-Gebirge. Wer also Letzterer folgt, kommt nach 100 m an eine Schranke, an der US$5 Eintritt zu zahlen sind, ⏰ 8–17 Uhr. Die Straße windet sich dann idyllisch den Berg hinauf. Vorbei geht es am **Outasek-Wasserfall** (ein Wegweiser zeigt den 300 m langen Trampelpfad zu dem flachen Kaskadenfall), an **zwei Pagoden** und einem Kreisverkehr mit einer Naga-Schlange. Je näher das Plateau rückt, desto mehr ändert sich die Vegetation. Wogende Kiefernwälder und strauchartiger Bewuchs ersetzen die tropische Flora. Auf dem Plateau stehen die spärlichen **Reste der königlichen Sommerresidenz**, die von den Roten Khmer zerstört wurde. Das **Informationszentrum** ist in einem Steinhaus an der Klippe untergebracht und bietet neben Erläuterungen zum Umweltschutz lediglich einen grandiosen Ausblick von der Terrasse. In einfachen Hütten sind Getränke und Essen zu bekommen. Ein steiler Pfad führt 1,5 km hinab zum schönen **Sras-Srang-See**.

500 m vor dem Plateau zweigt eine nicht befestigte Straße zum **„großen Wasserfall"** ab. Ein Fluss bahnt sich über Felsen mehrere hundert Meter den Weg Richtung Tal. In der Woche ist man hier fast allein, während es am Wochenende von Tagesausflüglern nur so wimmelt. Die moderaten Temperaturen von max. 25 °C machen diesen Ort am Wochenende zu einem idealen Platz für Einheimische, die hier picknicken. Dutzende Holzhütten am Ufer können für US$4/Tag gemietet werden. Man bringt sich ein Essen mit oder lässt sich von den Restaurants bewirten, dann ist die Benutzung der Hütte kostenlos. Spezialität sind die gegrillten Hühner, gefüllt mit Ingwer und Zitronengras für US$5 (ausreichend für 2–3 Pers.).

Von hier startet auch die anspruchsvolle Wanderung zum **Phnom Dat Chivit** (Ende des Lebens). 6 km führt der Pfad den Berg hinauf. Die Aussicht auf das Elefanten- und Kardamom-Gebirge sowie die Möglichkeit, seltene Tiere zu beobachten, entschädigen für den anstrengenden Aufstieg. Wir raten jedoch davon ab, diese Tour ohne Karte oder Führer zu unternehmen. Es gibt im Kirirom-Nationalpark keinerlei Informationsbroschüren oder Kartenmaterial. Die Wege sind nicht ausgeschildert, und mancher Pfad ist kaum zu erkennen oder nach Regengüssen in einem sehr schlechten Zustand. Es gibt eine recht genaue gezeichnete Karte von Steven Gosselin. Der laminierte Plan ist u. a. bei Palm Tours, 1B St. 278, 🖥 www.palmtours.biz, in Phnom Penh für US$2,50 erhältlich. Das Kirirom Hillside Resort (s. u.) organisiert einen Führer für US$20/Tag, mind. einen Tag vorher Bescheid geben.

ÜBERNACHTUNG UND ESSEN

Kirirom Guesthouse and Restaurant, im Park 3 km vor dem Plateau, ✆ 077-767 320. Zum Zeitpunkt der Recherche hat gerade ein neuer Besitzer die Anlage übernommen. Geplant ist die Renovierung der 5 einfachen Zimmer und die Inbetriebnahme des Restaurants mit Aussichtsterrasse. ❷
Kirirom Hillside Resort, ✆ 016-590 999, 🖥 www.kiriromresort.com, [9602]. Nicht von den beiden Känguru-Skulpturen am Eingang abschrecken lassen. In der großzügigen, bewaldeten Anlage gibt es schöne, schon etwas in die Jahre gekommene Reihenhaus-Zimmer und Bungalows am Fluss. Alle sind innen mit viel Holz gemütlich ausgestattet,

AC, TV, Minibar. Restaurant mit westlichen und asiatischen Gerichten. Alle Aktivitäten wie Kanufahren, Tennis, Reiten sind für Gäste im Zimmerpreis enthalten. Spielplatz mit Dinosaurier-Skulpturen, Zoo, Pool. Nicht-Gäste zahlen US$6 für einen Tag am Schwimmbad. In der Woche hat man die Anlage fast für sich allein. Inkl. Frühstück. WLAN an der Rezeption. ❹–❼

TRANSPORT

Der Kiriom-Nationalpark liegt auf halbem Weg zwischen Phnom Penh (100 km) und Sihanoukville (140 km).

Mit den **Bussen** oder **Sammeltaxis** zwischen Phnom Penh und Sihanoukville im Dorf Trang Tro Yeung absetzen lassen. Am Abzweig warten Motorradtaxis, die Gäste für US$10 zum Kiririom-Plateau oder bis zum Dorf Chambok (1 Std.) bringen. Mit dem **Taxi** aus Phnom Penh oder Sihanoukville für US$60.

Chambok

Die Gemeinde von Chambok hat sich 2003 zusammengeschlossen und das **Chambok Community-Based Ecotourism Program**, ☎ 017-363 480, 🖥 www.chambok.org, ins Leben gerufen. Alle Gewinne aus dem Tourismus kommen der Gemeinschaft zugute und garantieren so der einheimischen Bevölkerung ein Einkommen. Auch Parkranger und Weiterbildung in Sachen Naturschutz werden aus den Einnahmen finanziert.

In Chambok bietet sich eine wunderbare Gelegenheit, Einblick in das einfache Leben auf dem Land zu bekommen. Eine 7 km lange Wanderroute führt an drei Wasserfällen vorbei. In den Kaskadenbecken des zweiten Wasserfalls kann man baden, der dritte Wasserfall ist der schönste des Kiriom-Gebietes und beeindruckende 40 m hoch, Eintritt US$3. Wer lieber mit einem englischsprachigen Führer, der sich mit Flora und Fauna auskennt, unterwegs ist, zahlt US$15. Mehrtagestouren mit Übernachtung im Zelt sind möglich. Fahrradausleihe für US$1,50/ Tag. Gemächlich kann die Umgebung auch im Ochsenkarren erkundet werden (US$4 für 2–3 Pers.). Das Informationszentrum am Dorfende ist von 8 bis 17 Uhr besetzt, bietet gute Informationen; die Angestellten sprechen Englisch.

ÜBERNACHTUNG UND ESSEN

Insgesamt 37 Familien bieten einen **Homestay** im Dorf an. Einfache, saubere Zimmer in Holzhäusern, Toilette außerhalb, US$4. Ebenso viel kostet eine Mahlzeit (westliches Frühstück US$3). Das Essen wird abwechselnd von den Frauen des Dorfes zubereitet. Nach Absprache kann der Gast bei der traditionellen Zubereitung auf dem Feuer mitmachen. Die Verteilung der Gäste auf die Homestays übernimmt die Chambok Community. Anmeldungen mind. 2 Tage im Voraus. **Romantic Waterfall Café**, ☎ 012-733 694, 🖥 www.romantic-cafe.org. Am Ortseingang von Chambok mitten in einem Reisfeld liegendes kleines Ziegelsteinhaus. Der Betreiber Mr. Bros spricht Englisch und vermietet 2 einfache, saubere Zimmer mit Ventilator (mit Solarenergie betrieben) und Gemeinschaftsbad. Restaurant. ❶

TRANSPORT

Siehe Kirirom-Nationalpark, Transport.

© M. MARKAND

Anhang

Sprachführer

Eine Reise durch Kambodscha, ohne die Landessprache zu beherrschen, ist problemlos möglich: Hotelangestellte, Taxifahrer, Souvenirverkäufer – sie alle sprechen mehr oder weniger gut Englisch. Vor allem die Jüngeren lernen es in der Schule oder nehmen privaten Unterricht. Wer jedoch abseits der großen Touristenströme unterwegs ist, auf Märkten einkauft und mit öffentlichen Verkehrsmitteln reist, wird schnell merken, dass die Kenntnis auch nur weniger Worte der Landessprache schnell die Herzen der Menschen öffnet: Dokumentiert man doch so ganz offensichtlich sein Interesse an Land und Leuten. Und auch wenn es nicht auf Anhieb klappt: Der radebrechende Gast sollte sich nicht entmutigen lassen, und es gleich noch einmal versuchen.

Als **Mon-Khmer-Sprache** unterscheidet sich Kambodschanisch von den Sprachen der Nachbarländer. Während z.B. Thai oder Vietnamesisch schwer zu erlernen sind, da jeder Vokal in fünf oder sechs verschiedenen, bedeutungstragenden Tonlagen ausgesprochen werden kann, entfällt diese Hürde im Kambodschanischen. Die **Schrift** – ohnehin ohne intensives Studium schwer zu lesen – enthält jedoch **33 Konsonanten** und **23 Vokale**: also erheblich mehr Buchstaben als unser Alphabet. Das erschwert die Umschrift, für die es kein einheitliches System gibt, sehr. Wir orientieren uns im Folgenden an gebräuchlichen Schreibweisen, die zum Teil an die deutsche Aussprache angepasst wurden. Ein paar Hinweise zur Aussprache helfen bei besonders ungewohnten Lauten.

Die **Grammatik** des Khmer folgt wie im Deutschen der Anordnung Subjekt, Prädikat, Objekt. Die Adjektive werden jedoch hinter den Substantiven hinzugefügt. Zeitbezüge werden nicht durch Konjugation, sondern durch hinzugefügte Wortpartikel gekennzeichnet. Artikel gibt es keine, und auch Plural-Formen der Substantive existieren nicht: Auch hier werden näher bestimmende Wörter hinzugefügt.

Wer sich intensiver mit dem Kambodschanischen beschäftigen möchte, findet in der Literaturliste einige Hinweise zu gut nutzbaren **Büchern**. Wer es digitaler mag: Auf **Youtube** gibt es Videos zum Lernen der Sprache (Suchbegriff: „learn khmer"), und Benutzer eines **iPhone** finden im Appstore den kostenlosen *Cambodian Language Guide* von Worldnomads.

Aussprache

Die Khmer-Sprache verfügt über einige Laute, die im Deutschen unbekannt sind; sie zu erlernen, erfordert etwas Übung und die Hilfe eines Muttersprachlers. Dazu kommt, dass es neben dem Standard-Khmer, wie es in Phnom Penh gesprochen wird, im ganzen Land verschiedene Dialekte gibt, die zum Teil stark davon abweichen. Man sollte aber die Flinte nicht zu früh ins Reisfeld werfen – die Kambodschaner helfen sehr gern, wenn sie sehen, dass man sich für ihre Sprache interessiert.

Konsonanten

dj	wie in **Dsch**ungel
gn	wie in Champi**gn**on
ng	wie in si**ng**en
tsch	wie in Mäd**ch**en

Einige Konsonanten sind mit Apostroph getrennt, um zu verdeutlichen, dass sie mit einer kleinen Pause gesprochen werden müssen.

Vokale

Die meisten Vokale können ähnlich wie im Deutschen gelesen werden. Doppelvokale oder ein angehängtes „h" bedeuten, dass ein langer Vokal gesprochen wird. Bei Kombinationen (wie „ia") werden die beiden Vokale nacheinander verschmolzen gesprochen (wie in „ihr"); ein gutes Beispiel zum Üben ist die Zahl „1": *muoi*. Als Sonderzeichen benutzen wir das „å", ein kurzes „o" wie in K**o**ch, wichtig z.B. bei *åkun* (danke).

Wortschatz

Das Wichtigste

Hallo	*djum riap sua* (formell), *sua-sdey* (informell)
Auf Wiedersehen	*djum riap lia* (formell), *lia haöy* (informell)

Bis bald!	djua knia th'ngai kaoy
Danke	ákun
Danke vielmals	ákun djarön
Ja	baat (m) / djah (f)
Nein	tee
Ich verstehe nicht.	kh'ngom sdab men baan / kh'ngom át yul
Entschuldigung!	som toh
Macht nichts.	át pagnaha
Wie ist Ihr Name?	neak tsch'muah ey?
Mein Name ist ...	kh'ngom tsch'muah ...
Ich bin Deutscher / Österreicher / Schweizer.	kh'ngom mao pii allömang / otrih / swih.
Was kostet das?	nii th'läy pohnmaan?

Notfall

Hilfe!	djuay pháng!
Es gab einen Unfall.	mian kruah-thnak
Bitte rufen Sie einen Arzt!	djuay hav kruu paet mao!
Bitte bringen Sie mich in ein Krankenhaus!	som djuun kh'ngom töw muntii paet
Ich habe ...	kh'ngom ...
.... Schmerzen	... tschö
.... Fieber	... krun
.... Durchfall	... riak
Ich wurde ausgeraubt.	kh'ngom tschöw djao plahn
Mein ... ist weg.	... kh'ngom bat.
... Rucksack ...	kaaboob ...
... Koffer ...	vaalii ...
... Pass ...	paspoor ...

Unterwegs / Orientierung

Wo ist ...?	... nööv ai nah?
... der Bahnhof	... s'thanii roht plööng
... der Busbahnhof	... s'thanii laan krong
... der Flughafen	... djonmát yun-hóh
... eine Apotheke	... farmasii
... eine Bank	... thoniakia
... ein Gästehaus	... phtiah somnak
... ein Hotel	... santhaakia / ootääl
... der Markt	... phsaa
... ein Restaurant	... phoodjani yathaan / restorang
... ein Taxistand	... s'thanii laan taksii
... eine Toilette	... toy-let
Wann fährt / fliegt ...?	... djein maong pohnaan?
... der Bus	... laan tsch'nual
... das Boot	... duk
... der Zug	... rot plööng
... das Flugzeug	... yohn hawn
Wo bekomme ich ein Ticket?	kh'ngom trööv tign sambot nööv ai nah?
Wie teuer ist es nach ...?	tööv ... pon maan?
Fahren Sie nach ...?	tööv ... tee?
Bitte einen Stopp für die Toilette.	kh'ngom som tschub bát djööng.
Norden	tih khaang djöng
Süden	tih khaang t'boong
Osten	tih khaang kaöt
Westen	tih khaang lek

Übernachten

Ich möchte ein Zimmer ...	kh'ngom sohm bantohp
... für eine Person.	.... samruhp muy niak.
... für zwei Personen.	... samruhp pii niak.
Badezimmer	bantub tök
Fenster	báng-uadj
Klimaanlage	masin trádjeh
Wie viel kostet es pro Tag?	damlay muy th'ngay pohnmaan?

Essen und Trinken

Haben Sie eine englische Speisekarte?	mien menui djea piasaa anglay te?
Haben Sie eine Spezialität?	tii nih mien m'howp ei piseh te?
Bitte nicht zu scharf.	sohm kohm töö huhl pek

Ich bin Vegetarier.	*kh'ngom tahm sait*
Ich bin allergisch gegen (Erdnüsse)	*kohm dak (sándaik dei)*
Das ist lecker.	*nii ch'ngai nah*
Die Rechnung, bitte.	*sohm kut lui*

Zubereitungsarten und Zutaten

Die Bezeichnungen von Gerichten setzen sich oft aus der Zutat und der Zubereitungsart zusammen; z.B. gebratenes Huhn: *sdaj moan tschaa.*

gebraten	*tschaa*
gegrillt	*ang*
geschmort	*dot*
gedämpft	*jamhoi*
ohne ...	*.... át dak* ("nicht hineintun"; z.B. gebratenes Huhn ohne Pfeffer: *sdaj moan tschaa át dak mrik*)
Salz	*ámbel*
Pfeffer	*mrik*

Zahlen

0	soon	30	saamsihb
1	muoi	40	saisihb
2	pih	50	haasihb
3	bai	60	hoksihb
4	buon	70	djetsihb
5	pram	80	pähtsihb
6	pram-muoi	90	kaosihb
7	pram-pih	100	muoi-roy
8	pram-bai	200	pih-roy
9	pram-buon	555	prahm-muoi-roy haasihb prahm
10	dáp		
11	dáp-muoi	1000	muoi-poan
12	dáp-pih	10 000	*muoi-möön*
20	m'phii	100 000	*dáp-möön*
21	m'phii-muoi	1 000 000	*muoi-lian*
22	m'phii-pih		

Zucker	*ská*
Glutamat (MSG)	*bii djeeng / msaw sub*
Sojasauce	*tök sii iw*
Fischsauce	*tök trey*
Chili	*m'teh*
Knoblauch	*kh'tum sah*
Reis	*bai*
Nudeln	*mih*
Brot	*num-pang*
Ei (Huhn/Ente)	*pong moan / pong tia*

Fleisch

Rind	*sadj koo*
Schwein	*sadj drook*
Huhn	*sadj moan*
Ente	*sadj tia*
Frosch	*kángkaib*
Schnecke	*kh'jahng*
Fisch	*trey*
Tintenfisch	*trey mök*
Krebs	*k'daam*
Garnele	*bahngkia*
Aal	*ahntong*

Obst und Gemüse

Apfel	*phlai pom*
Banane	*chek*
Bohnen	*sándaik*
Drachenfrucht	*phlai srakaa neak*
Erdnuss	*sándaik dei*
Gurke	*trásák*
Jackfruit	*khnau*
Kartoffel	*dámloong barang*
Kohl	*spey*
Limone	*krow-it ch'maa*
Litschi	*phlai kuulain*
Mais	*poot*
Mango	*svay*
Mangosteen	*móngkhut*
Möhre	*karoot*

Orange	*krow-it poh saat*
Paprika	*mteh phlaok*
Pilz	*phset*
Pomelo	*krow-it th'long*
Rambutan	*sao mao*
Tomate	*peng poh*
Wassermelone	*öv luuk*
Zwiebel	*kh'töm barang*

Getränke

Flasche	*dááb*
Dose	*kámpong*
Orangensaft	*tök krow-it poh ssat*
Limonade	*tök krow-it ch'maa*
Kokosnusssaft	*tök doong*
Zuckerrohrsaft	*tök ámpöw*
Wasser	*tök*
Milch	*tök dáh koo*
Coca-Cola	*coocaa*
Bier	*bii-a*
Tee	*tai*
Kaffee	*kaafee*
… schwarz	*kaafee khmaw*
… mit Milch	*kaafee tök dáh koo*
… mit Eis	*… tök kák*

Zeit

Wie viel Uhr ist es?	*maong pon naam*
jetzt	*eylöh nih*
heute	*th'ngai nih*
gestern	*msul-mein*
morgen	*th'ngai saik*
Montag	*th'ngai djan*
Dienstag	*th'ngai áng kia*
Mittwoch	*th'ngai put*
Donnerstag	*th'ngai próhóh*
Freitag	*th'ngai sok*
Samstag	*th'ngai sah*
Sonntag	*th'ngai atit*

Glossar

Airavata heiliger Elefant der indischen Mythologie; der erste, der erschaffen wurde, himmlischer Vorfahr aller indischen Elefanten, Reittier des Schöpfergottes → Indra

Ananta (Sanskrit) „Unendlichkeit"; Beiname der Weltenschlange Sheshanaga, König der → Nagas

Angkor (Khmer) „Stadt"

APSARA Behörde zum Schutz und zur Verwaltung der Tempel von Angkor

Apsaras Halbgöttinnen, himmlische Tänzerinnen, die aus dem Kirnen des Milchozeans hervorgegangen sind; aus der hinduistischen und buddhistischen Mythologie

Arjuna Figur aus dem → Mahabharata-Epos: König des Clans der → Pandava, Schüler von → Krishna

ASEAN Association of Southeast Asian Nations; wirtschaftlicher und politischer Verband der südostasiatischen Staaten

Asura Dämon in der indischen Mythologie

ATM (engl. *automated teller machine*) Geldautomat

Avatar Erscheinungsformen von Göttern beim Herabsteigen auf die Erde

Banteay befestigte Anlage, Zitadelle

Barang (Khmer) umgangssprachlicher Ausdruck für Ausländer

Baray künstlich angelegtes Wasserbecken oder Wasserreservoir

Basrelief (von franz. *bas*, flach) → Flachrelief

Bodhi-Baum der Baum, unter dem Buddha zur Erleuchtung gelangte, *Ficus religiosa*

Bodhisattva im Buddhismus: ein erleuchtetes Wesen, das jedoch nicht ins Nirwana einzieht, sondern aus Mitgefühl unter den Menschen bleibt, um ihnen bei der Erleuchtung zu helfen

Brahma einer der drei wichtigsten Götter im Hinduismus, Gott der Schöpfung

Brahmane hinduistischer Priester

Buddha ein Mensch, der zur Erleuchtung gelangt ist, der „Erwachte"

Cassava auch Maniok genannte Nutzpflanze, deren stärkehaltige Wurzelknolle gekocht,

ANHANG

zu Mehl verarbeitet oder als Futtermittel Verwendung findet

Chedi → Stupa; glockenförmiger Turm, in dem die Asche Verstorbener oder Reliquien Buddhas aufbewahrt werden

Chunchiet Oberbegriff für Angehörige der ethnischen Minderheiten der Bergstämme in Kambodscha

CPP Cambodian People's Party; Kambodschanische Volkspartei

Cyclo dreirädrige Fahrradrikscha, die Sitzbank befindet sich vor dem Fahrer

Devatas Gottheiten in der hinduistischen Mythologie

Durga Beiname der hinduistischen Göttin → Parvati; verkörpert das grausame, kriegerische Element

Dvarapala Wächterfiguren

EFEO (École française d'Extrême-Orient) 1901 gegründetes französisches Institut zur Erforschung der süd-, südost- und ostasiatischen Kultur und Geschichte. Hauptsitz in Paris, 17 Zweigstellen von Indien bis Japan

Flachrelief wandschmückende Steinmetzarbeit, die nicht allzu tief aus dem Stein herausgearbeitet ist

Funan indisch beeinflusstes Königreich in Südostasien, ca. 1.–7. Jh., Vorläufer des Khmer-Reichs

FUNCINPEC Front Uni National pour un Cambodge Indépendent, Neutre, Pacifique et Cooperativ; royalistische Partei

Ganesha Gottheit mit vier Armen und Elefantenkopf, bringt Glück und ist eine der beliebtesten Götter des Hinduismus

Garuda aus der indischen Mythologie stammendes Fabelwesen, halb Mensch halb Vogel, Reittier des Hindugottes Vishnu

Gopuram Toreingang bzw. Tempeleingang, der mit einem Turm oder einem geschmückten Tor verziert ist

Hanuman hinduistische Gottheit in Affengestalt
Harihara die hinduistischen Götter Shiva und Vishnu in einer Person

Hochrelief wandschmückende Steinmetzarbeit, bei der die Figuren und Muster tief aus dem Stein herausgearbeitet werden

Indra Schöpfergott der frühindischen, vedischen Religion. Der „König der Götter" steht für die Kräfte der Natur.

Indochina Sammelname aus der franz. Kolonialzeit für Kambodscha, Laos und Vietnam

Jataka Erzählungen aus dem Leben Buddhas

Kala in Südostasien gebräuchlicher Name für Kirtimukha, ein alles verschlingendes Monstergesicht mit hervorstehenden Augen und ohne Unterkiefer, das an hinduistischen Tempeleingängen abgebildet ist

Kaurava Adelsfamilie aus dem → Mahabharata-Epos; Gegenspieler der → Pandava

Khapa Rücken-Tragekorb der → Chunchiet

Khmer Einwohner Kambodschas, Sprache

Ko (Khmer) Ochse

Koh (Khmer) Insel

Krama traditioneller Baumwollschal oder Tuch, wird von Männern und Frauen getragen

Krishna Inkarnation des hinduistischen Gottes → Vishnu in menschlicher Form

Lakshmi Gefährtin von → Vishnu, Göttin des Glücks, des Reichtums und der Schönheit

Laterit eisenhaltiger, rötlicher, poröser Stein

Leang (Khmer) Höhle

Lingam männliches Symbol, Phallus, repräsentiert Shiva

Lokeshvara auch: Avalokiteshvara → Bodhisattva des universellen Mitgefühls im Mahayana-Buddhismus

Mahabharata altindisches Epos in Versform, mit 18 Büchern und 200 000 Zeilen „das längste je geschriebene Gedicht"

Mahout Elefantenführer

Makara Meeresungeheuer in der indischen Mythologie mit Krokodilleib und Elefantenrüssel

Mara Gegenspieler des Buddha Shakyamuni, den er mithilfe seiner Töchter Rati (die Lust), Arati (die Unzufriedenheit) und Tanha (die Gier) in Versuchung führt. Allgemein das Prinzip des Unheils im Buddhismus

Mebon Inseltempel

Mehru aus der hinduistischen und buddhistischen Kosmologie: großer goldener Berg, markiert das Zentrum des Universums und den Sitz der Götter

Mondkalender Kalender, an dem sich traditionelle und buddhistische Feste orientieren. Ein Mondjahr hat 354 Tage mit je 12 Monaten zu 29–30 Tagen. Um den Mondkalender dem gregorianischen Kalender wieder anzugleichen, wird alle 3–4 Jahre ein Zwischenmonat eingeschoben

Mudra bedeutungsvolle Hand- und Fingerhaltung in buddhistischen Darstellungen

Naga Schlangenwesen oder Schlangengottheit aus der indischen Mythologie, oft mehrköpfig dargestellt

Nandi Reittier Shivas, meist in Darstellung eines ruhenden Bullen

Narasimha menschliche Figur mit Löwenkopf, eine Manifestation von Vishnu

Neak Ta Ahnengeist

Pandava Familienclan im → Mahabharata-Epos

Parvati hinduistische Göttin, Gefährtin von → Shiva. Kann als sanfte Mutter → Uma oder als grausame Kriegerin → Durga auftreten

Phnom (Khmer) Berg

Pinpeat traditionelles kambodschanisches Musikensemble

Prasat Tempelturm oder Heiligtum

Preah (Khmer) heilig

Quincunx-Form Gegenstände, die wie die Zahl fünf auf einem Würfel angeordnet sind

Rahu in der vedischen Astrologie einer der Planeten; in der indischen Mythologie ein Dämon ohne Unterleib, der Sonne und Mond verschlingen will

Rama Inkarnation des hinduistischen Gottes → Vishnu in menschlicher Form; Held des → Ramayana

Ramayana indisches Nationalepos. In 7 Büchern und 24 000 Versen wird die Geschichte des Prinzen Rama erzählt, der seine Frau Sita aus der Gefangenschaft des Dämons Ravana befreit; wahrscheinlich 4. Jh. v. Chr.–2. Jh. n. Chr. entstanden

Ream kambodschanischer Name von → Rama

Reamker kambodschanische Version des → Ramayana

Reumork kambodschanischer Ausdruck für Tuk-Tuk. Motorrad mit überdachtem Anhänger

Seda kambodschanischer Name von → Sita

Shiva wichtiger Gott im Hinduismus, verkörpert das Prinzip der Zerstörung, aber auch der Erneuerung

Sita Gemahlin vom → Rama im → Ramayana

Spean (Khmer) Brücke

Staatstempel Haupttempel eines kambodschanischen Königs

Stele aufrecht stehender Stein mit Inschrift

Stuck formbare, aushärtende Masse, die zur Dekoration von Ziegelsteinbauten verwendet wurde

Stupa glockenförmiger Turm, in dem die Asche Verstorbener oder Reliquien Buddhas aufbewahrt werden

Tempelberg Kambodschanische Tempelanlage auf mehreren Ebenen, die den heiligen Berg → Mehru symbolisieren soll

Tonle (Khmer) breiter Fluss

Trimurti (Sanskrit: „drei Formen") hinduistisches Konzept, das die Funktionen Erschaffung, Erhaltung und Zerstörung (in Form der Götter Brahma, Vishnu und Shiva) in einer Einheit zusammenführt

Tympanon dreieckige oder halbkreisförmige, mit figürlichem oder ornamentalem Dekor verzierte Giebelfläche über einer Tür

Uma Beiname der hinduistischen Göttin → Parvati; verkörpert das sanfte, mütterliche Element

Vihear/Vihara Hauptgebäude in buddhistischem Kloster

Vishnu wichtige hinduistische Gottheit, gilt als Beschützer der Welt; oft mit vier Armen dargestellt, in denen er Wurfscheibe, Schneckenhorn, Lotus und Keule hält

Wat religiöse Bauwerke wie Pagoden, Tempel oder Klöster

Yama Gott des Todes im hinduistischen Pantheon

Yeak Riese, als Wächterfiguren an Tempeln

Yoni weibliches Fruchtbarkeitssymbol

ANHANG

Reisemedizin zum Nachschlagen

Die im Folgenden genannten Krankheiten klingen dramatisch, betreffen jedoch die wenigsten Reisenden. Es lohnt sich dennoch, diese Hinweise zu lesen, da es lebensrettend sein kann, bestimmte Symptome rechtzeitig zu erkennen. Vor allem, wenn man abseits der ausgetretenen Pfade unterwegs ist und durch die Berge trekkt, sollte man ausreichend informiert und geschützt sein. Eine gute Reisekrankenversicherung ist für einen Kambodschabesuch unabkömmlich.

Aids

ANHANG

Aids ist in Kambodscha zu einem enormen Problem geworden. Mehr als 120 000 Menschen sind HIV-positiv, das sind knapp 2 % der Bevölkerung, womit Kambodscha in Asien trauriger Rekordhalter ist. Nach den vom Westen 1998 organisierten Wahlen stieg die Zahl der Aids-Infizierten sprunghaft an, ob es da einen kausalen Zusammenhang gibt, ist umstritten. Bis heute ist die Prostitution weitverbreitet, nicht selten kommt es dabei zu ungeschütztem Verkehr. Auch Kinder sind von dem Virus betroffen, allein 12 000 Kinder sind infiziert, viele von ihnen leben auf der Straße. Die medizinische Versorgung ist kaum gewährleistet. Auch Geschlechtskrankheiten, wie Syphilis und Gonorrhö, sind in Kambodscha weitverbreitet. Ungeschützter Geschlechtsverkehr und Erste Hilfe ohne Sicherheitshandschuhe sind daher auf alle Fälle zu vermeiden.

Dengue-Fieber

Dengue-Fieber ist eine Viruskrankheit, die epidemieartig auftreten kann. Sie ist in Kambodscha stark verbreitet, Tendenz steigend. Infektionsgebiete sind unter anderem die Provinzen Kandal, Takeo, Battambang, Kompong Cham, Phnom Penh (auch in der Stadt). Das Fieber wird von der *Aedes aegypti*-Mücke übertragen, die an ihren schwarz-weiß gebänderten Beinen zu erkennen ist. Sie sticht während des ganzen Tages. Nach der Inkubationszeit von bis zu einer Woche kommt es zu plötzlichen Fieberanfällen, Kopf- und Muskelschmerzen. Nach drei bis fünf Tagen kann sich ein Hautausschlag über den ganzen Körper verbreiten. Bei Stufe 1 klingen nach ein bis zwei Wochen die Krankheitssymptome ab. Ein zweiter Anfall (Stufe 2) kann zu Komplikationen (inneren und äußeren Blutungen) führen.

Wie bei Malaria sind ein Moskitonetz und der Schutz vor Mückenstichen der beste Weg der Vorsorge. Neben dem Rat, sich nicht bei Beginn der Dunkelheit ungeschützt im Freien aufzuhalten, wird empfohlen, sich immer gut die Füße zu waschen, denn die *Aedes aegypti* liebt den Geruch von Käsefüßen.

Es gibt keine Impfung oder spezielle Behandlung. Schmerztabletten, fiebersenkende Mittel (wobei das Fieber bei einer Erkrankung selten hoch ansteigt) und kalte Wadenwickel lindern die Symptome. Keinesfalls sollten ASS, Aspirin oder ein anderes acetylsalicylsäurehaltiges Medikament genommen werden, da diese einen lebensgefährlichen Verlauf herausfordern können! Der Kranke fühlt sich schlapp und hat keinerlei Energie, die Körpertemperatur steigt leicht an. Das Virus lässt sich nicht immer sofort nachweisen. Sollten die Symptome nicht nachlassen, muss der Patient an den Tropf und sollte schnellstmöglich ein internationales Krankenhaus aufsuchen.

Durchfälle und Verstopfungen

Verdorbene Lebensmittel, nicht kontinuierlich gekühlter Fisch, zu kurz gegartes Fleisch, ungeschältes, schon länger liegendes, aufgeschnittenes Obst (Wassermelonen), Salate, kalte Getränke oder schlecht gekühlte Eiscreme sind häufig die Verursacher von Durchfällen. Auf keinen Fall darf man in Kambodscha Leitungswasser trinken. Beim Kauf von Wasserflaschen unbedingt auf einen versiegelten Deckel achten.

Eine Elektrolyt-Lösung, die die verlorene Flüssigkeit und Salze ersetzt, reicht bei harmlosen Durchfällen völlig aus. Abgepackte Elektrolyt-Lösungen gibt es in jeder Apotheke. Wer selbst eine Lösung herstellen möchte, nimmt 4 Teelöffel Zucker oder Honig, 1/2 Teelöffel Salz und 1 l Orangensaft oder abgekochtes Wasser. Zur Not, etwa vor langen Fahrten, kann auf Imodium zurückgegriffen werden. Außerdem hilft eine Bananen- oder Reis-und-Tee-Diät und Cola in Maßen. Bei längeren Erkrankungen sollte ein Arzt aufgesucht werden – es könnte sich auch um Ernsteres handeln.

Hepatitis

Hepatitis ist eine Infektion der Leber, die von verschiedenen Virus-Typen verursacht wird (inzwischen sind die Typen A–G bekannt). Während in Kambodscha die meisten Menschen nach einer harmlosen Hepatitis-A-Infektion im Kindesalter gegen diese Krankheit immun sind, trifft dies nur auf ein Drittel der Europäer zu. Ob die Impfung notwendig ist, zeigt ein Antikörpertest.

Hepatitis A, auch Reisegelbsucht genannt, wird durch infiziertes Wasser und Lebensmittel übertragen. Die Symptome ähneln am Anfang denen einer Grippe: Übelkeit, Erbrechen, gelegentliche Durchfälle und Abgeschlagenheit. Später kommt es zu einer Gelbfärbung der Haut, der Stuhl wird heller und der Urin dunkler. Einen guten Schutz bieten die Impfstoffe Havrix und Vaqta. Eine Impfung ist dringend angeraten.

Hepatitis B wird genau wie HIV vor allem durch Intimkontakte oder Blut übertragen (z. B. Tätowierung, Piercing, Akupunktur). Die Symptome ähneln denen einer Hepatitis A, jedoch kann eine Hepatitis B chronisch werden. Im schlimmsten Fall führt sie nach einigen Jahren zu einer schweren Leberzirrhose und zum Tod. Eine vorbeugende Impfung, etwa mit Gen H-B-Vax, Engerix oder Twinrix (Kombi-Impfung gegen Hepatitis A und B), ist bei langen Aufenthalten zu erwägen. **Hepatitis C und D** werden auf demselben Weg übertragen wie Hepatitis B und können zu gefährlichen Langzeitschäden führen.

Japanische Enzephalitis

Vor allem in den Monaten Mai bis Oktober steigt das Risiko einer Erkrankung, wenn man sich in ländlichen Regionen aufhält. Auch wer sich auf längere Trekkingtouren begibt, sollte über eine Impfung nachdenken. Obwohl sich nur wenige Reisende bisher angesteckt haben, sind die Folgen (im schlimmsten Falle eine dauerhafte Hirnschädigung) zu bedenken. Es gibt keine wirksamen Medikamente nach Ausbruch der Krankheit.

Malaria

Malaria zählt zu den gefährlichsten parasitären Erkrankungen, die den Menschen befallen können. Übertragen wird die Krankheit von der weiblichen Anopheles-Mücke, die vorwiegend in den Nacht- und Dämmerungsstunden unterwegs ist. Die Malaria-Erreger gelangen über die Blutbahn in die Leber, vermehren sich dort und vernichten die roten Blutkörperchen. Laut WHO herrscht ein ganzjähriges Malariarisiko, vor allem während und kurz nach der Regenzeit. Das Auswärtige Amt meldet: „Ein mittleres Malariarisiko besteht in den meisten Landesteilen, am höchsten im Regenwald der Grenzgebiete zu Thailand und Laos, geringer in einem breiten Gürtel durch die Mitte des Landes von Südosten nach Nordwesten entlang des Mekong bis nördlich des Tonle Sap. Ein geringes Risiko innerhalb dieses Gürtels in der Umgebung von Phnom Penh sowie unmittelbar um den Tonle Sap. Phnom Penh und Angkor Wat gelten als malariafrei." (Stand 2014)

Als Malaria-Erreger ist überwiegend das *Plasmodium falciparum*, der Erreger der *Malaria tropica*, bekannt. Empfohlen wird ein konsequenter Mückenschutz (Mückenschutzmittel, imprägniertes Mückennetz, bedeckende Kleidung). Dies schützt nicht nur vor Malaria, sondern u. a. auch vor dem ebenfalls auftretenden Dengue-Fieber. Sanfte Mittel basieren auf Zitronella- oder Nelkenöl. Das in Deutschland bewährte Autan hilft vielen Reisenden in Kambodscha nicht weiter.

Über die beste medikamentöse Vorbeugung ist in den vergangenen Jahren immer wieder

ANHANG

heftig debattiert worden. Allen Mitteln gemeinsam ist, dass sie unangenehme Nebenwirkungen hervorrufen können. Zu den am häufigsten verschriebenen Präparaten gehören Resochin/ Paludrine und Malarone (Lariam ist wegen zunehmender Resistenzen nicht mehr empfehlenswert). Vor allem im Grenzgebiet zu Thailand haben die Mücken Resistenzen gebildet, eine Behandlung mit den bisher genutzten Mitteln bleibt wirkungslos. Aus diesem Grund ist es dringend empfohlen, aktuelle Informationen in einem Tropeninstitut einzuholen.

Sinnvoll ist in jedem Fall die Mitnahme eines Stand-by-Medikamentes, welches bei einer Erkrankung genommen wird. Derzeit empfohlen werden hier: Malarone, Doxycyclin und Riamet.

Wer aus Kambodscha zurückkehrt und an einer nicht geklärten fieberhaften Erkrankung leidet, auch wenn es sich nur um leichtes Fieber und Kopfschmerzen handelt, die erst Monate nach der Rückkehr auftreten, sollte dem Arzt unbedingt von dem Tropenaufenthalt berichtet werden. Die ersten Symptome einer Malaria können denen eines grippalen Infekts ähneln und werden daher häufig verkannt. Bereits eine Woche nach einer Infektion und bis zu mehreren Monate danach können Schüttelfrost, Gelenkschmerzen, Erbrechen, Durchfall oder Krämpfe auf eine Malaria hinweisen.

Nur wenige Hotelzimmer in Kambodscha haben Mückengitter an Fenstern und Türen oder ein Moskitonetz über dem Bett. Wer sichergehen will, sollte mit eigenem Netz reisen.

Sonnenbrand und Hitzschlag

Sonnenbrand und Hitzschlag können selbst bei bedecktem Himmel auftreten, denn auch dann ist die Sonneneinstrahlung sehr intensiv. Man sollte sich regelmäßig mit Sonnenschutzmittel eincremen, Hut und Sonnenbrille tragen und tagsüber viel trinken.

Erschöpfungszustände bei Hitze äußern sich durch Kopfschmerzen, Übelkeit, Benommenheit und erhöhte Temperatur. Um die Symptome zu lindern, sollte man unbedingt schattige Bereiche aufsuchen und genügend Flüssigkeit zu sich nehmen. Erbrechen und Orientierungslosigkeit können auf einen Hitzschlag hinweisen, der potenziell lebensbedrohlich ist. In einem solchen Fall muss man sich sofort in medizinische Behandlung begeben.

Stiche und Bisse

Kleinere und größere Biester aus dem Reich der Tierwelt können ärgerliche Stiche und Verletzungen herbeiführen. Dazu gehören z. B. **Sandfliegen**, mit denen an einigen Stränden zu rechnen ist. Ein größeres Problem in Kambodscha sind allerdings **Flöhe und Wanzen** in den billigen Gästehäusern und vor allem in den Dormbetten. Wer auf diese Stiche allergisch reagiert, sollte Antihistamin-Tabletten, wie man sie in Deutschland bei Heuschnupfen schluckt, mitnehmen. Außerdem hilft eine Salbe mit antiallergischer Rezeptur (besonders wirkungsvoll mit Cortison).

Bienen- und andere Insektenstiche sollte man sofort mit Eis kühlen und anschließend eine spezielle Salbe auftragen; gegebenenfalls müssen Antihistamin-Tabletten eingenommen werden.

Zecken fallen auch in Asien von den Bäumen. Man zieht sie am besten vorsichtig heraus, ohne sie zu drehen. Nicht mit Öl oder Ähnlichem ersticken, sonst können Krankheitserreger in die Wunde gelangen.

Schlangen treiben sich an heißen Tagen gern unter schattigen Steinen herum, greifen jedoch in der Regel nicht an. Im Falle einer unglücklichen hautnahen Begegnung heißt es als Erstes: Ruhe bewahren. Ein Blick auf die Biss-Stelle zeigt, ob es sich um eine giftige Schlange handelt. Nur wenn zwei einzelne Zahn-Einstichstellen vorhanden sind, wurde Gift injiziert. Dann gilt: zum Arzt – und weiter Ruhe bewahren. Der größte Teil solcher Begegnungen verläuft nicht tödlich. Keine Giftschlange war es, wenn viele kleinere Zahnabdrücke zu sehen sind. Eine solche Wunde sollte jedoch gut desinfiziert werden, denn es besteht die Gefahr einer Blutvergiftung. Letzteres gilt auch für Bisse durch Hunde und Katzen.

Spinnen und Skorpione können schmerzhafte Stiche zufügen, die jedoch selten gefährlich sind und bei ausreichender Ruhe von selbst abklingen. Allergische Reaktionen bis hin zu Schockzuständen sind möglich und sollten behandelt werden.

Ähnliches gilt für **giftige Meerestiere** wie Stachelrochen, Steinfische oder Feuerkorallen, die zu schlimmen Ausschlägen und/oder starken Schmerzen führen können: Im Zweifelsfall sofort einen Arzt aufsuchen. Seeigelstacheln können vorsichtig entfernt werden. Bei Vernesselungen durch Quallen hilft Essig aus der Hotelküche.

Thrombose

Thrombose kann bei Bewegungsmangel auftreten, z. B. bei längeren Flugreisen. Der verringerte Blutfluss, vor allem in den Beinen, kann zur Bildung von Blutgerinnseln führen, die, wenn sie sich von der Gefäßwand lösen und durch den Körper wandern, eine akute Gefahr darstellen (z. B. Lungenembolie). Gefährdet sind vor allem Personen mit Venenerkrankungen oder Übergewicht, aber auch Schwangere, Raucher oder Frauen, die die Pille nehmen. Verhindern kann man sie durch Bewegung, viel Trinken (aber keinen Alkohol) und Kompressionsstrümpfe. Letztere gibt es in jeder Apotheke für wenig Geld. Auch wer nach der Ankunft dicke Beine vermeiden will, ist gut beraten, die Strümpfe zu tragen.

Tollwut

Sollte es zu einer möglichen Exposition gekommen sein, z. B. durch Biss eines tollwutverdächtigen Tieres oder durch Speichel eines Tieres auf verletzter Haut, ist die Wunde sofort (!) mit viel Wasser und Seife (oder einem anderen Detergens – Shampoo, Geschirrspülmittel …) mindestens 15 Minuten zu waschen und, wenn möglich, anschließend mit einem Desinfektionsmittel zu behandeln – Jod, Alkohol o. Ä. Hierdurch wird das Tollwutvirus bereits in der Wunde inaktiviert. Anschließend ist trotz aller Sofortmaßnahmen schnellstmöglich ärztlicher Rat zu suchen und auf die Tollwutgefahr explizit hinzuweisen.

Tuberkulose

Diese Infektionskrankheit der Bronchien endet bei sachgerechter medikamentöser Behandlung nur selten tödlich. Über die Bronchien gelangen Tuberkulose-Erreger in die Lungenbläschen und können von dort z. B. weiter in die Lymphwege wandern. Manchmal ist auch der Darm zuerst befallen. In leichten Fällen heilt die Krankheit ohne Medikamente aus. In schweren Fällen können die Erreger die Lunge infizieren. In diesem Stadium leidet der Erkrankte an Fieber, Husten und manchmal Atemnot. Die Tuberkulose ist dann hochgradig ansteckend. Besonders gefährlich ist Tuberkulose für Säuglinge, weshalb für sie eine Schutzimpfung anzuraten ist (sofern man mit einem Säugling überhaupt nach Kambodscha fährt).

Typhus / Paratyphus

Typhus ist nach Hepatitis A die häufigste Tropenkrankheit. Sie wird vom Bakterium *Salmonella typhi* verursacht und oral übertragen. Typische Symptome sind Erbrechen und über sieben Tage hohes Fieber, einhergehend mit einem eher langsamen Puls und Benommenheit. Später folgen eventuell Hautausschlag, Verstopfung oder Durchfall und Bauchschmerzen. Empfehlenswert ist die gut verträgliche Schluckimpfung mit Typhoral L. Drei Jahre lang schützt eine Injektion der neuen Typhus-Impfstoffe Typhim VI oder Typherix.

Vogelgrippe

Die Vogelgrippe (erster Ausbruch 2005) hat in Kambodscha bis zum Jahr 2013 elf Todesfälle gefordert. Da die Hühner in Kambodscha sozusagen mit der Familie zusammen wohnen, ist der Kontakt der Einheimischen zum Federvieh auf dem Land sehr eng. Touristen können sich schützen, indem sie Folgendes beachten: Alle Geflügelmärkte sind ebenso zu meiden wie der Kontakt zu lebendem Federvieh, rohen Eiern und erkrankten Menschen. Fleisch und Eier müssen gut gekocht sein, und man sollte auch auf

die hygienischen Bedingungen des Lokals acht-
geben. Wer Fieber und Anzeichen eines grippalen Infektes hat, sollte einen Arzt aufsuchen.
Derzeit ist umstritten, ob das Grippemittel Tami-
flu bei einer Infektion tatsächlich hilft. Die Symptome könnte es jedoch abschwächen, sodass
jeder selbst entscheiden muss, ob er sich derartige Tabletten (nur mit Rezept) besorgt.

Aktuelle Informationen im Netz bei der World
Health Organization (WHO) unter 🖳 www.who.
int/influenza/human_animal_interface/en/.

Wundinfektionen

Wundinfektionen treten vor allem unter unhygie-
nischen Bedingungen auf. Bereits aufgekratzte
Moskitostiche können sich dann zu beträchtli-
chen Infektionen auswachsen, wenn sie unbe-
handelt bleiben. Wichtig ist es, dass jede noch
so kleine Wunde sauber gehalten, desinfiziert
und eventuell mit Pflaster geschützt wird. Es ist
sinnvoll, für den Notfall eine Antibiotika-Salbe
mitzunehmen.

Wundstarrkrampf / Tetanus

Wundstarrkrampf-Erreger findet man überall
auf der Welt. Wer noch keine Tetanus-Impfung
hatte, sollte sich unbedingt zwei Impfungen im
Vier-Wochen-Abstand geben lassen, die nach
einem Jahr aufgefrischt werden müssen. Danach genügt eine Impfung alle zehn Jahre. Am
besten ist die Kombi-Impfung mit dem Polio-
Tetanus- Diphtherie-(Td)-Impfstoff für Personen
über fünf Jahre.

Wurmerkrankungen

Winzige oder größere Exemplare von Würmern
können überall lauern und sich manchmal an
verschiedenen Körperstellen bzw. -organen
festsetzen. Oft ist dies erst Wochen nach der
Rückkehr festzustellen. Nach einer Reise in abgelegene Gebiete kann es empfehlenswert sein,
den Stuhl auf Würmer untersuchen zu lassen,
wenn man längere Zeit auch nur leichte Durchfälle hat.

Die meisten Würmer sind harmlos und durch
eine einmalige Wurmkur zu vernichten. Andere
sind gefährlich und können schwere Erkrankungen hervorrufen, z. B. die **Bilharziose** – eine
Wurmerkrankung, die man sich im Uferbereich
von stehendem oder langsam fließendem Süß-
wasser zuziehen kann. Kleine Larven, Zerkarien
genannt, gelangen in den menschlichen Orga-
nismus, indem sie sich durch die Haut, bevorzugt an den Fußsohlen, bohren. Von dort bahnen
sie sich den Weg in den Darm oder die Blase.
Manchmal tritt um die Stelle, an der die Larven
in den Körper eingedrungen sind, eine leichte
Rötung auf. Nach sechs bis zehn Wochen kann
es zu Fieber, Durchfall und einem allgemeinen
Krankheitsgefühl kommen. Im schlimmsten Fall
treten Unterleibsschmerzen und Blut im Stuhl
oder Urin auf. Vorbeugend sollte man das He-
rumplanschen in stehenden Gewässern vermeiden und auf feuchten Böden Sandalen tragen.

Bücher

Angkor

Marilia Albanese, *The Treasures of Angkor*, Novara: De Agostini Libri 2006, 2011. Informatives, übersichtlich strukturiertes und schön bebildertes Buch, das sich auch aufgrund seines „tragbaren" Formates als Handbuch zum Entdecken der Tempelanlagen anbietet.

Chou Ta-Kuan, *Sitten in Kambodscha: Über das Leben in Angkor im 13. Jahrhundert*, Frankfurt/Main: G. Keller, Libri Books on Demand, 2006. Deutsche Übersetzung des einzigen Augenzeugenberichtes aus Angkor, verfasst von einem chinesischen Chronisten, der 1296/97 in Angkor lebte. Die einzige schriftliche Quelle aus dieser Zeit beschreibt das Aussehen der Stadt, das Auftreten des Königs, das Leben der Menschen und viele Sitten und Gebräuche. Mit diesen Bildern im Kopf können die Tempel auf einmal wieder lebendig erscheinen. Lesenswert vor dem Besuch!

Michael D. Coe, *Angkor and the Khmer Civilisation*, London: Thames & Hudson 2004. Entwirft auf über 200 Seiten ein recht anschauliches Bild von Geschichte und Kultur des Angkor-Reiches. Ein moderner Klassiker.

Michael Freeman, Claude Jacques, *Ancient Angkor*, Bangkok: River Books 2013. Nachdruck der 2. Aufl. von 2003. Alternative zum Titel von Marilia Albanese; ähnlich gestaltet und ebenfalls gut zum informativen Schmökern in den Tempeln geeignet.

Michael Petrotchenko, *Focusing on the Angkor Tempels*, Thailand: Amarin Printing, 2. Aufl. 2012. Ausführliches, etwas unübersichtlich gestaltetes Werk mit vielen farbigen Detailkarten und Illustrationen; nach etwas Eingewöhnung in die Struktur ein sehr guter Führer zu über 80 Tempeln.

Dawn Rooney, *Angkor – Cambodia's Wondrous Khmer Temples*, Hong Kong: Odyssey Books & Guides, 6. überarbeitete Aufl. 2011. Ausführliche Beschreibungen, Bilder und Zeichnungen zu Tempelanlagen in Kambodscha mit Schwerpunkt auf Angkor. Ideal für Reisende, die sich intensiver mit der Tempelarchitektur der Khmer auseinandersetzen wollen.

Geschichte

David Chandler, *A History of Cambodia*, Colorado, Westview Press 2008 (überarbeitete 4. Aufl.). In der 4. Aufl. noch einmal stark überarbeitet und mit Blick auf die aktuellsten Entwicklungen erscheint dieser Geschichtsband, der als das Standardwerk über die Geschichte Kambodschas gilt. Empfehlenswert für alle, die es ganz genau wissen wollen.

Khamboly Dy, *A History Of Democratic Kampuchea (1975–1979)*, Phnom Penh: Documentation Centre of Cambodia 2007. Das lesenswerte Buch (zu finden in guten Buchhandlungen in Kambodscha) richtet sich vor allem an die kambodschanische Jugend, die in der Schule über die Zeit der Roten Khmer nichts lernt. Neben zahlreichen Fotos vermittelt der kurz gehaltene Text einen guten und tiefen Einblick in das Leben dieser Zeit.

Erich Follath, *Die Kinder der Killing Fields*. München: Wilhelm Goldmann Verlag 2010. Der *Spiegel*-Autor bettet in den Bericht über das Rote-Khmer-Tribunal Interviews mit Tätern, Überlebenden des Pol-Pots-Regimes sowie König Sihanouk und schildert so eindringlich wie spannend die Geschichte des Landes. Der Autor bereiste Kambodscha mehrmals, seine Beschreibung des Landes aus dem Jahre 1981 und die fiktive Schilderung eines Tages in Angkor aus dem Jahr 1295 sind beeindruckend.

Karl-Heinz Golzio, *Geschichte Kambodschas, Das Land der Khmer von Angkor bis zur Gegenwart*, 2003: München, Beck'sche Reihe. Golzio blickt auf die ganz alte Geschichte ebenso wie auf die in den Inschriften auf den Tempelwänden Angkors überlieferten Geschehnisse der Angkor-Periode. Auch die Kolonialzeit, die Zeit Sihanouks und die Geschichte der Roten Khmer sind Inhalt dieses kleinen Geschichtsbandes.

Manfred Rohde, *Abschied von den Killing Fields*, Bonn: Bouvier Verlag 1999. Der Autor blickt zurück auf die Jahre 1985 bis zu den ersten freien Wahlen 1998. Rohde, der von 1987 bis 1991 als Südostasien-Korrespondent für das ZDF arbeitete, bietet einen guten Einblick in jene Zeit nach den Khmer Rouge und die Schwierigkeiten, die Kambodscha zu meistern hatte. Viele Themen sind noch heute von großer Bedeutung.

Das Buch ist für alle, die über die Zeit zwischen Pol Pot und Hun Sen mehr erfahren wollen, eine gute Wahl.

William Shawcross, *Schattenkrieg: Kissinger, Nixon und die Zerstörung Kambodschas*, Frankfurt: Ullstein Verlag 1980. Schonungslos legt der Autor in diesem dicken, klein gedruckten Werk dar, wie Amerika in die Geschicke Kambodschas eingriff. Deutlich wird, welch große Schuld die Vereinigten Staaten durch die Bombardierung des Landes auf sich zogen und wie die USA zudem wissentlich die Menschen Kambodschas im Stich ließen und sie dem Regime Pol Pots auslieferten. Realpolitik zeigt sich hier von ihrer schmutzigsten Seite.

Erlebnisberichte

Tor Favorik, *In Buddhas Gärten, Eine Reise nach Vietnam, Kambodscha, Thailand und Birma*, München: Frederking und Thaler Verlag 2007. Das ansprechende Buch des norwegischen Schriftstellers ist seit seinem Erscheinen sehr beliebt und durchaus lesenswert. Vor allem für jene, die nicht nur Kambodscha bereisen. Das Kapitel über das Land der Khmer umfasst etwa 100 Seiten und beschäftigt sich hauptsächlich mit dem Thema Rote Khmer und den Auswirkungen auf das heutige Leben. Leicht verständlich geschrieben und informativ.

André Malraux, *Der Königsweg*, Stuttgart: dtv, 1999 (Erstausgabe 1930 Paris). Der Autor verarbeitet in diesem Roman seine eigenen Erfahrungen im Dschungel Kambodschas. Malraux (geb. 1901), der später in der Regierung de Gaulles in der Politik mitmischte, lebte in jungen Jahren in Indochina und wurde unrühmlich bekannt, als er Tempelfresken aus den Ruinen bei Angkor entwendete. Von diesem Abenteuer aus den 1920er-Jahren erzählt er in diesem noch heute lesenswerten Roman.

Somaly Mam, *Das Schweigen der Unschuld*, Berlin: Ullstein Taschenbuch 2008. In einfachen wie ehrlichen Worten schildert Somaly Mam ihr Schicksal: mit zwölf Jahren das erste Mal verkauft und zur Prostitution gezwungen – anschließend ihren Weg aus dem Sumpf. International bekannt wird sie mit Gründung der gemeinnützigen Organisation Afesip, die Frauen und Mädchen hilft, sich aus den Fängen der Sex-Mafia zu befreien.

Rithy Panh (mit Christophe Bataille), *Auslöschung*, Hamburg: Hoffmann und Campe Verlag 2013. Der international erfolgreiche kambodschanische Regisseur Rithy Panh interviewt Duch, den Chef des berüchtigten Gefängnisses Tuol Sleng in Phnom Penh. Wortgewaltig wechselt er zwischen der Konfrontation mit dem Folterchef und der Schilderung seiner eigenen Kindheit unter den Roten Khmer.

Vaddey Ratner, *Im Schatten des Banyanbaums*, Zürich: Unionsverlag 2014. Ein Roman, der die wahren Erlebnisse der Autorin wiedergibt (und daher hier als Erlebnisbericht gelistet wird). Wie ihr Vater (ein Prinz und Poet) es ihr vorgelebt hat, erzählt Ratner in einer poetischen Sprache von ihrer Kindheit vor und während der Herrschaft der Khmer Rouge. Im Gegensatz zu anderen Erlebnisberichten jener Jahre wird hier das Schicksal eines Zweiges der Königsfamilie erzählt. Ratner nutzt eine Sprache, die trotz aller schlimmen Erlebnisse auch das Schöne zu zeigen vermag – ein gelungenes Werk, das nicht zuletzt auch zum Nachdenken über den eigenen Umgang mit Schmerz und Trost anregt.

Saovory Kim Sam, *Meine Heimat – Euer Krieg*, Gründau-Rothenbergen: Triga 2012. Saovory Kim Sam wurde 1964 in Kambodscha geboren. Ihr ergreifendes Schicksal während der Herrschaft der Roten Khmer steht stellvertretend für die Unmenschlichkeit des Regimes und die Politik der Umsiedlung und Entwurzelung von Familie und Heimat. Ein mitfühlendes und sehr lesenswertes Buch.

Loung Ung, *Der weite Weg der Hoffnung*, Frankfurt: Fischer Verlag 2002. Loung Ung ist fünf Jahre alt, als die Roten Khmer in Phnom Penh einmarschieren. Sie hat ein sehr ergreifendes wie packendes und lesenswertes Buch über ihre verlorene Kindheit geschrieben – und damit ein erschütterndes Spiegelbild der Geschichte von Millionen Kambodschanern geschaffen. Und im Gegensatz zu vielen anderen Schilderungen hört die Geschichte nicht mit der Befreiung durch die Vietnamesen auf. Luong Ung schreibt auch, wie schwierig die Jahre danach für die Überlebenden noch waren.

Belletristik

Kim Echlin, *In der Mitte des Flusses*, Berlin: ATB Verlag 2011. Der Autorin gelingt es, in einer fiktiven Geschichte die tatsächlichen Ereignisse während der Khmer-Rouge-Herrschaft und die ebenfalls nicht unkritische Zeit danach, spannend darzustellen. In klaren Worten wird das Grauenhafte eingebunden in eine Liebesgeschichte. Wer sich an andere Tatsachen-Quellen nicht herantraut oder daran verzweifelt, findet hier eine gute Alternative, um etwas über die Geschehnisse in Kambodscha zu erfahren. Nach der Lektüre (er)kennt der Leser Kambodscha weitaus besser als zuvor.

Jan Erhard, *Milchozean – Angkors Fesseln*, Leipzig 2013. Ein historischer Abenteuerroman, der kurz vor Erbauung der Tempel von Angkor beginnt und die Entdeckung durch die Europäer beschreibt. Der Autor verbindet in dem spannenden, umfangreichen Schmöker geschickt historische Persönlichkeiten mit dem Schicksal seiner Kontrahenten. Vier weitere Bände sollen folgen.

Peter Fröberg Idling, *Pol Pots Lächeln*, Frankfurt/Main: Büchergilde Gutenberg 2013. Der schwedische Autor begibt sich 1999 auf eine Reise durch Kambodscha, die so im August 1978 von einer vierköpfigen Delegation aus Schweden auf Einladung der Roten Khmer unternommen wurde. Er geht der Frage nach, wie es damals möglich war, zwei Wochen lang den Schein eines aufstrebenden Bauernstaates mit fröhlichen, satten Menschen aufrecht zu erhalten. Dazwischen Interviews, Gedankenschnipsel und fiktive Szenen – sprachlich ungewöhnlich, elegant und von literarischer Qualität.

Reinhard Kober (Hrsg.), *Kambodscha fürs Handgepäck*, Zürich: Unionsverlag 2013. Das kleine Büchlein eignet sich perfekt als Urlaubslektüre. Versammelt sind hier neben alten Märchen und Legenden auch kurze Geschichten über die Zeit der Roten Khmer und andere Erlebnisberichte von Reisenden und Kambodschanern: So reist man mit Loti um 1902 auf seiner Pilgerfahrt nach Phnom Penh an den Königspalast oder bekommt einen Einblick in das Leben der Zwangsprostituierten. Sehr gelungene Textauswahl.

Gisela Köstler, *Blaue Nacht der Sehnsucht*, Wien: Wiener Verlag 1978. Die Autorin galt in den 1970er-Jahren als versierte Kambodscha-Kennerin, die oftmals das Land der Khmer bereiste. Dieser Liebesroman erschien 1978 und thematisiert durchaus die Roten Khmer und den Krieg im Land, doch kann sich die Autorin zu diesem Zeitpunkt das wahre Ausmaß des Schreckens nicht vorstellen. Der Roman ist lesenswert, nicht als Zeitdokument, aber als Quelle zahlreicher wissenswerter Details aus dem Alltag der Kambodschaner vor Pol Pot.

Christopher G. Moore, *Stunde Null in Phnom Penh*, Zürich: Unionsverlag 2003. Spannender Krimi, der in Phnom Penh 1993 zur Zeit des UNTAC-Einsatzes spielt. Literarisch eine leichte Kost – die realistischen Schilderungen der Stadt kurz nach Beendigung des Bürgerkriegs liegen schwerer im Magen. Der Autor und Journalist Moore besuchte 1993 und 2002 Phnom Penh – „Vom Völkermord zum Milchkaffee" ist eine pointierte Zeitbeobachtung und im Anhang abgedruckt.

Benjamin Prüfer, *Wohin Du auch gehst*, Frankfurt/M.: Fischer Verlag 2009. Der Deutsche Benjamin Prüfer lernt 2003 in einer Bar in Phnom Penh die HIV-positive Sreykeo kennen. Die ungeschickt erzählte wahre Liebesgeschichte wurde 2009 unter dem Titel *Same Same But Different* verfilmt.

Madeleine Thien, *Flüchtige Seelen*. München: Luchterhand Literaturverlag 2014. Ein Wissenschaftler verschwindet spurlos aus Montreal, die Erzählerin begibt sich auf die Suche nach ihm: Aus dem Kanada der Gegenwart führen die Erinnerungen zweier Menschen zurück nach Kambodscha und zur Herrschaft der Roten Khmer. Gut zu lesen, poetisch kurz gehalten. Öffnet den Blick auf einzelne Schicksale während und nach der Terrorherrschaft.

Bildbände

Christoph Loviny, *The Apsaras of Angkor,* Paris: Jazz Editions 2002. Ein wunderschöner Fotoband mit vielen Bildern von Tänzern gestern und heute. Der Text ist meist in Khmer, aber einige Passagen sind auch in englischer Sprache verfasst.

ANHANG

Jaroslav Poncar, *Angkor*, Mannheim: Edition Panorama, 2013. Eine Hommage an die Götter in Stein. Ein großer schwerer Band mit wunderschönen Fotografien des deutschen Fotografen Poncar. Viele Hintergrundinformationen runden das gelungene Werk ab. Die Texte stammen von Wibke Lobo, T.S. Maxwell und Jaroslav Poncar. Alle diese Autoren sind nicht nur mit einem Dr.-Titel ausgestattet, sondern auch anerkannte Fachleute auf dem Gebiet der Erforschung der Khmer-Kunst.

Mario Weigt, Hans H. Krüger, Reise durch Kambodscha, Würzburg: Verlagshaus Würzburg 2012. 200 Bilder, die Sehenswürdigkeiten und Alltag verbinden. Die gut lesbaren Texte stimmen hervorragend auf den Besuch des Landes ein.

Kochbücher

Vatcharin Bhumichitr, *Rezepte aus Südostasien*, München: Christian Verlag 1998. Neben Rezepten aus Myanmar, Thailand, Laos und Vietnam werden hier ausgewählte Gerichte der Khmer-Küche vorgestellt. Schön gemacht sind vor allem die Bilder der Zutaten. Die meisten Gerichte in diesem Buch kann man auch in Deutschland gut nachkochen. Die Zutaten sind fast alle hier zu bekommen.

Friends International (Hrsg.), *Von Wasserlilien und Khmer-Currys*, Weil der Stadt: Hädecke Verlag 2008. Mit dem Kauf dieses Buches unterstützt der Kochfan nicht nur die Organisation Friends (www.friends-international.org). Er bekommt auch einen tiefen Einblick in die kambodschanische Küche. Sehr gelungenes Buch mit vielen leckereren Rezepten und Hintergrundinformationen. Leider sind die Zutaten in Deutschland nur schwer zu bekommen, aber das muss wohl so sein, denn die Rezepte sind ja auch authentisch kambodschanisch und verzichten daher nicht auf die exotischen Zutaten.

Landeskunde

Toni Samantha Phim, Ashley Thompson, *Dance in Cambodia*, New York: Oxford Press 1999. Für alle, die mehr über den kambodschanischen Tanz und die Kunst des Schattentheaters wissen möchten, ist dieser kleine, in englischer Sprache verfasste Band eine gute Quelle.

Benjamin Prüfer, *Gebrauchsanweisung für Vietnam, Laos und Kambodscha*, München: Piper Verlag 2011. Benjamin Prüfer schreibt ansprechend und mit viel Wissen von seinen Reisen durch Laos und Vietnam, aber vor allem von seinem Leben in Kambodscha. Prüfer, der sich einst in eine Kambodschanerin verliebte und heute meist in Phnom Penh lebt, öffnet den Blick auf das Alltägliche, auf die kleinen Momente und schafft es in seinen kurzen Geschichten des Lesers Blick für Kambodscha zu schärfen.

Sam Samnag, *Kulturschock Kambodscha*, Bielefeld: Reise Know-How Verlag 2009. Der etwas andere Reiseführer. Religion, Tradition, Beruf, Geschlechterrolle, Kleiderordnung, Hausbau. Kurz: die Denk- und Lebensweise der Kambodschaner verstehen. Eine gute Reiselektüre, um intensiv in das Land einzutauchen.

Fundstücke

In dieser Rubrik stellen wir Bücher vor, die nur noch im Antiquariat bzw. als Nachdruck oder als vereinzelte Exemplare in Kambodscha zu finden sind.

Carl Lawrence, *Ertränkt in Blut und Tränen – Kambodscha, die Roten Khmer, das Leben der Familie Aim und eine schweigende Welt*, Berneck (CH): Schwengeler Verlag 1979. Titel und Erscheinungsdatum sind heute besonders bedrückend, denn dieses Buch erschien bereits in der Zeit, in der die westlichen Mächte die Schergen der Roten Khmer noch als offizielle Herrscher über das Land anerkannten. Alle schlossen die Augen, verurteilten Vietnam für die Besetzung des Landes und wollten nicht sehen, was in Kambodscha vor sich ging. Hier hätten sie es lesen können.

Meas Nee, *Towards Restoring Life*, Phnom Penh 1995. Das kleine Büchlein enthält die Lebenserfahrungen des Jungen Meas Nee (aufgeschrieben von Joan Healy), der den Krieg unter Lon Nol und später den Einmarsch der Roten Khmer in sein Dorf erlebte und beschreibt, welch tiefe Wunden diese Zeit in die Herzen der Menschen schlug. Er richtet sich an die westlichen Hilfskräfte, die mit UNTAC und später als NGO-Mitarbeiter ins Land kamen und möchte ihnen vermitteln, wie die Menschen in den Dörfern leben und was sie am Nötigsten brauchen: Zuversicht und Anerkennung. Das Büchlein ist noch heute sehr wichtig für das Verständnis des Landes, und jeder, der es in Kambodscha findet, tut gut daran, es zu erstehen und zu lesen.

Sprache

Cambodian for Beginners, Second Edition, von Richard K. Gilbert, Paiboon Publishing, Bangkok 2008. Wer sich Kambodschanisch im Selbststudium aneignen will, ist mit diesem auch an Buchständen erhältlichen Werk gut bedient.

Khmer-Englisch Dictionary, Norton University, 2005. Über 600 Seiten starkes, eng bedrucktes Wörterbuch für alle, die sich mit der Khmer-Schrift befassen möchten/können. Nur in kambodschanischen Buchläden (nicht in denen für Touristen und Ausländer) für etwa US$2,50 erhältlich.

Khmer Phrase Book, von Hem Meakphal, Santepheap Printing House, Cambodia 2005. An vielen Buchständen in Kambodscha erhältliches kleines „Standard"-Werk, das in keinem Tagesrucksack fehlen sollte.

Phonetic English-Khmer Dictionary, von Ung Tea Sam und Neil Ffrench Blake, Bangkok 1991. Wörterbuch im Taschenformt, an einigen Buchständen oder in Buchhandlungen gebraucht erhältlich.

Tuttle Practical Cambodian Dictionary, von David Smyth und Tran Kein, Charles E. Tuttle Publishing, 1995. Das handliche Wörterbuch taucht immer wieder in einigen Exemplaren auf dem Gebrauchtmarkt vor Ort auf – mit seinem gelbroten Cover kaum zu übersehen.

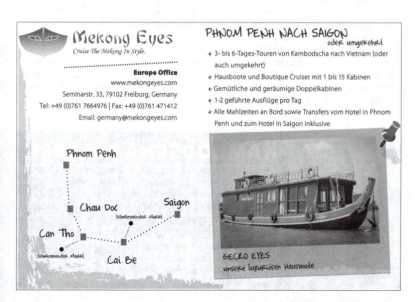

Index

ANHANG

Südostasien

Informationen & Programme: www.tsa-reisen.de
Katalog anfordern: info@tsa-reisen.de

Thailand	Das Land abseits der Touristenpfade entdecken
	Inselhopping im Golf von Thailand
Kambodscha	Geheimnisvolle Khmer Tempel in Angkor
Laos	Mit dem Langboot auf dem Mekong nach Laos
	Von Luang Prabang zu den Mekong Wasserfällen
Vietnam	Vom Norden bis ins Mekong Delta mit der Eisenbahn

Alle Touren mit privaten Fahrzeug mit Fahrer und Reiseleiter
Individuelle Ausarbeitung Ihres Wunschprogramms nach Ihren Vorgaben

TSA-Travel Service Asia Reisen e.K.
Inh. Hans-Michael Linnekuhl
Riedäckerweg 4 * 90765 Fürth
Tel.: 0911 - 979599-0 * Fax: 0911 - 979599-11

Travel Service Asia

ANHANG

ANHANG

ANHANG

individuell & mittendrin

Ihre maßgeschneiderte Reise nach Südostasien green-tiger.de Tel: +49 (0)761 - 211 4848

ANHANG

Nachwort

Endlich ist es soweit: Das Stefan Loose Travel Handbuch Kambodscha kommt in einer völlig neu verfassten Ausgabe auf den Markt. Kambodscha ist derzeit das Traveller-Land schlechthin, denn es ist faszinierend anders und bietet Abenteuer für alle Reisenden; ob sie nun im 5-Sterne-Hotel, im Guesthouse oder in einem Bett im Dorm übernachten.

Ziel auch dieses Loose-Buches: euch Lesern ein Handbuch mitzugeben, das euch befähigt, allein eine Reise durch Kambodscha zu unternehmen, ohne Reisebüro oder feste Routen. Mit dem Buch zu planen oder vor Ort spontan zu entscheiden. Ein Buch, das euch zeigt: Kambodscha ist viel mehr als die Tempel von Angkor.

Wir sind insgesamt über ein halbes Jahr im Land herumgereist und haben über viele weitere Monate am Text gefeilt. Es steckt also eine Menge Arbeit in dem Buch (vergessen wir nicht das Lektorat, die Kartografie und das Layout) … und doch: Schon bei Erscheinen dieser Ausgabe wird schon wieder einiges anders sein, und bis die nächste Auflage erscheint, werden Häuser schließen oder neue aufmachen, Busverbindungen und Preise werden sich ändern.

Bewährt haben sich seit Jahren die E-Mails und Online-Updates unserer Leser. Um diese hilfreichen Informationen zu bündeln und noch besser zugänglich zu machen, gibt es auf www. stefan-loose.de den **Loose Travel Club** Kambodscha. Die meisten Unterkünfte und Städte sowie einige allgemeine Informationen sind im Buch mit einem eXTra versehen: Ein Zahlencode (bzw. vom E-Book ein Klick) führt direkt zu einem Eintrag im Travel Club (s. auch „So funktioniert der Loose Travel Club" gegenüber). Hier stellen wir aktuelle Infos ein, und hier können auch alle Leser Erfahrungen und Tipps posten.

Im Club haben wir außerdem Buchungslinks eingepflegt. Wer Unterkünfte über unsere Seite bucht, hilft uns, die eXTras zu finanzieren, denn deren Pflege und Technik kosten Geld, Zeit und Mühe. Es wäre toll, wenn ihr alle dazu beitragen würdet, den Reiseführer aktuell zu halten, indem ihr uns eure Erfahrungen mitteilt. Sagt Positives wie Negatives, sagt es uns und euren Mitreisenden.

Selbst wenn wir in vielen Gästehäusern und Hotels übernachten und nahezu alle ansehen, zahlreiche Restaurants testen und viele hundert Kilometer im Land zurücklegen, können wir doch nicht all die ungezählten Informationen im Travel Handbuch alle zwei Jahre komplett selbst austesten.

Schaut euch um im Club. Lasst euch von den Fotos inspirieren und postet eure Kommentare. Vermisst ihr ein Hotel? Dann ergänzt es unter dem entsprechenden Ort, und wir werden es besuchen und ggf. ins Buch aufnehmen. Ein Restaurant hat zugemacht? Lasst es die Community wissen. Und wer Fragen hat, kann sie im Forum stellen: Hier geben wir Autoren und andere Reisende Antworten.

Wir wünschen euch eine gute Reise und eine tolle Zeit in Kambodscha!
Andrea, Markus und Marion

So funktioniert der Loose Travel Club

Login-Box: Hier anmelden, um eigene Bewertungen zu schreiben

eXTra: Hier den Code aus dem Buch eingeben und los geht's

Wo bin ich? Klickpfad für die **Navigation**

Eigene Bewertungen schreiben

Online **buchen**

Social Tools: **Folgen, Teilen, Twittern** …

Ein Klick öffnet die **Bildgalerie**

Bewertungen und **Kommentare anderer** Reisender lesen

Danksagung

Marion Meyers

Durch den Einsatz von Maria-Anna Hälker, A. & M. Markand und Jan Düker konnte ich als Autorin zum Gelingen dieses Buches beitragen; ohne sie hätte ich dieses wunderbare Land mit seinen freundlichen Bewohnern niemals so intensiv kennengelernt – mein tiefer Dank für die unvergessliche und schöne Zeit während meiner Recherche! Ein großes Lob auch an Andrea und Markus für ihre fantastische Unterstützung während des Schreibens und an unsere Lektorin Gudrun, die eine großartige Arbeit geleistet hat.

Mein Dank geht zudem an meine Freunde und meine Familie, die mich während meiner langen Abwesenheit immer wieder ermuntert und darüber hinaus mit wertvollen Informationen und Hilfe unterstützt haben. Stellvertretend möchte ich besonders Michael Berg, Angelika Engelhardt, Sandra Meyers, Antje Zeltwanger, Ursula Droll und Dr. Lindow meinen Dank aussprechen.

In Kambodscha geht mein Dank an die ungezählten Moped-, Taxifahrer, Guesthousebesitzer, Tourguides und Ticketverkäufer, die ich mit unzähligen Fragen bombardiert habe und die mit ihrem Einsatz, ihrer Geduld, vielen gefahrenen Kilometern, Übersetzungshilfen und Geschichten wichtige Informationen geliefert haben und nur so die Recherche möglich gemacht haben.

A. und M. Markand

An allererster Stelle möchten wir uns bei Maria-Anna Hälker, unserer Chefredakteurin bei DuMont, bedanken: Endlich gibt es einen Loose über Kambodscha von deutschen Autoren (vorher war es eine Übersetzung eines englischen Reiseführers), und wir dürfen als Autoren zum Gelingen des Bandes beitragen. Natürlich sei an dieser Stelle auch Renate und Stefan Loose gedankt, die nicht nur diese wunderbare Reiseführer-Reihe einst ins Leben gerufen haben, sondern die uns auch heute noch als stetige Begleiter immer mit Rat und Tat zur Seite stehen.

Ein ganz besonderer Dank an unsere alten Freunde in Kambodscha, allen voran Sim Dara und seiner Familie, deren Herzlichkeit schon vor vielen Jahren unser Leben veränderte und uns immer an Kambodscha fesseln wird. Es sind die Menschen in diesem Land, die unsere Reisen dorthin immer wieder zu einem ganz besonderen Erlebnis werden lassen. Innigen Dank auch an all die Tänzerinnen des kambodschanischen Balletts, die uns vor vielen Jahren verzauberten, als sie uns Kambodschas Schönheit so nachdrücklich vor Augen führten.

Danke auch an die Mitarbeiter von Indochina Service (ICS), die es möglich gemacht haben, dass wir am kambodschanischen Neujahr ein Zimmer am Meer gefunden haben. Die Tage inmitten Tausender feiernder Khmer wären uns sonst entgangen.

Und natürlich auch ein Dank an all die Leser, die in all den Jahren immer wieder Updates und Fragen und Antworten zu Kambodscha in der Community auf www.stefan-loose.de gepostet haben. Ohne eure Hinweise und Nachfragen wären uns bestimmt einige Informationen entgangen. Wir hoffen, ihr macht weiter so, damit wir zusammen ein über die Jahre stets aktuelles und immer wieder verbessertes Buch schreiben können.

Ein inniger Dank geht auch an unsere beiden Söhne, die mit uns eine längere Recherchereise unternommen und uns auf vieles aufmerksam gemacht haben, das wir Erwachsene nicht mehr sehen (oder gern ausblenden). Felix, der sich immer den Bettlern und Versehrten zuwandte und ihnen Geld zukommen ließ, hat uns gezeigt, wie Herzen sprechen. Und Robin hat immer wieder im Kontakt zu anderen Kindern gehandelt: Entweder kam für die kleinen Händler ein kleines Geschäft dabei heraus, oder sie bekamen Hilfe beim Aufsammeln von Dosen, was ihr Familieneinkommen ebenfalls erhöhte.

Zu guter Letzt Danke an unsere geschätzte Lektorin Gudrun, die uns wie immer mit sinnvollen Nachfragen, großartigen Lösungsvorschlägen und eigenen Nachrecherchen bei der Erstellung des Textes geholfen hat. Eingeschlossen sei hier das gesamte Team von Bintang, die diese Bücher layouten und in Gänze betreuen.

Und Hochachtung für Marion, die uns lange Jahre bei unseren anderen Büchern als Rechercheurin begleitet hat und nun in diesem Buch die Hauptlast der Recherche trug. Herzlichen Dank für deinen unermüdlichen, großartigen Einsatz! Ohne dich gäbe es dieses Buch nicht.

Bildnachweis

Umschlag

Titelfoto getty images / Rachel Lewis; Junger Mönch zwischen antiken Steinsäulen in Angkor Wat bei Sonnenaufgang

Umschlagklappe vorn mauritius images / imageBROKER / Otto Stadler; Pub Street, Restaurant am alten Markt, Siem Reap

Umschlagklappe hinten laif / Le Figaro Magazine / Martin; Koh Rong, Kambodscha

Farbteil

S. 2 getty images/Jochem D Wijnands

S. 3 getty images/Per-Andre Hoffmann (oben)
mauritius images/Alamy (Mitte)
mauritius images/Alamy (unten)

S. 4 Marion Meyers (oben)
LOOK-foto/age fotostock (unten)

S. 5 mauritius images/Alamy (oben)
laif/Modrow (unten)

S. 6 LOOK-foto/age fotostock

S. 7 getty images/Thomas Kokta (oben)
laif/Explorer/Jose Fuste RAGA (unten)

S. 8/9 laif/hemis.fr/Marc Dozier

S. 10 Marion Meyers

S. 11 laif/hemis.fr/Stefano Torrione (oben)
LOOK-foto/age fotostock (unten)

S. 12 mauritius images/Alamy (oben)
mauritius images/Alamy (unten)

S. 13 Marion Meyers (2)

S. 14 getty images/Matthew Micah Wright (oben)
mauritius images/Alamy (unten)

S. 15 laif/Le Figaro Magazine/Martin

S. 16 M. Markand

Schwarz-Weiß

alle **Marion Meyers**, außer
Sabine Bösz S. 28
Jan Düker S. 264, 281
M. Markand S. 23, 40, 63, 98, 104, 110, 111, 114, 121, 137, 154, 243, 293, 296, 305, 310, 372, 409, 431, 469

Impressum

Kambodscha
Stefan Loose Travel Handbücher
1. Auflage **2015**
© DuMont Reiseverlag, Ostfildern

Gesamtredaktion und -herstellung
Bintang Buchservice GmbH
Zossener Str. 55/2, 10961 Berlin
www.bintang-berlin.de
Redaktion: Gudrun Raether-Klünker
Karten: Klaus Schindler
Reiseatlas: DuMont Reisekartografie, Fürstenfeldbruck
Grafisches Konzept: Groschwitz, Hamburg
Layout und Herstellung: Anja Linda Dicke
Farbseitengestaltung: Anja Linda Dicke

Printed in China

Kartenverzeichnis

ANHANG

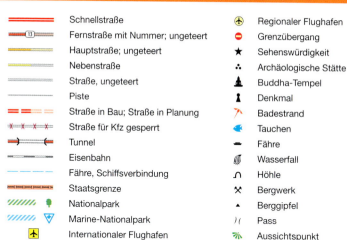

	Schnellstraße		Regionaler Flughafen
	Fernstraße mit Nummer; ungeteert		Grenzübergang
	Hauptstraße; ungeteert	★	Sehenswürdigkeit
	Nebenstraße		Archäologische Stätte
	Straße, ungeteert		Buddha-Tempel
	Piste		Denkmal
	Straße in Bau; Straße in Planung		Badestrand
	Straße für Kfz gesperrt		Tauchen
	Tunnel		Fähre
	Eisenbahn		Wasserfall
	Fähre, Schiffsverbindung		Höhle
	Staatsgrenze		Bergwerk
	Nationalpark		Berggipfel
	Marine-Nationalpark	)(	Pass
	Internationaler Flughafen		Aussichtspunkt

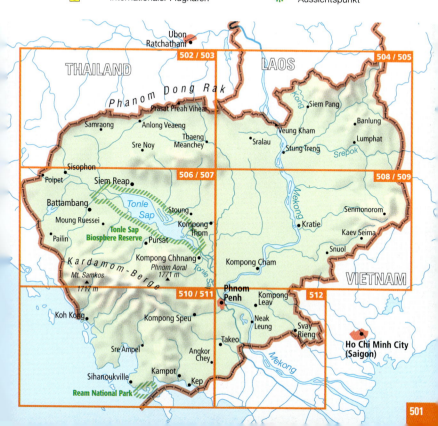

Nong Bun Nak
Nong Kham
Nong Ki
Kan Luang
Sadao
Lamdua
Nang Rong
Prakhon Chai
Prasat
214
24
Thung Changhan
Ta Ko
Bak Dok
24
2365
2117
Chaloem Phra Kiat
Prasat Phanom Rung
2375
2397
214
2317
348
2221
2075
Kho Klang
2121
on Buri
2119
Prasat Muang Tam
Naengmut
Kap Cho
Pakham
2119
2119
Lahan Sai
2075
Ban Kruat
2121
Phanom Dong Rak
Soeng Sang
2075

Ban Kdol
Phaang
Lam Nang Rong Reservoir
549 m
Phum Ku
Kouk Khpuos
Tnaol
Khtom
Bara Nae
Ampil
Thap Lan National Park
348
495 m
Banteay Chhmar
Phum Kouk Lok
Kuok Mon
Samraong
176 m
Pang Sida National Park
Protected
Tralok
Stoeng Kompong Krasang
Phum Krasang
68
Khao Yai 849 m
885 m
3382
Banteay Chhmar
Phum Rolum Pout
Landscape
56
Banteay Chhmar
621 m
602 m
Sa-ngae
Banteay Tuop
ODDAR MEANC
Huai Chan
544 m
Ta Phraya
Na Ngam
Prey Veaeng
216 m
Ta Pa
Chong
3393
Thmei
Phsuk
348
Koh Romiett
Thma Puok
Thnong Khang Cheung
Slaeng Sp
3446
Thmei
Treas
Kouk Kakthen
Ang Trapeang Thmar Wildlife Sanctuary
Nam Tau
Srei Snam
Prei
Phkoam
68
Ponley Cheung
Trapeang Thmar
Kamping Puoy
Moung
202
BANTEAY MEAN CHEY
Ponley
Paoy Char
56
Non Sung
Stoeng Moha Tep
Ta Phou
Sarongk
Srah Chik
Saen Sokh
Chao Chhuk
33
Yaeng Dang Kum
Soengh
Sla Kram
Chob Veari
Tean Kam
Tuek Chour
68
Kdei Run
Watthana Nakhon
Aranyaprathet
Chhnuor Meanchey
Preah Netr Preah
Stoeng Mongkol Borei
Chaploas Dai
264
3367
Souphi
Phnum Liep
Kralanh
201
Poipet
Nimitt
Koub
Pongro
6
Sreh Lech
Tro Louk Thoung
Sranal
Prey Chruk
Ye
Khlong Nam Sai
5
Kuttasok
Ou Ambel
Mongkol Borei
Koy Maeng
Prasat
Sambuor
6
Sai
Khai Dan
Samraong
Preaek Chik
158
Banteay Neang
Srah Reang
Kampream
Mukh Paen
449 m
Ta Kong Krau
Bat Trang
160
Ou Prasat
Ou Chuob
Sranal
Sambuor
Boen Nam
Chamnaom
Rohat Tuek
Lang Phnum Touch
Peam Seima
Pou Treay
Stoeng Sang
Ta Sai Soea
Dang Trang
Phnum Touch
Boeng Pring
Prey Chas
Bek Thvang
Roneam Doun Sam
Prey Khpos
Lvea
Preah Ponlea
Prek Toal Bird Sa
Phnum Ampil
Ping Pong
Chrouy Sdau
K
Chive
Khao Ta Ngok
321 m
Khbal Thnal
Bansay Traeng
Ta Meun
Stoeng Chas
Floa Vill
Wildlife Sanctuary
160
157
Ta Pung
Ampil Pram Daeum
Bavel
Kouk Khmum
Praoy Samraong
Kdol
Khnach Rung Romeas Chrey
5
Preaek Norint
Preaek Luong
3405
Ta Haen
Wat Phnom Aek
Peam Aek
Svay Sa
Laem
Ou Ta Ki
Sla Kaet
Samraong Knong
Prey Phdau
Chrey
Ou Chai
Norea
BATTAMBANG
5
Kamping Puoy
Ou Ta Nhea
Ta Kream
Ou Mal
Voat Kor
Kompong Preah
93
Phnum Sampeau
57
Bay Damram
Samraong
Tbal Thnal
Phum Ta Krei
Phnom Sampeau
154
Reang Kesei
151
Kompong Pring
Phum Sre M'am
Snoeng
155
Wat Banan
Svay Cheat
Prey Touch
Stoeng Trang
Ou Andoung
Rumchey
Svay Bei Daeum
Phakkard
516 m
Prutm
Phum Buor Chrey
Thra
Stoeng Kach

Stoeng Mongkol Borei
Stoeng Sangke

B A T T A M B A N G

S. 506

THAILAND

LAOS

Xe Pian
NPA

Phu Chong Na Yoi
National Park

Prahut • Khok Thiam
Nong Mek
Ban Nondeng Nua
Ban
Nongpham
Ban Kiat
Ngong • Ban Phaphin
Ban
Nongphan
Ban
Phalay-Thong
Ban Taong • Ban T
Ban Hiang
Ban Huayngeun Kang
Soukhouma
Ban Phonsaat
Kham Bon
Na Chaluai
Phaktop
Ban Knokkong
Ban
Uthum Mai
Thakho
Ban
Jum Nyai
Phou Takouan
646 m
Pahang
638 m
Hinlat
844 m
Don
Kok
Veun Nua
Louangxo
Boun Thai
434 m
Thapho Nua
Channoy
Ban Houayxai
Kadian
Ban Paksong
Ban Don
Mounlapamok
Ban Phonsaat
Ban Huay Hai
Ban Nasenphan
Houaynang
Houayhet
Laok
Houa
Khong
Ban Xangouay
Don Khong
Muang Khong
Ban Hatsay Khoun
(Hat Xai Khoun)
282 m
Ban Vin-Tai
Ban Khiam
Phou Thok Yai
753 m
Ban Taseun
Thahin
Muang Saen
Ban Paling
Ban Hat
Ban Deua
Ban Khinak
Xot
Ban Hang Khong
Houalong
Don
Long Lopbadi
Don
Som
Ban Nakassang
(Nakasang)
Siem H
Kompong Chrey
Don
Khon
Ban Khos
Ban Thako
Khong Phapheng (Khon Ph
Bungngam
Nong Nok Khian
Tad Somphamit
Pra Preng Khan
Preah Angkoal
Sralau
Ou
Svay
Narong
Trapeang Pring
Phum Pra
Sralau
318 m
Khsach
Nun
Khsan
Shdau
Mlu Prey
Sangke
Chhep Kandal
Sam Ang
Kralaot
Koul
Anlung Chrey
Trapeang Saang
Chrach
Khsang
Thmea
Phaav
Veal Pou
Thalabarivat
Prasat
Preah Ko
Stung Treng
Kampun
Sre Veal
Toal
Chamkar Leu
Kaoh Sralay
Krang Cham
Kaoh
Sampeay
Ou Pong
Moan
Tatay
Toek Moleang
Kompong
Taben
Klaeng
Choan Leaeng
Kob
Leng
Arang Khnay
Phnum Chi
687 m
Seo
S. 508

Sambor
Prei Kuk

Ban Makkhua Ban Boungnay
Sanamxay
(Ban Mai) Sanosathon
Ban Nathongsomlong
Namkong Gnakou
Hatgnao Khanmaknao
Vonglakhone
Sompoy
Ban San Kao

Xe Kou
Tonle Kong
Phou Keua Bo Y Dak
Ban Houaykeo Ta Ka Plei
1048 m 40
Ban Xayden Dak Wang
Ban Pakha

1268 m
Ban Phomoun
1047 m Ban Phianong
1345 m
Phum Kham
Dorang
1244 m

Chu Mom
National P
Plei Grap
Plei Sop

1518 m
1239 m
1406 m
1547 m
814 m
Phum Boeng
Nging Kang

Virachey National Park

Prek Liang
1484 m
Xom Moi
1009 m 887 m
Polei Kotang
Cu Di Coi
1318 m
1528 m

Phum Keul
Nheang Phum O Kau
Sum
Phum Andong

Veang Kham
848 m
Savanbav

Ham Samay

1190 m
140
VIETNAM
Polei Thrang

Santepheap
Pang
Tonle Kong
510 m
516 m
365 m

Ta Veaeng
Leu
Kaoh Pang Ta Veaeng
Phum Kraom
Ta Ngat
Tipou
Phum
Chuoy
671 m Hay
Abeng
Lang Dang

Voen Sai
(Virachey)
Ka Choun
302
Phnom Kok
Phum Bah
Ke Toch
Phum Katal Kala
Phum Hat
Baoh
Phum Talat
Phum Bos Chek

Chan Cheang Ham
Vong Tun
Ka On
Kalai Labang
Bos Poy
O Chum 302 Ban Kon
Boeng Kansaing Lum
Chaong Bang
Banlung *Yeak Laom*
Yeak
Laom Lung
Khmen
Khla
Krom
Ban Nay
Chay
Ban Lay
Malik
Khmen
Ban Nev
Kate Vat
Kes Chong Nay

Ban Chut
Ban Tang
Pakap
764 Ba Kham
Suoy
Chu Gau Ngot
705 m 588
Kampa Du
Pu Nhai
Le Thanh

STUNG TRENG

Ka Chhang
Ta Ang
Kalieng
Phum Kol Pou
RATANAKKIRI
Phum Svay Rieng
Phum Khsach Thmei
Srae Kor
Krabei Chrum
Rumpe
Lech
Tonle Srepok
Preang Krom
Sre Angkrong
Phum Ta
Aong Pok
Ou Phlong
Phum Srepok
Thom

m Andet

Kap Nuv
78 Samtung
764 Sala
Bo Kheo
Yem
Banchung
Kung Pou Chong
Kung Khlong
Ok Taok
Laminh
Seda
Kamang
Chong
Lumphat
Ou Sien Lair
216 m
Dok Yong

Ham
Kachut
Don Bi
Phong

531 m

Lumphat
Wildlife Sanctuary
Kaoh
Mayeul Leu
Kaoh
Mayeul
Ste Mat

Prek Chbar

Dong Huoch

Sre Pong
Anlung
Sre Roluos
Sre Tnaot
Prek Krieng
Kdaoy
Dei Hoy

Koh Nhek
Sre Trav
Sokh Sant
Nam
Klang Mil
Anyul
Klang
Khval
R'Mat
Tea
Mereuch
427 m
Phnom Can
Gue Pongue
427 m
473 m
472 m

R A T I E

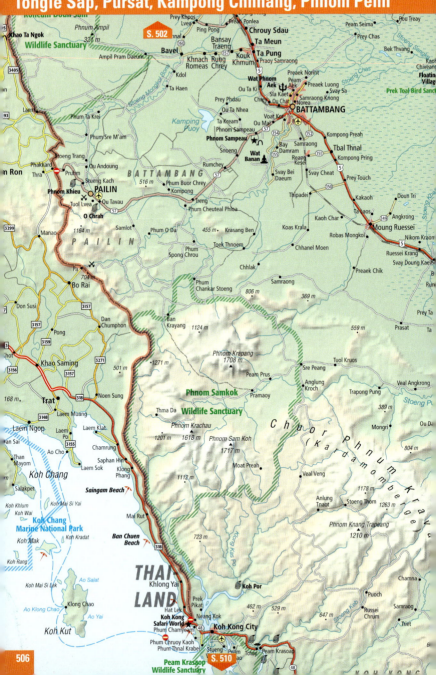

1 cm = 12 km 1 : 1.200.000

0 15 30 45 km

M REAP Lolei Chan Sár Preah Khan S. 503
Kandaek Bakong Prahu Kantreang Koul Pou Ring Boeng Peae
Om Bakong Popel Prey Chhkar 424 m Phnom
Preah Ko Roluos Ta Yaek Pongro Leu Wildlife Sanctuary Deik
Prasat 206 Bat Dangkao Pongro
Prei Monti Veal Koup Dam Daek Pou Oh Sakram 64
Kneas Kompong Phluk 207 Sangvaeuy Kouk Thlok Leu Chitang
Floating Village Thnal Dach Tralek
ating Kompong Kdei Leaeng Moreak
Village Kompong Khleang Anlong Samnar Ruessei Phum Tumpech Tuol Kreul 219
Ta Ong Prolay Krabau Dong Sala Visai
Boeng Tonle Sap Stoung Trea Rung Trapeang Sambo
Msar Krang Roeang Bos Veaeng Phdiek Prei Ku
Floating Village Samprouch Chheu Teal Chey 220
i Roneat Boeng Chamna Kraom 64 Tumnob
Boeng Tonle Sap Tonle Chhma Krasang Ka San Kor Tbaeng Ka Trapeang Ruessei Kompong Sva
Biosphere Reserve 6
Doun Sdaeng Kompong Kou Kdei Doung KOMPONG THOM
Bat Trach Roluos 207 m
Chambak Srae Sdok Srayov 6
Meas Sva Wat Phnom Santuk
Banteay Kanhchor Kompong Santuk
Trapeang Chong Traok Luong Krang Veaeng Krakor Phov Tnaot Chum
147 Svay Luong Floating Village Samraong Santuk
5 Lolok Sa PURSAT 54 Stoeng Sen
vea Roleab Sna Ansa Ansa Chambak Chhnok Tru KOMPONG S. 508
il Tnaot 5 Ponley CHHNANG Baray
146 Bak Tra Chum 452 m 5 Lech Prasat Prah Srei
Prongli 351 m Dang Phsar 429 m Chrolong
Thmei 348 m Anhchanh Pou Dar
55 Rung Srah Kaev 324 m 221 Samraong Sean
m Kravanh Svay Sa Tuol Thma Kaev Trangel Svay Rumpear Prasat Kuhak Noko
Andaet Chor Svay Chrum Kompong Leaeng
603 m 438 m Chheu Tom Banteay Preal 144 Srae KOMPONG
Phum Dong Pol Kdol Krang Leav 145 Thmei CHHNANG Prey Kri Svay Prey
Krang Skear Srae Veal Chrey Bak Kouk Banteay Trab Sdaeung Chey
Mul 1092 m Phum Ta Sam 145 Andoung Ta Vak Andoung Snay Tumnob
1181 m Preng Cheung Ou Ta Nes Skone
Chres 754 m Krang Ta Mom Kreav 5 Tang Krasang Phav
Phnum Aoral 53 Tang Krasang Saeb 140 Me Pring
1771 m 1129 m Khlong Popok Romeas Kbal Thnal Svay Pok Phdau
Tuol Khpos Chieb 142 Khnar Krasah Thmei Tuol Chum
Aoral Kbal Tuek Chhmar Ta Ches 6 Chbar
Wildlife Sanctuary Krang Lvea Thma Edth Prey Pis Chres Ampov
1024 m Meanok Lech Ou Ruessei Kompong Chealea
1548 m Aorat Phnum Kiem Ri Lovek Tralach Tang Krang Sdau
342 m Phum Samraong 674 m 135 Vihear Sambour Roka Kaong Pi Preak
646 m Trapeang Chour Luong Kaoh Chen Dambang Pou
Snuol 137 Udong Phnom Udong Preak Preah
44 Amleang Trapeang Mtes Preah Srae 136   Xom Prasat
Phum Choam Chhean Veal Pung Chrey Loas Anhchan
131 Sangkea Satob 602 m Trapeang Traok 136 Preak Preah
Ta Sal 412 m Kraviek Mean Chey Ra Khsem Preak Ta Sek Ta
KOMPONG Khsan Phnom Koh
SPEU Reaksmei Yea Angk Chant Sean Brasat 5 Preak Dait
Sameakki Roap Mean Banteay Mkak Ponhea Pon Phnu
Phnum Khang Puoh Prey Tuol Khmaer 129 61 Chroy Va
adak Pong 843 m 869 m Tang Ta Lat Phnum Touch 42 Wat Phnom PH
S. 511 Sambuor Ovlaok 51 P
Baek Chan Chaom Nirou 508

Samreth
Sre
Roviang Cheung
424 m
213
486 m
S. 504
Phnom Deik
Sre Thom
64
Toek Moleang
Tralek
219
Kompong Taben
Kreul
219
Choan Leaeng
219
Klaeng
Visai
Kobl
Arang Khnay
Leng
Svay Pak
Phnum Chi 687 m
Seo
Sambor Prei Kuk
Trapeang Phdiek
Prasat Sambor
Tum Ar
Kompong Thom
Phum Sraeung
Kruos
Tarach
Chey
64
220
Tumnob
Ruessei
Kompong Svay
KOMPONG THOM
Ti Pou
207 m
6
Wat Phnom Santuk
Choam Thnanh
Dang Kda
Thma Samlieng
Andong
Santuk
Phov
Prasat
Tok
Tnaot Chum
Samraong
Kompong Thnor
S. 507
Baray
Chong Doung
Sralau Toung
Ta Prok
Dang Kdar
Ou Mlu
Tuol Sambuor
Areaks Tnaot
6
Chamkar Andoung
Spueu
Svay Teab
222
Multhan Reaksmei
Kammeakkar
106 m
Preaek Kak
Peam Kaoh Sna
Chambak
Prasat Kuhak Nokor
Taing Kok
Bos Thlan
Ta Ong
Stung Trong
Krouch Chhmar
308
Roka Khnaor
Sou Young
Pongro
Svay Pheung
Phum Teaet Srei
Bos Knaor
Preaek A Chi
Chhuk
Sampong
Phum Teaet Pros
Boeng Nay
Han Chey
Prasat Han Chey
Kompong Treas
Multhan Ta Pav
Roka Po Pram
Seda
Chambak
Svay Prey
62
Sdaeung Chey
Roluos
Ou Svay
Trean
225
Chambak
Tumnob
Kor
Pratheat
Trapeang Preah
Skone
Srangae
7
Krala
Phnom Pros Phnom Srei
Chirou
Chrey Vien
KOMPONG CHAM
Kraom Mouy
Suong
Siem Bay
Peam Chi Kang
Wat Nokor
Sambuor Meas
308
7
Phdau Chum
Sour Kong
Kokor
Koh Pbain
Slab Kandaong
CHOB
7
Chbar Ampov
Khchau
Ruessei Srok
Peam Prathnoub
Preah Theat
Peam Cheang
Prey Nokor
6
Sdau
Kang Ta Noeng
Baray
Pnov Ti Muoy
Preaek Chung Kran
314
Preah Theat Preah Srei
Kandaol Chrum
Kaong Kang
Preaek Pou
Khnar Sa
Pram Yam
Yout
Rumleth
Mien
Kong Chey
Chak
Doun Tel
Preah Prasab
Trea
Prey Daeum Thnoeng
11
Tnaot
Kak
Preak Ta Meak
Mesa Prachan
Prey Sralet
Pou Ti
Kdoeang Reay
Ampil Krau
Kanhchriech
Cheach
Bos Chek
Vihear Suork
Reab
314
Chong Ampil
Preal
Anlong Chrey
Krabau
PHNOM NH
315
Kompong Popil
Chrey Khla
Chea Khlang
Doun Koeng
316
Kamchay Mear
Kranhung
319
Pou Rieng
Popueus
315
Svaay Antor
S. 512
Smaong Chas
1
Kien Svay
Veal Prov
Ta Kao
Angk
11
Kompong Leav
Ta Sous
Lo Go

Mekong
Ou Russey Kand
Sre Krasang
Kaoh Preah
Siembok
Ou Mreah
Prek Kandie
Krabau
7
Sre Koki
Kompong Damrei
O Kak
Q.K
Achen
Boeng Char
Sre Shov
Kaoh Khnaer
505
Ch
Khach Baray
Wat Tasar Moi Roi
Sambor
Keng Prasat
306
Nikum Khmer Leu
Voadthonak
Sandan
Laa
Krieng
Kampie
Chrouy Banteay
Dolphin Watching
Wat Phnom Sambo
Loiet
Kratie
Ou Ruessei
KOMPONG CHAM
Phnum Tong Proeng 102 m
Saob
7
Roka Kandal
309
Bos Leav
Preaek Prasab
Kaoh Chraeng
Ta Mau
Kompong Kor
Preaek Saman
Khsach
Chhlong (Chlong)
Kompong Reang
Chi Trun
73
Damrei Phong
Prek Chhlong
Kampey
Trapeang Pring
Toek Tum
Dambae
Kouk Char
Lvea Thum
Chong Cheach
Popel
Srae Veaeng
Treak
Koki
Neang Teut
Veal Mlu
Saam
Memot
Kraek
Trapeang Phlong
Dar
Boi
Trapeang Phlong Pir
Xa Mat
Ka
Lo Go Xa Mat National Park
Tan Binh
TAY
Tan Châu
Tan Bien
Chot Mat

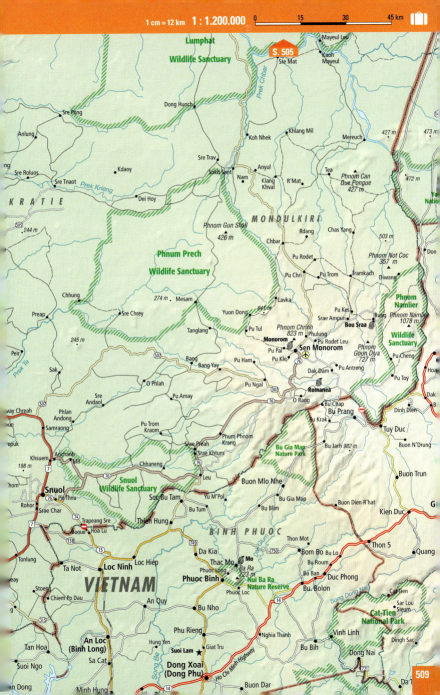

Lumphat
Wildlife Sanctuary

S. 505

Mayeul Leu

Sre Mat

Kaoh
Mayeul

Dong Huoch

Koh Nhek

Khlang Mil

Mereuch

427 m

473 m

Sre Pong

Anlung

Sre Roluos

Sre Tnaot

Prek Krieng

Dei Hoy

Kdaoy

Sre Trav

Sokh Sant

Anyul

Nam

Klang
Khval

R'Mat

Tea

*Phnom Can
Gue Pongue*
427 m

472 m

K R A T I E

244 m

M O N D U L K I R I

Phnom Gun Shall
426 m

Chbar

Rdang

Chas Yang

503 m

Phnom Not Coc
357 m

Don

Phnum Prech
Wildlife Sanctuary

Chhung

274 m   Mesam

Pu Rodet

Pu Chri

Pu Trom

Tramkach

Diwang

**Phnom
Namlier**

Phnom Namlier
1078 m

Preap

Sre Chrey

Yuon Dong

641 m

Lavka

Pu Kes

Srae Ampun

Rung

**Wildlife
Sanctuary**

Peir

245 m

Tanglang

Pu Tul

Phnom Chrinh
823 m

Monorom

Phulung

Bou Sraa

Sak

Prek Te

307

Bang

Bang Yay

Pu Pai

Pu Kle

Sen Monorom
76

*Phnom
Goun Diya*
727 m

Pu Cheng

Pu Toy

Sre
Andaol

O Phlah

Pu Amay

Pu Ham

Dak Dam

Pu Antreng

Hoa

307

Pu Ngal

307

Romanea

Dak

B

307

Phlan
Andong

Samraong

Pu Trom
Kraom

O Rang

Bu Chap

Dinh Dien

vay Chreah

Srae Preah

Phum Phnom
Krang

Bu Krak

Tuy Duc

Buon N'Drung

puk

Khsuem

Anchanh

Mil

Chhaneng

Srae Khtum

Leu

**Bu Gia Map
Nature Park**

Bu Jarh 982 m

Buon Trun

198 m

7

76

**Snuol
Wildlife Sanctuary**

Soc Bu Tam

Yu M'Pol

Buon Mlo Nhe

Bu Gia Map

Buon Dien R'hat

Kien Duc

G

thom

Snuol
76

Pit Thnu

Bu Tum

Bu Blim

Rohor

Srae Char

7

74

Trapeang Sre

Thien Hung

BINH PHUOC

Thon Mot

Bom Bo

Bu Lo

Thon 5

Quang

Bonue

Hoa Lu

138

Tonlung

Ta Not

Loc Hiep

749

Da Kia

Thac Mo

Phuoc Long

750

Bu Roum

Bu Ban

Duc Phong

Bu. Bolon

Song Dong Nai

Cat Tien

Sar Lou
Sieum

**Cat Tien
National Park**

Stoenh

Chiem Po Dau

VIETNAM

An Quy

Phuoc Binh

Mo
Ba Ra
723 m

Phuoc Loc

**Nui Ba Ra
Nature Reserve**

14

Vinh Linh

Dong Nai

Dingh Sac

313

Tan Hoa

**An Loc
(Binh Long)**

Hung Yen

Phu Rieng

Bu Nho

Giat Tru

Nghia Thanh

Bu Bih

Suoi Ngo

Sa Cat

Suoi Lam ★

**Dong Xoai
(Dong Phu)**

Ho Chi Minh Highway

Buon Dar

721

Da

n Dong

Minh Hung

14

Song Be

S. 506

1112 m
Veal Veng
797 m
Chheu

Anlung Tnaot
Stoeng Thom
1178 m
1263 m
1342 m

Phnom Knang Trapeang
1210 m

723 m
1318 m
1548 m
Wild

Phum Samraong

Koh Por
646 m

Khlong Yai
Phum Roleak Kang Cheung
44

THAILAND
462 m
529 m
Chamna
Phum Choam
KOMPO

Prek Pikat
647 m
Russei Chrum
Samraog
917 m
SPEU

Koh Kong Safari World
Neang Kok
48
Koh Kong City
Triet
Toap Khley

Phum Chamyeam
Totay
Peam Krasoap
694 m
Phnum Khan 865

Phum Chrouy Kaoh
Phum Thnal Krabei
Stueng Veaeng
Peam Krasao
KOH KONG
Tadak Pong
843 m

Peam Krasaop Wildlife Sanctuary
48
Pou Boeng
Phnum Chrvit 971 m

Koh Kapi
Koh Kong Knong
Phnum Chuom
487 m
589 m

Koh Kapi
Preaek Angkonh
Trapeang Rung
Phnum Tasal 796 m
Ki National

337 m
Tuek L'ak
903 m
Yeah N

Koh Kong
407 m
Chrouy Pras
Chi Pat
472 m

Koh Kong
Preaek Khsach
293 m
Andoung Tuek
Kandaol
48
Chi Kha Leu
Dang Peaeng
Ou Bak Roteh
4

402 m
Prai
Chi Treh
Nea Pisei
Sre Ambel
Kompong Seila

Pnhi Meas
Ta Ok
Ta Meakh
Chi Kha Kraom
Boeng Praev
48
Thmei

Boutum Sakor National Park
146 m
Prateol
Chamkar Luong
252 m

Koh Putsa
Chamkar Leu
Chrouy Svay
327 m
Stueng Chhay
894 m

228 m
Koh S'dach
Koh Samit
Preah Khsech
Ta Nuon
Srae Trav
Oknha Mong
Ta Ney
Phnom Nation

Koh Smach
Chamlang Kor
Thmor Sor
Chhak Kompong Som

Koh Mano
Trapeang Kea
1024 m
Popol

Koh Rung
306 m
Stung Hau
Cheung Kou
Sameakki

Koh Kon
SIHANOUKVILLE (KOMPONG SOM)
Ou Treh
Veal Renh
Samrong
3

Victory Beach
Kbal Chhay
Tuol Totueng
Andoung Thma
Tuek Thla
Bokor

189 m
Koh Pos
Sangkat Muoy
Bet Trang
Prey Nob
Preaek Tnaot
Changhaon

Koh Rung Samlem
Koang Kang
Independence Beach
Mittakpheap
Bat Kokir
Boeng Ta Prum
Kac Toue

Sokha Beach
Ochheuteal Beach
Otres Beach
203 m
196 m
Ou Chrov
4

Golf von Thailand
Ong
Ream Navy Base
172 m
Koh Thmei
382 m

Koh Praeus
Koh Russel
Koh Ta Kiev
Koh Ses
Rach Tram
Bai

Ream National Park
539 m

Kas Prins
Gonh Dau
Rach Vem
Phu Q Nation

Kaoh Tang
Bai Dai Beach
Cua Can

Cua Can Beach
Khu Tuong

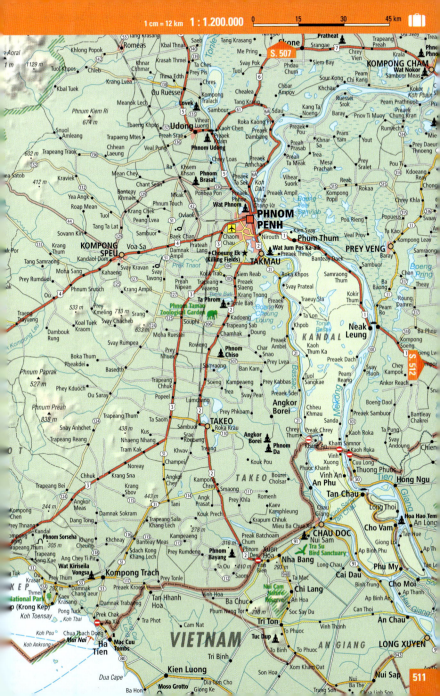